Greif/Holling/Nicholson
Arbeits- und Organisations

Arbeits- und Organisationspsychologie

Internationales Handbuch in Schlüsselbegriffen

Herausgegeben von
Siegfried Greif, Heinz Holling, Nigel Nicholson

3. Auflage

BELTZ
PsychologieVerlagsUnion

Anschriften der Herausgeber

Prof. Dr. Siegfried Greif, Universität Osnabrück, FB 8 Psychologie, Seminarstr.
49088 Osnabrück
Prof. Dr. Heinz Holling, Westfälische Wilhelms-Universität, FB Organisationspsychologie,
Fliednerstr. 21, 48149 Münster
Prof. Dr. Nigel Nicholson, London Business School, Sussex Place, Regents Park,
GB – London MW14 SA UK

Wissenschaftlicher Beirat der Psychologie Verlags Union:

Prof. Dr. Walter Bungard, Lehrstuhl Psychologie I, Wirtschafts- und Organisationspsychologie, Universität Mannheim, Schloß, Ehrenhof Ost, 68131 Mannheim
Prof. Dr. Ernst-D. Lantermann, Universität Kassel, GH, FB 3, Psychologie, Holländische
Straße 56, 34127 Kassel
Prof. Dr. Rainer K. Silbereisen, Friedrich-Schiller-Universität Jena, Institut für Psychologie, Lehrstuhl für Entwicklungspsychologie, Am Steiger 3, 07743 Jena
Prof. Dr. Hans-Ulrich Wittchen, Max-Planck-Institut für Psychiatrie, Kraepelinstraße 10,
80804 München

1. Auflage 1989 Psychologie Verlags Union, München
2. Auflage 1995 Psychologie Verlags Union, Weinheim
3. Auflage 1997 Psychologie Verlags Union, Weinheim

Das Werk einschließlich aller seiner Teile ist urheberrechtlich geschützt. Jede Verwertung außerhalb der engen Grenzen des Urheberrechtsgesetzes ist ohne Zustimmung des Verlags unzulässig und strafbar. Das gilt insbesondere für Vervielfältigungen, Übersetzungen, Mikroverfilmungen und die Einspeicherung und Verarbeitung in elektronischen Systemen.

Umschlaggestaltung: Dieter Vollendorf, München
Druck und Bindung: Druckhaus Beltz, Hemsbach
Printed in Germany
Gedruckt auf säurefreiem Papier

© 1997 Psychologie Verlags Union, Weinheim

ISBN 3-621-27274-7

Vorwort

Mit unserem Handbuch möchten wir dem wachsenden Interesse an aktuellen internationalen Entwicklungen in der Arbeits- und Organisationspsychologie nachkommen. 117 internationale Fachexperten haben 97 Einzelbeiträge zu Grundlagen und Perspektiven (Teil 1), Problemen, Konzepten und Methoden (Teil 2) sowie wichtigen wissenschaftlichen und praktischen Projekten der Arbeits- und Organisationspsychologie (Teil 3) geschrieben. Mit diesen Beiträgen sollen die Leserinnen und Leser zur Auseinandersetzung mit den Schlüsselbegriffen und Problemen der Arbeits- und Organisationspsychologie und zum Weiterlesen der von Fachleuten empfohlenen weiterführenden Literatur angeregt werden. Im Anhang zum Buch finden sich ergänzend Beschreibungen der Arbeitsschwerpunkte und Adressen der Autorinnen und Autoren sowie einschlägiger Fachzeitschriften, Buchreihen, Einführungsliteratur und Lehrbücher.

Das Handbuch soll nicht nur als Nachschlagewerk oder zur themen- und problembezogenen Vermittlung von Überblickswissen dienen. Wie unten mit einer Übersichtsmatrix und Hinweisen zu jedem Stichwort erläutert wird, kann das Buch durch seinen Aufbau von Anfängerinnen und Anfängern als Einführung verwendet werden. Auch diejenigen, die sich speziell für übergreifende Hauptthemen der Arbeits- und Organisationspsychologie interessieren, werden berücksichtigt. Die inhaltlich zusammenhängenden Einzelbeiträge bilden gemeinsam übergreifende Themenbereiche wie historische Grundlagen, Theorien und Konzepte, Arbeit, Technologie, Organisation, Personal, Gesundheit, Praxis, Forschungsgebiete und Forschungsmethoden. Durch die unten beschriebene Übersichtsmatrix werden diese Zusammenhänge verdeutlicht. Dazu kommt ein umfangreicher Index, in dem wir spezielle Begriffe und viele Spezialthemen aufgenommen haben, sowie das Autorenverzeichnis. Damit soll die gezielte Literatursuche im Handbuch erleichtert werden.

Das Handbuch unterscheidet sich in verschiedener Hinsicht von einem Lexikon oder enzyklopädischen Darstellungen:

1. Wir haben die Autorinnen und Autoren zwar gebeten, relevante Fachliteratur zu berücksichtigen, aber auch aktuelle Probleme zu behandeln und eigene Stellungnahmen zu formulieren.
2. Damit die im Fachgebiet existierenden konzeptuellen und begrifflichen Unterschiede nicht verdeckt werden, haben wir den Autorinnen und Autoren keine durchgängige Begrifflichkeit und Systematik vorgegeben. Inhaltliche Überschneidungen und begriffliche Unschärfen zwischen den Einzelbeiträgen waren dadurch unvermeidlich.
3. Um den Bedürfnissen verschiedener Leser(innen)gruppen gerecht zu werden und um Unterschiede im Vorwissen berücksichtigen zu können, haben wir das Buch in drei Hauptteile gegliedert und Beiträge für spezielle Interessen aufge-

nommen (z. B. Beiträge über praktische Gestaltungsprojekte oder zu Forschungsmethoden).
4. Das Handbuch ist durch Autorinnen und Autoren aus vielen Ländern (Bundesrepublik Deutschland, Deutsche Demokratische Republik, Frankreich, Großbritannien, Holland, Italien, Österreich, Schweden, Spanien und Schweiz) als internationales, europäisches Handbuch angelegt (siehe auch → *Europäische Perspektiven*). Damit kommen internationale Vergleiche und → *Interkulturelle Unterschiede* zur Geltung. (Eine englischsprachige Ausgabe des Handbuchs befindet sich in Vorbereitung, in der wir vor allem Beiträge aus den USA, aber auch anderen noch zu wenig berücksichtigten Ländern aufnehmen wollen.)

Dieses internationale Handbuch in Schlüsselbegriffen ist als einführendes Lehrbuch wie als Nachschlagwerk zu nutzen. Es ist für Leserinnen und Leser, die sich zum erstenmal mit der Arbeits- und Organisationspsychologie beschäftigen, ebenso geeignet wie für Lehrende oder Experten auf diesem Gebiet. Dieses Handbuch ist aber keineswegs auf Lehrveranstaltungen im Rahmen der Arbeits- und Organisationspsychologie beschränkt, sondern kann ebenso für Kurse in Nachbardisziplinen benutzt werden, so z.B. für die Wirtschaftswissenschaften, Ingenieurwissenschaften, Informatik, Medizin, Sozial- und Erziehungswissenschaften wie für viele andere angewandten Disziplinen.

Struktur und Inhalt des Handbuches

Das Handbuch ist in drei Teile untergliedert. Im *ersten Teil* ‚Grundlagen und Perspektiven' sind im wesentlichen Überblicksartikel enthalten. Dabei gibt der erste Beitrag ‚Theorien und Konzepte' einen Überblick über die derzeit aktuellen Themen der Arbeits- und Organisationspsychologie. Er dient zugleich als Einführung in dieses Handbuch. Der *zweite Teil* ‚Probleme, Konzepte und Methoden' behandelt dann Schlüsselbegriffe und relevante Themen der Arbeits- und Organisationspsychologie. Im dritten Teil über ‚Projekte' werden ausgewählte bedeutsame Projekte der europäischen Arbeits- und Organisationspsychologie dargestellt. Gerade diese Beiträge zeigen in einem besonderen Maße die Chancen und Probleme der praktischen Anwendung arbeits- und organisationspsychologischer Erkenntnisse.

Die Einzelbeiträge sind als in sich abgeschlossene Darstellungen geschrieben. Das Handbuch eignet sich deshalb insbesondere für Leserinnen und Leser, die lediglich an einzelnen Problemen der Forschung und Praxis oder an Spezialthemen z. B. für die Prüfungsvorbereitung interessiert sind oder das Handbuch allgemein als Nachschlagewerk verwenden wollen. Da zwischen unterschiedlichen Beiträgen aber auch systematische Querverbindungen bestehen, und da einige übergreifende Hauptthemen (wie z. B. Belastung und Streß am Arbeitsplatz) aus unterschiedlicher Perspektive behandelt werden und sich zu Themenbereichen zusammenfassen lassen, eignet sich das Handbuch auch für eine systematische Lektüre nach Themenbereichen.

Als Hilfestellung mag die folgende Übersichtsmatrix dienen, die alle Beiträge dieses Handbuches anhand mehrerer grundlegender Gesichtspunkte kategorisiert. Es sei aber angemerkt, daß die in dieser Matrix enthaltene Kategorisierung keineswegs erschöpfend ist. So behandeln viele Handbuchartikel wichtige Aspekte der Arbeits- und Organisationspsychologie, die hier nicht angesprochen werden. Auf der anderen Seite sind Überschneidungen zwischen den Kategorien nicht auszuschließen.

Auch mögen Leser, die mit der Arbeits- und Organisationspsychologie noch nicht vertraut sind und mit Beiträgen aus der Kategorie ‚Anfänger' beginnen, bemerken, daß andere Beiträge für sie ebenso verständlich sind. Die Beiträge sind so geschrieben, daß Leser, die keine Spezialisten in dieser Disziplin sind, von der Lektüre aller Beiträge profitieren können.

Im folgenden sei die Bedeutung der einzelnen Kategorien kurz erläutert.

Anfänger: Die Beiträge dieser Rubrik liefern eine Einführung in Themen, die von allgemeinem Interesse sind. Sie sind insbesondere für nicht-psychologische Leser leicht verständlich.

Geschichte: Diese Artikel beschäftigen sich stärker mit der Geschichte und Entwicklung von Theorie, Forschung oder Praxis im allgemeinen oder spezifischeren Themenstellungen.

Theorie: Die Beiträge dieser Kategorie sind eher theoretisch ausgerichtet und beschäftigen sich hauptsächlich mit der Entwicklung von Theorien, Konzepten und Ideen.

Individuum: Hier werden Beiträge aufgeführt, die insbesondere individuelle psychologische Prozesse, wie Motivation, Identität oder Einstellungen, thematisieren.

Arbeit: Diese Kategorie thematisiert verschiedene Aspekte von Arbeitstätigkeiten, wie Arbeitsleistung, Arbeitsgestaltung oder auch Neue Technologien.

Fertigkeiten: Arbeiten dieser Kategorie behandeln Verhalten und Kognition bei der Ausführung von Arbeitstätigkeiten und weiterhin die Entwicklung und Veränderung von Fertigkeiten.

Neue Technologien: Hier sind Arbeiten rubriziert, die sich mit den Bedingungen, Begleitumständen oder Folgen der Einführung neuer Technologien beschäftigen.

Gesundheit: Gesundheit und Wohlbefinden sind die zentralen Themen der Beiträge dieser Rubrik.

Gruppe: Artikel, die Gruppen innerhalb oder außerhalb von Organisationen oder Gruppenprozesse zum Inhalt haben, sind in dieser Rubrik vertreten.

Personal: Personalentwicklung, Personalauswahl und Management sind hier die zentralen Themenpunkte. Weiterhin sind hier Beiträge aufgeführt, die für politische Entscheidungen oder für praktische organisationale Maßnahmen von Bedeutung sind.

Organisation: Hier wird hauptsächlich die Organisation fokussiert, vor allem Struktur und Funktion von Organisationen wie Beziehungen zwischen Organisationen.

Praxis: Hier werden praktische Implikationen dargelegt sowie Forschungsbefunde, die auf praktische Veränderungen und Innovationsprozesse Bezug nehmen.

Forschung: Diese Kategorie beinhaltet hauptsächlich Methoden und Strategien in der Forschung zur Arbeits- und Organisationspsychologie, aber auch alternative Formen der Datenerhebung und -auswertung wie Verwertung von Forschungsresultaten.

Vorwort IX

Nr.	Titel	Autor	Anf	Gesch	Th	Ind	Arb	Fe	Ne	Ge	Gr	Per	Or	Pr	For
1	Theorien und Konzepte	Greif, Holling & Nicholson	×	×	×	×	×	×	×	×	×	×	×	×	×
2	Historische Positionen	Ulich	×	×	×	×	×						×		
3	Systemtheoretische und ingenieurwissenschaftliche Grundlagen	Timpe	×		×		×								
4	Biologische und physiologische Grundlagen	Seeber & Rutenfranz	×	×	×		×		×						×
5	Sozialwissenschaftliche Grundlagen	Staehle	×	×	×								×	×	
6	Erwerbsarbeit im Wandel	Strümpel	×	×	×	×	×					×			
7	Berufsentwicklung und Professionalisierung	de Wolff & Greif	×	×	×		×						×	×	×
8	Europäische Perspektiven	Heller	×	×	×								×	×	
9	Aktionsforschung	Blackler	×	×	×					×				×	×
10	Alkohol und Drogenkonsum	Klein-Moddenborg & Rüttinger				×			×						
11	Altern und Ruhestand	Baltes & Dost					×					×			
12	Arbeit	Graf Hoyos	×	×	×	×	×								
13	Arbeitsabwesenheit und Fluktuation	Nicholson				×	×			×		×	×	×	×
14	Arbeitsanalysehilfsmittel: Die Verfahrensgruppe TBS und BMS	Hacker					×			×					×
15	Arbeitsbewertung	Ungerson & Garber				×	×				×	×			
16	Arbeitsgestaltung	Clegg & Ulich	×	×	×		×			×		×	×		
17	Arbeitsgruppen	Cranach				×				×		×		×	
18	Arbeitsmotivation	Häcker & Kleinbeck	×	×		×									
19	Arbeitsplatzverlust und Erwerbslosigkeit	Hartley & Mohr	×	×		×			×	×					
20	Arbeitssicherheit	Zimolong & Hale	×				×		×						

Nr.	Titel	Autor	Anf	Gesc	Th	Ind	Arb	Fe	Ne	Ge	Gr	Per	Or	Pr	For
21	Arbeitszeit	Thierry & Jansen	×	×		×	×							×	
22	Arbeitszufriedenheit	Büssing			×	×				×					
23	Arbeits- und Aufgabenanalyse	Leplat	×			×									
24	Assessment Center	Gebert, A.	×									×	×		
25	Ausbildung, Training und Qualifizierung	Greif & Kurtz	×		×	×	×	×				×	×		
26	Auswahlgespräche und Auswahlkomitees	Herriot	×			×						×		×	
27	Automatisierung und flexible Fertigungssysteme	Mense					×					×			
28	Bauliche Umwelt	Frieling				×						×	×		
29	Belastung und Beanspruchung am Arbeitsplatz	Hettinger						×	×		×				
30	Beobachtungsmethoden	Six													×
31	Berufliche Sozialisation	Hoff & Hohner			×	×		×				×			
32	Berufsentwicklung, Laufbahn und Beratung	Williams	×			×								×	
33	Bildungsbedarfsanalyse	Patrick						×				×	×	×	×
34	Entscheidungen in Organisationen	Brunsson	×									×	×	×	
35	Ermüdung	Hacker						×			×				
36	Ethnische und rassische Vorurteile	Thomas	×			×						×	×		
37	Fehler und Fehlhandlungen	Wehner & Stadler			×	×	×	×							
38	Forschungsstrategien in der Organisationspsychologie	Curie				×							×	×	×
39	Frauen und Erwerbstätigkeit	Marshall & Rummel	×	×	×	×					×		×		
40	Freizeit und Familie	Bamberg	×			×	×	×			×				

Nr.	Titel	Autor	Anf	Gesc	Th	Ind	Arb	Fe	Ne	Ge	Gr	Per	Or	Pr	For
41	Führungsprozesse	Hosking		×		×				×		×			
42	Handlungspsychologische Arbeitsanalyseverfahren: „VERA" und „RHIA"	Oesterreich & Leitner			×	×		×							×
43	Identitäts- und Persönlichkeitsentwicklung	Schallberger				×	×	×							
44	Idiografische Methoden	Tränkle			×	×									×
45	Innovation in der Arbeit	West & Frei				×			×	×					
46	Interviews	Schuler	×			×	×				×				
47	Kommunikationsprozesse in Organisationen	Six	×							×		×			
48	Konflikte in Organisationen	Berkel										×	×		
49	Kontrolle und Tätigkeitsspielraum	Frese	×		×		×								
50	Kriterien	Jones	×									×		×	×
51	Kulturvergleichende Untersuchungen	Peiró			×	×	×								
52	Leistungsbeurteilung	Fletcher				×		×				×		×	
53	Leistungsnormen und Lohnsysteme	Thierry	×			×					×	×		×	
54	Macht	Neuberger	×		×							×		×	
55	Menschliche Informationsverarbeitung	Schroiff & Streitz				×	×		×						
56	Mensch-Computer Interaktion	Holling & Gediga				×		×	×						×
57	Meßprobleme bei der Personalauswahl	Lewis										×		×	
58	Mitbestimmung	Wilpert				×	×					×		×	
59	Monotonie	Hacker						×			×				
60	Multivariate Analysen	Jackson	×												×
61	Organisationaler Wandel	Nicholson				×	×						×	×	

Nr.	Titel	Autor	Anf	Gesc	Th	Ind	Arb	Fe	Ne	Ge	Gr	Per	Or	Pr	For
62	Organisationen und Organisationsgestaltung	Kieser	x	x	x								x		
63	Organisationsdiagnostik	Franke & Kühlman												x	x
64	Organisationsentwicklung und -beratung	Gebert, D.	x		x								x	x	
65	Organisationsklima	Rosenstiel	x			x	x					x		x	x
66	Organisationskultur	Merkens	x		x	x						x	x		
67	Personalselektion und -plazierung	Drenth	x		x	x						x		x	x
68	Personalmarketing	Baldus & Holling				x	x					x	x		
69	Psychische Gesundheit und Arbeit	Warr	x			x	x			x					
70	Psychophysiologische Meßmethoden	Boucsein	x							x					x
71	Qualitäts-Zirkel	Bungard	x	x							x	x	x	x	
72	Qualitative Methoden	Fineman	x	x										x	
73	Schichtarbeit	Nachreiner, Volger, Meijmann & de Vries-Grieber	x			x	x			x				x	
74	Sensumotorisches Lernen	Munzert				x		x							
75	Software-Ergonomie	Hockey & Dzida	x			x	x						x		
76	Soziale Unterstützung	Udris				x				x	x				
77	Stochastische Prozeßanalysen in der Arbeits- und Organisationspsychologie	Holling			x										x
78	Streß	Greif & Cox	x			x	x			x				x	x
79	Streß und Herzinfarkt	Becher & Frey	x							x				x	x
80	Trainingsimplementierung und -evaluation	Bramley							x			x		x	x
81	Überwachungs-, Kontroll- und Steuerungstätigkeiten	Nachreiner, Eilers, Hänecke & Craig	x			x	x	x							

Nr.	Titel	Autor	Anf	Gesc	Th	Ind	Arb	Fe	Ne	Ge	Gr	Per	Or	Pr	For
82	Umfrageforschung	Liepmann				×									×
83	Verhandlung	Kelley & Müller	×	×							×	×	×		
84	Vollständige vs. unvollständige Arbeitstätigkeiten	Hacker			×		×	×		×					
85	Zielsetzungsmethoden (Goal setting)	Guest	×		×	×						×		×	
86	Arbeitsstrukturierung in der Montage- und Teilefertigung (AEG-Projekt)	Schmidt & Rutenfranz	×				×			×	×		×	×	
87	Die Arbeitslosenforschung in Marienthal	Fryer	×	×	×	×				×					×
88	Die Tavistock-Untersuchungen und ihre Auswirkungen	Cherns	×	×			×			×	×		×	×	
89	Die SAPU-Untersuchungen zur Arbeitsumgestaltung	Wall	×			×	×		×				×	×	×
90	Gestaltungsprojekte zur Handlungserleichterung bei der Einführung neuer Technologien	Roe							×					×	×
91	Hochschulabgänger in der Industrie – Ein Projekt bei Olivetti	Bertaggia & Novara	×			×		×				×	×		
92	Organisationale Erneuerung bei Philips	van Assen & den Hertog	×	×		×	×					×		×	×
93	Projekt Schichtarbeit (PROSA)	Wolf	×			×			×				×		
94	Projekt „Psychischer Streß am Arbeitsplatz"	Zapf				×			×						×
95	Schwedische Untersuchungen zur psychischen Gesundheit von Arbeitern	Aronsson	×			×			×						×
96	Streß bei Verwaltungsarbeiten	Schönpflug	×		×	×			×						×
97	VW-Projekt: Gruppenarbeit in der Montage	Ulich	×	×	×							×	×	×	

Zur Entstehung des Handbuchs

Die fachhistorischen Grundlagen, Theorien und Konzepte, Probleme, Methoden und Anwendungen der modernen Arbeits- und Organisationspsychologie erstrecken sich über sehr weite und heterogene Themenfelder. Um das Selbstverständnis des Fachgebiets so breit und vielschichtig, wie es sich heute darstellt, repräsentieren zu können, sind wir bei der Herausgabe des Buches neue Wege gegangen.

Im Frühjahr 1985 haben wir Fachexperten um Vorschläge für die Auswahl der Schlüsselbegriffe und europäischen Autorinnen und Autoren gebeten.[1] Dabei sollten insbesondere neue Themen und unterschiedliche Sichtweisen berücksichtigt werden, selbst wenn sich durch unabgeschlossene Begriffsentwicklungen unvermeidlich Themenüberschneidungen ergeben würden. Die gesammelten Vorschläge wurden mehrfach zirkuliert und überarbeitet. Die Herausgebertätigkeit bei einem solchen internationalen Handbuch könnte durchaus als besondere organisationspsychologische Aufgabe angesehen werden, die mit viel Organisation, Psychologie und nur mit großer Geduld bewältigt werden kann. Diese Aufgabe haben wir zusätzlich noch durch das folgende Verfahren angereichert: Die Vorfassungen aller Beiträge wurden von mehreren Fachexpert(inn)en und Studierenden kritisch gelesen und kommentiert. Hauptaufgabe der Expert(inn)en war es, darauf zu achten, daß relevante, aktuelle Entwicklungen und wichtige Referenzliteratur berücksichtigt werden. Die Studierenden sollten bei ihren Reviews vor allem auf drei Aspekte achten: Verständlichkeit, Interesse und Relevanz. Die Einschätzungen und Verbesserungsvorschläge wurden zusammen mit Kommentaren von uns Herausgebern den Autorinnen und Autoren zugesandt und konnten bei der Abfassung des endgültigen Beitrages berücksichtigt werden.

Da wir an der Qualität professioneller Übersetzungen Zweifel hatten, haben wir als Herausgeber selbst die Übersetzungsarbeit bei denjenigen Beiträgen übernommen, für die kein deutschsprachiger Koautor vorhanden war. Wir haben in Absprache mit unseren Kolleginnen und Kollegen sinngemäßen Übersetzungen den Vorzug gegeben, die nach unserem Wissen und Stilgefühl angemessen sind. Bei vielen Übersetzungen von Fachbegriffen, Redewendungen und gerade auch bei den nach unserer Einschätzung besonders brillanten englischen oder französischen Originaltexten und -zitaten haben wir große Zweifel behalten, ob gute Übersetzungen überhaupt möglich sind.[2]

Während der Entstehung dieses Handbuches verstarben drei bedeutende europäische Arbeits- und Organisationspsychologen, die zum Gelingen dieses Handbuches beigetragen haben. Bertil Gardell hatte angeregt und sich bereiterklärt,

---

1 Der Fachgruppe Arbeits- und Organisationspsychologie der Deutschen Gesellschaft für Psychologie und vielen führenden Fachvertreter(inn)en sowie vielen Studierenden, die wir nicht alle namentlich aufführen können, danken wir für die Unterstützung bei der Konzepterarbeitung und die aktive Mitarbeit im Reviewverfahren.
2 H. Jürgen Kagelmann hat unserem Buchprojekt als Lektor der Psychologie Verlags Union bis zur Endredaktion der Beiträge und Überarbeitung der Übersetzungen aktiv zur Seite gestanden, und wir danken ihm dafür ganz besonders.

über die schwedischen Untersuchungen zur psychischen Gesundheit zu berichten. Er verstarb, bevor er diese Arbeit beginnen konnte. Gunnar Aronsson übernahm freundlicherweise seinen Beitrag. Albert Cherns starb unmittelbar nach der Abfassung seines Artikels und auch Joseph Rutenfranz starb nach Abschluß der Arbeiten zu zwei Beiträgen dieses Handbuches. Alle drei Verstorbenen haben in einem außergewöhnlichen Maße auf internationaler Ebene die Arbeits- und Organisationspsychologie geprägt. Ihr Tod bedeutet einen kaum zu ersetzenden Verlust für unsere Disziplin.

An dieser Stelle möchten wir allen Autorinnen und Autoren dieses Handbuches unseren Dank aussprechen. Ohne ihre geduldige Mitarbeit und ihr Verständnis für die besonderen Schwierigkeiten eines solchen Projekts hätte dieses internationale Handbuch nicht entstehen können. Ganz besonders aber danken wir Frau Ingrid Sidortschuck für ihre kompetente organisatorische und praktische Hilfe bei vielfältigen Schreibarbeiten in allen Phasen dieses Projektes bis hin zum Erstellen des Stichwort- und Autorenverzeichnisses. Wir bedanken uns auch bei Frau Kathryn Hewitt und Frau Anke Whyton, die uns viel Arbeit beim Schreiben von Texten, Literaturlisten und Briefen abgenommen haben.

Autorinnen und Autoren aller in der Arbeits- und Organisationspsychologie aktiv tätigen Länder sind trotz unserer Bemühungen in diesem Handbuch noch nicht optimal vertreten. Bei allen Schwierigkeiten und Mühen der langwierigen Informationssuche und Anknüpfung von Kooperationskontakten sind wir immer wieder dadurch motiviert worden, daß wir durch die Herausgebertätigkeit etwas über die Arbeit von Kollegen und Kolleginnen aus anderen Ländern lernen und erfahren konnten. In vielen Fällen ist es uns sogar gelungen, durch Vorschläge, gemeinsam einen Buchbeitrag zu schreiben, persönliche internationale Kooperationskontakte anzubahnen, wo sie bisher fehlten. Diese Chancen, über die Herausgabe unseres Handbuchs die internationale Kommunikation im Gebiet der Arbeits- und Organisationspsychologie und die Entwicklung persönlicher Kooperationsnetzwerke zu fördern, hat uns dazu angeregt, bereits jetzt eine nächste Aufgabe in Angriff zu nehmen und das Handbuch in veränderter/erweiterter Form in anderen Sprachen herauszugeben.

Osnabrück und Sheffield, Juli 1989

Siegfried Greif, Heinz Holling und Nigel Nicholson

*Für unsere Ehefrauen
Dietlinde, Silva und Mary*

Inhalt

Vorwort V

Teil I: Grundlagen und Perspektiven 1

1. Theorien und Konzepte *(Greif, Holling, Nicholson)* 3
2. Historische Positionen *(Ulich)* 19
3. Systemtheoretische und ingenieurwissenschaftliche Grundlagen *(Timpe)* 33
4. Biologische und psychophysiologische Grundlagen *(Seeber, Rutenfranz)* 37
5. Sozialwissenschaftliche Grundlagen *(Staehle)* 43
6. Erwerbsarbeit im Wandel *(Strümpel)* 49
7. Berufsentwicklung und Professionalisierung *(de Wolff, Greif)* 56
8. Europäische Perspektiven *(Heller)* 61

Teil II: Probleme, Konzepte und Methoden 67

9. Aktionsforschung *(Blackler)* 69
10. Alkohol- und Drogenkonsum *(Klein-Moddenborg, Rüttinger)* 74
11. Altern und Ruhestand *(Baltes, Dost)* 78
12. Arbeit *(Graf Hoyos)* 83
13. Arbeitsabwesenheit und Fluktuation *(Nicholson)* 87
14. Arbeitsanalysehilfsmittel: Die Verfahrensgruppe TBS und BMS *(Hacker)* 94
15. Arbeitsbewertung *(Ungerson, Garber)* 98
16. Arbeitsgestaltung *(Clegg, Ulich)* 101
17. Arbeitsgruppen *(Cranach, Ochsenbein, Tschan)* 109
18. Arbeitsmotivation *(Häcker, Kleinbeck)* 113
19. Arbeitsplatzverlust und Erwerbslosigkeit *(Hartley, Mohr)* 118
20. Arbeitssicherheit *(Zimolong, Hale)* 126
21. Arbeitszeit *(Thierry, Jansen)* 131
22. Arbeitszufriedenheit *(Büssing)* 137
23. Arbeits- und Aufgabenanalyse *(Leplat)* 141
24. Assessment Center *(Gebert, A.)* 145
25. Ausbildung, Training und Qualifizierung *(Greif, Kurtz)* 149
26. Auswahlgespräche und Auswahlkomitees *(Herriot)* 161
27. Automatisierung und flexible Fertigungssysteme *(Mense)* 165
28. Bauliche Umwelt *(Frieling)* 169
29. Belastung und Beanspruchung am Arbeitsplatz *(Hettinger)* 173
30. Beobachtungsmethoden *(Six)* 182
31. Berufliche Sozialisation *(Hoff, Hohner)* 186

32. Berufsentwicklung, Laufbahn und Beratung *(Williams)* 193
33. Bildungsbedarfsanalyse *(Patrick)* 199
34. Entscheidungen in Organisationen *(Brunsson)* 206
35. Ermüdung *(Hacker)* 209
36. Ethnische und rassische Vorurteile *(Thomas)* 212
37. Fehler und Fehlhandlungen *(Wehner, Stadler)* 219
38. Forschungsstrategien in der Organisationspsychologie *(Curie)* 222
39. Frauen und Erwerbstätigkeit *(Marshall, Rummel)* 227
40. Freizeit und Familie *(Bamberg)* 231
41. Führungsprozesse *(Hosking)* 235
42. Handlungspsychologische Arbeitsanalyseverfahren „VERA" und „RHIA" *(Oesterreich, Leitner)* 240
43. Identitäts- und Persönlichkeitsentwicklung *(Schallberger)* 245
44. Idiografische Methoden *(Tränkle)* 249
45. Innovation in der Arbeit *(West, Frei)* 254
46. Interviews *(Schuler)* 260
47. Kommunikationsprozesse in Organisationen *(Six)* 265
48. Konflikte in Organisationen *(Berkel)* 270
49. Kontrolle und Tätigkeitsspielraum *(Frese)* 275
50. Kriterien *(Jones)* 280
51. Kulturvergleichende Untersuchungen *(Peiró)* 285
52. Leistungsbeurteilung *(Fletcher)* 292
53. Leistungsnormen und Lohnsysteme *(Thierry)* 296
54. Macht *(Neuberger)* 301
55. Menschliche Informationsverarbeitung *(Schroiff, Streitz)* 305
56. Mensch-Computer-Interaktion *(Holling, Gediga)* 311
57. Meßprobleme bei der Personalauswahl *(Lewis)* 319
58. Mitbestimmung *(Wilpert)* 324
59. Monotonie *(Hacker)* 329
60. Multivariate Analysen *(Jackson)* 332
61. Organisationaler Wandel *(Nicholson)* 336
62. Organisationen und Organisationsgestaltung *(Kieser)* 342
63. Organisationsdiagnostik *(Franke, Kühlmann)* 350
64. Organisationsentwicklung und -beratung *(Gebert, D.)* 354
65. Organisationsklima *(Rosenstiel)* 357
66. Organisationskultur *(Merkens)* 365
67. Personalselektion und -plazierung *(Drenth)* 371
68. Personalmarketing *(Baldus, Holling)* 379
69. Psychische Gesundheit und Arbeit *(Warr)* 385
70. Psychophysiologische Meßmethoden *(Boucsein)* 389
71. Qualitäts-Zirkel *(Bungard)* 396
72. Qualitative Methoden *(Fineman)* 403
73. Schichtarbeit *(Nachreiner, Volger, Meijmann, de Vries-Grieber)* ... 407
74. Sensumotorisches Lernen *(Munzert)* 412

75. Software-Ergonomie *(Hockey, Dzida)* 416
76. Soziale Unterstützung *(Udris)* 421
77. Stochastische Prozeßanalysen in der Arbeits- und
    Organisationspsychologie *(Holling)* 426
78. Streß *(Greif, Cox)* 432
79. Streß und Herzinfarkt *(Becher, Frey)* 440
80. Trainingsimplementierung und -evaluation *(Bramley)* .. 446
81. Überwachungs-, Kontroll- und Steuerungstätigkeiten *(Nachreiner,
    Eilers, Hänecke, Craig)* 451
82. Umfrageforschung *(Liepmann)* 455
83. Verhandlung *(Kelly, Müller)* 459
84. Vollständige vs. unvollständige Arbeitstätigkeiten *(Hacker)* 463
85. Zielsetzungsmethoden (Goal setting) *(Guest)* 467

Teil III: Projekte und Experimente 473

86. Arbeitsstrukturierung in der Montage- und Teilefertigung
    (AEG-Projekt) *(Schmidt, Rutenfranz)* 475
87. Die Arbeitslosenforschung in Marienthal *(Fryer)* 479
88. Die Tavistock-Untersuchungen und ihre Auswirkungen *(Cherns)* 483
89. Die SAPU-Untersuchungen zur Arbeitsumgestaltung *(Wall)* 489
90. Gestaltungsprojekte zur Handlungserleichterung bei der Einführung
    neuer Technologien *(Roe)* 493
91. Hochschulabgänger in der Industrie – Ein Projekt bei Olivetti
    (Bertaggia, Novara) 499
92. Organisationale Erneuerung bei Philips *(van Assen, den Hertog)* ... 503
93. Projekt Schichtarbeit (PROSA) *(Wolf)* 508
94. Projekt „Psychischer Streß am Arbeitsplatz" *(Zapf)* . 514
95. Schwedische Untersuchungen zur psychischen Gesundheit von
    Arbeitern *(Aronsson)* 518
96. Streß bei Verwaltungsarbeiten *(Schönpflug)* 523
97. VW-Projekt: Gruppenarbeit in der Motorenmontage *(Ulich)* 527

Anhang 534

Hinweise auf Sekundärliteratur 534

Angaben zu den Autoren 536

Personenregister 554

Sachregister 567

Teil I:

Grundlagen und Perspektiven

1. Theorien und Konzepte
Ein einführender Überblick

1.1 Einleitung

Die Arbeits- und Organisationspsychologie ist ein Anwendungsfach der Psychologie. Ihr Gegenstand ist die Beschreibung, Erklärung, Prognose und Gestaltung menschlicher Arbeitstätigkeiten und Interaktionen in Organisationen. Theorien und Gestaltungskonzepte eines Anwendungsfachs sind nicht nur nach klassischen wissenschaftlichen Gütekriterien zu beurteilen, wie Präzision und intersubjektive Eindeutigkeit der Begriffe, Widerspruchsfreiheit und empirische Bestätigung der theoretischen Aussagen oder nach ihrer Bedeutung für die Theorieentwicklung (vgl. Breuer, 1989; Groeben & Westmeyer, 1975), sondern auch im Hinblick auf ihre praktische Anwendbarkeit und Nützlichkeit.

Die Anwendung wissenschaftlicher Theorien ist ein komplexes Problem. Wissenschaftliche Theorien sind in der Regel Konstruktionen, die nur im Idealfall unverändert als Werkzeuge zur praktischen Problemlösung genutzt werden können. Als „Denkwerkzeuge" dienen sie zur Analyse und Aufklärung von Problemfeldern.

1.2 Aktuelle Theorien und Gestaltungskonzepte im Überblick

Jede Untergliederung der Arbeits- und Organisationspsychologie in Teilgebiete ist angreifbar, weil es systematische Zusammenhänge auch zwischen den Gebieten und Problemfeldern gibt, die sich durch gesellschaftliche Aufgabenstellungen historisch voneinander unabhängig entwickelt haben (→ *Historische Positionen*, → *Berufsentwicklung und Professionalisierung*). Im Rahmen unseres Beitrags geben wir einen pragmatisch gegliederten Überblick über aktuelle Theorien und Gestaltungskonzepte der Arbeits- und Organisationspsychologie. Die Darstellung dient gleichzeitig als Einführung zum vorliegenden Handbuch.

Bei der Auswahl und Gruppierung haben wir uns an Einführungs- und Lehrbüchern (Drenth et al., 1984; Gebert & Rosenstiel, 1981; Greif, 1983; Hacker, 1986; Landy, 1985; Morgan, 1986) und den Übersichtsdarstellungen der Annual Reviews orientiert. Wir unterscheiden drei miteinander verbundene Hauptgebiete:
1. Arbeitsplatz und Arbeitstätigkeit,
2. Personelle Entscheidungen und Personalentwicklung,
3. Interaktion und Organisationen.

Zu jedem dieser Problemfelder werden ausgewählte Theorien und Gestaltungskonzepte in Untergruppen eingeordnet und kurz angesprochen. Die Gliederung innerhalb dieser Hauptgebiete richtet sich nicht nach der historischen Entwicklungsfolge. Zuerst werden jeweils die einfachen theoretischen Konzepte beschrieben. Später folgen die komplexeren Theorien und am Ende die Gestaltungskonzepte.

1.2.1 Individuum am Arbeitsplatz und Arbeitstätigkeit

Die theoretische Analyse und Gestaltung der Beziehungen zwischen Individuum und Arbeitsplatz ist das Kernproblem der Arbeitspsychologie. Die Untergliederung in Teilgebiete folgt neueren Darstellungen. Die Gebiete sind aber keineswegs eindeutig trennbar.

(1) Arbeitszufriedenheit

Befragungen zur → *Arbeitszufriedenheit* und zum Arbeitsklima (→ *Organisationsklima*) gehören seit den bekannten „Hawthorne Untersuchungen" (→ *Historische Positionen*) zum Standardinstrumentarium der Arbeits- und Organisationspsychologie. Nach den ersten Untersuchungsergebnissen wurde angenommen, daß erhöhte Arbeitszufriedenheit und besseres Arbeitsklima Leistungssteigerungen hervorrufen. Durch diese einfache, allerdings selten verifizierte Hypothese stimuliert, entstand eines der umfangreichsten Forschungsfelder mit vielfältigen, theoretisch und methodisch kontroversen Positionen.

Herzbergs Zwei-Faktoren-Theorie der Arbeitszufriedenheit und -motivation gehört zu den einfachen und bis heute bekanntesten Theorien. Herzberg unterscheidet zwischen Motivations- und Hygiene-Faktoren. Je befriedigender der Arbeitsinhalt gestaltet ist (Motivations-Faktoren), desto zufriedener und motivierter werden die Arbeitskräfte nach Herzberg sein. Unzufriedenheit entsteht dagegen durch ungünstige Hygienefaktoren, dazu zählen z. B. belastende Umgebungsbedingungen der Arbeit.

Die umfängliche Forschung zur Zwei-Faktoren-Theorie ist allerdings, wissenschaftlich gesehen, eher entmutigend (Landy, 1985). Dennoch ist ihre Bedeutung für die Unterscheidung von Hauptfaktoren und Meßmethoden in der Arbeitszufriedenheitsforschung unbestritten. Bedeutsame weitergehende Differenzierungen liefern darüber hinausgehend vor allem Bruggemann et al. (1975) mit ihrer Unterscheidung verschiedener Formen der Arbeitszufriedenheit (→ *Arbeitszufriedenheit*) sowie facettentheoretische Ansätze (→ *Organisationsklima*).

Die Komplexität der praktischen Bedeutung der Arbeitszufriedenheit läßt sich am Beispiel der empirischen Untersuchung der Zusammenhänge zwischen Absentismus und Arbeitszufriedenheit zeigen. Je nach Spezifikation der Indikatoren der Abwesenheitsrate und je nach Kontext und Fragestellungen können wir heute allein für dieses Problem sechs allgemeine theoretische Grundmodelle unterscheiden (→ *Arbeitsabwesenheit und Fluktuation*).

(2) Arbeitsmotivation

Maslow (1954) hat eine grundlegende humanistische Motivationstheorie formuliert, nach der sich die Bedürfnisse des Menschen stufenförmig von existentiellen physiologischen Bedürfnissen bis hin zur Selbstverwirklichung entfalten. Das zugrundeliegende Modell streng hierarchisch abgestufter Bedürfnisse ließ sich aber empirisch nicht bestätigen. Die Theorie hat aus diesem Grunde in der Wissenschaft an Bedeutung verloren. In Managementseminaren spielt Maslows Bedürfnistheorie dagegen immer noch eine große Rolle. Dies hängt damit zusammen, daß Maslow eine grundlegende humanistische Theorie menschlicher Bedürfnisentwicklung formuliert hat, die auf allgemein akzeptierten humanistischen Vorstellungen beruht. Methodisch sorgfältiger überprüfte Vereinfachungen der Theorie (vgl. Alderfer, 1972) haben dagegen kaum Beachtung gefunden.

Die theoretischen Grundgedanken der „Wert x Erwartungs-Theorien" oder „Instrumentalitätstheorien" der → *Arbeitsmotivation* basieren auf Annahmen über eine rationale individuelle Nutzenmaximierung, wie wir sie auch in Entscheidungstheorien (→ *Enscheidungen in Organisationen*) finden. Einfach ausgedrückt, ist die Kernfrage dabei: „Was bekomme ich dafür, wenn ich mich bei der Arbeit anstrenge und wie sicher ist es, daß ich das bekomme?"

Vroom (1964) hat die theoretischen Kernannahmen in Anlehnung an Kurt Lewins Valenztheorie ausformuliert. Sein Ausgangsmodell wurde von verschiedenen Autoren zu komplexen Instrumentalitätsmodellen erweitert. Die bekannteste Erweiterung stammt von Porter und Lawler (1968). Diese Modelle erscheinen am ehesten geeignet, komplexes, individuell unterschiedliches Leistungsverhalten vorherzusagen (Landy, 1985).

Allerdings erweist sich gerade auch die Berücksichtigung der Bedeutung interindividuell unterschiedlicher Bewertungen und ihre Messung sowie die kontextabhängig unterschiedliche Bedeutung intervenierender Variablen zunehmend als methodologisches und praktisches Kernproblem dieser Modelle. So rasch wie komplexe Modelle erstellt worden sind, so rasch sind sie auch nach empirischen Ergebnissen posthoc wieder revidiert oder erweitert worden. Nachträgliche Modellveränderungen sind methodologisch unzulässig, wenn es um die Überprüfung der Gültigkeit der theoretischen Annahmen geht. Wissenschaftliche Bedeutung haben diese komplexen Instrumentalitätsmodelle deshalb lediglich durch grundlegende begriffliche Unterscheidungen verschiedener subjektiver Wahrscheinlichkeiten und Instrumentalitäten oder extrinsischer und intrinsischer Valenzen erlangt. Ein bis heute ungelöstes Grundproblem der Nutzenmaximierungsmodelle ist, welche Bedeutung rational kalkulierte Entscheidungen in Organisationen haben. Gerade bei wichtigen Entscheidungen in Organisationen erscheint die Anwendbarkeit derartiger Modelle eher fraglich (Brunsson, 1985; → *Entscheidungen in Organisationen*). Eine im Vergleich zu den differenzierten und komplexen Instrumentalitätstheorien sehr einfach formulierte Motivationstheorie, die sich auf lerntheoretische Verstärkungskonzepte bezieht, ist die Zielsetzungstheorie von Locke (1968; → *Zielsetzungsmethoden*).

Ihre wesentliche, empirisch relativ gut bestätigte und praktisch umsetzbare theoretische Aussage ist, daß Menschen durch Ziele motiviert werden, die konkret formuliert und schwierig sind sowie selbständig bearbeitet werden müssen. Die Anwendung dieser Theorie knüpft an die bekannte Technik des „Management by Objectives" an.

(3) Menschliche Informationsverarbeitung

Während im frühen Stadium der Arbeits- und Organisationspsychologie faktorenanalytische Intelligenztestkonzepte zur Erklärung kognitiver Prozesse herangezogen wurden, rücken in neuerer Zeit Prozeßmodelle für die menschliche Informationsverarbeitung in den Vordergrund, deren historische Wurzeln in denkpsychologischen Theorien und der experimentalpsychologischen Forschung zur Informationsverarbeitung zu suchen sind. Insbesondere Analysen zur Software-Ergonomie beziehen sich auf allgemeine Modelle der → *Menschlichen Informationsverarbeitung* oder elaborierte Weiterentwicklungen dieser Modelle (vgl. Card, Moran & Newell, 1983).

Card et al. (1983) stützen sich auf Ergebnisse und Methoden der experimentellen Psychologie, um Parameter für Optimalbedingungen für die Reizdarbietung und Informationsverarbeitungskapazität des Menschen am Computer-Arbeitsplatz zu bestimmen. Für ihr allgemeines Prozeßmodell der Informationsverarbeitung verwenden sie experimentell ermittelte Zeitwerte und schätzen die Gesamtzeit für beliebige Aufgaben am Computer durch Addition der einzelnen Zeitkomponenten.

Methodologisch fragwürdig erscheint dabei die Integration heterogener laborexperimenteller Einzelbefunde in ein gemeinsames Prozeßmodell. Durch Zeitreihenexperimente läßt sich zeigen, daß additive Zeitkomponentenmodelle noch nicht einmal bei elementaren Reaktionsaufgaben geeignet sind, komplexe und flexible individuelle Adaptationsprozesse des Menschen zu beschreiben (Greif & Gediga, 1987).

Im Feld der Mensch-Computer Interaktion führt die einfache Übertragung von Einzelerkenntnissen aus der experimentalpsychologischen Grundlagenforschung zu fragwürdigen Resultaten. Shneidermann (1987) stützt sich zwar ebenfalls auf das allgemeine Modell der Informationsverarbeitung, erkennt aber die Notwendigkeit einer zusätzlichen experimentellen Feldforschung zur Evaluation der theoretischen Annahmen und Gestaltungslösungen (→ *Mensch-Computer Interaktion*).

(4) Beanspruchung, Streß und psychische Gesundheit

Die Untersuchung von → *Belastungen und Beanspruchungen am Arbeitsplatz* ist eines der umfangreichsten und vielgestaltigsten interdisziplinären Problemfelder, mit Forschungsbeiträgen der Psychologie, Arbeitsmedizin, Ingenieurwissenschaften und Industriesoziologie. Je nach Art der Beanspruchung werden spezifische

Theorien zur Beschreibung und Erklärung der empirisch vorfindbaren Zusammenhänge herangezogen. Bei körperlichen Anstrengungen sind dies Theorien der Muskelermüdung (Hacker & Richter, 1984; vgl. → *Ermüdung*), bei mentalen Beanspruchungen durch Konzentration bei Überwachungsaufgaben, sind dies neuropsychologische Vigilanzmodelle (Mackworth, 1969) oder die Signalentdekkungstheorie (vgl. Velden, 1982; siehe auch → *Überwachungs-, Kontroll- und Steuerungstätigkeiten*). Chronobiologische Theorien über tageszeitliche Änderungen des Leistungsverhaltens (Rutenfranz & Colquhoun, 1979; vgl. → *Biologische und psychophysiologische Grundlagen*) können herangezogen werden, um die Umstellungsprobleme von Menschen bei → *Schichtarbeit* besser zu verstehen.

Zur Analyse des von Selye (1950) popularisierten Phänomens Streß gilt das Hormonsystem als wichtiges „biologisches Koordinatensystem" (→ *Biologische und psychophysiologische Grundlagen*). Besonders zur erhöhten Ausschüttung der „Streßhormone" Adrenalin und Noradrenalin (→ *Die Schwedischen Untersuchungen zur Gesundheit von Arbeit*) gibt es grundlegende Forschungsarbeiten (Frankenhaeuser, 1975).

Die zentrale theoretische Annahme kognitiver oder transaktionaler Streßmodelle, wie sie von Lazarus (1966) formuliert worden sind (→ *Streß*), ist die Hypothese, daß die subjektive Bewertung der Streßsituation und insbesondere die wahrgenommene Kontrolle über die Stressoren (→ *Kontrolle und Tätigkeitsspielraum*) eine entscheidende intervenierende Variable ist. Übertragen auf praktische Fragestellungen, zeigt sich, daß die Enge des Zusammenhangs zwischen Belastungen bzw. Stressoren am Arbeitsplatz und psychischer Gesundheit oder psychosomatischen Störungen bis hin zum Herzinfarkt anscheinend von der Kontrollierbarkeit der Stressoren abhängt (Karasek, 1979; → *Streß und Herzinfarkt*).

Wichtige theoretische Differenzierungen zum Zusammenhang zwischen verschiedenen Arbeitsmerkmalen und positiv definierter psychischer Gesundheit verdanken wir Warr (1987); (→ *Psychische Gesundheit und Arbeit*). In seinem „Vitamin-Modell" unterscheidet er neun allgemeine Umgebungsmerkmale: 1. Möglichkeiten zur Kontrolle der Handlungen und Ereignisse, 2. Möglichkeiten zur Nutzung der eigenen Fähigkeiten, 3. extern vorgegebene Ziele, 4. Variabilität der Tätigkeiten, 5. Eindeutigkeit oder Durchschaubarkeit der Umgebung, 6. vorhandenes Geld, 7. physische Sicherheit, 8. Möglichkeiten zum interpersonellen Kontakt und 9. Wertschätzung der sozialen Position.

Warr unterscheidet zwei Gruppen von Zusammenhangsfunktionen. Bei Merkmalen wie physischer Sicherheit und Sozialprestige steigt die psychische Gesundheit mit zunehmender Sicherheit oder Anerkennung monoton bis zu einem Plateau an. Nicht monoton sondern umgekehrt u-förmig ist dagegen der Anstieg bei Merkmalen wie Kontrolle und Durchschaubarkeit der Umgebung. Optimal sind hier mittlere Ausprägungen. Zu hohe, insbesondere aber zu niedrige Werte sind mit Beeinträchtigungen der psychischen Gesundheit verbunden.

(5) Arbeitsgestaltung

Die historischen Grundlagen für die modernen Konzepte zur Gestaltung von Mensch-Computer-Systemen reichen zurück bis zu Willy Hellpach (1922) und Kurt Lewin (1926; vgl. Ulich, 1989 b; → *Historische Positionen*). In Europa haben später vor allem die Ereignisse der → *Tavistock-Untersuchungen* die Entwicklung von Gestaltungskonzepten zur Reduzierung der Arbeitsteilung und zur relativ autonom geplanten Gruppenarbeit angeregt. Bekanntgeworden sind diese Ansätze zur Verbesserung der Qualität des Arbeitslebens und Produktivität als „Soziotechnische Systemansätze" (→ *Historische Positionen,* → *Europäische Perspektiven,* sowie verschiedene Projekte in Teil 3).

Bedeutsam sind vor allem die folgenden Arbeitsgestaltungsmerkmale: Autonomie in der Arbeit, Ganzheitlichkeit der Aufgabe, Abwechslung, persönliche Wichtigkeit oder Bedeutsamkeit der Aufgaben und Feedback über die eigene Arbeitsleistung (→ *Arbeitsgestaltung*). Erwartet wird eine Erhöhung der intrinsischen Motivation und damit der allgemeinen Produktivität.

Nach den an diesen Kriterien orientierten methodisch sorgfältigen → *SAPU-Untersuchungen zur Arbeitsumgestaltung* liegen die wirtschaftlichen Vorteile umgestalteter Arbeitssysteme weniger in individuellen Leistungssteigerungen, sondern in den Personaleinsparungen durch Selbstorganisation und Selbstkontrolle. Längerfristige Verbesserungen der Motivation, Zufriedenheit mit der Arbeit und teilweise der psychischen Gesundheit lassen sich ebenfalls nachweisen. Außerdem sind sich selbst organisierende und kontrollierende Gruppen mit vielseitig qualifizierten und einsetzbaren Mitgliedern flexibler bei Veränderungen der Aufgaben und Technologie umstellbar.

Ein Schlüsselkonzept der Arbeitsgestaltung ist der Tätigkeitsspielraum (→ *Kontrolle und Tätigkeitsspielraum*). Ulich (1984) unterscheidet grundlegend zwischen Handlungs-, Gestaltungs- und Entscheidungsspielraum. Gemeinsam bilden sie den Tätigkeitsspielraum. Die Erweiterung des Tätigkeitsspielraums kann als „Königsweg" der „persönlichkeitsfördernden Arbeitsgestaltung" angesehen werden. Es gibt zahlreiche Projekte und Experimente (s. die Arbeitsgestaltungsprojekte in Teil 3), die sich mit den positiven Konsequenzen der Erweiterung des Handlungsspielraums auseinandergesetzt haben.

Ulichs Konzept des Tätigkeitsspielraums und die „Persönlichkeitsförderlichkeit der Arbeitsgetaltung" sind gleichzeitig der praktische Kern der arbeitspsychologischen Handlungstheorie oder Handlungsregulationstheorie, wie sie insbesondere von Hacker (1986) und Volpert (1975) grundlegend formuliert worden ist. Diese Theorie beschreibt idealtypisch die einander bedingenden Wechselwirkungen zwischen Arbeitshandlungen und hierarchisch organisierten inneren Regulationsprozessen. Sie stützt sich auf die kybernetischen Modelle menschlichen Handelns von Miller, Galanter und Pribram (1960) und die sowjetische materialistische Psychologie, insbesondere von Rubinstein (1966) und Leontjew (1977).

Die handlungstheoretischen Gestaltungskonzepte sind durch umfangreiche und sorgfältige Labor- und Feldexperimente (vgl. Hacker 1986) auch im Bereich der computerunterstützten Arbeitstechnologie überprüft worden (vgl. Hacker, 1987). Sie münden ein in Prinzipien der „differentiellen und individuellen Systemgestaltung" (Ulich, 1989) sowie in Konzepte zur ganzheitlichen Gestaltung von computerunterstützten Arbeitstätigkeiten als „vollständige Tätigkeiten" (→ *Vollständige vs. Unvollständige Arbeitstätigkeiten*; Ulich, 1989 b für die historischen Grundlagen).

1.2.2 Personelle Entscheidungen und Personalentwicklung

(1) Personelle Entscheidungen

Die Konstruktion und Anwendung psychologischer Methoden zur → *Personalselektion und -plazierung* war eine wechselvolle Anwendungsaufgabe, seit in den USA im Ersten Weltkrieg Intelligenztests zur Klassifikation von Rekruten und Offizieren verwendet wurden. Theoretische Grundlagen waren insbesondere faktorenanalytische Intelligenz- und Persönlichkeitstheorien. Die Schwerpunkte lagen aber eher im meßtheoretischen und methodischen Bereich. Insbesondere → *Meßprobleme bei der Personalauswahl*, der Konstruktion und Überprüfung von Textverfahren und die Entwicklung von empirisch nachweisbar nützlichen und ethisch vertretbaren Auswahl- oder Plazierungsstrategien gehören zu den Grundlagenthemen, die bis heute ihre praktische Bedeutung behalten haben (vgl. Landy, 1985).

(2) Personalentwicklung und berufliche Sozialisation

Personalplanung und Personalentwicklung sind Aufgabenfelder mit zunehmender Bedeutung in modernen Unternehmen. Das Gebiet wird zwar eher der Betriebswirtschaft zugerechnet, die Psychologie gewinnt aber vor allem durch Entwicklung von Erhebungs- und Untersuchungsinstrumenten an Bedeutung (→ *Assessment Center*). Wichtig sind hier vor allem Instrumente zur → *Bildungsbedarfsanalyse*, → *Organisationsdiagnostik* und → *Umfrageforschung*. Die Methoden und Instrumente sind aber vorwiegend aus der Praxis und ohne ausgearbeitete theoretische Grundlagen entstanden. Um so vordringlicher sind theoretische Analysen und Forschungsarbeiten zur besseren Fundierung dieser Methoden. Die Konzepte im folgenden Abschnitt können dazu Beiträge liefern.

Seit den 70er Jahren (vgl. Greif, 1978) werden Modelle der Fähigkeitsentwicklung im Erwachsenenalter und Längsschnittmethoden auf das Gebiet der Arbeits- und Organisationspsychologie übertragen (Kohn & Schooler, 1978). Zusammen mit Annahmen über entwicklungsfördernde Arbeitsbedingungen werden sie unter dem Stichwort → *Berufliche Sozialisation* behandelt. Hier ergeben sich enge theoretische Bezüge zur „persönlichkeitsförderlichen → *Arbeitsgestaltung*" und zu Annahmen über die langfristigen Auswirkungen von → *Streß* und → *Psychischer Gesundheit* (s. o.). Neue Forschungs- und Anwendungsfelder der Psychologie in diesem Gebiet sind Orts-, Berufs- und Arbeitsveränderungen. Nicholson und West (1988) haben Längsschnittuntersuchungen an Managern und Managerinnen über die Rolleninnovation und Persönlichkeitsentwicklung durch Arbeitsveränderungen (Job Change) durchgeführt. Arbeitsveränderungen können in der Übergangsphase mit erhöhten Ängsten verbunden sein. Bei erfolgreicher Bewältigung der Situation ergeben sich aber Chancen für die persönliche Entwicklung und für eine Innovation der Organisation.

(3) Ausbildung, Trainung und Qualifizierung

Das Forschungs- und Anwendungsfeld → *Ausbildung, Training und Qualifizierung* liegt im Schnittpunkt vieler Fachdisziplinen. Die praktisch verwendeten Methoden basieren zumeist auf einer Kombination verschiedener psychologischer Theorien und Prinzipien.

Banduras (1969, 1986) Theorie des sozialen Lernens hat ihre von Anfang an große Bedeutung für die Vermittlung sozialer Kompetenzen durch Rollenspielmethoden aufrechterhalten. Kognitions- und handlungstheoretische Konzepte (Hakker, 1986; Volpert, 1975) werden für das → *sensumotorische Lernen*, zunehmend auch für komplexe kognitive Anforderungen an Arbeitsplätzen mit Computerunterstützung eingesetzt. So werden etwa piktografische Veranschaulichungen zur Entwicklung „mentaler Modelle" von komplexen Arbeitsabläufen oder Entscheidungsregeln und Heurismen für die Lösung von vorhersehbaren und unvorhergesehenen Problemen (jeweils für spezielle Arbeitstätigkeiten, z. B. CNC-Dreher) entwickelt.

In kaum einem anderen Anwendungsfeld zeigt sich die Übertragbarkeit und Nützlichkeit experimentalpsychologisch fundierter Erkenntnisse und Gestaltungsprinzipien eindeutiger als hier. Nicht nur in diesem Aufgabengebiet zeigt sich aber, daß schematische Übertragungen von Theorien auf die Praxis unzureichend bleiben. Zusätzlich erforderlich sind vorausgehende → *Arbeits- und Aufgabenanalysen*, → *Bildungsbedarfsanalysen* sowie Adaptationen der Theorien und gezielte empirische Untersuchungen zur → *Trainingsimplementierung und Evaluation*.

1.2.3 Interaktionen und Organisationen

Pragmatisch unterscheiden wir Theorien und Konzepte, die sich auf das Individuum am Arbeitsplatz beziehen, und Theorien, die die Interaktionsprozesse zwischen mehreren Personen oder Organisationen als Systemen von Menschen und Aufgaben (einschließlich Technik, Rohmaterial, Arbeitsumgebung und ihre Merkmale) berücksichtigen. Diese Unterscheidung entspricht der insbesondere in den USA zu beobachtenden Spezialisierung in zwei Teilgebiete: (1) eine eher ingenieurwissenschaftliche bzw. ergonomisch ausgerichtete „Engineering Psychology" oder eng im Sinne einer „Arbeitsplatzpsychologie" verstandene Arbeitspsychologie und (2) eine eher sozialwissenschaftliche „Organisationspsychologie". Im Grunde ist diese Einteilung aber nur fachhistorisch und nicht systematisch begründet. Konzepte der Arbeits- und Organisationsgestaltung bedingen sich gegenseitig. Arbeitsgestaltung, Führungs- und Arbeitsgruppenkonzepte und Organisationstheorien sind nicht trennbar. McGregors Organisationstheorie (s. u.) ist im

Kern eine Motivations- und Führungstheorie. Likerts Organisationsmodell (s. u.) basiert auf Führungs- und Arbeitsgruppenkonzepten.

(1) Führungs- und Arbeitsgruppe

Landy (1985) unterscheidet zwei Hauptgruppen von Führungstheorien:
1. *Theorien zu den Auswirkungen des Führungsverhaltens auf andere Menschen und*
2. *Theorien zur Beschreibung und Erklärung der Prozesse des Führungsverhaltens.*

Zur ersten Gruppe gehören die klassischen Eigenschaftstheorien der Führung (vgl. Wunderer & Grunwald, 1980), die Kontingenztheorie von Fiedler, die Weg-Ziel-Theorie von House & Mitchell (1974). Führungseigenschaften oder das Führungsverhalten sind die hypothetisch unabhängigen Variablen, Effektivität und Zufriedenheit der Mitarbeiterinnen und Mitarbeiter bilden in der Regel die abhängigen Variablen. Wir können diese Gruppe daher auch als „Führungserfolgstheorien" bezeichnen.

Die theoretischen Lösungen sind meist einfach. Eigenschaftstheorien versuchen eignungsdiagnostisch erfaßbare Führungsfähigkeiten oder soziale Kompetenzen der Führungskräfte zu finden, die zum Erfolg führen. Macht-Theorien untersuchen die Bedeutung von Macht und Einfluß der Führungskräfte zur Erklärung ihres Erfolgs. Die Kontingenztheorien berücksichtigen zusätzlich Aufgabenmerkmale. Der Schwierigkeit und Komplexität der Aufgabe wird ein intervenierender Einfluß zugeschrieben. Die Weg-Ziel-Theorie stützt sich auf Vrooms individuelle Werte und subjektive Wahrscheinlichkeiten der Mitarbeiter/innen. Der Einfluß der Führungskraft auf das Leistungsverhalten hängt dabei vom Einfluß der Führungskraft auf die Strukturierung oder Veränderung der Kontingenzen ab. Je besser die Führungskraft imstande ist, die individuellen Werte und Erwartungen zu manipulieren, desto mehr wird sie erreichen.

Die Weg-Ziel-Theorie ist schwierig empirisch zu bestätigen. Aber immerhin enthält sie differenzierte theoretische Annahmen über komplexe Wechselwirkungen zwischen Führungsverhalten und Leistungen der Mitarbeiter/innen. Die meisten Führungstheorien enthalten mechanistische Simplifizierungen. Wie Neuberger (1984) herausstellt, gilt diese Feststellung nicht nur für die klassischen Eigenschaftstheorien, sondern auch für Fiedlers Kontingenztheorie. Für den Führungserfolg ist hier letztlich eine durch Fragebogen erfaßte „Führungseigenschaft" entscheidend.

Das Kernproblem der Führungserfolgstheorien liegt darin, daß Interaktionsprozesse zwischen Menschen nicht mit einfachen linearen Wirkungsketten modelliert werden können, selbst wenn sie durch Annahmen über die moderierenden Wirkungen von intervenierenden Variablen erweitert werden (wie etwa die Weg-Ziel-Theorie mit ihrer Inflation von Kontext- und Moderatorvariablen).

Die Theorien der zweiten Gruppe versprechen angemessenere Lösungen dieser Probleme. Sie basieren auf Annahmen über dynamische und reziproke Beeinflussungsprozesse. Sie zielen auch nicht primär auf eine Verbesserung des Führungserfolgs ab. Ein Beispiel ist Hollanders (1978) soziale Austauschtheorie der Führung. Diese Theorie kann herangezogen werden, um die wechselseitige Beeinflussung zwischen Führungskräften und Arbeitsgruppe in Abhängigkeit von situativen Kontextbedingungen zu beschreiben. Zunehmend aktuell werden sozial-konstruktivistische Konzepte, wonach Führungsprozesse dazu dienen, durch Verhandlungen Kernprobleme in ihrer Bedeutung gemeinsam zu definieren und „soziale Netzwerke" aktiv aufzubauen (vgl. Grieco & Hosking, 1987; → *Führungsprozesse*).

Überzeugende Theorien über Prozesse in → *Arbeitsgruppen* sind bisher kaum entwickelt worden. Die Psychologie hat sich auch im Gebiet der Arbeits- und Organisationspsychologie allzusehr auf das Individuum oder dyadische Interaktionen konzentriert. Dies liegt aber auch daran, daß die Komplexität der Interaktionsprozesse in Arbeitsgruppen nach den wenigen bisher vorliegenden, methodisch sorgfältig durchgeführten Beobachtungsstudien außerordentlich hoch ist. Abgesehen von widersprüchlichen Untersuchungen über Gruppenstrukturen und Leistungen gibt es bisher kaum allgemeine theoretische Modelle.

Zu den wenigen komplexen, durch Beobachtungen von Mikroprozessen fundierten Theorien der Arbeitsgruppe gehört die Theorie handelnder sozialer Systeme nach v. Cranach et al. (1986; → *Arbeitsgruppen*). Die systemischen Besonderheiten von Arbeitsgruppen liegen danach in ihrer aus der Aufgabenstruktur, der Struktur der übergeordneten sozialen Systeme und der Tradition der Gruppe ableitbaren Gruppenstruktur. Im Unterschied zur Organisation ist die Informationsverarbeitung in der Gruppe weniger formalisiert. Zur Beobachtung und Beschreibung von Gruppenprozessen kann das nach Bales erweiterte Symlog-Verfahren verwendet werden (Polley et al., 1988; → *Beobachtungsmethoden*). Dieses komplexe Beobachtungssystem, mit dem sich beispielsweise Untergruppen- oder Fraktionsbildungen beschreiben lassen, wird zunehmend auch in der Industrie zum Training von Gruppen eingesetzt.

(2) Der Mensch in der Organisation

Maslows Motivationstheorie hat in der Reformzeit der 60er Jahre die Entwicklung humanistischer Theorien der Organisationspsychologie stark angeregt (vgl. Greif, 1983). McGregor (1967) hat eine humanistische Organisationstheorie als Kritik des tayloristischen Menschenbildes formuliert. Danach tendieren Manager zum Vorurteil, daß ihre Arbeiter arbeitsscheu und nur durch „Zuckerbrot und Peitsche" zu lenken seien. McGregor setzt dagen auf eine Motivierung zu verantwortungsbewußtem Handeln durch hohe, selbstkontrollierte Ziele und Leistungsstandards (vgl. auch → *Zielsetzungsmethoden*).

Für Likerts „Neue Ansätze der Unternehmensführung" (Likert, 1961) ist der Ausgangspunkt eine Veränderung des Führungskonzepts durch mehr Kooperation und Partizipation. Er belegt dies durch eine Auswertung der empirischen Forschung über Unterschiede zwischen produktiven und unproduktiven Abteilungen. Außerdem entwickelt er eine Art Projektgruppen-Konzept der Organisation durch überlappende Gruppen mit den Führungskräften als Verbindungsgliedern zwischen den Ebenen.

Eine der großen integrativen humanistischen Theorien der Organisationstheorie hat Argyris (1964) publiziert. Seine Theorie basiert auf organisationssoziologischen Konzepten der formalen Organisationen, Erkenntnissen aus Kurt Lewins Motivationstheorie, der Persönlichkeitstheorie von Carl Rogers und dem Kompetenzkonzept von White. Auf dieser breiten theoretischen Grundlage hat Argyris einen umfassenden Versuch gemacht, Begriffe, Überlegungen und Annahmen verschiedener psychologischer und organisationswissenschaftlicher Theorien, wie sie in den 60er Jahren aktuell waren, miteinander zu integrieren und zu einer Theorie mit großem Erklärungsgehalt weiterzuentwickeln.

Im Kern läßt sich seine theoretische Aussage sehr einfach zusammenfassen: Es ist wirtschaftlich vorteilhaft, Organisationen so zu gestalten, daß ihre Mitglieder mehr psychologische Erfolgserlebnisse haben, weil sich dies positiv auf das Selbstwertgefühl, die Kompetenzen, psychische Gesundheit und Effektivität auswirkt. Traditionelle hierarchische Organisationen schränken die Möglichkeiten für psychologischen Erfolg unnötig ein. Partizipative Organisationsstrukturen sind dagegen unter bestimmten Voraussetzungen effektiver.

Stellen wir die Frage nach der Bedeutung der drei dargestellten humanistischen Theorien, können wir feststellen, daß McGregors Theorie trotz fragwürdiger bedürfnistheoretischer Grundlagen bis heute eine große Bedeutung für die moderne Managementphilosophie behalten hat. Auch das Scheitern eines ursprünglich von McGregor (1961, S. 90) selbst herausgestellten Modellversuchs in einer elektronischen Firma in Kalifornien (vgl. Miner, 1980, S. 276 ff.) hat der Popularität der Theorie bei Managern nicht geschadet.

Die aufwendigen Fragebogenuntersuchungen, die Likert zur empirischen Bestätigung seiner Theorie im Sinne der traditionellen Wissenschaftsauffassung durchgeführt hat, haben aus heutiger Sicht nur geringe Bedeutung (heute wird diese Art Fragebogenforschung allgemein eher kritisch gesehen). Sein plausibles, aber empirisch kaum evaluiertes Führungs- und Gruppenorganisationskonzept hat aber für moderne flexible Projektgruppenorganisationen erhebliche konzeptuelle Anregungen vermittelt.

Argyris hat selbst gesehen, daß seine komplexe Theorie zu umfassend ist, als daß sie durch empirische Untersuchungen bestätigt werden könnte. Trotz mancher Widersprüchlichkeiten und Unschärfen hat diese Theorie mit ihrer Fülle heuristisch wertvoller Anregungen bis heute ihren theoretischen Anregungsgehalt nicht verloren.

(3) Organisationen als Kulturen

Auf der Suche nach Erklärungen für die wirtschaftlichen Erfolge der japanischen Unternehmen in den 70er Jahren gerieten kulturelle Unterschiede und Hintergründe in den Blickpunkt (vgl. Schein, 1984). Konzepte der → *Organisationskul-*

tur in Verbindung mit → *Qualitativen Methoden* der Ethnomethodologie wurden dadurch aktuell. Im Rahmen dieser Konzepte wird der Versuch gemacht, aus der Geschichte und Tradition der Organisation, aus Bräuchen und Sprüchen der Unternehmen gemeinsame Bedeutungen und Werte der Organisationsmitglieder zu erkennen und durch Öffentlichkeitsarbeit eine gemeinsame, identitätsstiftende „Kultur" zu entwickeln (Neuberger und Kompa, 1987, unterscheiden 11 verschiedene Ansätze).

Durch die vielen populärwissenschaftlichen Bücher über die sieben, acht oder zehn Erfolgsrezepte der Unternehmen wird zweifellos der Boden reflektierten Theoretisierens verlassen. Auch ist grundsätzlich zu fragen (→ *Organisationaler Wandel*), ob es überhaupt möglich ist, Kulturen je nach wirtschaftlichen Erfordernissen herzustellen, oder ob es sich hier eher um evolutionäre, wenig beeinflußbare Prozesse kulturellen Wandels handelt. Abgesehen davon enthalten aber die differenzierten Rekonstruktionen sozialer Bedeutung in Organisationen auf der Grundlage symbolisch interaktionistischer Theorien und sorgfältiger qualitativer ethnomethodologischer Untersuchungen wichtige und anregende Impulse zum Umdenken.

(4) Organisationsentwicklung und -gestaltung

Systematische Interventionen zur Veränderung der Gestaltung von Strukturen und Prozessen in der Organisation werden auch als → *Organisationsentwicklung* bezeichnet. In der Literatur wird die Bedeutung unterschiedlicher Ausgangsbedingungen, strategischer Ansatzpunkte und Veränderungstrategien behandelt.

Die aus der Ökonomie herrührenden Kontingenztheorien der Organisation werden häufig herangezogen, um die Notwendigkeit der Anpassung der Organisationsstruktur an Marktveränderungen als Ausgangsbedingungen zu beschreiben. Danach muß eine Balance oder Kontingenz zwischen Umgebungsbedingungen und Struktur der Organisation bestehen. Je dynamischer und veränderlicher die Märkte sind, desto flexibler anpaßbar müssen die Organisationen strukturiert sein, um die Umgebungsanforderungen bewältigen zu können.

Das Idealbild flexibel an Markterfordernisse anpaßbarer, ständig innovativer Organisationen scheint aber mit der Wirklichkeit nur selten im Einklang zu stehen. Organisationen halten oft starr, sogar bis zum vorhersehbaren Scheitern an tradierten Strukturen fest (→ *Organisationaler Wandel*). Differenzierte Kontingenztheorien wären erforderlich, die erklären können, warum und unter welchen Bedingungen sich Organisationen flexibel verändern können und welche Strategien organisationalen Wandels unter welchen Voraussetzungen erfolgversprechend erscheinen. Nach Pfeffer & Salancik (1978) gibt es Ressourcen, auf die Organisationen angewiesen sind, die aber nicht durch andere substituiert werden können.

Die allgemeine Verlagerung der Marktanforderungen von standardisierten Massenprodukten zu individuell gestalteten Qualitätsprodukten hat zweifellos einen allmählich zunehmenden Einfluß auf die Veränderung der Organisationsgestaltung mit einer Entwicklung von flexiblen, selbstorganisierten Gruppenstrukturen. Die oben beschriebenen Prinzipien der → *Arbeitsgestaltung*, verbunden mit → *Qualitätszirkeln*, spielen dabei eine große Rolle. Wie bei den neueren Projekten zur → *Organisationalen Erneuerung bei Philips* beschrieben wird, geht der Trend hin zu interdisziplinären Gestaltungskonzepten in Weiterführung dieser Ansätze.

Allgemein stehen wir heute anscheinend am Übergang zu integrativen Gestaltungskonzepten. Ingenieurwissenschaftliche Konzepte flexibler, vernetzter Fertigungsinseln (→ *Automatisierung und flexible Fertigungssysteme*) werden mit sozialwissenschaftlichen Konzepten selbstorganisierter Arbeitsgruppen verbunden. Die Arbeitsgruppen setzen sich dabei aus hochqualifizierten Fachleuten zusammen, die ihr breites, aber individuell unterschiedliches Expertenwissen gezielt in die Gruppenarbeit einzubringen verstehen. Auch ihre Weiterbildung organisieren die Gruppen selbst. In offen strukturierten Lernzentren lernen sie mit Methoden des selbstgesteuerten Lernens (→ *Ausbildung, Training und Qualifizierung*). Zur gemeinsamen Planung der Arbeit können → *Zielvereinbarungsmethoden* eingesetzt werden. Die Koordination und Planung der Arbeitsgruppenergebnisse kann durch computerunterstützte betriebliche Informationssysteme und strategisches Controlling (vgl. Mayer, 1986) erfolgen. – Für das Management wird der Übergang zu derartigen Gestaltungskonzepten allerdings schwierig, weil die Selbstorganisation ihre traditionelle Tätigkeitsschwerpunkte grundlegend verändern werden. Statt Planungs-, Organisations- und Überwachungsaufgaben werden die Schwerpunkte in der strategischen Beratung und Förderung von Personen, Gruppen und Projekten liegen.

1.3 Theorien und Gestaltungskonzepte als Werkzeuge

Nach unserem kursorischen Überblick über Theorien und Gestaltungskonzepte der Arbeits- und Organisationspsychologie können wir feststellen, daß insbesondere die theoretisch differenzierten, komplexen und umfassenden Gestaltungskonzepte und Theorien nach strengen wissenschaftlichen Kriterien bestenfalls partiell auf ihr Anwendbarkeit überprüft werden können. Sollen wir deshalb diese Theorien verwerfen und uns auf einfach experimentell und praktisch prüfbare Theorien oder Modelle beschränken wie etwa die „Zielsetzungstheorie"?

Bungard (1987) analysiert die Probleme der Übertragbarkeit wissenschaftlicher Labortheorien und Methoden in die Praxis. Je mehr wir versuchen, die Kriterien der Grundlagenforschung wie Standardisierbarkeit, Meßbarkeit und Intersubjektivität zu gewährleisten, desto geringer wird unter Umständen der Bezug zur Anwendbarkeit der theoretischen und experimentellen Modelle der Wissenschaft. Im übrigen gelten die erforderlichen idealen Laborbedingungen noch nicht einmal für ausgereifte Theorien und Experimente in der Physik (vgl. Brocke, 1978).

Der „Schnitt" zwischen Theorie und Anwendung verläuft keineswegs zwischen den tradierten Teildisziplinen eines Faches (etwa zwischen der „Allgemeinen Psychologie" und der „Arbeits- und Organisationspsychologie"), sondern quer durch die Wissenschaftsdisziplinen. Theorien und Gestaltungskonzepte zielen auch nicht primär darauf ab, die von einem Auftraggeber konkret vorgegebenen Probleme auf der Grundlage empirisch vollständig bewährter Erkenntnisse zu lösen. Ihr Anwendungsbezug besteht eher darin, den Suchraum für effektive Gestaltungsmaßnahmen theoretisch zu strukturieren. Als theoretische Systeme oder Konstruktionen können sie sich auch unabhängig von ihrer „empirisch wissenschaftlichen Bestätigung" als praktisch nützliche „Denkwerkzeuge" erweisen, wenn wir sie erfolgreich anwenden können oder mit ihrer Hilfe die Komplexität des Problemfelds reduzieren und eine erfolgreiche Problemlösung finden können.

Komplexe praktische Probleme und Kontextbedingungen werden durch Theorien und Methoden vor dem Hintergrund historisch gewachsener Aufgabenstellungen und Sichtweisen modellhaft vereinfacht. Insofern wäre es naiv, wenn der Praktiker für die Lösung komplexer Alltagsprobleme zu sehr auf wissenschaftliche Theorien und Ergebnisse der angewandten Forschung vertraut. Er sollte wissen – und dies gilt nicht nur für die Psychologie –, daß Theorien grundsätzlich idealisiert vereinfachte Abbilder der Wirklichkeit oder konstruierte Denksysteme sind. Auch die Ergebnisse praktisch erfolgreich angewandter Forschung sind nicht mehr, aber auch nicht weniger als Modell- oder Orientierungsbeispiele. Ihre Anwendbarkeit muß vom Praktiker im Einzelfall vor dem Hintergrund seiner praktischen Erfahrungen sorgfältig überprüft werden. Dabei ist er immer auch als Theoretiker und Methodiker gefordert, denn ohne eine problemangemessene Veränderung oder Erweiterung der Theorien und Methoden sowie methodisch sorgfältige Evaluation wird er bei komplexen oder neuen praktischen Problemen oder Kontextbedingungen kaum auskommen.

Der oft verkürzt zitierte Satz von Kurt Lewin „Nichts ist so praktisch wie eine gute Theorie" sollte nicht zur Rechtfertigung beliebiger Theorien verwendet werden. Theorien sind auch keineswegs nur nach ihrem praktischen Wert zu beurteilen. Lewin hat wie Irle (1987, S. V) herausstellt, eigentlich auch mehr und anderes gesagt:

„Viele Psychologen, die heute in einem Anwendungsfeld arbeiten, sind sich sehr genau über die Notwendigkeit einer engen Kooperation zwischen theoretischer und angewandter Psychologie bewußt. Dies kann in der Psychologie erreicht werden, wie dies in der Physik erreicht wurde, wenn der Theoretiker auf angewandte Probleme nicht mit Abscheu herabsieht oder soziale Probleme befürchtet und wenn der angewandte Psychologe erkennt, daß nichts so praktisch ist, wie eine gute Theorie." (Kurt Lewin, 1944, zit. n. Irle, 1987, freie Übersetzung).

Wie das vollständige Zitat zeigt, betont Lewin vor allem die Bedeutung der Kooperation zwischen Theorie und Praxis. Mit zunehmender Differenzierung der theoretischen Grundlagen und Professionalisierung der angewandten Disziplinen und der Berufspraxis, wird es aufwendiger, die notwendigen Lern- und Austauschprozesse zu entwickeln, die für eine Kooperation zwischen Wissenschaft und Praxis erforderlich sind. Lewin hat ein Ideal formuliert, das wir bisher nicht erreicht haben. Schwierigkeiten, das Ideal zu verwirklichen, sollten uns ermutigen, die Probleme neu zu definieren.

Literatur

Alderfer. C. P. (1972). Existence, relatedness and growth: Human needs in organizational settings. New York: Free Press.
Argyris, C. (1964). Integrating the individual and the organization. New York: Wiley.
Bandura, A. (1969). Principles of behavior modification. New York: Holt, Rinehart & Winston.
Bandura, A. (1986). Social foundations of thought and action. A social cognitive theory. Englewood Cliffs. NJ: Prentice Hall.
Brocke, B. (1978). Technologische Prognosen. Elemente einer Methodologie der angewandten Sozialwissenschaften. Freiburg: Alber.
Breuer, F. (1989). Wissenschaftstheorie für Psychologen. Eine Einführung. Münster: Aschendorff (4., neubarb. Aufl.).
Bruggemann, A., Groskurth, P. & Ulich, E. (1975). Arbeitszufriedenheit. Bern: Huber.
Brunsson, N. (1985). The irrational organization. Chichester: Wiley.
Bungard, W. (1987). Organisationspsychologie als angewandte Sozialpsychologie? In: J. Schulz-Gambard (Hrsg.): Angewandte Sozialpsychologie. München: Psychologie Verlags Union, 139–152.
Bunge, M. (1967). Scientific research. (Vol I & II). New York: Springer.
Card, S. K., Moran, T. P- & Newell, A. (1983). The psychology of human computer interaction. Hillsdale, NJ.
Cranach, M. v., Ochsenbein, G. & Valach, L. (1986). The group as a self-active system: outline of a theorie of group action. European Journal of Social Psychology, 16, 193–229.
Drenth P. J. D., Thierry, H., Willems, P. J. & Wolff, P. J. (1984). Handbook of work and organizational psychology. New York: Wiley.
Frankenhaeuser, M. (1975). Experimental approaches to the study of catecholamines and emotion. In: L. Levi (Ed.): Emotions – Their parameters and measurement. New York: Raven Press, 309–334.
Gebert, D. & Rosenstiel, L. v. (1981). Organisationspsychologie. Stuttgart: Kohlhammer.
Greif, S. (1978). Intelligenzabbau und Dequalifizierung durch Industriearbeit? In: M. Frese, S. Greif & N. Semmer (Hg.): Industrielle Psychopathologie. Bern: Huber, 232–256.
Greif, S. (1983). Konzepte der Organisationspsychologie. Bern: Huber.
Greif, S. & Gediga, G. (1987). A critique and empirical investigation of the „one-best-way-models" in Human-Computer Interaction. In: M. Frese, E. Ulich & W. Dzida (Eds.): Psychological issues of human computer interacton in the work place. Amsterdam: North-Holland, S. 357–378.
Grieco, M. S. & Hosking, D. M. (1987). Networking, exchange, and skill. International Studies of Management and Organisation, 17 (1), 75–87.
Groeben, N. & Westmeyer, H. (1975). Kriterien psychologischer Forschung. München: Juventa.
Hacker, W. (1986). Arbeitspsychologie. Psychische Regulation von Arbeitstätigkeiten. Berlin/DDR: Deutscher Verlag der Wissenschaften.
Hacker, W. & Richter, P. (1984). Psychische Fehlbelastung. Psychische Ermüdung, Monotonie, Sättigung, Streß. Berlin: Springer.
Hacker, W. (1987). Software-Ergonomie: Gestalten rechnergestützter geistiger Arbeit?! In: W. Schönpflug & M. Wittstock (Hrsg.): Software-Ergonomie '87. Stuttgart: Teubner, 31–54.
Hellpach, W. (1922). Sozialpsychologische Analyse des betriebstechnischen Tatbestandes „Gruppenfabrikation". In: R. Lang & W. Hellpach, Gruppenfabrikation. Berlin: Springer, 5–186.
Hollander, E. P. (1978). Leadership dynamics: A practical guide to effective relationships. New York: Free Press.
House, R. J. & Mitchell, T. R. (1974). Path-goal theory of Leadership. Journal of Contemporary Business, 3, 81–97.

Irle, M. (1987). Vorwort zu J. Schulz-Gambard (Hg.): Angewandte Sozialpsychologie. München: Psychologie Verlags Union, V–VI.

Karasek, R. A. (1979). Job demands, job decision latitute, and mental strain: Implications for job redesign. Administrative Science Quarterly, 24, 258–308.

Kohn, M. L & Schooler, C. (1978). The reciprocal effects of the substantive compexity of work and intellectual flexibility: A longitudinal assessment. American Journal of Sociology, 84, 24–52.

Lazarus, R. S. (1966). Psychological stress and the coping process. New York: McGraw Hill.

Landy, F. (1985). Psychology of work behavior. Chicago, Ill.: Dorsey (3rd ed.).

Leontjew, A. N. (1977). Tätigkeit, Bewußtsein, Persönlichkeit. Stuttgart: Klett.

Lewin, K. (1926). Untersuchungen zur Handlungs- und Affektpsychologie. Psychologische Forschung, Band 7, 295–385.

Lewin, K. (1951). Field theory in social science: Selected theoretical papers. New York: Harper & Row.

Likert, R. (1961). New patterns of management. New York: McGraw-Hill.

Locke, E. A. (1968). Toward a theory of task motivation and incentives. Organizational Behavior and Human Performance, 3, 157–189.

Mackworth, J. F. (1969). Vigilance and habituation. Harmondsworth: Penguin.

Mayer, E. (1986). Controlling-Konzepte. Perspektiven für die 90er Jahre. Wiesbaden: Gabler.

McGregor, D. (1967). The human side of enterprise. New York: McGraw-Hill (dt. Der Mensch im Unternehmen. Düsseldorf: Econ, 1970).

Miller, G. A., Galanter, E. & Pribram, K. H. (1961). Plans and the structure of behavior. New York: Holt, Rinehart & Winston (deutsch: Strategien des Handelns. Stuttgart: Klett, 1973).

Morgan, G. (1986). Images of organization. Beverly Hills: Sage (4. ed.).

Neuberger, O. (1984). Führung. Stuttgart: Enke.

Neuberger, O. & Kompa, A. (1987). Wir, die Firma. Der Kult um die Unternehmenskultur. Weinheim: Beltz.

Nicholson, N. & West, M. (1988). Managerial job change: Men and women in transition. Cambridge: Cambridge University Press.

Pfeffer, J. & Salancik, G. R. (1978). The external control of organizations: A resource dependence perspective. New York: Harper & Row.

Polley, R. B., Hare, A. P. & Stone, P. J. (1988). The Symlog practitioner. Westport: Praeger.

Rubinstein, S. L. (1966). Sein und Bewußtsein. Berlin/DDR: Akademie-Verlag (3. Aufl.).

Rutenfranz, J. & Colquhoun, W. P. (1979). Circadian rhythms in human performance. Scandinavian Journal of Work, Environment and Health, 167–177.

Selye, H. (1950). Stress. Montreal: Acta Inc. (dt.: 1974, München: Piper).

Schein, E. H. (1984). Coming a new awareness of organizational culture. Sloan Management Review, 25, 3–16.

Shneiderman, B. (1987). Designing the user interface. Reading, MA: Addison-Wesley.

Schuler, H. & Stehle, W. (1987. Assessment Center als Methode der Personalentwicklung. Stuttgart: Verlag für Angewandte Psychologie.

Ulich, E. (1984). Psychologie der Arbeit. In: Management-Enzyklopädie, Band 7, Landsberg: Moderne Industrie, 914–929.

Ulich, E. (1989a). Individualisierung und differentielle Arbeitsgestaltung. In: B. Zimolong & C. Graf Hoyos (Hg.): Ingenieurpsychologie. Enzyklopädie der Psychologie. Göttingen: Hogrefe (im Druck).

Ulich, E. (1989b). Arbeitspsychologische Konzepte der Aufgabengestaltung: In: S. Maaß & H. Oberquelle (Hg.): Software-Ergonomie '89. Stuttgart: Teubner, 51–68.

Velden, M. (1982). Die Sinalentdeckungstheorie in der Psychologie. Stuttgart: Kohlhammer.

Volpert, W. (1975). Die Lohnarbeitswissenschaft und die Psychologie der Arbeitstätigkeit. In: W. Volpert & P. Groskurth: Lohnarbeitspsychologie. Frankfurt.
Warr, P. (1987). Work, unemployment, and mental health. Oxford: Clarendon.
Wunderer, R. & Grunwald, W. (1980). Führungslehre. 2Bde. Berlin: Gruyter.

Siegfried Greif und Heinz Holling, Bundesrepublik Deutschland, und Nigel Nicholson, Großbritannien

2. Historische Positionen

2.1 Einleitung

In dem hier verwendeten und heute weitgehend üblichen Begriff Arbeits- und Organisationspsychologie ist eine Anzahl von Begrifflichkeiten aufgehoben, die in der Geschichte dieser Disziplin mit unterschiedlicher Präzision und unscharfem Geltungsbereich verwendet wurden, wie etwa Industrielle Psychotechnik oder Betriebspsychologie. Unabhängig davon, ob Arbeitspsychologie oder Organisationspsychologie als Oberbegriff verwendet und zum Ausgangsort der Betrachtung wird, stimmen die Beschreibungen der hauptsächlichen historischen Entwicklungslinien dieser Disziplin in den Grundzügen weitgehend überein. In den meisten Darstellungen finden sich drei Stufen, Phasen oder Paradigmen zur Kennzeichnung der Entwicklung. Je nach Standort des Autors werden allerdings unterschiedliche Akzentuierungen erkennbar.

2.2 Entwicklungsphasen

Rosenstiel (1980) unterscheidet in der Geschichte der (Betriebs- und) Organisationspsychologie drei Phasen. Die erste Phase ist wesentlich gekennzeichnet durch die Vorstellung vom Menschen als homo oeconomicus (oder: economic man). Dieses Bild vom Menschen beinhaltet die Grundannahme, der ‚Durchschnittsmensch' sei verantwortungsscheu, handle nach der Maxime des größten Gewinns und sei hauptsächlich durch monetäre Anreize motivierbar. Folgen für die Strukturierung von Unternehmungen waren u. a. weitgehende Arbeits- und Vollmachtenteilung, kleine Leitungsspannen sowie individuelle Anreizsysteme, mit denen zugleich Absprachen über Leistungsbegrenzungen erschwert werden sollten. Der Betrieb wurde in erster Linie als technisches System verstanden, an das es den Menschen anzupassen gilt. Der Beitrag der damaligen Betriebspsychologie bestand vor allem in der Entwicklung gezielter Auslese- und Anlernverfahren.

Im Gefolge der Hawthorne-Untersuchungen findet sich – in der zweiten Phase der Entwicklung der Betriebs- bzw. Organisationspsychologie – ein Menschen-

2. Historische Positionen

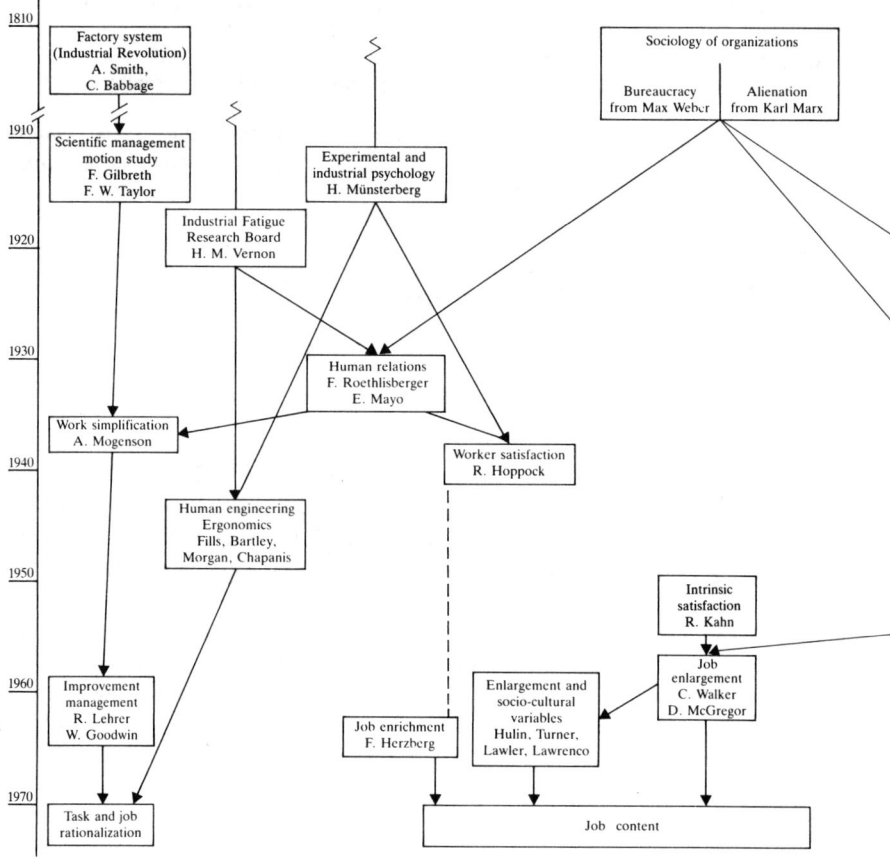

bild, das soziale Motivationen in den Vordergrund rückt und annimmt, der Mensch werde in seinem Verhalten weitgehend von den sozialen Normen seiner (Arbeits-)Gruppe bestimmt. Der Betrieb wurde wesentlich als soziales System verstanden, in dem Informations- und Kommunikationsprozessen besondere Beachtung zu schenken sei. Für die damalige Betriebspsychologie ergab sich daraus die zusätzliche Aufgabe einer Verbesserung der zwischenmenschlichen Beziehungen („human relations") durch systematische Förderung von Teamarbeit; die daraus resultierende Zufriedenheit sollte eine Verbesserung der Leistung bewirken, die zusätzlich durch Gruppenanreizsysteme stimuliert werden sollte.

Nach Rosenstiel (1980, S. 53) stand die frühere Betriebspsychologie ebenso wie die heutige Organisationspsychologie lange Zeit vor allem im Dienste betrieblicher Zielsetzungen. Die (Betriebs- und) Organisationspsychologie half mit, die Ziele der Organisation „gegen das Individuum durchzusetzen, wo immer sich ein Zielkonflikt zeigte (vgl. Katz & Kahn 1978)". Rosenstiel weist allerdings auch darauf hin, daß sich die Organisationspsychologie inzwischen zu emanzipieren begonnen habe: „Die Ziele, die sich aus den Gesetzmäßigkeiten individuellen

Abb. 1: ‚Stammbaum' der Arbeitsgestaltung (aus: Davis and Taylor 1972)

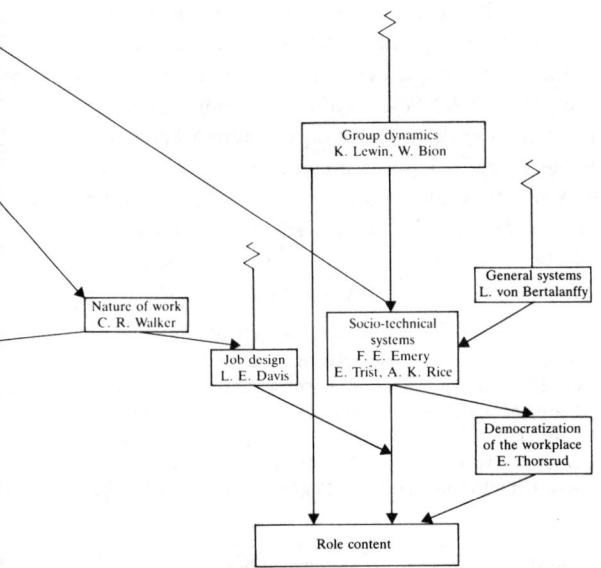

Seins ableiten lassen (vgl. Maslow, 1976; Argyris, 1976), werden zu Richtlinien, an denen sich organisationspsychologische Forschung und Praxis zunehmend orientieren" (a. a. O.).

Dementsprechend basiert die dritte Phase der Entwicklung der Organisationspsychologie auf einem Menschenbild, das davon ausgeht, daß der Mensch nach Selbstverwirklichung und Autonomie strebt. Damit gerät – u. a. angeregt durch die Konzepte von Maslow, McGregor und Herzberg – der Arbeitsinhalt in das Blickfeld organisationspsychologischer Forschung. Das sich verbreitende Verständnis vom Betrieb als einem soziotechnischen System macht zugleich deutlich, daß die Beziehungen zwischen Organisations- und Arbeitsgestaltung, zwischen Aufbau- und Ablauforganisation außerordentlich eng sind, und daß mit zunehmendem Erkenntnisfortschritt die strikte Trennung von Arbeitspsychologie und Organisationspsychologie kaum mehr aufrecht zu erhalten ist. Dies läßt sich auch an der Darstellung von Davis und Taylor (1972) ablesen, die die von ihnen beschriebenen Trends der Arbeitsgestaltung als ‚task and job rationalization', ‚job content' und ‚role content' bezeichnen (vgl. Abb. 1).

2.3 Taylor und Münsterberg

Die Arbeitspsychologie wurde in ihren Ursprüngen stark beeinflußt von Entwicklungen im Bereich des Industrial Engineering. Am Ausgang des 19. Jahrhunderts untersuchte F. W. Taylor die Auswirkungen finanzieller Anreizsysteme, des Designs von Werkzeugen und des Layout auf die Arbeitsleistung. Darauf aufbauend entwickelte er das Konzept des ‚Scientific Management'. Zu dessen wichtigsten Zielen gehörte die Schaffung einer Arbeitsorganisation, die sowohl zu einer Verbesserung der Produktivität führt als auch die Gewährung von höheren und objektiv berechenbaren Löhnen sowie kürzeren Arbeitszeiten ermöglicht. Der Erreichung dieses Ziels liegt die Annahme zugrunde, daß es für die Ausführung jedes Arbeitsauftrages einen ‚one best way' gebe, den es nur herauszufinden und den Arbeitern zu vermitteln gelte. Auf der Basis von Arbeitszeit- und Arbeitsablaufstudien wurden Arbeitsstrukturen entwickelt, die infolge extremer Partialisierung und ständiger Wiederholung gleicher Tätigkeitselemente minimale Anforderungen an die Qualifikation des Arbeiters stellen; dadurch wurde dessen Anlernzeit auf ein Minimum reduziert und der Arbeiter selbst jederzeit austauschbar. Die damit verbundene systematische Trennung von Kopf- und Handarbeit (Prinzip der Trennung von Denken und Tun) begründet Taylor (1913, S. 40) wie folgt:

„Alle Kopfarbeit unter dem alten System wurde von dem Arbeiter mitgeleistet und war Resultat seiner persönlichen Erfahrung. Unter dem neuen System muß sie notwendigerweise von der Leitung getan werden in Übereinstimmung mit wissenschaftlich entwickelten Gesetzen. Denn selbst wenn der Arbeiter geeignet wäre, solche wissenschaftlichen Gesetze zu entwickeln und zu verwerten, so würde es doch physisch für ihn unmöglich sein, gleichzeitig an seiner Maschine und am Pult zu arbeiten. Es ist also ohne weiteres ersichtlich, daß in den meisten Fällen ein besonderer Mann zur Kopfarbeit und ein ganz anderer zur Handarbeit nötig ist."

Nach Mankin (1978) wird hier zugleich ein die ersten drei Jahrzehnte unserer Disziplin kennzeichnendes Paradigma erkennbar, das die folgenden Charakteristika aufweist:
1. Hauptsächlicher Focus auf dem individuellen Arbeiter als der relevanten Analyseeinheit;
2. Annahme, daß der ‚durchschnittliche' Arbeiter fast ausschließlich durch finanzielle Anreize motivierbar sei;
3. Tendenz, den Arbeiter als wenig mehr als eine Maschine zu behandeln, deren ‚Ineffizienzen' durch entsprechende Gestaltung von Werkzeugen und Arbeitsabläufen kompensierbar seien;
4. Einschätzung des Arbeiters als zum Zweck von Produktivitätssteigerungen zu manipulierender Faktor (Mankin 1978, S. 4f.).

„Der ganze Geist der wissenschaftlichen Betriebsführung dem Arbeiter gegenüber ist auf die Einzelperson gerichtet, indem ihm erzählt wird, wie er bei besonderer Anstrengung von der Masse loskommen, im Lohn steigen und die Stellung eines Mannes von Einfluß erreichen kann" (Frey, 1920, S. 39).

Vorwiegend am Individuum orientiert sind auch die Arbeiten von Hugo Münsterberg, dessen Buch „Psychologie und Wirtschaftsleben" (1912) die erste systematische Zusammenfassung von Fragestellungen und Lösungsansätzen aus dem hier interessierenden Gebiet darstellt. Neben Fragen der Werbepsychologie – die an dieser Stelle nicht weiter behandelt werden – finden sich in diesem Werk Ausführungen zu heute noch relevanten Themenbereichen wie z. B. Eignung und Auslese, Übung und Anlernen, Leistung und Arbeitsgestaltung, Monotonie und Ermüdung. Die Fragestellungen werden bezogen auf individuelle Merkmale und interindividuelle Unterschiede behandelt. Ein Drittel des Buches ist der ‚Auslese der geeigneten Persönlichkeiten' gewidmet: „Im Interesse des ökonomischen Erfolges sowie im Interesse der Persönlichkeitsentwicklung ist für jede wirtschaftliche Arbeitsleistung die geeignetste Persönlichkeit zu finden" (Münsterberg 1912, S. 86).

Eine interessante Beziehung zwischen Taylor und Münsterberg wird in der Schrift von Frey erkennbar, der über die Ergebnisse der vom amerikanischen Kongreß eingesetzten „Kommission zur Prüfung der Verhältnisse in der Industrie" (HOXIE-Kommission) berichtet. Die von dieser Kommission durchgeführten Untersuchungen in 35 Industriebetrieben beschäftigten sich mit den Auswirkungen des ‚Scientific Management'. Frey (1920, S. 21) kommentiert Äußerungen eines Unternehmensleiters über mangelnden Ehrgeiz von Arbeitern wie folgt: „Was für ein Ehrgeiz sollte wohl befriedigt werden, wenn jemand während Tagen, Wochen und Monaten ein Stück Metall von gleicher Form einer Maschine zuzuführen hat oder wenn während dieser Zeit stets *eine* Muttersorte (Nr. 47 oder Nr. 73) an ein Automobil anzuschrauben ist, ohne daß der Betreffende eine Gelegenheit findet, in seinem Handwerk aufzusteigen. Dies auszufinden, sollte einem Münsterberg überlassen bleiben."

Im übrigen bestätigen die Beobachtungen der HOXIE-Kommission, daß mit der systematischen Trennung von Kopf- und Handarbeit in zahlreichen Fällen ein Abbau formaler Qualifizierungsmaßnahmen einherging. Dadurch wurde zugleich das „Babbage-Prinzip" verwirklicht, d. h. der Wert der Arbeitskraft wurde dadurch reduziert, daß nicht mehr als die für die jeweiligen Verrichtungen erforderliche Qualifikation gekauft wurde (Babbage, 1835).

Taylor selbst legte seinem Konzept der wissenschaftlichen Betriebsführung „die unumstößliche Überzeugung zugrunde, daß die wahren Interessen beider Parteien ganz in derselben Richtung liegen, daß Prosperität des Arbeitgebers auf lange Jahre hinaus nur bei gleichzeitiger Prosperität des Arbeitnehmers bestehen kann und umgekehrt..." (Taylor, 1913, S. 8). Taylors Vorstellungen beruhten also auf Annahmen von grundlegender Interessenharmonie zwischen Arbeitgebern und Arbeitnehmern, so daß ihre Beziehungen auf wissenschaftlicher Grundlage gesichert werden können. „Indessen ist in Wirklichkeit weder Taylors Annahme richtig, noch richten sich die Unternehmer mit wissenschaftlicher Betriebsführung im allgemeinen nach ihr" (Frey, 1920, S. 33). Henry Ford (1922), dessen 1913 gebaute Highland-Park-Fabrik so etwas wie einen Prototyp tayloristischer Organisation darstellte, meinte sogar, ein großes Unternehmen sei zu umfangreich, um noch menschlich zu sein.

Tatsächlich ist kaum zu übersehen, daß die Partialisierung von Arbeitstätigkeiten und die Trennung von Kopf- und Handarbeit einen Teil jener Probleme entstehen ließen, mit denen sich die Arbeits- und Organisationspsychologie seither zu beschäftigen hat. Umso bemerkenswerter ist es, daß bedeutende Fachvertreter daraus keine normativen Ansprüche an die Arbeitsgestaltung ableiteten. So erklärte Münsterberg, daß die Formulierung von Zielen, die Stellungnahme zu formulierten Zielen oder deren Untersuchung nicht Aufgaben des Wirtschaftspsychologen sein könnten. „Welches Ziel das bessere ist, ob beispielsweise die Heranziehung tüchtiger und arbeitsfreudiger Arbeitskräfte oder die Gewinnung billiger Arbeiter, geht den wirtschaftstechnischen Psychologen nichts an" (Münsterberg, 1912, S. 18). Schließlich könne der Wirtschaftspsychologe „der Psychologie niemals entnehmen, welche Ziele des Wirtschaftslebens für bestimmte Wirtschaftsgruppen oder für bestimmte Persönlichkeiten bevorzugt werden sollen" (a.a.O., S. 188). Konsequenterweise wird dann auch bei der Diskussion der Monotonieproblematik eine Auseinandersetzung mit Fragen der Arbeitsteilung als „selbstverständlich... außerhalb des Bereiches unserer gegenwärtigen Betrachtung" liegend bezeichnet – obwohl gerade vorher festgestellt wurde, daß die Arbeitsteilung „mancherlei charakteristische Schäden hervorruft, vor allem manche Einschnürung und Verkümmerung der seelischen Ganzheit" (Münsterberg, 1912, S. 115). Im Kapitel über die Zukunftsentwicklung der Wirtschaftspsychologie heißt es dann allerdings, ‚die wirtschaftliche Experimentalpsychologie' habe vielleicht „keine höhere Aufgabe als die Anpassung der Berufstätigkeit an die seelische Eigenart der Individuen, mit dem Ziel, das übervolle Maß seelischer Unbefriedigung an der Arbeit, seelischer Verkümmerung und Bedrücktheit und Entmutigung aus der Welt zu schaffen" (a.a.O., S. 181).

In seinem zwei Jahre später publizierten Buch „Grundzüge der Psychotechnik" verstand Münsterberg (1914) Psychotechnik als Anwendung der Psychologie auf alle Lebensbereiche. Seine eigene Forschung und die bevorzugte Anwendung der Psychotechnik in Produktionsbetrieben führte schließlich zur Einengung auf den wirtschaftlichen Bereich und zum Begriff „Industrielle Psychotechnik" (Moede, 1920, 1930).

In einer weitgehend in Vergessenheit geratenen Arbeit über die „Sozialisierung des Taylorsystems" beschäftigte sich etwas später Kurt Lewin mit der Frage, „wie vom Standpunkt des gerechten Gemeinschaftslebens, vom Standpunkt des Sozialismus aus, zu den Methoden und Zielen der angewandten Psychologie prinzipiell Stellung zu nehmen ist" (Lewin, 1920, S. 5). Aus dieser Formulierung läßt sich jedoch kein prinzipieller Widerspruch zu Münsterberg ableiten; auch Lewin bezeichnet die angewandte Psychologie als „ein Mittel, das von sich aus keine neuen Zwecke setzt, sondern zu vielerlei auch entgegengesetzten Zwecken verwendbar ist" (a.a.O., S. 5). Im Taylorismus sieht er allerdings eine „Entwürdigung der Arbeit durch ins Extrem getriebene Arbeitsteilung ohne Rücksicht auf die Ziele des Arbeitenden, kurz einen ‚Verbrauch' des Arbeiters im Dienste der Produktion gemäß den für Maschinen geltenden Abnutzungs- und Amortisationsberechnungen" (a.a.O., S. 12). Damit eine Ausbreitung des Taylorismus, mit dem eine

Verschlechterung des Lebenswertes der Arbeit verbunden sei, verhindert werden könne, sei „den Arbeitskonsumenten bei Einführung psychotechnischer Veränderungen Gelegenheit zur Wahrung ihrer Interessen zu geben" (Lewin, 1920, S. 18). Im übrigen argumentiert Lewin – unter Betonung seiner sozialistischen Position – zugunsten einer beruflichen Eignungsdiagnostik.

Eine in bezug auf die Zieldiskussion etwas modifizierte Stellungnahme findet sich bei Wladimir Eliasberg (1926). Zwar hat auch nach Eliasberg die Psychotechnik kein eigenes Menschenbild formuliert, immerhin befinde sie sich aber in Übereinstimmung mit der eudämonistischen Grundanschauung der Wirtschaft. „Sie will das Glück der Gesamtheit durch Produktivitätssteigerung erhöhen, sie will auch gleichzeitig das Glück des Produzenten steigern und zwar *in* der Berufstätigkeit wie auch außerhalb derselben. Für die Psychotechnik ist der Produzent ein Mensch im vollen Sinne des Wortes, der, unbeschadet der Notwendigkeit der Produktion, sein Anrecht auf Glück hat" (Eliasberg, 1926, S. 80). Im übrigen habe die Psychotechnik – die eine wertfreie angewandte Wissenschaft sei und deshalb von jeder Kritik der Grundlagen des Wirtschaftslebens betroffen werde – zu Recht „den dilettantischen psychologischen Aufputz des Taylorismus kritisiert" (a.a.O., S. 100).

2.4 Der Erste Weltkrieg und seine Bedeutung für die Psychotechnik

Einen ersten Aufschwung nahm die Psychotechnik während des Ersten Weltkrieges. Jaeger und Staeuble (1983, S. 68) weisen darauf hin, daß sich „unter den Bedingungen kriegswirtschaftlicher Mangelökonomie" eine Reihe von psychotechnischen Tätigkeitsfeldern entwickelte, „deren Gemeinsamkeit darin liegt, daß es um die möglichst schnelle Ersetzung und sparsamste Anwendung menschlicher Arbeitskraft geht in einem Krieg, der Menschen und Material in einem nie dagewesenen Umfang vernichtet". So waren Eignungsuntersuchungen für Angehörige von Spezialtruppen (z.B. Kraftfahrer, Funker, Flugzeugführer, Beobachter) durchzuführen. Mit dem Ziel einer Verkürzung von Anlernzeiten wurden auch Frauen, die die zum Militärdienst eingezogenen Männer ersetzen sollten, entsprechenden Eignungsuntersuchungen unterzogen. „Das darüber hinausführende Problem, die Schulabgänger möglichst schnell und dem Bedarf der verschiedenen Branchen entsprechend dem Produktionsprozeß zuzuführen und Zeitverluste durch Fehlentscheidungen zu vermeiden, hatte den Ausbau der Berufsberatung unter Einbeziehung psychologischer Berufseignungsfeststellungen zur Folge" (Jaeger & Staeuble, a.a.O.). Schließlich stellten die Ausdehnung der täglichen Arbeitszeit und die als Folge des damit verbundenen Raubbaus menschlicher Arbeitskraft sinkende Produktivität Fragen nach den Beziehungen zwischen Arbeitszeit und Produktivität sowie nach den Möglichkeiten, zunehmender Ermüdung durch Pausenregelungen entgegenzuwirken. Der Wiederherstellung der Arbeitskraft von Kriegsversehrten dienten einige Hirnverletztenstationen, aus denen nach dem Krieg z.B. die psychotechnischen Institute in Köln (Poppelreuter) und Halle (Giese) hervorgingen.

Eine ähnliche Ausgangslage wie in Deutschland ergab sich für die Entwicklung der Psychotechnik in England: „Experimentalpsychologie als Boden, Taylorismus als ‚Türöffner'... und der Erste Weltkrieg als Schrittmacher" (Rüegsegger 1986, S. 82).

Im Vergleich zu Deutschland – und auch zu den USA – fällt in England die starke staatliche Beteiligung bei der Institutionalisierung der Psychotechnik ebenso auf wie deren Zentralisierung. Diese schlägt sich in der Gründung des Health of Munition Workers Committee (1915), des Industrial Fatigue Research Board (1918), der Industrial Welfare Society (1919) und des National Institute for Industrial Psychology (1921) nieder. In diesen Institutionen wurden zahlreiche ‚klassische' Untersuchungen über Ermüdung und Erholung, Arbeitszeit und Arbeitspausen durchgeführt. Sicher ist es nicht zuletzt diese, von ihm so genannte „angelsächsische Psychotechnik", die Georges Friedmann (1952, S. 47) zu der folgenden Einschätzung veranlaßte: Ohne die industrielle Psychotechnik „wäre niemals der Hilfsarbeiter in den Großserienbetrieben so vielen Beobachtern in seiner Funktion als ‚ein Betriebsmittel unter anderen Betriebsmitteln' sichtbar geworden. Niemals wären ohne die Psychotechnik die beängstigenden Probleme der Entmenschlichung der Arbeit... auf die Tagesordnung der wissenschaftlichen Forschung und Kenntnis gesetzt worden".

2.5 Das Jahrzehnt nach dem Ersten Weltkrieg

Während des Jahrzehnts nach dem Ersten Weltkrieg hat die Psychotechnik in Europa außer in England insbesondere in Deutschland einen beachtlichen Aufschwung erlebt. Hier wurden zahlreiche psychotechnische Lehr- und Forschungsstätten geschaffen, so z. B. an praktisch allen Technischen Hochschulen und an einigen Universitäten wie in Berlin und Hamburg.

Darüber hinaus wurden psychotechnische Labors und Versuchsstellen bei Reichsbahn und Reichspost, bei der Reichsanstalt für Arbeitsvermittlung und Arbeitslosenversicherung, bei der Reichswehr und bei Polizeibehörden, bei Städten und Gemeinden sowie Begutachtungsstellen bei Großunternehmen wie AEG, Borsig, Krupp, Loewe, MAN, Osram, Siemens, Vereinigte Stahlwerke, Zeiss u. a. geschaffen. Bei der Deutschen Reichsbahn wurden neben drei psychotechnischen Versuchsstellen 25 Untersuchungsstellen, bei der Reichspost neben einer Zentralstelle für Psychotechnik 80 Untersuchungsstellen eingerichtet, an denen jeweils „mit entsprechend angelernten Kräften" Eignungsuntersuchungen durchgeführt wurden (Dorsch, 1963).

In seinem Beitrag über „Methoden der Wirtschaftspsychologie" macht Giese (1927) sein Unbehagen über die starke eignungsdiagnostische Orientierung der Psychotechnik deutlich und schlägt eine Einteilung ihrer Anwendungsgebiete in Subjektpsychotechnik und Objektpsychotechnik vor. Diese Einteilung entspricht weitgehend den später formulierten Aufgaben der Arbeitspsychologie als „Anpassung des Menschen an die Arbeit" und „Anpassung der Arbeitsbedingungen an den Menschen" (Hische, 1950; Herwig, 1970). Giese vertrat die Auffassung, „daß im Wirtschaftsleben die Objektpsychotechnik eine wesentlich größere Rolle spielen muß als die Subjektpsychotechnik" (a.a.O., S. 123). Wenngleich von den damaligen Psychotechnikern durchaus auch Beiträge zur Rationalisierung von Fertigungsverfahren sowie zur Verbesserung von Maschinen und Werkzeugen geleistet wurden, lag das Schwergewicht doch eindeutig auf der Subjektpsychotechnik. So wurden etwa im Jahr 1929 allein bei Reichsbahn, Reichspost und der oben erwähnten Reichsanstalt mehr als 80 000 Eignungsprüfungen durchgeführt. Die einseitige Ausrichtung auf die Eignungsdiagnostik hatte schließlich auch zur Folge, daß die ursprünglich eher positive Einstellung der Gewerkschaften zur Psychotechnik von grundlegender Kritik abgelöst wurde. Die Frage, von wem für wen Eignung festgestellt wird, fand offenbar keine befriedigende Antwort. Nach Eliasberg (1926, S. 84) richtete sich das gewerkschaftliche Mißtrauen vor allem gegen die Form der Organisation; eine verstaatlichte Psychotechnik würde die volle Unterstützung der Gewerkschaften finden.

Poffenberger (1927) bezeichnete „die üppig blühende Scharlatanerie als zweite Hauptgefahr für die Entwicklung der angewandten Psychologie – neben dem simplifizierenden, vorschnellen Übertragen von Laborexperimenten in die viel komplexere Alltagswirklichkeit" (Rüegsegger, 1986, S. 257). Auch Max Weber (1927) setzte sich mit dem „Laientum", das insbesondere in der Eignungspsychologie erheblichen Schaden anrichte, kritisch auseinander. Folgerichtig wurde an der VII. Internationalen Konferenz für Psychotechnik in Moskau (1931) über die theoretische Krise der Psychotechnik gesprochen.

Zur gleichen Zeit forderte Otto Lipmann (1932, S. 191) in seinem Lehrbuch der Arbeitswissenschaft, dem Arbeiter sei „die Gestaltung seiner Arbeit, die Wahl der Arbeitsmittel und Arbeitsmethoden in möglichst hohem Grade" zu überlassen. ‚Arbeitsfreude' gebe es schließlich nur da, „wo der Arbeiter eine zielgerichtete Tätigkeit zu verrichten hat, deren Ziel oder deren Ablauf er autonom bestimmen oder regulieren kann" (a.a.O., S. 387).

2.6 Sozialpsychologische Aspekte und die Hawthorne-Untersuchungen

Zu dieser Zeit war schließlich auch die Begrenztheit der individuumsorientierten Ausrichtung der Psychotechnik nicht mehr zu übersehen. Zwar hatten sich schon zu Beginn der Zwanziger Jahre Moede (1920) mit Einzel- und Gruppenarbeit, Lang und Hellpach (1922) mit der ‚Gruppenfabrikation' und Rosenstock (1922) mit der ‚Werkstattaussiedlung' beschäftigt.

Das Konzept der Gruppenfabrikation postulierte die Komplettbearbeitung von Produkten in überschaubaren Betriebseinheiten und kann als ein früher – und weithin in Vergessenheit geratener – Vorläufer der neueren Ansätze von Gruppentechnologie gelten. Das Konzept der Werkstattaussiedlung ist ein Vorläufer neuerer Dezentralisierungskonzepte. Werkstattaussiedlung meint die Auslagerung von Betriebseinheiten, denen ein gewisses Maß an Selbständigkeit übertragen werden soll, mit dem Ziel, die Kluft von Arbeits- und Lebensraum zu überwinden und erfahrenen Arbeitern eine „menneswürdige Existenz" zu ermöglichen.

Verbreitete Beachtung fanden sozialpsychologische Aspekte menschlicher Arbeitstätigkeit aber erst infolge der Hawthorne-Untersuchungen (Mayo, 1933; Roethlisberger & Dickson, 1939; Homans, 1950). Nach Mankin (1978, S. 5) markierten diese Studien den Übergang „vom vorherrschenden Paradigma zu einem, das sich davon grundlegend unterscheidet" (freie Übersetzung).

Die Ergebnisse der Hawthorne-Untersuchungen – die in den Jahren 1927 bis 1932 durchgeführt wurden – lenkten die Aufmerksamkeit auf die emotionale und motivationale Bedeutung informaler sozialer Beziehungen innerhalb formaler Organisationsstrukturen. „... häufig stellen Arbeiter und Führungskräfte durch die informelle Organisation untereinander Beziehungen her, wodurch die Art und Weise beeinflußt wird, wie sie ihre Tätigkeiten ausführen oder ihre Rollenanforderungen erfüllen" (Schein, 1970, S. 31, freie Übersetzung).

Der zentrale Focus liegt in diesem zweiten Paradigma also nicht mehr auf dem Arbeiter als Individuum, sondern als Mitglied in einem komplexen sozialen und organisationalen System. Der Arbeiter bringt nicht mehr nur seine Fähigkeiten zur Ausführung partialisierter Arbeitstätigkeiten, sondern auch seine Gefühle, Stimmungen, sozialen Einstellungen in den Arbeitsprozeß ein; er ist etwas anderes als eine Maschine und keineswegs ausschließlich ökonomisch motivierbar.

In der Darstellung von Volpert, die sich mit der stufenweisen „Erschließung neuer Intensifikationspotentiale" beschäftigt, wird dies als die gruppenwissenschaftliche Stufe der Arbeitswissenschaft bezeichnet. „Taylor waren weder die Vielfalt menschlicher Arbeitsmotivation noch die Rolle der Arbeitsgruppen verborgen geblieben. Er hatte jedoch die überragende Rolle des Erwerbsmotivs betont und die Arbeitsgruppen zu zerschlagen versucht" (Volpert, 1975, S. 44).

Die aus den Ergebnissen der Hawthorne-Studien abgeleitete Erkenntnis, daß Gruppenzugehörigkeit und Art der Gruppenbeziehungen die Arbeitsleistung stärker beeinflussen als finanzielle Anreizsysteme oder Arbeitszeit- und Pausenregelungen, wurde zum Ausgangspunkt der sogenannten „Human-Relations-Bewegung". Deren Ziel bestand in erster Linie darin, die zwischenmenschlichen Beziehungen innerhalb von Arbeitsgruppen sowie zwischen Vorgesetzten und Mitarbeitern zu verbessern. Dies gilt insbesondere auch für die Arbeiten des Research Center for Group Dynamics, das von Kurt Lewin 1945 am Massachusetts Institute of Technology eingerichtet wurde und das nach seinem Tod als Institute for Social Research an die Michigan University verlegt wurde. Die Arbeiten von Katz und Kahn, Likert und Tannenbaum und zahlreichen anderen Forschern der Michigan-Schule haben in den vierziger und fünfziger Jahren die Bedeutung interpersonaler Faktoren für Zufriedenheit und Produktivität betont. Obwohl etwa bei Homans (1950) die Einsicht formuliert wurde, daß weitgehende Arbeitsteilung und tayloristische Spezialisierung Kooperation zwischen den Arbeitern und Gruppenarbeit praktisch verhindern, wurden von dieser Seite keine Konzepte für entsprechende Veränderungen von Arbeitsstrukturen vorgetragen. Fragen der Gruppendynamik, der Führungsstile und des Betriebsklimas standen im Vordergrund des Interesses. Dies gilt für die mit den Hawthorne-Untersuchungen entstandene Sozialpsychologie des Betriebes in praktisch allen Industrieländern.

In Deutschland war der Aufgabenbereich der Psychotechnik wegen zunehmender Einsicht in die Begrenztheit des Ansatzes zu Beginn der Dreißiger Jahre offenbar bereits reduziert. Während des Dritten Reiches hatte die Psychotechnik theoretisch und praktisch nur noch „eine sehr beschränkte Aufgabe" (Jaeger & Staeuble 1983, S. 91). Dennoch ist nicht zu übersehen, daß viele, auch namhafte Psychotechniker sich rasch mit dem nationalsozialistischen Gedankengut identifizierten (vgl. Geuter, 1984). Da zu diesem Gedankengut bestimmte Vorstellungen von Führung, Gefolgschaft und Gemeinschaft gehörten, erschienen auch die sozialpsychologischen Aspekte mühelos integrierbar.

2.7 Die Zeit nach dem Zweiten Weltkrieg

In der Nachkriegszeit konzentrierte sich die arbeitspsychologische Forschung weitgehend auf die von Otto Graf – einem Schüler von Kraepelin – geleitete Abteilung Arbeitspsychologie am Max-Planck-Institut für Arbeitsphysiologie. Hier wurden ähnliche Fragestellungen bearbeitet wie am Industrial Fatigue Research Board. Der sozialpsychologische Ansatz wurde vor allem von Mayer (1951) aufgenommen. Inzwischen gehören Eignungsdiagnostik und Personalbeurteilung, Ausbildung und Training wieder zu den wichtigsten Berufsfeldern von Betriebspsychologen.

Gegen Ende der fünfziger, Anfang der sechziger Jahre rückten die Arbeiten von Maslow (1954), Herzberg (1959), McGregor (1960) und Argyris (1964) die Bedürfnisse nach Selbstverwirklichung und psychologischem Wachstum in den Vordergrund des Interesses. Damit verbunden war die Auffassung, daß diesen Bedürfnissen vor allem durch entsprechende Gestaltung des Arbeitsinhalts Rechnung getragen werden kann. Daraus entwickelte sich eine Vielzahl von Bemühungen der Neustrukturierung von Arbeitstätigkeiten im Sinne des von Herzberg vorgetragenen „Job-Enrichment-Konzepts'. Zur gleichen Zeit entwickelten sich in Norwegen – vor allem am Work Reserach Institute in Oslo – Vorstellungen über ‚industrielle Demokratie', in deren Rahmen teil-autonome Arbeitsgruppen als organisationale Basis für eine direkte Partizipation der Beschäftigten verstanden wurden. Diese Vorstellungen knüpften an die Tradition an, die „Kurt Lewin vor 1933 in Berlin begründet hat und die 1950–1960 in den USA am Institute for Social Research der University of Michigan weiterentwickelt wurde" (Emery & Thorsrud, 1982, S. 18). Die skandinavischen Programme basierten weitgehend auf den am englischen Tavistock Institute of Human Relations durchgeführten Forschungsarbeiten über Organisationen als soziotechnische Systeme (vgl. Trist & Bamforth, 1951; Rice, 1958; Emery, 1959; Herbst, 1962).

Die ‚Krise der Arbeitsmotivation', die sich u. a. in Fluktuations- und Fehlzeitenraten, Qualitätsverlusten und auch in wilden Streiks (vgl. Herrick & Maccoby, 1975) äußerte, lenkte in vielen Industrieländern auch die öffentliche Aufmerksamkeit auf die Bedeutung von Fragen der Qualität des Arbeitslebens. In einigen Staaten wurden Regierungsprogramme zur Humanisierung der Arbeit in die

Wege geleitet. Neue Formen der Arbeitsgestaltung (Ulich, Groskurth & Bruggemann 1973) sollen den Tätigkeitsspielraum des Einzelnen und der Gruppe erweitern, damit zur Persönlichkeitsentwicklung und Qualifizierung beitragen und so die Subjektposition der Arbeitenden zur Geltung bringen. Für Mankin (1978) wird hier ein drittes Paradigma erkennbar, das er „Post-Industrial" nennt und das für die Arbeits- und Organisationspsychologie – bei Mankin: ‚Industrial and Organizational Psychology' – grundlegend neue Aufgaben stellt: „The active participation of I/O psychologists in the process of creating a future that provides every individual with the opportunity to find fulfillment in all aspects of their lives has never before been so necessary nor potentially rewarding" (a.a.O., S. 160).

2.8 Das Konzept der soziotechnischen Systemgestaltung

Seit den siebziger Jahren sind Forschung und praktische Anwendung im Bereich der Arbeits- und Organisationspsychologie mehr und mehr bestimmt worden von drei einander ergänzenden und überlappenden ‚Schulen' (→ Arbeitsgestaltung). Das Konzept der soziotechnischen Systemgestaltung (Emery & Trist, 1960; Emery & Thorsrud, 1960; → *Die Tavistock-Untersuchungen und ihre Auswirkungen*) knüpft an Lewin an und liefert Ansatzpunkte für eine gemeinsame Optimierung (joint optimization) des sozialen und des technischen Systems bzw. von Organisation und Technologie. Das *Konzept der Aufgabengestaltung* (Hackman & Oldham, 1976) liefert Hinweise auf motivations- und entwicklungsförderliche Gestaltung von Arbeitsaufgaben. Das *Konzept der persönlichkeitsförderlichen Arbeitsgestaltung* (Hacker, 1978; Ulich, 1978; Volpert, 1979) basiert auf handlungs- bzw. tätigkeitstheoretischen Grundannahmen, die unter den für die Entwicklung der Persönlichkeit des erwachsenen Menschen relevanten Lebenstätigkeiten der Arbeitstätigkeit eine hervorragende Rolle zuschreiben.

Ein Vergleich dieser Konzepte macht noch einmal deutlich, daß die Beziehungen zwischen Arbeits- und Organisationsgestaltung, zwischen Ablauf- und Aufbauorganisation außerordentlich eng sind und daß die strikte Trennung zwischen Arbeits- und Betriebspsychologie bzw. zwischen Arbeits- und Organisationspsychologie obsolet geworden ist. Diese Erkenntnis gewinnt besondere Bedeutung für die adäquate Bewältigung psychologisch relevanter Problemstellungen in Zusammenhang mit der Entwicklung und Einführung neuer Technologien.

Literatur

Argyris, C. (1964). Integrating the individual and the organization. New York: Wiley.
Argyris, C. (1976). Problems and new directions for industrial psychology. In M. Dunnette (Ed.): Handbook of industrial and organizational psychology (pp. 151–184). Chicago: Rand McNally.

Babbage, Ch. (1935). On the economy of machinery and manufactures. London: Knight.
Davis, L. & Taylor, J. C. (1972). Introduction. In L. Davis & J. C. Taylor (Eds.): Design of jobs (pp. 9–20). Harmondsworth: Penguin.
Dorsch, F. (1963). Geschichte und Probleme der Angewandten Psychologie. Bern: Huber.
Eliasberg, W. (1926). Richtungen und Entwicklungstendenzen in der Arbeitswissenschaft. Archiv für Sozialwissenschaft und Sozialpolitik, 55, 66–101 und 687–732.
Emery, F. E. (1959). Characteristics of socio-technical systems. London: Tavistock document no. 527.
Emery, F. E. & Trist, E. L. (1960). Socio-technical systems. In C. W. Churchman & M. Verhulst (Eds.): Management science, models and techniques. Vol. 2. (pp. 83–97). Oxford: Pergamon.
Emery, F. E. & Thorsrud, E. (1969). Form and content in industrial democracy. London: Tavistock.
Emery, F. E. & Thorsrud, E. (1982). Industrielle Demokratie. Bern: Huber.
Ford, H. (1922). My Life and Work. New York: Page.
Frey, J. P. (1920). Die wissenschaftliche Betriebsführung und die Arbeiterschaft. Eine öffentliche Untersuchung der Betriebe mit Taylor-System in den Vereinigten Staaten von Nordamerika. Leipzig: Lindner.
Friedmann, G. (1952). Der Mensch in der mechanisierten Produktion. Köln: Bund Verlag.
Geuter, U. (1984). Die Professionalisierung der deutschen Psychologie im Nationalsozialismus. Frankfurt: Suhrkamp.
Giese, F. (1927). Methoden der Wirtschaftspsychologie. In E. Abderhalden (Hg.): Handbuch der biologischen Arbeitsmethoden Abt. VIc, Bd. 2. Berlin: Urban & Schwarzenberg.
Hacker, W. (1978). Allgemeine Arbeits- und Ingenieurpsychologie. Bern: Huber.
Hackman, J. R. & Oldham, G. R. (1976). Motivation through the design of work: test of a theory. Organizational Behaviour and Human Performance, 16, 250–279.
Herbst, P. (1962). Autonomous group functioning. London: Tavistock.
Herrick, N. & Maccoby, M. (1975). Humanizing work: a priority goal of the 1970s. In L. E. Davis & A. Cherns (Eds.): The quality of working life. Vol. I: Problems, Prospects and the State of the Art (pp. 63–77). New York: The Free Press.
Herwig, B. (1972). Allgemeine Grundfragen zur Anpassung der Arbeitsbedingungen an den Menschen. In: A. Mayer & B. Herwig (Hg.): Handbuch der Psychologie, Bd. 9. Betriebspsychologie (S. 69–93). Göttingen: Hogrefe.
Herzberg, F., Mausner, B. & Snyderman, B. (1959). The motivation to work. New York: Wiley.
Hische, W. (1950). Arbeitspsychologie. Hannover: Wiedemann.
Homans, G. (1950). The human group. New York: Routledge & Kegan Paul.
Jaeger, S. & Staeuble, S. (1981). Die Psychotechnik und ihre gesellschaftlichen Entwicklungsbedingungen. In: F. Stoll (Hg.): Die Psychologie des 20. Jahrhunderts. – Bd. XII: Anwendungen im Berufsleben (S. 53–94). Zürich: Kindler.
Katz, D. & Kahn, R. L. (1966). The social psychology of organizations. New York: Wiley (2nd ed. 1978).
Lang, H. & Hellpach, W. (1922). Gruppenfabrikation. Sozialpsychologische Forschungen des Instituts für Sozialpsychologie an der Technischen Hochschule Karlsruhe, Bd. 1. Berlin: Springer.
Lewin, K. (1920). Die Sozialisierung des Taylor-Systems. Schriftenreihe Praktischer Sozialismus, 4, 3–36.
Likert, R. (1961). New patterns of management. New York: McGraw-Hill.
Lipmann, O. (1932). Lehrbuch der Arbeitswissenschaft. Jena: Fischer.
Mankin, D. (1978). Toward a post-industrial psychology. New York: Wiley.
Maslow, A. (1954). Motivation and personality. New York: Harper & Row.
Maslow, A. (1976). Psychologie des Seins. München: Kindler.

Mayer, A. (1951). Die soziale Rationalisierung des Industriebetriebes. München, Düsseldorf: Steinbuch.
Mayo, E. (1933). Human problems of an industrial civilization. New York: Macmillan.
McGregor, D. (1960). The human side of enterprise. New York: McGraw-Hill.
Moede, W. (1920). Einzel- und Gruppenarbeit. Zeitschrift für praktische Psychologie, 2, 71–81 und 109–115.
Moede, W. (1930). Lehrbuch der Psychotechnik. Berlin: Springer.
Münsterberg, H. (1912). Psychologie und Wirtschaftsleben. Leipzig: J. A. Barth.
Münsterberg, H. (1914). Grundzüge der Psychotechnik: Leipzig: J. A. Barth.
Poffenberger, A. T. (1927). Applied psychology. Its principles and methods. New York: Appleton.
Rice, A. K. (1958). Productivity and social organization: The Ahmedabad experiment. London: Tavistock.
Roethlisberger, F. & Dickson, W. (1939). Management and the worker. Cambridge, Mass.: Harvard University Press.
Rosenstiel, L. v. (1980). Organisationspsychologie. In: C. Graf Hoyos, W. Kroeber-Riel & B. Strümpel (Hg.): Grundbegriffe der Wirtschaftspsychologie (S. 41–57). München: Kösel; 2. Aufl. München: Psychologie Verlags Union.
Rosenstock, E. (1922). Werkstattaussiedlung. Untersuchungen über den Lebensraum des Industriearbeiters. Sozialpsychologische Forschungen des Instituts für Sozialpsychologie an der Technischen Hochschule Karlsruhe. Bd. 2. Berlin: Springer.
Rüegsegger, R. (1986). Die Geschichte der Angewandten Psychologie. Ein internationaler Vergleich am Beispiel der Entwicklung in Zürich. Bern: Huber.
Schein, E. H. (1970). Organizational psychology (2nd ed.). Englewood Cliffs. NJ: Prentice-Hall.
Tannenbaum, A. (1966). Social psychology of the work organization. Belmont, CA.: Wadsworth Publishing.
Taylor, F. W. (1913). Die Grundsätze wissenschaftlicher Betriebsführung. München: Oldenbourg.
Trist, E. L. & Bamforth, K. (1951). Some social and psychological consequences of the langwall method of coalgetting. Human Relations, 4, 3–38.
Ulich, E. (1978). Über mögliche Zusammenhänge zwischen Arbeitstätigkeit und Persönlichkeitsentwicklung. Psychosozial, 1, 44–63.
Ulich, E., Groskurth, P. & Bruggemann, A. (1973). Neue Formen der Arbeitsgestaltung. Frankfurt: Europäische Verlagsanstalt.
Volpert, W. (1975). Die Lohnarbeitswissenschaft und die Psychologie der Arbeitstätigkeit. In: P. Groskurth & W. Volpert (Hg.): Lohnarbeitspsychologie (S. 11–196). Frankfurt: Fischer.
Volpert, W. (1979). Der Zusammenhang zwischen Arbeit und Persönlichkeit aus handlungspsychologischer Sicht. In: P. Groskurth (Hg.): Arbeit und Persönlichkeit (S. 21–46). Reinbek: Rowohlt.
Weber, M. (1927). Zit. n. Rüegsegger (1986).

Eberhard Ulich,
Schweiz

3. Systemtheoretische und ingenieurwissenschaftliche Grundlagen

3.1 Systemtheorie in der Psychologie

Bereits früh griff die Psychologie in intensiver Weise die mit der Kybernetik (Wiener, 1948) gegebenen Möglichkeiten für neue methodologische Konzepte und Experimentiertechniken sowie Datenanalysen und -darstellungen auf. Klix (1968) wies z. B. darauf hin, daß nach der Entdeckung bedingter Reflexe und Reaktionen durch Pawlow zum ersten Male von Wiener begründet wurde, daß zentralnervöse Vorgänge ihrem Inhalt nach Prozesse der Informationsverarbeitung sind und daß der Informationsaustausch zwischen Systemen somit gemeinsame Merkmale (bei verschiedener materieller Basis) aufweist.

Der kybernetische, speziell systemtheoretische Ansatz in der Psychologie ist mit einem Doppelziel verbunden: Er soll einem differenzierteren Erkenntnisgewinn dienen und gleichzeitig zur Integration verschiedener Gegenstandsbereiche im Fachgebiet beitragen. Der Systemansatz ist im Sinne der Integration als eine Rahmenkonzeption aufzufassen und durchaus nicht neu in der Psychologie. Lomow (1986) weist beispielsweise darauf hin, daß die Natur des Psychischen nur auf der Grundlage eines Systemansatzes verstanden werden kann und bezieht sich u. a. auf Ebbinghaus.

Dieser allgemeinen Systemtheorie liegt die Auffassung eines Systems als Menge von strukturell und funktionell miteinander verknüpfte Elementen zugrunde. So gesehen sind sowohl technische Gebilde als auch Beziehungen zwischen den Menschen oder das Zusammenwirken von Komponenten bei Entscheidungsprozessen usw. als Systeme beschreibbar. Der diesen Beschreibungen zugrunde liegende Kalkül kann dabei streng formal oder rein phänomenologisch sein. In einem so gefaßten Systembegriff lassen sich natürlich alle Konzepte über die Mensch-Umwelt-Interaktion unterbringen, vom Tätigkeitskonzept, von unterschiedlichsten Handlungstheorien bis hin zu behavioristischen Darstellungen. Lomow (1987) hat diese integrierende Systembetrachtung auf der Ebene der Phänomenologie unlängst problematisiert und umfassend dargelegt.

3.2 Allgemeine Systemtheorie und Organisation

Der allgemeine Systembegriff wurde auch im Rahmen der Beschreibung von Organisationen eingeführt. Greif (1983, S. 20) faßt Organisationen als offene Systeme von menschlichen und nichtmenschlichen Elementen auf, wobei die Interaktion als empirisch bestimmbare, bedingte Wahrscheinlichkeit zwischen den Elementen oder deren Merkmalen definiert wird (zur genauen Ableitung dieser Möglichkeit vgl. Greif, 1978). Natürlich erfordert die weite Fassung des Begriffes

"Organisation" differenziertere Festlegungen, wobei vor allem "Struktur" und "Ziel" in der erwähnten Literatur diskutiert werden. Dieser Systemauffassung verpflichtet findet man insbesondere die Bezüge zur sozialpsychologischen und soziologischen Betrachtung herausgearbeitet. Auch Weinert (1981/1987) greift in seiner Darlegung die systemtheoretischen Organisationskonzepte auf.

3.3 Spezielle Systemtheorie und ingenieurwissenschaftliche Grundlagen der Arbeits- und Ingenieurpsychologie

Neben der bislang beschriebenen "metaphorischen" kommt der mathematisch ausgearbeiteten Systemtheorie besonders für den Erkenntnisfortschritt im Detail hohe Bedeutung zu.

Diese "spezielle Systemtheorie" beweist ihre Leistungsfähigkeit vor allem bei der Analyse des Mensch-Maschine-Systems und seiner Komponenten. In einem Mensch-Maschine-System wird Information unterschiedlicher Qualität verarbeitet, nämlich Information, die sowohl organismischen bzw. physikalischen als auch gesellschaftlichen Gesetzmäßigkeiten gehorcht (Klix, 1966). Systemtheoretische und ingenieurwissenschaftliche Analysen solcher Systeme beruhen auf entscheidenden Gemeinsamkeiten mit mathematisch beschreibbaren Strukturen. Dazu gehören im wesentlichen ihr geschlossener Informationsfluß (Rückkoppelung) und die Tatsache, daß aus Einzelelementen die Eigenschaften des Gesamtsystems bestimmbar werden. Die psychologische Grundfrage dieser Betrachtungsweise lautet allgemein:

Gibt es eine Invariante bei der formalen Beschreibung des menschlichen Verhaltens, die unter definierten Bedingungen seine Vorhersage sowohl qualitativ als auch quantitativ erlaubt, und wenn ja, wie sieht sie aus?

Diese Art Fragestellung leitet sich aus der Tatsache ab, daß es in der speziellen Systemtheorie für technische Gebilde möglich ist, eine solche Invariante zu bestimmen. Zahlreich waren und sind in erwähntem Zusammenhang Probleme und Untersuchungsergebnisse dazu, sie auch im menschlichen Verhalten – insbesondere bei sogenannten Trackinganforderungen – zu finden. Dabei reichen die mathematischen Darstellungsmittel von einfachen linearen Gleichungen, z. B. in Form sog. Gewichtsfunktionen (Geißler, 1968; Timpe, 1968), über nichtlineare bis hin zu zeitvariaten und stochastischen Beschreibungen (Mc Ruer, 1972; Johannsen, Boller, Donges et al. 1977; Stein, 1987).

3.4 Wert und Grenzen des speziellen systemtheoretischen Ansatzes

Um die Rolle der systemtheoretischen Grundlagen in der Arbeits- und Organisationspsychologie herauszustellen, seien folgende Thesen benannt:
- Die systemtheoretische Darstellung erlaubt im Unterschied zu einer phänomenologischen auf Grund des experimentellen Vorgehens und der Möglichkeit,

Modellparameter zu identifizieren, die Ableitung exakt nachprüfbarer Arbeitshypothesen (Klix, 1980).
- Es sind Simulationsexperimente möglich, so daß Einsichten in beteiligte Systeme und ihre Wechselwirkung gewonnen werden können (Mc Ruer, 1972, Hogan & Flash, 1987).

Praktisch verwertbare Aussagen für die Gestaltung von Arbeitstätigkeiten sind ableitbar. Sie berühren z. B. die Untersuchung von Eignungsproblemen und das Simulatortraining (Möller, 1988), die Arbeitsmittelgestaltung oder auch die Analyse von Arbeitstätigkeiten mit sensomotorischen Komponenten (Hacker, 1987).

Es bleibt anzumerken, daß trotz großer Hoffnungen, die in den systemtheoretischen Zugang gesetzt werden, auch heute noch Grenzen bei seiner Anwendung bestehen. Sie betreffen die Einbeziehung von Lernprozessen und die Klärung des Zusammenhanges von psychologisch interpretierbaren Komponenten und ihrer formalen Darstellung, nämlich die „Modellbildung". Auf die wichtigsten theoretischen Annahmen, Voraussetzungen und Gemeinsamkeiten der Systemtheorie in der Psychologie sowohl in dem beschriebenen methodologischen Sinn einer Rahmenkonzeption als auch als spezifisches Hilfsmittel der konkreten Analyse psychischer Prozesse geht z. B. Geißler (1985) ein.

3.5 Ausblick

Die ingenieurwissenschaftlichen Grundlagen umfassen mehr als die hier exemplarisch ausgewählten Aspekte der Systemtheorie. Mit der Vorbereitung, Einführung und Nutzung der modernen Informationstechnologien und der flexiblen Automatisierung werden zunehmend die Resultate der kognitiven Psychologie für die nun technisch mögliche Wissensverarbeitung interessant (Klix, 1989). Vor allem die Erfassung und implementierfähige Darstellung von Wissenskörpern mit natürlichsprachlichem Zugang und die Lernfähigkeit rechnergestützter Arbeitsmittel weitet die ingenieurwissenschaftlichen Grundlagen in der Psychologie auf die Informatik und auf angrenzende Gebiete aus. Das bedeutet, daß die formalen Grundlagen der künstlichen Intelligenz für die Entwicklung der Psychologie sehr an Bedeutung gewinnen werden und daß beispielsweise neben die Systemtheorie auch solche Gebiete wie Informatik oder Rechentechnik treten (Timpe, 1988). Umgekehrt werden aber auch Lehrinhalte der Arbeits- und Organisationspsychologie die ingenieurtechnische Ausbildung durchdringen. Neuentwickelte Studienprogramme an vielen Universitäten weisen diesen Trend bereits in Ansätzen in der obligatorischen Ausbildung auf. Damit steht das Fachgebiet gegenwärtig vor einer konzeptionell bedeutenden Aufgabe: Die Integration und Nutzung system- und ingenieurwissenschaftlicher Grundlagen müssen der Erhöhung des Erkenntnisfortschrittes dienen, um den gesellschaftlichen Anforderungen an eine humanistischen Prinzipien verpflichtete Gestaltung der Arbeitstätigkeit zu entsprechen.

Literatur

Geißler, H. G. (1985). Systemanalysen psychischer Prozesse. In G. Clauß, H. Kulka, H. D. Rösler et al.: Wörterbuch der Psychologie (S. 609–611). Leipzig: Bibliographisches Institut.

Geißler, H. G. (1968). Zur Analyse des dynamischen Verhaltens von Bezugssystemen der menschlichen Wahrnehmung. In: Klix, F. (Hg.): Kybernetische Analysen geistiger Prozesse. Berlin/DDR: Deutscher Verlag der Wissenschaften, 75–105.

Greif, S. (1978). Entwicklung eines systemtheoretischen Begriffes der Organisation. Zeitschrift für Sozialpsychologie 9, 206–221.

Greif, S. (1983). Konzepte der Organisationspsychologie. Bern: Huber.

Hacker, W. (1986). Arbeitspsychologie. Berlin/DDR: Deutscher Verlag der Wissenschaften.

Hogan, N. & Flash, T. (1987). Moving gracefully: quantitative theories of motor coordination. Trends in Neurosciences 10, 170–174.

Johannsen, G., Boller, H. E., Donges, E. & Stein, W. (1977). Der Mensch im Regelkreis. München: Oldenbourg.

Klix, F. (Hg.) (1968). Kybernetische Analysen geistiger Prozesse. Berlin/DDR. Deutscher Verlag der Wissenschaften.

Klix, F. (1966). Beziehungen zwischen Experimentalpsychologie und Entwicklungsrichtungen der Volkswirtschaft – zur psychologischen Grundlegung der Ingenieurpsychologie. In: Klix, F., J. Siebenbrodt & K.-P. Timpe (Hg.): Ingenieurpsychologie und Volkswirtschaft. Berlin/DDR: Deutscher Verlag der Wissenschaften, 9–34.

Klix, F. (1980). Information und Verhalten. Berlin/DDR: Deutscher Verlag der Wissenschaften.

Klix, F. Kognitive Psychologie: Woher, Wohin, Wozu. Psychologie für die Praxis (im Druck).

Lomow, B. (1987). Methodologische und theoretische Probleme der Psychologie. Berlin/DDR: Volk und Wissen.

Lomow, B. (1986). Über den Systemansatz in der Psychologie. Zeitschrift für Psychologie 194, 398–409.

Möller, A. Rechnergestützte Trackingdiagnostik. Psychologie für die Praxis (im Druck).

Mc Ruer, D. (1972). Lectures on theory of manual-vehicle control. In: Bernotat, R. K. & K. P. Gärtner (Hg.): Displays and controls. Amsterdam: Swets & Zeitlinger N. V., 279–326.

Stein, W. (1987). Fahrzeug- und Prozeßführung: Menschliches Überwachungs- und Entscheidungsverhalten. Berlin: Springer.

Timpe, K. P. (1968). Systemtheoretische Darstellung des Zusammenhanges wesentlicher Variablen der Willkürbewegung. In: Drischel, H. & N. Tiedt: Biokybernetik, Bd. II. Leipzig: G. Fischer, 229–235.

Timpe, K. P. (1988). Zwischen Psychologie und Technik. Berlin/DDR: Deutscher Verlag der Wissenschaften.

Weinert, A. B. (1987). Lehrbuch der Organisationspsychologie. München: Urban & Schwarzenberg 1981; 2. erw. Aufl. München: Psychologie Verlags Union.

Wiener, N. (1948). Cybernetics. Paris: John Wiley & Sons.

Klaus-Peter Timpe,
Deutsche Demokratische Republik

4. Biologische und psychophysiologische Grundlagen

4.1 Einleitung

Das Nervensystem mit seinen strukturellen Elementen ist die biologische Grundlage psychischer Vorgänge. Als Strukturebenen des Nervensystems sind morphologische und funktionelle Einheiten zu unterscheiden. Sie betreffen als neuroanatomische Struktur den Aufbau des Neurons bis zum Aufbau des Gehirns und als funktionelle Einheiten Hören, Sehen, Riechen, Schmecken, Gleichgewichtsregulation, Tiefensensibilität (Muskel- und Sehnenspindeln), Oberflächensensibilität (Druck, Berührung, Temperatur, Schmerz) und vegetative Regulationen. Grob klassifiziert können den genannten Funktionsbereichen abnehmende Grade von Bewußtheit zugeordnet werden. Hören und Sehen verlaufen bewußt gesteuert, während eine Wahrnehmung der Enterorezeptoren vegetativer Regulationen normalerweise nicht erfolgt.

Insgesamt ist die Komplexität der Aufnahme, Verarbeitung und Weitergabe von Informationen als integrative Leistung des Nervensystems Voraussetzung individuellen Verhaltens. Die Begriffe Erregung, Hemmung, Divergenz und Konvergenz von Verschaltungen unter Nutzung von Kollateralen, Summations- und Verstärkungsprinzipien sowie Bahnung umschreiben einen Teil der Integrationsleistung. Übertragerstoffe sind in der Molekularebene Transmitter.

Eine andere Form von Integrationsleistung ist die hormonale Informationsverarbeitung. Hormonale Prozesse laufen langsam ab und haben einen hohen Grad von Allgemeinheit im Organismus. Die meisten Hormone sind chemisch Peptide und Steroide. Übertragerstoffe im vegetativen Nervensystem (z. B. Adrenalin, Noradrenalin) nehmen eine Mittlerstellung zwischen Hormonen und Transmittern ein (Adler, 1979). Eine Verbindung zwischen neuronaler und hormoneller Integrationsleistung des Organismus kann in der Wirkung neurosekretorischer Stoffe und spezifischer Freisetzungsfaktoren gesehen werden. Ein spezifischer neuronal gegebener Erregungszustand wird mittels spezialisierter neurosekretorischer Fasern zur Hypophyse weitergemeldet. Diese ist integriert in hormonelle Regelkreise. Eine Beschreibung der neuronalen Prozesse als kurzfristige und der hormonalen Prozesse als langfristigere Grundlagen des Verhaltens ist durchaus berechtigt. Verhalten ist an beide Ebenen von Integrationsleistungen gebunden, und über psychophysiologische Meßmethoden sucht die Arbeitspsychologie Auskunft zur Verbindung von psychischen Prozessen und Zuständen zu korrespondierenden biologischen Abläufen zu erhalten. Im folgenden werden darum anhand von 3 Problemfeldern Zusammenhänge dargelegt, die für Arbeits- und Organisationspsychologen von Bedeutung sind.

4.2 Chronobiologie des Leistungsverhaltens

Die *Chronobiologie des Verhaltens* ist ein Beispiel der engen Verflechtung biologischer und sozialer Determinanten psychischer Leistungen. So werden beobachtete circadiane Schwankungen in Diskriminationsleistungen, in der Effektivität beim Verstehen von Texten oder in Behaltensleistungen in Verbindung gebracht mit biologischen und sozialen Determinanten der Tagesrhythmik (Brown & Graeber, 1982; Rutenfranz & Colquhoun, 1979; Folkard & Monk, 1985). Tageszeitliche Änderungen des Leistungsverhaltens werden von Fraisse (1983) dagegen als eigenständige chrono-psychologische Phänomene aufgeführt.

Die sozialen Determinanten (Tag-Nachtrhythmus der Arbeits- und Freizeitaktivitäten) treten in Wechselwirkung zu den biologischen Komponenten.

Deren endogene Steuerung soll von einem Enzym, der N-Azetyl-Transferase, vorgenommen werden, das die Umstrukturierung des Epiphysenhormons Serotonin in Melatonin bewirkt. Dieses dient der Aktivierung in Dunkelphasen (Guttmann, 1982). Die Suche nach endogenen Grundlagen der *circadianen Schwankungen* erbrachte bei Untersuchungen an Tieren den Hinweis auf suprachiasmatische Nuclei als modellhaft angenommene Oszillatoren oder „Schrittmacher". Diese cerebrale Region verfügt über Verbindungen zum retinothalamischen Trakt (Moore-Ede, Sulzman & Fuller, 1982).

Unser Verständnis über die Verbindung zwischen endogenen und exogenen Komponenten der Tagesperiodik beruht auf den Vorstellungen von Aschoff (1955) sowie Halberg (1959), nach denen die endogene, oszillatorische Komponente eine Periode von länger (beim Menschen 25,5 Stunden) oder kürzer als 24 Stunden aufweist, welche durch exogene Zeitgeber auf die 24-Stunden-Periode getriggert wird. Für viele Tierarten ist der Hell-Dunkel-Wechsel der entscheidende Zeitgeber; für den Menschen sind kognitive oder soziale Zeitgeber dem Hell-Dunkel-Zeitgeber übergeordnet (Aschoff, Knauth & Rutenfranz, 1988).

Biologische Korrelate (→ *Psychophysiologische Meßmethoden*) von Leistungsvariationen über den Tag sind Indikatoren des Aktivitätszyklus, z. B. Katecholamine und die Herzschlagfrequenz (Ottmann, 1988; Kiesswetter, 1988). Ganz besonders trifft das für die Körperkerntemperatur zu, da zeitbezogene Variationen des Leistungsverhaltens stärker an die Tagesperiodik der Körpertemperatur gekoppelt sind als an endogene Oszillatoren oder an „Masking"-Effekte des Schlaf-Wach-Zyklus (Wever 1979, 1988; Folkard & Monk, 1985). Sie schwankt im Verlauf des Tages um etwa 1,5° C und ist integrierender Ausdruck der Thermoregulation des Körpers einschließlich der Stoffwechselregulation. Die Sollwert-Verstellung des Temperaturregelsystems im Organismus erfolgt vorwiegend über Zentren in der Hypothalamusregion und in der formatio reticularis.

Das arbeitspsychologisch relevante Problem besteht darin, inwieweit Arbeit nachts in Phasen niedriger Aktivierung und niedriger Körperkerntemperatur geleistet werden und Verschiebungen der circadianen Rhythmik über längere Perioden hervorrufen kann. Die Suche nach Schichtsystemen (→ *Schichtarbeit*), welche die Diskrepanz zwischen der Phasenlage von Arbeit und Schlaf gegenüber der

Phasenlage der biologischen Rhythmik möglichst minimieren oder langzeitige Umstellungen ermöglichen würden, ist ein organisationspsychologisches Problem, das direkten biologischen Bezug hat (Knauth, 1983; Kiesswetter, 1988).

4.3 Hormonelle Grundlagen von Beanspruchungsanalysen

Die Problematik „Arbeit und Gesundheit" („→ *Psychische Gesundheit und Arbeit*) im Sinne von Langzeitwirkungen psychischer Beanspruchungen (Caplan et al., 1982) verlangt vom Arbeitspsychologen Interpretationen im Bereich eines wichtigen biologischen Koordinationssystems, dem Hormonsystem. Während neuronale Prozesse schnell und in ihrer Wirkung zeitlich und lokal begrenzt ablaufen, sprechen hormonale Prozesse langsamer an, sind von längerer Dauer und wirken genereller als neuronale Impulse. Hormone haben bestimmte Zielstellen, Rezeptoren, die die stereochemischen Eigenschaften der Substanz nach dem Schloß-Schlüssel-Prinzip erkennen.

Je nach Art der Substanz sind dann Aktivierungen oder Blockierungen der Rezeptoren zu erzeugen. Diese Eigenschaft ähnelt der Funktion eines Neurotransmitters. Hormone können aber auch direkt Enzymsysteme beeinflussen oder auf die Zellmembran einwirken.

Aus der Vielzahl von *Hormonen* sind für den Arbeitspsychologen diejenigen bedeutungsvoll, die die Aktivierung des Organismus bewirken. Sie werden im Nebennierenmark, in der Schilddrüse, im Hypothalamus und in der Hypophyse gebildet. Hier sollen zunächst die im Nebennierenmark gebildeten Katecholamine interessieren.

Häufig als „Streßhormone" bezeichnet, bewirken sie eine Umstellung des Organismus bei „Bedrohungssituationen". Der Wirkstoff *Noradrenalin* spricht Alpha-Rezeptoren an und wirkt vor allem gefäßkontrahierend im peripheren Kreislauf. Der andere Wirkstoff *Adrenalin* spricht Alpha- und Beta-Rezeptoren an und wirkt eher zentral, aktiviert den Herzmuskel und das zentrale Nervensystem in vielen Funktionen. Bekannt sind medikamentöse Verabreichungen von Beta-Rezeptoren-Blockern, die erhöhte Aktivierung infolge Adrenalinausschüttung reduzieren sollen.

Psychologisch interessant wird die Interpretation von Veränderungen der Ausscheidungsraten dieser Hormone im analysierten Blut oder Urin (Lehmann et al., 1982; Neidhart et al., 1983; Schiele, 1983). Ungeachtet möglicher Fehlerquellen, z. B. Circadianschwankungen oder Ernährungseinflüsse, wird eine Erhöhung der Adrenalinausschüttung einer allgemeinen psychischen Aktivierung und der von Noradrenalin einer mehr physischen Aktivierung zugeordnet.

Der Einfluß corticaler Reize auf die Katecholaminausschüttung wird für den Arbeitspsychologen interessant, und das Erleben psychischer Anspannung wird dann mit Ausscheidungsraten in Verbindung gebracht. Das kann z. B. den Vergleich von Akkordlohn vs. Gehaltszahlung oder von extrem monotoner vs. abwechslungsreicher Tätigkeit oder von Zeiten mit und ohne Überstundentätigkeit betreffen (Levi, 1981; Frankenhaeuser, Lundberg & Forsman, 1980).

Die Adrenalinausscheidung differiert stark intraindividuell, mit ihr korrespondieren Verhaltensmuster, z. B. das sog. Typ-A-Verhalten (Lundberg & Forsman, 1978; Seeber et al., 1985). Vor einer situationsbezogenen Interpretation dieses Hormons im Blut oder Urin sind überlagernde Faktoren zu eliminieren.

Im Gegensatz dazu werden die Schilddrüsenhormone (Thyroxin und Trijodthyronin) als Verursacher einer allgemeinen und länger andauernden Anhebung des Aktivierungsniveaus angesehen. Sie bewirken eher die habituelle Aktivierungslage einer Person.

Die aus der Nebennierenrinde ausgeschiedenen Corticosteroide werden auch mit Aktivierungsphänomenen des Organismus in Verbindung gebracht. Ihre Funktion besteht aber darin, überschießende Reaktionen wieder ins Gleichgewicht zu bringen, insofern ist bei Belastungssituationen auch ein Ansteigen der Corticosteroide, z. B. des Cortisol, zu beobachten. Aber die zeitliche Verbindung zum Ereignis ist erheblich schwieriger darzustellen (Guttmann, 1982).

4.4 Psychische Langzeitwirkungen von Arbeitsstoffen

Das *psycho-organische Syndrom* gilt als eines der Wirkungskriterien neurotoxischer Arbeitsstoffe wie Blei, Quecksilber, Schwefelkohlenstoff, Kohlenmonoxyd oder zahlreiche organische Lösungsmittel. Der mögliche Zusammenhang zwischen Konzentrations- und Gedächtnisbeeinträchtigung, Verlangsamungen der Reaktionszeit und der Informationsverarbeitungsleistung einerseits und dem Auftreten bestimmter Stoffe in der Arbeitsumwelt andererseits ist heute unumstritten. Unspezifische Beschwerden (Kopfschmerz, Übelkeit, Sensibilitätsstörungen) sowie Reaktionszeitverlängerungen und Verkürzungen der Gedächtnisspanne können als Frühzeichen *neurotoxischer Veränderungen* im Gehirn und/oder im peripheren Nervensystem angesehen werden (Gamberale, 1985; Gilioli, Cassito & Foà, 1983).

Neuroanatomisch handelt es sich dabei um Veränderungen am Neuron und an den Gliazellen bzw. Schwann'schen Zellen, die für die Myelinbildung im zentralen bzw. peripheren Nervensystem verantwortlich sind. Die Veränderungen am Neuron betreffen vor allem das Axon und die präsynaptischen Nervenendigungen. Veränderung bedeutet hier, daß die Myelinschicht und das Axon beschädigt sind und damit die Weiterleitung des Aktionspotentials beeinträchtigt werden kann (Spencer & Schaumburg, 1980).

Die axonalen informationsweiterleitenden Verbindungen (ein Axonende kann bis zu 10 000 Verästelungen aufweisen) und deren synaptische Verbindungen zu den informationsempfangenden Dendriten sind als anatomische Grundlage komplexer Informationsverarbeitungsleistungen anzusehen. Schädigungen daran können sich dann in Defiziten der genannten Leistungen ausdrücken, soweit nicht motivationale oder regenerative Kompensationen dagegenwirken.

Eine besondere Rolle spielt dabei im Gehirn und in den peripheren Nerven die *Blut-Hirn-Schranke* (Powell, Myers & Lampert, 1980). Die reiche Kapillardurchblutung im Gehirn bewältigt einerseits einen schnellen Sauerstoff-Kohlendioxyd-Austausch und erlaubt einen Zutritt von Glukose und Aminosäuren in das Gehirn. Andererseits müssen aber „unerwünschte" Lösungen zurückgehalten werden. Ein Mantel aus Astrozythen umgibt die Blutkapillaren und bildet einen Durchgangskanal zum Neuron. Durch die Gliaschädigung können die Astrozythen in ihrer Funktion beeinträchtigt werden. Außerdem passieren auch bestimmte Stoffe, z. B. lipidlösliche organische Lösungsmittel oder deren Metaboliten, besonders leicht die Blut-Hirn-Schranke. Das bedeutet, daß strukturelle Veränderungen und Änderungen der Transport- und Austauschbedingungen an der Nervenzelle zur Funktionsbeeinträchtigung an der Nervenzelle führen können.

Die von Psychologen zu diagnostizierenden Symptome können aber nur dann mit organischen Schädigungen in Verbindung gebracht werden, wenn über Messungen am Arbeitsplatz, über Ausscheidungsparameter der Arbeitsstoffe oder deren Metaboliten in der Ausatemluft, im Blut oder im Urin ein kausaler Zusammenhang der genannten Art angenommen werden kann.

Aufgabe des Arbeitspsychologen ist es, diese Verbindung von Leistungs- und Befindenseinschränkungen bei möglichen Expositionen in der Arbeitsumwelt zu sehen und mit psychodiagnostischen Methoden die arbeitsmedizinisch prophylaktischen Maßnahmen zu unterstützen.

Literatur

Adler, M. (1979). Physiologische Psychologie. Teil I + II. Stuttgart: Enke.
Aschoff, J. (1955). Exogene und endogene Komponente der 24-Stunden-Periodik bei Tier und Mensch. Naturwissenschaften, 42, 569–575.
Aschoff, J., Knauth, P. & Rutenfranz, J. (1988): Biologische Rhythmen. In Immelmann, K., Scherer, K. R., Vogel, C. & Schmoock, P. (Hg.), Psychobiologie. Grundlagen des Verhaltens (S. 219–256). Stuttgart: G. Fischer/Weinheim, München: Psychologie-Verlags Union.
Brown, M. & Graeber, R. C. (Eds.) (1982): Rhythmic aspects of behavior. Hillsdale: Lawrence Erlbaum.
Caplan, R. D., Cobb, S., French, J. R. P., von Harrison, R. & Pinneau, S. R. (1982): Arbeit und Gesundheit. Bern: Huber.
Folkard, S. & Monk, T. H. (1985): Hours of work. Temporal factors in work-scheduling. Chichester: Wiley.
Fraisse, P. (1983): Les rythmes de la vigilance et des activités. In H. Montagner, (Ed.), Les rythmes de l'enfant et de l'adolescent. 4. ed. (pp. 163–174). Paris: Ed. Stock.
Frankenhaeuser, M., Lundberg, U. & Forsman, L. (1980): Dissociation between sympathetic-adrenal and pituitary-adrenal responses to an achievement situation characterized by high controllability: comparison between Type-A and Type-B males and females. Biological Psychology, 10, 79–91.
Gamberale, F. (1985): Use of behavioral performance tests in the assessment of solvent toxicity. Scandinavian Journal of Work, Environment and Health, 11, Suppl. 1, 65–74.
Gilioli, R., Cassito, M. G. & Foà, V. (Eds.) (1983): Neurobehavioral methods in occupational health. Oxford/New York: Pergamon Press.

Guttmann, G. (Hg.) (1982): Lehrbuch der Neuropsychologie. 3. Aufl. Bern: Huber.
Halberg, F. (1959): Physiologic 24-hour periodicity: general and procedural considerations with reference to the adrenal cycle. Zeitschrift für Vitamin-, Hormon- und Fermentforschung, 10, 225–296.
Kiesswetter, E. (1988): Das circadiane und adaptive Verhalten psychischer und physischer Funktionen bei experimenteller Schichtarbeit. Frankfurt: Lang.
Knauth, P. (1983): Ergonomische Beiträge zu Sicherheitsaspekten der Arbeitszeitorganisation. Düsseldorf: VDI-Verlag. (Fortschritt-Berichte der VDI-Zeitschrift, Reihe 17, Nr. 18).
Lehmann, M., Huber, G., Spöri, M. & Keul, J. (1982): Katecholaminausscheidung bei körperlichen und konzentrativen Belastungen. International Archives of Occupational and Environmental Health, 50, 175–186.
Levi, L. (1981): Preventing work stress. Menlo Park, CA: Addison-Wesley.
Lundberg, U. & Forsman, L. (1978): Adrenal-medullary and adrenal-cortical responses to understimulation: comparison between Type-A and Type-B persons. Reports from the Department of Psychology, University of Stockholm, No. 541 (Dec. 1978).
Moore-Ede, M. C., Sulzman, F. M. & Fuller, C. A. (1982): The clocks that time us. Physiology of the circadian timing system. Cambridge, Mass.: Harvard University Press.
Neidhart, B., Kringe, K.-P., Lippmann, C. & Brockmann, W. (1983): Richtigkeit und Genauigkeit der Catecholamin-Analyse: Ein Intra-Laboratorium-Methodenvergleich. Fresenius Zeitschrift für Analytische Chemie, 315, 232–240.
Ottmann, W. (1988): Untersuchungen zur Beanspruchungswirkung der Belastungskombination aus experimenteller Schichtarbeit und Lärm. Düsseldorf: VDI-Verlag. (Fortschritt-Berichte der VDI-Zeitschrift, Reihe 17, Nr. 50).
Powell, H. C., Myers, R. R. & Lampert, P. W. (1980): Edema in neurotoxic injury. In Spencer, P. S. & Schaumburg, H. H. (Eds.), Experimental and clinical neurotoxicology. Baltimore, London: Williams & Wilkins.
Rutenfranz, J. & Colquhoun, W. P. (1979): Circadian rhythms in human performance. Scandinavian Journal of Work, Environment and Health, 5, 167–177.
Schiele, R. (1983): Streß am Arbeitsplatz. Labor- und Felduntersuchungen zur Beanspruchungsanalyse mit biochemischen Methoden. Dortmund: Bundesanstalt für Arbeitsschutz und Unfallforschung.
Seeber, A., Gutewort, T., Richter, J. & Strümper, R. (1985): Judgements of stress by mental work, type A behavior pattern and catecholamines. In F. Klix, R. Näätänen & K. Zimmer, (Eds.), Psychophysiological approaches to human information processing (pp. 401–410). Amsterdam/New York: North-Holland.
Spencer, P. S. & Schaumburg, H. H. (Eds.) (1980): Experimental and clinical neurotoxicology. Baltimore/London: Williams & Wilkins.
Wever, R. A. (1979): The circadian system of man. Results of experiments under temporal isolation. New York: Springer.
Wever, R. A. (1988): Circadian control of vigilance. In J. P. Leonard (Ed.), Vigilance: Methods, models, and regulation (pp. 149–165). Frankfurt: Lang.

Andreas Seeber und Joseph Rutenfranz,
Bundesrepublik Deutschland

5. Sozialwissenschaftliche Grundlagen

5.1 Gegenstand, Anliegen und Forschungsprogramme der Sozialwissenschaften

Erfahrungsobjekt der Sozialwissenschaften, d. h. der Forschungsgegenstand, mit dem sich diese Wissenschaften beschäftigen, ist das *soziale* Handeln in gesellschaftlichen Institutionen, seine Ursachen und seine Folgen. Dieses Erfahrungsobjekt dient den sozialwissenschaftlichen Einzeldisziplinen als gemeinsamer Gegenstand ihrer Untersuchung.

Abbildung 1 gibt einen Überblick über die den Sozialwissenschaften zuzurechnenden Einzeldisziplinen:

Abb. 1: Den Sozialwissenschaften zuzurechnenden Einzeldisziplinen

Allerdings nähern sich diese Einzeldisziplinen ihrem gemeinsamen Erfahrungsobjekt mit unterschiedlichem Erkenntnisinteresse.

Das *Erkenntnisobjekt* ist von Disziplin zu Disziplin verschieden. So interessiert sich z. B. die Wirtschaftswissenschaft nur für einen Ausschnitt sozialen Handelns, nämlich für wirtschaftliches Handeln zur Befriedigung von Bedürfnissen.

Sozialwissenschaften – bisweilen auch als Gesellschaftswissenschaften bezeichnet – sind in Abgrenzung zu den Naturwissenschaften entstanden, und zwar ursprünglich in sozialpolitischer Absicht.

Erste sozialwissenschaftliche Veröffentlichungen zu Beginn des 19. Jh. in Frankreich (Saint-Simon, Charles Fourier) waren in ihrer Zielsetzung weniger ‚wissenschaftlich' im Sinne systematischer Erkenntnisgewinnung angelegt als eher ‚programmatisch' im Sinne einer Veränderung der gesellschaftlichen und politischen Verhältnisse zur Lösung der sozialen Probleme vor allem der arbeitenden Klasse. Für diese Richtung setzte sich später in Deutschland die Bezeichnung *Sozialpolitik* durch, die sich wertend der Erkenntnisse einer ‚wertfreien' Sozialwissenschaft (Max Weber) bedient.

Im Anschluß an stark empirisch orientierte sozialpsychologische Forschungsbemühungen in den USA (Hawthorne-Studien) spricht man etwa seit 1950 in der Organisationsforschung zusätzlich von „Behavioral Sciences" *(Verhaltenswissenschaften)*, als einer Teilmenge der Sozialwissenschaften, die sich vorzugsweise mit dem Verhalten von Organisationen und ihren Mitgliedern beschäftigen. Im Erkenntnisinteresse und methodischen sowie methodologischen Vorgehen amerikanischer und europäischer Sozialwissenschaftler lassen sich jedoch erhebliche Unterschiede erkennen, die es bei der Rezeption US-amerikanischer Forschungsergebnisse zu berücksichtigen gilt.

In der sozialwissenschaftlichen Forschung finden zwei grundsätzlich unterschiedliche *Forschungsprogramme* Anwendung: der *methodologische Individualismus* und der *methodologische Kollektivismus (Holismus)*. Mit ersterem ist eine Vorgehensweise gemeint, die, um ein Verständnis für große soziale Systeme (Organisationen, Gesellschaften) zu gewinnen, vom Individuum ausgeht. Begriffe und Konzepte, mit denen individuelles Verhalten beschrieben und gedeutet wird, eignen sich danach auch zur Beschreibung von großen Personenmehrheiten. Eine dem entgegengesetzte Position nimmt der Holismus ein, indem er u. a. aufgrund makroökonomischer und makrosoziologischer Analysen zu einem ganzheitlichen Verständnis sozialer Systeme zu kommen versucht.

Der in diesem Zusammenhang häufig zitierte *Reduktionismus* geht einen Schritt weiter und behauptet, Aussagen soziologischer Theorien und von Gesellschaftstheorien ließen sich auf Gesetzesaussagen über menschliches Verhalten (vor allem psychologische Theorien) logisch zurückführen (reduzieren).

Der *Individualismus* stützt sich historisch auf folgende Grundpfeiler:

a) die Verhaltensgleichung der Lewinschen Feldtheorie, die allgemeinste Formulierung der Entstehungsbedingungen menschlichen Verhaltens,
   $V = f(P, U)$
   V = Verhalten, P = Person, U = psychologische Umwelt
b) das S-O-R Paradigma der neobehavioristischen Psychologie
   S = Stimulus $\rightarrow$ O = Organism $\rightarrow$ R = Response
   (Reiz-Situation)   (Organismus)   (Reaktion)

Der *Holismus* stützt sich primär auf systemtheoretische Konzepte, die Gleichgewichts- und Harmonievorstellungen zwischen den Elementen sozialer Systeme sowie zwischen System-Umwelt-Beziehungen thematisieren. In den 30er Jahren entwickelt der Biologe Ludwig v. Bertalanffy eine „General Systems Theory" ($\rightarrow$ *Systemtheoretische und ingenieurwissenschaftliche Grundlagen*), die den Anspruch erhebt, aus unterschiedlichen Wissenschaften stammende und von unterschiedlichen Erkenntnisinteressen getragene Forschungsansätze unter einem Dach integrieren zu wollen (unity of science).

In den Sozialwissenschaften ist die systemtheoretische Betrachtungsweise vor allem von Soziologen (Talcott Parsons, Niklas Luhmann) und Volkswirten (Friedrich v. Hayek, Vilfredo Pareto, Carl Menger) aufgegriffen worden, während Psychologen und Betriebswirte eher eine individualistische Forschungsstrategie verfolgen.

Heute setzt sich mehr und mehr die Überzeugung durch, daß soziale Gruppen und große Organisationen über Eigenheiten (properties) verfügen, die nicht aus der Addition individuellen Verhaltens verständlich werden, sondern vielmehr eine soziologische Makroanalyse erforderlich machen; oder im Sinne der Emergenzthese formuliert: Beim Übergang von Individuen zu Gruppen und Großgruppen treten Eigenschaften und Gesetzmäßigkeiten hinzu, die für diese Analyseebene charakteristisch sind und die gesondert berücksichtigt werden müssen. Einzelne verhaltenswissenschaftliche Erkenntnisse gelten also lediglich für die jeweilige Ebene der Analyse (Individuum, Gruppe, Organisation).

Im Rahmen dieser kurzen Einführung bietet es sich an, exemplarisch auf zwei Richtungen der Sozialwissenschaften etwas näher einzugehen, die aus unterschiedlichen Perspektiven (soziologische, ökonomische) den Gegenstandsbereich des Handbuches beleuchten. Hier handelt es sich einmal um die *Betriebssoziologie* als einem Teilgebiet der Soziologie, und zum andern um die *Betriebswirtschaftslehre* als einem Teilgebiet der Wirtschaftswissenschaft, die sich vor allem mit einzelwirtschaftlichem Verhalten beschäftigt.

5.2 Betriebs- und Industriesoziologie

Ralf Dahrendorf (1959) sieht in dem umfassenden, von Max Weber initiierten empirischen Forschungsprogramm des 1872 gegründeten ‚Vereins für Socialpolitik' die Geburtsstunde der Betriebssoziologie. Die ‚soziale Frage' und die Skepsis der Sozialwissenschaftler hinsichtlich der Wohltaten der *Industrialisierung* waren der Anlaß für diese ersten industriesoziologischen Studien. In den Jahren zwischen 1905 und 1914 führte der Verein breit angelegte Vereinserhebungen unter dem Thema „Auslese und Anpassung (Berufswahl und Berufsschicksal) der Arbeiterschaft in der geschlossenen Großindustrie" durch.

Die deutsche Soziologie war bis zu jener Zeit von einer engen Verflechtung mit Sozialpolitik gekennzeichnet (die Gründer des Vereins für Socialpolitik waren die sog. Kathedersozialisten, eine Gruppe von Universitätsprofessoren um Lujo Brentano, Gustav Schmoller, Adolph Wagner, die für Sozialreformen und eine verstärkte Sozialgesetzgebung des Staates eintraten). Auf dem Wiener Kongreß führte der Streit über die Objektivität in den Sozialwissenschaften (1905) dann aber zu einer Spaltung in (normative) Sozialpolitik und (theoretische) Soziologie.

Ihre erste Blütezeit erlebt die Betriebssoziologie in der Weimarer Republik. In jener Zeit interessierten sich neben den Nationalökonomen verstärkt Soziologen für die Situation des Industriearbeiters. Gerade im Bereich der Betriebssoziologie gab es Wissenschaftler, die die Grenzen des Taylorismus, vor allem die damit verbundenen Entfremdungserscheinungen für den arbeitenden Menschen, deutlich erkannten und auf Abhilfe sannen.

Neben dem 1921 von Willy Hellpach gegründeten Institut für Sozialpsychologie (TH Karlsruhe) ist das 1928 durch Götz Briefs an der TH Berlin gegründete Institut für Betriebssoziologie und soziale Beziehungslehre für die Entwicklung der Betriebssoziologie als eigenständige Disziplin besonders wichtig geworden.

Die von Briefs (1934) und seinen Berliner Kollegen Adolph Geck und Walter Jost entwickelte Konzeption des Betriebes als Sozialgebilde hat nicht nur die Rezeption angelsächsischer sondern vor allem auch französischer Forschungsergebnisse (französische Verwaltungslehre „Doctrine Fayol") erleichtert. Allerdings fällt im Vergleich mit den Forschungen in den USA auf, daß die deutsche Betriebssoziologie auf realsoziologische Untersuchungen mit systematischen Befragungen und Beobachtungen im Feld weitestgehend verzichtete. Die Methoden der empirischen Sozialforschung waren noch weithin unbekannt. Erste Ansätze realsoziologischer Forschung fanden 1933 ein Ende.

Nach dem Zweiten Weltkrieg setzte eine Hinwendung zur US-amerikanischen Forschung ein. Die z. T. stark nationalsozialistisch geprägte Begrifflichkeit, „Betriebsgemeinschaft", „betriebliches Führerprinzip", „Werktreue", ließen eine unmittelbare Wiederaufnahme der Vorkriegsansätze in einer Zeit der Entnazifizierung wenig geraten erscheinen. Jetzt wurden auch verstärkt Ergebnisse der empirischen Sozialforschung aus den USA sowie sogenannte *Human Relations-Techniken* in Deutschland rezipiert. In jener Zeit erscheinen in Deutschland aber auch wieder eigenständige sozialwissenschaftliche Arbeiten, die den Industriebetrieb vor allem als soziales Gebilde analysieren, u. a. von Otto Neuloh, Renate Mayntz und Ralf Dahrendorf.

In der damaligen betrieblichen Praxis wurde ein gutes *Betriebsklima* (Ludwig v. Friedeburg, 1963) als eine Voraussetzung für Zufriedenheit und Leistungssteigerung angesehen. Die Einrichtung von ‚Abteilungen für menschliche Beziehungen' und Maßnahmen einer ‚sozialen Betriebsgestaltung' zeigen, daß das deutsche Nachkriegsmanagement schnell die Lektion der Human Relations-Bewegung gelernt und die leistungssteigernde und konfliktreduzierende Bedeutung einer ‚humanen' Arbeitsorganisation erkannt hat.

Heute befaßt sich die Industrie- und Betriebssoziologie vor allem mit den Auswirkungen der ökonomischen Krise und der neuen Technologien (sowohl im Bereich der Produktion als auch der Verwaltung) auf die Qualifikation (Polarisierung) und Zusammensetzung (Segmentierung) der Beschäftigten sowie die Struktur des Systems der Arbeitsbeziehungen (Industrial Relations).

5.3 Betriebswirtschaftslehre

Organisatorische und personale Veränderungen im Zuge der industriellen Revolution, die in England und den USA den Ausgangspunkt einer Management- bzw. Betriebswirtschaftslehre bildeten, wurden in Deutschland zunächst nicht von den Anfang des 20. Jhd. gegründeten Handelshochschulen sondern von den Technischen Hochschulen (Betriebswissenschaft und Arbeitswissenschaft) bearbeitet (vgl. hierzu Staehle, 1989).

So haben sich die Ingenieurwissenschaftler, denen ja primär die Ausbildung zukünftiger Manager im Produktionsbereich oblag, zuerst mit Fragen der Arbeitsforschung und -organisation beschäftigt. Ab 1904 (TH Berlin) wurden an deutschen Technischen Hochschulen (Aachen 1906, Hannover 1907) Lehrstühle für „*Betriebswissenschaft*" eingerichtet. Georg Schlesinger, ehemals Chefkonstrukteur bei der Ludwig Loewe AG, wurde Inhaber des ersten Lehrstuhls für Werkzeugmaschinen und Fabrikbetriebe an der TH Berlin und entwickelte sich zu einem der Hauptpropagandisten des Taylorsystems in Deutschland („der deutsche Taylor"). Die neuen, aus den USA kommenden Forschungsrichtungen (Scientific Management und Industrial Engineering) wurden von ihm als *Betriebswissenschaft* bezeichnet; sie befaßte sich mit Fragen der Zeit- und Bewegungsstudien, der Leistungsentlohnung sowie der Wirtschaftlichkeit des Produktionsprozesses.

Mit dem Aufkommen des *Wirtschaftsingenieurwesens* an den Technischen Hochschulen Mitte der 20er Jahre (TH Berlin ab 1927) verschwand auch allmählich die Bezeichnung ‚Betriebswissenschaft' und der Begriff ‚Betriebswirtschaftslehre' setzte sich immer mehr durch.

Außer Fabrikorganisation und Kontorwissenschaft wurden den angehenden Diplom-Kaufleuten an den Handelshochschulen im allgemeinbildenden Teil des Lehrangebots Vorlesungen über Philosophie und Wirtschaftspsychologie geboten. 1920 wurde an der Handels-Hochschule Berlin das erste Institut für Wirtschaftspsychologie eingerichtet.

Die Betrachtung des Betriebs als eines *Organismus* durch Heinrich Nicklisch (1932) und die Betonung der Idee einer Betriebsgemeinschaft, die wirtschaftliches Verhalten nicht als individuelles sondern als soziales Verhalten interpretiert, sind Vorläufer einer verhaltenswissenschaftlichen Betriebswirtschaftslehre.

In der Ära Eugen Schmalenbachs wurde die Betriebswirtschaftslehre der Kriegs- und Nachkriegswirtschaft von Fragen der Bilanzierung, Finanzierung und Kostenrechnung beherrscht. Erst Erich Gutenberg nahm in seinem Buch (1951) einen konsequent produktionstheoretischen Standpunkt ein, der es zwangsläufig erfordert, sozialwissenschaftliche Erkenntnisse über den Faktor Arbeit und die dispositiven Faktoren Geschäfts- und Betriebsleitung sowie Planung und Organisation in seine „Grundlagen der Betriebswirtschaftslehre" aufzunehmen. Im Abschnitt über die Bedingungen optimaler Ergiebigkeit menschlicher Arbeitsleistung im Betrieb werden arbeitswissenschaftliche (arbeitspsychologische und arbeitsphysiologische) und betriebssoziologische Erkenntnisse verarbeitet. Ergebnisse der empirischen Sozialforschung aus den USA (z. B. Hawthorne-Studien) werden zitiert.

Die Wahl eines institutionalen Organisationsbegriffs (Die Unternehmung *ist* eine Organisation) ermöglicht es, in Anknüpfung an die Diskussion vor 1933 die Unternehmung als soziales Gebilde oder als soziale Gemeinschaft zu sehen. Edmund Heinen faßte entsprechend der modernen Organisationstheorie die Unternehmung als Organisation (bzw. Koalition) auf und bahnt damit (zunächst beispielhaft für den Zielbildungsprozeß) einer Integration der Erkenntnisse der „Behavioral Theory of the Firm" (Simon, March, Cyert) in die Allgemeine Betriebswirtschaftslehre den Weg. Dies ist Ausgangspunkt einer Betriebswirtschaftslehre als Entscheidungslehre, wie sie in der ‚Einführung in die Betriebswirtschaftslehre' (Heinen, 1968) ihren Niederschlag findet.

Die Entscheidungs- und Verhaltensorientierung der jüngeren Betriebswirtschaftslehre hat jedoch keineswegs zu einer Abkehr vom erwerbswirtschaftlichen Erkenntnisinteresse geführt; zweckrationale, ökonomische Kalküle stehen nach wie vor im Vordergrund. Der Faktor *Arbeit* interessiert primär unter Kosten/Nutzen-Aspekten. Seine Einsatzkosten (Lohn und Lohnnebenkosten) sollen minimiert, seine Ausbringung pro Zeiteinheit maximiert werden. Adressat wissenschaftlicher Analysen ist primär der Unternehmer bzw. Arbeitgeber.

Dies im Gegensatz zur Betriebssoziologie, die vor allem den gesellschaftlichen Charakter menschlicher Arbeit betont. Dies bedeutet, daß Veränderungen in der Arbeitswelt (neue Technologien, neue Formen der Flexibilisierung von Arbeitszeit, -ort und -organisation) nicht nur im Hinblick auf ihre Konsequenzen für die Arbeits- und Lebensbedingungen der Beschäftigten analysiert werden, sondern auch Empfehlungen an die Aktoren im System der Arbeitsbeziehungen (Staat, Arbeitgeberverbände, Gewerkschaften) hinsichtlich der Sozial-, Bildungs- und Beschäftigungspolitik abgegeben werden. Insofern wundert es nicht, daß zwei den Sozialwissenschaften zuzurechnende Disziplinen aufgrund ihres unterschiedlichen Erkenntnisinteresses auch zu unterschiedlichen Gestaltungsempfehlungen kommen.

Literatur

Beckerath, E. v. et al. (Hg.) (1956). Handwörterbuch der Sozialwissenschaften. Stuttgart: G. Fischer 1956 (1. und spätere Aufl.).
Briefs, G. (1934). Betriebsführung und Betriebsleben in der Industrie. Stuttgart: Enke 1934.
Dahrendorf, R. (1959). Sozialstruktur des Betriebes – Betriebssoziologie. Wiesbaden: Gabler 1959.
Friedeburg, L. v. (1963). Soziologie des Betriebsklimas. Frankfurt: Europäische Verlags Anstalt 1963.
Gutenberg, E. (1951/1983). Grundlagen der Betriebswirtschaftslehre. Bd. 1: Die Produktion. 24. Aufl. Berlin: Springer 1983 (1. Aufl. 1951).
Heinen, E. (1968/1985). Einführung in die Betriebswirtschaftslehre. 9. Aufl. Wiesbaden: Gabler 1985. 1. Aufl. 1968.
Heinen, E. (Hg.) (1985). Industriebetriebslehre – Entscheidungen im Industriebetrieb. 8. Aufl. Wiesbaden: Gabler 1985.
Herkommer, S. & Bierbaum, H. (1979). Industriesoziologie. Stuttgart: Enke 1979.
Littek, W., Rammert, W. & Wachtler, G. (Hg.) (1983). Einführung in die Arbeits- und Industriesoziologie. Frankfurt/New York: Campus.
Nicklisch, H. (1932). Die Betriebswirtschaft. Stuttgart: Poeschel 1932.
Staehle, W. H. (1989). Management – Eine verhaltenswissenschaftliche Perspektive. 4. Aufl. München: Vahlen 1989.
Staehle, W. H. (1989). Funktionen des Managements. Eine Einführung in einzelwirtschaftliche und gesamtgesellschaftliche Probleme der Unternehmungsführung. 2. Aufl. Bern/Stuttgart: Haupt 1989.

Wolfgang H. Staehle,
Bundesrepublik Deutschland

6. Erwerbsarbeit im Wandel

6.1 Einleitung

Marie Jahoda, die Nestorin der Arbeitslosenforschung, schreibt

„Erwerbsarbeit ist zum einen das Mittel, durch das die meisten Menschen ihren Lebensunterhalt verdienen; zum anderen zwingt sie bestimmte Kategorien der Erfahrung auf. Sie gibt dem Tag eine Zeitstruktur, sie erweitert die sozialen Beziehungen über Familie und Nachbarschaft hinaus und bindet die Menschen in die Ziele und Leistungen der Gemeinschaft ein..., sie weist einen sozialen Status zu und klärt die persönliche Identität." (Jahoda, 1983, S. 136, → *Die Arbeitslosenforschung in Marienthal*.)

Nur allzu oft werden die historischen Veränderungen der Erwerbsarbeit ausschließlich unter ökonomischen Vorzeichen gesehen, bleibt also der Blick auf die Beschäftigung, die Arbeitslosigkeit oder das „Humankapital" verengt. Vernachlässigt wird das *subjektive* Erleben der Arbeit als Wohlfahrtindikator und gesellschaftliche Ressource. Erfüllung in der Arbeit ist Voraussetzung für Gesundheit, Wohlstand, Selbstbestimmung und sozialen Frieden. Sie wirkt, etwa über die Sozialisation der jungen Generation, weit in die Zukunft.

Die Erfahrung der Arbeit wurde in der Frühzeit der Industrialisierung von der Sozialwissenschaft intensiv thematisiert. Zu den ältesten empirischen Untersuchungen der Reaktionen der Industriearbeiter auf ihre Lage zählen die Arbeiten von Booth (1903), Levenstein (1912) und DeMan (1927). Konflikte im Betrieb, ja, der Klassenkampf, galten als Resultat von Verelendung, Arbeitslosigkeit, unbefriedigenden Arbeitsbedingungen und Löhnen unterhalb des Existenzminimums.

6.2 Vom Wiederaufbau zur Massenarbeitslosigkeit

Nach dem Zweiten Weltkrieg hatte der beispiellose Erfolg des historischen Kompromisses zwischen Kapital und Arbeit im Westen diese Thematik von der Tagesordnung der öffentlichen, ja sogar der wissenschaftlichen Aufmerksamkeit zurücktreten lassen. Das Wirtschaftswachstum, die erfolgreiche Eingliederung von Einwanderern und Flüchtlingen in den Arbeitsmarkt, der Ausbau des Sozialstaates und der Sozialpartnerschaft, neuartige Chancen sozialer Mobilität und verschiedene Grade der Einkommennivellierung hatten zu einer optimistischen Beurteilung der Erwerbsarbeit geführt. Hatten noch kurz vorher so aufmerksame Beobachter wie Joseph Schumpeter dem Kapitalismus kaum eine Chance gegeben, eine menschenwürdige Arbeitswelt herzustellen, so entwarfen bürgerliche Theoretiker nun die Vision einer ebenso vitalen wie humanen Industriegesellschaft (Clark, 1957; Kerr, 1960, 1973). Alle technologisch und ökonomisch fortgeschrittenen Gesellschaften, seien sie kapitalistisch oder planwirtschaftlich organisiert, würden einander immer ähnlicher, Massenproduktion und Massenkonsum prägen ihnen ihren Stempel auf. Verbesserte Arbeitsbedingungen und Mobilitätschancen für die Arbeitnehmer ergäben sich aus steigenden Qualifikationsanforderungen, aber auch aus dem großen Arbeitskräftebedarf der expandierenden Industriegesellschaft. Die Vision einer „klassenlosen Gesellschaft" (Schelsky) ging um.

Etwa 1970 liegt die Zäsur, die später zum Erwachen aus dem „kurzen Traum immerwährender Prosperität" (Lutz, 1984) führte. Damit deutete sich das „Ende der Konvergenz" (Goldthorpe, 1984) zwischen verschiedenen Gesellschaften an. Das Arbeitsvolumen, d. h. die Zahl der jährlich in der deutschen Volkswirtschaft gearbeiteten Stunden, hat seit 1960 bis 1985 kontinuierlich abgenommen, z. B. in der Bundesrepublik Deutschland um fast ein Viertel. Überall hat sich die Arbeitslosigkeit drastisch erhöht. Dies führte zur Spaltung zwischen Beschäftigten und Arbeitslosen, aber auch zwischen Stamm- und Randbelegschaften sowie zwischen gesicherten älteren Arbeitnehmern und einer jüngeren Generation ohne „Besitzstand". Wachsende Teile der Erwerbsbevölkerung sind seitdem von der Verdrängung vom Arbeitsmarkt bedroht.

6.3 Gewandelte Arbeitsansprüche im Lichte neuer Produktionskonzepte

Es wäre zu kurz gedacht, wollte man die oben erwähnte Zäsur nur durch ökonomisch-strukturelle Veränderungen beschreiben. In den letzten zwei Jahrzehnten zeichnete sich in den westlichen Industriegesellschaften ein Wandel der persönlichen Werte und gesellschaftlichen Zielorientierungen ab. Dieser Wertwandel hat auch die privaten Lebensziele und Lebensstile der Bürger ergriffen und beeinflußt die Ansprüche an die Berufsarbeit. Demoskopische Zeitreihenanalysen offenbaren eine erhöhte Wertschätzung von zwischenmenschlicher Kommunikation, Selbstbestimmung und allgemeinem Lebensgenuß, während traditionelle Pflicht- und Akzeptanzwerte wie Anpassung, Disziplin, Unterordnung und Leistung in der Arbeit als Lebens- und Erziehungsprinzipien (vgl. auch die Bedeutung der protestantischen Arbeitsethik → *Europäische Perspektiven*) an Bedeutung eingebüßt haben (Abb. 1). Im Hinblick auf die Berufsarbeit sind immateriell-intrinsische Ansprüche wie soziale Kontakte, interessante, abwechslungsreiche und verantwortungsvolle Tätigkeit, Kreativität und „eine Arbeit, wo ich bei wichtigen Entscheidungen mitreden kann" wichtiger geworden. Der Wunsch nach beruflichem Aufstieg und hohem Einkommen hat demgegenüber relativ an Bedeutung verloren (Abb. 2). In den letzten Jahren hat sich zudem der Wunsch nach kürzeren Arbeitszeiten (auch ohne Lohnausgleich) bei den abhängig Beschäftigten stark zugenommen (v. Klipstein & Strümpel, 1984).

Schmidtchen (1984) geht davon aus, daß technische und organisatorische Veränderungen der Produktion und gewandelte Ansprüche an die Arbeit parallel verlaufen. Die Arbeitnehmer formulieren im wesentlichen die Ansprüche an einen Arbeitsplatz, die im Zuge technischer Veränderungen in den Betrieben und Dienststellen erfüllt werden. Empirische Untersuchungen über die Veränderung der Arbeitsbedingungen für Arbeiter und Angestellte in den industriellen Kernsektoren und im Dienstleistungsbereich (Kern & Schumann, 1984; Baethge &

Oberbeck, 1986) bestätigen diese These nicht. Zwar zeichnet sich für Teile der Beschäftigten eine Abnahme tayloristisch strukturierter Arbeitsvorgänge ab. Als Beispiel für die Einführung „integrierter Produktionskonzepte" stellen Kern und Schumann den Straßenführer in der Automobilindustrie vor, der die Inbetriebnahme der Anlage, die Standard-Steuerungsprogramme, die Sicherung der Versorgung, die Überwachung sowie routinemäßige Wartungs- und Reparaturarbeiten übernimmt.

Gleichzeitig verstärken sich aber Tendenzen der Spaltung zwischen Rationalisierungsgewinnern und -verlierern, zwischen Stamm- und Randbelegschaften. Die Kontrolle durch Vorgesetzte nimmt zu. Zudem ist eine Arbeitsverdichtung zu verzeichnen, insbesondere die Zunahme psychischer Konzentration. Zu ähnlichen Folgerungen kommen Baethge und Oberbeck für die Angestellten im Dienstleistungssektor: Die Entlastung der Sachbearbeiter von schematischen Rechenoperationen, Routineprüfungen und zeitaufwendiger Informationsbeschaffung ermöglicht eine verstärkte Hinwendung zu inhaltlichen Arbeitsaufgaben. Der Arbeitsfelderweiterung stehen der Verlust des traditionellen „Expertenwissens", die Einschränkung individuellen Dispositionsspielraums (z. B. durch Personalinformationssysteme) sowie neue Steuerungs- und Kontrollmechanismen und eine Verfestigung hierarchischer Strukturen gegenüber. Die für die Arbeitnehmer ungünstige Arbeitsmarktsituation und die in der Weiterbildung erworbenen betriebsspezifischen Qualifikationen bewirken darüber hinaus eine „Refeudalisierung des Beschäftigungsverhältnisses", die Abhängigkeit vom Arbeitgeber.

Die Arbeit wird in vielen Bereichen interessanter und abwechslungsreicher, sie bietet für einige Beschäftigte auch vielfältige soziale Kontakte in der Teamarbeit, jedoch sind Mitentscheidungsmöglichkeiten weiterhin stark eingeschränkt. Von einer quasi-automatischen Angleichung zwischen Arbeitsbedingungen und Ansprüchen an die Arbeit kann umso weniger die Rede sein, als bei der Einführung neuer Produktionskonzepte meist nicht das Ziel der Humanisierung, sondern das der Produktivitätssteigerung im Vordergrund steht.

6.4 „Innere Kündigung"

Anders als Schmidtchen beobachten Pawlowsky (1986) und v. Klipstein und Strümpel (1985) ein zunehmendes Auseinanderklaffen zwischen technisch bestimmten betrieblichen Strukturen und Arbeitsbedingungen einerseits und stärker immateriell geprägten Ansprüchen der deutschen Beschäftigten an ihren Arbeitsplatz andererseits. Eine innere Distanzierung der Arbeitsbevölkerung von der Berufsarbeit äußert sich in einer Verlagerung auf Freizeitinteressen, in einer Schwächung der Dominanz der Arbeitsrolle, in einer Reduzierung subjektiv wahrgenommener Freiheitsspielräume am Arbeitsplatz und schließlich in dem Wunsch nach mehr „Zeitsouveränität", d. h. nach Gestaltungsmöglichkeiten für Arbeitszeitregelungen, die vom Vollzeitarbeitstag abweichen, schließlich sogar in Gleichgültigkeit gegenüber der beschäftigenden Organisation („innere Kündigung").

6. Erwerbsarbeit im Wandel

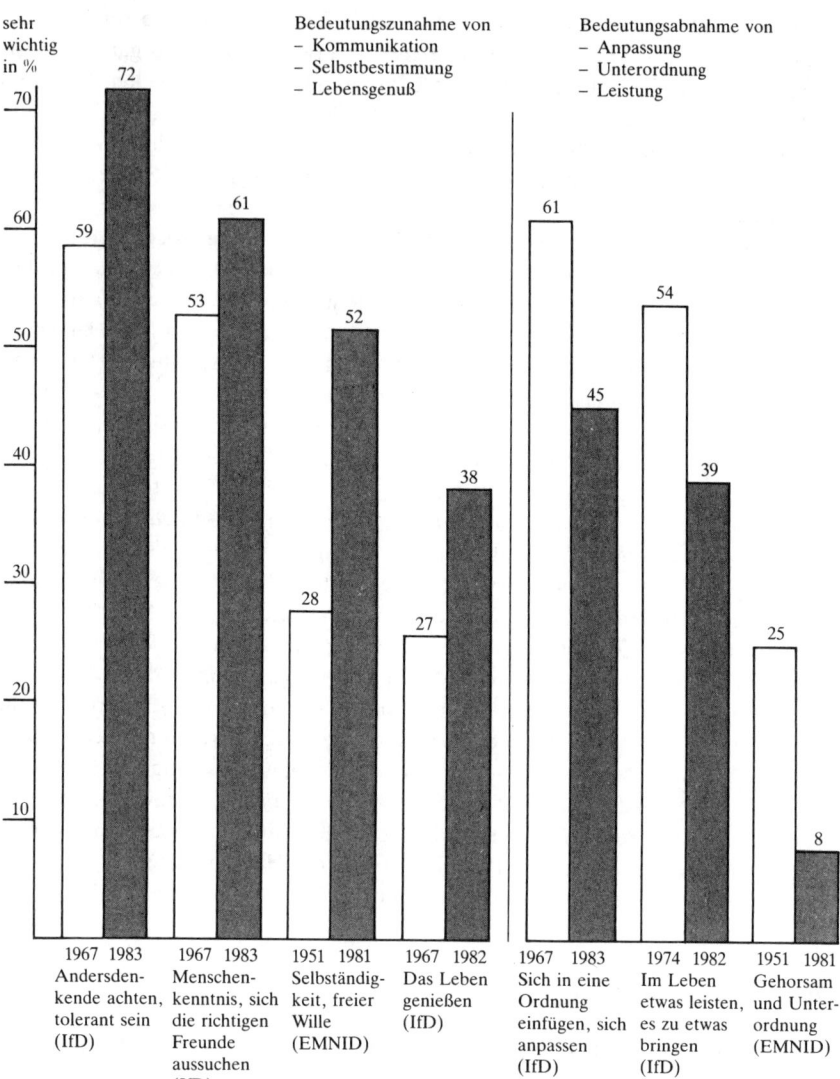

Abb. 1: Die Werte der Menschen haben sich gewandelt... Die Entwicklung der Lebens- und Erziehungsprinzipien

Diese Distanzierung auf breiter Front hat sehr viel stärker von den Jüngeren Besitz ergriffen als von den Älteren. Die jungen Leute befinden sich in einer Phase der Orientierung, stehen vor dem häufig schmerzhaften Zwang, ihre durch den größeren Wohlstand der älteren Generation geprägten Ansprüche mit der Realität der Berufswelt in Einklang zu bringen. Auch haben sich die geschilderten

Verschiebungen in höchst ungleichem Maße auf verschiedene Berufsgruppen ausgewirkt. An Berufen und Berufstätigkeiten mit höherem sozialen Status sind zumindest einige von ihnen fast spurlos vorübergegangen. Die Selbständigen und freiberuflich Tätigen scheinen sich ihrer Arbeit eher noch stärker zugewandt zu haben, die leitenden Angestellten und Beamten, relativ einflußreich, wenn auch in stark hierarchisch gegliederten, auf Unter- und Überordnung ausgerichteten Organisationen tätig, bleiben der Arbeit wohlgesonnen. Demgegenüber scheint vielen Arbeitern und den in den ausführenden Büroberufen Tätigen die Lust an der Arbeit vergangen zu sein. Die Bundesrepublik Deutschland nimmt hier eine Sonderstellung in dem Kreis einiger westlicher Industrieländer ein, für die Vergleichsdaten vorliegen; die Deutschen stehen mittlerweile der Arbeit besonders kritisch gegenüber (Yankelovich et. al., 1985; → *Europäische Perspektiven*).

6.5 Die Zukunft der Erwerbsarbeit

Voraussetzung für die frühe Erkennung des zukünftigen Wandels der Erwerbsarbeit ist die historische Analyse der Veränderungen der Vergangenheit. Die vorstehende Analyse macht relativ stabile Trends sichtbar, wie den kontinuierlichen Rückgang des Arbeitsvolumens und den skizzierten Wertwandel. Diese Trends sind „sachlogische" Reaktionen nachwachsender Generationen auf die materielle Prosperität der Industriegesellschaft; mit ihrem Fortbestehen ist zu rechnen, wenn nicht dramatische Brüche in der objektiven Situation eintreten. Diese grobstrichige Analyse erlaubt bereits bedingte Vorhersagen. Sie zeigt, daß eine wichtige Bedingung für die Veränderungen der Arbeitsqualität die Arbeitsmarktlage ist. Ist der Arbeitsmarkt „gespannt" oder „locker", und gilt dies aus der Sicht der Arbeitgeber oder der Arbeitnehmer? Wie groß ist das Arbeitslosenheer oder, in marxistischer Terminologie, die „industrielle Reservearmee"?

Sind die Arbeitsmärkte „leergefegt" wie in den 60er Jahren, dann haben viele Arbeitnehmer die Chance, unbefriedigende Arbeitsverhältnisse zugunsten besserer aufzulösen. Die Befürchtung, im Falle des Arbeitsplatzverlustes keine vergleichbare Beschäftigung zu bekommen, die Einsicht, eigene Interessen gegenüber Arbeitgebern und Vorgesetzten auch bei guter Leistung nur schwer durchsetzen zu können, führen zu einer Änderung des Verhaltens gegenüber Vorgesetzten und Kollegen. Aggression und Einzelkämpfertum wird zur – wenn auch nur widerwillig eingestandenen – Verteidigungsstrategie der in die Ecke Gedrängten. In einem Klima der Arbeitsplatzbedrohung verdirbt Konkurrenz die Sitten und verschlechtert die Stimmung (Strümpel, Nitschke & Pawlowsky, 1986).

Belebt sie wenigstens das Geschäft? Eben dies ist zu bezweifeln. Kooperation ist ein Grundpfeiler der arbeitsteiligen Wirtschaft. Man unterscheidet zwischen einer Form der Kooperation, die über Verhaltensnormen wie Arbeitsanweisungen und Dienstvorschriften erzwingbar ist, und einer anderen, die von den Arbeitnehmern selbst ausgeht. Diese freiwillige Form der Kooperation hängt vom gegenseitigen Vertrauen der Arbeitnehmer ab. Die heute vorherrschenden Produktions-

54   6. Erwerbsarbeit im Wandel

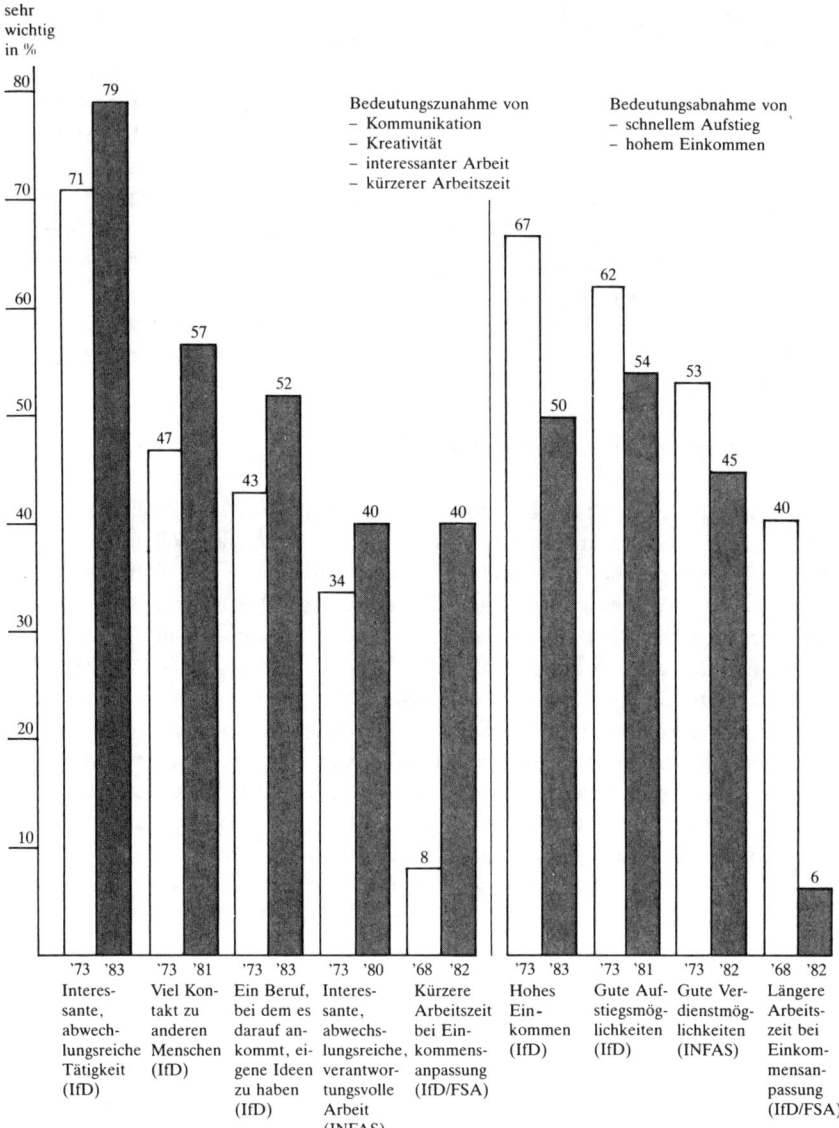

Abb. 2: ... und mit ihnen die Ansprüche an die Berufsarbeit. Die Entwicklung der Ansprüche an die Berufsarbeit

prozesse sind in hohem Maße auf dieses freiwillige Element vertrauensvoller Zusammenarbeit angewiesen. Die Komplexität von wirtschaftlichen Abläufen verhindert eine wirksame hierarchische Kontrolle. Erst der freimütige informelle Austausch von Informationen bringt eine fruchtbare Kooperation zuwege (Pawlowsky, 1986).

6.6 Ausblick

Alle Zeichen deuten auf das Fortbestehen der gegenwärtigen hohen Arbeitslosigkeit hin, da sich die kontinuierliche Abnahme des Erwerbsarbeitsvolumens als Folge des technischen Fortschritts in Zukunft fortsetzen wird. Die Prognose beruht auch auf der Annahme, daß die Tarifpartner und der Staat es trotz der deutlich artikulierten Wünsche vieler Vollzeitarbeiter(innen) zulassen, daß die Verkürzung der Arbeitszeit weiterhin hinter der Verringerung des Arbeitsvolumens zurückbleibt. Die Verschärfung der Arbeitslosigkeit schwächt die Markt- und Machtposition der Arbeitnehmer, und zwar sowohl die kollektive über ihre Vertretungen als auch die persönliche am Arbeitsplatz. Viele Arbeitnehmer bleiben weiter auf Gedeih und Verderb auf den gegenwärtigen, häufig unbefriedigenden Arbeitsplatz angewiesen. Die hauptsächlich durch die Arbeitsmarktlage bestimmte Machtverteilung ist die entscheidende Determinante der Arbeitsqualität auf dem Arbeitsmarkt von morgen.

Literatur

Baethge, M. & Oberbeck, H. (1986). Zukunft der Angestellten. Frankfurt/New York: Campus.
Booth, C. (1903). Life and labor of the people of London.
Clark, C. (1957). The conditions of economic progress (3. rd. ed) London: Macmillan.
DeMan, H. (1927). Der Kampf um die Arbeitsfreude. Jena.
Goldthorpe, J. H. (1984). The end of convergence: Corporatist and dualist tendencies in modern western societies. In J. H. Goldthorpe (Ed.): Order and conflict in contemporary capitalism. Oxford: Clarendon.
Kern, H. & Schumann, M. (1984). Das Ende der Arbeitsteilung? München: Beck.
Kerr, C. u. a. (1960, 1973). Industrialism and industrial man. Cambridge (Mass.): Harvard University Pr.
Klipstein, M. v. & Strümpel, B. (Hg.) (1985). Gewandelte Werte – erstarrte Strukturen. Wie die Bürger Arbeit und Wirtschaft erleben. Bonn: Neue Gesellschaft.
Levenstein, A. (1912). Die Arbeiterfrage. München.
Lutz, B. (1984). Der kurze Traum immerwährender Prosperität. Frankfurt/New York: Campus.
Pawlowsky, P. (1986). Arbeitseinstellungen im Wandel. Zur theoretischen Grundlage und empirischen Analyse subjektiver Indikatoren der Arbeitswelt. München: Minerva.
Schmidtchen, G. (1984). Neue Technik – Neue Arbeitsmoral. Köln: Deutscher Industrieverlag.
Strümpel, B., Nitschke, C. & Pawlowsky, P. (1986). Konflikt und Solidarität im Zeichen hoher Arbeitslosigkeit. In: Aus Politik und Zeitgeschichte, Beilage zur Wochenzeitung „Das Parlament" B17/86, 26. 4. 1986, S. 19–36.
Yankelovich, D., Zetterberg, H., Strümpel, B., Shanks, M. u. a. (1985). The world at work. New York: Octagon Books.

Burkhard Strümpel,
Bundesrepublik Deutschland

7. Berufsentwicklung und Professionalisierung

7.1 Phasen der Berufsentwicklung

Ähnlich wie Entwicklungsphasen von Organisationen lassen sich verschiedene Phasen der Entwicklung der Arbeits- und Organisationspsychologie erkennen. Die Phasen unterscheiden sich durch besondere Aufgaben und Probleme sowie charakteristische Versuche, diese Probleme zu bewältigen. Die jeweiligen historischen und wirtschaftlichen Rahmenbedingungen beeinflussen dabei den Entwicklungsprozeß.

Wir beschreiben im folgenden kurz drei Entwicklungsphasen (vgl. ausführlicher de Wolff et al., 1981; de Wolff, 1984).

(1) Die „Pionierzeit":

Die erste Phase begann etwa zu Anfang des Jahrhunderts und endete in den frühen 50er Jahren. In dieser Zeit gab es nur wenige Psychologen und Psychologinnen und kaum Spezialisierungen nach Anwendungsgebieten.

In den USA gab es 1940 insgesamt ca. 2500 Mitglieder im Psychologenverband, in Großbritannien waren es 1941 genau 811 Mitglieder und in Holland um 1940 nur 45 Mitglieder (alle Fachgebiete zusammengenommen). Zu den von allen am häufigsten bearbeiteten praktischen Aufgaben gehörten Anwendungsprobleme aus dem heutigen Gebiet der Arbeits- und Organisationspsychologie (insbesondere Probleme der Personalauswahl).

Bereits in der Pionierzeit wurde die wirtschaftliche Bedeutung der Psychologie hervorgehoben. Das Interesse war groß, Methoden (insbesondere psychologische Tests) und Erkenntnisse in der Industrie anzuwenden. Abgesehen von der Entwicklung einer marxistischen Psychologie in der Sowjetunion war die Ausrichtung der Psychologie in diesem Gebiet fast ausschließlich unternehmerorientiert.

Der erste Kongreß des Internationalen Verbands der Angewandten Psychologie (International Association of Applied Psychology, IAAP) tagte 1920 in Barcelona. Zwischen 1920 und 1934 gab es acht IAAP-Kongresse. 1927 in Paris nahmen 351 Personen teil und 1931 in Moskau 306. In vielen Ländern wurden arbeitspsychologische Laboratorien und Institute gegründet (häufig unter der Bezeichnung „Psychotechnisches Institut"). – Durch den Faschismus in Deutschland und den Zweiten Weltkrieg war dann aber eine internationale Weiterentwicklung zwischen 1939 und 1945 kaum mehr möglich. In Europa litt die Arbeits- und Organisationspsychologie bis in die 50er Jahre schwer unter den Nachwirkungen des Zweiten Weltkriegs und der Nazizeit. In den USA wurde dagegen der Aufbau des Gebiets durch den Krieg stark beschleunigt.

(2) Die Phase der „Expansion und Wissenserweiterung":

Nach dem zweiten Weltkrieg – in Westeuropa etwa ab Mitte der 50er Jahre – profitierte die Psychologie genauso wie andere Disziplinen allgemein vom Wiederaufbau und von der wirtschaftlichen Expansion in den Industrienationen. In den meisten Ländern verdoppelten sich in dieser Phase die Zahlen der Studierenden etwa alle sechs Jahre (de Wolff et al., 1981).

Die Expansion der Nachfrage auf vielen Märkten förderte in den 50er und 60er Jahren ein schnelles Wachstum der Industrie. Der Druck, die Produktion zu steigern, war enorm. Die Orientierungsmethode für effizientes Management und Fließbandproduktion kamen in den westlichen Industrieländern aus der amerikanischen Industrie (→ *Organisationale Erneuerung bei Philips*). Die Produktionsphilosophie der „wissenschaftlichen Betriebsführung" (→ *Historische Positionen*) ließ aber der Psychologie wenig Spielraum für eigenständige Gestaltungsbeiträge. Sogar die Eignungsdiagnostik verlor an Bedeutung, da die Hauptprobleme nicht in der Auswahl qualifizierter Fachkräfte, sondern in der Anwerbung von immer mehr Arbeitskräften der unteren Qualifikationsebenen für die Produktion lagen. Wichtige Aufgaben der Psychologie blieben dagegen die Verringerung der „Firmenkrankheiten" → *Arbeitsabwesenheit und Fluktuation* (siehe auch → *Organisationale Erneuerung bei Philips*) und die Verbesserung der → *Arbeitszufriedenheit* sowie → *Arbeitsmotivation*.

Fachlich wurde diese allgemeine Expansionsphase zunächst von einer intensiven Methodendiskussion über die Vor- und Nachteile statistischer (standardisierter) und klinischer (qualitativer) Methoden beherrscht. Diese Auseinandersetzung stärkte die positivistisch und statistisch orientierte Psychologie (inhaltlich und personell).

Die Studentenbewegung am Ende der 60er Jahre führte dann aber in den westlichen Industrieländern auch in der Psychologie zur Positivismuskritik und zu grundlegenden Auseinandersetzungen über historische und gesellschaftliche Verwendungszusammenhänge und Fragen der emanzipatorischen Relevanz der Psychologie. Vor allem die damalige westliche Betriebspsychologie stand dabei als „bürgerlich" und unternehmerorientiert im Schußfeld der Kritik. Diese Auseinandersetzungen führten in den 70er Jahren mit dazu, daß die Methodendiskussion in eine Diskussion wissenschafts- und erkenntnistheoretischer sowie normativer und technologischer Grundsatzfragen überging. Vor allem in Westeuropa wurden daraufhin in der wissenschaftlichen Psychologie Lösungen durch bessere theoretische Fundierung und Wissenschaftslogik sowie experimentelle Grundlagenforschung gesucht. Allgemeines Ziel war Wissenserweiterung durch experimentell untermauerte Erkenntnisse.

Das berufliche Selbstverständnis der damaligen „Industrial- and Engineering Psychology" kommt in den Leitsätzen des Amerikanischen Psychologenverbands (APA, Fachgebiet 14) zum Ausdruck. Hier wird die Anwendung – ganz im Sinne der Vorstellungen von Münsterberg (1912) – als Anwendung wissenschaftlicher Theorien und Methoden gesehen.

Eine humanistisch ausgerichtete Klinische Psychologie wurde in dieser Phase in den westlichen Industrienationen zum populärsten Anwendungsgebiet der Psychologie. Die damalige „Arbeits- und Betriebspsychologie" und ihre Anwendung in Industriebetrieben wurde dagegen in diesen Ländern von den Studierenden als unternehmerorientiert und „herrschaftsstabilisierend" abgelehnt. Dementsprechend nahm das Interesse an diesem Studien- und Anwendungsgebiet deutlich ab. Auch die personelle Expansion erfolgte langsamer als in anderen Fachgebieten der Psychologie. Andere Disziplinen, wie die Ingenieurwissenschaften, Arbeitsmedizin, Betriebswirtschaft und die berufliche Erwachsenenbildung besetzten die Anwendungsfelder.

Vor allem in Westeuropa wurden aber – seit dieser Phase – humanistische Konzepte der → *Arbeitsgestaltung*, insbesondere der „Sozio-Technische Systemansatz" (→ *Historische Positionen*) entwickelt und Experimente zur Verbesserung der „Qualität des Arbeitslebens" und der „Humanisierung der Arbeit" durchgeführt (vgl. insbesondere → *Die Tavistock-Untersuchungen und ihre Auswirkungen*, sowie die norwegischen Demokratisierungsexperimente, → *Arbeitsstrukturierung in der Montage- und Teilefertigung (AEG-Projekt)*, → *Organisationale Erneuerung bei Philips*, → *VW-Projekt: Gruppenarbeit in der Motorenmontage*). Als theoretische Orientierungsmodelle und praktisch erfolgreiche humanistische Gestaltungsprojekte haben sie seither einen großen Stellenwert in der Disziplin. Praktisch gesehen blieben sie zunächst jedoch eher kurzfristige oder isolierte Experimente, die nicht in breitem Maßstab in die Organisationsstrukturen der Massenproduktion integriert wurden (→ *Die Taivstock-Untersuchungen und ihre Auswirkungen* und → *Organisationale Erneuerung bei Philips*).

Vollkommen anders verlief die Entwicklung in der Sowjetunion und den mit ihr verbundenen europäischen Ländern. Der Schwerpunkt lag hier zunächst in einer länger andauernden Konstituierung einer marxistisch fundierten Psychologie und „Pionierzeit". Um so rascher erfolgte dann aber die Expansionsphase des Fachgebiets. Bereits in den 60er Jahren wurde die wirtschaftliche Bedeutung der „Ingenieurpsychologie" für die „sozialistische Rationalisierung" öffentlich hervorgehoben. In Verbindung mit den Ingenieurwissenschaften wurde die theoretische Fundierung, Grundlagenforschung und Anwendung speziell in diesem Gebiet der Psychologie mehr gefördert als in anderen.

Die „Ingenieurpsychologie" wurde an vielen Universitäten der „sozialistischen Länder" als vorrangiges Anwendungsfach ausgebaut, teilweise sogar als einzige psychologische Anwendungsdisziplin. – Ein Beispiel ist der „Wissenschaftsbereich Psychologie" der Sektion Arbeitswissenschaften an der Technischen Universität Dresden. – Dagegen hatte die Klinische Psychologie zunächst eher eine randständige Bedeutung.

(3) Die Phase beginnender „Professionalisierung als Gestaltungswissenschaft"

Mit Beginn der 80er Jahre endete die starke personelle Expansionsphase an den Universitäten – zumindest in den westlichen Industrienationen – durch die allgemein schwieriger gewordenen wirtschaftlichen Rahmen- und Kontextbedingungen.

Die riesigen Zahlen der Studierenden aus der expansiven Phase, die jetzt auf den Arbeitsmarkt drängten, fanden im Gebiet der Klinischen Psychologie nur noch mit großen Schwierigkeiten Arbeit. Im Gebiet der Arbeits- und Organisationspsychologie war die Berufsperspektive dagegen relativ besser. Dies förderte auch in den westlichen Ländern ein Anwachsen der absoluten Zahlen und relativen Anteile der Studierenden in diesem Gebiet.

In dieser angespannten wirtschaftlichen Situation nahm aber gleichzeitig durch die allgemein in den westlichen Ländern erhöhte *Arbeitslosigkeit und Intensivierung der Arbeit* die Bedeutung der Arbeits- und Organisationspsychologie für die Untersuchung damit zusammenhängender Probleme zu. Die folgende zusammenfassende Liste daraus resultierender Aufgabenstellungen orientiert sich an Stichwörtern, wie sie im vorliegenden Buch behandelt werden.

- → *Arbeitsplatzverlust und Erwerbslosigkeit,*
- → *Alkohol- und Drogenkonsum,*
- → *Belastung und Beanspruchung* oder → *Streß am Arbeitsplatz,*
- → *Schichtarbeit,*
- → *Psychische Gesundheit und Arbeit,*
- → *Personalselektion und -plazierung* sowie
- → *Assessment Center zur Personalentwicklung.*

An die Stelle expansiver Produktionssteigerung der Massenfertigung der 50er und 60er Jahre traten *Produktqualität und Preiskonkurrenz* sowie an wechselnde Kundenbedürfnisse anpaßbare *flexible Kleinserienfertigung.* Diese Veränderung der Anforderungen in der Arbeit (→ *Europäische Perspektiven*), aber auch der Wandel der Bedeutung der Arbeit und der Freizeit (→ *Erwerbsarbeit im Wandel,* → *Arbeitszeit und Freizeit*) führten zur Veränderung der Forschungs- und Anwendungsschwerpunkte. Durch die *Einführung neuer Computer-Technologien* in der Produktion und Verwaltung und durch den technologischen Rationalisierungsdruck wurde ein rasches Umdenken in der westlichen Industrie erzwungen. Die Philosophie der „Wissenschaftlichen Betriebsführung" (→ *Historische Positionen*) verlor an Einfluß. Die Entwicklung der Psychologie zu einer bedeutsamen Gestaltungswissenschaft wurde dadurch sehr gefördert. Von der Psychologie werden heute Beiträge zur anwendungsbezogenen Grundlagenforschung und Entwicklung von Prinzipien oder Methoden zur praktischen Gestaltung u. a. in den folgenden Problemfeldern erwartet (Gliederung in Stichwörtern, wie sie im vorliegenden Buch behandelt werden):

Anwendungsbezogene Grundlagenforschung:

- → *Arbeitsgestaltung* (Forschungsarbeiten zu grundlegenden psychologischen Gestaltungsprinzipien vgl. → *Kontrolle und Tätigkeitsspielraum,* → *vollständige Tätigkeiten* und → *Die SAPU-Untersuchungen zur Arbeitsumgestaltung*),
- → *Innovation in der Arbeit* und → *Organisationaler Wandel,*
- → *Arbeit, Freizeit und Familie,*
- → *menschliche Informationsverarbeitung,*
- → *Mensch-Computer-Interaktion* und → *Neue Technologien,*
- → *Organisationspsychologische Forschungsstrategien.*

Anwendung von Methoden und Gestaltungsprinzipien:

→ *Arbeits- und Aufgabenanalyse* sowie → *Organisationsdiagnostik,*
→ *Arbeitszeit und Freizeit,*
→ *Qualitätszirkel als Methoden zur Verbesserung der Produktqualität,*
→ *Automatisierung und flexible Fertigungssysteme,*
→ *Software-Ergonomie,*
→ *Bildungsbedarfsanalyse* sowie → *Ausbildung und Training* (insbesondere der neuen Techniker- und Manager-Generationen) und
→ *Organisationsentwicklung und -beratung.*

Die Bedeutung der Psychologie in diesen vielfältigen Problemfeldern wird zunehmend anerkannt. Auch innerhalb der Psychologie hat dies zu einer relativen Stärkung der Bedeutung des Fachgebiets der Arbeits- und Organisationspsychologie im Vergleich zur Klinischen Psychologie oder anderen psychologischen Anwendungsgebieten beigetragen. Diese Entwicklung hat dazu geführt, daß auch in Westeuropa die meisten psychologischen Institute und Fachbereiche trotz knapper personeller Ausbau-Ressourcen an den Universitäten spezielle Anwendungsschwerpunkte, Abteilungen oder Fachgebiete im Bereich der Arbeits- und Organisationspsychologie neu aufgebaut haben. In Europa gibt es gegenwärtig an den Universitäten etwa 100 arbeits- und organisationspsychologische Institute, Abteilungen oder Fachgebiete mit insgesamt über 500 Mitarbeiter(innen) auf universitären Stellen. Entsprechend umfangreich ist die psychologische Fachliteratur.

7.2 Perspektiven

In der Industrie zeichnet sich ein Trend zur Verdrängung der Fließband- und Massenproduktion durch flexible dezentrale Arbeitsgruppenorganisationen (z. B. als „koordinierte Arbeitsinseln" oder „Fabriken in der Fabrik") oder durch komplex integrierte, dynamisch veränderbare Organisationssysteme ab. Gefragt sind innovative, professionell umsetzbare, „ganzheitliche" Organisationsmodelle und Lösungen der resultierenden wirtschaftlichen und humanitären Probleme. Die Forschungs- und Gestaltungsaufgaben sind so vielfältig und umfangreich, daß sie von keiner Einzeldisziplin mehr bewältigt werden können. Erforderlich ist *interdisziplinäres Expertenwissen*, das theoretisch-wissenschaftlich und praktisch fundiert ist.

Die spezielle Aufgabe der Psychologie – wie jeder anderen Disziplin – besteht darin, eigenständige, aber integrierbare zukunftsbezogene Beiträge zur Gestaltung und Evaluation gemeinsamer Lösungen zu liefern. Die Perspektiven der Arbeits- und Organisationspsychologie als „professionelle Gestaltungswissenschaft" liegen deshalb sowohl in einer Intensivierung der anwendungsbezogenen psychologischen Grundlagenforschung und praktischen Nutzung von Theorien,

Methoden und Expertenwissen aus der Psychologie, als auch in Beiträgen zur Entwicklung der multidisziplinären Erkenntnisse durch fachlichen Austausch, gemeinsame Forschungsprogramme und interdisziplinäre Kooperation bei der Anwendung und Verbreitung von integrierten Gestaltungsmodellen.

Literatur

Münsterberg, H. (1912). Psychologie und Wirtschaftsleben. Leipzig: Barth.
Wolff, C. J. de, Shimmin, S. & Montmollin, M. de (1981). Conflicts and contradictions. London: Academic Press.
Wolff, C. J. de (1984). The role of the work- and organizational psychologist. In: P. J. D. Drenth, H. Thierry, P. J. Willems & C. J. de Wolff (Eds.): Handbook of work- and organizational psychology. Vol. 1 (pp. 51–79). New York: Wiley.

Charles J. de Wolff, Holland, und
Siegfried Greif, Bundesrepublik Deutschland

8. Europäische Perspektiven

8.1 Einleitung

In den ersten beiden Jahrzehnten nach 1945 gab es im Gebiet der Arbeits- und Organisationspsychologie nur sehr wenig Forschung in Europa, und die Lehre basierte verständlicherweise vorwiegend auf amerikanischen Arbeiten. Ohne Zweifel werden die wichtigsten amerikanischen Arbeiten immer ihre Bedeutung für Europa behalten. Zunehmend wird jedoch deutlich, daß regionale Besonderheiten für einige Bereiche organisationaler Problemfelder besondere Aufmerksamkeit verdienen. Der Begriff „regional" wird dabei sowohl im Sinne eines einzelnen Landes als auch eines größeren Gebietes verwendet, wie z. B. Europa (oder der Europäischen Wirtschaftsgemeinschaft).

Besonders bedeutsame Bedingungen, welche die europäischen Länder unterschiedlich beeinflußt haben, sind z. B.:
Die Nachkriegswellen in der Gesetzgebung, insbesondere im Bereich des Arbeits- und Tarifrechts; der starke und schnelle Zustrom ausländischer Arbeitskräfte in vielen europäischen Ländern und der Einfluß von theoretischen Perspektiven, die aus dem Marxismus abgeleitet sind.

In der jüngeren Vergangenheit mußten sich viele europäische Länder im Vergleich zu anderen Teilen der industrialisierten Welt mit größerer Arbeitslosigkeit auseinandersetzen und sich gleichzeitig an die schnelle Einführung neuer Technologien anpassen. Außerdem ist die Stärke der Gewerkschaften sehr unterschiedlich. In europäischen Ländern sind sie im allgemeinen stark vertreten. Hier erreichen sie mitunter 80% bis 90% der Arbeitenden, wohingegen der Anteil in den USA auf 20% oder weniger gesunken ist. Jede dieser Kontextbedingungen hatte Auswirkungen auf Art und Ausrichtung der europäischen organisationspsychologischen Forschung. In diesem Beitrag können allerdings nur einige der damit zusammenhängenden Problemfelder behandelt werden.

Zwar wird im folgenden die Auffassung entwickelt, daß ein europäischer Forschungsbeitrag in einigen Gebieten der Organisationsanalyse für ein besseres Verständnis situationsspezifischer Kontextbedingungen wichtig und notwendig ist, es wäre aber falsch, diese Position zu weitreichend zu interpretieren. Zwischen verschiedenen europäischen Ländern gibt es in den oben beschriebenen Gebieten sowohl Unterschiede als auch gleichzeitig über nationale Besonderheiten hinausweisende verallgemeinerbare Merkmale.

8.2 Vergleichende internationale Forschung

Die vergleichende internationale Forschung lieferte Antworten auf viele Fragen zu organisationalen und psychologischen Ähnlichkeiten und Unterschieden zwischen Ländern und geographischen Regionen.

Traditionell wurden in europäischen Ländern industrielle Beziehungen vorwiegend durch Gesetze und Vereinbarungen aus kollektiven Verhandlungen auf formaler oder rechtlicher Grundlage geregelt. Vermutlich geht dies auf den „Code Napoléon" zurück. Großbritannien gehört nicht zu dieser Tradition und auch in anderen Ländern Europas ist das Ausmaß rechtlich unterstützender Regelungen von Land zu Land teilweise unterschiedlich. In einer unlängst abgeschlossenen, breit angelegten Vergleichsstudie in 12 Nationen wurde versucht herauszufinden, ob die Mitbestimmung und Entscheidungsbeteiligung der Beschäftigten der unteren Ebenen durch formale rechtliche Regelungen beeinflußt wird oder davon unabhängig ist. Vor dem Hintergrund der schwebenden Gesetzgebung in der europäischen Wirtschaftsgemeinschaft, die zwischen den Mitgliedsländern auf eine sogenannte „Harmonisierung" abzielt, sind derartige Fragen von besonderer Bedeutung. Von diesen schwebenden europäischen Regelungen beziehen sich mehrere auf das Unternehmensrecht und die betriebliche Mitbestimmung.

In den Sozialwissenschaften gibt es zwei gegensätzliche Auffassungen. Nach der einen Auffassung läßt sich organisationales Verhalten am besten durch Merkmale der Individuen (durch ihre Bedürfnisse, Einstellungen usw.) oder durch gruppendynamische Faktoren (einschließlich Führungsstil) erklären. Die andere Theorie betont die Bedeutung der Umgebung, einschließlich rechtlicher Regelungen und der Kultur des jeweiligen Landes. Nach den vergleichenden Untersuchungen in 12 Ländern, die Ende der 70er Jahre durchgeführt worden (und jetzt repliziert) sind, stützen die statistischen Ergebnisse die Auffassung, daß formale Regeln oder

Gesetze das Beteiligungsverhalten auf den unteren Ebenen beeinflussen. Wenn diese Ergebnisse durch andere Forschungsarbeiten bestätigt werden, haben sie sowohl für Fragen der Europapolitik, als auch für vielfältige Gebiete der Organisationspsychologie Bedeutung.

In einem kürzlich durchgeführten Projekt wurden die Voraussetzungen und Konsequenzen der „Arbeitsethik" in acht Ländern verglichen. Historiker und Soziologen haben sich dabei besonders mit der sogenannten protestantischen Arbeitsethik beschäftigt. Nach den bis heute vorherrschenden Theorien wird angenommen, daß die moderne Arbeitsethik, die zum Aufbau kapitalistischer Unternehmen beigetragen hat, aus religiösen Werten des Protestantismus herrührt. Diese Bewegung begann im 15. und 16. Jahrhundert in Deutschland und betonte die individuelle Verantwortlichkeit vor Gott an Stelle der Autorität der Kirche. Hieraus entwickelte sich die große Bedeutung der Notwendigkeit harter Arbeit, eine positive Einstellung zum Geld und die Vorstellung der Möglichkeit der Erlösung des Einzelnen bei offensichtlichem weltlichem Erfolg. Großbritannien, die Niederlande und Deutschland werden oft als Beispiele des Erfolgs dieser Arbeitsethik genannt, wie sie in der sogenannten industriellen Revolution, beginnend im 18. und 19. Jahrhundert, entstanden ist.

In den Forschungsarbeiten zur „Bedeutung der Arbeit" in acht Ländern wurden verschiedene Aspekte des Phänomens der Arbeitsethik in Großbritannien, Deutschland, Holland, USA, Israel, Jugoslawien, Japan und Belgien verglichen. Das überraschendste Ergebnis war, daß diese Arbeitsethik zwar in einigen Teilen der Welt immer noch besteht, aber gerade in denjenigen europäischen Ländern besonders schwach ist, die nach der Theorie ursprünglich besonders stark beeinflußt wurden. Arbeit als zentraler Wert, definiert als „eine allgemeine Überzeugung vom Wert des Arbeitens im eigenen Leben" ist heute in Großbritannien am niedrigsten und in Japan am höchsten. Deutschland liegt am zweitniedrigsten und die Niederlande am drittniedrigsten. Belgien bleibt ebenfalls unterhalb des Mittelwertes. Am oberen Ende der Verteilung folgen nach Japan Jugoslawien und Israel an zweiter und dritter Stelle.

Erklären ließe sich dieses Ergebnis dadurch, daß die zentrale Bedeutung der Arbeit mit einer verhältnismäßig kürzer zurückliegenden Industrialisierung zusammenhängt (Japan, Jugoslawien und Israel). Nach dieser Auffassung haben in den europäischen Ländern, die schon fast seit 200 Jahren eine beträchtliche industrielle Entwicklung durchgemacht haben, die sogenannten „post-industriellen Werte" Fuß gefaßt. Die Arbeitsethik scheint gewissermaßen „Ermüdungserscheinungen" unterworfen zu sein. Diese Erklärung stimmt auch mit dem Ergebnis überein, wonach der zentrale Wert der Arbeit in Amerika in der Mitte zwischen den beiden gerade erwähnten hohen und niedrigen Gruppen liegt.

8.3 Europäische Voreingenommenheit

Es lohnt sich, darüber zu spekulieren, ob diese internationalen Ergebnisse irgendeine Bedeutung für die aktuelle Meinungsbildung in Europa über den unbezweifelbaren Erfolg japanischer Organisationen haben, mit dem sie im Vergleich zur Konkurrenz den Markt mit Produkten überfluten, die hohe Qualität aufweisen und gleichzeitig preisgünstig sind. Diese Leistungen werden oft in Verbindung mit Entscheidungsprozessen gesehen, die auf Konsens und Beteiligung der Basis der Beschäftigten beruhen. Dadurch wird Gruppenloyalität und disziplinierte Arbeitsleistung gefördert. Daß die Japaner bei der Bewertung der Zentralität der Arbeit signifikant höher lagen, als jedes andere Land (einschließlich Jugoslawien, mit dem nächsthöchsten Wert), könnte eine andere oder zusätzliche Erklärung der Besonderheiten des organisationalen Lebens in Japan liefern. In den letzten Jahren haben hunderte von europäischen Unternehmen das eingeführt, was unter der Bezeichnung „japanische Qualitätszirkel" (→ *Qualitätszirkel*) bekannt geworden ist. Ich meine jedoch, daß die wichtigsten psychologischen Bestandteile dieser Qualitätszirkel aus den europäischen Arbeiten der frühen 50er Jahre über dezentralisierte teilautonome Arbeitsgruppen mit weitgehender Partizipation der Beschäftigten der unteren Ebene hervorgehen. Grundlagen waren die Arbeiten zur „soziotechnischen Systemtheorie" des Tavistock-Institutes (→ *Historische Positionen*, → *Die Tavistock-Bergbauarbeiter-Untersuchungen*) und die Projekte vom Osloer Forschungsinstitut (→ *Die norwegischen Experimente zur industriellen Demokratie*). Es hat aber fast 30 Jahre gedauert, bis die japanische Version, mit ihrem zusätzlichen starken Trainingsakzent, Europa in den späten 70er Jahren wieder erreichte, wenn wir die Projekte in Norwegen und Schweden (→ *Die Schwedischen Untersuchungen zur Gesundheit am Arbeitsplatz*) ausklammern.

Schon 1967 wurde durch Servan-Schreibers „Le Defi Americain" das große Defizit im Bereich Training in Europa beklagt. Damit hat er das Augenmerk auf Schwachpunkte in Europa durch die Vernachlässigung der Kompetenzentwicklung und durch den übertriebenen, zentralisierten Stil in Entscheidungsprozessen gelenkt. Vergleichsuntersuchungen in acht Ländern über Entscheidungen von Führungskräften und zur Erfassung vorhandener Kompetenzen haben mehrere der Schlußfolgerungen von Servan-Schreiber bestätigt. Sogar auf den obersten Organisationsebenen werden vorhandene Kompetenzen beträchtlich zu wenig genutzt und die Fertigkeiten von Untergebenen oft unterschätzt. Durch anschließende Forschungen ergab sich, daß diese Merkmale auf allen Ebenen ursächlich mit einer extremen Machtkonzentration verbunden sind.

Das Problem einer zu langsamen Übernahme von Erkenntnissen der eigenen regionalen Sozialwissenschaften durch Organisationen in Europa sollte stärker beachtet werden. Dies zeigt sich auch beim „soziotechnischen Modell" und bei der Bewegung zur Verbesserung der „Qualität des Arbeitslebens" (QAL), die zwar in Europa ihren Ausgangspunkt nahmen, aber ihre Hauptbedeutung in den Vereinigten Staaten und Kanada sowie in Nordeuropa entfaltet haben.

1974 ist in der Bundesrepublik Deutschland ein sehr umfangreiches und mit großen finanziellen Mitteln ausgestattetes Programm zur „Humanisierung des Arbeitslebens" begonnen und bis heute weitergeführt worden. Es gibt zweifellos unterschiedliche Meinungen über seinen Erfolg. Die „Qualität des Arbeitslebens" hat innerhalb des Programms nur eine begrenzte Bedeutung, der Schwerpunkt liegt eher bei psychologischen und ergonomischen Aspekten der Arbeitstätigkeit. Dennoch ist dieses Programm weltweit als die größte konzentrierte Forschungsinvestition im Gebiet organisationalen Verhaltens anzusehen.

Forschungseinrichtungen in Stockholm, Oslo und Sheffield haben (neben anderen) wichtige Programme zur Organisationsforschung, bezogen auf aktuelle Bedingungen in Europa, entwickelt. Mitberücksichtigt werden dabei die Analyse der Auswirkungen der Arbeitslosigkeit auf psychische Gesundheit, negative Konsequenzen des „technologischen Imperativs" für eine sinnvolle Arbeitsgestaltung und die Verringerung der Verbreitung von streßbezogenen Herzkrankheiten.

Wir können nur hoffen, daß die Ergebnisse aus diesen Untersuchungen nicht nochmals 30 Jahre unbeachtet bleiben, bevor die Lehren, die daraus gezogen werden können, in Europa wiederentdeckt werden, nachdem sie anderswo gezogen worden sind.

8.4 Folgerungen

Meiner Meinung nach können wir aus den vorliegenden Forschungserkenntnissen zwei Folgerungen ableiten: Erstens können wir durch eine stärkere Betonung vergleichender Ansätze Fortschritte im Bereich der politisch relevanten Anwendung der Psychologie in Organisationen erreichen. In den meisten Fällen ist aber die Berücksichtigung von Variablen außerhalb der traditionellen Gebiete der Allgemeinen Psychologie oder Sozialpsychologie (z. B. zur Organisationsstruktur, zur Technologie und zur Bedeutung der sozioökonomischen Umgebung) erforderlich.

Zweitens zeigen internationale Untersuchungen, daß es zwischen den meisten europäischen Ländern, im Vergleich z. B. zu den Vereinigten Staaten oder Japan, tatsächlich zum Teil große Ähnlichkeiten gibt. Es gibt aber auch Unterschiede zwischen europäischen Ländern. Um diese Variationen verstehen zu können, müssen wir den interessierten Leser jedoch auf die spezifischen Ergebnisse der Fachliteratur verweisen.

Beide Folgerungen unterstreichen, daß eine gemeinsame europäische Lehre und Fachpolitik auf der Grundlage europäischer Erkenntnisse wünschenswert wäre.

Literatur

Cooper, G. (1986). Job Distress: Recent research and the emerging role of the clinical occupational psychologist. Bulletin of the British Psychological Society, 39, 325–331.
Debus, G. & Schroiff, W. (Eds.) (1981). The psychology of work and organizations. Amsterdam: North-Holland.
Heller, F. A. & Wilpert, B. (1981). Competence and power in managerial decision making. Chichester: Wiley & Sons.

Hofstede, G. & Kassem, S. M. (Eds.) (1976). European contributions to organization theory. Amsterdam: Van Gorcum.

Ide (1981). Industrial Democracy in Europe: Differences and similarities across countries and hierarchies. Organization Studies, 2/2, 113–129.

International Yearbook of Organizational Democracy. Chichester: Wiley & Sons. Vol. I, 1983; Vol. II, 1984; Vol. III, 1986.

Mow (Meaning of working) (1987). The meaning of working. London: Academic Press.

Warr, P. (1987). Work, unemployment and mental health. Oxford: Oxford University Press.

*Frank Heller,
Großbritannien*

Teil II:

Probleme, Konzepte und Methoden

9. Aktionsforschung

9.1 Einführung: Formen der Aktionsforschung

Für viele Psychologen ist Aktionsforschung lediglich ein kooperativer Forschungsansatz, der besonders in der angewandten Psychologie oder Beratung relevant ist. Vertreter dieser Ansicht verstehen Aktionsforschung als eine pragmatische Antwort von Forschern auf Probleme des Transfers von Forschungsergebnissen in die Praxis.

Anderen Auffassungen zufolge bestehen zwischen der Aktionsforschung und konventionellen Methoden sowohl inhaltliche Unterschiede als auch Unterschiede im Stil. Von diesem Standpunkt aus gesehen, ist Aktionsforschung ein Versuch, einige fundamentale Kritikpunkte an grundlegenden Ideen wesentlicher Richtungen in den Verhaltenswissenschaften zu überwinden. So gesehen ist die Aktionsforschung die Grundlage für die Entwicklung einer „emanzipatorischen Psychologie", *die eine Förderung des menschlichen Wohlergehens für genauso wichtig erachtet wie die Entwicklung wissenschaftlicher Theorien.*

9.2 Definition der Aktionsforschung

Die Ursprünge beider Formen der Aktionsforschung werden meist Kurt Lewin zugeschrieben, einem deutschen Juden, der kurz vor dem 2. Weltkrieg vor den Nazis in die USA floh. Lewin kannte sehr gut die drängenden gesellschaftlichen Schwierigkeiten seiner Zeit und wollte eine psychologische Methode zur Lösung praktischer Probleme und zur Theorienentwicklung entwickeln. Er war stark von der Gestaltpsychologie beeinflußt und unzufrieden mit den Beschränkungen des Behaviorismus, der zu Beginn der 40er Jahre in den USA immer bedeutender wurde. Der Versuch, einzelne psychologische Elemente aus ihrer integrierten Ganzheit zu lösen, produziert nach Lewin Wissen, das einen geringen praktischen Wert besitz. Psychologen müßten erkennen, daß soziale Veränderungen am besten zu verstehen seien, wenn man sie so analysiere, wie sie auftreten, im Sinne einer Kooperation mit den am meisten betroffenen Menschen (Lewin, 1951). Lewins Ansichten zu diesem Doppelziel einer Problemlösung und Theorienentwicklung teilten spätere Aktionsforscher, die seinen Ansatz einer kooperativen Forschung weiterentwickelten. Susman und Evered (1978) betonen beispielsweise die Wichtigkeit der Entwicklung von Kompetenzen zur Selbsthilfe bei den Personen, mit denen sie arbeiten.

9.3 Methodische Ansätze der Aktionsforschung

Einleitende Beschreibungen zur Durchführung von Aktionsforschung (z. B. French & Bell, 1973) stellen ihren zyklischen Charakter heraus. Es werden mehrere Phasen unterschieden: anfängliche Problemdiagnose, Datenerhebung, Feedback für den Klienten, gemeinsame Analyse mit den Klienten, Aktionsplanung, Aktionsevaluation und Durchführung. Durch ein solches Verfahren sollen den Vorschlägen zufolge Wissen und Aktion gemeinsam entwickelt werden: Klienten mögen neue Einsichten und Fähigkeiten entwickeln, Forscher können zu neuen Erkenntnissen und Theorien gelangen. Interview- und Fragebogenstudien sind charakteristisch für die Aktionsforschung.

Legitim sind auch je nach Forschungsziel die Anwendung von teilnehmender Beobachtung wie auch systematische Verfahren zur Datenerhebung und kontrollierte Experimente. Am Ende dieser Arbeit wird ein Beispiel für ein Aktionsforschungsprojekt vorgestellt.

Wie zu erwarten ist, liegen bei Betonung der kooperativen Arbeit die charakteristischen Beiträge zur Methodologie der Aktionsforschung auf den Beziehungen zwischen Klient und Berater. Foster (1972) faßt viele relevante Lernaspekte zusammen. Er diskutiert u. a. die Schwierigkeiten, eine genuin kooperative Beziehung zwischen Klient und Forscher zu entwickeln und zeigt auf, daß es bei bestimmten Projekten unklar sein kann, ob Individuen-, Gruppen- oder Organisationsstrukturen die geeigneten, zu verändernden Ziele sind. Weiterhin dokumentiert er die Vielfalt (manche sagen die idiosynkratische Reichweite) von Methoden in der Aktionsforschung, die Berater für Organisationsentwicklung erstellt haben.

9.4 Aktionsforschung als eine Theorie der Sozialwissenschaft

Aktionsforscher, die ihre Methode als einen alternativen Zugang zu den Sozialwissenschaften verstehen, betonen die Unzulänglichkeiten positivistischer Methoden des Wissenserwerbs. Sehr einfach ausgedrückt resultiert gemäß den Annahmen des Positivismus in der Psychologie Wissen aus separaten, objektiven Datenanalysen, aus Beobachtungen von Trends und Zusammenhängen sowie aus der Abstraktion von „Gesetzen" zur Erklärung der erhobenen Ereignisse. Ein solcher Ansatz legt wenig oder keinen Wert auf das Verständnis, das die beobachteten Personen von ihren eigenen Handlungen haben mögen. Aktionsforscher (z. B. Susman & Evered, 1978) argumentieren deshalb, daß positivistische Methoden ungeeignet sind, wenn das zu untersuchende Objekt ein über das Selbst reflektierendes Individuum ist oder wenn die Forschung ein Problem mit Personen lösen soll, die zur Definition dieses Problems beitrugen. Aktionsforscher weisen auf die aktive Rolle hin, die der Intellekt bei der Entwicklung von Wissen spielt. Der Wissenschaftler sollte die Menschen auf die oft unbewußten Annahmen hinweisen, die ihr Verhalten leiten und ihnen helfen, neue Einsichten und Wertschätzungen zu entwickeln.

Die Arbeit von Argyris, Putnam und McLain Smith (1985) artikuliert deutlich einen solchen Standpunkt. Diese Gruppe argumentiert, daß Forschung, die ausschließlich auf beobachtetem Verhalten fußt, zu dem Glauben führt, das beobachtete Verhalten geschehe zwangsläufig. Fehlt ein gleichzeitiges Verständnis der Bedeutung, die menschliche Aktionen leitet, kann eine solche Forschung keine Einsichten in alternative Verhaltensweisen bringen, die die Menschen in Betracht hätten ziehen können oder tatsächlich in Betracht gezogen haben. Konventionelle Methodologien befassen sich mit der sozialen Welt nur so, wie sie der Forscher vorfindet. Sie führen dazu, daß Theorien darüber entwickelt werden, was momentan passiert. Sie können aber seltsamerweise keine Mittel liefern, anhand derer Menschen mögliche alternative Verhaltensmuster explorieren können. Argyris und seine Mitarbeiter beschreiben einen Ansatz zur Personalentwicklung, der Menschen ermutigt, die stillschweigenden Annahmen, die ihr Verhalten leiten zu explorieren und Barrieren zu überwinden, um Alternativen zu entwickeln.

9.5 Bewertung der Aktionsforschung

Der Aktionsforschung sind eine Reihe wichtiger Errungenschaften zuzuschreiben:

a) Die Aktionsforschung hat darauf aufmerksam gemacht, wie irrelevant der abstrakte und ferne Charakter eines Großteils der akademischen Arbeit für die Angelegenheiten der Menschen ist, die dringenden, konkreten Problemen ausgesetzt sind.
b) Die Aktionsforschung hat institutionelle Mängel in den Sozialwissenschaften aufgedeckt, besonders das Scheitern konventioneller Ansätze zur Relevanz der Anwendbarkeit von Forschungsprojekten.
c) Sie analysiert die Probleme von Verhaltensstudien, die Personen so untersuchen, als seien sie passive Subjekte.
d) Aktionsforschung führte zur Entwicklung von neuen Ansätzen für Arbeitsbeziehungen zwischen Klienten und Forschern.

Trotz dieser Errungenschaften muß man jedoch festhalten, daß es der Aktionsforschung nicht gelungen ist, eine herausragende Position innerhalb der Psychologie zu erringen. Akademischen Auffassungen zufolge muß die Aktionsforschung in praktischer Hinsicht stark verändert werden. Es ist schwierig, Zugang zu Menschen zu bekommen, die bereit sind, bei der Aktionsforschung mitzuwirken. Der Aktionsforscher wird nicht unilateral entweder das Studienobjekt oder die Variablen auswählen, die für besondere Untersuchungen bestimmt sind. Nur selten stellen sich die Themen, die von Interesse sind, als ausschließlich psychologische heraus. Aktionsforschungsprojekte erfordern oft intensive Quellenarbeit und sind kaum innerhalb eines engen Zeitplanes zu managen.

Zwei andere Punkte beziehen sich auf die Angemessenheit der Analysen, aus denen die Ansätze zur Aktionsforschung stammen. Auf der einen Seite haben Aktionsforscher tatsächlich die Probleme unterschätzt, die mit der Entwicklung von genuin, kooperativen Forschungsansätzen verbunden sind. Es ist naiv anzunehmen, daß sich Menschen in Organisationen gleiche Prioritäten setzen (oder setzen sollten). Entscheidungen über den Forschungsbedarf einer Organisation werden nicht allein durch die Vernunft bestimmt. Es wurden Prioritäten gefunden, die die Art und Weise widerspiegeln, in der die Werte unterschiedlicher Interessengruppen in den Prozeß eingehen und die die relativen Macht- und Autoritätsanteile reflektieren, die Personen vorweisen können. Als Folge hiervon gibt es klare Grenzen für das Ausmaß, in dem sich mächtige Mitglieder einer Organisation verpflichtet fühlen, die Entwicklung bestimmter „Selbsthilfekompetenzen" unter Gruppen zu unterstützen, deren Intentionen sie mißtrauen. Das soll nicht heißen, daß Versuche unmöglich sind, kooperative Ansätze durch Aktionsforschung zu entwickeln. Es ist vielmehr aufzuzeigen, daß Aktionsforscher lediglich begrenzte Möglichkeiten haben, *außerhalb der dominanten Ideologie existierender sozialer Gruppen zu operieren*.

Der zweite Punkt ist, daß Aktionsforscher weitgehend das Ziel verfehlt haben, ein für Theoretiker und Manager gleichermaßen interessantes Wissensgebäude zu entwickeln. Es ist offensichtlich für Aktionsforscher, die in die Details spezifischer Gegebenheiten vertieft sind, schwierig, ihre Arbeit in Beziehung zu Themen von allgemeiner Wichtigkeit zu setzen. Die zufällige Natur ihrer Entdeckungen hat bezeichnenderweise wenig dazu beigetragen, ein breites Interesse zu stimulieren. Außerdem sind Aktionsforschungsberichte oft zu vertraulich, als daß sie veröffentlicht werden könnten, und die Ergebnisse solcher Studien sind offenkundig schwierig zu replizieren. Weiterhin sind Aktionsforscher aufgrund ihrer Arbeitshaltung häufig nicht gewillt, die Möglichkeit von Fehlern bei den von ihnen benutzten Ansätzen zuzugeben. Aus diesen Gründen werden in der Wissenschaft allgemein Erkenntnisse, die auf Methoden der Aktionsforschung basieren, weniger beachtet als Erkenntnisse, die auf konventionellen experimentellen Methoden beruhen. Dennoch üben die drei Ziele der Aktionsforschung, die Lösung praktischer Probleme, die Theorienentwicklung und die Erweiterung der Fertigkeiten von Klienten, eine anhaltende Anziehungskraft aus. Aktionsforschung wird vermutlich weiterhin im Schatten der konventionellen Methoden innerhalb der Psychologie stehen. Sie bietet jedoch die Aussicht auf eine Methodologie, in der Forscher, die an langfristigen Verbesserungen für die Menschheit arbeiten, die Möglichkeiten und Beschränkungen bestimmter sozialer Situationen erkennen.

9.6 Nachwort: Ein Beispiel für Aktionsforschung

Ein besonders erfolgreiches Forschungsprojekt in der Tradition der Aktionsforschung wurde von Elden (1985) beschrieben. Die Untersuchung fand in einer Schmelzhütte für Aluminium statt und sollte die Auswirkungen technologischer Veränderungen vom Gewerkschaftsstandpunkt aus studieren. Bei der Arbeit mit einer Projektgruppe, die aus Angestellten bestand, führte Elden eine sozialwissenschaftliche Theorie über die Qualität des Arbeitslebens während eines zweitägigen Meetings ein. Die Gruppenmitglieder wurden dann gebeten, zufriedenstellende Merkmale der Arbeitsplätze in dem Werk herauszufinden, die Geschichte der technischen Veränderungen in der 25jährigen Existenz des Werkes zu betrachten und zu analysieren, wie diese Veränderungen die Arbeitserfahrungen beeinflußt haben.

Es folgte eine zwölf Monate dauernde empirische Studie, in der die Arbeitsplatzbeschreibung innerhalb dieses Werkes mit den zuvor entwickelten Kriterien einer befriediegenden Arbeit verglichen wurden. Individuen und Gruppen aus verschiedenen Abteilungen der Fabrik wurden interviewt. Es stellte sich heraus, daß die technologischen Veränderungen zu einer Verbesserung sowohl von Qualität als auch Quantität der Produktion in dem Werk geführt hatten, andererseits jedoch dann weniger Menschen angestellt waren, und die verbliebenen Arbeitsplätze weniger befriedigend waren. Insbesondere beinhalteten die Arbeitsplätze weniger Machtbefugnis, Kontrolle, Lernmöglichkeiten und soziale Kontaktmöglichkeiten bei der Arbeit. Obwohl dieses Projekt insofern ungewöhnlich war, als die Aktionsforscher mit der Gewerkschaft anstatt mit dem Management als Klienten zusammenarbeiteten, demonstriert es doch drei Merkmale eines guten Aktionsforschungsprojektes: Der Forschungsvorgang wurde gemeinsam von den Klienten und Forschern kontrolliert. Das Projekt produzierte neue, für die sozialwissenschaftliche Theorie relevante Erkenntnisse, in diesem Fall waren es Erkenntnisse zur Arbeitszufriedenheit im Aluminiumwerk. Weiterhin beeinflußte es signifikant die Fähigkeiten und das Verständnis der betroffenen Klienten, da sie vor möglichen ungünstigen Konsequenzen der technologischen Veränderung gewarnt wurden. Zudem wurden sie ermutigt, eine langfristige Perspektive bei zukünftigen Diskussionen mit dem Management einzunehmen (siehe auch → *Die Tavistock-Untersuchungen und ihre Auswirkungen*).

Literatur

Argyris, C., Putnam, R. & McLain Smith, D. (1985). Action science. London: Jossey-Bass.
Elden, M. (1985). „Democratising organisations: a challenge to organisational development". In R. Tannenbaum, N. Mrgulies & F. Massarick (Eds.): Human systems development, San Francisco: Jossey-Bass.
Foster, M. (1972). The theory and practice of action research in work organisations. Human Relations, 25, 529–556.
French, W. & Bell, C. (1973). Organisational development: Behavioural science interventions for organizational improvement. Englewood Cliffs, N. J.: Prentice Hall.
Lewin, K. (1951). Field theory in social science. New York: Harper & Row (Dt.: Feldtheorie in den Sozialwissenschaften. Bern: Huber 1963).
Susman, G. & Evered, R. (1978). An assessment of the scientific merits of action research. Administrative Science Quarterly, 23, 582–603.

Frank Blackler,
Großbritannien

10. Alkohol- und Drogenkonsum

10.1 Einleitung

In der Bundesrepublik Deutschland wird die Anzahl der Alkoholabhängigen auf 1,5 bis 2 Millionen, die der Drogenabhängigen (Opiate, Kokain etc.) auf 40 000 bis 50 000 und die der Medikamentenabhängigen auf 200 000 bis 500 000 Personen geschätzt. Das genaue Ausmaß der Alkohol- und Medikamentenabhängigkeit ist nur schwer zu erfassen, da häufig nicht zwischen Gebrauch, Mißbrauch und Abhängigkeit unterschieden werden kann. Die vorliegenden Zahlen machen aber deutlich, daß der Drogen-, Alkohol- und Medikamentenkonsum zu einem ernsten gesellschaftlichen Problem geworden ist. Dies gilt nicht nur für die Bundesrepublik Deutschland, sondern – wenn auch in unterschiedlichem Ausmaß – für alle europäischen Länder.

Auch die Arbeitsorganisationen, die sich als Teil der Gesellschaft nicht von deren allgemeinen Problemen isolieren können, sehen sich in immer stärkerem Ausmaß mit den Folgen dieses Konsums, nämlich Unfällen, Fehlzeiten, Produktionsfehlern und -ausfällen sowie einer Verschlechterung des sozialen Klimas konfrontiert. Besondere Aufmerksamkeit wird dabei dem Alkoholkonsum als dem verbreitetsten Konsum geschenkt.

Alkohol ist in die europäische Kultur integriert und wird von einem Großteil der Konsumenten ohne negative Konsequenzen für ihr psychisches und physisches Wohlbefinden, ihre Umgebung oder für die Gesellschaft konsumiert. Entscheidend für die Beurteilung des Alkoholkonsums ist daher nicht die Höhe oder die Regelmäßigkeit des Konsums, sondern sind die Konsequenzen dieses Verhaltens.

Lange Zeit wurden Alkoholmißbrauch und Alkoholabhängigkeit als individuelles Problem betrachtet, dem man in Betrieben mit Personalentscheidungen zu begegnen suchte. Neuere Untersuchungen weisen jedoch darauf hin, daß Alkoholismus ein sehr uneinheitliches Phänomen ist, das unterschiedliche Trinkmuster und Persönlichkeitsdimensionen umfaßt und betonen den Beitrag von Umweltbedingungen zur Entstehung dieser Krankheit (vgl. Jacobi, 1987).

Dies bedeutet, daß in die Analyse des Alkoholmißbrauchs und der Alkoholabhängigkeit die Arbeitsorganisation einbezogen und darauf untersucht werden muß, inwieweit sie *Konsumanreize* setzt und somit zur Entstehung und zur Verfestigung des mißbräuchlichen Verhaltens beiträgt.

10.2 Arbeitsorganisation und Alkoholismus

Ein Ansatz zur Analyse des Zusammenhangs zwischen Arbeitsorganisation und Alkoholismus geht von Studien zu den Funktionen des Alkoholkonsums aus, in denen vor allem zwei Trinkgründe betont werden:

1. Alkohol reduziert Spannung, und:
2. Alkohol erleichtert die soziale Interaktion und führt zur Wahrnehmung erhöhter persönlicher Kontrolle und Macht in sozialen Interaktionen (Donovan & Marlatt, 1980).

Entsprechend der vermuteten spannungsreduzierenden Funktion des Alkohols wurde der Zusammenhang zwischen Arbeitsorganisation und Alkoholkonsum hauptsächlich im Rahmen von *Streßtheorien* (→ *Streß*) untersucht. Es wird dabei angenommen, daß Belastungen am Arbeitsplatz, die bedrohliche Beanspruchungen mit negativen Begleitemotionen bewirken, einen übermäßigen Alkoholkonsum fördern. Im Sinne der interaktionalen Streßtheorien kann Alkoholkonsum also als *sekundäre Coping-Strategie* verstanden werden.

Dieser Erklärungsansatz entspricht den Grundannahmen der *Spannungs-Reduktions-Theorie* (vgl. Cappell, 1975):
1. Alkohol reduziert Spannung, und:
2. Wer Alkohol trinkt, tut dies, um Spannungen zu reduzieren.

10.3 Alkoholkonsum und Belastung: Untersuchungsergebnisse

Die bisherigen Untersuchungen zum Zusammenhang zwischen Beanspruchung und Alkoholkonsum lassen sich um drei allgemeine Fragen gruppieren (wobei allerdings beachtet werden muß, daß die Konzepte Beanspruchung und Spannung sehr unterschiedlich operationalisiert werden):
1. Erwarten Konsumenten, mit Alkohol Beanspruchungen und Spannungen zu beseitigen?
2. Trinken sie vermehrt in beanspruchenden Situationen oder bei negativer Befindlichkeit?
3. Bewirkt Alkohol tatsächlich eine Spannungs-Reduktion?

Befragungsergebnisse und Dokumentenanalysen belegen, daß ein Großteil der Konsumenten erwartet, nach Alkoholkonsum eine bessere Stimmung zu haben, und daß Alkohol bevorzugt in beanspruchenden Situationen getrunken wird (Christiansen, 1982; Thiele & Laußner, 1986; BGA, 1984). Diese Ergebnisse konnten allerdings durch experimentelle Untersuchungen nicht gestützt werden (vgl. Cappell, 1975).

Diese widersprüchlichen Befunde sind nicht eindeutig zu interpretieren: Denn die Ergebnisse von Laboruntersuchungen lassen sich nur beschränkt auf natürliche Lebenssituationen übertragen. Bei Befragungs-Studien werden die Antworten durch implizite Alkoholtheorien und entlastende Kausalattributionen verfälscht (vgl. Rüttinger & Haris, 1986). Gegen Dokumentenanalysen und Untersuchungen mit Gruppenvergleichen ist einzuwenden, daß der Alkoholkonsum nicht nur von der Belastung bzw. der Beanspruchung abhängt, sondern u. a. auch von Rollenerwartungen, Gruppennormen, *Zugangsmöglichkeiten zum Alkohol*.

Daraus folgt, daß der Einfluß der Belastung bzw. Beanspruchung auf den

Alkoholkonsum nur in einem natürlichen Umfeld, d. h. in *Felduntersuchungen* geklärt werden kann. Da in solchen Untersuchungen die Vielzahl moderierender Variablen kaum kontrolliert werden kann, muß der Einfluß der Belastung/Beanspruchung durch interindividuelle Vergleiche bestimmt werden: zu verschiedenen Zeitpunkten wird die Belastung/Beanspruchung und der Alkoholkonsum erhoben und bestimmt, ob der Konsum bei veränderten Belastungen/Beanspruchungen kovariiert.

In einer solchen Felduntersuchung wurden von Rüttinger & Klein-Moddenborg (1985) bei Mitarbeitern eines Energieversorgungsunternehmens an zwei Arbeitstagen die Belastung bzw. Beanspruchung sowie der Alkoholkonsum erhoben. Die Beanspruchung wurde mit einer Befindlichkeitsskala sowie einer Schätzskala, die Belastung über das EKG sowie die Einschätzung der Arbeitsanforderungen und Tagesereignisse durch Beobachter erfaßt. Erwartet wurde, daß die Vpn an dem Tag mit höherer Belastung bzw. Beanspruchung auch einen höheren Konsum aufweisen.

Es zeigte sich kein Zusammenhang zwischen Beanspruchung und Alkoholkonsum. An den Tagen mit höherer Herzrate war zwar auch der Alkoholkonsum höher, doch beruhte die Steigerung der Herzrate vor allem auf einer erhöhten körperlichen Aktivität. Bei der Analyse der Trinksituationen zeigte sich allerdings, daß vor allem unmittelbar vor, während oder nach besonders belastenden Situationen (z. B. Montage auf Dächern oder Beinahe-Unfällen im Verkehr) Alkohol getrunken wurde.

Daß kein eindeutigerer Zusammenhang gefunden wurde, könnte damit zusammenhängen, daß eine hohe Belastung/Beanspruchung zwar den Wunsch nach Alkoholkonsum verstärkt, Gegenmotive – wie z. B. Angst vor Unfällen oder Leistungseinbußen – jedoch teilweise verhindern, daß sich dieser Konsumwunsch im Verhalten zeigt.

In mehreren Längsschnittuntersuchungen untersuchten deswegen Rüttinger & Klein-Moddenborg (1985) und Klein-Moddenborg (1987) den Zusammenhang zwischen *Befindlichkeit* – als Indikator der Beanspruchung – und dem Wunsch nach Alkoholkonsum. Die Befindlichkeitsskala repräsentierte einem Vorschlag von Warr et al. (1983) folgend die Stimmungsklassen: angenehm/gespannt, angenehm/entspannt, unangenehm/gespannt, unangenehm/entspannt.

Es zeigte sich, daß Alkohol bevorzugt bei angenehm/entspannter wie negativer (gespannter und entspannter) Befindlichkeit getrunken wird. Alkohol wird also konsumiert, *um negative Stimmungen zu reduzieren* und *um positive Stimmungen zu verstärken*. Beide Stimmungsklassen sind dabei voneinander unabhängig (vgl. Diener, 1984), d. h. negative Stimmung entspricht nicht der Abwesenheit positiver Stimmung und umgekehrt. Diese Befunde entsprechen den Annahmen des „Affekt-Management", die bisher vor allem zur Erklärung des Rauchens benutzt wurden (vgl. Degen, 1987). Danach dient der Nikotinkonsum sowohl der positiven Stimulation (Management von positivem Affekt) wie der Bewältigung unangenehmer Empfindungen (Management von negativem Affekt).

Die Befunde legen auch nahe, den Begriff Spannung im Gegensatz zur Spannungs-Reduktions-Theorie aus einem nur negativen Sinnzusammenhang zu lösen. Spannung ist die Grundvoraussetzung dafür, daß bestimmte Situationen erst als angenehm erlebt werden können.

10.4 Alkoholismusprävention im Betrieb

Diese Befunde haben auch Konsequenzen für die Entwicklung und Evaluation betrieblicher *Präventivprogramme*. Die Beseitigung zu sehr beanspruchender Arbeitsbedingungen durch organisatorische Maßnahmen reicht nicht aus, um Alkoholkonsum bzw. Alkoholmißbrauch zu verhindern oder zu reduzieren. Es müssen zusätzliche Trainingskonzepte für Führungskräfte entwickelt werden, die das Trinkmotiv der Stimulation und Verstärkung positiver Stimmungen berücksichtigen.

Sind Betriebsangehörige alkoholabhängig, verliert der Alkoholkonsum allerdings seinen instrumentellen Charakter. Alkohol wird unabhängig von Belastungen/Beanspruchungen schon deshalb konsumiert, um eine bestimmte Körperalkoholkonzentration aufrechtzuerhalten.

Bildungsmaßnahmen, die auf den Umgang mit solchen Mitarbeitern/innen zielen, vermitteln vorrangig soziale Kompetenzen für Gespräche, die zur Teilnahme an therapeutischen Maßnahmen bewegen sollen. Ein solches Training muß unter dem Gesichtspunkt des Transfers in den betrieblichen Alltag neben kognitiven Elementen auch die Motivation zur Anwendung des erworbenen Wissens, die Einstellung zu Alkoholabhängigen, die Vermittlung klarer Regeln und Vorgaben sowie die Einschätzung der betrieblichen Sozialabteilungen durch die alkoholkranken Mitarbeiter/innen berücksichtigen (vgl. Rüttinger & Datow, 1987).

Literatur

BGA (Bundeszentrale für gesundheitliche Aufklärung (Hg.) (1984). Alkohol und Arbeitswelt. Köln: BGA.
Cappell, H. (1975). An evaluation of tension models of alcohol consumption. In R.J. Gibbins, Y. Israel, H. Kalant, R.E. Popham, W. Schmidt & R.G. Smart (Eds.): Research advances in alcohol and drug problems. Vol. 2 (pp. 249–257). New York: Wiley.
Christiansen, B.A., Goldman, M.S. & Inn, A. (1982). Development of alcohol-related expectancies in adolescents: Separating pharmacological from social-learning influences. Journal of consulting and Clinical Psychology, 30, 336–344.
Degen, R. (1987). Die komplizierte Sucht. Psychologie heute, 14, Nr. 2, 56–61.
Diener, E. (1984). Subjective well-being. Psychological Bulletin, 95, 542–575.
Donovan, D.M. & Marlatt, G.A. (1980). Assessment of expectancies and behaviors associated with alcohol consumption. A cognitive-behavioral approach. Journal of Studies on Alcohol, 41, 1153–1185.
Jacobi, C. (1987). Mythen im Alkoholismuskonzept. Ernährungsumschau, 34, 262–266.
Klein-Moddenborg, V. (1987). Alltagsbefinden und Wunsch nach Alkohol. Bericht Nr. 87-2 des Instituts für Psychologie der TH Darmstadt.
Rüttinger, B. (1986). Beanspruchung am Arbeitsplatz und Alkoholkonsum. In: BGA, Bundeszentrale für gesundheitliche Aufklärung (Hg.): Alkohol und Arbeitswelt (S. 45–52). Köln: BGA.
Rüttinger, B. & Datow, A. (1987). Die Wirksamkeit von Vorgesetztentraining. Vortrag auf dem 3. Internationalen Symposium Alkohol in Unternehmen, Frankfurt 1987.
Rüttinger, B. & Haris, B. (1986). Untersuchungen zur Validität der schriftlichen Befragung

des Alkoholkonsums. In F.-J. Hehl, V. Ebel & W. Ruch (Hg.): Psychologische Diagnostik, Bd. 2 (S. 190–214). Bonn: Deutscher Psychologen-Verlag.

Rüttinger, B. & Klein-Moddenborg, V. (1985). Erwartungen an den Alkoholkonsum: Alkoholkonsum und Apannungsreduktion. In H. Brandstätter & E. Kirchler (Hg.): Economic psychology (S. 413–423). Linz: R. Trauner.

Thiele, W. & Laußer, A. (1986). Hemmende und fördernde Faktoren des Alkoholkonsums in der Arbeitswelt. In BGA, Bundeszentrale für gesundheitliche Aufklärung (Hg.): Alkohol und Arbeitswelt. Köln: BGA.

Warr, P., Barter, J. & Brownbridge, G. (1983). On the independence of positive an negative affect. Journal of Personality and Social Psychology, 44, 644–651.

Volker Klein-Moddenborg und Bruno Rüttinger,
Bundesrepublik Deutschland

11. Altern und Ruhestand

Die Pensionierung/Berentung ist ein wichtiger Einschnitt im Lebenslauf, der dem Betroffenen häufig eine Neuorganisation von Zeit und Raum abverlangt. Der Übergang vom Arbeitsleben in den Ruhestand ist in der Vergangenheit sogar mit einer erhöhten Mortalitätsrate oder auch dem „Pensionierungsbankrott" in Verbindung gebracht worden (Stauder, 1955). Obwohl empirische Forschungsergebnisse seit den siebziger Jahren dieses extrem negative Bild von der Berentung/Pensionierung widerlegen (Atchley, 1977; Doering, et al., 1983; Lehr, 1984), ist es als Stereotyp in unserer Gesellschaft weit verbreitet geblieben. Zudem muß man die große Widersprüchlichkeit der neueren Befunde hervorheben, die weitgehend auf methodische wie theoretische Mängel zurückzuführen sind (Kasl, 1979; Palmore et al., 1985). Wir postulieren daher, daß nur eine völlige theoretische und methodische Umorientierung auf diesem Forschungsgebiet valide und einheitliche Aussagen bringen wird. Wir werden uns daher nicht auf eine Übersicht vorhandener Daten konzentrieren (siehe Lehr, 1984), sondern einen theoretischen Bezugsrahmen vorstellen, dessen Anwendung in der Ruhestandsforschung zukunftsträchtig scheint.

11.1 Der Ruhestand aus der Perspektive der Psychologie der Lebensspanne

Die traditionellen Alterstheorien bieten einander konträre Hypothesen über die Wirkung des Ruhestandes mit jeweils universellem Gültigkeitsanspruch an. Die *Disengagementtheorie* (Cumming & Henry, 1961) betont den Rückzug des alternden Menschen aus der Gesellschaft. Ruhestand ist hier eine Entwicklungsphase, die den individuellen Bedürfnissen und den Umweltforderungen entspricht und daher keine Krise darstellen sollte. In der *Aktivitätstheorie* (Maddox, 1963) und der *Kontinuitätstheorie* (Havighurst, 1963), die die Bedeutung der Aktivität für ein erfolgreiches Altern hervorheben, wird der Ruhestand hingegen wegen des allgemeinen Verlustes von Rollen und Aktivitäten als inhärenter Konfliktauslöser betrachtet.

Die *entwicklungspsychologische Perspektive der gesamten Lebensspanne* nimmt eine Mittelstellung ein, wenn sie die Multidimensionalität und Multidirektionalität von Entwicklungsverläufen betont, deren Ursprünge in der Interaktion und Kumulation von drei Einflußfaktoren zu suchen sind, nämlich von altersnormierten, epochalnormierten und idiosynkratischen Einflußgrößen (Baltes, P. B. & Eckensberger, 1979).

Wenn nach Kohli (1986) heute etwa ⅕ der Bevölkerung die Pensionierung/Berentung erleben, so macht diese Tatsache die *Pensionierung* zu einem altersnormierten und somit einem vorhersagbaren und erwarteten Ereignis oder zu einer typischen Entwicklungsaufgabe (Havighurst, 1963; Oerter, 1986) für den älteren Menschen.

Die Auffassung der *Berentung* als typische, altersnormierte Entwicklungsaufgabe hat drei Implikationen: Zum ersten kann vorhergesagt werden, daß dieses Ereignis hauptsächlich dann zu Anpassungs- und Bewältigungsschwierigkeiten führt, wenn es „atypisch" eintritt oder verläuft (z. B. eine verfrühte Berentung). Zum zweiten liefert uns die Sicht der Berentung als Entwicklungsaufgabe nicht nur die Möglichkeit der Identifikation, sondern auch die der *Zusammenschau* von Bedingungen, die eine günstige oder ungünstige Anpassung verursachen. Pensionierung und Ruhestand werden nicht mehr nur personen-zentriert und punktuell in einem Gegenwartsquerschnitt betrachtet, sondern als ein Prozeß im Kontext und über die gesamte Lebensspanne hin. Die Pensionierung/Berentung wird von einer Person mit einer bestimmten Entwicklungsgeschichte, einem bestimmten Entwicklungsstand, einer bestimmten Ausstattung von Ressourcen und in einem bestimmten Kontext, der von persönlichen (z. B. Freundschaften) über familiäre (z. B. kinderlos) bis hin zu gesellschaftspolitischen Systemen (z. B. Rentengesetze) reicht, erlebt und verarbeitet.

11.2 Personen- und Situationsbedingungen

Im folgenden sollen nun an Hand eines Kategorienschemas (Filipp, 1981, S. 10) diese Personen- und Situationsbedingungen näher beschrieben und dabei vorhandene empirische Daten beispielhaft eingeordnet werden.

(1) Antezedente Bedingungen. Hierzu gehören alle früheren Erfahrungen mit kritischen Lebensereignissen und deren Bewältigungsgeschichte. Hierzu gehört auch die sozialisatorische Antizipation und damit die Vorbereitung auf die Ent-

wicklungsaufgabe „Berentung". So zeitigen aversive, aber vorhersagbare Ereignisse weniger negative Wirkungen als unvorhersagbare aversive Ereignisse (z. B. Miller, 1979; Silver & Wortman, 1980). In diesem Sinne können Programme – z. B. Vorbereitungskurse in der Industrie – oder auch soziale Modelle – z. B. Gespräche mit Ruheständlern oder Beobachtungen von Ruheständlern – positive Effekte auf die Anpassung nach der Berentung haben (Abraham, 1981; Abraham & Hoefelmayr-Fischer, 1982; Radebold, 1976). Zu den antezedenten Bedingungen zählen weiterhin Berufsgeschichte und Berufsart, die sowohl mit positiven wie negativen Effekten auf die Anpassung an den Ruhestand in Verbindung gebracht wurden (Abraham, 1981; Priemer, 1982).

(2) Konkurrente Bedingungen. Hier sind Personen- und Umweltmerkmale sowie Ereignismerkmale zu beachten. Bei den (a) *Personenmerkmalen* wurde in erster Linie der Gesundheitszustand als eine moderierende Variable bei der Anpassung an den Ruhestand identifiziert (Palmore et al., 1985). Aber auch die Einstellung zur Arbeit (Lehr, 1984), die Beurteilung der eigenen Berufsentwicklung (Priemer, 1982) oder das Geschlecht (Schneider, 1982; Szinowacz, 1982) sowie die Intelligenz, Interessen und Hobbys (Schmitz-Scherzer, 1985; Priemer, 1982) können je nach der Konstellation anderer Bedingungen differentiellen Einfluß auf die Anpassung an den Ruhestand haben.

Unter den (b) *Kontextmerkmalen* auf der *Makroebene* sind gesellschaftliche Rahmenbedingungen angesprochen, z. B. die Rentengesetze oder der Arbeitsmarkt. Die Rentengesetze bestimmen weitgehend die finanzielle Situation des Ruheständlers, was eine bedeutende Wirkung auf die Anpassung an den Ruhestand haben kann (Kohli, 1986; Palmore et al., 1985). Eine Verringerung des Einkommens nach der Pensionierung und dadurch bedingte Veränderungen im sozialen Status, vielleicht sogar in den Wohnverhältnissen, wird im Durchschnitt die Anpassung erschweren (Palmore et al., 1985).

Als *Kontextmerkmale* auf der *Mikroebene* sind hauptsächlich familiäre Beziehungen oder Freundschaftsbeziehungen begünstigende sowie konfliktreiche Faktoren für die Anpassung (Olbrich, 1982). So kann auf der Mikroebene beispielsweise die Einstellung der Ehefrau zur Pensionierung ihres Mannes dessen Anpassung beeinflussen (Fengler, 1975).

Als (c) *Ereignismerkmale* können einmal *objektive* Merkmale des Ereignisses (z. B. frühzeitige oder altersgemäße, plötzliche oder allmähliche, freiwillige oder unfreiwillige Pensionierung/Berentung) eine Rolle bei der Anpassung spielen. Das Erleben der persönlichen Kontrolle, der eigenen Entscheidung über das Eintreten eines selbst aversiven Ereignisses kann die negativen Effekte hemmen (Baltes & Baltes, 1987). Vielleicht noch wichtiger als objektive sind *subjektive* Ereignismerkmale. So kann die Tatsache, ob der Ruhestand erwünscht oder unerwünscht ist, eine positive bzw. negative Auswirkung haben (Lehr, 1984).

Auf dem Hintergrund einer solchen Vielfalt von interagierenden Bedingungen ist eine Vorhersage über die Anpassung aufgrund einer oder zweier Variablen nicht möglich; vielmehr entscheidet erst das Zusammenspiel der Faktoren, ob die Entwicklungsaufgabe „Pensionierung/Ruhestand" zur Weiterentwicklung oder zur Fehlentwicklung führt. Das Ereignis selbst kann also a priori sowohl pathogene wie entwicklungsfördernde Wirkungen haben. Eine freiwillige Berentung bei schlechtem Gesundheitszustand hat andere Auswirkungen auf das Selbstwertgefühl, das Erleben persönlicher Kontrolle und somit auf die Anpassung als eine unfreiwillige Pensionierung bei gutem Gesundheitszustand.

11.3 Methodische Überlegungen

Aus diesen Ausführungen wird deutlich, warum bisherige Studien widersprüchliche Daten erbringen mußten. Der ideale Untersuchungsplan verlangt nach einer *multivariaten Prä-Poststudie* mit Kontrollgruppe. Sieht man sich die gegenwärtigen Studien an, so sind die meisten Studien als querschnittliche („one-shot, one-group") bivariate Korrelationsuntersuchungen angelegt. Dies bedeutet, daß Aussagen über a) Interaktionen zwischen Bedingungsfaktoren und b) die kausale Richtung der Beziehung zwischen den untersuchten Variablen, z. B. Gesundheit und Anpassung, nicht möglich sind. Die meisten Studien untersuchen zudem relativ kleine und homogene Stichproben (z. B. Akademiker oder Stahlbauarbeiter) und fast ausschließlich Männer (siehe Atchley, 1982). Weiterhin sind die benutzten Testinstrumente personen-zentriert, messen meist globale Konstrukte wie Gesundheit oder Lebenszufriedenheit im Interview oder Testverfahren. Selten werden Umweltvariablen (i. e. Kontextmerkmale) erfaßt. Direkte Beobachtungen konkreter Verhaltensweisen und -veränderungen der Person selbst wie ihrer Umwelt wurden unseres Wissens bisher in keiner Studie durchgeführt.

Es ist zu hoffen, daß multivariate und bedingungsanalytische Untersuchungspläne die zukünftige Forschung zum Ruhestand prägen werden. Die so gewonnenen Ergebnisse werden es erlauben, Muster von Risikofaktoren zu identifizieren, denen mit präventiven und rehabilitativen Interventionsprogrammen begegnet werden kann."

Literatur

Abraham, E. (1981). Vorbereitung auf das Alter im Betrieb. In Pro Senectute (Hg.): Vorbereitung auf das Alter im Lebenslauf (S. 149–160). Paderborn: Schöningh.
Abraham, E. & Hoefelmayr-Fischer, K. E. (1982). Auswirkungen der früheren Arbeitstätigkeit auf den Ruhestand. Zeitschrift für Sozialisationsforschung und Erziehungssoziologie, 2, 53–72.
Atchley, R. C. (1977). The social forces in later life. An introduction to social gerontology. Belmont, CA: Wadsworth.
Atchley, R. C. (1982). The process of retirement: Comparing women and men. In M. Scinovacz (Ed.): Women's retirement (pp. 153–168). Beverly Hills: Sage.
Baltes, M. M. & Baltes, P. B. (Eds.) (1986). The psychology of control and aging. Hillsdale, N. J.: Erlbaum.

Baltes, P. B. & Eckensberger, L. (1979). Entwicklungspsychologie aus der Lebensspanne. Stuttgart: Klett.
Cumming, E. M. & Henry, W. (1961). Growing old. New York: Basic Books.
Doering, M., Rhodes, S. R. & Schuster, M. (1983). The aging worker. Research and recommendations. Beverly Hills: Sage.
Fengler, A. (1975). Attitudinal orientation of wives toward their husbands retirement. International Journal of Aging and Human Development, 6, 139–152.
Filipp, S.-H. (Hg.) (1981). Kritische Lebensereignisse. München: Urban & Schwarzenberg.
Havighurst. R. J. (1963a). Dominant concerns in the life. In L. Schenck-Danzinger & H. Thomae (Eds.): Developmental tasks and education. New York: Longman.
Havighurst. R. J. (1963b). Successful aging. In C. Tibbitts & W. Donahue (Eds.): Processing of aging (pp. 299–320). New York: Williams.
Havighurst. R. J. (1972). Developmental tasks and education. New York: McKay.
Kasl, S. V. (1979). Changes in mental health status associated with job loss and retirement. In J. E. Barret (Ed.): Stress and mental disorders (pp. 179–200). New York: Raven Press.
Kohli, M. (1986). Retirement and the moral economy: A historical interpretation of the German case. Berlin, Projektgruppe Biographie und Ruhestand: Arbeitsbericht Nr. 3.
Lehr, U. (1984). Pensionierung. In W. D. Oswald, W. Hermann, S. Kanowski, U. Lehr & H. Thomae (Hg.): Gerontologie (S. 318–329). Stuttgart: Kohlhammer.
Maddox, G. L. (1963). Activity and morale: A longitudinal study of selected elderly subjects. Social Forces, 45, 195–205.
Miller, S. M. (1979). Controllability and human stress: Method, evidence, and theory. Behavior Research and Therapy, 17, 287–306.
Minkler, M. (1981). Research on the health effects of retirement: An uncertain legacy. Journal of Health and Social Behavior, 22, 117–130.
Oerter, R. (1986). Developmental task through the life span: A new approach to an old concept. In P. B. Baltes, D. L. Featherman & R. M. Lerner (Eds.): Life-span development and behavior. Vol. 7 (pp. 233–269). Hillsdale, N. J.: Erlbaum.
Olbrich, E. (1982). Soziale Veränderungen in der Zeit um die Pensionierung. In R. Oerter, L. Montada, u. a. (Hg.): Entwicklungspsychologie. München: Urban & Schwarzenberg.
Palmore, E. B., Burchett, B. M., Fillenbaum, G. G., George, L. K. & Wallmann, L. M. (1985). Retirement: Causes and consequences. New York: Springer.
Priemer, W. (1982). Anpassung an den Ruhestand: Beiträge zur sozialwissenschaftlichen Forschung. Wiesbaden: Westdeutscher Verlag.
Radebold, H. (1976). Vorbereitung auf das Altern und Hilfe im Alter. Zeitschrift für Gerontologie, 9, 73–80.
Schmitz-Scherzer, R. (1985). Anders älter werden. In d. W. von Goddenthow (Hg.): Das Märchen vom Ruhestand. (S. 51–66) Freiburg: Herder.
Schneider, H.-D. (1982). Frauen vor und nach der Pensionierung. Aktuelle Gerontologie, 12, 95–99.
Silver, R. L. & Wortman, C. B. (1980). Coping with undesireable life events. In J. Garber & M. E. P. Seligman (Eds.): Human helplessness. Theory and applications (pp. 279–340). New York: Academic Press.
Stauder, K. H. (1955). Über den Pensionierungsbankrott. Psyche, 9, 481–491.
Szinovacz, M. (1982). Women's retirement. Beverly Hills: Sage.

Margret M. Baltes und Bettina Dost,
Bundesrepublik Deutschland

12. Arbeit

12.1 Einleitung

Kürzlich fand der Autor in der Heidelberger Ausstellung „Die Renaissance im deutschen Südwesten" (Badisches Landesmuseum Karlsruhe, 1986) eine Radierung mit dem Titel *„Labor Vincit Omnia"*, die dem Heerführer Mansfeld gewidmet ist und dessen Heldentaten rühmt, dabei aber auch den Lohn der Arbeit preist: „Viel ehren Krantz trägt er davon / Das ist der Arbeit rechter lohn / vergleicht sich ein fruchtbaren Regen / kriegt groß reichthumb mit reichem Segen". Wie könnte die Arbeit als Grundzug menschlicher Existenz treffender charakterisiert werden? Stroh (1986) weist in einer Auslegung dieser Stelle, die wohl z. T. ursprünglich von Vergil stammt, jedoch auf die ursprüngliche Bedeutung von *Labor* im Sinne von Mühsal, Plage oder sogar Leiden hin, die ja auch dem deutschen Wort „Arbeit" zugrunde liegt. Zwischen den Polen ‚Heroisierung der Arbeit' und ‚Arbeitsleid' spannen sich die mannigfaltigen Bewertungen (auf), die „Arbeit" im Verlaufe der Geschichte und in verschiedenen Kulturen gefunden hat. Die Psychologie dagegen hat sich mit der menschlichen Arbeit erst in jüngster Zeit und eigentlich nur in den industrialisierten Ländern befaßt – zumeist mit Blick auf die industrielle Entwicklung und den technischen Wandel –, also Länder, in denen Arbeit mehr als Leiden denn als Freude verstanden wurde. Bekanntermaßen haben die Versuche, die menschliche Arbeit gedanklich und gestalterisch zu fassen, so zählebige Richtungen wie den *Taylorismus*, die einflußreiche Bewegung der *„Human Relations"* und nicht zuletzt die scharfsinnigen Analysen von Karl Marx hervorgebracht. Auch bei entschiedener Anstrengung, diese Bedingungen und Umstände zu reflektieren, bleibt die Psychologie den Arbeitstätigkeiten und den Wertungen verhaftet, die sie vorfindet (Hoyos, 1974). So ist jeder Versuch, Arbeit als Gegenstand der Psychologie zu definieren, in einen bestimmten geschichtlichen, gesellschaftlichen und politischen Kontext eingebunden.

12.2 Ziele und Bewertungen

Die Psychologie versteht Arbeit als eine Klasse von Verhaltensweisen und Handlungsergebnissen, spricht also von Arbeits*verhalten*. Wie jedes Verhalten, entfaltet sich Arbeitsverhalten unter der Vorgabe bestimmter Ziele und führt zu materiellen und immateriellen Ergebnissen, d. h. Arbeit kann von ihren *Folgen* her charakterisiert werden, die sich für den Menschen einstellen können, wenn er eine Arbeit aufnimmt. Folgen sind in der erwähnten Radierung deutlich genannt: großer Reichtum mit reichem Segen. Den „Lohnabhängigen" des Industriezeitalters mag es, wenn sie eine Arbeit aufnehmen, eher um die Befriedigung elementarer Bedürfnisse gehen, den Armen (auf) der Welt um die nackte Existenz. Arbeit führt aber auch zur Selbstverwirklichung, sie fördert die Persönlichkeit, sie ist überhaupt ein erstrebenswertes Gut für den Menschen (Luczak & Rohmert, 1985; v. Nell-Breuning, 1985; Hacker, 1986). Aus der Sicht der Psychologie handelt es sich um Aspekte der (→) *Arbeitsmotivation*, d. h. um die Sphäre der persönlichen Zielsetzungen des Menschen, der Arbeit allgemein als instrumentell für seine Ziele erfährt. Diese Erfahrung unterliegt notgedrungen fortlaufenden Veränderungen, die aber, wie die lebhafte Fachdiskussion über den sog. *Wertwandel* (→ *Erwerbsarbeit im Wandel*) zeigt, gegenwärtig besonders dramatisch in Richtung auf „*postmaterielle Werte*" zu laufen scheint (Lévy-Leboyer, 1986).

Das ist nur die eine Seite. Ziele verfolgt einsichtigerweise ein „Arbeitgeber" (im weitesten Sinne, z. B. auch der Selbständige als sein eigener Arbeitgeber): Erfüllen von Unternehmenszielen, Produktivität, Effektivität. Tatsächliche oder vermeintliche Konflikte zwischen *individuellen und externen Zielen* haben besonders die Psychologie erheblichen Zerreißproben ausgesetzt.

12.3 Was ist Arbeit?

Die Definition eines Bereiches menschlichen Handelns von ihren Zielen her sagt noch wenig über sie selbst aus. Gibt es überhaupt eine eigene Klasse von Verhaltensweisen, die man als „Arbeit" bezeichnen kann? Tatsächlich kann man Arbeit als Betätigungsform sehr schwer inhaltlich bestimmen und oft nicht von anderen Aktivitäten (z. B. „Freizeit", Spiel, Sport, Hobby) abgrenzen. Unter den vorherrschenden ökonomischen und gesellschaftlichen Bedingungen wird Arbeit ganz überwiegend innerhalb von Arbeitsorganisationen (Betrieben, Verwaltungen, etc.) geleistet. So kann man Arbeitsverhalten in weitem Maße, wenn auch nicht ausschließlich, mit *Verhalten in Arbeitsorganisationen* gleichsetzen (vgl. Weinert, 1981, 1987; Greif, 1983). Aus dem Gesamtziel der Unternehmung abgeleitete *Arbeitsaufgaben* werden dem Organisationsmitglied zur Erledigung übertragen. Damit erhält der Begriff der *Arbeitsaufgabe* eine Schlüsselstellung im Verständnis menschlicher Arbeit (Hoyos & Frieling, 1977; Hacker, 1986). Die Analyse von Arbeitsaufgaben zeigt die mannigfachen Anforderungen an die menschliche Leistungsfähigkeit, die Schwierigkeit von Arbeit und nicht zuletzt sowohl die weite Spanne der durch Arbeitsaufgaben ausgelösten Aktivitäten als auch den stetigen *Wandel der Arbeit*, der so drastisch wie heute wohl nie zuvor erlebt wurde; körperliche Arbeit tritt zurück, *informatorische* Arbeit dominiert, Denk- und Entscheidungsprozesse werden stärker gefordert; Problemlösungen gehen zu Lasten von Routinetätigkeiten.

12.4 Arbeitspsychologie

Arbeit als ein *prominenter* Bereich menschlichen Handelns fordert naheliegenderweise zu einer theoretischen Durchdringung heraus. Dieser Aufgabe hat sich die

Psychologie mit sehr unterschiedlichen, weithin aber partiellen Ansätzen unterzogen, indem einzelne Themen unter Rückgriff auf die Grundlagenforschung, aber auch auf der Basis angewandtpsychologischer Forschung, theoretisch fundiert wurden – ein eindrucksvolles Beispiel dafür ist die *Arbeitsmotivation*. Eine geschlossene, theoretisch begründete Lehre von der Arbeit in psychologischer Sicht verdanken wir der Dresdner Arbeitsgruppe um Hacker (Hacker, 1986). Unter Rückgriff auf Ansätze der sowjetrussischen Psychologie stellte Hacker die Regulation von Arbeitstätigkeit in den Mittelpunkt seiner Bemühungen um ein geschlossenes Modell menschlicher Arbeit. Die Postulierung verschiedener Ebenen von Regulation erlaubt ihm, auch die mehr und mehr geforderten höheren kognitiven Funktionen in sein Modell zu integrieren (s. a. Frieling & Sonntag, 1987).

12.5 Arbeitssysteme

Die Erledigung einer Arbeitsaufgabe, kurz das Leisten von Arbeit, führt zu einem materiellen oder immateriellen *Arbeitsergebnis*, das notwendigerweise einer Bewertung in Bezug auf Effektivität, Qualität und andere Kriterien unterliegt. Damit soll gesagt sein: in seiner Arbeit ist der handelnde Mensch in ein Geflecht von Zielsetzungen, Anforderungen und Rückmeldungen eingebunden, die ihm nicht nur eine Regulierung und Verbesserung seiner Bemühungen erlaubt, sondern ihm auch Anhaltspunkte für die Selbstbewertung im Rahmen seiner Zielsetzungen gibt. In diesem Sinne ist ein Arbeitender auch Teil eines Arbeitssystems, in dem er mit anderen Personen kooperiert, aber auch mit maschinellen Komponenten zu tun hat, die Teile der Gesamtaufgabe übernehmen. In Arbeitssystemen ist menschliches Handeln nicht nur Produktionsfaktor, sondern auch Fehlerquelle und damit einmal mehr Anlaß, menschliche Arbeit nach Möglichkeit durch maschinelle Komponenten zu ersetzen (Automatisierung), zum anderen auch Thema für die Vermeidung bzw. Kompensation von Fehlern (Fehlermanagement) (Hoyos, 1988).

12.6 Arbeit und Gesundheit

Das Verständnis von Arbeit als Mühsal und Plage weist auf das instabile Verhältnis des Menschen zu seiner Arbeit hin: Arbeit überfordert oder unterfordert den Menschen oft: aus Gründen unzulänglicher Planung und Gestaltung der Arbeitsbedingungen, wegen begrenzter Kenntnisse über menschliche Leistungsfähigkeit und nicht selten wegen Streß, den der Handelnde selbst erzeugt, bestehen Diskrepanzen zwischen Anforderungen und Leistungsdispositionen, d. h. Fehlbeanspruchungen. Sie können zu Leistungsstörungen, Demotivierung, auf lange Sicht zu psychischen und somatischen Störungen beim Arbeitenden führen (Frese, 1977; Frieling & Sonntag, 1987) (→ *Stress; Stress und Herzinfarkt*). Beanspruchungen fordern den Arbeitenden immer auch zu Anstrengungen heraus, seine Resourcen einzusetzen und die Situation zu bewältigen – wiederum Quelle für Selbstbewertungen und Fremdbewertungen durch den Arbeitenden und Anlaß für gestalterische Bemühungen vielfältiger Art (Udris, 1981). Auf der anderen Seite kann der *Verlust* von (Lohn)Arbeit den Menschen schwer treffen – und hat in den letzten Jahren viele Menschen getroffen –, die als Folge von Arbeitslosigkeit den Verlust von gesellschaftlicher Stellung, Sozialprestige, Sinnerfüllung, Gesundheit und andere negative Folgen hinnehmen mußten (→ *Arbeitsplatzverlust und Erwerbslosigkeit*). Auch monotone und beanspruchende Arbeit wäre ihnen u. U. lieber als erzwungene berufliche Untätigkeit (vgl. Kastner, 1985). Schließlich sollte nicht unerwähnt bleiben: Patienten mit den verschiedensten Krankheiten haben von einer sinnvollen *Arbeitstherapie* profitiert, d. h. es ist nicht unberechtigt, von „Heilung durch Arbeit" zu sprechen.

Literatur

Die Renaissance im deutschen Südwesten zwischen Reformation und Dreißigjährigem Krieg. Katalog zur gleichnamigen Ausstellung, Bd. I, F 49. Badisches Landesmuseum Karlsruhe (1986).
Frese, M. (1977). Psychische Störungen bei Arbeitern: Zum Einfluß von gesellschaftlicher Stellung und Arbeitsplatzmerkmalen. Salzburg: Müller.
Frieling, E. & Sonntag, K. (1987). Arbeitspsychologie. Bern: Huber.
Hacker, W. (1986). Arbeitspsychologie. Berlin: Deutscher Verlag der Wissenschaften.
Hoyos, C. Graf (1974). Arbeitspsychologie. Stuttgart: Kohlhammer.
Hoyos, C. Graf & Frieling, E. (1977). Die Methodik der Arbeits- und Berufsanalyse. In K. H. Seifert (Hg.), Handbuch der Berufspsychologie (S. 103–140). Göttingen: Hogrefe.
Hoyos, C. Graf (1988). Voraussetzungen und Bedingungen menschlichen Handelns in technischen Systemen. In C. Graf Hoyos & B. Zimolong (Hg.), Enzyklopädie der Psychologie, Band D III 2: Ingenieurpsychologie. Göttingen: Hogrefe (i. Ersch.).
Greif, S. (1983). Konzepte der Organisationspsychologie. Bern: Huber.
Kastner, M. (1985). Psychische Störungen durch Arbeitslosigkeit. Psychologie und Praxis, Zeitschrift für Arbeits- und Organisationspsychologie, 29 (N.F.3), 71–81.
Lévy-Leboyer, C. (1986). A psychologist's analysis of the work value crisis. International Review of Applied Psychology, 35, 53–61.
Luczak, H. & Rohmert, W. (1985). Ansätze zu einer anthropologischen Systematik arbeitswissenschaftlicher Erkenntnisse. Zeitschrift für Arbeitswissenschaft, 39 (NF), 129–144.
v. Nell-Breuning, O. (1985). Arbeitet der Mensch zuviel? Freiburg: Herder.
Stroh, W. (1986). Labor Improbus: die Arbeit im antiken Rom. In V. Schubert (Hg.), Der Mensch und seine Arbeit (S. 111–146). St. Ottilien: EOS Verlag.
Udris, I. (1981). Streß in arbeitspsychologischer Sicht. In J. Nitsch (Hg.), Streß – Theorien, Untersuchungen, Maßnahmen. (S. 391–499). Bern: Huber.
Weinert, A. B. (1981). Lehrbuch der Organisationspsychologie (2. Aufl. 1987). München: Urban & Schwarzenberg.

Carl Graf Hoyos,
Bundesrepublik Deutschland

13. Arbeitsabwesenheit und Fluktuation

13.1 Einleitung

Abwesenheit und Fluktuation haben viel gemeinsam. Beide beziehen sich erstens auf Verhaltensweisen, die durch vertragliche Beziehungen zur Organisation bestimmt werden. Die eine betrifft dabei eine zeitweilige Entfernung, die andere eine ständige Entfernung vom Arbeitsplatz. Zweitens sind sie konkret abgrenzbare und beobachtbare Handlungen, die in Organisationen leicht erfaßt und einfach gezählt werden können. Drittens handelt es sich bei beiden um Verhaltensweisen, an deren Kontrolle Unternehmer normalerweise interessiert sind, weil sie eine große Bedeutung für die Effizienz und Effektivität der Produktion haben. Viertens sind beide Probleme sehr oft in sozialwissenschaftlichen Theorien und Untersuchungen behandelt worden. Fünftens gibt es bis heute trotz ihrer großen Bedeutung nur wenig konzeptuelle oder methodische Einigkeit über den Stand der Erkenntnisse in beiden Problemfeldern.

Zwischen beiden charakteristischen Verhaltensmerkmalen bestehen systematische Zusammenhänge. Es ist kein übertriebener Zynismus, wenn wir annehmen, daß es das Interesse von Führungskräften an diesen Fragen war, daß Sozialwissenschaftler dazu angeregt hat, über Arbeitsabwesenheit und Fluktuation zu forschen und zu schreiben. Die offensichtliche leichte Meßbarkeit im Vergleich zu vielen anderen arbeitsbezogenen Verhaltensweisen ist ein weiterer Grund. Es ist nicht das erste Mal, daß Vorteile und Interessen der Unternehmensleitung von Einfluß für die Ausrichtung der Forschung in den angewandten Sozialwissenschaften sind.

Weil es sich bei beiden um Formen eines physischen Rückzugs vom Arbeitsplatz handelt, tendieren viele Sozialwissenschaftler zu dem Fehlschluß, daß beide Formen des „Rückzugsverhaltens" irgendwelche gemeinsame motivationale Grundlagen haben müßten, ohne daß diese Annahme jemals bestätigt werden konnte. Implizit wird diese Annahme auch dann gemacht, wenn Abwesenheit und Fluktuation – wie gewöhnlich ohne konzeptuelle Unterscheidung – als abhängige Variablen oder „Verhaltensmaße" in organisationalen Erhebungen verwendet werden (z. B. in Arbeitsgestaltungsprojekten). Wenn aber Wissenschaftler die Zusammenhänge zwischen Verhaltensmaßen aus beiden Bereichen empirisch untersucht haben, fanden sich keine durchgängig positiven Beziehungen zwischen ihnen.

Die trotz dieser Ergebnisse verbreitete Rückzugshypothese kann als Hindernis für die Theorieentwicklung angesehen werden. Erst seit kurzem findet eine unbequeme, aber empirische durchgängig nachweisbare Erkenntnis größere Beachtung: Arbeitsabwesenheit und Fluktuation sind sehr komplexe Verhaltensweisen, die durch viele verschiedene theoretische Ansätze beschrieben und erklärt werden können. Die Komplexität ist so groß, daß einzelne theoretische Erklärungsmodelle nur unter bestimmten Bedingungen gültig sind. Bei bestimmten Arbeitsbedingungen können Abwesenheit und Fluktuation als spezifische, nicht übertragbar historische Zeiterscheinungen einander ausschließen und als Möglichkeiten verstanden werden, die Unzufriedenheit mit der Arbeit zum Ausdruck zu bringen.

Hier fehlt der Platz, die Fachliteratur mit ihren vielen verschiedenen Ansätzen über Abwesenheit und Fluktuation zusammenzufassen. Wir werden daher nur einige der Hauptthemen und Probleme behandeln, auf die sich die Literatur bezieht. Primär werden wir die Publikationen zur Abwesenheit berücksichtigen und anschließend nur einige allgemeine Hinweise auf ähnliche Probleme und Aufgaben bei der Untersuchung der Fluktuation geben, denn in beiden Gebieten gibt es nach wie vor viele wichtige Aufgaben für die zukünftige Forschung.

13.2 Methodologische Probleme zur Messung der Abwesenheit

Abwesenheit und Fluktuation sind Ereignisse, die leicht erfaßt werden können. Dennoch stellen sie uns vor grundlegende Meß- und Interpretationsprobleme. Die Abwesenheit wird in Organisationen durch zahlreiche, verschiedenartige Indikatoren beschrieben, und es gibt keine Standarderfassungsmethode für die organisationale Praxis und Forschung. Forscher müssen sich entscheiden, welche Indikatoren sie zur Einordnung konkreter Fälle heranziehen, ob sie z. B. die Abwesenheitsrate als Prozentsatz der abwesenden Zeit bestimmen oder durch die absolute Anzahl der Abwesenheiten (egal wie lange sie im Einzelnen dauern). Alternativen gibt es ferner in der Wahl der zugrundeliegenden Zeitabschnitte, so können beispielsweise die Daten in sechs-monatlichen oder jährlichen Abständen erhoben, sowie prospektiv oder retrospektiv erfaßt werden (Clegg, 1983). Abwesenheit ist ein Phänomen mit einer niedrigen Basisrate, die sich einer Poisson-Verteilung annähert: Die meisten Beschäftigten sind selten oder nie abwesend und nur eine Minorität ist für den größten Teil der Varianz verantwortlich. Dies führt dazu, daß Abwesenheitsdaten normalerweise über Individuen oder über die Zeit aggregiert werden. Hierfür gibt es viele Verfahren, wobei sich herausgestellt hat, daß jede Methode normalerweise nur einen kleinen Anteil der Information verwendet, die in Abwesenheitsdaten enthalten sind und daß jede Methode implizite Annahmen über die zugrundeliegenden Meßmodelle enthält (Goodman & Atkin, 1984).

Es gibt Versuche, die verschiedenen möglichen Meßmodelle systematisch zu unterscheiden. Dies hat aber zu keinen erkennbaren Übereinstimmungen geführt. So gibt es beispielsweise einen ungelösten Streit über die Bedeutung der „Validität" und „Reliabilität" als Abwesenheitsindikatoren, weil sich die Unterscheidung zwischen diesen Gütekriterien bei einem Verhalten leicht verwischt, das verschiedene Bedeutung für verschiedene Menschen oder zu verschiedenen Zeitpunkten haben kann. Nach allgemein übereinstimmender Ansicht werden jedoch von den normalerweise verwendeten Maßen diejenigen als für die Psychologie am Interessantesten angesehen, mit denen die *Anzahl der Abwesenheiten* (unabhängig von der jeweiligen Zeitdauer) erfaßt wird. Diese Indikatoren sind hinreichend stabil und reagieren gleichzeitig auch sensitiv auf individuelle Unterschiede und besondere Umstände. Außerdem korrelieren Häufigkeitsmaße stärker als andere Meßwerte mit Arbeitseinstellungen oder mit Merkmalen der Arbeitstätigkeiten und Personen. Im Allgemeinen wird jedoch die Auffassung vertreten, daß zur Erfassung der Komplexität des Verhaltens und seiner Ursachen multiple Meßwerte erforderlich sind (Smulders, 1980).

13.3 Allgemeine theoretische Abwesenheitsmodelle in der Fachliteratur

Johns (1987) hat fünf implizite Modelle unterschieden, die den theoretischen Darstellungen zur Abwesenheit zugrundeliegen. Wir fügen ein sechstes hinzu.

(1) Rückzug:
Dieser Ansatz beruht auf der bereits zu Beginn wiedergegebenen Vorstellung, daß Arbeitsabwesenheit auf gemeinsame Ursachen zurückgeführt werden kann, wie Fluktuation und Zuspätkommen, da es sich hierbei um verschiedene Ausdrucksformen des Motivs der Arbeiter handelt, sich von der Arbeit zurückzuziehen oder negative Seiten der Arbeitstätigkeit zu vermeiden. Wissenschaftler, deren Arbeiten dem Einstellungs-Verhaltens-Paradigma der Sozialpsychologie zuzuordnen sind, haben typischerweise die Beziehungen zwischen Abwesenheit und Faktoren wie Arbeitsunzufriedenheit und Zugehörigkeitsgefühl zur Organisation untersucht. Systematische Auswertungen der Fachliteratur haben jedoch keinen starken oder durchgängigen Beleg dafür erbracht, daß Arbeitseinstellungen tatsächlich ein Hauptprädiktor der Abwesenheit sind (Chadwick-Jones et al., 1982; Hackett & Guion, 1985).

(2) Ökonomischer Nutzen:
Eine andere Gruppe von Wissenschaftlern betont die zweckrationale Bedeutung der Abwesenheit und die damit verbundenen Eigeninteressen sowie sozialen Austauschprozesse. Den Beschäftigten wird unterstellt, daß sie jeweils kalkulieren welcher Nutzen sich aus den unmittelbaren Kosten und Vorteilen ihres Verhaltens insgesamt ergeben könne, etwa durch Lohnverluste, Möglichkeiten zur Abarbeitung von Überstunden, Krankengeldern, Steuervorteilen und Befriedigungen außerhalb der Arbeit. Vom Ergebnis dieser Einschätzung der psychischen Kosten und Vorteile hängt die vorhergesagte individuelle Entscheidung ab, ob jemand, orientiert an optimierten Eigeninteressen, der Arbeit fernbleibt oder nicht. Derartige Motivationsstrukturen können aus einigen Untersuchungen zur Abwesenheit abgeleitet werden, sie gelten aber nur unter bestimmten Voraussetzungen, z. B. wenn Überstundenvereinbarungen oder andere Regelungen bestehen, die Mitgliedern mit geringer Abhängigkeit von der Organisation ermöglichen, die Vorteile verschiedener Zeitvorgaben und Lohnsätze untereinander auszugleichen.

(3) Medizinische Ansätze:
Vor allem aus dem Gebiet der Arbeitsmedizin stammen Veröffentlichungen und

Forschungsarbeiten zur Analyse der Symptomatologie der Abwesenheit und Untersuchungen historischer Veränderungen – im Sinne von „Moden" allgemeiner Gesundheitsbeschwerden – und zu Unterschieden zwischen verschiedenen Ländern. Auch Psychologen haben Abwesenheit als Gesundheitsverhalten betrachtet. Sie betonen dabei jedoch im allgemeinen den *Prozeß* der Beeinflussung der physischen und psychischen Gesundheit durch Umgebungseinflüsse. So schließt die Streßforschung beispielsweise oft die Untersuchung der Abwesenheit mit ein, wobei sie sie entweder als Ausdruck von Beanspruchung oder als Streßbewältigungsstrategie interpretiert. Der Streß kann dabei durch vielfältige Fehlanpassungen zwischen Person und Umgebung entstehen, z. B. Arbeitsaufgaben, bei denen hohe Arbeitsbelastungen mit niedrigem Entscheidungsspielraum verbunden sind (→ *Streß*). Vereinzelt haben Psychologen aber auch im Sinne eines anderen Ansatzes Abwesenheit als Gesundheitsverhalten untersucht, indem sie danach gefragt haben, welche Ursachenzuschreibungen den medizinischen Erklärungen zugrundeliegen und wie sie von verschiedenen Handelnden verwendet werden. Nach dieser Sichtweise wären Gesundheitsprobleme, die Abwesenheit hervorrufen, Teil eines sozialen Definitionsprozesses, durch den verschiedene Motive und Gefühlszustände in ein sozial akzeptiertes Ereignis transformiert werden (Nicholson & Payne, 1987).

(4) Abweichendes Verhalten:
Vorwiegend in der Management-Literatur finden sich Veröffentlichungen, die die Überwachungsmethoden und die Auswirkungen von Belohnungen und Bestrafungen auf die Anwesenheit behandeln. Hier wird die implizite Annahme gemacht, daß der Anwesenheit eine besondere Bedeutung als formeller und informeller psychologischer Vertrag zwischen Arbeiter und Unternehmer zukommt. Abwesenheit ist ein Verhalten, dessen Legitimität auf der Basis von Verträgen und organisationalen Regelungen beurteilt wird. Wenn diese sehr wenig Entscheidungsspielraum enthalten, bzw. wenn Arbeitnehmer eine schwere Beweislast zu tragen haben, um Abwesenheit zu begründen, könnte dies auch so verstanden werden, daß die Bedeutung der Abwesenheit aus einem geringen Vertrauen in das Anstellungsverhältnis resultiert (Nicholson & Johns, 1985). Unter diesen Voraussetzungen kann die Abwesenheit eines Arbeiters entweder als unvermeidlich und damit als akzeptables Verhalten interpretiert werden oder es wird sofort als Versuch gesehen, das System durch Bedrohung oder Verletzung seiner Regeln zu unterlaufen. Andererseits kann unerlaubte Abwesenheit als Ergebnis unvollständiger oder falscher Sozialisation und Internalisierung der Werte und Arbeitsverfahren angesehen werden. In der Fachliteratur gibt es eine Vielzahl von Beispielen über die entfremdenden Auswirkungen von Führungssystemen mit geringem Vertrauen. In solch einer Umgebung kann Abwesenheit durchaus ein beabsichtigtes abweichendes Verhalten sein. Es gibt jedoch keine empirischen Belege dafür, daß dies eine verbreitete Ursache der Abwesenheit in den meisten Organisationen ist.

(5) Kultureller Ansatz:

Dieser theoretische Ansatz enthält Elemente aller anderen, indem er die Abwesenheit als komplex verursacht ansieht und feststellt, daß die Ursachenkonfigurationen in Abhängigkeit von verschiedenen Zusammenhängen variieren. Abwesenheit ist Ausdruck der Wechselwirkungen zwischen einerseits den individuell unterschiedlichen Bedürfnissen, Meinungen und Personenmerkmalen der Beschäftigten und andererseits dem vorherrschenden Klima der Arbeitsumgebung. Nach dieser Sichtweise sind Arbeitsgruppen, Abteilungen oder Organisationen als psychologische Umgebungen anzusehen. Ihre spezifische Bedeutung erhält die Abwesenheit in Abhängigkeit von den darin vorherrschenden Werten, Verfahren und kognitiven Schemata (Nicholson & Johns, 1975). In der Fachliteratur gibt es zahlreiche Belege dafür, daß es Unterschiede zwischen verschiedenen organisationalen Subkulturen in den Konfigurationen und Ursachen der Abwesenheit gibt. Festgestellt wurde dies sowohl beim Vergleich zwischen ähnlich erscheinenden Unternehmen, als auch zwischen organisationalen Untereinheiten, wie Unternehmensabteilungen oder Krankenhausstationen. Demographische Merkmale der Arbeitsgruppen, Arbeitsbedingungen, Vorgesetztenstile und andere Variablen beeinflussen gemeinsam die konkreten Arbeitsbedingungen und Erfahrungen der Beschäftigten und formen damit die Werte, Meinungen und Gewohnheiten, die das Abwesenheitsverhalten bestimmen.

(6) Konflikt-Ansätze:

Den oben beschriebenen, von Johns unterschiedenen fünf Ansätzen kann ein sechster hinzugefügt werden: In Anlehnung an die Forschung über Kooperation und Konflikte in der Industrie (englisch: „Industrial Relations") und verwandte Problemfelder kann Abwesenheit als eine Form des „unorganisierten Konflikts" angesehen werden. Das bedeutet, daß Arbeiter sich als Ausdruck kollektiver Loslösung aus der Kontrolle durch Führungskräfte an Abwesenheitsverhalten beteiligen. So gesehen wird erwartet, daß Abwesenheit eine informelle Alternative zu Streiks oder anderen betrieblichen Handlungsformen darstellt. Allerdings sind bisher irgendwelche stabilen Zusammenhänge zwischen Abwesenheit und organisierten Arbeiteraktivitäten wissenschaftlich nicht nachgewiesen worden.

Es gibt viele Fehlschlüsse, empirische und theoretische Probleme in jedem der angesprochenen Felder. Für eine Diskussion verweisen wir auf Johns & Nicholson (1982). Jedenfalls ist mit Sicherheit vorherzusagen, daß Abwesenheit, wegen ihrer leichten Erfaßbarkeit und praktischen Bedeutung für die organisationale Effizienz, auch zukünftig allgemein als Variable in Untersuchungen erfaßt werden wird, selbst wenn der Hauptgegenstand der jeweiligen Untersuchung in anderen Gebieten liegt. Aber auch als eigenständiges Gegenstandsgebiet wird die Forschung zur Arbeitsabwesenheit weiterhin fachliche Bedeutung behalten, weil noch immer viele Fragen über ihre Ursachen und Bedeutung offen sind und sich ein weites Feld für Theorieentwicklungen öffnet.

13.4 Fluktuation

Die Fachliteratur über Fluktuation stellt uns vor ähnliche Probleme wie die Abwesenheitsliteratur. Sie können hier nur kurz angesprochen werden (wir verweisen auf Bluedorn, 1982; Mobley, 1982; Mowday et al., 1982).

Wie bei der Untersuchung der Abwesenheit, gibt es eine Vielzahl von Untersuchungen mit Fluktuation als abhängiger Variable. Dabei werden vielfältige Berechnungsverfahren verwendet. Theoretischer Konsens wurde bisher kaum erzielt. Eine verbreitete Auffassung ist jedoch, daß Fluktuation auf rationalen Entscheidungen beruht. Fluktuation wird danach als bewußte Entscheidung angesehen, die Mitarbeit in der Organisation aufzukündigen, wobei die Entscheidung davon abhängt, wie die Einzelnen die Wünschbarkeit und Leichtigkeit einschätzen, die Grenzen der Organisation zu verlassen. Die fachliche Aufmerksamkeit hat sich dabei auf die positive (aber oft nur mäßige) Beziehung zwischen der Intention zum Verlassen der Organisation und dem tatsächlichen Weggehen konzentriert und auf die organisationalen und personalen Merkmale zur Vorhersage von derartigen Intentionen.

Die Variablen, die in der Fluktuationsforschung berücksichtigt wurden, umfassen ein ähnliches Gebiet von Arbeitsmerkmalen und Einstellungen, wie die dargestellten Variablen zur Abwesenheitsforschung. Genau wie bei der Untersuchung der Abwesenheit, wird die Fluktuation als Fehlanpassung zwischen Person und Umgebung angesehen. Eine verbreitete Empfehlung besteht darin, „realistische Arbeitserwartungen" im Auswahlprozeß zu vermitteln, um Kündigungen durch schnelle Desillusionierungen in der Arbeitstätigkeit zu vermeiden.

Infolge zunehmender Ungewißheit auf dem Arbeitsmarkt, zeigt sich in der letzten Zeit eine erkennbare Veränderung der einfachen Auffassung, daß Fluktuation, wie Abwesenheit, lediglich ein unerwünschtes Verhalten ist, das durch negative Arbeitseinstellungen motiviert wird. Diese Erkenntnis ist durch eine stärkere Beobachtung der *Auswirkungen* der Fluktuation entstanden. Die Fluktuationsrate kann nach heutiger Auffassung danach nicht nur zu hoch, sondern auch zu niedrig für die Organisation sein. Gerade diejenigen Beschäftigten, die die Möglichkeit haben, die Organisation zu verlassen, können die Kompetentesten sein und die besten Arbeitseinstellungen haben. Fluktuation ist folglich vor allem dann ein Problem, wenn die Besten gehen, und die Inkompetenten bleiben. Wie im Gebiet der Arbeitsabwesenheit, wären theoretische Ansätze erforderlich, die derartige Fragen und Wechselwirkungen der Fluktuation mit anderen Variablen stärker berücksichtigen, um eine bessere Einschätzung der jeweiligen Bedeutung des Verhaltens für verschiedene Gruppen und Voraussetzungen zu ermöglichen.

Theorieentwicklungen, die in diese Richtung gehen, wären wünschenswert. Bis heute wird Fluktuation zu sehr aus der Sicht der Organisation analysiert. Im Vordergrund stehen vorwiegend die Kosten oder Vorteile für das Unternehmen, die durch die Fluktuation entstehen. Die Bedeutung der Kündigung eines Arbeitsverhältnisses als wichtiges Lebensereignis für die Einzelnen wird dabei nicht erkannt. Ein mehr personenzentrierter Ansatz müßte die berufliche Entwicklung und die beruflichen Veränderungen derjenigen Organisationsmitglieder stärker in den Vordergrund stellen, welche die die Organisation verlassen. Solche theoretischen Ansätze finden sich zum Teil in der Fachliteratur zur Berufsentwicklung. Die Theorien und Forschungen in diesem Gebiet betrachten aber wiederum – abgesehen von der ersten Berufswahl als zentraler Gegenstand der Berufswahl-Theorien – vorwiegend nur den gesamten beruflichen Werdegang des Individuums und vernachlässigen die Bedeutung der einzelnen beruflichen Veränderungen. Die Möglichkeiten einer gegenseitigen Befruchtung der beiden Forschungsgebiete werden demzufolge kaum erkannt. Ansätze zur Formulierung eines stärker integrierten theoretischen Konzepts zeigen sich jedoch beim Thema Rollenübergänge, einem sich entwickelnden Untersuchungsfeld (Nicholson et al., 1985).

13.5 Folgerungen

Abwesenheit und Fluktuation können sich gegenseitig auf verschiedene Arten beeinflussen. Drei Arten sind besonders verbreitet. Erstens kann die Abwesenheit mancher Personen Ausdruck für den Wunsch sein zu gehen, falls die Möglichkeiten dafür fehlen. Zweitens kann das Wegbleiben von der Arbeit ein Vorbereitungsverhalten für das Weggehen sein, eine Art Probe vor dem Handeln. Drittens: Sehr unangenehme Arbeitsplätze können sich von sehr begehrten durch eine hohe Rate beider Verhaltensweisen unterschieden. Ungeachtet dieser besonderen Fälle kausaler Gemeinsamkeiten, sind Abwesenheit und Fluktuation jedoch eher Verhaltensweisen mit ganz verschiedenen organisationalen und personalen Bedeutungen. Die Forschung hat gezeigt, daß sowohl ihre Ursachen, als auch ihre Auswirkungen häufiger radikal verschieden sind, als daß sie übereinstimmen. Am angemessensten wäre es wohl, Abwesenheit und Fluktuation jeweils für sich bereits als Merkmalsbereiche mit vielen verschiedenartigen Verhaltensweisen anzusehen, wobei die einzelnen Merkmale manchmal zusammenpassen, sich aber auch manchmal unterscheiden. Dies impliziert, daß wir kaum vollständige und allgemeine Erklärungen für beide Bereiche finden werden, denn unsere Theorien müßten genauso viele Facetten enthalten, wie sämtliche unterscheidbare Merkmale und Verhaltensweisen. Wenn wir jedoch bei ihrer Untersuchung diese Komplexität angemessener berücksichtigen, können wir auch in diesem Forschungsfeld zukünftig erwarten, wichtige neue Erkenntnisse über die Grundlagen menschlicher Arbeitstätigkeit, Motivation und Leistung sowie über die Bedeutung von Organisationen als psychologische Umgebungen zu gewinnen.

Literatur

Bluedorn, A. C. (1982). The theories of turnover: Causes, effects and meaning. In S. B. Bacharach (Ed.): Research in the Sociology of Organizations, Vol. 1. Greenwich, CT: JAI Press.

Chadwick-Jones, J. K., Nicholson, N. & Brown, C. A. (1982). The social psychology of absenteeism. New York: Praeger.

Clegg, C. W. (1983). Psychology of employee lateness, absence and turnover: A methodological critique and an empirical study. Journal of Applied Psychology, 68, 88–101.

Goodman, P. S. & Atkin, R. S. (Eds.) (1984). Absenteeism. San Francisco: Jossey-Bass.

Hacket, R. R. & Guion, R. M. (1985). A reevaluation of the absenteeism-job satisfaction relationship. Organizational Behavior and Human Decisions Processes, 35, 340–381.

Johns, G. (1987). Understanding and managing absence from work. In S. L. Dolang & R. S. Schuler (Eds.): Readings in Canadian personnel and human resources management, St. Paul, MN: West.

Johns, G. & Nicholson, N. (1982). The meanings of absence. New strategies for theory and research. In B. L. Staw & L. L. Cummings (Eds.): Research in organizational behavior, Vol. 4. Greenwich, CT: JAI Press.

Mobley, W. H. (1982). Some unanswered questions in turnover and withdrawal research. Academy of Management Review, 7, 111–116.

Mowday, R. T., Porter, L. W. & Steers, R. M. (1982). Employee-organization linkages. London: Academic press.

Nicholson, N. & Johns, G. (1985). The absence culture and the psychological contracts – Who's in control of absence? Academy of Management Review, 10, 397–407.

Nicholson, N., West, M. & Cawsey, T. F. (1985). Future uncertain: Expected vs. attained job mobility among managers. Journal of Occupational Psychology, 58, 313–320.

Nicholson, N. & Payne, R. (1987). Absence from work: Explanations and attributions. Applied Psychology: An International Review, 36, 121–132.

Smulders, P. G. W. (1980). Comments on employee absence/attendance as a dependent variable in organizational research. Journal of Applied Psychology, 65, 368–371.

Nigel Nicholson,
Großbritannien

14. Arbeitsanalysehilfsmittel: Die Verfahrensgruppe TBS und BMS

14.1 Einleitung

Die *psychologische Arbeitsanalyse* wird geleitet von der Konzeption der psychischen Regulation von Arbeitstätigkeiten. Sie nützt eine vierstufige Hypotheseneingrenzung, die Auftrags- und Bedingungsanalysen, Arbeitstagsaufnahmen, Arbeitstätigkeitsstudien als Beobachtungsinterviews nach quasiexperimentellen Abwicklungsformen und erforderliche feldexperimentelle Schritte umfaßt (vgl. Matern, 1984). Für einige Teilschritte der mehrstufigen Arbeitsanalyse und für ausgewählte Fragestellungen wurden *Hilfsmittel* geschaffen, die konzeptionell tätigkeitstheoretischen Ansätzen folgen.

Die Anzahl der *Fragebögen* zu Aspekten von Arbeitsprozessen ist außerordentlich groß. Hilfsmittel für Arbeitsanalysen *auftragsanalytischer* und *beobachtender* Art mit *psychologischen* (im Unterschied zu ergonomischen) Ansprüchen und Bezug auf Arbeits*inhalte* (im Unterschied zu Arbeitsbedingungen) sind sehr selten. Ein „objektives" Verfahren ähnlicher Zielstellung ist das VERA (Verfahren zur Ermittlung von Regulationserfordernissen in der Arbeitstätigkeit, Volpert u. a., 1983), ein „subjektives" Verfahren vergleichbarer Intention ist die STA (Subjektive Tätigkeitsanalyse, Ulich, 1981). Umfassendere Zielsetzungen verfolgt das TAI (Tätigkeits-Analyse-Inventar, Frieling u. a., 1984).

14.2 Tätigkeitsbewertungssystem

Die Verfahrensfamilie TBS *(Tätigkeitsbewertungssystem)* ist ein Hilfsmittel für die sogenannte *objektive* (auf Auftragsanalysen und Tätigkeitsstudien gestützte) sowie für die sogenannte subjektive (auf das Befragen von Wahrnehmungen und Bewertungen gestützte) Analyse von Arbeitssituationen hinsichtlich der beiden Analyse- und Bewertungsebenen Beeinträchtigungslosigkeit und Persönlichkeitsförderlichkeit. Die objektive Verfahrensvariante setzt Auftragsanalysen und Arbeitsstudien voraus, ersetzt diese also nicht. Die *subjektive* Verfahrensvariante erfragt die Wahrnehmung und Bewertung der Tätigkeitsmerkmale sowie deren gewünschte Eigenschaften, objektiviert diese Aussagen in anschließenden Gruppendiskussionen und leitet kollektive Gestaltungsvorschläge ab. Als Verfahrens-„*familie*" wird das TBS bezeichnet, da Varianten für unterschiedliche Tätigkeitsklassen (Montage-, Bedien-, Überwachungstätigkeiten sowie geistige Arbeit) und für verschiedene Anliegen (Langformen als Gestaltungsgrundlagen und industriezweigspezifische Kurzformen für Screeningszwecke) existieren.

In den weiterentwickelten TBS (Stand 1987) sind *Gestaltungshilfen* für die korrigierende und die projektierende Arbeitsgestaltung enthalten.

Im Verfahren werden die zu untersuchenden und bewertenden *Tätigkeitsmerkmale* unterteilt in: Merkmale der Arbeit als unabhängige Variable und Merkmale der Arbeit als abhängige Variable. Merkmale der Arbeit als *unabhängige* Variable umfassen die technologischen und organisatorischen Bedingungen, welche die Vollständigkeit bzw. Unvollständigkeit von Arbeitstätigkeiten bestimmen. Diese können bereits im Projektierungsstadium abgeschätzt werden. Merkmale der Arbeit als *abhängige* Variable, die aktuellen Anforderungen und die bleibenden Lernerfordernisse, sind erst bei ausgeführten Arbeitstätigkeiten erhebbar. Sie können jedoch ebenso wie Tätigkeitsauswirkungen mit einem vertretbaren Fehler aus den technologisch-organisatorischen Bedingungen vorhergesagt werden. Folgende Klassen von Merkmalen sind enthalten:

> *TBS: Skalengruppen*
>
> A. *Organisatorische und technische Bedingungen, welche die Vollständigkeit bzw. Unvollständigkeit von Tätigkeiten determinieren*
>
>   A.1 Vielfalt der Teiltätigkeiten
>   A.2 Variabilität der Tätigkeit
>   A.3 Objektive Möglichkeiten zur psychischen Automatisierung
>   A.4 Durchschaubarkeit des Produktions- und Arbeitsprozesses
>   A.5 Vorhersehbarkeit und zeitliche Bindung von Anforderungen
>   A.6 Beeinflußbarkeit des Arbeitsprozesses
>   A.7 Körperliche Abwechslung
>
> B. *Kooperation und Kommunikation*
>
>   B.1 Umfang erforderlicher kooperativer Arbeiten
>   B.2 Formen kooperativer Arbeiten
>   B.3 Variabilität erforderlicher kooperativer Arbeiten
>   B.4 Kommunikationen
>
> C. *Verantwortung, die aus dem Arbeitsauftrag folgt*
>
>   C.1 Inhalte individueller Verantwortung
>   C.2 Umfang der individuellen Verantwortung für Ergebnisse
>   C.3 Kollektive Verantwortung für die Leistung
>
> D. *Erforderliche geistige (kognitive) Leistungen*
>
>   D.1 Hauptebenen der psychischen Ausführungsregulation
>   D.2 Erforderliche Informationsaufnahmeprozesse
>   D.3 Erforderliche intellektuelle Informationsverarbeitungsprozesse
>
> E. *Qualifikations- und Lernerfordernisse*
>
>   E.1 Geforderte berufliche Vorbildung
>   E.2 Inanspruchnahme der geforderten beruflichen Vorbildung
>   E.3 Bleibende auftragsbedingte Lernerfordernisse

Die Merkmale sind inhaltlich gestuft, jede der überwiegend ordinalen Stufen ist möglichst genau umschrieben. Es gibt zwei Einsatzmöglichkeiten des Hilfsmittels:
a) für ausgewählte Arbeitsanalyseziele,
b) für die *Bewertung* von *Beeinträchtigungslosigkeit* und *Persönlichkeitsförderlichkeit* von arbeitsgestalterischen Arbeitsinhaltslösungen anhand mehrerer angebotener Bewertungsmöglichkeiten, bei denen *sozialökonomische* und *populationsspezifische* Voraussetzungen zu berücksichtigen sind.

14.3 BMS

Das *BMS-Verfahren* zielt darauf ab, erlebte beeinträchtigende Auswirkungen von Arbeitstätigkeiten und ihrer Ausführungsbedingungen durch das Befragen von Gruppen von Werktätigen zu erfassen. Es ist ein intervallskaliertes, messendes Verfahren, das Ermüdung, Monotonieerleben, psychische Sättigung und Streßerleben trennscharf auf vier verschiedenen Skalen erfaßt. Diese Trennung ermöglicht das Ableiten von verursachungsspezifischen Gestaltungsvorschlägen, z. B. vermittels TBS. Die Spannweite der Skalen von extrem negativen bis zu positiven Auswirkungen macht das BMS-Verfahren besonders geeignet, um Wirkungen von Veränderungsmaßnahmen verfolgen zu können.

Während die *Variante BMS-I* Parallelskalen zur Messung von Ermüdung (früher *B*elastung), *M*onotonie und psychischer *S*ättigung umfaßt und für Montage- und Bedientätigkeiten zugeschnitten ist, ist das Verfahren *BMS-II*, das eine zusätzliche Streßskala enthält, für Steuer-, Kontroll- und Überwachungsaufgaben gedacht. Sein Technologiebezug ist jedoch weniger spezifisch und der mögliche Einsatzbereich somit breiter.

Die BMS-Verfahren sind gedacht für den Einsatz im Rahmen eines tätigkeitstheoretisch fundierten, mehrdimensionalen Untersuchungsansatzes, bei dem Befragungsergebnisse durch Arbeitsablaufstudien und das Erheben psychophysiologischer Kennwerte ergänzt und komplex interpretiert werden. Das BMS-Verfahren steuert Erkenntnisse über die aktuelle Befindlichkeit bei, welche für die Tätigkeitsregulation ausschlaggebend ist.

Das BMS-Verfahren ist in mehreren Sprachen und verschiedenen sozioökonomischen Bedingungen standardisiert. Eine TBS-Kurzvariante gehört zu den ergonomischen Empfehlungen des RGW. Für TBS und BMS liegen eingehende und zufriedenstellende Untersuchungsergebnisse zu Utilität, Reliabilität, Objektivität und Validität vor. Sie sind in mehreren Handbüchern zusammengefaßt.

Die konzeptionellen Grundlagen finden sich bei Hacker und Richter (1984) sowie Hacker (1986) beschrieben. Beide Verfahrensgruppen wurden wiederholt weiterentwickelt; dabei wurden die Gütekriterien neu entwickelt für jeweils mehrere hundert Werktätige und deren Arbeitstätigkeiten. Die Nützlichkeit ergibt sich in beiden Gruppen insbesondere aus den ablesbaren *Gestaltungs*erfordernissen. Die *Objektivität* ist durch die Untersuchungs- und Auswertungsanleitungen *gesichert*. In unterschiedlichen Ansätzen konnte insbesondere die für Arbeitsanalysen wichtige *Wiederholungsstabilität* der Ergebnisse gesichert werden. Vielfältige Untersuchungen zur konvergenten und diskriminanten *Gültigkeit*, clusteranalytische und diskriminanzanalytische Befunde und der Einsatz in Gestaltungsprojekten belegen eine hinlängliche Erfassung gestaltungsrelevanter Tätigkeitsmerkmale mit Bezug auf die arbeitsanalytischen Bewertungsebenen Beeinträchtigungslosigkeit und Persönlichkeitsförderlichkeit. Ausschnitte neuer statistischer Güteüberprüfungen finden sich u. a. bei Plath und Richter (1984) zum BMS-II bzw. Rudolph et al. (1987) zum TBS (TBS-GA; Verfahrensvariante für geistige Arbeit).

Literatur

Frieling, E., Hamburger, W., Facaoaru, C., Wöcherl, H. & Bürholt, E. (1984). Entwicklung eines theoriegeleiteten, standardisierten Verhaltens wissenschaftlichen Verfahrens zur Tätigkeitsanalyse (TAI). Bericht Hda/Vorhaben 0111 HA 029. München.

Hacker, W. (1986). Arbeitspsychologie. Bern: Huber.

Hacker, W. & Richter, P. (1984). Psychische Fehlbeanspruchung: Psychische Ermüdung, Monotonie, Sättigung und Streß. Berlin (DDR): Deutscher Verlag der Wissenschaften.

Matern, B. (1984). Psychologische Arbeitsanalyse. Berlin (DDR): Deutscher Verlag der Wissenschaften.

Platz, H.-E. & Richter, P. (1984). Ermüdung, Monotonie, Sättigung, Streß (BMS). Berlin (DDR): Psychodiagnostisches Zentrum an der Humboldt-Universität Berlin (Vertrieb: Hogrefe, Göttingen).

Rudolph, E., Schönfelder, E. & Hacker, W. (1987). Tätigkeitsbewertungssystem für geistige Arbeit (TBS-GA). Berlin: Psychodiagnostisches Zentrum der Humboldt-Universität Berlin (Vertrieb: Hogrefe, Göttingen).

Ulich, E. (1981). Subjektive Tätigkeitsanalyse als Voraussetzung autonomieorientierter Arbeitsgestaltung. In F. Frei & E. Ulich (Hg.): Vorschläge zur psychologischen Arbeitsanalyse (S. 327–347). Bern: Huber.

Volpert, W., Oesterreich, R., Gablenz-Kolakovic, S., Krogoll, T. & Resch, M. (1983). Verfahren zur Ermittlung von Regulationsanforderungen in der Arbeitstätigkeit (VERA). Köln: TÜV Rheinland.

Winfried Hacker,
Deutsche Demokratische Republik

15. Arbeitsbewertung

15.1 Einführung

Arbeitsbewertungsmethoden werden seit vielen Jahren als Grundlage für Gehalts- und Lohnsysteme verwendet. Sie werden angewandt, um den relativen Wert verschiedener Arbeitstätigkeiten in einer Organisation zu bestimmen und um die Beschäftigten fair zu entgelten. Nicht die individuellen Merkmale des Arbeitsplatzinhabers sollen ausschlaggebend sein, sondern Inhalt und Merkmale der Tätigkeit.

Verschiedene Methoden werden benutzt. Einige betrachten die Arbeitstätigkeiten insgesamt und ordnen sie danach durch Rangreihen, Notensysteme oder Paarvergleiche hierarchisch an. Andere Methoden sind eher analytisch und zergliedern die Tätigkeit in „Faktoren", vergeben Zahlenwerte für jeden Faktor und addieren die Werte zu einem Gesamtwert zur Bewertung der Arbeit. In einer dritten Methodengruppe werden Elemente der beiden anderen Gruppen kombiniert (Walker Morris, 1973; Edwards & Paul, 1977; British Institute of Management, 1970).

Normalerweise wird die Arbeitsbewertung von Beratungsfirmen und Personalabteilungen durchgeführt. „Arbeitsbewerter" interviewen den „Arbeitsplatzinhaber" und schreiben „Arbeitsplatzbeschreibungen". Anschließend werden die Arbeitsbeschreibungen durch eine Projektgruppe, bestehend aus Personalführung, anderen Führungskräften und Vertretern der Arbeitsplatzinhaber (normalerweise Betriebsrat oder Gewerkschaftsvertreter) gemeinsam verglichen und abgewogen. Danach bildet die Gruppe eine Rangreihe der Arbeitstätigkeiten oder vergibt je nach der speziellen Arbeitsbewertungsmethode Punktwerte.

Der Nutzen der weniger analytischen Methoden, z. B. das Bilden von Rangreihen, ist gering, wenn sie ausschließlich auf subjektiven Einschätzungen beruhen. Dagegen werden die eher analytischen Methoden heute allgemein akzeptiert, weil sie systematischer erscheinen und weil ihre Ergebnisse vermeintlich fairer sind. Im allgemeinen wird dabei aber übersehen, daß auch diese „besseren" Methoden statistische Verzerrungen enthalten. Zwei Beispiele können dies veranschaulichen.

15.2 Das Problem der Unabhängigkeit der Faktoren

Bei der Entwicklung eines Verfahrens zur Arbeitsbewertung werden Faktoren ausgewählt, anhand derer die Merkmale der verschiedenen Arbeitstätigkeiten beurteilt werden sollen. Es ist wichtig, daß sie so unabhängig wie möglich sind. Wenn mehrere Faktoren in Wirklichkeit dasselbe Tätigkeitsmerkmal erfassen (z. B. „intellektuelle Anforderungen") erhalten die Werte dieser Faktoren ein ungerechtfertigtes Übergewicht in der abschließenden Gesamtbewertung.

Zwei Psychologen haben die Anwendbarkeit eines bekannten Arbeitsbewertungsverfahrens untersucht. Das Verfahren bestand aus 28 Faktoren, jeder davon mußte auf einer vierstufigen Skala eingeschätzt werden. Dabei ergaben sich so große Korrelationen, daß die 28 Faktoren mit großer Sicherheit in Wirklichkeit nur viel weniger wahre Faktoren erfassen (Tiffin & McCormick, 1966).

C. H. Lawshe und Mitarbeiter haben die Existenz von Abhängigkeiten solcher Faktoren schon vor über 40 Jahren nachgewiesen und durch ihre eigenen Forschungsarbeiten bekräftigt. Sie gruppierten die Faktoren in einem anderen Bewertungsschema mit 28 Faktoren in 4 „Hauptbereiche" wie „intellektuelle Anforderungen" und „Arbeitsbedingungen". Der erste Bereich wurde durch 11 Einzelfaktoren und der zweite durch 6 gebildet. Die Korrelationen in diesen Untergruppen zeigten abschließend, daß das Bewertungssystem den „intellektuellen Anforderungen" eine viel größere Gewichtung gab, als den „Arbeitsbedingungen" (Lawshe & Balma, 1966).

Derartige systematische Fehler lassen sich vermeiden, wenn die Verfahren mit bewährten statistischen Methoden untersucht und überprüft werden.

15.3 Verteilungseffekte

Bei der Bewertung einer Arbeitstätigkeit werden die jedem Faktor zugeordneten Rohwerte zusammengezählt, um den abschließenden Gesamtwert zu erhalten. Psychologische Statistiker haben gezeigt, daß der Einfluß jedes Beurteilers oder Faktors auf den Gesamtwert beim Zusammenzählen von Einzelwerten auf der jeweils beobachtbaren Verteilung der Werte beruht (Vernon, 1956; Lawshe & Balma, 1966; Tiffin & McCormick, 1966). Dies ist ein bedeutsames Problem, das die Fairness des Arbeitsbewertungsverfahrens entscheidend beeinträchtigen kann; denn in der Praxis gibt es Bewerter, die den vorgegebenen Einstufungsbereich bei einigen Faktoren mehr ausschöpfen als bei anderen. Derartige Unterschiede können dadurch entstehen, daß bestimmte Faktoren für die Bewerter leichter einzuschätzen sind als andere. Wenn die Beurteiler Faktoren bewerten, bei denen sie sich eher zutrauen, genaue Unterscheidungen vornehmen zu können, nutzen sie die Extremwerte der Skalen vollständiger aus. Wo die Beurteilung schwieriger ist, tendieren sie eher dazu, nur den mittleren Bereich der Skalen zu verwenden. Dadurch entstehen Verteilungsunterschiede und diese beeinflussen wiederum die Gewichtungen. Es besteht kein Grund zu der Annahme, daß die so entstandenen Gewichtungen den praktischen Wert repräsentieren, der den einzelnen Faktoren zukommt.

In diesem Zusammenhang ist es vielleicht nützlich, darauf hinzuweisen, daß es in der Praxis üblich ist, einige der Faktoren mit einem Gewichtsfaktor zu multiplizieren, um ihnen eine stärkere Gewichtung im Vergleich zu den als weniger wichtig angesehenen Faktoren zu geben. Dies wäre aber natürlich nicht vernünftig, wenn das Bewertungssystem, was durchaus möglich ist, bereits auf bedeutsamen ungeplanten und unerwünschten Veränderungen der Gewichte beruht.

15.4 Arbeitsbewertung und das Recht auf gleiche Bezahlung der Arbeit

Das Problem der Interkorrelation von Faktoren und die Verteilungseffekte sind zwei Beispiele von Problemen, bei denen Psychologen helfen könnten, die Fairness und Sicherheit von Arbeitsbewertungsverfahren zu verbessern. Der Beitrag der Psychologie ist jedoch heute in Großbritannien und anderen europäischen Ländern geringer als er sein sollte. Arbeitsbewertungspraktiker üben in offensichtlicher Unkenntnis einiger Hauptfehler ihrer Verfahren ihr Handwerk weiter aus. Die Notwendigkeit, dies zu ändern, ist heute größer als je zuvor.

Als Folge der neuen Gesetzgebung über „gleiche Bezahlung für gleichwertige Arbeit" in Großbritannien gibt es ein Verfahren, durch das Frauen ihre Lohnsätze überprüfen lassen können, indem sie ihre eigenen Arbeitstätigkeiten mit denen von Männern an anderen Arbeitsplätzen vergleichen. Die Gesetze und Regelungen sind so formuliert, daß die Arbeitsbewertung eine wichtige Rolle bei der Entscheidung über diese Angelegenheiten spielt. Mehr noch, das Gesetz stellt fest, daß analytische Bewertungssysteme ausschlaggebend sind und daß diejenigen, die einen individuellen Anspruch geltend machen, nicht nur die Beurteilung ihrer Arbeitstätigkeit in Frage stellen können, sondern auch dagegen klagen können, wenn das spezielle Arbeitsbewertungssystem als solches diskriminierend ist.

Als Folge müssen Arbeitsgerichte heute Erkenntnisse von Sachverständigen über Fairness und Diskriminierung berücksichtigen. Auch wenn über die Bedeutung dieser Einschätzung viel diskutiert wird, geht aus den Transkriptionen der Anhörungen vor Gericht eindeutig hervor (Gill & Ungerson, 1984), daß sich weder die Mitglieder des Gerichts noch die „Sachverständigen" bewußt zu sein scheinen, welchen Beitrag die psychologische Statistik für ein besseres Verstehen dieser Probleme haben könnte und sollte.

Literatur

British Institute of Management (BIM) (1970). Evaluation – A practical guide for managers. London: BIM.
Edwards, R. & Paul, S. (1977). Job Evaluation – A guide for trade unionists. London: APEX.
Gill, D. & Ungerson, B. (1984). Equal pay – The challenge of equal value. London: The Institute of Personnel Management.
Lawshe, C. H. & Balma, M. J. (1966). Principles of personnel testing. 2nd ed. New York: McGraw-Hill.
Tiffin, J. & McCormick, E. J. (1966). Industrial psychology. 3rd. ed. London: Allen & Unwin. (7th rev. ed. London: Allen & Unwin, 1981).
Vernon, P. E. (1956). The measurement of abilities. 2nd ed. London: University of London Press.
Walker Morris, J. (1973). Principles and practice of job evaluation. London: Heinemann.

Bernard Ungerson und Bob Garber,
Großbritannien

16. Arbeitsgestaltung

Dieses Kapitel gibt (1) einen knappen Überblick über die Forschung zur Arbeitsgestaltung und benennt einige Probleme in diesem Gebiet. Außerdem begründet es (2) die Notwendigkeit einer verstärkt integrativen und prospektiven Forschungs- und Entwicklungskonzeption, um einerseits die fachliche Zersplitterung zu überwinden und anderseits die Anwendbarkeit von Forschungsergebnissen zur Arbeitsgestaltung zu erweitern, besonders im Zusammenhang mit neuen Informationstechnologien.

16.1 Geschichte der Arbeitsgestaltung

Vorteile der Arbeitsteilung in Fertigungsprozessen wurden schon im 18. Jahrhundert erkannt. Erst die Formulierung der „Prinzipien der wissenschaftlichen Betriebsführung" durch Frederick Taylor hat aber den meßbaren Nutzen der Vereinfachung und Fragmentierung von Arbeitsprozessen durch systematische Trennung von „Denken" und „Tun" aufgezeigt (→ *Historische Positionen*).

Unter den damals herrschenden industriellen Bedingungen erwiesen sich diese Konzepte sowohl effizienzsteigernd als auch kostensenkend; deshalb fanden sie rasch Verbreitung. Aufgrund ihrer relativ leichten Anwendbarkeit und der inzwischen über Generationen angesammelten technischen Erfahrung mit Maßnahmen der Arbeitsvereinfachung sind diese Konzepte weltweit in einem solchen Ausmaß verwirklicht worden, daß ihre Auswirkungen während der letzten Jahrzehnte kaum überschätzt werden können. Ihre Anwendung ist von der Produktion – mit Fließbandarbeit als frühem Beispiel – auf Büroarbeit ausgeweitet worden. Und derzeit wird vielfach angenommen, daß die neuen Informationstechnologien ebenfalls nach diesen Prinzipien entwickelt und eingesetzt werden.

Psychologen bezweifeln jedoch schon seit langem die Vorteile dieses Konzeptes der Arbeitsgestaltung. Seit den 20er Jahren sind Untersuchungen zu den psychologischen Auswirkungen von repetitiver und inhaltsarmer Arbeit durchgeführt worden, deren Ergebnisse auf mögliche gesundheitliche Folgen hinweisen. Neuere Forschung auf diesem Gebiet zielt in die gleiche Richtung, indem die Auswirkungen von Arbeitsinhalten auf Einstellungen, psychische Gesundheit und Arbeitsleistung untersucht werden (Ulich & Baitsch, 1987). Das Hauptinteresse gilt dabei den intrinsischen Merkmalen der Arbeit, nicht den extrinsischen.

Seit den 60er Jahren ist die Forschung von drei einander überlappenden theoretischen Schulen dominiert. Soziotechnische Theoretiker betonen die sozialpsychologische Komponente von Arbeitsgestaltung und haben das Konzept der „gemeinsamen Optimierung" eingeführt. Dieses besagt, daß effiziente Arbeitsleistung nur erbracht werden kann, wenn sowohl die sozialen als auch die technischen Aspekte der Arbeit optimiert werden statt nur die letzteren (Cherns, 1976). Die zweite Schule, beispielhaft vertreten durch das *Job-Characteristics-Modell* (Hackman & Oldham, 1976), untersucht die kritischen Dimensionen, die schlecht bzw. gut gestaltete Arbeit kennzeichnen, von einer psychologischen im Gegensatz zu einer technischen Perspektive. Im dritten Ansatz bildet die *kontrollierte Handlung* die fundamentale Einheit menschlicher Aktivität; Arbeit wird als eine besondere Klasse zielgerichteten Verhaltens gesehen. Die Entwicklung der Persönlichkeit des erwachsenen Menschen wird durch die kognitiven und sozialen Anforderungen längerfristig ausgeübter Arbeitstätigkeiten gefördert oder behindert (z. B. Hacker, 1986; Ulich & Baitsch, 1987; Volpert, 1979).

Diese drei Forschungstraditionen weisen einige Unterschiede auf. Der erste Ansatz beispielsweise, der in Europa sehr verbreitet ist, betont die *Gruppe* als Analyseebene und ist auf Fragen weiterreichender Organisationsgestaltung ausgeweitet worden. Der zweite Ansatz, der die Forschung in Nordamerika dominiert, weist einen mehr psychologischen und individuumsorientierten Fokus auf. Der dritte Ansatz schließlich hat sich vor allem in den deutschsprachigen Ländern als einflußreich erwiesen. Trotz dieser Unterschiede haben alle drei Ansätze zur Übereinstimmung in der Identifizierung von relevanten Merkmalen der Arbeitstätigkeit geführt, die nun den Kern von Arbeitsgestaltungstheorien ausmachen.

Diese Merkmale sind: *Autonomie* oder Kontrolle, womit das Ausmaß an Entscheidungsverantwortung der Beschäftigten gemeint ist; *Feedback,* das Wissen über die eigene Arbeitsleistung betreffend; *Ganzheitlichkeit* der Aufgabe, womit der Handlungsspielraum oder der Umfang der Arbeitsaufgabe angesprochen ist; *Abwechslung,* die sich in der Vielfalt der von den Beschäftigten wahrzunehmenden Aufgaben ausdrückt; *Bedeutsamkeit,* d. h., persönliche Wichtigkeit der Art von Arbeitstätigkeit für das Individuum. Demgemäß ermöglicht eine gut gestaltete Arbeit ein gewisses Ausmaß an Autonomie, Rückmeldung, Ganzheitlichkeit der Aufgabe, Vielfalt und persönliche Bedeutung, entweder für das betroffene Individuum oder für die Arbeitsgruppe. Weitverbreitete Übereinstimmung besteht auch bezüglich der durch Arbeitsgestaltung zu verfolgenden Ziele. Angemessen gestaltete Arbeitstätigkeiten sollten die psychophysische Gesundheit der Arbeitenden fördern oder zumindest nicht schädigen, ihren Bedürfnissen und Qualifikationen entsprechen, individuelle und kollektive Einflußnahme auf Arbeitsbedingungen und Arbeitssysteme ermöglichen und zur Entwicklung der Persönlichkeit im Sinne der Entfaltung von Potentialen und Förderung von Kompetenzen beitragen (Ulich, 1988).

Während der letzten zehn Jahre sind zwei weitere Forschungsperspektiven erkennbar geworden. Die erste Perspektive ist ursprünglich als eine Alternative zu den Haupttraditionen gesehen worden und betonte die Tatsache, daß die Wahrnehmung der eigenen Arbeitstätigkeit durch die Sichtweisen Anderer beeinflußt wird. Dieser Ansatz, der postuliert, daß die Wahrnehmung der Arbeit anhand einer Reihe von sozialen Hinweisen konstruiert wird, wird „*Sozialer Informationsverarbeitungs-Ansatz*" genannt (Salancik & Pfeffer, 1978). Die zweite Strömung hat versucht, die oben beschriebenen Ansätze der Arbeitsgestaltung auf der Mikroebene mit Problemen auf der Makroebene bezüglich Struktur und Technologie zu verschmelzen. Diese Schule war bestrebt, die Theorie und Praxis der Arbeitsgestaltung dadurch in einen umfassenderen organisationalen Zusammenhang zu stellen, daß sie die Frage zu beantworten versuchte: „Welches sind die Ursachen (im Gegensatz zu den Auswirkungen) von Arbeitsgestaltung?" (vgl. Clegg, 1984).

Insgesamt hat die Arbeitsgestaltungsforschung gezeigt, daß komplexere Arbeitstätigkeiten von Beschäftigten bevorzugt werden; sie resultieren u. a. in Erhöhungen des Anspruchsniveaus und qualitativen Veränderungen der Arbeitszufriedenheit. Außerdem unterstützen die Befunde die Annahme, daß komplexere Arbeitstätigkeiten zu besserer psychischer Gesundheit, z. B. weniger Fehlbeanspruchungen, beitragen und in verbesserter Arbeitsleistung resultieren. Dies gilt besonders für Personen mit starken Wachstumsbedürfnissen. Die Belege für eine Kausalbeziehung zwischen Arbeitsgestaltung und Absenzen und Fluktuation sind demgegenüber fragwürdig (vgl. die umfassendere Übersicht von Wall & Martin, 1987; → *Arbeitsabwesenheit und Fluktuation*). Die Forschung zur Arbeitsgestaltung ist allerdings auch verschiedentlich kritisiert worden (siehe z. B. Roberts & Glick, 1981). Kritiker verweisen auf unangemessene Instrumentierung, Mangel an Klarheit bezüglich der Rolle der Motivation, unzureichende Spezifizierung der Vorgehensweisen für die Neugestaltung der Arbeitstätigkeiten und der Dynamik der Neugestaltung, Verwirrung bezüglich der jeweiligen Rolle von objektiven und wahrgenommenen Tätigkeitsmerkmalen und Schwierigkeiten bei Kausalschlüssen in einem Bereich, der unter relativ schwachen Forschungsdesigns leidet.

Obwohl diese Probleme bestehen und angesprochen werden müssen, wenn sich das Gebiet weiterentwickeln soll, sind doch beachtliche praktische Fortschritte erzielt worden. Insbesondere ist die Forschung relativ erfolgreich gewesen in der Bestimmung von Möglichkeiten, den Trend zur Fragmentierung und Vereinfachung von Arbeitsaufgaben umzukehren und Arbeitsinhalte durch Erhöhung ihrer Komplexität zu verbessern. Die wichtigsten Ansätze sind *individuelle Aufgabenerweiterung* (Herzberg, 1966) und *Arbeit in teilautonomen Gruppen*. Beide Ansätze versuchen, Arbeitstätigkeiten mit den oben genannten zentralen Aufgabenmerkmalen anzureichern, im ersten Fall für Einzelpersonen, im zweiten für Gruppen von Mitarbeitern. In der Produktion beispielsweise kann einzelnen Operateuren die Verantwortung für die Wartung bzw. Instandhaltung einer Maschine oder für Materialbeschaffung übertragen werden. Im Fall von teilautonomen Arbeitsgruppen kann die Gruppe innerhalb definierter Rahmenbedingungen und unter der Bedingung, daß sie die vorgegebenen oder vereinbarten Ziele erreicht, die Verantwortung für die Organisation ihrer eigenen Arbeit übernehmen. In jedem Fall ist das Ziel, die Arbeitstätigkeit durch die Schaffung von Möglichkeiten vermehrter Autonomie, Rückmeldung, Ganzheitlichkeit, Vielfalt und persönlicher Bedeutung komplexer zu gestalten. Solche Konzepte werden jedoch üblicherweise auf schon bestehende Arbeitstätigkeiten angewendet. Dieses Vorgehen wird als *„korrektive Arbeitsgestaltung"* bezeichnet und kann mit beträchtlichen Kosten verbunden sein.

Proaktivere Versuche, Arbeitsgestaltung zu beeinflussen, können zwei Formen annehmen, wobei der Unterschied zwischen beiden vor allem auf unterschiedlicher Schwerpunktsetzung beruht. *„Präventive Arbeitsgestaltung"* versucht, ergonomische und psychologische Überlegungen in der Entwurfsphase zu berücksichtigen, um die negativen Auswirkungen schlecht gestalteter Arbeitstätigkeiten zu vermeiden. *„Prospektive Arbeitsgestaltung"* hingegen verlangt die bewußte Vorwegnahme und Einbeziehung von Möglichkeiten der Persönlichkeitsentwicklung durch Schaffung entsprechender Tätigkeitsspielräume, die es den Beschäftigten erlauben, ihre Potentiale zu entfalten und ihre Kompetenzen zu erweitern (Ulich, 1988).

Das Konzept der persönlichkeitsförderlichen Arbeitsgestaltung verweist zugleich auf die Notwendigkeit, individuelle Unterschiede in der Reaktion auf Arbeitstätigkeiten zu berücksichtigen. Der Kernpunkt ist, daß verschiedene Menschen aus verschiedenen Gründen offenbar verschiedene Arbeitsstrukturen bevorzugen. Im Sinne des *„Prinzips der differentiellen Arbeitsgestaltung"* (Ulich, 1989) besteht die optimale Arbeitsgestaltung deshalb im Angebot verschiedenartiger Arbeitsstrukturen, zwischen denen die Beschäftigten wählen können. Um Veränderungen in Bedürfnissen und Qualifikationen über die Zeit Rechnung zu tragen, soll das ergänzende „Prinzip der dynamischen Arbeitsgestaltung" Individuen oder Gruppen in die Lage versetzen, ihre Arbeitssysteme selbst zu verändern. Bisher sind diese beiden Prinzipien relativ selten in die Praxis umgesetzt worden. Bei computergestützten Arbeitstätigkeiten sind mit den neueren Entwicklungen die Möglichkeiten der Umsetzung durch adaptierbare Benutzerschnittstellen erheblich erweitert worden.

Da die Forschung im Bereich der Arbeitsgestaltung inzwischen etwa 50 Jahre alt ist, scheint die Frage berechtigt, in welche Richtung sie sich weiterentwickelt.

16.2 Eine Agenda für die weitere Forschung und Entwicklung

In vielen Unternehmen wächst das Interesse an Arbeitsgestaltung. Zwei treibende Kräfte haben dieses Interesse entfacht. Die erste ist auf den Erfolg der japanischen Produktionsindustrie und deren Leistungen im Management von Humanressourcen zurückzuführen. Immer mehr Firmen bezweifeln, daß traditionelle Formen der Rationalisierung und fragmentierenden Arbeitsgestaltung die Möglichkeit zu Arbeitsleistungen von hoher Qualität und zu Flexibilität schaffen können, besonders in sich schnell verändernden Umgebungen. Komplexe Arbeitsgestaltung, die Operateuren die Qualifikationen und die Verantwortung gibt, ihre Probleme selbst zu lösen, wird inzwischen von Vielen als besserer und erfolgreicherer Weg angesehen, Arbeit zu organisieren (Ulich & Baitsch, 1987).

Die zweite treibende Kraft entsteht durch die enormen und wachsenden Investitionen in neue *Informationstechnologien* (→ *Automatisierung und flexible Fertigungssysteme*). In diesem Zusammenhang wird vermehrt die Frage gestellt, wie man durch Ausschöpfung der Humanressourcen das Beste aus den Technologien herausholen kann (Ulich, Troy & Alioth, 1989).

Die oben erwähnte, inhaltliche und methodologische Kritik an der Arbeitsgestaltungsforschung muß zweifellos aufgenommen werden, wenn sich das Gebiet weiter entwickeln soll. Aber auch andere Veränderungen sind nötig, vor allem die Überwindung der engen und konservativen Betrachtungsweise, die die fachliche Zersplitterung widerspiegelt und sogar noch verstärkt. Damit sind die Beziehungen der Forschung im Bereich der Arbeitsgestaltung zu anderen, unmittelbar relevanten und zu berücksichtigenden Untersuchungsgebieten angesprochen.

Wie wir oben festgestellt haben, sind die meisten Studien zur Arbeitsgestaltung korrektiv und konzentrieren sich auf die Neuverteilung der Rollen der Beschäftigten. Die meisten dieser Maßnahmen nehmen die Technologie und die Aufgaben, die sie schafft, als gegeben hin und versuchen, das soziale Rollenarrangement zu verbessern, um die Komplexität der Arbeitstätigkeit zu steigern. In diesem Sinne ist wirkliche soziotechnische Arbeitsgestaltung, die die sozialen und technischen Wahlmöglichkeiten gemeinsam optimiert, eher selten. (→ *Die Tavistock-Untersuchungen und ihre Auswirkungen.*)

Die Schwierigkeit mit korrektiver Gestaltung dieser Art liegt darin, daß die Möglichkeiten der Neugestaltung durch eine existierende Technologie eingeschränkt sind. Dies hat zur Folge, daß zwei weitere wesentliche Fragestellungen, die an früherer Stelle im Gestaltungsprozeß auftreten, nicht berücksichtigt werden. Die erste betrifft *Wahlmöglichkeiten* bezüglich der *Zuweisung von Funktionen;* sie bezieht sich auf die Wahlmöglichkeiten der Systemgestalter im Hinblick darauf, welche Aufgaben bzw. Funktionen von Maschinen (z. B. durch Automation) und welche von Menschen übernommen werden. In der Praxis können Arbeits- und Organisationspsychologen nur sehr selten auf diese Entscheidungen einwirken; sie werden üblicherweise von Ingenieuren getroffen, die innerhalb der vorgegebenen Kostenzwänge so viel wie möglich zu automatisieren versuchen. Auch wenn Arbeitswissenschaftler in einigen Fällen versucht haben, diese Entscheidungen dadurch zu beeinflussen, daß sie definiert haben, was Menschen tatsächlich besser können als Maschinen, ist der Normalfall, daß technische Kriterien diesen Gestaltungsprozeß lenken.

Die zweite Fragestellung, die bei der erwähnten korrektiven Gestaltung vernachlässigt wird, betrifft die *Wahlmöglichkeiten* bezüglich der Gestaltung der *Schnittstelle zwischen Mensch und Technologie.* Im Fall traditioneller, d. h. nicht computerisierter Technologien sind viele ergonomische Belange von Bedeutung, wie beispielsweise hinsichtlich der Anordnung von Kontrollgeräten und Displays (→ *Software-Ergonomie*).

Im Fall neuer Informationstechnologien sind Entscheidungen bezüglich der Mensch-Computer-Schnittstelle zu treffen. Dies ist ein sehr komplexes Gebiet und verlangt die Beantwortung zahlreicher Fragen, von denen einige hier genannt werden: Welche Information, beispielsweise, braucht der Benutzer, um das System wirksam handhaben zu können? Wie sollte die Information dargestellt werden? Und auf welche Weise sollte das Computersystem die reale Welt abbilden, damit diese Abbildung mit dem Benutzermodell übereinstimmt? Diese Fragen sind von wachsender Bedeutung für die kognitive Psychologie und die kognitive Ergonomie (Michie & Johnson, 1985; Frese, Ulich & Dzida, 1987).

In der Praxis wird Arbeitsgestaltung, soweit Benutzer von Technologie betroffen sind, also faktisch bestimmt durch Wahlmöglichkeiten bezüglich der Funktionszuweisung, der Gestaltung der Schnittstelle zwischen Mensch und Technologie und der Zuweisung von Rollen und Verantwortlichkeiten. Oft genug aber haben Arbeitsgestaltungsforscher alle bis auf den letztgenannten Bereich ignoriert und die relevante psychologische Forschung und Entwicklung den Ergonomen, kognitiven Psychologen und kognitiven Ergonomen überlassen. Zum Teil ist dies der Natur von Gestaltungs- und Implementationsprozessen zuzuschreiben, die üblicherweise technikgeleitet sind. Die Erfahrung zeigt aber, daß dieser sequentielle Ansatz eine Reihe von später auftretenden psychologischen, organisatorischen und operationalen Problemen verursacht. Systemgestaltung sollte deshalb einem parallelen Ansatz folgen, unter Verwendung eines soziotechnischen Vorgehens, bei dem das Computersystem in die Organisation eingebettet ist.

Die mit dem sequentiellen Ansatz verbundene, künstliche Trennung von interessierenden Sachverhalten bzw. Fragestellungen ist insofern schädlich, als sie unser Verständnis für Arbeitsgestaltung und deren Auswirkungen verringert, und dadurch unsere Fähigkeit, Praxis zu beeinflussen, einschränkt. Zum Beispiel ist wenig darüber bekannt, wie Entscheidungen über Funktionszuweisungen spätere Entscheidungen bezüglich der Mensch-Technologie-Schnittstelle beeinflussen und einengen oder wie diese beiden Entscheidungen die Gestaltung der Rollen und Aufgaben der Operateure formen. Forschung im Bereich der Arbeitsgestaltung hat die Wahl von Technologien als Einflußfaktor, insbesondere für die ergonomischen und kognitiven Dimensionen, zumeist ignoriert. Dies ist besonders einschränkend in der jetzigen Phase des auf neuen Informationstechnologien beruhenden technischen Wandels (Clegg und Corbett, 1987; Ulich, Troy & Alioth, 1989).

Aus diesen kritischen Anmerkungen sind einige Regeln für ein neues Vorgehen in der Forschung und Entwicklung unmittelbar abzuleiten. Arbeitsgestaltungsforscher sollten Forschungsbereiche mitaufnehmen, die traditionell in das Gebiet anderer, verwandter Disziplinen gehören, insbesondere Entscheidungen über die Zuweisung von Funktionen und kognitive Inhalte, die von entscheidender Bedeutung für die Entwicklung und Einführung neuer Informationstechnologien sind. Außerdem sollten vermehrte Anstrengungen auf prospektive Vorgehensweisen verwendet werden, die versuchen, Arbeitsgestaltung vom Beginn des Entwurfsprozesses an zu beeinflussen. Dies ist eine wichtige Ergänzung zu der traditionelleren Rolle der retrospektiven Bewertung, in der Arbeitsgestaltungsforscher üblicherweise arbeiten. Schließlich sollten diese sich selbst eine anwendungsorientiertere Sichtweise aneignen, die sie dann auch ermutigen wird, neue Probleme anzugehen und einen ganzheitlicheren Ansatz zu verfolgen. Dies sollte die Berücksichtigung eines weiteren Spektrums von Ursachen und Auswirkungen von Arbeitsgestaltung einschließen.

Es gibt einige Beispiele für solche Arbeit. So arbeiten Ravden et al. (1987) an einem prospektiven Forschungs- und Entwicklungsprojekt innerhalb des European Strategic Programme for Research and Development (ESPRIT). Dieses auf drei Jahre angelegte Projekt beinhaltet den Entwurf und die Entwicklung eines Flexiblen Montagesystems für die Montage kleiner Serien von Präzisionsprodukten für die Luftfahrt. Die Forscher sind angewiesen, Überlegungen im Hinblick auf Human Factors (HF) während des gesamten Entwurfsprozesses einzubringen und HF-Kriterien und Methoden ihrer Anwendung auszuarbeiten, die auf andere Produktionsverhältnisse übertragbar sind. In diesem Projekt ist der Human-Factors-Ansatz breit gefaßt und schließt ein: den Entwurfsprozeß, die Zuweisung der Funktionen, die Informations- und Kontrollsysteme, die Arbeitsgestaltung, die Organisationsstruktur sowie Hardware- und Softwareergonomie. Dieses Spektrum von Themen und die prospektive Art des Vorgehens machen dieses Projekt ungewöhnlich.

In Forschungs- und Entwicklungsarbeit dieser Art sind unsere Ziele, ein besseres Verständnis der ganzheitlichen Natur von Arbeitsgestaltung zu entwickeln und die Praxis durch den Entwurf und die Entwicklung von neuen Systemen unter Verwendung von psychologischen Kriterien und psychologischem Wissen zu beeinflussen.

Literatur

Cherns, A. B. (1976). Principles of socio-technical design. Human Relations, 29, 783–792.
Clegg, C. W. (1984). The derivation of job designs. Journal of Occupational Behaviour, 5, 131–146.
Clegg, C. W. & Corbett, J. M. (1987). Research and development into „humanizing" advanced manufacturing technology. In T. D. Wall, C. W. Clegg and N. J. Kemp (Eds.), The human side of advanced manufacturing technology. (pp 173–195) Chichester: Wiley.
Frese, M., Ulich, E. & Dzida, W. (Eds.) (1987). Psychological issues of human-computer-interaction in the workplace. Amsterdam: North-Holland.
Hacker, W. (1986). Arbeitspsychologie. Bern: Huber.
Hackman, J. R. & Oldham, G. R. (1976). Motivation through the design of work: Test of a theory. Organizational Behavior and Human Performance, 60, 250–279.
Herzberg, F. (1966). Work and the nature of man. Cleveland: World Publishing.
Mitchie, D. & Johnson, R. (1985). The creative computer: Machine intelligence and human knowledge. Harmondsworth: Penguin.
Ravden, S. J., Johnson, G. I., Clegg, C. W. and Corbett, J. M. (1987). Human factors in the design of a Flexible Assembly Cell. In P. Brödner (Ed.), Skill based Automated Manufacturing. (pp 71–75) Oxford: Pergamon.
Roberts, K. H. & Glick, W. (1981). The job characteristics approach to task design: A critical review. Journal of Applied Psychology, 66, 193–217.
Salancik, G. & Pfeffer, J. (1978). A social information processing approach to job attitudes and task design. Administrative Science Quarterly, 23, 224–253.
Ulich, E. (1989). Individualisierung und differentielle Arbeitsgestaltung. In C. Graf Hoyos & B. Zimolong (Hg.): Ingenieurpsychologie. Göttingen: Hogrefe.
Ulich, E. (1988). Neustrukturierung der Arbeit in der Produktion. Arbeitsmedizin aktuell, Lieferung 22, Teil 2.1, S. 7–29.
Ulich, E. & Baitsch, C. (1987). Arbeitsstrukturierung. In U. Kleinbeck & J. Rutenfranz (Eds.) Arbeitspsychologie. (S. 493–531) Göttingen: Hogrefe.
Ulich, E., Troy, N. & Alioth, A. (1989). Technik und Organisation. In E. Roth (Ed.), Organisationspsychologie. (S. 119–141) Göttingen: Hogrefe.
Volpert, W. (1979). Der Zusammenhang von Arbeit und Persönlichkeit. In P. Groskurth (Ed.), Arbeit und Persönlichkeit. Reinbek: Rowohlt.
Wall, T. D. & Martin, R. P. A. (1987). Job and work design. In C. L. Cooper & D. I. Robertson (Eds.), International Review of Industrial and Organizational Psychology. Chichester: Wiley.

Chris Clegg, Großbritannien, und
Eberhard Ulich, Schweiz

17. Arbeitsgruppen

17.1 Zum gegenwärtigen Stand der Forschung

Wir betrachten Arbeitsgruppen als selbstaktive soziale Systeme, die aus handelnden Personen bestehen. Die Arbeitsgruppen handeln im Rahmen sozialer Organisationen als Ganzes. Neben der Darstellung dieses Standpunktes bleibt uns hier kaum Raum für eine Übersicht der einschlägigen Literatur. Daher nur einige Hinweise: *Gruppen* werden als soziale Systeme verstanden, die Merkmale wie: eine überschaubare Mitgliederzahl, die Möglichkeit direkter Interaktion, überdauernde Strukturen, gemeinsame Ziele sowie Normen und Gruppenbewußtsein aufweisen (Kruse, 1972; Schneider, 1975; Sader, 1976; Frey & Irle, 1985). Arbeitsgruppen als spezielle Gruppen führen im Kontext von Organisationen Teilaufgaben aus. (Katz & Kahn, 1966; Weinert, 1981/1987).

Überwiegend folgt die Gruppen- und Organisationspsychologie dem individualistisch geprägten *Vorurteil* der abendländischen Kultur und legt den Forschungsschwerpunkt auf den Einzelmenschen als Gruppenmitglied. Gruppenprozesse wurden daher meist auf *individuelle* Prozesse reduziert.

Gruppen*strukturen* werden unter den Gesichtspunkten von Status und Hierarchie, Rolle, Macht, Affekt und Kommunikation analysiert; diese werden oft als Dimensionen aufgefaßt, deren Zusammenhang allerdings trotz mancher interessanter Versuche bisher theoretisch nicht geklärt ist. Zu erwähnen sind auch die Theorien und Untersuchungen zum Problem der *Führung* (Frey & Spielmann, 1983; Greif, 1983; → *Führungsprozesse*). Daneben werden Prozeßaspekte wie sozialer Einfluß und sozialer Wandel (Moscovici & Faucheux, 1972), Gruppenentscheidung und Gruppenleistung (Brandstätter, 1982) analysiert. Gerade in diesem Bereich zeigen sich auch die Behinderungen durch allzu enge Theorien und eine rigide experimentelle Methodik. Der Einbezug der aus dem sozialen Kontext erwachsenen Aufgabe erweitert bereits den Gesichtskreis (Moscovici & Paicheler, 1982). Ansätze zur Überwindung des Individualismus ergeben sich auch aus der Berücksichtigung „kollektiver" Interessen, Orientierungen und Aktivitäten (Greif, 1983). Zahlreiche Untersuchungen beziehen sich auf den Zusammenhang unterschiedlicher Kommunikationsstrukturen mit der Aufgabenbewältigung (Leavitt, 1951). Aus den auf Gruppenebene gewonnenen Erkenntnissen wurden Empfehlungen für neue Arbeitsformen, z. B. teilautonome Arbeitsgruppen (→ *VW-Projekt*), entwickelt (Ulich, 1973; Alioth, 1980). Handlungstheoretische Konzepte (z. B. Hacker, 1978; Greif, 1983; Volpert, 1974) wurden vorwiegend auf individuelles Handeln, systemtheoretische Gesichtspunkte auch auf Arbeitsgruppen und Organisationen angewendet (Katz & Kahn, 1966, Kuhn, 1982).

17.2 Arbeitsgruppen als handelnde Systeme

In den letzten Jahren haben wir eine Theorie handelnder sozialer Systeme entwickelt und erste empirische Arbeiten dazu durchgeführt (v. Cranach et al., 1986; v. Cranach, 1986; v. Cranach et al., 1987). Wir können diese modifiziert auf Arbeitsgruppen anwenden.

(1) Außengerichtete und innengerichtete Anpassung
Gerichtetes Verhalten dient der aktiven Bewältigung von Umweltanforderungen und von eigenen, inneren Bedürfnissen des handelnden Systems. Auch Arbeitsgruppen zeigen, wie alle sozialen Systeme, gerichtetes Verhalten mit diesen zwei Funktionen. Arbeitsgruppen sind durch die besonderen Merkmale menschlicher Individuen, Gruppen und Organisationen geprägt. Diese sind insbesondere die Geschichtlichkeit, die Wirkung sozialer Vorstellungen, die Bewußtheit und die linguistische Verkodung der Informationsverarbeitung.

(2) Steuerung und Energetisierung
Diese Handlungsfunktionen können wir unter den übergreifenden Gesichtspunkten der Steuerung und der Energetisierung betrachten. Steuerung umfaßt Funktionen wie Situationsorientierung, Selbstüberwachung, Wahl von Zielen und Plänen, Entscheidung, Kontrolle und Bewertung. Energetisierung dient der (unentbehrlichen) Freisetzung oder Hemmung von Handlungsenergie zur Auslösung und Beendigung von Handlungen, zur Überwindung besonderer Schwierigkeiten, zur Änderung der Handlungsrichtung und zur Lösung von Konflikten zwischen konkurrierenden Plänen. – Steuerungs- und Energetisierungsfunktionen sind oft miteinander verbunden.

(3) Die Struktur der Gruppenhandlung
Die Struktur der Handlungen von Arbeitsgruppen zeigt folgende Grundzüge:
 a) Der Arbeitsgruppe wird von der ihr übergeordneten Organisation eine Aufgabe gestellt; sie ist eine Anforderung, die bestimmte Handlungen verlangt und teilweise Ziele und Pläne vorgibt. Die Anforderungen der Aufgabe bezeichnen wir als *Aufgabenstruktur*.
 b) Die Aufgabenstruktur wird so auf die *Gruppenstruktur* projiziert, daß jeder Teil der Aufgabe einer (oder mehreren) spezifischen Positionen der Gruppe entspricht („*Arbeitsteilung*").
 c) Informationsverarbeitung und Energetisierung erfolgen *zweistufig*. Auf der Stufe der einzelnen Mitarbeiter laufen handlungsbezogene Kognitionen und Emotionen ab. Die Energetisierung erfolgt durch motivationale und Willensprozesse. Auf der Stufe der Arbeitsgruppe wird die Information durch handlungsbezogene Kommunikation verarbeitet, die oft steuernde wie energetisierende Funktionen vereint. (Ein Befehl gibt die Richtung der Handlung an und löst sie aus.) Energetisierende Information auf Gruppenebene verstärkt oder hemmt die individuelle Energetisierung *(Regelkreise)*.
 Die Informationsverarbeitung beginnt als Kognition oder Emotion auf der Stufe des Individuums, steigt als Kommunikation auf das Gruppenniveau und dann

wieder herab auf das individuelle Niveau, wo wieder Kognitionen, Emotionen, etc. ausgelöst werden. Nimmt, wie so oft bei Arbeitsgruppen, die Organisation am Prozeß teil, so verläuft dieser mehrstufig. Besondere organisatorische und materielle Einrichtungen (Kommunikationsnetze, die Anlage von Maschinen etc.) können die Informationsverarbeitungsprozesse zusätzlich strukturieren.

d) Analog der Informationsverarbeitung ist auch die Ausführung der Handlung ein zwei- oder mehrstufiger Prozeß, der durch die materielle Struktur der Organisation mitgestaltet wird. – Auf der individuellen Stufe finden die Befunde und Theorien der Handlungspsychologie volle Anwendung. Auf der Gruppenebene treten mit Kooperation, Konflikt, Formalisierung etc. und der materiellen Informationsstruktur neue Prinzipien hinzu.

(4) Besondere Probleme bei Arbeitsgruppen
Im Gegensatz zu Gruppen existieren Arbeitsgruppen grundsätzlich nur im Rahmen von Organisationen (→ *Kommunikationsprozesse*). Ihre Basis und Legitimation beruht in der Ausführung von Teilhandlungen der Handlung der Organisation. Zugleich sind sie ein Teil des Produktionssystems der Gesellschaft, dessen Normen (Leistung, Rendite etc.) daher für sie verbindlich sind. Von den dadurch entstehenden Besonderheiten können wir hier nur einige nennen.

a) Gruppenstruktur
Grundsätzlich läßt sich die Gruppenstruktur aus drei Bedingungen ableiten:
1. der Aufgabenstruktur, bzw. einer modalen Anforderungsstruktur, die sich aus den wichtigsten Aufgaben der Gruppe ergibt.
2. der Struktur übergeordneter sozialer Systeme.
3. der Tradition (Geschichte der Gruppe und anderer Gruppen mit ähnlichen Aufgaben).

Die Aufgabe wird erst im Kontext der Handlung der Organisation sinnvoll und enthält entsprechende Koordinationsanforderungen. Die Struktur der Organisation sowie deren Tradition bestimmen meist diejenige der Arbeitsgruppe, der relativ wenige Selbstgestaltungsmöglichkeiten verbleiben. Dieser Trend wird durch den personellen Austausch mit der Organisation noch verstärkt. Führungsstrukturen werden oft durch die Organisation definiert, besetzt und legitimiert. Zudem gehören Arbeitsgruppen oft spezifischen beruflichen Subkulturen an (Maurer, Zimmerleute, Beamte etc.), welche besondere Traditionen besitzen. Aus diesen Gründen sind Strukturen von Arbeitsgruppen festgelegt und formalisiert.

b) Informationsverarbeitung
Die Informationsverarbeitung der Organisationen ist (im Gegensatz zu der in Gruppen) stärker formalisiert. Dies wirkt sich auf Arbeitsgruppen als Teil der Organisation aus. Die Kommunikation erfolgt teils schriftlich, die zulässigen Kanäle sind wohl definiert, die Gedächtnisfunktion formalisiert (Akten, elektronische Speicher). Es gibt daher mehrere *Repräsentationsstufen* (vgl. v. Cranach, Ochsenbein & Tschan, 1987): Formal kommuniziert, mündlich offen kommuniziert, gar nicht kommuniziert.

c) Motivation und Emotion

In Gruppen sind Energetisierungsprozesse zweistufig, als individuelle Motivation und als Willensprozesse sowie durch gegenseitige Beeinflussung (Rückkoppelung) auf Gruppenebene. Bei Arbeitsgruppen erfolgt die Motivierung zusätzlich durch Belohnung (extrinsisch), meist auf individueller Ebene. *Energetisierung* erfolgt oft indirekt durch die übergeordnete Organisation und die Strukturierung des Arbeitsprozesses.

Durch die Betrachtung der Arbeitsgruppe als handelndes soziales System wird ein theoretischer Ansatz entwickelt, der bisher getrennt bearbeitete Probleme in einen Zusammenhang bringt.

Literatur

Alioth, A. (1980). Entwicklung und Einführung alternativer Arbeitsformen. Bern: Huber.
Cranach, M. v. (1986). Leadership as a function of group action. In C. F. Graumann & S. Moscovici (Eds.): Changing conception of leadership (pp. 115–135). New York/Heidelberg: Springer.
Cranach, M. v., Ochsenbein, G. & Valach, L. (1986). The group as a self-active system: outline of a theorie of group action. European Journal of Social Psychology, 16, 193–229.
Cranach, M. v., Ochsenbein, G. & Tschan, F. Action of social systems: Theoretical and empirical investigations. In G. R. Semin & B. Krahé (Eds. 1987): Perspectives on contemporary German social psychology. London: Sage.
Brandstätter, H. (Ed.), Davis, J. H. & Stocker-Kreichgauer, G. (1982). Group decision making. London: Academic Press.
Frey, D. & Irle, M. (1985). Theorien der Sozialpsychologie. Bd. 2. Bern: Huber.
Frey, D. & Spielmann, U. (1983). Führung, Konzepte und Theorien. In: D. Frey & S. Greif: Sozialpsychologie (S. 164–173). München: Urban & Schwarzenberg. (2. Aufl. München: Psychologie Verlags Union 1987).
Greif, S. (1983). Konzepte der Organisationspsychologie. Bern: Huber.
Hacker, W. (1978). Allgemeine Arbeits- und Ingenieurpsychologie. Bern: Huber.
Katz, P. & Kahn, R. L. (1966). The social psychology of organizations. New York: Wiley.
Kruse, L. (1972). Gruppen- und Gruppenzugehörigkeit. In C. F. Graumann (Hg.): Handbuch der Psychologie, Bd. 7, Sozialpsychologie, Halbbd. 2 (S. 1539–1593). Göttingen: Hogrefe.
Kuhn, A. (1982). The logic of organisation: A system based social framework for organisation theory. San Francisco: Jossey-Bass.
Leavitt, H. J. (1951). Some effects of certain communication patterns on group performance. Journal of Abnormal and Social Psychology, 46, 38–50.
Moscovici, S. & Facheux, C. (1972). Arbeit Einzelner und Gruppen. In: S. Moscovici (Hg.): Forschungsgebiete der Sozialpsychologie, Bd. 2 (S. 1–51). Kronberg: Athenäum.
Sader, M. (1976). Psychologie der Gruppe. München: Juventa.
Schneider, H. P. (1975). Kleingruppenforschung. Stuttgart: Teubner.
Ulich, E. (1973). Aufgabenerweiterung und autonome Arbeitsgruppen. Industrielle Arbeitsorganisation, 42, 355–358.
Volpert, W. (1974). Handlungsstrukturanalyse als Beitrag zur Qualifikationsforschung. Köln: Pahl-Rugenstein.
Weinert, A. B. (1981). Lehrbuch der Organisationspsychologie. München: Urban & Schwarzenberg. (2. erw. Aufl. 1987).

Mario von Cranach, Schweiz
Guy Ochsenbein, Schweiz
Franziska Tschan, Schweiz

18. Arbeitsmotivation

18.1 Grundlagen der Arbeitsmotivation in der Motivationspsychologie

Der Begriff der Arbeitsmotivation bezeichnet ein psychologisches Konstrukt, mit dem ein psychischer Zustand beschrieben wird. Er wird in der Arbeitspsychologie verwendet, um inter- und intraindividuelle Variationen der Leistungsmenge und -güte beschreiben und erklären zu können. In diesem Zusammenhang liefert er auch Erklärungen für die Entstehung von Zielsetzungen, für die Zeitdauer, über die eine Zielsetzung aufrecht erhalten bleibt, sowie für die Art und Weise, wie Ziele in Handlungen umgesetzt werden.

Die Motivation in einer gegebenen Handlungssituation ist nur zu einem Teil von persönlichen Motiven abhängig. Aus latenten Motiven wird erst aktuelle Motivation, wenn subjektiv wirksame Situationsfaktoren dazu anregen. Situationen verfügen über Anregungsgehalte; sie fordern auf, den voraussichtlichen Gang der Ereignisse durch eigenes Handeln in motivdienlicher Weise zu steuern oder einen motivabträglichen Gang der Ereignisse aufzuhalten und umzulenken (Heckhausen, 1980). Darüber hinaus kann es auch vorkommen, daß man Situationen mit motivdienlichen Anregungsgehalten aufsucht oder sie sich selbst schafft.

18.2 Die Bedeutung von Motivation für das Arbeitshandeln

Unterschiede in Leistungsergebnissen an Arbeitsplätzen in Industrie, Wirtschaft und Verwaltung lassen sich oft und zu einem beachtlichen Anteil auf Unterschiede in der Motivation der Mitarbeiter zurückführen (v. Rosenstiel, 1975). Bei sonst gleichen Leistungsvoraussetzungen – z. B. in der technischen Ausstattung, dem Qualifikationsniveau der Mitarbeiter oder der Organisationsstruktur – kann eine gering ausgeprägte Arbeitsmotivation das Handeln von Mitgliedern einer Arbeitsorganisation in unterschiedlicher Weise beeinflussen. Eine *direkte* Wirkung kann darin bestehen, daß Leistungseinbußen entstehen. Auch auf indirekte Weise können unterschiedliche Motivierungspotentiale von Arbeitssituationen zunächst zu unterschiedlichen Ausprägungen der Arbeitszufriedenheit führen, die dann als vermittelnde Größe die Variation von Leistungsindikatoren beeinflußt. In extremen Fällen kann sich das ungünstige Motivierungspotential einer Arbeitssituation in psychosomatischen Beschwerden äußern und diese wiederum können Ursache von Abwesenheitszeiten werden. Um die möglichen positiven Effekte von Arbeitshandlungen (Persönlichkeitsentwicklung) zu erreichen, empfiehlt es sich, motivationspsychologisch begründete *Arbeitsgestaltungen* durchzuführen, in denen die Aufgabeninhalte für die einzelnen Mitarbeiter auf deren spezifische Voraussetzungen abgestimmt werden können. Solche motivationspsychologisch begründeten Maßnahmen der Arbeitsgestaltung dienen aber nicht nur der Vermeidung von unerwünschten negativen Folgen, sondern sie können auch zur Erhöhung der „Freude an der Arbeit" eingesetzt werden. Dies hat dann Konsequenzen für die Arbeitszufriedenheit, durch die „dem individuellen Leben Sinn und Gewicht" gegeben wird (Lewin, 1926, S. 12).

18.3 Auswirkungen der Arbeitsmotivation

Ähnlich wie in der allgemeinen Motivationspsychologie lassen sich auch im Geltungsbereich der Arbeitsmotivation einige Inhalte identifizieren, die vom Ausprägungsgrad motivationaler Zustände abhängen. An erster Stelle stehen dabei *Entscheidungen,* insbesondere die Berufswahl, die Entscheidung für Arbeitsziele, sofern Handlungsspielraum besteht; hierher gehören aber auch die motivationsbedingten Fehlzeiten und die Fluktuation (Vroom, 1964; Kleinbeck, 1975, 1987; → *Arbeitsabwesenheit und Fluktuation*).

Aber auch die Intensität, mit der man seine Leistungsvoraussetzungen in die Ausführung von Arbeitshandlungen einbringt (um einen möglichst hohen Leistungsgrad zu erzielen), gehört zu den Größen, die von der Motivationsausprägung beeinflußt werden. Auf dieser Ebene wirkt die Arbeitsmotivation darauf ein, welche Menge an psychischer Energie, die z. B. in Aufmerksamkeits- und Anstrengungszuständen sichtbar wird, zur Erreichung einer bestimmten Arbeitsmenge und -güte bereitgestellt wird (Kleinbeck, 1985).

Arbeitsmotivation steuert auch die zeitliche Erstreckung von Arbeitshandlungen. Sie bestimmt, wie lange man eine Arbeitsaufgabe ausführt, bevor man aufgibt, wie ausdauernd man an einer Arbeitstätigkeit festhält, auch wenn zwischendurch Widerstände oder attraktive Alternativen auftauchen (Feather, 1962; Kleinbeck, Schmidt & Carlsen, 1985).

Darüberhinaus zeigt die Arbeitsmotivation auch Wirkungen auf die → *Arbeitszufriedenheit,* d. h. sie beeinflußt die Bewertung der Arbeitsbedingungen, der Arbeitsergebnisse und deren Folgen (Thierry & Koopman-Iwema, 1984; Kleinbeck, 1987; Locke & Henne, 1987).

Diese wenigen Beispiele verdeutlichen die Vielzahl und die Einflußstärke motivationspsychologischer Variablen auf das Arbeitshandeln. Sie begründen damit auch die Notwendigkeit, im Sinne humaner und effektiver Arbeit die Bedingungen der Arbeitsmotivation zu erforschen und dieses Wissen für die Arbeitsgestaltung (einschließlich ihrer Organisation) zu nutzen.

18.4 Bedingungen der Arbeitsmotivation

Spezifische Ausprägungsgrade der Arbeitsmotivation entstehen aus dem Zusammenwirken persönlicher Motive mit den *Erwartungen,* die Personen über die Erreichbarkeit von Motivzielen haben. Wenn man zum Beispiel über ein hoch ausgeprägtes Anschlußmotiv verfügt, d. h., man möchte gern soziale Kontakte knüpfen und aufrecht erhalten, und man erwartet in einer Arbeitssituation gute

Möglichkeiten für solche Kontakte, dann ergibt sich aus diesen Bedingungen eine hohe Arbeitsmotivation, die in einem sozialthematischen Person-Umwelt-Bezug begründet ist. Es gibt andere thematische Person-Umwelt-Bezüge, von denen im besonderen der leistungs- und machtthematische ausgearbeitet wurde (Heckhausen, 1980). Dieses Grundmodell von Motivationsbedingungen *(Erwartung und Wert)* wurde in den letzten zwei Jahrzehnten ergänzt und auf spezifische Arbeitssituationen bezogen.

Eine schon bei Vroom (1964) angelegte wichtige Ergänzung der Bedingungsvariablen von Arbeitsmotivation betrifft das Konzept der Instrumentalität von Handlungsergebnissen für die Folgen dieser Ergebnisse. Die *Instrumentalität* trägt der Tatsache Rechnung, daß Handlungen – psychologisch gesehen – mit einem konkreten Ergebnis nicht abgeschlossen sind. Sie können – gerade am Arbeitsplatz – ja noch eine Reihe von Folgen haben. So kann der Vorgesetzte z. B. bewertend reagieren, die Bezahlung kann mit dem Arbeitsergebnis variieren oder soziale Interaktionen zwischen den Mitarbeitern einer Arbeitsgruppe können sich als Folge von Handlungsergebnissen verändern. Daß die Instrumentalitäten von Handlungsergebnissen für solche Folgen den Ausprägungsgrad von Arbeitsmotivation beeinflussen, konnten Kleinbeck & Schmidt (1979) in einer Untersuchung bei Auszubildenden in einer Automobilproduktion nachweisen. Ergebnisse zu motivationsbedingten Anteilen von Fehlzeiten konnten Kleinbeck, Schmidt, Donis & Balle (1983) bei der Analyse von Fehlzeiten nachweisen. Nur dann konnte – theoriekonform – ein hoher Zusammenhang zwischen Motivierungspotential der Arbeit und den Fehlzeiten festgestellt werden, wenn die Instrumentalität des Fehlens für leistungsthematische Handlungsfolgen hoch eingestuft wurde.

18.5 Die Umsetzung von Arbeitsmotivation in Arbeitshandlungen

Um Motivationszustände in Handlungen umsetzen zu können, bilden Menschen konkrete *Ziele* aus, mit Hilfe derer die Handlungsausführung gesteuert wird. Aus Untersuchungen von Locke et al. (1981), die im Rahmen der von diesen Autoren vertretenen Zielsetzungstheorie (→ *Zielsetzungsmethoden*) gewonnen wurden, ließen sich einige Prinzipien zur Umsetzung von Zielen in Leistungen ableiten:

(1) Schwierige Ziele führen zu besseren Leistungen als leichte,
(2) spezifische Ziele bringen höhere Ergebnisse als vage Vorgaben,
(3) Ziele wirken durch solche Mechanismen wie Aufmerksamkeitslenkung, Anstrengungsmobilisierung, Stärkung der Ausdauer und die Ausbildung geeigneter Handlungsstrategien,
(4) Rückmeldung und Ziele wirken gemeinsam leistungsfördernd,
(5) Leistung steigt mit wachsender Zielbindung,
(6) leistungsbezogene Entlohnung stärkt die Zielbindung.

Unter dem Eindruck der deutlichen Auswirkung von Zielsetzungen auf das Arbeitsverhalten haben einige Autoren einen Maßnahmenkatalog zur Motivation von Mitarbeitern vorgelegt, den sie mit dem Titel „management by objectives" (MBO) belegt haben (Odiorne, 1965; Steers, 1984). Das Setzen von objektiven Zielen kann eine organisationsumfassende Tätigkeit werden, wobei die Ziele der betrieblichen Führungsspitze sich auf die Ziele der mittleren Führungsebene beziehen, die wiederum in Wechselwirkung mit der ihr unterstellten Personalebene steht. Auf jeder Organisationsebene werden hochspezifische und konkrete Ziele gesetzt, die stark von denjenigen mitbeeinflußt werden können, deren Verhalten durch sie angeleitet wird. Daraus sollte theoretisch eine hohe persönliche Zielbindung resultieren, durch die über alle Ebenen hinweg motivierte und erfolgreiche Arbeit angeregt wird.

18.6 Arbeitszufriedenheit als motivationspsychologische Größe

Ob Personen mit ihrer Arbeit selbst, mit den Ergebnissen und Folgen ihrer Arbeit zufrieden sind, hängt ebenso wie ihre Leistung von Motivationszuständen ab. Mit einer Aussage über ihre Arbeitszufriedenheit bewerten sie, inwieweit die Arbeit mit ihren Konsequenzen persönlich hoch bewertete Motivziele zu erreichen gestattet. Je besser dies möglich ist, desto höher fällt die Arbeitszufriedenheit aus (Vroom, 1964). Arbeitszufriedenheit von Mitarbeitern in Organisationen gilt der Arbeitspsychologie für sich genommen als erstrebenswertes Ziel, oft wird sie auch als moderierende Größe betrachtet, die den Einfluß von Arbeitsbedingungen auf Leistung, Anwesenheitsverhalten und Identifikationsbereitschaft verändert (Henne & Locke, 1985). Dabei dürfte es inzwischen als empirisch belegt gelten, daß die oft postulierte positive Beziehung zwischen Zufriedenheit und Leistung nur in besonderen Fällen beobachtet werden kann, nämlich dann, wenn die Zufriedenheit leistungsthematisch organisiert ist (Six & Kleinbeck, 1989).

18.7 Gestaltung von Motivationsbedingungen der Arbeit

Arbeitspsychologie versteht sich heute als *angewandte* Wissenschaft *vor allem dadurch, daß sie ihre Ergebnisse für die praktische Verwendung aufbereitet.* Sie konnte einen eindrucksvollen Beitrag zu diesem Legitimationsanspruch leisten, als sie sich wesentlich an der Neugestaltung von Arbeitsinhalten beteiligte, *die gerade wegen ihrer demotivierenden Wirkung auf die Menschen unerträglich geworden waren.*

Nach dem Prinzip der Fließbandarbeit organisierte Arbeitstätigkeiten hatten durch übertriebenen Einsatz *der diesem Prinzip* zugehörigen Merkmale wie Taktbindung und kurzzyklische Wiederholungen von Arbeitsinhalten inhumane Arbeitsformen geschaffen, die von vielen Menschen nicht mehr akzeptiert wurden. Unter Ausnutzung motivationspsychologischer Erkenntnisse konnte die Arbeitspsychologie Handlungshilfen für die Neustrukturierung anbieten und bei ihrer Implementierung mithelfen.

Dadurch wurden aus der monotonen Fließbandarbeit neue Systeme mit Anforderungsvielfalt, mehr Selbständigkeit für den Einzelnen, Rückmeldung und Möglichkeit zur Entwicklung von Identifikationsbereitschaft gestaltet, die allesamt die Arbeitsmotivation verstärken und zur *Persönlichkeitsförderlichkeit* beitragen können (→ *Arbeitsgestaltung;* Kleinbeck, Schmidt & Rutenfranz, 1983; Kleinbeck, 1987).

18.8 Ausblick

Obwohl die Frage nach der Motivation des Menschen, eine Arbeit aufzunehmen und erfolgreich auszuführen, auf eine lange Tradition zurückblicken kann, konnten die Antworten darauf erst in den letzten Jahrzehnten dieses Jahrhunderts auf eine empirische Basis gestellt werden. Damit wurden einerseits die Bedingungen dafür geschaffen, Beobachtungen in gültige und zuverlässige Aussagen zu fassen, die dann andererseits für die Begründung praktischer Maßnahmen zur Verbesserung und Veränderung von Motivationsbedingungen herangezogen werden konnten.

Die heute bestehende Forderung nach empirischer Validierung motivationspsychologischer Erklärungen erlaubt es uns, motivationspsychologisch ungünstige Bedingungen, wie man sie z. B. in der klassischen Organisationsform der Fließbandarbeit vorfindet, zu diagnostizieren und gezielt im Sinne humaner Arbeitsplätze zu verändern. Darüber hinaus berechtigt aber die derzeitige Forschungsentwicklung zur Arbeitsmotivation auch zu der Hoffnung, daß sie eine wertvolle Hilfe bei der Bewältigung der vielen Aufgaben sein kann, die sich bei der Einführung neuer Techniken und ihrer Handhabung in den nächsten Jahren ergeben werden. Wenn Menschen bei ihrer Arbeit – wie erwartet – in einen immer engeren Dialog mit Rechnersystemen treten, dann kann eine frühzeitige Berücksichtigung motivationspsychologischer Erkenntnisse möglicherweise verhindern, daß Arbeitsbedingungen entstehen, die demotivierend und in diesem Sinne inhuman sind. Durch motivationsgerechte Gestaltung kann die Arbeitspsychologie zur Erfüllung der Forderungen nach einer menschengerechten Arbeit beitragen.

Literatur

Feather, N. T. (1962). The study of persistence. Psychological Bulletin, 59, 94–115.
Heckhausen, H. (1980). Motivation und Handeln. Heidelberg: Springer.
Henne, D. & Locke, E. A. (1985). Job dissatisfaction: what are the consequences? International Journal of Psychology, 20, 221–240.
Kleinbeck, U. (1975). Motivation und Berufswahl. Göttingen: Hogrefe.
Kleinbeck, U. (1987). Gestaltung von Motivationsbedingungen der Arbeit. In: U. Kleinbeck & J. Rutenfranz (Hg.): Arbeitspsychologie (S. 440–492). Göttingen: Hogrefe.
Kleinbeck, U., Schmidt, K.-H. & Carlsen, H. (1985). Veränderungen von Zielsetzungswirkungen auf die Leistungen durch leistungsthematische Einflußfaktoren. Zeitschrift für Experimentelle und Angewandte Psychologie, 32, 263–280.

Kleinbeck, U. & Schmidt, K.-H. (1979). Aufgabenwahl im Ernstfall einer betrieblichen Ausbildung. Instrumentalitätstheoretische Ergänzung zum Risikowahl-Modell. Zeitschrift für Entwicklungspsychologie und Pädagogische Psychologie, 11, 1–11.

Kleinbeck, U., Schmidt, K.-H. & Rutenfranz, J. (1983). Handlungshilfen für den Einsatz neuer Arbeitsstrukturen in der Montage. In: Neue Arbeitsstrukturen in Teilefertigung und Montage, Teil II: Montage. (S. 227–246). Frankfurt: Campus.

Kleinbeck, U., Schmidt, K.-H., Donis, R. & Balle, W. (1983). Untersuchungen über den Zusammenhang zwischen leistungsthematischer Motivation und betrieblichen Fehlzeiten. Zeitschrift für Experimentelle und Angewandte Psychologie, 30, 425–441.

Lewin, K. (1926). Die Sozialisierung des Taylorsystems – eine grundsätzliche Untersuchung zur Arbeits- und Berufspsychologie. Schriftenreihe Praktischer Sozialismus (Hg.: K. Korsch), Bd. 4. Berlin: Verlag Gesellschaft und Erziehung.

Locke, E. A. & Henne, D. (1987). Work motivation theories. In L. L. Cooper & I. Robertson (Eds.): Review of industrial and organizational psychology. (pp. 1–35) Chichester: Wiley.

Locke, E. A., Shaw, K. N., Saari, L. M. & Latham, G. P. (1981). Goal setting and task performance: 1969–1980. Psychological Bulletin, 90, 125–152.

Odiorne, G. S. (1965). Management by objectives. New York: Pitman.

Rosenstiel, L. v. (1975). Die motivationalen Grundlagen des Verhaltens in Organisationen: Leistung und Zufriedenheit. Berlin: Duncker & Humblot.

Six, B. & Kleinbeck, U. (1989): Motivation und Zufriedenheit in Organisation. In E. Roth (Hg.): Organisationspsychologie. Göttingen: Hogrefe.

Steers, R. M. (1984). Introduction to organizational behavior (2nd. ed.). Glenview/Ill.: Scott, Foresman & Co.

Hartmut Häcker und Uwe Kleinbeck,
Bundesrepublik Deutschland

19. Arbeitsplatzverlust und Erwerbslosigkeit

In der Forschung gilt als allgemein anerkannt, daß Erwerbslosigkeit das Wohlbefinden und die sozialen Beziehungen Betroffener beeinträchtigt. Dieser Konsensus besteht auf der deskriptiven Ebene. Wenn es hingegen darum geht zu erklären, *warum* die Folgen der Erwerbslosigkeit auftreten, können wir lediglich auf rudimentäre Theorien zurückgreifen. Hierzu sind weitere empirische Sudien erforderlich.

19.1 Stand der Arbeitslosigkeitsforschung

In der bisherigen Arbeitslosigkeitsforschung gab es bis jetzt zwei Phasen empirischer Forschung: die Jahre der wirtschaftlichen Depression in den 30er Jahren unseres Jahrhunderts (→ *Die Arbeitslosenforschung in Marienthal*) und das letzte

Jahrzehnt mit einer hohen Erwerbslosenrate. In den Studien dieser Forschungsphasen wurden die verschiedensten Erhebungsmethoden gewählt (sowohl qualitativer als auch quantitativer Art). Die unterschiedlichsten Gruppen wurden untersucht (z. B. erwerbslose Jugendliche, Langzeitarbeitslose, ältere Erwerbslose, Manager, ungelernte Arbeiter usw.). Es wurden sowohl Querschnittsstudien als auch Längsschnittstudien durchgeführt. Sie bezogen sich auf ganze Gemeinden oder auf einzelne Personen. Es wurde mit aggregierten Daten und mit Einzelfallanalysen gearbeitet. Dennoch kann man nicht davon ausgehen, daß das Forschungsgebiet erschöpfend bearbeitet wurde. Noch immer bestehen wichtige Lücken im Verständnis der Auswirkungen von Arbeitsplatzverlust und Erwerbslosigkeit. U. E. wurden bestimmte Gruppen von Erwerbslosen kaum berücksichtigt und bestimmte Forschungsansätze vernachlässigt, die einen Beitrag zur Behebung des derzeit bestehenden Theoriedefizit leisten könnten.

Der Forschungsstand läßt sich folgendermaßen zusammenfassen: Aus Untersuchungen mit ganz unterschiedlichen Stichproben wird im allgemeinen die Belastung durch Erwerbslosigkeit sichtbar, wenngleich auch deutlich wird, daß offensichtlich ganz erhebliche Unterschiede zwischen Personen, Reaktionen und Auswirkungen auftreten können (Hartley & Fryer, 1984). In den meisten Forschungsarbeiten wird die Erwerbslosigkeit hinsichtlich der Auswirkungen auf das psychische (Wohl-)Befinden untersucht. Es werden unterschiedliche Schädigungen festgestellt und aufgezeigt, daß Erwerbslose mehr Depressivität (Mohr & Frese, 1978; Frese & Mohr, 1987), sowie mehr Angst und psychiatrische Morbidität aufweisen (festgemacht an der Wahrscheinlichkeit bzw. Häufigkeit von Hilfeersuchen aufgrund von psychischen Problemen Warr, 1984; Payne & Hartley, 1986; Warr & Jackson 1985). Das Vertrauen nimmt tendenziell ab und das seelische Gleichgewicht ist schlechter als vorher (Jahoda, 1982). Hinsichtlich der Auswirkungen auf das Selbstwertgefühl gibt es uneinheitliche Resultate (s. u.). Schuldgefühle und Bestürzung über die Erwerbslosigkeit werden beschrieben (Jahoda, Lazarsfeld & Zeisel, 1933). Auch Veränderungen der körperlichen Gesundheit auf der Ebene physiologischer Messungen werden dargestellt (Kasl & Cobb, 1982).

Im allgemeinen nehmen soziale Konflikte bei Erwerbslosen zu. Ein immer wieder erstaunliches Ergebnis vieler Untersuchungen ist die soziale Isolierung der Arbeitslosen: Sie sind weniger aktiv in Vereinen und weniger beteiligt an gemeindenahen Aktivitäten. Sie berichten, daß sie ihre Freunde weniger treffen (Brinkmann, 1986) und vieles von dem, was sie machen, allein unternehmen (Hartley & Fryer, 1984). Von daher ist es nicht weiter erstaunlich, daß häufig Gefühle von Einsamkeit und Langeweile berichtet werden (Hepworth, 1980). Die Erwerbslosen fühlen sich meist abgeschnitten von alltäglichen sozialen Kontakten und berichten von Schwierigkeiten, die Zeit zu füllen. Das Stigma und die Verunsicherung durch Erwerbslosigkeit sowie der Mangel an Geld – die meisten sozialen Aktivitäten in unserer Gesellschaft verlangen die Verfügung über finanzielle Mittel – tragen dazu bei. In einer Untersuchung von Kasl (1979) lassen sich allerdings Hinweise dafür finden, daß diese Auswirkungen sich bei länger andauernder Erwerbslosigkeit verringern.

Erwerbslosigkeit ist nicht ein Ereignis, das nur denjenigen trifft, der seinen Arbeitsplatz verloren hat. Es hat Auswirkungen auf die ganze Familie (Walper, 1988), indem beispielsweise Rollen der Familienmitglieder verändert und Verantwortlichkeiten neu verteilt werden, wobei derartige Folgen nicht unabhängig von der Qualität und Stärke der Familienbeziehungen, wie sie vor dem Verlust der Erwerbstätigkeit bestanden, zu sehen sind (Bakke, 1940; Komarovsky, 1940; Fagin & Little, 1984). Weitere Untersuchungen sind erforderlich, die sich mit der Situation der Familie befassen – sowohl hinsichtlich der Familiendynamik als auch bezüglich der individuellen psychischen Belastungen durch die Erwerbslosigkeit eines Familienmitgliedes für die übrigen Familienmitglieder. Vorhandene Studien weisen auf Auswirkungen auf Schulleistungen und psychische Befindlichkeit bei Kindern erwerbsloser Väter hin (Linnenbank, i. Vorb., Schindler & Wetzels, 1985; Baarda, de Goede, Frowijn & Psotma, i. Vorb.).

In einigen Untersuchungen wurde dargestellt, daß die Erwerbslosen speziell unter dem Aspekt der Ungewißheit leiden: Unter der mangelnden Planbarkeit der Zukunft und unter der fehlenden Kontrollierbarkeit des eigenen Lebens, die sich ergibt, wenn Ungewißheit besteht darüber, ob und wann man eine neue Arbeitsstelle finden wird (Hartley, 1980; Fryer & McKenna, 1987). Dies ist eine Folgeerscheinung der Erwerbslosigkeit bei vielen Personen, deren Mechanismen aufgrund der von Person zu Person unterschiedlichen Toleranz gegenüber Mehrdeutigkeit und Unsicherheit (noch) unklar sind.

Die Hauptergebnisse der Forschung beziehen sich also auf Auswirkungen auf körperliche Gesundheit und psychisches (Wohl-)Befinden, auf soziale Aktivitäten und Zeitverwendung, Druck auf die Familie und Unsicherheit der Zukunft.

19.2 Offene Forschungsfragen

Erwerbslose bilden keine homogene Gruppe, sondern lassen sich durch unterschiedliche objektive und subjektive Erfahrungen kennzeichnen. Die Erfahrung eines ungelernten Arbeiters, der schon häufiger seine Arbeitsstelle verloren hat, ist eine ganz andere als die eines gut bezahlten Managers, für den dies den ersten Arbeitsverlust darstellt und ist wiederum unterschiedlich zur Erfahrung eines farbigen erwerbslosen Jugendlichen, der noch nie eine Arbeitsstelle hatte. Die Bedingungen des Arbeitsmarktes schaffen so vielfältige Erfahrungen von Erwerbstätigkeit und Arbeitsplatzverlust, und die Betroffenen verarbeiten die Erfahrungen, die sie gemacht haben, in unterschiedlicher Weise. Die Forschung hat begonnen, einige dieser Unterschiede zu beschreiben: Soziale Schicht, beruflicher Status, Geschlecht (wenngleich ein unverantwortliches Maß an Vernachlässigung der Erwerbslosigkeit bei Frauen zu verzeichnen ist), Alter, Dauer der Erwerbslosigkeit und finanzielle Absicherung. Auch psychologische Unterschiede sind bedeutsam, beispielsweise die Einstellung zur Arbeit, die Ursachenattribuierung hinsichtlich der eigenen Erwerbslosigkeit, die individuelle Vulnerabilität für Streß und das Ausmaß an sozialer Unterstützung.

Hinzu kommt, daß die Erfahrung der Erwerbslosigkeit nicht nur negative Aspekte enthält. Auch positive Aspekte bestehen, wie z. B. die Möglichkeit, von einem belastenden oder gar schädigenden Arbeitsplatz befreit zu werden, über mehr Zeit für die Familie, für Hobbys und Weiterbildung zu verfügen und zum Überdenken der weiteren Lebensgestaltung veranlaßt zu sein (Fineman, 1983). Wieweit diese wirksam werden, scheint wiederum abhängig zu sein von früheren Erfahrungen (Gnegel & Mohr, 1982; → *Berufliche Sozialisation*).

Einige widersprüchliche Ergebnisse müssen geklärt bzw. neu interpretiert werden. Beispielsweise sind Ergebnisse bezüglich dem veränderten Selbstwertgefühl widersprüchlich. In einigen Studien wird festgestellt, daß das Selbstwertgefühl bei Erwerbslosen abnimmt, in anderen wird keine Veränderung festgestellt. Offensichtlich ist eine Präzisierung dessen, was mit Selbstwertgefühl gemeint ist, vonnöten (zu dieser Diskussion vgl. Warr, 1984). Eine größere Berücksichtigung der Bedeutung der Erwerbstätigkeit (→ *Berufliche Sozialisation;* → *Identität und Persönlichkeitsentwicklung*) ist notwendig, sowie eine stärkere Beachtung von spezifischen Subgruppen und Moderatorvariablen im Sinne der Forderung nach einer „differentiellen Arbeitslosenforschung" nach Wacker (1985). Außerdem müssen die Untersuchungszeiträume bezüglich Arbeitsplatzverlust und Erwerbslosigkeit erweitert werden. Die Tatsache, daß einige Erwerbslose in bestimmten Phasen nach dem Verlust des Arbeitsplatzes keine Verschlechterung des Gesundheitszustandes empfinden und Entlastungserleben angeben, (Brinkmann & Potthoff, 1983, Gnegel & Mohr, 1982), zeigt die Notwendigkeit, nicht nur die Erwerbslosigkeit unter einer Langzeitperspektive zu betrachten, sondern die Untersuchungszeiträume auch auf die Zeit *vor* dem Verlust des Arbeitsplatzes zu erweitern.

Notwendig wäre die Untersuchung von spezifischen Untergruppen und vor allem eine Abkehr von der nahezu ausschließlichen Orientierung an männlichen Erwerbslosen. Nur mit zahlreichen Studien über erwerbslose Frauen kann geklärt werden, warum sie sich in bestimmten Reaktionsweisen von Männern unterscheiden. Die derzeitigen Erklärungen sind oberflächlich und sagen aus, daß Frauen unter der Erwerbslosigkeit weniger leiden würden, da sie über die Alternativrolle (d. h. Hausfrauenrolle) verfügen – ohne daß die Frage gestellt wird, ob die Frauen selbst diese Alternative wollen, oder was nun die Auswirkungen (dieser u. U. aufgezwungenen Alternative) auf die psychische Gesundheit sind. Die Tatsache, daß Frauen zu Beginn der Erwerbslosigkeit Entlastungserleben schildern (Gnegel & Mohr, 1982) muß auf dem Hintergrund gesehen werden, daß sie im allgemeinen auf den untersten Rängen betrieblicher Hierarchien beschäftigt sind (→ *Frauen und Erwerbstätigkeit*) und den Wegfall der Doppelbelastung durch Beruf und Hausarbeit erleben (Callender, 1987). Aus dem Entlastungserleben schon zu schließen, daß Erwerbslosigkeit eine für sie akzeptable Alternative sei, erscheint kurzschlüssig.

Wir sind in der ungewöhnlichen Situation, bereits über eine Menge abgesicherten Wissens hinsichtlich der psychischen Folgen der Erwerbslosigkeit zu verfügen, aber wir wissen wenig darüber, was nun eigentlich die sogenannten unabhängigen Variablen, die psychischen Ursachen sind.

Was sind die wesentlichen Wirkvariablen der Erwerbslosigkeit? Erwerbslosigkeit hat viele Facetten. Für einige bedeutet es den Verlust eines Arbeitsplatzes, für andere heißt es, nie eine Arbeit gehabt zu haben, für wieder andere, eine andere Rolle *aufzugeben* (z. B. die eines Kranken, die eines Gefangenen oder die einer Hausfrau). In den Fällen, in denen ein Arbeitsplatz verloren ging, bedeutet dies den Verlust einer Arbeitsbeziehung, die die ökonomische Basis darstellte, den Verlust einer institutionellen Anbindung, den Verlust der (Arbeits-)Aktivität und von sozialem Status. Dies alles sind Veränderungen der Rolle einer Person und ihres Erfahrungshintergrunds. Von daher erscheint es naheliegend, zumindest teilweise die Erwerbslosigkeit auf dem Hintergrund der früheren Erfahrungen der Person und der Erfahrung des Arbeitsplatzverlustes zu betrachten, was jedoch selten untersucht wurde. Die meisten Untersuchungen beginnen, wenn die Betroffenen ihren Arbeitsplatz bereits verloren haben. Die psychologische Forschung hat sich umfangreich mit Erwerbslosigkeit befaßt, aber wenig mit dem Verlust des Arbeitsplatzes. Ganz gleich, wieviele Erkenntnisse über die Folgen des Arbeitsplatzverlustes vorliegen, solange über die konstituierenden Bedingungen keine Klarheit besteht, wird es nicht gelingen, adäquate Theorien über kausale Zusammenhänge zu entwickeln.

Beispielsweise erscheint es evident, daß die Bewältigung der Erwerbslosigkeit davon abhängt, wie der Arbeitsplatzabbau vonstatten ging. Beschäftigte, denen die Betriebsstillegung schon längere Zeit angekündigt wurde und die detailliertere Informationen über den bedrohlichen Auftragsmangel erhielten, sind besser in der Lage, zu planen und sich auf die neue Situation einzustellen, zumindest zu Anfang. Die Entlassung wiederum beinhaltet ein völlig anderes Erleben, wenn ihr die Erwerbslosigkeit folgt als wenn die Entscheidung getroffen wird, in Rente zu gehen (obwohl in einigen Fällen der Unterschied gering sein dürfte). Auch hierzu scheinen weitere Untersuchungen erforderlich.

19.3 Neuere theoretische Ansätze

Die Entwicklung von Theorien zur Erklärung der psychischen Folgen der Erwerbslosigkeit führten bislang zu unzureichenden Versuchen, zwischen dem Effekt der Erwerbslosigkeit und den Folgen der Armut zu unterscheiden, wenngleich Erwerbslosigkeit vermutlich häufig direkte Verursachung der Armut ist. Finanzielle Belastungen und Sorgen werden häufig von Erwerbslosen genannt. Damit stellt sich die Frage, ob die beobachteten psychischen Schädigungen eine Folge des fehlenden Arbeitsplatzes oder eine Folge des fehlenden Geldes sind. Ist es die fortdauernde Armut, die wesentlich zu den negativen Auswirkungen beiträgt, so daß wir ähnliche psychische Beeinträchtigungen wie bei den am schlechtesten bezahlten Bevölkerungsgruppen erwarten müßten? In welchem Maß sind also die psychischen Folgen eine Auswirkung der finanziellen Lage? Hierzu gibt es nur wenige Hinweise. Frese und Mohr (1987) kommen aufgrund einer Längsschnittstudie zu dem Ergebnis, daß die Selbsteinschätzung der finanziellen Lage (neben der enttäuschten Hoffnung darauf, an der eigenen Lage etwas ändern zu können) am meisten dazu beiträgt, die Unterschiede im Ausmaß der Depressivität zwischen den von ihnen befragten männlichen älteren Erwerbslosen und Wiederbeschäftigten bzw. Rentnern zu erklären. In einer anderen Studie, die u. a. Fragen zu finanziellen Problemen enthielt, erwies sich die Selbsteinschätzung der finanziellen Lage als bester Prädiktor für Angst und Depressivität bei den Erwerbslosen (Payne & Hartley, 1986).

Noch immer fehlen ausreichende Daten zur Klärung der Bedeutung des Einkommensverlustes im Vergleich zur Bedeutung des Aktivitätsverlustes. Weiterhin bleibt zu klären, inwieweit das absolute oder relative Einkommensniveau eine Rolle spielt oder ob die subjektive bzw. objektive Einschätzung der finanziellen Lage ein besserer Prädiktor ist.

Jedoch gibt es einige Theorien, die Erklärungen zu den Folgen der Erwerbslosigkeit bieten. Erwähnt werden sollen die Ansätze von Jahoda (1982), Fryer (1986) und O'Brien (1986) (vgl. auch Fryer, 1986 → *Die Arbeitslosenforschung in Marienthal*).

Jahoda geht im Rahmen ihrer „Deprivationstheorie" davon aus, daß Erwerbslosigkeit den Verlust von sowohl manifesten als auch latenten Funktionen beinhaltet, die mit der Erwerbstätigkeit verbunden sind.

Die manifeste Funktion ist die, ein Einkommen zu erhalten. Hinzu kommen latente Funktionen, die durch den Erwerbstätigen nicht erkannt oder sogar nicht einmal wertgeschätzt werden, die jedoch zur Aufrechterhaltung der psychischen Gesundheit wichtig sind. Als latente Funktion der Arbeit werden die Zeitstrukturierung des Tages, die Förderung der sozialen Kontakte außerhalb der Familie, der Beitrag zu übergeordneten Zielen, die Zuweisung eines sozialen Status und Identität, das Erzwingen von Aktivität betrachtet.

Der Deprivationsansatz zum Verständnis von Erwerbslosigkeit ist sehr populär geworden, trotz vorhandener Kritik; ein Umstand, der mehr über den Mangel an Theorien in diesem Gebiet aussagt als über die der Theorie von Jahoda innewohnenden Probleme.

Probleme bestehen vor allem hinsichtlich der Unbestimmtheit der latenten Funktionen (sie sind beispielsweise schwer operationalisierbar) und der Schwierigkeit, die Hypothese zu verwerfen, daß die Folgen der Erwerbslosigkeit als Folgen der Deprivation zu sehen sind. Als taktisches Argument könnte man aus diesem Ansatz entnehmen, daß irgendeine Erwerbstätigkeit immer noch besser sei als gar keine Arbeit zu haben.

Fryer verweist auf die passive Rolle des Individuums im Rahmen des Deprivationsansatzes (die latenten Funktionen werden der Person auferlegt oder aufgezwungen) und vertritt einen Ansatz, der das Individuum als aktiv Handelnden versteht. Er geht davon aus, daß Menschen Agierende sind, die danach streben, sich selbst zu behaupten, Pläne zu machen und auszuführen und die intrinsisch motiviert sind. Dennoch ist Erwerbslosigkeit für die meisten Leute eine Erfahrung, die ihre Fähigkeiten der Planung und Zielerreichung erheblich einschränkt und in Frage stellt. Mit begrenzten Mitteln auszukommen, die Stigmatisierung durch andere zu verarbeiten, und die Bewältigung der nicht eingrenzbaren Zukunftsunsicherheit sind Erfahrungen, die denjenigen frustrieren, der versucht, Kontrolle über sein Leben zu erreichen. Auf der Basis alltäglicher Notwendigkeiten kann der Streß ungeheuer groß werden. Fryer geht davon aus, daß der Versuch, in Beschränkungen und entwürdigenden Umständen zu leben, für viele die Grundlage für psychische Probleme darstellt. Sein Ansatz erklärt auch, warum Erwerbslosigkeit von manchen Leuten nicht als negativ erlebt wird. Wenn sie die Möglichkeit haben, über einige Bereiche ihres Lebens Kontrolle auszuüben, dann sind sie weniger anfällig für Belastungen (→ *Streß*). Jahodas Ansatz hingegen kann weniger gut individuelle Reaktionen auf die Erwerbslosigkeit erklären, da die Kontrollmöglichkeiten eher in institutionellen bzw. strukturellen Bedingungen (Erwerbstätigkeit) liegen. Jedoch enthält Fryers Ansatz die Gefahr, daß durch die Betonung des freien Willens die eher strukturell bedingten Ursachen oder Schwierigkeiten verdeckt oder nicht ausreichend gewichtet werden.

O'Brien, der sich auf die Studien und Überlegungen von Bakke (1933) stützt, indem er Einkommensverlust und frühere Arbeitserfahrung als relevante Faktoren einbezieht zum Verständnis der Erfahrung von Erwerbslosigkeit, ist zwischen den beiden o. g. Ansätzen anzusiedeln. Er bezeichnet Aufgaben, Einkommen und persönliche Kontrolle als bedeutsam für die psychischen Reaktionen auf Erwerbslosigkeit mit besonderem Augenmerk auf die früheren Arbeitserfahrungen. Die früheren Arbeitstätigkeiten bei den von Bakke untersuchten Arbeitern waren tayloristisch, begrenzt, unbefriedigend und mit wenig Möglichkeiten der eigenen Entscheidung oder Kontrolle. Er argumentiert, daß die Passivität und das mangelnde Gefühl der Kontrollierbarkeit des eigenen Lebens bei solchen Personengruppen als Folge ihrer früheren Erfahrung auf das aktuelle Verhalten betrachtet werden kann und nicht notwendigerweise per se eine Folge der Erwerbslosigkeit sein muß (→ *Identität und Persönlichkeitsentwicklung;* → *Berufliche Sozialisation*). Der Mangel an Entscheidungs- und Kontrollmöglichkeiten (→ *Kontrolle und Tätigkeitsspielraum*) in der Vergangenheit gibt den Betroffenen wenig Fähigkeiten im Umgang mit den Frustrationen und Begrenzungen, die die Arbeitslosigkeit auferlegt. Im Rahmen dieses Ansatzes werden frühere Erfahrungen und die aktuelle Situation verbunden durch das psychologische Konzept der Kontrolle. Weiterhin bestärkt O'Brien Bakkes Betonung der Einkommenssituation der Erwerbslosen. Viele Erwerbslose litten in den 30er Jahren beträchtlich unter einem unzureichenden Einkommen, das als Existenzminimum ungenügend war. Dies – so die Meinung von Bakke – hat sowohl einen direkten als auch einen indirekten Einfluß auf die Gesundheit dadurch, daß das Gefühl der subjektiven Kontrolle für den Einzelnen beschnitten wird. Die Daten über die heutige Einkommenssituation legen nahe anzunehmen, daß dieser Umstand durchaus weiterhin bedeutsam ist. Beispielsweise erhielten 1984 in der Bundesrepublik Deutschland 36% der Erwerbslosen keine einkommensabhängige Unterstützung (Arbeitslosengeld bzw. -hilfe) (Bosch, 1985). 13% der Erwerbslosen erhielten 1985 Sozialhilfe, die am Existenzminimum orientiert ist (Brinkmann, 1986).

O'Briens Ansatz hat mehrere Vorteile: Er umfaßt die frühere Arbeitserfahrung und die Erfahrung der Armut. Er bietet die Möglichkeit, sowohl subjektive als auch objektive Unterschiede der Erwerbslosigkeit zu verstehen und liefert Konzepte, die klar und operationalisierbar sind. Vergangene und gegenwärtige Erfahrungen werden miteinander verbunden. Aber das Unvermögen der Psychologen, die Erhebung der finanziellen Lage und Methoden zur Erfassung der früheren Arbeitserfahrung in die empirische Forschung einzubeziehen, führt dazu, daß der Ansatz noch nicht systematisch überprüft worden ist.

Literatur

Bakke, E. W. (1933). The unemployed men. London: Nisbet.
Bakke, E. W. (1940). Citizens without work. (Reprint, Archons Books, 1969).
Baarda, B., de Goede, M., Frowjin, A. & Postma, M. (in Vorb.). Unemployment and the family. In: T. Kieselbach (Hg.): Arbeitslosigkeit und Familie (Arbeitstitel). Weinheim: Deutscher Studienverlag.
Bosch, G. (1985). Arbeitsmarktpolitik im Dienste der Umverteilung. In T. Kieselbach & A. Wacker (Hg.): Individuelle und gesellschaftliche Kosten der Massenarbeitslosigkeit (s. 293–304). Weinheim: Beltz.
Brinkmann, C. (1986). Finanzielle und psychosoziale Folgen der Arbeitslosigkeit. Materialien der Arbeitsmarkt- und Berufsforschung, 8, 1–8.
Brinkmann, C. & Potthoff, P. (1983). Gesundheitliche Probleme in der Eingangsphase der Arbeitslosigkeit. Mitteilungen aus der Arbeitsmarkt- und Berufsforschung, 16 (4), 378–394.
Callender, C. (1987). Women seeking work. In S. Fineman (Ed.): Unemployment: Personal and social consequences (pp. 22–46). London: Tavistock.
Fagin, L. & Little, M. (1984). The forsaken families. Harmondsworth: Penguin.
Fineman, S. (1983). White collar unemployment. London: Wiley.
Frese, M. & Mohr, G. (1987). Prolonged unemployment and depression in older workers: A longitudinal study of intervening variables. Social Science and Medicine, 25 (2), 173–178.
Fryer, D. (1986). Employment deprivation and personal agency during unemployment: a critical discussion of Jahoda's explanation of the psychological effects of unemployment. Social Behaviour, 1, 3–24.
Fryer, D. & McKenna, S. (1987). The laying off of hands. In S. Fineman (Ed.): Unemployment: Personal and social consequences (pp. 47–73). London: Tavistock.
Gnegel, A. & Mohr, G. (1982). Wenn Frauen ihren Arbeitsplatz verlieren. In G. Mohr, M. Rummel & D. Rückert (Hg.): Frauen – zur Arbeits- und Lebenssituation (S. 88–102). München: Urban & Schwarzenberg.
Hartley, J. (1980). Psychological approaches to unemployment. Bulletin of the British Psychological Society, 32 (4), 2–4.
Hartley, J. & Fryer, D. (1984). The psychology of unemployment: A critical appraisal. In G. M. Stephenson & J. H. Davis (Eds.): Progress in applied social psychology. Vol. 2 (pp. 3–30). New York: Wiley.
Hepworth, S. J. (1980). Moderating factors of the psychological impact of unemployment. Journal of Occupational Psychology, 53, 139–146.
Jahoda, M. (1982). Employment and unemployment. Cambridge: Cambridge University Press.
Jahoda, M., Lazarsfeld, P. F. & Zeisel, H. (1933). Die Arbeitslosen von Marienthal. Frankfurt: Suhrkamp 1975.

Kasl, S. V. (1979). Changes in mental health status associated with job loss and retirement. In J. E. Barrett, R. M. Rose & G. L. Klerman (Eds.): Stress and mental disorder (pp. 179–200). New York: Raven.

Kasl, S. V. & Cobb, S. (1982). Variability of stress effects among men experiencing job loss. In L. Goldberger & S. Breznitz (Eds.): Handbock of stress. Theoretical and clinical aspects (pp. 445–465). New York: Free Press.

Komarovsky, M. (1940). The unemployed man and his family. New York: Dryden Press.

Linnebank, A. (in Vorb.). Auswirkungen von Arbeitslosigkeit des Familienvorstandes auf die zugehörigen Kinder. In: T. Kieselbach (Hg.): Arbeitslosigkeit und Familie (Arbeitstitel). Weinheim: Deutscher Studienverlag.

Mohr, G. & Frese, M. (1978). Arbeitslosigkeit und Depression unter besonderer Berücksichtigung einer empirischen Untersuchung zur Langzeitarbeitslosigkeit älterer Arbeiter. In: A. Wacker (Hg.): Vom Schock zum Fatalismus? (S. 179–193). Frankfurt: Campus.

O'Brien, G. (1986). Psychology of work and unemployment. Chichester: Wiley.

Payne, R. & Hartley, J. (1987). A test of a model for explaining the affective experience of unemployed men. Journal of Occupational Psychology, 60, 31–47.

Schindler, H. & Wetzels, P. (1985). Subjektive Bedeutung familiärer Arbeitslosigkeit bei Schülern in einem Bremer Arbeiterstadtteil. In T. Kieselbach & A. Wacker (Hg.): Individuelle und gesellschaftliche Kosten der Massenarbeitslosigkeit (S. 120–138). Weinheim: Beltz.

Wacker, A. (1985). Ansätze, Probleme und Perspektiven der psychologischen Arbeitslosenforschung. In T. Kieselbach & A. Wacker (Hg.): Individuelle und gesellschaftliche Kosten der Massenarbeitslosigkeit (S. 23–39). Weinheim: Beltz.

Walper, S. (1988). Familiäre Konsequenzen ökonomischer Deprivation. München: Psychologie Verlags Union.

Warr, P. (1984). Work and unemployment. In P. Drenth, H. Thierry, P. Willems & C. de Wolf (Eds.): Handbook of work and organizational psychology (pp. 413–443). Chichester: Wiley.

Warr, P. & Jackson, P. R. (1985). Factors influencing the psychological impact of prolonged unemployment and re-employment. Psychological Medicine, 15, 795–807.

Jean Hartley, Großbritannien
und Gisela Mohr, Bundesrepublik Deutschland

20. Arbeitssicherheit

20.1 Der Unfall als Systemabweichung

Der Arbeitsunfall ist nach Kjellen (1984) das Ergebnis einer Abweichung vom geplanten Normalzustand eines Arbeitssystems (AS). Er wird durch schädigende Energien ausgelöst, u. a. durch elektrischen Strom, ionisierende Strahlen oder durch giftige Chemikalien. Die Energien sind nach dem Energieaustauschmodell (Hammer, 1972) Gefahren, die im AS zu Gefährdungen führen, wenn die Möglichkeit des Zusammentreffens zwischen schädigender Energie und Mensch/Gegenstand besteht. Das Unfallrisiko ist das Produkt aus der zu erwartenden Unfallhäufigkeit und der Schadenshöhe.

Der Übergang eines AS vom Normalzustand in einen metastabilen Zustand kann u. a. ausgelöst werden durch das Versagen technischer Schutzvorkehrungen oder durch sicherheitswidriges Handeln der Person. In diese Phase fällt auch das Schwergewicht psychologischer Sicherheitsforschung: Das Erkennen und Einschätzen der Gefahr sowie das Urteilen, Entscheiden und Handeln in Risikosituationen (Hoyos, 1980).

In der unstabilen Phase können Sicherheitsmaßnahmen nur noch den Energiefluß umleiten oder Personen können versuchen, der Energie auszuweichen oder sie durch weniger wichtige Systemelemente absorbieren zu lassen, z. B. durch die Kunststoffschale eines Schutzhelms. In der Schädigungsphase ist die Schadensbegrenzung von zentraler Bedeutung, u. a. durch Verlängerung der Absorptionsphase (energieverzehrende Frontflächen beim Auto) oder durch Dekontamination von giftigem Material. In der Stabilisationsphase begrenzen effektive Erste Hilfe- und sofortige Rehabilitationsmaßnahmen das Ausmaß des Schadens.

Die systemtheoretische Betrachtung des AS und des Unfalls erlaubt die Ableitung von Sicherheitsmaßnahmen für alle Komponenten im System. Gegenüber singulären Ansätzen, wie beispielsweise der Unfällertheorie (McKenna 1983) oder rein technischen Systemanalysen (Skiba, 1985), ist eine integrierte Analyse der Wechselbeziehung von Mensch und technischem System möglich.

20.2 Methoden

Die Einzelfalluntersuchung des Unfalls ist die am häufigsten praktizierte Methode. Die Unfallsachenermittlung folgt meist einem berufsspezifischen (subjektiven) Verursachungskonzept und umfaßt verhaltenswirksame, technische und organisatorische Faktoren, gewichtet in dieser Reihenfolge nach der Zahl ihrer Zuordnungen (Segger & Zimolong, 1982). Unfallanalysen in komplexen technischen Systemen, z. B. in der chemischen oder in der Luftfahrtindustrie basieren auf formalen kausalen Modellen oder Systembetrachtungen. Verwendete Verfahren sind u. a. die Störfallablaufanalyse (Hammer, 1972), die Störfallfaktorenanalyse (Leplat, 1978) oder MORT (ein Verfahren, das aus Betriebsleitersicht Störungen, Fehler und Versäumnisse ermittelt; Johnson, 1975).

Unfallunabhängige Verfahren suchen in geplanten oder bereits existierenden Systemen Störungen, Konflikte und Unfälle zu vermeiden. Gefahrenanalysen identifizieren die schädigenden Energien, Gefährdungsanalysen bestimmen darüberhinaus die Wahrscheinlichkeit für Störungen und Unfälle. Die Ausfalleffektanalyse prüft die Auswirkungen des Ausfalls von Systemkomponenten. Die Fehlerbaumanalyse bestimmt die Ursachen für ein kritisches Ereignis entsprechend einer logischen Netzwerkstruktur. Quantitative Aussagen über die Eintrittswahrscheinlichkeit der Gefährdung sind möglich, wenn Daten über Ausfallraten vorliegen (Kuhlmann et al., 1981). Für Operateure in Atomkraftwerken haben Swain und Guttmann (1983) Fehlerraten vorgeschlagen, allerdings bleiben noch eine Reihe von Problemen offen (Human Factors Society, 1983).

In Risikoanalysen wird die Auftretenswahrscheinlichkeit und das Schadensausmaß einer Störung durch die Addition von Teilrisiken und ihr Zusammenwirken berechnet. Für neu geplante oder errichtete Systeme, für die noch keine Zuverlässigkeitsdaten erhältlich sind, basieren Risikoanalysen auf Analogieschlüssen und subjektiven Schätzungen von Experten (Embrey et al., 1984).

Aus dem Energieaustauschmodell ergibt sich die Reihenfolge der Sicherheitsmaßnahmen nach ihrer Zuverlässigkeit:
1. Beseitigung der Gefahr bzw. der schädigenden Energie;
2. Beseitigung der Gefährdung bzw. Trennung der Gefahr vom Menschen/Gegenstand durch technische Schutzvorrichtungen, z. B. durch Gitter, persönliche Schutzausrüstung (wie Sicherheitsschuhe), usf.;
3. Kontrolle der Gefährdung durch
   a) Hinweise und Warnungen;
   b) ergonomische Gestaltung des Arbeitsplatzes und der Umgebung;
   c) organisatorische Maßnahmen, z. B. Verantwortlichkeit für Sicherheitsmaßnahmen;
   d) psychologische Maßnahmen, u. a. Ausbildung, Training und Motivation.

20.3 Verhaltensbeeinflussende Maßnahmen

(1) Ergonomische Maßnahmen
Das Auftreten von Fehlern und Unfällen wird begünstigt, wenn die Tätigkeit, das System oder die Situation
– der Person ungeeignete Informationen oder Hilfsmittel bieten (Arbeitsplatz- und Arbeitsmittelgestaltung);
– den Erwartungen des Menschen widersprechen (Kompatibilität und Populationsstereotype);
– Leistungen erfordern, die der Mensch nicht erfüllen kann, die unnötig schwierig, lästig oder besonders gefährlich sind (Aufgaben und Anforderungsgestaltung),
– zur Ermüdung, Monotonie oder Unaufmerksamkeit führten.

Neben ergonomischen Gestaltungsmaßnahmen (Schmidtke, 1981) kommen vor allem psychologische Aufgabengestaltungen sowie Eignungs- und Plazierungsverfahren in Betracht (Hacker, 1978).

(2) Organisatorische Maßnahmen
Die organisatorischen Ursachen einer Betriebsstörung oder eines Unfalls sind meist die am wenigsten beachteten Faktoren. Mit dem MORT Verfahren können z. B. differenziert organisatorische Faktoren analysiert werden wie z. B. direkte und indirekte Nachrichtenkanäle, die Sicherheitspolitik des Unternehmens oder die Einleitung von Rettungsmaßnahmen. Ein spezielles Problem stellt die Verant-

wortlichkeit des Vorgesetzten dar. Verschiedene Untersuchungen haben ergeben (u. a. Hale & Perusse, 1977), daß die Verantwortlichkeit für Sicherheitsmaßnahmen auf allen Führungsebenen noch erheblich gestärkt werden muß.

(3) Psychologische Maßnahmen
In der Regel wird das Arbeiten in Gefahrensituationen nicht durch bewußte Sicherheitsüberlegungen geleitet. Die Kontrolle der Gefährdung erfolgt als einheitlicher Prozeß zusammen mit der Verrichtung der Arbeit unter Gewohnheitsbedingungen (Rasmussen, 1983). Erst neue oder außergewöhnliche Situationen verlangen eine bewußte Gefahrenwahrnehmung, ein Entscheiden in Gefährdungssituationen und ein bewußtes Handeln mit Risikoaspekten.

Das Wahrnehmen und Einschätzen von Gefahren und Gefährdungen wird als *Gefahrenkognition* bezeichnet (Hoyos, 1980). Nicht alle Gefahren und Gefährdungen sind zu erkennen, viele müssen gesondert gekennzeichnet werden. Die Bedeutsamkeit und die Folgen von Gefährdungen werden in der Regel falsch eingeschätzt. Bekannte oder vertraute Gefährdungen, die man glaubt kontrollieren zu können, werden als weniger bedeutsam für das Handeln erlebt als unbekannte Gefahren, denen der Einzelne sich hilflos ausgeliefert fühlt (Zimolong, 1985; Hale, 1987).

Als Voraussetzung für sicherheitsgerechte Entscheidungen muß das Wissen über die richtigen Verhaltensweisen abrufbar sein (Hale 1984). In komplexen technischen Systemen können Entscheidungen durch Hilfssysteme unterstützt werden (Zimolong, 1986). Motivationale Einflüsse unterstützen bzw. ändern die Akzeptanz von Risiken in Entscheidungen (Wilde & Kunkel, 1984). Angstmotivation scheint zeitlich nur begrenzt wirksam zu sein; jede Form von Rückmeldung über erreichte Ziele ist weitaus effektiver. Soziale Kontrolle und das Einbinden sicheren Verhaltens in soziale Gruppennormen hat eine unterstützende Wirkung auf die Entwicklung sicherer Gewohnheiten (Hale & Else, 1984).

Sicheres Arbeiten muß wie jede andere Fertigkeit erlernt werden. Der Lernprozeß wird über die Rückmeldung von Erfolg und Mißerfolg in Hinblick auf das zu erreichende Ziel gefördert (Burkhardt 1981). Verschiedene Rückmeldetechniken stehen zur Verfügung und werden mit Erfolg eingesetzt, u. a. zur Verbesserung des Trageverhaltens von Gehörschutz (Zohar et al., 1980) oder zum richtigen Heben und Tragen von Patienten (Alavosius & Sulzer-Azaroff, 1986). Einen zusammenfassenden Überblick über den Stand und die Methoden der psychologischen Arbeitssicherheitsforschung geben Hale und Glendon (1987) und Hoyos und Zimolong (1988).

Literatur

Alavosius, M. P. & Sulzer-Azaroff, B. (1986). The effect of performance feedback on the safety of client lifting and transfer. Journal of Applied Behavior Analysis, 19, 261–268.
Burkardt, F. (1981). Information und Motivation zur Arbeitssicherheit. Wiesbaden: Universum.
Embrey, D. E., Humphreys, P. C., Rosa, E. A., Kirwan, B. & Rea, K. (1984). SLIM-MAUD: An approach to assessing human error probabilities using structured Expert Judgment. US Nuclear Regulatory Commission Report, NUREG/CR 3518, Vol. 1 & 2, New York: Brookhaven National Laboratories, Upton.
Hacker, W. (1973). Allgemeine Arbeits- und Ingenieurpsychologie. Bern: Huber 1978.
Hale, A. R. (1984). Safety training worthwhile? Journal of Occupational Accidents, 6, 17–33.
Hale, A. R. (1987). Subjective risk. In W. T. Singleton & J. Hovden (Eds.): Risks and decisions (pp. 67–85). Chichester: Wiley.
Hale, A. R. & Else, D. (1984). The role of training and motivation in a successful personal protective equipment program. Toronto (Ontario): Second Conference on Protective Equipment. Canadian Centre for Occupational Health and Safety. Hamilton.
Hale, A. R. & Glendon, A. I. (1987). Individual behavior and the control of danger. Amsterdam: Elsevier.
Hale, A. R. & Perusse, M. (1977). Attitudes to safety: Facts & assumptions. In J. Phillips (Ed.): Safety at work. SSRC Conference-Papers No. 1 (pp. 73–86). Oxford: Centre for Socio-legal Studies: Wolfson College.
Hammer, W. (1972). Handbook of system and product safety. Englewood Cliffs. NJ: Prentice Hall.
Hoyos, C. Graf (1980). Psychologische Unfall- und Sicherheitsforschung. Stuttgart: Kohlhammer.
Hoyos, C. Graf & Zimolong, B. (1988). Occupational safety and accident prevention. Amsterdam: Elsevier.
Human Factors Society (1983). Critical factors issues in nuclear power regulation and a recommended comprehensive human factors long-range plan. Washington DC.: US Nuclear Regulatory Commission Report, NUREG/CR 2833.
Johnson, W. G. (1975). MORT – The Management Oversight and Risk Tree. Journal of Safety Research, 7, 4–15.
Kjellen, U. (1984). The deviation concept in occupational accident control-I, definition and classification. Accident Analysis & Prevention, 16 (4), 289–306.
Kuhlmann, A., et al. (1981). Einführung in die Sicherheitswissenschaft. Köln: Verlag TÜV Rheinland.
Leplat, J. (1978). Accident analysis and work analysis. Journal of Occupational Accidents, 1, 331–340.
McKenna, F. (1983). Accident proneness: A conceptual analysis. Accident Analysis & Prevention, 1, 65–71.
Rasmussen, J. (1983). Skills, rules and knowledge: Signals, signs and symbols and other distinctions in human performance models. IEEE Transactions on Systems, Man and Cybernetics, 3, 266–275.
Schmidtke, H. (1981). Lehrbuch der Ergonomie. 2. bearb. erg. Aufl. München: Hanser.
Segger, R. & Zimolong, B. (1982). Möglichkeiten zur Verhinderung von Absturzunfällen. Heft 314. Bremerhaven: Wirtschaftsverlag NW.
Skiba, R. (1985). Taschenbuch der Arbeitssicherheit. Bielefeld: Schmidt.
Swain, A. D. & Guttmann, H. E. (1983). Handbook of human reliability analysis with emphasis on nuclear power plant applications. Washington DC.: Sandia National Laboratories, NUREG/CR-1278, Nuclear Regulatory Commission.

Wilde, G.J. & Kunkel, E. (1984). Die begriffliche und empirische Problematik der Risikokompensation. Zeitschrift für Verkehrssicherheit, 2, 52–61.

Zimolong, B. (1985). Hazard perception and risk estimation in accident causation. In R. E. Eberts & C. G. Eberts (Eds.): Trends in ergonomics/human factors (pp. 463–470). Amsterdam: Elsevier.

Zimolong, B. (1986). Evaluation of expert systems for decision support. In G. Debus & H.-W. Schroiff (Eds.): The psychology of work and organization (pp. 73–81). Amsterdam: Elsevier.

Zohar, D., Cohen, A. & Azar, N. (1980). Promoting increased use of ear protectors in noise through information feedback. Human Factors, 22, 69–79.

Bernhard Zimolong, Bundesrepublik Deutschland, und
Andrew R. Hale, Großbritannien

21. Arbeitszeit

21.1 Einführung

Die normale Arbeitszeit von Vollzeit-Beschäftigten beträgt in den meisten Industrieländern fünf Tage der Woche, ungefähr 8 Stunden pro Tag und 36 bis 42 Stunden pro Woche (nicht am Wochenende). Normalerweise liegen Beginn der Arbeit, Mittagessen, Arbeitsende und Heimfahrt zu festgelegten Zeiten irgendwo zwischen morgens 6.00 Uhr und 19.00 Uhr abends. Wenn man die Führungskräfte und Beschäftigten aber fragt, warum eine bestimmte „Arbeitszeitordnung" (AZO, engl.: „Working Time Arrangement", WTA) eingeführt wurde, sind viele etwas überrascht. Viele nehmen die gültige AZO als gegeben hin und meinen, daß ähnliche Arbeitszeitstrukturen bereits seit langem gelten; genauso ist es auch bei Schichtarbeitszeiten.

Eigentlich ist diese Meinung aber keineswegs gerechtfertigt. AZOs haben sich im Verlauf der Zeit erheblich verändert (Scherrer, 1981). Im Grunde sind die heute gültigen AZOs eher willkürlich, auch wenn die Beschäftigten sich im allgemeinen kaum über mögliche Alternativen im klaren sind.

Im vorliegenden Artikel diskutieren wir zunächst einige alternative AZOs. Die empirische psychologische Forschung in diesem Gebiet ist allerdings sehr schmal. Danach werden wir Hauptprobleme zur Beziehung zwischen Arbeit und „Nicht-Arbeit" behandeln. Abschließend werden zukünftige Forschungsaufgaben zu verschiedenen AZOs vorgestellt.

21.2 Verschiedene Arbeitszeitordnungen

Es gibt ganz unterschiedliche Gründe für die Einführung verschiedenartiger AZOs (Thierry & Jansen, 1984). Sowohl die Interessen der Unternehmer und Führungskräfte (etwa flexible Anpassung der Arbeitskapazität an Veränderungen der Nachfrage), als auch arbeitnehmerorientierte Zielsetzungen (z. B. Erweiterung der Selbstbestimmung der Arbeiter) lassen sich unterscheiden. Einige beziehen sich auf gesellschaftliche Probleme (wie z. B. Verbesserung der Balance zwischen Arbeit und Freizeit) und andere konzentrieren sich auf spezielle Gruppen von Beschäftigten (z. B. Teilzeitarbeitskonzepte für Behinderte). Abb. 1 zeigt ein Diagramm, mit dem verschiedene Arbeitszeitordnungen rasch und anschaulich dargestellt werden können.

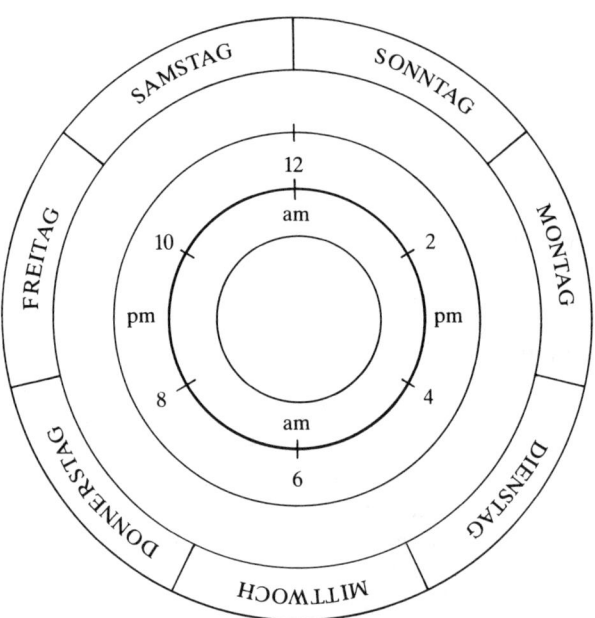

Abb. 1: Schaubild für verschiedene Arbeitszeitordnungen. (Zur anschaulichen Darstellung der Arbeitszeit an einem Tag wird zunächst der Wochentag auf dem äußeren Ring hervorgehoben. Dann wird auf dem zweiten Ring der Zeitraum von Beginn und Ende der Arbeitszeit eingezeichnet. Abschließend wird markiert, ob der Arbeitsbeginn vormittags – am – oder nachmittags – pm – liegt.)

Gleitzeitarbeit ermöglicht, daß die Beschäftigten teilweise selbst entscheiden können, wann sie die Arbeit beginnen, die Mittagspause nehmen und nach Hause fahren. Normalerweise werden Kernzeiten festgelegt, in denen Anwesenheit am Arbeitsplatz Pflicht ist, z. B. zwischen 9.00 bis 12.00 und 14.00 bis 16.00 Uhr. Oft wird auf positive Erfahrungen nach der Fachliteratur verwiesen, es gibt aber nur wenige Untersuchungen dazu. Bei zwei Untersuchungen verbesserten sich die

Einstellungen der Beschäftigten, wobei sich keine Veränderungen bei den Leistungen zeigten (Schein, Maurer & Novak, 1977; Orpen, 1981). Ralston, Anthony und Gustafson (1985) fanden nur dann signifikante Leistungsverbesserungen, wenn sich die Beschäftigten Arbeitsgeräte konkurrierend teilen mußten (z. B. Zugang zu Computerterminals).

Bei *komprimierten Arbeitstagen oder -wochen* müssen pro Tag mehr als die üblichen 8 Arbeitsstunden gearbeitet werden, verbunden mit weniger Arbeitstagen pro Woche. In manchen Fällen entspricht die Betriebszeit der Firma diesem Zeitrahmen, in den meisten anderen ist Schichtarbeit erforderlich, um den Betrieb der Firma für 5 bis 7 Tage aufrechtzuerhalten. Oft wird befürchtet, daß kontinuierliche Arbeitszeiten von insgesamt 10 bis 12 Stunden zu einer inakzeptablen Zunahme der Ermüdung der Beschäftigten führen. Bisher fehlen aber ausreichende Untersuchungen dazu (Tepas, 1985). Invancevich und Lyon (1977) zeigen, daß Arbeitszufriedenheit und Leistung langfristig unter solchen Bedingungen abnehmen können.

Teilzeitarbeit ist anscheinend weiter verbreitet als die beiden voranstehenden AZOs. Sie kann sich auf die Zahl der Arbeitsstunden pro Tag, pro Woche, pro Jahr oder auf das gesamte Arbeitsleben beziehen. Sie kann einzelne oder mehrere Beschäftigte betreffen, zwischen denen die Arbeit geteilt wird (z. B. geteilte Arbeit „job sharing") oder „Zwillingsarbeit". Es gibt aber auch Formen, in denen nur die minimale und maximale Stundenzahl für eine bestimmte Zeitperiode vorgegeben wird. – In der Europäischen Gemeinschaft gilt eine Arbeitswoche von weniger als 25 Stunden als Teilzeitarbeit. – Erfahrungen in verschiedenen Ländern zeigen, daß Teilzeitarbeit vorwiegend bei Arbeitstätigkeiten auf unteren Ebenen möglich ist.

Überstunden gibt es immer dann, wenn die Arbeitszeit länger ist, als dies im Arbeitsvertrag vereinbart wurde. Besondere Beachtung verdienen die Forschungsarbeiten von Baird und Beccia (1980), wonach Überstunden negative Auswirkungen für Organisationen haben können. Sie fanden beispielsweise eine negative Korrelation zwischen der Menge der geleisteten Arbeit und der durchschnittlichen Zahl der Überstunden (pro Beschäftigte/r).

Schichtarbeit ist weiter verbreitet, als jede der voranstehend genannten AZOs. Hierzu zählt jede Form regelmäßiger Arbeit am Abend und/oder in der Nacht und in manchen Fällen auch am Wochenende. Inzwischen gibt es eine mehrjährige und zahlreiche weitere Forschungsarbeiten zu diesem Thema (→ *Schichtarbeit* und → *„Projekt Schichtarbeit"*).

21.3 Arbeitszeitordnungen und Nicht-Arbeitszeit

Oberflächlich betrachtet, sind Arbeitszeit und „Nicht-Arbeitszeit" einander einfach komplementär: je länger die berufliche Arbeits(-bezogene)zeit, desto weniger Zeit bleibt sowohl für Schlafen und Essen, als auch für Erholungszeitaktivitäten. Beide Bereiche hängen in einfacher quantitativer Weise voneinander ab.

Sowohl in der Theorie, als auch nach empirischen Untersuchungen ist diese Beziehung jedoch viel komplexer und beinhaltet gleichzeitig verschiedene grundlegende qualitative Komponenten.

Betrachten wir z. B. die Verringerung der durchschnittlichen Arbeitswoche von 40 auf 38,5 Stunden einmal genauer. Wird die zusätzliche freie Zeit von 1,5 Stunden Auswirkungen auf die Struktur der Erholungszeit haben? Nicht unbedingt. Eine tägliche Verringerung der Arbeitszeit um 18 Minuten wird keine oder kaum irgendwelche Konsequenzen haben. Ein freier Freitag Nachmittag alle 14 Tage hätte dagegen normalerweise deutliche Auswirkungen. Demnach kommt es darauf an, die jeweilige Einteilung der Arbeit und der freien Zeit zu betrachten.

Wie Boulin et al. (1983) feststellen, ist es wenig sinnvoll, von einem vollkommen homogenen Zeitkontinuum auszugehen, das sich einfach in Arbeits- und Nicht-Arbeitskomponenten einteilen läßt. Zeiteinteilungen haben einschneidende ökonomische, soziologische, physiologische und psychologische Auswirkungen. Bezüglich der letzteren werden drei Ansätze zur Beschreibung der Beziehungen zwischen Arbeit und Nicht-Arbeitsbereich unterschieden. Der erste Ansatz konzentriert sich dabei auf *zentrale oder periphere Merkmale* des Individuums (ähnlich wie „zentrale Lebensinteressen"), die sowohl innerhalb wie außerhalb der Arbeit bestehen können. Es gibt drei allgemeine Hypothesen zum Verhältnis von Arbeit und Nicht-Arbeitszeit (Kabnoff, 1980; Thierry & Jansen, 1984 → *Freizeit und Familie*):

1. *Kompensatorische Beziehungen:* Hier wird angenommen, daß Merkmale, die in einem Bereich eine starke Rolle spielen – wie z. B. Autonomie, enge soziale Beziehungen, Verantwortungsgefühl – zum Ausgleich dafür im anderen Bereich eine geringe Bedeutung haben und umgekehrt. Gegenseitige Kompensation bedeutet beispielsweise, daß zentrale Bedürfnisse oder Merkmale, für deren Entfaltung die Arbeitstätigkeit nur geringe Möglichkeiten bietet, außerhalb der Arbeit zum Ausdruck kommen. „Reaktive Kompensation" bezeichnet eine herausfordernde Arbeit, während der „Nicht-Arbeitsbereich" diesbezüglich nur wenig Bedeutung hat.
2. *Generalisierung (englisch: spill-over):* Nach dieser Hypothese korrelieren die Merkmale in beiden Bereichen. „Passives spill-over" bedeutet Passivität in der Arbeit und Nicht-Arbeit, „aktives spill-over" bezieht sich auf hohe Aktivität in beiden Bereichen.
3. *Unabhängigkeit:* Nach dieser Hypothese gibt es keine Beziehungen zwischen beiden Bereichen. Auf individueller Ebene sind beide psychologisch „abgegrenzt".

Forschungsergebnisse zeigen, daß die Kompensationshypothese nicht oft anwendbar ist, dabei sind allerdings die Auswirkungen vieler moderierender Faktoren zu beachten. Es ist möglich, daß es Gruppen von Beschäftigten gibt, die relativ konsistent dem einen oder anderen hypothetischen Modell zugeordnet werden können, aber auch, daß die Zusammenhänge sich zusammen mit den jeweils untersuchten Merkmalen verändern (→ *Freizeit und Familie*).

Die zweite Hypothese betont den Grad der *Durchlässigkeit* zwischen beiden Bereichen (van de Vliert & Girondo, 1987). So kann die Freizeit den Arbeitsbereich beeinflussen oder in ihn „hineinwachsen", wenn beispielsweise ein Beschäftigter während der Arbeit an seine Hobbys denkt. Umgekehrt können Arbeitstätigkeiten den Umfang und die Verteilung der freien Zeit beeinflussen und in sie eindringen, wenn beispielsweise Arbeit mit nach Hause genommen wird. Einfluß- und Moderatorfaktoren, die zusätzlich zu AZOs wirksam sind, sollten zwar intensiver analysiert werden, nach dieser Hypothese wird aber die Auffassung in Frage gestellt, daß beide Bereiche in einander ausschließenden Rahmenbedingungen verankert sind.

Die dritte Hypothese bezieht sich auf das Ausmaß, in dem eine gegenseitige *Beeinflussung* auftreten kann. Forschungsergebnisse zeigen, daß die Nützlichkeit oder der Grad der Zufriedenheit mit der (Frei-)Zeit keine Konstanten sind. Sie hängen von der Tageszeit ab, (z. B. Morgen im Unterschied zum Abend), vom Wochentag (Arbeitstag im Unterschied zum Wochenende) usw. Ein Angler wird z. B. freie Zeit am frühen Morgen bevorzugen, der Fernseh*süchtige* zieht dagegen den Abend oder die Nacht vor. Dementsprechend kann die AZO die Freizeitmöglichkeiten beeinflussen (Ernst, 1984).

Die zuletzt beschriebene Hypothese ist Grundlage für 13 von Jansen (1987) entwickelte Kriterien als Kern einer umfassenderen Theorie der AZOs. Viele AZOs, vor allem Schichtarbeitsbedingungen (vgl. → *Schichtarbeit*) und unregelmäßige Arbeit, interferieren mehr oder weniger mit den Nachtschlafstunden (s. auch Åkerstedt, 1985). Im allgemeinen resultieren zwei Arten von Störungen: verringerte Schlafenszeit und geringere Schlafqualität. Um das Wohlbefinden der Beschäftigten positiv zu beeinflussen, sollten AZOs optimale *Möglichkeiten der nächtlichen Erholung* geben. Da gehäufte Schlafdefizite die Gesundheit der Beschäftigten beeinträchtigen, sollten AZOs *konstante Erholung in der Nacht* gewährleisten. Praktisch bedeutet dies, daß bereits nach wenigen aufeinanderfolgenden Nachtschichten ungestörte Nachtschlafphasen folgen sollten. Weitere Kriterien beziehen sich auf Möglichkeiten oder konstante Bedingungen der Erholung, Aktivitäten in der Familie und Haushaltsaufgaben. Zusammengenommen, ermöglichen derartige Kriterien die Gestaltung von AZOs zur Verringerung von negativen Interferenzen.

21.4 Hauptfelder der Forschung

Die zukünftige Forschung über verschiedenartige AZOs sollte in mehreren Bereichen weitergeführt werden (vgl. Thierry & Jansen, 1984, 1986). Erstens sind Längsschnittstudien erforderlich – unter Einbezug sowohl von Vor- und Nachtestmessungen, als auch Kontrollgruppenanordnungen – in denen die relative Effektivität der AZO sowohl im Hinblick auf die Interessen der Organisationsleitung als auch der Beschäftigten untersucht wird. Verbunden damit sollten zweitens Merkmale der Organisation analysiert werden, die mit Beeinträchtigungen oder Vorzügen spezifischer oder alternativer AZOs zusammenhängen. In bürokratischen Organisationen, in denen es keine Konkurrenz um knappe Arbeitsmittel gibt, wären beispielsweise flexibel gestaltete Arbeitszeiten anscheinend nicht sehr effektiv. Ebenso könnten bestimmte personenbezogene Merkmale – wie Erholzeitstrukturen, Familiengröße usw. – besser zu bestimmten AZOs passen als andere. Drittens sollten die Beziehungen zwischen Arbeit und Nicht-Arbeitsbereichen sowohl für verschiedene Gruppen von Beschäftigten (und Arbeitslosen) und für verschiedene zentrale und periphere Merkmale analysiert werden. Viertens wird mehr Forschung über die Nützlichkeit von mehr Zeit benötigt.

Zusätzlich zu den bereits vorher angesprochenen Aspekten ist darauf hinzuweisen, daß Unternehmenskulturen genauso wie überregionale und internationale Kulturen eine große Bedeutung für die Nützlichkeit und Schädlichkeit von mehr Zeit haben können.

Fünftens sollte die Auswirkung der AZOs auf Beschäftigte analysiert werden, die ihrer Arbeit unterschiedliche Bedeutung beimessen.

Nicht zuletzt ist hervorzuheben, daß wir bis heute wenig über die Beziehung zwischen Arbeits- (und Nicht-Arbeits-)zeit und der Qualität und Quantität der Arbeitsleistungen der Beschäftigten wissen.

Literatur

Åkerstedt, T. (1985). Adjustment of physiological circadian rhythms and the sleep-wake cycle to shift work. In: S. Folkard & T. H. Monk (Eds.), Hours of work. Chichester: Wiley.
Baird, L. S. & Beccia, P. J. (1980). The potential misuse of overtime. Personnel Psychology, 33, 557–565.
Boulin, J. Y., Huiban, J. P., Loos, J. & Rosanvallon, P. (1983). Survey of research work on the interrelationship between working time and leisure time in Europe. Dublin: European Foundation for the Improvement of Living and Working Conditions.
Ernst, G. (1984). Die Interferenz von Arbeit und Freizeit bei verschiedenen Arbeitszeitsystemen. Frankfurt: P. Lang.
Ivancevic, J. M. & Lyon, H. L. (1977), The shortened workweek: a field experiment. Journal of Applied Psychology, 62, 34–37.
Jansen, B. (1987). Dagdienst en ploegendienst in vergelijkend perspektief (Daywork and shiftwork compared). Lisse: Swets & Zeitlinger.
Kabanoff, B. (1980). Work and nonwork: a review of models, methods, and findings. Psychological Bulletin, 88, 60–77.
Orpen, C. (1981). Effect of flexible working hours on employee satisfaction and performance: a field experience. Journal of Applied Psychology, 66, 113–115.
Ralston, D. A., Anthony, W. P. & Gustafson, D. J. (1985). Employees may love flextime, but what does it do to the organization's productivity? Journal of Applied Psychology, 70, 272–279.
Schein, V. E., Maurer, E. H. & Novak, J. F. (1977). Impact of flexible working hours on productivity. Journal of Applied Psychology, 62, 463–465.
Tepas, D. I. (1985). Flextime, compressed workweeks and other alternative work schedules. In: S. Folkard, T. H. Monk (Eds.), Hours of work. Chichester: Wiley.
Thierry, H. & Jansen, B. (1984). Work and working time. In: P. J. D. Drenth, H. Thierry,

P. J. Willems et al. (Eds.), Handbook of work and organizational psychology. Chichester: Wiley.

Thierry, H. & Jansen, B. (1986). Intervention studies: opportunities and limitations. In: M. Haider, M. Koller & R. Cervinka (Eds.), Night and shift-work: longterm effects and their prevention. Frankfurt: P. Lang.

Vliert, E. van de, & Girondo, M. (1987). Work perceptions and leisure commitments in amateur boatbuilders: the permeability of time spheres. Perceptual and Motor Skills, 64, 243–251.

Henk Thierry und Ben Jansen,
Niederlande

22. Arbeitszufriedenheit

22.1 Arbeitszufriedenheit: Konzepte und Messung

Die Arbeitszufriedenheit (AZ) wird als wichtiger Indikator für die Qualität des Arbeitslebens betrachtet, was nicht zuletzt auch die große Anzahl von Arbeiten aus den vergangenen drei Jahrzehnten zu diesem Thema unterstreicht. Dieser Fülle entspricht eine Vielzahl von *AZ-Definitionen:* AZ wird als „Bedürfnisbefriedigung", als „aufgehobene Soll-Ist-Differenz", als das „Erreichen bestimmter Werte" begriffen, oder als „Gleichgewichtszustand", als „Einstellung zu Aspekten der Arbeit" usw. (z. B. Neuberger & Allerbeck 1978). Viele dieser AZ-Definitionen sind mit bestimmten Motivationstheorien (→ *Arbeitsmotivation*) verknüpft. Dabei können sog. inhaltsbestimmte (v. a. bedürfnisorientierte) von stärker formalisierten (v. a. kognitiv orientierten), „inhaltsunabhängigen"Konzepten unterschieden werden. Erstere sind häufig verbunden mit der Motivationstheorie von Maslow oder mit der Zweifaktorentheorie von Herzberg, während sich die kognitiv orientierten Konzepte z. B. auf das Valenz-Instrumentalitäts-Erwartungs (VIE)-Modell von Vroom beziehen. Ansätze einer theoretischen Einbettung von AZ in ein *Konzept von Tätigkeit* (→ *vollständige vs. unvollständige Arbeitstätigkeiten,* → *Arbeit*), das sowohl die Motiv- wie auch die Tätigkeitsbezogenheit von Arbeit einschließt, wie dies bei Leontjew (1982) der Fall ist, finden wir bis heute jedoch nicht (Büssing 1989). Eine der Schwierigkeiten der Definition von AZ besteht auch in der Abgrenzung von verwandten Konstrukten wie der Arbeitsmoral oder des Arbeits- und Organisationsklimas (→ *Organisationsklima*) (Payne et al. 1976).

Die *Messung* der AZ erfolgt fast ausschließlich über Fragebogen zur Einzel- oder Gesamt-AZ, die überwiegend am Einstellungskonzept orientiert sind und die impliziten Theorien von Arbeit und AZ ihrer Konstrukteure zum Ausdruck bringen (Neuberger 1985). Neben einer Vielzahl von spezifischen, meist wenig verbreiteten Instrumenten existieren einige standardisierte, normorientierte Fragebogen, wie z. B. der *Arbeitsbeschreibungsbogen* (ABB) von Neuberger & Allerbeck (1978), die sich in der Praxis großer Beliebtheit erfreuen. Im Unterschied zu globalen AZ-Skalen messen jedoch der ABB u. ä. Fragebogen mehrdimensional, d. h. sie umfassen Skalen zu unterschiedlichen Aspekten der Arbeit wie Arbeitsbedingungen, Tätigkeit, Kollegen, Bezahlung etc. Ein interessantes Skaliermodell der AZ-Messung hat kürzlich Borg (1987) mit einem individuenzentrierten, hierarchischen Ansatz vorgelegt.

22.2 Arbeitszufriedenheit: Quantität, Qualität oder Artefakt?

Die vielfältigen Ergebnisse der AZ-Forschung zeigen häufig inkonsistente und instabile sowie schwache oder allenfalls moderate Beziehungen der AZ zu vermeintlichen Ursachen und Folgen auch dann, wenn Moderatorvariablen Berücksichtigung finden. Dies zeigt sich z. B. bei Zusammenhangsanalysen von AZ mit demographischen und Leistungsvariablen, aber auch mit Variablen wie Fehlzeiten, Fluktuation (→ *Arbeitsabwesenheit und Fluktuation*) oder Lebenszufriedenheit (vgl. Bruggemann et al., 1975; Büssing, 1983; Locke, 1976, 1984; Neuberger, 1974, 1985; v. Rosenstiel, 1975). Die Mehrzahl der Korrelationen liegt dabei deutlich unter 0.5 und erklärt somit zumeist erheblich weniger als 25% gemeinsamer Varianz. Darüberhinaus ermitteln AZ-Studien durchweg 70% und mehr „Zufriedene". Dieser hohe Anteil „Zufriedener" erscheint angesichts oftmals unzureichender Arbeitsbedingungen (→ *Belastung und Beanspruchung am Arbeitsplatz*) und in Anbetracht negativer Arbeitnehmeräußerungen am Rande der eigentlichen Befragungen allerdings wenig glaubwürdig, weshalb dies unter Begriffen wie: „Schein und Wirklichkeit", „Artefakt" u. ä. diskutiert wird (vgl. Büssing 1985). Gemeinsam ist diesen Erörterungen v. a., daß die Einbeziehung bisher unberücksichtigter Faktoren, wie Dynamik und Prozeß der AZ-Entwicklung sowie – zusammenhängend damit – unterschiedlicher Qualitäten von AZ gefordert wird.

Die Unterscheidung verschiedener *Typen von AZ* geht auf Bruggemann et al. (1975) zurück. Aufgrund von Übereinstimmungen bzw. Differenzen zwischen Soll-Werten (Ansprüche etc.) der Arbeitenden und Ist-Werten (Arbeitssituation) sind nach Bruggemann et al. (1975) entweder Anspruchsniveaukonstanz oder -veränderungen möglich, auf die ein bestimmtes Problemlöseverhalten folgt. In Abhängigkeit vom jeweiligen Anspruchsniveau- und Problemlöseverhalten postulieren sie das Entstehen sechs verschiedener Typen von Arbeitszufriedenheit bzw. Arbeitsunzufriedenheit (AUZ), die sie als progressive, stabile, resignative und Pseudo-AZ sowie als konstruktive und fixierte AUZ beschreiben. Um dieses Konzept abzubilden, entwickelten sie einen *AZ-Kurzfragebogen* (AZK). Trotz verschiedener Einwände gegen die Fragebogenerhebung eines dynamischen AZ-Konzeptes konnten Clusteranalysen solcher AZK-Fragebogendaten in verschiedenen Untersuchungen die Gültigkeit der meisten AZ-Typen prinzipiell bestätigen (Büssing 1985). Der dabei durchschnittlich ermittelte Anteil von allein mehr als einem Drittel resignativer AZ in diesen Untersuchungen bietet auch eine Erklärung für die o. g. hohen AZ-Quoten, die mit herkömmlichen Konzepten und Messungen beobachtet wurden.

Das Zustandekommen der *hohen AZ-Quoten* wird also unterschiedlich erklärt. Die Positionen, die die hohen AZ-Quoten außer durch resignative Tendenzen vorrangig über psychologisch bedingte Phänomene (z. B. kognitive Konsistenz) bei der Einstellungsbildung erklären, übersehen, daß es sich bei widersprüchlichem Bewußtsein hinsichtlich der Arbeit nicht primär um inkonsistente Einstellungen handelt, sondern, daß diese Inkonsistenzen sehr häufig als ambivalente Äußerungen auf dem Hintergrund einer widersprüchlichen Arbeitsrealität verstanden werden müssen. Dieser Sachverhalt läßt sich wesentlich auf die objektive Entfremdung in der Arbeit im Sinne der materialistischen Tradition zurückführen. Die Entfremdung besteht sowohl gegenüber dem ideellen oder materiellen Produkt als auch gegenüber dem Prozeß der Tätigkeit selbst und kann in ihrem Ergebnis zur Verdinglichung führen – eine Verdinglichung, mit der „Produkten und Resultaten der menschlichen Produktion und Interaktion – die somit *sozialen* Charakter haben – (...) ein autonomer, quasi dinghafter Charakter zugesprochen (wird)" (Groskurth, 1974, S. 287). Dies tritt in der konkreten Arbeit häufig in der Gestalt von sog. *Sachzwängen* auf. Diese Sachzwänge werden in AZ-Untersuchungen kaum thematisiert. Sie werden jedoch nur auf dem Hintergrund der objektiven Arbeitssituation verständlich. Es ist daher notwendig, in AZ-Erhebungen auch die *objektive Arbeitssituation* und insbesondere die *Kontrollmöglichkeiten* der Arbeitenden im Sinne von Tätigkeits-, Handlungs- und Entscheidungsspielräumen (→ *Kontrolle und Tätigkeitsspielraum*) mit zu erfassen. Denn nur wenn Kontroll- und Veränderungsspielräume für den Arbeitenden tatsächlich erkennbar werden, läßt sich das Sachzwangdenken verdeutlichen. Faßt man die Kritiken am theoretischen und methodologischen Defizit der AZ-Forschung zusammen, so sind v. a. drei Hauptaspekte zu nennen: (1) Es fehlt ein theoretisch fundierter Begriff von AZ, der sowohl die Motiv- als auch die Tätigkeitsbezogenheit einschließt, (2) es mangelt an einer interaktionistischen Sicht von Arbeit und Arbeitendem (→ *berufliche Sozialisation*), und – damit verknüpft – es wird (3) der Prozeß der AZ-Entwicklung und verbunden damit auch die Unterscheidung verschiedener Typen von AZ vernachlässigt.

22.3 Fortschritte der Arbeitszufriedenheitsforschung

Die herkömmliche AZ-Forschung ist in einer Sackgasse. Auswege daraus können insbesondere von einer besseren theoretischen Fundierung erwartet werden, sowie von einer methodischen Umorientierung, d. h. vom Einsatz → *qualitativer Methoden* (v. a. offener → *Interviews*). Über eine qualitative Methode kann dem Arbeitenden ermöglicht werden, bestehende Veränderungs- und Handlungsspielräume sowie Widerspruchsebenen in seiner Arbeit darzustellen, um somit AZ-Äußerungen auf diesem Hintergrund zu treffen. Anstelle der AZ-Messung durch vorgegebene „Entweder-Oder-Entscheide" im Fragebogen rückt mittels der Erhebung in offenen Interviews die „Herstellung" von AZ in einer nicht abgeschlossenen, nach Möglichkeit wiederholten, sich über einen längeren Zeitraum erstreckenden, aktiven Auseinandersetzung in den Vordergrund. Ein qualitatives Vorgehen soll zudem die Möglichkeit eröffnen, im Gespräch mittels Perspektivenwechsel Ambivalenzen als Resultat widersprüchlicher Realitäten am Arbeitsplatz zu thematisieren und ggf. Sachzwängen zu verdeutlichen. Mit der qualitativen Methode in der AZ-Messung könnte auch das Verhältnis von Arbeit und Freizeit (→ *Freizeit und Familie*), im Sinne von Nichterwerbsarbeit, bzgl. der AZ anders betrachtet werden. Man wäre nicht mehr auf die Interpretation moderater Korrelationen von AZ und Lebenszufriedenheit z. B. unter Zuhilfenahme von Arbeitsorientierungen angewiesen. Vielmehr ließe sich der subjektive Bedeutungsgehalt von Arbeit und ihre Stellung im Gefüge der zentralen Lebensinteressen über „alltägliche Vorstellungsmuster" des Verhältnisses von Arbeit und Freizeit erfassen, die bekanntlich eine hohe Bedeutung für die Dynamik von AZ haben. Die *quantitative Methode* in der AZ-Messung sollte dabei keineswegs aus dem Blick geraten. Sie könnte etwa verstärkt als Screening-Möglichkeit im Vorfeld sowie als Ergänzung qualitativer Messung dienen, wobei jedoch eine valide Interpretation ihrer Resultate nur auf dem Hintergrund der ebenfalls erfaßten Arbeitssituation, insbesondere der Veränderungs- und Handlungsspielräume, möglich erscheint. Letztlich ist es jedoch eine Theorie der Arbeitstätigkeit (s. o.), die den Weg zu einer Theorie der AZ eröffnen muß, um den genannten Forschungsperspektiven einen strukturellen Rahmen zu geben, in dem sich ihre Bemühungen konsequenter bewegen können.

Literatur

Borg, I. (1987). Arbeitszufriedenheit, Arbeitswerte und Jobauswahl: Ein hierarchischer, individuenzentrierter Ansatz. Zeitschrift für Sozialpsychologie 19, 28–39.
Bruggemann, A., Groskurth, P. & Ulich, E. (1975). Arbeitszufriedenheit. Bern: Huber.
Büssing, A. (1983). Arbeitssituation und Arbeitszufriedenheit. Ein theoretischer und methodischer Beitrag zur Kontroverse um die Bedeutung der Arbeitssituation für die Arbeitszufriedenheit. Kölner Zeitschrift für Soziologie und Sozialpsychologie, 35, 680–708.
Büssing, A. (1985). Arbeitszufriedenheit – ein Artefakt? Eine Kritik der Arbeitszufriedenheitsforschung. Forschungsberichte aus dem Fachbereich Psychologie der Universität Osnabrück, Nr. 47. Osnabrück.
Büssing, A. (1989). Dynamik und Struktur von Arbeitszufriedenheit. Konzeptuelle und methodische Überlegungen zu einer Untersuchung verschiedener Typen von Arbeitszufriedenheit. In: L. Fischer (Hg.): Arbeitszufriedenheit – Beiträge zur theoretischen und praxeologischen Fortentwicklung eines umstrittenen Konzeptes. Göttingen: Hogrefe.
Groskurth, P. (1974). Arbeitszufriedenheit als normatives Problem. Arbeit und Leistung 11, 285–288.

Leontjew, A. N. (1982). Tätigkeit, Bewußtsein, Persönlichkeit. Köln: Pahl-Rugenstein.
Locke, E. A. (1976). The nature and causes of job satisfaction. In: Dunnette, M. D. (Ed.): Handbook of industrial and organizational psychology. New York: Wiley, 1297–1351.
Locke, E. A. (1984). Job satisfaction. In: Gruneberg, M. & Wall, T. (Eds.): Social psychology and organizational behavior. Chichester: Wiley, 93–118.
Neuberger, O. (1974). Messung der Arbeitszufriedenheit. Stuttgart: Kohlhammer.
Neuberger, O. (1985). Arbeit. Stuttgart: Enke.
Neuberger, O. & Allerbeck, M. (1978). Messung und Analyse von Arbeitszufriedenheit. Erfahrungen mit dem „Arbeitsbeschreibungs-Bogen (ABB)". Bern: Huber.
Payne, R., Fineman, S. & Wall, T. (1976). Organizational climate and job satisfaction: conceptual synthesis. Organizational Behavior and Human Performance 16, 45–62.
Rosenstiel, L. v. (1975). Die motivationalen Grundlagen des Verhaltens in Organisationen – Leistung und Zufriedenheit. Berlin: Duncker & Humblot.

André Büssing,
Bundesrepublik Deutschland

23. Arbeits- und Aufgabenanalyse

23.1 Einleitung

In seinem Buch über Mensch-Maschine-Systeme schlug Singleton (1974, S. 56) vor, den Begriff „Aufgabe" in einem arbeits- oder systemorientierten Sinn und den Begriff „Job" mit Ausrichtung auf den menschlichen Arbeiter zu benutzen. In Frankreich wird gewöhnlich der Ausdruck „psychologische Arbeitsanalyse" oder einfacher „Arbeitsanalyse" benutzt. Er umfaßt die beiden von Singleton unterschiedenen Aspekte. Die Arbeitsanalyse blickt auf eine lange Geschichte zurück, und die wichtigsten Autoren der Arbeits- und Organisationspsychologie haben auf diesem Gebiet publiziert, einige in Form eines Buchkapitels, andere in Form eines eigenständigen Buches (z. B. Ombredane & Faverge, 1955). Dieses Interesse läßt sich durch die zentrale Rolle erklären, die diese Analyse für Interventionen, die mit der Psychologie assoziiert sind, spielt → *Ausbildung, Training und Qualifizierung*, Personalmanagement, Ergonomie, etc.:

Die Effizienz dieser Interventionen hängt im wesentlichen von einer genauen Kenntnis der Arbeitssituation, Aufgaben und Arbeitsplatzmerkmale ab. Ein Merkmal, das Arbeits- von Laborsituationen unterscheidet, ist auch für die Arbeitsanalyse bedeutsam. Der Experimentator gestaltet Laborsituationen ausgehend von den zu testenden Hypothesen, während Arbeitssituationen dem Untersucher vorgegeben werden, ohne daß er sie gestalten oder wesentlich verändern kann. Es gilt daher, die Eigentümlichkeiten der Situation zu rekonstruieren, die als ein funktionales Subjekt-Aufgabe-System aufzufassen ist. Dieser Ansatz und seine Grundlagen sollen hier diskutiert werden.

23.2 Grundbegriffe

Die psychologische Aufgabenanalyse macht es erforderlich, die Bedeutung von Aufgabe und Aktivität oder Tätigkeit zu differenzieren und zu artikulieren. Wir ziehen den Begriff Tätigkeit dem Begriff Job vor, da dieser Ausdruck aus psychologischer Sicht einen größeren Bedeutungshof hat. Mit Leontjev definieren wir eine Aufgabe als ein Ziel, das unter gegebenen Bedingungen erreicht werden soll. Das Ziel wird durch Kriterien definiert, die eine Evaluation des Zieles erlauben. Das Ziel kann unter verschiedenen Bedingungen erreicht werden: physikalischen (Geräusche, Licht, Hitze etc.), technischen (Eigenschaften von Maschinen, Werkzeugen, Produkten etc.), organisatorischen (Managementstil, zeitliche Zwänge, etc.), sozialen (beruflicher Status, Mobilität, etc.) und ökonomischen Bedingungen (Gehalt, Entwicklungsperspektiven, etc.). Die Vielzahl dieser Bedingungen zeigt, daß die Aufgabenanalyse an verschiedenen Punkten ansetzen kann gemäß den Variablen, die aus theoretischen oder praktischen Gründen in Betracht gezogen wurden. Eine Analyse aus der Sicht der Ingenieur-Psychologie (→ *systemtheoretische und ingenieurwissenschaftliche Grundlagen*) würde zum Beispiel zu anderen Variablen gelangen als ein Trainingsansatz oder ein organisationspsychologischer Ansatz. Innerhalb des kognitiven Engineering-Ansatzes, der auch im Rahmen der Computertechnologie immer wichtiger wird, muß die Aufgabe aus einer deklarativen Sichtweise der Funktions- oder Produktionsregeln definiert werden, sowie aus einer prozeduralen Sichtweise, d.h. der Anwendung dieser Regeln, um das gewünschte Ziel zu erreichen.

Ein ‚Arbeitsauftrag' ist eine Aufgabe, die durch die Organisation definiert wird. Sie wird durch schriftliche Instruktionen weitergegeben oder mündlich durch Vorgesetzte übermittelt. Für einen Job gilt: Je kürzer die Definitionsaufgabe, um so größer ist die Kompetenz, die von dem Handelnden erwartet wird und um so größer ist seine Autonomie.

Es existieren verschiedene Typologien entsprechend der Kriterien zur Klassifikation der Aufgaben. Es gibt z.B. Typologien, die auf der Beziehung zu dem Hauptziel der Aufgabe basieren (primäre, sekundäre oder periphere Aufgaben), auf der Beziehung zu den Anforderungen des technischen Prozesses (relative Priorität der Aufgaben) und auf den wesentlichen Funktionen, die zu erfüllen sind (Produktions-, Instandhaltungs- oder Erneuerungsaufgaben).

Tätigkeit ist das, was der Arbeiter einsetzt, um die Anforderungen der Aufgabe zu erfüllen. Die Tätigkeit oder Aktivität hat eine beobachtbare und eine nicht beobachtbare Seite. Man kann weder die kognitiven Repräsentationen von Objekten noch die mit ihnen ausgeführten Operationen beobachten. Diese Seite der Aktivität kann nur aus beobachtbarem, spontanem oder evoziertem Verhalten erschlossen werden. Nützlich ist oft die Unterscheidung zwischen Durchführungsaktivitäten, die durch einen bereits gelernten und verfügbaren Algorithmus gesteuert werden und Elaborationsaktivitäten, die zur Erstellung dieses Algorithmus dienen. Neuere Forschungsarbeiten haben ebenso die Bedeutung der Unterscheidung von kontrollierten und automatisierten Handlungen aufgezeigt. Aufgabenmerkmale (insbesondere Stabilität) tragen zu einer Erklärung der Existenz und der Entwicklung aller Tätigkeitsarten bei.

23.3 Kognitive Psychologie

In der kognitiven Psychologie wurden aufgrund experimenteller Untersuchungen Modelle der Aktivität entwickelt. Diese Modelle gehen von verschiedenen Stufen der → *menschlichen Informationsverarbeitung* aus (Rasmussen, 1976; Norman, 1986) und können für die Konzeption der Analysen behilflich sein.

Die Tätigkeit kann mit der Aufgabe assoziiert sein, die wirkliche (oder redefinierte) Aufgabe genannt wird und von der vorgeschriebenen Aufgabe zu unterscheiden ist. Die vorgeschriebene Aufgabe definiert jene Bedingungen, die tatsächlich in Betracht gezogen werden. Die wirkliche Aufgabe hingegen ist ein hypothetisches Modell der Aktivität, das ständig gegen die Evidenz zu testen ist. Dieses Modell kann als eine Basis für psychologische Typologien von Aufgaben dienen.

Divergenzen zwischen der vorgeschriebenen und der wirklichen Aufgabe führen zu Symptomen, die sehr interessante Interpretationen erlauben. Sie zeigen eine unzureichende Beziehung zwischen den Menschen und der Aufgabe an: entweder ist die Aufgabe schlecht konzipiert (schlecht angepaßte Werkzeuge oder Instruktionen, zu rigide organisationale Regeln, etc.) oder der Arbeiter besitzt zu viele oder zu geringe Kompetenzen oder es mangelt an der Identifizierung mit der Aufgabe.

Ist die Aufgabenanalyse eine gemeinsame Analyse von Aufgabe und Tätigkeit, so ist sie ebenso eine Analyse der Konsequenzen dieser Aktivität: Konsequenzen für das Individuum (Arbeitsbelastung, Müdigkeit, Zufriedenheit, Unfälle, etc.) und Konsequenzen für das System (qualitative und quantitative Aspekte der Produktion, technische Vorfälle, Abwesenheit, etc.). Die Entwicklung kognitiver Tätigkeiten für die Anwendung → *neuer Technologien* unterstreicht die Bedeutung der Evaluation psychischer Belastung und kognitiver Kosten. Die Erforschung der Verteilung menschlicher Ressourcen bildet einen Rahmen, der unmittelbar für Aktivitätsanalysen genutzt werden kann.

23.4 Methoden

Die Methoden der psychologischen Arbeitsanalyse sind zunächst einmal allgemeine psychologische Methoden. → *Beobachtungsmethoden* haben hier eine herausragende Stellung, besonders seitdem sie durch die Entwicklung von Videorecordern und Techniken zur Aufzeichnung von Augenbewegungen verbessert worden sind. → *Interviews,* Fragebogen und Methoden der simultanen oder verzögerten Verbalisierung sind ebenfalls häufig benutzte Methoden. Unter den für die Arbeitspsychologie spezifischen Methoden ist die Analyse von Fehlern (→ *Fehler und Fehlhandlungen*) und Unfällen (→ *Arbeitssicherheit*) zu erwähnen. Diese Abweichungen von der erwarteten Funktionsweise des Systems sind ebenfalls Symptome für ein Mißverhältnis der Mensch-Aufgabe-Beziehung. Mittels statistischer und klinischer Ansätze können oftmals wichtige Informationen über die Arbeit extrahiert werden.

Die Arbeitsanalyse orientiert sich an den einzusetzenden Interventionsformen: Training (→ *Bildungsbedarfsanalyse*, → *Trainings-Implementation und -Evaluation*), Plazierung (→ *Personalselektion und -Plazierung*), Ergonomie und Organisation (→ *Organisationsdiagnostik*). In jedem dieser Fälle werden unterschiedliche Variablen bevorzugt. Die Arbeitsanalyse ermöglicht ebenfalls die Diagnose von beobachteten Disfunktionen. Sie kann daher zur Auswahl der besten Intervention für eine Problemlösung führen. Es gilt ebenfalls zu bedenken, daß die Psychologie nur eine von vielen Dimensionen der Arbeit ist und die psychologische Arbeitsanalyse daher nur einen Aspekt behandeln kann. Man sollte sich daher vor allen Versuchen eines psychologischen Reduktionismus hüten und auch andere praktische Dimensionen in Betracht ziehen, ehe man eine Diagnose und Lösungsvorschläge entwirft. Wird der Psychologe bei Interventionen einbezogen, muß er häufig in interdisziplinären Teams arbeiten, um zumindest teilweise mit den anderen in die Analysen einbezogenen Disziplinen vertraut zu sein, um effizienter mit den anderen Spezialisten kooperieren zu können.

Arbeitsanalysen konnten auf den Gebieten, in denen sie bisher eingesetzt wurden, noch keine zufriedenstellenden allgemeinen Taxonomien von Arbeitssituationen leisten. Das impliziert, daß die Diagnose von Arbeitssituationen bisher keine ausreichende solide technische Basis hat und immer noch von den anzupassenden Methoden abhängt sowie von persönlichen Fertigkeiten, die noch nicht völlig expliziert und übertragen werden können.

Literatur

Hacker, W. (1973). Allgemeine Arbeits- und Ingenieurpsychologie. Berlin/DDR: Deutscher Verlag der Wissenschaften.
Leplat, J. & Cuny, X. (1984). Introduction à la psychologie du travail. 2ième ed. Paris: Presses Universitaires de France.
Montmollin, M. de (1986). L'intelligence de la tâche. 2nd ed. Bern: P. Lang.
Singleton, W. T. (Ed.) (1979). The study of real skills. Vol. 4. Lancaster, England: MTP Press.
Sperandio, J. C. (1983). Ergonomie du travail mental. Paris: Masson.

Jacques Leplat,
Frankreich

24. Assessment Center

24.1 Einleitung

Bei weniger als 10% aller Eignungsuntersuchungen sind Psychologen beteiligt. Damit ist ein lukratives und umfangreiches Betätigungsfeld kampflos an Nicht-Psychologen hergegeben worden. Bei mehr als 20 Mio. Bewerbungen jährlich kann man sich leicht veranschaulichen, wieviel Fachfremde Bewerbungsunterlagen und Zeugnisse sichten und Vorstellungsgespräche führen. Besonders verantwortungslos handeln die methodenorientierten Testkonstrukteure, die ihre Testverfahren den Praktikern zur Verfügung stellen, die ohne Beteiligung von Diplom-Psychologen mit stümperhaft verwendeten Verfahren die Arbeitsplätze mehr oder weniger zufällig verteilen und mit wissenschaftlichem Anspruch Etikettenschwindel betreiben.

Alberne Psycho-Tests in Illustrierten haben die Akzeptanz von eignungsdiagnostischen Verfahren vermindert und durch einseitige Kritik und das Herausstellen von Fehlern in Einzelfällen haben auch Fachleute (vgl. Grubitzsch & Rexilius, 1978, Hesse & Schrader, 1985) die Ablehnung von Tests für die berufliche Eignung gefördert.

Murray (1938) erkannte richtig, daß mehrere Beurteiler – er bezeichnete sie als Assessorenteams – bessere Angaben über einen Probanden machen können, wenn sie mehrere psychologische Tests, auch situative Tests und Interviews durchführen. Diese Vielfalt von Verfahren und Beurteiler nannte er erstmals „Assessment Center" (AC). Fast alle seine Ideen sind auch heute noch grundlegend für Assessment Center (vgl. Neubauer 1980, S. 125):

a) *Verhaltensorientierung.* Um beurteilen zu können, welcher Mitarbeiter künftig die besten Leistungen auf dem Posten erbringen kann, werden im AC möglichst viele Eignungsfeststellungsverfahren eingesetzt, die konkretes Arbeitsverhalten beobachtbar machen.

b) *Methodenvielfalt.* Durch die Verwendung möglichst vieler Methoden gleichen sich die speziellen Fehler aus.

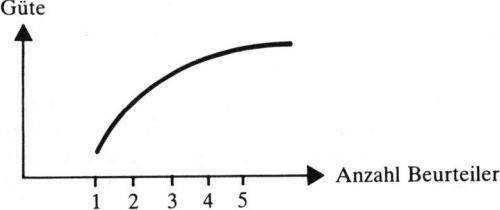

Abb. 1: Die individuellen Beobachtungsfehler gleichen sich gegenseitig aus.

c) *Mehrfachbeurteilung*. Die Güte des beobachteten Verhaltens steigt immer langsamer mit der Zahl der Beurteiler, weil sich die subjektiven Fehler gegenseitig aufheben. (Aus Kostengründen werden leider häufig zuwenig Beurteiler eingesetzt.)

d) *Anforderungsbezogenheit*. Die Aufgaben sollen sich nicht auf den gegenwärtigen Aufgabenbereich, sondern auf die angestrebte Position beziehen, deswegen werden solche Aufgaben ausgewählt, die über Erfolg und Mißerfolg in der künftigen Position entscheiden.

Ziel eines ACs ist praktisch immer die Vorhersage der möglichen beruflichen Entwicklung, üblicherweise im Zusammenhang mit der Auswahl von Führungskräften. Allerdings sind die Einsatzmöglichkeiten von ACs noch lange nicht ausgeschöpft. Originell ist sicher der Einsatz zur Veränderung der Persönlichkeitseigenschaften von Vorstandsmitgliedern (Steiner 1975), zur Arbeitsplatzgestaltung (Byham 1970), zur Evaluation von Aus- und Weiterbildungsseminaren oder einfach zu Forschungszwecken. Allerdings sollte entgegen anderslautender Vorschläge immer nur *ein* Ziel vorrangig sein; so ist z. B. bei einem Auswahl-AC kein Teilnehmer zu bevorzugen, während bei einem Trainings-AC die individuelle Förderung gezieltes Feedback schon während des Verfahrens erfordert, was bei Auswahl-ACs erst nach Abschluß stattfinden dürfte.

24.2 Situative Verfahren

Von den vielfältigen Tests, Beobachtungs- und Beurteilungsverfahren soll hier vorwiegend auf die situativen Verfahren (vgl. Latham et al. 1980) hingewiesen werden, weil diese im sinnvollen Zusammenhang mit der geplanten beruflichen Verwendung stehen. Am bekanntesten ist wohl die *Postkorb-Übung,* um Informationen über das bürokratische Verhalten zu gewinnen.

Diese von Saunders (vgl. Frederiksen et al., 1957) methodisch verbesserte Übung wird mit den Teilnehmern einzeln durchgeführt. In einem Büro findet jeder Teilnehmer – nacheinander – einen vollen Postkorb mit mindestens 10 Briefen vor, die typisch für die später geplante Führungsposition sind. Oft liegt ganz oben ein Brief, für den der Kandidat gar nicht zuständig ist, der also an die richtige Stelle weiterzuleiten ist. Der wichtigste Brief, der eine sofortige, eindeutige Entscheidung erfordert, z. B. die fristlose Kündigung eines Mitarbeiters, liegt meist viel weiter unten. Wer nicht alle Briefe überfliegt und vorsortiert, sammelt schon die ersten Minuspunkte. Zeigt er gar wenig Einsicht und liefert schwache Argumente bei der offenen Diskussion über seine Stärken und Schwächen bei dieser Post-Korb-Übung, kann er schon alle Chancen verspielt haben. Der wirklich gute Bewerber hat noch keine Routine in seinem künftigen Arbeitsbereich und sammelt Pluspunkte für selbstkritisches Verhalten und Rationalität.

Hier ein anschauliches Beispiel: Für verbale Arbeitsproben, wie sie z. B. bei der Auswahl von Mitarbeitern für die Bundesvermögensverwaltung erprobt wurden, mußten fiktive Wohnungsbeschreibungen und potentielle Mieter erfunden werden. Da die erfolgreichen Bewerber auch später Bundeswohnungen vermieten sollen, war es sinnvoll, die verbalen Arbeitsproben realitätsnah auszudenken.

Auch wenn die Auswahl der Mieter nicht immer nach den Dienstvorschriften – die den Bewerbern gar nicht bekannt sein konnten – vorgenommen wurde, so war auch bei falschen

Begründungen für die getroffenen Entscheidungen die Beurteilung durch die fachlich qualifizierten Beobachter noch möglich. Unerwarteterweise sagte die Zahl der richtigen Wohnungsvergaben kaum etwas über die Gesamteignung aus, während sich die Qualität der Begründung außergewöhnlich valide erwies, d. h., die guten Bewerber mit „falschen" Entscheidungen erreichten in der Gesamtbeurteilung die höchste Punktzahl im AC.

24.3 AC als repräsentative Stichprobe späterer Berufstätigkeit?

Hinsichtlich ethischer Überlegungen (vgl. Schuler & Stehle, 1983) ist dieses Ergebnis so wenig erwünscht, wie die Schlußfolgerung auf die Frage: „Haben Sie schon einmal gelogen?" oder ähnliche Lügenitems einer Offenheitsskala. Der betreuende Psychologe wird immer abwägen müssen, ob die gewonnene Information über den Kandidaten für die Vorhersage seiner späteren Berufstätigkeit wichtig ist und ob auch tatsächlich ein brauchbarer Indikator für das, was es zu messen gilt, vorliegt. An diesem wesentlichen Kriterium werden die meisten dubiosen Aufgaben und Übungen scheitern.

Allerdings sollten aus Image-Gründen möglichst alle Verfahren vermieden werden, die unerwünschte Nebeneffekte bewirken können. Z. B. könnte das ernsthafte Bemühen zur Lösung der vielfältigen Tests und situativen Übungen verhindert werden, wenn alberne Anforderungen gestellt werden, versteckte Beobachtungen (z. B. während des Mittagessens) stattfinden oder moralisch nicht vertretbare „Tricks" vom Streßinterview über Fangfragen bis hin zu fiktiven Nachrichten ausprobiert werden.

Eher vertretbar erscheint es, auch solche Aufgaben einzuplanen, die zwar nicht ausgewertet werden, aber die gesamte Durchführung und das soziale Klima der Teilnehmer und Assessoren untereinander fördern, z. B. Vorstellungsübungen mit gegenseitigen Interviews, nach denen die Interviewpartner vorgestellt werden.

Auch wenn es der Nichtfachmann nicht glauben will, mit Tests kann derzeit sehr gut festgestellt werden, was die einzelnen Tests zu messen behaupten. Dennoch wird oft auf den Einsatz geprüfter Tests zugunsten anderer Aufgaben (vgl. Jeserich, 1981) verzichtet.

Folgende Tests, Übungen und Aufgaben werden besonders oft eingesetzt:
– Rollenspiele; z. B. Interviews, insbesondere Einstellungsinterviews und Mitarbeitergespräche
– Gruppendiskussionen
– Vorträge
– Fallösungen
– Aufgabensimulationen
– Intelligenz-, Leistungs- und Interessentests

Gegenwärtig ist zwar festzustellen, daß die Berufsrelevanz der Aufgaben, Tests und Übungen recht hoch ist, aber letztlich ist nur die prognostische Validität von Bedeutung, denn bei näherer Betrachtung kann die spätere Berufstätigkeit nur sehr unvollständig im AC mit seinen viel zu kurzen „Probe"-Aufgaben wirklich simuliert werden.

24.4 Zur Validität

Untersuchungen zur Vorhersage des Ausbildungserfolgs liefern meist bessere Validitäten als die zur Vorhersage der beruflichen Leistung. Gegenüber allen anderen eignungsdiagnostischen Einzelverfahren erweist sich das AC mit einer Vorhersagevalidität von ca. r = .40 sowohl bei Beförderungen, Gehaltszuwachs oder Vorgesetztenurteil als derzeit bestes Verfahren. Alle anderen Alternativen sind einzeln betrachtet höchstens halb so gut.

Allerdings handelt es sich um ein umfangreiches Verfahrenssystem, wie Maukisch (1986) in seinem Übersichtsreferat kritisch vermerkt; d. h., möglicherweise ist das bessere Abschneiden gegenüber Einzelprädikatoren nur ein triviales Ergebnis, weil das Gesamttestergebnis natürlich mehr aussagt als ein Einzeltestergebnis.

24.5 Zur Kritik von ACs

Leider wird zunehmend auf objektivierte Testverfahren verzichtet, worauf bereits hingewiesen wurde. Aber auch geeignete Verfahren sind meist bald allgemein bekannt, so daß die informierten Teilnehmer die vorher vermittelten „Bestantworten" liefern, und eine Prognose ihrer beruflichen Eignung zu Fehlurteilen führt.

Außerdem ist das Kriterium des Berufserfolgs selbst nicht besonders valide. Z. B. ist in der Bundeszollverwaltung nicht der Rauschgiftfahnder besonders „erfolgreich", der sehr viele Rauschgiftfälle bearbeitet, sondern eher der, der aufgrund von Öffentlichkeitsarbeit, entsprechenden Vorsorgemaßnahmen und strengen Kontrollen in seinem Bezirk gar keine „Fälle" zu bearbeiten hat, weil die Täter in andere Bezirke ausgewichen sind.

Durch entsprechende Schulung können die Beurteiler typische Fehler (z.B. Erster Eindruck, Trichtereffekt, Halo-Effekt, Milde-Fehler usw.) vermeiden, theoretisch ungeklärt ist aber, wieso die ungeschulten Teilnehmer sich gegenseitig am besten beurteilen (Hunter & Hunter, 1984).

Literatur

Byham, W. C. (1970). Assessment centers for spotting future managers. Harvard Business Review, 48, 150–164.
Frederiksen, N., Saunders, D. R. & Wand, B. (1957). The In-basket Test. Psychological Monographs, 71, No. 438.
Grubitzsch, S. & Rexilius, G. (1978). Testtheorie – Testpraxis. Reinbek: Rowohlt.
Hesse, J. & Schrader, H. C. (1985). Testtraining für Ausbildungsplatzsucher. Frankfurt: Fischer.
Hunter, J. E. & Hunter, R. F. (1984). Validity and utility of alternative predictors of job performance. Psychological Bulletin, 96, 72–98.

Jeserich, W. (1981). Mitarbeiter auswählen und fördern. Assessment-Center-Verfahren. München: Hanser.
Latham, C. P., Saari, L. M., Purcell, E. D. & Campion, M. A. (1980). The situational interview. Journal of Applied Psychology, 65, 422–427.
Maukisch, H. (1986). Erfolgskontrollen von Assessment Center-Systemen. Zeitschrift für Arbeits- und Organisationspsychologie, 30, 86–91.
Murray, H. A. (1938). Explorations in personality. New York: Oxford University Press.
Neubauer, R. (1980). Die Assessment Center Technik: ein verhaltensorientierter Ansatz zur Führungskräfteauswahl. In: R. Neubauer & L. v. Rosenstiel (Hg.): Handbuch der Angewandten Psychologie (S. 122–158). München: Moderne Industrie.
Schuler, H. & Stehle, W. (1983). Neuere Entwicklungen des Assessment-Center-Ansatzes – beurteilt unter dem Aspekt der sozialen Validität. Zeitschrift für Arbeits- und Organisationspsychologie, 27, 33–44.
Steiner, R. (1975). New use for assessment centers training evaluation. Personel Journal, 54, 236–237.

Alfred Gebert,
Bundesrepublik Deutschland

25. Ausbildung, Training und Qualifizierung

25.1 Einleitung

Die betriebliche Aus- und Weiterbildung ist ein sehr dynamisches Feld. Rasch – wie Moden – wechseln die Konzepte.

Die Gründe für diese Änderungsdynamik sind vielschichtig:
1. Das Innovationstempo (Produkte, Technologien und Arbeitsveränderungen) erhöht sich. Daraus entstehen neue Anforderungen an die Aus- und Weiterbildung.
2. Die Bedeutung des Humankapitals und der Qualifizierung der Beschäftigten für die Produktivität wird heute deutlicher gesehen als in der Vergangenheit. Die Investitionen in die betriebliche Aus- und Weiterbildung nehmen zu. „Training is big business". (Landy, 1985, S. 263).
3. Das Anwendungs- und Forschungsfeld wird durch viele Fachdisziplinen geprägt (Pädagogik und Erwachsenenbildung, Psychologie, Soziologie, Ökonomie sowie die Fachdidaktiken zahlreicher Einzelfächer, deren Inhalte vermittelt werden).

Entsprechend vielfältig sind die Gebietsbezeichnungen und Fachbegriffe. In der Erwachsenenbildung wird der Begriff der *Bildung* (englisch: *education*) mit seinem humanistischen Bedeutungsgehalt bevorzugt. Bildungsziele sind hier nicht nur Wissenserwerb, sondern allgemeine Entwicklungsideale des Menschen unter Einschluß der Gefühlsbildung und der sozialen Verantwortlichkeit. Ausbildung bedeutet in der Regel berufliche Erstausbildung. Sie kann durch Weiterbildung oder systematisch aufbauende Fortbildung ergänzt werden.

Der *Trainings*begriff wird vor allem in der Psychologie und Management-Andragogik (Stiefel & Kailer, 1982) verwendet. Der Begriff hat ursprünglich starke Bezüge zur Sportpädagogik und zum sensumotorischen Lernen. Daher rührt seine Bedeutung im Sinne des Einübens von Fertigkeiten. Durch den Sozialpsychologen Kurt Lewin und die „gruppendynamischen Trainingsmethoden" in den „National Training Laboratories" in Bethel, USA, ist die Bedeutung dieses Begriffs aber erweitert worden. In dieser Tradition beinhaltet der Trainingsbegriff die Veränderung sozialer und kognitiver situationsbezogener Kompetenzen (Führungstraining, Beratungstraining, Kreativitätstraining, Computer-Training usw.).

In der Berufspädagogik, Industriesoziologie und arbeitspsychologischen Handlungstheorie wird dagegen der Begriff der *Qualifizierung* (Baitsch & Frei, 1980; Semmer & Schardt, 1982) bevorzugt. Der Qualifizierungsbegriff stellt die Bedeutung eines langfristigen Sozialisationsprozesses und die Wechselwirkung zwischen Arbeitsanforderungen und allgemeiner Persönlichkeitsentwicklung heraus. Kern und Schumann (1970) unterscheiden zwischen prozeßgebundenen Qualifikationen (sie sind konkret an den technischen Erfordernissen des Arbeitsprozesses ausgerichtet) und prozeßunabhängigen Qualifikationen (sie beinhalten die auf neue Arbeitsbereiche übertragbaren allgemeinen Fähigkeiten wie z. B. Flexibilität oder technische Intelligenz).

Durch die Einbeziehung des Entwicklungskonzepts ist der Qualifizierungsbegriff umfassender als die Begriffe Aus- und Weiterbildung oder Training. Wir definieren „Qualifizierung" als *die zielgerichtete und geplante Veränderung arbeitsbezogener und allgemeiner Fertigkeiten und Handlungskompetenzen erwachsener Menschen.*

25.2 Allgemeine psychologische Grundlagen

In der Entwicklungsgeschichte der betrieblichen Ausbildungs- und Qualifizierungsmethoden haben arbeitspsychologische Überlegungen eine bedeutsame Rolle gespielt (vgl. Sonntag, 1989). Die meisten praktisch eingesetzten Methoden basieren in der Regel auf Kombinationen verschiedener psychologischer Elemente.

Ein Beispiel ist die als Anlernverfahren verwendete *Vier-Stufen-Methode* nach REFA (REFA, 1976). Stufe 1 dient zur Vorbereitung (Orientierung und Motivierung), in Stufe 2 wird vorgemacht, was gelernt werden soll (Beobachtungslernen), in Stufe 3 soll das Beobachtete nachgemacht und verbalisiert werden (Erproben und Verbalisierung). Erst in Stufe 4 wird selbständig geübt und der Lernerfolg kontrolliert (aktives Üben und Feedback).

Hier ist nicht der Ort, diese oder andere arbeits- und berufspädagogische Methoden zu behandeln (vgl. dazu Golas, 1979 oder Lipsmeier, 1978). Auch auf die einschlägigen Grundlagen der Lernpsychologie und Pädagogischen Psychologie kann hier nur verwiesen werden (vgl. Dunkin, 1987; Gage & Berliner, 1986). Im folgenden können nur einige aktuelle psychologische Themen und Grundlagen angesprochen werden. Als einführende Darstellungen empfehlen wir Hacker und Skell (in Vorber.), Landy (1985, Kap. 9) und Sonntag (1989).

(1) Ermittlung von Qualifikationsanforderungen

Bevor ein Ausbildungs- und Trainingsprogramm begonnen werden kann, müssen die Ziele und der Bildungsbedarf (→ *Bildungsbedarfsanalyse*) ermittelt werden. Landy (1985) unterscheidet drei unabhängige Komponenten:
1. Die *Organisationsanalyse* (→ *Organisationsdiagnostik*) zur Ermittlung der organisationalen Ziele und Rahmenbedingungen,
2. die *Aufgabenanalyse* (→ *Arbeits- und Aufgabenanalyse*) zur Bestimmung der konkreten Arbeitsanforderungen und Leistungsstandards und
3. die *Personenanalyse* zur Erfassung von Leistungsdefiziten der Organisationsmitglieder (→ *Leistungsbeurteilung*) oder Voraussetzungen neu einzustellender Personen (→ *Personalselektion und -plazierung*).

Sonntag (1989) wendet gegen die gebräuchlichen Methoden ein, daß sie entweder auf fragwürdigen Expertenmeinungen über erforderliche Qualifikationen oder Beschreibungen der auszuführenden Aufgaben beruhen, ohne daß die ausbildungsspezifischen psychologischen Anforderungen und Voraussetzungen erfaßt werden. Lediglich die theoretisch begründete experimentelle Analyse der psychologischen Regulationsgrundlagen, wie sie von Matern (1984) beschrieben wird, liefert unseres Erachtens einen weitergehenden Ansatz. Um zu bestimmen, ob die nach der Handlungstheorie bedeutsamen Variablen die Lern- und Behaltensleistungen beeinflussen, werden die Informationsangebote und -darbietungen systematisch im Feldexperiment variiert.

(2) Lerntheoretische Grundlagen

Die gelernte Verbindung von Stimuli durch Methoden des klassischen Konditionierens hat in der betrieblichen Ausbildung keine große Bedeutung. Daß Lernen durch Konditionieren erfolgen kann, wird lediglich aphoristisch mit Fallbeispielen aus der betrieblichen Praxis beschrieben (z. B. das Entstehen von Ängsten, vgl. Landy, 1985, S. 271 f.).

Prinzipien, die auf dem operanten Konditionieren basieren, werden dagegen in der Industrie oft systematisch herangezogen, um gewünschtes Verhalten durch kontrollierten Einsatz von Belohnungen zu verstärken. Ein wichtiger Anwendungsbereich sind Methoden der programmierten Instruktion. Sie werden in der betrieblichen Aus- und Weiterbildung vor allem zur Vermittlung von Kenntnissen eingesetzt. Aktuell ist beispielsweise der Einsatz von Tutorials zur Ausbildung von Computer-Laien.

Aus der Sicht der Lerntheorie liegen die Vorteile dieser Lernprogramme in der besseren Anpassung des Lernens an das individuelle Tempo und ein intensiveres und effizienteres Lernen durch wiederholtes Üben und Bekräftigung der richtigen Antworten. Damit durch operantes Konditionieren gelernt wird, muß das positive und negative Feedback auf die Reaktionen verstärkend wirken, konkret und informationshaltig sein. Ständiges Leistungsfeedback oder Knowledge of Results nach diesen einfachen Regeln zählen zu den wirksamsten Lernprinzipien.

Banduras (1969, 1986) Theorie des Sozialen Lernens oder Modellernens durch Beobachtung hat zweifellos die größte Bedeutung für die Vermittlung sozialer Kompetenzen (Semmer & Pfäfflin, 1978) durch Rollenspielmethoden und Videokonfrontation. Nach Bandura lernen wir durch Beobachtung und Imitation des Verhaltens von Modellpersonen. Beobachtete positive Konsequenzen auf das Verhalten, der soziale Status und positive Einstellungen zur beobachteten Person fördern die Übernahme des Modellverhaltens. Die Verbalisierung hat dabei eine wichtige Funktion für die gedankliche Verarbeitung und das Einprägen des Modells.

(3) Kognitions- und handlungstheoretische Grundlagen

a) Sensumotorische Fertigkeiten:
Das → *Sensumotorische Lernen* und die Ausführung motorischer Arbeitshandlungen allein durch Üben mit Feedback oder Drill ist keineswegs optimal. Wirksamer ist die Verbesserung der kognitiven Regulationsprozesse in Verbindung mit praktischen Übungen, optimal die Kombination von mentalem und aktionalem Training (Hacker & Skell, in Vorber.; Sonntag, 1989; Volpert, 1985). Besonders im Hochleistungssport hat sich das „mentale Training" bewährt. Hierbei lernen die Sportlerinnen, sich den Bewegungsablauf genau vorzustellen (Ulich, 1967), und sie „trainieren", indem sie die Bewältigung von Schwierigkeiten oder Störungen wie in einem Film vor ihrem inneren Auge ablaufen lassen.

b) Denken und Aneignung von Regulationsgrundlagen:
Die Ausführung von Arbeitstätigkeiten wird durch Denkprozesse und Sprache (Instruktionen und inneres Sprechen) reguliert. Denken ist Probehandeln, Denken und Ausführung bedingen sich gegenseitig. Lernen einer Arbeitstätigkeit ist insofern Aneignung der für diese Tätigkeit erforderlichen psychischen Regulationsgrundlagen (Hacker & Skell, in Vorber.). Durch die computer- und roboterunterstützte Fertigung verlagern sich die Anforderungen von effektorisch-motorischen Komponenten zunehmend auch bei Facharbeitern auf kognitive Komponenten oder Problemlösekompetenzen (vgl. Sonntag, 1989). Erkenntnisse und Konzepte aus der experimentalpsychologischen Erforschung des Denkens sind zwar durch ihre Vereinfachung und Vernachlässigung der komplexen Folgen von Fehlern nicht direkt auf praktische Denktätigkeiten am Arbeitsplatz übertragbar, gewinnen aber an Bedeutung für die aktuellen Versuche zur Optimierung der beruflichen Aus- und Weiterbildung.

Als Veranschaulichungshilfen zur besseren Entwicklung adäquater „mentaler Modelle" werden in der Industrie zunehmend piktografische Prozeß- oder Strukturmodelle verwendet. Beispiele sind die „Lernspinnen" bei Krogoll et al. (1986) zur Veranschaulichung komplex vernetzter Tätigkeiten und Bedingungsgefüge bei CNC-gesteuerter Fertigung oder die „Orientierungsplakate", wie wir sie zur Darstellung der Arbeitsschritte beim Computer-Training einsetzen (Greif, 1986).

Eine besondere Bedeutung haben „verallgemeinerte Verfahren"(vgl. Hacker & Skell, in Vorber.). Damit sind Entscheidungsregeln und -kriterien, Strategien und heuristische Regeln zur Lösung von Problemen gemeint. Im Unterschied zu Algorithmen werden hierbei die Schritte zur Lösung eines Problems nicht vollständig und genau vorgegeben, sondern nur die allgemeinen, selbständig umzusetzenden Prinzipien und Strategien. Die Förderung der Anwendung heuristischer Regeln führt zu besseren Arbeitsplänen und Leistungen und fördert das Entdecken und Lösen von Problemen. Wichtig ist, ob die Regeln allgemein oder fachspezifisch, zusammengefaßt oder differenziert formuliert werden. Methoden zur Selbstinstruktion oder Selbstbelehrungstechniken, die im folgenden beschrieben werden, basieren auf diesen Erkenntnissen. Auch die übrigen, unten beschriebenen Methoden des selbstgesteuerten Lernens beruhen im Grunde auf ähnlichen Prinzipien.

25.3 Methoden des selbstgesteuerten Lernens

Stark auf die Lernenden abgestellte Lernkonzepte, die die Lernmotivation, das erfahrungsorientierte Lernen (vgl. Kurtz, 1982) und die Selbstverantwortung für Lernergebnisse sowie die Verknüpfung von Lern- und Arbeitsfeld (Stiefel, 1982) berücksichtigen, verlangen nach Methoden, die diese Elemente fördern. Im folgenden beschreiben wir mehrere Methoden des selbstgesteuerten Lernens:

(1) Die „Selbstbelehrungstechniken" von Hacker und Mitarbeiter(inne)n (vgl. Hacker & Skell, in Vorber.) und (2) die Leittextmethode (BiBB, 1987; Koch, 1986) wurden bisher vor allem in der Erstausbildung für Berufe der industriellen Fertigung eingesetzt. (3) Das Computer-Training durch systematische Fehlerexploration (Greif, 1986) wurde vorwiegend in der Weiterbildung von Büro- und Verwaltungskräften erprobt. (4) Das selbstgesteuerte Lernen nach Harrison (1976) und (5) das „Action Learning" nach Revans (1980) wurden dagegen in der Weiterbildung von Führungskräften angewandt. Nur das Konzept der Lernstatt (Bednarek, 1985) bezieht als Gruppenmethode Beschäftigte verschiedener Hierarchieebenen mit ein (in der Regel aus der industriellen Fertigung).

Auch wenn die einzelnen Methoden in unterschiedlichen Anwendungsbereichen entwickelt und erprobt wurden, erheben sie zumindest implizit den Anspruch der Verallgemeinerbarkeit auf andere Bereiche. Die Zusammenstellung verschiedener Methoden selbstgesteuerten Lernens erscheint uns interessant, weil Vergleiche der Grundelemente, Teiltechniken und Zielsetzungen bislang fehlen.

(1) Die Selbstbelehrungstechnik

Die Selbstbelehrungstechnik von Hacker und Mitarbeiter(inne)n (Hacker &

Skell, in Vorber.; Rühle, 1988) wird zur beruflichen Erstausbildung eingesetzt. Die Lehrkraft gibt dabei nach der Demonstration der Tätigkeit (mit handlungsbegleitenden Verbalisierungen) systematische Instruktionen zur selbständigen Aufgabenbearbeitung. Wichtig sind dabei psychologisch gestaltete Lernmaterialien zum selbständigen Durcharbeiten, zur Protokollierung der eigenen Arbeit und der Ergebnisse sowie zur Verbalisierung beim Tätigkeitsvollzug (anfangs laut, später verkürzt und leise, bis zum inneren Sprechen).

Feldexperimente mit komplexen, zu erlernenden Aufgaben belegen im Vergleich zu Kontrollgruppen die durchgehend sehr positiven Leistungsverbesserungen und den besseren Transfer bei der Bewältigung neuer Aufgaben.

(2) Die Leittextmethode

Die Leittextmethode wurde vom Bundesinstitut für Berufsbildung (vgl. BiBB, 1987; Koch, 1986) in mehreren Projekten vor allem in der Stahl- und Metallindustrie entwickelt und evaluiert. Dabei ging es auch um die Frage, wie das zunehmende Innovationstempo in der Wirtschaft durch flexible Arbeitsorganisationsformen, neue Technologien und verstärkte Kooperationsnotwendigkeiten von Fachkräften bewältigt werden kann. Eine Bewältigungsstrategie ist Lernen. Eingebettet in ein Beratungskonzept der Organisationsentwicklung sollen die Auszubildenden mit der Leittextmethode zu möglichst aktivem und selbstverantwortlichem Lernverhalten bewegt werden. Der Leittext leitet das Selber-Lernen an. Nur die noch verbleibenden Wissens- und Fertigkeitslücken sollen vom Ausbilder in einer Art Nachbereitung geschlossen werden.

Der Handlungsablauf des Lernprozesses wird über Leittexte gemäß dem Modell „Informieren-Planen-Entscheiden-Ausführen-Kontrollieren-Bewerten" gesteuert, ein Handlungsmodell, mit dem Mitarbeiter in Wirtschaftsunternehmen täglich konfrontiert werden. Damit entspricht der Handlungsablauf des Lernens auch dem Handlungsablauf des Arbeitens.

Um die Leittexte zu erstellen, schlägt das BiBB ein spezielles Procedere vor, das selbst als Organisationsentwicklungsprozeß organisiert ist. Neuere Erkenntnisse der Textgestaltung und der Leserpsychologie finden ebenso Berücksichtigung wie das selbstgesteuerte Lernen allein, in Lernpartnerschaften (vgl. Stiefel, 1980) und im Lernteam. Die Grundform des Leittextsystems sieht so aus:

a) Leitfragen (Anleitung zur Information),
b) Arbeitsplan (Planung und Entscheidungshilfen),
c) Kontrollbogen (Kontroll- und Bewertungshilfen) und
d) Leitsatz (arbeitsbezogene Kenntnisse).

Die Autoren geben an, daß die Leittext-Methode sowohl für kognitive und aktionale als auch affektive Lernziele geeignet sei. Es fehlen aber hinreichende Belege für die Gültigkeit dieser Annahme.

(3) Computer-Training durch systematische Fehlerexploration

Neuerdings werden Erkenntnisse der Neugier- und Explorationsforschung verbunden mit den pädagogischen Prinzipien des entdeckenden Lernens für die Ausbildung von Schreib- und Verwaltungskräften an komplexen Computersystemen genutzt. Einen Ansatz dazu hat Carroll (1985) entwickelt. Zur Förderung exploratorischen Lernens verwendet er „exploratorische Umgebungen" (Software-Umgebungen, die die Fehlerrisiken beim selbständigen Explorieren reduzieren) und „minimale Handbücher" (kurze Anleitungen zum Selbst-Ausprobieren anstelle von ausführlichen, wissensorientierten Handbüchern).

Fehler und Lernen aus Fehlern (→ *Fehler und Fehlhandlungen*) sind bisher vernachlässigte Probleme in der Qualifizierungsforschung. Fehlersituationen beim Arbeiten mit komplexen Programmsystemen können nicht nur zu hohen Kosten, sondern auch zu extremen Hilflosigkeitssituationen führen. Wichtig für das Lernen aus Fehlern, die Bewältigung komplizierter Fehlersituationen und für den Transfer des Gelernten auf neue Aufgaben sind Übungen zur „systematischen Fehlerexploration" und eine Förderung gegenseitiger → *Sozialer Unterstützung* bis hin zum Aufbau von „sozialen Hilfenetzwerken" am Arbeitsplatz (Greif, 1986).

Als Alternative zur programmierten Unterweisung durch Tutorials oder zum rezeptiven Lernen durch Schulungsprogramme oder umfangreiche Handbücher, ist Lernen durch Anleitungen zum selbständigen Explorieren des Systems erfolgreich einsetzbar, wie Evaluationsexperimente zeigen (vgl. Greif, 1989).

Entwicklungspsychologische Theorien der stufenförmigen Entwicklung des Denkens vom konkret-operativen zum formal-abstrakten Denkniveau eröffnen unter Qualifizierungsgesichtspunkten weiterreichende Perspektiven einer nach Lern- und Kompetenzstufen gegliederten und individuell anpaßbaren Architektur technischer Systeme. Wir bezeichnen sie als „genetisch mitwachsende Systeme". Nach den vorliegenden Erfahrungen mit einem prototypischen mitwachsenden Textverarbeitungs- und Büroprogramm (Greif, 1989) erleichtert die Lernstufenarchitektur die Einarbeitung in komplexe Systeme und vermittelt insbesondere auch unsicheren Computer-Laien starke Anreize zur selbstgesteuerten Höherqualifizierung.

(4) Selbstgesteuertes Lernen nach Harrison

Harrisons Einleitung für die Teilnehmer am selbstgesteuerten Lernen vermittelt einen anschaulichen Eindruck über die besondere Atmosphäre im Lernzentrum:

„Im selbstgesteuerten Lernprozeß erhalten Sie nur wenig strukturierte Vorgaben zur Verwendung von *Zeit und Raum* und zur *sozialen Organisation*. Mit Ausnahme eines Treffens zur gegenseitigen Information jeden Nachmittag, entscheiden Sie frei, wann, wo und mit wem Sie arbeiten wollen. Wir stellen Ihnen aber ein ziemlich hochstrukturiertes *System von Lernressourcen* zur Verfügung. Die Bücher, Spiele, Artikel und Materialien, die Sie auf den Tischen ausgelegt sehen, finden Sie katalogisiert und zusammengefaßt. (...) Unsere Rolle als Weiterbildner ändert sich heute vom Anleiten und Kontrollieren von Lernprozessen zur Rolle der Beratung und technischen Hilfe." (Harrison, 1976, S. 4 f., freie Übersetzung, Hervorh. im Orig.).

Harrison hat diesen Ansatz in Wirtschaftsunternehmen vorwiegend mit Managern erprobt. Der Kern des Selbstgesteuerten Lernens ist *autonomes* Lernen. Die Lernenden managen ihre *eigene Entwicklung,* die durch Berater und ein entsprechendes Ressourcenrepertoire initiiert und unterstützt wird.

Grundlage für die Entwicklung dieser Methode waren Harrisons Erfahrungen mit Gruppen in Sensitivity Trainings und Encounters während der sechziger Jahre und die Schwierigkeiten der Teilnehmer, ihre Erkenntnisse in die Praxis umzusetzen. Die gruppendynamischen Trainings waren zum einen zu wenig auf Produktivität und Phänomene der Wirtschaftswirklichkeit wie Autorität und Macht ausgerichtet. Zum anderen war die Verpflichtung der Lernenden zu gering, ihre eigenen Lernziele im Training zu erreichen und die Ergebnisse anschließend zu transferieren. Obwohl Harrisons Erfahrungen mit der Lernmethode recht positiv waren – so führte Hirth (1980) autonome Lerngruppen erfolgreich in der Ausbildung von Auszubildenden ein –, liegen derzeit noch keine hypothesengeleiteten Evaluationen vor. Hierin und in der Verallgemeinerung dieser Methoden für andere Anwendungsbereiche liegen wichtige Forschungs- und Entwicklungsaufgaben.

(5) Action Learning

Action Learning folgt nach Revans (1980) der grundsätzlichen Annahme, daß wirkliche Entwicklung des Einzelnen immer nur Selbstentwicklung ist. Der Einzelne lernt komplexe ganzheitliche Aktivitäten dadurch, daß nicht nur der Verstand angesprochen wird, sondern auch das Gefühl und der Wille und die ganze Person eingebunden werden. Die Realität ist der zentrale Lernort. Die Übernahme von Risiken ist integrierter Bestandteil des Lernens; absolut sicheres Lernen ist auch wertloses Lernen. Jeder Manager muß – wie Revans betont – für sich das Rad seiner eigenen Führungspraxis neu erfinden. Action Learning befaßt sich mit realen Problemen, für die es im Unternehmen noch keine Antwort gibt. Das Lernkonzept von Action Learning folgt dem der Aktionsforschung: Verstehen-Aktion-Reflexion. Das entscheidende Element von Action Learning ist das Projekt, das jeder Teilnehmer bearbeitet. Jeder Teilnehmer bearbeitet ein eigenes Projekt, ist aber mit anderen Teilnehmern, die auch jeweils ihr Projekt bearbeiten, in einer Lerngruppe. In der Gruppe gibt es einen Action Learning-Berater, der im wesentlichen Lernhelfer ist.

Dieser von Revans (1980) entwickelte Ansatz für Manager hat sich als besonders geeignet für Zielgruppen herausgestellt, die es gewohnt sind, an Projekten zu arbeiten, für deren Lösung und Erfolg verantwortlich zu sein und Projekte im Team vorzustellen und zu besprechen. Leider fehlen zu diesem Lernansatz systematische wissenschaftliche Untersuchungen.

(6) Gruppenarbeitsmethoden: Lernstatt und Qualitätszirkel

In den sechziger Jahren hatten japanische Unternehmen Qualitätsprobleme zu bewältigen, um ihre Produkte auf amerikanischen und westeuropäischen Märkten placieren zu können. Die japanischen Manager erkannten, daß sie die Probleme nur unter Beteiligung der Mitarbeiter lösen konnten. Mit den → *Qualitätszirkeln* entwickelten sie ein Partizipationsprogramm, durch das sie mit Hilfe der Arbeiter die Probleme lösen konnten.

Eine andere Problemsituation stellte sich in der Bundesrepublik Anfang der siebziger Jahre dar. Hier ging es zum einen um die Integration ausländischer Arbeiter in die bestehende Arbeitswelt und zum anderen um deren und der deutschen Kollegen Qualifikation. Diese Problemsituation führte zur Entwicklung der Lernstatt. Heute sind Ziele der Lernstatt technologischer (Steigerung der Produktivität und Produktqualität), arbeitsorganisatorischer und personalentwicklungsmäßiger Art (Arbeitsmotivation, Identifikation, Problemlösefähigkeit, Qualifikationsverbesserung). Die Gruppenarbeitsmethode basiert auf dem Prinzip der Freiwilligkeit (Entscheidung über Teilnahme) und der Partizipation (Entscheidung über Inhalte, Vorgehensweisen und Mitarbeit). Bednarek (1985, S. 109) untersuchte in seinem Forschungsvorhaben die Stärke des Selbstentfaltungsmotivs der Teilnehmer, das Anspruchsniveau zur Arbeit, die Leistungs- und Arbeitszufriedenheit. Einige Ergebnisse:

(1) Die Teilnehmer an Lernstattgruppen hatten eine positive Einstellung zur Gruppenarbeit, zumal sie sich freiwillig dazu meldeten und spezifische Hoffnungen damit verknüpften.
(2) Das Engagement in den Gruppen stieg mit der Zunahme der erarbeiteten und in die Praxis umgesetzten Problemlösungen.
(3) Der partizipative Lern- und Arbeitsansatz verstärkte die Motivation und Arbeitszufriedenheit.
(4) Die Qualität der Moderatoren und der Kontakt zu den Lernstatt-Teilnehmern sind entscheidend für den Bestand und den Erfolg der Gruppe.

Lernen in der Lernstatt ist praxisbezogenes Lernen und eine bedeutsame Möglichkeit für Arbeiter, sich weiterzuentwickeln. Problematisch wird der Lernstattansatz von Gewerkschaften beurteilt, weil sie eine an ihnen vorbeilaufende Einflußnahme befürchten. Problematisch wird er auch von Vertretern des betrieblichen Vorschlagswesens gesehen, weil das traditionelle Vorschlagswesen durch die Lernstatt zum großen Teil konterkariert wird.

25.4 Psychologie der Lernenden

Die Gemeinsamkeiten der vorgestellten unterschiedlichen Lernmethoden sind:
– Die Lernenden stehen im Mittelpunkt und übernehmen die Verantwortung für ihr Lernen.

- Die Lernenden wenden eigenständig Regeln zur Selbstinstruktion an oder entwickeln neue Regeln.
- Die Lernenden lernen erfahrungs- und aktionsorientiert, um existierende persönliche Stärken und Schwächen anzugehen bzw. betriebliche Probleme zu lösen.
- Die Lernenden gehen einen Lernvertrag mit den jeweiligen Beratern ein, die sie nur im Bedarfsfalle befragen.

Die Gemeinsamkeiten lassen erkennen, daß die „neuen" Methoden einige Wurzeln in der humanistischen Psychologie bzw. in der humanistischen Pädagogik haben.

Die Lernenden sind ja keineswegs nur passive „Objekte" pädagogischen Handelns, sondern greifen aktiv gestaltend und interpretierend in die pädagogische Situation ein oder verändern ihre psychologische Bedeutung. Teilnehmer(innen), die sofort gegen das Seminarkonzept opponieren und sich dabei die Unterstützung anderer sichern können, sind eine offene Herausforderung für die Trainer. Diejenigen, die kaum reagieren und sich verschließen sind zwar weniger auffällig, aber vielleicht gerade darum um so schwerer zu fördern. – Die meisten Ausbilder(innen) verfügen über einen großen Erfahrungsschatz im Umgang mit unterschiedlichen Reaktionen und Situationen. Die Nutzung dieses Erfahrungswissens für eine „Psychologie der Lernenden" steht aber noch in ihren Anfängen.

Hofer et al. (1986) haben handlungstheoretisch fundierte Konzepte für eine Psychologie der Lernenden formuliert, die auf die Erwachsenenbildung übertragen werden könnten. Ihr Ausgangspunkt sind aktiv handelnde Lernende, die durch Motive und Interessen geleitet werden, Wissen zur Problemlösung und Wissen über sich selbst zu entwickeln. Intensive Gefühle und subjektive Bewertungsprozesse können dabei das Handeln und Lernen beeinträchtigen oder fördern.

Wenn die lernbezogenen Prozesse aktiv handelnder Individuen und die Förderung der langfristigen Persönlichkeits- und Selbstentwicklung im Zentrum stehen, sind die Aufgaben der Ausbilder und Trainer nicht nur die Gestaltung der lernfördernden Bedingungen, Kognitionen und Gefühle in der pädagogischen Situation, sondern auch die Beratung und Supervision zur selbstgesteuerten Qualifizierung durch entwicklungsfördernde Bedingungen der Arbeit, → *Freizeit und Familie*.

25.5 Probleme der Implementierung

Für die Beurteilung der theoretischen Gültigkeit von Qualifizierungskonzepten und Ausbildungs- oder Trainingsmethoden werden je nach Zielsetzungen unterschiedliche → *Kriterien und Evaluationsmethoden* (→ *Trainingsimplementierung und -evaluation*) eingesetzt. Insbesondere für das Modellernen (vgl. Landy, 1985, S. 276f.), für die Methoden der Selbstinstruktion und für das exploratorische Lernen durch Fehler liegen methodisch sorgfältig kontrollierte Evaluationsexperimente vor, die exemplarisch zeigen, daß diese Methoden zu beobachtbaren, teilweise langfristigen Verhaltensänderungen und Leistungsverbesserungen führen können. Der Nachweis der Effektivität der Qualifizierungsmethode ist aber nur die eine Aufgabe der Evaluation. Wichtiger ist der systematische Einsatz von Evaluationsmethoden für die Ermittlung von Schwachstellen zur Optimierung der Methode und vor allem für die Untersuchung der Probleme der praktischen Umsetzung und Implementierung.

Probleme der Implementierung und emotionale Widerstände bei der praktischen Umsetzung des Gelernten können bei den Lernenden, beim Trainer/Berater und im Lern- bzw. Arbeitsumfeld liegen.

Alle erwähnten Methoden der selbstgesteuerten Lernmethoden sind für die meisten Betriebe neu oder ungewöhnlich und verunsichernd, weil sie eine starke Veränderung der Lernkultur und damit bisheriger Strukturen und Prozeduren erfordern. Es ist nicht immer eindeutig nachweisbar, daß sie übertragbar sind oder wirklich die Erfolge zeitigen, die ihnen von den Protagonisten zugeschrieben werden.

Manche Erfahrungen aus der Vergangenheit, in der Berater die „neueste erfolgversprechende Methode" verkauften, läßt Vorsicht walten. Manche Neuerung verblaßte allzu schnell zur Mode. Die Information über Chancen und Risiken der Qualifizierungsmethoden und die aktive Rolle der Beteiligten in der Lernkultur ist daher unverzichtbar. Die selbstgesteuerten Lernmethoden erfordern ein neues Rollenverständnis der Trainer/innen. Sie werden sich mehr und mehr von der Lehrerrolle hin zur Übernahme einer Beraterrolle entwickeln müssen. Beraterqualifikationen (Ivey & Authier, 1983) gewinnen daher an Bedeutung. Auch die Mitglieder des Lern- und Arbeitsumfeldes müssen für die Förderung selbstgesteuerten Lernens erst gewonnen werden. Zwischen den Arbeitsanforderungen, den Lernbedürfnissen der Lernenden und der persönlichen Entwicklung als Bestandteil einer Personalentwicklungsstrategie bestehen Zusammenhänge, die für eine erfolgreiche Implementierung vermittelt werden müssen.

Literatur

Baitsch, C. & Frei, F. (1980). Qualifizierung in der Arbeitstätigkeit. Bern: Huber.
Bandura, A. (1969). Principles of behavior modification. New York: Holt, Rinehart & Winston.
Bandura, A. (1986). Social foundations of thought and action. A social cognitive theory. Englewood Cliffs: Prentice-Hall.
Bednarek, E. (1985). Veränderungen der Arbeitsmotivation durch Qualitätszirkel und Lernstatt, Diss., München: Fakultät für Wirtschafts- u. Sozialwiss. der TU München (unveröff. Dissertation).
BiBB (1987). Leittexte – ein Weg zu selbständigem Lernen. Berlin: Schrift des Bundesinstituts für Berufsbildung.
Carroll, J. M. (1985). Minimalist design for active user. In B. Shackel (Ed.) Human-computer interaction, pp 39–44. INTERACT '84. Amsterdam: North Holland.
Dunkin, M. J. (1987). (Ed.). The international encyclopedia of teaching an teacher education. Oxford: Pergamon.

Gage, N. L. & Berliner, D. C. (1986). Pädagogische Psychologie, 4. Aufl. Herausgegeben und aus dem Amerikanischen übersetzt von Gerhard Bach. München/Weinheim: Psychologie Verlags Union.

Golas, H. G. (1979). Berufs- und Arbeitspädagogik für Ausbilder. Essen: Girardet.

Greif, S. (1986). Neue Kommunikationstechnologien – Entlastung oder mehr Streß? In K.-H. Pullig, U. Schäckel & J. Scholz (Hg.), Streß im Unternehmen, S. 178–200. Hamburg: Windmühle.

Greif, S. (1989). Exploratorisches Lernen durch Fehler und qualifikationsorientiertes Software-Design. In S. Maaß & H. Oberquelle (Hg.), Software-Ergonomie '89 (S. 204–212). Stuttgart: Teubner.

Hacker, W. & Skell, W. (in Vorber.). Lernen in der Arbeit. Berlin (DDR): Deutscher Verlag der Wissenschaften.

Harrison, R. (1976). Self-directed learning: A radical approach to management education. Situation Management Systems, Inc. (unpubl. paper).

Hirth, R. (1980). Partizipativer Unterricht, autonome Lerngruppen und Life-Styling für Auszubildende. In: H.-J. Kurtz & Th. Sattelberger, Organisationsentwicklung in der betrieblichen Ausbildung. (S. 111–148). München: Oelschläger.

Hofer, M., Pekrun, R. & Zielinski, W. (1986). Die Psychologie des Lerners. In B. Weidenmann et al. (Hg.). Pädagogische Psychologie, S. 219–276. München: Psychologie Verlags Union.

Ivey, A. E. & Authier, J. (1983). Microcounseling. Neue Wege im Kommunikationstraining. Goch: Bratt.

Kern, H. & Schumann, M. (1970). Industriearbeit und Arbeiterbewußtsein. (2 Bände), Frankfurt/M.: Europäische Verlagsanstalt.

Koch, J. (1986). Neues aus der „Welt der Leittextmethode". Betriebliche Ausbildungspraxis, 4, 4–5.

Krogoll, T., Pohl, W. & Wanner, C. (1986). CNC ist auch Angelernten vermittelbar. Zeitschrift für Arbeitswissenschaft, 40, 108–116.

Kurtz, H.-J. (1982). Das erfahrungsorientierte Lernmodell. Kritik und Erweiterung. In R. Th. Stiefel (Hg.), Jahrbuch 1982. Beiträge führender Praxisvertreter. München: Oelschläger.

Landy, F. J. (1985). Psychology of work behavior. Chicago, Ill.: Dorsey.

Lipsmeier, A. (1978). Didaktik der Berufsausbildung. München: Juventa.

Matern, B. (1984). Psychologische Arbeitsanalyse. Berlin: Springer.

REFA-Verband für Arbeitsstudien e. V. (1977). Methodenlehre des Arbeitsstudiums, Teil 6: Arbeitsunterweisung (2. Aufl.). München: Hanser.

Revans, R. W. (1980). Action learning. New techniques for management. London: Blond & Briggs.

Rühle, R. (1988). Kognitives Training in der Industrie. Aufdeckung und Vermittlung psychischer Regulationsgrundlagen von Arbeitstätigkeiten, insbesondere der Mehrstellenarbeit. Berlin (DDR): Deutscher Verlag der Wissenschaften.

Semmer, N. & Pfäfflin, M. (1978). Interaktionstraining. Weinheim: Beltz.

Semmer, N. & Schardt, L. (1982). Qualifikation und berufliche Entfaltung bei der Arbeit. In L. Zimmermann (Hg.), Humane Arbeit – Leitfaden für Arbeitnehmer, Bd. 4: Organisation und Arbeit (S. 73–150). Reinbek: Rowohlt.

Sonntag, K. (1989). Arbeitspsychologische Trainingsforschung. – Zur Psychologie berufsbezogener Lernprozesse bei veränderten Tätigkeitsinhalten. Bern: Huber.

Stiefel, R. Th. (1980). Lernen im Zweier-Team. Der Einsatz der Lernpartnerschaft in der Management-Andragogik, München: Oelschläger.

Stiefel, R. Th. & Kailer, N. (1982). Problemorientierte Management-Andragogik, München: Oelschläger.

Ulich, E. (1967). Über verschiedene Methoden des Lernens sensumotorischer Fertigkeiten. Arbeitswissenschaft, 6, 48–50.

Volpert, W. (1985). Pädagogische Aspekte der Handlungsregulationstheorie. In H. Passe-Tietjen & H. Stiehl (Hg.), Betriebliches Handlungslernen und die Rolle des Ausbilders. Wetzlar: Jungarbeiterinitiative an der Werner-von-Siemens-Schule e. V.

Siegfried Greif und Hans-Jürgen Kurtz,
Bundesrepublik Deutschland

26. Auswahlgespräche und Auswahlkomitees

26.1 Einleitung

Von den meisten Organisationen werden zur Auswahl von Beschäftigten Auswahlkommitees und → *Interviews* verwendet. Ein aktueller Überblick über Einstellungsverfahren bei Führungskräften in Großbritannien (Robertson & Makin, 1986) zeigt, daß 81% der größeren Organisationen in Großbritannien bei der Auswahl von Führungskräften immer (dagegen nur 1% niemals) Interviews verwenden. Es gibt keinen Grund für die Vermutung, daß die Organisationen auf dem europäischen Kontinent oder in Amerika anders verfahren (vgl. die Erhebungsergebnisse von Schulz et al., 1985 für die Bundesrepublik Deutschland).

Auf den ersten Blick erscheint es verwunderlich, daß Einstellungsinterviews so populär sind, denn sie gehören zu den am wenigsten validen unter den vorhandenen Auswahlmethoden. Verglichen mit psychologischen Tests intellektueller Fähigkeiten, der Untersuchung von Tätigkeitsstichproben, biographischen Daten und → *Assessment-Center* ist ihre Kriterienvalidität sehr gering. Das heißt, verschiedene Kriterien der Arbeitstätigkeit werden durch Interviews schlechter vorhergesagt, als durch diese anderen Techniken. Neuere Meta-Analysen der Forschung über Interviews und andere eignungsdiagnostische Methoden zeigen, daß das typische Interview normalerweise beträchtlich weniger als 10% der Varianz von Leistungsmaßen zur Arbeitstätigkeit vorhersagt (Hunter & Hunter, 1984; Schmitt, Gooding, Noe & Kirsch, 1984).

26.2 Strukturierte und unstrukturierte Interviews

Interviews unterscheiden sich. Manche Interviews sind hochstrukturiert. Hier können z. B. spezifische Fragen auf der Grundlage von Tätigkeitsanalysen der Arbeit gestellt werden, für die der Bewerber ausgewählt werden soll. Solche Fragen können in der Art formuliert werden, wie: „Was würden Sie tun, wenn...?" Wobei natürlich angenommen wird, daß Menschen das auch praktisch tun, was sie zu tun behaupten, wenn sie mit einer hypothetischen Situation konfrontiert werden. Es gibt einige Hinweise dafür, daß strukturierte Interviews valider sind als weniger strukturierte (Wiesner & Cronshaw, 1987). Dies läßt sich vermutlich jedoch dadurch erklären, daß derartige Interviews faktisch eine Art Arbeitsstichprobenerhebung darstellen. Arbeitsstichprobentests, die auf genauen Tätigkeitsanalysen basieren, sind erfahrungsgemäß valide Untersuchungsinstrumente (Robertson & Kandola, 1982).

Auch in anderer Hinsicht lassen sich Interviews brauchbar strukturieren. So werden zunehmend Verhaltensansätze verwendet, in denen Bewerber aufgefordert werden, strukturierte Darstellungen früherer Handlungen zu geben. Eine weitere, vermutlich validere Interviewart sind Interviews durch einen Auswahlausschuß. Geeignet sind sie vor allem dann, wenn jedes Mitglied des Ausschusses den Bewerber unabhängig von den anderen Mitgliedern beurteilt und wenn die Abschlußbeurteilung aus dem Mittelwert gebildet wird. Vielleicht wird die prognostische Verbesserung durch die erhöhte Zuverlässigkeit von Mehrfachbeurteilungsmethoden erreicht, denn sie kann wiederum zur Erhöhung der Validität führen (Wiesner & Cronshaw, 1987).

Es gibt verschiedene Gründe dafür, daß unstrukturierte Interviews eine niedrige Validität aufweisen. Ein Grund ist, daß diese Interviews dazu verwendet werden, Persönlichkeitseigenschaften zu erfassen und nicht nur konkrete berufliche Befähigungen, Fertigkeiten oder Erfahrungen (Herriot & Rothwell, 1983). Persönlichkeitseigenschaften sind aber selbst schwache Prädiktoren der Arbeitsleistung (Schmitt et al., 1984); außerdem ist das Interview an sich keine gute Methode zu ihrer Erfassung. Das Interview kann eher als eine ganz spezifische soziale Situation mit eigenen Regeln und Rollen angesehen werden und liefert keineswegs die erforderlichen Daten einer vielseitigen Tätigkeitsstichprobe. Es läßt im Gegenteil zu, daß der Interviewer alle seine sozialen Stereotypen einbringt und ist daher als Folge oft diskriminierend (Arvey, 1979).

Ein zweiter Grund für die geringe Validität des Einstellungsinterviews liegt in seiner Verwendung für verschiedene Zwecke. Die Organisation möchte nicht nur herausfinden, ob der Bewerber zu ihr paßt. Sie möchte gleichzeitig jede Frage beantworten, die die Bewerber/innen über die Arbeitstätigkeit haben und ihnen vielleicht noch gleichzeitig die Arbeit „verkaufen". Beide Seiten treffen Entscheidungen und beide möchten deshalb Informationen haben, um Schlüsse ziehen zu können. Bereits die Erfüllung einer dieser Aufgaben überschreitet wahrscheinlich die Möglichkeiten des Interviews.

26.3 Erwartungen von Bewerberinnen und Bewerbern

Heute gibt es zunehmende Forschungskenntnisse über Interviews aus der Sicht der Bewerberinnen und Bewerber (Arvey & Campion, 1982). Sie haben andere Erwartungen an das Interview als die Interviewer. Sie erwarten, daß sie über ihr Erfahrungswissen befragt werden, aber sie möchten auch, daß die Interviewer ihnen mehr über die Organisation und die Arbeitstätigkeit erzählen, als die Interviewer dies vermuten (Herriot & Rothwell, 1983). Besonders interessiert sind sie daran, etwas über die Aufstiegsmöglichkeiten vergleichbarer Personen zu erfahren (Keenan & Wedderburn, 1980).

Es ist jedoch nicht nur die Information selbst, die die Absichten der Bewerberinnen und Bewerber beeinflußt, die angebotene Arbeit anzunehmen. Harn und Thornton (1985) haben gezeigt, daß die den Beratern ähnelnde Fertigkeit der Interviewer, zuhören zu können, mit der Bereitschaft zusammenhängt, die angebotene Arbeit anzunehmen. Wenn der Interviewer Informationen gibt, die auf eine sehr attraktive oder unattraktive Tätigkeit hinweisen, hat diese Information eine große Bedeutung für die Entscheidung der Bewerber. Wenn dagegen über relativ normale Jobs informiert wird, ist der Interviewerstil entscheidend (Rynes & Miller, 1983). Anscheinend wird das Verhalten des Interviewers von den Bewerbern als Hinweis darauf angesehen, wie die Organisation voraussichtlich später mit ihnen umgehen wird.

26.4 Gegenseitige Sympathie

Es gibt daher eindeutige Parallelen in der Art und Weise, mit der Interviewer und Bewerber im Interview vorgehen. Wie die Bewerber, bilden auch die Interviewer ihren Eindruck durch das nichtverbale Verhalten der anderen Seite (Dipboye & Wiley, 1977). Diese Eindrücke entstehen sogar vorwiegend aufgrund unmittelbarer Sympathie- und Antipathie-Gefühle, die den Bewerbern entgegengebracht werden (Kinicki & Lockwood, 1985). Aus Keenans (1977) Untersuchungsergebnis, daß die Stärke der Sympathie, die der Interviewer für Bewerber empfindet, die Auswahlentscheidung des Interviewers ziemlich stark beeinflußt, ergibt sich für uns der folgende Schluß: Die wichtigste Einflußgröße dafür, ob Bewerber angenommen werden oder ob sie ein Arbeitsangebot annehmen, ist wahrscheinlich, ob die beiden beteiligten Seiten sich gegenseitig mögen. Wenn wir davon ausgehen, daß wir dazu neigen, diejenigen zu mögen, die uns mögen, ist die Wahrscheinlichkeit sehr groß, einmal entstandene positive Vorstellungen aufrechtzuerhalten. Genau das gleiche gilt für die Aufrechterhaltung diskriminierender Einstellungen, auf die wir anfangs hingewiesen haben.

Diese Schlußfolgerung sollte uns nicht überraschen. Schließlich besteht eine der grundlegenden und ursprünglichen Aufgaben der meisten sozialen Begegnungen darin, es den Beteiligten zu ermöglichen, herauszufinden, ob sie sich gegenseitig mögen. Wenn wir Interviews demnach für solche speziellen Zwecke einsetzen würden, könnte davon möglicherweise das gesamte Auswahlverfahren profitieren. Anstelle des problematischen Versuchs, Tätigkeits- und Firmeninformationen im Einstellungsinterview zu vermitteln, könnte man die beiden Aufgaben trennen. Die Bewerberinnen und Bewerber könnten neu eingestellte Beschäftigte der Organisation interviewen, um Informationen über die tatsächliche Arbeit zu erhalten und darüber, ob sie die Personen mögen, mit denen sie zusammenarbeiten werden. Ein strukturiertes Einstellungsinterview könnte sich dann auf Fragen zu Arbeitsstichproben konzentrieren und vielleicht fehlende Informationen über frühere Erfahrungen zum Bewerbungsbogen ergänzen. Schließlich könnte ein Interview, in dem die Einstellungsübereinkunft abschließend ausgemacht wird, die gegenseitigen Verpflichtungen bekräftigen. Ein derartiges Interview würde z. T. auch Verhandlungen zwischen beiden Seiten ermöglichen, wodurch das Auswahlverfahren in den kontinuierlichen Verhandlungsprozeß über Rollenerwartungen oder Aufgaben eingebunden würde. Der erforderliche psychologische Kontrakt zwischen Organisation und Beschäftigten könnte so begründet werden.

Literatur

Arvey, R. D. (1979). Unfair discrimination in the employment interview: Legal and psychological aspects. Psychological Bulletin, 86, 736–765.
Arvey, R. D. & Campion, J. E. (1982). The employment interview: A summary and review of recent literature. Personnel Psychology, 35, 281–322.
Dipboye, R. L. & Wiley, J. W. (1977). Reactions of college recruiters to interviewee sex and self-presentation style. Journal of Vocational Behavior, 10, 1–12.
Harn, T. J. & Thornton, G. C. III (1985). Recruiter counsellor behaviours and applicant impressions. Journal of Occupational Psychology, 54, 165–173.
Herriot, P. & Rothwell, C. (1983). Expectations and impressions in the graduate selection interview. Journal of Occupational Psychology, 56, 303–314.
Hunter, J. E. & Hunter, R. F. (1984). Validity and utility of alternative predictors of job performance. Psychological Bulletin, 96, 72–98.
Keenan, A. (1977). Some relationships between interviewers' personal feelings about candidates and their general evaluation of them. Journal of Occupational Psychology, 50, 275–283.
Keenan, A. & Wedderburn, A. A. I. (1980). Putting the boot on the other foot: Candidates description of interviewers. Journal of Occupational Psychology, 53, 81–89.
Kinicki, A. J. & Lockwood, C. A. (1985). The interview process: An examination of the factors recruiters use in evaluating job applicants. Journal of Vocational Behavior, 26, 117–125.
Robertson, I. T. & Kandola, R. S. (1982). Work sample tests: Validity, impact, and applicant reaction. Journal of Occupational Psychology, 55, 171–184.
Robertson, I. T. & Makin, P. J. (1986). Management selection in Britain. A survey and critique. Journal of Occupational Psychology, 59, 45–57.
Rynes, S. L. & Miller, H. E. (1983). Recruiter and job influences on candidates for employment. Journal of Applied Psychology, 68, 147–154.
Schmitt, N., Gooding, R. Z., Noe, R. A. & Kirsch, M. (1984). Metaanalysis of validity studies published between 1964 and 1982. Personnel Psychology, 37, 407–422.
Schulz, C., Schuler, H. & Stehle, W. (1985). Die Verwendung eignungsdiagnostischer Methoden in deutschen Unternehmen: In: H. Schuler & W. Stehle (Hg.), Organisationspsychologie und Unternehmenspraxis: Perspektiven der Kooperation (S. 126–132). Stuttgart: Verlag für Angewandte Psychologie.
Wiesner, W. H. & Cronshaw, S. F. (1988). The moderating impact of interview format and degree of structure on interview validity. Personnel Psychology (in press).

Peter Herriot,
Großbritannien

27. Automatisierung und flexible Fertigungssysteme

27.1 Einleitung

Veränderte Marktbedingungen auf den Investitionsgütermärkten zwingen die Unternehmen der metallverarbeitenden Industrie mit ihrer typischen Einzel- und Kleinserienfertigung zu neuen Technik- und Organisationskonzepten. Vor allem stärkere Diversifikation und Variantenbildung mit der Konsequenz kleinerer Losgrößen und kürzerer Produktlebensdauer erfordern eine Flexibilisierung des Planungs- und Produktionsprozesses zur Sicherung der Wettbewerbsfähigkeit. Dabei sollen in erster Linie kostensteigernde Probleme wie hohe Durchlaufzeiten und Lagerbestände (Kapitalbindung) sowie unsichere Liefertermine (mangelnde „Terminbonität") gelöst werden.

Automatisierungskonzepte als Lösungsstrategien sind hier von zentraler Bedeutung. Im Gegensatz zu den bisherigen starren, nahezu „fest verdrahteten" Automatisierungen in der Massenfertigung steht hier die „flexible Automatisierung" auf mikroelektronischer Basis zur Diskussion mit jeweiligen anpaßbaren, da freiprogrammierbaren, Programmabläufen und Steuerungen. Hierbei ist die Automatisierung der Fertigung im Bereich kleiner und mittlerer Serien durch den Einsatz numerisch gesteuerter Werkzeugmaschinen gekennzeichnet, deren Entwicklung Anfang der 50er Jahre begann. Mit Hilfe der damaligen Röhren- und Relaistechnik gelang es erstmals Steuerungen zu entwickeln, mit denen sich alle zur Bearbeitung eines Werkstücks notwendigen Informationen numerisch darstellen und damit die Bearbeitungsvorgänge steuern ließen. Einen grundlegenden Durchbruch erfuhr diese Technologie erst in den 70er Jahren durch die Entwicklung von CNC(*C*omputerized *N*umerical *C*ontrol)-Steuerungen. Sie bestehen aus einem Kleinrechner als Zentraleinheit und einem Arbeitsspeicher, in dem die Funktionen der Steuerung als Software implementiert sind. Zur Zeit sind in der Bundesrepublik mehr als 60 000 NC-gesteuerte Werkzeugmaschinen im Einsatz und jährlich kommen rd. 6 000 hinzu, heute fast ausschließlich mit CNC-Steuerungen versehen. Im Zentrum der Bemühungen zur weiteren Produktivitätssteigerung steht die Integration verschiedener betrieblicher Teillösungen der Rechnerunterstützung im technischen Büro und in der Werkstatt. Im Rahmen der Diskussion um die zukünftige Fabrik steht im Mittelpunkt CIM (*C*omputer *I*ntegrated *M*anufacturing).

Hier soll ein durchgängiger Informationsfluß vom Entwurf eines Produkts über seine Herstellung bis zum Versand an den Kunden geschaffen werden. Ziel ist die gemeinsame bereichsübergreifende Nutzung einer Datenbasis. Notwendig wird zunächst die Verknüpfung der bisherigen Insellösungen zu Netzwerken mit Datenbanken. Die genauen Begrifflichkeiten von CIM mit den verschiedenen CA-

Untermengen (*C*omputer *A*ided) ist in den AWF-Empfehlungen (1985) sehr anschaulich dargestellt.

Momentan lassen sich vier Hauptentwicklungspfade des integrierten Rechnereinsatzes ausmachen (Hirsch-Kreinsen & Schultz-Wild, 1986).

- Fertigungssteuerungs- und *P*roduktions*p*lanungs- und *S*teuerungssysteme (PPS)
- DNC-Systeme (*D*istributed *N*umerical *C*ontrol) und NC-Programmierung (*N*umerical *C*ontrol)
- CAD-CAP/CAM-Integration (*C*omputer *A*ided *D*esign-*C*omputer *A*ided *P*lanning/*C*omputer *A*ided *M*anufacturing)
- Flexible Fertigungszellen und Fertigungssysteme.

27.2 Flexible Fertigungssysteme: Möglichkeiten und Hindernisse

Flexible Fertigungssysteme bilden die hochautomatisierte Form der integrierten Teilefamilienfertigung (Brödner, 1985). Der Begriff „Flexibles Fertigungssystem" (FFS) wurde bereits 1967 von Dolezalek eingeführt. Ein FFS gliedert sich in die Untersysteme
- Bearbeitungssystem
- Materialflußsystem und
- Informationssystem.

Eine Reihe von Fertigungseinrichtungen werden über ein gemeinsames Steuer- und Transportsystem so miteinander verknüpft, daß einerseits eine automatische Fertigung stattfinden kann, andererseits innerhalb eines gegebenen Bereichs unterschiedliche Bearbeitungsoperationen an unterschiedlichen Werkstücken ausgeführt werden können, wobei Komplexitäts- wie auch Automatisierungsgrad durchaus unterschiedlich sein können (Dolezalek & Ropohl, 1970; Fix-Sterz et al., 1986).

Die Verbreitung und Entwicklung von FFS nahm in den 70er Jahren eher einen zögerlichen Verlauf. Erst gegen Anfang der 80er Jahre scheint ein allgemeiner Durchbruch erfolgt zu sein. Ende 1984 waren weltweit rund 162 FFS im Einsatz. Nach acht Ländern mit den meisten Systemen aufgeschlüsselt waren das: 42 (Japan), 32 (USA), 27 (BRD), 13 (UK), 9 (DDR), 8 (S), 7 (F), 6 (I), (Mertins, 1986). Die Einsatzflexibilität kennzeichnet man nach der unterschiedlichen Teilevielfalt und Stückzahl. Sie differiert in den verschiedenen Ländern recht erheblich.

So können die Systeme in der Bundesrepublik die höchste Teilevielfalt bearbeiten (teilweise über 200 verschiedene Werkstücke). In Japan liegt der Haupteinsatzbereich zwischen 10 und 100 unterschiedlichen Werkstücken. Die geringste Einsatzflexibilität besitzen FFS in den USA und in Europa ohne die Bundesrepublik (Fraunhofer-Institut, 1982).

Bisher werden FFS überwiegend in größeren Unternehmen mit mehr als 1000 Beschäftigten eingesetzt und überwiegend für prismatische Teile (Fraunhofer-

Institut, 1982). Sie spielten offensichtlich für kleine und mittlere Unternehmen bisher kaum eine Rolle.

Veränderungen sind hier aber sobald zu erwarten, wie Erfahrungen mit dem FFS-Einsatz zunehmen, die Planungen sicherer und der Aufwand hierfür geringer sowie der wirtschaftliche Nutzen nach strategischen Gesichtspunkten als gesichert angesehen wird. Nach wie vor bestehen aber immer noch erhebliche Schwierigkeiten, die Wirtschaftlichkeit eines flexiblen Fertigungssystems nachzuweisen (Wildemann, 1987). Konventionelle betriebswirtschaftliche Verfahren sind hier gänzlich ungeeignet.

Wie der Name schon vermuten läßt, läuft die Diskussion über flexible Fertigungssysteme in der Regel unter dem Schlagwort „Flexibilisierung" (Mertins, 1986). Empirische Untersuchungen zeigen aber (Fix-Sterz et al., 1986), daß FFS überwiegend zur Steuerung der Produktivität durch Erhöhung des Automatisierungsgrades eingesetzt werden. Groß-FFS stagnieren oder zeigen sogar abnehmende Tendenz. Klein-FFS (bis 5 Maschinen) hingegen werden die größten Wachstumsraten haben. In naher Zukunft wird der Produktivitätsaspekt (durch Erhöhung des Automatisierungsgrads) bei FFS noch mehr im Mittelpunkt stehen als der Flexibilisierungsaspekt.

Erfahrungen mit den arbeitsorganisatorischen Ausprägungen von FFS sind sowohl in der Bundesrepublik (Fix-Sterz et al., 1986; Fraunhofer-Institut, 1982; Schultz-Wild et al., 1986), als auch im Ausland untersucht worden (Lutz & Schultz-Wild, 1986). Die Untersuchungen zeigen, daß der Auslegung von Arbeitsorganisation, Personalstruktur und Mensch-System-Schnittstellen eine strategische Bedeutung für die optimale wirtschaftliche und technische Nutzung eines solchen komplexen Fertigungssystems von erheblichem Investitionsumfang zukommt.

Die Wirtschaftlichkeit von FFS hängt ganz entscheidend von seiner Gesamtverfügbarkeit und Nutzung ab, die vor allem auch durch die Personaleinsatzpolitik und Arbeitsstruktur beeinflußt wird (Brödner, 1985). Sie wird offensichtlich am besten mit einer einheitlich hochqualifizierten und einsatzflexiblen Bedienungsmannschaft erreicht. Die Personalkosten für die höheren Qualifikationen sind im Verhältnis zu den hohen Kapitalkosten eines FFS vernachlässigbar.

27.3 Auswirkungen neuer Technologien auf Organisationsstrukturen

Die gewachsenen betrieblichen Organisationsstrukturen mit ihrer in der Regel ausdifferenzierten vertikalen und horizontalen Arbeitsteilung sind vielfach die entscheidenden Hemmnisse. Wesentlich flachere Organisationsstrukturen erweisen sich auch wegen des strafferen Informationsflusses als überlegen. Dabei sind Arbeitssysteme so zu gestalten, daß qualifizierte Arbeit mit möglichst hochqualifizierten Mitarbeitern erfolgt, die Arbeitsinhalte umfassend und die Schnittstellen möglichst gering sind. Arbeitsteilung nach dem Funktionsprinzip ist aus betriebswirtschaftlicher Sicht durch mehrfache Einarbeitung und erheblichen Koordinations- und Abstimmungsaufwand als beachtlicher Kostenverursacher zu sehen. Die bewußte Nutzung des lebendigen Arbeitsvermögens nimmt unter den Bedingungen flexibler Automation eine Schlüsselposition zur unmittelbaren und situationsgerechten kooperativen Koordination und Improvisation unter Berücksichtigung der unterschiedlichen Umgebungsbedingungen ein.

Der effiziente Einsatz neuer Technologien erfordert gerade bei zunehmendem vernetztem Einsatz Fertigkeiten und Fähigkeiten der Beschäftigten, die weit über die traditionellen Arbeitstugenden der herkömmlichen betrieblichen Ausbildung wie u. a. sorgsamer Umgang mit Produktionsmitteln, Ordnungssinn, Pünktlichkeit, Pflichtbewußtsein hinausgehen. Notwendig wird eine Erhöhung der Fach- und Methodenkompetenz zum vorausschauenden und planenden Denken. Die Fähigkeit, sich mit neuen Situationen gedanklich auseinanderzusetzen, wird zu einer weiteren entscheidenden Qualifikationsanforderung. Überwachende, organisierende und instandhaltende Tätigkeiten im Dialog mit der Systemsteuerung stellen neue Anforderungsprofile für den Facharbeiter dar. Nicht nur die vielzitierten Abstraktionsfähigkeiten sind gefragt, sondern von entscheidender Bedeutung ist nach wie vor das herkömmliche implizierte Wissen vom Fertigungsprozeß (Erfahrungswissen), das durch neue Technologie nicht ersetzt werden kann.

Schließlich wird eine Erhöhung der Sozialkompetenz wie gruppenorientiertes Verhalten, Bereitschaft zur Kooperation und Kommunikation sowie vor allem auch die Übernahme von Verantwortung notwendig. Gemeinsame Koordinationsaufgaben vorbereitender und ausführender Tätigkeiten erfordern Kenntnisse gruppenorientierter Arbeitsorganisation.

Aber auch beim Einsatz von FFS bestätigt sich die allgemeine Beobachtung, daß trotz des Einsatzes avancierter Technologien die Arbeitsstrukturen eher „konservativer" ausgelegt werden, als sie technisch erforderlich wäre. Sie entsprechen vielmals der vorher jeweils existierenden „klassischen" Arbeitsteilung. Sie werden weniger von fertigungstechnischen Sachzwängen als von traditionellen personalwirtschaftlichen Strukturen in den Unternehmen beeinflußt. FFS als ein Teil von flexibler Fertigungsautomatisierung bedingt somit weder zwangsläufig zunehmende Arbeitsteilung noch „neue Produktionskonzepte". Um die Gestaltungsspielräume neuer Technologien für menschengerechte und effiziente Arbeitsformen ausschöpfen zu können, bedarf es neben den technischen Konzeptionen frühzeitiger, personalwirtschaftlicher Entscheidungen und bewußte integrierte Planung und Gestaltung von Arbeitsbedingungen und -strukturen.

Literatur

AWF-Empfehlungen (1985). Integrierter EDV-Einsatz in der Produktion. Begriffe, Definitionen, Funktionszuordnungen. AWF, Eschborn.
Brödner, P. (1985). Fabrik 2000. Alternative Entwicklungspfade in die Zukunft der Fabrik. Berlin: Sigma Bohn.
Dolezalek, C. & Ropohl, G. (1970). Flexible Fertigungssysteme, die Zukunft der Fertigungstechnik. Werkstatttechnik, 60 (8), 446–451.

Fix-Sterz, J., Lay, G. & Schultz-Wild, R. (1986). Flexible Fertigungssysteme und Fertigungszellen – Stand und Entwicklungstendenzen in der Bundesrepublik Deutschland. In: VDI - Zeitschrift des Vereins Deutscher Ingenieure für Maschinenbau und Metallberufe 128, Nr. 11, S. 369–379.

Fraunhofer Institut für Systemtechnik und Innovationsforschung (ISI), Institut für Arbeitsmarkt- und Berufsforschung (IAB), Institut für Werkzeugmaschinen und Fertigungstechnik (IWF) (1982). Der Einsatz flexibler Fertigungssysteme – Technische, einführungsorganisatorische, wirtschaftliche und arbeitsplatzbezogene Aspekte. Karlsruhe: Kernforschungszentrum Karlsruhe GmbH, KfK-PFT 41.

Hirsch-Kreinsen, H. & Schultz-Wild, R. (Hg.). (1986). Rechnerintegrierte Produktion. Zur Entwicklung von Technik und Arbeit in der Metallindustrie. Frankfurt: Campus.

Lutz, B. & Schultz-Wild, R. (Hg.) (1982). Flexible Fertigungssysteme und Personalwirtschaft-Erfahrungen aus Frankreich, Japan, USA und der Bundesrepublik Deutschland. Frankfurt: Campus.

Mertins, K. (1986). Entwicklungsstand flexibler Fertigungssysteme – Linien-, Netz- und Zellenstruktur. In: Zeitschrift für wirtschaftliche Fertigung 80, 6, S. 249–265.

Schultz-Wild, R. Asendorf, J., Behr, M. v., Köhler, Chr., Lutz, B. & Nuber, Chr. (1986). Flexible Fertigung und Industriearbeit – Die Einführung eines flexiblen Fertigungssystems in einen Maschinenbaubetrieb. Frankfurt/München: Campus.

Wildemann, H. (1987). Investitionsplanung und Wirtschaftlichkeitsrechnung für flexible Fertigungssysteme (FFS). Stuttgart: Schäffer.

Helmut Mense,
Bundesrepublik Deutschland

28. Bauliche Umwelt

Die folgenden Ausführungen beziehen sich auf die Gestaltung von Arbeitsumwelten im industriellen Bereich. Zu diesem Gebiet haben Arbeitspsychologen bisher wenig beigetragen (Hoyos, 1974; Neumann & Timpe, 1976; Hacker, 1978; Schmale, 1983). Ihr Hauptaugenmerk legten sie allenfalls auf die Umgebungsfaktoren (Klima, Lärm, Beleuchtung, Farbe, Gase etc.), ohne im Detail zu untersuchen, wie durch die baulichen Umwelten diese Faktoren mit beeinflußt werden. Untersuchungen über die Auswirkungen räumlicher Bedingungen auf das Verhalten von Menschen beziehen sich in erster Linie auf den Wohnbereich, auf Krankenhäuser oder Büroräume (vgl. hierzu die umfangreichen Bibliographien bei Kruse & Arlt, 1984 oder Becker, 1981). Dies läßt sich zum einen begründen mit der engen Orientierung der Arbeitspsychologie an dem Tätigkeits- und Handlungsvollzug, zum anderen aber auch damit, daß Umbauten in der Regel langfristig geplant und ausgeführt werden. Es ist daher fast unmöglich, mit unterschiedlichen Bauformen zu experimentieren. Vorschläge für eine menschengerechte Architektur von Industriegebäuden aus arbeitspsychologischer Sicht beruhen weitgehend auf Vermutungen, daß mangelnde Motivation der Mitarbeiter und die unterschiedlichen Erscheinungsformen von Streß auch auf negative Einflüsse zurückzuführen sind, die über die unmittelbare Arbeitsumgebung hinausreichen.

Der mit Industrieanlagen wenig vertraute Besucher wird z. B. in einem Automobilunternehmen beim Anblick der haushohen Pressen und Stanzen zunächst erschrecken. Die Hallengrößen (bis zu einem Kilometer Länge und einer Breite bis 200 m) lassen ihn bald seine Bedeutungslosigkeit und Kleinheit fühlen (wie das durch große Kirchen und Kulturbauten z. T. bewußt beabsichtigt wird (Drebusch, 1976). Er wird die gesamte Umwelt mit ihrem Lärm und ‚Trubel' als bedrohlich empfinden und beim Verlassen dieser Räume die Ruhe und das Sonnenlicht bewußt genießen.

Industrielle Produktionsstätten als manifeste Äußerungen eines gesellschaftlichen Entwicklungsstandes vereinigen in sich den Stand der Produktionstechnik und die Wertschätzungen der darin arbeitenden Menschen. Sie verändern ihr Gesicht in Abhängigkeit von gesellschaftlichen Normen und Werten. Der Industriebau des 19. und beginnenden 20. Jahrhunderts mit seinen Toren und Türmen ist eine Mischung aus Kaserne, Palast und Festung. Er verweist den Arbeiter auf seine Rolle eines unter Zwang funktionierenden Teils einer großen Maschinerie. Der große Hallenbau – einst eine Notwendigkeit, um Treibriemen, Antriebsaggregate und Hallenkräne ohne räumliche Trennung einfach betreiben zu können – ist heute immer noch der Idealtyp eines flexiblen Bautyps, der verschiedenste Formen der Produktion zuläßt und ohne große bauliche Veränderungen neuen Nutzungen zugeführt werden kann (aus der Halle für den Flugzeugbau wird eine für die Teilefertigung oder ein Getreidelager).

Industrielle Produkte verändern sich schnell und verlangen immer neue Produktions- und Organisationsformen. Das Bauwerk als indirektes Produktionsmittel wird dagegen nur in Teilbereichen mit verändert, so daß sich die Funktionalität im Sinne größtmöglicher Anpassung des Gebäudes an den Nutzungszweck verschlechtert. Je flexibler die Produktion an die Wünsche des Vertriebes angepaßt werden muß und je häufiger technische Innovationen auftreten, umso schwieriger sind langfristige Bauplanungen für spezifische Produktionsformen.

EDV-gestützte Planungssysteme in Verbindung mit industrieller Vorfertigung der Bauteile sorgen darüber hinaus für eine weitere Standardisierung des Industriebaus. Ein Vergleich der Layouts für die Fahrzeugendmontagen von drei deutschen Automobilunternehmen (Daimler Benz, Bremen; BMW, München; AUDI, Neckarsulm) vermittelt diesen Eindruck größtmöglicher Standardisierung der Raumplanung. Aus der Stückzahl und den Taktzeiten läßt sich mit hoher Genauigkeit der Platzbedarf errechnen und in Rechteckhallen mit möglichst langen Hauptachsen umsetzen (z. B.: Halle 54 von VW oder BMW Regensburg).

Die Kreativität bei der *Layoutplanung* steckt offensichtlich in der Planung der Transportwege und -einrichtungen, in der Haustechnik, in der Flexibilität der Anschlüsse, aber nicht im Grundriß. Das von der deutschen Automobilindustrie sehr kritisch beäugte Modell Volvo-Kalmar ist nicht nur ein Versuch, Alternativen im Bereich der Arbeitsorganisation der Fahrzeugendmontagen zu entwickeln

(→ *VW-Projekt*), sondern auch neue Raumsituationen zu schaffen, die dieser Arbeitsorganisation entgegenkommen (Aguren & Karlsson, 1976; Weil, 1974; → *Arbeitsstrukturierung in der Montage- und Teilefertigung*). Mit dem gewählten Vieleckgrundriß wollten die Planungsverantwortlichen u. a. folgendes erreichen:
– Realisierung des Konzeptes: kleine Werkstatt in der großen Fabrik;
– Schaffen einer Arbeitsatmosphäre, die nicht der üblichen Fließbandmontage entspricht;

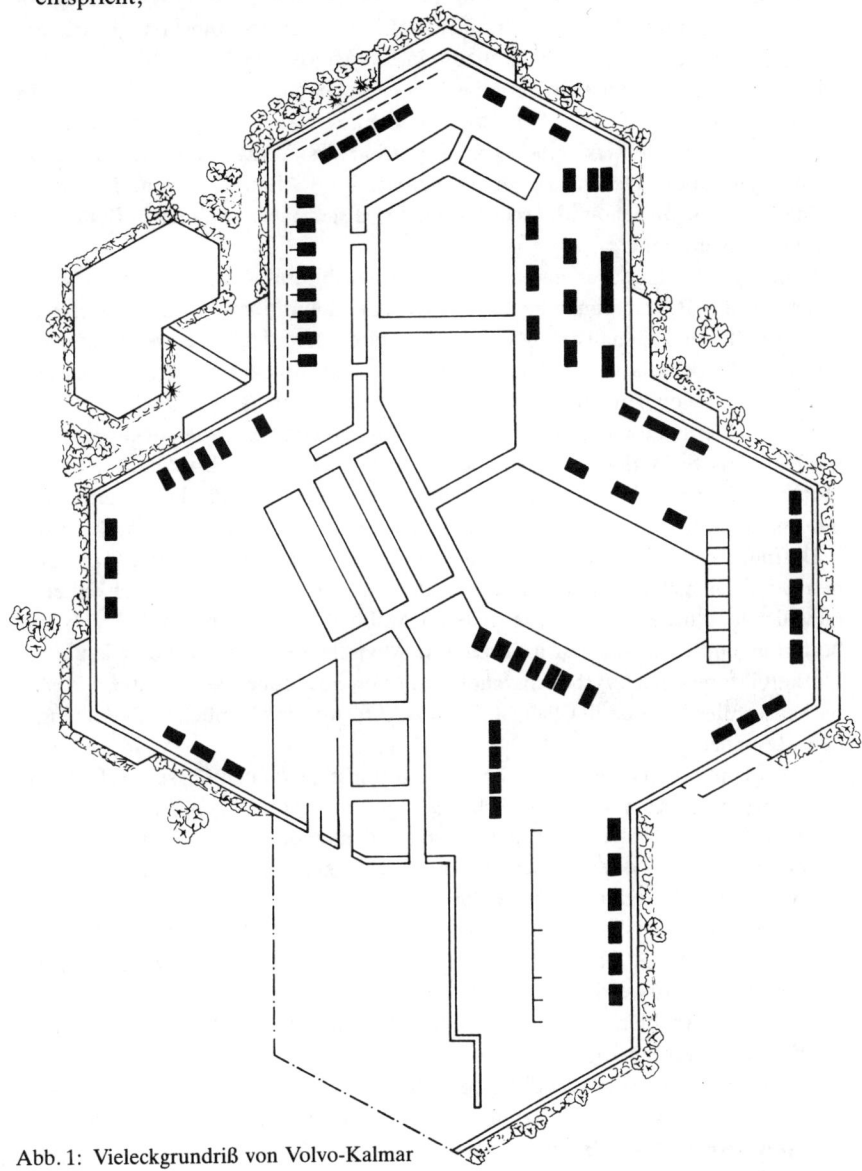

Abb. 1: Vieleckgrundriß von Volvo-Kalmar

- Schaffen von Raumgrößen, die die Bildung von Arbeitsgruppen erleichtert;
- optimaler Materialfluß durch kurze Wege und übersichtliche Produktionsbedingungen.

Durch den Vieleckgrundriß sind viele Fensterflächen entstanden, die zum einen den Blick nach draußen ermöglichen und zum anderen Tageslicht an die Montageplätze bringen. Grundrisse der gewählten Art (Beispiel: der E-Grundriß des Volvo-Motorenwerkes in Skövde; vgl. Frieling & Sonntag, 1987) führen weg von einem Gigantismus, der in den dreißiger Jahren zur Staatsphilosophie wurde und dessen Manifestationen sich noch heute in Wolfsburg oder Kassel finden lassen – allerdings ohne technisch-funktionale Notwendigkeit. Die Konzentration von 50 000 Menschen auf eine ‚Produktionseinheit' verlangt riesige Park- und Verkehrsflächen und bewirkt eine Synchronisation des Alltagslebens durch die Betriebsorganisation. Dezentrale, überschaubare Produktionseinheiten, die dort errichtet werden, wo schon Menschen wohnen, leisten tatsächlich einen Beitrag zur Arbeitszeitverkürzung.

Große, rechteckige Hallen fördern die Lärmausbreitung, erschweren die Klimatisierung und Beleuchtung, beeinträchtigen die Identifikation mit dem eigenen Arbeitsplatz und signalisieren dem Mitarbeiter angesichts der monumentalen Ausmaße seine relative Bedeutungslosigkeit und Austauschbarkeit. Neue Arbeitsformen, wie Gruppenarbeit in flexiblen Fertigungs- oder Produktinseln, lassen sich in kleinen überschaubaren Produktionsräumen besser verwirklichen als in großen. Aus Sicht des Arbeitsgestalters bietet die große Fabrikhalle zwar ein Höchstmaß an Flexibilität in der Layoutplanung, die jedoch für die Arbeitnehmer mit ungünstigen Umgebungsbedingungen (Lärmausbreitung etc.) erkauft wird.

Da Industriebauten nicht für den Menschen, sondern für bestimmte Produktionen oder Dienstleistungen erstellt werden, hat der Beschäftigte sich in einer künstlichen Umwelt zu bewegen, deren Maße die Funktion bzw. die Technik bestimmt und nicht der darin arbeitende Mensch. Für den an dieser baulichen Umwelt interessierten Arbeitspsychologen ist es eine lohnende Aufgabe, systematischer als dies bis jetzt der Fall ist, aufzuzeigen, welche räumlichen Bedingungen den Menschen

a) in seinem Arbeitshandeln störend oder begünstigend beeinflussen (z. B. Lärmausbreitung, Klimasituation, Schwingungen oder steile Treppen);
b) in seinen Arbeitshandlungen unterstützen oder behindern (z. B. lange oder kurze, einfache oder schwierige Transportwege; geeignete oder unpassende Beleuchtungsverhältnisse bei Bildschirmarbeit);
c) in seinem Arbeitshandeln verstärken bzw. formen; d. h. zu untersuchen, wie durch bestimmte Raumsituationen soziale Beziehungen bzw. Verhaltensweisen modifiziert werden; z. B. das Verhalten in Einzel-, Gruppen- oder Großraumbüros (s. hierzu Dick et al., 1981, Schaible-Rapp et al., 1981; → *Stress bei Verwaltungsarbeiten*);
d) zu bestimmten Arbeitshandlungen motivieren oder ihn demotivieren (z. B. der Einsatz von baulich definierten Statussymbolen zur Hierarchiedifferenzierung – vgl. Gottschalk, 1980);

e) in seinem Erleben angenehm oder unangenehm stimmen bzw. wie durch das Erleben neuer Raumsituationen emotionale Bereicherungen stattfinden können (H. Frieling, 1984); aber auch die Orientierung im Arbeitsfeld erleichtert wird.

Literatur

Agurèn, S. & Karlsson, K. G. (1976). The Volvo Kalmar Plant. Ed. by The Rationalization Council SAF/LO. Schweden.
Becker, F. D. (1981). Workspace – Creating environments in organisations. New York: Praeger.
Dick, C., Kompert, J., Reinartz, G., Schacht, H. & Tossing, N. (1981). Auswirkungen der Tätigkeit in Großraumbüros auf die Gesundheit der Beschäftigten. Forschungsbericht 57 des PT-HdA. Bd. 9. Bonn.
Drebusch, G. (1976). Industriearchitektur. München: Heyne.
Gottschalk, O. (1980). Flexible Verwaltungsbauten. Wiesbaden/Berlin: Bauer.
Frieling, H. (1984). Farbe am Arbeitsplatz. Hg. vom Bayerischen Staatsministerium für Arbeit und Sozialordnung. München.
Frieling, E. & Sonntag, K. (1987). Lehrbuch Arbeitspsychologie. Bern: Huber.
Hacker, W. (1973). Allgemeine Arbeits- und Ingenieurspsychologie. Bern: Huber (1978).
Hoyos, C. Graf (1974). Arbeitspsychologie. Stuttgart: Kohlhammer.
Kruse, L. & Arlt, R. (1984). Environment and behaviour. München: Saur.
Neumann, J. & Timpe, K.-P. (1976). Psychologische Arbeitsgestaltung. Berlin (DDR): Deutscher Verlag der Wissenschaften.
Schaible-Rapp, A., Kugelmann, W., Kreuzig, A., Frank, H.-J. & Benda, H. v. (1981). Die Regulation aus der Interaktion am Arbeitsplatz. Bericht aus dem Institut für Psychologie und Erziehungswissenschaft der TU München.
Schmale, H. (1983). Psychologie der Arbeit. Stuttgart: Klett-Cotta.
Weil, R. (1974). Neue Arbeitsstrukturen bei VOLVO. In: Neue Arbeitsstrukturen in der europäischen Metallindustrie – Mitteilungen des IfaA, 47.

Ekkehart Frieling,
Bundesrepublik Deutschland

29. Belastung und Beanspruchung am Arbeitsplatz

29.1 Definitionen

Unter *„Belastung"* versteht man die Summe aller auf den Mensch einwirkenden, unter „Beanspruchung" die Reaktion des Körpers auf diese Noxen. „Belastung und Beanspruchung" skizziert lediglich die Ein- und Auswirkung bestimmter Parameter ohne Kennzeichnung des physiologischen oder pathologischen Bereiches.

29.2 Arbeit und Gesundheit

Die meisten Menschen verbringen etwa 35 bis 45 Jahre in einem mehr oder weniger frei gewählten Beruf. Häufig kann man erst nach Jahren feststellen, ob die Wahl richtig war und ob man in seinem Beruf eine gewisse Zufriedenheit oder gar eine erkennbare Selbstbestätigung/Selbstverwirklichung gefunden hat. In diesem Lebensabschnitt verbringt man rd. ⅕ seiner Zeit an einem Arbeitsplatz, dessen Belastungen von dem Arbeitsplatzinhaber nur sehr bedingt beeinflußt, gesteuert werden können. Man wird daher dem optimalen, den Gegebenheiten des Individuums angepaßten Arbeitsplatz verstärkte Aufmerksamkeit widmen müssen. Gerade wegen der nur bedingten Beeinflußbarkeit der Belastungen, den vorgegebenen, dem Menschen aufgezwungenen Stressoren (→ *Streß*) muß man die Gefahr einer gesundheitlichen Schädigung durch die Arbeitswelt beobachten. Sicher ist der Slogan – wie er z. B. von Elsner gebraucht wird – „Arbeit macht krank" – generell falsch. Aber Teilaspekte der Arbeit können u. U. krank machen. Neben der Vielzahl möglicher Noxen auf physikalischer (z. B. Lärm, Vibration etc.) und chemischer (etwa Blei oder Asbeststäube etc.) Basis können physiologische oder auch psycho-soziologische Probleme u. U. die ausschlaggebende Rolle für den Einzelnen spielen. Möglicherweise ist die Besserung des Betriebsklimas, unter organisatorisch-psychologischen Aspekten, das vorrangige Problem. Ein in seiner Wichtigkeit weit oben anzusiedelnder Faktor ist schließlich das Gefühl, die Selbsterkenntnis des Individuums des „Nichtfertigwerdens" mit den Anforderungen der beruflichen Belastungen (Hoyos). Man wird die Arbeitssituation also analysieren müssen, um das Problem angehen zu können (Hettinger et al., 1985, 1987).

Es gibt genügend Menschen (– keineswegs nur Personen mit einem IQ am unteren Ende der Skala –), die tatsächlich nur arbeiten, um damit die Voraussetzung zu schaffen, ihr eigenes Leben leben zu können. Auch diesen Weg muß man als Wissenschaftler akzeptieren. Als Wissenschaftler wird man in der Beurteilung der Belastung und Beanspruchung des Einzelnen unvollständig bleiben und bleiben müssen, solange man die Privatsphäre des Einzelnen anerkennt. Unter diesem Blickwinkel sollten wir unsere Hilfe anbieten, aber den Privatbereich als „tabu" respektieren, wenn unsere Hilfe nicht gewünscht wird. Das Belastungsbild läßt sich dann u. U. nicht abrunden, aber die Achtung vor der Privatsphäre des Einzelnen hat m. E. Vorrang vor dem Bemühen des Wissenschaftlers um Vollständigkeit.

29.3 Verschiedene Belastungsfaktoren

Man wird also zwei Problemkreise zeichnen müssen, – die berufliche und die private Sphäre, wobei im weiteren hier nur der Berufsbereich skizziert werden soll, in welchem man im Blickwinkel der Belastung dann wieder drei Felder skizzieren kann:

(1) Physische Belastung durch unterschiedliche muskuläre Aktivitäten.
(2) Physikalische und chemische Faktoren (Hitze, Lärm, Gase, Stäube usw.).
(3) Psycho-soziologische Fakten der Arbeitswelt.

Der Definition folgend sind alle diese Einwirkungen auf den Menschen unter der Rubrik der Belastung zu sehen. Ohne größere Schwierigkeiten sind die muskulären Größen objektiv erfaßbar (z. B. mit dem Energieumsatz), und auch die physikalischen und chemischen Faktoren (mit entsprechenden Klima-, Lärm- und Staubmeßgeräten). Bei den psycho-soziologischen Fakten, die den Menschen tangieren, ist diese Objektivität allerdings gestört. Objektive Methoden, im Sinne eines naturwissenschaftlichen Methoden-Designs, fehlen. Diese Untersuchungsergebnisse sind einerseits gefärbt durch die subjektive Aussage des Probanden und andererseits durch die Interpretation des Untersuchenden z. B. der Befragungsergebnisse.

Während die Belastung in ihrer Intensität unabhängig von der Person ist, die mit ihr beaufschlagt wird, ist die Reaktion des Individuums auf diese Belastungen spezifisch für das jeweilige Individuum. Die Beanspruchung ist abhängig von der Leistungsfähigkeit des Individuums unter den verschiedenen Aspekten der Prädestination zu irgendwelchen u. U. auch pathologischen Reaktionen. Die Leistungssituation des Individuums entscheidet unter den verschiedensten Voraussetzungen häufig, ob die Belastung im Sinne eines ohnehin lebensnotwendigen Reizes (Enstreß), d. h. ohne Gefahr einer Gesundheitsschädigung oder als Over- oder Dis-Streß mit entsprechender Gesundheitsgefährdung gesehen werden muß.

29.4 Leistungsfähigkeit und Belastbarkeit

Um die Entscheidung, ob ein in den physiologischen Bereich fallender Reiz als Enstreß oder als Over-Streß gesehen werden muß, treffen zu können, wird man einerseits die Leistungsfähigkeit des Individuums (unter Berücksichtigung der verschiedenen Körpersysteme), andererseits die Belastungen am Arbeitsplatz (in Form einer arbeitswissenschaftlichen Arbeitsplatzanalyse) erfassen müssen. Die Belastungen am Arbeitsplatz müssen in eine positive Korrelation zu der spezifischen, aus der Arbeitsplatzsituation heraus geforderten, individuellen Beanspruchungssituation gebracht werden. Belastungen am Arbeitsplatz und Beanspruchung des Menschen müssen eine ausgeglichene Bilanz aufweisen. Besteht eine Diskrepanz zwischen diesen beiden Parametern, ist ein Ausgleich einerseits durch organisatorische und/oder technische Maßnahmen am Arbeitsplatz und/oder andererseits durch entsprechendes Training des Menschen erforderlich, um Überforderungen zu vermeiden (Hollmann & Hettinger, 1980).

Die Leistungsfähigkeit/Belastbarkeit der einzelnen Organsysteme ist mit dem zur Verfügung stehenden medizinischen Methodeninventar mehr oder weniger gut erfaßbar. Ohne größere Schwierigkeiten wird man anthropometrische Daten, die Leistungsfähigkeit der Muskulatur und die des Herz-Kreislaufsystems beurteilen können. Die optimalen Möglichkeiten zur Anpassung dieser Organsysteme an erhöhte Belastungen (= Training) sind bekannt. Die Leistungsfähigkeit anderer Körpersysteme dagegen z. B. des Knochen-Bändersystems, im Spezialfall die Wirbelsäule oder gar die Gewebsqualität – die etwa bei der Frage nach Grenzwerten für das Heben und Tragen von Lasten, insbesondere bei Frauen, eine Rolle spielt – ist z. Z. prophylaktisch nicht überprüfbar, sondern nur retrospektiv nach Eintreten eines pathologischen Zustandes bestimmten Ereignissen zuzuordnen (Hettinger et al., 1987). Nur empirische Untersuchungen, die die pathologischen Ereignisse verfolgen und in Beziehung zur Belastung bringen, werden zumutbare Grenzbereichsdaten mit Richtwertcharakter liefern können. Die Beurteilung der Psychomotorik ist infolge der Notwendigkeit entsprechender Motivation zur Mitwirkung des zu Beurteilenden subjektiv geprägt und erfordert eine breit gefächerte Interpretation der Ergebnisse.

Insgesamt gesehen stehen eine größere Anzahl objektiver oder auch partiell objektivierbarer Verfahren zur Verfügung, die es gestatten, sich ein Bild über die Leistungsfähigkeit des Menschen unter dem Blickwinkel verschiedener Organsysteme zu machen. Die Möglichkeiten der Erfassung der individuellen Gegebenheit des Menschen ist die Voraussetzung zur optimalen Arbeitsgestaltung, zur Anpassung der Arbeit an den Menschen.

Um die Leistungsfähigkeit des Menschen zu erfassen, gibt man also eine definierte Belastung vor. Man beurteilt die Reaktion des Menschen auf diese Belastung, also die Beanspruchung, im Vergleich zu den entsprechenden empirisch ermittelten Daten (Hollmann & Hettinger, 1980). Ein identisches Vorgehen ist am Arbeitsplatz erforderlich. Belastung und Beanspruchung als Resultante der Arbeitssituation werden erfaßt und das Ergebnis entsprechend auf das Belastungsniveau des Individuums z. B. bei der voraufgegangenen Ergometrie transformiert (Hettinger, Müller et al., 1985).

29.5 Arbeitswissenschaftliche Arbeitsplatzanalysen

Eine arbeitswissenschaftliche Arbeitsplatzanalyse umfaßt grundsätzlich 4 Grundelemente:

(1) Dokumentation: Es erfolgt eine Beschreibung des Arbeitsbereiches, des Arbeitsplatzes sowie der Arbeitsaufgaben. Häufig wird eine Arbeitsbereichsskizze angefügt.

(2) Arbeitsablaufstudie: Die einzelnen Arbeitselemente werden zunächst aufgeschlüsselt, um dann im Ablauf der Schicht mit möglichst hoher Akribie (üblicherweise wird $^{1}/_{100}$ min Genauigkeit gewählt) in ihrer zeitlichen Folge und jeweiligen Dauer erfaßt zu werden.

Wesentlich kann u. U. noch sein, den jeweiligen Aufenthaltsort im Arbeitsbereich (z. B. an Hitzearbeitsplätzen) festzuhalten und weiterhin zu registrieren, ob Schutzkleidung getragen werden muß.

Die Arbeitsablaufstudie ist unverzichtbarer Bestandteil einer Arbeitsplatzanalyse. Werden Spitzenbeanspruchungen z. B. des Herz-Kreislaufsystems registriert, die wegen Gefahr der Überforderung des Menschen abgebaut werden müssen, muß naturgemäß die auslösende Ursache im Arbeitsablauf dieser Überlastungssituation bekannt sein.

(3) Belastung: Betrachtet man zunächst die physiologischen Parameter, so gibt z. B. der Energieumsatz Aufschluß über die Intensität der muskulären Belastung. Treten verstärkt statische Arbeitselemente auf, kann u. U. die Myographie weitere Einblicke gestatten. Die Umweltfaktoren: Klima, Lärm, Gase, Dämpfe usw. sind relativ einfach – entsprechende Meßgeräte stehen, wie gesagt, zur Verfügung – zu erfassen und dem Arbeitsplatz zuzuordnen. Die psycho-soziologischen Komponenten versucht man durch Befragungen der Betroffenen, von Vorgesetzten und Betriebsräten sowie durch Expertenbeurteilungen zu erfassen.

Ebenso wie es mit der Ergometrie üblich ist, z. B. die Belastbarkeit des Herz-Kreislaufsystems – als Basis der Beurteilung der Kreislaufbeanspruchung – zu erfassen, versucht man auch die psychische Leistungsfähigkeit im Rahmen von Eignungsuntersuchungen zu ermitteln. Das scheint erforderlich, um die Aussage des Einzelnen – man denke an das Beispiel der Gesundheitsoptimisten und -pessimisten – besser einordnen zu können. Eine derartige Aussage stellt vermutlich ein wesentliches Kriterium der Arbeitsplatzgestaltung – im weitesten Sinne verstanden – dar. Trotz der Schwierigkeit, die psycho-soziologischen Komponenten objektiv zu erfassen, kann man daher m. E. heute auf diesen Teil der Arbeitsanalyse nicht verzichten.

(4) Beanspruchung: Die Beanspruchung ist die Summe aller auf den Menschen einwirkenden Belastungen. Erfassen läßt sich die Beanspruchung z. B. durch die Veränderung der Kreislaufparameter, Pulsfrequenz und auch Blutdruck, wobei letzteres Kriterium im Arbeitsversuch Probleme aufwirft. Man erfaßt weiterhin die Veränderung der Körpertemperatur – ein allerdings sehr langsamer Vorgang, der keine direkten Rückschlüsse auf ein vor allem kurzzeitig vorausgegangenes Ereignis gestattet. Die Schweißrate gibt weitere Hinweise auf die physiologischen Gegebenheiten.

Ein sehr wesentliches Kriterium stellt schließlich das zu verschiedenen Zeitpunkten im Verlauf der Schicht von dem Betroffenen erfragte Anstrengungsempfinden dar. In dieser Bewertung spiegelt sich, u. U. als wesentlicher Faktor im Blickwinkel der Arbeitszufriedenheit, das Beanspruchungserleben des Individuums.

Die Ergebnisse einer derartigen Arbeitsplatzanalyse lassen sich graphisch darstellen. In Abb. 1 – es handelt sich um einen Schmelzer an einer Ziehglaswanne in der Glasindustrie – werden einige der gemessenen Parameter zeitgleich gegenübergestellt. Im unteren Teil der Abbildung ist die Arbeitsablaufstudie wiedergegeben, in zeitlicher Folge und Dauer die einzelnen Tätigkeitselemente spiegelnd. Darüber aufgetragen wurde der jeweilige Aufenthaltsort in Verbindung mit der Klimasituation (Klimasummenwert: Normel Effektive Temperature – NET – sowie die Wärmestrahlung), mit welcher das Belegschaftsmitglied am jeweiligen Aufenthaltsort konfrontiert wird. Der in der Folge aufgetragene Arbeitsenergieumsatz spiegelt die muskuläre Belastung. Im ersten Drittel der Darstellung fällt auf, daß hohe muskuläre Belastungen bei gleichzeitig extremen Klimasituationen, vor allem auch durch die Wärmestrahlung, gegeben sind, die als Reaktion (Beanspruchung) – darüber aufgetragen – eine Pulsfrequenz bis über 180 Pulse/min bedingen, während im zeitlichen Verlauf – punktuell dargestellt – die Körpertemperatur noch weitgehend konstant bleibt.

Die weitere Tätigkeit ist, wie aus der Zeitstudie zu entnehmen, vornehmlich geprägt durch Prozeßbeobachtungen (Kontroll- und Steuertätigkeiten), die zwar nur geringe muskuläre Tätigkeit verlangt, aber auf der Ofendecke ausgeführt werden muß. Die Wärmestrahlung ist gegenüber dem 1. Arbeitsabschnitt erheblich reduziert, aber die NET beträgt hier mehr als 30°C. Aus dieser Situation resultiert eine erhöht bleibende Pulsfrequenz im Bereich von 150 Pulse/min, also eine Kreislaufbeanspruchung weit oberhalb des Ruhewertes, der in diesem Falle bei 68/min lag. Schließlich zeigt sich auch ein Ansteigen der Körpertemperatur bis auf annähernd 38°C.

Üblicherweise wird man lediglich einige der erhobenen Parameter, die zur Diskussion um die Arbeitsplatzbelastung/Beanspruchung vorrangig sind, darstellen. So wurde auch hier darauf verzichtet, z. B. die Lärmsituation u. a. wiederzugeben. In einer Gesamtbeurteilung wird man diese naturgemäß ebenso ansprechen müssen wie die psycho-soziologische Komponente.

Für die Praxis mit ausreichender Genauigkeit wurde von Müller und Hettinger ein 7-stufiger Bewertungsmaßstab, in der Folge beispielhaft dargestellt, entwickelt. Jeder Stufe – spezifisch für die verschiedenen Bewertungsparameter – ist ein bestimmter Intensitätsbereich der Belastung/Beanspruchung zugeordnet, wobei die Stufe 4 in allen Fällen den nach heutigem Wissensstand zumutbaren Grenzbereich beschreibt. Die Stufen 5 bis 7 weisen eine mehr oder weniger ausgeprägte Überbelastung aus, die ihrerseits mehr oder weniger dringlich betriebliche Maßnahmen zur ökonomischen Gestaltung des Arbeitsplatzes erforderlich macht.

Als Beispiel einer summarischen Arbeitsplatzbewertung wird in Abb. 2 der Arbeitsplatz eines Maschinenführers bei der Herstellung von Behälterglas (Flaschen) mit dem für diesen Arbeitsplatz wesentlichen Parametern dargestellt. Die Belastungs-/Beanspruchungsintensität nimmt von links nach rechts zu. Schraffiert eingetragen wurde der jeweilige Schichtmittelwert. Da bei der Mittelwertbildung Belastungs-/Beanspruchungsspitzen – über deren Schädigungsmöglichkeiten die wissenschaftlichen Kenntnisse allerdings noch unvollkommen sind – verwischt werden, wurden zusätzlich die Spitzenwerte in Abhängigkeit von der jeweiligen Dauer der Arbeitsabschnitte mit eingetragen. Im unteren Teil der Abbildung wurde schließlich noch das subjektive Anstrengungsempfinden als Schichtmittelwert – bei gleichzeitiger Wiedergabe der 7-stufigen Skalenausnutzung, die u. U. individuell relativ große Unterschiede aufweist – dargestellt.

Wenn man die individuelle Leistungsfähigkeit erfaßt und in eine positive Korrelation zur Belastung und der daraus resultierenden Beanspruchung am Arbeitsplatz bringt, ist dies eine Chance, Überforderungen mit der Konsequenz der – direkt oder indirekt – berufsbedingten Erkrankung, u. U. einhergehend mit vorzeitiger Invalidität, zu begegnen. Bei Kenntnis der Arbeitssituation wird man dementsprechend bei der Auswahl des Individuums eine definierte, der Arbeitssituation

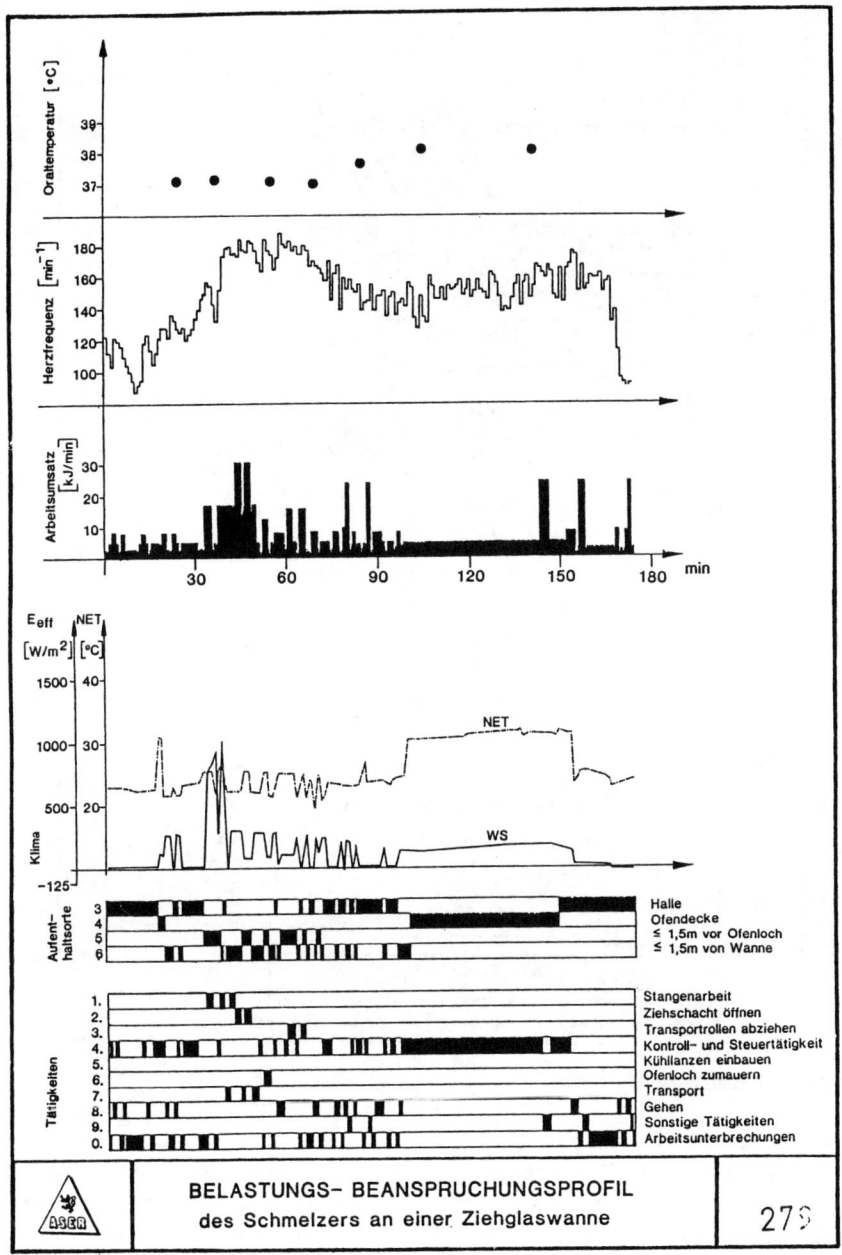

Abb. 1: Belastungs-Beanspruchungsprofil eines Schmelzers an einer Ziehglaswanne

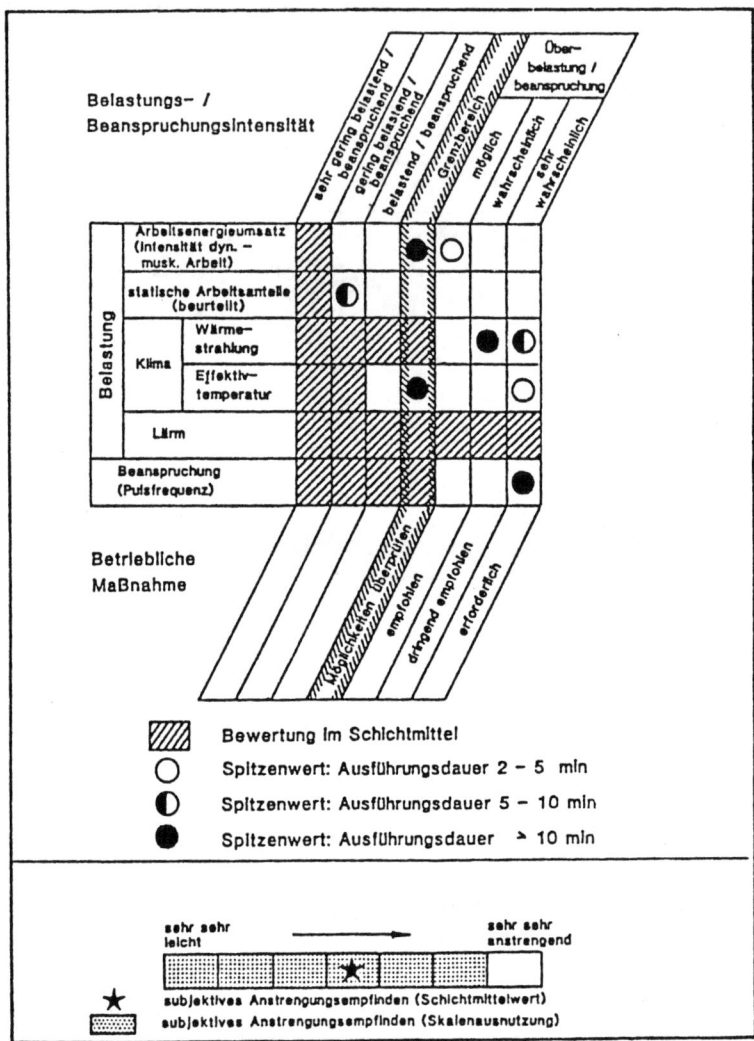

Abb. 2: Summarische Arbeitsplatzbewertung

entsprechende Belastung im Leistungstest vorgeben können. Aus der Reaktion des Individuums auf diese Belastung kann man entscheiden, ob der Arbeitseinsatz möglich und sinnvoll ist oder ob aufgrund der im Test gezeigten Überbeanspruchungsreaktion eine Überbelastung des Individuums am Arbeitsplatz mit den negativen, gesundheitlichen Folgen vorprogrammiert ist. Eine spätere Korrektur der Entscheidung über den Arbeitseinsatz, etwa durch kurzfristige Arbeitsplatzwechsel innerhalb des Betriebes oder, wie in den meisten Fällen, durch Kündigung des Arbeitsverhältnisses – durch den Arbeitnehmer selbst oder auch durch den Arbeitgeber – erhöht die Fluktuation der Belegschaft. Eine derartige Fehlentscheidung ist also auch als ein Faktor der Wirtschaftlichkeit eines Betriebes zu sehen. Für den Einzelnen stellt eine derartige Diskrepanz zwischen Belastungsanforderung im Beruf und individueller Leistungsfähigkeit u. U. ein einschneidendes evtl. auch gesundheitliches und psychosomatisches Problem dar.

Der Bilanzausgleich zwischen Belastung und Beanspruchung des Menschen in der Arbeitswelt ist auf der Basis objektiver Messungen (physikalische, chemische, physiologische Parameter) und partiell objektivierbare Erfassungsmethoden (psycho-soziologische Parameter), bei Beachtung des derzeitigen wissenschaftlichen Kenntnisstandes, zumindest in Annäherung möglich.

Auf der Basis dieser Kenntnis kann man, die Belastungsschwerpunkte am Arbeitsplatz erkennend, spezifische Arbeitsplatzgestaltungsmaßnahmen technischer und/oder organisatorischer (z. B. Pausengestaltung etc.) Art durchführen bzw. die für einen Arbeitseinsatz erforderliche Leistungsfähigkeit des Menschen festlegen. Beide Maßnahmen sind im Sinne einer vorbeugenden Gesundheitspflege zu sehen.

Literatur

Baader, E. W. (Hg.) (1961). Handbuch der gesamten Arbeitsmedizin. Berlin: Urban & Schwarzenberg.
Hettinger, T. (1983). Isometrisches Muskeltraining (5. Aufl.). Stuttgart: Thieme.
Hettinger, T. & Tielsch, R. (1982). Zur Integration wissenschaftlicher Disziplinen im Rahmen arbeitswissenschaftlicher Feldforschung. In: G. Schmidt, H. J. Bracizyk & v. d. Knesebeck (Hg.): Materialien zur Industriesoziologie. KZfSS – Sonderheft 24, 481.
Hettinger, T., Müller, B. H., Peters, J., Tiesch, R. & Ulrich, M. (1985). Hitzearbeit. Düsseldorf: VDI Verlag.
Hettinger, T., Averkamp, Ch., Müller, B. H. u. a. (1987–1989). Arbeitsbedingungen in der Glasindustrie, Bd. I-VII. Berlin: Beuth.
Hollmann, W. & Hettinger, T. (1980). Sportmedizin – Arbeits- und Trainingsgrundlagen (2. Aufl.). Stuttgart: Schattauer.
Hoyos, C. Graf (1985). Psychologische Grundlagen menschlicher Arbeit (S. 114). In G. Reichel et al. (Hg.): Grundlagen der Arbeitsmedizin. Stuttgart: Kohlhammer.
Müller, B. H. & Hettinger, T. (1981). Interpretations- und Bewertungsverfahren für arbeitswissenschaftlich-ergonomische Felddaten. Zeitschrift für Arbeitswissenschaft, 35, 82.
Reichel, G., Bolt, H. M., Hettinger, T. et al. (1985). Grundlagen der Arbeitsmedizin. Stuttgart: Kohlhammer.
Tielsch, R. & Hettinger, T. (1984). Probleme und Ergebnisse subjektiver und objektiver Arbeitsplatzanalysen. Zeitschrift für Arbeitswissenschaft, 38, 7.
Valentin, H., Lehnert, G., Petry, H., u. a. (1979). Arbeitsmedizin (2. Auflage). Stuttgart: Thieme.

Theodor Hettinger,
Bundesrepublik Deutschland

30. Beobachtungsmethoden

30.1 Einsatzmöglichkeiten

Beobachtungsmethoden zählen zum Basisinventar der sozialwissenschaftlichen Methodologie und sind in zahlreichen Publikationen gut dokumentiert (Atteslander, 1975; Faßnacht, 1979; Feger, 1983; Grümer, 1974; Huber, 1984; Manns et al., 1987; Weick, 1985; Winkler, 1981; → *Interview, Umfrageforschung*).

Bereits von Bernays (1910), Jahoda et al. (1933) und Roethlisberger und Dickson (1939) in der Arbeits- und Betriebspsychologie eingesetzt, sind Beobachtungsverfahren für viele Fragestellungen immer noch wichtige Techniken der Datengewinnung. Frieling und Sonntag (1986, S. 53) nennen z. B. als Einsatzgebiete: a) Bewertung der ergonomischen Gestaltungsgüte von Arbeitsplätzen, b) Analyse des Arbeitsablaufs und des Arbeits- bzw. Produktionsprozesses, c) Analyse und Aufdeckung von Unfallursachen und Unfallquellen, d) Analyse der Arbeitsanforderungen unter besonderer Berücksichtigung der Ausführungsbedingungen, e) Analyse der Kommunikationsstruktur, f) Analyse der Auswirkungen neuer Techniken auf das Arbeitsverhalten und Vergleich alter und neuer Arbeitsstrukturen, g) Analyse des Arbeitsverhaltens für die Ausbildung, Entwicklung von Qualifizierungsprogrammen und Schulungsmaterialien.

30.2 Definitionen und Klassifikationen

Unterschiedliche Nomenklaturen zugestanden, weisen die vorliegenden Definitionen kaum substantielle Differenzen auf. Huber (1984, S. 124) definiert „wissenschaftliche Beobachtung" als „die zielgerichtete und methodisch kontrollierte Wahrnehmung von konkreten Systemen, Ereignissen (zeitliche Änderungen in konkreten Systemen) oder Prozessen (Sequenzen von Ereignissen)", während Weick (1985, S. 568) eine ausführlich kommentierende Definition vorschlägt, die insgesamt sieben konstitutive Merkmale enthält: „Systematic observation is defined as sustained (1), explicit (2), methodological (3), observing (4) and paraphrasing (5) of social situations (6) in relation to their naturally occurring contexts (7)."

Systematische Beobachtungsverfahren werden danach klassifiziert, ob sie a) verdeckt oder offen (für die Beobachteten), b) teilnehmend oder nicht-teilnehmend (zur Kennzeichnung der Beobachterrolle), c) systematisch oder unsystematisch; strukturiert oder unstrukturiert (zur Kennzeichnung des Standardisierungsgrades des Beobachtungsinstruments), d) künstlich oder natürlich; im Feld oder Labor (hinsichtlich der Beobachtungssituation), e) vermittelt oder unvermittelt (hinsichtlich der Registriertechnik – mit oder ohne technische Hilfsmittel), f) direkt oder indirekt (je nachdem, ob das Verhalten selbst oder Spuren und Auswirkungen des Verhaltens registriert werden), g) als Selbst- oder Fremdbeobachtung durchgeführt werden.

30.3 Einzelverfahren

Vor allem bei der Analyse von Arbeitstätigkeiten werden Verfahren eingesetzt, die eine Kombination von Beobachtungs- und Befragungsmethoden beinhalten. Die im folgenden aufgeführten Verfahren sind „reine" Beobachtungsverfahren, deren Grundbausteine Kategorien oder Kategoriensysteme sind:
(1) Eines der ältesten und bekanntesten Beobachtungsverfahren ist die *Interaktionsprozeßanalyse (IPA)* von Bales (1950), die mit dem Anspruch auftrat, ein generelles Verfahren zur Erfassung von Interaktionen in Kleingruppen zu sein. Getrennt nach je sechs „aufgabenorientierten" und „sozialemotionalen" Verhaltensweisen werden mit jeweils zwei Kategorien Probleme der Orientierung, Bewertung, Kontrolle, Entscheidung, Spannungsbewältigung und Integration abgefragt. (2) Eine erste Revision und Weiterentwicklung erfuhr die IPA durch das von Borgatta (1962) entwickelte *IPS-System (Interaction-Process-System)*, das insgesamt 18 Kategorien umfaßt und anstelle der Gruppendaten, die bei der IPA erhoben werden, Individualdaten erhebt. (3) Eine Weiterentwicklung dieses Systems erfolgte in dem *BS-System (Behavior Scores System)* von Borgatta (1963), das sechs Hauptkategorien und vier Unterkategorien enthält. (4) Eine Revision seines eigenen Verfahrens hat Bales 1970 vorgenommen, wobei zwar die Anzahl der 12 Kategorien unverändert blieb, er jedoch inhaltlich einige Umbenennungen vorgenommen und diese Kategorien auf drei Dimensionen oder Ebenen angeordnet hat, die in der derzeit vorliegenden Endfassung (5) des SYMLOG-Verfahrens *(Systematic Multiple Level Observation of Groups)* von Bales und Cohen (1979) von zentraler Bedeutung sind. Auf drei Dimensionen (Einflußnahme, emotionale Zuwendung, Kooperationsverhalten) lassen sich anhand von 27 Kategorien die drei in diesem System unterschiedenen Verhaltensebenen signieren: die Ebene des verbalen und nichtverbalen beobachtbaren Verhaltens, die der kommunizierten Vorstellungsinhalte (unterschieden nach Selbst, Andere, Gruppe, Situation, Gesellschaft, Phantasie) und die der Werturteile. Eine Anwendung der relativ anspruchsvollen Signierungstechniken auf Probleme der Führung findet sich bei Bales und Isenberg (1982). (6) Stärker auf Anwendung im industriellen Bereich konzentriert sind die Kategoriensysteme von Carter et al. (1951) mit sieben Verhaltensklassen und 82 Einzelkategorien, die sich für die Analyse von Führungsproblemen in Kleingruppen eignen und das *Interaktiogramm* von Atteslander (1975), das Interaktionen im chronologischen Zusammenhang anderer Handlungen erfaßt. (7) Ein hierarchisch aufgebautes Beobachtungssystem zur Handlungsanalyse, das zu den wenigen zählt, die ein theoretisches Fundament (Handlungstheorie) aufweisen, haben Kalbermatten und v. Cranach (1981) entwickelt. Handlungen weisen als Handlungssysteme sowohl eine sequentielle (zeitliche) wie auch eine hierarchische Struktur auf, die beide in diesem Beobachtungssystem analysiert werden. Das Hierarchiemodell unterscheidet drei Analyseebenen (die der zielgerichteten Handlung, die der Handlungsschritte und die der Elemente der Handlungsschritte). Die Auswertung erfolgt über ein sorgfältig konstruiertes Kategoriensystem verbaler und non-verbaler Kategorien. (8) Explizit auf dyadische

Interaktionen beschränkt ist das *Modell der Sozialen Relation* von Kenny und seinen Mitarbeitern (Malloy & Kenny, 1986), das bislang eher ein Meßmodell als ein Beobachtungsverfahren darstellt und das *Modell der strukturellen Analyse des sozialen Verhaltens* von Benjamin (1984), in dem interpersonelle Aktivitäten nach dem zentralen Bezugspunkt eines Verhaltens (die eigene Person, eine andere Person oder die introjizierten Vorstellungen, von denen wir annehmen, daß sie andere von uns haben) und den beiden Dimensionen Affiliation und Interdependenz klassifiziert werden. (9) Schließlich gibt es noch Verfahren, die ausschließlich der Analyse nonverbalen Verhaltens dienen (Scherer & Ekman, 1982); hier werden als Analyseeinheiten in der Regel sehr „molekulare" Einheiten gewählt, die sich auf kleinste Bewegungen einzelner Körperteile oder auf Veränderungen in der Gesichtsmotorik beziehen. Beispiele derartiger Verfahren stellen das *Berner System zur Untersuchung non-verbaler Interaktionen* (Frey et al., 1981) und das *FACS (Facial Action Coding System)* von Ekman & Friesen (1978) dar.

30.4 Beobachtungsverfahren als Meßinstrumente

Praktische Entscheidungshilfen bei der Planung einer Beobachtungsstudie liefern die bei Weick (1985, S. 598) aufgeführten Hinweise; instruktiv sind die bei Faßnacht (1979, S. 183 f.) zusammengestellten Regeln für die Erstellung von Verlaufsprotokollen und das bei Manns et al. (1987, S. 27 f.) abgedruckte Trainingskonzept für Beobachter.

Nach wie vor steht und fällt die Qualität einer Beobachtungsstudie mit dem *Kategoriensystem* und der Bestimmung der *Beobachtungseinheiten,* die die kleinsten unterscheidbaren, d. h. kategorisierbaren Elemente darstellen, die dem Universum angehören, aus dem die Stichproben gezogen werden, die analysiert werden. Derartige Stichproben sind dabei entweder Zeitstichproben, durch die der Beobachtungszeitraum und die Länge einer Beobachtungseinheit festgelegt wird, oder Ereignisstichproben, die festlegen, welche Personen, welches Verhalten, welche Interaktionen und welche Situationen beobachtet werden sollen (vgl. hierzu die Ausführungen bei Faßnacht, 1979, S. 72 f.; Feger, 1983, S. 6 f.; Grümer, 1974, S. 67 f.; Huber, 1984, S. 136 f.).

Beobachtungsverfahren als Meßinstrumente zu kennzeichnen, heißt vor allem, Art und Ausmaß ihrer Reliabilität und Validität zu bestimmen. Im Gegensatz zu den zahlenmäßig wenigen Arbeiten, die sich zur Bestimmung der Validität aufführen lassen (Feger, 1983; Manns et al. 1987), gibt es eine umfangreiche Literatur zu Verfahren und Ergebnissen der Reliabilitätsbestimmung, die primär über Maße der Beobachterübereinstimmung berichtet (Asendorpf & Wallbott, 1979; Feger, 1983; Manns et al. 1987; Page & Iwata, 1986). Darüber hinaus werden jedoch auch aufwendigere Verfahren, wie z. B. Generalisierbarkeitsstudien, pfadanalytische Techniken und Multi-Trait-Multi-Method Verfahren (Feger, 1983) als Kontrollverfahren zur Fehlerabschätzung eingesetzt.

Literatur

Asendorpf, J. & Wallbott, H. G. (1979). Maße der Beobachterübereinstimmung: Ein systematischer Vergleich. Zeitschrift für Sozialpsychologie 10, 243–252.
Atteslander, B. (1975). Methoden der empirischen Sozialforschung. Berlin: De Gruyter.
Bales, R. F. (1950). Interaction Process Analysis. A method for the study of small groups. Cambridge, Mass.: Addison-Wesley.
Bales, R. F. (1970). Personality and interpersonal behavior. New York: Holt, Rinehart & Winston.
Bales, R. F. & Cohen, St. P. (1982). SYMLOG – Ein System für die mehrstufige Beobachtung von Gruppen. Stuttgart: Klett-Cotta.
Bales, R. F. & Isenberg, D. J. (1982). SYMLOG and leadership theory. In J. Hunt, C. Schriesheim & U. Sekaran (Eds.). Leadership: Beyond establishment views. Carbondale: Southern Illinois University Press, 165–195.
Benjamin, L. S. (1984). Principles of prediction using structural analysis of social behavior. In R. A. Zucker, J. Aronoff, A. I. Rabin (Eds.). Personality and the prediction of behavior. Orlando: Academic Press, 121–174.
Bernays, M. (1910). Auslese und Anpassung der Arbeiterschaft der geschlossenen Großindustrie. Schriften des Vereins für Socialpolitik, 133. Band. Leipzig.
Borgatta, E. F. (1962). A systematic study of interaction process scores, peer and self-assessments, personality and other variables. Genetic Psychology Monographs 65, 219–291.
Borgatta, E. F. (1963). A new systematic interaction observation system: behavior scores system (BSs system). Journal of psychological Studies 14, 24–44.
Carter, L. F., Haythorn, W., Meirowitz, B. & Lanzetta, J. (1951). The relation of categorizations and ratings in the observation of groups. Human Relations 4, 239–254.
Ekman, P. & Friesen, W. V. (1978). Facial Action Coding System. Palo Alto.
Faßnacht, G. (1979). Systematische Verhaltensbeobachtung. München: E. Reinhardt.
Feger, H. (1983). Planung und Bewertung von wissenschaftlichen Beobachtungen. In H. Feger & J. Bredenkamp (Eds.). Enzyklopädie der Psychologie. Datenerhebung (S. 1–75). Göttingen: Hogrefe.
Frey, S., Hirsbrunner, H.-P., Pool, J., Daw, W. (1981). Das Berner System zur Untersuchung nonverbaler Interaktion: I. Die Erhebung des Rohdatenprotokolls. In P. Winkler (Ed.). Methoden der Analyse von face-to-face Situationen (S. 203–236). Stuttgart: Metzler.
Frieling, E. & Sonntag, K. (1987). Lehrbuch Arbeitspsychologie. Bern: Huber.
Grümer, K. W. (1974). Beobachtung. Stuttgart: Teubner.
Huber, O. (1984). Beobachtung. In E. Roth (Ed.). Sozialwissenschaftliche Methoden (S. 124–143). München: Oldenbourg.
Jahoda, M., Lazarsfeld, P. F., Zeisel, H. (1933). Die Arbeitslosen von Marienthal. Leipzig: Hirzel.
Kalbermatten, U. & v. Cranach, M. (1981). Hierarchisch aufgebaute Beobachtungssysteme zur Handlungsanalyse. In Winkler, P. (Ed.) (1981). Methoden der Analyse von Face-to-Face Situationen (S. 83–127). Stuttgart: Metzler.
Malloy, Th. E. & Kenny, D. A. (1986). The Social Relations Model: An integrative method for personality research. Journal of Personality 54, 199–225.
Manns, M., Schultze, J., Herrmann, C., Westmeyer, H. (1987). Beobachtungsverfahren in der Verhaltensdiagnostik. Salzburg: O. Müller.
Page, T. J. & Iwata, B. A. (1986). Interobserver agreement. In A. Poling & R. W. Fuqua (Eds.). Research Methods in Applied Behavior Analysis (pp. 99–126). New York: Plenum Press.
Roethlisberger, F. J. & Dickson, W. J. (1939). Management and the worker. Cambridge, Mass.: Harvard University Press.

Scherer, K. R. & Ekman, P. (1982) (Eds.). Handbook of methods in nonverbal behavior research. Cambridge: Cambridge University Press.
Weick, K. E. (1985). Systematic observational methods. In G. Lindzey & E. Aronson (Eds.). Handbook of Social Psychology, 3rd. ed. Vol. I (pp. 567–634). New York: Random House.
Winkler, P. (Ed.) (1981). Methoden der Analyse von Face-to-Face Situationen. Stuttgart: Metzler.

Bernd Six,
Bundesrepublik Deutschland

31. Berufliche Sozialisation

31.1 Berufliche Sozialisationsforschung zwischen Soziologie und Psychologie

Für den Gegenstands- und Forschungsbereich, um den es hier geht, existieren unterschiedliche Bezeichnungen. Soziologen sprechen häufig von „beruflicher Sozialisation", Psychologen dagegen von „beruflicher Entwicklung" (→ *Identitäts- und Persönlichkeitsentwicklung*).

„*Sozialisation*" galt in der Soziologie lange Zeit hindurch als Prozeß einer eher passiven Übernahme gesellschaftlich vorgegebener Rollen und der damit verbundenen Werte, Normen und Deutungsmuster durch das Individuum. Die bloße Beeinflussung des einzelnen wurde viel stärker betont als seine aktive, bewußte Einflußnahme auf den Arbeitsalltag und Berufsverlauf. In der nachkriegsdeutschen Industriesoziologie stand die Analyse „objektiver" Arbeitsbedingungen im Kontext von Betrieb, Branche, Arbeitsmarkt oder technischem Wandel im Vordergrund. Wenn überhaupt „subjektive" Merkmale der Arbeitenden untersucht wurden – etwa ihr gesellschaftliches Bewußtsein (Popitz et al., 1957, Kern & Schumann, 1970) – so wurden solche Bewußtseinsformen als gesellschaftlich determiniert und nicht ihrerseits als Einflußquellen betrachtet (vgl. auch Kohn, 1985).

Die entgegengesetzte Annahme, daß Persönlichkeit ebenso einseitig die Arbeitstätigkeit und den Berufsverlauf beeinflusse, beherrschte Kohn zufolge dagegen große Bereiche der Psychologie. Entweder galt Persönlichkeit bei Erwachsenen als bereits entwickelt und stabil. Folglich sah man die Aufgabe der Psychologen besonders in der Selektion „geeigneter" Personen für das vorhandene Angebot an unterschiedlichen Arbeitsplätzen und Berufen. Oder man sprach von Berufs-„Wahl" und anschließender „beruflicher Entwicklung", beachtete dabei aber nicht systematisch all jene Beschränkungen der persönlichen Wahlfreiheit oder der Entfaltung individueller Eigenheiten, welche sich aus der gesellschaftlichen Organisation der Arbeit und der Stellung des einzelnen im gesamten Produktionsprozeß ergeben. Gegenüber der Beschreibung subjektiver Bedürfnisse, Antriebe, Einstellungen oder Fähigkeiten und ihrer Entwicklung rückten Veränderungen der objektiven Arbeitsbedingungen im Zuge der gesellschaftlichen und technischen Entwicklung in den Hintergrund.

Dieses Bild wandelt sich zunehmend: Die Begriffe „Sozialisation" und „Entwicklung" werden inzwischen in gleicher Weise auf den Menschen als Objekt *und* Subjekt seiner Arbeit bezogen. In der Arbeits- und Berufssoziologie werden neuere Ansätze ausdrücklich als *„subjektorientiert"* bezeichnet (Beck & Brater, 1977). Umgekehrt wenden sich Arbeitspsychologen auch der Analyse der objektiven Arbeitsbedingungen zu. Das gilt besonders für die detaillierte Beschreibung von Teilbereichen, wie dem der kognitiven Anforderungen für die Handlungsregulation in der Arbeit (Hacker, 1973; Volpert u. a., 1983). Ziel der handlungs- und tätigkeitspsychologischen Arbeitsanalysen ist die Veränderung objektiv restriktiver Arbeitsbedingungen (möglichst durch die Arbeitenden selbst) und die damit einhergehende Persönlichkeits- bzw. Kompetenzentwicklung (Volpert, 1979; Ulich, 1978, 1983; Frei u. a., 1984). In anderen Teilbereichen (z. B. dem der psychischen Belastungen, Marstedt & Mergner, 1986) ebenso wie mit Blick auf den Gesamtbereich der beruflichen Sozialisation (Lempert u. a., 1979; Hoff u. a., 1985) wird versucht, psychologische und soziologische Konzepte und Traditionen zusammenzuführen. Theoretische Integrationsversuche offenbaren zwar einerseits, wie unterschiedlich die monodisziplinären Fragestellungen und Einzelkonzepte nach wie vor sind. Festzuhalten bleibt jedoch andererseits die wachsende interdisziplinäre Übereinstimmung bei der Definition des gemeinsamen Gegenstandes und der gemeinsamen Grundannahme: Berufliche Sozialisation bzw. Entwicklung bezieht sich auf Unterschiede in der Persönlichkeit Erwachsener und deren Entwicklung in Wechselwirkung mit (d. h. als Folge und immer auch zugleich als Ursache von) unterschiedlichen Arbeitsplätzen und Berufsverläufen.

31.2 Empirische Studien zu Arbeit, Freizeit und Persönlichkeit

In den empirischen Studien (im Überblick vgl. Lempert, 1977; Frese, 1982; Hoff, 1986) werden erstens direkte Zusammenhänge zwischen Arbeit und Persönlichkeit untersucht. Zweitens lassen sich solche Zusammenhänge indirekt aus Untersuchungen erschließen, in denen es um Beziehungen zwischen dem Denken, Fühlen oder Handeln derselben Personen in ihren unterschiedlichen Lebensbereichen, in Arbeit und Freizeit geht. Drittens gibt es einen großen Bereich von Arbeiten, die sich nicht auf Sozialisation während des Erwerbslebens, sondern auf die Bedeutung der Arbeitswelt für die Entwicklung in anderen Lebensabschnitten richten.

Zu den direkten Zusammenhängen zwischen Arbeit und Persönlichkeit liegen vor allem angelsächsische und skandinavische Untersuchungen vor, die hier nach den wesentlichen psychologischen Merkmalsbereichen geordnet werden sollen:

(a) Der *emotional-motivationale* Merkmalsbereich (→ *Psychische Gesundheit,* → *Stress*) erscheint besonders heterogen. Entweder werden einzelne Indikatoren z. B. der Depressivität, der aktiven Orientierung, des Selbstkonzeptes oder des Selbstvertrauens in Verbindung mit Arbeitsaspekten gebracht. Oder man erfaßt eine allgemeine „mental health", wobei neben den soeben genannten weitere Indikatoren etwa von Angst, Neurotizismus oder Zufriedenheit zu einem globalen Kennwert zusammengefaßt werden (z. B. in der klassischen Studie von Kornhauser, 1965). Daß man derart allgemein von „psychischer Gesundheit" sprechen und entsprechend globale Kennwerte verwenden kann, läßt sich von den empirischen Befunden her rechtfertigen, die bei allen Einzelmessungen in die gleiche Richtung weisen: Alle Arten negativ getönter emotionaler Zustände oder motivationaler Orientierungen, also psychisches Leiden generell, finden sich häufiger bei Erwerbstätigen mit restriktiver Arbeit. Umgekehrt geht „mental health" eher mit wenig restriktiver Arbeit einher.

(b) Der *kognitive* Merkmalsbereich ist im Vergleich dazu übersichtlich: Es dominieren Messungen psychometrischer Intelligenz. Das gilt für die bahnbrechenden Arbeiten von Kohn und Mitarbeitern zur „intellektuellen Flexibilität" ebenso wie für die einzige deutsche Studie von Schleicher (1973). Bei Schleicher korreliert das Qualifikationsniveau der Arbeitstätigkeit positiv mit Intelligenz. In den Studien von Kohn und Schooler kommen etliche andere Dimensionen hinzu: einmal die des Arbeitsinhaltes, das Ausmaß des Umgangs mit Personen, Symbolen, Sachen, die Komplexität der Arbeit, Selbständigkeitsanforderungen und dann zusätzlich die Arbeitsformen (Kohn, 1981; Kohn & Schooler, 1983). Diese Untersuchungen sind aus folgenden Gründen besonders bemerkenswert: Sie beziehen sich auf repräsentative Stichproben Erwerbstätiger in den USA. Die Analyse erstreckt sich auf weitere Person-Merkmale (z. B. zur Autonomieorientierung). Vor allem sind Kohn und Mitarbeiter jedoch von den früheren Querschnittstudien zur längsschnittlichen Analyse übergegangen. Während die vielen Querschnittstudien zu einzelnen Merkmalen von Arbeit und Persönlichkeit eigentlich nicht kausal interpretierbar sind, können Kohn und Schooler wirklich nachweisen, daß einerseits die Berufstätigkeit Ursache für Persönlichkeitsänderungen ist und andererseits Persönlichkeit zugleich eine Ursache für die Veränderung der individuellen Arbeitssituation darstellt. Die wenigen anderen Längsschnittstudien beziehen sich auf andere und speziellere Personen- oder Merkmalsstichproben.

(c) Psychologische *Kontrolldimensionen* (→ *Kontrolle*) bilden schließlich einen dritten, relativ homogenen Merkmalsbereich. Darunter fallen außer Indikatoren für „Autonomieorientierung" oder „Entfremdung" (eine psychologische Verkürzung des Marxschen Begriffs) vor allem Kontrollüberzeugungen („Locus of Control"). Autonomieorientierung, geringe Entfremdung oder internale Kontrollüberzeugungen, d. h. der Glaube, Herr des eigenen Handelns und seiner Konsequenzen zu sein, finden sich stärker bei Erwerbstätigen mit wenig restriktiver

Arbeit. Umgekehrt geht restriktive Arbeit häufig einher mit Orientierungen von Heteronomie, Entfremdung und stärker externalen oder fatalistischen Kontrollüberzeugungen, d. h. dem Glauben, das eigene Verhalten und Leben sei durch äußere Umstände oder vom Schicksal bestimmt. Neben amerikanischen Studien (Tudor, 1972; Kohn, 1981; Kohn & Schooler, 1983; im Überblick: Hoff & Hohner, 1986; Hohner, 1987) liegen zwei deutsche Arbeiten vor (Jurkuhn, 1978; Hohner & Walter, 1981). Weiter gibt es eine Reihe von Untersuchungen mit analogen Ergebnissen zum Zusammenhang von Kontrollüberzeugungen mit globalen Indikatoren wie etwa dem beruflichen Status, dem Einkommen, dem Bürokratisierungsgrad der Tätigkeit oder der Aufstiegsmobilität (z. B. Andrisani & Nestel, 1976).

Geht man davon aus, daß sich Menschen kaum vollständig in eine Privat- und in eine Berufsperson aufspalten lassen, sondern daß identische Persönlichkeitsaspekte in beiden Lebenssphären eine Rolle spielen, so betreffen Studien zum Verhältnis von Arbeit und Freizeit (im Überblick vgl. Hoff, 1986) immer die berufliche Sozialisation (→ *Freizeit und Familie*). Verändert sich die Persönlichkeit im Berufsverlauf, so muß sich dies auch in einem veränderten Freizeitverhalten zeigen. Untersuchungsergebnisse sprechen im wesentlichen für zwei Arten solcher Veränderungen: Entweder gleicht sich das Denken, Fühlen oder Handeln in der Freizeit in bestimmten Aspekten dem in der Arbeit an („Generalisation") oder es entwickelt sich gerade in Richtung auf entgegengesetzte Ausprägungsformen („Kompensation"). Mehr Untersuchungen sprechen für die erste Variante der „Generalisation" als für die zweite einer „Kompensation" der Arbeit durch die Freizeit; außerdem erbringen viele Studien gar keine Zusammenhänge. Der letztgenannte Befund läßt sich aber auch im Sinne einer kompensatorischen Strategie interpretieren: Zumindest dann, wenn Arbeit sehr negativ erlebt wird, liegt es nahe, daß Personen z. B. aus Selbstschutz behaupten, ihr Denken, Fühlen oder Handeln in der Freizeit habe nichts mit dem in der Arbeit zu tun und sie versuchten, nach Feierabend bewußt „abzuschalten".

Wechselwirkungen zwischen Arbeit und Persönlichkeit zeigen sich schließlich nicht nur während, sondern auch vor und nach dem Erwerbsleben. Die berufliche Stellung sowie tagtägliche Arbeitserfahrungen von Eltern beeinflussen das Familienleben, die Erziehung und damit auch Persönlichkeitsaspekte, Einstellungen und Verhalten von Kindern und Jugendlichen (Kohn, 1969; Grüneisen & Hoff, 1977; Steinkamp & Stief, 1978). Hinzu kommt weiter der Einfluß der schulischen Institutionen. Spätestens in den letzten Schuljahren beginnt hier die Berufsfindung. Wie schwierig dabei besonders für Hauptschüler der Prozeß einer Abstimmung eigener Fähigkeiten und einer Reduzierung eigener Wünsche und Interessen angesichts des zu knappen Angebotes an Ausbildungsplätzen ist, belegt eine Studie von Heinz u. a. (1985). Die Übergänge vom Bildungs- in das Beschäftigungssystem sind in allen industrialisierten Staaten höchst unterschiedlich. Eine derart institutionalisierte Lehrlingsausbildung wie im deutschsprachigen Raum gibt es z. B. kaum in anderen Ländern. Folglich hat sich hier eine eigenständige Tradition soziologischer Lehrlingsstudien entwickelt (im Überblick vgl. Friebel,

1985). Eine repräsentative Schweizer Lehrlingsstudie von Schallberger u. a. (1984) entspricht in Anlage, Durchführung und Ergebnissen weitgehend den Untersuchungen von Kohn und Schooler: Wechselwirkungen zwischen Intelligenz und anderen Personenmerkmalen mit der Berufsausbildung sind nachweisbar, und sie verstärken noch die Selektionseffekte bei der Zuweisung bestimmter Personen zu Berufsgruppen. Schließlich zeigt sich der lebenslange Einfluß von Arbeit auch noch im Ruhestand. Wenn zuvor im Beruf Handlungsspielräume vorhanden und Planungskompetenzen erforderlich waren, so wird die anschließende Zeit ohne Arbeit (→ *Altern und Ruhestand*) ebenfalls aktiv geplant und ausgestaltet (Abraham & Hoefelmayr-Fischer, 1982).

31.3 Fazit und Perspektiven für die künftige Forschung

Bemerkenswert ist, daß die empirischen Studien trotz ihrer Unterschiedlichkeit in der Tendenz ihrer Ergebnisse übereinstimmen: Restriktive Arbeit beeinflußt Persönlichkeit eher ungünstig (bzw. nichtrestriktive Arbeit eher günstig), und weiter läßt sich vor allem mit Verweis auf die Arbeiten von Kohn und Schooler festhalten, daß es zugleich den umgekehrten Einfluß von Persönlichkeit auf Arbeit gibt. Andererseits ist die Stärke der Zusammenhänge in der Regel eher schwach, zumindest nie auffallend hoch. Möglicherweise läßt sich das auf folgende Forschungsdefizite zurückführen:

Erstens werden die „objektiven" Arbeitsbedingungen meistens nicht „objektiv", sondern durch Befragung der betroffenen Erwerbstätigen selbst erfaßt. Es fehlen in allen Untersuchungen Arbeitsplatzbeobachtungen durch außenstehende Experten. Zweitens werden eher isolierte Einzelaspekte der Arbeit untersucht, nicht jedoch Berufe mit ihrer typischen Konfiguration solcher Aspekte. Plausibel erscheint dagegen, daß erst die Beziehung der Einzelaspekte zueinander die subjektive Bedeutung eines Arbeitsplatzes in seiner Gesamtheit bestimmt. Daraus ergibt sich ein dritter Kritikpunkt: Betrachtet man die Arbeitsplätze als berufstypische Gesamtkonstellationen aller Einzelaspekte, so fällt zugleich deren biographische Dimension in den Blick, die jedoch in den empirischen Untersuchungen nicht berücksichtigt wird. Nur momentane Arbeitsplätze, nicht langfristige Berufsverlaufsmuster werden untersucht. Die analoge Kritik gilt viertens für die Seite der Persönlichkeit. Auch hier werden nur „Momentaufnahmen" zu einem oder mehreren Zeitpunkten erhoben, aber keine Prozesse nachgezeichnet. Persönlichkeitsmerkmale werden traitpsychologisch erfaßt. Dahinter steht also nach wie vor die Annahme stabiler, kaum beeinflußbarer Merkmale.

Mit diesen Defiziten sind ansatzweise dieselben Aufgaben für die künftige empirische Forschung benannt, die sich auch aus den eingangs erwähnten neueren Theorieperspektiven in Soziologie und Psychologie ergeben. Nachdem klar ist, *daß* Wechselwirkungsprozesse stattfinden, muß geklärt werden, *wie* sie eigentlich im einzelnen verlaufen. Für den Merkmalsbereich Arbeit bedeutet dies zunächst, daß über einzelne objektive Arbeitsbedingungen hinaus deren Konfiguration, also

Berufe in ihrer „strukturierten Ganzheit" erfaßt werden. Das gilt auch und gerade dann, wenn deren psychische Auswirkungen betrachtet werden (vgl. Greif, 1985). Mit dem Terminus der „strukturierten Ganzheit" läßt sich zugleich eine zeitlich langfristige biographische Strukturierung der Berufe nach ihren unterschiedlichen Verlaufsmustern kennzeichnen. Solche Muster strukturieren das gesamte Erwerbsleben von Erwachsenen (→ *Berufsentwicklung*), und sie sind ihrerseits gesellschaftlich strukturiert. In der angelsächsischen Literatur zur beruflichen Sozialisation wird dabei besonders die Ebene der Organisation in Betrieben oder Firmen berücksichtigt (→ *Organisationaler Wandel*). Es geht z. B. um kontinuierliche Karrieren, um Übergänge oder Wechsel innerhalb von und zwischen Betrieben (vgl. z. B. van Maanen & Schein, 1979; Nicholson, 1984). In der neueren industriesoziologischen Literatur im deutschen Raum werden neben betrieblichen Strategien (z. B. des Personaleinsatzes) darüber hinaus auch die überbetrieblichen Einflüsse etwa der Arbeitsmärkte auf die Strukturierung der Berufsverlaufsmuster analysiert. Dies geschieht zugleich mit Blick auf die „Reproduktionsinteressen", die Personen eigentlich haben müßten, um langfristig ihren berufstypischen Verlauf individuell und kollektiv bewältigen zu können (z. B. Brock & Vetter, 1982; Lappe, 1985).

Was den Merkmalsbereich Persönlichkeit anbelangt, so wird zwar in der Psychologie die Perspektive einer lebenslangen Entwicklung propagiert. In den theoretischen Einzelkonzepten zu spezifischen Merkmalen, Fähigkeiten, Handlungsstrategien usw. müßte jedoch künftig differenzierter beschrieben werden, welche psychischen Prozesse sich systematisch auf die Formen von Kontinuität, Diskontinuität, Brüchen, Passagen oder Schnittstellen beziehen lassen, wie sie sich innerhalb der objektiv vorgezeichneten Berufsverlaufsmuster ergeben. Angesichts der Bedeutung von Frauenerwerbstätigkeit (→ *Frauen und Erwerbstätigkeit*) wäre schließlich zu fordern, daß auch für Frauen neben der Analyse objektiver Arbeitsbedingungen (Lappe, 1981) oder ihren besonderen subjektiven Erfahrungen im Beschäftigungssystem sowie im Haushalt (Becker-Schmidt u. a., 1982) die Wechselwirkungen zwischen Berufsverlaufsmustern und Persönlichkeitsentwicklung untersucht werden.

Literatur

Abraham, E. & Hoefelmayr-Fischer, K. E. (1982). Auswirkungen der frühen Arbeitstätigkeit auf den Ruhestand. Zeitschrift für Sozialisationsforschung und Erziehungssoziologie, 2 (1), 53–72.
Andrisani, P. J. & Nestel, G. (1976). Internal-external control as contributor to and outcome of work experience. Journal of Applied Psychology, 61 (2), 156–165.
Beck, U. & Brater, M. (Hg.) (1977). Die soziale Konstitution der Berufe. Materialien zu einer subjektbezogenen Theorie der Berufe. 2 Bde. Frankfurt: Aspekte.
Becker-Schmidt, R., Brandes-Erlhoff, U., Karrer, M., Knapp, G.-A., Rumpf, M. & Schmidt, B. (1982). Nicht wir haben die Minuten, die Minuten haben uns. Bonn: Verlag Neue Gesellschaft

Brock, D. & Vetter, H.-R. (1982). Alltägliche Arbeiterexistenz. Frankfurt: Campus.
Frei, F., Duell, W. & Baitsch, C. (1984). Arbeit und Kompetenzentwicklung. Bern: Huber.
Frese, M. (1982). Occupational socialization and psychological development: An underemphasized research perspective in industrial psychology. Journal of Occupational Psychology, 55, 209–224.
Friebel, H. (Hg.) (1985). Berufliche Qualifikationen und Persönlichkeitsentwicklung. Opladen: Westdeutscher Verlag.
Greif, S. (1985). Arbeitsmarkt, Reproduktionsbedingungen und Streß am Arbeitsplatz. In E.-H. Hoff, L. Lappe & W. Lempert (Hg.): Arbeitsbiographie und Persönlichkeitsentwicklung (S. 99–117). Bern: Huber.
Grüneisen, V. & Hoff, E.-H. (1977). Familienerziehung und Lebenssituation: Der Einfluß von Lebensbedingungen und Arbeitserfahrungen auf Erziehungseinstellungen und Erziehungsverhalten von Eltern. Weinheim: Beltz.
Hacker, W. (1973). Allgemeine Arbeits- und Ingenieurpsychologie. Berlin/DDR: Deutscher Verlag der Wissenschaften.
Heinz, W. R., Krüger, H., Rettke, U., Wachveitl, E. & Witzel, A. (1985). Hauptsache eine Lehrstelle. Weinheim: Beltz.
Hoff, E.-H. (1986). Arbeit, Freizeit und Persönlichkeit. Bern: Huber.
Hoff, E.-H. & Hohner, H.-U. (1986). Occupational careers, work, and control. In M. M. Baltes & P. B. Baltes (Eds.): The psychology of control and aging (pp. 345–372). Hillsdale, NJ.: Erlbaum.
Hoff, E.-H., Lappe, L. & Lempert, W. (Hg.) (1985). Arbeitsbiographie und Persönlichkeitsentwicklung. Bern: Huber.
Hohner, H.-U. (1987). Kontrollbewußtsein und berufliches Handeln. Bern, Stuttgart: Huber.
Hohner, H.-U. & Walter, H. (1981). Ursachenzuschreibung (locus of control) bei Arbeitern und Angestellten. Psychologische Beiträge, 23, 392–407.
Jurkuhn, D. (1978). Arbeitssituation und Selbstverantwortlichkeit. Eine empirische Untersuchung über die Zusammenhänge zwischen Arbeitsbedingungen, Arbeitszufriedenheit und Selbst-, Fremd- und Zufallskontrolle. (Dissertation) Universität Trier.
Kern, H. & Schumann, M. (1970). Industriearbeit und Arbeiterbewußtsein. 2 Bde. Frankfurt: Europäische Verlagsanstalt.
Kohn, M. L. (1969). Class and conformity. A study in values. Homewood, Ill.: Dorsey Press.
Kohn, M. L. (1981). Persönlichkeit, Beruf und soziale Schichtung. Stuttgart: Klett.
Kohn, M. L. (1985). Arbeit und Persönlichkeit: ungelöste Probleme der Forschung. In E.-H. Hoff, L. Lappe & W. Lempert (Hg.): Arbeitsbiographie und Persönlichkeitsentwicklung (S. 41–73). Bern: Huber.
Kohn, M. L. & Schooler, C. (1983). Work and personality. An inquiry into the impact of social stratification. Norwood, NJ: Ablex.
Kornhauser, A. (1965). Mental health of the industrial worker: A Detroit study. New York: Wiley.
Lappe, L. (1981). Die Arbeitssituation erwerbstätiger Frauen. Frankfurt: Campus.
Lappe, L. (1985). Berufsverlaufsmuster und Reproduktionsinteressen junger Facharbeiter. In E.-H. Hoff, L. Lappe & W. Lempert (Hg.): Arbeitsbiographie und Persönlichkeitsentwicklung (S. 179–199). Bern: Huber.
Lempert, W. (1977). Untersuchungen zum Sozialisationspotential gesellschaftlicher Arbeit. Ein Bericht. Berlin: Max-Planck-Institut für Bildungsforschung.
Lempert, W., Hoff, E.-H. & Lappe, L. (1979). Konzeptionen zur Analyse der Sozialisation durch Arbeit. Theoretische Vorstudien für eine empirische Untersuchung. Berlin: Max-Planck-Institut für Bildungsforschung.
Marstedt, G. & Mergner, U. (1986). Psychische Belastungen in der Arbeitswelt. Opladen: Westdeutscher Verlag.

Nicholson, N. (1984). A theory of work role transitions. Administrative Science Quarterly, 29, 172–191.

Popitz, H., Bahrdt, H. P., Jüres, E. A. & Kesting, H. (1957). Das Gesellschaftsbild des Arbeiters. Tübingen: Mohr.

Schallberger, U., Häfeli, K. & Kraft, U. (1984). Zur reziproken Beziehung von Berufsausbildung und Persönlichkeitsentwicklung. Zeitschrift für Sozialisationsforschung und Erziehungssoziologie, 4 (2), 197–210.

Schleicher, R. (1973). Die Intelligenzleistung Erwachsener in Abhängigkeit vom Niveau der beruflichen Tätigkeit. Probleme und Ergebnisse der Psychologie, 44, 25–55.

Steinkamp, G. & Stief, W. H. (1978). Lebensbedingungen und Sozialisation. Opladen: Westdeutscher Verlag.

Tudor, B. (1972). A specification of relationships between job complexity and powerlessness. American Sociological Review, 37 (5), 596–604.

Ulich, E. (1978). Über mögliche Zusammenhänge zwischen Arbeitstätigkeit und Persönlichkeitsentwicklung. In Psychosozial, 1 (Nr. 1), 44–63.

Ulich, E. (1983). Präventive Intervention im Betrieb: Vorgehensweisen zur Veränderung der Arbeitssituation. Psychosozial, 6 (Nr. 20), 48–70.

Van Maanen, J. & Schein, E. H. (1979). Toward a theory of organizational socialization. In B. M. Staw (Ed.): Research in organizational behavior, Vol. 1 (pp. 209–264). Greenwich, Conn.: JAI Press.

Volpert, W. (1979). Der Zusammenhang zwischen Arbeit und Persönlichkeit aus handlungstheoretischer Sicht. In P. Groskurth (Hg.): Arbeit und Persönlichkeit: Berufliche Sozialisation in der arbeitsteiligen Gesellschaft (S. 21–46). Reinbek: Rowohlt.

Volpert, W., Oesterreich, R., Gablenz-Kolakovic, S., Krogoll, T. & Resch, M. (1983). Verfahren zur Ermittlung von Regulationserfordernissen in der Arbeitstätigkeit. (VERA): Handbuch. Köln: Verlag TÜV Rheinland.

Ernst-H. Hoff und Hans-Uwe Hohner,
Bundesrepublik Deutschland

32. Berufsentwicklung, Laufbahn und Beratung

32.1 Einleitung

Im vorliegenden Beitrag wird zunächst die Bedeutung der Begriffe „Laufbahn" oder „Karriere" geklärt, um danach einen Überblick über die sogenannten Karriere-Theorien zu geben. Außerdem werden Fragen der Laufbahnentscheidung und Laufbahnberatung behandelt. Abschließend werden Konzepte der Berufsentwicklung und ihre Umsetzung diskutiert und der Versuch gemacht, die vorstehenden Begriffe in ein allgemeineres Konzept zu integrieren.

32.2 Laufbahn und Karriere

Der Begriff *„Karriere"* wird in seiner deutschsprachigen Bedeutung relativ eng mit beruflichem Aufstieg assoziiert. Wie aber die folgende Definition zeigt, ist der englischsprachige Begriff „*career*" weiter und neutraler gefaßt und sollte, je nach Kontext eher mit „*Laufbahn*" und teilweise auch „Berufsentwicklung" übersetzt werden. Definiert wird „career" als:

„Reihenfolge arbeitsbezogener Tätigkeiten und damit verbundene Einstellungen, Werte und Zielsetzung im gesamten Lebenslauf einer Person." (Storey, 1979, freie Übersetzung).

Diese Definition hat mehrere Vorzüge. Erstens werden zwei Komponenten von Laufbahnen unterschieden. Eine davon ist objektiv feststellbar (die Reihenfolge der Tätigkeiten) und bezieht auch alle Veränderungen der beruflichen Hierarchieebenen oder der Zugehörigkeit zu Organisationen mit ein. Die andere ist erfahrungsbezogen oder subjektiv und bezieht sich darauf, was Menschen über ihre Laufbahnentwicklung denken und was sie empfinden. Ein zweiter Vorzug ist die längsschnittliche Orientierung oder die Betonung der lebenslangen Bedeutung von Laufbahnen. Drittens ist die Definition breit genug, um sie sowohl für Fabrikarbeiter anwenden zu können, als auch für andere Berufsgruppen und Führungspositionen. Obwohl der Begriff „career" auch für Tätigkeiten außerhalb der Arbeit verwendet wird, wie z. B. „leisure career" (gemeint ist die Entwicklung von Freizeitgewohnheiten), bevorzugen wir die wiedergegebene Definition gerade deshalb, weil sie Zusammenhänge zur Arbeitstätigkeit herstellt. Dies bedeutet nicht, daß Laufbahnen, die durch die Arbeit definiert werden, isoliert von anderen Aspekten des individuellen Lebenslaufs untersucht werden sollten.

32.3 Berufswahl- und Laufbahntheorien

Gerade die Erweiterung der Berufsentwicklungstheorien gehört zu den stimulierenden Seiten neuerer theoretischer Entwicklungen. Frühere Theorien waren sowohl wegen ihrer Konzentration auf wenige Variablen, als auch durch ihre Beschäftigung mit Wahlentscheidungen auf eine spezielle Zeitperiode begrenzt. Dies geht soweit, daß derartige Theorien mitunter lediglich als Theorien der Berufswahl angesehen wurden (obwohl sie im Grunde wenig über den Entscheidungsprozeß aussagen). Nach Sonnenfeld und Kotter (1982) können soziologische Theorien als die ersten erkennbaren Ansätze zu Laufbahntheorien angesehen werden. In ihnen wurde die *soziale Schicht* als wichtigster Einfluß für den gewählten Beruf herausgestellt. Einfach ausgedrückt: „Wie der Vater, so der Sohn". Psychologische Theorien, die manchmal auch als „Eigenschafts- und Faktoren-Theorien" bezeichnet werden, heben dagegen psychologische Merkmale, insbesondere Persönlichkeitseigenschaften und Interessen im Zusammenhang mit dem Berufsbeginn hervor. Wie Sonnenfeld und Kotter (1982) herausstellen, lassen sich beide Arten von Theorien teilweise bestätigen. Keine von ihnen ist jedoch allein gültig. Die Stärke der einen kann als Schwäche der anderen angesehen werden. Außerdem lassen sich beide kritisieren, weil sie zu statisch sind. Durch Veröffentlichungen über Laufbahnstufen wurden die Theorien dynamischer formuliert.

Ursprünglich waren die meisten dieser Theorien vor allem berufsbezogen und obwohl die Bedeutung des gesamten Lebenslaufs für die Berufsentwicklung anerkannt war, konzentrierte sich die Forschung und Anwendung vornehmlich auf den Zeitraum der ersten Berufswahl und den Übergang von der Schule/Universität zur Arbeitstätigkeit (→ *„Hochschulabgänge in der Industrie"*). Später wurden durch Stufentheorien der gesamte Verlauf des Lebens stärker beachtet und Wechselwirkungen zwischen Arbeit und anderen Rollen einbezogen. Gemeinsam ist den Stufentheorien die Vorstellung, daß die Entwicklung eines Individuums (die psychologische Entwicklung, die Laufbahn oder ähnliches) einer mehr oder weniger vorhersagbaren Abfolge von Stufen entspricht. Die Stufen wurden altersbezogen definiert.

In jeder Stufe wird das Individuum danach mit mehreren sogenannten *„Entwicklungsaufgaben"* konfrontiert. Jede Stufe muß erfolgreich bewältigt werden, bevor die nächste Stufe erreicht werden kann. Das Individuum geht nicht auf eine frühere Stufe zurück. – Die empirische Bestätigung derartiger Theorien ist allerdings schwach. Campbell und Heffernan (1983) kritisieren Stufentheorien auch aus theoretischen Gründen. Trotz dieser Schwächen können diese Lebenslauf-Ansätze jedoch als wichtige Erweiterung früherer Vorstellungen angesehen werden (vgl. Sugarman, 1986a).

Im Zusammenhang mit *Stufentheorien* besteht ein zunehmendes Interesse an der Untersuchung von Laufbahn*übergängen* (Nicholson, 1984). Einige Übergänge betreffen den Schritt von einer Laufbahnstufe zur nächsthöheren, obwohl sich nicht alle Übergänge nur darauf beziehen. Es gibt auch Arbeitsveränderungen (englisch: „job changes"), die innerhalb einer Stufe stattfinden und einen Laufbahnübergang begründen. Durch die Untersuchung von Übergängen können wir wahrscheinlich viel über Laufbahnen lernen, denn wie Frese (1982) meint, sind „die Einflüsse der Arbeitssituation (...) wahrscheinlich in Veränderungsphasen am deutlichsten." Die Untersuchungen von Nicholson und West (1987) sind ein gutes Beispiel zur Untersuchung von derartigen Übergängen, denn sie beziehen sowohl objektive, als auch subjektive Aspekte mit ein. Da wir bisher relativ wenig über Merkmale von Laufbahnübergängen wissen, besteht Bedarf an weiteren Untersuchungen in diesem Gebiet.

Das wachsende Interesse an Laufbahnen im Erwachsenenalter ist nicht nur wissenschaftlich bedingt. Es gibt auch praktische Gründe, die ihre Ursache im Wandel sozialer Werte, in den Veränderungen der Arbeitsfelder und den wirtschaftlichen Rahmenbedingungen haben. Während sich früher die Aufmerksamkeit auf den Übergang von der Schule/Universität zum Arbeitsleben konzentrierte, wird heute die zunehmende Gefahr eines direkten Übergangs von der Schule/Universität in die *Arbeitslosigkeit* gesehen. Dementsprechend erhalten verschiedene Programme zur Vermittlung von Arbeitserfahrungen zunehmende Bedeutung. Durch die Rezession bedingt, entsteht auch ein Interesse an späteren Laufbahnübergängen, insbesondere an dem durch Entlassungen oder Frühverrentungen bedingten Ausscheiden aus dem Arbeitsleben. Daran zeigt sich eindeutig, daß heute strukturelle Bedingungen einen starken Einfluß auf Laufbahnen haben.

Diese Strukturen haben gleichzeitig überproportional negative Auswirkungen auf einige Gruppen, wie z. B. ethnische Minoritäten, was soziologische Theorien bestätigt.

Auch die Art und Weise wie Menschen Laufbahnentwicklungen bewerten, hat sich gewandelt. Deutlich wird dies an der erkennbaren Veränderung hin zur individuellen Nutzenkalkulation und zum Bedürfnis, den eigenen Lebenslauf stärker selbst zu beherrschen und bei Laufbahnentscheidungen eine größere Rolle zu spielen. Dieser Trend wurde teilweise durch organisationale Veränderungen verstärkt: Beteiligungsmöglichkeiten wurden erweitert und individuelle Verantwortlichkeit für die eigene Karriere gefördert. Ein weiterer beachtenswerter Indikator sozialen Wandels ist die Zunahme der Zahl der berufstätigen Frauen. Dies gewinnt in Laufbahntheorien an Bedeutung, denn – provokant ausgedrückt – Frauen interessieren sich für die Laufbahnentwicklung der Männer.

Auch die neueren Laufbahntheorien sind kritisierbar, weil sie eher deskriptiv als präskriptiv sind und weil noch nicht einmal die Beschreibungen hinreichend mit Alltagserfahrungen übereinstimmen. Jede Theorie gilt nur für einen begrenzten Anwendungsbereich (hier gibt es allerdings Verbesserungen) und sie bleibt großenteils Stückwerk. Insbesondere fehlt eine Integration mit anderen psychologischen Theorien der individuellen Entwicklung oder der Organisation.

32.4 Laufbahnentscheidungen

Es gibt einige Theorien, die eine partielle Integration versuchen. Eine stammt von Pryor (1985), der eine „zusammengesetzte Theorie" vorschlägt, die Erkenntnisse der sozialen Lerntheorie und „Circumscription/Compromise Theory" (Umschreibung/Kompromiß) in Beziehung zu individuellen Laufbahnentscheidungen setzt. Ein Vorzug dieser Theorie ist die Erkenntnis, daß Laufbahnentscheidungen nicht auf einem rationalen Prozeß beruhen, wie dies von früheren Theorien angenommen wurde. Eine hinreichende praktische und empirische Überprüfung dieser Theorie steht jedoch noch aus.

In Organisationen werden viele laufbahnbezogene Entscheidungen getroffen: Auswahl, Ausbildung und Förderung, Versetzungen, Entlassungen und Betriebsschließungen. Eine Schwäche der Laufbahntheorien ist, daß sie sich nicht konkret mit diesen Entscheidungen beschäftigen, wenngleich eine gewisse Bedeutung von „Eigenschafts- und Faktoren-Theorien" in der Personalarbeit durchaus erkennbar ist. Organisationale Laufbahnentscheidungsprozesse sind aber insgesamt bis heute zu wenig erforscht und verstanden worden.

Nehmen wir die Auswahlentscheidung als Beispiel. Wir wissen viel über die Methoden, mit denen Entscheider Informationen sammeln (z. B. → *Interviews*), aber wir wissen weniger darüber, wie diese Information verarbeitet wird. Ähnliches gilt für den Prozeß der Entscheidungsfindung in → *Assessment-Zentren* und für die Rolle ihrer Ergebnisse für organisationale Laufbahnentscheidungen. Theorien aus anderen Gebieten der Psychologie, z. B. Entscheidungstheorien oder

Attributionstheorien, ließen sich heranziehen, wurden aber bisher, weder aus organisationaler, noch aus individueller Sicht auf Laufbahnentscheidungen übertragen (Herriot, 1984).

32.5 Laufbahnberatung

Normalerweise denkt man bei der Laufbahnberatung an etwas, das bei der Vorbereitung für den Übergang von der Schule/Universität zur Berufsarbeit erfolgt (vgl. → *Hochschulabgänger in der Industrie – Ein Projekt bei Olivetti*). Andere Formen der Beratung, die im Verlauf des Berufslebens stattfinden, sind nicht sehr verbreitet und oft mit irgendwelchen Krisen, z. B. Entlassungen, verbunden.

Laufbahnberatungen werden heute genauso wie Laufbahntheorien dynamischer gesehen. Früher wurde dagegen die Berufs- oder Laufbahnberatung von „Eigenschafts- und Faktoren-Theorien" dominiert. Ziel war dabei, individuelle, durch Papier- und Bleistift-Tests oder andere Verfahren erfaßte Merkmale mit beruflichen Anforderungen (oder vermeintlichen Anforderungen) in Einklang zu bringen. Diese Verfahren sind weiterhin verbreitet, es gibt aber erheblich weitergehende Ansätze, ähnlich wie sich die Bedeutung des Begriffs „Laufbahnberatung" erweitert hat. Hopson (1984) vertritt die Auffassung, daß darunter „anderen zu helfen, sich selbst zu helfen" zu verstehen ist. Aber daraus ergibt sich sofort die Frage ‚Selbsthilfe, was ist zu tun?', was wiederum auf das Thema der Ergebnisse der Laufbahnberatung und der Bewertung ihrer Effektivität verweist. Auf verschiedene Ergebnisse wurde hingewiesen, aber das Problem bleibt, angemessene Kriterienmaße hierfür zu entwickeln. Watts und Kidd (1978) verweisen auf laufbahnbezogene Ausbildungsprogramme, die auf eine Entwicklung der folgenden Ziele ausgerichtet sind:

„(a) *Möglichkeiten erkennen* – Verstehen allgemeiner Strukturen der Arbeitswelt und der in ihr vorhandenen verschiedenen Möglichkeiten, (b) *Selbst-Erkenntnis* – Verstehen der eigenen Stärken, Grenzen und Bedürfnisse, (c) *Entscheidenlernen* – Die erforderlichen Erkenntnisse und Fertigkeiten, um Selbsterkenntnis und die erkannten Möglichkeiten in praktikable Entscheidungen umzusetzen und (d) *Verändern lernen* – Die Erkenntnisse und Fertigkeiten, die erforderlich sind, um die Konsequenzen der Veränderungsentscheidung bewältigen zu können." (Watts & Kidd, 1978, S. 242, freie Übersetzung).

Herriot (1984) nennt „den unterstellten Bedarf einer persönlichen individuellen Behandlung und die Vorstellung, daß ein Problem festgestellt werden muß" die „beiden Mühlsteine" und Probleme der Laufbahnberatung. Ein Berufsentwicklungsansatz paßt eher zur Laufbahnausbildung. Instrumente und Techniken der Laufbahnausbildung sind u. a. Arbeitsbücher, Workshops (vgl. Fletcher & Williams, 1985) oder innovative Computerhilfen (Sugarman, 1986b).

32.6 Laufbahn- und Berufsentwicklung

Wir können objektive und subjektive Konzepte der Laufbahn- oder Berufsentwicklung unterscheiden. Ein Beispiel eines objektiven oder an externen Faktoren orientierten Ansatzes wäre die Auffassung, daß Laufbahnentwicklung das ist, „was eine Organisation für, an und mit Menschen macht" (Super & Hall, 1978). Im Unterschied dazu wäre es eine internale oder subjektive Sicht, darunter nur diejenigen Prozesse zu verstehen, „die in Individuen ablaufen, unabhängig von den Einflüssen auf den Prozeß" (Super & Hall, 1978). Tuckmans Definition der Laufbahnentwicklung ist ein Beispiel hierfür. Er versteht darunter:

„... einen Prozeß, der die Fähigkeit der Person fördert, (1) Konzepte über sich selbst (Selbst-Erkenntnis) zu entwickeln und bewußt zu machen, (2) die eigene Umgebung, einschließlich der beruflichen, zu entwickeln und zu erkennen und (3) Laufbahnentscheidungen zu treffen (Laufbahnentscheidung)." (Tuckman, 1974, freie Übers.).

Tuckmans Definition liefert ein Beispiel dafür, wie groß die Verwirrung über laufbahnorientierte Konzepte heute ist. Sie unterscheidet sich nicht sehr von der Definition der Laufbahnausbildung, die wir vorher beschrieben haben. Sie könnte auch als Definition der individuellen Karriereentscheidung verwendet werden, auch wenn in dieser Definition jeder spezielle Hinweis zur Umsetzung der Entscheidungen fehlt. Genauso können wir auch die individuelle Karriereplanung definieren, was wir hier sogar bevorzugen würden. Integriert oder einander angepaßt werden müssen nämlich individuelle Komponenten mit Tätigkeiten, die von der Organisation initiiert werden (manchmal wird dies auch „Laufbahnmanagement" genannt). Scheins (1978) Modell menschlicher Ressourcenplanung und Entwicklung wäre ein Beispiel für derartige Vorstellungen. Um die beiden Perspektiven zu verbinden, führt Schein verschiedene Anpassungstätigkeiten auf, z. B. die Laufbahnberatung.

Dies führt uns schließlich zu der Frage, was eigentlich mit „Entwicklung" gemeint ist. Objektiv betrachtet könnte „Entwicklung" als Aufstieg in der Hierarchie, höheres Gehalt, verbesserte Arbeitstätigkeiten usw. interpretiert werden. Individuen verstehen aber Entwicklung nicht nur (oder nicht notwendigerweise) in diesem engen Sinne, sondern auch als Befriedigung in der Arbeit, Erwerb neuer Fertigkeiten, Selbstverwirklichung und ähnliches. Dies führt uns auf das Problem der Formulierung eines psychologischen Entwicklungskonzepts der Laufbahntheorie zurück und auf die abschließende Feststellung, daß die Verwendung des Entwicklungsbegriffs in Laufbahntheorien eines der oft kritisierten Probleme derartiger Theorien darstellt.

Literatur

Campbell, R. E. & Heffernan, J. M. (1983). Adult vocational behavior. In W. B. Walsh & S. H. Osipow (Eds.): Handbook of Vocational Psychology: Vol. 1 Hillsdale: Erlbaum.

Collin, A. & Young, R. A. (1986). New directions for theories of career. Human Relations, 39 (9), 837–853.

Fletcher, C. & Williams, R. (1985). Performance appraisal and career development. London: Hutchinson.

Frese, M. (1982). Occupational socialisation and psychological development: An underem-

phasised research perspective in industrial psychology. Journal of Occupational Psychology, 55, 209–224.
Herriot, P. (1984). Down from the Ivory Tower. Chichester: Wiley.
Hopson, B. (1984). Counselling and helping. In: C. L. Cooper & P. Making (Eds.): Psychology for managers. London: MacMillan.
Nicholson, N. (1984). A theory of work role transitions. Administrative Science Quarterly, 29, 172–191.
Nicholson, N. & West, M. A. (1987). Managerial job change. Cambridge: Cambride University Press.
Osipow, S. H. (1986). Career issues through the life span. In: M. S. Pallak & R. O. Perloff (Eds.): Psychology and work: Productivity, change, and employment. Washington, DC: American Psychological Association.
Pryor, R. G. L. (1985). Towards a composite theory of career development and choice. British Journal of Guidance and Counselling, 13, 225–237.
Schein, E. (1978). Career dynamics. Reading, Mass.: Addison-Wesley.
Sonnenfeld, J. & Kotter, J. P. (1982). The maturation of career theory. Human Relations, 35 (1), 19–46.
Storey, W. E. (Ed.) (1979). A guide for career development inquiry. Madison. Wisc.: American Society for Training and Development.
Surgarman, L. (1986a). Life-span development. London: Methuen.
Sugarman, L. (1986b). Counselling and computers: Introduction and overview. British Journal of Guidance and Counselling, 14 (1), 1–11.
Super, D. E. & Hall, D. T. (1978). Career development: Exploration and planning. Annual Review of Psychology, 29, 333–372.
Tuckman, B. W. (1974). An age-grade model for career development education. Journal of Vocational Behaviour, 4, 193–212.
Vondracek, F. W., Lerner, R. M. & Schulenberg, J. E. (1986). Career development: A life-span developmental approach. Hillsdale, NJ: Erlbaum.
Watts, A. G. & Kidd, J. M. (1978). Evaluating the effectiveness of career guidance: A review of the British research. Journal of Occupational Psychology, 5 83), 235–248.

Richard S. Williams,
Großbritannien

33. Bildungsbedarfsanalyse

33.1 Einleitung

Training, Aus- und Weiterbildung (→ Ausbildung und Training) führen unter den Aufgaben einer Organisation immer noch ein Schattendasein, obwohl die Relevanz einer guten Ausbildungspraxis zunehmend erkannt wird. Wesentlich bei einem guten Training ist eine systematische Analyse der Aufgaben, die die Bildungs- und Trainingsbedürfnisse repräsentieren, damit angemessenes Trainingsmaterial entwickelt werden kann. Zu Beginn der Entwicklung eines Trainings werden die Bedürfnisse relativ allgemein festgelegt, durch den Analyseprozeß werden sie immer klarer und spezifischer, so daß ein maßgeschneiderter Trainingskurs entstehen kann. Es gibt wenig Belege dafür, daß solche Trainingsaktivitäten regelmäßig oder systematisch durchgeführt werden. Eine kürzlich erschienene Studie von Spurgeon, Patrick und Michael (1984) an über 600 Beschäftigten einer Computerfirma zeigte auf, daß bei weniger als einem Fünftel der Beschäftigten irgendeine systematische Analyse vor der Entwicklung von Trainingsmaterial durchgeführt wurde, wenn tatsächlich irgendein Training stattfand.

Drei Fragen treten auf, wenn man versucht, den Bildungs- und Trainingsbedarf zu ermitteln:
1. Wie hängen die Bildungs- und Trainingsbedürfnisse mit der Entwicklung eines Bildungs- und Trainingssystems zusammen?
2. Wie können die Bildungs- und Trainingsbedürfnisse spezifiziert und analysiert werden?
3. Welche Art von Bildungsveranstaltungen und Training muß es geben?

33.2 Trainingsbedürfnisse und die Entwicklung des Trainings

Der Bildungs- und Trainingsbedarf ändert sich aus vielerlei Gründen, durch die Einführung neuer oder weiterentwickelter Technologien, der Personalauswahl und -plazierung oder die Entwicklung von neuen oder komplexeren Arbeitsformen. Solche Veränderungen mögen insbesondere für große Organisationen problematisch sein, in denen viele Angestellte eventuell unterschiedliche Trainingskurse erforderlich machen. Die administrativen Aufgaben, solche Bedürfnisse laufend zu erfassen, zu managen und die verschiedenen Trainingsanforderungen auf den neuesten Stand zu bringen, sind beträchtlich und erfordern oft die Unterstützung durch einen Computer. Ein solcher Ansatz wurde in den 70er Jahren von Christal für die Luftwaffe der Vereinigten Staaten entwickelt. Er benutzte eine Arbeitsanalyse, die den Arbeitsinhalt anhand eines Inventars von bis zu 1000 Arbeitselementen festhielt.

Trainingsbedürfnisse resultieren aus einem Mißverhältnis zwischen der geforderten Ausführung einer Aufgabe und der Ausführung, die vom Angestellten geleistet oder erwartet werden kann. Die Art dieses Mißverhältnisses bestimmt das Ausmaß des Trainings, das notwendig ist. Folglich ist die systematische Feststellung der Trainingsbedürfnisse der erste Schritt im Zyklus der Trainingsentwicklung, aus dem alle anderen Trainingsaktivitäten hervorgehen. Werden die Bedürfnisse nicht adäquat identifiziert, kann auch der nachfolgende Trainingsinhalt nicht angemessen sein. Diese Beziehung zeigt sich bei jeglichen Systemansätzen für ein Training, die z.B. von Instructional System Development (ISD)-Modellen benutzt werden. Diese Modelle versuchen, die Komponenten eines Trainings- oder Instruktionssystems zu analysieren. Eines der bekanntesten ISD-Modelle, das IPISD-Modell (Interservices Procedures for Instructional Systems Development; Branson et al., 1975), wurde gemeinsam mit dem Militär der

Vereinigten Staaten entwickelt. Ein Kritikpunkt dieses Ansatzes liegt darin, daß ein solches Modell die notwendigen Schritte bei der Entwicklung eines Trainings spezifiziert, aber nicht aussagt, wie sie durchzuführen sind.

Dennoch bringt der Einsatz eines solchen Modells Vorteile mit sich, insbesondere für große Organisationen. Es kann ein nützliches Hilfsmittel sein für die Koordinierung und Anleitung der Beiträge von nichtspezialisierten Trainern verschiedener Abteilungen bei der Entwicklung eines Trainingsprogramms. Briggs und Wager (1981) benutzten einen ähnlichen Ansatz im Erziehungssektor. Das

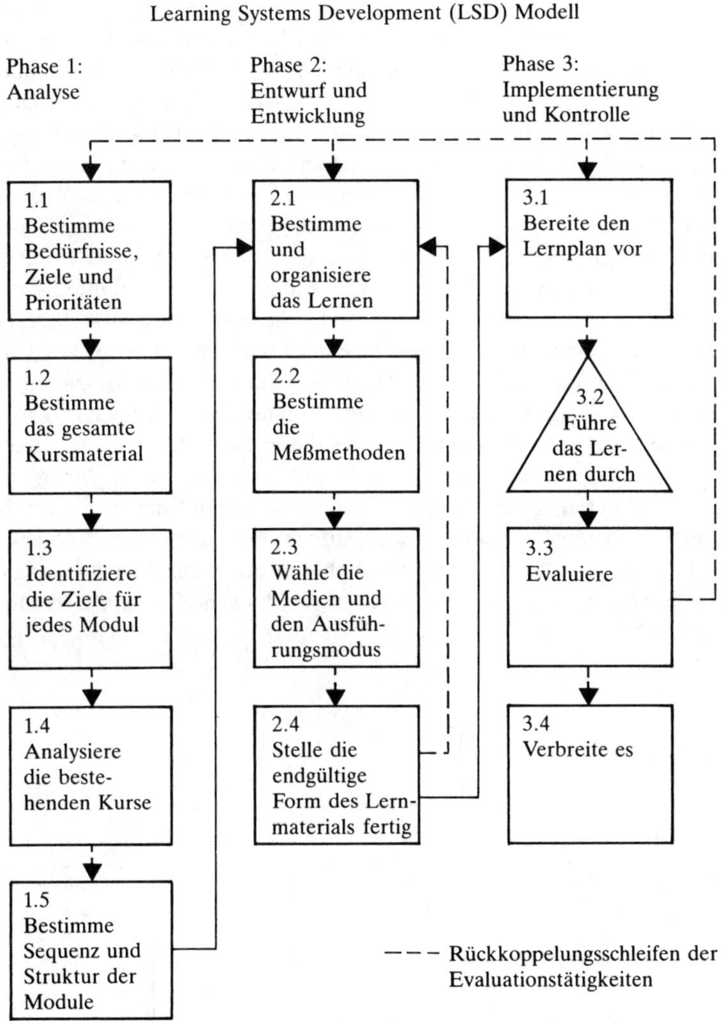

Learning Systems Development (LSD) Modell

Phase 1: Analyse

Phase 2: Entwurf und Entwicklung

Phase 3: Implementierung und Kontrolle

1.1 Bestimme Bedürfnisse, Ziele und Prioritäten

1.2 Bestimme das gesamte Kursmaterial

1.3 Identifiziere die Ziele für jedes Modul

1.4 Analysiere die bestehenden Kurse

1.5 Bestimme Sequenz und Struktur der Module

2.1 Bestimme und organisiere das Lernen

2.2 Bestimme die Meßmethoden

2.3 Wähle die Medien und den Ausführungsmodus

2.4 Stelle die endgültige Form des Lernmaterials fertig

3.1 Bereite den Lernplan vor

3.2 Führe das Lernen durch

3.3 Evaluiere

3.4 Verbreite es

– – – Rückkoppelungsschleifen der Evaluationstätigkeiten

Abb. 1: Learning Systems Development (LSD) Model (nach Patrick et al., 1986).

"Learning Systems Development"-Modell, das von Patrick et al. (1986) in Großbritannien entwickelt wurde, ist in Abb. 1 dargestellt. All diesen Modellen ist gemeinsam, daß die Identifizierung von Trainingsbedürfnissen einer der ersten Schritte bzw. Komponenten im Prozeß der Entwicklung von Unterrichtsmaterial ist. Danach kann der Trainingsinhalt entwickelt, ausgeformt und in das Trainingsprogramm implementiert werden.

33.3 Spezifizierung von Bildungs- und Trainingsbedürfnissen

Es gibt viele unterschiedliche Techniken, die zur Identifizierung und Analyse von Trainingsbedürfnissen benutzt werden können. Eine Technik, die verschiedene Vorteile hat, ist eine Form der hierarchischen → *Arbeits- und Aufgabenanalyse*, die von Annett und Duncan an der Universität von Hull entwickelt wurde (vgl. Shepherd, 1985). Erstens schließt sie ein systematisches Methodeninventar ein, welches vielen der ad hoc-entwickelten Methoden überlegen ist und das von der Industrie zur Beschreibung von Arbeitsplätzen eingesetzt wird. Zweitens können Techniken der Arbeits- oder Aufgabenanalyse, die einen Standardsatz von Items oder Elementen einsetzen, ihre Diskriminationstätigkeit – per Definition – nicht bei einer Untersuchung variieren. Die hierarchische Aufgabenanalyse bestimmt den angemessenen Analyselevel durch die Benutzung einer „Stopregel". Schließlich ist diese Technik gut geeignet, um Trainingsbedürfnisse zu spezifizieren und zu gliedern, da jede Aufgabe (und Unteraufgabe) hinsichtlich ihres Zieles spezifiziert wird. Wie der Name schon sagt, wird bei dieser Form der Aufgabenanalyse eine Arbeit oder ein Arbeitsfeld in eine hierarchisch gegliederte Menge von Aufgaben und Unteraufgaben zerlegt. Die Analyse beginnt daher mit der Betrachtung einer allgemeinen Aufgabe. Die Aufgabe wird dann in weitere Unteraufgaben differenziert, die die auf einer höheren Stufe angesiedelte Aufgabe logisch implizieren. Z. B. enthielt eine kürzlich erschienene Studie die Beschrei-

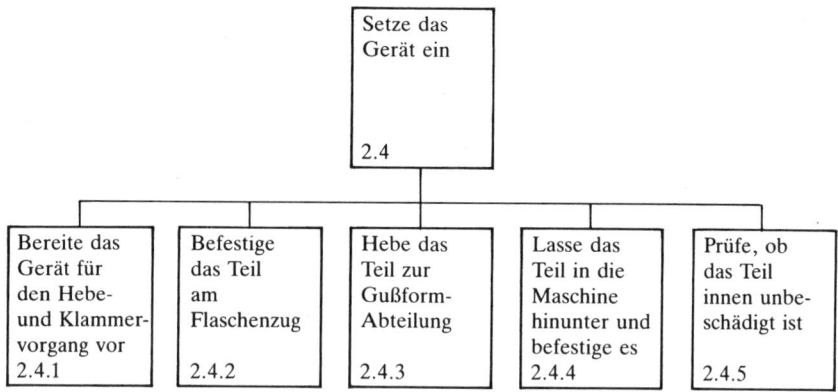

Abb. 2: Anfängliche Differenzierung der Aufgabe in fünf Unteraufgaben.

bung der Trainingsbedürfnisse von zwei Arbeitsgruppen, die mit der Arbeitsvorbereitung bzw. Wartungstätigkeiten beschäftigt waren, und die für eine Umsetzung auf einen neuen technischen Arbeitsplatz in der Plastikindustrie infrage kamen. Ein Teil der neuen Arbeit bestand darin, ein Teil in eine Maschine einzusetzen. Diese Tätigkeit wurde anhand einer hierarchischen Aufgabenanalyse analysiert. Ursprünglich wurde diese Aufgabe des Einsetzens eines Teils in fünf Unteraufgaben (2.4.1–2.4.5) aufgegliedert, wie in Abb. 2 dargestellt wird.

Für die Durchführung einer solchen Analyse schlagen Annett und Duncan die Benutzung eines PxC-Kriterium vor; damit soll entschieden werden, wann die Analyse gestoppt werden sollte. P ist eine Schätzung der Wahrscheinlichkeit für eine inadäquate Durchführung der Aufgabe ohne Training und C steht für die Kosten (im weitesten Sinne) für eine inadäquate Ausführung. Ist einer dieser beiden Werte nicht akzeptabel oder kann eine Trainingslösung nicht spezifiziert werden, wird die Aufgabe weiter analysiert. Am Ende dieses Prozesses können die Aufgaben, die die Trainingsbedürfnisse repräsentieren, identifiziert werden. In dem obigen Beispiel zeigt eine weitere Analyse der fünf Aufgaben in Abb. 2 die Trainingsbedürfnisse, je nachdem, ob jemand aus dem Bereich der Arbeitsvorbereitung oder Wartungstätigkeiten an den neuen Techniker-Arbeitsplatz umgesetzt wurde. Für die Aufgabe, ein Teil einzusetzen, benötigte ein Arbeitsvorbereiter Training in sechs Unteraufgaben, während jemand aus der Gruppe mit Wartungstätigkeiten für 19 Unteraufgaben trainiert werden mußte. Eine solche Spezifizierung des Trainingsbedarfs ist systematisch und sollte sicherstellen, daß die dann entwickelten Trainingsinhalte angemessen sind. Jedoch versäumt die Beschreibung des Trainingsbedarfs die Bereitstellung irgendwelcher qualitativer Maße für die psychologischen Anforderungen, die der Arbeit durch diese Aufgaben auferlegt werden. Die Aufgaben können verschiedene Anforderungen implizieren und unterschiedliche Lernbedingungen erfordern. Somit ist eine Aufgabentaxonomie notwendig, damit Trainingsbedürfnisse differenziert und auf verschiedene Ausbildungslösungen bezogen werden können.

33.4 Verschiedene Arten von Aus- und Weiterbildungsbedürfnissen

Angesichts der Tatsache, daß Aufgaben verschiedene psychologische Anforderungen mit sich bringen, existieren verschiedene *Taxonomien* in der Literatur. Vor mehr als drei Jahrzehnten unterschied Bloom in einer heute als klassisch geltenden Arbeit den kognitiven, psychomotorischen und emotionalen Bereich und unterteilte jeden dieser drei Bereiche in weitere, unterschiedliche Kategorien. Später identifizierte Gagné in verschiedenen Publikationen (z. B. 1977) fünf Bereiche des Lernens: intellektuelle Fertigkeiten, motorische Fertigkeiten, verbale Informationen, kognitive Strategien und Einstellungen. Jeder Lernbereich beinhaltet unterschiedliche Leistungen und erfordert verschiedene Lern- oder Trainingsbedingungen. Gagné ist wahrscheinlich am bekanntesten für den Umbruch des, wie er es nannte, Gebietes intellektueller Fähigkeiten in eine Hierarchie von acht *Lerntypen:* Signallernen, Stimulus-Response-Lernen, Chaining, verbale Assoziation, Diskriminationslernen, Konzeptlernen, Regellernen und Problemlösen. Komplexe Formen intellektueller Fertigkeiten haben Voraussetzungen auf einem niedrigeren Level. So müssen z. B. bevor Problemlösen stattfinden kann, verschiedene Regeln, Unterscheidungen, etc. gelernt werden. Diese Idee ist deshalb so relevant, weil verschiedene Trainingstypen nicht nur unterschiedliche Lernbedingungen erfordern, sondern auch verschiedene Positionen in der Trainingssequenz erfordern.

Vor gar nicht langer Zeit hat Merrill (1983) die *Component Display Theorie* (CDT) ausgearbeitet, die eine Annäherung zwischen Gagnés Ideen und der Spezifizierung von systematischen Trainingsbedürfnissen oder Zielen darstellt (→ *Trainingsimplementierung und -evaluation*). Die Basis der CDT ist eine Tätigkeits-Inhaltsmatrix, wie sie in Abb. 3 illustriert ist. Diese Matrix enthält zwei Dimensionen: eine von ihnen bezieht sich auf die Tätigkeiten (Erinnern, Benutzen oder Finden), während die andere Dimension die Inhalte (Tatsache, Konzept, Prozedur oder Prinzip) beschreibt.

Ausgehend von dieser Matrix ist es möglich, verschiedene Arten der Trainingsbedürfnisse präziser zu definieren. Merrill bezieht diese Matrix auf eine detaillierte Spezifikation von Trainingsbedürfnissen. Wenn z. B. ein Trainingsbedürfnis die Benutzung einer Prozedur einschließt, würde Merrill die folgende Form befürworten, um die Leistung zu beschreiben, die nach dem Training gefordert wird:

Der Auszubildende erhält Instruktionen, Materialien, Ausstattung oder einen Plan für eine neue Prozedur, durch die er in der Lage sein wird, sie durch Manipulieren, Kalkulieren oder Messen zu demonstrieren (mit bestimmten Fehlertoleranzen und Zeitvorgaben, die durch eine Checkliste angegeben werden können). (nach Merrill, 1983, S. 292)

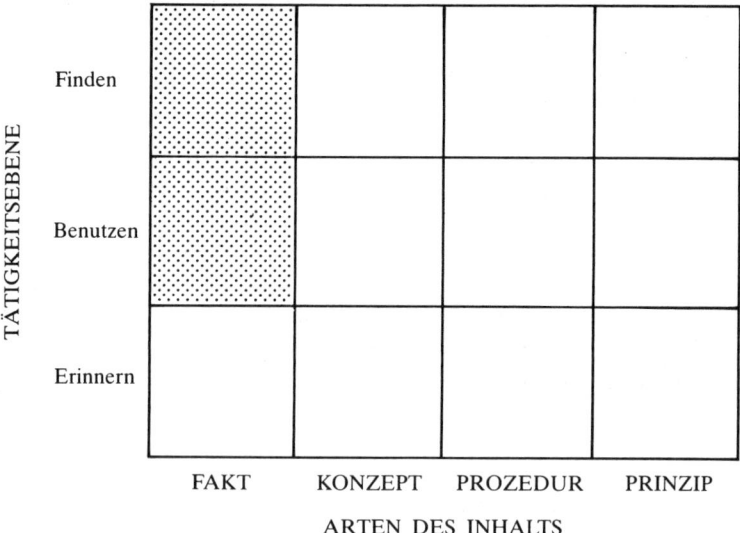

Abb. 3: Tätigkeits-Inhalts-Matrix (Merrill, 1983).

Dieser Ansatz unterscheidet verschiedene Typen von Trainingsbedürfnissen und baut auf den Ideen von Mager (1962) auf, denen zufolge Trainingsziele wenigstens drei Komponenten enthalten sollten:
(a) das Verhalten, zu dem der Lernende nach dem Training befähigt sein sollte,
(b) die Bedingungen, unter denen das Verhalten durchgeführt werden soll; und
(c) die Standards oder Kriterien für eine akzeptable Leistung.

33.5 Schlußfolgerungen und Zusammenfassung

Die Feststellung des Bildungs- und Trainingsbedarfs ist der erste wichtige Schritt bei der Entwicklung eines Bildungs- oder Trainingsprogramms. Sie ermöglicht, daß die Trainingsziele spezifiziert werden und die nachfolgende Entwicklung der Trainingsinhalte direkt auf diese Ziele bezogen wird. Hierarchische Formen der Aufgabenanalyse haben einige Vorteile gegenüber anderen Techniken bei der Feststellung und Analyse des Bildungs- und Trainingsbedarfs. Die Aufgaben, die Trainingsbedürfnisse repräsentieren, sollten anhand der psychologischen Anforderungen, die die Aufgaben an die Trainees stellen, kategorisiert werden. Verschiedene Taxonomien, die Implikationen für das endgültige Design des Trainingsprogramms haben, existieren zu diesem Zweck. Es ist wahrscheinlich, daß der Prozeß der Identifizierung und Analyse von Trainingsbedürfnissen in Zukunft von „intelligenten" computergestützten Systemen unterstützt wird.

Literatur

Branson, R. K., Rayner, G. T., Cox, L., Furness, J. P. & King, F. J. (1975). Interservice procedures for instructional systems development. Executive Summary. Centre for Educational Technology, Tallahassee FL: Florida State University.
Briggs, L. J. & Wager, W. W. (1981). Handbook of procedures for the design of instruction. New Jersey: Educational Technology Publ.
Fleishman, E. & Quaintance, M. F. (1984). Taxonomies of human performance. New York: Academic press.
Gagné, R. M. (1977). The conditions of learning. 3rd ed. New York: Holt, Rinehart & Winston (dt.: Gagné, R. M. (1969). Die Bedingungen menschlichen Lernens. Hannover: Schroedel.
Mager, R. F. (1962). Preparing instructional objectives. Palo Alto: Fearon Publ.
Merill, M. D. (1983). Component display theory. In C. M. Reigeluth (Ed.): Instructional design theories and models: An overview of their current status. New Jersey: Erlbaum.
Patrick, J., Michael, I. & Moore, A. (1986). Designing of learning – some guidelines. Birmingham: Occupational Services Ltd.
Shepherd, A. (1985). Hierarchical task analysis and training decisions. Programmed Learning and Educational Technology, 22 (2), 162–176.
Spurgeon, P., Patrick, J. & Michael, I. (1984). Training and selection of computer personnel. Research and Development Report No. 18, Manpower Services Commission, Sheffield.
Stammers, R. B. & Patrick, J. (1985). Psychology of training. London: Methuen.

John Patrick, Großbritannien

34. Entscheidungen in Organisationen

34.1 Einleitung

Die Entscheidungstheorie ist seit jeher ein wichtiges Gebiet der Organisationsforschung. Entscheidungen können als Teil eines Modells angesehen werden, das der Forscher von der Welt hat. Organisationales Verhalten wurde als ein Resultat der Entscheidungen aufgefaßt, die Individuen, Gruppen oder Organisationen fällen. Aber Entscheidungen sind ebenso ein empirisches Phänomen und in vielen Organisationen ist es leicht, Prozesse zu finden, die sich als Entscheidungsprozesse beschreiben lassen. Einige Organisationen, wie z. B. Parlamente, Versammlungen und Ausschüsse, betrachten oft Entscheidungsfindung als ihre Haupttätigkeit. In der normativ orientierten Forschung wurden große Anstrengungen unternommen, um Vorschriften darüber zu entwickeln, wie Entscheidungen vorzunehmen sind.

34.2 Wahl und Rationalität

Die meisten deskriptiven und präskriptiven Entscheidungstheorien setzen Entscheidungen mit Wahlen gleich. Sie gehen von der Annahme aus, daß Menschen Entscheidungen fällen, um die beste Handlung zwischen verschiedenen alternativen Handlungen zu finden. Die Interpretation der Entscheidungsfindung als Wahl hat bei den Forschern zu einem sehr großen Interesse an der Thematik Rationalität bei Entscheidungsfindungen geführt. Die beste Alternative wird dann gefunden, wenn der Entscheidungsprozeß den Normen der Rationalität folgt. Unter den normativen Forschern existiert ein hoher Grad an Konsens, wie ein rationaler Entscheidungsprozeß ablaufen soll. Entscheidungsträger sollen eine Präferenzfunktion spezifizieren, d. h. angeben, welche Werte und Ziele sie für wichtig halten und für wie wichtig sie jeden Wert im Vergleich zu den anderen Werten erachten. Dazu sind alle möglichen Alternativen zu betrachten und alle möglichen Konsequenzen einer Alternative vorherzusagen. Jede Menge der Konsequenzen ist dann mit den Präferenzen zu vergleichen, und die Alternative, die die Präferenzfunktion am besten erfüllt, sollte ausgewählt werden. In der Praxis kann es natürlich schwierig sein, die Konsequenzen jeder Alternative vorherzusagen. Normative Theorien enthalten aber eine Serie von Vorschriften darüber, wie diese Unsicherheit zu handhaben ist, insbesondere durch die Bestätigung von Wahrscheinlichkeitsurteilen mit Ereignisschätzungen.

Die Klarheit und der Konsens der normativen Theorien stehen im krassen Gegensatz zu empirischen Beiträgen zur tatsächlichen Entscheidungsfindung in Organisationen. Regelmäßig wird berichtet, daß die Entscheidungsfindung in der Praxis einige oder alle Normen der rationalen Entscheidungsfindung verletzt

(Simon, 1957; Lindblom, 1959; Cyert & March, 1963). Z. B. erfolgen oft Präferenzerwägungen erst nach der Betrachtung von Alternativen, Konsequenzen oder Wahlen; die Personen wissen nicht, was sie wollen, bevor sie den Entscheidungsprozeß teilweise oder gänzlich durchlaufen haben. Es werden nur wenige oder lediglich eine der Alternativen anstelle einer Vielzahl von Alternativen oder anstelle aller Alternativen betrachtet. Die in Erwägung gezogenen Konsequenzen können begrenzt oder fehlerhaft sein, wenn einige Konsequenzen vernachlässigt werden oder systematische Fehler bei Schätzvorgängen und Wahrscheinlichkeitsbeurteilungen auftreten. Und die Konsequenzen können oft nicht korrekt mit den Präferenzen verglichen werden. Gravierender ist, daß diese Irrationalitäten nicht auf unbedeutende Entscheidungen begrenzt sind. Menschen verhalten sich in ähnlicher Weise, wenn sie wichtige Entscheidungen über Strategien fällen, man kann sogar behaupten, daß Irrationalität am stärksten bei wichtigeren Entscheidungen auftritt.

Es gibt verschiedene Möglichkeiten, diese in der Praxis aufgefundenen irrationalen Entscheidungsvorgänge zu erklären. Eine „chauvinistische" Erklärung geht davon aus, daß die untersuchten Personen nicht ‚clever' genug seien, um sich rational zu verhalten. Sollte diese Erklärung stimmen, müßten Entscheidungen rationaler ausfallen, wenn Entscheidungsträger besser ausgesucht und trainiert werden. Neuere psychologische Forschungsarbeiten lassen jedoch beträchtliche Zweifel an solchen Lösungen aufkommen. Zahlreiche Experimente menschlicher Urteilsbildung zeigen, daß Menschen, einschließlich Experten für Entscheidungen, systematisch dazu tendieren, eine Reihe von Entscheidungsheurismen zu benutzen, die für viele Situationen eindeutig irrational sind (Nisbett & Ross, 1980). So machen Individuen systematische Fehler, wenn sie Ereigniswahrscheinlichkeiten schätzen oder verschiedene Aspekte einer Information abwägen sollen. Bei Gruppen, die sich mit wichtigen Entscheidungen beschäftigen, zieht leicht ein ‚Gruppendenken' ein: Störende Informationen werden unterdrückt, die Entscheidungsträger bauen Illusionen über ihre Einmütigkeit auf und nehmen dann hohe und ungerechtfertigte Risiken in Kauf (Janis, 1972).

Auch wenn man die inhärenten Mängel von Menschen als Entscheidungsträgern überwinden könnte, wäre es dennoch nicht sicher, ob die Rationalität steigen würde. Organisationale Entscheidungsträger finden gewöhnlich eine Reihe von praktischen Restriktionen vor, die Rationalität kaum ermöglichen. Verschiedene Mitglieder einer Gruppe von Entscheidungsträgern mögen unterschiedliche Präferenzen haben und es gibt keine „richtige" Methode für den Vergleich der Präferenzen verschiedener Menschen. Nicht Kalkulationen sondern Verhandlungen sind die übliche Lösung. Konsequenzen ereignen sich in der Zukunft und sind nur schwierig vorherzusagen. Das gleiche gilt für Präferenzen. Für den Inhalt und für das Ergebnis des Entscheidungsprozesses sind die Präferenzen des Entscheidungsträgers zu dem Zeitpunkt relevant, an dem die Entscheidung realisiert wird und nicht dann, wenn die Entscheidung gefällt wird. Präferenzen mögen sich über die Zeit verändern und sind besonders schwierig vorherzusagen, wenn sie durch die gefällte Entscheidung beeinflußt werden oder erst beim Entscheidungsprozeß auftreten (March, 1978). Entscheidungsträger haben begrenzte Zeit und Ressourcen, so daß sie nicht alle möglichen Alternativen untersuchen können. Weiterhin können Probleme und Lösungen in Organisationen in verschiedenen Abteilungen entstehen und daher nur in einem begrenzten Maße bei der Entscheidungsfindung berücksichtigt werden. Die Interaktion zwischen den verschiedenen Faktoren mag daher eher zufällig sein, als daß sie einer rationalen Ordnung folgt (March & Olsen, 1976).

34.3 Die Irrationalität von Handlungen

All diese Erklärungen zur Irrationalität bei Entscheidungsprozessen basieren auf derselben Interpretation, derzufolge Entscheidungen nicht einer rationalen Norm folgen und lediglich Wahlen darstellen. Aber Organisationen wählen nicht nur, sie produzieren ebenso kollektive, organisierte Handlungen. Entscheidungen sollen gewöhnlich zu Handlungen führen, und einige von diesen Handlungen sind nur sehr schwierig durchzuführen, wenn sie die Koordination von vielen Personen implizieren.

Die Aufgabe, kollektive Handlungen zu mobilisieren, führt ebenso zu Normen darüber, wie Entscheidungsprozesse gestaltet sein sollen. Aber diese Normen unterscheiden sich von den Normen, die aus Wahlhandlungen folgen (Brunsson, 1982, 1985). Um eine organisierte Handlung durchzuführen, ist es wichtig, potentielle Beteiligte zur Mitwirkung an einer spezifischen Handlung zu motivieren. Ferner ist es wichtig, die Erwartung aufzubauen, daß die Handlung tatsächlich stattfinden wird und die Beteiligten intrinsisch zu motivieren. Entscheidungsprozesse sollten dann so durchgeführt werden, daß sie die Gefahr aufkommender Unsicherheit hinsichtlich der oben angesprochenen Punkte reduzieren. Die Beteiligten sollten sicher sein, daß es eine gute Handlung ist, daß sie ausgeführt wird, und daß sich auch die anderen Beteiligten dieser Aufgabe verpflichten. Solche Entscheidungsprozesse sind begünstigt, die

a) nur wenige, vorzugsweise nur eine Alternative implizieren;

b) bei der Diskussion der Konsequenzen einen Bias aufweisen, der positiv ist für die Handlung, über die entschieden wird, und negativ für die Alternativen, über die nicht entschieden wird und

c) die Ziele auf die präferierte Handlung zuschneiden und nicht umgekehrt vorgehen.

Je nach Zweck einer Handlung können alle Regeln gebrochen werden, die vom Standpunkt einer Wahl rational sind. Die „Irrationalität von Handlungen" ergibt eine weitere mögliche Erklärung der Befunde, daß organisationale Entscheidungsprozesse sehr oft irrational verlaufen. Von einem normativen Standpunkt aus ist diese Erklärung eher verwirrend. Aus der Wahl-Perspektive mögen Irrationalitäten zu verstehen sein, sie sind aber eindeutig disfunktional, und Entscheidungsprozesse können verbessert werden, wenn sie stärker an dem Rationalitätsprinzip orientiert sind.

Ist die Handlung aber ein wichtiges Ergebnis der Entscheidungsprozesse, sind die Irrationalitäten nicht nur nachvollziehbar, sondern auch funktional. Entscheidungsprozesse können durch die Einführung von mehr Irrationalität verbessert werden. Organisationen stehen einem Dilemma gegenüber: Es ist schwierig, Entscheidungsprozesse gleichzeitig als ein Instrument für Wahl und Handlung zu benutzen. Das hat in der Praxis dazu geführt, daß Organisationen nach Alternativen zu Entscheidungsansätzen suchen, um ihre Probleme bei Wahlen und der Organisation von Handlungen zu lösen.

Literatur

Brunsson, N. (1982). The irrationality of action and action rationality: Decisions, ideologies and organizational action. Journal of Management Studies, 19 (1), 29–44.
Brunsson, N. (1985). The irrational organization. Irrationality as a basis of organizational action and change. Chichester: Wiley.
Cyert, C. & March, J. (1963). A behavioral theory of the firm. Englewood Cliffs, NJ: Prentice Hall.
Janis, I. L. (1972). Victims of group think. Boston: Houghton Mifflin.
Lindblom, C. E. (1959). The science of „muddling through". Public Administrative Review, 19, 79–88.
March, J. G. & Olsen, J. P. (1976). Ambiguity and choice in organizations. Bergen: Universitetsforlaget.
March, J. G. (1978). Bounded rationality, ambiguity, and the engineering of choice. Bell Journal of Economics, 9, 587–608.
Nisbett, R. & Ross, L. (1980). Human inference: Strategies and shortcomings of social judgment. Englewood Cliffs, NJ: Prentice Hall.
Simon, H. A. (1957). Models of man. New York: Wiley.

Nils Brunsson,
Schweden

35. Ermüdung

35.1 Einleitung

Ermüdung bezeichnet einen Zustand vorübergehender Beeinträchtigungen von Leistungsvoraussetzungen durch andauernde Tätigkeitsanforderungen, welche die Möglichkeiten der laufenden Wiederherstellung von Leistungsvoraussetzungen überschreiten. Beim Menschen äußert sich diese Beeinträchtigung auch in reaktiven und antizipativen Gegenmaßnahmen und betrifft daher verschiedene bewußte und nicht bewußte Ebenen der Verhaltensregulation.

Das mehrstündige Ausführen von Tätigkeiten kann im Mittelwert über Kollektive regelhaft verknüpft sein mit Veränderungen in der Leistung, nämlich Sinken der Güte und Schnelligkeit, erhöhter Variabilität und Unterbrechung.

Weiterhin zeigen sich für Kollektive im Mittel Veränderungen im Verhalten, nämlich in unkritischerem, gleichgültigerem Vorgehen und in affektiven Reaktionen; in physiologischen Abläufen (beispielsweise dem Muster der Hirnaktivitätspotentiale, der Kreislaufdynamik, dem Muskeltonus oder dem Katecholaminspiegel im Blut bzw. im Urin); im Erleben (nämlich im wachsenden Müdigkeitsgefühl und Schlafbedürfnis, im Eindruck nachlassender Leistungsfähigkeit und wachsender erforderlicher Anstrengung).

Im individuellen Fall sind eindeutige Beziehungen zwischen den Indikatoren der (psychischen) Ermüdung und Dauer, Intensität und Verlauf der Beanspruchung bisher nicht durchgängig zu ermitteln. Vielfältige „Widersinnigkeiten" (Paradoxien) vielmehr sind bekannt (z. B. „müde ohne Arbeit" oder „nach der Arbeit frisch").

Die Veränderungen im Erleben, in der Leistung und in physiologischen Indikatoren stimmen in der Mehrzahl der Fälle, aber nicht ausnahmslos in jedem einzelnen Fall, miteinander überein; sie korrelieren mäßig bis stark miteinander.

35.2 Psychische Ermüdung

Jede Umschreibung der psychischen Ermüdung muß ihre Verursachung durch eine vorangehende psychisch beanspruchende Tätigkeit einer (im Stundenbereich liegenden) Mindestdauer einbeziehen. Eine verbreitete Umschreibung besagt:

Ermüdung des täglichen Lebens ist eine durch fortgesetzte Tätigkeit im Verlauf von Stunden bis zu einem Tag entstehende, durch Tätigkeitswechsel, Umwelteinflüsse oder Anregungsmittel vorübergehend und durch Schlaf vollständig aufhebbare Schutzhemmung der Leistungsbereitschaft. Sie gliedert unzumutbare Tätigkeitsfolgen, nämlich Übermüdung und Erschöpfung mit der Möglichkeit allmählicher Gesundheitsstörungen, von der alltäglichen Ermüdung insofern aus, als die Entstehung und vollständige Rückbildung innerhalb eines 24-Stunden-Zyklus mitgedacht ist.

Zur Umschreibung speziell von psychischer Ermüdung – in Abgrenzung von physischer – sind zusätzliche Festlegungen erforderlich. Folgende Bestimmungen sind allgemein akzeptiert:

a) Psychische Ermüdung ist eine Folgeerscheinung von vorwiegend psychisch, d. h. durch Informationsaufnahme und -verarbeitung beanspruchenden Tätigkeiten. Dabei ist eingeschlossen, daß eine durch hohe willentliche Anspannung gegen zunehmende körperliche Ermüdung weitergeführte körperliche Arbeit gleichfalls zu psychischer Ermüdung führen kann.

b) Die ausschlaggebende Grundlage der Beeinträchtigung bei psychischer Ermüdung sind Veränderungen in der Stabilität zentralnervöser Regulationsvorgänge verschiedenen Umfanges:

- Destabilisierungen der nichtbewußten physiologischen Homöostaseregulation zwischen Organismus und Umwelt;
- Destabilisierungen im Zusammenwirken kognitiver tätigkeitsregulierender Vorgänge;
- Destabilisierungen der aktuellen Motivierung einschließlich Aktivierung für die auszuführende Tätigkeit.

Auch bei psychischer Ermüdung entstehen zeitweilige Funktions-, Befindens- und Leistungsbeeinträchtigungen, welche sich zurückbilden. Diese Rückbildung erfolgt wie bei physischer Ermüdung nicht sprunghaft, sondern ist zeitaufwendig (Gegensatz zur Monotonie).

Bei der Verfestigung von kurzfristigen motivationalen und kognitiven Beeinträchtigungen können habituelle Veränderungen entstehen, die sogar Persönlichkeitseigenschaften betreffen können; sie gehören nicht mehr zur normalen psychischen Ermüdung, sondern zu klinischen Ermüdungsformen. Solche Verfestigungen (Chronifizierungen) entstehen hauptsächlich, wenn keine vollständige Rückbildung anfänglich kurzfristiger Beeinträchtigungen durch nicht ausreichende Erholungsbedingungen möglich ist. Einzelheiten dieses Übergangs sind noch wenig bekannt.

Zu einem Präzisionsgewinn des Begriffs psychische Ermüdung kann wesentlich beigetragen werden, indem man Ermüdung abgrenzt von:
- Müdigkeitsgefühl,
- Monotoniezustand,
- psychische Sättigung,
- Streß im Sinne eines affektbetonten, ängstigenden Bedrohungserlebens sowie
- klinischen Formen der psychischen Ermüdung, die Übergangszustände zu Erscheinungen mit Krankheitswert darstellen („Übermüdung").

35.3 Messung von Ermüdung

Psychische Ermüdung, als allmählich rückbildbare Beeinträchtigung von Leistungsvoraussetzungen durch psychisch beanspruchende Tätigkeit, und das Gefühl, müde zu sein, stimmen häufig, aber nicht notwendig überein. Erst dadurch wird die Ermüdung, insbesondere die psychische, zu einem praktischen und wissenschaftlichen Problem. Ansonsten wäre die Ermüdungserfassung durch aufrichtige Selbstaussage zu verwirklichen.

Die erlebte Ermüdung wird in intervallskalierter Form und bei gleichzeitiger Trennung zwischen Monotonie-, Sättigungs- und Streßerleben vom BMS-Verfahren, Plath und Richter 1984) erfaßt; andere intervallskalierte Verfahren mit einer gleichartigen Trennung zwischen den unterschiedlichen Zuständen sind nicht bekannt. Eine „Messung" ist jedoch derzeit nur für einen Aspekt des vorerst nur umschreibbaren, nicht endgültig definierten Sachverhalts möglich; der BMS mißt erlebte Ermüdung (Müdigkeit), die vielfältigen verzerrenden Abhängigkeiten (z. B. Typ-A-Disposition) unterliegen auf dem Niveau einer Intervallskala. Eine umfassendere Lösung setzt u. a. weitere Klärungen des Begriffs (psychische) Ermüdung voraus.

Eine Vorhersage der psychischen Ermüdung bereits in der Arbeitsgestaltungsphase erlaubt das TBS-Verfahren mit einer Fehlerwahrscheinlichkeit von etwa 10% (Rudolph u. a. 1987).

Literatur

Hacker, W. & Richter, P. (1984). Psychische Fehlbeanspruchung: Ermüdung, Monotonie, Sättigung und Streß (Spezielle Arbeits- und Ingenieurpsychologie, Bd. 2). Berlin: Springer.

Plath, H. E. & Richter, P. (1984). Ermüdung, Monotonie, Sättigung, Stress ((BMS II). Verfahren zur skalierten Erfassung erlebter Beanspruchungsfolgen. Berin (DDR): Psychodiagnostisches Zentrum der Humboldt-Universität zu Berlin.

Rudolph, E., E. Schwarzer & W. Hacker (1987). Tätigkeitsbewertungssystem für geistige Arbeit (TBS-G. A.). Berlin: Psychodiagnostisches Zentrum der Humboldt-Universität.

Winfried Hacker,
Deutsche Demokratische Republik

36. Ethnische und rassische Vorurteile

36.1 Einleitung

Mit einer Zunahme der internationalen Verflechtungen und Abhängigkeiten bei der Herstellung und Verteilung von Gütern, im Dienstleistungsbereich und im gesamten Wirtschaftsleben kommt es zwangsläufig zu einer Intensivierung der Kontakte zwischen verschiedenen ethnischen und rassischen Bevölkerungsgruppen (→ *Sozialwissenschaftliche Grundlagen*). Ausländische Arbeitskräfte werden ins Land geholt, um den Mangel an einheimischen Kräften auszugleichen. Sie sollen das Land wieder verlassen, wenn genügend Arbeitskräfte aus der eigenen Bevölkerung verfügbar sind (Gastarbeiterproblematik).

In vielen europäischen Ländern besteht seit Jahren ein Einwanderungsdruck aus den ehemaligen Kolonialgebieten, der den fremdrassischen Bevölkerungsanteil im Lande ansteigen läßt. Unter diesen Bedingungen wird eine reibungslose und funktionsorientierte Zusammenarbeit in einem Tätigkeitsbereich (Beruf und Arbeit) erwartet, der neben dem privaten und familiären Handlungsbereich den für die Persönlichkeitsentwicklung des Menschen wichtigsten Lebensbereich darstellt. Es versteht sich fast von selbst, daß in einem so komplexen Handlungssystem Vorurteile entstehen und wirksam werden (→ *Kulturvergleichende Untersuchungen*).

36.2 Funktionen von Vorurteilen am Arbeitsplatz

„*Vorurteile*" sind im Unterschied zu „*Vorausurteilen*", bei denen es sich um Urteils-Resultate aufgrund unvollständiger und vorläufiger Informationen über ein Urteilsobjekt handelt, dadurch charakterisiert, daß sie das Resultat verfestigter, vorgefaßter und negativer Einstellungen gegenüber Personen und Gruppen von Personen darstellen. Vorurteile sind zudem emotional untermauert und bilden die Realität falsch oder zumindest lückenhaft ab. Gegen Aufweichungs- und Veränderungsversuche sind sie erstaunlich resistent.

Die Resultate der Vorurteilsforschung (Irle, 1975; Schäfer & Six, 1978; Ehrlich, 1979; Hamilton, 1981; Miller & Brewer, 1984) zeigen, daß das Verhalten vorurteilsbehafteter Personen gegenüber dem Vorurteilsopfer von der Art der Interaktion mit diesem und dem situativen Kontext mitbedingt wird. Physische Merkmale rassischer oder ethnischer Unterschiede von vorurteilsbehafteten Personen werden als stereotypisierende Informationen in der Weise verarbeitet, daß die divergenten Werthaltungen und Eigenschaften eindeutig identifizierbar sind (Katz, 1981). Das Vorurteil ist dabei nicht in der Divergenz selbst begründet, sondern in der Tatsache, daß andere Personen die eigenen zentralen Werte, Einstellungen, Überzeugungen usw. und die ihnen entsprechenden Handlungsmöglichkeiten in Frage stellen oder in Frage stellen könnten.

Personen halten oft selbst dann noch an ihren Vorurteilen fest, wenn sie über andersartige Informationen verfügen oder im Kontakt mit dem Vorurteilsopfer Erfahrungen sammeln konnten, die den Vorurteilen widersprechen. Die Aufrechterhaltung, Stabilisierung und Verteidigung selbstbezogener Kognitionen (Selbstkonzept) und die gruppenspezifische Identifikation sind sicher mitverantwortlich dafür, daß Vorurteile trotz abweichender Erfahrungen beibehalten werden (→ *Identitäts- und Persönlichkeitsentwicklung*).

Weiterhin zeigen die Resultate der Vorurteilsforschung, daß Vorurteile nicht einfach als unerwünschte und eventuell krankhafte Symptome extremer Abwertung anderer Personen aufzufassen und als Defizite in der Persönlichkeitsentwicklung zu bewerten und ggf. zu behandeln sind, sondern daß Vorurteile im sozialen Handlungsfeld wichtige Funktionen erfüllen. So schützen Vorurteile vor Selbstkritik und verhindern die Entstehung von Angst aus Verunsicherung in uneindeutigen sozialen Situationen. Sie stabilisieren das Selbstwertgefühl und erlauben eine Aufwertung der eigenen Person bzw. der Eigengruppe gegenüber anderen Personen und Fremdgruppen. Auf diese Weise wird die ethnische Identität gewahrt und der Gruppenzusammenhalt, das *Wir-Gefühl*, gestärkt (→ *Identitäts- und Persönlichkeitsentwicklung*).

Vorurteile erlauben die Befriedigung aggressiver Bedürfnisse in sozial gebilligter Form, und sie legitimisieren und stärken den Anspruch auf soziale Überlegenheit. Schließlich schützen Vorurteile vor „kognitivem Chaos", indem sie die Einordnung, Bewertung und Interpretation vielfältiger und zum Teil widersprüchlicher Umweltreize erleichtern und stabilisieren. Vorurteile vermitteln ein Gefühl von Sicherheit und Verläßlichkeit unter sonst wechselnden sozialen Umweltbedingungen.

In nahezu allen Untersuchungen, die sich mit der Integrationsproblematik ausländischer Arbeitnehmer in die Gastkultur befassen, werden ethnische und rassische Vorurteile seitens der Gastbevölkerung und besonders der einheimischen Arbeitskollegen am Arbeitsplatz als zentrale Ursachenfaktoren für auftretende Integrationsprobleme und für Angst, Unsicherheit und den Mangel an Wohlbefinden am Arbeitsplatz bei ausländischen Arbeitnehmern beschrieben (u. a. Mehrländer, 1974, 1980, → *Arbeitszufriedenheit*). Empirische Untersuchungen über die Ursachen derartiger Vorurteile sind allerdings selten. Rassische und ethnische Vorurteile sind das Resultat vielfältiger Wechselwirkungsprozesse zwischen individuellen Merkmalen, gruppendynamischen Prozessen zwischen Personen verschiedener rassischer und ethnischer Zugehörigkeit und nicht zuletzt politischen, wirtschaftlichen, gesellschaftlichen und kulturellen Rahmenbedingungen. Stärke, Dauerhaftigkeit und soziale Wirksamkeit dieser Vorurteile sind abhängig von expliziten und impliziten sozialen Bedürfnissen der Interaktionspartner, den gegenseitigen Erwartungen, von kognitiven Prozessen der Informationsverarbeitung (Selektion, Kategorisierung und Bewertung), den sozialen und wirtschaftlichen Rahmenbedingungen und ebenso von objektiven Regelmechanismen der Zugänglichkeit integrativer Rangpositionen und Güter (Schöneberg, 1982).

36.3 Funktion rassischer und ethnischer Vorurteile für den einheimischen Arbeitnehmer

Gewöhnlich arbeitet der einheimische Arbeitnehmer nicht freiwillig, sondern gezwungenermaßen mit Ausländern zusammen. Ungewohnte und fremdartige Merkmale im äußeren Erscheinungsbild, der Sprache und im Verhalten der Ausländer erhöht die Vielfalt unterscheidbarer Umweltreize, die mit Hilfe sozialer Kategorisierung z. B. nach Rasse, ethnischer Zugehörigkeit usw. vereinfachend strukturiert wird. Mit diesen sozialen Kategorien verbunden sind Vorstellungen über die Art, Verteilung und Ausprägung von Merkmalen, die für ein Mitglied der ethnischen Gruppe typisch sind. Beispiele dafür sind die bekannten *nationalen Stereotype* bzw. die Vorstellung, daß Gastarbeiter weniger ausdauernd, arbeitsscheu, unzuverlässig, heißblütig, leichtfertig, leichtlebig und schmutzig seien (Essinger, 1974) oder häufig den Betrieb wechseln, unbeständig sind und keine Betriebstreue entwickeln (Borris, 1973). Für den einheimischen Arbeitnehmer wird so das Verhalten des ausländischen Mitarbeiters identifizierbar und vorhersagbar.

Die Bewertungssicherheit ist um so größer, je mehr die Bewertung an soziale Normen orientiert ist, von den anderen Arbeitskollegen geteilt wird und außer den für die Kategorisierung erforderlichen Reizen (z. B. Rassenmerkmale, ethnische Besonderheiten) keine zusätzlichen Informationen vorliegen (Six, 1983). Die selektive Wahrnehmung, die Umbewertung vorurteilskonsistenter Informationen und die erhöhte Sensibilität für vorurteilskonsistente Merkmale führen zur subjektiven Bestätigung und somit zur Verstärkung der Vorurteile. Rassische und ethnische Vorurteile erfüllen somit für den einheimischen Arbeitnehmer im Umgang mit ausländischen Arbeitskollegen zunächst einmal eine wichtige Orientierungsfunktion am Arbeitsplatz.

In soziologischen Untersuchungen zur Migrations- und Gastarbeiterthematik wird des öfteren hervorgehoben, daß mit der Anwerbung (→ *Personalselektion und -plazierung*) und dem Einsatz ausländischer Arbeitnehmer eine „Unterschichtung" stattfindet, indem eine ethnisch fremde und politisch rechtlose soziale Schicht unter die bestehende Sozialstruktur geschoben wird, die nicht dem allgemeinen Entwicklungsstand des aufnehmenden Landes entspricht (Hoffmann-Nowotny, 1976). Diese neue Unterschicht angeworbener oder immigrierter ausländischer Arbeitnehmer stellt besonders für die bislang die Unterschicht repräsentierende Gruppe eine potentielle Bedrohung dar (Arbeitsplatzkonkurrenz, Leistungskonkurrenz, Lohndrücker, Akkordverderber und potentieller Streikbrecher) und bietet sich als „Sündenbock" für bislang erlittene Kränkungen, Zurücksetzungen und Schwächung des Selbstwertgefühls an.

Da Ausländer als ungelernte oder angelernte Arbeitskräfte vorwiegend mit einheimischen Arbeitern der betrieblichen und sozialen Unterschicht zusammentreffen (→ *Arbeitsgruppen*), verschärfen sich gerade zwischen diesen Gruppen die Vorurteile und Diskriminierungen. Verstärkt wird dieser Konflikt dann, wenn einheimische und ausländische Arbeitnehmer bezüglich Arbeitsverteilung, Leistungsbeurteilung und Entlohnung untereinander konkurrieren und gegeneinander ausgespielt werden.

Eine weitere Quelle der Entwicklung von Vorurteilen sind die Erwartungen einheimischer Arbeitnehmer gegenüber ihren ausländischen Arbeitskollegen, ihre Kenntnisse über deren Lebensgewohnheiten und ihre Vermutungen über deren Einwanderungsmotive. Ein hohes Maß an Diskrepanz zwischen Verhaltenserwartung und konkreter Erfahrung im Kontakt am Arbeitsplatz, geringe Kenntnisse über Lebensgewohnheiten der Ausländer (Sprach- und Verständigungsprobleme) und Vermutungen über negativ bewertete Einwanderungsmotive (z. B. leichtes Geldverdienen, vom hart erarbeiteten Wohlstand der Einheimischen profitieren, Wirtschaftsflüchtlinge) erleichtern die Stabilisierung von Vorurteilen.

Die mangelnde sprachliche Verständigung und die auf den Arbeitsplatz beschränkten und weitgehend von spezifischen vorgegebenen Arbeitsanforderungen bestimmten Interaktionsformen (nach der Arbeitszeit kommt kein Kontakt mehr zustande) erlauben keine interaktiven Erfahrungen, die zum Abbau der Vorurteile wirksam beitragen könnten. Forschungen über den Einfluß inter-ethnischer Gruppenkontakte auf Entwicklung, Ablauf und Verstärkung rassischer und ethnischer Vorurteile zeigen, daß solche Kontakte nur unter den folgenden Voraussetzungen zu einer positiven Einstellungsänderung führen.

1. wenn die ethnische Distanz nicht zu groß ist, 2. wenn die Intergruppenkontakte so eng und intensiv sind, daß sich die Personen in für sie bedeutsamen Erfahrungsbereichen näher kennenlernen, 3. wenn der Kontakt soziale Unterstützung erfährt, 4. wenn die beiden Gruppen bestrebt sind, gemeinsame Ziele zu erreichen (z. B. Arbeitnehmerinteressen gegenüber der Betriebsleitung durchzusetzen) und 5. wenn der inter-ethnische Gruppenkontakt zwischen Personen mit gleichem Status (z. B. Ausbildungsstand, sozio-ökonomischer Status, Arbeitserfahrung, Fertigkeitsstand usw.) stattfindet (Amir, 1976, → *Arbeitsgruppen*).

So konnte auch Tajfel (1981) zeigen, daß die wahrgenommenen Differenzen zwischen der Eigengruppe und der Fremdgruppe reduziert werden können, wenn die urteilenden Personen und Gruppen mehrere Kategorisierungsmöglichkeiten (überlappende Kategorisierung) verfügbar haben. Wichtig ist, daß der Ausländer nicht mehr nur als Ausländer kategorisiert wird, sondern daß ihm als aktiv handelnder Person Eigenschaften, Fähigkeiten und Fertigkeiten zugeschrieben werden, die sich von der Eigengruppe nicht wesentlich unterscheiden. Unter arbeitsteiligen Produktionsbedingungen (Fließbandarbeit, Einzelarbeitsplatz) und bei der untergeordneten Stellung ausländischer Mitarbeiter in der Organisationshierarchie sind solche vorurteilsreduzierenden Interaktionsbedingungen in der Regel nicht gegeben.

36.4 Auswirkungen ethnischer und rassischer Vorurteile auf den ausländischen Arbeitnehmer

Ausländer sind einerseits das Opfer ethnischer und rassischer Vorurteile, andererseits stabilisieren sie durch entsprechendes Verhalten im Sinne der „sich selbst erfüllenden Prophezeiung" vorhandene Vorurteile und entwickeln selbst Vorurteile gegenüber den Bewohnern des Gastlandes.

Ausländer beklagen, daß sie von den einheimischen Arbeitskollegen nicht als gleichwertige und gleichberechtigte Partner bezüglich der Arbeitsverteilung, Arbeitsleistung, dem Ausbildungsstand, der Kenntnisse und → *Arbeitsmotivation* akzeptiert werden (Harder, 1976). Mangelhafte Beherrschung der Sprache des Gastlandes, ungenügende und falsche Vorstellungen von den Lebens- und Arbeitsbedingungen im Gastland, mangelhafte oder inadäquate berufliche Vorbildung, ungünstige und ungewohnte Wohn- und Lebensverhältnisse, kulturelle Entfremdung und familiäre Belastungen (Trennung von der Familie und von wichtigen Bezugsgruppen), alles dies sind Merkmale, die verantwortlich dafür sind, daß Ausländer eher Verhaltensweisen zeigen, die eher zur Vorurteilsbildung und -verstärkung beitragen als zu ihrem Abbau.

Mit zunehmenden Fremdsprachenkenntnissen, der Eingewöhnung in die neuen Lebens- und Arbeitsverhältnisse, der verstärkten Wahrnehmung beruflicher Ausbildungs- und Aufstiegschancen (→ *Ausbildung, Training und Qualifizierung*) werden von den Ausländern aber auch immer weniger Vorurteile erlebt, und Vorurteile werden dadurch effektiver verarbeitet, daß sie der Stärkung des intraethnischen Gruppenzusammenhaltes dienen und das Selbstwertgefühl nicht mehr beeinträchtigen. Weiterhin sind die Migrationsmotive, die Stärke der Heimatbindung und das Integrationsbedürfnis entscheidende Bedingungen für die Art der Erfahrung und Verarbeitung erfahrener Vorurteilsreaktionen seitens der einheimischen Arbeitskollegen (Mehrländer, 1980).

In vielen europäischen Ländern sind massive rassische Vorurteile und Diskriminierungen bei der Einstellung, der Förderung und Führung von Mitarbeitern nach wie vor wirksam, was mit komplexen kolonialen und nachkolonialen sozialen, gesellschaftlichen und bevölkerungspolitischen Entwicklungsprozessen zusammenhängt. So zeigen eine Reihe von Untersuchungen in Großbritannien, daß zwar offene rassische Diskriminierung am Arbeitsplatz immer seltener zu beobachten ist, daß aber bei Auswahlentscheidungen und bei der Gewährung von Karrierechancen farbige Mitarbeiter deutlich benachteiligt werden (Smith, 1974; Bethlehem, 1985).

Die kulturelle Eingewöhnung, das Ausmaß der inter-ethnischen Kontakte und die Bereitschaft zur Integration in die Gastkultur sind am stärksten beeinflußt vom Grad der subjektiv empfundenen Berufszufriedenheit. Anerkennung im Beruf und am Arbeitsplatz sind in hohem Maße abhängig von der Beherrschung der Fremdsprache und der gezeigten Arbeitsleistung. Dabei wird die Beherrschung der Sprache des Gastlandes als Zugangsbedingung zu den wichtigsten Integrationsbereichen (Arbeits- und Wohnbereich), als Bedingungsfaktor für erfolgreiches Handeln und die Entwicklung von Vertrauen in die eigene Handlungsfähigkeit unter fremdkulturellen Bedingungen und als Voraussetzung zur handlungswirksamen Erfahrung von Einstellungen, Denkweisen und Wertvorstellungen der einheimischen Arbeitskollegen wirksam. Fremdsprachenkenntnisse ermöglichen eine intensivere Kommunikation und Interaktion mit den Personen der Gastkultur, die über arbeitsbedingte funktionale Kontakte hinausgehen können und so zu einem besseren gegenseitigen Verstehen und zum Abbau von ethnischen und rassischen Vorurteilen bei Einheimischen und Ausländern führen (Schöneberg, 1982).

Die Immigrationsforschung der letzten Jahre betrachtet die Aufnahme einer Arbeitstätigkeit in einer kulturfremden Umgebung unter dem Aspekt des „kritischen Lebensereignisses" für den ausländischen Arbeitnehmer und untersucht die daraus resultierenden psychischen Folgen. Vorurteile und Diskriminierungen sind wichtige Ursachenfaktoren für das Auftreten typischer Immigrantensymptome wie Angstreaktion, Depression, Desorientierung, soziale und emotionale Unsicherheit und Isolation. Der Grad der individuellen Belastung durch Vorurteile und erfahrene Diskriminierung, die Art der individuellen Verarbeitung und die langfristigen Folgen sind nicht nur von Merkmalen der betroffenen Person abhängig, sondern in starkem Maße von der Einbindung des Immigranten in das Arbeits- und Wirtschaftsleben des Gastlandes (→ *Belastung und Beanspruchung am Arbeitsplatz*). Leistungsgerechte Arbeitsverteilung, Arbeitsbewertung und Entlohnung sowie Chancengleichheit hinsichtlich beruflicher Ausbildungs- und Aufstiegsmöglichkeiten für ausländische Arbeitnehmer schaffen die objektiven Voraussetzungen zur gleichberechtigten Akzeptanz zwischen verschiedenen ethnischen und rassischen Gruppen am Arbeitsplatz und sind somit das wirkungsvollste Mittel zum Abbau von Vorurteilen und Diskriminierungsversuchen.

Literatur

Amir, Y. (1976). The role of intergroup contact in change of prejudice and ethnic relations: In P. A. Katz (Ed.): Toward the elimination of racism (pp. 245–308). New York: Pergamon Press.

Bethlehem, D. W. (1985). A social psychology of prejudice. New York: St. Martin's Press.

Borris, M. (1973). Ausländische Arbeiter in einer Großstadt. Eine empirische Untersuchung am Beispiel Frankfurt. Frankfurt: Europäische Verlagsgesellschaft.

Ehrlich, H. J. (1979). Das Vorurteil. München: Reinhard.

Essinger, H. (1974). Ausländische Arbeiter in unserer Gesellschaft. München: Kösel.

Hamilton, D. L. (Ed.) (1981). Cognitive processes in stereotyping and intergroup behaviour. Hillsdale, N. J.: Erlbaum.

Harder, E. (1976). Integration und Akkulturation ausländischer Arbeitnehmer. In I. Schuster (Hg.): Integration ausländischer Arbeitnehmer. Eingliederung, Einstellungen, Weiterbildung (S. 1–51). Bonn: Eichholz.

Hoffmann-Nowotny, H. J. (1976). Gastarbeiterwanderungen und soziale Spannungen. In H. Reimann (Hg.): Gastarbeiter (S. 46–65). München: Goldmann.

Irle, M. (1975). Lehrbuch der Sozialpsychologie. Göttingen: Hogrefe.

Katz, I. (1981). Stigma: a social psychological analysis. Hillsdale, NJ: Erlbaum.

Mehrländer, U. (1974). Soziale Aspekte der Ausländerbeschäftigung. Bonn-Bad Godesberg: Verlag Neue Gesellschaft.

Mehrländer, U. (1980). Zur Situation ausländischer Arbeitnehmer und ihrer Familienangehörigen. Bonn: Friedrich-Ebert-Stiftung.

Miller, N. & Brewer, M. B. (Eds.) (1984). Groups in contact: The psychology of desegration. Orlando FL: Academic Press.

Schäfer, B. & Six, B. (1978). Sozialpsychologie des Vorurteils. Stuttgart: Kohlhammer.

Schöneberg, U. (1982). Bestimmungsgründe der Integration und Assimilation ausländischer Arbeiter in der Bundesrepublik Deutschland und in der Schweiz. In: H. J. Hoffmann-Nowotny (Hg.): Ausländer in der Bundesrepublik Deutschland und in der Schweiz. Segregation und Integration. Eine vergleichende Untersuchung. (S. 449–568). Frankfurt/New York: Campus.

Six, U. (1983), Vorurteile. In D. Frey & S. Greif (Hg.): Sozialpsychologie – Ein Handbuch in Schlüsselbegriffen (S. 365–371). München: Urban & Schwarzenberg (2. erw. Aufl. München: Psychologie Verlags Union).

Smith, D. J. (1974). Racial disadvantage in employment. London: PEP.

Tajfel, H. (1981). Human groups and social categorization. Cambridge: University Press.

Alexander Thomas,
Bundesrepublik Deutschland

37. Fehler und Fehlhandlungen

37.1 Einleitung

Die fortschreitenden Veränderungen in der Arbeitswelt, die zunehmend Steuerungs- und Kontrolltätigkeiten (im weitesten Sinne Aufgaben eines *Fehlermanagements*) verlangen, fordern eine theoriegeleitete Auseinandersetzung mit fehlerhaften Handlungen, d. h. Handlungsabläufen, die die bewußten Intentionen und antizipierten Ziele verfehlen, obwohl die eigentlich notwendigen Fertigkeiten vorhanden sind und als hochverdichtete Handlungsschemata vorliegen (im Falle fehlender Handlungsvoraussetzungen, also fehlenden Wissens, wird, dieser Umschreibung folgend, von Handlungs*irrtümern* gesprochen).

Die Fehlerforschung hat zwar frühe Wurzeln und von Beginn an interdisziplinären Charakter (Goethe veröffentlichte 1820 die erste Arbeit zum Thema) aber keine Tradition; natürlich gibt es Ausnahmen: So wurde die Analyse von Täuschungen des Wahrnehmungssystems (déjà-vu Phänomene eingeschlossen) und ihre erkenntnisstiftende Potenz früh erkannt und breit genutzt. Man sprach von der *Realität der Täuschung* und erkannte, daß fehlerhafte Wahrnehmungsresultate weder Verhaltensdefizite noch Verhaltensvariabilitäten markieren, sondern als *Merkmalswerte* (quasi als die zweite Seite der gleichen Medaille) erscheinen: Der *Fehler* wird zum *aussagekräftigen Fall* über die Funktion des zu analysierenden Systems. Auch für die Sprachforschung bis hin zur Psycholinguistik gilt, daß sie Kontinuität in der Erforschung des lapsus linguae aufweist und vorrangig *objektimmanente* (Material und Struktur bezogene) Fehlerquellen analysiert. Demgegenüber werden in anderen Grundlagengebieten eher verarbeitungsspezifische oder *subjektimmanente* Fehlerquellen erforscht. Ranschburg (1911) etwa entwickelte anhand von Gedächtnisfehlern die Theorie neuronaler Hemmungsformen und beschäftigte sich in der Folge mit Lese- und Schreibstörungen. Der Verweis auf die Psychoanalyse darf nicht fehlen: Zweifellos ist es Freuds (1901) Verdienst, herausgearbeitet zu haben, daß jede Handlung nicht nur von Motiven und Zielen geleitet wird, sondern immer auch als sinnhafter Akt gedeutet werden kann. Falls eine bewußte Intention verfehlt wird, geht die Theorie davon aus, daß sich in dem erreichten Ziel unbewußte (verdrängte) Intentionen manifestieren: Die Fehlleistung verweist auf interferierende Absichten. Während behavioristische Ansätze im Auftreten von Fehlern lediglich Reiz-Reaktions-Inkompatibilitäten bzw. ein „lack of uniformity" (Sinaiko, 1961) sahen, wird im Zuge der kognitiven Wende der Gegenstand fruchtbar belebt (Reason & Mycielska, 1982). Nun werden auch *interaktionsimmanente* (die Kommunikationsspezifik, Aufgabenanforderung und Handlungsdynamik betreffende) Fehlerquellen analysiert (→ *Kommunikationsprozesse*); der Anwendungsaspekt für die Arbeitspsychologie (Hacker, 1986), für die Technikwissenschaft (Rasmussen, Duncan & Leplat, 1987) und Unfallforschung sowie Sicherheitswissenschaft (Wehner & Mehl, 1987) wird dabei betont (→ *Arbeitssicherheit*).

37.2 Zugangsweisen zur Fehlerforschung

Im wesentlichen lassen sich fünf Zugangsweisen in der Fehlerforschung unterscheiden:
1. Die Analyse von Fehlhandlungen mit dem Ziel, die nicht äußerlich beobachtbaren *Regulationsgrundlagen* zu erkennen.
2. Die Analyse von Fehlleistungen mit dem Ziel, unbewußte oder *verdrängte Bedürfnisse* aufzudecken.
3. Die Analyse von fehlerhaften Handlungsabläufen, um an ihnen *produktive Denkleistungen* aufzuzeigen und die *potentielle Vitalität* fehlerhafter Prozesse zu demonstrieren.
4. Die Analyse von Fehlhandlungen um (auf der Basis gewonnener Kategorien und Typen) *Fehlervermeidungsstrategien* abzuleiten.
5. Die Analyse von Fehlhandlungen zum Zwecke der *ökologischen Validierung* von Modellen und Theorieansätzen.

Während einige Arbeiten zur Handlungs- und Affektpsychologie (Lewin, 1926) sowohl unter 1. als auch unter 5. subsumiert werden können, wird unter 2. vor allem die psychoanalytische Tradition zusammengefaßt. Die unter 4. genannte Zugangsweise ruft zwar u. U. die größte Plausibilität hervor; hierbei darf allerdings nicht verkannt werden, daß sich die potentiell möglichen Fehler nie vollständig bestimmen oder gar verhüten lassen; hierzu wäre es nötig, die Gesamtheit möglicher (bewußter und unbewußter) Intentionen und deren Realisierungen zu kennen. Die drittgenannte Perspektive birgt die interessantesten und wohl die weitreichendsten Implikationen: So zeigt das Ehepaar von Weizsäcker (1985), daß *Fehlerfreundlichkeit* eine unverzichtbare Komponente biologischer Systeme ist und im Fehler eines der allgemeinsten Tüchtigkeitskriterien innerhalb der Evolution sichtbar wird.

37.3 Gestaltpsychologische Ansätze

Der oben genannte Gedanke liegt u. a. auch der Arbeit des Gestaltpsychologen Köhler (1917) zugrunde. Er unterschied drei Fehlerarten, die er bei den Problemlösehandlungen seiner Schimpansen beobachtete:
1. *„Fehler aus vollkommenem Nichtverstehen gegenüber den Bedingungen der Aufgabe."* Solche Fehler treten auf, wenn die Versuchstiere durch ein Problem überfordert waren und in dieser Situation mit bloßem Hantieren reagierten.
2. *„Grobe Gewöhnungstorheiten".* In solchen Fällen wiederholten die Versuchstiere, blind für die neue Situation, Teilhandlungen, welche in vorherigen Situationen zum Ziel geführt hatten.
3. *„Gute Fehler".* Der Schimpanse macht dabei eher einen günstigen als einen törichten Eindruck, dies insbesondere dann, wenn der Beobachter sich auf die Eigendynamik und den Kontext des Verhaltens konzentrierte.

Die letztgenannte Kategorie war und ist von großer Bedeutung: Köhler sah das Auftreten von guten Fehlern geradezu als ein Kriterium einsichtigen Verhaltens beim Problemlösen an. Das Auftreten optimaler Problemlösungen ohne vorherige gute Fehler könnte demnach als Zufallstreffer gewertet werden. Duncker (1935) hat das Konzept der guten Fehler auf das menschliche Problemlösen übertragen und die notwendige Voraussetzung für eine erfolgreiche Zielerreichung gezeigt. Gute Fehler dokumentieren, daß der *allgemeine Funktionswert* der Aufgabe erkannt und nur die spezielle Verkörperung bzw. die situative Vergegenständlichung noch nicht gelungen ist. Das Ergebnis eines guten Fehlers muß häufig nur noch auf die Problemsituation *transponiert* werden.

An die Tradition der Gestaltpsychologie knüpfen unsere eigenen experimentellen und anwendungsorientierten Arbeiten an (Wehner, Stadler, Mehl & Kruse, 1985). Bei der Arbeitsplatzgestaltung etwa darf das *Fehlendürfen* durch gestalterische Maßnahmen nicht verhindert werden (→ *Arbeitsgestaltung*). Dabei gehen wir so weit, daß nicht fehlerkorrigierende oder fehlertolerierende, sondern *fehlerfreundliche Systeme* zu konzipieren sind. Diese sollen es ermöglichen (um die theoretische Forderung des Konzeptes zu nennen), daß die Auswirkungen fehlerhafter Handlungen, also die *Konsequenzen, harmlos* bleiben und damit keine irreversiblen Folgen auslösen. Ferner sollten sich die Maßnahmen sowie der Zeitpunkt einer Korrekturhandlung aus dem Handlungsreservoir und der Handlungsdynamik ergeben und ersteres gleichzeitig (um weitere situationale Aspekte) erweitern. Letztlich garantiert das Konzept einer fehlerfreundlichen Umwelt den *Polystrukturalismus der Tätigkeit* (Tomaszewski, 1978) und negiert einen „one best way" wie wir ihn als tayloristisches Prinzip kennen (→ *Kontrolle und Tätigkeitsspielraum*).

37.4 Anwendungsaspekte

Überträgt man diesen Gedanken auf die Unfallforschung, Sicherheitswissenschaft oder die Ergonomie, so müssen Maßnahmen zur Verhütung von Unfällen und Pläne zur menschengerechten Konstruktion von Maschinen nach anderen als den zur Zeit akzentuierten Gesichtspunkten abgeleitet werden: Folgenlose Fehlbedienungen von Geräten, Fehlinterpretationen von Bedienungsvorschriften oder Unfälle verweisen u. U. auf Interferenzen zwischen antizipierten und gegebenen Bedingungskomponenten, auf die Unmöglichkeit, den gegebenen Handlungsablauf zu automatisieren und damit ohne bewußte Aufmerksamkeitszuwendung auszuführen oder auf die widersprüchliche, fehlersuggerierende Anordnung von Funktionselementen. Unsere Ergebnisse deuten darauf hin, daß der Handelnde durch eine fehlerhafte Handlungssequenz auf die Abweichung von einer guten Gestalt (im Sinne eines dysfunktionalen Situationsarrangements) aufmerksam macht. Im Schatten des Handlungsfehlers lassen sich somit die Gesetzmäßigkeiten psychischen Geschehens erkennen, die bei der Arbeitsplatzgestaltung und Technikbewertung umgesetzt werden sollten.

Literatur

Duncker, K. (1935). Zur Psychologie des produktiven Denkens. Berlin: Springer.
Freud, S. (1901). Zur Psychopathologie des Alltagslebens. Monatszeitschrift für Psychiatrie und Neurologie, 10, 1–32 u. 95–143.
Goethe, J. W. v. (1820). Hör-, Schreib- und Druckfehler. Kunst und Altertum, 1, 299–202.
Hacker, W. (1973). Arbeitspsychologie. Berlin/DDR: Deutscher Verlag der Wissenschaften 1986.
Köhler, W. (1917). Intelligenzprüfungen an Menschenaffen. Berlin: Springer 1973.
Lewin, K. (1926). Vorbemerkungen über die seelischen Kräfte und Energien und über die Struktur des Seelischen (Untersuchungen zur Handlungs- und Affektpsychologie I). Psychologische Forschung, 7, 294–329.
Ranschburg, P. (1911). Das kranke Gedächtnis. Leipzig: Barth.
Rasmussen, J., Duncan, K. & Leplat, J. (Eds.) (1987). New technology and human error. London: Wiley & Sons.
Reason, J. & Mycielska, K. (1982). Absent-minded? The psychology of mental lapses and everyday errors. Englewood Cliffs: Prentice-Hall.
Sinaiko, W. H. (Ed.) (1961). Selected papers on human factors in the design and use of control systems. New York: Dover.
Tomaszewski, T. (1978). Tätigkeit und Bewußtsein. Weinheim: Beltz.
Wehner, T. & Mehl, K. (1987). Handlungsfehlerforschung und die Analyse von kritischen Ereignissen und industriellen Arbeitsunfällen. In M. Amelang (Hg.): Bericht über den 35. Kongreß der DGfPs, Heidelberg 1986, Bd. 2 (S. 581–593). Göttingen: Hogrefe.
Wehner, T., Stadler, M., Mehl, K. & Kruse, P. (1985). Action slips – an old theme from a new gestalt theoretical perspective. In J. L. McGaugh (Ed.): Contemporary psychology (pp. 475–487). Amsterdam: North Holland.
Weizsäcker, C. v. & Weizsäcker, E. U. v. (1985). Fehlerfreundlichkeit. In K. Kornwachs (Hg.): Offenheit – Zeitlichkeit – Komplexität (S. 167–201). Frankfurt: Campus.

Theo Wehner und Michael Stadler,
Bundesrepublik Deutschland

38. Forschungsstrategien in der Organisationspsychologie

38.1 Einleitung

Wenn man einen jungen Forscher, am Anfang einer Untersuchung fragt, was er machen *wird,* antwortet er meistens damit, was er machen *will.* Wie wir an anderer Stelle detailliert ausgeführt haben (Curie & Cellier, 1987), wollen wir seine Aufmerksamkeit dagegen darauf lenken, daß er sich auch fragen muß, was er machen *kann.*

Diese Frage wird selten gestellt, weil Forschung oft als ein Unternehmen angesehen wird, dessen Grundlagen und Ergebnisse nur von der Motivation und von den Fähigkeiten des Forschers abhängen. In Wirklichkeit ist die Forschung aber ein kollektives Unternehmen und es ist von großem Interesse für den jungen Forscher, über dieses Unternehmen nachzudenken und die Kenntnisse zu nutzen, die es über die Durchführung von Forschungsprojekten zur Organisationspsychologie gibt (vgl. etwa die Experimente und Projekte in Teil 3 dieses Buchs).

38.2 Vier Fragen zur Forschungsstrategie

Folgende vier Fragen, die man sich zu Beginn einer Forschungsarbeit stellen sollte, sind wichtig:

(1) Welche Mittel brauche ich, um meine Forschungsarbeit durchzuführen?

Bei der Planung eines Forschungsprojekts wird der Forscher zumindestens eine grobe Liste der erforderlichen Mittel zusammenstellen. Die wichtigsten Mittel sind die folgenden:
- Die benötigte *Zeit* ist ein begrenztes Mittel, das der Forscher einteilen muß. Ein vorläufiges „Zeitbudget" zu machen, ist eine sehr nützliche Übung. Wenn man berücksichtigt, daß es zeitliche Begrenzungen gibt, wird das bereits dazu führen, den Umfang der Forschungsarbeit zu verkleinern.
- Das notwendige *Geld*. In den Sozial- und Humanwissenschaften glaubt man zu oft, daß Forschung nichts kostet. Das ist vollkommen falsch; der junge Forscher muß lernen, die Kosten seiner Forschung zu kalkulieren.
- Die erforderlichen *Informationen* lassen sich unterschiedlich einordnen: sie können sich auf Theorien, auf Techniken oder auf Informationen beziehen, die der Forscher im Forschungsfeld gewinnen will.

(2) Von wem hängt der Zugang zu diesen Mitteln ab?

Für den einzelnen Forscher ist keines dieser Mittel vollkommen autonom verfügbar oder direkt erreichbar:
- Um wissenschaftliche Informationen zu erhalten, braucht man oft die *Unterstützung anderer Forscher oder Techniker*.
- Um Erkenntnisse zu gewinnen, braucht man eine *Zugangserlaubnis* zum Feld und die untersuchten Personen müssen damit *einverstanden sein,* daß sie beobachtet oder befragt werden.
- Mit der *Kontrolle* über diese begrenzten Ressourcen verhält es sich im Grunde genauso wie mit der Kontrolle über Zeit oder Geld. So wird beispielsweise unsere Arbeitseinteilung zum Teil von *anderen kontrolliert.* Auch außerberufliche Verpflichtungen (soziale und familiäre) spielen dabei eine Rolle.

Die Antwort auf die Frage: „Wer kontrolliert den Zugang zu den Mitteln" läßt erkennen, daß Entscheidungen in Forschungsfragen nicht nach dem klassischen rationalen Modell der Entscheidungstheorie getroffen werden (→ *Entscheidungen in Organisationen)*. In der Realität gibt es nicht nur einen Entscheider, sondern ein Entscheidungssystem, das sich aus mindestens drei Subsystemen zusammensetzt: (1) Forschungsfeld, (2) Forschungsarbeit und (3) Forscher. Jedes Teilsystem hat dabei seine eigene Handlungslogik.

(3) Welcher Handlungslogik folgt das Entscheidungssystem?

Der Forscher sollte nicht glauben, daß ihm die für die Forschungsarbeit bestimmten Mittel spontan geschenkt werden. Er sollte sich lieber fragen, welches die Ziele und Zwänge der Subsysteme sind, die den Zutritt zu diesen Mitteln kontrollieren. Dadurch kann er erfahren, was er im Austausch dafür geben muß, damit andere ihm den Zugang zu den Mitteln ermöglichen, über die sie verfügen.

– Das Subsystem *Forschungsfeld* wird durch mehrere Akteure gebildet, die wiederum zum Teil verschiedene Ziele verfolgen. Jeder dieser Akteure wird dem Forscher nur diejenigen Informationen geben, die mit seiner Sicht der Dinge übereinstimmen. Selten geht es den Akteuren des Forschungsfelds primär darum, zur Entwicklung wissenschaftlicher Erkenntnisse beizutragen. Meistens wollen sie keine Erklärungen, sondern schnelle Problemlösungen.

– Das Subsystem *Forschung* setzt sich aus zwei Teilkomplexen zusammen:

a) Die *Wissenschaftsakteure*, die den Zugang zu technischen und/oder konzeptuellen Informationen kontrollieren und insbesondere über die Anerkennung des Werts der durchgeführten Forschungsarbeit entscheiden.
(b) Die *Geldgeber der Forschungsmittel* (private oder staatliche Träger), von denen ein erfahrener amerikanischer Autor sagte, daß sie die Forschung benutzen, „wie ein Trinker eine Straßenlaterne benutzt: mehr, um sich darauf zu stützen, als um sich zu erleuchten" (zit. nach Merton, 1965).

– Das Subsystem *Forscher*, das über die Arbeitskräfte verfügt, konstituiert sich durch vielfältige Organisationsmodelle. Jedes realisierte Modell kann aber als Versuch der Forscher verstanden werden, sich untereinander und mit Fachautoritäten zu vergleichen, um eine eigene Identität zu gewinnen.

Es ist für junge Forscher ratsam, vor Beginn der Forschungsarbeit die eigenen beruflichen und außerberuflichen Ziele zu klären. Diese Klärung ist schwer, weil uns die tieferen Gründe nicht vollkommen bewußt sind, die unsere Entscheidung zwischen verschiedenen Forschungsthemen beeinflussen (Devereux, 1980).

(4) Wie kann man Kompromisse aushandeln?

Der Forscher muß die Schnittstellen zwischen den Subsystemen klären. Diese Aufgabe hilft ihm, die erforderlichen Kompromisse zu machen.

Zum Beispiel steht jeder Untersucher vor dem Konflikt zwischen interner und externer Validität seiner Forschungsarbeit. Die interne Validität zeigt den Grad der Zuverlässigkeit an, mit dem der festgestellte Effekt von der unabhängigen Variablen abhängt (echt durch die experimentelle Versuchsanordnung manipuliert oder nur symbolisch in einer Vergleichsstudie). Die externe Validität gibt die

Generalisierbarkeit der Ergebnisse einer Forschungsarbeit auf andere Populationen oder Situationen wieder. „Keine dieser Validitätsarten ist wichtiger als die andere, und trotzdem sind sie unvereinbar: die unentbehrlichen Kontrollen, mit denen die interne Validität sichergestellt werden soll, führen zur Gefährdung der Repräsentativität", bzw. der externen Validität (Campbell, 1957).

Bei diesem Konflikt zwischen den beiden verschiedenen Validitätsarten haben die Subsysteme unterschiedliche Präferenzen: das Subsystem Forschungsfeld mißt oft der externen Validität mehr Bedeutung bei, wohingegen das Subsystem Forschung die interne Validität als wichtiger ansieht.

Auf welchem Niveau ein Kompromiß gefunden werden kann, hängt also von den Übereinstimmungen und Relationen in den Teilsystemen des Entscheidungssystems ab. In diesem System haben nicht alle Teilnehmer dieselben Trümpfe. Das Besondere des wissenschaftlichen Paradigmas besteht traditionell in der Bereitschaft, Risiken zu übernehmen. Die Risikobereitschaft hängt aber großenteils auch von der Position des Forschers ab (Lemaine, 1984).

Die mit einer Position verbundenen Mittel und Einschränkungen können sich in Abhängigkeit von den Ergebnissen der Forschung aber auch verändern. Teilergebnisse können – ohne Rücksicht auf die Sachkenntnisse und Motive des Forschers – dazu führen, daß Einschränkungen gelockert und/oder die Ressourcen erweitert werden.

38.3 Zusammenfassung

Die Entscheidung für eine Forschungsarbeit ist kein einsamer Akt eines Entscheiders sondern das Produkt eines sozialen Systems, das sich aus mehreren Subsystemen zusammensetzt, welche ständig formell oder informell über die Ziele und Mittel des Projekts verhandeln. Der Entscheidungsprozeß läßt sich wie der Bau einer Pyramide durch den Forscher darstellen. Die Spitze der Pyramide ist der *Gegenstand* des Forschungsprojekts und ihre Basis besteht aus drei Ecken: *Situation, Problematik* und *Methode* (vgl. Abb. 1).

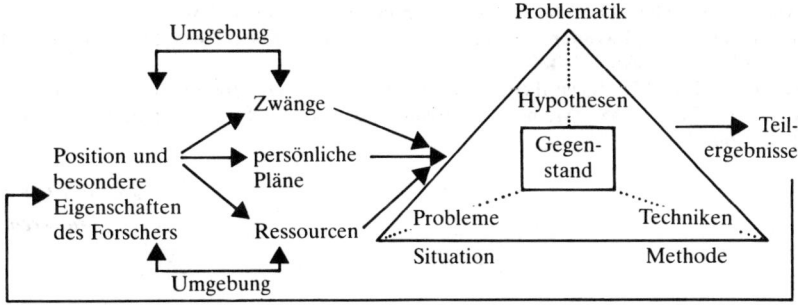

Abb. 1: Der Konstruktionsprozeß des Forschungsgegenstands.

Mit dieser in Abb. 1 wiedergegebenen Metapher soll auf folgendes hingewiesen werden:
a) Der Forschungsgegenstand ist nicht vorgegeben, sondern wird konstruiert.
b) Die Pyramide kann nicht bestehen, wenn eine ihrer Seiten fehlt. Forschung ohne Problematik ist bloße „Empirie". Arbeiten, die sich nicht auf reale Probleme und Situationen stützen, sind „spekulativ". Der Forscher, dem die Methode fehlt, produziert nur „Mutmaßungen".
c) Es ist unmöglich, nur eine Seite der Pyramide ohne gleichzeitig die beiden anderen zu konstruieren. Die drei Seiten können nicht nacheinander aufgebaut werden, sie müssen in einem gemeinsamen Wechselspiel, mit gegenseitiger Unterstützung, erstellt werden. Es bringt wenig Nutzen, schöne Hypothesen zu konstruieren, wenn man weder über die methodologischen noch über die empirischen Mittel verfügt, sie zu überprüfen.
d) Die Spitze der Pyramide ist kleiner als ihre Basis. Der Forschungsgegenstand ist sehr „spitz". Er wird durch ein Wechselspiel von Fragen und Antworten immer genauer und präziser eingegrenzt.
e) Die Pyramide ist ein Monument, dessen ästhetischer Wert verschieden ist, je nachdem von welcher Seite man sie betrachtet.

Der Forscher wird darauf achten müssen, sein Monument seinen Besuchern von der Seite zu zeigen, die ihnen jeweils am besten entspricht. Das heißt, daß man für eine Forschungsarbeit oft mehrere verschiedene Berichte anfertigen muß: jeder davon akzentuiert bestimmte Aspekte der Forschungsarbeit oder stellt sie so dar, daß die bestmögliche Aufmerksamkeit der jeweiligen Lesergruppe erzielt werden kann.

Literatur

Campbell, D. T. (1957). Factors relevant to validity of experiments in social settings. Psychological Bulletin, 54, 297–312.
Curie, J. & Cellier, J. M. (1987). Stratégie de la recherche en psychologie du travail. In Cl. Lévy-Leboyer & J. Cl. Spérandio (éd): Traité de Psychologie du Travail. Chap. 7, 117–144, Paris.
Devereux, G. (1980). De l'angoisse à la méthode. Paris: Flammarion.
Lemaine, G. (1984). La différenciation sociale dans la communauté scientifique. Bulletin de Psychologie, 37, 365, 477–488.
Merton, R. K. (1965). Social theorie and social structure. Glencoe/Ill.: The Free Press.
Vroom, V. (Ed.) (1965). Methods of organizational research. Pittsburgh: University of Pittsburgh Press.

Jacques Curie,
Frankreich

39. Frauen und Erwerbstätigkeit

39.1 Einleitung

Die Literatur über Frauen im Erwerbsleben ist weitgefächert und nimmt beständig zu. Dies geht u. a. auf die Mannigfaltigkeit von Wertvorstellungen und Positionen zu diesem Thema zurück, deren bewußte Reflektion in diesem Forschungsgebiet besonders wichtig ist.

Der traditionellen Psychologie wird zunehmend angelastet, daß sie unkritisch mit nicht explizierten, oft nicht einmal bewußt wahrgenommenen Vorannahmen operiert, in denen Frauen bzw. weibliche Eigenschaften abgewertet werden. Demgegenüber wird in einer Vielzahl feministischer Analysen (mit keineswegs einheitlichem Standpunkt, aber immer mit Blick auf die Erfahrungen und Wahrnehmungen von Frauen) eine radikale Kritik und Revision der Psychologie, damit auch der Arbeits- und Organisationspsychologie gefordert.

Ein zentraler Forschungsgegenstand in diesem Zusammenhang ist die Frage, warum so wenige Frauen höhere Positionen erreichen. Am Beispiel dieses Problems sollen einige Aspekte diskutiert werden, die Frauen in allen Ebenen betrieblicher Hierarchien betreffen und mit dazu beitragen, daß sie mehrheitlich in den unteren Rängen verbleiben.

Statistiken zur Erwerbsarbeit zeigen, daß der Anteil weiblicher Führungskräfte trotz rechtlich fixierter Gleichstellung von Frauen nach wie vor sehr gering ist. Erklärungsversuche für dieses Phänomen setzen an verschiedenen Ebenen oder Phänomenen an:

Schon die organisationalen *Strukturen* behindern Frauen implizit oder explizit (z. B. durch familienfeindliche Arbeitszeiten, mangelnde Aufstiegschancen usw.). – Die *Sozialbeziehungen* in Betrieben sind häufig durch informelle Gruppenprozesse gekennzeichnet, die Frauen marginalisieren oder ausschließen („Alt-Herren-Riegen"). – *Individuell* sehen Frauen sich mit zahllosen Klischees über Weiblichkeit (z. B. in Fragen der Eignung, der Berufsmotivation usw.) konfrontiert, die die Einstellungs- und Beförderungspraxis beeinflussen (Resch & Rummel, 1986).

Die häufig ausgesprochen schlechten Arbeitsbedingungen von Frauen (Belastungen, geringe Lernchancen und eingeschränkte Kooperations- und Kommunikationsmöglichkeiten) mit ihren negativen Auswirkungen auf Gesundheit und Persönlichkeitsentwicklung sind ebenso wie Aspekte struktureller oder unmittelbar persönlicher Diskriminierung gemeinhin bekannt (s. z. B. Rummel, 1982). Wir konzentrieren uns daher im folgenden auf die *Frage nach spezifisch „weiblichen" Eigenschaften*. Bei der Beschäftigung damit werden wir indes immer wieder auf Strukturen, Arbeitsbedingungen, soziale Bezüge und Werthaltungen rückverwiesen, die für Frauen und Männer sehr verschiedene Bedingungen schaffen und daher ihr Denken, Fühlen und Handeln auch in unterschiedlicher Weise beeinflussen.

Vielen Forschungsarbeiten zu unserem Thema liegt die Frage zugrunde, ob Frauen und Männer *tatsächlich* verschieden sind. So hat man z. B. mit Hilfe von Laborexperimenten, in denen Gruppen Aufgaben lösen mußten, oder mittels Fragebögen zum Verhalten weiblicher und männlicher Vorgesetzter am Arbeitsplatz nach Unterschieden in den Führungsstilen gesucht. Der recht konsistente Befund, daß Frauen und Männer sich in ihren Führungsstilen sehr ähneln, wurde als Beleg dafür genommen, daß Frauen sich als Führungskräfte eignen und daher akzeptiert und gefördert werden sollten. So willkommen auch dieser „Beweis" sein mag: der hier zugrundegelegte Maßstab ist nach wie vor der Mann als Standard effizienten Führungsverhaltens, an dem sich Frauen messen lassen müssen; diese Betrachtung von Frauen als mehr oder minder „defizitäre" Männer macht jede Abweichung vom männlichen Stereotyp zum Problem und erweist sich so als verräterisch.

39.2 Feministische Forschung

Feministische Forschung versucht, der impliziten Gleichsetzung von *männlich = positiv* und *weiblich = negativ* zu entgehen. Statt – wie es häufig geschieht – Forschungsergebnisse über Männer auf Frauen zu generalisieren, wird direkt mit und über Frauen geforscht. Mittlerweile liegen Frauenstudien zu den verschiedensten Arbeitsbereichen in Industrie und Verwaltung, im Dienstleistungssektor sowie zur Hausarbeit vor, die in der Arbeitspsychologie bislang ausgeklammert war.

Bezogen auf Eigenschaften, Fähigkeiten und berufliches Verhalten machen viele dieser Studien auf Gemeinsamkeiten zwischen Frauen und Männern aufmerksam: sie gehen unter gleichen Bedingungen ähnlich mit Streß um, zeigen bezüglich psychologischer Merkmale (wie Selbstwertgefühl, intellektuelle Flexibilität und Befindensmerkmale) ähnliche Reaktionen auf bestimmte Arbeitsbedingungen, weisen in jungen Jahren noch ähnliche berufliche Orientierungen auf; das Vorurteil eines höheren Absentismus bei Frauen konnte ebenso zurückgewiesen werden wie das der fehlenden Eignung für technische Berufe oder einer besonderen Resistenz gegenüber Monotonie (vgl. zusammenfassend Rummel, 1982).

In anderen Studien werden eher die Unterschiede betont, die in den körperlichen Voraussetzungen, den verschiedenen Lebensmustern und dem andersartigen ‚sozialen Erbe' an Rollen und Wertvorstellungen begründet sind; die Merkmale von Frauen werden dabei jedoch positiv bewertet. So hat z. B. die positive Umwertung der ‚sozialen Orientierung' (neg.: soziale Abhängigkeit) bei Frauen gegenüber der dem männlichen Stereotyp entsprechenden ‚sozialen Unabhängigkeit' etablierte Vorstellungen von psychischer Gesundheit und Reife ins Wanken gebracht, indem die Gesundheitsindikatoren Unabhängigkeit und Kontrolle als Bestandteil eines „männlichen" Entwicklungsmodells identifiziert wurden.

In dieser Argumentation, die Beziehungsqualitäten gegenüber bis dato als überlegenen Durchsetzungsqualitäten unterstreicht, wird auch eine geringere Leistungsfähigkeit vieler Organisationen mit dem Versäumnis der Integration „weiblicher Seinsweisen" begründet. So werden neue Führungsmodelle angeboten, in denen relationale und instrumentelle Aspekte, Kooperation und Wettbewerb ausbalanciert werden sollen; das produktive Zusammenspiel „weiblicher" und „männlicher" Anteile – Androgynität – soll das persönliche und berufliche Wachstum fördern.

39.3 Probleme für Frauen in qualifizierten Positionen

In heutigen Organisationen ist diese Balance selten erreicht: „männliche" Werte dominieren. Ideale Managementstrukturen korrespondieren eng mit dem Stereotyp der Rationalität, der instrumentellen Orientierung, der Berufsverbundenheit, der emotionalen Kontrolle usw. Innerhalb dieses Kontext wird das gleiche Verhalten offenbar anders bewertet, je nachdem, ob es von einer Frau oder einem Mann gezeigt wird: Frauen, die sich den genannten Merkmalen anpassen, gelten als unweiblich, aggressiv, kalt und arrogant; diejenigen aber, die ihr weibliches Image aufrechterhalten, laufen Gefahr, nicht ernst genommen oder aber in Positionen abgedrängt zu werden, in denen ihre angeblichen Stärken – Charme, Verbindlichkeit, Detailfreude, Gabe zum Assistieren usw. – zur Geltung kommen. Frauen müssen in einem solchen Arbeitskontext eine Gratwanderung vollziehen zwischen Anpassung (um den Preis der Isolation oder innerer Spannungen und Konflikte) und Identitätserhaltung (mit dem Risiko, für o. g. Typisierungen zu viele Angriffsflächen zu bieten). So verwundert es nicht, daß gerade die besonders Erfolgreichen unter Selbstwertproblemen und Identitätskrisen leiden.

Diese soziale Situation begünstigt ebenso wie bestimmte Arbeitsbedingungen das Entstehen von Belastungskonstellationen, die – bei zunehmender Partizipation von Frauen am Erwerbsleben – ihr Risiko für sog. „Streßkrankheiten" (wie z. B. koronare Herzerkrankungen) erhöhen und dem der Männer annähern. Es wird daher in verschiedenen Variationen immer wieder die Frage aufgeworfen, ob Frauen zuviel verlangen, wenn sie alles wollen: Familie *und* Beruf oder gar Karriere. Die Integration beider Bereiche wird in der stark von Vorurteilen geprägten Debatte dabei keineswegs als in der Verantwortung *beider* Partner oder Elternteile liegend gesehen: die Forschung zeigt entsprechend „daß selbst in Familien, in denen beide Partner voll erwerbstätig sind, Frauen die Hauptverantwortung für Haushalt und Kindererziehung überlassen bleibt. Gleichzeitig müssen sie im Berufsleben mit Personen (i. d. R. Männern) konkurrieren, die sich – auf dieser Basis – verhalten können, als hätten sie überhaupt keine Familie. Die Arbeits- und Organisationspsychologie kann Arbeitsteilung im Beruf – einschließlich der Unterschiede und Gemeinsamkeiten von Männern und Frauen – nicht adäquat fassen, solange diese Rahmenbedingungen nicht einbezogen werden.

39.4 Angst vor Erfolg als Hindernis?

Ein letzter Gesichtspunkt soll nicht unerwähnt bleiben: es wird häufig behauptet, Frauen „hielten sich zurück", nähmen Aufstiegschancen von sich aus nicht wahr. Hierfür werden verschiedenste Erklärungen angeboten, vom „Angst-vor-Erfolg-Motiv" über mangelnde Karriereplanung, Naivität gegenüber betrieblichen Strukturen bis hin zu fehlender Berufsbezogenheit überhaupt. Ein solches Verhalten – sollte es tatsächlich spezifisch für Frauen sein (was u. E. nicht belegt ist) – wäre indes durchaus verständlich: Die Fähigkeiten von Frauen werden häufig unterschätzt. Frauen werden in der Arbeitswelt als „Unsicherheitsfaktoren" betrachtet, als Quelle von Problemen, die es zu minimieren und zu kontrollieren gilt. „Angst vor Erfolg" beispielsweise wäre auf diesem Hintergrund denn auch theoretisch nicht als defizitäres Selbstkonzept im leistungsthematischen Bereich anzusehen, sondern vielmehr als realistische Antizipation der Nachteile und Sanktionen, die Frauen erfahren, wenn sie tatsächlich in Männerdomänen vordringen und dort womöglich hohe Leistungen zeigen (vgl. Schmerl, 1982).

So erscheint es berechtigt, wenn Frauen Bedenken hegen, ob der berufliche Aufstieg in einer ihnen und ihren Perspektiven in vieler Hinsicht antagonistisch gegenüberstehenden Arbeitswelt ihnen nur zum Wohle gereicht; in die Waagschale geworfen werden dabei Faktoren wie Gesundheit und Persönlichkeitsentwicklung (die eher eine Orientierung an Arbeits*inhalten* als am formalen Status erfordern), eine ausgewogene Lebensführung, die Raum auch für andere Verpflichtungen und Beziehungen läßt und möglicherweise Elternschaft einschließt, sowie letztlich auch die Suche nach Arbeitsformen, die es erlauben, Macht mit anderen statt *über* andere auszuüben.

39.5 Neue Wege

Viele qualifizierte Frauen suchen daher neue, „weiblichere" Wege des Arbeitens und alternative Organisationsformen, die flexiblere Bedingungen, eine bessere Anpassung an die wechselnden Bedürfnisse der Arbeitenden sowie eine Minimierung formaler Rollen bieten. In Fallstudien deuten sich entsprechende Perspektiven an.

Um die sich damit eröffnenden Lebenschancen für Frauen und Männer angemessen einschätzen zu können, müssen die den Forschungsarbeiten über Frauen im Beruf zugrundeliegenden Wertvorstellungen einer kritischen Prüfung unterzogen werden. Es kann nicht allein darum gehen, daß Frauen im Beruf mit den Männern „gleichziehen". „Weiblichen" Sichtweisen, Werten und Perspektiven in der Arbeitswelt mehr Gewicht beizumessen bedeutet zugleich, einen „Nachholbedarf" der Männer in dieser Hinsicht zu benennen. Damit steht die gesamte Struktur der Arbeitswelt einschließlich der geschlechtstypischen Arbeitsteilung innerhalb und außerhalb des Erwerbslebens zur Debatte.

Literatur

Eichenbaum, L. & Orbach, S. (1982). Outside In ... Inside Out. Harmondsworth: Penguin.
Gilligan, C. (1982). In a different voice: Psychological theory and women's development. Harvard University Press.
Kanter, R. M. (1977). Men and women of the coporation. New York: Basic Books.
Marshall, J. (1984). Women managers. Travellers in a male world. Chichester: Wiley.
Mohr, G., Rummel, M. & Rückert, D. (Hg.) (1982). Frauen – Psychologische Beiträge zur Arbeits- und Lebenssituation. München: Urban & Schwarzenberg.
Resch, M. & Rummel, M. (1986). Von allem die Hälfte. Frauen im Beruf. Köln: Bund-Verlag.
Rummel, M. (1982). Frauenarbeit – Merkmale, Auswirkungen. In G. Mohr, M. Rummel & D. Rückert (Hg.): Frauen – Psychologische Beiträge zur Arbeits- und Lebenssituation. München: Urban & Schwarzenberg.
Schmerl, C. (1982). Einige Gedanken zur Sozialisation von Frauen. In G. Mohr, M. Rummel & D. Rückert (Hg.): Frauen – Psychologische Beiträge zur Arbeits- und Lebenssituation (S. 20–37). München: Urban & Schwarzenberg.

Judi Marshall, Großbritannien, und
Martina Rummel, Bundesrepublik Deutschland

40. Freizeit und Familie

Implizit behandeln Ansätze zur beruflichen Sozialisation (→ *berufliche Sozialisation*) und streßtheoretische Ansätze (→ *Stress*) den Zusammenhang zwischen Arbeit, Freizeit und Familie: Innerhalb dieser Forschungsbereiche werden kognitive und emotionale Folgen der Arbeitstätigkeit sowie Folgen hinsichtlich des Verhaltens der Beschäftigten thematisiert. Mit den genannten Folgen dürften Auswirkungen auf Freizeit und Familie verbunden sein. In den entsprechenden Studien werden diese jedoch weitgehend ausgeklammert. Studien, die sich mit den Auswirkungen der Arbeit auf Freizeit und Familie befassen, nehmen in der Regel wenig Bezug zu den genannten Ansätzen, sondern stellen verschiedene Freizeit-*modelle* einander gegenüber.

40.1 Freizeitmodelle

In den Freizeitmodellen wird jeweils alternativ eine der folgenden Beziehungen zwischen Arbeit und Freizeit hervorgehoben: Generalisation, Kompensation, Unabhängigkeit. Es wird davon ausgegangen, daß diese Modelle den Zusammenhang Arbeit – Freizeit hinsichtlich unterschiedlichster Merkmale wie Verhalten oder Einstellung beschreiben (vgl. Ulich & Ulich, 1977).

a) Das *Generalisationsmodell* beinhaltet, daß durch die Arbeitstätigkeit psychische Merkmale wie z. B. Einstellungen oder Kompetenzen entwickelt werden, die auch außerhalb der Arbeit, in Freizeit und Familie bestehen. Das Modell beschäftigt sich also auch mit den langfristigen Folgen der Arbeit auf die Beschäftigten, die im Rahmen von Ansätzen zur beruflichen Sozialisation und von streßtheoretischen Ansätzen untersucht werden (Bamberg, 1986). Unterschiedliche Aspekte der Generalisation sind zu unterscheiden: (1) Freizeitaktivitäten sind eine Fortführung der Arbeitstätigkeit – z. B., wenn soziale Kontakte mit Arbeitskollegen in der Freizeit fortgesetzt werden (Salaman, 1984); (2) psychische Prozesse weisen innerhalb und außerhalb des Betriebs ähnliche Merkmale auf – z. B., wenn soziale Interaktionen bei der Arbeit mit sozialen Aktivitäten in der Freizeit verbunden sind (Meissner, 1971); (3) gegenüber Arbeit und Freizeit bestehen ähnliche Einstellungen – z. B., wenn Arbeitszufriedenheit mit Freizeitzufriedenheit verbunden ist (Orpen, 1978).

b) Das *Kompensationsmodell* basiert auf der Annahme, daß die Freizeit davon abhängig ist, inwieweit Bedürfnisse bei der Arbeit befriedigt werden können. In der Freizeit wird versucht, einen Ausgleich gegenüber der Arbeit zu schaffen. Dabei kann es sich um Kompensation von fehlenden, aber erwünschten Arbeitserfahrungen oder um Kompensation von Negativerfahrungen handeln (Kando & Summers, 1971). Auf Kompensation wird z. B. dann geschlossen, wenn geringe Arbeitszufriedenheit mit einer hohen Bedeutung der Freizeit verbunden ist (Spreitzer et al., 1974). Streßtheoretisch läßt sich Kompensation als Bewältigungsverhalten interpretieren: Freizeitverhalten dient demnach dazu, Arbeitsbelastungen zu bewältigen und negative Folgen von Arbeitsbelastungen zu reduzieren (Bamberg, 1986).

c) Das *Unabhängigkeitsmodell* (Fröhlich, 1978) beinhaltet, daß Arbeit und Freizeit zwei voneinander unabhängige Lebensbereiche sind, daß also zwischen Merkmalen der Arbeit und Merkmalen der Freizeit kein Zusammenhang besteht.

Ein Großteil der Vertreter der Modelle betrachtet nun „sein" Modell – und nur dieses – als denjenigen Ansatz, der den Zusammenhang zwischen Arbeit und Freizeit am adäquatesten beschreibt. Eine empirische Überprüfung der Modelle steht jedoch weitgehend aus: In den Untersuchungen zu diesem Themengebiet wird häufig ein signifikant positiver Korrelationswert zwischen den entsprechenden Arbeits- und Freizeitmerkmalen als Generalisation und ein negativer Wert als Kompensation interpretiert. Aus nichtsignifikanten Korrelationswerten wird auf Unabhängigkeit geschlossen. Diese Vorgehensweise scheint zwar plausibel, ist aber nicht aus den Freizeitmodellen abgeleitet. Darüber hinaus wurden bisherige Untersuchungen, bis auf wenige Ausnahmen (Karasek, 1978, Orpen, 1978), nur im Querschnittsdesign durchgeführt. Kausale Effekte sind damit jedoch nicht nachweisbar. Es kann also allenfalls geprüft werden, inwieweit Modelle und Untersuchungsergebnisse vereinbar sind. Eine Bestätigung der Freizeitmodelle steht bislang noch aus.

Der umfassende Erklärungsanspruch der Modelle ist auch aus theoretischen Gründen zu kritisieren: Zwischen den Lebensbereichen Arbeit, Freizeit und Familie dürften verschiedene, sehr unterschiedliche Beziehungen bestehen. Drei Aspekte sind dabei besonders hervorzuheben:

a) Unterschiedliche Beziehungen der Arbeit und der Freizeit sind je nach untersuchtem Merkmal zu erwarten.

b) Der Zusammenhang zwischen Arbeit und Freizeit ist abhängig von der Ausprägung der entsprechenden Arbeits- und Freizeitmerkmale: Es ist anzunehmen, daß eine Diskrepanz zwischen Arbeitsanforderungen und Kapazitäten des Individuums eine Voraussetzung dafür ist, daß Effekte der Arbeit auf die Freizeit bestehen. Diese Diskrepanz kann sowohl Lern- und Entwicklungsmöglichkeiten als auch Belastungsquellen bieten.

c) Die Frage, inwieweit Folgen der Arbeit auf den außerbetrieblichen Bereich bestehen und inwieweit Freizeit und Familie Auswirkungen auf die Arbeitstätigkeit haben, wird häufig alternativ diskutiert. Anzunehmen ist, daß die oben beschriebenen generalisierenden oder kompensierenden Effekte beide Richtungen des Zusammenhangs zwischen Arbeit und Freizeit betreffen (Hoff, 1986).

40.2 Effekte der Arbeit

Die Beziehung zwischen Arbeit und Freizeit läßt sich somit durch eines der bislang formulierten Modelle nicht beschreiben. Von den Freizeitmodellen ausgehend lassen sich aber stattdessen verschiedene einander ergänzende Effekte unterscheiden (Karasek, 1978), die näher zu spezifizieren sind. Auch aufgrund von Studien zur beruflichen Sozialisation und von streßtheoretischen Ansätzen ergeben sich Hinweise auf generalisierende und auf kompensierende Effekte.

Generalisierende Effekte sind vor allem dann zu erwarten, wenn Arbeitsbedingungen und Arbeitstätigkeit die Möglichkeit der Aneignung oder Weiterentwicklung von Kompetenzen oder Einstellungen bieten. Bei generalisierenden Effekten dürften also vor allem Arbeitsinhalte, Handlungsspielräume und mit der Arbeit verbundene Werte von Bedeutung sein. *Kompensierende Effekte* zwischen Arbeit und Freizeit sind demgegenüber von den Belastungen in diesen Lebensbereichen abhängig. Dabei ist bislang weitgehend offen, wie, d. h. durch welche psychischen Prozesse, kompensiert wird.

Die Beziehungen zwischen Arbeit, Freizeit und Familie sind damit weitreichender, als es auf den ersten Blick erscheint (Bamberg, 1986): Wenn generalisierende und kompensierende Effekte der Arbeit auf psychische Prozesse in Freizeit und Familie bestehen, so ist damit eine bedeutsame Quelle außerbetrieblicher Belastungen gegeben: Diese außerbetrieblichen Belastungen entstehen dann, wenn die generalisierenden und/oder kompensierenden Effekte der Arbeit zu psychischen Prozessen führen, die den Anforderungen von Freizeit und Familie nicht gerecht werden. Dies kann zu einem für die Betroffenen fatalen Aufschaukelungsprozeß führen: Belastungen bei der Arbeit haben inadäquate psychische Prozesse zur Folge, die ihrerseits zur Belastung werden. Freizeit und Familie werden nicht von Erholung, sondern von Belastungen bestimmt, die ihrerseits wieder Rückwirkungen auf das Arbeitsleben haben können (vgl. Cooke & Rousseau, 1984).

Die Auswirkungen der Arbeit betreffen nicht nur die Beschäftigten, sondern auch deren *Familienangehörige*. Vor diesem Hintergrund ist es nicht verwunderlich, wenn in Untersuchungen Zusammenhänge zwischen der Arbeitstätigkeit des Ehemannes und dem Befinden der Ehefrau festgestellt werden (Burke, Weir & DuWors, 1980). Wenn die Folgen der Arbeit sich auch auf die Familienmitglieder beziehen, dann ist damit eine der wichtigsten Möglichkeiten der Streßreduktion eingeschränkt: *soziale Unterstützung* (→ *soziale Unterstützung*). Der sozialen Unterstützung durch enge Bezugspersonen (z. B. durch den Ehemann oder die Ehefrau) kommt eine besondere Bedeutung zu. Die soziale Unterstützung, die ein Beschäftigter erhält, dürfte ganz wesentlich von dessen Verhalten und damit auch von seinen Arbeitsbedingungen bestimmt sein.

Die dargestellten Überlegungen verweisen darauf, daß Beschäftigte, die besonders negativen Arbeitsbedingungen ausgesetzt sind, in mehrfacher Weise benachteiligt sind: Neben Belastungen am Arbeitsplatz haben sie auch in der Freizeit geringere Chancen, sich zu erholen. Sie sind stattdessen auch in diesem Lebensbereich Belastungen ausgesetzt. Auch besteht die Gefahr, daß bei dieser Personengruppe eine wichtige Ressource für den Umgang mit Streß, nämlich soziale Unterstützung, reduziert ist.

Literatur

Bamberg, E. (1986). Arbeit und Freizeit. Eine empirische Untersuchung zum Zusammenhang zwischen Streß am Arbeitsplatz, Freizeit und Familie. Weinheim: Beltz.
Burke, R. J., Weir, T. & DuWors, E. (1980). Work demands on administrators and spouse well-being. Human Relations, 33, 253–278.
Cooke, R. A. & Rousseau, D. M. (1984). Stress and strain from family roles and work-role expectations. Journal of Applied Psychology, 69, 252–260.
Fröhlich, D. (1978). Innerbetriebliche Arbeitssituation und Teilnahme an freiwilligen Vereinigungen. Zeitschrift für Soziologie, 7, 56–71.
Hoff, E. H. (1986). Arbeit, Freizeit und Persönlichkeit. Bern: Huber.
Kando, T. & Summers, W. (1971). The impact of work on leisure. Pacific Sociological Review, 14, 310–327.
Kaplan, M. (1975). Leisure: theory and policy. New York: Wiley.
Karasek, R. A. (1978). Job socialization: A longitudinal study of work, political and leisure activity. Swedish Institute for Social Research.
Meissner, M. (1971). The long arm of the job. A study of work and leisure. Industrial Relations, 10, 239–260.
Orpen, Ch. (1978). Work and nonwork satisfaction: A causal correlational analysis. Journal of Applied Psychology, 63, 532–534.
Salaman, G (1974). Community and occupation: An exploration of work-leisure relationships. Cambridge: Cambridge University Press.
Spreitzer, E., Snyder, D. & Larson, D. (1974). Age, education, and occupation as correlates of the meaning of leisure. Psychological reports, 35, 1105–1106.
Ulich, E. & Ulich, H. (1977). Über einige Zusammenhänge zwischen Arbeitsgestaltung und Freizeitverhalten. In T. Leuenberger & K. H. Ruffmann (Hg.): Bürokratie (S. 209–227). Bern: P. Lang.

Eva Bamberg,
Bundesrepublik Deutschland

41. Führungsprozesse

41.1 Einleitung

Führung wird in den meisten Arbeiten zur Arbeits- und Organisationspsychologie recht eng behandelt. Wir fassen diese Betrachtungsweise hier zusammen, um einerseits aufzuzeigen, was sie leisten kann und um andererseits einen Kontext für eine Rahmentheorie, die in diesem Beitrag dargelegt wird, herzustellen. Diese Rahmentheorie ist als radikale Abkehr von der vorherrschenden Forschungstradition zu verstehen, da sie:
a) Führungsprozesse anstelle von Führern in den Mittelpunkt stellt,
b) diese Führungsprozesse als wechselseitige Prozesse von Kognitionen und sozialen wie politischen Handlungen diskutiert,
c) explizite Verbindungen zwischen Führung und Organisation herstellt und
d) Fertigkeiten als ein integrierendes Konzept herausstellt.

41.2 Überblick über herkömmliche Ansätze

Führung wurde lange Zeit als eine persönliche Eigenschaft betrachtet, die Führer von Nicht-Führern unterscheidet oder als ein bestimmtes Verhalten gegenüber anderen Personen. Üblicherweise wurde nur eine einzige Person in einem bestimmten Kontext als Führer gesehen. Weiterhin wurde allgemein angenommen, dieser eine Führer hätte ein Manager zu sein, der dazu bestimmt ist, für eine Gruppe von untergeordneten Personen verantwortlich zu sein. Führung in diesem Sinne wurde üblicherweise als unabhängige Variable für die Gruppenleistung betrachtet, wobei die Führungseffektivität beispielsweise über die Gruppenproduktivität oder die Qualität der Gruppenentscheidung gemessen wurde.

Andere unabhängige Variablen wurden häufig aus den zahlreichen Konstrukten zur Beschreibung von Kleingruppen herangezogen: etwa Eigenschaften von Gruppenmitgliedern, Stil, Atmosphäre oder Aufgabe. Zudem wurde Führung weitgehend als ein Phänomen innerhalb von Gruppen diskutiert, der organisationalen Umgebung hingegen wenig Aufmerksamkeit geschenkt.

Dieser Ansatz wird seit beträchtlicher Zeit kritisiert, nicht zuletzt deshalb, weil sich Führung nicht als bedeutender und zuverlässiger Prädiktor für Gruppenleistung (→ *Arbeitsgruppe*) erwies. Einigen Autoren zufolge ist es besonders wichtig, Führung in einen umfassenderen organisationalen Rahmen zu stellen. Dazu ist eine Rahmentheorie oder eine Organisationstheorie erforderlich, die eine ernsthafte Diskussion über Führungsprozesse, Eigenschaften der Organisation und Verbindungen zwischen diesen beiden Aspekten ermöglicht. Eine solche Rahmentheorie müßte, als Mindestanforderung, so aufgebaut sein, daß Führung und Organisation in vergleichbaren Termini diskutiert werden.

In der Organisationsforschung wurden lange Zeit organisationale Bedingungen wie Struktur, Größe usw. akzentuiert (→ *Organisation*). Dieser Schwerpunkt entstand zu Lasten einer Ausrichtung der Aufmerksamkeit auf das, was hier „Organisieren" genannt wird (Hosking & Morley, im Druck). Organisieren bezieht sich, grob gesagt, auf Prozesse der sozialen Interaktion, des sozialen Einflusses und der sozialen Wahrnehmung. Auch wenn diese Prozesse im Zentrum der Aufmerksamkeit standen, haben nur wenige Forscher die Fähigkeiten von Personen zu intelligenten, sozialen Handlungen und damit zu einer mehr oder weniger ausgeprägten sozialen Kompetenz ernsthaft in Betracht gezogen. Diese Entwicklung führte dazu, daß die vorherrschende Sichtweise in der Organisationsforschung keinen Platz für den Prozeß, der hier Führung genannt wird, bot.

41.3 Führer, Führung und Organisieren

Führungsprozesse können am fruchtbarsten im Kontext des Organisierens und nicht im Kontext einer Organisation betrachtet werden. Organisieren konstituiert eine „politische" Handlung, die in Beziehung zu vier Kernproblemen steht. Es handelt sich hier um Probleme der sozialen Ordnung, die – mehr oder weniger sozial geteilt – reflektiert werden, indem sie widerspiegeln, was a) wichtig ist, was man b) – falls überhaupt – tun kann, c) wie man seine Vorstellungen in Handlungen umsetzen kann und d) mittels welcher Handlungen diese Vorstellungen durchzuführen sind. Die kognitiven und sozialen Prozesse sind sowohl innerhalb als auch zwischen Gruppen „politisch", da:

1. verschiedene Leute unterschiedliche Werte und/oder Vorstellungen haben, für die sie Unterstützung suchen,
2. sie sich durch Ressourcen unterscheiden, die sie erzeugen und/oder mobilisieren können, um für ihre konkurrierenden Forderungen Unterstützung zu finden und daraus folgend,
3. üblicherweise eine Minderheit einen übermäßig hohen Status und dadurch auch hohen Einfluß auf diese Vorstellungen und die damit verbundenen Handlungen erreicht.

Organisieren in diesem Sinne kann durch eine Mehrheit oder Minderheit der Teilnehmer beeinflußt werden, dabei kann Einfluß durch eine Vielzahl von Mitteln erlangt werden. *Führung stellt eine besondere Art von Organisieren dar.* Führungsprozesse sind Prozesse, bei denen zwei oder mehr Teilnehmer verhandeln und zu erneuten Verhandlungen und übereinstimmenden Lösungen von Kernproblemen zusammentreffen, z. B. kommen sie zu Übereinkünften über das, was wichtig ist, zu Übereinkünften über zu verfolgende Möglichkeiten und zu mobilisierende Ressourcen. Als *Führer* werden hier die Personen definiert, die durchgängig einen effektiven Einfluß auf die Definition und Lösung von Kernproblemen ausüben, sowohl auf Auffassungen als auch auf Handlungen. Diese Verhaltensweisen werden entsprechend auch von ihnen erwartet. Führer können, müssen aber nicht ein offizielles entsprechendes Amt bekleiden; es können eine oder mehrere Personen Beiträge dieser Art leisten.

Ein zentrales Merkmal von Führungsprozessen ist das *Verhandeln*. Das führt dazu, daß Versuche der Einflußnahme in Konkurrenz zu den Bemühungen anderer Personen durchgesetzt werden müssen, die andere Auffassungen zu den Kernproblemen vertreten. Wie an anderer Stelle erläutert wurde, ist das Bedürfnis, einen akzeptablen sozialen Einfluß zu erreichen, charakteristischer für das Organisieren als häufig angenommen wird: Ein minimales Niveau an Kooperation und Konsens ist wesentlich für die Stabilität der sozialen Ordnung. Aus diesen Gründen ist Führung im weitesten Sinne auf lange Sicht das geschickteste Mittel des Organisierens.

41.4 Eine Rahmentheorie zur Analyse von Führungsfähigkeiten

Führung wurde als eine besondere Art des Organisierens beschrieben, als eine Art, die durch Verhandlung und akzeptable soziale Einflußnahme gekennzeichnet ist. Führung findet sich a) in dem Aufbau von Netzwerken, d. h. in Prozessen, die den Aufbau und die Mobilisierung von b) Wissensgrundlagen und anderen Ressourcen betreffen, um z. B. c) mit den vier Kernproblemen der sozialen Ordnung mehr oder minder effektiv umzugehen. Fähigkeit offenbart sich im Ausmaß der Effektivität dieser Prozesse beim d) Schutz und bei der Förderung der wechselseitig abhängigen Werte und Interessen der Beteiligten (Hosking & Morley, im Druck). Diese vier Elemente stehen miteinander in Beziehung und werden im folgenden kurz dargestellt.

41.5 Netzwerke aufbauen, Kernprobleme und Fähigkeit

Die sprachliche Auseinandersetzung mit dem Aufbau sozialer Netzwerke hat seit langem Mittel bereitgestellt, um Systeme sozialer Beziehungen zu beschreiben – Beziehungen, die im Laufe der Zeit ein Muster oder eine Ordnung zeigen. Diese Beziehungen können anhand der Art beschrieben werden, wie sie gebildet werden, den Werten, Kenntnissen und Ressourcen, die geteilt und ausgetauscht werden und anhand der Grundlagen für akzeptable Einflußnahmen, usw. Die Terminologie zum Aufbau sozialer Netzwerke kann benutzt werden, um die mehr oder weniger strategischen Prozesse des Aufbaus und der Mobilisierung dieser Beziehungen zu beschreiben. Untersuchungen haben gezeigt, daß sich die Mitglieder einer Organisation in ihren Aktivitäten zum Aufbau sozialer Netzwerke unterscheiden (z. B. Grieco & Hosking, 1987). Es wird argumentiert, daß die Personen, die beim Aufbau sozialer Netzwerke aktiv sind, eher in der Lage sind, ihre Kenntnisse zu erweitern und einen konsistenten, effektiven und akzeptablen Einfluß auf die Kernprobleme ihrer Gruppe zu erhalten. Aus diesen Gründen erhöhen und fördern sie eher den Schutz ihrer Gruppenwerte und Interessen.

Diese Personen werden hier als diejenigen definiert, die die bedeutendsten Beiträge zu Führungsprozessen leisten.

41.6 Wissensgrundlagen, Ressourcen und Fähigkeit

Durch Netzwerke werden Beziehungen aufgebaut, die das Verstehen und das Handeln hinsichtlich der Kernprobleme erleichtern. Dafür gibt es mindestens vier Gründe.

a) Gefährdungen und Möglichkeiten
Geschickte Führung hängt von der „richtigen" Definition der Situation ab, d. h. von einer gekonnten Wahrnehmung der Situation. Personen, die aktiver bei dem Aufbau von Netzwerken sind, haben eher organisiertes Wissen über ihre Umgebung und wie man darin arbeitet. Dieses Wissen kommt daher, daß sie z. B. in der Lage sind, Dinge vom Standpunkt unterschiedlicher Interessensgruppen aus zu betrachten, die Reaktionen auf unterschiedliche Argumentations- und Handlungsweisen zu antizipieren und daher zu wissen, welche Art von Unterstützung oder Opposition zu erwarten ist. Sie können ebenfalls besser überzeugende und motivierende Beschreibungen von Gefahren und Möglichkeiten liefern und angemessene Handlungen initiieren.

b) Anderes Wissen und Ressourcen
Eine Menge technischen Wissens, z. B. über Kunden, mögliche Interessengruppen und Technologien ist notwendig, um einen effektiven Einfluß auf die Kernprobleme zu bekommen. Dieses Wissen wird in einem gewissen Ausmaß durch den Aufbau sozialer Netzwerke erworben, es wird auch durch den Aufbau von sozialen Netzwerken für Einflußnahmen innerhalb und zwischen Gruppen mobilisiert.

c) Kapazitäten und Anforderungen
Jeder Mensch hat eine begrenzte Kapazität zur Durchführung mentaler Tätigkeiten und daher auch für den Umgang mit den beschriebenen Kernproblemen. Fähige Organisatoren kennen diese Grenzen und wissen mit ihnen umzugehen. Z. B. gibt es Belege für die Wichtigkeit von Hilfsmaßnahmen in Projektgruppen, von Verzögerungstaktiken in Verhandlungen oder der Ausnutzung von Streß, um Einigkeit in Gruppen zu erzielen, die politische Mehrheitsentscheidungen treffen (Morley & Hosking, 1984). Grob gesagt, strukturieren fähige Organisatoren soziale und kognitive Prozesse, um dazu beizutragen, andere zu verstehen und um angemessen zu handeln (Hosking & Morley, in Druck).

d) Dilemmata
Sie sind grundlegend für das Verständnis des Organisierens und daher für das Verständnis von Fähigkeiten. Dilemmata stehen für Wahlen zwischen konfligie-

renden Werten und den zugehörigen Handlungen. Sie haben eine besondere Bedeutung für Führungsprozesse, da Führer das Risiko eingehen, die Befriedigung bestimmter wichtiger Werte zu versäumen und daher Beziehungen zu zerstören, in denen ihr Einfluß anerkannt ist. Dilemmata sind häufig offensichtlich, z. B. bei Wahlen, die die Zuweisung begrenzter Ressourcen wie Aufmerksamkeit betreffen, sowie bei der Gewichtung von Langzeit- und Kurzzeitbetrachtungen (Kotter, 1982; Braun & Hosking, 1986). Eine geschickte Behandlung von Dilemmata scheint darin zu liegen, neue Wege für die Erzeugung oder Mobilisierung von Ressourcen zu finden (den verfügbaren Bestand auszudehnen) und mit den beteiligten Parteien zu verhandeln.

41.7 Zusammenfassung und Schlußbemerkung

Zum Schluß soll die Aufmerksamkeit auf die Rückkehr zu der zentralen Rolle von Werten in Organisationen gerichtet werden und auf die Rolle, die Führer bei ihrem Aufbau spielen (z. B. Bennis & Nanus, 1985). Es ist zu hoffen, daß sich die so verstandene Forschung weiter von den traditionellen Kontingenz-Theorien fortbewegt, um die untereinander verbundenen kognitiven, sozialen und politischen Führungsprozesse in den Mittelpunkt zu stellen. Die hier dargestellte Rahmentheorie zeigt einen Weg auf, um dieses Ziel zu erreichen.

* Die Autorin dankt Professor Leon Mann für seine Kritik an einer früheren Version dieses Textes.

Literatur

Bennis, W. & Nanus, B. (1985). Leaders: The strategies for taking charge. New York: Harper & Row.
Brown, M. H. & Hosking, D. M. (1986). Distributed leadership and skilled performance as successful organisation in social movements. Human Relations, 39 (1), 65–79.
Bryman, A. (1986). Leadership and organizations. London: Routledge & Kegan Paul.
Grieco, M. S. & Hosking, D. M. (1987). Networking, exchange, and skill. International Studies of Management and Organisation, 17 (1), 75–87.
Hosking, D. M. & Morley, I. E. The skills of leadership. In J. G. Hunt et al.: Emerging leadership Vistas. Lexington, MA.: Lexington Press. (in press).
Kotter, J. P. (1982). The general managers. London: Collier Macmillan.
Morley, I. E. & Hosking, D. M. (1984). Decision making and negotiation: Leadership and social skills. In: M. Gruneberg & T. Wall (Eds.): Social psychology and organizational behavior. Chichester: Wiley.
Morley, I. E. & Hosking, D. M. (1986). The skills of leadership. In G. Debus & H.-W. Schroiff (Eds.): The psychology of work and organisation. North Holland: Elsevier.
Sayles, L. (1979). Leadership: What effective managers do ... and how they do it. New York: McGraw Hill.

*Dian Marie Hosking,
Großbritannien*

42. Handlungspsychologische Arbeitsanalyseverfahren „VERA" und „RHIA"

Die beiden Arbeitsanalyseverfahren VERA (*Verfahren zur Ermittlung von Regulationserfordernissen in der Arbeitstätigkeit*, Volpert et al., 1983) und RHIA (*Regulationshindernisse in der Arbeitstätigkeit*, Leitner et al., 1987) untersuchen und beurteilen den Arbeits*prozeß* an einem Arbeitsplatz unter psychologischen Gesichtspunkten: Im VERA geht es um erforderliche Planungs-, Denk- und Entscheidungsprozesse („Regulationserfordernisse"), im RHIA um die Aufdeckung von psychischen Belastungen („Regulationsbehinderungen").

42.1 Erhebungsmethodik und theoretische Grundlagen

VERA und RHIA sind *bedingungs*bezogene psychologische Arbeitsanalyseverfahren. Im Unterschied zu personbezogenen Verfahren – welche individuelle Arbeitsstile, Einstellungen und Meinungen von Arbeitenden erfassen – geht es hier um *überindividuell gültige* psychische Prozesse bei der Ausführung der Arbeitstätigkeit (zur bedingungs- vs. personbezogenen Arbeitsanalyse vgl. Oesterreich & Volpert, 1986). Diese – Psychologen mitunter überraschend erscheinende – *psychologische* Untersuchung von Arbeits*bedingungen* (und nicht von arbeitenden Personen) ist in der betrieblichen Praxis nur für solche Arbeitsaufgaben möglich, für die es bereits „hinreichend geübte" (d. h. vollständig angelernte) Arbeitende gibt, die bei der Verfahrensanwendung beobachtet und befragt werden können. Der Untersucher hat dabei zu beachten, welche psychischen Prozesse bei der Ausführung der Arbeitstätigkeit erforderlich sind, und er muß versuchen, von individuellen Besonderheiten der arbeitenden Person zu abstrahieren. Damit ermöglichen die Verfahren sowohl Vergleiche zwischen verschiedenen Arbeitstätigkeiten als auch die Untersuchung von (z. B. durch technische Umstellungen bedingten) Veränderungen einer Arbeitstätigkeit – und zwar auch dann, wenn jeweils unterschiedliche Personen beobachtet und befragt werden.

Das erhebungsmethodische Vorgehen wird als „Beobachtungsinterview" bezeichnet. Der Untersucher beobachtet direkt am Arbeitsplatz die Arbeitstätigkeit und befragt die Arbeitenden dazu. Er muß den dort ablaufenden Arbeits*prozeß* verstehen – hat also nicht lediglich einfache Merkmale zu erheben und einzustufen. Hierzu werden Anleitungen gegeben: Es wird vorausgesetzt, daß der Untersucher sich die im *Handbuch* erläuterten theoretischen Grundlagen des Verfahrens erarbeitet hat. Im *Manual* werden dem Untersucher von *ihm* (und nicht von dem Arbeitenden) zu beantwortende Fragen vorgegeben. In freier Beobachtung und Befragung muß sich der Untersucher alle Informationen verschaffen, die ihm die Beantwortung der vorgegebenen Fragen – überwiegend mit standardisierten Antwortkategorien – erlauben. Diese Fragen sind nicht unabhängig voneinander, und ihre Reihenfolge ist nicht beliebig: sie bauen aufeinander auf und sind untereinander vernetzt. Sie betreffen im Modell der *Handlungsregulationstheorie* formulierte Prozeßmerkmale.

Dieses allgemeine psychologische Modell beschreibt zunächst unbehindertes bzw. „vollständiges" Handeln mit selbständigen Zielsetzungen (vgl. Volpert, 1986; → *vollständige vs. unvollständige Arbeitstätigkeiten*). Vor diesem Hintergrund geht es dann in der psychologischen Arbeitsanalyse um die Frage, in welchem Ausmaß die vorgefundene Arbeitstätigkeit nur unvollständiges Handeln erlaubt (VERA) bzw. inwieweit beim konkreten Arbeitshandeln Hindernisse umgangen werden müssen (RHIA), deren grundsätzliche Beseitigung dem Arbeitenden verwehrt ist. Solche Beschränkungen des selbstverantwortlichen Arbeitshandelns beschreibt Volpert (1975) als „Partialisierung", welche aus der spezifischen Form resultiert, in der die Produktion in unserer Gesellschaft organisiert ist.

Deutliche Handlungsbeschränkungen innerhalb der Arbeit lassen befürchten, daß der Arbeitende auch außerhalb der Arbeit verlernt, erforderliche übergeordnete Entscheidungen zu treffen oder mit Handlungsbehinderungen in angemessener Weise umzugehen (vgl. z. B. Greif, 1978; Kohn, 1985). Ebenso wie z. B. bestimmte elterliche Erziehungsstile entwicklungshemmende Wirkungen haben können, so hat auch der Zwang zu unvollständigem oder behindertem Handeln in der Arbeit sozialisierende Effekte auf die Persönlichkeitsentwicklung. So sieht z. B. Groskurth (1979) die Arbeit als „Schule der Nation" und beschreibt die Arbeitstätigkeit als wesentlichste Sozialisationsinstanz (die auch z. B. Rückwirkungen auf Erziehungsstile hat). Er bedauert, daß die Bedeutung der Arbeitstätigkeit in der traditionellen Psychologie so wenig Beachtung findet.

VERA und RHIA wurden für „gewerbliche" (d. h. Handarbeit enthaltende) Arbeitstätigkeiten in der Industrie entwickelt. Adaptionen für Büroarbeitstätigkeiten sind für VERA und für RHIA in Vorbereitung. Beide Verfahren sind branchenübergreifend einsetzbar, ihre Brauchbarkeit ist also nicht an die Art der hergestellten Produkte oder spezielle Produktionsverfahren gebunden. Sie beziehen sich auf das Arbeitshandeln innerhalb einer gestellten Arbeitsaufgabe und blenden aufgabenübergreifende Gegebenheiten – wie z. B. das „Betriebsklima" – bewußt aus. Wie Oesterreich und Volpert (1986) erläutern, wären zur Untersuchung weiterer Aspekte der Arbeitstätigkeit andere Verfahren heranzuziehen bzw. zu entwickeln.

42.2 VERA

Mit Hilfe des VERA kann untersucht werden, in welchem Ausmaß eine gegebene Arbeitstätigkeit nicht nur die Ausführung einzelner Verrichtungen, sondern auch vorausschauendes Denken und Planen vom Arbeitenden erfordert. Dabei wird auf ein Modell eines umfassenden („vollständigen") Arbeitshandelns Bezug genommen. Das Modell ist eine für das Arbeitshandeln spezifizierte Variante des allgemeinen 5-Ebenen-Modells der Handlungsregulation (Oesterreich, 1981).

Das damit modellierte „vollständige" Arbeitshandeln umfaßt Entscheidungen über die Einrichtung einer neuen Produktion (Ebene 5), die Koordination verschiedener Bereiche (Ebene 4), die Bestimmung von Teilzielen innerhalb eines Bereiches (Ebene 3), die Planung einer Abfolge von Handlungen bis hin zu einem gegebenen (Teil-)Ziel (Ebene 2) und die Ausführung von Operationen bei der Realisierung einer einzelnen Handlung (Ebene 1). Hinsichtlich der zur Aufgabenausführung notwendigen Denk- und Planungsleistungen wird gefragt, inwieweit nicht lediglich psychische Regulationen auf der untersten Ebene, sondern auch auf höheren Ebenen erforderlich sind. Zur weiteren Differenzierung wird im VERA jede der 5 Ebenen noch einmal in zwei Stufen unterteilt, deren jeweils untere („restringierte") Stufe lediglich das gedankliche Nachvollziehen der ebenentypischen Planungsprozesse charakterisiert. Die jeweils obere Stufe ist identisch mit der zugehörigen Ebene. Damit ergibt sich ein „10-Stufen-Modell der Regulationserfordernisse". Mit Hilfe einer bestimmten Abfolge von untereinander vernetzten Fragen wird die untersuchte Arbeitstätigkeit durch die höchste, gerade noch erforderliche „Stufe der Regulationserfordernisse" gekennzeichnet. Je niedriger die ermittelte Stufe, desto unvollständiger ist das erforderte Arbeitshandeln, desto mehr ist es „partialisiert".

Unter Gesichtspunkten der „Sozialisation durch Arbeit" ist es wünschenswert, daß Arbeitstätigkeiten möglichst wenig partialisiert sind. Im VERA werden daher in Abhängigkeit von der ermittelten Stufe an den Untersucher auch Fragen gestellt, die den Erhalt bzw. Möglichkeiten der Erhöhung der Stufe – bei eventuellen Veränderungen der Arbeitstätigkeit durch Umorganisation oder neue technische Einrichtungen – betreffen. Hinsichtlich des zentralen Ergebnisses des VERA, der Stufenbeurteilung, können nach bestimmten Regeln Gruppen von Arbeitstätigkeiten (z. B. in einem Betriebsteil) zusammenfassend beurteilt werden.

Das VERA kann somit nicht nur zur Beurteilung und Gewinnung von Verbesserungsvorschlägen einzelner Arbeitstätigkeiten, sondern auch für die vergleichende Beurteilung größerer Arbeitsstrukturen herangezogen werden. Das VERA erwies sich in erprobenden Untersuchungen an etwa 260 Arbeitsplätzen unterschiedlicher Industriebranchen als branchenübergreifend einsetzbar, wobei sich gute testtheoretische Kennwerte ergaben (Oesterreich, 1984).

42.3 RHIA

Das dem RHIA-Verfahren zugrunde liegende Belastungskonzept basiert auf einem weiteren Aspekt des Partialisierungsbegriffs. Hinsichtlich psychischer Belastungen schlägt sich die Partialisierung des Arbeitshandelns nieder als Widerspruch zwischen betrieblich vorgegebenem Arbeitsergebnis (i. d. R. eine bestimmte Menge von Produkten mit vorgeschriebener Qualität) und den Durchführungsbedingungen für die Arbeitsaufgabe (z. B. Zeit, Werkzeuge, organisatorische Regelungen). Derartige Widersprüche resultieren in mehr oder minder großen „Hindernissen", die sich dem Arbeitenden in den Weg zum Arbeitergebnis stellen. So kommt es z. B. vor, daß Informationen, die ein Arbeitender zur Erreichung des Arbeitsergebnisses benötigt, nicht verfügbar sind, Bedienelemente nicht richtig funktionieren oder es zu laut ist, um die erforderliche Konzentration aufzubringen.

Allgemein sind Regulationsbehinderungen definiert als äußere Arbeitsbedingungen, welche die Erreichung des geforderten Arbeitsergebnisses behindern, ohne daß der Arbeitende die Möglichkeit hat, diese Behinderungen zu beseitigen. Der Widerspruch, trotz Regulationsbehinderung das Arbeitsergebnis (vollständig) zu erreichen, kann also nur durch zusätzlichen Handlungsaufwand des Arbeitenden (größere Anstrengung, zusätzliche Arbeiten, Wiederholung von Arbeitsschritten usw.) aufgelöst werden. Je höher dieser zusätzliche Handlungsaufwand ist und je stärker der Arbeitende bestimmten zeitlichen Bindungen unterliegt, desto größer ist die *aufgabenbezogene* psychische Belastung. Diese ist für alle Arbeitenden, die dieselbe Aufgabe ausführen, identisch. Von Person zu Person unterschiedlich können demgegenüber die negativen Auswirkungen auf die Befindlichkeit und Gesundheit sein. Die Untersuchung solcher Effekte ist eines der Hauptanwendungsfelder von kognitiven Theorien zum → *Streß*.

Mit aufgabenbezogener psychischer Belastung – wie sie mit RHIA erfaßt wird – sind stets beeinträchtigende oder schädigende Arbeitsbedingungen gemeint. Im Gegensatz zum arbeitswissenschaftlichen Konzept – „Belastung – Beanspruchung" (vgl. Rohmert, 1984; → *Belastung und Beanspruchung am Arbeitsplatz*) werden hier nicht alle äußeren Faktoren, die auf den Menschen einwirken, als Belastung bezeichnet, sondern nur solche, die einen ganz bestimmten Effekt, nämlich zusätzlichen („überflüssigen") Handlungsaufwand, haben.

Zur Operationalisierung des hier nur in seinen Grundzügen skizzierten Belastungskonzepts wurde in vierjähriger Forschungsarbeit ein umfangreiches Untersuchungsmanual erarbeitet. Das Verfahren enthält neben einer detaillierten Beschreibung und Beurteilung der Arbeitsaufgabe eine Klassifikation von Behinderungstypen. Unterschieden werden – hinsichtlich direkt wirksamer *Regulationshindernisse* – informatorische und motorische *Erschwerungen* (in zwei bzw. vier Typen weiter untergliedert) sowie drei Typen von *Unterbrechungen* des Handlungsablaufs (durch Pesonen, technische Störungen und Blockierungen, etwa des Materialnachschubs).

Der – neben den *Regulationshindernissen* – zweite Bereich von Behinderungen wird als *Regulationsüberforderungen* bezeichnet. Diese werden nicht aktuell, sondern erst durch ihr längeres Fortbestehen über den Verlauf des Arbeitstages wirksam. Es handelt sich hierbei zum einen um *monotone Arbeitsbedingungen* (→ *Monotonie*). Diese sind gekennzeichnet durch gleichförmige, jedoch nicht vollständig automatisierbare Handlungsabläufe, die vom Arbeitenden ständige Zuwendung von Aufmerksamkeit erfordern. *Zeitdruck* ist der zweite Typ von Regulationsüberforderungen. Je höher der Zeitdruck, desto weniger kann das Arbeitstempo an Leistungsschwankungen regulativer Prozesse angepaßt werden. Unter dem dritten Überforderungstyp werden alle *Umgebungsbedingungen* subsu-

miert, die die Regulationsfähigkeit des Arbeitenden beeinträchtigen könnten. Hierzu zählen etwa Lärm, Hitze, Staub, Dämpfe usw.
Zur Identifizierung der kurz dargestellten Behinderungstypen enthält das Verfahren ausführliche Anleitungen. Neben der Klassifikation ist auch eine Quantifizierung psychischer Belastung möglich (vgl. als kurze Einführung Greiner & Leitner, 1989; Greiner et al., 1987, sowie als Gesamtdarstellung Leitner et al., 1987). Die Überprüfung von RHIA an etwa 400 Arbeitsplätzen aus 12 Industriebranchen ergab gute testtheoretische Kennwerte. RHIA kann sowohl zur psychologischen Belastungsbewertung als auch zur Anregung belastungssenkender Gestaltungsmaßnahmen eingesetzt werden.

Literatur

Greif, S. (1978). Intelligenzabbau und Dequalifizierung durch Industriearbeit? In M. Frese, S. Greif. & N. Semmer (Hg.): Industrielle Psychopathologie (S. 232–256). Bern: Huber.
Greiner, B. & Leitner, K. (1989). Assessment of job stress: The RHIA instrument. In M. Landau & W. Rohmert (Hg.), Recent Developments in job analysis (S. 53–66). London: Taylor & Francis.
Greiner, B., Leitner, K., Weber, W., Hennes, K. & Volpert, W. (1987). RHIA – Ein Verfahren zur Erfassung psychischer Belastungen. In K.-H. Sonntag (Hg.): Arbeitsanalyse und Technikentwicklung – Beiträge über Einsatzmöglichkeiten arbeits-/tätigkeitsanalytischer Verfahren bei technisch-organisatorischem Wandel (S. 145–161). Köln: Bachem Wirtschaftsverlag.
Groskurth, P. (1979). Berufliche Sozialisation als entscheidende Grundlage der Persönlichkeitsentwicklung. In P. Groskurth (Hg.): Arbeit und Persönlichkeit (S. 7–19). Reinbek: Rowohlt.
Kohn, M. L. (1985). Arbeit und Persönlichkeit – ungelöste Probleme der Forschung. In E.-H. Hoff, L. Lappe & W. Lempert (Hg.): Arbeitsbiographie und Persönlichkeitsentwicklung.) (S. 41–73) Bern: Huber.
Leitner, K., Volpert, W., Greiner, B., Weber, W. & Hennes, K. (1987). Analyse psychischer Belastung in der Arbeit: Das RHIA-Verfahren. Köln: Verlag TÜV Rheinland.
Oesterreich, R. (1981). Handlungsregulation und Kontrolle. München: Urban & Schwarzenberg.
Oesterreich, R. (1984). Zur Analyse von Planungs- und Denkprozessen in der industriellen Produktion. Das Arbeitsanalyseinstrument VERA. Diagnostica, 30, 216–234.
Oesterreich, R. & Volpert, W. (1986). Handlungstheoretisch orientierte Arbeitsanalyse. In J. Rutenfranz & U. Kleinbeck (Hg.): Arbeitspsychologie (S. 43–73). Göttingen: Hogrefe.
Rohmert, W. (1984). Das Belastungs-Beanspruchungs-Konzept. Zeitschrift für Arbeitswissenschaft, 38, 193–200.
Volpert, W. (1975). Die Lohnarbeitswissenschaft und die Psychologie der Arbeitstätigkeit. In P. Groskurth & W. Volpert (Hg.): Lohnarbeitspsychologie. Berufliche Sozialisation: Emanzipation zur Anpassung (S. 11–196). Frankfurt: Fischer.
Volpert, W. (1986). Psychische Regulation von Arbeitstätigkeiten. In J. Rutenfranz & U. Kleinbeck (Hg.): Arbeitspsychologie (S. 1–42). Göttingen: Hogrefe.
Volpert, W., Oesterreich, R., Gablenz-Koakovic, S., Krogoll, T. & Resch, M. (1983). Verfahren zur Ermittlung von Regulationserfordernissen in der Arbeitstätigkeit (VERA). Analyse von Planungs- und Denkprozessen in der industriellen Produktion. Köln: Verlag TÜV Rheinland.

Rainer Oesterreich und Konrad Leitner,
Bundesrepublik Deutschland

43. Identitäts- und Persönlichkeitsentwicklung

43.1 Begriffliches und das Thema

„Identität" und „Persönlichkeit" beziehen sich auf den Phänomenbereich der *inter*individuellen Unterschiede, wobei *„Persönlichkeit"* der umfassendere Begriff ist. Er zielt auf das Insgesamt der „Regelhaftigkeiten", die das Individualtypische im Erleben und Verhalten eines Menschen ausmachen (siehe z. B. Herrmann & Lantermann, 1985). Der Begriff *Identität* hingegen betrifft einen Ausschnitt dieser individuellen Charakteristika, nämlich das subjektive Selbstverständnis, wie es sich im Selbstkonzept (Filipp, 1979), aber auch in Einstellungen und Werthaltungen widerspiegelt (Whitbourne & Weinstock, 1982).

Demgegenüber bezieht man sich üblicherweise mit dem Begriff der (ontogenetischen) *Entwicklung* auf Prozesse *intra*individueller Veränderung, die dazu führen, daß sich ein Individuum zu verschiedenen Zeitpunkten des Lebenslaufs „von sich selbst" unterscheidet (z. B. Baltes & Sowarka, 1983).

Thematisiert man nun auf diesem Hintergrund das Problem der *Identitäts- und Persönlichkeitsentwicklung*, so fällt auf, daß sich die Psychologie bis vor kurzem fast ausschließlich auf jene Prozesse konzentriert hat, die im Kindes- und Jugendalter zum Aufbau einer spezifischen Erwachsenenpersönlichkeit führen bzw. im hohen Alter zu deren Abbau. Die ca. 50 Jahre dazwischen, das sogenannte *aktive oder mittlere Erwachsenenalter*, das im Zusammenhang mit der Arbeits- und Organisationspsychologie besonders interessiert, fand hingegen als Phase relativer Stabilität kaum Aufmerksamkeit (Lehr, 1978). Dies hat sich seit dem Aufkommen der Idee einer „Psychologie lebenslanger Entwicklung" (z. B. Oerter, 1978, Baltes & Eckensberger, 1979) wesentlich gewandelt: Die *„Stabilitätsthese"* wird vielfach als Ausdruck einer statischen Persönlichkeitsauffassung kritisiert, ihr wird die *„Plastizitätsthese"* gegenübergestellt, d. h. die Auffassung, auch der erwachsene Mensch sei in einem ständigen Entwicklungsprozeß begriffen. Die folgende Skizze versucht nahezulegen, daß diese beiden Thesen genau besehen keinen Gegensatz bilden (s. a. Schallberger, 1987).

43.2 Intraindividuelle Veränderungen im Erwachsenenalter

Daß auch im Erwachsenenalter Entwicklung im Sinne intraindividueller Veränderung stattfindet, dürfte unbestritten sein. Auch über den Motor dieser Entwicklung herrscht weitgehend Einmütigkeit: Der Lebensalltag liefert ständig neue Erfahrungen, die Lern- und Bewältigungsprozesse erfordern und damit zu intraindividuellen Veränderungen führen können. Relevante Erfahrungsfelder sind dabei zum Beispiel die eigene *Familie* (Partnerwahl, Geburt und Entwicklung der Kinder usw.), die *Berufsarbeit* und die berufliche Entwicklung, der eigene *Orga-*

nismus („älter werden"), die Beschäftigung mit Lebenszielen usw. (vgl. Whitbourne & Weinstock, 1982, Gould, 1986).

Bis heute wird immer wieder versucht, das dabei resultierende Entwicklungsgeschehen in als allgemeingültig unterstellten *Phasenmodellen* zu beschreiben (siehe z. B. Levinson, 1986). Dabei entsteht im allgemeinen ein halbkreisförmiges Bild des Lebenszyklus, bestehend aus der Sequenz von Expansion und Dynamik, Etablierung, Bewahrung und Rückzug. Im Kulminationsbereich dieses „Bogens" wird auch eine ernsthafte Krise („midlife-crisis") lokalisiert, die in einer persönlichen Restrukturierung mündet.

Solche Phasenmodelle scheinen nun aber primär *altersbezogene Stereotype und Normvorstellungen* abzubilden. Sie beruhen auf der Konzeption eines Norm(al)lebenslaufs, der einen bestimmten Zeitplan für die erwähnten entwicklungsrelevanten Erfahrungen vorgibt (*„Entwicklungsaufgaben"* nach Havighurst, 1972). Dieser Zeitplan ist aber weitgehend fiktiv, und zwar schon allein deswegen, weil sich faktische Lebensläufe unter höchst unterschiedlichen Lebensbedingungen abspielen: So dürften die zeitliche und inhaltliche Struktur der „Entwicklungsaufgaben" und damit die Entwicklungsverläufe zum Beispiel eines Industriearbeiters, eines Arztes oder einer Hausfrau und Mutter wesentlich auseinanderklaffen (Dannefer, 1984). Eine weitere, heute besonders gut sichtbare Varianzquelle bilden gesellschaftliche Veränderungen (etwa im Bereich der Wirtschaft), die verschiedene Geburtskohorten und Bevölkerungsgruppen verschieden betreffen (McClusky & Reese, 1984, Kohli, 1985). Überhaupt haben viele *„kritische Lebensereignisse"* (Filipp, 1981), also persönliche Höhepunkte und Krisen, die – je nach Ereignis angenehme oder unangenehme – Eigenschaft, nicht nach „Drehbuch" aufzutreten. Und schließlich sind die individuellen Reaktionen selbst auf äußerlich identische Ereignisse – auch auf soziale Altersnormen – nicht uniform; vielmehr hängen sie zentral von der jeweiligen Identität und Persönlichkeit des Betroffenen ab.

All dies wird heute zumeist so verstanden, daß das Entwicklungsgeschehen im Erwachsenenalter nicht *einem* Schema folgt, sondern – eben als Ausdruck menschlicher Plastizität – in eine *Vielfalt differentieller Entwicklungsverläufe* mündet.

43.3 Die Stabilität interindividueller Differenzen

Nun gibt es aber einen gut gesicherten empirischen Befund, der die eben skizzierte Auffassung problematisiert: Längsschnittstudien zeigen nämlich in aller Regel eine außerordentliche Stabilität der mit den Begriffen „Identität" und „Persönlichkeit" angesprochenen interindividuellen Unterschiede selbst über bedeutende Zeiträume des Erwachsenenalters hinweg (vgl. z. B. die Studien in Schaie, 1983). Dies scheint mit der Existenz wesentlich *unterschiedlicher* Entwicklungsverläufe kaum verträglich zu sein. Sieht man von Versuchen ab, diese Diskrepanz durch theoretisch/methodische Argumente „wegzuerklären", so scheint nur *ein* Schluß offen zu bleiben, nämlich daß die „Entwicklungsplastizität" des erwachsenen Menschen doch ganz klare und relativ enge Grenzen aufweist.

Manche der heute zwar erst spärlich vorhandenen empirischen Befunde sprechen jedoch für eine andere Deutung jenes Widerspruchs. Danach wäre er nur ein scheinbarer, bedingt dadurch, daß differentielle Aspekte der Persönlichkeit und differentielle Entwicklungsverläufe eng zusammenhängen.

Am einfachsten läßt sich das Gemeinte im Bereich der *intellektuellen Entwicklung* illustrieren: Eines der ersten Ergebnisse der Psychologie lebenslanger Entwicklung war, daß die Intelligenzentwicklung in erstaunlichem Ausmaß „umweltsensitiv" ist und je nach Geburtsjahrgang, untersuchter Teilfähigkeit, individuellem Lebensstil etc. verschieden verläuft (z. B. Schaie, 1979). Spezifischere Analysen zeigten dann, daß dabei – ganz im Sinne eines Trainingsmodells – der Anforderungsstruktur der alltäglichen *Berufsarbeit* eine zentrale Bedeutung zukommt (z. B. Kohn & Schooler, 1982), und zwar schon ab Beginn der Berufsausbildung (Schallberger, 1988). Die Vielfalt daraus entstehender Entwicklungsverläufe verhindert aber nicht, daß die interindividuellen Unterschiede im Bereich der Intelligenz zu den stabilsten überhaupt gehören. Des Rätsels Lösung liegt auf der Hand: Individuelle Wahl- (und institutionelle Auswahl-) Prozesse sorgen in der traditionellen Arbeitswelt dafür, daß individuelle Fähigkeitsstruktur und Anforderungsstruktur der Berufsarbeit a priori in einem gewissen Ausmaß übereinstimmen. Die unterschiedlichen „Trainingsbedingungen" führen damit nicht primär zu einer Veränderung, sondern im Gegenteil zu einer *Stabilisierung und Akzentuierung* der Fähigkeitsunterschiede.

Ganz analoge Verhältnisse finden sich – bezogen auf die Berufsarbeit – auch in anderen Persönlichkeitsdimensionen, vor allem auch im Bereich des Selbstkonzepts. Der hier sichtbare Mechanismus wird aber auch in anderen Lebensbereichen spielen: Der erwachsene Mensch versucht seine Lebensbedingungen in Freizeit und Beruf aktiv so zu gestalten, daß sie mit seiner Persönlichkeit, insbesondere mit seiner Identität, verträglich sind. Die dabei mitgewählten spezifischen Entwicklungsbedingungen und dadurch induzierten differentiellen Entwicklungsverläufe führen dann nicht zu beliebigen Persönlichkeitsveränderungen, sondern zu einer Erhaltung und/oder gar Vergrößerung der bestehenden interindividuellen Unterschiede.

43.4 Schlußbemerkungen

Die Identitäts- und Persönlichkeitsentwicklung im Erwachsenenalter scheint damit nur dann adäquat zu beschreiben zu sein, wenn man sie als Dynamik in einem *individuellen Mensch-Umwelt-System* begreift, einem System, das wesentlich durch den sich entwickelnden Menschen selber in einem permanenten Prozeß gestaltet wird. Dieser Sachverhalt ist in negativen Entwicklungsverläufen als „Teufelskreis" bereits im Alltag bekannt, seine Relevanz dürfte aber weit darüber hinausreichen. Aus dieser Sicht erweist sich *Stabilität* nicht als Gegensatz zu, sondern – wie die differentiellen Entwicklungsverläufe zeigen – *als Ausdruck von Plastizität*.

Natürlich läßt diese Skizze viele Fragen offen. Im Kontext dieses Buches wäre es vor allem wichtig, noch weitergehend nach der Rolle von Berufsarbeit in diesen „Mensch-Umwelt-Systemen" zu fragen (→ *Berufliche Sozialisation*). Daß der Art der Arbeit eine wichtige Rolle für die Identitäts- und Persönlichkeitsentwicklung zukommt, wird zwar – seit Münsterberg (1912, S. 30) – immer wieder betont. Man kann aber nicht sagen, daß wir heute empirisch und theoretisch bereits genügend über diese Rolle wissen. Ein Grund dafür ist sicher darin zu suchen, daß die im Alltag erlebbare relative Stabilität von Identität und Persönlichkeit im Erwachsenenalter zumeist als bloßer Zustand begriffen wird, und nicht – wie es anscheinend richtiger wäre – als ein im Grunde in dieser oder jener Richtung störbarer bzw. beeinflußbarer *Prozeß*. Mit dem Konzept persönlichkeitsförderlicher → *Arbeitsgestaltung* ist allerdings ein erster Schritt zur Überwindung jenes Vorurteils getan.

Literatur

Baltes, P.B. & Eckensberger, L. (Hg.) (1979). Entwicklungspsychologie der Lebensspanne. Stuttgart: Klett-Cotta.
Baltes, P.B. & Sowarka, D. (1983). Entwicklungspsychologie und Entwicklungsbegriff. In R.K. Silbereisen & L. Montada (Hg): Entwicklungspsychologie (S. 11–20). München: Urban & Schwarzenberg.
Dannefer, D. (1984). Adult development and social theory: A paradigmatic reapraisal. American Sociological Review, 49, 100–116.
Fillip, S.H. (Hg.) (1979). Selbstkonzeptforschung: Stuttgart: Klett-Cotta.
Fillip, S.H. (Hg.) (1981). Kritische Lebensereignisse. München: Urban & Schwarzenberg.
Gould, R.L. (1986). Lebensstufen. Frankfurt: Fischer.
Havighurst, R.J. (1972). Developmental tasks and education. New York: Longman.
Herrmann, T. & Lantermann, E.D. (Hg.) (1985). Persönlichkeitspsychologie. Ein Handbuch in Schlüsselbegriffen. München: Urban & Schwarzenberg.
Kohli, M. (1985). Die Institutionalisierung des Lebenslaufs. Kölner Zeitschrift für Soziologie und Sozialpsychologie, 37, 1–29.
Kohn, M.L. & Schooler, C. (1982). Job conditions and personality: A longitudinal assessment of their reciprocal effects. American Journal of Sociology, 87, 1257–1286.
Lehr, U. (1978). Das mittlere Erwachsenenalter – ein vernachlässigtes Gebiet der Entwicklungspsychologie. In R. Oerter (Hg.): Entwicklung als lebenslanger Prozeß (S. 147–177) Hamburg: Hoffmann & Campe.
Levinson, D.J. (1986). A conception of adult development. American Psychologist, 41, 3–13.
McCluskey, K.A. & Reese, H.W. (Eds.) (1984). Life-span developmental psychology: Historical and generational effects. Orlando, FL: Academic Press.
Münsterberg, H. (1912). Psychologie und Wirtschaftleben, Leipzig: Barth.
Oerter, R. (Hg.) (1978). Entwicklung als lebenslanger Prozeß. Hamburg: Hoffmann & Campe.
Schaie, K.W. (1979). The primary mental abilities in adulthood: An exploration in the development of psychometric intelligence. In P.B. Baltes & O.G. Brim (Eds.): Life-Span development and behavior, Vol. 2 (S. 68–115). New York: Academic Press.
Schaie, K.W. (Ed.) (1983). Longitudinal studies of adult psychological development. New York: Guilford.

Schallberger, U. (1988). Berufsausbildung und Intelligenzentwicklung. In K. Häfeli, U. Kraft & U. Schallberger (Hg.): Berufsausbildung und Persönlichkeitsentwicklung. Eine Längsschnittstudie (S. 148–167). Bern: Huber.

Schallberger, U. (1987). Berufsarbeit und Persönlichkeit. Aspekte einer komplexen Problemstellung. Schweizerische Zeitschrift für Psychologie, 46, 91–104.

Whitbourne, S.K. & Weinstock, C.S. (1982). Die mittlere Lebensspanne. München: Urban & Schwarzenberg.

Urs Schallberger,
Schweiz

44. Idiografische Methoden

44.1 Idiografische und Nomothetische Wissenschaft

Windelband (1904) unterteilt empirische Wissenschaften nach ihrem Erkenntnisziel in „nomothetische" und „idiografische" Wissenschaften. Während erstere sich um die Formulierung allgemeiner Gesetze bemühen, sich also mit dem beschäftigen, „was immer ist" und deshalb *Gesetzeswissenschaften* genannt werden, geht es bei letzteren um die möglichst erschöpfende Darstellung des einzelnen, besonderen, einmaligen Geschehens, also um das, „was einmal war". Diese Wissenschaften nennt Windelband auch „*Ereigniswissenschaften*" und rechnet ihnen die historischen Disziplinen (eingeschlossen kunst- und kulturhistorische) zu. Prototypen nomothetischer Wissenschaften sind natürlich die experimentell arbeitenden Naturwissenschaften, doch weist Windelband ausgehend von ihrem Erkenntnisziel auch die Psychologie diesem Typ von Wissenschaft zu.

Überträgt man das Begriffspaar auf die *Methoden* einer empirischen Wissenschaft, so hat man unter nomothetischen Methoden Vorgehensweisen zu verstehen, bei denen abstrahierend vom Einzelfall nach Gemeinsamkeiten für Kollektive von Individuen gesucht wird. Typischerweise werden dabei Unterschiede zwischen Individuen, Meßzeitpunkten, Umgebungsbedingungen etc. als „Zufallsfehler" betrachtet. Da angenommen wird, daß der Erwartungswert solcher Fehler gleich Null ist, verspricht man sich von der Mittelwertsbildung über eine möglichst große Datenmenge eine gute Annäherung an den „wahren Wert", d. h. die postulierte Gesetzmäßigkeit, der die Individuen gleichermaßen unterliegen, wenn man nur ihre Daten von den Zufallseinflüssen befreit.

Diese Sichtweise ist insbesondere von Lewin (1927, 1931) kritisiert worden: Vorgängig muß die Untersuchung des „Geschehenstyps", d. h. des jeweiligen Gesetzes an individuellen Fällen sein, da sich nur so seine Existenz nachweisen läßt. Erst danach kann zur Steigerung der Präzision (analog etwa der Meßfehlerbehandlung im naturwissenschaftlichen Experiment) die Mittelwertsbildung in Betracht gezogen werden. Mittlere Ergebnisse für Versuchspersonenkollektive führen ansonsten zu „Verallgemeinerungen", für die sich nicht entscheiden läßt, ob sie wirklich universell (d. h. für jeden Einzelfall) oder nur für das

Kollektiv gültig sind, d. h. keine Vorhersagen für den Einzelfall erlauben. Um ein solches Problem handelt es sich etwa bei den sogenannten Lernkurven: Werden sie für Versuchspersonenkollektive ermittelt, zeigen sie in der Regel einen kontinuierlichen (wenn auch abnehmenden) Leistungszuwachs mit zunehmender Dauer der Beschäftigung mit dem Lernstoff. Dennoch gibt es viele Bereiche, in denen die Leistungszuwächse für die lernenden Individuen keineswegs kontinuierlich, sondern (allerdings zu verschiedenen Zeitpunkten) sprunghaft erfolgen.

Die Anwendung des Begriffspaares „idiografisch" und „nomothetisch" allein auf bestimmte *Methoden* einer Wissenschaft hat Marceil (1977) kritisiert. Solange mit der Methode nicht gleichzeitig ein idiografisches Erkenntnisziel verfolgt wird, sollte nach Marceil besser von Einzelfall- oder N=1-Untersuchungen gesprochen werden. Dies gilt auch für die im folgenden behandelten Methoden, deren *Charakteristikum* die intensive Untersuchung einzelner Fälle darstellt. In diesem Sinne idiografisch anwenden lassen sich darüberhinaus *auch* bestimmte Interviewtechniken (Intensivexploration, narratives → Interview), → Beobachtungsverfahren und biographische Methoden. Auf sie soll nicht näher eingegangen werden, zumal ihnen eigene Beiträge gewidmet sind.

44.2 Methoden der Datenerhebung

Empirische Daten kann man prinzipiell *„nichtreaktiv"* durch Analyse von außerhalb des Untersuchungszusammenhangs entstandenen „Dokumenten" (z. B. Akten, Produkte, Aufzeichnungen von Arbeitsabläufen etc., vgl. Ballstaedt, 1982) oder *„reaktiv"* dadurch gewinnen, daß die Daten zum Zwecke der Erhebung im gegebenen Untersuchungszusammenhang „erzeugt" werden. Dabei kann die Datenerhebung nur durch Beobachtung oder durch Befragung erfolgen (vgl. Tränkle, 1983). Gegenstand der Beobachtung kann fremdes oder eigenes Verhalten oder eigenes Erleben sein. Fremdes Verhalten läßt sich *auch*, fremdes Erleben (wenn man von z. B. physiologischen Indikatoren absieht) *nur* durch Befragen erfassen.

(1) Selbstbeobachtung

Während nach Feger und Graumann (1983) „Introspektion" stets die reflektierende Auseinandersetzung mit Inhalten meint, die das erkennende Subjekt als „Inneres" wahrnimmt und das der wissenschaftlichen Psychologie suspekt erscheint, war für die frühe experimentelle Psychologie Selbstbeobachtung im Bemühen um eine möglichst exakte Phänomendeskription eine unentbehrliche Erkenntnisquelle. Dies gilt sowohl im Hinblick auf den Untersucher, für den selbst nach Wundt (zit. nach Feger & Graumann, 1983, S. 81) alle Psychologie mit der Selbstbeobachtung beginnt, als auch für die Versuchsperson, wann immer sie dem Untersucher über die an ihr selbst beobachteten Phänomene berichtet. Während später Selbstbeobachtung und auf sie gegründete Phänomendeskription als Methode der Datenerhebung wegen vermuteter geringer „Objektivität" und fehlender Überprüfbarkeit von behavioristisch orientierten Forschern weitgehend abgelehnt wurde, ist ihre Bedeutung von naturwissenschaftlich-experimentell orientierten Forschern, die die Psychologie nicht von vornherein auf das „manifeste Verhalten" als Gegenstand festlegen wollten, stets hoch eingeschätzt worden. So schrieb z. B. Rohracher (1963, S. 70): „Die wichtigste Methode der Psychologie ist (...) die Selbstbeobachtung."

(2) Verbale Berichte und Protokollanalyse

Eine Renaissance erlebte die Selbstbeobachtung im Zusammenhang mit der sogenannten *kognitiven Wende* der Psychologie. Um Auskunft über Prozesse der kognitiven Verarbeitung zu erhalten, werden Versuchspersonen um zeitgleiche oder retrospektive verbale Berichte gebeten. Das zeitgleiche „laute Denken" ist ein Verfahren, dessen sich (vgl. Feger & Graumann, 1983) schon 1917 Claparède und 1926 Duncker bei denkpsychologischen Untersuchungen bedienten. Die bereits von diesen Autoren diskutierten und seitdem immer wieder vorgebrachten Einwände – im Hinblick auf die Verbalisierbarkeit kognitiver Prozesse prinzipiell und durch bestimmte Versuchspersonen sowie im Hinblick auf die partielle Inkompatibilität oder wechselseitige Beeinflussung der kognitiven Prozesse mit ihrer Beobachtung und Verbalisierung – lassen sich auf der Grundlage der Ergebnisse von Ericsson und Simon (1980) präzisieren. Sie unterscheiden zwischen zeitgleichem lautem Denken, zeitgleichem Berichten (bestimmter vom Untersucher thematisierter Inhalte), retrospektivem Berichten und retrospektivem Interpretieren (bei generalisierenden Aussagen über die einzelnen Stadien des kognitiven Prozesses hinweg). Dabei variieren die Zuverlässigkeiten der gewonnenen verbalen Daten und die wechselseitigen Beeinflussungen von kognitiven Prozessen und ihrer Beobachtung bzw. Verbalisierung mit Art und Anzahl der zum Zwecke der Datengewinnung zusätzlich erforderlichen Prozeduren.

Am wenigsten problematisch ist das bloße „Verlautbaren" bereits verbal codierter Inhalte. Verbalisierung, Such- und Filterprozesse (bei Verbalisierung unter bestimmten Fragestellungen), Inferenz- und Generierungsprozesse (beim Verbalisieren von automatisierten Abläufen, von Begründungen, von generalisierten Erfahrungen, d. h. von kognitiven Inhalten, die speziell und nur im Zusammenhang mit der Beobachtung eines kognitiven Prozesses erzeugt werden) sind Prozeduren, die den Abstand zwischen kognitivem Prozeß und verbalem Bericht vergrößern. Zeitgleiche und spezifische erweisen sich gegenüber retrospektiven und allgemeinen verbalen Beschreibungen der kognitiven Prozesse als zuverlässiger: Nach den Vorstellungen von Ericsson und Simon (1980) betreffen zeitgleiche verbale Berichte Inhalte des Kurzzeitspeichers, während retrospektive Berichte auch Suchprozesse im Langzeitgedächtnis erforderlich machen. Sie lassen sich durch Aktualisierung der thematischen Situation unterstützen, insbesondere stärker auf die spezifischen Ereignisse bzw. Informationsverarbeitungsprozesse beziehen.

Dieser Weg wird etwa bei der *Methode der Kritischen Ereignisse* (critical incidents technique: Flanagan, 1954) beschritten. Die Versuchspersonen werden hier aufgefordert, sich ein bestimmtes einschlägiges Ereignis aus ihrer Erfahrung (z. B. einen Beinahe-Unfall) vorzustellen und möglichst detailliert zu beschreiben. Die Versuchspersonen können aber auch mit Aufzeichnungen ihres Verhaltens oder/ und ihrer Äußerungen in der jeweils interessierenden Situation konfrontiert und um nachträgliche (u. U. auch das „laute Denken" oder das „zeitgleiche Berichten" ergänzende) Kommentierung gebeten werden („stimulated recall", „Retrospektive Kommentare", „Strukturierter Dialog", „Videoselbstkonfrontationstechnik", vgl. z. B. Wahl, 1981).

Die Auswertung der beim lauten Denken vom Versuchsleiter angefertigten (oder anderweitig, z. B. nach Magnetbandaufnahmen, Protokollierung durch die Versuchsperson selbst, retrospektive Berichterstattung, vgl. Shneiderman, 1980) entstandenen schriftlichen Protokolle erfolgt meist mittels Inhaltsanalyse. Darunter versteht man die Extraktion der unter der jeweiligen Fragestellung relevanten Inhalte unabhängig von der konkreten Erscheinungsform (z. B. Formulierung). Über unterschiedliche Vorgehensweisen bei der theoriegeleiteten inhaltsanalytischen Auswertung verbaler Daten informiert z. B. Fischer (1982).

(3) Weitere Datenerhebungsverfahren

(a) Gittertechniken. Zur Erfassung von Beziehungen zwischen Konstrukten (Ordnungsgesichtspunkten, Beschreibungsdimensionen) oder zwischen Fällen (Personen, Organisationen) bedient man sich häufig einer Form der Datenerhebung, bei der von den Versuchspersonen selbst ausgewählte oder vom Untersucher vorgegebene Konstrukte (z. B. „Leistungsorientiertheit") hinsichtlich ihrer Ausprägung bei in der Regel vorgegebenen Fällen (z. B. bestimmten Führungskräften) eingeschätzt werden (vgl. z. B. Lohaus, 1983). Ein Spezialfall dieser Technik ist das Semantische Differential (vgl. Schäfer, 1983). Es handelt sich dabei um eine Zusammenstellung von ca. 20 bipolaren adjektivischen Ratingskalen zur Einschätzung von Beurteilungsobjekten in den Dimensionen „Aktivität" (z. B. ruhig-lebhaft), „Potenz" (z. B. „stark-schwach") und „Valenz" (z. B. gut-schlecht).

(b) Struktur-Lege-Technik. Dieses von Scheele und Groeben (1979) entwickelte Verfahren dient der Erfassung subjektiver Theorien, d. h. von komplexen Vorstellungen, die Menschen bezüglich bestimmter Sachverhalte und bezüglich der Zusammenhänge und Abhängigkeiten zwischen diesen Sachverhalten haben. Zunächst wird mittels geeigneter Interviewtechniken der Wissensstand zum Inhaltsbereich ermittelt. In einem zweiten Durchgang erfolgt dann der Versuch, die Struktur der subjektiven Theorie, d. h. die Beziehungen zwischen den laut Interview für die Versuchsperson relevanten Konstrukten zu ermitteln. Die Versuchsperson legt zu diesem Zwecke Kärtchen, auf denen die genannten Konstrukte vermerkt sind, so aus, daß sie unter Verwendung festgelegter Symbole (z. B. Pfeil für Einfluß in einer bestimmten Richtung) die von ihr angenommenen Beziehungen zwischen den Konstrukten, d. h. ihre subjektive Theorie, darstellen kann.

44.3 Hypothesenprüfung bei Einzelfalluntersuchungen

Zur Erfolgskontrolle bestimmter Maßnahmen werden im Sinne der Prüfung einer idiografischen Hypothese sensu Groeben und Westmeyer (1975) in anwendungsorientierten Untersuchungen häufig Einzelfälle analysiert. Aber auch zur Prüfung universeller Hypothesen (also solcher, die Anspruch auf Gültigkeit für den einzelnen Fall und nicht (nur) für ein Personenkollektiv bzw. seinen Durchschnitt erheben) ist es, wie oben ausgeführt, logisch zwingend, den Einzelfall zum Gegenstand der Analyse zu machen. Eine Generalisierung wird so durch die Untersuchung einer Vielzahl von Einzelfällen erreicht (vgl. Westmeyer, 1979).

Inferenzstatistisch steht bei Einzelfalluntersuchungen nicht eine Generalisierung auf eine Population von Personen und Situationen zur Diskussion, sondern die Absicherung einer zeitlichen Veränderung oder einer Veränderung zulasten einer Behandlung gegen zufällige intraindividuelle Merkmalsschwankungen. Mit derartigen Verfahren beschäftigen sich z. B. Huber (1973), Petermann und Hehl (1979) und Möbus und Nagl (1983).

Literatur

Ballstaedt, S. (1982). Dokumentenanalyse. In G.L. Huber & H. Mandl (Hg.): Verbale Daten (S. 165–176). Weinheim: Beltz.
Ericsson, K.A. & Simon, H.A. (1980). Verbal reports as data. Psychological Review, 87, 215–251.
Feger, H. & Graumann, C.F. (1983). Beobachtung und Beschreibung von Verhalten und Erleben. In H. Feger & J. Bredenkamp (Hg.): Datenerhebung (S. 76–134). Göttingen: Hogrefe.
Fischer, P.M. (1982). Inhaltsanalytische Auswertung von Verbaldaten. In G.L. Huber & H. Mandl (Hg.): Verbale Daten (S. 179–196). Weinheim: Beltz.
Flanagan, J.C. (1954). The critical incidents technique. Psychological Bulletin, 51, 327–358.
Groeben, N. & Westmeyer, H. (1975). Kriterien psychologischer Forschung. München: Juventa.
Huber, H.P. (1973). Psychometrische Einzelfalldiagnostik. Weinheim: Beltz.
Lohaus, A. (1983). Möglichkeiten individuumzentrierter Datenerhebung. Münster: Aschendorff.
Lewin, K. (1927). Gesetz und Experiment in der Psychologie. Symposion. Philosophische Zeitschrift für Forschung und Aussprache, 1, 375–421.
Lewin, K. (1931). Der Übergang von der aristotelischen zur galileischen Denkweise in Biologie und Psychologie. Erkenntnis, 1, 421–466.
Marceil, J.C. (1977). Implicit dimensions of idiography and nomothesis: A reformulation. American Psychologist, 32, 1046–1055.
Möbus, C. & Nagl, W. (1983). Messung, Analyse und Prognose von Veränderungen. In J. Bredenkamp & H. Feger (Hg.): Hypothesenprüfung (S. 239–470). Göttingen: Hogrefe.
Petermann, F. & Hehl, F.J. (Hg.) (1979). Einzelfallanalyse. München: Urban & Schwarzenberg.
Rohracher, H. (1963). Einführung in die Psychologie. München/Wien: Urban & Schwarzenberg (München: Psychologie Verlags Union, 13. Aufl. 1986).
Schäfer, B. (1983). Semantische Differential Technik. In H. Feger & J. Bredenkamp (Hg.): Datenerhebung (S. 154–221). Göttingen: Hogrefe.

Scheele, B. & Groeben, N. (1979). Zur Rekonstruktion von subjektiven Theorien mittlerer Reichweite. Heidelberg: Bericht Nr. 18 aus dem Psychologischen Institut der Universität Heidelberg.

Shneiderman, B. (1980). Software psychology. Cambridge, Mass.: Winthrop.

Tränkle, U. (1983). Fragebogenkonstruktion. In H. Feger & J. Bredenkamp (Hg.): Datenerhebung (S. 222–301). Göttingen: Hogrefe.

Wahl, D. (1981). Methoden zur Erfassung handlungsleitender Kognitionen bei Lehrern. In M. Hofer (Hg.): Informationsverarbeitung und Entscheidungsverhalten von Lehrern (S. 49–77). München: Urban & Schwarzenberg.

Westmeyer, H. (1979). Wissenschaftstheoretische Grundlagen der Einzelfallanalyse. In F. Petermann & F.J. Hehl (Hg.): Einzelfallanalyse (S. 17–34). München: Urban & Schwarzenberg.

Windelband, W. (1904). Geschichte der Naturwissenschaft. Straßburg: Heitz.

Ulrich Tränkle,
Bundesrepublik Deutschland

45. Innovation in der Arbeit

45.1 Einleitung

Zwei große, uns alle betreffende Herausforderungen sind zum einen die erfolgreiche Anpassung an Veränderung und zum anderen die Auslösung von Veränderungen in Umwelten, die für unser Wohlergehen und unsere Leistungsfähigkeit nicht förderlich sind. Innovationsforschung ist bemüht, Strategien anzubieten, die zumindest der Bewältigung der zweiten Herausforderung dienen. Welche Erkenntnisse hat die Innovationsforschung bisher erbracht?

„Perhaps the most alarming characteristic of the body of empirical study of innovation is the extreme variance among its findings, what we call instability. Factors found to be important for innovation in one study are found to be considerably less important, not important at all or even inversely important in another study" (Downs & Mohr, 1976, S. 700). Ein Grund für diese Schwierigkeit ist die große Spannbreite der von Wissenschaftlern angewandten operationalen und konzeptionellen Definitionen. Einige basieren auf der Annahme, daß Innovation notwendigerweise nützlich für Organisationen ist; einige fokussieren ausschließlich auf technischer Innovation, während andere nur auf Innovation in Administration und Management ausgerichtet sind. Aus psychologischer Sicht scheint es am sinnvollsten, eine umfassende Definition von Innovation anzunehmen, wie etwa die folgende: Innovation ist die absichtsvolle Einführung und Anwendung von Ideen, Prozessen, Produkten oder Verfahren innerhalb einer Rolle, Gruppe oder Organisation, die neu für die betroffene Einheit sind und entworfen wurden, um die Rollenerfüllung, die Gruppe, die Organisation oder die Gesellschaft im weiteren Sinne maßgeblich zu fördern.

Die stark variierenden Ergebnisse in der Innovationsforschung scheinen auch darauf zu beruhen, daß Wissenschaftler sehr unterschiedliche Aspekte von Innovation untersucht haben. Wir können einen klareren Einblick gewinnen, wenn wir die Forschungsergebnisse zur Beantwortung folgender Fragen verwenden: Was ist Innovation? Was fördert und was behindert Innovation? Welche Prozesse liegen Innovation zugrunde? Welche Arten von Menschen, Gruppen und Organisationen sind innovativ? Jede dieser Fragen kann auf der individuellen, Gruppen- und Organisationsebene angegangen werden (Staw, 1984).

45.2 Was ist Innovation?

Indem Beispiele von Innovation in Arbeitssituationen aufgezeigt werden, kann Information über wirksame neue Verfahrensweisen mit großer Wahrscheinlichkeit weiter verbreitet und unser Verständnis von Innovation verbessert werden. Dieses Verständnis kann noch weiter vertieft werden durch die Identifikation der Attribute organisationaler Innovation. Zaltman et al. (1973) beschreiben zum Beispiel neunzehn Attribute organisationaler Innovationen, einschließlich Kosten, Rentabilität, Effizienz, Risiko und Unsicherheit, Komplexität, Ursprungsort und Status quo. Auf ähnliche Weise könnten Typologien der Attribute von individuellen und Gruppeninnovationen, die auf viele Typen von Arbeitstätigkeiten und von Gruppen und Organisationen anwendbar wären, entwickelt werden. Derzeit verwendete Kategorien umfassen Rolleninnovation (Schein, 1971; Nicholson, 1984), neu geschaffene Arbeitstätigkeiten und erfolgreiche versus fehlgeschlagene Innovationen (West et al., 1987; West, 1987a, 1987b, King & West, 1987).

45.3 Unterstützung und Behinderung von Innovation

Tabelle 1 illustriert die hauptsächlichen Unterstützungs- und Behinderungsfaktoren für Innovation auf allen von uns betrachteten Ebenen. Amabile (1983) hat die Bedeutung von sozialen und Kontextfaktoren für individuelle Kreativität aufgezeigt. Unsere eigene Forschung bestätigt, daß Freiheit oder Autonomie bei der Arbeit ein vorrangiger Prädiktor für Rolleninnovation nicht nur bei Managern und Akademikern (Nicholson & West, 1988), sondern auch bei Industriearbeitern (Fricke, 1975; Frei, Duell & Baitsch, 1984; Duell & Frei, 1986a, 1986b) ist. Forschungsergebnisse unterstreichen ebenfalls die Bedeutung von Rückmeldung für die Vermittlung der für das Individuum zum Ausprobieren neuer Ideen nötigen Klarheit und psychologischen Sicherheit (Rogers, 1962; Peters & Waterman, 1982; Kanter, 1983).

Die genannten Forschungsergebnisse legen nahe, daß viele der Faktoren, die individuelle Innovationsfähigkeit erleichtern, auch für Gruppen wirksam sind

(Peters & Waterman, 1982; Kanter, 1983). Auf organisationaler Ebene haben neuere europäische und amerikanische Forschungen (Kanter, 1983; Nomme, 1986) übereinstimmend die folgenden Unterstützungs- und Behinderungsfaktoren identifiziert (s. Tabelle 1).

Tabelle 1: Unterstützungs- und Behinderungsfaktoren für Innovation

	Unterstützung:	Behinderung:
Individuum und Gruppe	Freiheit, Ressourcen, Zeit, angemessene Rückmeldung, kohäsive Gruppenarbeit, partizipative Führung, herausfordernde Aufgaben, Gruppen-/organisationale Unterstützung von Innovation	Mangel an Verfügungsgewalt, Autonomie, autoritäre Führung, Zeitmangel, nicht unterstützende Managementpolitik und -stile, bürokratische Vorgehensweisen und Verfahren
Organisational	Konsensus und verbindliche Ziele und Vorstellungen, gute Entwicklungsmöglichkeiten, egalitäre Kultur, partizipativer Administrationsstil, Verantwortlichkeit für Ergebnisse, Dezentralisation, Betonung auf Qualität der Ausführung, proinnovative Kultur	bürokratisch, rigide Struktur, veränderungsfeindliche Normen, widersprüchliche Kultur, ausschließlich finanzielle Anreize

45.4 Innovation als Prozeß

Auf der Ebene des Individuums haben psychologische Untersuchungen des kreativen Prozesses vier Stufen nahegelegt (Wallas, 1926/1970): Vorbereitung, Inkubation, Einsicht und Bestätigung. Unsere Durchsicht von Einflüssen auf den Innovationsprozeß weist zusätzlich auf die Notwendigkeit hin, innerhalb von Innovationen wichtige sozialpsychologische Prozesse zu berücksichtigen, da sogar auf der Ebene des Individuums meist andere durch die Implementation der Innovationen betroffen sind. Weiterhin haben Frei, Duell und Baitsch (1984) gezeigt, daß individuelle Innovationsprozesse dazu tendieren, in Wechselwirkung mit Veränderungsprozessen in den umgebenden sozialen und organisationalen Systemen leichter voranzugehen.

Auf der Ebene der Gruppen gibt es bereits eine Grundlage für Prozeßmodelle von Innovation und Kreativität.

Untersuchungen bei Forschungs- und Entwicklungsgruppen und Forschung zu Themen wie brainstorming, synectics, quality circles, das „risky shift"-Phänomen und „group think" haben die Bedeutung von Gruppenprozessen bei der Ermutigung zu oder Unterdrückung von Innovation demonstriert.

Auf der organisationalen Ebene gibt es viel Forschung und Theoretisieren über Innovation als einem Zweistufenprozeß aus Initiation und Implementation (Rogers, 1983). Einige Wissenschaftler fokussieren spezieller auf den Prozeß des

Umgehens mit Innovation; sie haben zum Beispiel gefunden, daß das frühzeitige Einbeziehen von Personen, die von der Innovation betroffen sind, Widerstand verringert und bessere Resultate fördert (King & West, 1987). Besonders Rogers (1983) tritt dafür ein, daß zukünftige Forschung die Resultate und Konsequenzen von Innovation näher untersuchen sollte.

45.5 Innovation als eine Eigenschaft

Welche Arten von Menschen, Gruppen und Organisationen sind innovativ? Die meisten Untersuchungen von individueller Innovation konzentrieren sich auf die Intelligenz- und Persönlichkeitseigenschaften des kreativen Individuums und versuchen z. B., Instrumente zur Messung von Innovationsfähigkeit zu entwickeln (Payne, 1987). Unsere Forschung an der University of Sheffield hat Persönlichkeitsvariablen, die mit Rolleninnovation in Verbindung stehen, untersucht und starke Wachstums- und Entwicklungsbedürfnisse als einen besonders wichtigen Prädiktor identifiziert (Nicholson & West, 1988; West, 1987b).

In bezug auf Kennzeichen von Gruppen haben sozialpsychologische Untersuchungen Kommunikationsnetzwerke, Interaktionsprozesse, Führung und Gruppeneffektivität hervorgehoben; Nystrom (1979) hat argumentiert, daß hohe Gruppenkohäsion gleichzeitige gegenteilige Auswirkungen auf Innovation haben könnte: sie kann durch die Erhöhung von Gefühlen der psychologischen Sicherheit und Selbstverwirklichung zu Kreativität motivieren, aber gleichzeitig kann Kohäsion zu einem Grad von Homogenität führen, der Kreativität verringert. Europäische Sozialpsychologen (Nemeth & Wachtler, 1983) haben herausgefunden, daß der Einfluß von Minderheiten dazu führen kann, daß Mehrheiten Probleme überprüfen und zu kreativen Lösungen kommen. In Untersuchungen von Innovation sowohl auf Organisations- als auch auf Gruppenebene sind Führungsprozesse betont worden. Kanter (1983) kritisiert die „Fahrstuhlmentalität" von Organisationen, die von restriktiven vertikalen Beziehungen und „Von-oben-nach-unten-Diktieren" beherrscht sind. Seine Ergebnisse und andere (z. B. Peters & Waterman, 1982) weisen darauf hin, daß Innovation am wahrscheinlichsten dort erfolgt, wo Führungsstil oder -kultur kooperativ und organisch sind (→ *Organisationskultur*).

Auf der Suche nach den Eigenschaften innovativer Organisationen haben Wissenschaftler Organisationstrukturen besondere Aufmerksamkeit geschenkt (Rogers, 1983). Kimberly (1981) folgerte, daß dort, wo das Umfeld relativ stabil und vorhersagbar ist, Formalisierung und Zentralisation Innovation hemmen können, daß aber dort, wo das Umfeld turbulent ist, diese Eigenschaften die Implementation hemmen werden. Er fand bei seiner Durchsicht jedoch kein konsistentes Muster von Ergebnissen zur Beziehung zwischen Innovation und Organisationsgröße, sichtbaren Konsequenzen von Leistung, organisationaler Komplexität und Wettbewerb. Kimberly folgert jedoch, daß Administratoren gebraucht werden, für die Innovation und partizipative Führungsstile verbindlich sind, um organisationale Innovation zu erleichtern.

In deutschsprachigen Ländern gibt es mehrere Beispiele, die zeigen, wie Verfahren zur Erhöhung von Partizipation zu einem hohen Niveau von Innovation bei Industriearbeitern führen (z. B. Fricke, 1975; Duell & Frei, 1986a). Weiterhin macht eine Untersuchung der Unterstützungs- und Behinderungsfaktoren für Innovation deutlich, daß Organisationsstrukturen und -prozesse, die die Partizipation der Beschäftigten erleichtern, sehr wahrscheinlich auch das Niveau von Innovation in der Organisation insgesamt erhöhen (Duell & Frei, 1986b). Im Hinblick auf den Einfluß von Organisationskultur hat Kanter (1983) berichtet, daß in innovativen Organisationen ein Klima gefunden wird, das durch Stolz, gute laterale Kommunikation, flache Organisationsstrukturen und freizügigen Zugang zu „Machtwerkzeugen" für innovative Problemlösung gekennzeichnet ist. Solche Schlußfolgerungen sind natürlich von Interesse, sie bedürfen jedoch der Kreuzvalidierung und der Integration in eine weitergefaßte Theorie organisationaler Innovation.

Tabelle 2 faßt die Eigenschaften zusammen, die Forschungsergebnissen zufolge mit Innovationsfähigkeit auf den drei betrachteten Ebenen in Verbindung stehen.

Tabelle 2: Mit Innovationsfähigkeit auf individueller Gruppen- und Organisationsebene in Verbindung stehende Faktoren

Individuum	Starke Wachstumsbedürfnisse; Vertrauen; Kreativität; aufgabenangemessene Fertigkeiten; vorherige Erfahrung mit erfolgreicher Innovation.
Gruppe	Innovative Mitglieder; Mitglieder mit aufgabenspezifischen Fertigkeiten; Innovationsnormen; Verfügungsgewalt; Kohäsion; partizipative Führung; Fokus auf rationalem plus intuitivem Denken; herausfordernde Aufgaben; Klima von Höchstleistungen.
Organisation	Konsensus über Vorstellungen und Ziele; individuelle Wachstumsmöglichkeiten; weitreichende Einbeziehung in organisationale Entwicklungen; Delegation und Dezentralisation; Verantwortlichkeit für Resultate; partizipative Führung; Verpflichtung zu Innovation; psychologische Sicherheit; energiespendende Umgebung; Betonung auf Leistung; egalitär.

45.6 Schlußfolgerungen

Im Hinblick auf die relative Vernachlässigung von Forschung auf individueller und Gruppenebene sollten zukünftige Bemühungen am sinnvollsten auf diese Ebenen ausgerichtet sein. Die Hilflosigkeit des Individuums und der kleinen Gruppe angesichts großer Organisationen und mächtiger sozialer Kräfte ist ein gängiges Thema in einschlägiger Literatur. Die Erforschung von individueller und Gruppeninnovation zeigt ein optimistischeres Bild der Einbeziehung von Menschen in ihre organisationalen und sozialen Umfelder und verspricht, unser Verständnis der Wirksamkeit von Individuen und Gruppen bei der Veränderung und Formung ihrer Organisationen und der Gesellschaft im weiteren Sinne zu verbessern.

Literatur

Amabile, T. M. (1983). The social psychology of creativity. New York: Springer.
Downs, G. W. & Mohr, L.B. (1976). Conceptual issues in the study of innovation. Administrative Science Quarterly, 21, 700–714.
Duell, W. & Frei, F. (Eds.) (1986a). Arbeit gestalten – Mitarbeiter beteiligen. Eine Heuristik qualifizierender Arbeitsgestaltung. Frankfurt: Campus.
Duell, W. & Frei, F. (1986b). Leitfaden für qualifizierende Arbeitsgestaltung. Köln: TÜV-Rheinland.
Frei, F., Duell, W. & Baitsch, C. (1984). Arbeits- und Kompetenzentwicklung. Bern: Huber.
Fricke, W. (1975). Arbeitsorganisation und Qualifikation. Bonn – Bad Godesberg: Neue Gesellschaft.
Kanter, R. M. (1983). The change masters. New York: Simon & Schuster.
Kimberly, J. R. (1981). Managerial innovation. In P. C. Nystrom & W. H. Starbuck (Eds.): Handbook of organizational design. Oxford: Oxford University Press.
King, N. & West, M. A. (1987). Experiences of innovation at work. Journal of Managerial Psychology, 2, 6–10.
Nemeth, C. J. & Wachtler, J. (1983). Creative problems solving as a result of majority versus minority influence. European Journal of Social Psychology, 13, 45–55.
Nicholson, N. (1984). A theory of work role transitions. Administrative Science Quarterly, 29, 172–191.
Nicholson, N. & West, M.A. (1988). Managerial job change: Men and women in transition. Cambridge: Cambridge University Press.
Nomme, R. (1986). Towards innovation: A model of organizational change. Paper presented at the 94th Annual Convention of the American Psychological Association, Washington DC, August 1986.
Nystrom, H. (1979). Creativity and innovation. Chichester, UK: Wiley.
Payne, R. L. (1987). Individual differences and performance amongst R & D personnel: Some implications for management development. R & D Management, 17, 153–161.
Peters, T. J. & Waterman, R.H. (1982). In search of excellence: Lessons from America's best run companies. New York: Harper & Row.
Rogers, C. R. (1961). On becoming a person. Bonston: Houghton Mifflin.
Rogers, E. M. (1983). Diffusion of innovations (3rd ed.). New York: Free Press.
Schein, E. H. (1971). Occupational socialization in the professions: The case of the role innovator. Journal of Psychiatric Research, 8, 521–530.
Staw, B. M. (1984). Organizational behavior: A review and refinement of the field's outcome variables. Annual Review of Psychology, 35, 627–666.
Wallas, G. (1926/1970). The art of thought. In P. E. Vernon (Ed.): Creativity. Harmondsworth, UK: Penguin.
West, M. A. (1987a). A measure of role innovation. British Journal of Social Psychology, 26, 83–85.
West, M. A. (1987b). Role innovation in the world of work. British Journal of Social Psychology, 26, 305–315.
West, M. A., Nicholson, N. & Rees, A. (1987). Transitions into newly created jobs. Journal of Occupational Psychology, 60, 97–114.
Zaltman, G., Duncan, R. & Holbek, J. (1973). Innovations and organizations. London: Wiley.

Michael A. West, Großbritannien
Felix Frei, Schweiz

46. Interviews

46.1 Einleitung

Vorstellungs- bzw. Einstellungsgespräche oder -interviews werden als Methode der Begutachtung und Auswahl von Bewerbern für berufliche Positionen, in geringerem Umfang auch für Studienplätze verwendet (→ *Auswahlgespräche und Auswahlkomitees*). Ihr Durchführungsmodus reicht von der völlig freien Gesprächsform über teilstrukturierte bis zu vollstrukturierten Varianten bzw. standardisierten Abläufen und Fragestellungen (vgl. schriftliche Formen von Personalfragebogen oder biographischen Fragebogen). Die gestellten Fragen beziehen sich v. a. auf Berufserfahrung und Berufsausbildung, auf Aspekte des Lebenslaufs und deren subjektive Verarbeitung, gelegentlich auch auf persönliche Bereiche wie den des familiären Hintergrunds. Die Antworten des Bewerbers wie auch weitere Eindrücke aus dem Gesprächsverlauf, beispielsweise nonverbales Verhalten betreffend, werden gewöhnlich zu einem „klinischen" Urteil – also in intuitiver Kombination und Gewichtung – kombiniert.

46.2 Validitätsprobleme

Das Interview ist nach der Sichtung der Bewerbungsunterlagen die verbreitetste Methode der Personalauswahl in deutschen Unternehmen (Schulz, Schuler & Stehle, 1985). Stellt man die Validität in den Vordergrund und vergleicht das Interview mit anderen Auswahlverfahren, so stößt man auf eine bemerkenswerte Diskrepanz zwischen subjektiver Wertschätzung und empirischer Bewährung:

Schon in frühen Studien ergab sich geringe prognostische Validität dieser Methode (Scott, 1916), in einer Vielzahl von Sammelreferaten (u. a. Wagner, 1949; Mayfield, 1964 und Triebe, 1976) wurde sie, bei großer Streuung, auf etwa $r = 0,05$ bis $r = 0,25$ beziffert. Auch die neueren Zusammenstellungen von Reilly und Chao (1982), Arvey & Campion (1982) und Webster (1982) nennen Werte um etwa $r = 0,20$. Die Metaanalyse von Hunter und Hunter (1984) kommt auf der Zusammenfassung von 15 Studien auf einen Durchschnittswert von $r = 0,14$, wenn als Erfolgskriterium die Vorgesetztenbeurteilung gewählt wurde, und gar nur auf $r = 0,08$ gemessen am Kriterium Beförderung. Tendenziell noch geringer, nämlich kaum über der Zufallswahrscheinlichkeit, liegt die Vorhersageleistung der aus Interviews gewonnenen Beurteilungen für Studienleistungen (Trost, 1986).

Verglichen mit anderen Verfahren der Personalauswahl (zusammenfassend Schuler & Funke, 1989a; → *Personalselektion und -plazierung*), etwa mit dem Assessment Center – $r = 0,37$ (Thornton et al., 1987) – oder gar mit kognitiven Fähigkeitstests – $r = 0,45$ (Hunter & Hunter, 1984) –, schneidet damit das Interview ausgesprochen schlecht ab; bezogen auf die Vorhersage von Leistungen in der beruflichen Ausbildung ist es selbst Schulabschlußnoten – $r = 0,37$ (Baron-Boldt, Schuler & Funke, 1988) – weit unterlegen. Dies gilt für konventionell geführte Einstellungsgespräche. Für strukturierte Interviews fanden demgegenüber Wiesner und Cronshaw einen metaanalytisch korrigierten Durchschnittswert von $r = .40$; McDaniel et al. (1986) berichteten für anforderungsbezogene Interviews eine durchschnittliche Validität von r = .30. Diese Arbeiten legen es nahe, den Wert von r = .14 als inkrementelle Validität des Interviews zu interpretieren (Hunter & Hirsh, 1987).

An Gründen für die relativ geringe Validität – die in Diskrepanz zur diesbezüglichen subjektiven Evidenz der Interviewer steht – wurden in der Literatur (Neuberger, 1974; Schmitt, 1976; Arvey & Campion, 1982) vor allem die unzulängliche Informationsverarbeitung und die mangelnde testtheoretische Fundierung des Verfahrens genannt. Von der Erforschung sozialer Urteilsprozesse (Wyer & Srull, 1984) und diagnostischer Entscheidungsbildung (Jochmann, 1984) sind noch weitere Aufklärungsleistungen zu erwarten. Wesentliche aufklärende Arbeiten zum Interviewprozeß wurden schon in den sechziger Jahren im Rahmen der McGill-Studien geleistet (Webster, 1982). Im einzelnen dürften die wichtigsten Gründe für die geringe Validität von Einstellungsgesprächen folgende sein:

- Die Reliabilität eigenschaftsbezogener Interviewerurteile (verstanden als interindividuelle Urteilskonkordanz) liegt nur um r = 0,50;
- die meisten Informationen, die Interviewer bei ihren Entscheidungen berücksichtigen, sind irrelevant;
- frühe Eindrücke im Gespräch haben für die weitere Informationsverarbeitung dominierendes Gewicht und steuern das Verhalten der Interaktionspartner;
- Interviewer haben ein unzutreffendes Bild von ihrer eigenen Informationsverarbeitung, und sie überschätzen die Validität ihrer Schlüsse (möglicherweise in Verwechslung mit subjektiver Sicherheit oder Reliabilität i.S. intraindividueller Urteilskonkordanz);
- negative Information wird relativ überbewertet (evtl. als Gegengewicht zur erwarteten Selbstdarstellungstendenz des Gesprächspartners, vielleicht auch weil fälschliche Bewerberablehnung im Gegensatz zu fälschlicher Bewerbereinstellung nicht sanktioniert wird);
- die Bedeutung der Informations-Kongruenz wird überschätzt. Interviewer attribuieren ihr Bedürfnis zur Komplexitätsreduktion external als Notwendigkeit, sich konsistent zu verhalten;
- emotionale Urteilskomponenten (beispielsweise beeinflußt durch Attraktivität, subjektive Ähnlichkeit und andere sympathiebedingende Parameter) sind für einen Großteil der Urteilsvarianz verantwortlich;
- sozialer Streß vermindert die Verarbeitungskapazität zumindest bei einem Teil der Interviewer und führt bei diesen u. a. dazu, daß sie mehr sprechen als der Interviewte.

Angesichts dieser Ergebnisse könnte man zu dem Schluß kommen, das Gespräch als Mittel der Personalauswahl sei verzichtbar – zumal sich überdies gezeigt hat, daß die meisten Versuche des Interviewertrainings erfolglos verliefen (Webster, 1982). Dabei würde man allerdings übersehen, daß mit der Auswahl neuer Auszubildender und Mitarbeiter eine Reihe wichtiger Funktionen eng verknüpft sind, deren einige durch das Gespräch besser zu leisten sind als durch konkurrierende Methoden. Als Hauptfunktionen des Einstellungsinterviews können genannt werden: Vorhersage beruflichen Erfolgs (Leistung, Arbeits- und Leistungszufriedenheit, körperliche und seelische Gesundheit); Information des Bewerbers über Unternehmen, Arbeitstätigkeit, Arbeitsplatz und Arbeitsanforderungen; Kennenlernen der Erwartungen des Bewerbers; Information über den Arbeitsmarkt; persönliches Kennenlernen (Aufbau von Kontakt, Sympathie, Identifikation, Verpflichtung); „Verkaufen" des Unternehmens; Vereinbaren von Bedingungen. Die Vielfalt dieser Funktionen, von denen ein Teil nicht durch andere Verfahren in gleichem Maße erfüllbar ist, zeigt, daß das Gespräch selbst dann einen unverzichtbaren Bestandteil der Vorstellungs- und Einstellungsprozedur darstellt, wenn seine prognostische Validität zu wünschen übrig läßt. So hat beispielsweise die Arbeit von Schmitt & Coyle (1976) ergeben, daß der Interviewer die im Durchschnitt wichtigste Einflußgröße auf die Annahme eines Einstellungsangebots durch qualifizierte Bewerber ist.

46.3 Bewerberorientierte Eignungsdiagnostik

Dieser Gedanke verweist auf den bisher in Forschung und Praxis vernachlässigten Aspekt – das Erleben eignungsdiagnostischer Situationen durch die Bewerber. Ein erheblicher Teil der in den letzten Jahren vorgebrachten Kritik an Prinzipien und Methoden der Personalauswahl dürfte auf das Unbehagen darüber zurückzuführen sein, daß Auswahlverfahren scheinbar oder tatsächlich allein an den organisationalen Durchführungsbedingungen, nicht aber an den Zielen der als Bewerber betroffenen Personen orientiert sind.

Im Rahmen eines Forschungsprogramms an der Universität Hohenheim, das der Erarbeitung von Grundlagen für eine bewerberorientierte Eignungsdiagnostik gewidmet ist, wurde im Januar 1987 eine Befragung von 385 Studierenden der Wirtschaftswissenschaften und verwandter Studiengänge im ersten Semester durchgeführt. Eine der Fragen lautete: Wenn Sie sich um eine Stelle bewerben, nach welchem Verfahren möchten Sie ausgewählt werden? In der Rangordnung der Ergebnisse stand das Interview mit Abstand an erster Stelle, gefolgt von der Arbeitsprobe und den Praktikumsleistungen. Zeugnisnoten, psychologische Eignungstests und Lebenslauf rangierten auf Mittelplätzen, und das Ende der Präferenzskala wurde durch Handschriftenprobe und Losverfahren markiert. In Kombination mit anderen Daten aus dem erwähnten Projekt liegt der Schluß nahe, daß Verfahren bevorzugt werden, die eigene (vorzugsweise aktuelle) Leistung abfordern, in erkennbarem Bezug zu den Arbeitsanforderungen stehen und den Personen Kontrollmöglichkeiten über ihr Handeln in der gegebenen Situation gewähren.

46.4 Methodische Verbesserungen von Interviews

Im Bemühen um die methodische Verbesserung des Interviews als Auswahlverfahren wurde eine Vielfalt von Möglichkeiten vorgeschlagen und erprobt (Arvey & Campion, 1982; Hakel 1982; Zedeck & Cascio, 1984; Ferris & Eder, 1989). Speziell für die Strukturierung des Gesprächs (Pursell, Campion & Gaylord, 1980) und die Verwendung sogenannter situativer Fragen (Latham et al., 1980) wurden deutliche Verbesserungen von Reliabilität und Validität berichtet.

Als Zusammenfassung teils erprobter, teils zunächst nur plausibel erscheinender, weil aus den Defiziten des herkömmlichen Einstellungsgesprächs ableitbarer Erfordernisse kann folgende Liste der Möglichkeiten methodischer Verbesserungen angeboten werden:

(1) Anforderungsbezogene Gestaltung des Interviews. Dies kommt sowohl seiner Validität als auch dem Informationsgehalt für die Bewerber zugute. Voraus-

setzungen und Möglichkeiten anforderungsbezogener Gestaltung sind folgende:
- Durchführung psychologischer Anforderungsanalysen (→ *Arbeits- und Aufgabenanalyse*),
- Information der Interviewer über Tätigkeiten und Tätigkeitsanforderungen,
- Tätigkeitsbezogene, klare und eindeutige Fragestellung,
- Konstruktion und Verwendung situativer Fragen („mentaler Tätigkeitssimulationen"),
- Vorgabe kleinerer Arbeitsproben und
- Nutzung des Interviews zu „realistischer Tätigkeitsinformation"

(2) Beschränkung auf das Registrieren von Aspekten/Anforderungen/Merkmalen, die nicht anderweitig zuverlässiger gesammelt werden können (z. B. mittels Zeugnissen und kognitiver Fähigkeitstests).

(3) Durchführung des Interviews in strukturierter bzw. (teil-) standardisierter Form (wobei zu beachten ist, daß die Bewerber freie Gesprächsführung bevorzugen).

(4) Verwendung geprüfter und verankerter (vorzugsweise verhaltensverankerter) Skalen im Falle von Skalierungen während des Interviews.

(5) Zumindest Ergänzung des Auswahlprinzips von Interviewfragen nach subjektiver Evidenz durch das der empirischen Prüfung von Einzelfragen. Validierte Fragen können beispielsweise aus Testverfahren und biographischen Fragebogen übernommen werden. Auf längere Sicht sind bei geeigneter Gestaltung auch Interviews auf Itembasis validierbar.

(6) Je geringer die Standardisierung des Interviews, desto größer ist der Nutzen des Einsatzes zusätzlicher Beurteiler, vorzugsweise in Form der Durchführung weiterer, unabhängig geführter Gespräche. Auch bei (teil-)standardisierten Interviews läßt die gemeinsame oder getrennte Gesprächsführung durch Mitarbeiter der Personalabteilung und ergänzend der jeweiligen Fachabteilung Verbesserungen erwarten.

(7) Formen von Gruppengesprächen, insbesondere von Gruppendiskussionen, wie sie sich in ähnlicher Form in Assessment Centers (→ *Assessment Center*) bewährt haben, könnten ergänzende Beiträge zur Prognose leisten. Gleiches gilt für weitere Übungen, wie beispielsweise die Selbstpräsentation.

(8) Trennung von Informationssammlung und Entscheidung, beispielsweise in Form von Notizen oder Skalierungen während des Gesprächs, die erst im Anschluß daran zu einer Gesamtbewertung aggregiert werden.

(9) Gestaltung und standardisierte Durchführung der Gewichtungs- und Entscheidungsprozedur nach psychometrischen Prinzipien.

(10) Vorbereitung der Interviewer durch ein sorgfältig konzipiertes und kompetent durchgeführtes Training. Während sich reine Verhaltenstrainings als weitgehend unwirksam erwiesen haben, lassen folgende Elemente Trainingseffekte erwarten:
- Vertrautheit mit dem zugrundeliegenden Interviewsystem;
- Einsicht in soziale Urteilsprozesse;
- Einübung in die Auswertung von Bewerbungsunterlagen;

- Erweiterung des Verhaltensrepertoires bezüglich verschiedener Techniken der Gesprächsführung und Frageformulierung;
- Gestaltung biographiebezogener Fragen;
- Konstruktion und Verwendung situativer Fragen;
- Einübung in standardisierte Informationsgewichtung und Entscheidungsfindung;
- Gestaltung angemessener realistischer Tätigkeitsinformation;
- leistungsbezogenes Feedback für die Interviewer;
- Maßnahmen der Transfersicherung und Wirkungsprüfung.

Bereits die Realisierung und Kombination eines Teils der aufgezeigten Möglichkeiten ließe eine substantielle Verbesserung des Einstellungsgesprächs erwarten (Schuler, 1988; Schuler & Funke, 1989b).

Literatur

Arvey, R. D. & Campion, J. E. (1982). The employment interview: A summary and review of recent research. Personnel Psychology, 35, 281–322.

Baron-Boldt, J., Schuler, H. & Funke, U. (1988). Prädiktive Validität von Schulabschlußnoten – Eine Metaanalyse. Zeitschrift für Pädagogische Psychologie, 2, 79–90.

Ferris, G. R. & Eder, R. W. (Hg.) (1989). The employment interview: Theory, research, and practice. Beverly Hills: Sage.

Hakel, M. D. (1982). Employment interviewing. In K. M. Rowland & G. M. Ferris (Eds.): Personnel management: New perspectives (pp. 129–155). Boston: Allyn & Bacon.

Hunter, J. E. & Hunter, R. F. (1984). Validity and utility of alternative predictors of job performance. Psychological Bulletin, 96, 72–98.

Jochmann, W. (1984). Der implizite diagnostische Prozeß in der Personalberatung und seine aussagenlogische Formalisierung. Psychologie und Praxis – Zeitschrift für Arbeits- und Organisationspsychologie, 28, 119–129.

Latham, G. P., Saari, L. M., Pursell, E. D. & Campion, M. A. (1980). The situational interview. Journal of Applied Psychology, 65, 422–427.

Mayfield, E. C. (1964). The selection interview – A re-evaluation of published research. Personnel Psychology, 17, 239–260.

McDaniel, M. A., Whetzel, D. L., Schmidt, F. O., Hunter, J. E., Maurer, S. & Russel, J. (1986). The validity of employment interviews: A review and meta-analysis. Unveröff. Manuskr., US Office of Personnel, Washington DC.

Neuberger, O. (1974). Das Einstellungsgespräch. Psychologie und Praxis, 18, 8–22.

Pursell, E. D., Campion, M. A. & Gaylord, S. R. (1980). Structured interviewing: Avoiding selection problems. Personnel Journal, 11, 907–912.

Reilly, R. R. & Chao, G. T. (1982). Validity and fairness of some alternative employee selection procedures. Personnel Psychology, 35, 1–62.

Scott, W. D. (1916). Selection of employees by means of quantitative determinations. Annals of the American Academy of Political and Social Science, 65.

Schmitt, N. (1976). Social situational determinants of interview decisions: Implications for the employment interview. Personnel Psychology, 29, 79–101.

Schmitt, N. & Coyle, B. W. (1976). Applicant decisions in the employment interview. Journal of Applied Psychology, 61, 184–192.

Schuler, H. (1988). Construct validity of a multimodal employment interview. Paper, 24th International Congress of Psychology, Sydney.

Schuler, H. & Funke, U. (1989a). Berufseignungsdiagnostik. In: E. Roth (Hg.): Organisationspsychologie (S. 281–320). Göttingen: Hogrefe.
Schuler, H. & Funke, U. (1989b). The interview as a multimodal procedure. In G. R. Ferris & R. W. Eder (Eds.): The employment interview: Theory, research and practice. Newbury Park, CA: Sage.
Schulz, C., Schuler, H. & Stehle, W. (1985). Die Verwendung eignungsdiagnostischer Methoden in deutschen Unternehmen. In: H. Schuler & W. Stehle (Hg.): Organisationspsychologie und Unternehmenspraxis. Perspektiven der Kooperation (S. 126–132). Stuttgart: Verlag für Angewandte Psychologie.
Triebe, J. K. (1976). Das Interview im Kontext der Eignungsdiagnostik. Bern: Huber.
Trost, G. (1986). Die Bedeutung des Interviews für die Diagnose der Studieneignung. Darstellung der internationalen Forschungsergebnisse. In: R. Lohölter, K. Hinrichsen, G. Trost & S. Droslhagen (Hg.): Das Interview bei der Zulassung zum Medizinstudium. Stuttgart: Schattauer.
Wagner, R. (1949). The employment interview: A critical summary. Personnel Psychology, 2, 17–46.
Webster, E. C. (1982). The employment interview. Schomberg, Ontario: SIP Publications.
Wiesner, W. H. & Cronshaw, S. F. (1988). A meta-analytic investigation of the impact of interview format and degree of structure on the validity of the employment interview. Journal of Occupational Psychology, 61, 275–290.
Wyer, R. S. & Scrull, T. K. (Eds.) (1984). Handbook of social cognition, 1–3. Hillsdale: Erlbaum.
Zedeck, S. & Cascio, W. F. (1984). Psychological issues in personnel decisions. Annual Review of Psychology, 35, 461–518.

Heinz Schuler,
Bundesrepublik Deutschland

47. Kommunikationsprozesse in Organisationen

47.1 Geschichte und Themenstellung

Die zentrale Funktion der Kommunikation für Organisationen wird schon von Simon (1945) „Communication is absolutely essential to organization" reklamiert, und diese Einschätzung hat sich bis heute eher noch verstärkt, soll doch nach Blair et al. (1985, S. 55) Kommunikation der Leim sein, der Organisationen zusammenhält. Dennoch hat der Terminus „*Organizational Communication*" erst Ende der sechziger, Anfang der siebziger Jahre allgemein Verwendung gefunden. Die Kurz-Geschichte des Problemfeldes (Redding, 1985) läßt sich dabei sicher nicht nur auf die Psychologie begrenzen; Soziologie, Wirtschaftswissenschaften (business administration) und Kommunikationswissenschaften haben ebenso entscheidende Beiträge geliefert.

Zwar gibt es das erste Graduierten-Programm in „Organizational Communication" schon 1948 (→ *Berufsentwicklung und Professionalisierung*) und bereits 1959 erschien ein erster Literatur-Überblick von Sexton und Staudt, einige Jahre später gefolgt von der ersten Bibliographie (Voos, 1967); der eigentliche Literatur-Boom setzt aber erst nach 1975 ein. Zu diesem Zeitpunkt geben erstmalig Greenbaum und Falcione (1975) die von da ab jährlich erscheinenden „Organizational Communication, Abstracts, Analysis and Overview" heraus. Von den zahlreichen neueren Publikationen seien besonders hervorgehoben: Jablin et al. (1987), Kreps (1986), McPhee und Tompkins (1985), Monge und Cappella (1980), Putnam und Pacanowsky (1983).

Folgt man der Klassifikation der Literaturauswertung von Greenbaum & Falcione, die außer den eher formalen Auswertungseinheiten zur Forschungsmethodik und den publizierten Anthologien, Bibliographien und Textbüchern insgesamt sieben unterschiedliche Themenbereiche umfaßt (1. Interpersonal Communication in Organizations (i.O), 2. Intragroup Communication i.O., 3. Intergroup Communication i.O., 4. Communication Factors and Organization Goals, 5. Skill Improvement and Training i.O., 6. Communication Media i.O.: Software and Hardware, 7. Communication System Analysis i.O.), dann wird nicht nur das inzwischen breitgefächerte Spektrum der Literatur zu Kommunikationsprozessen in Organisationen deutlich, sondern auch die damit verbundene Schwierigkeit, die z.T. disparaten Themenstellungen noch mit einer einzigen Definition aufzufangen. Horizontale und vertikale (nach oben bzw. nach unten gerichtete) interpersonelle Kommunikation, die zur Informationsweitergabe, zur Kontrolle von Arbeitsverhalten, zur Motivation von Mitarbeitern oder auch der emotiven Entlastung dient, ist kaum noch mit der Kommunikation zwischen Organisationen und der Kommunikation mit der Organisationsumwelt zu vergleichen.

47.2 Interpersonelle Kommunikation

Nach wie vor ist die Analyse interpersoneller Kommunikation in Organisationen eines der zentralen Themen, bei dem jedoch immer noch allzu häufig auf Theorien zurückgegriffen wird, die nicht primär für den Geltungsbereich von Organisationen entwickelt worden sind. Eine Ausnahme bildet u.a. das von Klauss und Bass (1982) entwickelte Einfluß-Modell, das die Auswirkungen des Kommunikationsstils einer fokalen Person (focal person) in einer Organisation, vermittelt über ihre Glaubwürdigkeit, auf das Verhalten (outcome) der Kollegen beschreibt. Die faktoranalytisch gewonnenen Dimensionen des Kommunikationsstils (careful transmitter, open and two-way, frank, careful listener, informal), der Glaubwürdigkeit (trustworthy, informative, dynamic) und der Auswirkungen auf Einstellungen und Verhalten der Kollegen (Colleague role clarity, satisfaction with focal person, general job satisfaction, effectiveness) werden in drei unterschiedlichen Firmen untersucht. Die Komponenten des Konzepts Kommunikationsstil klären zwischen 17 und 77% der Varianz der Einstellungen und Verhaltensweisen der Kollegen in den drei Firmen auf.

Die extensive Analyse interpersoneller Kommunikation am Arbeitsplatz hat in den letzten Jahren verstärkt zu Untersuchungen der Faktoren kommunikativer Kompetenz (Bostrom, 1984) wie der „communication apprehension" geführt (Daly & McCroskey, 1984), jener Angst vor der realen oder antizipierten Kommunikation. Innerhalb dieses Themenbereiches werden dann nicht nur kommunikative Fertigkeiten (Hargie, 1986), sondern auch Persönlichkeitsmerkmale herausgefiltert, die für Kommunikationsstile bestimmend sind (Hargie, 1986).

47.3 Netzwerkanalysen

Neben den Untersuchungen zum Kommunikationsklima (Falcione et al. 1987; Poole, 1985) ist die Analyse von Kommunikationsnetzwerken eine der beiden wichtigsten Perspektiven bei der Analyse auf dem Gebiet der Organisations-Kommunikation (Jablin, 1980). Kommunikations-Netzwerke bestehen formal aus der Menge der Kommunikatoren und einer oder mehreren Relationen zwischen diesen Kommunikatoren, wobei vor allem vier Merkmale dieser Relationen von Bedeutung sind: a) die Zahl der in dieser Relation involvierten Personen, b) die Stärke oder Intensität dieser Relation, c) die Symmetrie der Relation und d) die Transivität der Relation. Zusätzlich lassen sich derartige Relationen durch ihre Reziprozität (gleichanteilige Häufigkeit der Kommunikation) und ihre Multiplexität (bestimmte Personen oder Personengruppen gehen mehr als eine Relation ein) bestimmen. Nach Monge (1987, 241) ist ein Netzwerk eine Struktur, die auf der Grundlage kommunikativer Beziehungen entstanden ist. Derartige Netzwerke können sowohl als personale Netzwerke (die individuellen kommunikativen Beziehungsmuster der Organisationsmitglieder untereinander), Gruppen-Netzwerke (Kommunikationsmuster oder Strukturen der Org.-Mitglieder, die häufiger untereinander kommunizieren), organisationsinterne Netzwerke (die strukturelle Differenzierung der Gesamt-Organisation) und Netzwerke zwischen Organisationen (die Konfiguration der Kommunikationsbeziehungen zwischen Organisationen; interorganizational networks) Analysegegenstand sein.

Nach Monge und Eisenberg (1987) lassen sich derzeit drei verschiedene theoretische Ansätze unterscheiden: a) der relationale Ansatz, der primär die direkten und indirekten Beziehungen in solchen Netzwerken anhand unterschiedlicher Rollenverteilungen untersucht und Netzwerk-Metriken bezüglich ihrer Dichte und Zentralität untersucht; b) der positionstheoretische Ansatz, der Netzwerke als standardisierte Relationsmuster, die an bestimmte Rollen und Positionen gebunden sind, untersucht. Ist der erste Ansatz eher an den Wegen des Netzwerkes interessiert, so liegt das Schwergewicht des letzteren eher auf der Untersuchung der Ähnlichkeitsmuster in den relationalen Konfigurationen. c) Der kulturelle Ansatz untersucht primär die Bedeutungen und Symbole, die in diesen Netzwerken „transportiert" werden, die kollektiven Interpretationen und die organisationsinternen Subkulturen, die z. B. anhand semantischer Netzwerke identifiziert werden können.

47.4 Sozialisationsprozesse

Wie auf unterschiedlichen Analyseebenen Organisations-Kommunikation untersucht werden kann, wird aus den Beiträgen von Jablin (1987) und Jablin und Krone (1987) deutlich, die unter dem Titel „*Organizational Assimilation*" die Sozialisationsprozesse beschreiben, die zum einen bei den Individuen beim Eintritt in die Organisation, während ihrer Zugehörigkeit zu einer Organisation und nach dem Austritt aus einer Organisation ablaufen, zum anderen aber auch diejenigen Veränderungen, die in Arbeitsgruppen, Abteilungen und Organisationen als Ganzes zu beobachten sind (→ *Berufliche Sozialisation*). Die wechselseitigen Prozesse, durch die Organisationen ihre Mitglieder und die Mitglieder ihre Organisation beeinflussen, verläuft in einem dreistufigen Prozeß (Van Maanen, 1975): die antizipatorische Sozialisation beginnt bereits vor dem Eintritt in eine Organisation und vermittelt u.a. im Elternhaus und in der Familie Informationen über Berufs- und Arbeitswelt (antizipatorische Berufs-Sozialisation). Antizipatorische Organisations-Sozialisation im engeren Sinne wird aus den Eingangsgesprächen mit den Stellenbewerbern deutlich, die nach einer Untersuchung von Teigen (1983) zu 38% Fragen zum Organisationsklima stellen. Nach dem Eintritt in die Organisation beginnt die Encounter-Phase der Sozialisation, in der während der ersten Wochen und Monate die kognitiven Strukturen zur Erfassung der neuen Arbeitsumgebung aufgebaut werden. Mit der anschließenden „Metamorphose"-Phase ist die vorläufige Integration des Mitarbeiters abgeschlossen. Im Unterschied zu den Sozialisationseinflüssen auf das Individuum sind die Veränderungen, die sich in Arbeitsgruppen und Organisationen aufgrund des Eintritts neuer Mitglieder vollziehen, erst relativ wenig untersucht worden.

Literatur

Blair, R., Roberts, K. H. & McKechnie, P. (1985). Vertical and network communication in organizations. The present and the future. In R. D. McPhee & P. K. Tompkins (Eds.) Organizational communication: Traditional themes and new directions (pp. 55–77). Newbury Hills, CA: Sage.

Bostrom, R. N. (1984). (Ed.). Competence in communication: A multidisciplinary approach. Beverly Hills, CA: Sage.

Daly, J. A. & McCroskey, J. C. (1984). (Eds.). Avoiding communication. Beverly Hills, CA: Sage.

Falcione, R. L., Sussman, L., Herden, R. P. (1987). Communication climate in organizations. In F. M. Jablin, L. Putnam, K. Roberts & L. Porter. (Eds.) Handbook of organizational communication (pp. 195–227). Newbury Park, CA: Sage.

Greenbaum, H. H. & Falcione, R. L. (1975). (Eds.). Organizational communication abstracts 1974. Urbana, Ill.: American Business Communication Association.

Hargie, O. (1986). (Ed.). A handbook of communication skills. London: Croom Helm.

Jablin, F. M. (1980). Organizational communication theory and research: An overview of communication climate and network research. In D. Nimmo (Ed.). Communication yearbook Vol. 4, (pp. 327–347). New Brunswick, NJ: Transaction.

Jablin, F. M. (1987). Organizational entry, assimilation, and exit. In F. M. Jablin, L. Putnam, K. Roberts, L. Porter (Eds.) Handbook of organizational communication, (pp. 711–746). Newbury Park, CA: Sage.

Jablin, F. M. & Krone, K. J. (1987). Organizational assimilation. In C. R. Berger & St. H. Chaffee (Eds.). Handbook of communication science, 711–746. Newbury Park, CA: Sage.

Jablin, F. M., Putnam, L., Roberts, K. & Porter, L. (1987). (Eds.). Handbook of organizational communication. Newbury Park, CA: Sage.

Klauss, R. & Bass, B. M. (1982). Interpersonal communication in organizations. New York: Academic Press.

Kreps, G. (1986). Organizational communication: Theory and practice. New York: Longman.

McPhee, R. D. & Tompkins, P. K. (1985) (Eds.). Organizational communication: Traditional themes and new directions. Newbury Park, CA: Sage.

Monge, P. R. (1987). The network level of analysis. In C. R. Berger & S. H. Chaffee (Eds.) Handbook of communication science, (pp. 239–270). Newbury Park, CA: Sage.

Monge, P. R. & Eisenberg, E. M. (1987). Emergent networks. In F. M. Jablin, L. Putnam, K. Roberts & L. Porter (Eds.). Handbook of organizational communication. Newbury Park, CA: Sage.

Monge, P. R. & Cappella, J. N. (1980) (Eds.). Multivariate techniques in human communication research. New York: Academic Press.

Poole, M.S. (1985). Communication and organizational climates: Review, critique, and a new perspective, (pp. 79–108). In R. D. McPhee & P. K. Tompkins (Eds.). Organizational communication: traditional themes and new directions. Newbury Park, CA: Sage.

Putnam, L. L. & Pacanowsky, M. E. (1983). (Eds.) Communication and Organizations – An interpretive approach. Newbury Park, CA: Sage.

Redding, W. C. (1985). Stumbling toward identity: The emergence of organizational communication as a filed of study. In R. D. McPhee & P. K. Tompkins (Eds.) Organizational communication: Traditional themes and new directions, (pp. 15–54). Newbury Park, CA: Sage.

Sexton, R. & Staudt, V. (1959). Business communication: A survey of the literature. Journal of Social Psychology 50, 101–118.

Simon, H. A. (1945). Administrative behavior. New York: Free Press.

Teigen, C. W. (1983) Communication of organizational climate during job screening interviews: A field study of interviewee perceptions, „actual" communication behavior and interview outcomes. Unpubl. doctoral dissertation, University of Texas at Austin.

Van Maanen, J. (1975). Breaking in: Socialization to work. In R. Dubin (Ed.). Handbook of work, organization and society (pp. 67–120). Chicago: Rand McNally.

Voos, H. (1967). Organizational communication: A bibliography. New Brunswick, NJ: Rutgers University Press.

Bernd Six,
Bundesrepublik Deutschland

48. Konflikte in Organisationen

48.1 Konflikt allgemein

Die *Geschichte* der Konfliktforschung ist nicht sehr alt. In der *Psychologie* haben vor allem Sigmund Freud (aus therapeutischer Absicht) und Kurt Lewin (zum Zwecke experimenteller Überprüfung) Ursachen, Erscheinungsweisen und Prozesse seelischer (oder intrapersonaler) Konflikte beschrieben und analysiert (s. dazu Pongratz, 1961). Die Psychologie des menschlichen Konflikts ist seither durch verschiedene Autoren – beispielhaft seien Festinger (1964), Thomae (1974), Janis (1977), Feger (1978) genannt – vor allem in methodischer Hinsicht weiterentwickelt worden. In der *Soziologie* ist die Geschichte der Konfliktforschung noch kürzer. Zwar hatte um die Jahrhundertwende der deutsche Soziologe Georg Simmel ein Kapitel seines Hauptwerks dem „Streit" gewidmet, worin er Ansätze einer Konfliktsoziologie skizziert (abgedr. in Bühl, 1972), doch hat erst der Artikel von Jessie Bernard „Where is the modern sociology of conflict?" (1950) den Impuls zu einer sozialwissenschaftlichen Konfliktforschung geliefert. In rascher Folge sind daraufhin in den 50er und 60er Jahren vor allem im englischsprachigen Raum eine Reihe wichtiger Publikationen – insbesondere seien hier Boulding, Dahrendorf, Rapoport, Schelling genannt – erschienen, die noch heute grundlegend für das Verständnis des sozialen Konflikts sind (ein repräsentativer Literaturüberblick bis zum Beginn der 70er Jahre findet sich bei Bühl, 1972).

Zur Terminologie. Was versteht man unter einem Konflikt? Für eine begriffliche *Definition* ist es wichtig, zwischen *Formal-* und *Material*aspekt zu unterscheiden (vgl. Berkel, 1984). Formal betrachtet liegt ein Konflikt dann vor, wenn in einer gegebenen Situation mindestens zwei Elemente gleichzeitig gegensätzlich und/oder unvereinbar sind. Die drei Bestimmungen: *gleichzeitig, gegensätzlich, unvereinbar* machen die Kernelemente jeder Konfliktdefinition aus (vgl. Ulich, 1971). Welcher Art diese Elemente sind – z.B. Gedanken, Wünsche, Handlungen, aber auch die schiere Existenz von Menschen, Gruppen oder Staaten – legt der Materialaspekt fest; er kann auch nur entweder theoretisch postuliert oder empirisch erhoben werden. Wenn man beide Aspekte miteinander verbindet, ist ohne weiteres nachvollziehbar, daß in der Wirklichkeit weder eine Person in sich noch im Verhältnis zu anderen eine solche Konstellation über einen längeren Zeitraum aushalten oder aufrechterhalten kann. Die Folge wäre nämlich eine Blockierung des kontinuierlichen Erlebens- und Handlungsstroms. Zielgerichtetes Handeln ist erst dann wieder möglich, wenn der Konflikt beseitigt ist. Jeder Konflikt erzeugt deshalb aus sich heraus eine innere Dynamik, die auf seine Auflösung drängt, eine Art *Lösungsdruck*. Das Erfordernis, erst einmal den Konflikt bewältigen zu müssen, um wieder unbeeinträchtigt erleben und zukunftsorientiert handeln zu können, bewirkt die für jeden Konflikt typische Erlebnisqualität: seine *Ambivalenz*.

Was macht nun eine Person, – ob allein, in bezug zu jemand anderem, in einer Gruppe oder als Vertreter einer Gruppe, Organisation oder größeren sozialen Einheit – in einer solchen Situation? Welche Erlebens- und Verhaltensweisen fördern oder vereiteln die Chance, den Konflikt zu beenden? Wann ist überhaupt ein Konflikt beseitigt? In welcher Beziehung stehen seelische und soziale (intra- und interpersonale) Konflikte? Diese und viele weitere Fragen können nur empirisch beantwortet werden. Daher liegt der Schwerpunkt der Konfliktforschung weniger auf der theoretischen Erhellung des Konflikts – hierzu liegen prinzipielle Erkenntnisse vor –, als auf der praktischen Seite des konkreten Konfliktverhaltens.

48.2 Konfliktverhalten

Das spezifische Erleben und Verhalten von Menschen in Konfliktsituationen läßt sich nur grob klassifizieren. Beim *seelischen* oder inneren Konflikt kann man die Reaktionen einer Person danach unterscheiden, ob sie den Konflikt *direkt* und unmittelbar angeht oder, sich von ihm abwendend, eine *indirekte* Lösung sucht. Die wichtigsten direkten Formen sind Entscheidung, Kompromiß und Hinnahme, die wichtigsten indirekten Lösungen Abwehr, Ersatz und Neuorientierung (nach Pongratz, 1961).

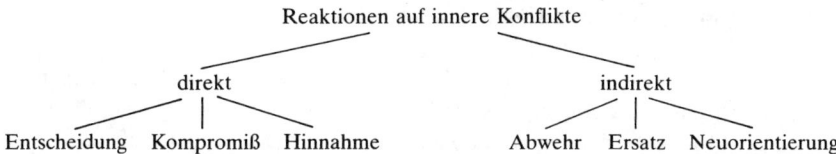

Abb. 1: Klassifikation von Konflikten (nach Pongratz 1961).

Die Untergliederung „direkt-indirekt" ist nicht identisch mit der in der Tradition Freuds gebräuchlichen in persönlichkeitsförderliche („reife") und persönlichkeitsbehindernde („neurotische") Formen des Konfliktverhaltens. Jede der genannten Reaktionen kann das eine wie das andere bewirken. Entscheidend dafür, ob die Person einen Konflikt tatsächlich bewältigt hat, ist einzig und allein, ob sie daraufhin wieder voll erlebensfähig und zukunftsgewendet handlungsfähig ist.

Hinsichtlich des *sozialen* Konflikts postulieren verschiedene Autoren (Pondy, Thomas, Walton) ein ähnliches Ablaufschema mit folgenden Phasen:

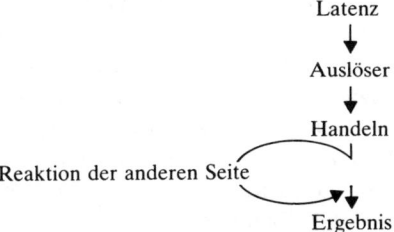

Abb. 2: Ablaufschema sozialer Konflikte.

In der latenten Phase bildet sich der Konflikt durch das Zusammenwirken persönlicher und situativer Gegebenheiten heraus. Ereignisse, durch die sich eine Seite behindert oder beeinträchtigt sieht, fungieren als Auslöser, die den Konflikt bewußt, manchmal auch schon offenkundig machen. In der Regel wird die Seite, die sich frustriert oder herausgefordert fühlt, aktiviert sein, sich mit dem Konflikt auseinanderzusetzen. Sie kann dies, einer Einteilung von Blake, Shepard und Mouton zufolge, grundsätzlich nach fünf Richtungen tun: sich durchsetzen, nachgeben, dem Konflikt ausweichen, einen Kompromiß schließen oder gemeinsam mit der anderen Seite eine Lösung erarbeiten. Die eingeleiteten Handlungen initiieren Interaktionen, die, je nach Zielvorstellung und Reaktion der anderen Seite, den Konflikt *eskalieren* oder *deeskalieren*. Die Interaktion führt zu einem Ergebnis, das den Konflikt beendet oder den Anlaß zu neuen Konflikten stiftet.

Untersuchungen zum Konfliktverhalten heben besonders auf zwei Punkte ab: a) In welcher Weise verbinden und beeinflussen sich Wahrnehmungen (der Situation, der Gegenseite), Einstellungen (zum Konflikt allgemein, zu diesem Konflikt) und Verhaltensweisen (Umfang des Verhaltensrepertoires unter Streß) bei einer Konfliktpartei? b) Welche Verhaltensweisen und welche „Strategie" tragen zur Eskalation oder Deeskalation eines Konflikts bei? Zu beiden Fragen finden sich wichtige Erkenntnisse in den Arbeiten von Deutsch (1976) und Glasl (1980).

48.3 Organisationspsychologie des Konflikts

Der organisationspsychologischen Sichtweise entspricht es, Konflikte in Organisationen nicht abstrakt, sondern als die konkreten Konflikte anzugehen, die Menschen als Mitglieder der Organisationen unserer Arbeits- und Berufswelt erfahren. Zu den bisher angestellten Überlegungen treten vor allem zwei Gesichtspunkte neu hinzu, die den Kern des organisationspsychologischen Konfliktansatzes ausmachen: die organisatorischen Rahmenbedingungen und die in einer Organisation praktizierten Formen des Konfliktmanagements.

Die organisatorischen *Rahmenbedingungen* liefern die Ursachen und Einflußgrößen oder, um ein anderes Bild zu gebrauchen, die Bühne und das Szenarium für die einzelnen Konfliktkonstellationen. Statt von Bildern kann man auch von Theorien sprechen. Und in der Tat bestimmt die jeweilige *Theorie* – Entscheidungs-, Spiel-, Macht- oder Rollentheorie, um nur einige zu nennen – sowohl das Denken über Organisationen als auch den organisationspsychologischen Konfliktansatz. Annahmen und Modelle über Konflikte in Organisationen implizieren *stets* eine Organisationstheorie (→ *Organisationskultur*). Auch das folgende Schema entspringt einer solchen. Danach können die Ursachen von Konflikten drei großen Bereichen zugeordnet werden: der Organisation als solcher, der Interaktion der miteinander arbeitenden Menschen (→ *Kommunikationsprozesse*) und den Erfordernissen der jeweiligen Aufgabe oder Position (→ *Arbeits- und Aufgabenanalyse*). Die im Schema aufgelisteten Stichworte repräsentieren beispielhaft die Ursachen, die in der organisationspsychologischen Literatur am meisten bedacht und/oder empirisch untersucht worden sind (vgl. Rüttinger, 1977; Naase, 1978; Glasl, 1980; Berkel, 1984).

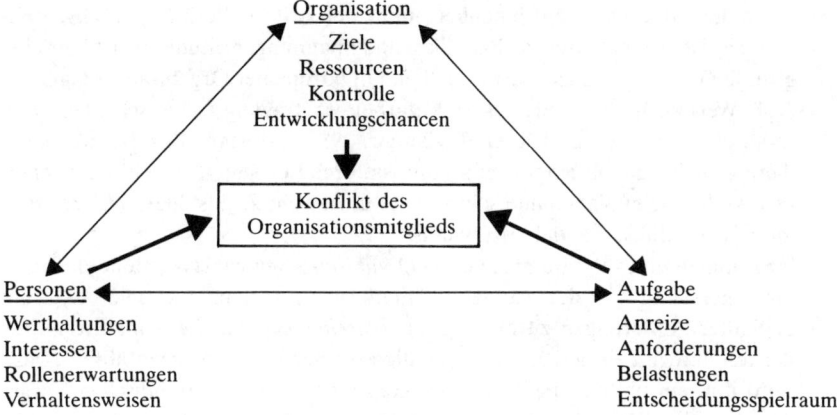

Abb. 3: Schema zur Darstellung der Ursachen von Konflikten in Organisationen.

Jede einzelne Komponente *kann* Ursache sein, muß es aber nicht. Ein zu erwartender oder theoretisch postulierter Konflikt kann latent bleiben und „versickern". Ob er offen ausbricht, d. h. wahrnehmbar wird, hängt weitgehend von dem schon erwähnten Zusammenspiel Wahrnehmung – Einstellung – Verhalten bei dem betroffenen Organisationsmitglied ab. Das bestätigt eine zentrale These von Deutsch (1976): ein Konflikt wird niemals allein durch objektive Größen determiniert, sondern bildet sich immer in Interaktion mit dem subjektiven Erleben und Handeln der Betroffenen heraus.

Mit *Konfliktmanagement* werden diejenigen Aktivitäten bezeichnet, die eine Organisation planmäßig auf den Umgang mit Konflikten ausrichtet. Sie können in drei Richtungen zielen: Konflikte vermeiden (durch Strukturmaßnahmen), Konflikte problemlösend bewältigen (durch kooperative Anstrengungen) und Konflikte stimulieren (wenn die Organisation zu erstarren droht). Die organisationspsychologische Literatur weist klar aus, daß dem zweiten Ansatz – der Konfliktbewältigung – die meiste Beachtung geschenkt wird. Konfliktbewältigung erweist sich als Sammelbegriff, unter dem verschiedene Ansätze subsumiert werden: Verhandeln, Problemlösung, Regelung und das Einwirken einer dritten Partei (Glasl, 1980). Daß die Interaktion im Mittelpunkt steht, ist verständlich; denn auch noch so perfekt erscheinende strukturelle Änderungen bedürfen immer auch der Menschen, die mit ihnen leben und arbeiten können. Genau hier wird die künftige organisationspsychologische Konfliktforschung verstärkt einsetzen müssen: wie das Zusammenwirken von Organisation – Personen – Aufgaben besser aufeinander abgestimmt werden kann.

48.4 Konfliktberatung

Konfliktberatung in Organisationen behandelt vorwiegend drei Anlässe:
a) Ein hohes Maß an Unzufriedenheit unter den Mitarbeitern (→ *Arbeitszufriedenheit*) ist ein Indikator für Konflikte und Spannungen. Zunächst ist hier eine gründliche Analyse angebracht. Sie kann in Form einer Organisationsdiagnose (vgl. Weisbord, 1983) oder einer Mitarbeiterbefragung (s. verschiedene methodische Ansätze bei Töpfer & Zander, 1985) erfolgen. Der Berater kann dann gemeinsam mit einer organisationsinternen Projektgruppe die notwendigen Änderungen planen und schrittweise umsetzen. Ziel ist hier, das *organisatorische* Konfliktpotential abzubauen.
b) Im Rahmen eines Programms der → *Organisationsentwicklung* steht ein Berater regelmäßig vor der Aufgabe, latent schon vorhandene oder aufgrund geplanter Änderungen zu erwartende *zwischenmenschliche* Konflikte aufzudecken und gemeinsam mit den Beteiligten einer Regelung zuzuführen. Dazu steht ihm ein breites Spektrum von Konzeptionen und methodischen Vorgehensweisen zur Verfügung (detailliert bei Glasl, 1980, beschrieben).
c) Schließlich häufen sich die Fälle, in denen Personen aus dem mittleren oder oberen Führungskreis um eine persönliche Beratung nachsuchen, in der sie die ethische, soziale und *persönliche* Seite von Konflikten, in denen sie momentan stehen oder in die sie durch vorhersehbare Entwicklungen geraten, für sich zu klären suchen (→ *Psychische Gesundheit*). Ziel der Konfliktberatung ist es in diesem Fall, daß die Führungspersönlichkeit an Stärke und Reife gewinnt, indem sie lernt, sich aktiv und konstruktiv mit Konflikten auseinanderzusetzen (einen Ansatz dazu bringt Berkel, 1985).

Die Praxis der Konfliktberatung in Organisationen ist vielschichtig, weil sie stets die Verbindung und den Zusammenhang zwischen inneren, zwischenmenschlichen und organisatorischen Konflikten beachten muß.

Literatur

Berkel, K. (1984). Konfliktforschung und Konfliktbewältigung. Berlin: Duncker & Humblot.
Berkel, K. (1985). Konflikttraining. Heidelberg: Sauer.
Bühl, W. L. (Hg.) (1972). Konflikt und Konfliktstrategie. München: Nymphenburger Verlagsbuchhandlung.
Deutsch, M. (1976). Konfliktregelung, München: Nymphenburger Verlagsbuchhandlung.
Feger, H. (1978). Konflikterleben und Konfliktverhalten. Bern: Huber.
Festinger, L. (1964). Conflict, decision, dissonance. Stanford: University Press.
Glasl, F. (1980). Konfliktmanagement. Bern: Haupt.
Janis, I. L. & Mann, L. (1977). Decision making: A psychological analysis of conflict, choice, and commitment. New York: Free Press.
Naase, C. (1978). Konflikte in der Organisation. Stuttgart: Enke.
Pongratz, L. (1961). Psychologie menschlicher Konflikte. Göttingen: Hogrefe.

Rüttinger, B. (1977). Konflikt und Konfliktlösen. Karlsruhe: Goch.
Thomae, H. (1974). Konflikt, Entscheidung, Verantwortung. Stuttgart: Kohlhammer.
Töpfer, A. & Zander, E. (Hg.) (1985). Mitarbeiter-Befragungen. Frankfurt: Campus.
Ulich, D. (1971). Konflikt und Persönlichkeit. München: Oldenbourg.
Weisbord, M. R. (1983). Organisationsdiagnose. Karlsruhe: Goch.

Karl Berkel,
Bundesrepublik Deutschland

49. Kontrolle und Tätigkeitsspielraum

49.1 Begriffe

Die Konzepte *Kontrolle* und *Tätigkeitsspielraum* spielen schon seit langem eine Rolle in der Arbeits- und Organisationspsychologie. Letztlich war auch die Auseinandersetzung um Taylors (1913) Vorstellungen eine Auseinandersetzung darum, wieviel Kontrolle und Tätigkeitsspielraum dem Arbeitenden zur Verfügung stehen sollte.

Vier Begriffe sind in diesem Bereich wesentlich: 1. *Freiheitsgrade*, 2. *Tätigkeitsspielraum*, 3. *Entscheidungsspielraum* und 4. *Kontrolle*.

Unter *Freiheitsgrad* versteht Hacker (1978) die Möglichkeit, unterschiedliche, aber etwa gleich effiziente, Handlungsstrategien auswählen zu können, die alle zu der Erledigung der Aufgabe führen (ein aufwendiger Umweg ist also nicht als Freiheitsgrad zu interpretieren). Der *Tätigkeitsspielraum* wird (nach Ulich, Groskurth & Bruggemann, 1973) als die Möglichkeit gesehen, unterschiedliche Handlungsvollzüge innerhalb eines Jobs ausführen zu können. Während Tätigkeitsspielraum den horizontalen Spielraum beinhaltet, besteht der *Entscheidungsspielraum* aus dem vertikalen Spielraum, berührt also Entscheidungen über die Einteilung der Arbeit, die oft von dem Vorgesetzten ausgeübt werden. Der im Sinne des englischsprachigen Wortes „control" verwendete Begriff *Kontrolle* ist als Übergriff zu verstehen (mehr dazu in Frese, 1989). Frese (1978, S. 161) definiert „Kontrolle als in dem Maße gegeben, in dem eine Person oder ein Kollektiv von Personen über die Möglichkeiten verfügt, relevante Bedingungen und Tätigkeiten entsprechend eigener Ziele, Bedürfnisse und Interessen zu beeinflussen". D. h., Kontrolle wird als Eigenkontrolle aufgefaßt, indem es sowohl um die Beeinflussung der Bedingungen als auch der eigenen Tätigkeit geht. Diese Beeinflussung findet immer in Bezug auf ein Ziel statt (d. h., wenn man eine Vase aus Versehen umwirft, hat man zwar das Umwerfen verursacht, aber nicht kontrolliert). Man kann dabei zwischen objektiver und subjektiver Kontrolle unterscheiden (Frese, 1978; Oesterreich, 1981).

49.2 Voraussetzungen für die Entwicklung von Kontrolle

Es gibt drei Bereiche, die zur Kontrolle beitragen, die aber mit diesem Begriff nicht identisch sind: Transparenz, Vorhersagbarkeit, und Kompetenz. *Transparenz* beinhaltet, daß ein System (also das System mit dem oder in dem jemand arbeitet) durchschaubar ist und daß die Regeln, nach denen das System funktioniert (relativ leicht) lernbar sind. Nur wenn ein System transparent ist, kann man Kontrolle ausüben. Allerdings gibt es auch Systeme, die zwar durchschaubar sind, aber über die eine Person doch keinen Einfluß ausübt (z. B. sind manche Bewertungspraktiken durchschaubar, aber nicht kontrollierbar).

Vorhersagbarkeit ist in vielem mit Transparenz verbunden. Transparenz bezieht sich allerdings auf den gerade bestehenden Istzustand, während Vorhersagbarkeit sich auf zukünftige Zustände bezieht. Zumeist sind vorhersagbare Systeme auch kontrollierbar und umgekehrt. Es gibt aber auch Systeme, die nicht vorhersagbar, aber kontrollierbar sind, z. B. das Wetter (man kann die Auswirkungen des Regens durch das Aufspannen eines Regenschirms kontrollieren) und Systeme, die zwar vorhersagbar, aber nicht kontrollierbar sind, z. B. Gerichtsurteile.

Die *Kompetenz* einer Person ist entscheidend dafür, ob man die Kontrollmöglichkeiten in einer Umwelt auch ausnützen kann. Wenn man z. B. eine Maschine besonders gut kennt, kann man sie auch gut bedienen und dadurch den Produktionsprozeß beeinflussen. Eine Voraussetzung für die Kompetenz ist die Entwicklung von effizienten Handlungen (vgl. Semmer & Frese, 1979; Volpert, 1974). Dennoch ist Kompetenz nicht gleichzusetzen mit Kontrolle: Es gibt Situationen, in denen man zwar kompetent ist, aber keine Kontrolle ausübt.

49.3 Folgen von Kontrolle

Genau genommen wurde in der Literatur weniger der Einfluß von Kontrolle als der Einfluß von Nichtkontrolle untersucht. Dies geschah in drei Bereichen: Streß, Leistung und Persönlichkeit.

(1) Nichtkontrolle und Streß

Seit den bahnbrechenden experimentellen Untersuchungen von Glass und Singer (1972) und Seligman (1986) wissen wir, daß Organismen auf die Kombination Streß und Nichtkontrolle mit Passivität und *(gelernter) Hilflosigkeit* reagieren. Gelernte Hilflosigkeit entspricht dabei in vielem der Depression (vgl. auch Frese & Schöfthaler-Rühl, 1977) und führt zu psychosomatischen Störungen (Weiss, 1977).

Ähnliche Effekte konnten nun auch in der Arbeitswelt festgestellt werden. Wenn man nur geringe Kontrolle über die eigene Tätigkeit und die Rahmenbedingungen in der Arbeit hat und gleichzeitig hohen Stressoren ausgesetzt ist, trägt dies zu Depression und psychosomatischen Beschwerden, sowie Tod durch Herzinfarkt bei (Dunckel, 1985; Karasek, 1979; Karasek et al., 1981; Semmer, 1984).

(2) Kontrolle und Leistung

Das Konzept der Passivität legt nahe, daß sich Nichtkontrolle auch auf die Leistung auswirkt. Glass und Singer (1972) untersuchten Auswirkungen auf Problemlöseverhalten und auf Fehler beim Korrekturlesen. In beiden Fällen verschlechterten sich die Leistungen in der Nichtkontrollsituation. Leistungsverbesserungen werden in Experimenten zur Humanisierung des Arbeitslebens berichtet, in denen der Tätigkeitsspielraum der Arbeiter erhöht wurde (vgl. Gaugler, Kolb & Ling, 1977; Ulich et al., 1973; Wall & Clegg, 1981). Deutlich positive Effekte auf die Produktivität ergeben sich auch, wenn bei Umstellungsmaßnahmen (z. B. bei der Einführung von neuen Technologien), den Arbeitern und Angestellten Mitbestimmungsmöglichkeiten eingeräumt werden (vgl. die klassische Studie von Coch & French, 1948).

(3) Nichtkontrolle und Persönlichkeit

Drei mögliche Effekte der Nichtkontrolle auf die Persönlichkeit kann es geben: Entstehung von ineffizienten Handlungsstilen, Verringerung der kognitiven Leistungsfähigkeit und Entstehung von Passivität.

a) Geringe Kontrolle in der Arbeit beinhaltet, daß nur wenig eigenständige Plan- und Zielsetzungsmöglichkeiten in der Arbeit entstehen. Dies kann zu *ineffizienten Handlungsstilen* führen – es können sich dann entsprechende Handlungsmuster (geringe Zielbezogenheit und geringe Planorientierung) einschleifen (Frese, 1983).

b) *Kognitive Leistungsfähigkeit* ist damit verbunden. An Arbeitsplätzen, an denen es wenig zu entscheiden gibt, wird die Intelligenzleistung von Arbeitskräften vermindert (Greif, 1979; Kohn & Schooler, 1978).

c) Schließlich kann allgemeine *Passivität* entstehen, wenn man nur geringe Einflußmöglichkeiten zur Verfügung hat. Besonders relevant ist hier die Forschung zum Zusammenhang von Arbeit und → *Freizeit* (Bamberg, 1986), in der sich ein gewisser Zusammenhang von Nichtkontrolle mit eher passiven Freizeitstrategien zeigte (Karasek, 1981).

49.4 Prozesse die für die Auswirkungen von Nichtkontrolle verantwortlich sind

Es gibt im wesentlichen drei Prozesse, durch die Nichtkontrolle die erwähnten Auswirkungen haben kann (mehr dazu in Frese, 1989). Die Forschung hat bisher noch nicht beantworten können, in welchem Bereich welche dieser Prozesse ihre Wirkung entfalten.

i) *Kontrolle* erlaubt die *direkte Beeinflussung von Bedingungen*. Wenn man Kontrolle am Arbeitsplatz zur Verfügung hat, kann man Streßbedingungen abschaffen oder sie verringern. Zum Beispiel ist es einem Chef möglich, die Tür seines Büros zuzumachen und das Telefon nicht zu beantworten. Hiermit hat er mögliche Streßfaktoren (Lärm, Arbeitsstörungen, usw.) ausgeschaltet. Dies wirkt sich auch auf die Leistung aus. Wenn man Störungsquellen ausschalten kann und sich besser konzentrieren kann, erleichtert das die Arbeit und man kann bessere Leistungen bringen.

ii) Kontrolle hat manchmal Auswirkungen auf die *Folgen von Streß*, selbst wenn die Stressoren nicht direkt ausgeschaltet werden. Kontrollmöglichkeiten können als „*Sicherheitssignal*" (Miller, 1979; Seligman, 1986) aufgefaßt werden. Wenn ein Arbeiter z. B. weiß, daß er jederzeit seine Arbeitsstelle ohne Einbußen wechseln kann (potentielle Kontrolle), so ist das ein Sicherheitssignal für ihn: Er kann die Streßbedingungen kontrollieren (d. h. den Arbeitsplatz wechseln), wenn sie sich als zu hoch erweisen sollten. Deshalb kann er entspannter arbeiten; Streß hat dann nur geringe negative Auswirkungen auf ihn. Insofern als entspanntes Herangehen auch die Leistung erhöht, „hilft" Kontrolle als Sicherheitssignal auch in diesem Bereich.

ii) Man kann argumentieren, daß sich phylogenetisch ein Kontrollbedürfnis entwickelt hat (das dem Kompetenzmotiv von White, 1959, entspricht). Unter Streßbedingungen dürfte dieses Kontrollbedürfnis besonders aktiviert werden. Besteht in einer solchen Situation nun keine Kontrolle, kommt es zu *psychischen Störungen* (bzw. zu einer Reduktion von Leistung). Für ein solches Kontrollbedürfnis sprechen auch Befunde, nach denen selbst dann Nichtkontrolle am Arbeitsplatz zu psychosomatischen Beschwerden beiträgt, wenn der Arbeiter gar keine Kontrolle am Arbeitsplatz haben möchte (Frese, 1984).

49.5 Vergrößerung der Kontrolle und des Tätigkeitsspielraums am Arbeitsplatz

Es gibt eine Reihe von Methoden, wie man durch Arbeitsstrukturierung Kontrollmöglichkeiten am Arbeitsplatz erhöhen kann; darunter fallen „job enrichment" und teilautonome Arbeitsgruppen (vgl. Ulich et al., 1973). Dabei geht es im wesentlichen darum, die Arbeitsteilung zu verringern und dem Arbeitenden wieder Entscheidungsspielräume in die Hände zu geben. In einer recht eindrucksvollen Studie konnte nachgewiesen werden, daß solche Maßnahmen zu einer Erhöhung der Leistung und einer Verbesserung des Gesundheitszustands der Arbeitenden führen (Wall & Clegg, 1981).

Literatur

Bamberg, E. (1986). Arbeit und Freizeit: Eine empirische Untersuchung zum Zusammenhang zwischen Streß am Arbeitsplatz, Freizeit und Familie. Weinheim: Beltz.
Coch, L. & French, J. R. P. (1948). Overcoming resistance to change. Human Relations, 19, 39–56.
Dunckel, H. (1985). Mehrfachbelastungen am Arbeitsplatz und psychosoziale Gesundheit. Frankfurt: Lang.
Frese, M. (1978). Partialisierte Handlung und Kontrolle: Zwei Themen der industriellen

Psychopathologie. In M. Frese, S. Greif & N. Semmer (Hg.), Industrielle Psychopathologie (S. 159–183). Bern: Huber.
Frese, M. (1983). Der Einfluß der Arbeit auf die Persönlichkeit: Zum Konzept des Handlungsstils in der beruflichen Sozialisation. Zeitschrift für Sozialisationsforschung und Erziehungssoziologie, 3, 11–28.
Frese, M. (1984). Do workers want control at work or don't they: Some results on denial and adjustment. IfHA-Berichte, No 4.
Frese, M. (1989). Theoretical models of control and health. In S. L. Sauter, J. J. Hurrell & C. L. Cooper (Eds.), Job control and worker health (S. 107–128). Chichester: Wiley, 1989.
Frese, M. & Schöfthaler-Rühl. (1976). Kognitive Ansätze in der Depressionsforschung. In N. Hoffmann (Hg.), Depressives Verhalten (S. 58–107). Salzburg: Müller.
Gaugler, E., Kolb, M. & Ling, B. (1977). Humanisierung der Arbeitswelt und Produktivität. 2. Aufl. Ludwigshafen: Kiehl.
Glass, D. C. & Singer, J. E. (1972). Urban stress: Experiments on noise and social stressors. New York: Academic Press.
Greif, S. (1979). Altersabbau intellektueller Fertigkeiten und sozialer Kompetenz: Eine Folge reduzierter Arbeitsbedingungen? In P. Groskurth (Hg.), Arbeit und Persönlichkeit (S. 73–86). Reinbek: Rowohlt.
Hacker, W. (1978). Allgemeine Arbeits- und Ingenieurpsychologie (Bd. 2). Bern: Huber.
Karasek, R. A. (1979). Job demands, job decisions latitude and mental strain: Implications for job redesign. Administrative Science Quarterly, 24, 285–308.
Karasek, R. A. (1981). Job socialization and job strain: The implications of two related psychosocial mechanisms for job design. In B. Gardell & G. Johansson (Eds.), Working life (pp. 75–93). New York: Wiley.
Karasek, R. A., Bader, D., Marxner, F., Ahlbom, A. & Theorell, T. (1981). Job design latitude, job demands, and cardiovascular disease: A prospective study of Swedish men. American Journal of Public Health, 71, 634–705.
Kohn, M. L. & Schooler, C. (1978). The reciprocal effects of the substantive complexity of work and intellectual flexibility: A longitudinal assessment. American Journal of Sociology, 84, 24–52.
Miller, S. M. (1979). Controllability and human stress: method, evidence and theory. Behavior Research and Therapy, 17, 287–304.
Oesterreich, R. (1981). Handlungsregulation und Kontrolle. München: Urban & Schwarzenberg.
Seligman, M. E. P. (1979). Erlernte Hilflosigkeit. München: Urban & Schwarzenberg (3. Aufl. 1986: München: Psychologie Verlags Union).
Semmer, N. (1984). Streßbezogene Tätigkeitsanalyse: Psychologische Untersuchungen zur Analyse von Streß am Arbeitsplatz. Weinheim: Beltz.
Semmer, N. & Frese, M. (1979). Handlungstheoretische Implikationen für kognitive Therapie. In Hoffmann, N. (Ed.), Grundlagen kognitiver Therapie. Bern: Huber.
Taylor, F. W. (1913). Die Grundsätze wissenschaftlicher Betriebsführung. Neu hrsg. von W. Volpert & R. Vahrenkamp (Hg.) (1977). Weinheim: Beltz.
Ulich, E., Groskurth, P. & Bruggemann, A. (1973). Neue Formen der Arbeitsgestaltung. Frankfurt: Europäische Verlagsanstalt.
Volpert, W. (1974). Handlungsstrukturanalyse. Köln: Pahl-Rugenstein.
Wall, T. P. & Clegg, C. W. (1981). A longitudinal study of group work redesign. Journal of Occupational Behaviour, 2, 32–43.
Weiss, J. (1977). Psychosomatic disorders: Ulcers. In J. D. Maser & M. E. P. Seligman (Eds.): Psychopathology: Experimental models (pp. 232–269). San Francisco: Freeman.
White, R. W. (1959). Motivation reconsidered: The concept of competence. Psychological Review, 66, 279–323.

Michael Frese, Bundesrepublik Deutschland

50. Kriterien

50.1 Einleitung

Ein Kriterium ist ein Standard, auf dem Entscheidungen basieren. Im Bereich der Personalforschung beziehen sich die Standards oder Meßwerte auf die Arbeitstätigkeit, auf individuelle oder organisationale Ergebnisse, z. B. Leistungsniveau, Arbeitszufriedenheit oder verringerte Personalfluktuation. Kriterien müssen bedeutsam (d. h. wichtige personenbezogene Ergebnisse wiedergeben) und zuverlässig sein (d. h. über einen nicht-trivialen Zeitraum stabil sein und zu übereinstimmenden Beurteilungen des Leistungsniveaus durch verschiedene Beobachter führen). Weitere damit zusammenhängende Anforderungen sind, daß Kriterien Unterscheidungen zwischen Individuen ermöglichen sollen und daß Kriterienmaße so wenig wie möglich mit externen Faktoren kontaminiert sein dürfen. (So sollten beispielsweise Abwesenheitsmaße nicht davon beeinflußt werden können, daß derjenige, der die Daten erfaßt, bestimmte Personen lieber mag als andere und ihre Abwesenheit manchmal nicht registriert.)

50.2 Ein Beispiel

Zur Veranschaulichung der Probleme, die normalerweise unter der Überschrift „Das Kriteriumproblem" behandelt werden, schildern wir ein Fallbeispiel:

Eine Firma stellt Verkäufer und Verkäuferinnen ein, deren Aufgabe darin besteht, in einem Gebiet herumzureisen und die Besitzer oder Leiter von Läden oder Kaufhäusern zu überzeugen, die Produkte der Firma zu kaufen. Durch einen Rückgang der Verkaufszahlen beunruhigt, beschäftigt sich die Firma mit dem Auswahlverfahren für ihr Verkaufspersonal. Wie kann nun die Organisation ihre Verfahren überprüfen? Eine neue Mitarbeiterin der Personalabteilung erhält diese Aufgabe übertragen. Zunächst einmal macht sie sich mit dem Auswahlverfahren vertraut (Lebenslaufdaten, Leistungstests und strukturierte Interviews) und stellt fest, daß die zuständigen Mitglieder des Auswahlausschusses beim Auswahlverfahren alle Bewerber am Ende auf einer Skala von 1–5 beurteilen, wobei 5 „sehr gut" und 1 „sehr schlecht" bedeutet. Sie weiß, daß sie die Effektivität des Verfahrens am überzeugendsten demonstrieren kann, indem sie die individuellen Ratings bei der Auswahl mit den jeweils später erreichten Verkaufszahlen in Beziehung setzt. Die Mitarbeiterin stellt deshalb die Daten des Auswahlverfahrens zusammen und bittet die Verkaufsabteilung um genaue Daten über Verkaufsabschlüsse. Sie überlegt, daß es unvernünftig wäre, die individuellen Verkaufszahlen aus den ersten drei Arbeitsmonaten zu verwenden, weil auch die besten Verkäufer/innen eine Anlaufzeit brauchen, die Produkte der Firma und die zugewiesenen Verkaufsgebiete usw. richtig kennenzulernen. Sie sammelt daher nur die Verkaufsdaten zur Geschäftstätigkeit des ersten Jahres unter Ausschluß der ersten drei Monate. Dabei stellt sich aber heraus, daß Einzelne nicht das ganze Jahr in der Firma geblieben sind. Einige haben bereits nach ein paar Wochen gekündigt und andere haben zu einem späteren Zeitpunkt, aber noch im ersten Jahr gekündigt. Unsere Forscherin steht nun vor dem Problem, was sie mit diesen Personen macht, die die Firma vorzeitig verlassen haben. Sie überlegt, daß es unvernünftig wäre, sie aus ihrer Untersuchung herauszunehmen, da man vorzeitige Kündigungen zweifellos auch als Schwachpunkt des Auswahlsystems ansehen könnte. Sie entscheidet daher, zwei Kriterien zu verwenden: Verkaufszahlen und Verlassen/ Bleiben in der Organisation. Ihre ersten Ergebnisse sind die folgenden (Tab. 1):

Tabelle 1: Erstes Fallbeispiel zur Kriterienentwicklung (Erläuterungen im Text).

Auswahlrating	Anzahl der Eingestellten	Anzahl der nach 1 Jahr in der Firma Beschäftigten	Anzahl mit überdurchschnittlichen Verkäufen
5 (sehr gut)	50	40	35
4	100	80	60
3	100	60	30
2	25	10	5
1 (sehr schlecht)	0	–	–

Anhand der Zahlen ergibt sich eine Korrelation von 0.40 zwischen dem Auswahlrating und dem Verbleiben in der Organisation sowie von 0.44 zwischen dem Rating und überdurchschnittlichen Verkaufszahlen. Diese Ergebnisse zeigen eindeutig, daß Personen mit besseren Auswahlratings mit größerer Wahrscheinlichkeit in der Firma bleiben und mit größerer Wahrscheinlichkeit überdurchschnittliche Verkaufsdaten aufweisen.

Einige Kollegen der Verkaufsabteilung bleiben aber trotz dieses positiven Ergebnisses skeptisch, weil sie überzeugt sind, daß einige Verkaufsgebiete von vornherein günstiger als andere sind. Die Forscherin kann nicht von der Hand weisen, daß möglicherweise nicht nur Unterschiede zwischen Personen, sondern auch Unterschiede zwischen Verkaufsgebieten eine die Daten verzerrende Wirkung haben könnten. Beim Nachprüfen stellt sich auch anhand vorhandener Daten heraus, daß in einigen Gebieten unabhängig von der jeweiligen Person immer schon überdurchschnittliche Verkaufszahlen erzielt wurden. Zwei mögliche Lösungen für dieses Problem bieten sich an:

(a) Verzicht auf die Verkaufsziffern. Eine Möglichkeit wäre, die Vorgesetzten um eine individuelle Einschätzung der Leistungen ihres Verkaufspersonals zu bitten. Die Schwierigkeiten bei dieser Lösung sind, daß die Forscherin irgendein Formblatt für diese Einschätzungen (vermutlich Ratingskalen) konstruieren und die Vorgesetzten für die Durchführung einweisen muß. Neben praktischen Problemen (beispielsweise Arbeitsplatzwechsel von Führungskräften und Verkäufern, was dazu führt, daß einige Einschätzungen schwierig oder unmöglich zu bekommen sind), können Ratings durch zahlreiche Fehler oder Verzerrungen verfälscht werden, wie z.B.: zentrale Tendenz, „Leniency" (zu wohlwollende Beurteilung), „Halo-Effekte" (→ *Leistungsbewertung*) usw.

(b) Konstruktion eines raffinierten Indexes der Verkaufsleistungen. Man könnte den früheren Durchschnittswert der Verkaufsziffern für jedes Gebiet über eine durchschnittliche Zeitdauer von z.B. fünf Jahren ermitteln, bevor der Verkäufer oder die Verkäuferin der Untersuchungsstichprobe das Gebiet übernommen hat. Anschließend können dann die Verkäufe der neuen mit diesen früheren Durchschnittswerten verglichen werden.

Sie entscheidet, beide angesprochene Möglichkeiten zu verwenden und entwickelt eine Ratingskala der „Gesamtleistungen des Verkäufers bzw. der Verkäuferin". Mit dem Computer der Verkaufsabteilung ermittelt sie für jedes Gebiet die früheren durchschnittlichen Verkaufsziffern. Für einen Teil der Personen kann sie zwar keine Ratings erhalten, aber sie ist überzeugt, daß ihre drei Kriterien jetzt alle wichtigen Unterschiede zwischen den individuellen Verkaufsleistungen abbilden können. Ihre resultierende Ergebnistabelle sieht folgendermaßen aus (Tab. 2):

Tabelle 2: Zweites Fallbeispiel zur Kritierienentwicklung (Erläuterungen im Text).

Auswahlrating	Anzahl der Eingestellten	Anzahl der Beschäftigten nach 1 Jahr	Anzahl mit überdurchschnittlichem Rating als Verkäufer/in	Anzahl mit Verkäufern über dem früheren Durchschnittswert des Gebiets
5 (sehr gut)	50	40	30 von 37	28 von 40
4	100	80	50 von 75	48 von 80
3	100	60	25 von 55	25 von 60
2	25	10	4 von 9	3 von 19
1 (sehr schlecht)	0	–	–	–

Nach diesen neuen Zahlen korrelieren die Auswahlratings mit den Leistungsrating durch die Vorgesetzten mit 0.38 und mit den mit früheren Gebietsdurchschnitten verglichenen überdurchschnittlichen Verkaufszahlen mit 0.32. In ihrem Abschlußbericht stellt die Forscherin fest, daß Personen, die bei der Auswahl positiv eingeschätzt wurden, mit größerer Wahrscheinlichkeit in der Firma verbleiben, von ihren Vorgesetzten als überdurchschnittlich beurteilt werden und frühere Verkaufsdurchschnitte im jeweiligen Gebiet übertreffen.

In unserem Beispiel war die Forscherin mit verschiedenen Aspekten des „Kriteriumproblems" konfrontiert. Die spezielle Untersuchungsaufgabe war eine Validierung von Personalentscheidungen. Bei anderen Aufgaben, wie z. B. einer Evaluation eines Trainingsprogramms für Verkaufspersonal oder einer Überprüfung der Auswirkungen veränderter Arbeitsgestaltung auf die Arbeitszufriedenheit, wären die Probleme aber in vieler Hinsicht vergleichbar. Im folgenden gehen wir genauer auf einige allgemeine Probleme ein.

50.3 Kriterien aus der Praxis oder künstliche Kriterien?

„Praxiskriterien" wie Verkaufsziffern, Kündigungen, Abwesenheiten und anfallende Leistungsdaten haben von vornherein mehrere Vorteile. Sie beziehen sich „auf alles, worum es bei der Arbeitstätigkeit geht". Sollen aber bedeutsame *individuelle* Personenunterschiede zuverlässig gemessen werden, ergeben sich oft mehrere Schwachpunkte oder statistische Schwierigkeiten. Typische Probleme sind eine zu geringe Variabilität und nichtnormale Verteilungen.

Die Verwendung „*künstlicher Kriterien*", wie z. B. speziell konstruierte Ratingskalen oder Arbeitsstichprobentests, können dazu geeignet sein, solche Probleme zu lösen. Derartige Meßwerte lassen sich aber ebenfalls kritisieren, weil sie der „Wirklichkeit" nicht entsprechen oder weil die Resultate aus diesen Analysen nicht ohne weiteres in organisationale Ergebnisse übersetzt werden können. Schmidt und Hunter (1980) haben diese Probleme zu lösen versucht, indem sie Experten für die Arbeitstätigkeit aufgefordert haben, den Geldwert von „besseren" Leistungen zu schätzen (definiert als Leistung, die nur von 15% der Arbeitsplatzinhaber erreicht wird). Die geschätzten Gewinne können nach diesen Analysen überraschend groß sein. Durch die Verwendung von Leistungstests bei der Auswahl von 40 Finanzbuchhaltern konnte beispielsweise ein Leistungsgewinn von 2 Mio. Dollar pro Jahr erzielt werden.

50.4 Objektive oder subjektive Kriterien?

Üblicherweise wird zwischen „harten" (objektiven) und „weichen« (subjektiven) Kriterien unterschieden. Unter *„harten"* Kriterien werden normalerweise die „Praxiskriterien" verstanden, die bereits oben angesprochen wurden, wie z. B. Aufstieg, Unfälle, Prämien, Materialverschleiß usw. *„Weiche"* Kriterien sind normalerweise Ratings durch Vorgesetzte. Im Prinzip gehören auch Kollegenratings und Fragebogenantworten der Beschäftigten in diese Kategorie. Leistungsratings sind offensichtlich die populärsten Validierungskriterien der Personalauswahl. Oft wird befürchtet, daß ihre Subjektivität und ihre Verzerrungsmöglichkeiten zu einer unechten Erhöhung der Validität oder unkorrekten Gewichtung der Prädikatoren führen können. Schmidt et al. (1984) fanden jedoch keine Ergebnisse, die diese Annahme einer erhöhten Validität bestätigen.

50.5 Ein Kriterium oder viele?

Unser Beispiel hat darauf aufmerksam gemacht, daß die „Arbeitstätigkeit" oder der „Arbeitserfolg" immer mehrere Seiten haben. Das heißt, es wäre unklug, nur ein Kriterium zu verwenden. Wenn möglich sollten Unter- oder Teilkriterien entwickelt werden. Mit solchen *„multiplen* Kriterien" kann man entweder ein einzelnes Gebiet (z. B. Leistungen sowohl durch Vorgesetzenratings, als auch durch Leistungsdaten) oder mehrere verschiedene Bereiche (z. B. Leistungen, Fluktuation und Aufstiegspotential) erfassen. Auch wenn wir die Mehrdimensionalität der Arbeitstätigkeit hervorheben, kann es manchmal notwendig sein, ein Kriterium auf Kosten der anderen besonders zu gewichten oder mehrere Kriterien zu einer zusammenfassenden Skala zu kombinieren. Eine Möglichkeit, verschiedene, zunächst getrennt erhobene Kriterien, in eine gemeinsame Skala zu konvertieren, wäre etwa, sie in Geldwerte umzurechnen.

50.6 Zugrundeliegende Zeitspanne

In unserem Beispiel hat die Forscherin entschieden, die Leistungen der ersten drei Monate nicht zu berücksichtigen. Stattdessen hat sie ein sogenanntes *„mittelfristiges Zeitkriterium"* auf Grund der Arbeitstätigkeit des ersten Jahres verwendet. Personalprogramme wie Auswahl oder Ausbildung haben unterschiedliche Ziele. Die Zeitspanne, die durch die verwendeten Kriterien abgedeckt wird, sollte aus diesen Zielsetzungen abgeleitet werden. Eine wichtige, damit zusammenhängende

Unterscheidung betrifft die Trennung von Arbeits- und Leistungs- oder Ausbildungskriterien. Entscheidend dafür, welchem Kriterium vorrangige Bedeutung zukommt, sind die allgemeinen Zielsetzungen der Personalprogramme.

Um Anwärter für die Flugzeugführerausbildung auszuwählen, werden z. B. computerunterstützte Leistungstests entwickelt. Eine solche Ausbildung ist sehr kostspielig und kann bis zum Abschluß mehrere Jahre dauern. Da effektive Testverfahren wesentlich dazu beitragen können, Mißerfolge im Trainingsprogramm zu vermindern, wären hier die Leistungen in der Ausbildung die wichtigsten Kriterien. Anders wäre es dagegen, wenn wir ein kurzes Ausbildungsprogramm zur Vorbereitung auf Kontrolleurstätigkeiten im Supermarkt haben. Offensichtlich wären hier Kriterien wichtiger, die sich auf die Arbeitstätigkeit beziehen, wie z. B. Schnelligkeit, Genauigkeit und Umgang mit Kunden.

50.7 Wie situationsspezifisch sind Kriterien?

Da die beobachtbaren Korrelationen zwischen ähnlichen Prädiktoren und ähnlichen Kriterien von einer Validierungsstudie zur nächsten beträchtlich variieren können, hat man daraus den Schluß gezogen, daß selbst anscheinend ähnliche Tätigkeiten (deren Kriterienwerte einander ähnlich sind) dennoch faktisch sehr verschieden sein können. Praktisch ist kein Arbeitsplatz wie der andere. Die beobachteten Unterschiede lassen sich größtenteils durch zu kleine Stichprobengrößen und andere Fehlerquellen, wie die Unzuverlässigkeit der Kriterien, erklären. Unter der Voraussetzung, daß eine Prädiktor-Kriterium-Beziehung auf der Basis ausreichend großer Stichproben und unter Berücksichtigung verschiedener Fehlerquellen sicher nachgewiesen wurde, meinen Schmidt und Hunter (1980) deshalb, daß die Organisation keine weitere Validierungsstudie durchzuführen braucht oder ihre eigenen Kriterien entwickeln muß. Wenn durch Tätigkeitsanalysen nachgewiesen wird, daß die Arbeitstätigkeit zu der zugrundeliegenden Tätigkeitsfamilie gehört, wäre eine derartige organisationsspezifische Validierungsforschung für die Frage der Verwendung eines Kriteriums als Prädiktor nicht entscheidend. Ob wir nun diese Argumentation zur Generalisierbarkeit von Kriterien vollständig akzeptieren oder nicht, die Notwendigkeit zur Erforschung der Beziehungen zwischen Klassen von Prädiktoren und Klassen von Kriterien bleibt bestehen. Der wesentliche neue Gesichtspunkt ist, daß ein Kriterium als Mitglied einer „Familie" identischer oder ähnlicher Kriterien angesehen werden kann.

50.8 Folgerungen

Zusammenfassend können wir feststellen, daß sich das sogenannte „Kriteriumproblem" im wesentlichen nicht von vielen anderen allgemeinen Problemen der Sozial- und Verhaltensforschung, der Untersuchungsplanung und der Verwendung von Meßmethoden unterscheidet. Wann immer eine Hypothese getestet oder die Effektivität eines Verfahrens überprüft wird, ist es erforderlich, eine „abhängige Variable" oder einen Tätigkeitsstandard auszuwählen, Kriterien dazu zu entwickeln und anzuwenden. Der Begriff „Kriteriumproblem" ist einfach eine nützliche Metapher, die unsere Aufmerksamkeit auf die spezifischen Probleme bei der Untersuchung der Effektivität von Verfahren, insbesondere in den Bereichen Personalanwerbung, Auswahl und Ausbildung, lenkt.

Literatur

Casicio, W. F. (1982). Costing human resources: The financial impact of behavior in organisations. Boston, Mass.: Kent Publ.
Schmidt, F. L. & Hunter, J. E. (1980). The future of criterionrelated validity. Personnel Psychology, 33, 41–60.
Schmitt, N., Gooding, R. Z., Noe, R. A. & Kirsch, M. (1984). Metaanalyses of validity studies published between 1964 and 1982 and the investigation of study characteristics. Personnel Psychology, 37, 407–422.
Smith, P. C. (1976). Behaviors, results and organizational Effectiveness. The problem of criteria. In M. D. Dunnette (Ed.), Handbook of industrial and organizational psychology. Chicago: Rand McNally.

Ellen Jones,
Großbritannien

51. Kulturvergleichende Untersuchungen

51.1 Einleitung

Die Organisationspsychologie thematisiert im wesentlichen das Verhältnis zwischen Individuen und Organisationen. Die Organisationen existieren jedoch in einem unmittelbaren Umweltkontext, mit dem sie interagieren. Als eine bedeutende Umweltkomponente und als ein möglicher Einflußfaktor wurde das kulturelle Milieu identifiziert, das die Organisation umgibt (→ *Organisationskultur*). Die kulturvergleichende Psychologie der Organisation zielt auf die Untersuchung organisationalen Verhaltens in verschiedenen Kulturen. Sie versucht weiterhin, den Einfluß der Kultur auf organisationale Strukturen, Funktionen und Verhaltensweisen zu verstehen, wobei vorausgesetzt wird, daß sich Kulturen als Ganzes in Aspekten unterscheiden, die für die Erklärung von Unterschieden organisationaler Phänomene relevant sind.

Im letzten Jahrzehnt wurden eine Vielzahl von Untersuchungen auf diesem Gebiet publiziert (Barrett & Bass, 1976; Beres & Portwood, 1981; Roberts, 1970; Tannembaum, 1980), aber die Fortschritte im Verständnis der Wirkung soziokultureller Einflüsse auf Organisationen hielten sich in Grenzen. Als Grund wurde häufig eine fehlende grundlegende Theorie angeführt (Child, 1981; Negandhi, 1974). Auf der anderen Seite wurde aus universalistischer Sicht der Nutzen eines kulturspezifischen Ansatzes in Frage gestellt.

51.2 Konzeptuelle Probleme

In der Literatur wurden unterschiedliche Standpunkte zum Problem des Konzeptes ‚Kultur' im Rahmen der kulturvergleichenden Psychologie vertreten. Einige Autoren wiesen darauf hin, daß dieses Konzept in einem sehr allgemeinen Sinne und in undifferenzierter Weise gebraucht werde und damit nutzlos sei (Rohner, 1984; Segal, 1983) oder als eine Entschuldigung für intellektuelle Oberflächlichkeit diene (Child, 1981). Ähnlich betonte Roberts (1970), daß Kultur „noch immer eine Realität ist, die selbst noch erklärt werden muß und als solche noch keine anderen Realitäten erklären kann". Im Gegensatz dazu glauben andere Forscher, daß der Begriff ‚Kultur' keine Klärung benötige, sondern in der kulturvergleichenden Psychologie als globaler Begriff nützlich sei, der die vielen verschiedenen objektiven und subjektiven Phänomene bezeichne, die traditionell von Sozialwissenschaftlern als kulturell aufgefaßt werden (Jahoda, 1984).

Kultur kann mit Rohner (1984) definiert werden als „die Gesamtheit der äquivalenten und komplementär erlernten Bedeutungen, die durch ein Volk aufrechterhalten und von einer Generation auf die nächste Generation übertragen werden" (S. 120). Eine wichtige Frage für die Forschung ist die Bestimmung der Grenzen einer Population, die derselben Kultur angehört. In der empirischen Forschung sind die Grenzen oft durch die (offiziellen) nationalen Grenzen operationalisiert worden. Das macht es aber unmöglich, Kultur von politischen, rechtlichen und sozialen Merkmalen nationaler Systeme zu trennen. Außerdem kann man nicht voraussetzen, daß eine nationale Kultur immer homogen ist. Einerseits können kulturelle Grenzen sehr wohl über zwei oder noch mehr nationale Grenzen hinausreichen, andererseits können verschiedene Kulturen innerhalb der gleichen Nation existieren. Jedoch sind viele kulturvergleichende Studien innerhalb der Organisationspsychologie in der Tat nationalvergleichende Studien (Roberts & Boyacigiller, 1984).

Eine andere konzeptuelle Frage betrifft die historischen Dimensionen der Kultur. Da Kultur aus einer Reihe von soziokognitiven Mustern besteht, die sozial von einer Generation zur anderen übertragen werden, spielen geschichtliche Aspekte eine wesentliche Rolle. Diesem Aspekt wurde wegen der Komplexität geschichtlicher Entwicklungen, die die gemeinsamen Werte eines Volkes in einer bestimmten Zeit bedingen, wenig Aufmerksamkeit geschenkt.

51.3 Zwei metatheoretische Fragen

Zwei philosophische Fragen tauchen in der kulturvergleichenden Forschung auf. Eine beschäftigt sich mit dem Problem *Universalismus vs. Relativismus* und die andere mit dem *Ethnozentrismus*.

Zum Problem der kausalen Rolle von Kultur wurden zwei extreme Positionen vertreten: universalistische versus kulturspezifische Theorien. Universalistische Theorien betrachten Kultur als einen nicht-existenten oder unbedeutenden Faktor für Organisationsprozesse. Einige „kulturfreie" Theoretiker betonen die Rolle von Technologie, Kontext und strategischen Entscheidungen als mögliche Faktoren, die Unterschiede zwischen Organisationen erklären. Kultur habe wenig oder gar keine Bedeutung für relevante organisationale Variablen. Andere „kulturfreie" Theoretiker behaupten, Kultur habe per se nur wenig Bedeutung außer in Form einer Ideologie (Kapitalismus vs. Sozialismus) und diese ideologischen Einflüsse seien auch nur insoweit relevant, wie sie den Besitz von Produktionsmitteln beeinflussen (Child, 1981).

Im Gegensatz dazu betrachten kulturspezifische Theorien Kultur als kausalen Faktor für organisationale Strukturen und Funktionen. Eine mittlere Position geht davon aus, daß kulturelle Faktoren zusammen mit organisationalen Kontingenzen und Kapitalismus zu betrachten sind. Das Gewicht dieser Einflüsse variiert in Abhängigkeit von den analysierten organisationalen Phänomenen. Je größer die physikalischen Einflüsse auf Organisationen sind, umso geringer wird die Varianz der Kultur in Organisationen sein. Wie Child (1981) ausführt, besitzen kulturelle Effekte den stärksten Einfluß auf die Organisationsprozesse, die mit einem autoritären Führungsstil, mit Partizipation und Einstellungen zusammenhängen und den geringsten Einfluß auf formale Strukturen und die globale Strategie.

Ethnozentrismus (→ *Qualitative Methoden*) ist ein anderes Problem, das ausgiebig in der kulturvergleichenden Forschung behandelt wurde. Malinowski warnte die Wissenschaftler vor der Gefahr, die Welt nur aus der Perspektive ihrer eigenen Kultur und ihrer Werte zu betrachten, was zu Mißverständnissen bei anderen Kulturen führen kann. Diese Gefahr wurde das „Malinowskische Dilemma" genannt, das sich auf das Problem bezieht, ob Kulturen von außen oder nur aus sich selbst heraus verstanden werden können (Lammers, 1977). In der Organisationspsychologie ist dieser Punkt nicht nur für Wissenschaftler relevant, sondern ebenso für Praktiker und Manager, die in einem ausländischen Kulturkreis arbeiten. Das Malinowskische Dilemma entsteht, wenn Konzepte, Modelle, Interventionsstrategien und Praktiken von einer Kultur in eine andere übertragen werden. Der resultierende kulturelle Bias kann eine relevante konzeptuelle Beschränkung der gegenwärtigen kulturvergleichenden Forschung und Praxis sein. „Offensichtlich kann die Orientierung der Wissenschaftler von den gleichen kulturellen Prozessen beeinflußt sein, die sie zu untersuchen trachten. Nicht nur ideologische Beschränkungen beeinflussen Modelle, aber da Methodologien stark von Theorien beeinflußt werden, machen diese Beschränkungen es schwer, eine „wahrhafte" nationalvergleichende Untersuchung zu entwerfen. Stattdessen weisen viele Forschungsergebnisse darauf hin, daß sich andere Nationen mit der eigenen Gesellschaft des Wissenschaftlers anhand von Variablen und/oder Prozessen vergleichen lassen, die relevant für die Gesellschaft des Wissenschaftlers sind. Somit weisen die Untersuchungen selbst einen kulturellen Bias auf" (Beres & Portwood, 1981, S. 323). Der Einsatz internationaler Forschungsteams kann hilfreich sein, um sich gegen diese Probleme zu schützen und die wissenschaftlichen Ergebnisse zu verbessern.

51.4 Einige Beiträge des kulturvergleichenden Ansatzes

Kultur ist eine Dimension der Organisationsumgebung, die Organisationen und organisationales Verhalten beeinflußt, insbesondere Einstellungen, Erwartungen, Werte und zwischenmenschliche Beziehungen und weniger strukturelle und technologische Aspekte. Managerverhalten und professionelle Interventionsbemühungen werden ebenso beeinflußt. Zum Beispiel sind die menschlichen Reaktionen in Zeiten der Beschäftigungsknappheit kulturell unterschiedlich. Arbeitswerte, Arbeit- vs. Freizeitorientierung, wichtige Arbeitsumstände (Arbeitssicherheit, Förderlichkeit der Arbeit, Selbsterfüllung), familiäre Werte und Praxiserfahrung beeinflussen Verhalten und Einstellungsmuster bei der Arbeitssuche.

So basiert in einer Gesellschaft, in der die Kinder gewöhnlich bis zur Heirat im Elternhaus bleiben, die Arbeitssuche Jugendlicher hauptsächlich auf einem informellen Netzwerk im Familien- und Freundeskreis, wobei Arbeitsplätze in der Umgebung bevorzugt werden, selbst wenn sie in der Schattenwirtschaft angesiedelt sind. Haben Arbeitssicherheit und Stabilität einen hohen Stellenwert, wird sich eine unverhältnismäßig große Anzahl von Menschen, die oft überqualifiziert sind, um Arbeitsstellen auf den unteren Ebenen bemühen, die von Verwaltung, Gesundheitsbehörden, Banken und ähnlichen Organisationen angeboten werden. Unter solchen Bedingungen fanden wir z.B. in Spanien Veränderungen in den Rekrutierungs- und Auswahlpraktiken (Peiró, Selva & Alonso, 1987).

Die Rolle der Kultur wurde in der Organisationsforschung für das Verständnis von organisationalem Verhalten nicht explizit in Betracht gezogen, soweit diese Forschungen im Rahmen einer spezifischen Kultur durchgeführt wurden. Die Betonung des kulturellen Einflusses war aber ein wichtiger Beitrag in der kulturvergleichenden Forschung, obgleich Modelle und Methodologien für ein vollständiges Verständnis des kulturellen Einflusses noch fehlen (Drenth & Groenendijk, 1984).

Die kulturvergleichende Forschung hat sich häufig mit nationalvergleichenden Analysen zu unterschiedlichen Einstellungen, Werten, Bedürfnissen, Erwartungen und zwischenmenschlichen Beziehungen in Organisationen beschäftigt (Haire, Ghiselli & Porter, 1966; Hofstede, 1980; MOW, 1981). Aufmerksamkeit wurde auch der organisationalen Demokratie (IDE, 1981 vgl. → *Mitbestimmung*), Organisationsstrukturen (Lammers & Hickson, 1979) oder Machtstrukturen (Tannenbaum, 1968) gewidmet. Oft sind Clusteranalysen durchgeführt worden, um kulturell ähnliche Länder zu gruppieren. Diese Studien haben gezeigt, daß die kulturelle Distanz zwischen zwei Ländern eine wichtige Variable für die Verallgemeinerung von theoretischen Modellen (vgl. → *Europäische Perspektiven*) oder für die Übertragung von Führungspraktiken von einem Land auf ein anderes ist. Zum Beispiel ist es leichter, ein Modell über Führungsstil und seine Effekte auf organisationales Verhalten und Einstellungen auf zwei kulturell ähnliche Länder zu verallgemeinern als auf zwei Länder mit einer größeren kulturellen Distanz.

In Indien hat Sinha den Begriff „nurturant task leadership style" geprägt – im Unterschied zum partizipativ autokratischen Stil –, um den für indische Organisationen geeignetesten Stil zu kennzeichnen. Ein Führer vom Nurturant Task-Typ (NT) wird, wie er sagt, „als aktiv, stark, dominant, entschlossen, selbständig, wachsam, ermutigend und extravertiert wahrgenommen. Er ist genau und erledigt seine Arbeit gut und unterscheidet sich vom autoritären Führer, der autokratisch, beeinflussend, unsicher und unpraktisch ist, Unzufriedenheit verbreitet und deshalb von anderen nicht respektiert wird. Man stellte fest, daß der NT-Typ dem partizipativen Führer ähnlich ist, der demokratisch, respektiert, zufriedenstellend, sicher und geschickt ist, aber dabei jedoch schwach erscheint" (Sinha, 1980, 193–194). Familiäre Beziehungen im indischen Kasten-System beeinflussen sicherlich die Art und Weise des Führungsverhaltens in indischen Organisationen. Dieses Beispiel weist auf die wichtige Fragestellung hin, ob etwas, das in einer Kultur gelernt oder entwickelt wurde, mit oder ohne Modifikationen auf eine andere Kultur übertragen und dort effektiv genutzt werden kann.

Theoretische Modelle und professionelle Praktiken von Organisationswissenschaftlern sind weder dazu in der Lage, alle Arten nationaler, sprachlicher oder kultureller Grenzen zu vergleichen, noch sind sie universell anwendbar, wie manchmal angenommen wird. Tatsächlich ist es sehr interessant, die nicht immer explizit formulierten Veränderungen bei organisationalen Praktiken festzustellen, wenn sie von einer Kultur in eine andere importiert werden. Ein Beispiel in westlichen Ländern sind → *Qualitäts-Zirkel,* die ursprünglich in Japan entwickelt wurden. In westlichen Ländern liegt die motivationale Betonung auf individuellen Motiven (Eigeninteresse, Leistung), während sie in Japan auf der Beziehung zur Organisation und dem Erreichen der Organisationsziele liegt (Staw, 1984).

In Anbetracht dieser Situation mögen die Beiträge der kulturvergleichenden Forschung bedeutende Einblicke erlauben, wie grundlegende Verhaltensprozesse und systemische Verallgemeinerungen durch kulturelle Kontingenzen modifiziert werden. Dies führt jedoch zu neuen methodologischen Problemen, die es schwer machen, aussagekräftige Ergebnisse auf diesem Gebiet zu gewinnen.

Ferner überschreiten moderne Firmen nationale Grenzen, und große multinationale Konzerne nehmen immer mehr zu, womit sie zur Mischung von Kulturen beitragen. Handelsgesellschaften besitzen eine beträchtliche Homogenität in ihren eigenen Kulturen, die hauptsächlich durch die nationale oder lokale Kultur ihrer Zentralen bestimmt wird. Werden sie jedoch in einem anderen Land eingesetzt, üben neue kulturelle Faktoren – wie Einstellungen gegenüber Autorität, Leistung, persönliches Risiko, Gewohnheiten und Tradition – unterschiedliche Einflüsse auf Managementpraxis und zwischenmenschliche Beziehungen aus.

Der Einfluß der neuen Kultur auf die Organisationsstruktur und Technologie (→ *Organisation und Organisationsgestaltung*) ist geringer, obwohl auch diese Faktoren in einigen Fällen kulturelle Anpassungen erfahren (→ *Organisatorischer Wandel*). Wenn kultureller Relativismus der Universalität von Managerphilosophie und -praxis bestimmte Grenzen setzt, ist kulturvergleichende Forschung nötig, um die Prozesse der Kulturvermischung zu klären. Diese Anpassung muß angemessen in dem neuen kulturellen Zusammenhang angesiedelt werden. Außerdem kann Managementtraining für den Einsatz in anderen Kulturen von der Forschungsarbeit zu diesem Thema profitieren; speziell stimmen wir Peter (1970) zu, wenn er feststellt, daß „Transfer von Managementfähigkeiten zwischen verschiedenen Kulturen nicht einfach mit einer Anpassung an andere Kulturen gleichzusetzen ist. Das bedeutet auch, daß Manager wohlüberlegt danach streben, andere Menschen und dadurch unvermeidlich auch ihre Kultur zu beeinflussen, in einer konstruktiven Weise, die notwendig ist, um die Ziele ihrer Organisation voll zu erreichen" (S. 576).

Die kulturvergleichende Forschung kann weiterhin Erkenntnisse für die psychologische Anpassung bei relativ kurzzeitigen Besuchen oder Aufenthalten in fremden Kulturen liefern. Forschungsarbeiten über auftretende Probleme, Stadien und Formen der Anpassung und die Variablen, die diesen Prozeß beeinflussen, liegen bereits vor. Church (1982) sowie Harris und Moran (1979) betrachten die Anpassungsschwierigkeiten von Geschäftsleuten aus Übersee.

51.5 Zusammenfassung

Kulturvergleichende Ansätze in der Organisationspsychologie zeigen deutlich den Einfluß der Kultur auf die Organisation und das organisationale Verhalten auf und betonen nachdrücklich die Forderung, sich der Grenzen von empirischen Verallgemeinerungen, Modellen und Praktiken bewußt zu sein. Erforderlich ist zukünftig eine Klärung des spezifischen Einflusses kultureller Faktoren auf verschiedene Aspekte organisationaler Realitäten (Verhalten, Einstellung, Überzeugung der Mitglieder, Geschäftspraktiken, Technologie, Struktur, Organisations-Umwelt-Beziehung, etc.).

Kulturvergleichende Ansätze besitzen auch praktische Relevanz. Beiträge zur Verbesserung von Organisationspraktiken, die von einer Kultur in eine andere eingeführt werden, zum kulturvergleichenden Management, zur Anpassung von Mitgliedern einer Kultur an andere Kulturen, zur Anpassung von Fremden und zum Management von internationalen Organisationen (UNO, UNESCO, etc.) sind einige der nützlichen Ergebnisse, die durch eine kulturvergleichende Forschung erzielt werden können.

Literatur

Barrett, G. V. & Bass, B. M. (1976). Cross-cultural issues in industrial and organizational psychology. In M. D. Dunnette (Ed.): Handbook of industrial and organizational psychology (pp. 1639–1686). Chicago: Rand McNally.
Beres, M. E. & Portwood, J. D. (1981). Sociocultural influences on organizations: An analysis of recent research. In G. W. England, A. R. Negandhi & B. Wilpert (Eds.): The functioning of complex organizations (pp. 337–350). Cambridge, Mass.
Child, J. (1983). Culture, contingency and capitalism in the cross-national study of organizations. In L. L. Cummings & B. M. Staw (Eds.): Research in organizational behavior. Vol. 3. (pp. 303–356). Greenwich: Jai Press.
Church, A. T. (1982). Sojourner adjustment. Psychological Bulletin, 91, 540–572.
Drenth, P. J. D. & Groenendijk, B. (1984). Work and organizational psychology in cross-cultural perspective. In P. J. D. Drenth et al. (Eds.): Handbook of work and organizational psychology. Vol. 2 (pp. 1197–1229). Chichester: John Wiley.
Haire, M., Ghiselli, E. E. & Porter, L. W. (1966). Managerial thinking. New York: Wiley.
Harris, P. R. & Moran, R. T. (1979). Managing cultural differences. Houston, Tex.: Gulf.
Hofstede, G. (1980). Culture's consequences. International differences in work related values. Beverly Hills: Sage.
IDE – International Research Group (1981). Industrial democracy in Europe. Oxford: Oxford University Press.
Jahoda, G. (1984). Do we need a concept of culture? Journal of Cross-Cultural Psychology, 15 (2), 139–151.
Lammers, C. J. & Hickson, D. J. (Eds.) (1979). Organizations alike and unlike. London: Routledge & Kegan Paul.
MOW International Research Team (1981). The meaning of working. In G. Duglos & K. Weierman (Eds.): Management under different value systems. Berlin: De Gruyter.
Peiró, J. M., Selva, J. & Alonso, E. (1986). Responses of psychology in front of high rates of unemployment: the case of Spain. Paper presented at Benefits of Psychology Conference. Lausanne, 10.–12. September, 1986.
Peter, H. W. (1970). Management training for cross-cultural application. In B. Bass & S. D. Deep (Eds.): Current perspectives for managing organizations (pp. 575–587). Englewood Cliffs, N. J.: Prentice Hall.
Roberts, K. H. (1970). On looking at an elephant: An evaluation of cross-cultural research related to organizations. Psychological Bulletin, 74 (5), 327–350.
Roberts, K. H. & Boyacigiller, N. A. (1984). Cross-national organizational research: The grasp of the blind men. In B. M. Staw & L. L. Cummings (Eds.): Research in organizational behavior. Vol. 6. (pp. 423–475). Greenwich, Conn.: Jai Press.
Rohner, R. (1984). Toward a conceptualization of culture for cross-cultural-psychology. Journal of Cross-Cultural Psychology, 15 (2), 111–138.
Sinha, J. B. P. (1980). Nurturant Task Leader: A model of effective executive. New Delhi: Concept.
Staw, B. M. (1984). Organizational behavior: A review and reformulation of the field's outcome variables. Annual Review of Psychology, 35, 627–666.
Segal, M. H. (1983). On the search for independent variable in cross-cultural psychology. In S. Irvine et. al. (Eds.): Human assessment and cultural factors. NY: Plenum Press.
Tannembaum, A. S. (1968). Control in organizations. New York: McGraw-Hill.
Tannembaum, A. S. (1980). Organizational psychology. In H. C. Triandis & R. W. Brislin (Eds.): Handbook of cross-cultural psychology. Vol. 5. Boston: Allyn & Bacon.

José M. Peiró,
Spanien

52. Leistungsbeurteilung

52.1 Einleitung

Mit dem Begriff „Leistungsbeurteilung" bezeichnet man im allgemeinen alle Verfahren der Sammlung, Berichterstellung und Weitergabe von Informationen über die Arbeitsleistungen von Untergebenen. Das typische Beurteilungssystem wird einmal jährlich durchgeführt und besteht darin, daß Führungskräfte ihre Mitarbeiter/innen mit Hilfe eines Standardberichts schriftlich einschätzen und diese Einschätzungen in einem Beurteilungsinterview vermitteln. In der Regel beruhen die hauptsächlich verwendeten Verfahren entweder auf objektiven Hintergrundinformationen oder auf Einschätzungen des arbeitsbezogenen Verhaltens. Zu den ersten gehören Erfolgsbeurteilungen durch Führungskräfte auf der Grundlage konkreter Ziele, wie sie in vorangehenden Beurteilungsgesprächen festgelegt wurden (→ *Zielsetzungsmethoden*), Diskussionen über Probleme, die aufgetreten sind und die Festsetzung eindeutiger und (möglichst) quantifizierbarer konkreter Ziele für das folgende Jahr. Die zweite (und heute weniger populäre) Alternative beruht auf der Verwendung von *Einschätzungsskalen*. Hier haben die Beurteiler normalerweise die Aufgabe, Verhalten oder Fähigkeiten mit Einschätzungsskalen zu beurteilen, z. B. „Führungskompetenzen", „sprachlicher Ausdruck in Berichten", „Sensitivität gegenüber anderen" usw. Diese Einschätzungen werden ebenfalls als Gesprächsgrundlage für Beurteilungsinterviews verwendet.

Bewertungsverfahren werden bereits seit vielen Jahren verwendet und genauso lange besteht auch das Problem, daß sie die Erwartungen der Organisationen nicht erfüllen. Vielleicht ist dadurch zumindest teilweise erklärbar, warum sie in vielen Organisationen so oft modifiziert und gewechselt werden. Trotz dieser verbreiteten Unzufriedenheit gibt es aber keine Hinweise dafür, daß etwa die Anwendungshäufigkeit von Leistungsbeurteilungssystemen abnimmt. Wenn eine Person analog dazu, ohne konkret faßbare Verstärkung, ihr Verhalten ständig wiederholt, könnten wir dies durchaus als „neurotische Rigidität" interpretieren. Solches Verhalten wäre zweifellos fehlangepaßt. Unser Kernargument ist, daß die üblichen Beurteilungssysteme ähnlich sinnlos sind und daß, wie im vorliegenden Beitrag dargelegt werden wird, ein Neubeginn in diesem Gebiet erforderlich ist.

52.2 Aufgaben und Probleme der Leistungsbeurteilung

Zuerst einmal müssen wir verstehen, *warum* die Leistungsbeurteilung so viele Schwierigkeiten macht. Ein großer Teil der Probleme entsteht durch die Ziele, die Beurteilungssystemen zugrunde liegen. Häufig wird gefordert, daß sie
a) als Grundlage für faire Vergleiche zwischen Mitarbeiterinnen und Mitarbeitern

sowie dazu dienen sollen, Belohnungen (Bezahlung usw.) gerecht zu verteilen. Sie sollen außerdem dazu beitragen,
b) Menschen zu besseren Leistungen zu motivieren,
c) Untergebenen ein Feedback und Informationen darüber zu geben, wo sie stehen,
d) Informationen für die Personalplanung zu sammeln und schließlich
e) zur Einzelberatung über die kurzfristige Berufs- und Laufbahnentwicklung verwendet werden (vgl. auch → *Berufsentwicklung, Laufbahn und Beratung*).

Es überrascht nicht, daß diese weitreichenden Zielsetzungen durch normale Beurteilungssysteme kaum verwirklicht werden können.

Das Problem, mit Leistungsbeurteilungen zuviel erreichen zu wollen, wird zusätzlich dadurch verkompliziert, daß die genannten verschiedenen Ziele untereinander tendenziell gegenläufig sind und die Beurteiler in Rollenkonflikte bringen. Nicht vereinbar erscheinen beispielsweise die Aufgaben, Leistungsfeedback zu geben (normalerweise verbunden mit einem Gespräch über die Schwächen und Stärken der zu Beurteilenden) mit gleichzeitiger Beratung (Unterstützung der Ratsuchenden in der Karriereentwicklung und Leistungsverbesserung). Menschen reagieren defensiv auf Beurteilungen und können jeden konstruktiven Versuch blockieren, nach vorn zu schauen oder Verbesserungsmöglichkeiten zu finden – vor allem, wenn die Beurteilung mit emotionalisierten Problemfeldern wie Bezahlung oder Aufstieg verbunden ist.

Wird Leistungsfeedback bei der Beurteilung immer defensiv aufgenommen? Die Erfahrungen sind unterschiedlich (Fletcher, 1986), aber insgesamt zeichnet sich ab, daß mehrere Bedingungen erfüllt sein müssen, damit Feedback positive Auswirkungen hat. Dazu gehört, daß die Kritik nicht zu stark sein darf und mit Lob für gute Arbeit auszubalancieren ist. Das Gespräch sollte sehr sensibel geführt werden und dem Beurteilten viele Möglichkeiten der Beteiligung geben, auf guten Alltagskommunikationen zwischen Führungskraft und Untergebenen beruhen und sich eher auf den Leistungsbereich, als auf persönliche Eigenheiten des zu Beurteilenden konzentrieren. Selbst wenn diese Voraussetzungen hergestellt werden, gibt es keine Garantie dafür, daß daraus wesentliche positive Resultate entstehen.

Möglicherweise ist die wichtigere Frage, *wie oft* derartige Voraussetzungen in organisationalen Beurteilungsverfahren erfüllt werden. Leider müssen wir feststellen, daß optimale Voraussetzungen selten oder nie gegeben sind. Viel zu oft werden die Beurteiler minimal oder gar nicht ausgebildet, was entsprechend schädliche Auswirkungen auf die Durchführung von Beurteilungsgesprächen hat. Außerdem ist das allgemeine Niveau der Kommunikation zwischen Führungskräften und Untergebenen so schwach, daß manchmal sogar erwartet wird, daß ausgerechnet die Beurteilungsverfahren auf eine geheimnisvolle Weise diese Schwächen ausgleichen sollen. Der Beurteilte wird aber wenig Vertrauen in die Fairness und Genauigkeit der Beurteilung setzen, wenn der Beurteiler ihn nur selten sieht.

52.3 Ein alternativer Ansatz

Viele kritische Reaktionen auf Beurteilungen beruhen auf der Subjektivität der Ergebnisse. Irgendwelche subjektiven und damit möglicherweise verfälschten Urteile über Tätigkeiten werden praktisch immer, egal welches Verfahren verwendet wird, in größerem oder geringerem Umfang von den Beurteilern gefordert. Die Beurteiler sind sich dessen fast genauso bewußt, wie die Beurteilten, und sehr häufig versuchen sie Beurteilungen zu vermeiden, wenn sie erwarten, daß die Beurteilten die Beurteilung als ungerecht empfinden und feindselig reagieren können.

Was können wir aber tun, wenn wir mit dem Problem der Subjektivität von Einschätzungen und mit der praktischen Wirklichkeit konfrontiert werden, wonach Beurteilungssysteme nun einmal eingesetzt werden müssen? Als Antwort auf die wirtschaftlichen Schwierigkeiten in den 80er Jahren läuft der Trend in Organisationen ja ironischerweise eher dahin, die Bedeutung der Leistungsbewertung in Beurteilungsverfahren noch mehr zu betonen (Long, 1986). Als Analogie entspräche dies einem Menschen, der unter Streß auf einfachere und primitivere, aber genauso (un)wirksame, Verhaltensweisen regrediert. Vielleicht steht dieser Trend aber nur für das genauso absurde Ziel, perfekte Beurteilungssysteme zu gestalten, und dabei die gesamten Forschungserkenntnisse über „gute Methoden" umzusetzen. Sehr viel angemessener und nützlicher wäre es stattdessen, Beurteilungsmethoden einzuführen, die einfach und robust genug sind, um das gegenwärtige wirtschaftliche Klima zu überleben, und die Schwierigkeiten zu überwinden, die subjektiven Trendeinschätzungen innewohnen.

Selbstbeurteilungen wären eine mögliche Alternative. Die Beurteilten wissen offensichtlich am meisten darüber, was sie tatsächlich gemacht haben. Und dadurch, daß sie als Untergebene die Initiative erhalten und damit auch ihre notwendige Mitwirkung am Prozeß verstärken, wird eine viel höhere Motivation der Beurteilten hervorgerufen. Das anschließende Beurteilungsinterview sollte dadurch auch leichter durchgeführt werden können. – Ein naheliegender Einwand gegen einen solchen Ansatz wäre nun aber, daß die Beurteilung durch eigennützige Einschätzungen verfälscht wird oder daß Menschen ihre Leistungen leichter rechtfertigen. Oberflächlich betrachtet stimmt diese Überzeugung mit den Erfahrungen überein.

Selbsteinschätzungen sind durchgängig wohlwollender *(„Leniency Effects")*. Die Selbsteinschätzungen von Untergebenen sind günstiger als die von Vorgesetzten (Thornton, 1980). Die meisten Ergebnisse hierzu stammen aber aus Forschungsarbeiten, von denen viele nur begrenzt auf wirkliche Beurteilungssituationen übertragbar sind. Meyer (1980) berichtet, daß Selbstbeurteilungen, die zur Vorbereitung von Gesprächen im Interview mit Führungskräften erstellt werden, sehr viel bescheidener ausfallen. Andere Arbeiten über Selbsteinschätzungen stimmen im allgemeinen mit Meyers Ergebnissen überein. Gespräche über Selbsteinschätzungen mit anderen Personen haben einen Moderatoreffekt auf die „Leniency".

Besonders wertvoll sind Selbstbeurteilungen, wenn Personen gebeten werden, verschiedene Aspekte ihres Verhaltens *im Vergleich* der Merkmale untereinander (im Unterschied zum Vergleich mit Kollegen und Kolleginnen) zu beurteilen. Unter solchen Bedingungen nehmen – verglichen mit Vorgesetztenbeurteilungen bei Selbsteinschätzungen – die Diskriminationsleistungen zu *(„Halo-Effekte"* nehmen ab, vgl. Thornton, 1980). Für entwicklungsorientierte Beurteilungen wäre dies ein sehr erwünschtes Ziel.

Wenn wir Selbstbeurteilungsmethoden stärker betonen, gehen wir implizit davon aus, daß die Beurteilung eher ein Instrument zur Entwicklung und Verbesserung der Kompetenzen der Beschäftigten wird, als eine Technik, um Informationen für die Organisation zu sammeln und Vergleiche zwischen Menschen anzustellen. Da die Qualität der üblichen Beurteilungen nachweislich so schlecht ist, daß sie sowieso keine fairen oder genauen Einschätzungen ermöglichen – obwohl dies nur mit großem Widerstreben zugegeben wird – würde durch diese Alternative auch kein Verlust entstehen. Organisationen tun besser daran, → *Assessment Center* oder psychometrische Tests als Verfahren für Aufstiegsentscheidungen heranzuziehen.

Wir können demnach abschließend feststellen, daß die Selbstbeurteilung eine Möglichkeit liefert, einige der klassischen Probleme der Leistungsbeurteilung zu lösen und daß sie sich eher als robust und nützlich erweist, als die konflikthaltigen, bis heute in diesem Gebiet gebräuchlichen Verfahren der Fremdbeurteilung.

Literatur

Fletcher, C. & Williams, R. (1985). Performance appraisal and career development. London: Hutchinson.
Fletcher, C. (1986). The effects of performance review in appraisal; evidence and implications. Journal of Management.
Landy, F. J. & Farr, J. L. (1983). The measurement of work performance, New York: Academic Press.
Long, F. (1986). Performance appraisal revisited. London: Institute of Personnel Management.
Meyer, H. H. (1980). Self appraisal of job performance. Personnel Psychology, 33, 291–295.
Thornton, G. C. (1980). Psychometric properties of self appraisal of job performance. Personnel Psychology, 33, 263–271.

Clive Fletcher,
Großbritannien

53. Leistungsnormen und Lohnsysteme

53.1 Einführung

Nehmen Sie einmal an, Sie sind Teilnehmer eines Seminars über Fragen zum Schadensersatz. Einer der Sprecher übernimmt die Führung und bittet jeden Teilnehmer gleich zu Beginn, aufzuschreiben, wieviel er pro Monat verdient. Was dürfte passieren? Man mag vielleicht ein Zögern erwarten, wenn nicht sogar „zähes" Schweigen: Viele Personen beginnen sich zu fragen, ob sie das richtige Seminar gewählt haben, andere werden an der Qualifikation des Sprechers zweifeln. Sollte der Sprecher jedoch die Vertraulichkeit der Einkommensangaben zusichern, dürfte sich die Spannung lösen und die Atmosphäre klären.

Wie kommt es, daß die meisten Gefühle eines Unbehagens aus dem Glauben entstehen, etwas sehr Persönliches stehe auf dem Spiel? Das Einkommen gibt uns verschiedenartige, nicht nur in wirtschaftlicher Hinsicht bedeutsame Hinweise über die Person. Es hat Auswirkungen auf die Selbstachtung und berührt somit auch die Identität (→ *Identität und Persönlichkeitsentwicklung*). In den meisten Kulturen ist es nicht üblich, diesen wichtigen Teil seiner Identität einfach der Öffentlichkeit (z. B. in einem Seminar) preiszugeben.

Das Beispiel illustriert kurz unser Thema: Bezahlung ist für die meisten Arbeitnehmer wichtig, da sie verschiedene Bedeutungen verkörpert, und einige davon sind für die Person von höchster Wertigkeit. In diesem Beitrag werden wir zunächst vier Bedeutungen von Bezahlung unterscheiden. Dann stellen wir kurz zwei Theorien darüber dar, wie die Bezahlung eine Bedeutung erhält. Im anschließenden Abschnitt wird die Wirkung von Bezahlungssystemen, wie sie in Organisationen angewendet werden, auf die unterschiedlichen Bedeutungen hin diskutiert. Schließlich werden Partizipationsmöglichkeiten der Arbeitnehmer bei solchen Fragen angesprochen.

53.2 Bedeutungen von Bezahlung

Die Bezahlung selbst hat in psychologischer Hinsicht kaum eine Bedeutung. Sie erhält dann eine Bedeutung, wenn sie sich in der Realität oder in der Erwartung einer Person auf etwas anderes bezieht. Vier verschiedene Bedeutungskategorien lassen sich identifizieren:
1. Die Bezahlung bezieht sich auf *wesentliche Motive*. Oft wird die Bezahlung als ein Mittel angesehen, gewünschte Ergebnisse zu erreichen. So mag eine Person im Falle eines höheren Verdienstes einen höheren Status, mehr Ansehen oder Macht erwarten. Eine bessere Bezahlung kann bessere Chancen für eine persönliche Entwicklung eröffnen, z. B. für eine höhere Arbeitssicherheit. Die Bezahlung wird dann für eine Person wichtiger, wenn sie wertvoll erachtete Konsequenzen zur Folge hat.

2. Die Bezahlung bezieht sich auf die *relative Position*. Die Bezahlung kann anzeigen, wie die Arbeit einer Person von jemand anderem (z. B. dem Vorgesetzten) angesichts der gesetzten Ziele bewertet wird. Sie erlaubt es auch, sich in verschiedener Hinsicht mit Kollegen zu vergleichen. Die Bezahlung kann die Beschäftigten über die verlangten Anstrengungen und Arbeitsbeiträge informieren, aber auch darüber, wie relevant unvorhersehbare Ereignisse, wie Maschinenschäden, verändertes Kundenverhalten, etc. für seine Arbeit sind. Diese Rückmeldung kann einem Angestellten Gelegenheit zur Korrektur und (Selbst-)Kontrolle geben.
3. Die Bezahlung hat Bezüge zur *Kontrolle* (→ *Kontrolle und Tätigkeitsspielraum*). Die Höhe der Bezahlung zeigt indirekt, wie effektiv die Versuche einer Person oder einer Gruppe von Arbeitnehmern waren, Kontrolle über Arbeitsbedingungen, andere Abteilungen, Klienten usw. auszuüben. Das angewendete Lohnsystem, Unterschiede in der Bezahlung über die Zeit und zwischen den Arbeitnehmern, geben aber auch direkt die Höhe der Kontrolle wieder, die die Beschäftigten haben.
4. Bezahlung bezieht sich auf *erreichte Ergebnisse*. Die Bezahlung kann den Grad an Kompetenz oder das Versagen eines Angestellten aufzeigen. Sie kann die Arbeitsbedingungen oder z. B. unsoziale Arbeitszeitgestaltung widerspiegeln, kann aber auch innerhalb wie außerhalb der Arbeit für Zufriedenheit sorgen. Andererseits kann sie auch ein Symptom für gefährliche Arbeitsbedingungen sein oder *Serviceleistungen*, etc. widerspiegeln.

53.3 Zwei Theorien über Bezahlung

Es hängt von verschiedenen Faktoren ab, wieviele und welche Bedeutungen die Bezahlung in einer gegebenen Situation hat. Aber bevor wir zu dieser Frage übergehen, betrachten wir das wichtige Problem, wie die Bezahlung überhaupt irgendeine Bedeutung erlangen kann. Mehrere psychologische Theorien sind in diesem Zusammenhang relevant; zwei davon seien kurz dargestellt (Thierry, 1984).

Nach der *Wert-Erwartungs-Theorie* wird jede Person regelmäßig mit der Notwendigkeit konfrontiert, zwischen alternativen Handlungen zu wählen. Der Grad der *Attraktivität* einer Alternative wird durch die Interaktion zwischen dem Wert (der Attraktivität) des von einer Person verfolgten Zieles determiniert sowie durch die Erwartung, daß sein Verhalten zur Realisation dieses Zieles führen wird (Thierry & Koopman-Iwema, 1984). So wird eine Person, die eine bessere Position anzielt und von der Erwartung ausgeht, daß kontinuierlich gute Leistung diese Position wahrscheinlicher macht, eine lange Zeit ihre Arbeit sehr gut ausführen. Lawler (1971) hat diese Theorie auf das Problem angewendet, wie die Bezahlung eine Bedeutung erhält. Dies wird durch das Ausmaß bestimmt, in dem die Bezahlung als ein gutes Mittel betrachtet wird, wichtig erachtete Ziele zu erreichen. Wenn eine Person nach Anerkennung und Autonomie strebt, wird sie der Bezahlung umso mehr Bedeutung und Wichtigkeit beimessen, je mehr sie glaubt, daß Bezahlung ein gutes Mittel ist, um Anerkennung und Autonomie zu erreichen.

Ausgangspunkt der zweiten Theorie ist *Festingers soziale Vergleichstheorie* (1954). Nach Festinger tendiert jede Person von Zeit zu Zeit dazu, ihre Ansichten und Fähigkeiten zu überprüfen. So fragt sie sich z. B., ob ihre Einschätzung zu einer Versetzung gerechtfertigt ist, oder ob die Art, wie sie Probleme löst, angemessen ist. Normalerweise sind objektive Beurteilsnormen schwer zu finden oder nicht verfügbar. Daher tendiert die Person dazu, sich selbst mit einer oder mehreren anderen Personen (Bezugspersonen) zu vergleichen, die ähnlich eingestuft werden. Wenn ein Ergebnis negativ ist, wird die Person versuchen, einen Ausgleich zu erreichen.

In seiner *Gerechtigkeitstheorie* wendet Adams (1965) diese allgemeine Verhaltenstendenz auf *Austauschbeziehungen* an, in denen jede Person auf der Grundlage eines Vergleichs mit der Input-Output-Relation von Bezugspersonen eine Balance zwischen Input und Output herzustellen versucht. Inputs sind z. B.: Ausbildung, Besitz, Anstrengung, Intelligenz. Zum Output gehören u. a. Leistung, Bezahlung, Anerkennung, Erschöpfung. Nehmen wir an, eine Person betrachtet die Anstrengung, die sie in die Arbeit investiert und die Bezahlung, die sie erhält und vergleicht dann diese beiden Faktoren mit der entsprechenden Relation bei einer Referenzperson. Stellt sich ein Ungleichgewicht heraus – ist z. B. ihre Bezahlung zu niedrig oder zu hoch – wird sie Unzufriedenheit (Dissonanz) empfinden und folglich versuchen, das Gleichgewicht (Konsonanz) wiederherzustellen. Hierzu stehen der Person verschiedene Strategien zur Verfügung: Gelingt es ihr nicht, den Input und/oder Output (Anstrengung und/oder Höhe der Bezahlung) bei sich oder der Referenzperson zu verändern, mag die Person die Situation reinterpretieren (cognitive distortion), sich zurückziehen oder versuchen, eine andere Vergleichsperson zu finden.

53.4 Bezahlungssysteme

Die vier verschiedenen Bedeutungen der Bezahlung entstehen, wie oben aufgezeigt, durch die Beziehung zwischen der Bezahlung und anderen Sachverhalten. Treten Veränderungen in einem oder mehreren dieser Gebiete auf – z. B. bei wesentlichen Motiven, den gesetzten Zielen, der erzielten Arbeitsleistung, etc. – sollte folglich die Bezahlung diese Veränderung reflektieren, um in einer optimalen Weise bedeutungsvoll zu bleiben. Das Ausmaß, in dem das tatsächlich passiert, hängt zu einem großen Teil von dem Bezahlungssystem ab, das angewendet wird.

Im Falle von *„flat rates"* (auch Zeitlohn oder fester Lohn genannt) wird der Arbeitnehmer für seine Arbeitsstellung entlohnt, aber nicht für seine Arbeitsleistung. Mit anderen Worten: Er wird für seine Anwesenheit am Arbeitsplatz bezahlt, aber nicht für das, was er tut (oder nicht tut). Wichtige positive Ergebnisse sind, wie sich in Untersuchungen gezeigt hat (Thierry, 1987), daß die Beschäftigten Sicherheit und Gerechtigkeit empfinden und mit ihrer Arbeit zufrieden sind. Das heißt, die Bedeutungskategorien 1 und 4 treffen in erster Linie zu. Negative Folgen mögen eine geringere Arbeitsleistung sein, und ebenso dürften es viele Beschäftigte als fair empfinden, eine unterschiedliche Bezahlung zu erhalten, wenn es Leistungsdifferenzen zwischen ihnen gibt.

Wird ein *„payment by results"*-System (PBR, Bezahlung nach Ergebnissen oder Leistungslohn) angewendet, werden die Beschäftigten für ihre Arbeitsstellung bezahlt, sie können aber zusätzlich einen Bonus erhalten, wenn sie ein bestimmtes Leistungsniveau einhalten oder überschreiten. Die hierzu erforderlichen Normen sollten anhand einer „normalen" Arbeitsleistung unter „normalen" Bedingungen festgelegt werden. Die Erstellung angemessener Normen erfordert eine detaillierte und genaue Analyse der durchzuführenden Arbeit. Die Normen können sich auf die erlaubte Zeitspanne für eine Aufgabe beziehen, auf die Menge von Einheiten oder Produkten, auf Qualitätsgesichtspunkte, die Verwendung von Material (z. B. Gold, Silber) oder auf eine Kombination dieser Kriterien. Sie können auf einzelne Beschäftigte, auf Gruppen und auf die gesamte Firma zugeschnitten sein. Weil die Festsetzung von Normen sehr zeitraubend und oft ziemlich kompliziert ist, werden oft Leistungseinschätzungen bevorzugt.

Prinzipiell mag ein PBR-System auf alle vier Bedeutungskategorien zutreffen. Eine Übersicht über die Forschungsergebnisse (Thierry, 1987) zeigt jedoch, daß nicht nur positive Folgen (wie z. B. Engagement, höhere Leistung) auftreten, sondern auch negative Folgen, wie z. B. Leistungsbeschränkungen und gegenseitiges Mißtrauen. Einige Systeme sind ziemlich anfällig, besonders wenn ein Bonus auf der Basis von Leistungseinschätzungen vergeben wird: Viele Beschäftigte sehen keinen Bezug zwischen den Ergebnissen der Einschätzung und dem Bonus, außerdem kann die Zeitspanne zwischen beiden zu lang (häufig ein Jahr) sein. Ein ähnliches Unverständnis mag bei einem für eine Gruppe praktizierten PBR-System auftreten, wenn die Gruppe viele Mitglieder hat. Eines der besseren PBR-Systeme scheint der Scanlon Plan zu sein: Dies ist ein System für die gesamte Firma, in dem der Bonus (für jedes Mitglied) auf der Effektivität der Partizipation des Mitgliedes beruht: Bewertet werden die Ideen und Vorschläge zur Verbesserung der Produkte und der Produktivität (Thierry, 1986).

53.5 Gelegenheiten zur Partizipation

Ein Lohnsystem, wie elegant und raffiniert es auch immer sein mag, funktioniert fast nie effektiv und zufriedenstellend, wenn es dem Arbeitnehmer aufgezwungen wird. Lohnangelegenheiten sind, wie vorher ausgeführt wurde, für die meisten Angestellten zu wichtig, als daß eine solche Prozedur zu rechtfertigen wäre. Bis jetzt gibt es wenige praktische Beispiele für Arbeitnehmerbeteiligung. Lawler und Hackman (1969) führten ein Experiment mit Fensterputzergruppen durch, von denen einige ihr eigenes System entwarfen. Die Ergebnisse zeigen, daß die Leistung und die Zufriedenheit erheblich stiegen und während des nächsten Jahres hoch blieben. Arbeitnehmer können auch zur Selbstverwaltung oder Kontrolle ihres Bezahlungssystems herangezogen werden (Lawler, 1981). In einem umfangreichen Forschungsprojekt, an dem mehr als 60 britische Firmen teilnahmen, zeigten Bowey et al. (1982), daß der Hauptfaktor für Erfolg oder Mißerfolg irgendeines Lohnsystems das Ausmaß ist, in dem die Arbeitnehmer bei ihrem Bezahlungssystem mitbestimmen dürfen.

Eine andere Möglichkeit der Beteiligung bietet der *Cafeteria Plan* (Vinke & Thierry, 1986), bei dem Arbeitnehmer regelmäßig (z. B. einmal im Jahr) zwischen alternativen Vergünstigungen wählen: Bargeld, Extraurlaub, zusätzliche Versicherungsleistungen, verlängertes Wochenende, etc.

Über das Gebiet der Beteiligung bei *Lohnangeboten* ist, was Forschung und Praxis angeht, noch relativ wenig bekannt. Mehr Experimente auf diesem Gebiet könnten dazu führen, daß die Bezahlung mehr Bedeutung für die Arbeitnehmer bekommt und die Firmen höhere Erträge für ihre Investitionen erlangen.

Literatur

Adams, J. S. (1965). Inequity in social exchange. In L. Berkowitz (Ed.), Advances in experimental and social psychology, Vol. 2. New York: Academic Press.
Bowey, A. M. et al. (1982). Effects of incentive payment systems. United Kingdom 1977–1980. Dept. of Employment Research paper No. 36.
Festinger, L. (1954). A theory of social comparison. Human relations, 7. 117–140.
Lawler, E. E. & Hackman, J. R. (1969). Impact of employee participation in the development of pay incentive plans. Journal of Applied Psychology, 53, 467–471.
Lawler, E. E. (1971). Pay and organizational effectiveness. New York: McGraw-Hill.
Lawler, E. E. (1981). Pay and organization development. Reading: Addison-Wesley.
Thierry, H. (1984). Systems of remuneration. In P. J. D. Drenth, H. Thierry, P. J. Willems & Ch. J. de Wolff (Eds.), Handbook of work and organizational psychology. Chichester: Wiley.
Thierry, H. & Koopman-Iwema, A. M. (1984). Motivation and satisfaction. In P. J. D. Drenth, H. Thierry, P. J. Willems & Ch. J. de Wolff (Eds.), Handbook of work and Organizational Psychology. Chichester: Wiley.
Thierry, H. (1986). Rewarding participation. Betriebswirtschaftliche Forschung und Praxis, 38, 3–15.
Thierry, H. (1987). Payment by results systems: a review of research 1945–1985. Applied Psychology: an international review, 36, 91–108.
Thierry, H.: Beloning en arbeidsgedrag (Compensation and behavior at work). In preparation.
Vinke, R. H. W. & Thierry, H. (1986). Das Cafeteriasystem – Umsetzung in die Praxis, Personal, 237–239.

Henk Thierry,
Niederlande

54. Macht

54.1 Metatheoretische Aspekte des Machtkonzepts

Macht kommt von (ver-)„mögen" (im Sinne von können), ist Handlungspotenz (power, pouvoir). Sie gilt – in der berühmten Definition von Max Weber als „... jede Chance, innerhalb einer sozialen Beziehung den eigenen Willen auch gegen Widerstreben durchzusetzen, gleichviel worauf diese Chance beruht" (1972, S. 28). Die Willkürlichkeit dieser Definition wird offenkundig, wenn man sie in ein Schema einordnet, das Zelger (1972) entwickelt hat und in dem er die in der Literatur meist verwendeten 17 Deskriptoren von Macht zusammengestellt hat.

Solche definitorischen Bemühungen verschleiern durch die scheinbare Gleichwertigkeit der Aspekte, daß *vor* jeder Definition metatheoretische Grundsatzentscheidungen gefallen sind, zum Beispiel:

a) Wenn man Macht als eine binäre, dyadische Relation sieht, bei der es immer möglich ist, Machthaber und Machtopfer zu identifizieren, betont man ihren *(inter-)personalen* Aspekt. Die Alternative wäre es, von *struktureller* Macht (s. Galtung, 1981) zu sprechen, die in Technologien, Normen etc. verborgen ist.

b) Ist Macht als *Besitz* oder als *Relation* aufzufassen? Kann man von Macht-Habern reden, die ihre Macht teilen und delegieren und gegenüber beliebigen Dritten einsetzen können – oder soll Macht als zugeschrieben oder zugestanden gelten?

c) Mit dem binären Strukturschema verbunden ist die Auffassung von der *Machtkonstanz* in einem System: Wer Macht gewinnen will, muß sie einem anderen abnehmen *(Nullsummen-Modell)*! Die Alternative wäre, daß mehrere Beteiligte zugleich Machtzuwächse erfahren können.

d) Ist Macht *kausal* oder *integral* zu sehen? Die vorherrschende kausale Auffassung geht davon aus, daß Macht die Fähigkeit zur gezielten Veränderung sei. Aber zum einen kann Macht auch im Spiel sein, wenn sich *nichts* ändert (s. o. „strukturelle Gewalt"), zum anderen können menschliche Subjekte Ziele und Wirkungen vermuten und/oder vorwegnehmen, so daß die gleiche Situation bei verschiedenen Personen geradezu gegensätzliche Wirkungen haben kann (z. B. Folgsamkeit oder Reaktanz).

54.2 Wichtige Forschungstraditionen

In der Arbeits- und Organisationspsychologie wird meist unreflektiert (als ob es keine Alternative gäbe) von einem personalen, dyadischen, kausalen Nullsum-

menkonzept der Macht ausgegangen. Wegen der damit verbundenen Akzentsetzungen und blinden Flecken hat dies wichtige Konsequenzen:
So war es z. B. eine wichtige Forschungstradition, nach *Persönlichkeitskorrelaten* von Macht zu suchen (s. dazu die Sammelreferate von Grunwald, 1980, und Winter, 1973). Lange Zeit wurde z. B. das „Machtmotiv" empirisch erforscht (McClelland, 1978), bis sich die Erkenntnis durchgesetzt hat (– ausführlich dokumentiert bei Heckhausen, 1980 –) daß derartige „summarische Motivationskonzepte" eine geringe Erklärungskraft haben. Ähnliches gilt für jene Forschungsrichtung, die sich mit der Analyse und Messung von „Machiavellismus" als Trait oder Einstellung beschäftigt hat (vgl. Christie & Geis, 1970; Henning & Six, 1977; Cloetta, 1983).

Als interpersonale (dyadische) kausale Einflußnahme interpretiert die lange Liste jener Arbeiten das Machtkonzept, die sich um Ermittlung und Wirkungsanalyse von *Einflußtaktiken* bemüht haben. Seit Machiavellis berüchtigten Ratschlägen hat es nicht an Empfehlungen gemangelt, wie man Einfluß gewinnt und sich durchsetzt.

Abgesehen von der reichen Praktikerliteratur zu diesem Thema gibt es auch sozialpsychologische Studien (z. B. Falbo, 1977; Perreault & Miles, 1978; Kipnis u. a., 1980; Kipnis u. a., 1984), in denen verschiedene Vorgehensweisen als effektiv berichtet werden (z. B. rationales Überzeugen, Drohen, Befehlen, Schmeicheln, Ködern, Koalitionen bilden, Verhandeln, Täuschen, Einsetzen von Amtsautorität usw.).

Auch die verbreiteten Aufstellungen über *„Machtgrundlagen"* gehören in diesen Zusammenhang. In psychologischen Arbeiten werden besonders häufig die Klassifikationen von French und Raven (1959) bzw. Raven und Kruglanski (1970) zitiert, die zwischen Belohnungsmacht und Bestrafungsmacht, Expertenmacht (und informationeller Macht), Beziehungsmacht (oder Vorbildmacht), legitimer und ökologischer Macht differenzieren. Mit Ausnahme der Macht aufgrund emotionaler Beziehungen und ökologischer Umweltgestaltung sind diese Kategorien dem Denkmodell des Macht-Habens verbunden.

Die genannten Hauptströmungen der Forschung werden ergänzt durch eine Reihe wichtiger Seitenlinien, die oft von einzelnen Forschergruppen getragen werden. So hat z. B. die Gruppe um Kipnis auf die „Metamorphose" durch Macht hingewiesen: die Verfügung über Machtgrundlagen *verändert* die Persönlichkeit und ihre Wahrnehmungen (z. B.: Je größer die Machtfülle, desto mehr werden die Untergebenen als unfähig und unmotiviert erlebt (s. Kipnis, 1976, Kipnis u. a., 1976, Kipnis, 1984).

Der „Blick von oben", den Organisationspsychologen oft haben, weil sie sich als Ratgeber fürs Management verstehen, hat die Bedeutung der „Macht von unten" übersehen lassen (s. dazu Mechanic, 1964, Zierden, 1980, v. Rosenstiel, 1986). In diesem Zusammenhang sind auch die Arbeiten der Gruppe um Moscovici (1979) zu erwähnen, die in systematischer Weise den Einfluß von Minoritäten untersucht hat und auf die große Bedeutung von Verhaltenskonsistenz, Beharrlichkeit und Bestimmtheit hingewiesen hat.

54.3 Machtkontrolle

Ein weiteres wichtiges Anliegen ist die Untersuchung der selbstreferentiellen Frage, wie es zu Macht über Macht kommen kann (wie Macht beherrscht, beschränkt, ausgeglichen werden kann), wobei alle diese Überlegungen zugleich „Machtgewinn-Theorien" sind, weil es ja um die Mobilisierung von Gegen-Potenzen geht! In diesem Zusammenhang lassen sich – die obigen Differenzierungen wieder aufgreifend – zwei Strategiengruppen unterscheiden: strukturelle und personalisierende Ansätze:

(1) Strukturelle Ansätze betonen Strategien wie
  a) Verschleierung, Diffusion, „Versachlichung" (etwa der Einbau von Macht in Technologien oder Organisationsstrukturen, (vgl. dazu Zündorf, 1982).
  b) Formalisierung, gesetzliche Regelung (in der Bundesrepublik z. B. Mitbestimmungs- und Betriebsverfassungsgesetz (→ *Mitbestimmung*), Arbeitnehmerschutzgesetze, tarifvertragliche Regelungen, Betriebsvereinbarungen).
  c) Mobilisierung von Gegenmacht (z. B. Gewerkschaften oder externe pressure groups, wie Bürgerinitiativen, Lobbys, Presse usw.).

(2) Personalisierende Ansätze
Hier geht es um die Kontrolle von Fähigkeiten und Handlungsbereitschaften der Mitarbeiter, z. B. – und hier liegen „klassische" Aufgabenbereiche der Organisationspsychologie, die meist nicht unter dem Machtaspekt gesehen werden – durch

  a) Selektion der „richtigen" Personen (→ *Personalselektion*),
  b) Sozialisation und Schulung (→ Berufliche Sozialisation),
  c) differenzierende Bestätigung (durch Anerkennungen, Gehalts- und Beförderungssysteme und -entscheidungen),
  d) Training der geeigneten Führungsverhaltens (hier sind vor allem „kooperative" und „partizipative" Führung zu nennen, bei der die Machtvariable meist unerwähnt bleibt (anders als z. B. im „situativen" Kontingenzmodell von Fiedler, 1967 oder im Symlog Ansatz von Bales & Isenberg, 1982; → *Führungsprozesse*).
  e) Weil es bei allen nicht völlig technisierten Arbeitsvollzügen Handlungsspielräume gibt, die individuell ausgeschöpft und ausgeweitet werden können, ist auch an spontane und ungeplante Aktionen zu denken, durch die der Freiheitsspielraum erhalten oder vergrößert werden soll. In diesem Zusammenhang sind Erscheinungen der „informellen Organisation" (Roethlisberger & Dickson, 1939) ebenso zu nennen wie der „alltägliche Arbeitskampf" (Hoffmann, 1981) und die „Spiele" in Organisationen (Crozier & Friedberg, 1979).

Man kann nicht behaupten, daß die Organisationspsychologie auf dem „Machtauge" blind gewesen sei, denn sie hat das Problem der Herstellung und Veränderung von Ordnung immer schon untersucht. Allerdings hat sie dabei keine „Macht-Worte" gesprochen, sondern ihre Aktivitäten mit anderen Etiketten belegt (Führung, Motivation, Organisationsentwicklung, Arbeitsgestaltung, Training usw.). Vielleicht ist dies ein Grund dafür, daß es so wenig explizite Macht-Theorien in der Organisationspsychologie gibt (s. etwa die „Machtdistanzreduktions-Theorie" von Mulder, 1977, kritisch dazu: Neuberger, 1980), die u. a. behauptet, daß in geschichteten hierarchischen Systemen die Inhaber von Zwischenpositionen die Tendenz haben, den Abstand nach oben zu verringern, den nach unten zu vergrößern. Es wäre sicher fruchtbar, organisationstheoretische oder -soziologische Ansätze organisationspsychologisch zu reformulieren (z. B. die „strategische Kontingenztheorie intraorganisatorischer Macht" von Hickson u. a., 1971, s. auch Pfeffer (1981) und Mintzberg (1983) oder das erwähnte Croziersche Spiel-Konzept (s. Neuberger, 1988).

Literatur

Bales, R. F. & Isenberg, D. J. (1982). Symlog and leadership theory. In J. G. Hunt, U. Sekaran & C. A. Schriesheim (Eds.), Leadership. Beyond establishment views (pp. 165–195). Cabondale & Edwardsville, South Ill.: University Press.
Christie, R. & Geis, F. L. (1970). Studies in Machiavellianism. New York: Academic Press.
Cloetta, B. (1983). Der Fragebogen zur Erfassung von Machiavellismus und Konservativismus (MK). Schweizerische Zeitschrift für Psychologie, 42, 127–159.
Crozier, M. & Friedberg, E. (1979). Macht und Organisation. Die Zwänge kollektiven Handelns. Königstein/Ts.: Athenäum.
Falbo, T. (1977). Multidimensional Scaling of Power Strategies. Journal of Personality and Social Psychology, 35, 537–547.
Fiedler, F. E. (1967). A theory of leadership effectiveness. New York: Megraw-Hill.
French, J. R. P. Jr. & Raven. B. (1959). The bases of social power. In D. Cartwright (Ed.), Studies in social power (pp. 150–167). Ann Arbor: Institute for Social Research.
Galtung, J. (1981). Strukturelle Gewalt. Beiträge zur Friedens- und Konfliktforschung. Reinbek: Rowohlt.
Grunwald, W. (1980). Macht als Persönlichkeitsdisposition. Theoretische, methodologische und empirische Aspekte. In G. Reber (Hg.), Macht in Organisationen (S. 91–121). Stuttgart: Poeschel.
Heckhausen, H. (1980). Motivation und Handeln. Lehrbuch der Motivationspsychologie. Berlin: Springer.
Henning, H. J. & Six, B. (1977). Konstruktion einer Machiavellismus-Skala. Zeitschrift für Sozialpsychologie, 8, 185–198.
Hickson, D. J., Hinings, C. R., Lee, C. A., Schneck, R. E. & Pennings, J. M. (1971). A strategic contingencies' theory of intraorganizational power. Administrative Science Quarterly, 16, 216–229.
Hoffmann, R. W. (1981). Arbeitskampf im Arbeitsalltag. Frankfurt: Campus.
Kipnis, D., Castell, P. J., Gergen, M. & Mauch, D. (1976). Metamorphic effects of power. Journal of Applied Psychology, 61, 2, 127–135.
Kipnis, D. (1976). The powerholders. Chicago: University of Chicago Press.
Kipnis, D., Schmidt, S. & Wilkinson, I. (1980). Intraorganizational influence tactics: Explorations in getting one's way. Journal of Applied Psychology, 65, 440–452.
Kipnis, D., Schmidt, St. M., Swaffin-Smith, C. & Wilkinson, I. (1984). Patterns of managerial influence: Shotgun managers, tacticians, and bystanders. Organizational Dynamics, (Winter) 58–67.
Kipnis, D. (1984). Technology, power and control. Research in the sociology of organizations, 3, 125–156.
McClelland, D. (1978). Macht als Motiv. Stuttgart: Klett-Cotta.
Mechanic, D. (1964). Sources of power of lower participants in complex organizations. In W. W. Cooper, H. J. Leavitt & M. W. Shelly (Eds.), New perspectives in organization research (pp. 136–149). New York: Wiley.
Mintzberg, H. (1983). Power in and around organizations. New York: Prentice Hall.

Moscovici, S. (1979). Sozialer Wandel durch Minoritäten. München: Urban & Schwarzenberg.
Mulder, M. (1977). The daily power game. Leiden: Nijhoff.
Neuberger, O. (1988). Spiele in Organisationen, Organisationen als Spiele. In G. Ortmann & W. Küppers. (Hg.), Mikropolitik in Organisationen (pp. 53–86). Opladen: Westdeutscher Verlag.
Ng, Sik Hung (1980). The social psychology of power. London: Academic Press.
Weber, M. (1972). Wirtschaft und Gesellschaft, Grundriß der verstehenden Soziologie. Tübingen: Mohr-Siebeck.
Perreault, W. D. & Miles, R. H. (1978). Influence strategy mixes in complex organizations. Behavioral Science, 23, 86–98.
Pfeffer, J. (1981). Power in organizations. Marshfield: Pitman.
Raven, B. H. & Kruglanski, A. W. (1970). Conflict and power. In P. Swingle (Ed.), The structure of conflict (pp. 77–91). New York: Academic Press.
Roethlisberger, F. & Dickson, W. (1939). Management and the worker. Cambridge, Mass.: Harvard Iniversity Press.
Rosenstiel, L. v., Einsiedler, H. (1987). Führung durch die Geführten. In A. Kieser, G. Reber & R. Wunderer (Hg.), Handwörterbuch der Führung (S. 982–996). Stuttgart: Poeschel.
Winter, D. G. (1973). The power motive. New York: Free Press.
Zelger, I. (1972). 17 Vorschriften zur Vermeidung der ärgsten Verwirrungen beim Gebrauch des Wortes Macht. Conceptus, Zeitschrift für Philosophie, 6, 51–68.
Zierden, W. W. (1980). Leading through the follower's point of view. Organizational Dynamics, 8 (4), 27–46.
Zündorf, L. (1982). Machtprozesse in Industrieunternehmen. Kölner Zeitschrift für Soziologie und Sozialpsychologie, Sonderheft 24, 166–184.

Oswald Neuberger,
Bundesrepublik Deutschland

55. Menschliche Informationsverarbeitung

55.1 Einleitung

Die Erforschung menschlicher Informationsverarbeitung (IV) hat sich historisch gesehen aus Teilgebieten der Allgemeinen Psychologie (z. B. Wahrnehmen, Denken) entwickelt. In Überwindung behavioristischer Positionen faßt das Paradigma der IV den Menschen nicht mehr als ein passiv reagierendes, sondern als ein aktiv Information suchendes und verarbeitendes System auf (Lachman, Lachman & Butterfield, 1979). Nach Newell & Simon (1972) versteht man darunter „ein System, das aus einem Gedächtnis mit symbolischen Strukturen, einem Prozessor, Effektoren und Rezeptoren besteht". Der Einfluß der Entwicklung in der Computertechnologie auf die Modellvorstellungen des Menschen als informationsverarbeitendes System (IVS) wird sowohl anhand der strukturellen Analogien als auch der Begriffswahl deutlich. Als Ausgangsposition für Modellvorstellungen über kognitive Funktionsprinzipien beim Menschen stellt es die Basis vieler Disziplinen der wissenschaftlichen Psychologie dar. Neben der Kognitiven Psychologie ist das IV-Paradigma in der Arbeits- und Organisationspsychologie – vor allem in der Ergonomie und Ingenieurpsychologie – von zentraler Bedeutung (z. B. bei der Analyse von Mensch-Maschine-Systemen). Das IV-Paradigma ist nicht auf die Psychologie beschränkt. Neben der (kognitiven) Psychologie fungiert es in den unter dem Begriff *cognitive science* geführten Disziplinen wie Linguistik, Neurowissenschaften und „Künstliche Intelligenz" als gemeinsamer Nenner.

55.2 Ein Modell menschlicher Informationsverarbeitung

Bei allen Modellen der menschlichen Informationsverarbeitung lassen sich drei zeitlich aufeinanderfolgende funktionale Stufen unterscheiden:
– Informationsaufnahme (*reception of input*),
– Informationstransformation und -speicherung (*processing and storage*) und
– Informationsabgabe (*production of output*)

Je nach Modell wird eine weitere Differenzierung dieser grundsätzlich zu unterscheidenden Stufen vorgenommen. Weiterhin werden unterschiedliche Gedächtnisstrukturen angenommen, denen wiederum spezifische Funktionen zugeordnet werden. Einen Überblick über unsere Sichtweise der verschiedenen Komponenten des menschlichen IVS gibt die Abb. 1:

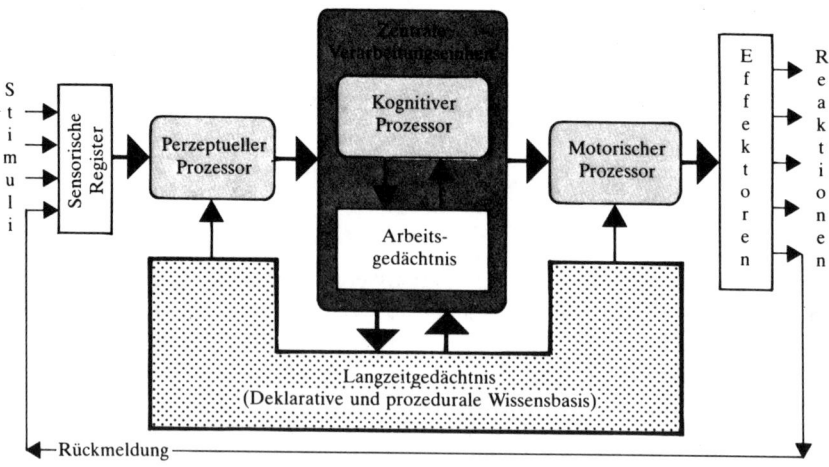

Abb. 1: Ein Modell menschlicher Informationsverarbeitung.

Ausgangspunkt ist ein Rezeptorsystem (sensorisches Register und perzeptueller Prozessor), durch das Reize aus der Umwelt (bzw. aus dem eigenen Organismus) wahrgenommen werden. Die im sensorischen Register noch reiznah repräsentierten Informationen werden durch den perzeptuellen Prozessor in einen für die zentrale Verarbeitung erforderlichen Kode transformiert. Das Rezeptorsystem greift dabei auf im Langzeitgedächtnis (LZG) vorhandenes Wissen (über Muster, Schemata, Bedeutungen etc.) zurück. Die zentrale Verarbeitungseinheit (ZVE) weist eine aktive Arbeitskomponente (kognitiver Prozessor) und eine passive Speicherkomponente (Arbeitsgedächtnis) auf. Der perzeptuelle Prozessor übernimmt die vom perzeptuellen Prozessor übermittelte Information und transformiert diese im Hinblick auf das Handlungsziel. Dazu gehören Such-, Vergleichs-, Klassifikations- und Entscheidungsprozesse. Auch diese kognitiven Operationen machen von dem im LZG vorhandenen Wissen Gebrauch. Ausgehend vom Ergebnis der Operationen der ZVE wird je nach Art der Handlungsanforderung eine Reaktionsauswahl vorgenommen. Diese Information wird an den motorischen Prozessor weitergeleitet, der entsprechende motorische Programme aus dem LZG aufruft, die über die Effektoren zur vorbereiteten Reaktion führen. Die resultierende Handlungsausführung (z. B. Tastendruck, Sprachäußerung) ist dann als externes Verhalten beobachtbar. Das IVS nimmt sein eigenes Verhalten und dessen Auswirkungen wahr: die eigenen Reaktionen und die Veränderung der Umgebung werden zur Bewertung der Handlung im Hinblick auf ein gesetztes Ziel verwendet und dienen der Fortführung oder Korrektur der zuvor ausgeführten Handlungen (Rückmeldung).

Entscheidend für die Beurteilung der Leistung eines IVS ist die Geschwindigkeit und Genauigkeit, mit der das Handlungsziel erreicht wird. Diese Leistungen werden determiniert durch

a) die Geschwindigkeit und Genauigkeit, mit der einzelne Operationen (z. B. mentale Rotation, Vergleich von Kodes) innerhalb des jeweiligen Prozessors durchgeführt werden können,

b) die Verarbeitungsstrategie, mit der diese Operationen zu einem zielgerichteten Handlungsplan sequenziert werden und

c) den Umfang und die Organisation der verwendeten Wissensbasis im LZG.

Nach einem Beispiel werden wir in den beiden folgenden Abschnitten einige zentrale Eigenschaften des IVS (z. B. Kapazität, serielle vs. parallele Verarbeitung, Wissensrepräsentation) darstellen. Dabei unterscheiden wir mit Bezug auf die Abb. 1 zwischen einer horizontalen und einer vertikalen Achse als Gliederungsdimensionen.

55.3 Ein Beispiel

Die Tätigkeit in einer Briefverteilungsanlage bei der Post läßt sich mit dem IV-Paradigma beschreiben. Die Aufgabe besteht darin, so schnell und so genau wie möglich die unsortiert eingehenden Postsendungen nach vorgegebenen Postleitzahlbereichen zu sortieren. Hier finden wir die drei oben genannten Stufen der IV wieder. Zunächst muß durch den perzeptuellen Prozessor die für den Sortiervorgang relevante Information (Postleitzahl) identifiziert werden. Ist die Information nicht unmittelbar eindeutig erkennbar, so müssen im LZG verfügbare Strategien aktiviert werden (z. B. Zuordnung anhand des Ortsnamens). Liegt die Ortsinformation vor, so muß diese vom kognitiven Prozessor in die vorgegebenen Sortierkategorien transformiert werden. Auch dazu wird wieder Wissen im LZG aktiviert und in das Arbeitsgedächtnis überführt. Aus der Elaboration und Reduktion der Information resultiert eine Entscheidung über die Sortierkategorie. Diese Entscheidung bestimmt, welches motorische Programm aufgerufen und ausgeführt wird, um das Postvertriebsstück in den entsprechenden Sammelbehälter zu werfen. Fehlerhaftes Sortieren kann auf die Fehlfunktion mindestens einer der drei Prozessoren oder auf eine fehlerbehaftete Wissensbasis zurückgeführt werden.

55.4 Die horizontale Achse: Informationsfluß und Verarbeitungskapazität

Ein zentrales Merkmal menschlicher IV ist ihre begrenzte Verarbeitungskapazität: in Analogie zu Modellen der technischen Informationsübertragung wurde das menschliche IVS als „Kanal" (*communication channel*) mit begrenzter Übertragungskapazität aufgefaßt (z. B. Broadbent, 1958). Dieses Konzept führte zu den folgenden drei Forschungsorientierungen in der Psychologie der IV. Erstens wird untersuchbar, wie innerhalb des Kanals die Information verändert wird (qualitativer Aspekt). Untersuchungsgegenstand sind dabei auch Veränderungen der Information, die im technischen Sinne als „Rauschen" interpretiert werden können. Zweitens wird untersuchbar, innerhalb welcher Kapazitätsgrenzen das IVS arbeiten kann (quantitativer Aspekt). Angaben über die menschliche Kanalkapazität als Betrag an Information, der innerhalb einer bestimmten Zeiteinheit übertragen werden kann, nennen Card, Moran und Newell (1983). Im Paradigma der Doppeltätigkeiten (*dual task paradigm*) kann z. B. der Kapazitätsbedarf einer vorrangig zu bearbeitenden Aufgabe anhand des Leistungsabfalls in einer simultan zu bearbeitenden „Zweit"-Aufgabe geschätzt werden (Navon & Gopher, 1979). Eine dritte Frage betrifft die Lokalisation des Verarbeitungskanals und die Klärung der Frage, an welcher Stelle des IVS strukturelle oder funktionale Engpässe zu einer begrenzten Verarbeitungskapazität pro Zeiteinheit führen. (Eine Darstellung der hier geführten Diskussion findet sich z. B. in Lachman et al., 1979).

(1) Serielle vs. parallele Verarbeitung. Eine grundlegende Annahme des IV-Paradigmas, die auch aus Abb. 1 hervorgeht, besagt, daß die IV in einer zeitlichen Abfolge von qualitativ unterschiedlichen Stufen verläuft. Eine experimentelle Prüfung dieser Annahmen bietet sich (zumindest für einfache Wahlreaktionsaufgaben) anhand der „Additive-Faktoren-Methode" an (Sanders, 1980). Die Methode basiert auf der Annahme, daß die Gesamtreaktionszeit sich additiv aus den Verarbeitungszeiten zusammensetzt, die für die einzelnen Verarbeitungsschritte benötigt werden. Mit Hilfe dieser Methode lassen sich nicht nur qualitativ unterschiedliche Transformationsschritte erschließen, sondern auch Aussagen über den relativen Kapazitätsbedarf der einzelnen Schritte treffen.

Es besteht allerdings auch die Möglichkeit, daß Verarbeitungsprozesse parallel ablaufen. In diesem Fall führt eine Veränderung der Bearbeitungszeit der am längsten dauernden Verarbeitungsoperation zu einer Veränderung der Gesamtreaktionszeit. Als empirische Evidenz für parallele IV gilt die parallele Aktivierung eines verbalen und bildhaften Kodes bei der visuellen Wahrnehmung von Objekten (Posner, 1978).

(2) Kontrollierte vs. automatisierte Verarbeitung. Informationsverarbeitungsvorgänge können „kontrolliert" oder „automatisiert" ablaufen (Schneider & Shiffrin, 1977). Kontrollierte Verarbeitung erfolgt vergleichsweise langsam und bewußt, ist durch serielle Abläufe gekennzeichnet und erfordert Verarbeitungskapazität. Automatisierte Verarbeitung erfolgt vergleichsweise schnell und weniger bewußt, unterliegt dabei aber weniger vorgegebenen Kapazitätsbegrenzungen. Automatisierte Verarbeitung entwickelt sich vor allem unter konsistenten Aufgabenbedingungen bei fortschreitendem Übungsgrad. Die Bearbeitung der meisten Aufgaben beinhaltet sowohl kontrollierte als auch automatisierte Teilprozesse.

(3) Funktionale vs. kapazitative Sichtweise. Wie oben angedeutet, betreffen die Grundfragen der „horizontalen Achse" der IV ihre funktionalen Einheiten und deren kapazitative bzw. energetische Ressourcen (vgl. Gopher & Sanders, 1984). Neuere Aufmerksamkeitstheorien (z. B. Sanders, 1983) verbinden diese beiden Aspekte der IV durch die Annahme, daß die funktionalen Einheiten (z. B. der perzeptuelle Prozessor) nicht wie bisher angenommen auf eine gemeinsame Ressource (*single resource*), sondern auf eigene unabhängige Ressourcen (*multiple resources*) zurückgreifen (vgl. Hockey et al., 1986). Praktische Konsequenzen hat dies z. B. in der Beanspruchungsanalyse bei der Ausführung von Mehrfachtätigkeiten: eine Konzeption des IVS als „Mehrkanal"-System nimmt an, daß umso geringere Interferenz bei der simultanen Ausführung von Tätigkeiten auftritt, je weniger funktionale Einheiten gemeinsam beansprucht werden.

55.5 Die vertikale Achse: Informationsverarbeitung und Wissensrepräsentation

Die Enkodierung und Verarbeitung von Informationen geschieht immer vor dem Hintergrund existierender Gedächtnisstrukturen. So postulieren die meisten Modelle zur Mustererkennung und zur Zuordnung von Bedeutung zu den Reizen Vergleichsprozesse der eingehenden Information mit in der Wissensbasis des LZG vorhandenen Merkmalen, Prototypen oder Schemata. Über das Erkennen der einzelnen Reize hinaus ist die Analyse der Gesamtheit der Informationen von Bedeutung (z. B. bei der Aufgabenstellung, ein technisches Gerät zu analysieren). Das dafür beim IVS über diesen Realitätsbereich vorhandene Wissen ist von der Vorerfahrung abhängig und kann in unterschiedlicher Form vorliegen. Dabei ist für die Beziehung von IV und A & O-Psychologie die Frage nach dem internen Repräsentationskode (z. B. propositional, analog) eher von untergeordneter Bedeutung. Wichtiger erscheinen die Organisation und Struktur von Wissen, wie z. B. Handlungspläne und *„scripts"* (Schank & Abelson, 1977), „schemata" (Bobrow & Norman, 1975) oder „frames"(Minsky, 1981). Diese Vorstellungen reflektieren Befunde, nach denen die menschliche IV nicht nur datengesteuert (*bottom up*), sondern auch konzeptgesteuert (*top down*) ist. Demnach werden Wissensstrukturen nicht nur von einzelnen Konzepten und ihren Merkmalen ausgehend erzeugt. So konzipieren *top down*-Ansätze übergreifende abstrakte Gedächtnisstrukturen, für deren Aktualisierung gewisse Freiheiten in Form von Leerstellen bestehen, die durch konkrete Information ausgefüllt werden und z. B. einen vollständigen Handlungsplan liefern.

In jedem Fall werden neu aufgenommene Informationen zu vorhandenen Wissensrepräsentationen in Beziehung gesetzt und erzeugen eine neue Repräsentation bzw. modifizieren die vorhandene. Aus dieser Wechselwirkung zwischen vorhandenen Strukturen und neuen Informationen resultiert eine handlungsleitende Repräsentation, die die Grundlage für die Handlungsausführung darstellt. Für Problemlösesituationen läßt sich zeigen, daß die Güte der während der Enkodierungsphase aufgebauten Problemrepräsentation den Verlauf (Prozesse) und den Erfolg (Produkt) des Problemlösens in erheblichem Maße determinieren (Streitz, 1986).

Damit ist das Studium von kognitiven Prozessen eng mit der Untersuchung von Bedingungen des Erwerbs, der Verwendung und Veränderung von Wissen verknüpft (Klix, 1984). Es wird davon ausgegangen, daß Wissen zunächst in deklarativer Form repräsentiert ist und durch Übung in eine prozedurale Repräsentationsform überführt wird (Anderson, 1983). Damit ist es auch möglich, Fragen des Erwerbs von Fähigkeiten (Lernen) zu untersuchen. Weiterhin wird die Forderung aufgestellt, daß beim Erwerb neuen Wissens an vorhandenes Wissen angeknüpft werden soll (Schank, 1982). Dies kann an folgendem Beispiel erläutert werden. Für die Kategorie von Wissen, auf die Menschen bei der Bedienung technischer Systeme zurückgreifen, wird häufig die Bezeichnung „Mentales Modell" verwendet (Gentner & Stevens, 1983). Zur Erleichterung des Erlernens wird deshalb vorgeschlagen, bei der Vermittlung von Wissen (über neue Systeme) durch die Verwendung von Metaphern an existierende Wissensstrukturen anzuknüpfen (Carroll & Mack, 1985) und damit analoges Problemlösen zu stimulieren. Damit ist das IV-Paradigma nicht auf die Analyse elementarer Reiz-Reaktions-Situationen beschränkt, sondern auch auf komplexere Gegenstandsbereiche anwendbar.

Literatur

Anderson, J. R. (1983). The architecture of cognition. Cambridge: Harvard University Press.
Bobrow, D. G. & Norman, D. A. (1973). Some principles of memory schemata. In D. G. Bobrow & A. Collings (Eds.), Representation and understanding: Studies in cognitive science (pp. 131–150). New York: Academic Press.
Broadbent, D. E. (1958). Perception and communication. London: Pergamon Press.
Card, S., Moran, T. & Newell, A. (1983). The psychology of human computer interaction. Hillsdale, NJ: Erlbaum.
Carroll, J. & Mack, R. (1985). Metaphor, computing systems, and active learning. International Journal of Man-Machine Studies, 22, 39–57.
Gopher, D. & Sanders, A. F. (1984). S-Oh-R: Oh stages! Oh resources! In W. Prinz & A. F. Sanders (Eds.), Cognition and motor processes (pp. 231–253). Heidelberg: Springer.
Gentner, D. & Stevens, A. L. (Eds.) (1983). Mental models. Hillsdale, NJ: Erlbaum.

Hockey, G. R. J., Gaillard, A. W. K. & Coles, M. G. H. (Eds.) (1986). Energetics and human information processing. Dordrecht: M. Nijhoff.
Klix, F. (Hg.) (1984). Gedächtnis, Wissen, Wissensnutzung. Berlin/DDR: Deutscher Verlag der Wissenschaften.
Lachman, R., Lachman, J. L. & Butterfield, E. (1979). Psychology and information processing: An introduction. Hillsdale, NJ: Erlbaum.
Minsky, M. (1981). A framework for representing knowledge. In: J. Hangeland (Ed.), Mind Design (pp. 95–128). Cambridge, MA: The MIT Press.
Navon, D. & Gopher, D. (1979). On the economy of the human processing system. Psychological Review, 75, 522–536.
Posner, M. (1978). Chronometric explorations of the mind. Hillsdale, NJ: Erlbaum.
Sanders, A. F. (1980). Stage analysis of reaction processes. In: G. E. Stelmach & J. Requin (Eds.), Tutorials in motor behavior. Amsterdam: North Holland.
Sanders, A. F. (1983). Towards a model of stress and human performance. Acta Psychologica, 53, 61–97.
Schank, R. (1982). Dynamic memory. Cambridge: University Press.
Schank, R. & Abelson, R. (1977). Scripts, plans, goals, and understanding. Hillsdale, NJ: Erlbaum.
Schneider, W. & Shiffrin, R. M. (1977). Controlled and automatic human information processing: I. Detection, search, and attention. Psychological Review, 84, 1–66.
Schweikert, R. & Boggs, G. J. (1984). Models of central capacity and concurrency. Journal of Mathematical Psychology, 28, 223–281.
Streitz, N. A. (1986). Subjektive Wissensrepräsentationen als Determinanten kognitiver Prozesse. Phil. Diss., RWTH Aachen.
Wickens, C. (1984). Engineering psychology and human information processing. Columbus, Ohio: E. Merrill.

Hans-Willi Schroiff und Norbert A. Streitz,
Bundesrepublik Deutschland

56. Mensch-Computer-Interaktion

56.1 Einleitung

Durch die zunehmende Einführung von Computern bzw. neuen Technologien haben sich weite Teile der Arbeitswelt und Freizeit grundlegend verändert. Damit treten auch neue Schwerpunkte der Arbeits- und Organisationspsychologie in den Vordergrund. Nicht Fragen zur klassischen Ergonomie oder körperlichen Beanspruchung stehen momentan im Brennpunkt des Interesses, sondern vielmehr Themen aus Bereichen der Software-Ergonomie oder der mentalen Belastung durch Bildschirmarbeit. Diese Themen sind Teile des umfassenderen Gebietes der Mensch-Computer-Interaktion (MCI). Die MCI hat in den letzten Jahren einen ungeheuren Boom erlebt. Viele Tagungen und Kongresse und unzählige Veröffentlichungen zeugen von der intensiven Beschäftigung mit dieser Thematik.

Die MCI ist ein noch relativ unstrukturiertes Gebiet; sie beschäftigt sich mit sehr heterogenen Problemen, die mit der Einführung neuer Technologien zusammenhängen.

Betrachten wir solche Probleme anhand von zwei Beispielen zur Entwicklung und Einführung von rechnergestützten Systemen im Bürobereich aus einer Untersuchung von Zang und Gstalter (1987).

Im Unternehmen A waren neben der EDV-Abteilung und dem Management auch Arbeitswissenschaftler, Psychologen und Ergonomen an der Software-Entwicklung beteiligt. Nach der Analyse der Arbeitsstrukturen und -abläufe innerhalb der Organisation entwickelten die Wissenschaftler Vorschläge für die Neugestaltung der Softwareoberflächen entsprechend den Erkenntnissen der Software-Ergonomie. Auf der Grundlage von Literaturanalysen, eigenen Erfahrungen und Diskussionen mit den Herstellern wurde ein Kriterienkatalog erstellt und auf die Durchführbarkeit überprüft. Die auf dieser Basis entwickelte Software wurde mit den Benutzern am Terminal diskutiert, neue Vorschläge eingesetzt und anhand von Simulations-Software erprobt.

Im Unternehmen B erstellten hingegen die Geschäftsführung und das mittlere Management ein Pflichtenheft und grobe Kriterien für die Befehlssprache. Einige ausgewählte Produkte konnten dann vom Betriebsrat begutachtet werden. Arbeitspsychologisches Wissen und Erkenntnisse der Software-Ergonomie wurden nicht berücksichtigt nach dem Motto: ‚Wir haben unser eigenes Know-how'.

Wie diese und auch viele anderen Studien zeigen, ist das Vorgehen von Unternehmen B typisch für die momentane Praxis bei der Einführung rechnergestützter Systeme. Die Gründe dafür sind in der mangelnden Kenntnis arbeitswissenschaftlicher Grundlagen zu suchen und weiterhin in der Angst vor zu hohen Kosten und einem zu hohen Zeitaufwand. Weiterhin ist man unsicher über den Nutzen von Prototyping, Benutzerbeteiligung und der Berücksichtigung wissenschaftlicher Erkenntnisse. Den Unternehmen geht es oft in erster Linie um Rationalisierung und damit um Konkurrenzfähigkeit und erhöhte Produktivitäts- und Gewinnraten. Die Folgen für die Arbeitnehmer sind hingegen oft schnellere, normiertere und kontrollierbarere Arbeitsabläufe. Damit werden positive Folgen, wie z. B. das Wegfallen von lästigen Routinetätigkeiten, nicht wettgemacht, und nicht selten ist eine erhöhte psychische Beanspruchung die Konsequenz.

Die obigen Beispiele verdeutlichen sehr gut die Vielfältigkeit und Spannbreite der Probleme innerhalb der MCI. Sie reichen von gesellschaftlichen, über organisationale und sozialpsychologische Fragen bis hin zu eng umgrenzten wahrnehmungspsychologischen Problemen. Damit ist eine interdisziplinäre Zusammenarbeit von Soziologen, Psychologen, Arbeitswissenschaftlern, Betriebswirten oder Informatikern gefordert. Einige wesentliche Gebiete der MCI sind:
- Software-Ergonomie
- Ausbildung und Training für Software
- Beanspruchung durch computergestützte Tätigkeiten
- Fehler und Gestaltung von Hilfesystemen
- Expertensysteme
- Organisationale Probleme infolge computergestützter Tätigkeiten
- Gesellschaftliche Probleme

Sieht man in Anschluß an Ulich (1987, S. 86) „die Aufgabe der Arbeits- und Organisationspsychologie in der Erarbeitung von Beiträgen zur Analyse, Bewertung und Gestaltung von Arbeitssystemen und Organisationsstrukturen nach definierten Humankriterien", insbesondere der Schädigungsfreiheit, Beeinträchtigungslosigkeit, Persönlichkeitsförderlichkeit und Zumutbarkeit, so sind bisherige Erkenntnisse der Psychologie für die oben genannten Themen bereitzustellen bzw. neu zu entwickeln. Dabei sind diese Erkenntnisse auf unterschiedlichen Ebenen angesiedelt, die von einem molaren Niveau, z. B. Analysen zur gesellschaftlichen Akzeptanz von Computersystemen bis zu einem sehr elementaren Niveau, z. B. Reaktionszeitanalysen für einzelne Tastendrucke reichen (vgl. Greif & Gediga, 1987).

In der vorliegenden Arbeit, in der wir nur einen kleinen Ausschnitt der MCI berücksichtigen können, betrachten wir die Frage, inwieweit Erkenntnisse bzw. ‚Gesetzmäßigkeiten' vorwiegend aus dem Bereich der allgemeinen Psychologie für die molekulare Ebene der MCI zu nutzen sind. Wir folgen damit dem Anliegen eines Begründers der Arbeitspsychologie, Hugo Münsterberg, der ein solches Vorgehen für die gesamte Arbeitspsychologie postuliert hat.

Zunächst diskutieren wir den grundlegenden Ansatz von Card, Moran und Newell (1983). Diese Autoren versuchen Modelle und exakte Vorhersagen des Leistungsverhaltens von Software-Benutzern zu entwickeln. Wir gehen dann auf das Gebiet der Systemresponsezeiten ein, das einerseits unmittelbar in einem Zusammenhang mit dem Ansatz von Card et al. steht. Andererseits liegt mit diesem Gebiet ein typisches Feld der MCI vor (vgl. Shneiderman, 1986), an dem das Vorgehen und der Stand der Forschung in der MCI verdeutlicht werden kann.

56.2 Der Ansatz von Card, Moran und Newell

Card et al. haben 1983 eine grundlegende Monographie zu „The Psychology of Human-Computer Interaction" publiziert. Sie verfolgen das Ziel, psychologische Erkenntnisse sinnvoll bei der Entwicklung von Computern und Software, speziell der Mensch-Computer-Schnittstelle, einzusetzen. Ihrer Meinung nach gilt es – aufbauend auf Aufgabenanalysen und Analysen des explizit als zielorientiert aufgefaßten menschlichen Verhaltens – weitgehend formalisierte Modelle für die MCI zu entwickeln. Es kann sich nach Card et al. jedoch lediglich um approximative Modelle handeln, d. h. um einfache Modelle, die für die praktischen Zwecke eine hinreichende Präzision besitzen.

Als Grundlage für die Modellbildung ziehen Card et al. insbesondere Erkenntnisse zur → *menschlichen Informationsverarbeitung* heran. Daneben werden motorische Prozesse berücksichtigt, während motivationale Aspekte ausgeklammert bleiben.

Ihr grundlegendes ‚Human-Processor Modell' für die Analyse der menschlichen Informationsverarbeitung und Handlungsausführung ist in Abb. 1 in Anlehnung an Card et al. (S. 26) schematisiert. Die einzelnen Komponenten dieses Modells werden durch bestimmte Parameter näher charakterisiert. Diese Parameter (wie z. B. Zykluszeiten der Prozessoren, d. h. durchschnittliche Verarbeitungszeit für eine elementare Operation oder Zerfallszeiten von Gedächtniskomponenten) werden aus verschiedenen Experimenten der allgemeinen Psychologie zusammengestellt.

Aus den Resultaten einschlägiger Studien werden minimale, mittlere und maximale Werte festgelegt. So geben sie z. B. die minimale, mittlere bzw. maximale Zykluszeit T_c des kognitiven Prozessors mit 25, 70 bzw. 170 msec an. 25 msec ist der Minimumwert, den sie einer Untersuchung zum memory scanning von Sternberg (1975) entnehmen. Aus einer

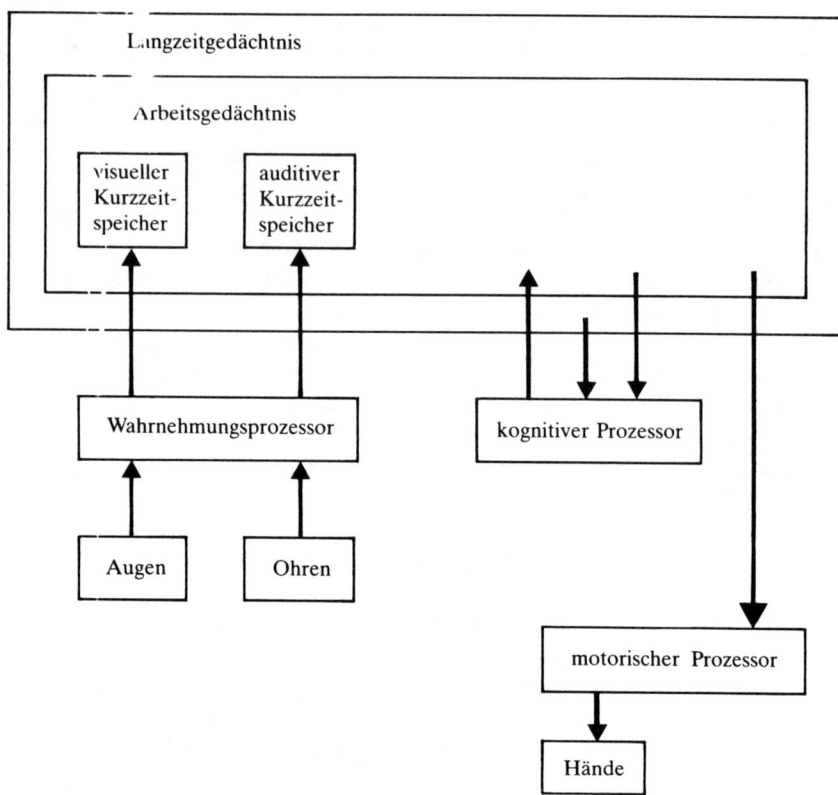

Abb. 1: Schematische Darstellung des Human-Processor-Modells von Card et al. (1973).

Untersuchung von Landauer (1962) nehmen sie den Maximalwert von 170 msec.

Mit dem Human-Processor Modell berechnen Card et al. die Ausführungszeiten für sehr einfache Reaktionen. Soll z. B. ein Computerbenutzer eine Taste drücken, sobald er irgendeinen Buchstaben auf dem Bildschirm wahrgenommen hat, werden – den Modellannahmen entsprechend – zur Berechnung der Gesamtarbeitszeit T_{ges} die Zykluszeiten der beteiligten Prozessoren addiert (T_P, T_c bzw. T_m für den perzeptorischen, kognitiven bzw. motorischen Prozessor).

Im Mittel resultiert daher: $T_{ges} = T_P + T_c + T_m$ bzw. 200 msec = 100 + 70 + 30 msec.

Soll der Computerbenutzer noch zusätzlich feststellen, ob ein bestimmter Buchstabe auf dem Bildschirm erscheint, muß die obige Gleichung noch um die Zykluszeit des kognitiven Prozessors für den Vergleich der Buchstaben erweitert werden:

$T_{ges} = T_P + 2T_c + T_m$ bzw. 270 msec = 100 + 140 + 30 msec.

In Fortführung ihres Ansatzes führen die Autoren 10 basale Prinzipien an, die für komplexere Analysen herangezogen werden, aber nicht ohne eine gewisse Willkür zusammengestellt sind. Neben qualitativen Prinzipien gehen sie auch von empirischen Gesetzmäßigkeiten aus. Beispiele für die qualitativen Prinzipien sind:

Rationalitätsprinzip: Das Verhalten läßt sich rational durch die Ziele, Aufgaben, Operatoren, Eingaben, Wissen und Prozessorbegrenzungen beschreiben.

Problemraumprinzip: Das rationale Verhalten des Menschen bei der Problemlösung kann durch folgende Mengen beschrieben werden: 1) Einer Menge von Wissenszuständen, 2) einer Menge von Operatoren, die von einem Zustand zum anderen umschalten, 3) einer Menge von Randbedingungen für den Einsatz von Operatoren und 4) Kontrollwissen, um zu entscheiden, welcher Operator als nächster durchzuführen ist.

Beispiele für quantitative Gesetzmäßigkeiten sind:

Fitts'sches Gesetz: Die Zeit T, die benötigt wird, mit der Hand ein Ziel der Größe S im Abstand D zu treffen ist:

$$T = I_M \log_2 (D/S + 0.5),$$

mit $I_M = 100$ [70...120] msec/bit, wobei 70 msec die untere Grenze und 120 msec die obere Grenze darstellen.

Potenzgesetz der Übung: Die Zeit T_n, die für die n-te Durchführung einer Bewegung benötigt wird, ist

$$T_n = T_1 n^{-\alpha},$$

mit $\alpha = 0.4$ [0.2..0.6].

Das oben dargestellte Human-Processor Modell ist das elementarste Modell, das nächst komplexere Modell stellt das Keystroke-Level Modell dar. Dieses Modell stellt mehrere grundlegende Operatoren für die MCI zur Verfügung, wie z. B. Ansteuern eines Zieles auf dem Bildschirm mit der Maus, Hand zur Tastatur führen, Bestimmung der mentalen Vorbereitungszeit für das Ausführen der physikalischen Operatoren oder Systemresponsezeiten. Für diese elementaren Operatoren legen die Autoren wiederum Zeitwerte fest. Damit bestimmen die Autoren dann die Ausführungszeiten komplexerer Aufgaben, wie z. B. Austausch eines Worts auf dem Bildschirm durch ein anderes Wort mittels eines bestimmten Editors. Die Gesamtbearbeitungszeit bilden sie – wie beim Human-Processor Modell – aus der Summe der Zeiten für die Operatoren, die in der Aufgabe vorkommen.

Die GOMS-Modelle (*G*oals, *O*perations, *M*eans, *S*elections rules) sind in der Hierarchie-Ebene auf dem obersten Level angesiedelt und implizieren die beiden oben dargestellten Modelle. Sie dienen zur Beschreibung und Analyse komplexerer Handlungen, und bestehen aus vier Komponenten: (1) einer Menge von Zielen (Zustände, die erreicht werden sollen), (2) Operationen (elementare sensumotorische und kognitive Aktionen zur Veränderung von Merkmalen des inneren Zustands des Benutzers oder der Aufgabenumgebung), (3) einer Menge von Methoden zur Zielerreichung und (4) einer Menge von Auswahlregeln zur Entscheidung zwischen alternativen Methoden.

Wir können aus Platzgründen nicht weiter auf diese Modelle eingehen (s. Card et al., 1983) und stellen abschließend noch ein typisches Experiment dieser Autoren dar, das die Anwendung allgemeinpsychologischer Erkenntnisse demonstriert.

Es sollte überprüft werden, welches Eingabemedium für die Selektion einer bestimmten Stelle eines Bildschirmtextes am geeignetsten ist. Folgende Eingabemedien wurden untersucht: Maus, Joystick, Cursor-Tasten (zeichenorientierte Cursortasten) und Texttasten (textorientierte Cursortasten).

Auf dem Bildschirm wurde eine Textpassage dargeboten, die eine invertierte Passage enthält. Dieses Ziel, dessen Größe und Abstand systematisch variiert wurde, mußten die Vpn mit dem jeweiligen Eingabegerät anfahren. Jede der 5 Vpn hatte pro Eingabegerät 1200 Versuchstrials durchzuführen.

Die Adaptationsleistung bei den verschiedenen Eingabegeräten wurde anhand des Potenzgesetzes der Übung ermittelt. Aus den 1200 Trials wurden 60 Blöcke zu je 20 Durchgängen gebildet. Anhand der für jeden Block gemittelten Zeiten resultierten die folgenden Schätzungen für den N-ten Block bzw. erklärten Varianzanteile R^2 für die verschiedenen Eingabemedien:

T_N(Maus) $= 2200N^{-.13}$mSec, $R^2 = .66$
T_N(Joystick) $= 2190N^{-.08}$mSec, $R^2 = .62$
T_N(Cursor-Tasten) $= 3030N^{-.07}$mSec, $R^2 = .39$
T_N(Text-Tasten) $= 3860N^{-.15}$mSec, $R^2 = .61$

Diese Ergebnisse zeigen, daß das Adaptationsverhalten bei der Maus allen anderen Geräten überlegen ist.

Für die letzten 600 Durchgänge, bei denen keine wesentliche Adaptation mehr stattfindet, wurden Analysen nach dem Fitts'schen Gesetz durchgeführt. Unter der Annahme einer konstanten Verzögerung von 1030 msec resultierte die folgende Gleichung:

$$T(Maus) = 1030 + 960\log_2(D/S + 0.5)\text{msec}.$$

Der Ansatz von Card et al. hat viele Anhänger gefunden, ist aber auch häufig kritisiert worden, nicht zuletzt von den Autoren selbst (Newell & Card, 1985). Neben der Kritik an der Selektion einiger weniger Kriterien der Benutzbarkeit von Hard- wie Software wurde insbesondere das Vorgehen bei der Modellierung des Benutzerhandelns bemängelt. So finden Karat et al. (1984) im Gegensatz zu den Ergebnissen des oben berichteten Experiments bei einer Aufgabe, die den täglichen Schreibarbeiten noch enger verwandt ist, bei hochgeübten Schreibkräften einen klaren Vorteil für die Tastatur gegenüber der Maus.

Es zeigen sich mehr und mehr Untersuchungen, die die Frage verneinen, ob es überhaupt möglich ist, generelle Aussagen über das Benutzerverhalten aufzustellen, d. h. ohne von vornherein situative und interindividuelle Unterschiede zu berücksichtigen (vgl. Greif & Gediga, 1987). Dieser Kritikpunkt gilt auch für Weiterentwicklungen des Ansatzes von Card et al. (z. B. von Polson & Kieras, 1985), die auf vergleichbaren Grundannahmen beruhen. Insgesamt ist festzustellen, daß der Ansatz von Card und Mitarbeitern einige verwertbare Ergebnisse und Methoden erzeugt hat, die stimulierend für die weitere Forschung in diesem Gebiet sind.

56.3 Systemresponsezeiten

Ein zentrales Problem in der MCI sind Zwangspausen, sogenannte Systemresponsezeiten (SRZ), die den Arbeitsablauf permanent unterbrechen. SRZ werden im allgemeinen als die Zeiten zwischen der Benutzereingabe und der Antwort des Rechners definiert. Da SRZ bei fast allen Mensch-Computer-Interaktionen auftreten, sind sie für eine adäquate Beschreibung und Analyse der Benutzerleistung zu berücksichtigen. Dabei gilt es neben der leistungsmäßigen Beanspruchung insbesondere die emotionale Beanspruchung durch SRZ in Rechnung zu stellen.

Card et al. (1983) betrachten lediglich den Leistungsaspekt und addieren im Rahmen der Bestimmung der gesamten Bearbeitungszeit einer Aufgabe die Dauer der SRZ zur ‚reinen' Aufgabenbearbeitungszeit. Inwieweit stimmt diese einfache Modellvorstellung, die bei Card et al. nicht explizit überprüft wird? Betrachten wir zunächst die grundlagenwissenschaftlichen Erkenntnisse zu dieser Annahme. Im Rahmen des Reaktionszeitparadigmas (vgl. z. B. Luce, 1986) ist eine analoge Situation gegeben. Nach einer kurzen Wartezeit, der sogenannten Vorperiode, muß der Proband auf einen einfachen Reiz reagieren. Dabei wurden in experimentellen Untersuchungen insbesondere die Dauer und die Variabilität variiert. Hier trat häufig das Ergebnis auf, daß sowohl mit zunehmender Dauer als auch mit zunehmender Variabilität die Reaktionszeit steigt. Die Befundlage ist jedoch nicht eindeutig. Festzuhalten bleibt jedoch, daß speziell die Variabilität als Einflußfaktor zu berücksichtigen ist und daß man keineswegs von einem einfachen linearen bzw. additiven Modell ausgehen kann, wie es bei Card et al. der Fall ist. Betrachten wir deshalb die empirischen Studien, die sich direkt mit SRZ befassen. Insgesamt liegen bisher ca. 30 Laborstudien und rund 10 Feldstudien vor, die ausführlich von Holling (1989) diskutiert werden. Wir fassen die Ergebnisse dieser Studien hier ganz kurz zusammen.

Diesen Studien lag die Hypothese zugrunde, daß die Beanspruchung mit zunehmender Dauer und/oder Variabilität der SRZ steigt (Dauerhypothese bzw. Variabilitätshypothese). In den Laborstudien wurde die Beanspruchung über physiologische, Leistungs- und/oder subjektive Indikatoren erhoben. Die untersuchten Aufgaben waren sehr unterschiedlich und reichten von einfachen Suchaufgaben über Sacharbeitertätigkeiten bis hin zu Programmieraufgaben. Ebenso vielfältig waren die untersuchten SRZ-Verteilungen und Stichproben.

Nach den Ergebnissen dieser sehr differierenden Studien konnte nur ganz selten eine der beiden Hypothesen gestützt werden. Ein Grund für diesen Befund mag sicherlich der oft artifizielle Charakter von Laborstudien gewesen sein. Zum anderen zeigten einige Studien große interindividuelle Unterschiede auf.

In Feldstudien wurde im allgemeinen nur die Dauerhypothese untersucht, insbesondere wurden Leistungseinbußen infolge verlängerter SRZ fokussiert. Da hier keine so starke Kontrolle von Störfaktoren wie in den Laborstudien vorgenommen werden konnte, ist bei der Interpretation der Ergebnisse Vorsicht geboten. Dennoch bleibt festzuhalten, daß in beinahe allen Feldstudien deutliche Effekte der SRZ auf die Leistung festgestellt wurden. Mit zunehmenden SRZ stieg die Bearbeitungszeit bzw. sank die Leistungsmenge, jedoch lag kein linearer Einfluß der SRZ vor, der Einfluß bei kurzen SRZ war stärker als bei längeren SRZ. So waren die relativen Leistungseinbußen im SRZ-Bereich unterhalb einer halben Sekunde am stärksten ausgeprägt.

Anders verhielt es sich bei dem Zusammenhang von SRZ mit Fehlern. Hier trat oft ein U-förmiger Zusammenhang auf, d. h. bei mittleren SRZ war die Fehlerrate am geringsten. Als Begründung für diesen Befund wurde angebracht, daß kurze SRZ bei komplexeren Aufgaben zu einer unangemessen schnellen Aufgabenbearbeitung verleiten. Man versucht, mit dem System Schritt zu halten und verzichtet auf die notwendige Sorgfalt. Bei zu langen SRZ werde hingegen kognitiver Mehraufwand erforderlich und damit das Fehlerrisiko höher.

Die emotionale Beanspruchung, wie Ärger oder Unsicherheit, wurde in Feldstudien seltener untersucht. Jedoch gibt es auch hier deutliche Hinweise darauf, daß mit zunehmender SRZ-Dauer und/oder SRZ-Variabilität insbesondere bei erfahrenen Benutzern eine emotionale Belastung einhergeht. Holling und Gediga (1987) legen ein stochastisches Modell vor, das eine Abschätzung der emotionalen Folgen erlaubt. Besonderes Augenmerk wird in diesem Modell den subjektiven bzw. psychischen Kosten geschenkt. Unter diesen Begriff lassen sich die verschiedenen situationalen Aspekte subsumieren, so daß ein allgemeines Modell für unterschiedliche Aufgaben- und/oder Benutzergruppen vorliegt.

56.4 Ausblick

Die MCI ist ein vielfältiges Gebiet, auf dem noch viele theoretische und empirische Arbeiten zu leisten sind. Diese Aufgabe ist insofern besonders schwierig, als die Entwicklung und auch Einführung neuer Hard- und Software mit einem enormen Tempo fortschreitet und die Hard- und Softwarearchitektur immer vielfältiger und differenzierter wird. Auch die Definition des „Benutzers" wird schwieriger, da es eine Vielzahl von Personen geben wird, die eine Zwischenstellung zwischen Entwicklern und Endbenutzer einnimmt.

Eine einfache Übertragung allgemeinpsychologischer Gesetzmäßigkeiten kann bisher nicht als Königsweg angesehen werden. Vielmehr ist eine stärkere Einbeziehung situativer und interindividueller Parameter geboten. Aus der bisherigen Forschung können jedoch methodische und experimentalpsychologische Erkenntnisse und Standards für die MCI genutzt werden.

Literatur

Card, S. K., Moran, T. P. & Newell, A. (1983). The psychology of human-computer interaction. Hillsdale/Ill.: Erlbaum.
Greif, S. & Gediga, G. (1987). A critique and empirical investigation of the „one-best-way-models" in human-computer interaction. In M. Frese, E. Ulich & W. Dzida (Eds.), Psychological issues of human-computer interaction in the work place (pp. 357–377). Amsterdam: North-Holland.
Holling, H. (1989). Zur Beanspruchung durch Wartezeiten bei computergestützten Tätigkeiten. Berlin: Springer.
Holling, H. & Gediga, G. (1984). Stress in waiting situations – predictions from a mathematical model. In E. E. Roskam & R. Suck (Eds.), Progress in mathematical psychology (pp. 233–249). Amsterdam: North-Holland.
Karat, J., McDonald, J. E. & Anderson, M. (1984). A comparison of selection techniques: touch panel, mouse, and keyboard. In B. Shackel (Ed.), Interact '84, Vol. 2, pp. 149–153, Amsterdam: North-Holland.
Landauer, T. K. (1962). Rate of implicit speed. Perception and Psychophysics, 15, 646.
Luce, R. D. (1986). Response times. New York: Oxford University Press.

Newell, A. & Card, S. K. (1985). The prospects for psychological science in human-computer interaction. Human-Computer Interaction, 1, 209–241.
Polson, P. G. & Kieras, D. E. (1985). A quantitative model of the learning and performance of text editing. Proceedings of the Conference on Human Factors in Computer Systems (CHI '83). New York: ACM.
Shneiderman, B. (1986). Designing the user interface. Reading: Addison-Wesley.
Sternberg, R. J. (1975). Intelligence, information processing and analogical reasoning: the componential analysis of human abilities. Hillsdale/Ill.: Erlbaum.
Ulich, E. (1987). Zur Frage der Individualisierung von Arbeitstätigkeiten unter besonderer Berücksichtigung der Mensch-Computer-Interaktion. Zeitschrift für Arbeits- und Organisationspsychologie, 31, 3, 86–93.
Zang, B. & Gstalter, H. (1987). Erfahrungen bei der Entwicklung und Einführung von rechnergestützten Systemen im Bürobereich. Zeitschrift für Arbeits- und Organisationspsychologie, 31, 3, 86–93.

Heinz Holling und Günther Gediga,
Bundesrepublik Deutschland

57. Meßprobleme bei der Personalauswahl

57.1 Einleitung: Ziel der Messung

Auswahl beruht sowohl auf menschlichem Urteil wie auf objektiver Information (Lewis, 1980). Die Erfahrung, die sich der Auswählende im Laufe seines Berufslebens erworben hat, aber gewöhnlich nicht systematisch genug nutzen kann, bedarf zusätzlicher kontrollierter Information, die den Unzulänglichkeiten menschlicher Urteilsbildung entgegenwirkt. Dies wird normalerweise durch statistische Überprüfung gewährleistet.

57.2 Voraussetzung der Messung

Jeder Versuch, Eigenschaften von Kandidaten zu quantifizieren, bedarf einer Skala, mit Hilfe derer nicht nur Merkmale von Individuen in eine Rangreihe gebracht werden können, sondern die darüber hinaus mit Skaleneinheiten arbeitet, die gleiche Abstände voneinander haben. Konkret gesagt bedeutet dies, daß die Berechnung statistischer Kennwerte wie des arithmetischen Mittels, der Standardabweichung und des Produkt-Moment-Korrelationskoeffizienten eine Intervallskala voraussetzt.

57.3 Auswahlmethoden als Meßinstrumente

Da jede Auswahlmethode letztlich ein Meßinstrument darstellt, muß sie den methodischen Ansprüchen an ein solches Instrument genügen (Anastasi, 1982). Die wichtigsten methodischen Voraussetzungen bzw. Grundlagen sind folgende:

a) Die Werte des zu messenden Merkmals müssen dem Muster einer *Normalverteilung* folgen. Nachdem die meisten physischen Merkmale diese Voraussetzung erfüllen, wird angenommen, daß dies auch für psychische Merkmale gilt. Das Ausmaß, in dem diese Annahme falsch ist, beeinträchtigt als Fehlerquelle die Meßgenauigkeit.

b) Das Meßverfahren muß imstande sein, zwischen Individuen zu *unterscheiden*. Wenn die Auswahlmethode die Ausführung einer Aufgabe verlangt – z. B. das Ausfüllen eines Tests – so darf diese Aufgabe nicht zu schwierig oder zu einfach sein, wodurch die meisten Kandidaten sehr hohe oder sehr niedrige Werte erreichen würden. Ein Kandidat mit durchschnittlicher Leistung sollte den Mittelwert der Verteilung der Werte aller Kandidaten erzielen, d. h. Links- oder Rechtsschiefe in der Verteilung der Werte sollten vermieden werden. Zudem sollte die Verteilung breitgipflig sein, d. h. eher breit und flach als schmal und hoch. Das bedeutet eine große Standardabweichung und eine hohe diskriminative Leistung des Meßverfahrens. Diese Charakteristika müssen bei der Verfahrenskonstruktion beachtet werden und sind oft nur durch mehrfache Erprobungen und Revisionen zu erreichen.

c) Ein Meßverfahren zur Bewerberauswahl muß an einer größeren Personenzahl *standardisiert* werden, die nicht mit der Bewerbergruppe identisch ist, um sinnvolle Schlüsse zuzulassen. Das übliche Vorgehen besteht darin, Leistungsnormen für die Inhaber jener Arbeitsplätze aufzustellen, für die auch ausgewählt werden soll. Die häufigste Art, Normen auszudrücken, besteht in der Angabe von Prozentrangwerten, die darüber informieren, wieviel Prozent an Personen man über oder unter einem gegebenen Meßwert erwartet.

Ein Problem besteht darin, daß die Prozentränge lediglich die relative Position zwischen Kandidaten wiedergeben, nicht jedoch die Differenz zwischen den Meßwerten. Dies ist ein Ergebnis der Normalverteilung, d. h. daß die Leistungen der meisten Kandidaten um den Mittelwert herum gruppiert sind. Um Differenzen auszudrücken, kann man Standardwerte verwenden, die den Abstand eines Individuums vom Mittelwert in Standardabweichungseinheiten der Skala ausdrücken. Man kann dies linear berechnen, indem man Z-Werte verwendet, oder nichtlinear, indem man eine Verteilung benutzt, die so transformiert wurde, daß sie sich der Normalverteilung angleicht. Eine verbreitete Verfahrensweise besteht darin, die Normalverteilung in neun gleich große Abschnitte aufzuteilen, die den Prozentsätzen der Gruppe entsprechen, die man zwischen festgelegten Punkten der Skala vorzufinden erwartet. Diese Skala wird als Stanine-Skala bezeichnet.

d) Ein Auswahlinstrument hat keinen Nutzen, wenn es keine Stabilität besitzt. Es muß *reliabel* sein. Das Meßinstrument muß zu jedem Zeitpunkt, zu dem es eingesetzt wird, verläßlich die Differenzen zwischen denjenigen Merkmalen der

Bewerber erfassen, zu deren Messung es konstruiert wurde. Wenn die Werte der Kandidaten hauptsächlich von ihrem augenblicklichen Gesundheitszustand oder ihrer Stimmung abhängen, liefert das Meßinstrument fehlerhafte Information. Das Instrument sollte hinsichtlich seiner Stabilität geprüft werden, bevor es eingesetzt wird. Dies kann z. B. in der Form geschehen, daß die Leistungen einer Gruppe von Personen zu mehreren Zeitpunkten gemessen werden, um zu prüfen, ob eine ausreichend hohe Korrelation zwischen den Leistungswerten besteht. Da die Stabilität nie perfekt sein kann, ist es erforderlich, die Fehlerspanne des Meßwerts jeder Person zu bestimmen. Als statistischer Kennwert läßt sich hierzu der Standardmeßfehler berechnen.

e) Selbst wenn eine Auswahlmethode reliabel ist, folgt daraus nicht, daß sie tatsächlich das mißt, was gemessen werden soll, d. h. daß sie *valide* ist. Idealerweise sollte die Leistung eines Kandidaten im Auswahlverfahren ermöglichen, seine künftige Berufsleistung vorherzusagen. In dem Maße, in dem dies möglich ist, spricht man dem Instrument *prädiktive Validität* zu. Da dieses Maß empirisch bestimmt werden muß und auch davon abhängt, inwieweit die Erfordernisse Diskriminanz, Standardisierung und Reliabilität erfüllt sind, ist die Validität die anspruchsvollste Eigenschaft eines Meßverfahrens.

Praktiker tendieren deshalb dazu, sich mit weniger zufriedenzugeben. Sie mögen ein Auswahlverfahren damit rechtfertigen, daß es in bezug auf die zu messenden Merkmale theoretisch begründet ist, daß die verschiedenen Komponenten des Verfahrens nicht in Widerspruch zueinander stehen und daß es mit anderen, ähnlichen Maßen korreliert ist. Diese Strategie nennt man bekanntlich *Konstruktvalidierung*. Während die Konstruktvalidität ein notwendiges Charakteristikum eines Meßinstruments ist, ist sie doch für praktische Auswahlzwecke ein weniger solides Fundament als die prädiktive Validität. Der springende Punkt hierbei ist, daß man von den Auswahlmethoden, die man selbst einsetzt, üblicherweise annimmt, sie seien valide. Warum sollte man sie sonst benutzen? Wenn sie nur scheinbar, aber nicht wirklich valide sind, dann stützen sich die Entscheidungen über die Bewerber auf falsche Grundlagen. Die Konsequenzen für die auswählende Organisation und sowohl für die ausgewählten wie für die abgelehnten Bewerber brauchen hier nicht dargelegt zu werden.

57.4 Meßprobleme psychologischer Testverfahren

Im Vergleich zu allen anderen Auswahlmethoden sind psychologische Testverfahren am besten imstande, den Anforderungen an ein Meßinstrument zu genügen. Tatsächlich muß für jeden veröffentlichten psychologischen Test, der zum praktischen Gebrauch als Selektionsmethode angeboten wird, belegt werden, daß er den Anforderungen bezüglich Differenzierungskraft, Standardisierung, Reliabilität und Validität genügt. Nur dann ist er von Wert für die Praxis der Personalauswahl. Darüber hinaus haben erprobte Tests den Vorteil, daß sie die Last der empirischen Validierung etwas reduzieren, da Testergebnisse gewöhnlich in einfach quantifizierbarer Form vorliegen.

Fähigkeitstests genügen üblicherweise besser als andere Verfahren strengen methodischen Anforderungen. Für sie werden zumeist höhere Reliabilitäts- und Validitätskoeffizienten berichtet als für andere Arten von Tests. Persönlichkeitstests sind stärker umstritten. Das liegt zum einen an der Uneinigkeit bezüglich des Konzepts „Persönlichkeit", zum anderen daran, daß die veröffentlichten Testverfahren in der Regel nicht für berufliche Auswahlzwecke konstruiert werden. Auch werden für Persönlichkeitstests durchschnittlich weit geringere Validitätskoeffizienten gefunden als für Fähigkeitstests.

Bis vor kurzem herrschte der Eindruck vor, daß Tests nur mit großer Vorsicht zu verwenden seien. Schätzungen (z. B. Ghiselli, 1966) beliefen sich darauf, daß die höchste von einem Fähigkeitstest zu erwartende prädiktive Validität in der Höhe einer Korrelation von etwa r = 0,4 liege, was einer gemeinsamen Varianz mit dem Maß für berufliche Leistung von nur 16% entspricht.

Diese Annahme wurde jedoch durch die Einsicht in Frage gestellt, daß die meisten Validitätsdaten an kleinen Stichproben von Mitarbeitern erhoben werden, die bereits erfolgreich ausgewählt worden waren, wodurch eine Streuungseinschränkung bezüglich der gemessenen Fähigkeiten bewirkt wurde. Wenn diese statistischen Beschränkungen (Stichprobenfehler, Streuungsreduktion und auch mangelnde Reliabilität des Kriteriums) korrigiert werden, so steigt die Validität beträchtlich an (Schmidt & Hunter, 1981). Die Vielfalt der Bestimmungsgrößen menschlichen Verhaltens, die Unzulänglichkeiten von Kriterienmaßen (→ *Kriterien*) und die Undurchschaubarkeit von Einstellungssituationen in der Praxis scheinen sich dahingehend auszuwirken, daß Validitätskoeffizienten häufig als geringer errechnet werden als sie tatsächlich sind. Diese Argumentation wird seit einigen Jahren für eine Neubewertung psychologischer Tests ins Feld geführt; geäußert wurde sie allerdings schon vor etwa 25 Jahren von Dunette (1963).

Eine verwandte Frage ist die, ob ein Test nur für eine spezifische Auswahlsituation validiert werden kann. Der Eindruck, daß die Validität absinken kann, wenn der Test für eine Leistungsvorhersage an etwas unterschiedlichen Arbeitsplätzen benutzt wird, könnte auch auf das Problem der kleinen Stichproben zurückgehen. Die neuere Forschung zur Frage der Generalisierbarkeit von Validitätskoeffizienten legt tatsächlich den Schluß nahe, daß Tests für eine ganze Vielfalt ähnlicher Arbeitstätigkeiten eingesetzt werden können (Pearlman, Schmidt & Hunter, 1980).

57.5 Meßprobleme anderer Selektionsmethoden

Die gleichen Fragestellungen und Qualitätskriterien können an andere Selektionsmethoden angelegt werden, soweit quantifizierbare Beurteilungen vorgenommen werden. Die Literatur zeigt, daß Reliabilität, Validität, Streuungseinschränkung und das Kriterienproblem in mehr oder weniger großem Ausmaß auch bei allen anderen Methoden der Personalauswahl eine Rolle spielen, wie z. B. bei strukturierten → *Interviews* (Arvey & Campion, 1982; biographischen Fragebogen

(Reilly & Chao, 1982; Lewis, 1985), → *Assessment Center* (Bray & Grant, 1966) und graphologischen Gutachten (Klimoski & Rafaeli, 1983).

57.6 Meßprobleme und Auswahlgerechtigkeit

Sowohl in den Vereinigten Staaten als auch in verschiedenen europäischen Staaten wächst der arbeitsrechtliche Druck, auf Auswahlmethoden zu verzichten, durch die einzelne Bewerbergruppen unangemessen benachteiligt werden. Der Auswählende trägt deshalb die Verantwortung dafür, daß keine ungerechten oder illegalen Methoden verwendet werden. Besonders ist darauf zu achten, daß die Gruppe, an der im Kontext der Standardisierung die Normen gewonnen werden, nicht aus verschiedenen Subgruppen besteht, für die das Auswahlverfahren unterschiedlich valide ist (Lewis, 1985). Gegenüber den Mitgliedern jeglicher Subgruppen, für die das Verfahren invalide ist, würde man unfair verfahren und sie eventuell unrechtmäßig diskriminieren. Statistische Unzulänglichkeiten der oben diskutierten Art, die für geringe Validität verantwortlich sein können, können auch gewisse Hinweise auf Benachteiligung von Gruppen geben (Hunter & Schmidt, 1978; Schmitt & Noe, 1986).

57.7 Schlußfolgerung

Auswahl erfordert die Messung der – meist psychologischen – eignungsrelevanten Merkmale von Bewerbern. Es ist bekannt, daß der Nutzen der Selektion geschätzt werden kann und daß er sich durch den Einsatz psychometrischer Methoden erhöhen läßt. Kritisch könnte eingewendet werden, daß die Vorhersagekraft dieser Methoden sehr beschränkt sei, im Vergleich zu Meßtechniken in den Natur- und Ingenieurwissenschaften. Wenn dagegen ein Vergleich gezogen wird zu unkontrollierten subjektiven Beurteilungen, dann ist die Verwendung quantitativer Auswahlinstrumente sicherlich gerechtfertigt.

Literatur

Anastasi, A. (1982). Psychological Testing. 5th ed. New York: MacMillan.
Arvey, R. D. & Campion, J. E. (1982). The employment interview: A summary and review of recent literature. Personnel Psychology, 35, 381–322.
Bray, D. W. & Grant, D. L. (1966). The assessment center in the measurement of potential business management. Psychological Monographs, 80, No. 625.
Dunnette, M. D. (1963). A modified model for selection research. Journal of Applied Psychology, 47, 317–323.
Ghiselli, E. E. (1966). The Validity of occupational aptitude Tests. New York: Wiley.
Hunter, J. E. & Schmidt, F. L. (1978). Differential and single group validity of employment tests by race: A critical analysis of three recent studies. Journal of Applied Psychology, 63, 1–11.

Klimoski, R. J. & Rafaeli, A. (1983). Inferring personal qualities through handwriting analysis. Journal of Occupational Psychology, 56, 191–202.

Lewis, C. (1980). Investigating the employment interview: A consideration of counselling skills. Journal of Occupational Psychology, 53, 111–116.

Lewis, C. (1985). Employee selection. London: Hutchinson.

Pearlman, I. C., Schmidt, F. L. & Hunter, J. E. (1980). Validity generalisation results for tests used to predict training success and job performance in clerical occupations. Journal of Applied Psychology, 65, 373–406.

Reilly, R. R. & Chao, G. T. (1982). Validity and fairness of some alternative employee selection procedures. Personnel Psychology, 35, 1–62.

Schmidt, F. L. & Hunter, J. E. (1981). Employment testing. Old theories and the research findings. American Psychologist, 36, 1128–1137.

Christopher Lewis,
Großbritannien

58. Mitbestimmung

58.1 Bedeutungen des Begriffs

Der Begriff „*Mitbestimmung*", der im folgenden synonym mit „*Partizipation*" verwendet wird, vermittelt im Alltagsgebrauch vielerlei Bedeutungen. Teils meint er die persönliche Möglichkeit von Personen, auf die Gestaltung ihrer unmittelbaren Lebens- und Arbeitswelt einzuwirken, andererseits bezieht er sich häufig auf die durch Statuten festgelegten Rechte von Arbeitnehmern oder ihren Vertretern auf Information, auf Initiative-, Mitwirkungs- und Mitbestimmungsmöglichkeiten in ihren Betrieben und Unternehmen. Zum Begriffsverständnis gehört auch die Vertretung von Arbeitnehmern in Aufsichtsräten und Leitungsgremien von Unternehmen. Schließlich bezeichnet der Begriff auch die Vertretung von Arbeitnehmerinteressen in überbetrieblichen Belangen der Wirtschafts-, Sozial- und Infrastrukturpolitik.

Im Hinblick auf organisationspsychologische Problemstellungen bietet sich an, „Mitbestimmung" oder „Partizipation" zu definieren als: *die Gesamtheit der Formen und Intensitäten, mit denen Individuen, Gruppen, Kollektive durch selbstbestimmte Wahl möglicher Handlungen ihre Interessen sichern.*

Für die Analyse lassen sich *direkte*, d. h. unmittelbar persönliche und *indirekte*, d. h. mittelbar über Vertreter erfolgende Formen der Partizipation unterscheiden (Lammers, 1967), die je unterschiedliche psychosoziale Voraussetzungen und Folgen haben dürften. Außerdem sind de jure und de facto die folgenden Aspekte der Partizipationsformen zu unterscheiden: *de jure-Formen* sind die „statutorisch" (durch Verfassung, Gesetz, Kollektivvertrag oder Richterrecht) vorgegebenen

Normen (Partizipationsstrukturen) für die Mitbestimmung; *de facto Partizipation* betrifft die tatsächlich feststellbaren Formen des Partizipationsverhaltens.

Die Interessenssicherung durch selbstgewählte Mittel impliziert, daß es sich bei Partizipation um zielgesteuerte Handlungen und Einflußnahmen und nicht um beliebige Interaktion handelt.

Als weitere analytische Dimension der Mitbestimmung wäre die *Partizipationsintensität* zu unterscheiden, mit der das Maß beschrieben werden kann, in dem Arbeitnehmer oder ihre Vertretungen das Endresultat von Entscheidungsprozessen beeinflussen können.

Eine weitere wichtige Dimension schließlich betrifft die *soziale Reichweite* der Partizipation, d. h. die Größe des Personenkreises, der an Entscheidungsprozessen beteiligt oder vom Ausgang der Entscheidungen betroffen ist (detaillierter zu analytischen Dimensionen der Partizipation s. Dachler & Wilpert, 1978).

58.2 Voraussetzungen und Folgen der Partizipation

Die psychologisch zentrale Frage ist die nach den Voraussetzungen und Folgen der Partizipation. Einen ersten Ansatz zur Erklärung der Partizipationsmotivation bringt White (1959) mit seiner *Affektanztheorie*. Darin postuliert er ein universelles Bedürfnis nach Kompetenz, dessen motivationale Komponente er in der wirksamen Interaktion eines Individuums mit seiner Umwelt sieht.

Im Anschluß an White nimmt auch Deci (1975) an, daß sich intrinsische Motivation aus einem angeborenen, stets gegenwärtigen Bedürfnis nach *kompetenter und selbstbestimmter* Auseinandersetzung mit der Umwelt speist. Dieses Bedürfnis veranlaßt Menschen dazu, Umweltherausforderungen aufzusuchen und zu meistern, die ihren Fähigkeiten entsprechen. Für Selbstbestimmung ist die Erfahrung der Wahlmöglichkeit von Handlungsoptionen zentral, d. h. die Erfahrung einer internal wahrgenommenen Verursachung (internal causality). Als individuelle psychodynamische Voraussetzung partizipativen Verhaltens läßt sich also eine generelle motivationale Disposition zu selbstbestimmtem (selbstgewähltem) und kompetentem (wirksamem) Handeln annehmen.

Mulder (1977) hat den Versuch unternommen, Partizipationsverhalten im Kontext von Organisationen, und generell unter Bedingungen hierarchischer Beziehungen mit sciner *Theorie der Macht-Abstands-Reduktion* zu erklären. Seine Grundannahme ist, daß die Ausübung von Macht in sich befriedigend ist, und das Individuum danach strebt, diese erlebte Macht auszuweiten. Darüberhinaus nimmt er an, daß Menschen in Hierarchiebeziehungen immer danach streben, die Machtunterschiede zwischen sich und den Nächsthöheren zu mindern, während die Nächsthöheren sich bemühen, die bestehende Machtdistanz konstant zu halten. Gemäß seinem hedonistischen Grundprinzip macht Macht süchtig. Sind andererseits die Machtabstände zweier Akteure sehr groß, so nimmt das Streben nach Macht-Abstands-Reduktion aufgrund der angestellten Kosten-Nutzen-Vergleiche ab bis hin zur Apathie. Den hoffnungslos Entmachteten bleibt allenfalls Solidarisierung mit anderen „Machthabenichtsen" und/oder Obstruktion.

Zwar finden sich, wie wir sehen, Ansätze zu einer individual- und sozialpsychologischen Theorie der direkten Partizipation, ähnliches kann jedoch nicht über indirekte Partizipation gesagt werden. Eine Theorie repräsentativer Mitbestimmung (über Mandatsträger) müßte Probleme wie Oligarchisierung, Monopolisierung von Interessen der Vertretenen und der Entfremdung der Vertreter von ihrem Klientel mit aufgreifen.

Eine andere zentrale psychologische Frage zur Partizipation betrifft deren Folgen. Dies ist zuerst einmal die Frage nach dem Zusammenhang von Sozialisationsverlauf und Partizipationserfahrung einerseits und Partizipationsstreben und Kompetenzerwerb andererseits. Partizipationslernen hat Mulder (1977, S. 87) als Kreisprozeß beschrieben: Machtausübung erhöht Tendenzen der Macht-Abstands-Reduktion, diese bewirken über Erfahrungslernen die Anreicherung mit Partizipationskompetenzen, die ihrerseits wieder Machtausübung befördern (ähnlich Kißler, 1980). Leider sagen diese Ansätze wenig darüber aus, worin inhaltlich die besagten Partizipationskompetenzen bestehen. Erste Aufschlüsse liefern hierzu Longitudinalstudien bei Facharbeitern (Baitsch, 1985). Demgegenüber sind enge Zusammenhänge zwischen Partizipationserfahrung und Anspruchsniveau in der Literatur häufig belegt (Gardell, 1977; IDE, 1981; Wilpert & Rayley, 1983).

58.3 Organisationale Ebene

Auf der Ebene der Organisation sind vor allem zwei Problemkreise relevant: einmal der Zusammenhang zwischen normativ vorgegebenen (de jure) Partizipationsstrukturen und de facto Partizipationsverhalten; zum anderen die Beziehungen zwischen Partizipation und individueller bzw. sozialer (organisationaler) Zielerreichung. – In der bislang größten international vergleichenden Untersuchung zur Mitbestimmung (IDE, 1981) konnte gezeigt werden, daß der Grad der normativ vorgegebenen Partizipationsintensität zu den besten Prädiktoren tatsächlichen Partizipationsverhaltens gehört. Wer Partizipation fördern will, tut gut daran, die formalen Partizipationsstrukturen weit zu stecken.

Die Forschung zeigt zwar, daß die Zusammenhänge zwischen erfahrener Partizipation und subjektiver Bewertung meist positiv sind (Wall & Lischeron, 1977), besonders intensiv sind diese Beziehungen jedoch nicht. Vermutlich werden diese Zusammenhänge durch zusätzliche Faktoren, wie beispielsweise das Anspruchsniveau bei der Partizipation, moderiert. In der bereits genannten IDE-Studie zeigte sich darüberhinaus, daß unabhängig von der tatsächlichen Beteiligung die Bewertung des jeweiligen Mitbestimmungssystems maßgeblich davon abhing, welche rechtlichen Möglichkeiten der Mitbestimmung eingeräumt wurden: Die Zufriedenheit hängt nicht so sehr damit zusammen, wie intensiv man tatsächlich partizipiert, sondern wie intensiv man aufgrund vorgegebener Partizipationsstrukturen partizipieren könnte!

Wenn man in der Tradition der *Human Relations-Schule* annehmen durfte: Partizipation führt zu Zufriedenheit und diese wiederum zu höherer Leistung, so zeigt die Forschung, daß auch hier die Zusammenhänge weitaus komplizierter sind (Seidel, 1980). Wohl gibt es in jüngster Zeit vermehrt Hinweise darauf, daß höhere Partizipationsniveaus in Organisationen entweder produktivitätsneutral oder mit höherer Produktivität verbunden sind (Cable & FitzRoy, 1980; Rosenberg & Rosenstein, 1980), gleichzeitig gibt es aber Hinweise darauf, daß mit höheren Partizipationsniveaus auch das Konfliktniveau ansteigt (IDE, 1981, Heller et al., 1986): Da Partizipation ja im wesentlichen die Funktion hat, die Rückbindung von Entscheidungen an die Interessen von Betroffenen zu sichern, sollten uns größere Konflikte nicht verwundern, denn solche Prozesse sind notwendig mit der Artikulation möglicherweise unterschiedlicher Präferenzen verbunden. Die Frage ist eigentlich nur, welche Bewertung und Funktion man Konflikten zuerkennt: sieht man sie als unökonomische Kostenverursacher oder als Mobilisatoren von Ressourcen zur Lösung anstehender Probleme und Einbindung der Konfliktpartner in einmal gefundene Lösungen?

58.4 Nationale Besonderheiten

Mitbestimmung findet nun im Rahmen je unterschiedlicher Partizipationsstrukturen statt, die meist maßgeblich durch das nationale System der Arbeitsbeziehungen bestimmt sind: Tradition und Strukturen der Sozialpartner sowie das ihre Konfliktaustragung bestimmende Regelwerk (z. B. Tarifvertragsgesetz, Betriebsverfassung, Tarifverträge). Bei international vergleichenden Mitbestimmungsuntersuchungen sind daher mindestens drei verschiedene Vergleichsdimensionen zu berücksichtigen: 1. Die Unterschiede des Formalisierungsgrades der Partizipation (d. h. die Anzahl der Bereiche, die durch formale, schriftlich fixierte Regelungen zur Mitbestimmung erfaßt sind). 2. Die Intensität vorgeschriebener Partizipation für die Beteiligung der unterschiedlichen Akteure. 3. Die vorgesehene Arbeitsteilung direkter und indirekter Partizipation (bzw. die Bereiche, die durch die unmittelbare persönliche Einwirkung Betroffener oder durch die Handlungen von Mandatsträgern mitbestimmt werden sollen).

58.5 Forschungstrends

Betrachtet man die Forschungstrends zur Mitbestimmung, so lassen sich einmal Querschnittsuntersuchungen innerhalb eines Landes zum Stand der Mitbestimmung und seiner individuellen und sozioökonomischen Folgen identifizieren (z. B. Kirsch, Scholl & Paul, 1985). Hierfür stehen eine Reihe erprobter Untersuchungsinstrumente zur Verfügung (Kubicek & Welter, 1985). Daneben gibt es Querschnittsuntersuchungen innerhalb eines Landes oder international vergleichend, die den Zusammenhang von de jure und de facto Partizipation i. S. von Implementationsstudien zu erfassen suchen. Derartige Studien setzen voraus, daß die vorgegebenen Normstrukturen vergleichend gemessen werden können. Ein entsprechender Ansatz wurde bislang in zwei Vorhaben erarbeitet (King & van de Vall,

1978; IDE, 1981). Zum dritten beginnen Längsschnittstudien dynamische Zusammenhänge entlang der Zeitachse zu erforschen, sei es im Hinblick auf die Wirkungen der Partizipationserfahrung für die Persönlichkeitsentwicklung (Baitsch, 1985), sei es im Hinblick auf unterschiedliche Phasen des Entscheidungsprozesses und der Beteiligungsintensität von Betroffenen oder ihren Vertretern (Heller et al., 1987). Darüberhinaus sind vereinzelt Ansätze zu beobachten, die sich mit einem explizit pädagogischen Anliegen um die Vermittlung von Partizipationskompetenzen bemühen (Greif & Flarup, 1981).

Literatur

Baitsch, C. (1985). Kompetenzentwicklung und partizipative Arbeitsgestaltung. Bern/Frankfurt: P. Lang.
Cable, J. & Fitzroy, F. (1980). Cooperation and productivity: Some evidence from West-German experience. Economic Analysis, 14, 163–180.
Dachler, H. P. & Wilpert, B. (1978). Conceptual dimensions and boundaries of participation in organizations: A critical evaluation. Administrative Science Quarterly, 23, 1–39.
Dachler, H. P. & Wilpert, B. (1980). Dimensionen der Partizipation: Zu einem organisationswissenschaftlichen Analyserahmen. In W. Grunwald & H. G. Lilge (Hg.), Partizipative Führung (S. 80–98). Bern: P. Haupt.
Deci, E. L. (1975). Intrinsic motivation. New York: Plenum Press.
Gardell, B. (1977). Autonomy and participation at work. Human Relations, 30, 515–533.
Greif, S. & Flarup, J. (1981). Training social competences for workers councils. Economic and Industrial Democracy, 2, 395–398.
Heller, F. A., Drenth, P. J. D., Koopman, P. & Rus, V. (1987). Decisions in organizations: A three country longitudinal study. London: Sage.
Industrial Democracy in Europe (IDE) – International Research Group (1981). Industrial democracy in Europe. London: Oxford University Press.
King, Ch. & Van de Vall, M. (1978). Models for Industrial Democracy. The Hague: Mouton.
Kirsch, W., Scholl, W. & Paul, G. (1984). Mitbestimmung in der Unternehmenspraxis. München: Planungs- und Organisationswissenschaftliche Schriften (Vol. 39).
Kissler, L. (1980). Partizipation als Lernprozeß. Frankfurt: Campus.
Kubicek, H. & Welter, G. (1985). Messung der Organisationsstruktur. Stuttgart: Enke.
Lammers, C. J. (1967). Power and Participation in decision making in formal organizations. American Journal of Sociology, 74, 201–217.
Mulder, M. (1977). The daily power game. Leiden: M. Nijhoff.
Rosenberg, R. D. & Rosenstein, E. (1980), Participation and productivity: An empirical study. Industrial and labor relations Review, 33 (3), 355–367.
Seidel, E. (1980). Die betriebliche Effizienz direktiver und kooperativer betrieblicher Führungsform. In W. Grunwald & H. G. Lilge (Hg.), Partizipative Führung (S. 210–230). Bern: P. Haupt.
White, R. W. (1959). Motivation reconsidered: The concept of competence. Psychological Review, 5, 297–333.
Wall, T. D. & Lischeron, J. A. (1977). Worker Participation: A critique of the literature and some fresh evidence. London: McGraw Hill.
Wilpert, B. & Rayley, J. (1983). Anspruch und Wirklichkeit der Mitbestimmung. Frankfurt: Campus.

Bernhard Wilpert, Bundesrepublik Deutschland

59. Monotonie

Als Monotoniezustand bezeichnet man das Ergebnis einer Fehlbeanspruchung, nämlich anhaltender Unterforderung von Leistungsvoraussetzungen. Das Wort „Monotonie" wird gelegentlich auch zur Bezeichnung von Situationen verwendet. Das ist der problematische Versuch, einen Oberbegriff über alle monotonieerzeugenden Bedingungen zu finden. Er ist problematisch, weil Unterforderung eine Relation zwischen Anforderungen und Leistungsvoraussetzungen bezeichnet.

Zahlreiche Untersuchungen haben folgende Erlebensformen bei Monotoniezuständen beschrieben:
– Eine Situation wird als eintönig, langweilig und abstumpfend erlebt;
– die Zeit wird lang;
– es stellt sich eine gleichgültig-apathische Haltung ein;
– die Aufmerksamkeit läßt nach;
– die zunehmende Müdigkeit einschließlich einer körperlichen Schlaffheit geht in ein „Dösen" über. (Der Kampf mit der Schläfrigkeit verläuft dabei wellenförmig. In Minutenintervallen unterliegt der Betroffene nur Sekunden währenden Dämmerzuständen, aus denen er dann aufschreckt);
– in sehr weit fortgeschrittenen Monotoniezuständen können in den Dämmerphasen traumähnliche Bilder auftreten; Amnesien für solche kurzen Zeitabstände sind erwiesen.

Dieses Erleben der absinkenden Wachheit wird in intervallskalierter, quantifizierter Weise retrospektiv in der M-Skala des → *BMS-I- bzw. II-Verfahrens* von Plath und Richter (1978; 1984) erfaßt; es ist nicht mit Ermüdung identisch. Ein Hauptunterscheidungsmerkmal von Ermüdung und Monotonie ist, daß bei anregendem Anforderungswechsel der Monotonie-Zustand umgehend, die Ermüdung hingegen – wenn überhaupt – nur langsam abnimmt. Da anhaltende Monotoniezustände in Ermüdungszustände übergehen können, ist dieser Unterschied nicht ausnahmslos nachweisbar.

Diesem Erleben sind gleichsinnige objektive Befunde zugeordnet: In physiologischer Hinsicht ist eine herabgesetzte Kreislaufaktivität gesichert: Herzfrequenz und Blutdruck sinken, die Arrhythmie der Herzperiodendauer steigt, Sauerstoffverbrauch und Muskeltonus sowie der Adrenalinspiegel nehmen ab. Insgesamt bietet sich das Bild einer trophotropen vegetativen Ruheschaltung.

Darüber hinaus liegen Hinweise auf Veränderungen in der EEG-Aktivität vor, die objektiven Belege für die erlebten Zustände des Dösens und Dämmerns darstellen. Langsame Wellenformen werden häufiger. Vereinzelt können Wellenformen auftreten, die beim Einschlafen gehäuft anzutreffen sind: „Spindeln". Es liegt ein Desaktivierungsbild im Elektroencephalogram vor.

Seit langem besonders intensiv untersucht sind Veränderungen in den Leistungen sowie im Verhalten. Das Hauptinteresse galt dabei der Frage, inwieweit sich der Monotoniezustand an typischen Verlaufskurven erkennen läßt. Ursprünglich wurde eine angeblich typische Monotoniearbeitskurve angegeben, die durch einen u-förmigen Trend gekennzeichnet war, also durch einen Leistungsrückgang in der Schichtmitte und einem Wiederanstieg der Leistung gegen Schichtende. Neuere Untersuchungen konnten jedoch klären, daß derartige u-förmige Leistungsverläufe zwar eine häufige, keineswegs aber notwendige Auswirkung von Monotoniezuständen sind.

Dagegen ist gesichert, daß Schwankungen der Arbeitskurve durch Monotoniezustände gesteigert werden und daß sie mit zunehmendem Monotoniezustand wachsen. Ebenso ist deutlich, daß die durchschnittliche Leistung im Monotoniezustand geringer und die Fehlerhäufigkeit größer ist als in monotoniefreien Situationen.

Durchgängig ist auch eine Verlängerung der Reaktionszeiten sowohl auf Signale aus der jeweiligen Tätigkeit wie auch auf Zusatzreize festzustellen. An Verhaltenskriterien finden sich im Monotoniezustand am häufigsten: gesteigerter Lidschluß, Verlangsamung der Großmotorik und ein Erschlaffen der gesamten Körperhaltung.

Neben diesen kurzzeitigen Auswirkungen sind Langzeitfolgen mit Gültigkeit für Menschengruppen, also nicht in jedem individuellen Falle, bekannt. Sie konzentrieren sich auf folgende Gebiete:
- Verlernen nicht oder zu selten genutzter Qualifikationsbestandteile; damit Verschlechterung insbesondere geistiger Leistungen im Sinne eines vermeidbaren vorzeitigen altersabhängigen Abbaus;
- unterdurchschnittliche Zufriedenheit mit der Arbeitsaufgabe mit der Gefahr einer Demotivierung;
- unterdurchschnittliche Ausprägung aktiver und insbesondere kreativer Freizeitaktivitäten;
- überdurchschnittliche Befindensbeeinträchtigungen (psychische und körperliche Beschwerden) u. a. auch im Zusammenhang mit einförmigen Arbeitshaltungen (Nacken-, Schulter-, Arm-, Kopf- bzw. Augenschmerzen).

Desweiteren ist die Wahrscheinlichkeit des Auftretens depressiver und ängstlicher Verstimmungen erhöht:
- Erhöhter Krankenstand im Maße der Einförmigkeit der Beanspruchungen;

Monotoniezustände können bei allen Formen einförmig gleichbleibender, sich in der Regel häufig wiederholender Arbeiten entstehen, die über längere Zeit (mehrere Stunden) ausgeübt werden, sofern sie folgende Kernbedingung erfüllen: Die Aufgabenerfüllung erlaubt einerseits kein vollständiges Lösen von der Tätigkeit, gewährt andererseits aber zugleich keine ausreichenden Möglichkeiten zur sachbezogenen gedanklichen Auseinandersetzung mit der Tätigkeit selbst.

Aus dieser Doppelbedingung ergibt sich – wie Bartenwerfer (1960) anschaulich formulierte – eine „Zuwendung mit eingeengtem Beachtungsumfang". Diese Doppelvoraussetzung ist die notwendige Kernbedingung. Ohne sie entsteht kein Monotoniezustand.

Graf (1970) bezeichnete diese Bedingung auch als *Überforderung durch Unter-*

forderung. Folgende Tätigkeitsmerkmale tragen zur Erfüllung dieser kritischen Kernbedingung besonders bei:
- Geringe Anforderungsvielfalt
  also u. a.
  - kurze Zyklusdauer (oder seltenes Auftreten zu beantwortender Signale bei Überwachungstätigkeiten),
  - wenige unterschiedliche Arbeitsgangstufen (bei Bürotätigkeiten als „Entmischung" der Arbeit bezeichnet),
  - seltener Wechsel von anforderungsverschiedenen Arbeitsgegenständen, Arbeitsmitteln oder Verfahren,
  - geringe Abwechslung körperlicher Art;
- Geringe oder fehlende Freiheitsgrade für eigenständige Zielstellungen.

Damit stehen im Zusammenhang:
- Geringe oder fehlende Entscheidungserfordernisse mit unterschiedlichen Vorgehensfolgen,
- geringe intellektuelle Anforderungen,
- hohe psychische Automatisierbarkeit.

Das (→ *vollständige vs. unvollständige Arbeitstätigkeiten*) Tätigkeitsbewertungssystem (TBS) (Rudolph u. a. 1987) beschreibt und stuft diese Tätigkeitsmerkmale genauer; es erlaubt mit vertretbarem Fehler die Vorhersage von Monotoniezuständen bei Berücksichtigung insbesondere von Qualifikation und Arbeitsplatzalter für den Fall anhaltender Ausführung der fraglichen Tätigkeit über Schichten.

Neben der Kernbedingung gibt es zahlreiche weitere situative Bedingungen, die
- ohne notwendig zu sein - das Entstehen eines Monotoniezustands zusätzlich fördern können:
- Reizarmut der Gesamtsituation, z. B. durch Dunkelheit oder soziale Isolierung,
- eintönig-rhythmische Dauerreize mittlerer Intensität, z. B. gleichförmige Fahrgeräusche in einem Wagen,
- fehlende Möglichkeit zu körperlicher Bewegung zusammen mit Wärme im Arbeitsraum.

Eine Erklärung der Monotonie-Entstehung kann unter Beachtung der neurophysiologischen Aktivierungsforschung versucht werden. Es ist durch die neurophysiologische Forschung nahegelegt, daß Wachheit an ausreichende Reizeinflüsse gebunden ist; ausreichender Beachtungsumfang ist eine Voraussetzung der Wachheit.

Die Erscheinungen in monotonieerzeugenden Situationen können mithin aufgefaßt werden als das Ergebnis mangelnder Aktivierung aufgrund von Reizmangel. Das gemeinsame grundlegende Kennzeichen der vielfältigen monotoniebedingenden Situationen ist, daß es Situationen sind mit einer durch die Aufgabenerfüllung erzwungenen Herabsetzung eines breiten Umweltkontakts.

Die interindividuelle Monotonie-„Anfälligkeit" wurde lange Zeit überschätzt. Stärker als von eigentlichen Persönlichkeitseigenschaften ist sie abhängig von der

Relation zwischen Anforderungen und Leistungsvoraussetzungen. Am besten gesichert bezüglich Persönlichkeitseigenschaften ist die Beziehung zu Introversion/Extraversion: Nur im Falle mißlingender Suche nach Abwechslung werden Extravertierte deutlicher beeinträchtigt.

Monotonie ist im Projektierungsstadium von Arbeitstätigkeiten vorhersagbar mit einer Fehlerwahrscheinlichkeit von etwa 15% (Rudolph u. a. 1987).

Literatur

Bartenwerfer, H. G. (1960). Untersuchungen zum Monotonieproblem. Zentralblatt für Arbeitswissenschaft, 14, 231–234.

Graf, O. (1970). Arbeitszeit und Arbeitspausen. (Bearb. v. J. Rutenfranz & E. Ulich) In A. Mayer & B. Herwig (Hg.), Handbuch der Psychologie, Bd. 9: Betriebspsychologie (S. 244–277). Göttingen: Hogrefe.

Plath, H.-E. & Richter, P. (1978). Der BMS I-Erfassungsbogen – ein Verfahren zur skalierten Erfassung erlebter Beanspruchungsfolgen. Zeitschrift für Probleme und Ergebnisse der Psychologie, 65, 45–85.

Plath, H.-E. & Richter, P. (1984). Ermüdung, Monotonie, Sättigung, Stress (BMS II). Verfahren zur skalierten Erfassung erlebter Beanspruchungsfolgen. Berlin (DDR): Psychodiagnostisches Zentrum an der Humboldt-Universität.

Rudolph, E., Schwarzer, E., Hacker, W. (1987). Tätigkeitsbewertungssystem für geistige Arbeit (TBS-GA). Berlin (DDR): Psychodiagnostisches Zentrum an der Humboldt-Universität.

Winfried Hacker,
Deutsche Demokratische Republik

60. Multivariate Analysen

60.1 Einleitung

Bei vielen Auswertungsverfahren wird jeweils eine einzelne Variable analysiert (univariater Ansatz). Dieser Ansatz kann jedoch oft irreführend sein. Wenn mehrere abhängige Variablen untereinander korreliert sind, ist es oft sinnvoll, diese Variablen gemeinsam und nicht jeweils einzeln zu analysieren. Dies ist der entscheidende Punkt multivariater Analyseverfahren.

Werden sie adäquat durchgeführt, lassen sich komplizierte Aspekte der Datenstrukturen auf relativ einfache Weise zusammenfassen. Es gibt eine ganze Reihe von multivariaten Analyseverfahren, einige haben Ähnlichkeit mit bekannten Typen univariater Analysen (z. B. gibt es multivariate Äquivalente des T-Tests oder der Varianzanalyse, ebenso kann die Regressionsanalyse verallgemeinert werden, d. h. mehrere Prädiktoren und/oder mehrere abhängige Variablen analysieren, s. z. B. Everitt & Dunn, 1983; Morrison, 1967). Andere Methoden haben kein univariates Äquivalent. Z. B. wurden Faktorenanalysen entwickelt, um detaillierte Strukturen in den Korrelationen einer Menge von Variablen zu finden.

Zwei Aspekte multivariater Analyse sind besonders relevant für die Organisationspsychologie: die Messung komplexer Konstrukte sowie die Spezifikation und Testung von Modellen zu Beziehungen zwischen diesen Konstrukten.

60.2 Meßmodelle in der Organisationspsychologie

Konzepte wie → *Arbeitszufriedenheit,* Sozialisation, Entfremdung und Commitment sind schwierig zu definieren, und oft gibt es Meinungsverschiedenheiten darüber, wie sie adäquat zu messen sind. Jedoch sind sich die meisten Forscher darüber einig, daß eine direkte Messung dieser Konstrukte im allgemeinen nicht möglich ist. Deshalb selektieren Forscher mehrere Items, die verschiedene Aspekte des Konstruktes widerspiegeln und „Indikatoren" genannt werden. Die Beziehung zwischen dem Konstrukt und seinen Indikatoren wird *Meßmodell* genannt. Konstrukte selbst werden zuweilen *latente Variablen* genannt. Ein gutes Meßmodell liegt dann vor, wenn es eine Menge von Items enthält, die reliable Indikatoren eines relevanten Konstruktes sind.

Es gibt zwei Schlüsselprobleme, die bei der Messung von sozialwissenschaftlichen Daten zu beachten sind, wenn ein gutes Meßmodell erstellt werden soll: Das erste Problem betrifft die mangelnde Reliabilität oder den Meßfehler, und das zweite Problem bezieht sich auf die Möglichkeit, daß die Fehler, die bei der Messung des Konstruktes zu einem bestimmten Zeitpunkt auftreten, mit den Fehlern bei der Messung dieses Konstruktes zu einem anderen Zeitpunkt korreliert sein können.

Konfirmatorische Faktorenanalysen (Long, 1983a) teilen die Varianz eines Sets von Variablen in zwei Teile auf: in einen Teil, der mehreren Variablen als Indikatoren des Konstruktes gemeinsam ist, und in einen Teil, der spezifisch für jede individuelle Variable ist. Bei diesem Typ von Analyseverfahren werden die von den Forschern spezifizierten Konstrukte Faktoren genannt, die Beziehung zwischen Indikator und Faktor heißt Ladung einer Variable auf einem Faktor.

Das volle faktorenanalytische Modell beschreibt eine Menge von gemessenen Variablen in Form einer Menge von latenten und Residualvariablen. Wenn ein Meßmodell mehrere Faktoren beinhaltet, kann der Forscher entscheiden, ob die Konzepte, die er modelliert, untereinander in Beziehung stehen sollen, so daß das Modell korrelierte Faktoren erlaubt (solche Faktoren werden „oblique" Faktoren genannt). Häufiger nimmt der Forscher jedoch an, daß diese Konzepte unabhängig sind und spezifiziert sie als „orthogonale" oder unkorrelierte Faktoren.

Betrachten wir als Beispiel die Untersuchung von Kohn und Schooler (1978) zum Zusammenhang von intellektueller Flexibilität und der – wie sie es nannten – substantiellen

Komplexität der Arbeit. In dieser Studie entwickelten die Autoren zwei Meßmodelle, indem sie für jedes Meßmodell mehrere Indikatoren benutzten. So benutzten sie sieben Indikatoren für Komplexität: Einschätzung der Komplexität des Jobs hinsichtlich Daten, Personen und Utensilien, eine Gesamteinschätzung der Arbeitskomplexität und Abschätzung der Arbeitszeit, die mit Daten, Personen und Utensilien verbracht wird. Sie benutzten konfirmatorische Faktorenanalysen, um zu sehen, wie gut ihr Meßmodell war. Da sie Längsschnittdaten hatten, konnten sie auch testen, ob die Meßfehler der Indikatorvariablen über die Zeit konsistent waren.

Eine andere Art von Meßmodell impliziert Cronbachs Alpha-Koeffizient für die interne Konsistenz, der in der Organisationspsychologie weitverbreitet ist. Dieser Index reicht von 0 bis 1, wobei Werte nahe 1 einen hohen Grad an interner Konsistenz anzeigen. Das Meßmodell, das Cronbachs Alpha impliziert, geht davon aus, daß jede Indikatorvariable die gleiche Ladung auf der latenten Variablen hat (d. h. alle Items sind gleich reliabel). Viele Forscher merken nicht, welches Modell sie testen, wenn sie diesen Index benutzen. Es ist wahrscheinlich, daß oft irreführende Schlußfolgerungen gemacht werden, weil das zugrundeliegende Modell nicht korrekt ist. Der Forscher trägt immer die Verantwortung dafür, soweit wie möglich sicherzustellen, daß Cronbachs Alpha die Meßeigenschaften der Daten akkurat widerspiegelt.

60.3 Strukturmodelle für die Beziehung zwischen Konstrukten

Die Forschung in den Sozialwissenschaften wird zunehmend komplexer, wenn wir bedenken, daß es multiple Einflüsse auf Phänomene gibt, die wir beschreiben möchten. Das einfachste Modell ist dann gegeben, wenn lediglich unidirektionale Kausalpfade (A verursacht B) vorliegen. Solche Modelle werden rekursiv genannt. Hier werden einige Variablen als Bedingungen und andere als Wirkungen angenommen, und keine Variable kann gleichzeitig Bedingung und Wirkung einer anderen Variable sein. Liegen vernünftige Gründe vor, keinen Meßfehler anzunehmen, kann die *Pfadanalyse* (Kenny, 1979) zur Schätzung des Beitrages jeder Bedingungsvariable benutzt werden, die als Bedingung in dem vorgeschlagenen Modell festgelegt wurde.

Stoner und Arora (1987) beschreiben ein solches Modell für Einflüsse auf die psychische Gesundheit an einer Stichprobe von streikenden Männern bei einem großen multinationalen Konzern in den USA. Sie schlagen fünf mögliche Prädiktoren für die psychische Gesundheit vor: Höhe an Ersparnissen, Aktivität, soziale Unterstützung, Einstellung gegenüber der Gewerkschaft und Erwartungen zur Länge des Streiks. Das basale Strukturmodell geht von einem einzigen Konstrukt als abhängige Variable und einem Set von fünf Prädiktoren aus. In diesem speziellen Fall konnte die Pfadanalyse nicht benutzt werden, um das Modell zu testen, da viele der interessierenden Variablen nicht direkt gemessen werden konnten. Sie sind latente Variablen im Gegensatz zu beobachteten Variablen. Daher benutzen Stoner und Arora das LISREL Computerprogramm, um ihr Modell an den Daten zu fitten, und kamen zu dem Schluß, daß ihr Modell die Beziehungen zwischen den gemessenen Variablen gut beschreiben kann.

Das LISREL Programm geht von einem Modell aus, das von Jöreskog (Jöreskog & Sörbom, 1982) entwickelt wurde und innerhalb eines Modells Meß- und

Strukturvariablen einbezieht. Das Programm führt die Schätzung der Parameter eines vom Benutzer spezifizierten Modells durch sowie einen Test für die Güte der Anpassung des Modells an die empirischen Daten. Dieses Programm ist nun auch in SPSS-X verfügbar. Bei der Benutzung von LISREL sind folgende Schritte durchzuführen:
1. Erstelle ein Meßmodell für jede latente Variable.
2. Erstelle ein Strukturmodell für die Beziehung zwischen den latenten Variablen.
3. Ermittle den Fit zwischen Daten und Strukturmodell durch die Benutzung des LISREL Modells.
4. Modifiziere gegebenenfalls das Strukturmodell unter Benutzung der Maße für die Anpassungsgüte und ebenso des Patterns der geschätzten Koeffizienten für die verschiedenen Modellkomponenten.

Es können auch komplexere als die hier beschriebenen Modelle mittels LISREL analysiert werden: Diese erlauben reziproke Pfade zwischen Variablen (A bedingt B und B bedingt A). In dem Beispiel von Kohn und Schooler, das wir oben erwähnten, wurde eine reziproke Beziehung zwischen der Arbeitskomplexität und der intellektuellen Flexibilität angenommen. Mit anderen Worten, jedes Konstrukt ist sowohl Bedingung als auch Wirkung des anderen Konstruktes. Wenn Längsschnittsdaten zur Verfügung stehen, können solche Modelle getestet werden, wenn man annimmt, daß die kausalen Beziehungen zeitlich verschoben sind. Das bedeutet, daß jede Variable eine Bedingung für die andere Variable ist, aber jeweils zu einer späteren Zeit, was die Anpassung dieses Modells stark vereinfacht. Unter anderen Randbedingungen mag ein Forscher annehmen, die wechselseitigen kausalen Effekte erfolgen sehr schnell. In einem solchen Modell können die Daten an einem Meßzeitpunkt erhoben werden. Die Anpassung von Modellen mit solchen Feedback-Schleifen kann sehr kompliziert sein und sollte nicht ohne den Rat eines Spezialisten vorgenommen werden.

Die Definition von Strukturmodellen ist kompliziert und rechenzeitintensiv. Es sind immer noch eine Menge von technischen Problemen zu überwinden (einige von ihnen werden von Bentler, 1980, und Long, 1983, beschrieben). Dennoch tauchen Strukturmodelle immer häufiger in der Literatur zur Organisationspsychologie auf, und die Benutzer empfinden sie als wertvolle Hilfe, um klare und präzise Vorstellungen von ihren Daten zu bekommen.

Literatur

Bentler, P. M. (1980). Multivariate analysis with latent variables: Causal modeling. Annual Review of Psychology, 31, 419–456.

Everitt, B. S. & Dunn, G. (1983). Advanced methods of data exploration and modelling. London: Heineman.

Jöreskog, K. G. & Sörbom, D. (1982). LISREL VI: Analysis of linear structural relationships by maximum likelihood. Morresville, IN: Scientific Software.
Kenny, D. A. (1979). Correlation and Causality. New York: Wiley.
Kohn, M. L. & Schooler, C. (1978). The reciprocal effects of the substantive complexity of work and intellectual flexibility: A longitudinal assessment. American Journal of Sociology, 84, 24–52.
Long, J. S. (1983a). Confirmation factor analysis: A Preface to LISREL. London: Sage.
Long, J. S. (1983b). Covariance structure models: An introduction to LISREL. London: Sage.
Morrison, D. F. (1967). Multivariate statistical methods. New York: McGraw-Hill.
Stoner, C. R. & Arora, R. (1987). An investigation of the relationship between selected variables and the psychological health of strike participants. Journal of Occupational Psychology, 60, 61–71.

Paul R. Jackson,
Großbritannien

61. Organisationaler Wandel

61.1. Das Paradox des Wandels

Organisationen sind Handlungssysteme zur Kontrolle unserer Umgebung und zur Befriedigung unserer Bedürfnisse. Sie strukturieren den Arbeitseinsatz und verteilen die Aufgaben, um aus Ungewißheit Ordnung und aus Unruhe Stabilität herzustellen. Durch ihre inneren und äußeren Umgebungen werden Organisationen gleichzeitig mit Zwängen zur Veränderung konfrontiert, die zu ihrem Niedergang führen können, wenn sie vernachlässigt werden. Wandel hat daher eine vorrangige Bedeutung für Organisationen und ist immer ein Problem.

61.2 Änderungsdruck der Umgebung

Interner Änderungsdruck entsteht durch die Bedürfnisse der Organisationsmitglieder. Diese Bedürfnisse können positiv sein, wie Bestrebungen zur Innovation, oder negativ, wenn sie gezielter Ausdruck von Unzufriedenheit sind. Beide Arten können eine Folge der jeweiligen Aufgabenanforderungen, der Merkmale der Organisationsmitglieder, der Gestaltung der Organisation, der Arbeitsbedingungen, des Führungsverhaltens und der Knappheit von Ressourcen oder anderer Faktoren sein.

Wie groß der externe Änderungsdruck ist, hängt davon ab, welche Aspekte der Organisationsumgebung entscheidend sind. Umgebungskräfte, Systeme und Ressourcen sind in dem Maß entscheidend, wie die Organisation von ihnen abhängt oder inwieweit sie unklar, veränderlich oder belastend sind (Pfeffer & Salancik, 1978). Die Ziele der Organisation und ihre Eingliederung in die Gesellschaft wirken mit den jeweils besonderen Umgebungsbedingungen zusammen. Dementsprechend unterscheiden sich Organisationen in ihrer jeweils besonderen Umgebungsanpassung in den folgenden Faktoren: Zustand in der Biosphäre (Klima, Ökologie und natürliche Ressourcen), demographische Merkmale (Arbeitsmärkte und Verbrauchermärkte), wirtschaftliche Einflüsse (Handel, Steuern, Geld- und Warenmärkte), kulturelle Werte (rechtliche, bildungsmäßige und politische Entwicklungen), wissenschaftliche und technologische Innovationen und schließlich in der Gesamtkonstellation anderer Organisationen, mit denen eine Organisation durch Eigentum, Nachschub, Verbrauch oder Wettbewerb verbunden ist.

In der Fachliteratur über Organisationen werden im allgemeinen Kontingenztheorien übertragen, um organisationales Verhalten als Funktion der Übereinstimmung zwischen der inneren Gliederung und Umgebungsmerkmalen zu erklären (Lawrence & Lorsch, 1967). Unbeständige und ungewisse Umgebungen erfordern „organische" Managementsysteme, belastende Umgebungen zentralisierte Kontrolle, heterogene Umgebungen dezentralisierte Organisationsformen und stabile, vorhersagbare Kontexte lassen bürokratische Formen effektiv werden. Wenn wir diese Kontingenzen kennen, bedeutet dies allerdings nicht, daß Organisationen ihre Gestaltungsmerkmale schnell an die Anforderungen der sich verändernden Umgebungsbedingungen anpassen können (Mintzberg, 1979).

Es mag innere Widerstände gegen Veränderungen geben, bedingt z. B. durch ungenügende Ressourcen, fehlende Erfahrungen, zu wenig Zeit und Wissen oder durch veränderungsresistente Werte, Meinungen und Bedürfnisse der Organisationsmitglieder. Wenn die Organisationsmitglieder, die den Status Quo aufrecht erhalten wollen, gleichzeitig mächtig sind, können die erforderlichen Voraussetzungen dafür fehlen, die Veränderungsrisiken einzugehen.

61.3 Wie Organisationen Änderungen erzeugen

In der bisherigen Darstellung haben wir Einflüsse und Reaktionen so behandelt, als ließen sie sich objektiv beschreiben. In Wirklichkeit sind sie keineswegs so konkret und eindeutig festzumachen. Sie werden vielmehr erst durch das sozial konstruiert, worauf sich die Aufmerksamkeit der Organisation richtet und womit sie interagiert. Weick (1979) nennt diese Beziehung „Enactment" (sinngemäß: Rollenhandlung, Ausagieren einer Rolle). Dies bedeutet, daß Organisationen ihre Umgebung in jeweils spezifischer Weise aktiv interpretieren und operationalisieren. – Es ist beispielsweise ein großer Unterschied, ob sich eine Firma etwa als Ölfirma oder als energiewirtschaftliches Unternehmen darstellt. Eine Gewerkschaft kann sich als Verteidigungsorganisation gegen die Macht der Unternehmer oder aber als Dienstleistungsorganisation für ihre Mitglieder verstehen. – Nicht nur die Umgebung wird sozial hergestellt, sondern auch die Organisation selbst.

Die Reaktionen auf die Umgebung sind dabei nicht als systematisch vorherbestimmte Wachstums- oder Anpassungsprozesse aufzufassen, sondern als implizite oder explizite Entscheidungshandlungen. Auf welche Art und Weise Entscheidungen getroffen und umgesetzt werden, hängt von den Vorstellungen, Werten, Orientierungen und Kapazitäten der Handelnden ab.

Insgesamt gesehen, betrachten wir vor allem psychologische Faktoren als den kritischen Filter zwischen Umgebungseinflüssen und organisationalen Reaktionen. Sie liefern deshalb wesentliche Komponenten für jedes Änderungsmodell. Mit dem Begriff der Strategie werden zusammenhängende Entscheidungsprozesse in Organisationen und ihre Zielsetzung zusammengefaßt. Dabei gibt es nach vorliegenden Forschungsergebnissen qualitative Unterschiede zwischen den Formen von Strategien und ihren jeweiligen Folgen (Miles & Snow, 1978). Wir können erkennen, wie manche Organisationen den Wandel als eine ständige, in der Wirklichkeit existierende Herausforderung annehmen und wie andere ihre Hauptaufgabe lediglich in der Aufrechterhaltung stabiler Regelungen und Strukturen sehen (Kanter, 1983).

Die Effektivität einer Strategie hängt von zwei Prinzipien ab: Kontingenz und Konsistenz (Child, 1984). *Kontingenz* bezieht sich, wie oben beschrieben, auf das Ausmaß, in dem die strategische Zielsetzung mit den Anforderungen der Umgebung übereinstimmt. Krisen in Organisationen können oft dadurch entstehen, daß die wirklichen Umgebungseinflüsse, mit denen sie konfrontiert sind, durch den Prozeß des „Enactment" mit schwerwiegenden Folgen fehlkonzipiert werden können. Ein Beispiel wäre eine Firma, die wegen ihrer typischen Sichtweise nicht erkennt, wie sich ihre Märkte verändert haben. *Konsistenz* ist dagegen das Ausmaß, in dem die Subsysteme der Organisation integriert sind und mit den gemeinsamen Zielen der Organisationsmitglieder übereinstimmen.

61.4 Kontingenzen des Wandels

Aus der vorangehenden Diskussion folgt, daß es von grundlegender Bedeutung ist, wie eine Organisation ihre Umgebung sieht. Ebenso wichtig sind die Ziele und Interessen der handelnden Schlüsselpersonen. Deren Merkmale wiederum stehen in Zusammenhang mit einer Vielzahl von Faktoren, die in der organisationalen Fachliteratur häufig diskutiert werden, wie: Führung (z. B. partizipativ vs. autokratisch), Kommunikation (offen vs. geschlossen), Entscheidungsstile (rationalistisch vs. impressionistisch) (vgl. → *Entscheidungen in Organisationen*), Belohnungs- und Kontrollsystem (innovationsfördernd vs. -behindernd), Arbeits- und Organisationsgestaltung (große vs. kleine Entscheidungsspielräume).

Die Unterschiede von Organisationen in diesen Faktoren lassen sich oft auf ihre Entstehungsgeschichte zurückführen: auf die „Mission" ihrer Gründer, auf die besonderen Bedingungen in der Umwelt zur Zeit der Gründung der Organisation oder auf die Erfolge und Krisen, die sie im Verlauf ihres Bestehens erlebt hat. Das Konzept der → *Organisationskultur* greift diese Variablen auf und beschreibt, wie gemeinsame Auffassungen und Verhaltensmuster entstehen, aufrechterhalten werden und sich weiterentwickeln (Allaire & Firsirotu, 1984).

Der Inhalt des Kulturbegriffs bezieht sich auf einen weiten Bereich von Phänomenen: auf „Oberflächenmerkmale", wie Werte, Rituale, Gewohnheiten und Ausdrucksformen, auf „vorbewußte" Merkmale, wie Symbole, Ideologien und Normen oder auf „Tiefenstrukturen", wie z. B. allgemeine Weltanschauungen, Grundannahmen und kognitive/logische Systeme (Pettigrew, 1979; Frost et al., 1985). Kulturformen entstehen als anpassungsfähige Formen der Sinngebung gemeinsamer Existenz und werden durch die Organisationsmitglieder von Generation zu Generation weitergegeben.

Kulturen verändern sich auf zwei Arten: durch Übernahme neuer Elemente aus der Umgebungskultur (Beyer, 1981) oder durch interne Innovationen zur Bewältigung neuer Bedingungen. Aufrechterhalten werden sie ebenfalls durch zwei Mittel: Selektion und Sozialisation. *Selektion* (oder Selbstselektion) führt zur Anwerbung von Mitgliedern mit passenden Merkmalen und Orientierungen (→ *Personalselektion und Plazierung* sowie → *Personalmarketing*). *Sozialisation* heißt Einprägen gemeinsamer Auffassungen und Bedeutungen durch formale Methoden, wie Training, Instruktion und Überwachung oder durch informelle Methoden und Einflußprozesse zwischen Personen und in der Gruppe (Van Maanen & Schein, 1979; → *Berufliche Sozialisation*).

Das bedeutet nicht, daß am Ende unvermeidlich kulturelle Gleichförmigkeit entsteht. Diese Prozesse können auch Vielfalt und Konflikte hervorbringen, indem sich Subkulturen und Gegenkulturen entwickeln. Dies führt uns zu der Frage, ob kulturelle Prozesse gesteuert oder kontrolliert werden können. Die beschriebenen evolutionären Einflußprozesse sind dazu zu diffus und weit verbreitet und können selbst in den totalitärsten Institutionen nicht vollständig durch organisationales Handeln bestimmt werden. Offensichtlich ist aber, daß viele wichtige kulturelle Prozesse durch diejenigen gesteuert werden, die die Macht haben. Kulturformen werden gefördert, die die bestehende soziale Ordnung aufrechterhalten oder die Führungspositionen legitimieren helfen.

Die meisten Autoren stimmen darin überein, daß kulturelle Veränderungen ein notwendiges Element für die Entstehung wichtiger organisationaler Änderungen sind, wie etwa radikale strukturelle oder strategische Änderungen. *Führung*, verstanden als Management kultureller Veränderungen, muß eine entscheidende Rolle bei der Unterstützung dieses Lernprozesses spielen (Schein, 1985; → *Kulturvergleichende Untersuchungen*). Wie einige Autoren jedoch herausstellen, wird die Kultur durch Erfolge der Vergangenheit aufrechterhalten. Damit tief verwurzelte und historisch bestärkte Strukturen verlernt werden, sind gemeinsame traumatische Erfahrungen oder Krisenerlebnisse erforderlich (Hedberg, 1981). Wenn es soweit gekommen ist, kann es aber bereits zu spät sein. Organisationen müssen sich in der Regel anpassen und wandeln, bevor Krisen eintreten. Das ist besonders schwierig, denn es impliziert, daß Kulturen, die die zur Veränderung erforderlichen Kräfte nicht selbst besitzen, sie entwickeln müssen. Deshalb müssen externe Änderungskräfte eine wichtige Aufgabe übernehmen.

61.5 Intervention und Umsetzung von Veränderungen

Kurt Lewins klassisches Modell zur Unterscheidung der Phasen von Änderungsinterventionen ist bis heute eines der einfachsten und nützlichsten. Zuerst einmal müssen alte Strukturen „aufgetaut" werden (englisch: „unfreezing"). Das heißt, daß das erforderliche Bewußtsein für die Veränderungsnotwendigkeit erzeugt werden muß und damit implizit auch eine Unzufriedenheit mit dem Status quo. Die Fachliteratur zur Organisationsentwicklung (→ *Organisationsentwicklung und -beratung*) ist voller Beispieltechniken für diesen Zweck, wie „Survey feedback", Trainingsmethoden und Kommunikationsstrategien (Beckhard, 1969). Im zweiten Schritt muß das Änderungsprogramm implementiert werden. Dabei werden Methoden wie Teamentwicklung, Umlernen, partizipative Entscheidungen oder strukturelle Änderungen der Arbeits- und Organisationsgestaltung eingesetzt. Im dritten Schritt müssen schließlich die neu entwickelten Strukturen eingebettet und verfestigt werden („refreezing"). Das heißt, daß die neuen Strukturen und Regeln beobachtet und mit Feedback begleitet werden, daß sie nachreguliert werden und oft heißt es auch, daß neue Überwachungs-, Evaluations- und Belohnungs-Systeme eingesetzt werden.

Die Komplexität und Schwierigkeit bei der praktischen Umsetzung derartiger Konzepte geplanten Wandels sind enorm, nicht zuletzt wegen des „dynamischen Konservatismus" in den meisten Organisationen: Organisationen können Innovationsprozesse absorbieren und neutralisieren, sie verfügen über die Fähigkeit, Widerstand gegen Änderungen zu leisten und sich dabei den Anschein der Innovativität zu geben, und außerdem gibt es eine Tendenz bei organisationalen Entscheidungsträgern, die eigenen Handlungen durch Theorien zu beschreiben, mit denen sie die eigentlich „praktizierten Theorien" verbergen könnnen (Argyris & Schon, 1978).

Wer Änderungen erzielen will, steht daher vor der schwierigen und gefährlichen Aufgabe, Grundauffassungen in Frage zu stellen und Menschen dazu anzuregen, bewährte Methoden, Ziele und Bezugssysteme aufzugeben, durch die sie in der Vergangenheit gestützt wurden und deren Aufrechterhaltung dadurch gerechtfertigt erscheint. Aus diesem Grunde sind für die Durchsetzung radikaler Veränderungen eher Interventionsmethoden erforderlich, die die Organisationshierarchie von oben nach unten („topdown") verändern, eher als von unten nach oben („bottomup"). Dies führt dazu, daß Innovatoren eine sehr „politische" Rolle erhalten (Mangham, 1979), verbunden mit dem Bewußtsein für die Hebel der Macht und der Bereitschaft, sie zu benutzen, sowie der Absicherung der Veränderungen durch die Unterstützung der Leitung der Organisation und ihre Identifikation mit ihren Zielsetzungen.

Literatur

Allaire, Y. & Firsirotu, M. E. (1984). Theories of organizational culture. Organization Studies, 5, 193–226.
Argyris, C. & Schon, D. A. (1978). Organisational learning: A theory of action perspective. Reading, MA: Addison-Wesley.
Beckhard, R. (1969). Organization development: Strategies and models. Reading, MA.: Addison-Wesley.
Beyer, J. (1981). Ideologies, values and decision-making in organizations. In P. C. Nystrom & W. H. Starbuck (Eds.), Handbook of organizational design. Vol. 2. London: Oxford University Press.
Child, J. (1984). Organization: A guide to problems and practice. London: Harper & Row.
Frost, P. J., Moore, L. F., Louis, M. R., Lundberg, C. C. & Martin, J. (Eds.) (1985). Organizational Culture. Beverly Hills, CA.: Sage.
Hedberg, B. (1981). How organizations learn and unlearn. In P. C. Nystrom & W. H. Starbuck (Eds.) Handbook of organizational design. Vol. 1. London: Oxford University Press.
Kanter, R. M. (1984). The change masters. London: Unwin.
Lawrence, P. R. & Lorsch, J. W. (1967). Organization and environment. Cambridge, MA: Harvard University Press.
Mangham, I. (1979). The politics of organisational change. London: Associated Business Press.
Miles, R. E. & Snow, C. C. (1978). Organizational strategy, structure and process. New York: McGraw Hill.
Mintzberg, H. (1979). The structuring of organizations. Englewood-Cliffs, NJ: Prentice Hall.
Pettigrew, A. M. (1979). On studying organizational cultures. Administrative Science Quarterly, 24, 570–581.
Pfeffer, J. & Salancik, G. R. (1978). The external control of organizations: A resource dependence perspective. New York: Harper & Row.
Schein, E. H. (1985). Organizational culture and leadership. San Francisco: Jossey-Bass.
Van Maanen, J. & Schein, E. H. (1979). Toward a theory of organizational socialization. In B. M. Staw & L. L. Cummings. (Eds.), Research in organizational behavior. Vol. 1. Greenwich, CT: JAI Press.
Weick, K. (1979). The social psychology of organizing. Reading, MA: Addison-Wesley.

Nigel Nicholson,
Großbritannien

62. Organisationen und Organisationsgestaltung

62.1 Zur Definition

Coleman bezeichnet Organisationen als Ressourcenpools und macht damit auf ein wesentliches Charakteristikum dieser sozialen Systeme aufmerksam: *Organisationen sind Ansammlungen von Ressourcen;* sie entstehen, wenn Individuen sich entschließen, einige ihrer Ressourcen – beispielsweise Geld (Kapital, Mitgliedschaftsbeiträge), Arbeitskraft, Wissen oder Rechte (beispielsweise im Fall der Gewerkschaft das Recht, im Namen der Mitglieder zu handeln) – zusammenzulegen und sie einer einheitlichen Disposition zu unterstellen (Vanberg, 1982, S. 10 ff.). Tun sich beispielsweise Fischer, die bisher mit ihren eigenen Kuttern allein verantwortlich auf Fischfang gingen, zusammen, d. h. unterstellen sie einige ihrer Ressourcen – Produktionsmittel und Arbeitskraft – einer gemeinsamen Disposition, so begründen sie damit eine Organisation. An diesem Beispiel lassen sich auch zwei *Kernprobleme der organisationalen Gestaltung* aufzeigen: 1. muß das *Problem der kollektiven Entscheidungsfindung* gelöst werden – es muß entschieden werden, nach welchem Modus über den Einsatz der gemeinsamen Ressourcen entschieden werden soll; 2. ist festzulegen, *wie die Erträge der Korporation verteilt werden sollen*. Zur Lösung dieser beiden Probleme bieten sich verschiedene Regelungsmuster an, die in ihren Grundzügen im Vereins- und Gesellschaftsrecht fixiert sind und von monokratisch-hierarchischen bis genossenschaftlich-demokratischen reichen.

Andere Definitionen stellen auf bestimmte Merkmale der Organisation ab, indem sie Organisationen etwa als *„soziale Gebilde"* bezeichnen, *„die dauerhaft ein Ziel verfolgen und eine formale Struktur aufweisen, mit deren Hilfe Aktivitäten der Mitglieder auf das verfolgte Ziel ausgerichtet werden sollen"* (Kieser & Kubicek, 1983, S. 1). Bei genauem Hinsehen erweisen sich Ziele von Organisationen als Bündel mehrerer miteinander verbundener Ziele, die zwar im Prinzip auf Dauer angelegt sind, aber gleichwohl einer ständigen Revision unterliegen: Das Angebotsprogramm wird verändert; Umsatz- und Gewinnziele werden angepaßt usw.

Das *zentrale Merkmal* von Organisationen ist ihre *formale Struktur*, die sich aus formalen Regeln, etwa aus Stellenbeschreibungen, Festlegungen der Befehlshierarchie, Verfahrensrichtlinien, Regeln zur Planerstellung usw. zusammensetzt. Diese Regeln müssen nicht unbedingt schriftlich fixiert sein; auch von dazu legitimierten Personen mündlich vorgegebene Regeln haben offiziellen (= formalen) Charakter. Obwohl oft als Bürokratie geschmäht, sind es vor allem diese formalen Regelungen, die bewirken, daß *Organisationen effizienter* sind *als andere Formen der Verwaltung, die ihnen historisch vorausgegangen sind* (Weber, 1972): Eine dauerhafte Festlegung von Aufgaben für einzelne Organisationsmitglieder in Form von Stellenbeschreibungen ermöglicht es, daß *komplexe Aufgaben* in Organisationen *arbeitsteilig angegangen werden können* und die *Ausbildung prospektiver Organisationsmitglieder auf bestimmte Aufgaben konzentriert werden kann:* Ein Buchhalter etwa braucht über die anderen Aufgaben, die in einer Organisation verrichtet werden, nicht genau Bescheid zu wissen und kann doch in effektiver Weise Beiträge zur Erreichung der organisationalen Ziele beisteuern. Durch die Festlegung von Stellenaufgaben in Form von Regeln wird die *Organisation* weiterhin *von bestimmten Personen unabhängig*: Wenn eine Stelle in der Konstruktion frei wird, so müssen, solange die festgelegten Regeln zur Aufgabenerfüllung von den Bewerbern akzeptiert werden, bei der Einstellung eines anderen Konstrukteurs die bestehenden Aufgabenverteilungen nicht geändert werden. Solange sich die Anforderungen an allgemeinen Ausbildungsgängen orientieren, kann sich die Organisation auch darauf verlassen, daß sie auf dem Arbeitsmarkt qualifizierte Bewerber für ihre Stellen findet.

Ein besonders leistungsfähiges Instrument zur Koordination arbeitsteiliger Prozesse ist die *Verfahrensrichtlinie,* die für bestimmte Probleme fertige Lösungen zur Verfügung stellt: Ein Lagerist, der bei Erreichen einer „Bestellmenge" einem vorgeschriebenen Verfahren folgt, um den Lagerbestand wieder aufzufüllen, braucht sich nicht ständig Gedanken darüber zu machen, was er tun muß, um die interne Nachfrage der Produktion nach Rohstoffen befriedigen zu können. Er muß sich nicht ständig über den Auftragseingang, über die laufende Produktion, über die Lieferfristen der Lieferanten usw. informieren, um disponieren zu können. Er wendet stur *seine Regel an, die er nicht einmal zu verstehen* braucht. In der Regel kann Erfahrung und Intelligenz stecken: Die Bestellmengenregel hat sich beispielsweise in einem langen Prozeß von Versuch und Irrtum herausgebildet. Wenn keine großen Nachfrageverschiebungen stattfinden, stellt sie sicher, daß die Produktion ohne Stockungen arbeiten kann, andererseits aber nicht zu viel Kapital gebunden wird. U. U. kann jedoch die in der Verfahrensrichtlinie steckende Erfahrung durch den *Einsatz von Planungsmethoden* noch übertroffen werden, d. h. etwa für unser Beispiel, daß das Ziel „Aufrechterhaltung der Produktion bei Minimierung des Kapitaleinsatzes" durch den Einsatz von Planungsmethoden noch besser erreicht werden kann. Planung ermöglicht eine höhere Flexibilität als der direkte Einsatz von Verfahrensrichtlinien. In der Regel wird jedoch die Erstellung von Plänen ebenfalls durch Verfahrensrichtlinien gesteuert (Planungsroutinen, Planungshandbücher, Planungsprogramme) (Kieser & Kubicek, 1978, 1983; Cyert & March, 1963; March & Simon, 1976). Auch die *Hierarchie* steht als Koordinationsinstrument zur Verfügung. Daneben können zur Koordination auch noch *Teams* (Arbeitsgruppen, Gremien, Komitees) eingesetzt werden. Sowohl die Hierarchie als auch Teams sind wiederum durch formale Regeln strukturiert.

Die formale Struktur einer Organisation kann mehr oder minder effizient angelegt sein. Im Prinzip erlaubt aber die auf formalen Strukturen basierende Organisation für bestimmte Aufgaben die Erreichung einer höheren Effizienz als nicht-organisationale Koordinationssysteme.

62.2 Wie sind Organisationen entstanden?

Das Verständnis für die Funktionsweise von Organisationen kann durch eine Analyse ihrer Genese vertieft werden. Organisationen stehen am Ende eines langen Prozesses der sozialen Evolution. Erst in neuerer Zeit können wir bestimmte Institutionen als Ressourcenpools oder Organisationen identifizieren. Die „Genealogie" der Produktionsorganisationen beispielsweise verläuft grob skizziert vom Stamm in primitiven Gesellschaften über Zünfte des Mittelalters zu Verlagen, Manufakturen und Fabriken der Neuzeit.

Primitive Gesellschaften sind organisationslose Gesellschaften. (Luhmann, 1975; Giesen, 1980). In ihnen beruht die Koordination individueller Aktivitäten noch weitgehend auf verwandtschaftlichen Hierarchien – beispielsweise übernimmt der Älteste der Großfamilie das Kommando – und auf direkter Interaktion. Eine Arbeitsteilung ist nur schwach entlang der Geschlechterrollen ausgeprägt: Die Frauen bestellen etwa die Felder und hüten das Vieh, die Männer jagen. Es gibt nur ein soziales System, das weitgehend durch die Verwandtschaft definiert ist.

Der Übergang zu *traditionalen Gesellschaften* ist gekennzeichnet durch die Entstehung einer zunächst auf einzelne Personen bezogenen *Spezialisierung:* Die Rollen der Krieger, Priester, Kaufleute und Handwerker bilden sich heraus. Voraussetzung dafür ist die Evolution einer Geldwirtschaft. Diese Berufsrollen sind streng monopolisiert: Nur bestimmte Personengruppen haben Zugang. Die Ausübung eines Berufs bedeutet Zugehörigkeit zu einer bestimmten Gesellschaftsschicht. *An die Stelle des Verwandtschaftssystems als zentraler Koordinationsmechanismus tritt in traditionalen Gesellschaften somit eine Klassenstruktur.* Die Zunft etwa war noch keine Organisation, sondern vielmehr eine soziale Klasse, eine Gesellschaft in der Gesellschaft. Vergleicht man die Zunft mit Organisationen, so fallen vor allem die folgenden Unterschiede ins Auge: Die Mitglieder der Zunft brachten nicht freiwillig Arbeitskraft in diese Institution ein: Nur ganz bestimmte Mitglieder der Gesellschaft konnten eintreten (beispielsweise nicht unehelich Geborene oder Kinder von Nachtwächtern). Ein Verlassen der Zunft war gleichbedeutend mit dem Verlust des gesellschaftlichen Status und der Existenz. Die Produktion von Gütern war nur eine von mehreren Funktionen der Zunft; gleichzeitig erfüllte sie auch noch religiöse, soziale, militärische und politische Aufgaben – mußte sie erfüllen, weil sich zentrale Institutionen zur Wahrnehmung dieser Funktionen noch nicht herausgebildet hatten (Kieser, 1987). Die Zünfte waren folglich noch keine Ressourcenpools; sie umfaßten ihre Mitglieder in toto.

Der *Übergang von der Zunft zu Produktionsorganisationen* – die Manufakturen des 18. Jahrhunderts können bereits als Organisationen bezeichnet werden – ist vor allem durch zwei Prozesse gekennzeichnet: Zunächst durch einen *Prozeß der funktionalen Differenzierung:* An die Stelle einer Differenzierung nach Klassen tritt eine Differenzierung nach Funktionen: Während die Zünfte noch ökonomische, soziale, religiöse, politische und militärische Funktionen zugleich erfüllen mußten, werden diese Funktionen nach und nach von spezialisierten Institutionen

– Organisationen – übernommen. Und zum zweiten ist die Herausbildung von Organisationen durch einen *Prozeß der Demonopolisierung der sozialen Monopole* gekennzeichnet: Während der Zugang zur Zunft noch an gesellschaftliche Kriterien gebunden und ein Verlassen oder auch nur ein Wechseln der Zunft so gut wie ausgeschlossen war, wird in modernen Organisationen der Zugang über Kapital- und Arbeitsmärkte geregelt. Individuen entscheiden zunehmend auf der Basis von Kosten-Nutzen-Überlegungen, in welche Organisationen sie welche Ressourcen einbringen. Sie werden – im Gegensatz etwa zu Zunftmitgliedern – nicht mehr (von der Institution, in die sie Ressourcen einbringen) in toto erfaßt.

62.3 Erklärung und Gestaltung von Organisationen

Der verbreitetste Ansatz der organisatorischen Gestaltung – man könnte ihn den *pragmatischen* nennen – beruht auf folgender „Methode": Man beobachtet organisatorische bzw. institutionelle Lösungen, die sich herausgebildet haben, versucht die effizienteren unter ihnen zu identifizieren und hält ihre Konstruktionsprinzipien in Form von *Erfahrungsregeln* oder „Kochrezepten" fest. Das früheste bekannte „Rezeptbuch" dieser Art wurde offenbar im Jahr 2700 vor unserer Zeitrechnung von Ptah-hotep unter dem Ägyptenkönig Isi verfaßt. Es gab solche Handbücher guter Praktiken im chinesischen Reich, im antiken Griechenland, im antiken Rom, im Mittelalter (vgl. George, 1972) und es gibt sie heute noch zuhauf: Viele der Bestseller über Managementtechniken (etwa der von Peters & Waterman, 1983), basieren auf dieser „Methode".

Man sollte solche Rezeptsammlungen nicht zu gering achten: Sie bieten den Praktikern eine Übersicht über Gestaltungsmöglichkeiten, und in dem Maße, in dem es ihnen gelingt, effiziente von weniger effizienten Praktiken zu unterscheiden, tragen sie dazu bei, daß sich leistungsfähigere Problemlösungen schneller durchsetzen können und weniger leistungsfähige verdrängen. So gesehen hat der „pragmatische Gestaltungsansatz" mehr zur Steigerung der Effizienz von Organisationen beigetragen als die meisten „wissenschaftlichen" Ansätze. Seit der Industrialisierung (Kocka, 1973) stützen sich Praktiker auf solche Literatur.

Mit seinem Ansatz des *Scientific Management* führt Taylor 1911 eine wichtige Innovation in die Methodik der organisatorischen Gestaltung ein: das wissenschaftliche Experiment. Geht es etwa um die Auswahl der „optimalen Schaufel", so läßt Taylor verschiedene Arbeiter vergleichbarer physischer Kondition mit verschiedenen Schaufeln das jeweilige Material schippen. Die Schaufel, mit der die größte Menge verladen wird, ist die optimale. Die Methode des *wissenschaftlichen Experiments* läßt sich auf die Gestaltung von Arbeitsabläufen, auf die Auswahl von Arbeitskräften, auf die Bestimmung von Lohnsystemen usw. anwenden (A. Ebbinghaus, 1984). Auch die Methode des Scientific Management ist noch keineswegs überholt. In der Bundesrepublik wird sie beispielsweise durch den Verband für Arbeitsstudien – REFA – e. V. gepflegt und weiterentwickelt (vgl. REFA, 1976).

Human Relations. Als im Jahre 1927 in den amerikanischen *Hawthorne-Werken* tayloristische Experimente zur Bestimmung der optimalen Beleuchtung gemacht wurden, stießen die Ingenieure auf ein zunächst unerklärliches Phänomen: Sowohl in der Experimentiergruppe als auch in der Kontrollgruppe stiegen die Leistungen zunächst kontinuierlich an. Sie gingen in der Experimentiergruppe erst dann zurück, als die Arbeiterinnen bei schummriger Beleuchtung fast nichts mehr sehen konnten. Das war die Geburtsstunde der *Human Relations-Bewegung* (so zumindest die übliche Darstellung) (Roethlisberger & Dickson, 1939; Roethlisberger, 1941). Viele Labor- und Feldexperimente sowie Feldstudien wurden im Anschluß an die Hawthorne-Experimente durchgeführt, um die Einflüsse soziologischer und psychologischer Variablen wie Gruppenkohäsion, Führungsstil oder Betriebsklima auf Motivation und Arbeitszufriedenheit zu analysieren und um auf der Basis dieser Ergebnisse Gestaltungsempfehlungen zu formulieren (Kieser & Kubicek, 1978). Bendix zeigte übrigens 1960 – auf der Basis einer Inhaltsanalyse amerikanischer Managementzeitschriften –, daß die Hawthorne-Experimente keineswegs der Auslöser der Human Relations-Bewegung waren. Vielmehr hatte sich die Managementideologie, das Bild der Manager vom Arbeiter, als Reaktion auf die erstarkenden Gewerkschaften und die Verknappung qualifizierter Arbeitskräfte schon seit Beginn der 20er Jahre grundlegend gewandelt: Zunehmend wurde es als eine Pflicht von Managern angesehen, auf die Bedürfnisse der Arbeiter nach sozialen Beziehungen und Anerkennung einzugehen. Die Hawthorne-Experimente haben dieses gewandelte Menschenbild lediglich wissenschaftlich legitimiert – mitunter auch durch eine etwas gewaltsame (Um-)Interpretation von Befunden (Carey, 1967).So wurden beispielsweise Veränderungen der Entlohnung und der Zusammensetzung der Arbeitsgruppen nicht ausdrücklich erwähnt, obwohl sie vermutlich zur Leistungssteigerung beigetragen haben.

Die Human Relations-Bewegung hat die tayloristische Arbeitsgestaltung im übrigen nicht aufgehoben, sondern lediglich das Führungsverhalten der Vorgesetzten modifiziert und Sozialleistungen nahegelegt. Der generelle methodische Ansatz der Human Relations-Bewegung war nicht so verschieden von dem des Taylorismus: Durch Experimente und Feldstudien sollte die effizienteste Gestaltung der Organisation ermittelt werden. Lediglich der Variablenkranz wurde um soziologische und sozialpsychologische Variablen erweitert. Die massive empirische Forschung, die durch die Human Relations-Bewegung ausgelöst wurde, führte indes nicht zu eindeutigen Gestaltungsempfehlungen. Die theoretischen Konzepte wurden immer komplexer und Ergebnisse widersprüchlicher (Perrow, 1983). So gibt es beispielsweise eine noch kaum mehr zu überblickende Menge von Führungskonzepten, die alle auf empirische Evidenz verweisen können.

Organisationsentwicklung. Ein Ausweg aus diesem Dilemma bot der *Ansatz der → Organisationsentwicklung:* Er verzichtet weitgehend darauf, Gestaltungsempfehlungen zu formulieren. Stattdessen gibt er *Methoden* vor, mit deren Hilfe die Organisationsmitglieder in die Lage versetzt werden sollen, ihre Probleme selbst zu erkennen, alternative interpersonale Beziehungen experimentell zu erproben und auf der Basis dieser Erfahrungen zu Lösungen zu gelangen, die ihren Bedürfnissen entsprechen (Kieser, Krüger & Röber, 1979). Also nicht Unterstützung des Managements durch exakte Vorgaben des richtigen Verhaltens, sondern Hilfe zur Selbsthilfe ist die Devise der Organisationsentwicklung. Laboratoriumstrainings, Sensitivity Groups, sowie Beobachtung und Analyse des Verhaltens von bestehenden Arbeitsgruppen in der Organisation unter kundiger Anleitung eines Change Agent sind Methoden, durch die die Organisationsmitglieder befähigt werden sollen, ihre Situation selbst zu analysieren und selbst Lösungen zu finden. Am Ansatz der Organisationsentwicklung wird vor allem kritisiert, daß er als Ideologie vornehmlich die Wahrnehmung der betrieblichen Realität verändert, nicht aber die Realität selbst (Perrow, 1986).

Das tayloristische Konzept des kontrollierten Experiments kann nicht auf die globale Organisationsstruktur angewendet werden. So kann man beispielsweise nicht auf experimenteller Basis alternative Gestaltungen des Vorstandes oder funktionale und divisionale Organisationsstrukturen einem Vergleich unterziehen – die Unternehmung könnte über ein solches Experiment bankrott gehen. Diesem Problem versucht der *situative Ansatz* oder *Kontingenz-Ansatz* abzuhelfen (Kieser & Kubicek, 1983). Auf der Basis empirischer Untersuchungen versucht er festzustellen, in welcher Weise situative Faktoren wie die Größe der Unternehmung, die Dynamik ihrer Umwelt, die eingesetzten Techniken usw. die Organisationsstruktur beeinflussen, um auf dieser Basis Gestaltungsempfehlungen zu formulieren. Vor allem methodische Probleme verhindern, daß diese Gestaltungsempfehlungen einen hohen Grad an Präzision erreichen.

Eine wissenschaftlich fundierte Gestaltung von Organisationen ist – diesen Schluß legen kritische Evaluierungen der verschiedenen Gestaltungsansätze nahe – nur in engen Grenzen möglich. In einer gewissen Weise ist die Organisationsgestaltung mit Architektur vergleichbar. Für verschiedene Teilprobleme – für die Statik etwa - gibt es durchaus exakte Methoden. Für das globale Design sind mangels leistungsfähiger Methoden Erfahrung und Kreativität der Gestalter aber die entscheidenden Faktoren. Und wie in der Architektur spielt die Gestaltungs-Philosophie eine große Rolle: Human Relations-Bewegung, Organisationsentwicklung oder, neuerdings, das Konzept der Humanisierung der Arbeit sind eher Ideologien, Wertsysteme, als Sammlungen exakter Gestaltungsmethoden.

Weitere Organisationstheorien. Abschließend soll noch erwähnt werden, daß es eine ganze Reihe theoretischer Ansätze gibt, bei denen die Erklärung und nicht die Gestaltung von Organisationen im Vordergrund steht. Max Weber (1972), der Urvater der Organisationstheorie, stellt das Entstehen von Bürokratien in einen Zusammenhang mit dem *Prozeß der Rationalisierung.* Bürokratien oder Organisationen sind für ihn effizienter als die historischen Institutionen, die ihnen vorausgingen. Für die Individuen erweisen sich Bürokratien jedoch als „eiserne Käfige", die eine Lebensgestaltung nach eigenen moralischen Vorstellungen verhindern. *Ansätze der verhaltenswissenschaftlichen Entscheidungstheorie* (Simon, 1955, March & Simon, 1976, Cyert & March, 1963, March & Olsen, 1976, Kirsch, 1970/71) konzentrieren sich auf die Erklärung organisationaler Entscheidungen und das durch sie ausgelöste Verhalten der Organisation. Der *Transaktionskostenansatz*

(Williamson, 1986, Kieser, 1988) versucht, organisationalen Wandel auf der Basis eines mikroökonomischen Modells zu erklären: Im Laufe der Zeit setzen sich nach diesem Ansatz diejenigen Organisationsstrukturen durch, die eine jeweils effizientere Abwicklung von Transaktionen ermöglichen. *Evolutionstheoretische Ansätze* gehen von der Annahme aus, daß organisationaler Wandel nicht auf die Rationalität der Organisationsgestalter zurückgeführt werden kann – wegen der Komplexität der Gestaltungsprobleme ist diese sehr begrenzt –, sondern im wesentlichen durch Prozesse der Umwelt-Selektion zu erklären sind (Übersicht bei Carroll, 1984). Luhmanns (1972, 1975, 1984) *systemtheoretischer Ansatz* erklärt Organisationen auf der Basis einer funktionalen Analyse als soziale Systeme, deren Leistungen vor allem in der Bewältigung von Komplexität besteht und die die Anpassungsfähigkeit von Individuen und Gesellschaften erheblich steigerten (Gabriel, 1979). *Phänomenologische Ansätze* schließlich (Gabriel, 1979) interpretieren Organisationen als Teile einer symbolisch strukturierten Lebenswelt, in deren Mittelpunkt ein als dialektisch gekennzeichnetes Verhältnis zwischen Sozialstruktur, Weltansicht und persönlicher Identität steht.

Literatur

Bendix, R. (1960). Herrschaft und Industriearbeit. Untersuchungen über Liberalismus und Autokratie in der Geschichte der Industrialisierung. Frankfurt: Europäische Verlagsanstalt.
Carey, A. (1967). The Hawthorne studies: A radical criticism. American Sociological Review, 32, 403–416.
Carroll, G. R. (1984). Organizational ecology. Annual Review of Sociology, 10, 71–93.
Coleman, J. S. (1979). Macht und Gesellschaftsstruktur. Tübingen: J. C. B. Mohr.
Cyert, R. M. & March, J. G. (1963). A behavioral theory of the firm. Englewood Cliffs. NJ: Prentice Hall.
Ebbinghaus, A. (1984). Arbeiter und Arbeitswissenschaft. Opladen: Westdeutscher Verlag.
Gabriel, K. (1979). Analysen der Organisationsgesellschaft. Ein kritischer Vergleich der Gesellschaftstheorien Max Webers, Niklas Luhmanns und der phänomenologischen Soziologie. Frankfurt: Campus.
George, C. S. Jr. (1972). The history of management thought. Englewood Cliffs, NJ: Prentice-Hall.
Giesen, B. (1980). Makrosoziologie. Eine evolutionstheoretische Einführung. Hamburg: Hoffmann & Campe.
Kieser, A. (1987). Das Kartell der Ehrbarkeit. Entstehung, Entwicklung und Niedergang der Zunft. Arbeitspapier des Lehrstuhls für Allgemeine Betriebswirtschaftslehre und Organisation, Universität Mannheim.
Kieser, A. (1988). Erklären die Theorie der Verfügungsrechte und der Transaktionskostenansatz historischen Wandel von Institutionen? In D. Budäus, E. Gerum & G. Zimmermann (Hg.), Betriebswirtschaftslehre und Theorie der Verfügungsrechte. Wiesbaden: Gabler.
Kieser, A. & Kubicek, H. (1978). Organisationstheorien, 2 Bde. Stuttgart: Kohlhammer.
Kieser, A. & Kubicek, H. (1983). Organisation. 2. Aufl. Berlin: de Gruyter.
Kieser, A., Krüger, M. & Röber, M. (1979). Organisationsentwicklung: Ziele und Techniken. WiSt – Wirtschaftswissenschaftliches Studium, 4, 149–155.

Kirsch, W. (1979). Entscheidungsprozesse, 3 Bde. Wiesbaden: Gabler.
Kocka, J. (1969). Industrielles Management: Konzeptionen und Modelle in Deutschland vor 1914. Vierteljahresheft für Sozial- und Wirtschaftsgeschichte, 56, 332–372.
Luhmann, N. (1972). Funktionen und Folgen formaler Organisation. 2. Aufl. Berlin: Dunkker & Humblot.
Luhmann, N. (1975). Interaktion, Organisation, Gesellschaft. In: N. Luhmann (Hg.): Soziologische Aufklärung 2. Aufsätze zur Theorie der Gesellschaft (S. 9–20). Opladen: Westdeutscher Verlag.
Luhmann, N. (1984). Soziale Systeme. Grundriß einer allgemeinen Theorie. Frankfurt: Suhrkamp.
March, J. G. & Olsen, J. P. (1976). Ambiguity and choice in organizations. Bergen: Universitesforlaget.
March, J. G. & Simon, H. A. (1976). Organisation und Individuum – menschliches Verhalten in Organisationen. Wiesbaden: Gabler.
Meyer, J. W. & Roman, B. (1977). Institutionalized organizations: Formal structure as myth and ceremony. American Journal of Sociology, 83, 340–363.
Perrow, C. (1986). Complex organizations. A critical essay. 3rd ed. New York: Random House.
Peters, T. J. & Waterman, R. H. Jr. (1983). Auf der Suche nach Spitzenleistungen. Was man von den bestgeführten US-Unternehmen lernen kann. Landsberg: Moderne Industrie.
REFA-Verband für Arbeitsstudien e. V. (1976). Methodenlehre des Arbeitsstudiums. 5. Aufl. München: Hanser.
Roethlisberger, F. J. & Dickson, W. (1939). Management and the worker. Cambridge, MA: Harvard University Press.
Roethlisberger, F. J. (1941). Management and morale. Cambridge, MA: Harvard University Press.
Simon, H. A. (1955). Das Verwaltungshandeln. Stuttgart.
Taylor, F. W. (1911). The principles of scientific management. New York: Harper. (dt.: Die Grundsätze wissenschaftlicher Betriebsführung. München und Berlin (1913/1922).
Vanberg, V. (1982). Markt und Organisation. Individualistische Sozialtheorie und das Problem korporativen Handelns. Tübingen: J. C. B. Mohr.
Weber, M. (1972). Wirtschaft und Gesellschaft. Grundriß der verstehenden Soziologie. 5. Aufl. Tübingen: J. C. B. Mohr.
Williamson, O. (1986). Economic organization. Firms, markets and policy control. Brighton: Wheatsheaf Books.

Alfred Kieser,
Bundesrepublik Deutschland

63. Organisationsdiagnostik

63.1 Einleitung

Organisationen sind komplexe und sich wandelnde soziale Gefüge. Sowohl der von außen Herantretende wie auch die Mitglieder haben nur einen selektiven, thematisch und zeitlich eingeengten Zugang zu der besonderen Eigenart dieses Gefüges. Er wechselt mit den individuellen Erfahrungen und der je spezifischen Beziehung zur Organisation.

Organisationsdiagnosen zielen darauf ab, die angedeuteten Einschränkungen der Erkenntnismöglichkeiten zu überwinden und aus einer wohlabgestimmten Kombination von Daten unterschiedlicher Herkunft eine eher repräsentative Abbildung des Gegenstandsbereiches „Organisation" zu erstellen.

Die Vielfalt von Fachdisziplinen, die sich mit dem Phänomen „Organisation" beschäftigen, hat auch in der Organisationsdiagnostik zu einer Reihe von unterschiedlichen Fragen, theoretischen Modellen und Vorgehensweisen geführt, die auf den Problemstellungen des jeweiligen Faches gründen.

Wir werden uns im folgenden auf die psychologisch orientierte Organisationsdiagnostik beschränken, d. h., die systematische und wissenschaftlich fundierte Erfassung, Analyse und Darstellung des in einer Organisation oder einem abgegrenzten Organisationsteil regelhaft auftretenden Verhaltens und Erlebens ihrer Mitglieder einschließlich ihrer Wirkungszusammenhänge (Kühlmann & Franke, 1989).

63.2 Organisationsdiagnostische Ziele und Methoden

Die Breite möglicher organisationsdiagnostischer Ziele kann nur angedeutet werden (ausführlich: Lawler, Nadler & Cammann, 1980). Hier wären besonders zu nennen:
- Die Bereitstellung von Daten für Fragestellungen der vergleichenden Organisationsforschung;
- die Analyse verborgener Schwachstellen einer Organisation;
- die Evaluation von Maßnahmen der Organisationsentwicklung;
- die Sensibilisierung von Führungskräften für die objektive und subjektive Situation der Mitarbeiter;
- die Berücksichtigung von Mitarbeiterinteressen.

Aus der Vielzahl möglicher Betrachtungsaspekte des sehr komplexen Gegenstandes werden in jedem Fall nur einige Merkmalszüge akzentuierend als wesentlich herausgehoben. Modellhafte Vereinfachungen des Organisationszustandes sind dabei weder vermeidbar noch vermeidenswert. Im Gegenteil, sie erleichtern – bei einer zielgerichteten Auswahl der Erhebungsinstrumente – das Herausarbeiten der im Einzelfall gerade wesentlichen Erkenntnisse.

Diese Überlegungen verbieten es, ungeprüft das gerade am besten verfügbare diagnostische Instrument anzuwenden – sei es auch testtheoretisch noch so gut fundiert. Der zielgerichtete diagnostische Prozeß muß bereits vor der Auswahl der Erhebungsinstrumente beginnen. Um die Fragestellungen zu spezifizieren und zu präzisieren, empfiehlt sich zunächst eine Problemabgrenzung nicht nur mit dem Auftraggeber, sondern auch mit denjenigen, deren Reaktionen man besser erkennen und deren Arbeitserlebnis vielleicht auch günstiger gestaltet werden soll. Mit breitgestreuten, nicht standardisierten Erkundungsinterviews kann man versuchen, alle wesentlichen Personengruppierungen an der Entwicklung der diagnostischen Ziele zu beteiligen. Dies fördert eher Verständnis und Unterstützung in der Erhebungsphase als die Anwendung eines vielleicht theoretisch gut fundierten, aber Mißtrauen provozierenden Verfahrens.

Bei der Auswahl der Methoden muß man besonders auf die Akzeptanz im Sinne einer Augenschein-Validität achten, weil andernfalls die unkontrolliert entstehenden Hypothesen der Belegschaftsmitglieder zu systematischen Verzerrungen führen können. Die aus dem Alltagsgeschehen sich deutlich heraushebenden diagnostischen Bemühungen werden schnell Gegenstand informeller Gespräche und leiten Interpretationsvorgänge über Untersuchungsziele und „angemessenes" oder „vorteilhaftes" Verhalten ein, die den Diagnostiker in die Irre führen.

Der diagnostizierende Psychologe wird im Interesse einer geordneten, transparenten, ökonomischen und wissenschaftlich vertretbaren Vorgehensweise in der Regel zusätzliche Gesichtspunkte einbringen müssen, die weniger vom Selbstverständnis der Beteiligten bestimmt sind. Das betrifft insbesondere die Auswahl der Methoden und die Sicherung einer haltbaren Interpretation der Befunde. Methodenkritische Reflexion verlangt einen mehrdimensionalen Ansatz, bei dem die Einseitigkeiten und die Fehlerquellen des einen Verfahrens durch die aus anderen vermittelten Einsichten ausgeglichen werden. Analysen von Dokumenten, innerbetriebliche Statistiken, Gruppen- und Einzelgespräche, Experteninterviews, Verhaltensbeobachtungen sowie standardisierte Befragungen müssen sich ergänzen.

63.3 Dimensionen der Diagnose

Je nach Untersuchungsziel ist eine Vielzahl inhaltlicher Diagnosedimensionen zu unterscheiden. Sie lassen sich grob den drei Bereichen Arbeitsplatz, Arbeitsgruppe und Gesamtorganisation zuordnen. Beispielhafte Spezifizierungen für die genannten Bereiche wären:

Arbeitsplatz:
– Innovationsbereitschaft   – Leistungsdruck
– Handlungsspielraum   – Kontrolle

Arbeitsgruppe:
- Kommunikationsmuster
- Führungsstil
- Kohäsion
- Konflikte

Gesamtorganisation:
- Aufstiegsmöglichkeiten
- Transparenz
- Hierarchisierung
- Partizipation

Andere Systematisierungsversuche beschreiben Neuberger (1973), Payne und Pugh (1976), Forster (1978), v. Rosenstiel et al. (1982) sowie Conrad und Sydow (1984).

Alle genannten Inhaltsdimensionen einer Organisationsdiagnose können weiterhin danach unterschieden werden, ob eher ihre Beschreibung (z. B. in der Form einer Organisationsklimastudie) oder eher ihre individuelle Bewertung (z. B. in Form einer Arbeitszufriedenheitsstudie) Gegenstand des diagnostischen Bemühens ist.

Umfassende Sammlungen der in der wissenschaftlichen Literatur beschriebenen Verfahrensweisen (Seifert, 1978; Cook et al., 1981, sowie Kubicek & Welter, 1985) zeigen den Variantenreichtum der inhaltlichen Fragedimensionen sowie ihrer Operationalisierungen.

63.4 Befragungen innerhalb der Organisation

Für die psychologische Organisationsdiagnose sind die subjektiven Sichtweisen der Organisationsmitglieder unverzichtbare Grunddaten diagnostischer Urteilsbildung. Die Befragten dienen dabei gewissermaßen als über die Institution verteilte Sensoren. Sie verarbeiten auf eine freilich von ihrer Persönlichkeit geprägten Art und Weise allerdings immer nur einen eingeengten Teil der Organisationswirklichkeit. Doch deren Erlebenswirksamkeit unter den je speziellen Kontextbedingungen kann auf diesem Wege viel verläßlicher erkannt werden als durch Interpretationsschritte eines Außenstehenden. Dessen distanzierte Sachlichkeit muß jedoch dafür sorgen, daß – bereits durch die Verteilung der Erhebungsstichproben – Einseitigkeiten und subjektive Verzerrungen erkannt und ebenfalls als diagnostische Daten genutzt werden.

Teilt man den Befragten die Befunde in einer ihnen verständlichen Weise mit (Nadler, 1977; Wilpert, 1977; Lawler & Drexler, 1980), kann eine brauchbare Basis für das gemeinsame Erarbeiten zukunftsweisender Verbesserungsvorschläge und für Akzentverschiebungen in nachfolgenden diagnostischen Erhebungen gewonnen werden.

63.5 Ausblick

Als wesentliche Aufgaben einer Weiterentwicklung der psychologischen Organisationsdiagnose sehen wir:

- Die Entwicklung eines Arsenals unterschiedlich miteinander kombinierbarer, auf ihre Bewährung geprüfter diagnostischer Methodenbausteine;
- die Erprobung regelmäßig durchgeführter diagnostischer Sondierungen in denselben Organisationen, um die Dynamik des Organisationsgeschehens besser in theoretische Überlegungen und praxisbezogene Handlungsempfehlungen einbeziehen zu können;
- Versuche einer Aufklärung der Zusammenhänge zwischen „innerem" Zustand der Organisation und ihrer Verankerung sowie ihres Ansehens in der für ihre Wirkung nach außen bedeutsamen Öffentlichkeit;
- Nachweis des Nutzens organisationsdiagnostischer Ansätze anhand „vorzeigbarer" Musteruntersuchungen.

Literatur

Conrad, P. & Sydow, J. (1984). Organisationsklima. Berlin: De Gruyter.
Cook, J. D., Hepworth, S. J., Wall, T. D. & Warr, P. B. (1981). The experience of work. A compendium and review of 249 measures and their use. London: Academic Press.
Forster, W. (1978). Das Konzept und die Dimensionen des Organisationsklimas. St. Gallen: Unveröff. Diss.
Kubicek, H. & Welter, G. (1985). Messung der Organisationsstruktur. Stuttgart: Enke.
Kühlmann, T. M. & Franke, J. (1989). Organisationsdiagnostik. In E. Roth (Hg.), Organisationspsychologie. Göttingen: Hogrefe.
Lawler, E. E. III & Drexler, J. A. Jr. (1980). Participative research: The subject as coresearcher. In E. E. Lawler III, D. A. Nadler & C. Cammann (Eds.), Organizational assessment (pp. 535–547). New York: Wiley.
Lawler, E. E. III, Nadler, D. A. & Cammann, C. (Eds.) (1980). Organizational assessment. Perspectives on the measurement of organizational behavior and the quality of work life. New York: Wiley.
Nadler, D. A. (1977). Feedback and organization development: Using data based methods. Reading: Addison-Wesley.
Neuberger, O. (1973). Organisationsstruktur und Organisationsklima. Zur Beschreibung der Situation in Organisationen. Problem und Entscheidung, 10, 26–87.
Payne, R. L. & Pugh, D. S. (1976). Organizational structure and climate. In M. D. Dunnette (Ed.), Handbook of organizational psychology (pp. 1125–1173). Chicago: Rand McNally.
Rosenstiel, L. v., Falkenberg, T., Hehn, W., Henschel, E. & Warns, I. (1982). Betriebsklima heute. München: Bayerisches Staatsministerium für Arbeit und Sozialordnung.
Seifert, M. J. (1978). Indikatoren zur quantitativ-vergleichenden Organisationsforschung. Eine Dokumentation von Meßinstrumenten (2 Bde). Speyer: Speyerer Forschungsberichte.
Wilpert, B. (1977). Führung in deutschen Unternehmen. Berlin: De Gruyter.

Joachim Franke und Torsten M. Kühlmann,
Bundesrepublik Deutschland

64. Organisationsentwicklung und -beratung

64.1 Organisationsentwicklung

Unter Organisationsentwicklung versteht man den absichtlich und bewußt gesteuerten Wandel einer Organisation von einem aktuellen Zustand hin zu einem gewünschten Zustand in der Zukunft. Dabei stehen nicht die Belange einer einzelnen Person oder eines einzelnen Arbeitsplatzes im Vordergrund; vielmehr liegt der Bezugspunkt aller Anstrengungen auf der Ebene der gesamten Organisation (Unternehmung, Schule, Behörde usw.). Für den hier gemeinten Wandel ist typisch, daß er einen mehrjährigen Prozeß beinhaltet, der partizipativ gestaltet ist und von vornherein die Person und die sie umgebende Situation in den Wandel integriert (Glasl & Houssaye, 1975).

Definitionsgemäß verfolgt die Strategie der Organisationsentwicklung neben den klassischen betriebswirtschaftlichen Zielen verstärkt auch Humanziele, wobei der Einfluß der humanistischen Psychologie erkennbar ist. Der Erfolg der Organisationsentwicklungsbemühungen wird u. a. an Kriterien wie Flexibilität und Innovationsfreudigkeit einer Organisation gemessen (Gebert & v. Rosenstiel, 1989).

(1) Personenentwicklung

Kooperationsstrukturen, die dem einzelnen z. B. mehr Autonomie und Individualität ermöglichen, setzen spezifische soziale Kompetenzen sowie vor allem spezifische Einstellungen auf Seiten der Interagierenden voraus. Ein hierzu erforderliches Instrumentarium wurde von den sog. National Training Laboratories in Bethel/Maine unter dem Einfluß von Kurt Lewin in Form der *gruppendynamischen Laboratoriumsmethode* entwickelt. Grundidee war dabei, durch die Analyse dessen, was sich aktuell (im sog. „Hier und Jetzt") in der Gruppe ereignet, Gruppen-Dynamik, gleichsam unter dem Mikroskop vergrößert, beobachten und erfahren zu lassen, wobei diese Lernprozesse auch auf der emotional-affektiven Ebene ablaufen. Erfolgskontrollen zu diesem Training haben dazu geführt, daß die anfängliche Euphorie einer nüchternen Betrachtung gewichen ist (Gebert, 1972). Nachdem früher gelegentlich psychotherapieähnliche Interventionen zur Anwendung kamen, werden heute stärker kognitiv orientierte Trainings favorisiert.

Das Grundproblem des sog. *personalen Ansatzes* (Gebert, 1974), der seinen Beginn in einer Veränderung der „inneren" Situation der Person nimmt, liegt darin, daß der Transfer möglicherweise bewirkter Einstellungsänderungen von der Lernsituation zur Anwendungssituation nicht sichergestellt ist, solange die „äußere" Situation der Personen in der jeweiligen Organisation unverändert bleibt. Erforderlich ist damit komplementär auch eine Situationsentwicklung (Kahn, 1974).

(2) Situationsentwicklung

Bei der Situationsentwicklung steht die formale Organisation (die Anzahl der hierarchischen Ebenen, die Standardisierung und Formalisierung) sowie eine Veränderung der Arbeitstechnologien und Handlungsspielräume im Vordergrund. Derartige Bemühungen zielen häufig auf eine Entbürokratisierung und Vergrößerung der Freiheitsgrade ab, um so von der äußeren Situation her der Person z. B. mehr Autonomie zu ermöglichen (Gebert, 1978).

Obwohl die Komplementarität von Person- und Situationsentwicklung offensichtlich ist, wird in der Praxis häufig die eine oder andere Strategie in den Vordergrund gestellt, worin ein wesentlicher Grund für das Scheitern vieler Organisationsentwicklungsversuche gesehen werden kann (Gebert, 1976). Wichtig für den Erfolg ist, daß beide Strategien als Ausdruck einer übergreifenden Philosophie ganzheitlich kombiniert werden. Vor diesem Hintergrund kommt im Rahmen der Situationsentwicklung, die auch als *struktureler Ansatz* bezeichnet wird, ergänzend personalpolitischen Maßnahmen eine wichtige Bedeutung zu. So muß etwa die Beurteilungs- und Beförderungspraxis gewünschtes (teamfähiges, autonomes und offenes) Verhalten belohnen.

64.2 Organisationsberatung

Organisationen fragen (meist nur dann, wenn sie einen hinreichenden Leidensdruck erleben) in der Regel unmittelbar anwendbare Problemlösungen nach. Einer solchen technokratischen Organisationsberatung wird im Rahmen der Organisationsentwicklung entgegenzusteuern versucht. Das klassische Arzt-Patienten-Verhältnis soll gerade aufgehoben werden. Die Rolle des internen oder externen Organisationsberaters *(change agent)* im Rahmen der Organisationsentwicklung ist vielmehr die, weniger inhaltliche Beratung zu geben und stattdessen mehr den Prozeß des Wandels selbst durch sogenannte *Prozeßberatung* auf ein höheres Bewußtheitsniveau zu heben, um so reflektiertere Entscheidungen der Organisationsmitglieder zu ermöglichen (Schein, 1969).

Da die auftraggebende Organisation häufig hiervon abweichende Rollenerwartungen an den Berater heranträgt, sind Rollenkonflikte für den change agent vorprogrammiert.

Der Berater bedient sich dabei oft der ebenfalls auf Kurt Lewin zurückgehenden sog. *Survey-Feedback-Methode*. D. h., daß in einem ersten Schritt eine Datenerhebung zum status quo der Organisation durchgeführt wird, wobei die Ergebnisse dieser Erhebung in einer zweiten Phase den Mitgliedern der Organisation vollständig oder in den jeweils interessierenden Ausschnitten zur Einsicht und Stellungnahme rückgekoppelt werden. Der Berater hat damit nicht eine Problemlösungs-, sondern eine *Bewußtmachungsfunktion*.

Die Einfachheit der *Datenerhebungs-Rückkoppelungsmethode* steht dabei in einem deutlichen Gegensatz zu ihrer Verbreitung: Untersuchungen in der Bundesrepublik ergaben, daß nur in etwa der Hälfte der untersuchten Fälle der

Datenerhebung auch die Datenrückkoppelung folgte; beide Phasen sind empirisch korrelationsstatistisch unverbunden (Gebert, 1976). Dies ist um so bedauerlicher, als sowohl in den USA als auch in der Bundesrepublik umfangreiche Untersuchungen vorliegen (Bowers & Hausser, 1977; Gebert, 1976), die zeigen, daß gerade die Kombination aus Datenerhebung und Rückkoppelung aktivierend wirkt. Im Anschluß an die Datenrückkoppelung steigt erkennbar die Motivation der Organisationsmitglieder, sich verändernd mit ihrer eigenen Situation auseinanderzusetzen. Letzteres ist nicht nur insofern verständlich, als die Organisationsmitglieder kognitive Kontrolle über ihre Situation gewinnen; sie interpretieren zu recht vielmehr die Publizierung der erhobenen Daten an eine organisationsinterne Öffentlichkeit als Ausdruck des Umstandes, daß die Führungsspitze den Veränderungsprozeß aktiv unterstützt und bereit ist, erkannten Konflikten ins Auge zu sehen (Gebert, 1976). Gelingt ein solcher Datenerhebungs-Rückkoppelungsprozeß, durchgeführt durch den Berater, so können die Organisationsmitglieder nun (z. B. in workshops) in eine wechselseitige Kommunikation über geeignete Wege und vor allem auch über die gewünschte Qualität des Zielzustands des Veränderungsprozesses eintreten (Glasl & Houssaye, 1975). Der Entwicklungsprozeß wird damit zu einem organisationsweiten Denk- und Lernprozeß (Sievers, 1977), wodurch die klassische Subjekt-Objekt-Beziehung des Arzt-Patienten-Verhältnisses durch eine *Subjekt-Subjekt*-Beziehung zwischen Berater und Organisation abgelöst wird.

Damit ist natürlich die Utopie eines auch organisationsinternen herrschaftsfreien Dialogs noch nicht einmal näherungsweise sichergestellt. Zur Annäherung an diese Utopie ist zum einen erforderlich, mit den Ängsten des Machtzentrums vor eventuellen dysfunktionalen Wirkungen einer Partizipation der Organisationsmitglieder an dem Veränderungsprozeß aktiv durch persönliche Beratung umzugehen. Andernfalls sind die Strategien des „Versandens" bzw. des „Bombenwurfs" (Kirsch, Esser & Gabele, 1979) sowie Mechanismen der bürokratischen Erstickung des Veränderungsprozesses wahrscheinlich (Gebert, 1976). Die Annäherung an eine organisationsinterne Subjekt-Subjekt-Beziehung setzt darüber hinaus voraus, daß der Berater im Rahmen der gemeinsamen Problemlösungsversuche der Organisationsmitglieder insofern moderierend interveniert, als er verbal schwächeren Personen hilft, Ängste auch auf nachgeordneter Ebene thematisiert, (wahrscheinliche) Interessenkonflikte bewußt macht usw. Eine so strukturierte Beratung hat sich empirisch als durchaus funktional erwiesen (Gebert, 1974).

Im Sinne eines Ausblicks kann man feststellen, daß die ursprüngliche Aufbruchstimmung im Rahmen der Organisationsentwicklung (siehe z. B. noch bei Trebesch, 1981) einer skeptischen Haltung gewichen ist. Dies ist um so bedauerlicher, als viele Veränderungen in der Umwelt darauf hindeuten, daß in Organisationen weniger technokratische Expertenkritik und mehr Fundamentalkritik (Etzioni, 1975) verlangt wird. Der objektive Bedarf nach Organisationsentwicklung scheint zu steigen; die beobachtbare Tendenz zur Organisationsentwicklung ist dagegen eher rückläufig. Die Differenz zwischen der Sollintensität und der Istintensität von Organisationsentwicklung wird größer. Die Nachfrage nach technokratischer Beratung, parzellierte Lösungsstrategien (→ *Qualitätszirkel*), biologistische Deutungen und das (aus den Situationstheorien der Führung entlehnte) Alibi „es kommt darauf an" sind einer fundamentalkritisch nach oben gerichteten Kommunikation entgegengerichtete Strömungen. Dabei liegt gerade in der Organisationsentwicklung im Keim die Chance, die Realität in Organisationen wieder als veränderungsfähig und veränderungswürdig erlebbar werden zu lassen – eine unabdingbare Voraussetzung für die Anpassungsfähigkeit der Organisation.

Literatur

Bowers, D. G. & Hausser, D. L. (1977). Work group types and intervention effects in organization development. Administrative Science Quarterly, 76–94.
Etzioni, A. (1975). Die aktive Gesellschaft. Opladen: Westdeutscher Verlag.
Gebert, D. (1972). Gruppendynamik in der betrieblichen Führungsschulung. Berlin: Dunkker & Humblot.
Gebert, D. (1974). Organisationsentwicklung. Stuttgart: Kohlhammer.
Gebert, D. (1976). Zur Erarbeitung und Einführung einer neuen Führungskonzeption. Berlin: Duncker & Humblot.
Gebert, D. (1978). Organisation und Umwelt. Stuttgart: Kohlhammer.
Gebert, D. & Rosenstiel, L. v. (1989). Organisationspsychologie. Stuttgart: Kohlhammer.
Glasl, F. & Houssaye, L. (Hg.) (1975). Organisationsentwicklung. Bern: P. Haupt.
Kahn, R. L. (1974). Organization development – some problems and proposals. Journal of Applied Behavioral Science, 10, 485–502.
Kirsch, W., Esser, W. M. & Gabele, E. (1979). Das Management des geplanten Wandels von Organisationen. Stuttgart: Poeschel.
Schein, E. H. (1969). Process consultation: Its role in organizational development.
Sievers, B. (Hg.) (1977). Organisationsentwicklung als Problem. Stuttgart: Klett.
Trebesch, K. (Hg.) (1981). Organisationsentwicklung in Europa. Bd. 1 A, 1 B. Bern: P. Haupt.

Diether Gebert,
Bundesrepublik Deutschland

65. Organisationsklima

65.1 Begriffsbestimmung und Begriffsabgrenzung

Im deutschen Sprachraum spielt der Begriff des *Betriebsklimas* seit langer Zeit eine erhebliche Rolle (Briefs, 1934). Er fand weite Verbreitung in der Praxis und regte insbesondere die Industriesoziologie zu zahlreichen empirischen und theoretischen Arbeiten an (Dahrendorf, 1959; Götte, 1963; Fürstenberg, 1967). Man

Tabelle 1: Facettenanalytische Klassifikation der Konstrukte.

Typ des Konzepts	A	B	C
Facetten			
Analyseeinheit	Individuum	Individuum	Individuum
Analyseelement	Arbeit	Arbeit	Organisation (Abt. oder Team)
Art der Messung	Bewertung	Beschreibung	Bewertung
	Zufriedenheit des einzelnen mit seiner Arbeit *Arbeitszufriedenheit*	Beschreibung des einzelnen in seiner Arbeit *Wahrgenommene Arbeitscharakteristika*	Zufriedenheit des einzelnen mit der Organisation *Organisationszufriedenheit*

sieht im Betriebsklima nicht ein Merkmal einzelner Betriebsangehöriger. Verstanden wird es als ein Konzept, das auf objektive Bedingungen innerhalb des Betriebes hinweist und spezifisch durch dessen soziale Strukturen und interpersonelle Beziehungen bestimmt wird, zu denen die Betriebsangehörigen wertend Stellung nehmen, was wiederum ihr Verhalten beeinflußt (v. Rosenstiel et al., 1983). Betriebspraktiker haben entsprechend versucht, durch die „*soziale Betriebsgestaltung*" (Rosner, 1969) das Betriebsklima mit dem Ziel systematisch zu verbessern, die betriebliche Effizienz zu steigern. Das allerdings rückte das Betriebsklima in die Nähe der *Human Relations-Bewegung* (vgl. Roethlisberger & Dickson, 1939; Irle, 1975; Neuberger, 1977; → *Historische Perspektiven*), die sich aus der „Pflege" sozialer Beziehungen im Betrieb verbesserte Leistungen der Arbeitnehmer versprach und sich deshalb den Vorwurf gefallen lassen mußte, schwer durchschaubare und daher besonders perfide Ausbeutungsstrategien einzusetzen („Kuhsoziologie: Glückliche Kühe geben mehr Milch"). Dieser Vorwurf traf auch das Betriebsklimakonzept und brachte es in Mißkredit (Conrad & Sydow, 1984).

Das *Organisations*klimakonzept dagegen entstand unbelastet von der Betriebsklimatradition innerhalb der psychologischen Forschung im angloamerikanischen Raum. Es wurde stark von der Feldtheorie Lewins (1951) beeinflußt. Danach ergibt sich menschliches Verhalten aus der Interaktion der Person mit ihrer wahrgenommenen Umwelt; die wahrgenommene Organisationsumwelt ist somit als Organisationsklima eine Determinante des Verhaltens in Organisationen. Entsprechend definierte Tagiuri (1968) das Organisationsklima als eine relativ über-

D	E	F	G	H
Individuum	soziales Kollektiv (aggregiert)	soziales Kollektiv (aggregiert)	soziales Kollektiv (aggregiert)	soziales Kollektiv (aggregiert)
Organisation (Abt. oder Team)	Arbeit	Arbeit	Organisation (Abt. oder Team)	Organisation (Abt. oder Team)
Beschreibung	Bewertung	Beschreibung	Bewertung	Beschreibung
Beschreibung des einzelnen Mitglieds der Organisation *Wahrgenommene Organisationscharakteristika = Psychologisches Klima*	Übereinstimmung der Arbeitszufriedenheit *„Role Morale" = Arbeitsmoral*	Übereinstimmung der Organisationsbeschreibung *„Role Climate" = Arbeitsklima*	Übereinstimmung der Organisationszufriedenheit *Rollenklima*	Übereinstimmung der Beschreibung der einzelnen Mitglieder der Organisation *Organisationsklima*
			Betriebsklima	

dauernde Qualität der inneren Umwelt der Organisation, die durch ihre Mitglieder erlebt wird, deren Verhalten beeinflußt und durch Ausprägungen von Organisationsmerkmalen beschrieben werden kann. Allerdings lassen sich im zeitlichen Ablauf des Forschungsprozesses Akzentverschiebungen beobachten (Weinert, 1981/87; Conrad & Sydow, 1984; Staehle, 1985). Während das Interesse sich zunächst an Merkmalen der → *Organisation* festmachte – ähnlich wie in den organisationsbeschreibenden Arbeiten der Aston-Gruppe (Payne & Pugh, 1976) – und dem Wahrnehmungsprozeß kaum Aufmerksamkeit schenkte (z. B. Forehand & Gilmer, 1964), gewann in personenbezogenen Ansätzen gerade der letztere besonderes Interesse. Das führte bei manchen Autoren zur Trennung von „Organisationsklima" und „psychologischem Klima" (James & Jones, 1974). Beim psychologischen Klima interessieren als Determinanten fast ausschließlich Merkmale der wahrnehmenden Person. Heute dominieren interaktionistische Konzepte, die gleichermaßen die Beeinflussung der Person durch die Situation als auch der Situation durch die Person berücksichtigen (Naylor et al., 1980; Schneider, 1983).

Beim Organisationsklimakonzept handelt es sich um ein komplexes und nicht ganz einheitliches Konstrukt, das zwischen den objektiven Merkmalen der Organisation und dem Verhalten der Organisationsmitglieder steht (Naylor et al., 1980; Weinert, 1981/87; Conrad & Sydow, 1984). Allerdings gibt es in der psychologisch orientierten Organisationsforschung eine Vielzahl derartiger unterschiedlich benannter Konzepte, z. B. → *Arbeitszufriedenheit*, Zufriedenheit mit der Organisation, Moral, Betriebsklima. Sie werden z. T. synonym verwendet (v. Rosen-

stiel et al., 1983). Der Versuch von Payne, Fineman und Wall (1976) erscheint daher hilfreich, auf der Basis der Facettenanalyse (Guttmann, 1954) begriffliche Klarheit zu schaffen. Die Autoren gehen dabei aus von:
- der Analyseeinheit: Individuum oder soziales Aggregat,
- dem Analyseelement: Arbeit oder Organisation, und
- der Art der Messung: Beschreibung oder Bewertung.

Kombiniert man diese drei logisch voneinander unabhängigen Facetten, so ergibt sich eine Klassifikation, wie sie Tabelle 1 in Anlehnung an Payne et al. (1976) und v. Rosenstiel (1986) zeigt.

65.2 Messung des Organisationsklimas

Die Repräsentation der Organisation oder einzelner ihrer Bestandteile im Bewußtsein ihrer Mitglieder wird in Forschung und Praxis meist mit schriftlichen Befragungen untersucht (Neuberger, 1974; Seifert, 1978; Karg & Staehle, 1982). Die facettenanalytische Klassifikation der Konzepte kann bei der Entwicklung von Items hilfreich sein (v. Rosenstiel et al., 1983). So könnte danach ein typisches Item zur Messung der → *Arbeitszufriedenheit* wie folgt aussehen:
„*Meine derzeitige Tätigkeit macht mir Spaß. Stimme zu... stimme nicht zu...*" (Facettenmuster: Individuum/Arbeit/Bewertung).

Ein Item aus einem Instrument zur Erfassung des Organisationsklimas dagegen könnte folgende Form annehmen:
„*In unserem Betrieb werden die uns betreffenden Entscheidungen meist zentral gefällt. Stimme zu... stimme nicht zu...*" (Facettenmuster: soziales Aggregat/ Organisation/Beschreibung).

Entsprechend wurden die Items eines im deutschen Sprachraum verbreiteten Erhebungsinstrumentes entwickelt (v. Rosenstiel et al., 1983), für das Itemkennwerte und betriebsspezifische Normwerte vorliegen und das sich inhaltlich auf die organisationsspezifischen Bereiche
- Betrieb als Ganzes,
- Kollegen,
- Vorgesetzte,
- Aufbau- und Ablauforganisation,
- Information und Mitsprache,
- Interessenvertretung,
- betriebliche Leistungen

bezieht. Darüber hinaus liegt eine größere Zahl von Erhebungsinstrumenten aus dem angelsächsischen Sprachraum vor (vgl. Hemphill, 1956; Halpin & Croft, 1962; Likert, 1967; Litwin & Stringer, 1968; Schneider & Bartlett, 1970; Payne & Pheysey, 1971; Pritchard & Karasik, 1973; ein deutsches Beispiel: Forster, 1978). Obwohl hier z.T. andere Itemtypen verwendet werden, ist den Verfahren gemeinsam, daß sie implizit oder explizit erfassen wollen, wie die Organisation „nach übereinstimmender Auffassung ihrer Mitglieder" (Schneider, 1975, S. 474) beschrieben wird. Organisationsklima – wie es operationalisiert wird – soll im Gegensatz zum psychologischen Klima stärker durch Merkmale der Organisation als durch Merkmale der Personen gekennzeichnet sein.

65.3 Dimensionen des Organisationsklimas

Faktor- oder Clusteranalysen von Organisationsklimadaten führten zwar zu im Detail voneinander abweichenden Strukturen (Weinert, 1981/87, v. Rosenstiel et al., 1983; Staehle, 1985), deren gemeinsamer Kern sich jedoch zusammenfassen läßt, wie es Neuberger (1980) vorschlägt und wie dies Tabelle 2 visualisiert.

Tabelle 2: Dimensionen des Organisationsklimas

1. Strukturierung
Das Ausmaß, in dem Verhaltensspielräume durch organisatorische Regelungen, Vorschriften, Praktiken eingeengt sind. Folgende Begriffspaare lassen sich zur Charakterisierung der Extreme gegenüberstellen:

Planlosigkeit	↔	Bürokratisierung
Durcheinander		Reglementierung
Chaos, Normlosigkeit		Routinisierung
Mehrdeutigkeit		Schematisierung

2. Autonomie
Darunter ist das Ausmaß von Unabhängigkeit, Entscheidungsfreiheit und spontanen Entfaltungsmöglichkeiten zu verstehen. Folgende Begriffspole können zur Kennzeichnung dienen:

Abhängigkeit	↔	Selbständigkeit
Fremdbestimmung		Gestaltungsmöglichkeiten
Machtlosigkeit		

3. Wärme und Unterstützung
Bei dieser Dimension geht es um das Betriebsklima im engeren Sinn, d. h. um die Qualität der sozialen Beziehungen, um Wärme, Vertrauen, gegenseitige Achtung, Freundlichkeit usw. Die Dimension kann zwischen folgenden polaren Begriffen aufgespannt werden:

Mißtrauen	↔	Vertrauen
Kälte, Ablehnung		Wärme, Achtung
Distanzierung		Nähe, Hilfe
Einweg-Kommunikation		Zweiweg-Kommunikation

4. Leistungsorientierung
Hierbei geht es um das Ausmaß, in dem Leistung, Zielorientierung, Begeisterung, Schwung typisch sind für das Bild, das die Organisation bietet und das in folgenden Gegenüberstellungen veranschaulicht werden kann:

Trägheit	↔	Schwung, Motivation
Desinteresse		Engagement
Lahmheit		Energie, Dynamik
Leistungsablehnung		Leistungsbetonung

5. Zusammenarbeit

In Ergänzung der obengenannten 3. Dimension steht hier die Qualität der Arbeitsbeziehungen im Mittelpunkt – ob also innerhalb und zwischen den Arbeitsgruppen ein hohes Maß an Harmonie, Zusammenhalt, Loyalität und konstruktiver Zusammenarbeit erlebt wird oder ob das Gegenteil typisch ist:

Spannungen	↔	Solidarität
Cliquenbildung		Integration
Konflikthaftigkeit		Kooperation
Konfrontation		Harmonie
Nebeneinander		Interdependenz

6. Belohnungshöhe und -fairness

Eine Dimension, die vor allem in utilitaristischen Organisationen eine große Rolle spielt, bei denen die Mitglieder ihre „Investitionen" (an Zeit, Einsatz, Erfahrung usw.) an den „Gegenleistungen" orientieren, die ihnen die Organisation bietet (Einkommen, Status, Entwicklung usw.). Dabei geht es sowohl um die Art und Höhe der jeweiligen Belohnungen oder Bestrafungen wie auch um die Wahrscheinlichkeit, mit der sie erwartet werden können:

Niedrige Belohnungen	↔	Hohe Belohnungen
Hohe Bestrafungen		Niedrige Bestrafungen
Ungerechtigkeit		Fairness
Unausgewogenheit		Gerechtigkeit
Unkalkulierbarkeit		Berechenbarkeit

7. Innovation und Entwicklung

Diese Dimension beschreibt die Erwartung, daß alles beim alten bleibt, keine Veränderungen erwünscht sind und keine persönlichen Entwicklungsmöglichkeiten bestehen oder daß im Gegenteil Flexibilität, Wandel, Nonkonformität erwünscht sind und ein großer Aufwand betrieben wird, um Mitarbeiter höher zu qualifizieren:

Starrheit und Intoleranz	↔	Änderungsbereitschaft
Sicherheitsdenken		Risikoneigung
Unbeweglichkeit		Flexibilität
Dogmatismus		Offenheit

8. Hierarchie und Kontrolle

Im Erleben der Mitglieder kann die Betonung von Rang-, Status- oder Einflußunterschieden eine große Bedeutung haben. Dies kann auf folgendem Kontinuum abgebildet werden:

Differenzierung	↔	Gleichheit
Unterordnung		Partnerschaftlichkeit
Kastendenken		
Kontrolle, Überwachung		

65.4 Die Bedeutung des Organisationsklimakonzeptes in Forschung und Praxis

In der Forschung bietet das Organisationsklimakonzept die Möglichkeit, theoretisch und methodisch unter psychologischer Perspektive organisationsdiagnostische Arbeit (→ *Organisationsdiagnose*) zu leisten (Brandstätter, 1978), organisationsvergleichende Untersuchungen zu initiieren (Weinert, 1981/87), sowie theoriegeleitet Analysen zur Interaktion zwischen Person, Organisation und Organisationsergebnis vorzunehmen. Dabei kann das Organisationsklimakonzept je nach Fragestellung unabhängige, intervenierende oder abhängige Variable sein (v. Rosenstiel et al., 1983).

In der Praxis können Organisationsklimaanalysen Ausgangspunkt gezielter Interventionsmaßnahmen sein (Staehle, 1985), deren Ziele stärker im Interesse der Organisation oder ihrer Mitglieder liegen können. Beispielsweise können im Zuge der Maßnahmen die Organisationsklimadaten im Sinne des Survey-Feedback-Ansatzes der Organisationsentwicklung (Gebert, 1974; Friedlander & Brown, 1974) an die Befragten zurückgemeldet und von diesen – nach sorgfältiger Analyse – zur Grundlage selbstbestimmter Veränderungsmaßnahmen (v. Rosenstiel, 1986) gemacht werden.

Literatur

Brandstätter, H. (1978). Organisationsdiagnose. In A. Mayer (Hg.), Organisationspsychologie (S. 43–71). Stuttgart: Poeschel.
Briefs, G. (1934). Betriebsführung und Betriebsleben in der Industrie. Stuttgart: Enke.
Conrad, P. & Sydow, J. (1984). Organisationsklima. Berlin: De Gruyter.
Dahrendorf, R. (1959). Sozialstruktur des Betriebes. Betriebssoziologie. Wiesbaden: Gabler.
Forehand, G. & Gilmer, B. (1964). Environmental variations in studies of organizational behavior. Psychological Bulletin, 22, 361–382.
Forster, W. (1978). Das Konzept und die Dimensionen des Organisationsklimas. St. Gallen: Diss.
Friedlander, F. & Brown, L. D. (1974). Organization development. Annual Review of Psychology, 25, 313–341.
Fürstenberg, F. (1967). Zur Kritik der Betriebsklima-Forschung. In: Wissenschaft und Praxis (S. 137–147). Festschrift zum 20jährigen Bestehen des Westdeutschen Verlages. Köln/Opladen: Westdeutscher Verlag.
Gebert, D. (1974). Organisationsentwicklung. Stuttgart: Kohlhammer.
Götte, M. (1962). Betriebsklima. Göttingen: Verlag für Psychologie.
Halpin, A. & Croft, D. (1962). The organizational climate of schools. Chicago: University of Chicago Press.
Hemphill, J. K. (1956). Group dimensions – a manual for their measurement. Columbus: Research Monograph I.
Irle, M. (1975). Lehrbuch der Sozialpsychologie. Göttingen: Hogrefe.
James, L. R. & Jones, A. P. (1976). Organizational structure: A review of structural dimensions and their conceptual relationships with individual attitudes and behavior. Organisational Behavior and Human Performance, 16, 74–113.
Karg, P. W. & Staehle, W. H. (1982). Analyse der Arbeitssituation, Verfahren und Instrumente. Freiburg: Rudolf Haufe.
Lewin, K. (1951/1963). Field theory and social science. New York. Deutsch: Feldtheorie in der Sozialwissenschaft. Bern/Stuttgart: Huber/Klett.
Likert, R. (1967). The human organization: Its management and value. New York: McGraw-Hill.
Litwin, G. & Stringer, R. (1968). Motivation and organizational climate. Boston: Harvard University Press.

Naylor, J. C. Pritchard, R. D. & Jlsen, D. R. (1980). A theory of behavior in organizations. New York: Academic Press.

Neuberger, O. (1974). Theorien der Arbeitszufriedenheit. Stuttgart: Kohlhammer.

Neuberger, O. (1977). Organisation und Führung. Stuttgart: Kohlhammer.

Neuberger, O. (1980). Organisationsklima als Einstellung zur Organisation. In C. Graf Hoyos et al. (Hg.): Grundbegriffe der Wirtschaftspsychologie (S. 128–137). München: Kösel (2. Aufl. München: Psychologie Verlags Union, 1987).

Payne, R., Fineman, S. & Wall, T. A. (1976). Organizational climate and job satisfaction: a conceptual systhesis. Organisational Behavior and Human Performance, 16, 45–62.

Payne, R. & Phesey, D. (1971). Stern's organizational climate index. A reconceptualization and application to business organization. Organisational Behavior and Human Performance, 6, 77–98.

Payne, R. & Pugh, D. S. (1976). Organizational structure and climate. In M. D. Dunnette (Ed.), Handbook of industrial and organizational psychology (pp. 1125–1173). Chicago, Ill.: Rand McNally.

Pritchard, R. & Karasick, B. (1973). The effects of organizational climate on managerial job performance and job satisfaction. Organisational Behavior and Human Performance, 9, 126–146.

Roethlisberger, F. & Dickson, W. (1939). Management and the worker. Cambridge. Mass.: Harvard University Press.

Rosenstiel, L. v. (1986). Das Betriebsklima. Zur Praxis der Diagnose und Intervention in Organisationen. WiSt. Wirtschaftswissenschaftliche Studien. Zeitschrift für Ausbildung und Hochschulkontakt, 15, 83–91.

Rosenstiel, L. v. et al. (1983). Betriebsklima heute. Ludwigshafen: Kiehl.

Rosner, L. (1969). Management, Betriebsklima und Produktivität. 2. Aufl. Heidelberg: Saver.

Seifert, K. H. (1978). Indikatoren zur qualitativ-vergleichenden Organisationsforschung. Eine Dokumentation von Meßinstrumenten. Speyerer Forschungsberichte, Bd. 1 und 2.

Schneider, B. (1975). Organizational climate, an essay. Personnel Psychology, 28, 447–475.

Schneider, B. (1983). International psychology and organizational behavior. In L. L. Cummings & B. M. Staw (Eds.), Research in organizational behavior. Vol. 5 (pp. 1–31). Greenwich, Conn. und London.

Schneider, B. & Bartlett, C. (1970). Individual differences and organizational climate II: Measurement of organizational climate by the multi-trait, multi-rater matrix, Personnel Psychology, 70, 493–512.

Staehle, W. (1985). Management. 2. Aufl. München: Vahlen.

Tagiuri, R. (1968). The concept of organizational climate. In R. Tagiuri & G. H. Litwin (Eds.), Organizational climate. Explorations of a concept (pp. 11–32). Boston: Harvard University Press.

Weinert, A. B. (1981). Lehrbuch der Organisationspsychologie. München: Urban & Schwarzenberg (2. erw. Aufl. München: Psychologie Verlags Union 1987).

Lutz von Rosenstiel,
Bundesrepublik Deutschland

66. Organisationskultur

66.1 Einleitung

Organisationen wird eine eigene spezifische und individuelle Kultur zugeschrieben. Damit wird versucht, an die Stelle des Erhebens von einzelnen Variablen eine Gesamtsicht treten zu lassen, um auf diese Weise das Ganze einer Organisation zu verstehen. Dabei wird auf Methoden der *Ethnologen* rekurriert. Vorausgesetzt wird (vgl. Ouchi & Wilkins, 1985), daß sich die Organisationskultur dem ethnologisch orientierten Forscher erschließen könne. Der Versuch, das Konzept *„Kultur"* auf Organisationen zu transferieren, wurde durch zwei Faktoren begünstigt: Einerseits eignet dem Kulturbegriff schon im Alltag eine hohe Plausibilität, weil er keiner näheren Erläuterung zu bedürfen scheint: jeder glaubt zu wissen, was mit „Kultur" gemeint ist und jeder kennt die Besonderheiten von Organisationen. Die erkennbaren Unterschiede zwischen Organisationen sind insbesondere für den Vergleich von Organisationen wichtig. Andererseits rückt der Begriff der Organisationskultur das je Besondere einer Organisation im theoretischen Ansatz ins Zentrum des Interesses und ermöglicht damit Effizienzuntersuchungen von Organisationen aus einer ganzheitlichen, nicht über einzelne Variable operationalisierten Sicht. Ähnlich wie in der Ethnologie wird nunmehr auch bei Organisationskulturbeschreibungen und -untersuchungen eine Vielzahl unterschiedlicher Kulturkonzepte verwendet (vgl. Smircich, 1983), denn über Kultur wird sowohl in verschiedenen Wissenschaftsdisziplinen als auch in differenten Kontexten des alltäglichen sowie politischen Lebens nachgedacht.

66.2 Präzisierung des Konzeptes der Organisationskultur

Einigkeit besteht darüber, daß bestimmte Phänomene im alltäglichen Umgang der Menschen miteinander wie Wertvorstellungen, Rituale, Sitten und Gebräuche zur Kultur gerechnet werden. Zusätzlich werden auch in ihrer Bedeutung weniger bewußte *Normen* oder *Symbole* dazu gezählt und auf einer dritten Ebene auch „Tiefenstrukturen", wie Weltsichten, Grundannahmen und kognitive Systeme eingeschlossen (vgl. Neuberger & Kompa, 1987; Pettigrew, 1979; Hofstede, 1980; Frost et al., 1985). Weniger Übereinstimmung gibt es, wenn man nach dem Zusammenhang von Kultur und sozialem System fragt. Einerseits wird angenommen, Kultur und soziales System seien gemeinsam in das soziokulturelle System integriert, andererseits wird Kultur als ein separates System von Vorstellungen aufgefaßt, wie dies Allaire und Firsirotu (1984) bei ihrer Analyse der vorliegenden Forschungsliteratur herausgearbeitet haben. Dieser Widerspruch kann aufgelöst werden, wenn man differente Arten bei der Untersuchung von Organisationen unterscheidet: werden Organisationen aus sehr unterschiedlichen Kontexten miteinander verglichen – z. B. Bildungsorganisationen und Unternehmen der Pharmaindustrie –, ist zu erwarten, daß sich einige Merkmale innerhalb der jeweiligen Organisationen in Abhängigkeit von bzw. in Interaktion mit der je spezifischen Umwelt herausbilden (vgl. van Maanen & Barley, 1985, → *Qualitative Methoden*), d. h. man wird ein enges Zusammenwirken von sozialem und kulturellem System im Sinne eines gemeinsamen soziokulturellen Systems entdecken (vgl. Luhmann, 1984). Gilt das Untersuchungsinteresse demgegenüber Unternehmen, die eine ähnliche Struktur aufweisen und in einem gemeinsamen Marktsegment operieren – etwa Dienstleistungsunternehmen aus der Versicherungsbranche – dann können Differenzen zwischen diesen Unternehmen eher unter Rückgriff auf den Ansatz des „symbolischen Interaktionismus" (Berger & Luckmann, 1974, vgl. auch → *Qualitative Methoden*) und die Annahme eines separaten kulturellen Systems (Geertz, 1973; Smircich, 1983) herausgearbeitet werden.

Die Gegenüberstellung hilft einen Kontrast verstehen, der sonst nur schwer zu interpretieren ist: Während gegenwärtig in der Ethnologie die Annahme einer strikten Trennung von kulturellem und sozialem System präferiert wird, wird in der Organisationskulturforschung das integrative Modell bevorzugt (Allaire & Firsirotu, 1984).

Van Maanen und Barley (1985) demonstrieren, daß sich beide Konzepte integrieren lassen, indem sie neben der Abhängigkeit von der Umwelt als zweiten wesentlichen Faktor für das Entstehen einer Organisationskultur die Interaktionen der Mitglieder untereinander sowie mit Außenstehenden einführen. Das legt die Annahme einer branchenspezifischen Tiefenstruktur von Organisationskulturen nahe, die innerhalb einer Branche von individuellen Abweichungen überlagert werden kann und in Interaktionen ausgehandelt worden ist, denn Interaktionen bedürfen immer, wenn nicht ständig von Neuem alles festgelegt werden soll, bestimmter Regeln, auf deren Anwendung und Einhalten man sich wechselweise verlassen kann und die sich auch in einem gewissen Spielraum innerhalb der Gegebenheiten des Kontextes entwickeln können (vgl. Berger & Luckmann, 1974).

Ein weiteres wesentliches Merkmal benennen Allaire und Firsirotu (1984), indem sie bei den bisherigen Untersuchungen zur Organisationskultur eine *diachronische* von einer *synchronischen* Betrachtung unterscheiden. Während bei letzterer Querschnittsuntersuchungen durchgeführt werden, interessieren bei ersterer Veränderungen über die Zeit. Die diachronische Variante soll bevorzugt werden, weil durch sie Interdependenzen zwischen Organisation und Umwelt sowie ganz allgemein die Veränderungen über die Zeit in das Konzept aufgenommen werden können.

Ein letzter wesentlicher Faktor ergibt sich, wenn man die Aussage von van Maanen und Barley (1985), daß Gruppen die Träger von Organisationskulturen bilden, mit Hilfe von Schein (1984) nochmals präzisiert und zugleich mit den anderen Faktoren verknüpft: Organisationskultur ist dasjenige Muster von Grundannahmen, welches eine gegebene Gruppe sich ausgedacht, entdeckt oder entwickelt hat, indem sie es lernte, mit den Problemen der externen Anpassung sowie der internen Integration fertigzuwerden, und die sich so gut bewährt haben, daß sie als valide betrachtet werden. Deshalb werden sie neuen Mitgliedern als der richtige Weg vermittelt, in bezug auf solche Probleme wahrzunehmen, zu denken und zu interpretieren.

Differenzen zwischen Organisationen, so läßt sich resümieren, resultieren aus Unterschieden der Umwelt (Märkten z. B.) und der Organisationsstruktur (→ *Organisation und Organisationsgestaltung*), die wiederum vor allem durch die Technologie sowie das Zusammenspiel von Kontrolle und Verantwortung innerhalb des Unternehmens geprägt ist. Dieser Innengliederung korrespondieren Kommunikationsformen: Die Grundeinheit des Teams bringt andere Interaktionsmuster hervor als wir sie in einer hierarchisch aufgebauten Organisation entdecken können. Bei den Wertkonstellationen stellen Produktionsunternehmen häufig den Aspekt der Qualität in den Vordergrund, bei Dienstleistungsunternehmen wird vor allem die Kundennähe betont.

66.3 Wie entstehen Organisationskulturen?

Gemäß der gegebenen Definition bilden Kulturen Muster, die in der Vergangenheit von den Vorfahren entwickelt und in Zeichen sowie Wertvorstellungen enkodiert worden sind, um das Leben in ihren Umwelten zu ermöglichen. In Subkulturen entstehen als Antwort auf spezifische Bedürfnisse eigene Symbole und eigene Wertvorstellungen. Nach außen symbolisiert sich die Herausbildung des Besonderen, wenn in einer Organisation beispielsweise ein eigener Jargon verwendet wird. Damit der Prozeß der „Besonderung" in Organisationen in Gang kommen kann, muß gemäß van Maanen und Barley (1984) die Rate der Interaktionen mit anderen Mitgliedern größer sein als die Rate mit denjenigen, die zur Außenwelt der Organisation gehören; das meint diejenige Welt, in der die Organisation wirkt, und nicht diejenige, der das einzelne Mitglied der Organisation zusätzlich angehört.

Kulturen reproduzieren sich selbst, indem sie via Sozialisation (→ *Berufliche Sozialisation*) ihre Symbolsysteme und die damit verknüpften Bedeutungen an nachfolgende Generationen übermitteln. Dabei resultieren Schwierigkeiten für den Organisationskulturansatz daraus, daß die Mitglieder von Organisationen auch anderen Institutionen angehören – Familien z. B. Sie bringen von dort bestimmte Wertvorstellungen mit. Allein schon deshalb darf der Sozialisationsvorgang in Organisationen nicht dahin mißverstanden werden, daß Sozialisanden alles übernehmen, was von ihnen erwartet wird, sie also in vorgefertigte Hüllen schlüpfen. Vielmehr setzten sie sich mit der für sie neuen Welt auseinander und verändern sich sowie diese Welt dabei (vgl. Mead, 1975). Der Sozialisationsprozeß bildet sowohl für die Neueintretenden als auch das Unternehmen einen Risikofaktor. Das Unternehmen versucht, seine Sicht der Dinge, die in ihm üblichen Interpretationen zu vermitteln. Der Neueintretende handelt aus seiner Erfahrung, vergleicht das Neue mit ihr, paßt sich teils an, leistet aber auch Widerstand (vgl. van Maanen & Schein, 1979; Nicholson, 1984).

Auf diese Weise existiert innerhalb des Unternehmens ein Veränderungspotential. Es erscheint plausibel, daß Organisationen dieses Veränderungspotential zu nutzen versuchen, indem sie kulturellen Wandel in der Organisation zu lenken wünschen, d. h., ihre Kultur managen wollen (→ *Organisationaler Wandel*). Gleichzeitig müssen sie befürchten, daß durch Neueintretende Veränderungen bewirkt werden, die ihren Intentionen zuwiderlaufen. Insofern überrascht es, daß bisher wenig von Organisationen unternommen worden ist, um Sozialisationsprozesse zu evaluieren. Mehr oder weniger hat man sich auf zwei Dinge verlassen: Erstens erfolgt die Sozialisation in eine Organisation in der Gruppe, der man angehört. Deshalb muß nicht das Individuum betrachtet werden, es scheint vielmehr zu reichen, die jeweilige Gruppe in bezug auf ihre Funktionalität für die Organisation zu kontrollieren. Diese Form des Bilanzierens verursacht allerdings häufig unnütze Kosten, wenn Neueintretende wieder kündigen, weil sie mit der jeweiligen Gruppe keinen modus vivendi aushandeln können (vgl. Kieser et al., 1985). Zweitens nimmt man an, daß die Gruppen sich mit den Unternehmenszielen identifizieren, es also keiner weiteren Kontrolle bedarf. Die Sozialisation von Neueintretenden scheint sich, dahin läßt sich diese Position zusammenfassen, in einem gleichsam natürlichen Prozeß zu vollziehen, der keiner weiteren Überwachung bedarf. Daß diese Annahme nicht zutreffen muß, bemerken Organisationen erst, wenn es zu Krisen kommt, sei es, daß Mitglieder kündigen, deren weitere Mitgliedschaft gewünscht wird, sei es, daß Organisationen bei der Eingliederung von Akquisitionen (z. B. beim Aufkaufen einer Firma durch einen Konzern) oder von Suborganisationen auf Schwierigkeiten stoßen, weil die Philosophie der Dachorganisation und die der neu aufzunehmenden nicht miteinander vereinbar sind. Das Scheitern von VW bei Triumph Adler, weil sich ein Unternehmen der Bürokommunikation nicht wie ein Automobilkonzern führen läßt, kann als Beispiel für eine dramatische Form dieser Erkenntnis angesehen werden. Durch Neuerwerbungen ist auch die Firma Daimler Benz herausgefordert worden, die nicht nur ihre Führungsstruktur zu verändern versuchte, sondern sich ebenso eine neue Unternehmensphilosophie – weg von der Blechschmiede, hin zum Technologiekonzern – sucht. Solcher Wandel belebt die Frage nach der Machbarkeit der Unternehmenskultur neu (kritisch dazu vgl. auch → *Organisationaler Wandel*).

66.4 Der Wandel der Organisationskultur als Programm

Die Organisationskultur verleiht den Mitgliedern die Möglichkeit, sich von denen anderer Organisationen zu unterscheiden, und sich über die vertrauliche Form der „Wir" mit „Ihrer" Organisation zu identifizieren. Deshalb setzt der Wandel der Organisationskultur auch eine Änderung der Identität der Mitglieder voraus. Der Wandel selbst kann durch drei Faktoren ausgelöst werden: Durch eine Änderung der Mitglieder, durch eine Veränderung des inneren Gleichgewichts und durch eine Änderung der Umwelt. Der zweite und der dritte bedürfen davon noch einer näheren Erläuterung.

Da Organisationen häufig Subkulturen enthalten, hängt die Fähigkeit zu überleben, davon ab, Subkulturen nicht zu zerstörerischen Gegenkulturen aufsteigen zu lassen und gleichzeitig das innovative Potential zu nutzen, das aus inneren Spannungen resultieren kann. Organisationen können aber auch scheitern, wenn es nicht gelingt, die einst gut bestätigten kulturellen Grundmuster und Praktiken an eine Veränderung der Umwelt anzupassen. Vor diesem Hintergrund plant Daimler Benz beispielsweise den Wandel vom Automobilproduzenten zum Technologiekonzern. Organisationen müssen also auf Änderungen der Umwelt mit einer Neuanpassung reagieren können. Wegen aller drei Faktoren zählt der langsame Wandel von Organisationskulturen zum Alltag der Organisationen.

Als Bedingungen, die diesen Wandel beeinflussen, benennt Schein (1985) Erfolg und Angst. Während Erfolg stabilisierend wirkt, wird Angst sowohl die Bereitschaft zum Wandel als auch das Zurückschrecken davon unterstützen können. Der Versuch, den Wandel zu verhindern, bedeutet Stagnation und muß letzten Endes zum Mißerfolg führen. Gleichzeitig wird der Wunsch verständlich, daß Organisationen ihre Kultur beobachten und pflegen sowie den Wandel in die richtige Richtung beeinflussen wollen. Veränderungen der Ziele, der Organisationsstrukturen und der Anreize können in diesem Sinne bewußt geplant werden.

Zusammenfassend lassen sich zwei wichtige Punkte für die Möglichkeiten und Grenzen kulturellen Wandels benennen (→ *Organisationaler Wandel*):
1. Für die Fähigkeit, sich zu verändernde Umwelten anzupassen, sind weitgehend kulturelle Faktoren verantwortlich und
2. für erfolgreiche Organisationen ist es besonders schwierig, einen radikalen Wandel einzuleiten, um in der Zukunft antizipierten Krisen, Drohungen oder Herausforderungen besser begegnen zu können.

66.5 Das Erfassen von Organisationskulturen

Der Begriff „Kultur" läßt den Anspruch erkennen, das Besondere einer Organisation nicht über das Messen einzelner Variabler, sondern mit Hilfe einer Gesamtsicht zu erfassen und auf diese Weise das Ganze einer Organisation zu verstehen. Dazu orientiert man sich an der Vorgehensweise der *Ethnographie* (→ *Qualitative Methoden*) und unterstellt, daß man die Kultur von Organisationen auf ähnliche Weise erschließen kann, wie die eines Stammes (vgl. Neuberger & Kompa, 1987; Ouchi & Wilkins, 1985). In dieser Tradition gibt es zwei Typen von Studien: holistische und semiotische. Entweder wird mit Hilfe teilnehmender Beobachtung bzw. von Interviews versucht, die Kultur zu erfassen (Spradley, 1979, 1980) oder die Verwendung von Sprache bzw. anderer Symbolsysteme wird untersucht (Barley, 1983). In beiden Fällen geschieht das mittels → *qualitativer Methoden*. Wichtig ist in jedem Fall, daß man sich längere Zeit in der Organisation aufgehalten hat, für die man sich interessiert, weil qualitative Methoden die Interpretation der Vorgänge durch den Forscher voraussetzen. Wählt man die erste Vorgehensweise, so empfiehlt es sich, im Anschluß an eine Begehung zunächst Interviews mit

Experten zu führen, in Unternehmen beispielsweise mit dem Leiter der Personalabteilung, dem Spitzenmanagement und dem Betriebsrat. Danach sollten institutionalisierte Formen der Kommunikation – Betriebskonferenzen, Betriebsratssitzungen, Abteilungsbesprechungen etc. – teilnehmend beobachtet werden. Daran schließt sich die teilnehmende Beobachtung der konkreten Tätigkeiten an, wobei die institutionalisierten Formen der Enkulturation – Aus- und Weiterbildung – einbezogen werden müssen. Das Kondensat, welches in der Auswertung daraus mit Hilfe der Interpretation der Vorgänge durch einen Außenstehenden gewonnen wird, bezeichnen Morey und Luthans (1985) als „kulturelle Szene". Die Rückmeldung, welche Organisationen sowie ihre Mitglieder über ihre Kultur von Außenstehenden erhalten können, erfolgt also in der Form kultureller Szenen.

Literatur

Allaire, Y. & Firsirotu, M. E. (1984). Theories of organisational culture. Organizational Studies, 5, 209–224.
Barley, S. R. (1963). Semiotics and the study of occupational and organizational cultures. Administrative Science Quarterly, 28, 393–413.
Berger, P. L. & Luckmann, T. (1974). Die gesellschaftliche Konstruktion der Wirklichkeit. 4. Aufl. Frankfurt: Fischer.
Frost, P. J., Moore, L. F., Louis, M. R., Lundberg, C. C. & Martin, J. (Eds.) (1985). Organizational culture. Beverly Hills: Sage.
Geertz, C. (1973). The interpretation of cultures. New York.
Hofstede, G. (1980). Culture's consequences. Beverly Hills: Sage.
Kieser, A., Nagel, R., Krüger, K. H. & Hippler, G. (1985). Die Einführung neuer Mitarbeiter in das Unternehmen. Frankfurt: Campus.
Mead, G. H. (1975). Geist, Identität und Gesellschaft. 2. Aufl. Frankfurt: Suhrkamp.
Morey, N. G. & Luthans, F. (1985). Refining the displacement of culture and the use of scenes and themes in organizational Studies. Academy of Management Review, 10, 219–229.
Neuberger, O. & Kompa, A. (1987). Wir, die Firma. Der Kult um die Unternehmenskultur. Weinheim: Beltz.
Nicholson, N. (1984). A theory of work role transitions. Administrative Science Quarterly, 29, 172–191.
Ouchi, W. W. & Wilkins, A. L. (1985). Organizational culture. Annual Review of Sociology, 11, 457–483.
Pettigrew, A. M. (1979). On studying organizational cultures. Administrative Science Quarterly, 24, 570–581.
Schein, E. H. (1984). Coming a new awareness of organizational culture. Sloan Management Review, 25, 3–16.
Schein, E. H. (1985). Organizational culture and leadership. San Francisco.
Smircich, C. (1983). Concepts of culture and organizational analysis. Administrative Science Quarterly, 28, 339–358.
Spradley, J. P. (1979). The ethnographic interview. New York.
Spradley, J. P. (1980). Participant observation. New York.
Van Maanen, J. & Barley, S. R. (1985). Cultural organization. Fragments of a theory. In P. J. Frost et al. (Eds.), Organizational culture (pp. 31–53). Beverly Hills: Sage.

Hans Merkens, Bundesrepublik Deutschland

67. Personalselektion und -plazierung

67.1 Die Ursprünge der Selektion und der klassische Ansatz

Die Selektion von Personen aufgrund ihrer Kenntnisse und Intelligenz oder ihres Charakters und ihrer Persönlichkeit gab es während der gesamten Geschichte. Zwei Jahrtausende vor Christus nahm der Kaiser von China die Beförderung oder Entlassung seiner Diener aufgrund einer regelmäßigen Bewertung ihrer Leistungen auf Gebieten wie Reiten, Musik, Bogenschießen, Schreiben und Sozialverhalten vor. Ebenso bekannt ist die Geschichte aus dem Buch der Richter im Alten Testament, nach der Gideon die ergebensten und mutigsten Soldaten auswählte, indem er sich ansah, wie sie Wasser aus einem Bach tranken.

Die psychologische Selektion begann in einer standardisierteren Form erst zu Beginn dieses Jahrhunderts, als Psychologen in der Lage waren, Tests für die Vorhersage zukünftiger Leistung und zukünftigen Verhaltens zu entwickeln. Psychologische Tests fanden anfangs tentativ und nur gelegentlich statt. Später wurden sie ausgeweitet und systematisch eingesetzt, besonders nach den Erfolgen des „large scale testing" bei der Selektion von Rekruten für die amerikanische Armee im ersten Weltkrieg.

Die Grundzüge des klassischen Selektionsansatzes sind ziemlich einfach, mögen sie auch in der Praxis schwierig anzuwenden sein. Die Akzeptanz oder Zurückweisung eines Kandidaten basiert auf einer Einschätzung seiner Chancen, ein zufriedenstellender Angestellter zu werden. Diese Einschätzung wird vor oder zu Beginn der tatsächlichen Beschäftigung vorgenommen. Werden die Chancen so eingeschätzt, daß sie ein bestimmtes Minimalniveau übersteigen, wird die Person übernommen, oder im Fall einer relativen Selektion werden die Individuen mit der höchsten Erfolgschance eingestellt.

Wir ziehen es vor, den Ausdruck „Selektion" in diesem strengen Sinne zu benutzen. Manchmal wird dieser Ausdruck auch benutzt, um die Verteilung und Zuweisung von eingestellten Personen auf verschiedene Positionen oder Ebenen zu kennzeichnen. Dieses Vorgehen bezeichnen wir als *„Plazierung"*. Psychologische Plazierung basiert ebenso auf dem Prinzip der Vorhersage, jedoch sind die Entscheidungsmodelle häufiger komplizierter als diejenigen, die bei Selektionsproblemen Anwendung finden.

Das ideale Modell für die empirisch fundierte Vorhersage bei Selektion und Plazierung sieht folgendermaßen aus: Die Prädiktorscores werden an einer ausreichend großen Stichprobe von Bewerbern erhoben. Zu einem späteren Zeitpunkt wird die tatsächliche Arbeitsleistung bewertet. Diese Bewertung wird in quantitativer Form (Kriteriorscores) vorgenommen. Dann werden die Prädiktorscores mit den Kriteriorscores verglichen. Wenn die Rangordnungen der Individuen, die auf den Prädiktor- und Kriteriorscores beruhen, zufriedenstellend übereinstimmen, ist eine Grundlage für die Vorhersage vorhanden. Abb. 1 illustriert diesen Zusammenhang und den Vorhersageprozeß.

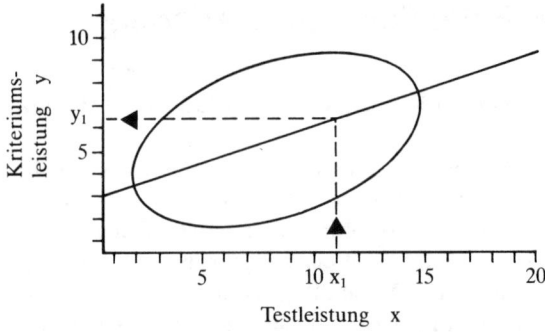

Abb. 1: Beziehung zwischen Test und Kriterium.

Die Kurve verbindet die Mittelpunkte der verschiedenen y-Werte innerhalb einer x-Klasse und wird Regressionsgerade genannt. Ein bestimmter x-Score (in diesem Beispiel 11) korrespondiert mit dem wahrscheinlichsten y-Score (6.5). Die Höhe der Korrelation zwischen den Variablen x und y bestimmt die Größe des Intervalls, in das die vorhergesagten y-Werte wahrscheinlich fallen. Je höher die Korrelation, um so näher wird ein y-Score am Wert 6.5 sein.

Die Beziehung zwischen Prädiktor- und Kriteriumswerten, wie sie in Abb. 1. illustriert wird, kann ebenso für die Konstruktion von sogenannten „Erwartungstabellen" benutzt werden, die in Abb. 2 dargestellt sind. Diese Tabellen stellen die Erfolgschancen graphisch dar. In diesem besonderen (fiktiven) Beispiel liegt eine Wahrscheinlichkeit von 61% vor in diesem Job erfolgreich zu sein, wenn keine Selektion stattfindet. Wir sehen einen Anstieg der Erfolgswahrscheinlichkeit bei höheren Prädiktorwerten bis zu einem Erfolg von 78% für die Gruppe mit der höchsten Wahrscheinlichkeit. Solche Erwartungstafeln können für den Personalmanager, der Selektionsentscheidungen zu treffen hat, eine große Hilfe sein.

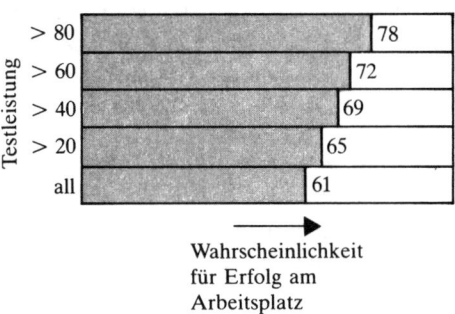

Abb. 2: Institutionelle Erwartungstafel.

In der gegenwärtigen Selektionspraxis kann eine Vielfalt von möglichen Prädiktoren eingesetzt werden und wird auch eingesetzt. Die folgenden Informationsquellen mögen diesem Zweck dienen:

- Referenzen bisheriger Arbeitgeber oder Beurteiler, die in der Lage sind, die Leistung und das Verhalten des Bewerbers in der Vergangenheit einzuschätzen. Manchmal stehen aktuelle Supervisoren oder „Peerratings" zur Verfügung und können zu diesem Zweck benutzt werden.
- Objektive Tatsachen und Daten aus dem Lebenslauf des Bewerbers, einschließlich familiärer Hintergrund, Schulzeugnisse, Diplome, bisherige Stellungen, geographische Herkunft und ähnliches.
- Intervieweindrücke eines Interviewers (→ *Interviews*), bei dem Versuch, einen Einblick in die Verhaltensweisen und in die Persönlichkeitsdynamik des Bewerbers zu gewinnen.
- → *Assessment Center;* ein- bis dreitägige Sitzungen, in denen die Kandidaten gebeten werden, verschiedene Situationen durchzuspielen, von denen viele der zukünftigen Arbeitssituation ähneln. Beispiele sind Brainstorming, Gruppenarbeit, Postkorbübungen, Gruppendiskussion und ähnliches. Die Bewerber werden durch ein Team eingeschätzt, das aus professionellen Beobachtern und einigen hochrangigen Betriebsangehörigen besteht.
- Eine Probezeit, in der der Kandidat sich in einer Situation bewähren kann, die der tatsächlichen Arbeitssituation recht ähnlich ist.
- Psychologische Tests. Zahlreiche Tests wurden entwickelt und stehen für Selektionszwecke zur Verfügung. Einige von ihnen sind allgemein und in vielen unterschiedlichen Situationen anzuwenden. Andere sind sehr spezifisch und für bestimmte Kriterien entwickelt. Einige von ihnen erfassen intellektuelle Fähigkeiten, andere motorische oder perzeptuelle Fähigkeiten, wieder andere Persönlichkeitsfaktoren, Interessen, Wertvorstellungen und Einstellungen. Einige von ihnen sind „paper und pencil" Tests und können in Gruppen appliziert werden, andere müssen individuell eingesetzt werden. Einige von diesen Tests erfassen ziemlich stabile Fähigkeiten oder Begabungen, andere eher erlernte Fähigkeiten, Leistungen oder Erfahrung. Einige sind sehr kulturspezifisch, andere können in einer Vielzahl von Kulturen und bei unterschiedlichen Sprachgruppen eingesetzt werden.

67.2 Psychologisches Testen

Unter den verschiedenen Prädiktoren nimmt der psychologische Test eine besondere Stellung ein. Er unterscheidet sich von den anderen Meßmethoden in mehreren Aspekten, die ihn besonders geeignet für Vorhersageprobleme erscheinen lassen. Ein geeigneter Test ist ausreichend zuverlässig, d. h. die Testresultate sind nicht zu sehr durch Zufallsfaktoren beeinflußt. Er ist normiert, d. h. seine Normen wurden an relevanten Stichproben entwickelt, und er ist valide, d. h. es gibt genügend empirische Evidenz, die die Forderung stützt, daß er die Fähigkeit oder die Persönlichkeitseigenschaften mißt, die er messen soll, und daß er zukünftiges Verhalten und zukünftige Leistungen der getesteten Person vorhersagen kann.

Das Vorhersagemodell läßt es ebenfalls zu, eine Anzahl von möglichen Prädiktoren (Tests oder jede andere Art von Prädiktor) zu kombinieren. Wenn die verschiedenen Prädiktoren unterschiedliche Aspekte des Kriteriums messen, wird eine optimale Kombination dieser Prädiktoren offensichtlich zu besseren Vorhersagen führen als jeder einzelne Prädiktor allein.

Der Beitrag der Psychologie zum klassischen Selektionsmodell hat zwei Aspekte: Erstens hat sie eine Reihe von Instrumenten (Tests) entwickelt und zur Verfügung gestellt, die sich für Vorhersagezwecke als sehr nützlich erwiesen haben. Zweitens hat sie ein wissenschaftliches Gerüst für die empirische Testung der Qualität der Selektions- und Plazierungsentscheidungen bereitgestellt.

In der Theorie und Forschung zur Selektion wurde das oben dargelegte Modell ausgearbeitet und ist in vielen bedeutenden Aspekten angereichert worden. Die Kriterien wurden differenziert und spezifiziert, Schwierigkeiten, wie die Kontamination von Kriterien (Prädiktoren und Kriterien sind nicht unabhängig), Einschränkungen des Ranges (die Varianz der Kriterien ist durch den Selektionsprozeß eingeschränkt), nichtlineare Beziehungen und viele andere Probleme wurden durch eindrucksvolle methodische oder psychometrische Lösungen überwunden. Verschiedene Bedingungen, die oft in komplizierten Situationen in Betracht zu ziehen sind, in denen Selektions- oder Plazierungsentscheidungen vorgenommen werden (z. B. Zahl der Bewerber, Zahl der zu besetzenden Stellen, apriori Erfolgswahrscheinlichkeit, Gefahr von falsch Akzeptierten bzw. falsch Abgewiesenen, etc.) wurden zu Parametern, die in das Modell integriert werden konnten und es gestatten, die komplizierte Entscheidungssituation zu erforschen und zu kontrollieren.

67.3 Probleme des klassischen Ansatzes

Viele der späteren Ausarbeitungen, Verfeinerungen und Verbesserungen dieses Modells sind jedoch nicht vom Konzept des ersten klassischen Selektionsansatzes abgewichen. Um es etwas überspitzt auszudrücken, Selektion wird als ein Kontrollmechanismus betrachtet, mit dem die Erfolgswahrscheinlichkeit (d. h. der Beitrag für den Output des Institutes oder der Organisation als Auftraggeber) so genau wie möglich geschätzt wird. Auf der Grundlage dieser Schätzungen werden Entscheidungen über Einstellung und Plazierung so getroffen, daß der Gesamtnutzen für die Organisation maximiert wird. Das „menschliche Wesen" scheint auf ein passives, kontrollierbares Element reduziert zu werden. Für viele Psychologen ist diese deterministisch-mechanistische Sicht der menschlichen Natur und der Tätigkeit von Menschen in Organisationen nicht länger haltbar. Es sind mehr und mehr Angriffe auf das klassische Selektionsparadigma zu verzeichnen, und viele neue Vorschläge wurden unterbreitet. Einige Gesichtspunkte dieser neuen Denkweise können wie folgt zusammengefaßt werden.

a) Es wird zunehmend erkannt, daß die Selektion nur ein Weg ist, die Diskrepanz zwischen Fähigkeiten und Merkmalen der potentiellen Arbeitskraft auf der einen und den Anforderungen der Arbeitsorganisation auf der anderen Seite zu eliminieren oder zu reduzieren. Eine Verbesserung der Beziehung zwischen Arbeiter und Aufgabe kann auf mindestens zwei anderen Wegen erreicht werden: In erster Linie durch Training und Entwicklung. Training und Selektion mögen als zwei entgegengesetzte Ansätze gesehen werden, der eine überwiegend optimistisch und der andere pessimistisch hinsichtlich ihrer Annahmen. Training und Entwicklung basieren auf der Annahme, daß sich ein Mensch verändern und an externe Anforderungen anpassen kann ($\rightarrow$ *Ausbildung, Training und Qualifizierung*). Selektion beruht dagegen auf der Feststellung, daß dies nicht der Fall ist, und es ratsamer ist, die „guten" von vornherein zu identifizieren. Es dürfte klar sein, daß eine Kombination beider Sichtweisen eher zu befriedigenden Resultaten führen wird als jede für sich.

Zweitens gibt es die Möglichkeit, die Aufgabe zu verändern oder anzupassen. Häufig behindern der Aufgabeninhalt, die geforderte Handlungsabfolge, die Handhabung von Maschinen und Werkzeugen sowie die physische und soziale Umgebung des Arbeitsplatzes sogar den Arbeiter, der als bester ausgelesen wurde, bei der optimalen Leistung. Arbeitsdesign und optimale Abstimmung von Maschinen und menschlichen Aufgaben können beträchtlich zur Verbesserung von Arbeit und Produktion beitragen.

Ein idealer Weg, um mögliche Diskrepanzen zwischen Individuum und Aufgabe anzugehen, dürfte daher die Unterscheidung sein, welche Probleme eine ergonomische Lösung erfordern, welche Probleme einen Trainingsansatz verlangen und welche Probleme am besten durch Selektion zu lösen sind. Man sollte es jedoch vermeiden, zu schnell nach der „stumpfen Axt" der Selektion zu greifen.

b) Allmählich wuchs die Einsicht, daß der Einfluß von stabilen, dauerhaften und meßbaren „Traits" auf die Arbeitsleistung geringer ist als ursprünglich angenommen wurde. Einige Zweifel wurden schon durch die Ergebnisse von Thorndike & Hagen (1959) geweckt, die zeigten, daß sich – trotz korrekter Vorgehensweise – die empirischen Beziehungen zwischen vielen Prädiktoren mit allen Arten von Kriterien als enttäuschend niedrig erwiesen. Überdies variierte, wie Ghiselli (1966) später zeigte, die Höhe der Validitäten der Tests für dieselben Kriterien bei unterschiedlichen Betrieben beträchtlich.

Situative Faktoren spielen ebenfalls eine Rolle bei der Bestimmung von Leistung und Verhalten von Beschäftigten. Verhalten ist in einem gewissen Ausmaße situativ bestimmt, und es ist wichtig, die Interaktion zwischen Individuum und Umwelt zu verstehen, um Arbeitsverhalten und -leistung zu erklären.

Wegen des Einflusses situativer Faktoren sollte jedoch nicht die gesamte Selektionsmethodik aufgegeben werden. Die verbleibende Stabilität und Vorhersagbarkeit ist ausreichend, um Selektion als eine vertretbare Methode zu akzeptieren. Aber das klassische Langzeitvorhersage-Modell sollte eine etwas bescheidenere Rolle spielen. Größere Aufmerksamkeit der Psychologen verdienen die Faktoren der Arbeitsumgebung der Aufgabe, für die die Selektion stattfindet.

c) Man kann eine zunehmende Effektivität der Differenzierung des Validitätsansatzes beobachten. Das ursprüngliche Modell einer generellen Testvalidität für globale Kriterien mußte aufgegeben werden.

Erstens erwiesen sich globale → *Kriterien* als keine gute Wahl. Menschen können aus einer Vielzahl von Gründen „gut" sein. Eine Sekretärin mag gut sein, weil sie schnell und sauber tippt, freundlich zu Klienten ist, ein umfassendes Ablagesystem hat oder aus noch anderen Gründen. Multidimensionale Kriterien werden benötigt.

Zweitens taucht die Frage auf, warum sich die Selektionsforschung immer auf traditionelle Produktions- oder Leistungskriterien beschränkt hat. Warum nahm sie nicht auch Arbeitszufriedenheit oder andere Indikatoren für das Wohlbefinden des Angestellten als Kriterium, obwohl vorausgesetzt werden kann, daß diese Faktoren auf indirektem Wege ebenso relevant sind für das letztendliche Ziel der Organisation?

Drittens ist es notwendig, Validitäten zu spezifizieren. Weiter oben sahen wir, daß die Höhe der Korrelation zwischen Test und Kriterium in Firma X nicht immer im Betrieb Y repliziert werden konnte. Es stellte sich heraus, daß die ursprüngliche, etwas naive und optimistische Annahme, eine Testvalidität, die an einem bestimmten Platz und zu einer bestimmten Zeit erhoben wurde, sei ganz einfach zu generalisieren, nicht haltbar war. Treibt man jedoch diesen Gedanken auf die Spitze, müßte man jede Art von Generalisierbarkeit der Validität ablehnen und eine erneute Validierung der Testbatterie für jede neue Selektionssituation fordern. Dieser Aspekt ist von Schmidt und Hunter (1981) infrage gestellt worden. Sie stellten fest, daß die beobachteten Differenzen zwischen Validitätskoeffizienten durch statistische und methodische Artefakte erklärt werden können. Sie behaupteten sogar, daß professionell entwickelte Tests für kognitive Fähigkeiten valide Prädiktoren für die Leistung am Arbeitsplatz und im Training bezüglich aller Jobs gleich welchen Settings sind. Die Verfahren von Schmidt und Hunter sind jedoch aus mehreren Gründen kritisiert worden, und ihre Forderungen wurden nicht allgemein akzeptiert. Die Auseinandersetzung über das richtige Verfahren zur Generalisierung von Validitäten dürfte noch einige Zeit anhalten.

d) Viertens mußte dem „Erwachen" des Bewerbers Beachtung geschenkt werden. Der klassische institutionelle Rahmen mit der Vorherrschaft Organisationsinteressen und -werte ist nicht länger aufrecht zu erhalten. Mehr und mehr Menschen, auch Psychologen, betonen, daß Selektionsentscheidungen von Natur aus bilateral sind. Notwendig ist eine Abstimmung zwischen zwei „Systemen": zwischen einem Individuum und einer Organisation, jedes von ihnen mit seinem eigenen Input, eigenen Erwartungen und Bedürfnissen. Immer häufiger werden die „Rechte" des Bewerbers berücksichtigt.

Dieser Prozeß wurde durch die Kritik beschleunigt, die von verschiedenen Seiten der Gesellschaft an psychologischen Tests für Selektionszwecke geäußert wurde: Das Vertrauen werde mißbraucht, da alle Arten von persönlichen Daten zutage gefördert würden. Man hatte den Eindruck, daß der Testant durch subtile, „verkleidete" Techniken und Fragebögen getäuscht werde. Tests wurden kritisiert wegen der Verletzung der Privatsphäre und diskriminierender Konsequenzen, besonders im Hinblick auf sprachliche und kulturelle Minderheiten.

67.4 Neue Sichtweisen der Selektion

Innerhalb der verschiedenen nationalen und internationalen psychologischen Vereinigungen wurde dieser Kritik große Aufmerksamkeit geschenkt. Normen und Regelungen wurden eingeführt, um eine angemessene Behandlung der Testpersonen sicherzustellen. Eine Anzahl von Berufsvereinigungen hat sogar explizit einen neuen ethischen und Verhaltenskodex für ihre psychologischen Mitglieder formuliert. Ein gutes Beispiel ist die Niederländische Psychologische Vereinigung (NIP), die einen neuen ethischen Kodex mit klaren Richtlinien für die Selektionssituation entwickelt hat. In diesen Richtlinien sind Transparenz und Offenheit für die Testperson ebenso wie die Teilnahme der Testperson an der Selektionsentscheidung zentrale Elemente. Weiterhin ist der Selektionsprozeß einer Anzahl von Verfahrensbedingungen unterworfen. So sind psychologische Schädigungen und Diskriminierungen zu vermeiden, die Privatsphäre zu respektieren, die Bewerber zu informieren und das Einverständnis der Individuen einzuholen, bevor Informationen, Daten oder Diagnosen über sie an Dritte weitergegeben werden.

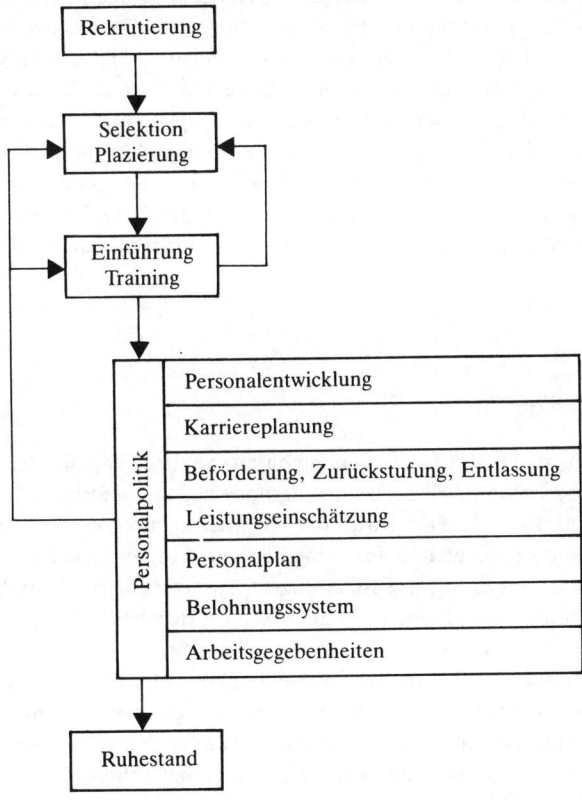

Abb. 3: Personalentscheidungen und Personalpolitik.

Ein bedeutendes Element dieser Entwicklung ist das Eingeständnis, daß die Selektionsentscheidung als ein Handel zwischen zwei Parteien betrachtet werden kann (→ *Personalmarketing*). Es ist eine Frage der Abstimmung zwischen zwei Entscheidungsprozessen, dem der Organisation und dem des Individuums. Der Eignungspsychologe soll sich mit diesen beiden Entscheidungsprozessen befassen. Das bedeutet, daß beide Parteien mit optimalen Informationen zu versorgen sind, Informationen über die Fähigkeiten und Wünsche des Bewerbers, wie über die Arbeitsanforderungen und Belohnungen der Organisation. Die Entscheidung selbst ist am besten zu treffen, wenn sie in einem Prozeß der gemeinsamen Exploration gefällt wird, in dem für beide Parteien klar wird, was ihre jeweiligen Bedürfnisse und Wünsche sind, und was erreicht werden kann.

Schließlich wächst das Bewußtsein, daß Selektion nicht von anderen Maßnahmen und Bestimmungen innerhalb der gesamten Personalpolitik zu trennen ist. Der Selektion geht die Anwerbung voraus, und es folgen der Selektion die Einführung und Training. Überdies sind viele Parameter der Selektionssituation von anderen Personalmaßnahmen und -daten abgeleitet, wie z. B. Leistungsbewertung, Aufgaben- und Funktionsanalyse, Karrieremöglichkeiten in der Organisation, Belohnungssysteme, etc. Es wäre unklug, Selektion als ein isoliertes Phänomen zu behandeln und von der allgemeinen Personalpolitik einer Organisation zu trennen. Abb. 3 versucht das integrierte Personalsystem darzustellen und die Stellung der Selektion in diesem System aufzuzeigen. Die verschiedenen Feedbackschleifen in dem System zeigen die wechselseitige Abhängigkeit der Aktivitäten im Personalbereich. Es ist besser Selektion als eine erste und untrennbare Phase im gesamten Karriereplanungssystem für das Personal der Organisation aufzufassen und nicht als ein isoliertes Subsystem innerhalb der generellen Personalpolitik.

67.5 Zusammenfassung

Wir haben versucht, die Grundannahmen zu beschreiben, die dem klassischen Ansatz der psychologischen Selektion zugrunde liegen. Der klassische Ansatz war sehr fruchtbar für den Fortschritt der Testtheorie und Psychometrie, für die Entwicklung von brauchbaren Instrumenten und Vorgehensweisen sowie für die Förderung eines besseren wissenschaftlichen Ansatzes für den Entscheidungsprozeß, der der praktischen Frage zugrundeliegt, wie Bewerber für eine Organisation auszuwählen sind und wie der geeignetste Platz für sie zu finden ist. Zugleich wurde jedoch gezeigt, daß das klassische Selektionsmodell aus einer einseitigen institutionellen Betrachtungsweise entstand, das den Rechten und Bedürfnissen der untersuchten Person wenig Beachtung schenkte. Ferner wurden einige neue Entwicklungen und Denkrichtungen zur Selektion betrachtet, die die Einseitigkeit des klassischen Modells auszugleichen versuchen, sowie einige Konsequenzen dieses neuen Ansatzes für Theorie und Praxis der Selektion diskutiert.

Literatur

Campbell, J. P. (1976). Psychometric theory. In M. D. Dunnette (Ed.), Handbook of industrial psychology. Chicago: Rand McNally
Cronbach, L. J. (1984). Essentials of psychological testing. 4th ed. New York: Harper & Row.
Cronbach, L. J. & Glaser, G. C. (1965). Psychological tests and personnel Decisions. Urbana, Ill.: University of Illinois Press.
Drenth, P. J. D. & Algera, J. A. (1987). Personnel selection. In P. B. Warr (Ed.), Psychology at work. London: Penguin.
Dunnette, M. D. (1966). Personnel selection and placement. Belmont, CA: Wadsworth.
Fischer, G. H. (1974). Einführung in die Theorie Psychologischer Tests. Bern: Huber.
Ghiselli, E. E. (1966). The validity of occupational aptitude tests. New York: Wiley.
Guion, R. M. (1965). Personnal testing. New York: McGraw Hill.
Lord, F. M. (1980). Applications of items response theory to practical testing problems. Hillsdale: L. Erlbaum.
Nunnally, J. C. (1978). Psychometric theory. 2nd ed. New York: McGraw Hill.
Schmidt, F. L. & Hunter, J. E. (1981). Employment testing: old theories and new research findings. American Psychologist, 36, 1128–1137.
Vernon, P. E. (1963). Personality assessment. London: Methuen.

Pieter J. D. Drenth,
Niederlande

68. Personalmarketing

68.1 Zur Definition

Beim Begriff *„Marketing"* denkt man zunächst fast immer an den Absatz, d. h. den Verkauf von Produkten oder Dienstleistungen an entsprechende Zielgruppen. Insofern beinhaltet Marketing alle Erkenntnisse, Methoden und Instrumente, die den Absatz dieser Produkte oder Dienstleistungen auf Dauer sicherstellen. Hierzu gehören beispielsweise Aktivitäten wie Markt- bzw. Zielgruppenforschung, Produktentwicklung, Werbung oder Verkaufsförderung. Gewissermaßen als Kontrapunkt zum *Absatzmarketing* hat sich mit geraumer zeitlicher Verzögerung das sog. *Beschaffungsmarketing* entwickelt. Insbesondere Unternehmen mit hohen Einkaufsaufwendungen haben erkannt, daß es sinnvoll ist, Erkenntnisse und Erfahrungen aus dem Absatzmarketing auf die Beschaffungsaktivitäten eines Unternehmens zu übertragen.

Ein Beschaffungsmarketing-Konzept kann sich auf alle Faktoren richten, die für den Aufbau und das Funktionieren eines Unternehmens unbedingt notwendig sind, z. B. Grund und Boden, Maschinen und Anlagen, Rohstoffe, Finanzmittel oder Personal. Diese Komponenten haben jeweils verschiedenartige Beschaffungsmärkte. Hier setzt nun das Beschaffungsmarketing ein, indem die einzelnen Beschaffungsmärkte (z. B. für Rohstoffe) analysiert und transparent gemacht werden.

Trotz der gegenwärtig hohen Arbeitslosigkeit ist die Beschaffungskomponente „Personal" in den letzten Jahren massiv ins Blickfeld gerückt. Insbesondere im Bereich der Führungskräfte und der Spezialisten kommt es vielfach zu personellen Engpässen, die auch durch umfangreiche Personalwerbemaßnahmen nicht beseitigt werden können. Elektroingenieure, Informatiker oder Spezialisten für Kunststoff stoßen – sofern sie sich um eine andere Position bemühen – auf eine starke Nachfrage der suchenden Unternehmen. Ein Unternehmen kann sich oft glücklich schätzen, wenn es für die Besetzung einer Position aus mehreren qualifizierten Kandidaten *auswählen* kann (→ *Personalselektion und -plazierung*). Es gibt Fälle, in denen bestimmte Branchen auf Produktneuheiten verzichten müssen, weil man zu wenige oder nicht die richtigen Mitarbeiter hat, um in bestimmte erfolgversprechende Produktsegmente und Märkte investieren zu können.

Um die Versorgung eines Unternehmens auf lange Sicht mit qualifizierten Mitarbeitern und Führungskräften sicherzustellen, werden Personalmarketingkonzepte entwickelt, die Erkenntnisse, Erfahrungen, Methoden und Instrumente des Absatzmarketings gezielt in den verschiedenen Personalbeschaffungsmärkten umsetzen. In der vorliegenden Arbeit gehen wir zunächst auf die Personalplanung als eine elementare Voraussetzung für das Personalmarketing ein, und beschreiben dann die vier wesentlichen Schritte des Personalmarketingkonzeptes: Analysieren der Personalmärkte; Suchen und Anwerben; Beurteilen und Auswählen; sowie Integrieren und Qualifizieren. Schließlich geben wir eine Abschätzung der Aufwendungen für diese Schritte innerhalb verschiedener Personalbeschaffungsmärkte.

68.2 Personalplanung

Damit ein Personalmarketing-Konzept voll zur Wirkung kommt, d. h. sicherstellt, daß die personellen Ziele des Unternehmens kurz-, mittel- und langfristig erreicht werden, ist eine elementare Voraussetzung zu erfüllen: quantitative und qualitative Personalplanung.

Unter quantitativer Personalplanung verstehen wir im wesentlichen die rein statistische Vorausberechnung des zu erwartenden Personalbedarfs. Hierbei geht man beispielsweise von den im Unternehmen verfügbaren Daten, wie Pensionierungsterminen, aus, aber auch von Wahrscheinlichkeitsrechnungen, die sich auf Kündigungen, Krankheitsfälle, Ver- oder Umsetzungen oder Beförderungen beziehen (vgl. z. B. Wimmer, 1985).

Unter die qualitative Personalplanung werden die fachlichen und persönlichen Anforderungen subsummiert, die an die jeweiligen Positionen im Unternehmen gestellt werden (vgl. z. B. Maier, 1983). Gerade die zunehmend differenzierter werdenden Anforderungen sind es, die häufig die Besetzung einer für das Unternehmen wichtigen Position erschweren. Bei der qualitativen Personalplanung sind Stellen- oder Arbeitsplatzbeschreibungen, aber auch ein betriebsinternes Beurteilungswesen hilfreich. Die Personalplanung soll also möglichst exakte Hinweise ermöglichen, wann eine Position mit welcher Qualifikation besetzt werden kann. Erst dann sollte in einem nächsten Schritt der „interne Personalmarkt" daraufhin überprüft werden, ob ein bereits vorhandener Mitarbeiter die geforderte Qualifikation erfüllt oder unter Berücksichtigung der noch zur Verfügung stehenden Zeit erwerben kann. Wenn diese Fragen mit einem klaren Nein beantwortet werden können, muß der externe Personal- bzw. Arbeitsmarkt in Anspruch genommen werden.

68.3 Elemente des Personalmarketing-Konzeptes

Für ein Personalmarketing-Konzept ist der interne Personalmarkt mindestens von gleichrangiger Bedeutung wie der externe Personalmarkt. Hierfür sind nicht nur Kostengründe anzuführen, sondern insbesondere motivationale Faktoren.

Weiterhin ist es sinnvoll, die internen und externen Personalmärkte nochmals aufzugliedern. In vielen Unternehmen wird oft der Fehler gemacht, innerhalb des gleichen Arbeitsbereiches nach geeigneten Mitarbeitern zu suchen und diese ggf. weiterzuentwickeln. Diese Strategie ist darin begründet, daß häufig die fachliche Qualifikation zu stark in den Vordergrund der Überlegungen rückt. Ein Beispiel dafür ist die Suche eines Nachfolgers des Leiters der Kreditabteilung einer Bank innerhalb der Kreditabteilung selbst. Weitsichtige Personalfachleute wissen jedoch seit langem, daß der fachlich versierteste Sachbearbeiter nicht immer die bestmögliche Führungskraft sein wird. Daher empfiehlt es sich, auch in anderen Funktionsbereichen eines Unternehmens Ausschau zu halten, wenn eine qualifizierte Position zu besetzen ist. Für das Beispiel der Bank könnte ein Mitarbeiter der Auslandsabteilung die Leitung der Kreditabteilung übernehmen, wenn bei ihm ein entsprechendes Führungspotential festgestellt wurde. Im Personalwesen wird allgemein anerkannt, daß fachliche Defizite zumeist bedeutend leichter und schneller ausgeglichen werden können als Defizite im Führungs- oder Persönlichkeitsbereich.

Die externen Personalmärkte werden ebenfalls untergliedert und zwar in „gleiche Branche" und „fremde Branche". Auch hier geht man häufig zu leichtfertig vor, konzentriert seine Suchbemühungen nur auf die Branche, in der das Unternehmen selbst tätig ist. Man vergibt dabei die Chance, mit einem neuen Mitarbeiter auch das Know-How aus ganz anderen Gebieten zu erwerben. Andererseits gibt es in bestimmten Situationen auch genügend Gründe dafür, Branchen-Insider für das Unternehmen zu gewinnen.

Bei der praktischen Umsetzung des Personalmarketing-Konzeptes hat sich eine Vorgehensweise bewährt, die vier aufeinanderfolgende Schritte beinhaltet.

(a) Analysieren der Personalmärkte

Diese Aufgabe müßte bei der Analyse der internen Personalmärkte eigentlich recht einfach zu lösen sein. Allerdings zeigt die Praxis, daß selbst qualifizierte Personalleiter größerer Unternehmen keine hinreichende Übersicht über die personellen Zukunftspotentiale ihres Hauses haben. Die Hauptursache dafür ist oft in den starken Ressortabgrenzungen innerhalb eines Unternehmens zu suchen. Je größer ein Unternehmen ist, desto differenziertere Methoden der Potentialanalyse sind gefordert.

Systematische Beurteilungsverfahren, Mitarbeiterbefragungen, interne Potentialermittlungsseminare oder → *Assessment-Center* werden zwar vielfältig eingesetzt, können aber noch nicht als genereller Standard in europäischen Unternehmen gelten.

Zur Untersuchung der externen Personalmärkte können Daten der Arbeitsämter, Arbeitgeberverbände, Hochschulen oder Beratungsgesellschaften herangezogen werden. Die Bandbreite der externen Personalmärkte reicht von Schülern, die in absehbarer Zeit eine Berufsausbildung beginnen bis hin zu hochkarätigen Top-Managern und Unternehmensleitern.

Diese Analysedaten sind insbesondere deshalb von Bedeutung, weil so Kosten und Aufwand der späteren Beschaffungsaktivitäten gezielt kalkuliert und eingehalten werden können. Aber nicht nur die Beschaffungskosten für Personal fallen zunehmend stärker ins Gewicht, sondern auch die Entlohnungskosten für gefragte Berufsgruppen.

Personalmarktanalysen werden zunehmend von professionellen Personalberatungsfirmen angeboten, da diese nicht nur über einen aktuellen Überblick über die jeweiligen Personalmärkte verfügen, sondern auch in der Lage sind, das entsprechende Marktforschungsinstrumentarium wirksam einzusetzen.

(b) Suchen und Anwerben

Wo und wie die benötigten Mitarbeiter eines Unternehmens zu suchen und anzuwerben sind, kann unmittelbar aus einer genauen Analyse der Personalmärkte abgeleitet werden. Stellt sich z. B. heraus, daß eine bestimmte Gruppe von Hochschulabsolventen nur an bestimmten Universitäten zu finden ist, muß das Unternehmen seine Personalbeschaffungsaktivitäten darauf einstellen. Eine wesentliche Rolle spielt hier die Personalsuchanzeige. Ein Ergebnis der Personalmarktanalyse muß deshalb sein, mit welchen Medien (z. B. überregionale Tageszeitung, regionale Zeitung oder Fachzeitschriften) der Kontakt zu der angezielten Berufsgruppe aufgebaut werden kann. In jüngerer Zeit haben auch über die Anzeige hinausgehende Formen der Personalsuche an Bedeutung gewonnen. So wird das sog. „Head Hunting", d. h. das gezielte Ansprechen infrage kommender Personen, ebenso mit mehr oder weniger großem Erfolg betrieben wie das sog. „Campus Recruiting", bei dem die suchenden Unternehmen bereits lange vor Beendigung der Abschlußprüfungen zu den gesuchten Hochschülern in Beziehung treten.

68. Personalmarketing

(c) Beurteilen und Auswählen

Kann ein Unternehmen aus mehreren qualifizierten Kandidaten selektieren, seien es interne oder externe Bewerber, muß eine anforderungsgerechte Beurteilung der fachlichen und persönlichen Kenntnisse, Fähigkeiten und Interessen eines jeden infrage kommenden Kandidaten vorgenommen werden. Bei dieser Aufgabe sind insbesondere Psychologen gefragt, wobei der Bedarf an psychologischen Dienstleistungen in den letzten Jahren enorm zugenommen hat. Insbesondere die extrem hohen Beschaffungskosten sowie die Abwägung aller mit einer Fehleinstellung verbundenen weiteren Kosten und Risiken für den Mitarbeiter und das Unternehmen veranlassen vorausschauende Betriebe, Psychologen in Anspruch zu nehmen, um mehr Sicherheit bei den Einstellungsentscheidungen zu gewinnen. Auch bei unternehmensinternen Kandidaten werden sehr häufig Psychologen hinzugezogen. Hier stellt sich oft das Problem der persönlichen Befangenheit bei übergeordneten Führungskräften oder Personalleitern, die deshalb gerne auf externe Unterstützung bei der Qualifikationseinschätzung zurückgreifen. Insofern bietet die Psychologie zunehmend Informationen und Hilfen zur Absicherung unternehmensinterner Personalentscheidungen.

Stehen mehrere, nach dem ersten Vorauswahlprozeß etwa gleichwertige Kandidaten zur Auswahl, wird vielfach auch von der Methode des → *Assessment Center* Gebrauch gemacht. Assessment Center lassen sich sowohl bei externen als auch bei internen Bewerbungen einsetzen. Es hat sich allerdings häufig gezeigt, daß Assessment Center nur dann sinnvoll und für alle Beteiligten zufriedenstellend durchzuführen sind, wenn mehrere gleichwertige Positionen zu besetzen sind und nicht ein „mörderischer" Kampf um die eine zu vergebende Position entfacht wird.

(d) Integrieren und Qualifizieren

Mit der Auswahl eines geeigneten Bewerbers für die Besetzung einer vakanten Position ist der Personalmarketingprozeß noch nicht abgeschlossen. Die schwierige Phase der Integration in das neue Aufgaben- bzw. Arbeitsumfeld verlangt Zeit, Fingerspitzengefühl, entsprechendes Einwirken auf das neue soziale Umfeld. Sämtliche bisherigen Aufwendungen wären sinnlos, wenn durch einen mißglückten Integrationsprozeß ein mühevoll gefundener und ausgewählter Bewerber das Unternehmen wieder verläßt. Nicht nur die materiellen Kosten wären immens, sondern vor allem die psychischen Kosten, die oft lang anhaltende Wirkungen bei den betroffenen Führungskräften und Mitarbeitern verursachen.

Nach einer gelungenen Integration in menschlicher und persönlicher Hinsicht ist es Aufgabe des Unternehmens, durch gezielte Förderungs- und Personalentwicklungsmaßnahmen eventuelle fachliche Defizite des gewonnenen Mitarbeiters zu beseitigen und ihn dort zu unterstützen, wo man – angelehnt an das Anforderungsprofil – besondere Leistungen von ihm erwartet. Dabei kann es sich sowohl um die bereits vorhandenen innerbetrieblichen Angebote der Aus- und Weiterbildung handeln als auch um spezifische, auf die Person zugeschnittene Förderungs-

Personalmärkte	Personalmarkt			
	intern		extern	
Vorgehens-weise	gleicher Bereich	fremder Bereich	gleiche Branche	fremde Branche
1. Analysieren der Personalmärkte	1	2	3	4
2. Suchen und Anwerben	2	3	4	5
3. Beurteilen und Auswählen	3	4	5	6
4. Integrieren und Qualifizieren	4	5	6	7

Abb. 1: Aufwand für die Elemente des Personalmarketings für die verschiedenen Beschaffungsmärkte auf einer Skala von 1: geringer Aufwand bis 7: sehr hoher Aufwand.

und Entwicklungsmaßnahmen, die z. T. auch außerhalb des Unternehmens erfolgen können.

68.4 Aufwand verschiedener Vorgehensweisen

Bei der Diskussion des Personalmarketing-Prozesses ist deutlich geworden, daß der Aufwand bzw. die Kosten jeweils größer werden, wenn die Aktivitäten sich vom gleichen Arbeitsbereich des internen Personalmarktes auf den Personalmarkt einer fremden Branche zubewegen. Analog wird ebenso der Aufwand bei der Verfolgung der vier Verfahrensschritte größer, da diese nach einer inneren Logik aufeinander folgen; d. h. der personelle und materielle Aufwand für die Integration und Qualifikation von Mitarbeitern und Führungskräften ist erheblich höher als beispielsweise das Analysieren der jeweiligen Personalmärkte. In Abb. 1 wird gezeigt, wie eine Abschätzung des Aufwandes vorgenommen werden kann. Damit wird nochmals demonstriert, daß ein sinnvoll eingesetztes Personalmarketing-Konzept nicht nur eher die Gewähr bietet, in absehbarer Zeit vakant werdende Positionen mit „der richtigen Frau/dem richtigen Mann" zu besetzen, sondern ebenfalls dazu dient, die dabei auftretenden Kosten im angemessenen Verhältnis zum angestrebten Nutzen beeinflussen zu können. Denn nicht nur im Dienstleistungsbereich, in dem die Personalkosten den relativ höchsten Kostenfaktor eines Unternehmens bilden, schlagen die Aufwendungen für Personalbeschaffung, Aus- und Weiterbildung sowie Entlohnung in hohem Maße auf die Preise der angebotenen Produkte bzw. Dienstleistungen durch. Insofern kann ein praxisnahes und auf die Bedürfnisse des Unternehmens zugeschnittenes Personalmarketing-Konzept einen wesentlichen Beitrag dazu leisten, die Wettbewerbs- und Existenzfähigkeit eines Unternehmens dauerhaft zu sichern.

Literatur

Maier, W. (1983). Arbeitsanalyse und Lohngestaltung. Stuttgart: Enke.
Wimmer, P. (1985). Personalplanung. Stuttgart: Enke.

Michael Baldus und Heinz Holling,
Bundesrepublik Deutschland

69. Psychische Gesundheit und Arbeit

69.1 Einleitung

Ziel dieser Arbeit ist die Entwicklung einer generellen Perspektive zur psychischen Gesundheit, anhand derer spezifische Studien eingeordnet werden können. Ebenso wird der Einfluß von wesentlichen Arbeitsplatzmerkmalen auf hier vorgeschlagene Faktoren der mentalen Gesundheit betrachtet.

Das Konzept selbst ist sehr stark wertbezogen, es gibt häufig Meinungsdifferenzen darüber, welche spezifischen Verhaltensweisen und Erfahrungen als „gesund" oder „ungesund" gelten sollen. Jedoch lassen sich die Hauptthemen des zeitgenössischen westlichen Denkens in Form von fünf Hauptaspekten zusammenfassen: emotionales Wohlbefinden, Kompetenz, Autonomie, Ehrgeiz und integriertes Funktionieren (Warr, 1987).

1. Emotionales Wohlbefinden wird oft als eine allgemeine Dimension betrachtet mit den Polen – grob ausgedrückt – gut bzw. schlecht fühlen. Es ist jedoch besser, zwei getrennte Dimensionen zu benutzen, die sich statistisch als unabhängig erwiesen haben (z. B. Russell, 1983). Nennen wir diese beiden Dimensionen „Wohlbehagen" und „Arousal" und betrachten die drei Meßdimensionen, die in

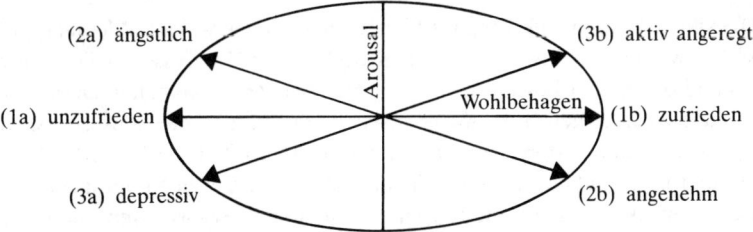

Abb. 1: Affektives Wohlbefinden. Drei Hauptachsen zur Messung.

Abb. 1 dargestellt sind. Zusätzlich zu der primären Achse „Wohlbehagen" von 1a nach 1b erstrecken sich die Achsen 2 und 3 in die vier möglichen Sektoren des zweidimensionalen Raumes, die von ‚ängstlich' bis ‚angenehm' und von ‚deprimiert' bis ‚aktiv angeregt' reichen. Diese drei Dimensionen sind natürlich statistisch abhängig, aber ihre konzeptuelle Trennung legt nahe, daß sie oft nutzbringend getrennt analysiert werden können.

Allgemeiner können wir zwischen einem kontextfreien und einem kontextspezifischen emotionalen Wohlbefinden unterscheiden. Beispiele für die zuletzt genannte Kategorie von Gefühlen sind familien- oder arbeitsbezogenes Wohlbefinden. Kontextfreies emotionales Wohlbefinden ist ein über viele Bereiche verallgemeinertes Wohlbefinden ohne Einschränkung auf einen bestimmten Bereich. Wir können in ähnlicher Weise zwischen analogen Formen der anderen Komponenten unterscheiden, z. B. zwischen arbeitsbezogener und kontextfreier Kompetenz.

2. *Kompetenz* wurde ausgiebig in der Literatur diskutiert als persönliche Fähigkeit, die Umwelt zu meistern und Schwierigkeiten im Leben zu überwinden (z. B. Jahoda, 1958). Kompetente Personen verfügen über adäquate psychologische Ressourcen, um mit Schwierigkeiten fertig zu werden. Es ist jedoch falsch, alle Arten einer geringen Kompetenz als Zeugnis für eine geringe mentale Gesundheit zu betrachten; in irgendeiner Hinsicht ist jeder inkompetent. Entscheidend ist jedoch dabei die Auswirkung auf das emotionale Wohlbefinden; geringe Kompetenz auf einem bestimmten Gebiet, das keine negativen Konsequenzen für Wohlbefinden hat, gilt nicht als eine Beeinträchtigung des Wohlbefindens.

3. *Autonomie* wurde ebenso von vielen Autoren betrachtet, als Fähigkeit einer Person, Umwelteinflüssen zu widerstehen und die eigenen Überzeugungen und Handlungen selbst zu bestimmen (z. B. Lazarus, 1975). Autonome Selbstregulation ist zuweilen in Form subjektiver Konzepte betrachtet worden (→ *Kontrolle und Tätigkeitsspielraum*). Ein Beispiel ist der internale ‚locus of control': die Disposition zu glauben, daß man Schwierigkeiten meistern kann und ihnen nicht hilflos ausgesetzt ist. Jedoch wird oft zuviel Autonomie ebenso wie zuwenig Autonomie als unerwünscht angesehen. Psychische Gesundheit liegt eher bei einer wechselseitig funktionierenden Abhängigkeit vor als bei extremer Unabhängigkeit.

4. Die vierte Komponente kann als *Ehrgeiz* beschrieben werden. Mental gesunde Personen werden oft als Personen beschrieben, die Interesse an der Umwelt haben und sich mit ihr beschäftigen. Sie setzen sich Ziele und bemühen sich aktiv, diese Ziele zu erreichen (z. B. Kornhauser, 1965). Ein erhöhtes Anspruchsniveau spiegelt sich in motiviertem Verhalten wider, sowie in Offenheit für neue Möglichkeiten und in Bemühungen, persönlich bedeutsamen Herausforderungen zu begegnen. Umgekehrt manifestiert sich ein niedriges Anspruchsniveau in einer reduzierten Aktivität: Der gegenwärtige Zustand wird akzeptiert, egal wie unbefriedigend er sein mag. Diese Vorstellung wurde durch Begriffe wie Lebensinve-

stition, psychologisches Wachstum, Selbstverwirklichung oder Selbstaktualisierung gekennzeichnet.

5. Die letzte Komponente, hier als *integriertes Funktionieren* bezeichnet, unterscheidet sich von den anderen Komponenten in qualitativer Hinsicht. Sie bezieht sich auf eine Person als Ganzes und die oft multiplen Beziehungen zwischen den vier anderen Komponenten. Menschen, die psychologisch gesund sind, zeigen verschiedene Formen von Balance, Harmonie und innerer Ausgeglichenheit; subjektiv mag dies als ein Kohärenz- und Identitätsgefühl erlebt werden. Jedoch sind die strukturellen Qualitäten dieser fünften Komponente schwierig zu definieren, und es gibt beträchtliche Unterschiede zwischen verschiedenen klinischen Richtungen.

Das wichtige Merkmal der *Selbstachtung* ist hier durch jede der fünf Komponenten repräsentiert. Gefühle von Integration subjektiver Kompetenz, Autonomie und Ehrgeiz sind die Grundlage für ein umfassendes Selbstwertgefühl. Emotionales Wohlbefinden (Komponente Nr. 1) beinhaltet Gefühle über das Selbst wie auch über viele andere Objekte. Aspekte der Selbstachtung sind daher in selbstbezogenen Gefühlen der drei Gefühlsqualitäten enthalten, wie sie in Abb. 1 illustriert sind. Dieser umfassende Rahmen kann dazu dienen, Probleme und Veränderungen zu identifizieren, die die Arbeits- und Organisationspsychologen für ihre Modelle und Untersuchungen benötigen. Z. B. werden arbeitsplatzbezogene Gefühle oft in Form von hoher bzw. niedriger Arbeitsplatzzufriedenheit gemessen. Eine solche Messung ist unzureichend, da hier dem Erregungsniveau keine Aufmerksamkeit geschenkt wird. Arbeitsplatzbezogenes Wohlbefinden (Achse Nr. 2 in Abb. 1) kann in Form von arbeitsplatzbezogener Spannung (2a) oder resignativer Arbeitsplatzzufriedenheit erfaßt werden. Die dritte Achse mag als arbeitsbezogene Depression (3a) oder als arbeitsbezogene Angeregtheit (3b) angesehen werden (→ *Arbeitszufriedenheit*). Weiterhin sind Messungen der Kompetenz, Autonomie und des Ehrgeizes von Angestellten in arbeitsbezogener als auch kontextfreier Hinsicht notwendig.

Wir wissen, daß Arbeit mehrere dieser Komponenten der psychischen Gesundheit beeinflussen kann, aber die Struktur dieser Effekte ist noch nicht völlig geklärt. Die konventionelle Forschung tendiert zu einfachen linearen Annahmen und untersucht die Beziehungen zwischen Arbeitsplatzmerkmalen und Komponenten der mentalen Gesundheit in Form von Geraden. Jedoch reagiert die Gesundheit in physischer Hinsicht nicht immer linear auf Umweltveränderungen oder auf chemische Variablen, wie eine Analogie zur Wirkung von bestimmten Vitaminen illustrieren kann.

Die Aufnahme mancher Vitamine (s. u.) ist für die physische Gesundheit bis zu einem bestimmten Punkt aber nicht über diesen Punkt hinaus von Bedeutung. Das mag ebenso für wichtige Umweltmerkmale und Aspekte der psychischen Gesundheit gelten: Ihre Abwesenheit schwächt die Gesundheit, aber ihre Anwesenheit über ein erforderliches Niveau hinaus fördert *nicht* die Gesundheit. Außerdem haben bestimmte Vitamine (AD), die in einer sehr hohen Dosis verabreicht

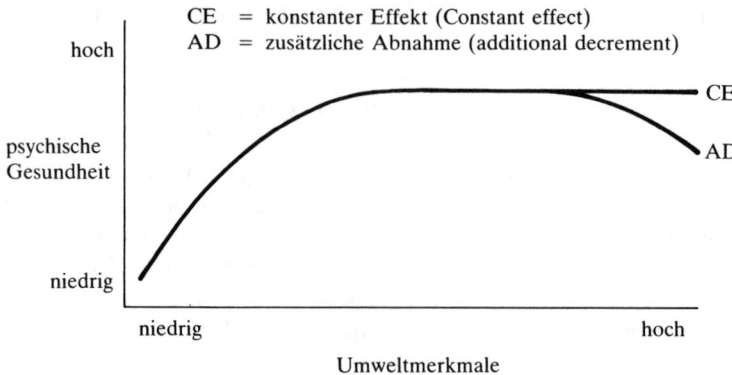

Abb. 2: Schematische Darstellung der beiden angenommenen Beziehungen zwischen Umweltmerkmalen und psychischer Gesundheit.

werden, schädliche Wirkungen, so daß es einen negativen Zusammenhang zwischen einer erhöhten Vitamineinnahme und der Gesundheit jenseits eines breiten Bereichs von mäßiger Dosierung gibt.

Was passiert, wenn Arbeitsplatzmerkmale die psychische Gesundheit in ähnlicher Weise beeinflussen? Geht man dieser Frage nach, resultieren ungewöhnliche Perspektiven für Forschung und Praxis. Demnach sind lediglich Veränderungen der wesentlichen Job-Merkmale in bestimmten Wertbereichen wichtig; innerhalb solcher Bereiche gibt es typischerweise ein breites Plateau, in dem ein günstiger Einfluß zu keinen Veränderungen führt.

Diese Argumentation ist in Abb. 2 zusammengefaßt. Die beiden Vitamingruppen werden dort als ‚CE' und ‚AD' bezeichnet. ‚AD' hat – in großen Dosen verabreicht – eine toxische Wirkung, die zu einer zusätzlichen Gesundheitsbeeinträchtigung führt, während das zuerst genannte Vitamin einen konstanten Effekt hat ungeachtet der Menge, die über eine ‚angemessene' Menge hinausreicht.

Analog zu den Vitamingruppen CE und AD können wir zwei Gruppen anhand der folgenden Punkte unterscheiden:
1. Kontrollmöglichkeiten (AD)
2. Möglichkeit zur Anwendung von Fähigkeiten (AD)
3. Extern gesetzte Ziele (AD)
4. Abwechslungsreichtum (AD)
5. Klarheit über die Umwelt (AD)
6. Verfügbarkeit über Geld (CE)
7. Physikalische Sicherheit (CE)
8. Möglichkeit zu zwischenmenschlichen Beziehungen (AD)
9. Angesehener Sozialstatus (CE)

Betrachtet man Arbeitsplätze anhand dieser neun Gesichtspunkte, ist zu erwarten, daß viele (vielleicht die meisten) in das oben angegebene günstige Plateau fallen, so daß Veränderungen innerhalb dieses Bereiches keinen bedeutsamen

Einfluß auf die kontextfreie psychische Gesundheit haben. Gewisse hohe oder niedrige Ausprägungen können jedoch bei jedem Faktor kritisch sein, und die Aufmerksamkeit ist deshalb auf diese begrenzte Bandbreite zu richten. Ebenso können Übergänge zwischen verschiedenen Arbeitsplätzen in der gleichen Art analysiert werden, wobei die aufeinanderfolgenden Arbeitsplätze anhand der neun aufgeführten Merkmale und dem postulierten Plateau verglichen werden können.

Das Vitamin-Modell ist ebenso nützlich für die Interpretation von Effekten der Arbeitslosigkeit (→ *Arbeitsplatzverlust und Erwerbslosigkeit*). Unterschiede der mentalen Gesundheit von verschiedenen arbeitslosen Menschen können in diesem Rahmen analysiert werden und zur Erklärung der Tatsache beitragen, daß eine kleine Zahl von Arbeitsplätzen schädlicher für die mentale Gesundheit ist als bestimmte Aspekte der Arbeitslosigkeit. Ebenso können spezifische Prozesse der Interaktion zwischen Person und Situation anhand dieses generellen Modells analysiert werden, indem untersucht wird, welche personalen Merkmale den Einfluß der Umweltfaktoren verändern können (Warr, 1987).

Literatur

Jahoda, M. (1958). Current concepts of positive mental health. New York: Basic Books.
Kornhauser, A. W. (1965). Mental health of the industrial worker. New York: Wiley.
Lazarus, R. S. (1975). The healthy personality: A review of conceptualizations and research. In L. Levi (Ed.), Society stress and disease. Vol. 2. Oxford: Oxford University Press.
Russell, J. A. (1983). Pancultural aspects of the human conceptual organization of emotions. Journal of Personality and Social Psychology, 45, 1281–1288.
Warr, P. B. (1987). Work, unemployment, and mental health. Oxford: Oxford University Press.

Peter Warr,
Großbritannien

70. Psychophysiologische Meßmethoden

70.1 Einleitung

Physiologische Messungen werden in den Arbeitswissenschaften sowohl bei genuin arbeitsphysiologischen Fragestellungen (→ *Biologische und physiologische Grundlagen*), z. B. zur Bestimmung des Energieumsatzes, als auch in der stärker arbeitspsychologisch orientierten Belastungs-Beanspruchungs-Forschung eingesetzt (→ *Belastung und Beanspruchung*). Dabei weisen physiologische Messungen gegenüber anderen objektiven Beanspruchungsmaßen, z. B. der Flimmerverschmelzungsfrequenz, den Vorteil auf, daß sie kontinuierlich während des Arbeitsablaufs erhoben werden können und bei einer insgesamt geringen Beeinträchtigung des Probanden nur minimal mit der Arbeitstätigkeit interferieren.

In der Psychophysiologie erfolgt die Verwendung physiologischer Meßmethoden unter dem Gesichtspunkt der gegenseitigen Ergänzung psychologischer und physiologischer Zugänge zu psychischen Phänomenen. Die psychophysiologische Zugangsweise schließt im Sinne einer Mehrebenenanalyse bioelektrische, biochemische, subjektive und Verhaltens- bzw. Leistungsmessungen ein. Zwar wurde bislang noch keine umfassende psychophysiologische Theorie vorgelegt; komplementäre psycho-physiologische Betrachtungsweisen sind jedoch integrale Bestandteile von Konzepten wie Aktivierung, Orientierungsreaktion und Habituation, Homöostase und autonomer Balance. Außerdem kommt ihnen in Streß- und Emotionszusammenhängen eine zentrale Bedeutung zu. Methodische Probleme, die in der Psychophysiologie diskutiert werden, ergeben sich aus der Ausgangswertabhängigkeit psychophysiologischer Reaktionsmaße, der oftmals geringen Kovariation verschiedener Indikatoren, sowie dem Auftreten stimulus-, individual- und motivationsspezifischer Reaktionsmuster (Fahrenberg, 1988).

Psychophysiologische Mehrebenenanalysen wurden in der Arbeitspsychologie bislang nur vereinzelt durchgeführt. Dies ist einerseits auf meßtechnische Probleme bei der Erfassung einer größeren Anzahl physiologischer Maße im Feld, d. h. in der natürlichen Arbeitssituation, zurückzuführen, etwa auf deren Anfälligkeit für Bewegungsartefakte. Andererseits stützt sich die Arbeitspsychologie noch überwiegend auf eindimensionale Aktivierungstheorien, während inzwischen neuropsychologisch begründete mehrdimensionale Aktivierungskonzepte entwickelt und teilweise bereits psychophysiologisch belegt wurden (zusammenfassend: Boucsein, 1988). Auf diesem erweiterten theoretischen Hintergrund lassen sich arbeitspsychologische Fragestellungen wie die psychophysiologische Differenzierung von mentaler und emotionaler Belastung (Klimmer & Rutenfranz, 1983) (→ *Stress*) mit Hilfe multivariater Messungen unter Einschluß von Indikatoren mehrerer physiologischer Funktionssysteme adäquat untersuchen (→ *Multivariate Analysen*).

Die Entscheidung für bestimmte physiologische Maße erfolgt in der Arbeitspsychologie allerdings meist noch aufgrund von Praktikabilitätserwägungen und selten theoriengeleitet. So stellt die relativ einfach zu erfassende Herzrate die mit Abstand am häufigsten verwendete Variable dar, und auch die sich nur langsam verändernde Körperkerntemperatur ist wegen der benötigten geringen Abtastrate ein beliebter Parameter. Bei der Auswahl von physiologischen Größen für arbeitspsychologische Untersuchungen ist deren Artefaktanfälligkeit gegenüber Arbeitsbewegungen von entscheidender Bedeutung, da sich Bewegungsartefakte später nur mit erheblichem zusätzlichem Aufwand eliminieren lassen.

Aber auch aus versuchsökonomischen Gründen wird sich stets nur eine begrenzte Anzahl physiologischer Meßkonzepte am Arbeitsplatz selbst realisieren lassen. Psychophysiologisch orientierte arbeitspsychologische Untersuchungen sollten daher zunächst in Laborexperimenten unter simulierten Arbeitsbedingungen eine möglichst umfassende multivariate Technik erproben, um dann in Feldstudien gezielt bestimmte Markiervariablen einsetzen zu können. Solche kombinierten Labor-Feldstrategien werden in neuerer Zeit auch in anderen Anwendungszusammenhängen der psychophysiologischen Aktivierungsforschung verfolgt (Fahrenberg et al., 1986). Eine Annäherung von Labor- und Feldbedingungen wird heute durch die zunehmende Ausstattung von Arbeitsplätzen mit Computersystemen erleichtert (→ *Mensch-Computer-Interaktion*), die dazu führt, daß viele Arbeitsplätze am Terminal im Labor modelliert und psychophysiologisch untersucht werden können (Boucsein, 1987). Die herkömmliche polygraphische Aufzeichnung mit anschließender Papierstreifenauswertung wird dabei meist durch computerunterstützte Meßdatenerfassung ersetzt, und anstelle der früher in natürlichen Arbeitsumgebungen überwiegend benutzten Telemetrieanlagen sind vielfach tragbare Analog- bzw. Digitalspeicher getreten. Da in der Arbeitspsychologie Langzeit-Registrierungen die Regel sind, ist dabei eine möglichst frühzeitige Datenreduktion erforderlich.

Im folgenden wird eine nach physiologischen Funktionssystemen gegliederte Auswahl nicht-invasiver, also rückwirkungsfreier, bioelektrischer und biochemischer Parameter im Hinblick auf arbeitspsychologische Einsatzmöglichkeiten vorgestellt. Eine ausführliche Beschreibung solcher psychophysiologischer Meßverfahren geben Martin und Venables (1980). Weitere Darstellungen von Ergebnissen arbeitspsychologischer Untersuchungen mit psychophysiologischen Variablen finden sich bei Hacker und Richter (1984).

70.2 Parameter des zentralen Nervensystems

In dem mit Oberflächenelektroden von der Kopfhaut abgeleiteten *Elektroenzephalogramm* (EEG) zeigt sich bei mentaler Belastung eine Zunahme höherfrequenter Signalanteile in den mittels Fourieranalyse erhaltenen Powerspektren. Neben dieser Erfassung der Spontanaktivität des Gehirns werden auch reizbezogene Auswertungen des EEG wie *evozierte Potentiale* (ERPs) und *kontingente negative Verschiebung* (CNV) vorgenommen; sie erfordern jedoch eine Mittelung über mindestens 20, oftmals sogar über mehrere hundert gleichartige Reize. Bei einer Vigilanzabnahme (→ *Monotonie*) kommt es in den ERPs zur Verringerung der Amplituden und zur Latenzzeitzunahme (Luczak, 1975). Die P300-Komponente des ERP als mögliches zentrales Korrelat kognitiver Prozesse wird in der Arbeitspsychologie als Indikator z. B. für die Verteilung von Aufmerksamkeit auf verschiedene Tätigkeiten, für die Acquisition von Fertigkeiten sowie im Zusammenhang mit der sog. Task-Analysis (→ *Arbeits- und Aufgabenanalyse*) in der Mensch-Maschine-Interaktion verwendet (Donchin, Kramer & Wickens, 1986). Zumindest zur Erfassung von ERPs, aber auch bei der Ableitung von Spontan-EEGs, ist eine Artefaktkontrolle anhand des Elektrooculogramms (EOG) erforderlich, das über Potentialverschiebungen gemessen wird, die durch Bewegungen des wie ein elektrischer Dipol wirkenden Auges hervorgerufen werden.

70.3 Kardiovaskuläre Parameter

Die *Herzrate* (HR) läßt sich während der meisten Arbeitstätigkeiten kontinuierlich mit Hilfe des Elektrokardiogramms (EKG) oder fotoelektrischer Verfahren zur Messung des peripheren Pulses registrieren. Sie gilt als Indikator sowohl für physische als auch für mentale Beanspruchungen (Mulder, Mulder & Veldman, 1985), wobei letztere sich inbesondere in einer Abnahme der überwiegend respiratorisch bedingten HR-Variabilität – der sog. *Sinusarrhythmie* – zeigen sollten, was jedoch nicht durchgehend bestätigt werden konnte (Klimmer & Rutenfranz, 1983). Daneben ließen sich anforderungs- und verlaufsspezifische auf Einzelaufgaben bezogene HR-Verläufe beobachten (Richter, Richter, Schmidt & Straube, 1980). Weitere Maße des kardiovaskulären Systems sind wegen Bewegungsartefakt-Anfälligkeiten unter Feldbedingungen kaum einsetzbar. Die Messung der Systolenzeiten bzw. eine Schätzung des Schlagvolumens und damit Hinweise auf die *Kontraktionskraft* des Herzens erfordern außerdem zusätzlich eine aufwendigere Impedanzkardiographie, die relativ störungsfrei nur in Ruhe durchführbar ist.

Ähnliches gilt für andere Verfahren zur Schätzung der Kontraktionskraft, die die Messung mehrerer Variablen erfordern, z. B. EKG, Herztöne, peripherer Puls und Blutdruck. Auch die Erfassung des peripheren Widerstandes bzw. von Änderungen des Blutvolumens aufgrund von Gefäßreaktionen, die mit Hilfe des Plethysmogramms fotoelektrisch registriert werden, sowie Blutdruckmessungen sind relativ anfällig gegenüber Bewegungsartefakten. Der *Blutdruck* als eher globaler Beanspruchungsindikator, der vereinfacht als Produkt aus Kontraktionskraft des Herzens und peripherem Widerstand aufgefaßt werden kann, läßt sich nicht-invasiv diskontinuierlich über Manschettendruck-Verfahren bestimmen, wobei wiederholte Messungen nicht mit zu kurzen Abständen erfolgen dürfen, da sich die Elastizität der Gefäße durch den ausgeübten Druck verringert. Die teilweise als Ersatz vorgeschlagene Pulswellenlaufzeit kann zwar als kontinuierlich registrierbares Blutdruckkorrelat, nicht jedoch als unmittelbarer Blutdruckindikator gelten. Neuerdings werden auch über längere Zeit durchführbare Methoden der kontinuierlichen nicht-invasiven Blutdruckmessung mit Erfolg eingesetzt (Settels & Wesseling, 1985).

70.4 Respiratorische Parameter

Zur vollständigen Erfassung der Parameter der Atmung (z. B. Atemzugvolumen, Zusammensetzung der Atemluft) ist die Verwendung einer Atemmaske für Mund und Nase erforderlich, die als belästigend empfunden werden und die Arbeitstätigkeit selbst behindern kann. Messungen mit einem Thermistor im Luftstrom oder einem Brust-Atemgürtel liefern dagegen lediglich Parameter der *Atemfrequenz* sowie bei geeigneten Zeitkonstanten auch der Ein- und Ausatmungszeit, die sich zur Kontrolle der respiratorischen Arrhythmie in der HR eignen. Verwendet man dagegen die Impedanzpneumographie – wobei ähnliche Einschränkungen gelten wie für die Impedanzkardiographie – so lassen sich auch brauchbare Korrelate des *Atemzugvolumens* gewinnen, das ein globales physiologisches Beanspruchungsmaß darstellt.

70.5 Biosignale der Haut

Die *elektrodermale Aktivität (EDA)*, eine in der psychophysiologischen Aktivierungs- und Streßforschung ebenso häufig wie die HR erhobene Variable, wurde bislang bei arbeitspsychologischen Fragestellungen nur vereinzelt registriert. Während sich in den entweder nur zu ungenau oder mit großem technischen Aufwand quantifizierenden Veränderungen der *Hauttemperatur* und *-feuchte* überwiegend thermoregulatorische Wirkungen der Arbeit niederschlagen, eignen sich nach neueren Befunden insbesondere die spontanen phasischen Veränderungen der an den Handflächen – ersatzweise an den Fußinnenseiten – abgeleiteten EDA möglicherweise als spezifische Indikatoren für emotionale im Gegensatz zu mentaler Beanspruchung bei Arbeitstätigkeiten (Kuhmann, Boucsein, Schaefer & Alexander, 1987). Obwohl die Registrierung von EDA-Signalen zunächst relativ unproblematisch erscheint, erfordert die Quantifizierung ihrer phasischen Komponenten eine genaue Kenntnis der Dynamik des Signals und eine Berücksichtigung der damit verbundenen Verstärkungs- und Filterproblematik sowie die Auswahl adäquater Zeitfenster und Amplitudenkriterien (Boucsein, 1988). Bei Langzeitregistrierungen werden zusätzliche Vorkehrungen gegen Driften notwendig, die durch eine Veränderung des Elektroden/Elektrolyt-Haut-Systems entstehen können.

70.6 Muskuläre Parameter

Die mit Oberflächenelektroden als *Elektromyogramm* (EMG) gemessene Gesamtaktivität bestimmter Muskelgruppen kann, soweit sie nicht zur objektiven Beanspruchungsmessung der an spezifischen Arbeitstätigkeiten beteiligten Muskulatur eingesetzt wird, als muskuläres Korrelat der allgemeinen psychischen Beanspruchung angesehen werden. Entsprechende EMG-Messungen werden meist im Stirn- und Nackenbereich, aber auch am Unterarm durchgeführt. Die gemessene Muskelspannung ist jedoch stark von der Elektrodenposition abhängig und insbesondere im unteren Dynamikbereich relativ störanfällig. Dies gilt auch für den mittels piezoelektrischer Beschleunigungsaufnehmer an den Extremitäten abgeleiteten *Tremor*, dessen Gültigkeitsbereich in arbeitspsychologischen Zusammenhängen, abgesehen von einer Zunahme bei Ermüdung (→ *Ermüdung*), zudem unklar ist. Die allerdings meist mit Hilfe des EOG gemessene *Lidschlagfrequenz* kann dagegen als rasch ansprechender Indikator für emotionale Beanspruchungen angesehen werden (Haider & Philipp, 1980). Die Erfassung der prinzipiell als Beanspruchungsindikator geeigneten *Pupillenweite* erfordert nicht nur einen großen technischen Aufwand und eine deutliche Einschränkung der Bewegungsfreiheit, sie stellt unter normalen Beleuchtungsbedingungen wegen der insgesamt verengten Pupillen auch nur unter hoch kontrollierten Registrierbedingungen ein sensitives Maß dar. Allerdings könnten sich gerade reizabhängige Pupillenreaktionen als spezifische Indikatoren für kognitive bzw. mentale Beanspruchung eignen (Beatty, 1986).

70.7 Körpertemperatur

Die mit Rektalfühlern bzw. oral gemessene *Körperkerntemperatur* ist ein in den Arbeitswissenschaften weit verbreitetes Maß für die Wärmebilanz des Körpers (→ *Schichtarbeit*); wegen ihrer relativ geringen phasischen Reaktivität findet sie jedoch in der Psychophysiologie lediglich als globaler Aktivierungsindikator Anwendung. Die phasischen Änderungen der Hauttemperatur dürften sich dagegen eher als Indikator emotionaler Beanspruchung eignen.

70.8 Parameter des endokrinen Systems

Eine quantitative Bestimmung von *Hormonen* der *Hypophyse,* der *Nebenniere* und der *Schilddrüse,* ihrer Metaboliten sowie anderer biochemischer Größen wie *freier Fettsäuren* aus dem Blut ist zwar in einigen spezialisierten Labors auch für den nicht-pathologischen Bereich möglich, sie wird jedoch bei den meisten arbeitspsychologischen Fragestellungen nicht durchführbar sein. Daher wird meist auf die Analyse der entsprechenden Substanzen und ihrer Metaboliten im Sammel-Urin ausgewichen, was infolge der Mindestsammelperiode von 1 bis 2 Stunden zu Globalwerten i. S. einer Integration über einen längeren Zeitraum führt (Klimmer & Rutenfranz, 1983). Analysemethoden, wie sie in klinisch-medizinischen Routinelabors zum Erkennen pathologischer Zustände verwendet werden, liefern dabei häufig nicht genügend differenzierte und reliable Ergebnisse. Ständig begleitende Kontrollanalysen eines zu Beginn gesammelten und eingefrorenen Standard-Urins oder von mit bekannten Mengen der gesuchten Hormone versetzten Proben (Kringe, Neidhart & Lippmann, 1982) sind daher erforderlich. Auch bei den biochemischen Verfahren steht die Frage nach einer differentiellen Indikatorfunktion der extrahierten Parameter im Vordergrund, wobei sich beispielsweise die im Urin gemessene *Adrenalinmenge* zur Erfassung längerdauernder emotionaler Beanspruchungen eignet, etwa im Vergleich zur HR, mit der eher kurzfristige mentale bzw. kombinierte mentale und emotionale Beanspruchungen erfaßt werden (Klimmer, Rutenfranz & Rohmert, 1979). Die *Noradrenalinmenge* stellt dagegen einen Indikator muskulärer, d. h. physischer Beanspruchung dar. Neben den Katecholaminen lassen sich auch Corticoide und ihre Metaboliten sowie freie Fettsäuren als Indikatoren emotionaler Beanspruchung in arbeitspsychologischen Untersuchungen im Urin bestimmen.

70.9 Nicht-physiologische Variablen

Wie eingangs erwähnt, werden innerhalb des psychophysiologischen Untersuchungsansatzes zur Ergänzung der hier beschriebenen bioelektrischen und biochemischen Parameter Verhaltens- bzw. *Leistungsmessungen* (→ *Leistungsbeurteilung*) und subjektive Maße herangezogen. Während Leistungsparameter meist aus der Arbeitstätigkeit selbst kontinuierlich zur Verfügung stehen, lassen sich Parameter objektiver *Verhaltensbeobachtung*, etwa aus Mimik und Gestik, nur mit erheblichem Auswertungsaufwand gewinnen (→ *Beobachtungsmethoden*). Eine Reihe von psychophysiologischen Registriersystemen für Felduntersuchungen besitzt bereits zusätzliche Aufnahmekanäle, auf denen Skalierungen des *subjektiven Befindens* zu bestimmten Meßzeitpunkten festgehalten werden können.

Literatur

Beatty, J. (1986). The pupillary system. In M. G. H. Coles, E. Donchin, & S. W. Porges (Eds.), Psychophysiology. Systems, processes, and applications (pp. 43–50). Amsterdam: Elsevier.

Boucsein, W. (1987). Psychophysiological investigation of stress induced by temporal factors in human-computer interaction. In M. Frese, E. Ulich, & W. Dzida (Eds.), Psychological issues of human-computer interaction in the work place (pp. 163–181). Amsterdam: North Holland.

Boucsein, W. (1988). Elektrodermale Aktivität. Grundlagen, Methoden und Anwendungen. Berlin: Springer.

Donchin, E., Kramer, A. F. & Wickens, C. (1986). Applications of brain event-related potentials to problems in engineering psychology. In M. G. H. Coles, E. Donchin, & S. W. Porges (Eds.), Psychophysiology. Systems, processes, and applications (pp. 702–718). Amsterdam: Elsevier.

Fahrenberg, J. (1988). Psychophysiological processes. In J. R. Nesselroade, & R. B. Cattell (Eds.), Handbook of multivariate experimental psychology, 2nd ed. (pp. 867–914). New York: Plenum Press.

Fahrenberg, J., Foerster, F., Schneider, H.-J., Müller, W., & Myrtek, M. (1986). Predictability of individual differences in activation processes in a field setting based on laboratory measures. Psychophysiology, 23, 323–333.

Hacker, W., & Richter, P. (1984). Psychische Fehlbeanspruchung: psychische Ermüdung, Monotonie, Sättigung und Streß. In W. Hacker (Hg.), Spezielle Arbeits- und Ingenieurpsychologie in Einzeldarstellungen, Bd. 2. Berlin: Springer.

Haider, E., & Philipp, U. (1980). Konzept und Falluntersuchungen zur Verknüpfung psychologischer und physiologischer Reiz-Reaktions-Modelle zur Analyse von Arbeitssystemen. Psychologische Beiträge, 22, 215–234.

Klimmer, F., & Rutenfranz, J. (1983). Folgen mentaler und emotionaler Belastungen. In W.

Rohmert, & J. Rutenfranz (Hg.), Praktische Arbeitsphysiologie (S. 135–141). Stuttgart: Thieme.

Klimmer, F., Rutenfranz, J., & Rohmert, W. (1979). Untersuchungen über physiologische und biochemische Indikatoren zur Differenzierung zwischen mentaler und emotionaler Beanspruchung bei psychischen Leistungen. International Archives for Occupational and Environmental Health, 44, 149–163.

Kringe, K.-P., Neidhart, B., & Lippmann, Ch. (1982). Practical aspects of the routine determination by HPLC of free noradrenaline and adrenaline in urine and plasma. In I. Molnar (Ed.), Practical aspects of modern HPLC (pp. 241–273). Berlin: de Gruyter.

Kuhmann, W., Boucsein, W., Schaefer, F., & Alexander, J. (1987). Experimental investigation of psychophysiological stress-reactions induced by different system response times in human-computer interaction. Ergonomics, 30, 933–943.

Luczak, H. (1975). Untersuchungen informatorischer Belastung und Beanspruchung des Menschen. Fortschritt-Berichte der VDI-Zeitschriften, Reihe 10, Nr. 2. Düsseldorf: VDI-Verlag.

Martin, I., & Venables, P. H. (Eds.) (1980). Techniques in psychophysiology. Chichester: Wiley.

Mulder, G., Mulder, L. J. M., & Veldman, J. B. P. (1985). Mental tasks as stressors. In A. Steptoe, H. Rüddel & H. Neus (Eds.), Clinical and methodological issues in cardiovascular psychophysiology (pp. 30–44). Berlin: Springer.

Richter, P., Richter, P. G., Schmidt, Ch., & Straube, B. (1980). Psychophysiologische Aufwandbestimmung als Grundlage der Effektivitätsbeurteilung von Arbeitstätigkeiten. Zeitschrift für Psychologie, 188, 275–291.

Settels, J. J. & Wesseling, K. M. (1985). FIN.A.PRES: non-invasive finger arterial pressure waveform registration. In J. F. Orlebeke, G. Mulder & L. P. J. van Doornen (Eds.), The psychophysiology of cardiovascular control (pp. 267–283). New York: Plenum Press.

Wolfram Boucsein,
Bundesrepublik Deutschland

71. Qualitäts-Zirkel

71.1 Definition und Zielsetzung

Unter dem Begriff „Qualitäts-Zirkel" (QZ) wird in der Praxis eine Vielzahl unterschiedlicher Ansätze subsumiert, während andere Konzeptionen wiederum, die mit dem QZ-Gedanken mehr oder weniger identisch sind, unter anderen Bezeichnungen (wie z. B. Lernstatt, Mitarbeiterrunden, Gesprächskreise) figurieren. Eine klare terminologische Abgrenzung ist von daher also kaum möglich, auch die Verwendung des englischen Ausdrucks „Quality Circles" ändert nichts an dieser Situation. Die Entscheidung darüber, ob es sich jeweils in einem konkreten Fall tatsächlich um ein QZ-Konzept handelt, sollte davon abhängig gemacht werden, inwieweit folgende *konstitutive Merkmale* gegeben sind (Bungard 1988):

- QZ bestehen aus Gesprächsrunden von ca. 5 bis 10 Mitarbeitern, die vor allem aus unteren Hierarchieebenen stammen.
- Die Mitarbeiter kommen aus einem Arbeitsbereich.
- Sie versuchen auf freiwilliger Basis regelmäßig (alle 2–4 Wochen) arbeitsbezogene Probleme zu besprechen und möglichst eigenverantwortlich zu lösen.
- Die Gruppe wählt sich ihre („im weitesten Sinn qualitätsbezogenen") Themen selbst aus; sie sollen in der Regel nicht von „oben" vorgegeben werden.
- Die Moderation übernimmt entweder der direkte Vorgesetzte der Mitarbeiter (also z. B. der Vorarbeiter oder Meister), oder ein „externer" Qualitätsgruppenbetreuer bzw. Moderator, oder ein Mitarbeiter aus der Runde.
- Die Produktqualität (z. B. weniger Ausschuß usw.) ist dabei nur ein, wenn auch sehr wichtiger, Teilaspekt; daneben werden Fragen der Arbeitssicherheit, der Arbeitsplatzgestaltung bezüglich der Arbeitsabläufe und -vorrichtungen und der Zusammenarbeit mit den Vorgesetzten diskutiert.
- Die Gesprächsrunden finden während der Arbeitszeit oder (insbesondere bei taktgebundener Fließbandarbeit) vor oder nach der Schicht gegen Überstundenbezahlung statt. Die Dauer beträgt jeweils 1 bis 2 Stunden.
- Die Gesprächsleiter bzw. Moderatoren berichten in den meisten Fällen regelmäßig anhand eines Ergebnisprotokolls einem Koordinator über die besprochenen Themen.
- Von der Gruppe ausgearbeitete Problemlösungsvorschläge werden im Rahmen des betrieblichen Vorschlagswesens honoriert und/oder sie werden mit Hilfe eines eigenen Belohnungssystems prämiert.

Der Unterschied zu den „klassischen" Projektgruppen oder den *Werkstattzirkeln,* wie sie insbesondere Ende der 70er Jahre bei VW eingerichtet wurden, besteht darin, daß dort die zu behandelnden Themen vorher festgelegt werden und die Gruppen sich nach der Lösung des Problems wieder auflösen.

Die verschiedenen QZ-Konzeptionen variieren in der Praxis vor allem hinsichtlich des *Autonomiegrades,* den die Gruppe bei der Auswahl der Problemstellungen und bei der Realisierung der Lösungen eingeräumt bekommt.

71.2 Zur Geschichte der QZ-Bewegung

Die ersten Ansätze derartiger Gruppenarbeitskonzeptionen finden sich in der BRD bereits zu Beginn der 70er Jahre, als z. B. bei BMW die sog. Lernstatt eingerichtet wurde (Bednarek, 1985; Antoni, 1986). Andere „Vorläufer" – wie z. B. Null-Fehler-Teams oder Gruppenvorschlags-Konzepte – wurden seit Mitte der 70er Jahre in zahlreichen Betrieben implementiert.

Die explosionsartige Ausbreitung der QZ begann aber erst Anfang der 80er Jahre, nachdem im Zuge einer weitverbreiteten „Japanhysterie' Ende der 70er Jahre eine Reisewelle von West nach Ost eingesetzt hatte, an der sich Arbeitgebervertreter, Gewerkschafter, Manager, Betriebsräte, Politiker und Wissenschaftler gleichermaßen beteiligten.

Im Mittelpunkt der nunmehr kopierten Konzepte stand weniger eine spezifische Technologie, als vielmehr eine neuartige *Führungsphilosophie*, die sich insbesondere in den „Qualitätszirkeln" (QZ) zu manifestieren schien: Mitarbeiter treffen sich *freiwillig*, um *gemeinsam* nach Lösungen ihrer Arbeits*probleme* zu suchen.

Ein Blick in die „Qualitätszirkel" versprach den ‚Schleier des Geheimnisses' zu lüften, der die geradezu sagenumwobene Motivation des japanischen Arbeiters (→ Arbeitsmotivation) umgeben sollte, der unter Hintanstellung seiner eigenen Wünsche freudig und bereitwillig sein Bestes gebe, wenn es nur der Firma zum Nutzen gereiche. Es nimmt nicht Wunder, daß solche Reiseeindrücke angesichts der ökonomischen Flaute daheim auf fruchtbaren Boden fielen. Und unter gutem Zureden cleverer Berater wurde die rasche Einführung eines *„Management by Quality Circles"* mitunter gar zur Überlebensfrage hochstilisiert.

Ein kurzer Blick in die geschichtliche Entwicklung japanischer QZ zeigt, daß diese ‚Geheimwaffe fernöstlicher Unternehmen' Anfang der 50er Jahre unter dem Einfluß amerikanischer Qualitätsexperten (u. a. Deming, Juran) entwickelt und in den Betrieben institutionalisiert wurde.

Die QZ-Bewegung erfaßte zunächst die größeren japanischen Produktionsbetriebe und dehnte sich dann allmählich auf mittelständische und kleinere Unternehmen aus. Schließlich griffen auch Betriebe außerhalb des Sektors der industriellen Fertigung, also Handelshäuser und Dienstleistungsunternehmen, die QZ-Idee auf. Heute wird die Zahl der japanischen Arbeiter, die in QZ mitarbeiten, auf über 10 Mio. geschätzt (Zink & Schick, 1984). Anfang der 60er Jahre erschien die erste „Fachzeitschrift" JUSE („Japanese Union of Scientists and Engineers") und seit über 20 Jahren finden jährlich landesweit Tagungen statt, auf denen die besten Gruppen ausgewählt und geehrt werden.

Die Entwicklung in der BRD verlief ähnlich: 1980/81 wurden QZ zunächst in einigen großen Unternehmen eingeführt, wie z. B. Siemens, Ford, Zeiss, BASF; es folgten dann in der zweiten Welle mittelgroße und kleinere Betriebe. Seit 1984 experimentieren auch Banken, Versicherungen und sonstige Dienstleistungsbetriebe mit QZ. Bei einer Erhebung im September 1986 konnte festgestellt werden, daß von den 100 größten Unternehmen (gemessen am Umsatz-Volumen) in der BRD über 50% QZ oder ähnliche Konzeptionen in ihrem Bereich installiert haben (Bungard & Antoni, 1987). QZ sind offenkundig zu einem ‚Renner' auf dem Markt der soziotechnischen Instrumente zeitgemäßer Betriebsführung geworden. Der Andrang auf den bisherigen sieben Deutschen Quality-Circle-Kongressen belegt diese Aussage. Zahlreiche Firmen mit QZ-Erfolgen haben sich inzwischen der DQCG („Deutsche Quality Circle Gesellschaft"), die 1986 gegründet wurde, angeschlossen. 1987 fand in Brüssel der erste Europäische QZ-Kongreß mit über 3000 Teilnehmern statt, der von den einzelnen nationalen Verbänden organisiert wurde.

71.3 Bisherige Erfahrungen in der BRD

Aufgrund der bislang veröffentlichten Erfahrungsberichte und sonstiger Literaturquellen sowie auf der Basis der wenigen empirischen Forschungsbefunde lassen sich die folgenden Punkte aufführen (Bungard & Wiendieck, 1986; Zink, 1986):

a) Die teilweise geradezu hektische Einführung des Konzepts bedingte in vielen Fällen eine mangelnde Vorbereitung der Organisationen auf das QZ-Experiment. Die Implementierung erfolgte rein *instrumentalistisch,* ohne zuvor bei den Betroffenen die QZ-Philosophie zu verdeutlichen. Die Einführung wurde nicht als eine typische → *Organisationsentwicklungs*-Maßnahme gesehen (Strombach, 1984), es fehlte oft eine ganzheitliche Perspektive. Das Training bezog sich fast ausschließlich auf die Moderatoren und diente lediglich zur Vermittlung QZ-spezifischer Problemlösungstechniken, während das dahinterstehende Führungsproblem aufgrund der neuen Rolle des Vorgesetzten meist zu kurz kam. Die Notwendigkeit eines umfassenderen Trainingskonzepts ist erst allmählich erkannt und nur in wenigen Fällen zufriedenstellend realisiert worden.

b) Bei der Einführung von QZ ist es fast immer zu *Konflikten* gekommen, weil die Grundidee in einer tayloristisch ausgerichteten Organisation wie ein Fremdkörper erscheinen muß (Wiendieck, 1986a). Das konstitutive Merkmal der QZ, nämlich bestimmte Probleme in eigener Regie abzustellen, muß ja notgedrungen die Kompetenz und Machtposition indirekter Abteilungen in Frage stellen. Der Prozeß einer allmählichen Aushöhlung der Grundidee und der Verzerrung des Konzeptes wurde entscheidend durch den *Widerstand* des mittleren Managements beschleunigt. Für diesen Personenkreis gilt im Grunde das gleiche wie für die Stäbe: Die QZ-Philosophie droht die Führungsrolle der mittleren Manager, der unmittelbaren Vorgesetzten der Moderatoren in Frage zu stellen. Angst vor Statusverlust und die Verunsicherung, wie mit „Ideen von unten" umzugehen ist, wo man doch gelernt hat, daß gute Ideen immer von oben kommen, herrschten vor.
Man kann also zu dem Schluß kommen, daß die QZ immer dann Gegenkräfte mobilisiert haben, wenn zentrale Aspekte der tayloristischen Struktur tangiert wurden. Es gelang in vielen Fällen nicht, daß QZ-Konzept in die vorherrschende Firmenkultur bzw. Unternehmensphilosophie zu integrieren (Wiendieck, 1986b, → Organisationskultur).

c) Eine zentrale Frage aus der Sicht der Betriebe betrifft natürlich die *Effizienz* der QZ. Hier wurden in der Anfangsphase „return-on-investment"-Quotienten (Verhältnis von Kosten zu Erträgen) z. B. von 1:7 und mehr veröffentlicht, die einer genauen Analyse zwar nicht standhalten, wohl aber zur Verbreitung der QZ entscheidend beigetragen haben.
Zusammenfassend betrachtet haben die bisherigen ‚seriösen' Studien gezeigt, daß hinter der Frage der Effizienz ein höchst komplexer und empirisch nur schwer erfaßbarer Wirkungszusammenhang steht. Unter Zugrundelegung ökonomischer

Parameter scheinen sich die Ausgaben zu lohnen, da QZ eine Vielzahl von kleineren Problemen lösen, die in ihrer Gesamtheit durchaus positiv zu Buch schlagen. Die motivationalen Auswirkungen sind schwer abzuschätzen und dürften erst längerfristig nachweisbar sein. Die fehlende Akzeptanz in den Organisationen hat im übrigen nach der anfänglichen Euphorie bei den Mitarbeitern und Moderatoren oft bumerangartig zu einer Resignation und damit Demotivation geführt.

Fazit: Die neue „Management by QZ"-Technik führt bei deren Implementierung nach den ersten Erfolgen in der Mehrzahl der Fälle zu einem längeren Prozeß der innerbetrieblichen Auseinandersetzung, und es wird sich erst noch zeigen müssen, ob QZ auch längerfristig Bestand haben können.

71.4 QZ als Gegenstand arbeits- und organisationspsychologischer Forschung

Es liegt auf der Hand, daß sich sehr viele wissenschaftliche Disziplinen für ein solches Phänomen wie diese QZ-Bewegung in der BRD interessieren müßten. Es ist jedoch erstaunlich, daß diese Entwicklung an den Universitäten und Forschungsinstitutionen zumindest in der Anfangsphase kaum zur Kenntnis genommen worden ist (Deppe, 1986). Erst in den letzten Jahren wurden betriebswirtschaftliche oder industriesoziologische Aufsätze publiziert. Insbesondere im Bereich der Arbeits- und Organisationspsychologie, die ja geradezu prädestiniert wäre, sich mit dieser Thematik auseinanderzusetzen, mußte man lange vergeblich nach entsprechenden Analysen suchen. Selbst in neuesten Lehrbüchern taucht der Begriff „QZ" im Sachwortregister nicht auf. Für dieses wissenschaftsgeschichtlich durchaus interessante Defizit gibt es eine Vielzahl von Gründen. Zwei Argumente scheinen dabei von besonderer Relevanz zu sein:

a) Im Gegensatz zu anderen Managementtechniken, wie sie in den 60er und 70er Jahren populär waren, wurde die QZ-Bewegung nicht durch Wissenschaftler initiiert, sondern durch ‚Pratiker' ‚importiert' und implementiert. Dies muß sicherlich auf dem Hintergrund der Humanisierungswelle in den 70er Jahren gesehen werden, bei der das Scheitern zahlreicher ehrgeiziger Projekte gerade den Wissenschaftlern angelastet worden ist. Das akademische Renommee hatte dadurch insgesamt in der Industrie auf dem Gebiet sozialtechnischer Innovationen deutlich gelitten.

b) Daß die Organisationspsychologie neben anderen Disziplinen die QZ-Bewegung sozusagen verschlafen hat, ist symptomatisch für einen z. T. *unzureichenden Praxisbezug*.

Die Organisationspsychologie wäre aber gut beraten, sich mit QZ auseinanderzusetzen, um aufgrund entsprechender wissenschaftlicher Studien zu diesem Phänomen fundiert Stellung nehmen zu können. Das QZ-Konzept eignet sich aber auch aus anderen Gründen als Forschungsgegenstand der Organisationspsychologie: Bei dieser Thematik können nämlich einige der wichtigsten und periodisch immer wieder neu aufgelegten Auseinandersetzungen in der langen Geschichte der Arbeits-Betriebs- und Organisationspsychologie einen konkreten Ansatzpunkt finden: Neben dem Aufweis der „Kulturgebundenheit" (→ *Kulturvergleichende Untersuchungen*) – ein Aspekt, der oft sträflich mißachtet wird – geht es ganz allgemein um die Einstellung zur Arbeit, um die Effizienz von Gruppenarbeit, um den Informationsfluß in Organisationen usw. Damit ergeben sich gewissermaßen an den Grenzstellen von arbeits- und organisationspsychologischen Perspektiven aufschlußreiche Fragestellungen nach den Wechselwirkungen zwischen individuellen und kollektiven Kompetenzentwicklungen einerseits und arbeitsorganisatorischen normativen Steuerungssystemen andererseits.

71.5 Tätigkeitsfelder für Psychologen in der Praxis im Rahmen des QZ-Konzepts

Vor dem Hintergrund der zuvor dargestellten Erfahrungen mit QZ in den Betrieben läßt sich das Tätigkeitsfeld eines praktizierenden Organisationspsychologen wie folgt beschreiben

a) Die Beratung eines Unternehmens muß sinnvollerweise bereits dann beginnen, wenn es um die Frage geht, ob überhaupt und wenn ja, wie QZ eingeführt werden sollen. In dieser Entscheidungsphase ergeben sich eine Fülle von *Problemstellungen,* zu deren Lösung u. a. auch arbeits- und organisationspsychologische Kompetenz erforderlich ist:

– Organisationsdiagnose als Ausgangspunkt der Beratung: Ist die Organisationskultur reif für die Akzeptierung des Konzepts? (→ *Organisationsdiagnostik*)
– Konfrontation der Geschäftsleitung mit den Risiken und Konsequenzen der Implementierung des Konzepts.
– Integration aller indirekt betroffenen Abteilungen in die Entwicklungsphase.
– Kooperation mit dem Betriebsrat (Vorüberlegungen zu einer Betriebsvereinbarung).
– Förderung einer innerbetrieblichen Diskussion über eine konsensfähige Zielsetzung und realistische Erfolgserwartungen.
– Erstellung erster Vorschläge im Hinblick auf die Implementationsstrategie, die Zusammensetzung des Steuerkomitees, die erforderliche Infrastruktur, das Trainingskonzept (→ Trainingsimplementierung).
– Erstellung eines realisierbaren Zeitplans.

b) Während der Implementierungsphase sollte der Prozeß begleitend evaluiert werden. Im übrigen ergeben sich für den Psychologen die gleichen ‚Spielregeln' wie bei anderen typischen Organisations- bzw. Personalentwicklungsmaßnahmen. Er übernimmt insofern auch die QZ-spezifische Rolle des *change-agent*.

c) Die erfolgreiche Realisierung des QZ-Konzepts setzt ein adäquates *Trainings*konzept voraus. Hier ergibt sich ein breites Betätigungsfeld für Psychologen, in welchem eine Vielzahl „klassischer" Techniken integriert werden können.

d) In der Nachfolgezeit ist eine kontinuierliche Betreuung der QZ-Aktivitäten erforderlich, da das Konzept nur selten zu einem ‚Selbstläufer' wird. Im Vordergrund stehen hierbei regelmäßige Austauschtreffen mit den Moderatoren, Gruppendiskussionen mit QZ-Teilnehmern und schließlich begleitende Evaluationsstudien mit Hilfe des psychologischen Methodeninstrumentariums zur Verbesserung des firmenspezifischen QZ-Konzepts.

Literatur

Antoni, C. (1986). Qualitätszirkel und Lernstatt – Ein Vergleich soziotechnischer Instrumente japanischer und deutscher Herkunft. In W. Bungard & G. Wiendieck (Hg.), Qualitätszirkel als Instrument zeitgemäßer Betriebsführung (S. 163–184). Landsberg/Lech: Verlag Moderne Industrie.

Bungard, W. & Antoni, C. (1987). Qualitäts-Circles und andere Formen der Gruppenarbeit an der Basis – Eine Bestandsaufnahme bei den 100 größten deutschen Unternehmen. In: Dokumentation des 5. Deutschen Quality-Circle Kongresses (S. 287–325) Bad Soden.

Bungard, W. & Wiendieck, G. (Hg.) (1986). Qualitätszirkel als Instrument zeitgemäßer Betriebsführung. Landsberg: Verlag Moderne Industrie.

Bungard, W. (1988). Qualitäts-Zirkel als Gegenstand der Arbeits- und Organisationspsychologie. Zeitschrift für Arbeits- und Organisationspsychologie, 54–63.

Bednarek, E. (1985). Veränderungen der Arbeitsmotivation durch Qualitätszirkel und Lernstatt. Unveröff. Diss., Universität München.

Deppe, J. (1986). Qualitätszirkel – Ideenmanagement durch Gruppenarbeit. Darstellung eines neuen Konzepts in der deutschsprachigen Literatur. Bern: Lang.

Strombach, M. (Hg.) (1984). Qualitätszirkel und Kleingruppenarbeit als praktische Organisationsentwicklung. Frankfurt: Kommentator Verlag.

Wiendieck, G. (1986a). Warum Qualitätszirkel? Zum organisationspsychologischen Hintergrund eines neuen Management-Konzeptes. In W. Bungard & G. Wiendieck (Hg.), Qualitätszirkel als Instrument zeitgemäßer Betriebsführung (S. 61–74). Landsberg/Lech: Verlag Moderne Industrie.

Wiendieck, G. (1986b). Widerstand gegen Qualitätszirkel – Eine Idee und ihre Feinde. In W. Bungard & G. Wiendieck (Hg.), Qualitätszirkel als Instrument zeitgemäßer Betriebsführung (S. 207–221). Landsberg/Lech: Verlag Moderne Industrie.

Zink, K. J. (Hg.) (1986). Quality Circles. Fallbeispiele, Erfahrungen, Perspektiven. München: Hanser.

Zink, K. J. & Schick, G. (1984). Quality Circles. München: C. Hanser.

Walter Bungard,
Bundesrepublik Deutschland

72. Qualitative Methoden

72.1 Einleitung

Qualitative Forscher werden mit einer großen Herausforderung konfrontiert: der Entwicklung von Befragungsmethoden, die so nah wie möglich die Erfahrungen und das natürliche Verhalten von Menschen erfassen sollen. In der Tat ist es für einen weiten Bereich der qualitativen Forschung ein kritisches Unterfangen, die Subjektivität in all ihrer verwirrenden Vielfalt einzufangen.

Typische Fragen, die der qualitative Forscher stellt, sind: „Was passiert hier?" – „Wie geben Menschen ihrer Welt einen Sinn?" – „Wie werden sie mit Veränderungen fertig?" – „Was für ein Leben haben die Menschen hier?"

Wenn der qualitative Forscher diesen Fragen nachgeht, ist er für einen großen Bereich von verbalen und nicht-verbalen Verhaltensweisen offen und weniger an sehr spezifischen Antworten auf vorher festgelegte Fragen interessiert. Er beabsichtigt die Tiefe und Reichhaltigkeit der Welt, der persönlichen und sozialen Erfahrungen zu beschreiben. Solche grundlegende Daten werden induktiv ausgewertet, um eine Theorie und Erklärungsgrundlage für die Beobachtungen zu erstellen.

Es gibt verschiedene Ansätze in der qualitativen Forschung, von denen wir uns jetzt einige näher ansehen.

72.2 Qualitative Ansätze und Methoden

Ethnographie beschäftigt sich mit dem Studium und der Beschreibung von Situationen im Alltagsleben. Ihre Wurzeln liegen in der Arbeit von Anthropologen, die Gemeinschaften und Kulturen studiert haben, indem sie dort mit den Menschen zusammenlebten, mit ihnen sprachen und in ihrer natürlichen Umgebung beobachteten (→ *Organisationskultur*).

Die Werkzeuge der Ethnographie bestehen aus teilnehmender Beobachtung, Befragung, Tonbandaufnahmen, Filmen und der Aufzeichnung verschiedener Symbole einer Kultur. All diese Werkzeuge ergeben verschiedene Wege, um sich ein Bild davon „was passiert" und Vorstellungen von der Bedeutung zu machen, die den verschiedenen Symbolen und Ereignissen zukommt. Ziel des Ethnographen ist es, mit der Situation eng vertraut zu werden, ein Teil von ihr zu werden und dennoch einen gewissen Abstand zu halten, um reflektieren zu können, was gesehen und gehört wurde.

Ethnographen beginnen ein Forschungsvorhaben im allgemeinen eher mit einem allgemeinen Forschungsinteresse an diesem Gebiet als mit spezifischen Hypothesen. So ist ihre Forschungsphilosophie eher durch ein zurückhaltendes Vorgehen geprägt, durch gelegentliche Entdeckungen und Einsichten. Diese Art von Forschung wird von wissenschaftlichen Richtungen gestützt, die die menschliche Wahrnehmung und Interpretation von Ereignissen betonen, wie etwa die Phänomenologie oder der symbolische Interaktionismus.

John Van Maanens Untersuchungen in einer amerikanischen Polizeistation illustrieren die Anwendung der Ethnographie in einer Organisation. Van Maanen „versuchte den Sinn des Polizeilebens zu ergründen und seine Konsequenzen für die Polizeibeamten und Personen, die mit der Polizei zu tun haben" (van Maanen, 1982, S. 104). Dazu beobachtete er direkt Polizisten über einen Zeitraum von neun Monaten. Während dieser Zeit wurde er als Polizist geschult und kam dann zu einer Polizeistreife. Er führte viele formelle und informelle Gespräche mit einer Reihe von Menschen, die im Leben eines Polizisten eine Rolle spielen, mit Anfängern, etablierten Beamten, Personen aus der Verwaltung, Freunden, Reportern und Gerichtsvertretern. Zur Durchführung dieser Forschungen mußte er „herumhängen, schnüffeln, Smalltalks führen, Notizen machen, komische, scheinbar dumme Fragen stellen, auf die Offenlegung von Dingen dringen, die einige Personen in Verlegenheit bringen konnte...". Aus der Synthese zahlreicher verschiedener Datenarten erstellt Van Maanen ein Bild von den wesentlichen Charakteristika der Polizeiaktivitäten und ebenso von Details des Polizistenverhaltens in Routine- und Krisensituationen.

Ethnomethodologie weist zwar Verbindungen zur ethnographischen Tradition auf, ist aber insbesondere mit den Schriften des amerikanischen Soziologen Harold Garfinkel (1967) verknüpft. Er selbst und seine Nachfolger haben sich damit beschäftigt, wie und anhand welcher Methodologie Menschen implizite Regeln für sich selbst konstruieren, die ihnen Ordnung und Sinn im alltäglichen Leben geben; Regeln, denen unser gemeinsames Verstehen und Urteilen folgt. Die meisten von uns wissen nicht oder fragen nicht, wie es zu solchen Regeln kommt. Da diese Regeln aber wirksam sind, wird es notwendig, nach Schlüsselreizen zu suchen. Die Ethnomethodologen gewinnen sie aus sorgfältigen Verhaltensbeobachtungen und Gelegenheiten, bei denen für selbstverständlich gehaltene Voraussetzungen offenbar werden, wie in außergewöhnlichen Situation oder Krisensituationen. So hat die ethnomethodologische Forschung z. B. etwas über den Prozeß dargelegt, wie Leichenbeschauer einen Todesfall als Suizid festlegen oder über die Art, in der Drogenabhängige bestimmte Codes entwickeln, um in einer Institution zu überleben oder wie ein Geschworenengericht beratschlagt.

Eine organisatorische Studie über Krankenschwestern von Eileen Faihurst (1983) spiegelt die ethnomethodologische Tradition wider. Sie wollte die sozialen Prozesse untersuchen, die bei der Rehabilitation von Geriatriepatienten in einem Krankenhaus auftreten und wie sich im einzelnen das Personal seine eigenen Regeln für die praktische Arbeit im Schatten der formalen Krankenhausregeln schafft und aufrechterhält. Als teilnehmende Beobachterin auf der Station, beim Bettenmachen, der Essens- und Getränkeausteilung, bei Rehabilitations- und Bastelarbeiten und beim Gespräch mit Personal und Patienten erstellt sie ein detailliertes Bild über die „Kultur" der Station und die Art, wie Schwestern reagieren (→ *Organisationskultur*). Wie z. B. das Nachtpersonal unruhige Patienten eher sediert, als über sie wacht, um so seinen weiteren Schwesternpflichten nachkommen zu können, wie das Nachtpersonal die erste organisatorische Regel für die Hilfe von Patienten, daß diese *ihre Angelegenheiten* selbst erledigen, aus Sicherheitsgründen nicht beachtet, was wiederum als ein Mittel angesehen werden kann, mit der Nachtarbeit fertig zu werden.

72.3 Involvement und Intervention

Wie oben beschrieben wurde, kann das Ausmaß variieren, in dem der Forscher in die Situation involviert ist. Einige Forscher sprechen von einem „Eindringen in die Situation", indem sie darauf bauen, ihre Identität nicht preiszugeben, um so herauszufinden, was natürlicherweise passiert. So berichten Douglas und Kollegen (1977), wie sie sich an einen FKK-Strand begaben, um dort die sozialen Prozesse zu beobachten. Diese Art von Forschung wirft natürlich erhebliche Probleme auf. Mangham (1986) nutzte seine Beraterbeziehungen zu Managern und Vorstand wesentlich unverhohlener aus, um ein lebendiges Bild von einigen zwischenmenschlichen Prozessen und der Politik zu schaffen, die die organisationale Ordnung bzw. Unordnung kennzeichnen. Eine solche Studie weicht vom traditionellen ethnographischen Ansatz ab, da der Forscher auch Veränderungen und Interventionen vornimmt.

Meine eigene Studie über Probleme des Stresses bei Sozialarbeitern repräsentiert eine extreme Form eines solchen Interventionsansatzes (Fineman, 1985). Hier übernahm ich eine Doppelrolle, die aber offen dargelegt wurde. Ein Teil meiner Rolle war es, Sozialarbeitern, die Streßprobleme bei ihrer Arbeit hatten, meine Unterstützung als Berater anzubieten. Der zweite Teil meiner Rolle bestand darin, zusammen mit ihnen ihre Streßerfahrungen bei der Arbeit zu explorieren, so daß ich mehr über die Prozesse und Gründe ihrer Beanspruchung entdecken konnte. Ein vorher festgelegtes Streßmodell war der Leitfaden für einige meiner Fragen und Analysekategorien, z. B. zur Natur von Drohungen, zu Quellen von Streß und Coping-Mechanismen. Dennoch konnten die Sozialarbeiter auch mit eigenen Worten über ihre Probleme sprechen. Die Beziehung zum Forschungsvorhaben basierte auf Vertrauen und Intimität. So war es nicht überraschend, daß sensitive Informationen über das Leben von Sozialarbeitern gewonnen wurden, z. B. über die Schwierigkeiten, sich mit dem raren Erfolg in der Arbeit abzufinden oder wie sie von einigen ihrer eigenen Klienten abhängig wurden, insbesondere von den wenigen Klienten, die gute Fortschritte zu machen schienen. Andere Beispiele sind der Kampf, Drohungen und ein öffentliches Drama im Falle einer Kindesmißhandlung zu vermeiden, die „Spiele", die sie mit ihren Supervisoren spielen, um zu vermeiden, daß ihre eigenen Unzulänglichkeiten entdeckt werden oder die Art, wie sich die emotionalen „Kosten" ihrer Arbeit auf das Privatleben auswirken.

72.4 Weniger aufdringliche, unpersönliche Techniken

Nicht alle qualitativen Forschungstechniken involvieren eine face-to-face-Interaktion. Es werden weniger aufdringliche Methoden angewendet, um Einsicht in das organisationale Leben zu bekommen. Beispiele für Methoden, die zu einem Bild von der Kultur eines Unternehmens beitragen können, sind Briefe, Memoranden, Anzeigetafeln, organisatorische Tabellen, schriftliche Regeln, Kleidungsformen oder Unternehmensberichte. Fotografien der Einrichtung können Interaktionsmuster offenlegen (Whyte, 1980). Auch der Zustand von Fußbodenfliesen in einem Museum kann die Popularität bestimmter Ausstellungsstücke anzeigen (Webb et al., 1972).

Schriftliche Aufzeichnungen können verbale Daten und Verhaltensbeobachtungen ersetzen oder vervollständigen. So können Erfahrungen einer Person in Form von Tagebüchern oder Briefen aufgezeichnet werden. Diesen Ansatz kann man in einigen Studien zum Verhalten von Managern finden (z. B. Stewart, 1970). Auch bei mir stellte er sich als eine erfolgreiche Methode heraus, um einige der persönlichen Streßsituationen und Sorgen von Arbeitslosen aufzudecken (Fineman, 1983).

72.5 Einen Sinn aus den Daten machen

Meistens sind qualitative Beobachtungen unübersichtlich. Tonbandaufnahmen, Notizen, lose verbundene Aufzeichnungen, Tagebucheindrücke usw. Wie im „richtigen Leben" gibt es selten in reiner Form Anfang, Mitte und Ende, sondern eine Reihe von Bildern, die in verschiedenen qualitativen Formen eingefangen werden. Der qualitative Forscher kann nicht mechanische Formen der Datensortierung anwenden oder die Daten einer anonymen Computerauswertung unterziehen.

Grundsätzlich sollte der Forscher so nah wie möglich an den erhobenen Daten bleiben, was oft eine furchtbare und manchmal eine tolle Aufgabe ist. Es ist ein persönlicher Prozeß, der Geduld und eine ungewöhnliche Toleranz gegenüber Mehrdeutigkeit erfordert. Wenn Muster aufgedeckt werden, kann er jedoch auch immense Erfolgserlebnisse vermitteln. Durch sukzessive Analysen der Daten werden Beziehungen geknüpft, die sich vielleicht auf bestimmte Gebiete richten, die der Forscher inzwischen favorisiert. Bei diesem Vorgehen können sorgfältige Heraushebungen, Zusammenfassungen, Zeichnungen und Diagramme behilflich sein. Eine eher formale Menge von analytischen Regeln, ein schrittweiser Analyseprozeß, leitet manchmal den Forscher, wie es von Glaser und Strauss (1967) vorgeschlagen wurde. Seltener von Organisationsforschern angewendet, aber immer noch im Rahmen des „Geistes" der qualitativen Forschung, sind hochentwickelte Codiersysteme, wie sie u. a. in psychometrischen Techniken zu finden sind, z. B. beim Thematischen Apperzeptions-Test (Murray, 1943).

Zusammengefaßt zielen qualitative Methoden auf multiple Realitäten, die die soziale Erfahrung konstituieren. Sie erfordern im Vergleich zu quantitativen/ reduktionistischen Formen der Forschung sehr unterschiedliche Forscherfähigkeiten und Ansätze, und ihre Anwendung findet inzwischen einen stärkeren Einzug in die Literatur über Organisationen (vgl. auch → *Aktionsforschung*). Nützliche Hintergrundinformationen kann man in den folgenden Werken finden: Bogdan und Taylor (1975), Lofland (1976), Patton (1980), Silverman (1985), Van Maanen et al. (1982), Van Maanen (1979), Fineman und Mangham (1983) und Halfpenny (1979).

Literatur

Bogdan, R. & Taylor, S. (1975). Introduction to qualitative research methods. New York: Wiley.
Douglas, J. D., Rasmussen, P. K. & Flanagan, C. A. (1977). The nude beach. Beverly Hills: Sage.
Fairhurst, E. (1983). Organizational rules and the accomplishment of nursing work on geriatric wards. Journal of Management Studies, 20, 315–332.
Fineman, S. (1983). White collar unemployment. Chichester: Wiley.
Fineman, S. (1985). Social work stress and intervention. Aldershot: Gower.
Fineman, S. & Mangham, I. L. (Eds.) (1983). Qualitative approaches to organizations. (Special issue of) Journal of Management Studies, 20, 295–406.
Garfinkel, H. (1967). Studies in ethnomethodology. New Jersey: Prentice Hall.
Glaser, B. & Strauss, A. (1967). The discovery of grounded theory. Chicago: Aldine.
Halfpenny, P. (1979). The analysis of qualitative data. Sociological Review, 27, 799–825.
Lofland, J. (1967). Doing social life. New York: Wiley.
Mangham, I. L. (1986). Power and performance in organizations. Oxford: Blackwell.
Murray, H. A. (1943). Thematic Apperception Test Manual. Harvard: Harvard University Press.
Patton, M. G. (1980). Qualitative evaluation methods. Beverly Hills: Sage.
Silverman, D. (1985). Qualitative methodology and sociology. Aldershot: Gower.
Stewart, R. (1970). Managers and their jobs. London: Pan.
Van Maanen, J. (Ed.) (1979). (Special issue of) Administrative Science Quarterly.
Van Maanen, J. (1982). Fieldwork on the beat. In J. Van Maanen, J. M. Dabbs & R. R. Faulkner: Varieties of qualitative research. Beverly Hills: Sage.
Van Maanen, J., Dabbs, J. M. & Faulkner, R. R. (1982). Varieties of qualitative research. Beverly Hills: Sage.
Webb, E. J., Campbell, D. T. & Sechrest, L. (1972). Unobtrusive Measures: Non-reactive research in the social sciences. Chicago: Rand McNally.
Whyte, W. H. (1980). The social life of small urban spaces. Washington, DC: The Conservation Foundation.

Stephen Fineman,
Großbritannien

73. Schichtarbeit

73.1 Schichtsysteme

Schichtarbeit ist aus arbeitspsychologischer Sicht als ein Teilproblem der Arbeitszeitproblematik anzusehen, bei der es um Auswirkungen der Dauer, der Lage und der Verteilung von arbeitsgebundener und arbeitsfreier Zeit auf den arbeitenden Menschen geht (vgl. Folkard & Monk, 1985) (→ *Arbeitszeit und Freizeit, Belastung und Beanspruchung am Arbeitsplatz*). Schichtarbeit stellt eine von der

‚normalen' Lage der Arbeitszeit abweichende Regelung der Arbeitszeit dar, die wegen dieser „Abnormität" mit besonderen Problemen verbunden ist. Dabei wird unter Schichtarbeit eine Vielzahl von Arbeitszeitregelungen verstanden, deren einziges gemeinsames Merkmal darin besteht, daß sie von der ‚normalen' Arbeitszeitregelung abweichen. So sind etwa feste Schichten (z. B. Dauernachtschicht) von wechselnden Schichten (z. B. Früh-, Spät- und Nachtschicht) zu unterscheiden, Schichtsysteme bei denen auch am Wochenende rund um die Uhr gearbeitet wird (Konti-Systeme) von solchen, bei denen am Wochenende die Arbeit ruht (diskontinuierliche Systeme), Systeme mit 2 Schichten (mit oder ohne Einschluß von Nachtarbeit), 3, 4, oder 5 Schichten, vorwärts- (Früh – Spät – Nacht) von rückwärts- (Nacht – Spät – Früh) und kurz- (Systeme mit wenigen gleichen aufeinanderfolgenden Schichten) von langrotierten Systemen (mit mehreren gleichen aufeinanderfolgenden Schichten) (zur Schichtplansystematik vgl. Rutenfranz & Knauth, 1987; Ernst, 1984).

Da sich aus diesen (und weiteren) Merkmalen eine Vielzahl von konkreten Schichtplänen realisieren lassen, verwundert es nicht, wenn in einem bestimmten Wirtschaftsbereich oder selbst in einem bestimmten Betrieb viele verschiedene Schichtsysteme vorkommen. So hat beispielsweise Jansen (1987) mehr als 500 verschiedene Schichtpläne inventarisiert, die in den Niederlanden üblich sind.

Über die Häufigkeit der einzelnen Schichtsysteme und der Schichtarbeit insgesamt liegen in den einzelnen Ländern unterschiedlich präzise Angaben vor. Es kann jedoch davon ausgegangen werden, daß in Westeuropa der Anteil der Schichtarbeiter an der erwerbstätigen Bevölkerung etwa 20 bis 25% ausmacht, wobei in den letzten Jahren ein Stagnieren der Gesamtzahl bei gleichzeitiger Umverlagerung vom Produktions- in den Dienstleistungsbereich festzustellen ist. Parallel dazu ergibt sich eine Veränderung der Tätigkeitsstrukturen in der Schichtarbeit: von schwerer dynamischer Muskelarbeit hin zu Tätigkeiten, die am ehesten als → *Überwachungs-, Kontroll- oder Steuerungstätigkeiten* zu bezeichnen sind und bei denen der damit beschäftigte Mitarbeiter im wesentlichen Überwachungs- und Entscheidungsaufgaben ausübt. Damit wird insbesondere in Schichtarbeit eine Verlagerung von physischer zu psychischer Beanspruchung deutlich, womit die Bedeutung dieses Problembereiches für die Arbeitspsychologie zunimmt.

73.2 Desynchronisation durch Schichtarbeit

Das Grundproblem der Schichtarbeit (und dies wird insbesondere bei solchen Formen deutlich, die Nachtarbeit einschließen) besteht in der Desynchronisation verschiedener rhythmisch verlaufender Vorgänge im Menschen selbst sowie mit denen seiner (sozialen) Umwelt. So besteht für die meisten physiologischen und psychischen Funktionen eine circadiane (d. h. etwa 24-stündige) Rhythmik, von denen der Tagesgang der Körpertemperatur am bekanntesten sein dürfte. Danach ist der Organismus intern, aber von sog. „Zeitgebern" aus seiner physischen und sozialen Umwelt synchronisiert, zu bestimmten Zeiten des Tages auf Leistung und zu anderen auf Erholung eingestellt (vgl. Folkard & Monk, 1985). Schichtarbeiter müssen nun entgegen diesem normalen Rhythmus (Tag = Arbeit, Nacht = Erholung) zu Zeiten arbeiten, in denen ihr Organismus auf Erholung eingestellt ist, und sie müssen schlafen, wenn ihr Organismus und ihre soziale Umwelt auf Aktivität eingestellt sind.

Damit wird zugleich deutlich, daß Schichtarbeit nicht nur ein „biologisches" Problem der Desynchronisation rhythmisch gesteuerter physiologischer Prozesse ist, sondern ebenfalls zu einer Desynchronisation mit der sozialen Umwelt führt, die sich „normal" verhält, wobei ebenfalls verschiedene rhythmische Variationen zu beobachten sind (vgl. Baer et al., 1981, Nachreiner et al., 1984). Dies bedeutet gleichzeitig, daß Schichtarbeit nicht nur ein arbeitsplatzbezogenes Problem darstellt. Die soziale Desynchronisation betrifft ganz offensichtlich über den Betrieb hinaus auch die arbeitsfreie Zeit des Schichtarbeiters, seine Familie, seinen Freundes- und Bekanntenkreis sowie die Gesellschaft als Ganzes, und zwar, wie neuere Untersuchungen belegen, nicht erst bei Einschluß von Nachtarbeit sondern auch bereits bei Zweischichtarbeit ohne Nachtarbeit (vgl. Ernst et al., 1984). Schichtarbeit ist damit eine Arbeitsbedingung, an der sich exemplarisch demonstrieren läßt, daß die Probleme der Arbeits- und Betriebspsychologie nicht am Fabriktor enden.

73.3 Beeinträchtigungen und Störungen

Als Folgen der Desynchronisation verschiedener Lebensrhythmen lassen sich bei Schichtarbeitern eine Vielzahl verschiedener Beeinträchtigungen feststellen, die hier nur exemplarisch behandelt werden können (umfassendere Darstellungen bei De Vries-Griever et al., 1986; Nachreiner et al,. 1985; sowie Rutenfranz & Knauth, 1987). Leistungsbeeinträchtigungen bei Nachtarbeit liegen nahe, sind jedoch empirisch oft nur schwer nachzuweisen, weil hier Wechselwirkungen mit anderen Arbeitsbedingungen vorliegen (z. B. ruhigere, ungestörte Arbeit während einer Nachtschicht) oder weil die Schichtarbeiter die verminderte Leistungskapazität durch erhöhte Anstrengungen kompensieren. Untersuchungen, die lediglich die Leistung berücksichtigen, ohne den zu ihrer Erbringung erforderlichen Aufwand, sind daher wenig aussagefähig. Auffällig werden Leistungsunterschiede jedoch insbesondere dann, wenn enge Toleranzen für die geforderten Leistungen bestehen. Häufig sind die Fehlerraten während der Nachtschicht höher als am Tage (z. B. Bjerner et al., 1948). Auffällig ist auch, daß ernsthafte Störfälle gehäuft nachts auftreten (z. B. Bhopal, Harrisburg, Tschernobyl), wobei es sich in der Regel nicht um die erste Nachtschicht der Operateure handelt.

Im physiologisch/medizinischen Bereich treten als Leitsymptome (bei Nachtarbeit) Schlaf- und Appetitstörungen auf. Damit sind Funktionen betroffen, die selbst einer rhythmischen Steuerung unterliegen. Diese Störungen sind deshalb von besonderer Bedeutung, weil damit im Sinne eines Systems mit positiver Rückkopplung Störungen in weiteren Funktionsbereichen angeregt oder verstärkt werden. Als längerfristige Konsequenzen von Schichtarbeit treten vor allem Erkrankungen im Magen-Darm-Bereich auf, ein Rückgang des allgemeinen Wohlbefindens sowie Erscheinungen chronischer Ermüdung. Dabei ist den Beschwerden und Erkrankungen der Schichtarbeiter schon deswegen besondere Aufmerksamkeit zu widmen, weil durch den ständigen (Selbst-)Selektionsprozeß die Gruppe der Schichtarbeiter im Vergleich zur Gruppe der Tagarbeiter immer „gesünder" wird. Schichtarbeit, insbesondere unter Einschluß von Nachtarbeit, ist daher aus medizinischer Sicht eindeutig als Risikofaktor zu betrachten. Inwieweit dies auch für Systeme ohne Nachtarbeit gilt, bleibt abzuwarten. Die bisher vorliegenden Befunde weisen jedenfalls darauf hin, daß hier, falls überhaupt, ein erheblich geringeres Risiko vorliegt, mit Ausnahme der Systeme mit sehr früh beginnenden Frühschichten.

Nicht risikofrei ist Zweischichtarbeit dagegen im sozialen Bereich, auch wenn hier das Risiko wiederum geringer ist als bei Dreischichtarbeit. Schichtarbeiter werden durch ihr abweichendes Arbeits- und Schlafverhalten in entscheidendem Umfang von ihrer sozialen Umwelt isoliert, so daß sie als Sozialisationsagenten wie -rezipienten teilweise ausfallen. Schichtarbeit führt so zu Störungen des Familienlebens (Partnerprobleme, Erziehungsprobleme), des Freizeitverhaltens (Teilnahme an sozialen Aktivitäten, Kultur- und Sportveranstaltungen) und der Beteiligung am öffentlichen Leben (polit. Parteien, Interessenvertretungen, Organisationen), wobei auch hier Verstärkungsmechanismen wirksam werden.

Dies kann dazu führen, daß Persönlichkeitsveränderungen eintreten, insbesondere im Hinblick auf Werthaltungen und soziale Kompetenzen, die einer Gesellschaft nicht gleichgültig sein können – insbesondere wenn davon nicht nur der Schichtarbeiter selbst, sondern auch Familienmitglieder betroffen sind (vgl. Diekmann et al., 1981; De Vries-Griever et al., 1982). Unser Kenntnisstand in bezug auf diese Problemlage ist jedoch noch ausgesprochen defizitär.

73.4 Verbesserungsvorschläge

Wenn das Grundproblem der Desynchronisation oder die Schichtarbeit selbst nicht zu beseitigen sind, müssen Lösungsansätze auf Grund des vielseitigen Beziehungsgefüges mit wechselseitigen Abhängigkeiten komplexer Art sein (vgl. dazu die angegebene Literatur). Einfache Lösungsvorschläge, etwa im Sinne von Patentrezepten, die oft nicht über Trivialitäten hinausgehen, sind hier wenig hilfreich. Maßnahmen zur Verbesserung der Lage der Betroffenen sind auf verschiedenen Ebenen möglich: In arbeitsschutzpolitischen Regelungen durch Gesetzgeber oder Tarifpartner (z. B. zur Dauer der Arbeitszeit), auf betrieblicher Ebene vor allem in einer Schichtplangestaltung, die Kriterien medizinischer und sozialer Verträglichkeit berücksichtigt, sowie in arbeitsmedizinischen und arbeitspsychologischen Vorsorge- und Begleituntersuchungen, die, neben bekannten Ausschlußgründen, auf ein frühzeitiges Erkennen schichtarbeitsspezifischer Symptome abheben und die Betroffenen auf die Risiken und möglichen Bewältigungsmöglichkeiten hinweisen. Daneben ist auch der Arbeits(platz)gestaltung besondere Aufmerksamkeit zu widmen, da Schichtarbeit in der Regel ein Problem kombinierter Mehrfachbelastung darstellt. Nicht zuletzt ist im Sinne eines „social engineering" darauf zu achten, daß eine Gesellschaft, die von einem Teil ihrer Mitglieder Schichtarbeit verlangt, diesem durch eine entsprechende Gestaltung ihres Freizeit- und Kulturangebotes die Möglichkeit der Partizipation eröffnet. Insgesamt erscheinen solche Maßnahmen am erfolgversprechendsten, die die durch die Schichtarbeit entstehende Desynchronisation minimieren.

Forschungsdefizite bestehen weiterhin in Hinsicht auf differentielle Effekte unterschiedlich strukturierter Schichtsysteme, Möglichkeiten der (Re-)Synchronisation unter verschiedenen Systemen sowie im Hinblick auf interindividuelle Differenzen, insbesondere in Hinsicht auf erfolgreiche Bewältigungsstrategien und Probleme der Persönlichkeitsentwicklung.

Literatur

Baer, K., Ernst, G., Nachreiner, F. & Schay, T. (1981). Psychologische Ansätze zur Analyse verschiedener Arbeitszeitsysteme. Zeitschrift für Arbeitswissenschaft, 35 (3), 136–141.

Bjerner, B., Holm, A. & Swensson, A. (1948). Om natt och skiftarbete. Statens Offentliga Utredningar (Stockholm), 51, 87–159.

De Vries-Griever, A. H. G., Meijman, T. F. & Kampman, R. (1986). Ploegendienst als arbeids- en leefomstandigheid. Deel I: Rock around the clock: chronopsychologische en chronobiologische aspecten van onregelmatige werktijden. Amsterdam: CCOZ.

De Vries-Griever, A. H. G., De Vries, G. M. & Meijman, T. F. (1982). De Nederlandse Rijksloods. Deel II: De slaap. Groningen: ISBP Rijksuniversiteit Groningen.

Diekmann, A., Ernst, G. & Nachreiner, F. (1981). Auswirkung der Schichtarbeit des Vaters auf die schulische Entwicklung der Kinder. Zeitschrift für Arbeitswissenschaft, 35 (3), 174–178.

Ernst, G. (1984). Die Interferenz von Arbeit und Freizeit bei verschiedenen Arbeitszeitsystemen. Frankfurt: Lang.

Ernst, G., Diekmann, A. & Nachreiner, F. (1984). Schichtarbeit ohne Nachtarbeit – Schichtarbeit ohne Risiko? Zeitschrift für Arbeitswissenschaft, 38 (2), 92–95.

Folkard, S. & Monk, T. (1985). Hours of work. Temporal factors in work scheduling. Chichester: Wiley.

Jansen, B. (1987). Dagdienst en ploegendienst in vergelijkend perspectief. De theorie en praktijk van roosters vanuit het psycho-somatisch en psycho-sociaal welzijn. Lisse: Wets & Zeitlinger.

Nachreiner, F., Baer, K., Diekmann, A. & Ernst, G. (1984). Some new approaches in the analysis of the interference of shift work with social life. In A. A. Wedderburn & P. Smith (Eds.), Psychological approaches to night and shift work. Edinburgh: Heriot-Watt University.

Nachreiner, F., Streich, W. & Wettberg, W. (1985). Schicht- und Nachtarbeit. In Bundesanstalt für Arbeitsschutz (Hg.), Handbuch zur Humanisierung der Arbeit. Bd. 2 (S. 905–928). Wilhelmshaven: Wirtschaftsverlag Nordwest.

Rutenfranz, J. & Knauth, P. (1987). Schichtarbeit und Nachtarbeit. 2. Aufl. München: Bayerisches Staatsministerium für Arbeit und Sozialordnung.

Friedhelm Nachreiner und Antje Volger, Bundesrepublik Deutschland
Theo Meijman und Adrie de Vries-Griever, Niederlande

74. Sensumotorisches Lernen

74.1 Einführung

In der Arbeitstätigkeit ist das Individuum beim Erfüllen von Arbeitsaufgaben mit Arbeitsmitteln und Arbeitsgegenständen konfrontiert. Sie stellen an den Arbeitenden spezifische Handlungsforderungen und geben einen Rahmen vor für die Struktur der geforderten individuellen Handlungen (vgl. Volpert, 1975). Besonders deutlich wird dies im Umgang mit den Werkzeugen. Das Individuum eignet sich die in ihnen vergegenständlichten Erfahrungen in zeitlich abgrenzbaren Lernprozessen an. *Sensumotorisches Lernen* bezeichnet dabei Prozesse des *Erwerbs* und der *Verbesserung* von *einzelnen Bewegungen* und von *Bewegungsabfolgen*.

Alle Arbeitstätigkeiten werden durch sensumotorisch regulierte Bewegungen realisiert. Dies gilt auch für Tätigkeiten der Arbeitsvorbereitung (Hacker, 1986), die dem eigentlichen Produktionsvorgang vorgelagert sind. Dabei werden z. B. Pläne und Konstruktionszeichnungen erstellt. Aber auch diese Tätigkeiten erfordern eine Realisierung durch Bewegungen. An diesem Beispiel läßt sich zeigen, daß Bewegungen in der Regel Teile übergeordneter Handlungsgefüge sind und erst in diesem Zusammenhang ihren Sinn erfahren. Zunehmende Automatisierung schaltet menschliche Arbeitsbewegungen nicht aus, sondern führt zu Veränderungen der Anforderungen. Die Ausweitung von Kontroll-, → *Überwachungs- und Bedientätigkeiten* hat eine Verringerung ausführungsbezogener, motorischer und eine Ausweitung sensorischer Komponenten der Bewegungsregulation zur Folge. Damit können einseitige Belastungen psycho-physischer Art verbunden sein.

Diese Veränderungen der Arbeitsbedingungen führten in den 50er und 60er Jahren zu einer verstärkten Beschäftigung mit sog. *Tracking*aufgaben (vgl. Poulton, 1974), die nun zu den Untersuchungen rein manueller Aufgaben hinzukamen. Dabei ist auf einem XY-Schirm ein sich bewegendes Signal mit einem zweiten Signal zu verfolgen und der Abstand möglichst zu minimieren. Anhand dieser Regelungsaufgaben wurde eine Vielzahl von Untersuchungen über den Einfluß von Feedback auf den Lernprozeß durchgeführt. Im Zuge der technischen Entwicklung sind viele dieser Operateurstätigkeiten selber automatisiert worden. Daher hat auch die Anzahl von Trackinguntersuchungen wieder stark abgenommen. Die aktuelle Bedeutung dieses Ansatzes ist vor allem darin zu sehen, daß er für das Forschungsgebiet der Sensumotorik kybernetische und informationstheoretische Ansätze nutzbar gemacht hat (vgl. dazu Adams, 1976; Ungerer, 1977; → *menschliche Informationsverarbeitung*). Im Vordergrund der Forschung zum sensumotorischen Lernen stehen gegenwärtig Fragen, auf welche Weise vielseitige, flexibel einsetzbare Fertigkeiten erworben werden, die sich in übergeordnete Handlungsgefüge integrieren lassen.

74.2 Der Erwerb sensumotorischer Fertigkeiten

Um in einer sich dynamisch verändernden Umwelt zielgerichtet handeln zu können, muß das Individuum Regelmäßigkeiten in der Umwelt erkennen und diese durch den Aufbau von Bewegungsstereotypien nutzen. Solche Bewegungskomplexe werden vor allem in psycho-physischen Modellen des *„Motorikprogrammes"* (Schmidt, 1982) beschrieben. Im Lernprozeß werden Abfolgen solcher Bewegungsstereotypien zusammengefaßt und semantisch durch ein einziges Signal kodiert. Bewegungsabfolgen dieser Art werden als *sensumotorische Fertigkeiten* oder Motorik-Superzeichen bezeichnet (Volpert, 1983).

Durch die semantische Kodierung der sensumotorischen Fertigkeit wird ihre flexible Verfügbarkeit für unterschiedliche Handlungspläne gewährleistet. Grundsätzlich können Handlungspläne auch aufgestellt und ausgeführt werden, wenn sensumotorische Fertigkeiten nicht gebildet wurden. Ihr Erwerb stellt jedoch einen wesentlichen Aspekt der Optimierung von Handlungsplänen dar (Volpert, 1976). Motorik-Superzeichen werden durch einen einzigen Initialimpuls ausgelöst und auf niedrigen Regulationsniveaus ohne Zuwendung der Aufmerksamkeit reguliert. Durch ihren automatisierten Ablauf erfolgt eine Entlastung höherer Regulationsebenen.

Der Verlauf des Lernprozesses läßt sich in unterschiedliche Phasen unterteilen. Je nach Fragestellung können die Phasenmodelle mehr oder weniger detailliert und elaboriert sein (vgl. Schelten, 1983; Volpert, 1983). Meist werden dabei theoretische Modellannahmen über Lernprozesse auf phänomenal wahrnehmbare Bewegungscharakteristika bezogen. Phasenunterteilungen haben für die berufspraktische Ausbildung eine große Bedeutung, da sie für die Diagnostik des individuellen Lernstandes eine wichtige Hilfe bieten. Sie ermöglichen die Entwicklung von Lernzieltaxonomien und die Auswahl geeigneter Trainingsmethoden (s. u.) in Abhängigkeit vom Lernniveau.

In den ersten Lernphasen geht es darum, Bewegungen in grober Weise zu realisieren und den Bewegungsvollzug zu stabilisieren. In späteren Stadien werden die Fertigkeiten zunehmend flexibler, indem situative Veränderungen nicht mehr als Störgröße ausgeblendet werden, sondern zu entsprechenden Varianten führen. Vor allem in sog. *Schema-Modellen der Bewegungsregulation* (Schmidt, 1975; Munzert, 1987) wird der Einfluß der Variabilität von Übungsreihen auf die Flexibilität sensumotorischer Fertigkeiten untersucht.

74.3 Trainingstypen und Feedback

Für den Erwerb sensumotorischer Fertigkeiten und damit die Optimierung von Handlungsplänen wurden eine Reihe von *Trainingsmethoden* entwickelt. Sie bauen darauf auf, daß der Lernende Informationen erhält, die zu einer verbesserten Bewegungsausführung führen. Die Lernprozesse finden unter Beteiligung von Sprech-, Denk- und Vorstellungsprozessen statt, die durch spezifische Trainings-

verfahren aktiviert werden können. Dabei läßt sich im einzelnen unterscheiden, ob Rückmeldungen
- über den Ist- oder den Sollwert
- begleitend oder nach Bewegungsende
- verbal oder nonverbal
- extrinsisch oder intrinsisch

vermittelt sind. Aus der Kombination dieser vier Merkmale ergeben sich $2\times2\times2\times2 = 16$ Trainingstypen, die von Volpert (1983) systematisch dargestellt werden.

In der Praxis erweisen sich dabei weniger einzelne Typen, als vielmehr *Kombinationen* von Trainingsverfahren als erfolgreich (Volpert, 1976; Triebe & Wunderli, 1976). Bei der Auswahl und Kombination der Verfahren muß die Komplexität der zu erlernenden Bewegung und der Übungsstand des Lernenden berücksichtigt werden.

Observatives Training kann vor allem zu Beginn des Übungsprozesses eingesetzt werden. Es beruht darauf, daß der Lernende andere Personen (z. B. über Video) beobachtet, die die zu erlernende Bewegung ausführen. In Verbindung mit verbalen Instruktionen, in denen wichtige Bewegungscharakteristika hervorgehoben werden, ist es vor allem als Sollwerteingabe geeignet und sollte daher möglichst früh im Übungsverlauf eingesetzt werden (Volpert, 1976).

Nach Perioden des aktiven Ausführens kann dann *mentales Training* eingeführt werden. Dieses Verfahren beruht auf dem wiederholten, planmäßigen Sich-Vorstellen von Bewegungsabläufen (Ulich, 1967). Man unterscheidet dabei Formen, bei denen der Lernende sich den Bewegungsvollzug möglichst realistisch vorstellt, von solchen, bei denen er über die Tätigkeit nachdenkt. Die erste Variante wird vor allem bei einfachen Bewegungen, die zweite bei komplexen Bewegungsvollzügen eingesetzt. Beim intensiven Vorstellen der Bewegungen finden Innervationen der entsprechenden Muskeln statt (ebd.). Dieser Tatbestand ist als „ideomotorisches Phänomen" bzw. als *„Carpenter-Effekt"* bekannt. Mentales Training ist offenbar nur dann wirksam, wenn genügend Informationen über die zu erlernenden Bewegungen vorliegen (Volpert, 1983) und sich die Vorstellungen nicht von den realen Verhältnissen entfernen (Triebe, 1980). Dies ist nur dann der Fall, wenn die Bewegungen auch aktiv ausgeführt werden.

Die *extrinsische Rückmeldung* von Lernergebnissen (Knowledge of results = KR) ist ein Verfahren, das häufig bei sensumotorischen Lernprozessen eingesetzt wird. Dabei lassen sich Formen unterscheiden, bei denen Feedback begleitend (concurrent) oder nach dem Vollzug der Bewegung (terminal) vermittelt wird. KR hat motivierende und informative Funktionen für den Lernprozeß (Ulich, 1964). Die informative Funktion resultiert daraus, daß der Handelnde in der Übungsphase zu einem korrekten Bewegungsvollzug „geführt" wird, der sich in den darauffolgenden Bewegungsvollzügen festigen kann (Salmoni, Schmidt & Walter, 1984). Die Wirksamkeit von KR beruht damit auf ähnlichen Mechanismen wie bei Trainingsformen, bei denen der Lernende durch mechanische Hilfen oder verbal „geführt" wird („guidance") (vgl. Volpert, 1983). Damit lassen sich auch Grenzen des Einsatzes von KR angeben, denn die Bewegungen müssen nach den Übungsphasen selbständig und ohne Hilfe von KR ausgeführt werden. Für Tätigkeiten, die eine Flexibilität des Handlungsablaufs erfordern, sind daher Trainingsverfahren geeignet, die verstärkt die Eigenständigkeit des Lernenden fördern. Dies ist vor allem bei Trainingsverfahren gewährleistet, die auf der Verarbeitung von intrinsischen Informationen beruhen. Zumindest im fortgeschrittenen Übungsverlauf sollte daher auf direkte Hilfen des Lehrenden oder Trainers weitgehend verzichtet werden.

Die Forschung zum sensumotorischen Lernen ist überwiegend grundlagenorientiert. Die dabei erzielten Befunde werden jedoch bei Anlernprozessen und Instruktionsmethoden in der Industrie (Rohmert, Rutenfranz & Ulich, 1971; Wunderli, 1978; Schelten, 1983) und im Sport (Daugs, 1979) angewendet. Einen besonderen Stellenwert haben dabei Trainingsverfahren erlangt, durch die Denk- und Vorstellungsprozesse aktiviert werden. Dies ist auch eine Folge der eingangs erwähnten technologischen Veränderungen, die teilweise neue sensumotorische Fertigkeiten erfordern. Kenntnisse über Trainingsmethoden, die für das sensumotorische Lernen entwickelt wurden, werden zunehmend auch auf das Erlernen komplexer Handlungen übertragen (Skell, 1980).

Literatur

Adams, J. A. (1976). Issues for a closed-loop theory of motor learning. In G. E. Stelmach (Ed.), Motor control: Issues and trends (pp. 87–107). New York: Academic Press.
Daugs, R. (1979). Programmierte Instruktion und Lerntechnologie im Sportunterricht. München: Minerva.
Hacker, W. (1986). Arbeitspsychologie. Psychische Regulation von Arbeitstätigkeiten. Bern: Huber.
Munzert, J. (1987). Schema-Repräsentationen bei der sensumotorischen Regulation. Sportwissenschaft, 17, 411–422.
Poulton, E. C. (1974). Tracking skill and manual control. New York: Academic Press.
Rohmert, W., Rutenfranz, J. & Ulich, E. (1971). Das Anlernen sensumotorischer Fertigkeiten. Frankfurt: EVA.
Salmoni, A. W., Schmidt, R. A. & Walter, C. B. (1984). Knowledge of results and motor learning: A review and critical reappraisal. Psychological Bulletin, 95, 355–386.
Schelten, A. (1983). Motorisches Lernen in der Berufsbildung. Frankfurt: Lang.
Schmidt, R. A. (1975). A schema theory of discrete motor skill learning. Psychological Review, 82, 225–260.
Schmidt, R. A. (1982). Motor control and learning. Champaign: Human Kinetics.
Skell, W. (1980). Erfahrungen mit Selbstinstruktionstraining beim Erwerb kognitiver Regulationsgrundlagen. In W. Volpert (Hg.), Beiträge zur Psychologischen Handlungstheorie (S. 50–70). Bern: Huber.
Triebe, J. K. (1980). Psychoregulativ akzentuierte Trainingsverfahren: Ein Versuch zur Erfassung mental vergegenwärtigter Leistungen. In W. Hacker & H. Raum (Hg.), Optimierung von kognitiven Arbeitsanforderungen (S. 242–247). Bern: Huber.
Triebe, J. K. & Wunderli, R. (1976). Die Bedeutung verschiedener Trainingsmethoden für industrielle Anlernverfahren. Zeitschrift für Arbeitswissenschaft, 30, 114–118.

Ulich, E. (1964). Das Lernen sensumotorischer Fertigkeiten. In R. Bergius (Hg.), Handbuch der Psychologie, Bd. I, Halbbd. 2 (S. 326–346). Göttingen: Hogrefe.
Ulich, E. (1967). Some experiments on the function of mental training in the acquisition of motor skills. Ergonomics, 10, 411–419.
Ungerer, D. (1977). Zur Theorie des sensumotorischen Lernens. 3. überarb. erw. Aufl. Schorndorf: Hofmann.
Volpert, W. (1975). Die Lohnarbeitswissenschaft und die Psychologie der Arbeitstätigkeit. In P. Groskurth & W. Volpert, Lohnarbeitspsychologie (S. 11–196). Frankfurt: Fischer.
Volpert, W. (1976). Optimierung von Trainingsprogrammen. 2. Aufl. Lollar: Achenbach.
Volpert, W. (1983). Sensumotorisches Lernen. Zur Theorie des Trainings in Industrie und Sport. 4. Aufl. Frankfurt: Fachbuchhandlung für Psychologie.
Wunderli, R. (1978). Psychoregulativ akzentuierte Trainingsmethoden. Zeitschrift für Arbeitswissenschaft, 32, 106–111.

Jörn Munzert,
Bundesrepublik Deutschland

75. Software-Ergonomie

75.1 Einleitung

Dieser Aufsatz ist ergonomischen Aspekten des Entwurfs und der Benutzung von Computern gewidmet, hauptsächlich mit Blick auf den Dialog, der zwischen Computer und Benutzer stattfindet. Man könnte den Begriff *Kognitive Ergonomie* für den Gegenstand der Software-Ergonomie und die Mensch-Computer-Interaktion verwenden, um zu unterstreichen, daß computergestützte Arbeit im wesentlichen kognitiven Anforderungen unterliegt. Streng genommen befassen wir uns nicht direkt mit *Hardware-Ergonomie* (den technischen Problemen bei der Herstellung von Computern, angefangen beim Entwurf einer Systemarchitektur bis hin zur Gestaltung von Tastaturen und Bildschirmen), obwohl diese Probleme nicht völlig unabhängig von denen sind, mit denen sich Kognitive Ergonomen auseinandersetzen. Wenn Hardware-Probleme mit einbezogen werden, dann dient ihre Berücksichtigung besonders dem Ziel, die Kommunikation zwischen Benutzer und Maschine zu verbessern.

75.2 Komponenten der Benutzerschnittstelle

Der Begriff *Schnittstelle* ist definiert als „Ort, an dem unabhängige Systeme gekoppelt sind, um miteinander zu arbeiten oder zu kommunizieren" (übers. n. Websters New Collegiate Dictionary). Die Schnittstelle zwischen Benutzer und

Computer ist somit ein Medium für die Kommunikation. Praktisch bedeutet dies, daß die Schnittstelle durch formale Regeln bestimmt ist, die dem Austausch von Informationen dienen. Damit Benutzer am Computer ihre Arbeitsziele angemessen verfolgen können, brauchen sie ein Modell (conceptual model) von der Schnittstelle (vgl. Norman & Draper, 1986); d. h., sie müssen die Struktur der Regeln verstehen, nach denen verschiedenartige Teile ihrer Tätigkeiten in der Interaktion mit der Maschine gesteuert werden.

Man kann zwischen zwei umfänglichen Komponenten der Benutzerschnittstelle unterscheiden: eine physische und eine kognitive (Nickerson, 1986). Es ist Sache der *physischen Schnittstelle,* Information zu empfangen und aus dem Computer auszugeben; dies betrifft das Zusammenwirken von Ein- oder Ausgabewerkzeugen des Computers mit dem sensumotorischen System des Benutzers (hauptsächlich Augen und Hände, aber in einigen Fällen auch Ohren und Sprache). Regeln der physischen Schnittstelle bestimmen, wie mittels Tastatur oder Eingabemedium „Maus" oder sogar mittels Sprache Daten eingegeben werden und wie der Rechner den Bildschirm benutzen soll, um Daten sowie Informationen über verfügbare Objekte anzuzeigen.

Im Unterschied zur physischen Schnittstelle ist die *kognitive Schnittstelle* für einen effizienten Austausch auf symbolischer Ebene ausgelegt. Dzida (1987) unterscheidet zwischen dem Dialog- und dem Werkzeugaspekt der kognitiven Schnittstelle. Die Dialogschnittstelle ist durch Regeln für den syntaktischen und semantischen Informationsaustausch bestimmt (z. B. ob mittels Menü-Technik oder Kommandosprache Aktionen des Rechners ausgelöst werden); ferner werden Ablaufeigenschaften höherer Ordnung geregelt, wer etwa den Dialog führt, ihn unterbricht oder Aktionen korrigiert. Die Werkzeugschnittstelle ist durch Regeln über die Art und Weise des Zugriffs auf Softwarewerkzeuge (z. B. Anwendungsprogramme) und Objekte (Daten) gekennzeichnet, soweit diese dem Benutzer verfügbar sind. Die Zugriffs-Regeln können anwendungs-neutral sein, so daß man in gleicher Weise auf Ressourcen zugreift, egal, ob es sich dabei um ein Textverarbeitungssystem, eine Datenbank oder ein Tabellenkalkulations-Programm handelt. Solche Werkzeugschnittstellen kann man an sehr konsistent entwickelten Systemen wie dem Xerox STAR vorfinden oder bei integrierten Software-Paketen wie LOTUS 1-2-3. Im allgemeinen ist die Werkzeugschnittstelle jedoch hinsichtlich eines besonderen Programms anwendungs-spezifisch gebunden.

Eine weiter ausgearbeitete Klassifizierung schlagen Williges, Williges und Elkerton (1987) vor. Sie unterscheiden sechs Aspekte des Dialogs: (a) Anordnung von Daten („data organisation"), (b) Dialogformen („dialogue modes"), (c) Eingabemittel für Benutzer („user input devices"), (d) Rückmeldung und Fehlerbehandlung („feedback and error management"), (e) Datensicherheit und Fehlerrobustheit („security and disaster prevention") und (f) Benutzung durch mehrere Benutzer („multiple users"). Diese Ordnung paßt sehr gut zu der oben dargestellten. Hier ist leider kein Platz, beide Klassifikationen im Detail abzuhandeln. Die Struktur der *kognitiven Schnittstelle* konfrontiert den Entwickler jedoch mit einigen ergonomischen Herausforderungen, etwa ergonomischen Dialogformen, die nunmehr besprochen werden.

75.3 Mensch-Maschine-Dialog

Der Begriff *Dialog* impliziert streng genommen eine Konversation, wie sie zwischen Menschen stattfindet. Damit diese Beschreibung der Interaktion zwischen Benutzer und Rechner angemessen ist, müßten einige Bedingungen erfüllt sein, etwa die Möglichkeit, symmetrische Kompetenz herzustellen oder Kommunikationsregeln konsistent und zielgerichtet zu gebrauchen. Solche Bedingungen sind wahrscheinlich unerfüllbar. Wie dem auch sei, es ist fragwürdig, ob zwischenmenschliche Formen des Dialogs für den Dialog zwischen Mensch und Maschine wünschenswert oder angemessen sind. In einem realistischeren Modell müßte berücksichtigt werden, daß in der Interaktion mit dem Computer von diesem verlangt wird, präziser, höflich, entgegenkommend, verständnisvoll oder nachsichtig zu sein, im allgemeinen eher ein duldsamer Assistent zu sein, was in zwischenmenschlicher Konversation meist nicht erwartet wird. Nichtsdestoweniger ist die Interaktion von Benutzern mit hochentwickelten Maschinen zumindest in einigen Aspekten mit der zwischenmenschlichen Konversation sehr verwandt – jedenfalls ist diese Interaktion ziemlich ungewöhnlich für die Art, in der Menschen sonst mit anderen Werkzeugen umgehen –, so daß der Begriff Dialog wohl angemessen erscheint.

75.4 Dialogformen

Der wenig erfahrene Benutzer arbeitet an der kognitiven Benutzerschnittstelle hauptsächlich mit Unterstützung von klar strukturierten Dialog-Konventionen, z. B. mit Bildschirm-Formularen oder Menü-Auswahlhilfen. Erfahrene Benutzer oder Programmierer bevorzugen meist Kommandosprachen. Dies sind besondere Programmiersprachen, die dem Benutzer eine direkte Kommunikation mit dem Rechner ermöglichen (z. B. durch Eintippen des Kommandos „copy"...). Menüs werden verwendet, um den Benutzer in der Interaktion zu führen, Schritt für Schritt; Menüs sind als Netz- oder als Baumstruktur angeordnet. Sind diese Strukturen an das Verständnis des Benutzers von Zusammenhängen zwischen Werkzeugen und Aktionen (Aufgaben) angepaßt, so sind sie für die Arbeit nützlich, da das Arbeitsgedächtnis des Benutzers entlastet wird. Nur eine kleine Auswahl von Aufgaben und Werkzeugen erscheint auf dem Bildschirm; außerdem wird der Aufwand verringert, ein Repertoire von Werkzeugen und deren Namen lernen zu müssen.

Im Unterschied hierzu erfordern Kommandosprachen ein hohes Ausmaß an Geläufigkeit, und zwar in bezug auf das Vokabular sowie die Definitionen der Kommando-Namen. Die Vorteile, die Menüs für wenig erfahrene Benutzer haben, können sich als Nachteile für geübte Benutzer erweisen: fehlerhafte Auswahl-Entscheidungen zwingen zum Zurückgehen („backtracking") im Baum, damit der korrekte Ast gewählt werden kann, der zum Ziel führt. Geübten Benutzern, selbst denen, die Menüs bevorzugen, ist es lästig, die gesamte Folge von möglichen Auswahl-Entscheidungen eines Baumes durchgehen zu müssen, obwohl ihnen die jeweils angestrebte Option bereits bekannt ist.

Notwendig ist daher eine Dialogform, die dem Benutzer die Entscheidung überläßt, ob er eine Kommandosprache oder Menüs benutzen möchte. Solche Schnittstellen sind selten, werden aber mehr Verbreitung finden, so z. B. in hochentwickelten Textverarbeitungsprogrammen (wie MS Word von Microsoft). Solche Dialogformen entsprechen dem, was wir von einem zwischenmenschlichen Dialog erwarten würden, in dem die Art und Weise unserer Konversation davon abhängt, mit wem wir sprechen und worüber wir sprechen. Während wir unter fremdartigen oder schlecht kalkulierbaren Kommunikationsbedingungen die für einen Sachverhalt wichtigen Bezugspunkte sowie den Problemraum sorgfältig mitformulieren müssen, können wir unter alten Freunden oder im vertrauten Kontext davon ausgehen, daß gemeinsames Wissen existiert, auf das nicht ausdrücklich Bezug genommen wird.

Gegenwärtig finden Benutzerschnittstellen Verbreitung, an denen *„direkte Manipulation"* (vgl. Shneiderman, 1987) möglich ist; hiermit wird für eine Vielzahl von Anwendungen eine sehr brauchbare Lösung angeboten. Der Benutzer ist in der Lage, visuell überdauernd angezeigte Objekte zu „handhaben", z. B. durch Herunterziehen einer Auswahl-Liste (sog. „pull-down menu") im Anzeigebereich, wobei man mit einem per Hand geführten Instrument (*„Maus"* mit Rollkugel) ein Menü-Item aus einer Liste auswählt; darüber hinaus können die auf dem Bildschirm erscheinenden Fenster flexibel verteilt oder verschoben werden, um parallele Aktionsfolgen am Bildschirm in Auftrag zu geben.

75.5 Benutzungsprobleme im Dialog

Der Entwurf von Mensch-Maschine-Schnittstellen hat sich in den letzten zehn Jahren in bemerkenswerter Weise verändert, und zwar hinsichtlich der Spezifikation von Benutzer-Eigenschaften. Auf der Grundlage von Forschungsergebnissen der Kognitiven Ergonomie wurden einige allgemein anwendbare Grundsätze formuliert. Diese betreffen (a) die Kompatibilität von Ein- und Ausgabeverhalten (z. B. die unmittelbare Übereinstimmung von Bewegungen des Benutzers an der „Maus" oder an der Tastatur mit den Bewegungen des Cursors im Anzeigebereich), (b) die Konsistenz der Dialogformen für ähnliche Aufgaben in verschiedenen Anzeigebereichen der Schnittstelle, (c) Minimierung des Aufwands für den menschlichen Arbeitsspeicher und Verringerung unnötigen vorbereitenden Aufwands, (d) Vorsorge für die Benutzung alternativer Dialogformen, je nach unterschiedlichen Erfahrungen und Ansprüchen der Benutzer und (e) Vorsorge für fehlertolerantes Systemverhalten.

Diese und andere Gestaltungsgrundsätze dienen der Bewertung von Anwendungssystemen hinsichtlich ihrer „*Benutzerfreundlichkeit*" (obwohl der Begriff „Benutzbarkeit" besser wäre, da er die Asymmetrie des Mensch-Maschine-Dialogs impliziert). Viele Grundsätze werden inzwischen beachtet; die beiden zuletzt genannten sind jedoch noch ziemlich unbekannt. Ihre Bedeutung für die Software-Entwicklung beruht auf den Annahmen, daß menschliches Dialogverhalten generell fehleranfällig ist, daß es hinsichtlich Arbeitsgegenstand oder Kontext nicht klar spezifiziert werden kann und daß es ziemlich ungeplant abläuft (vgl. Norman & Draper, 1986).

Eine kognitive Benutzerschnittstelle ist in dem Ausmaß *benutzbar,* in dem sie gegenüber Eingabefehlern robust sowie selbsterklärend und rückhaltlos geduldig ist. Mit diesen essentiellen Eigenschaften lassen sich weitere wichtige Benutzeranforderungen begründen: (a) bei riskanten Aufträgen sollte vom Benutzer eine Auftragsbestätigung verlangt werden (z. B. beim Löschen umfangreicher Teile eines Speichers); (b) die letzte Eingabe oder sogar Eingabesequenzen sollten zurückgenommen werden können („straightforward undoing"); (c) automatisches Erkennen von „läppischen" Eingabefehlern und möglichen Irrwegen; (d) klare Anzeige der Zustandsänderungen des Systems (so daß der Benutzer erkennt, ob das System noch aktiv ist und wann die nächste Eingabe gemacht werden kann); (e) die Möglichkeit, eine Auftragssequenz auf halbem Wege unterbrechen zu können (was im Englischen häufig als „escape" bezeichnet wird); (f) die Verfügbarkeit von Erklärungshilfen („help"), und zwar auf allen Ebenen einer Dialogstruktur.

75.6 Schlußfolgerungen

Angesichts der wachsenden Herausforderung, Rechner an Arbeitsplätzen benutzen zu müssen, wird es unumgänglich, den Entwurf der Software für Benutzerschnittstellen an den Vorstellungen zu orientieren, die die Gruppe relativ unerfahrener Benutzer hat, anstatt an Vorstellungen der Gruppe der Experten-Benutzer, z. B. Programmierer. Die Forschung im Gebiet Software-Ergonomie kann diese Zielsetzung unterstützen, indem solche Dialogformen bestimmt werden, die eine fehlertolerante, selbsterklärende und anpaßbare Schnittstelle auszeichnet; darüber hinaus kann mit dieser Forschung zu allgemeinen psychologischen Fragen der Kognition und der Kommunikation von Menschen beigetragen werden.

Literatur

Dzida, W. (1987). On tools and interfaces. In M. Frese, E. Ulich & W. Dzida (Eds.), Psychological issues of human-computer interaction in the workplace (pp. 399–355). Amsterdam: North-Holland.

Gardiner, M. M. & Christie, B. (Eds.) (1987). Applying cognitive psychology to user-interface design. Chichester: Wiley.

Nickerson, R. S. (1986). Using computers: Human factors in information systems. Cambridge, MA: MIT Press.

Norman, D. A. & Draper, S. W. (Eds.) (1986). User-centred system design: New perspectives on human computer interaction. Hillsdale, NJ: L. Erlbaum.

Shneiderman, B. (1987). Designing the user interface: Strategies for effective human-computer interaction. Reading, MA: Addison-Wesley.

Williges, R. C., Williges, B. H. & Elkerton, J. (1987). Software interface design. In G. Salvendy (Ed.), Handbook of human factors (pp. 1416–1449). New York: Wiley.

G. Robert J. Hockey, Großbritannien, und
Wolfgang Dzida, Bundesrepublik Deutschland

76. Soziale Unterstützung

76.1 Einleitung

Das aus der Gemeindepsychologie und Sozialepidemiologie stammende Konzept der *„sozialen Unterstützung"* („social support") hat in den letzten zehn Jahren Einzug auch in die Arbeits- und Organisationspsychologie gehalten. Die Suche nach psychologischen Vermittlungsmechanismen zwischen Belastungsstrukturen in der sozialen bzw. organisationalen Umwelt (→ *Streß*) und der individuellen → *psychischen Gesundheit* führte zu der „Entdeckung", daß soziale Unterstützung eine positive Funktion für die Streßbewältigung, für die Prävention von Krankheiten und Befindensstörungen sowie (allgemein) für die Aufrechterhaltung der Gesundheit besitzen kann. Zentrale Frage dabei ist, welche *inneren* (personalen) und/oder *äußeren* (situativen) *Ressourcen* einer Person zur Verfügung stehen, um Belastungen zu ertragen, sie zu bewältigen, gesund zu bleiben bzw. nicht krank zu werden (Cohen & Syme, 1985).

Was aber verbirgt sich hinter dem Konzept der „sozialen Unterstützung"? Welche Modelle existieren, welche Wirkmechanismen werden angenommen und welche empirisch bestätigt? Wie läßt sich soziale Unterstützung in der betrieblichen Arbeitsorganisation etablieren?

76.2 Begriffe

In Abhängigkeit von der jeweiligen theoretischen Position wird soziale Unterstützung unterschiedlich definiert. Es finden sich bedürfnis-, passungs-, rollen-, ressourcen- und austauschtheoretische Konzepte, ohne daß bisher eine begriffliche

Übereinstimmung sichtbar würde (Caplan, 1979; House, 1981; Sarason & Sarason, 1985; Shumaker & Brownell, 1984). *Strukturale Ansätze* definieren soziale Unterstützung in Begriffen von *sozialen Netzwerken* (Größe, Dichte, Nähe, Intensität, Integration, normative Kontrolle etc.). In *funktionalen Ansätzen* werden *individuelle Verhaltensmerkmale* (soziale Kompetenz, Streßtoleranz, Hilfeverhalten etc.) zur Definition herangezogen (Baumann, 1987; Cohen & Wills, 1985; Keupp & Röhrle, 1987; Rook & Dooley, 1985; Veiel, 1987).

Geht man von der Annahme aus, daß der Mensch Bedürfnisse nach Zugehörigkeit und Nähe hat, daß diese Bedürfnisse in sozialen Netzwerken befriedigt werden können und durch Interaktionen zwischen den Personen eines sozialen Netzwerkes „ausgetauscht" werden, dann sind damit wesentliche Definitionsbestandteile für soziale Unterstützung gegeben.

Während manche Autoren den Handlungs- bzw. Interaktionsaspekt betonen, setzen andere den Akzent auf den Kognitionsaspekt. Gemeinsam ist den verschiedenen Definitionen jedoch, daß sowohl das je individuelle Wissen, zu einem sozialen Netz zu gehören, als auch das Bewußtsein von Solidarität und die Erfahrung von empfangener Hilfe zur Definition von sozialer Unterstützung zählen müssen (vgl. Udris, 1982).

In Anlehnung an austauschtheoretische Ansätze kann soziale Unterstützung allgemein definiert werden als *Austausch (Transaktion) von Ressourcen zwischen den Mitgliedern eines sozialen Netzwerks mit dem Ziel der gegenseitigen Aufrechterhaltung bzw. Verbesserung des Wohlbefindens* (House, 1981; Shinn, Lehmann & Wong, 1984; Shumaker & Brownell, 1984).

Transaktionen können sich sowohl auf *aktualisierte* (konkret geleistete bzw. erfahrene) als auch auf *potentielle* (wahrscheinliche bzw. erwartete) Hilfe beziehen. Daraus ergeben sich vier konzeptionelle Ebenen von sozialer Unterstützung (House, 1981):

– *emotionale Ebene* (Empathie anderer Personen, Vertrauen, Wertschätzung, Fürsorge),

– *evaluative Ebene* (Bestätigung von Meinungen, Feedback, sozialer Vergleich),

– *informationale Ebene* (Wissen um potentielle Hilfe, Ratschläge, Empfehlungen, Informationen),

– *instrumentelle Ebene* (konkretes hilfeleistendes Verhalten durch andere Personen).

Austauschbeziehungen mit sozial unterstützendem Charakter finden sowohl in *formellen* (z. B. Familie, Arbeitsgruppe) als auch in *informellen* sozialen Netzen (z. B. Freundschaftsbeziehungen) statt.

Als *Quellen* für soziale Unterstützung kommen alle Personen in Frage, mit denen die „fokale" Person in einer Rollenbeziehung steht (Arbeitskolleg/innen, Vorgesetzte, Familienangehörige, Freunde, etc.).

76.3 Modelle

Soziale Unterstützung besitzt im Kausalprozeß: Belastungen (Stressoren) – Streßkognition und -bewältigung – Gesundheit die Funktion einer Ressource. Diese Ressource spielt eine Rolle bei der Verminderung von Streß, der Verbesserung von Bewältigungskompetenzen und damit der Prävention von (psychischen) Erkrankungen. Die Entstehung von Krankheiten wird entweder direkt verhindert bzw. verzögert *(Haupteffekt)* oder die Auswirkung von nicht bewältigbaren Belastungen gemildert bzw. abgeschwächt *(Puffereffekt)*. Empirische Belege finden sich für beide Modelle (Badura, 1981; Cohen & Wills, 1985; House, 1981), wobei allerdings die Kontroverse um den Puffereffekt trotz zahlreicher, in verschiedenen Lebensbereichen durchgeführter Untersuchungen nicht entschieden ist (Bamberg, Rückert & Udris, 1986; Udris, 1987). Ursachen dafür sind entscheidende Theoriedefizite (Röhrle, 1987; Udris, 1987), Design-, Methoden- und Verfahrensprobleme (Depner, Wethington & Ingersoll-Dayton, 1984; Pfingstmann & Baumann, 1987) sowie in der Tatsache, daß die *Wirkmechanismen* sozialer Unterstützung kaum bekannt sind.

Soziale Unterstützung wird vielfach immer noch als *statische* Modellvariable und als Reifikation gesehen, d.h. als ein „Etwas", was der Person, die Hilfe braucht, „einfach" zur Verfügung steht (Funktion als *äußere* Ressource). Wirkmechanismen der Unterstützung (aus welcher Quelle und in welcher Form auch immer) müssen dagegen als *dynamischer Prozeß* gesehen werden, in dem eine Person Hilfeleistungen und darauf bezogene Kognitionen evozieren, mobilisieren, gewinnen, aufrechterhalten, annehmen, abweisen oder selbst anderen geben kann.

Diese transaktionale Sichtweise verweist auf psychologische Prozesse der (aktiven) Streßbewältigung („coping" → *Streß*) und damit auf *innere* Ressourcen, die eine Person entwickeln kann. Erklärungsmuster für die positive Wirkung sozialer Unterstützung werden gesehen u.a. in folgenden Mechanismen: Kognitive Umbewertung belastender Aspekte der Umwelt *gemäß eigenen Bedürfnislagen* durch „Wissen" um (potentielle) Unterstützung, Mobilisierung von Hilfeverhalten durch wahrgenommene Streßreaktionen (bei sich bzw. bei anderen), Stabilisierung des Selbstkonzepts, aber auch eine neuroendokrine Systemberuhigung im Sinne des bio-sozialen Modells zur psychischen Krankheitsgenese (Röhrle, 1987; Udris, 1987).

76.4 Arbeitsorganisation

In der arbeits- und organisationspsychologischen Forschung ist die zentrale Bedeutung der Verschränkung von *Arbeitsorganisation* und sozialer Unterstützung lange Zeit vernachlässigt worden. Wie aber v.a. Forschungsergebnisse zur soziotechnischen Systemgestaltung (→ *Arbeitsgestaltung*) gezeigt haben, können durch die Aufgaben- und Organisationsstruktur sowohl Unterstützungsquellen (und damit Copingressourcen) als auch Unterstützungsbarrieren (und damit soziale Streßbedingungen) geschaffen werden (House, 1981; Payne, 1980; Udris, 1987).

Ob und wie sich konkretes Verhalten von Kolleg/innen und/oder Vorgesetzten als unterstützend realisiert, hängt weitgehend von der Organisation der Arbeit, von Aufgaben- und Kompetenzverteilungen und von Freiräumen und Zwängen ab. Die Möglichkeit sozialer Unterstützung kann als Indikator für die Qualität organisationaler Abläufe und Delegationsmuster und ihrer gesundheitsförderlichen Effekte für das einzelne Organisationsmitglied gewertet werden (Wells, 1984). Umgekehrt sind mangelnde Kooperationsmöglichkeiten zwischen Kolleg/innen, Arbeitsgruppen ohne Kohäsion oder fehlende Anerkennung und/oder Rücksichtslosigkeit durch Vorgesetzte sowohl potentiell streßfördernd als auch Unterstützung verhindernd (→ *Kommunikationsprozesse,* → *Konflikte*).

Wie die inzwischen zahlreich vorliegenden Erfahrungen mit partizipativer Systemgestaltung (selbstregulierende bzw. teilautonome Arbeitsgruppen; Emery & Thorsrud, 1982) gezeigt haben, sind hier soziale Unterstützungsprozesse quasi in die Arbeitsorganisation „eingebaut". Daraus erklärt sich der potentiell positive Effekt sozialer Unterstützung in Form von reziproken kooperations- und aufgabenorientierten Hilfeleistungen materieller und sozio-emotionaler Art.

76.5 Schlußbemerkungen

Abschließend muß aber darauf hingewiesen werden, daß trotz eines immensen Forschungsaufwandes (vgl. z.B. die Bibliographie von Laireiter et al., 1989, mit über 3000 Arbeiten) eine Reihe konzeptioneller und methodischer Probleme nicht geklärt sind. Dazu gehören z.B. Fragen der reziproken Verursachungsprozesse (Wirkung von Streß auf soziale Unterstützung), das Verhältnis von protektiven (positiven) vs. hemmenden (negativen) Funktionen von Hilfeleistungen oder die spezifische Bedeutung kognitiver Prozesse als Mobilisierungs- und Copingressourcen.

Literatur

Badura, B. (Hg.) (1981). Soziale Unterstützung und chronische Krankheit. Zum Stand sozialepidemiologischer Forschung. Frankfurt: Suhrkamp.

Bamberg, E., Rückert, D. & Udris, I. (1986). Interactive effects of social support from wife, non-work activities and blue-collar occupational stress. International Review of Applied Psychology, 35, 397–413.

Baumann, U. (1987). Zur Konstruktvalidität der Konstrukte Soziales Netzwerk und Soziale Unterstützung. Editorial. Zeitschrift für Klinische Psychologie, 16, 305–310.

Caplan, R.D. (1979). Social support, person-environment fit, and coping. In L.A. Ferman & J.P. Gordus (Eds.), Mental health and the economy (pp. 89–137). Kalamazoo, Mich.: Upjohn Institute.

Cohen, S. & Syme, S.L. (Eds.) (1985). Social support and health. Orlando: Academic Press.

Cohen, S. & Wills, T. A. (1985). Stress, social support, and the buffering hypothesis. Psychological Bulletin, 98, 310–357.

Depner, C. E., Wethington, E. & Ingersoll-Dayton, B. (1984). Social support: methodological issues in design and measurement. Journal of Social Issues, 40 (4), 37–54.

Emery, F. & Thorsrud, E. (1982). Industrielle Demokratie. Bericht über das norwegische Programm der industriellen Demokratie. Bern: Huber.

House, J. S. (1981). Work stress and social support. Reading, MA: Addison-Wesley.

Keupp, H. & Röhrle, B. (Hg.) (1987). Soziale Netzwerke. Frankfurt: Campus.

Laiereiter, A., Baumann, U., Ganitzer, J., Keul, A., Pfingstmann, G. & Schwarzenbacher, K. (1989). Soziale Netzwerke – Soziale Unterstützung. Bibliographie. Salzburg: Universität, Institut für Psychologie.

Payne, R. (1980). Organizational stress and social support. In C. L. Cooper & R. Payne (Eds.), Current concerns in occupational stress (pp. 269–298). Chichester: Wiley.

Pfingstmann, G. & Baumann, U. (1987). Untersuchungsverfahren zum Sozialen Netzwerk und zur Sozialen Unterstützung: Ein Überblick. Zeitschrift für Differentielle und Diagnostische Psychologie, 8, 75–98.

Röhrle, B. (1987). Soziale Netzwerke und Unterstützung im Kontext der Psychologie. In H. Keupp & B. Röhrle (Hg.), Soziale Netzwerke (S. 54–108). Frankfurt: Campus.

Rook, K. S. & Dooley, D. (1985). Applying social support research: Theoretical problems and future directions. Journal of Social Issues, 41 (1), 5–28.

Sarason, I. G. & Sarason, B. R. (Eds.) (1985). Social support: Theory, research and applications. Dordrecht: M. Nijhoff.

Shinn, M., Lehmann, S. & Wong, N. W. (1984). Social interactions and social support. Journal of Social Issues, 40 (4), 55–76.

Shumaker, S. A. & Brownell, A. (1984). Toward a theory of social support: Closing conceptual gaps. Journal of Social Issues, 40 (4), 11–36.

Udris, I. (1982). Soziale Unterstützung: Hilfe gegen Streß? Psychosozial, 5 (1), 78–91.

Udris, I. (1987). Soziale Unterstützung, Streß in der Arbeit und Gesundheit. In H. Keupp & B. Röhrle (Hg.), Soziale Netzwerke (S. 123–138). Frankfurt: Campus.

Veiel, H. O. F. (1987). Soziale Unterstützung gibt es nicht: Zur Strukturierung eines Konzepts. In M. Amelang (Hg.), Bericht über den 35. Kongreß der Deutschen Gesellschaft für Psychologie in Heidelberg 1986. Bd. 2. (S. 545–556). Göttingen: Hogrefe.

Wells, J. A. (1984). The role of social support groups in stress coping in organizational settings. In A. S. Sethi & R. S. Schuler (Eds.), Handbook of organizational stress coping strategies (pp. 113–143). Cambridge, MA: Ballinger.

Ivars Udris,
Schweiz

77. Stochastische Prozeßanalysen in der Arbeits- und Organisationspsychologie

77.1 Einleitung

Stochastische Prozeßanalysen seien hier recht allgemein als kontinuierliche Analysen von Phänomenen innerhalb eines bestimmten Zeitraumes verstanden. In den meist üblichen Querschnittanalysen werden Phänomene nur zu einem bestimmten Zeitpunkt betrachtet und bei den selteneren Längsschnittuntersuchungen nur an einigen wenigen Meßzeitpunkten. Psychologische Fragestellungen beziehen sich bei einer genaueren Betrachtung jedoch oft auf Prozesse innerhalb eines bestimmten Zeitraumes, so daß die üblichen Querschnitt- und Längsschnittsanalysen keine adäquaten Designs sind. Stochastische Prozeßanalysen fanden daher in den letzten Jahren stärkere Beachtung. Diese statistischen Verfahren werden in der einschlägigen Literatur häufig in Abhängigkeit von dem Skalenniveau des untersuchten Merkmals (diskret vs. kontinuierlich) und der Auflösung der Zeit (diskret vs. kontinuierlich) in vier verschiedene Verfahrensgruppen untergliedert. Diese Klassifikation ist zweifellos sehr grob, mag aber als erste Orientierung genügen.

In der vorliegenden Arbeit beschränken wir uns aus Raumgründen auf stochastische Prozeßanalysen mit diskreten Variablen in kontinuierlicher Zeit. Diese Klasse von Analyseverfahren, häufig auch stochastische Ereignisanalysen genannt, eignet sich insbesondere für viele arbeits- und organisationspsychologische Problemstellungen. Sie sind relativ voraussetzungsarm und gehen nicht von einer oft willkürlich anmutenden Diskretisierung der Zeitachse aus. Wir gehen zunächst auf die Analysemöglichkeiten und wesentlichen Grundbegriffe stochastischer Ereignisanalysen ein. Danach stellen wir ein Beispiel dar und geben schließlich einen kritischen Ausblick.

77.2 Grundbegriffe stochastischer Ereignisanalysen

Verdeutlichen wir die wesentlichen Analysemöglichkeiten stochastischer Ereignisanalysen an einem hypothetischen Beispiel des Verlaufes der Erwerbstätigkeit. In Abb. 1 sind die Erwerbstätigkeitsverläufe von vier Individuen anhand von sechs verschiedenen Zustandsklassen dargestellt. Die Zeitachse entspricht dabei dem Alter. Gemäß dem dort abgebildeten Erwerbstätigkeitsverlauf war beispielsweise Person B nach der Ausbildung zunächst erwerbstätig, dann ungewollt arbeitslos, nach einer Weiterbildungsmaßnahme war sie dann bis zum Ruhestand erwerbstätig.

Die Ereignisanalyse bietet viele Erkenntnismöglichkeiten, so z. B. zu den folgenden Punkten:

77. Stochastische Prozeßanalysen in der Arbeits- und Organisationspsychologie

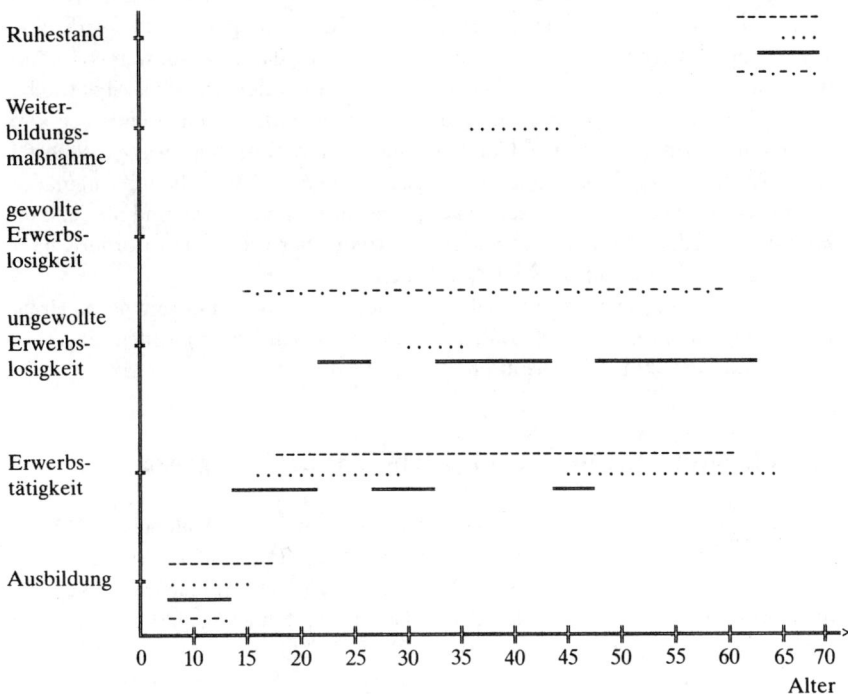

Abb. 1: Erwerbstätigkeitsverläufe für 4 Individuen.

```
------ Person A        ——— Person C
..... Person B         -.-.-. Person D
```

- die Zustandswahrscheinlichkeit, d. h. die Wahrscheinlichkeit zu einem bestimmten Zeitpunkt t_0 in einem bestimmten Zustand j zu sein (z. B. mit 30 Jahren erwerbstätig zu sein);
- die Übergangswahrscheinlichkeit, d. h. die Wahrscheinlichkeit zum Zeitpunkt t_1 im Zustand j zu sein, wenn man zum Zeitpunkt t_0 im Zustand i war, z. B. nach einem Jahr Arbeitslosigkeit wieder erwerbstätig zu sein, wenn man bereits 8 Monate arbeitslos war;
- Verweildauer, d. h. die Wahrscheinlichkeit für die Dauer eines bestimmten Zustandes, z. B. für die Arbeitslosigkeit;
- Einfluß von Kovariaten, z. B. von Alter, Schulbildung oder Qualifikation, der Einfluß der Kovariaten und ihrer wechselseitigen Interaktion auf Verweildauern bzw. Übergangswahrscheinlichkeiten, z. B. auf die Verweildauer der Arbeitslosigkeit;
- Einfluß des bisherigen Ereignisverlaufs auf gegenwärtige Verweildauern bzw. Übergangswahrscheinlichkeiten, z. B. Einfluß bisheriger Arbeitslosenzeiten auf die Wahrscheinlichkeit, wieder arbeitslos zu werden.

Zur Ableitung dieser Aussagen ist die Spezifikation von Modellannahmen notwendig, so z. B. zur Wahrscheinlichkeitsverteilung für die Verweildauern. Betrachten wir diesen Prozeß im folgenden genauer:

Ein Ereignisverlauf ist durch die Angabe aller Ereignisse, d. h. Zustandsveränderungen und den mit ihnen korrespondierenden Zeitpunkten festgelegt. Betrachtet man in einem Modell nur ein Ereignis, z. B. den Übergang von Erwerbstätigkeit zur ersten Arbeitslosigkeit, spricht man von singulären, ansonsten von multiplen Ereignissen. Wesentlich ist weiterhin die Unterscheidung von wiederholbaren bzw. nicht wiederholbaren Ereignissen. Bei wiederholbaren Ereignissen können mehrere Ereignisse einer Untersuchungseinheit auftreten, was zu stochastischen Abhängigkeiten führen kann. Im allgemeinen sind Modelle mit singulären, nicht wiederholbaren Ereignissen am einfachsten zu modellieren und Modelle mit multiplen wiederholbaren Ereignissen am kompliziertesten, sie erfordern mehr statistische Voraussetzungen und Annahmen.

Wir können hier schwerpunktmäßig lediglich auf Modelle mit singulären Ereignissen eingehen. Dabei beschränken wir uns im wesentlichen auf den nichtparametrischen Ansatz der sogenannten Sterbetafelanalyse.

77.3 Ein nichtparametrisches Modell für singuläre Ereignisse

Ausgangspunkt stochastischer Ereignisanalysen ist nicht die Wahrscheinlichkeitsverteilung, F(t), oder die Wahrscheinlichkeitsdichte, f(t), sondern die sogenannte Hazardrate, h(t). Sie kann umschrieben werden als die ‚Wahrscheinlichkeit' für die unmittelbare Beendigung des gegenwärtigen Zustandes, gegeben, er ist noch nicht beendet. Streng genommen ist die Hazardrate aber ebenso wie die Wahrscheinlichkeitsdichte keine Wahrscheinlichkeit (s. u.). Sie zeigt Zustandsveränderungen sensibler als die Wahrscheinlichkeitsdichte oder Wahrscheinlichkeitsverteilung an und korrespondiert eher mit der intuitiven Anschauung. Anstelle der Verteilungsfunktion wird in der Ereignisanalyse zumeist die sogenannte Überlebensfunktion S(t) = 1 − F(t) betrachtet. Eine genauere Vorstellung der Hazardrate bekommt man, wenn man die nichtparametrische Schätzung im folgenden hypothetischen Beispiel betrachtet.

Für die Schätzung von S(t), f(t) bzw. h(t) geht man immer von der Dauer des Zeitraumes bis zum Eintreten des Ereignisses bzw. der Verweildauer aus. Im Rahmen der nichtparametrischen Sterbetafelanalyse wird keine spezifische Wahrscheinlichkeitsverteilung vorausgesetzt. Für ihre Bestimmung teilt man die Zeitachse in zumeist gleich lange Intervalle ein und bestimmt dann anhand der Häufigkeiten S(t) bzw. f(t) und h(t) jeweils zu Beginn bzw. innerhalb dieser Intervalle.

Die Überlebensfunktion S(t), die allgemein als die Wahrscheinlichkeit definiert ist, daß das Ereignis noch nicht bis zum Zeitpunkt t eingetreten ist, wird im allgemeinen über die folgende Schätzung ermittelt:

$$\hat{S}(t) = \frac{\text{Anzahl der Untersuchungseinheiten, bei denen das Ereignis nicht bis t (dem Beginn eines Intervalls) eingetreten ist}}{\text{Anzahl aller Untersuchungseinheiten}}$$

Die Wahrscheinlichkeitsdichte läßt sich folgendermaßen schätzen:

$$\hat{f}(t) = \frac{\text{Anzahl der Untersuchungseinheiten, bei denen das Ereignis im Intervall auftritt, das bei t beginnt}}{\text{Anzahl aller Untersuchungseinheiten} \cdot \text{Intervallänge}}$$

Eine Schätzung für die Hazardrate ist:

$$\hat{h}(t) = \frac{\text{Anzahl aller Untersuchungseinheiten, bei denen das Ereignis im Intervall auftritt, das bei t beginnt}}{\text{Anzahl aller Untersuchungseinheiten, bei denen das Ereignis zum Zeitpunkt t noch nicht eingetreten ist} \cdot \text{Intervallänge}}$$

Diese Schätzformel wird gewöhnlich modifiziert, um die mittlere Hazardrate in dem Intervall zu erhalten. Dazu wird die Hälfte der Untersuchungseinheiten, bei denen das Ereignis im Intervall auftritt, von den Untersuchungseinheiten abgezogen, bei denen das Ereignis noch nicht zu Beginn des Intervalles eingetreten war.

$$\hat{h}(t) = \frac{\text{Anzahl aller Untersuchungseinheiten, bei denen das Ereignis im Intervall auftritt, das bei t beginnt}}{(\text{Anzahl aller Untersuchungseinheiten, bei denen das Ereignis zum Zeitpunkt t noch nicht eingetreten ist} - \frac{1}{2} \cdot \text{Anzahl der Untersuchungseinheiten, bei denen das Ereignis im Intervall eintritt}) \cdot \text{Intervallänge}}$$

Diese Schätzungen sind an den folgenden hypothetischen Daten für den Übergang von der Arbeitslosigkeit zur Erwerbstätigkeit realisiert:

Dauer der Arbeitslosigkeit in Jahren	Anzahl der Personen	$\hat{f}(t)$	$\hat{S}(t)$	$\hat{h}(t)$
0–1	25	0.25	1.00	0.29
1–2	20	0.20	0.75	0.31
2–3	15	0.15	0.55	0.35
3–4	10	0.10	0.40	0.29
4–5	15	0.15	0.30	0.67
5–6	5	0.05	0.15	0.40
6 und mehr	10	0.10	–	–

Tab. 1: Hypothetische Daten für eine Sterbetafelanalyse

Die Hazardrate zeigt hier die individuelle Chance für eine Wiederbeschäftigung zu jedem Zeitpunkt an, wenn man bis zu diesem Zeitpunkt ergebnislos gewartet hat.

Ein Beispiel für eine Sterbetafelanalyse gibt beispielsweise Andreß (1982). Dieser Autor untersuchte an über 10 000 Männern die Chancen für einen sozialen Aufstieg bzw. Abstieg bei dem ersten Tätigkeitswechsel. Soziale Abstiege sollten den Annahmen Andreß zufolge mehr oder weniger zufällig erfolgen, was eine konstante Hazardrate bedeutet. Für soziale Aufstiege nahm er einen umgekehrt u-förmigen Verlauf der Hazardrate an, derzufolge die Chancen für einen Aufstieg bis zu einem Maximum anwachsen und dann nach der beruflichen Konsolidierung abfallen. Allerdings kann Andreß lediglich die ersten 10 Berufsjahre berücksichtigen und hier weiterhin nur den ersten Berufswechsel. Daher kann er die Hypothese zum sozialen Aufstieg nur partiell testen, da er das Absinken der Chancen für einen beruflichen Aufstieg erst nach 10–15 Jahren annimmt. Die beiden, mittels einer Sterbetafel ermittelten Hazardraten sind in Abbildung 2 dargestellt.

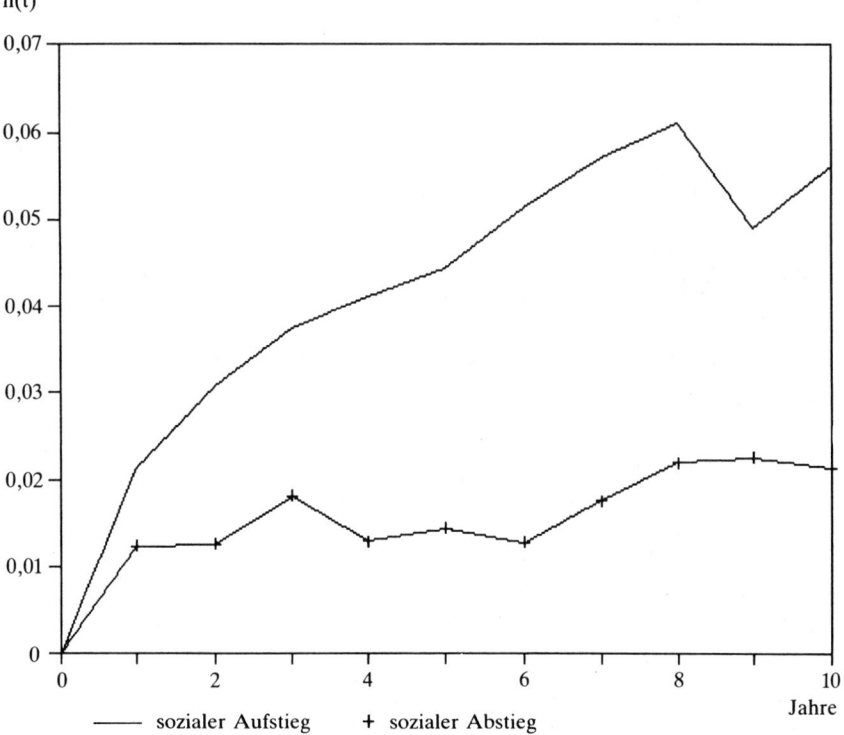

Abb. 2: Hazardraten für den sozialen Aufstieg bzw. Abstieg für den ersten Berufswechsel während der ersten 10 Jahre Berufstätigkeit für die Stichprobe von Andreß (1982).

Abb. 2 zeigt den erwarteten Aufwärtstrend für den sozialen Aufstieg zumindest für die ersten 8 Jahre, jedoch nicht die konstante Hazardrate für den sozialen Abstieg. Damit sind die Hypothesen lediglich teilweise gestützt. Der Autor analysiert dann die Hazardraten getrennt für 4 verschiedene Subgruppen: Personen mit einer unspezifischen, manuellen, nichtmanuellen und einer Spezialqualifikation. Ein Vergleich der Hazardraten zwischen diesen 4 Gruppen ergab signifikante Unterschiede der Hazardraten für den sozialen Aufstieg als auch für den sozialen Abstieg (vgl. Andreß, 1982).

77.4 Komplexere Modelle

Bisher gingen wir von keiner spezifischen Form der Hazardrate aus. Hat man spezifische Annahmen über die Hazardrate, kann man aus ihr die Wahrscheinlichkeitsdichte ableiten und gegebenenfalls statistische Tests durchführen. Andererseits kann man auch von parametrischen Wahrscheinlichkeitsfamilien ausgehen. Hier steht aber nicht wie in der multivariaten Statistik die Normalverteilung im Vordergrund, vielmehr sind u. a. die folgenden Verteilungen adäquat: Exponentialverteilung, Weibullverteilung, logistische Verteilung, Gamma-Verteilung und Gompertz-Makeham-Verteilung. Diese Verteilungen besitzen jeweils spezifische flexible Hazardraten. Ausführlich werden diese Verteilungen z. B. in Blossfeld et al. (1986) besprochen. Analog zu anderen flexiblen statistischen Verfahren, wie z. B. Strukturgleichungsmodellen, ist in der einschlägigen Literatur oft die Vorgehensweise zu finden, möglichst viele Verteilungen an einem Datensatz auszuprobieren und das am besten ‚passende' Modell auszuwählen. Ein solches Vorgehen mag allenfalls in Pilotstudien angebracht sein. Es gilt vielmehr explizite theoretische Annahmen zu formulieren, aus denen dann Aussagen über den Verlauf der Hazardrate abzuleiten sind und dann die entsprechende Wahrscheinlichkeitsverteilung auszuwählen.

Zumeist liegen wie im ersten Beispiel (s. Abb. 1) mehrere Zustände vor. Sind die Ereignisse wechselseitig stochastisch unabhängig, können die einzelnen Ereignisse separat behandelt werden, d. h. man betrachtet die Verweildauern zu jedem Ereignis in einer separaten Analyse, so z. B. der Übergang von der gewollten zur ungewollten Erwerbstätigkeit oder von der Erwerbstätigkeit zum Ruhestand. Oft sind die Ereignisse jedoch wiederholbar, es liegen von einer Untersuchungseinheit in der Regel mehrere Ereignisse vor, die stochastisch nicht unabhängig sind. Es gilt dann diese Abhängigkeit zu modellieren. Häufig wird hier die Markovannahme gewählt, derzufolge die Verweildauer in einem Zustand lediglich von dem unmittelbar vorhergehenden Zustand abhängt. Bei Gültigkeit dieser Annahme kann man wiederum alle Übergänge getrennt modellieren. Ein ausführliches Beispiel für ein solches komplexeres Modell zur Thematik der Arbeitslosigkeit wird z. B. von Diekmann und Mitter (1984) vorgestellt. Hier werden ebenso wie in Blossfeld et al. (1986) relativ einfach zu bedienende EDV-Programme für stochastische Prozeßanalysen vorgestellt, die auch die Modellierung von Kovarianteneinflüssen auf die verschiedenen Übergänge erlauben.

Literatur

Andreß, H. J. (1982). Tätigkeitswechsel und Berufserfahrung. Analyse zeitbezogener Daten mit Hilfe von Sterbetafeln anhand eines Beispiels aus der Mobilitätsforschung. Zeitschrift für Soziologie, 11, 380–400.

Blossfeld, H.-P., Hamerle, A. & Mayer, K. U. (1986). Ereignisanalyse. Statistische Theorie und Anwendung in den Wirtschafts- und Sozialwissenschaften. Frankfurt: Campus.

Diekmann, A. & Mitter, P. (1984). Methoden zur Analyse von Zeitverläufen. Stuttgart: Teubner.

Heinz Holling,
Bundesrepublik Deutschland

78. Streß

78.1 Einleitung: Kontroversen über Streß?

„Wie geht es Dir?" ist die floskelhafte Begrüßungsfrage in den meisten europäischen Ländern. Die Antwort ist heute oft sinngemäß: „Ich bin im Streß." Viele Menschen sind überzeugt davon, daß Zeitdruck und Anforderungen durch vielfältige Aufgaben oder Belastungen in vielen Bereichen des Lebens allgemein zugenommen haben. Es ist deshalb nicht verwunderlich, daß die Medien diesem Thema eine teilweise geradezu zwanghaft erscheinende Aufmerksamkeit widmen.

Bei genauerer Betrachtung zeigt es sich jedoch, daß Streß für verschiedene Menschen Verschiedenes bedeutet. Manche leiden unter Überbelastung, sie ertrinken in Arbeit oder allgemeinen Problemen, sie können sie nicht bewältigen oder wissen nicht, wie sie ihre Aufgaben schaffen können. Andere klagen über konkret faßbare Umgebungsbelastungen wie Lärm, schlechte Beleuchtung oder Vibrationen (→ *Belastungen und Beanspruchungen*). Die Probleme können aber auch schwerer greifbar in schwierigen Aufgaben oder unerträglichen persönlichen Konflikten liegen. Was den Streß ausmacht, kann unter Umständen für manche kaum genau zu beschreiben sein.

Ganz anders als bei Streß durch zusätzliche Anforderungen liegen dagegen die Probleme bei Streß durch Unterforderung (→ *Monotonie*) oder chronische Langeweile. Aber auch Ängste, schlechte Gesundheit, eine Scheidung, Arbeitslosigkeit oder der Verlust einer Position und sozialer Anerkennung in einem wichtigen Betätigungsfeld können zu Streß führen. Entweder kann dies durch eine Krise oder ein traumatisches Ereignis ausgelöst werden oder allmählicher durch die Mühlen des Alltags, viele kleine Ärgernisse und Schwierigkeiten.

Wie Schönpflug (1987) beschreibt, wurde das Wort „*streß*" bereits im mittelalterlichen Englisch als Alltagsbegriff in der Bedeutung von „äußerer Not und auferlegter Mühsal" verwendet und erst 1914 von Cannon in die psychophysiologische Fachliteratur eingeführt. Die Schwierigkeiten, ein „Modewort" mit „schillernder" Bedeutung (Janke, 1976) wissenschaftlich eindeutig zu bestimmen, haben sich in der Vergangenheit in lebhaften, teilweise scharfen wissenschaftlichen Kontroversen widergespiegelt. Seit den frühen Arbeiten von Hans Selye (1950) wurde immer wieder versucht, Konsens über die Definition und Messung von Streß herzustellen. Dies hat zu Auseinandersetzungen zwischen Wissenschaftlern über breite und enge Definitionen, über physiologische und psychologische Theorien, über positive oder negative, über stimulus- und reaktionsorientierte Ansätze und über angemessene und unangemessene Meßmethoden geführt. Diese Grundsatzdebatte wurde zweifellos auch durch die Interdisziplinarität des Gegenstands beeinflußt und durch politische und wissenschaftliche Konkurrenz zwischen Psychologen, Physiologen, Medizinern und Ingenieuren. Inzwischen ist diese Diskussions- und Entwicklungsphase aber anscheinend überwunden und im letzten Jahrzehnt hat sich zwischen den meisten Experten in diesem Gebiet ein Konsens über die Bedeutung und Messung von Streß entwickelt.

78.2 Der gegenwärtige Stand der Streßtheorie

In den folgenden Abschnitten fassen wir kurz die gemeinsamen Auffassungen zur Definition von Streßreaktionen zusammen. Außerdem werden sowohl die kurzfristigen als auch die längerfristigen Auswirkungen von Stressoren am Arbeitsplatz behandelt. Wir beziehen uns dabei auf frühere Veröffentlichungen der Autoren (vgl. Cox, 1985, 1987a und 1987b; Greif, 1983). Für eine eingehendere Darstellung dieser Themen verweisen wir auf Apply und Trumbull (1967), Cox (1968), Cox und Mackay (1981), Frese und Semmer (1983), Greif, Bamberg und Semmer (1989), Janke (1976), Schönpflug (1987), Lazarus (1966, 1976), McGrath (1970), Nitsch (1981) und Rutenfranz (1981).

Die moderne Bedeutung des Streßbegriffs unterscheidet sich zumindest in einer Hinsicht wesentlich von den frühen Begriffsbestimmungen durch Hans Selye (1950). Er nahm an, daß es eine allgemeine und unspezifische Anpassungsreaktion des Organismus auf beliebige intensive Reize (positive und aversive oder schädliche Ereignisse) gibt, die bei allen Individuen konstant auftritt und teilweise nicht nur für Menschen, sondern für verschiedene Arten von Lebewesen gilt. Jeder intensive oder gefährliche Reiz führt nach Selyes Modell zu „Streßreaktionen", in Form eines besonderen, aber allgemein beobachtbaren physiologischen Reaktionsmusters. Intensive negative Stimulation durch Überforderung und Fehlanpassung kann „Distreß" und langfristig schließlich auch chronische Gesundheitsprobleme verursachen. Selye versteht Streß aber keineswegs nur negativ. Auch positive Gefühlserregungen können Streß – er nennt dies „Eustreß" – hervorrufen. Selyes (1950) allgemeines Wirkungsmodell hat große Gemeinsamkeiten mit den gegenwärtigen Aktivierungs- oder Arousal-Theorien.

Zeitgenössische Streßtheorien unterscheiden dagegen zwischen allgemeiner Aktivation (oder *arousal*), wie sie teilweise durch die Intensität des Reizes hervorgerufen werden und Streßreaktionen, verbunden mit negativen kognitiven und emotionalen Zuständen, die aus der Interaktion mit der Umgebung entstehen und die zugleich Ausgangspunkt für Umgebungsveränderungen sein können. Der Begriff „Streß" bezieht sich auf eher komplexe psychologische Zustände. Entscheidend ist die subjektive Bewertung (Lazarus, 1966) der Umgebungsanforderungen durch die Person. Dabei interagieren Person *und* Umgebung (Cox, 1978, 1985).

Die meisten Theorien gehen implizit von der Vorstellung aus, daß Personen unter Streß irgendwie erkennen, daß sie die Anforderungen der gesamten Situation nicht bewältigen können, woraus Unbehagen entsteht. Streßempfindungen hängen deshalb mit Problemlösen, genauer mit „Mißerfolg beim Problemlösen" (Cox, 1987a) oder „Ineffizienz und Fehlregulation" (Schönpflug, 1985) beim Handeln zusammen. Angemessener wäre vielleicht, von einem „Ungleichgewicht" (bzw. einer „Imbalance") zwischen Anforderungen und Fähigkeiten zu sprechen, anstatt die Person einseitig für den Mißerfolg bei der Bewältigung der Anforderungen verantwortlich zu machen.

Das Empfinden von Streß hängt so gesehen von einem subjektiven Prozeß der Bewertung ab (Cox, 1978, 1985, 1987a; Nitsch, 1981; Rutenfranz, 1981; Schönpflug, 1987). Zumindest die vier folgenden Faktoren sind dabei zu berücksichtigen:

(1) Anforderungen an die Person,
(2) Merkmale der Person, ihre Fertigkeiten und allgemeinen Fähigkeiten, die Anforderungen zu erfüllen („persönliche Ressourcen"),
(3) Zwänge, denen die Person unterworfen ist und
(4) Unterstützung, die sie von anderen erhält (→ *soziale Unterstützung*).

Streß ist demnach nicht nur durch Umgebungsanforderungen oder Merkmale der Personen bestimmt, sondern spiegelt eine komplexe und dynamische Wechselwirkung zwischen der Person und ihrer Umgebung wider. Vollständig kann Streß weder durch einzelne Meßwerte von Umgebungsfaktoren, noch durch Maße physiologischer Funktionen oder psychologischer Fähigkeiten oder Eigenschaften erfaßt und erklärt werden. Streß ist kein isolierbares und beobachtbares Ereignis, sondern das Ergebnis eines Interaktionsprozesses. Zeitgenössische Streßtheorien liefern komplexe und im wesentlichen psychologische Modelle, die diese dynamischen Wechselwirkungen (oder „Transaktionen" nach Lazarus, 1966, vgl. Cox, 1978; Cox & Mackay, 1981) zwischen situativen Anforderungen und der Person beschreiben. Die Person versucht, in einem beständigen Balanceakt die gesamte Situation zu erfassen und zu bewerten und – manchmal aktiv und manchmal passiv – die resultierenden Probleme zu bewältigen.

Das transaktionale Streßmodell betont die Komplexität und Dynamik der Wechselwirkungen zwischen Person und Umgebungsanforderungen. Die möglichen Dimensionen und Interaktionen sind dabei so vielfältig, daß sich jedes beliebige Ergebnis unter Hinweis auf – theoretisch nicht ausschließbare – individuelle und situative Effekte oder Interaktionen nachträglich rechtfertigen läßt. Das „Beliebigkeitsproblem" und die daraus resultierende Unmöglichkeit, das Modell empirisch zu bestätigen oder zu falsifizieren, ist ein theoretisches Kernproblem des transaktionalen Streßmodells. Seine Lösung erfordert – zumindest beim gegenwärtigen Stand der Wissenschaft – eine Vereinfachung und Operationalisierung der zentralen Wirkungshypothesen des Modells (vgl. Greif et al., 1989, Kap. 1).

Für eine genauere Streßdefinition ist es erforderlich, die verschiedenen Aspekte zu beschreiben, die den Bewertungsprozeß ausmachen. Es lassen sich zumindest sechs theoretisch bedeutsame Aspekte zur Beschreibung der Erwartungen der Person und des subjektiven Zustands bei der Bewertung der gesamten Situation unterscheiden (vgl. Greif, 1983):

(1) die subjektive Wahrscheinlichkeit der Aversität der Situation,
(2) die Intensität der Aversität der Situation,

(3) den Grad der Kontrollierbarkeit der Situation,
(4) die Wichtigkeit für die Person, die Situation zu vermeiden,
(5) die zeitliche Nähe der Situation und
(6) ihre erwartete Dauer (vgl. Janke, 1976).

Diese Aspekte sind keineswegs voneinander unabhängig. Sie zeigen lediglich die zentralen theoretischen Konzepte auf, durch die Streß heute auf der Grundlage kognitiver Theorien verstanden wird. Auf dieser Grundlage kann die „Streßreaktion" als subjektiver Zustand definiert werden, der aus der Befürchtung (englisch „threat") entsteht, daß eine stark aversive, zeitlich nahe und subjektiv lang andauernde Situation sehr wahrscheinlich nicht vermieden werden kann. Dabei erwartet die Person, daß sie nicht in der Lage ist (oder sein wird), die Situation zu beeinflussen oder durch Einsatz vorhandener Ressourcen zu bewältigen. Die Vermeidung der Situation wird daher für die Person wichtig. – „Stressoren" nennt man dagegen diejenigen Merkmale, die mit großer Wahrscheinlichkeit Streßreaktionen auslösen.

Die herkömmliche Streßforschung untergliedert sich in zwei, nur wenig verbundene Forschungsbereiche: (1) kurzfristige biochemische und psychophysiologische Auswirkungen und (2) langfristige psychische und gesundheitliche Folgen von Stressoren. Beide Bereiche sind durch die bisher nicht hinreichend belegte Annahme miteinander verbunden, daß die beobachtbaren Beeinträchtigungen an belastenden Arbeitsplätzen durch kumulative oder intensive kurzfristige Reaktionen verursacht werden. Die Ergebnisse von Quer- und Längsschnittuntersuchungen legen diese Interpretation zwar nahe, eine genauere Forschung und der strikte Nachweis, daß biochemische und psychophysiologische Auswirkungen die erwarteten langfristigen Schädigungen hervorrufen, steht aber noch aus.

78.3 Kurzfristige biochemische und psychophysiologische Auswirkungen

Mit Janke (1976) können wir feststellen, „daß es *die* Streßreaktionen nicht gibt", weil der Organismus auf Stressoren nicht passiv, sondern mit einem komplexen Prozeß mit verschiedenen Intensitäten und Qualitäten reagiert. Da sich aber die Reaktionsbereiche der Fachliteratur kategorisieren lassen, können wir die allgemeine Annahme aufstellen, daß der durch die obige Definition beschriebene psychologische Zustand oft mit einer oder mehreren der folgenden kurzfristigen Auswirkungen verbunden ist:

(1) „negatives" emotionales Befinden (Gereiztheit/Belastetheit, Unsicherheit bzw. Ängstlichkeit oder Ärger/Aggressivität),
(2) von der Norm abweichende Intensitätsveränderungen biochemischer oder physiologischer Parameter (Katecholamine oder kardiovaskuläre und elektrodermale Aktivität) (vgl. Janke, 1976); und
(3) Ineffizienz der inneren Regulationsprozesse (verringerte Leistungsgeschwindigkeit und -güte, verringerte Effizienzquotienten, vgl. Schönpflug, 1985, 1987).

Welche emotionale Reaktion, z. B. Ärger oder Unsicherheit, im einzelnen entsteht, hängt von den Besonderheiten der Situation und den Merkmalen der Person ab. Während der eine Arbeiter durch spöttische Bemerkungen des Vorarbeiters ärgerlich und aggressiv wird, entstehen beim anderen Angstgefühle und Niedergeschlagenheit. Auch die physiologischen Aktivitäten können in Abhängigkeit von besonderen Merkmalen der Situation und Person unterschiedlich ausfallen. In Streßsituationen reagieren die meisten Fluglotsen mit einer Zunahme der Herzrate, aber einige zeigen andere Reaktionen (oder Symptome), z. B. peristaltische Magenbewegungen.

78.4 Langfristige psychische und gesundheitliche Folgen

Wenn diese kurzfristigen Auswirkungen andauern oder zu stark sind, ist anzunehmen, daß zumindest das subjektive Wohlbefinden (→ *psychische Gesundheit*) der Person beeinträchtigt wird und daß psychosomatische Störungen entstehen können (vgl. Janke, 1976; Mohr, 1989 sowie → *Streß und Herzinfarkt*). Längerfristig kann Streß aber auch zu weiteren komplexen Beeinträchtigungen führen, die wiederum mit dem allgemeinen Wohlbefinden sowie psychosomatischen Beschwerden zusammenhängen. Beispiele wären der Griff zu „alltäglichen Beruhigungsmitteln" (Zigarette, Alkohol, Essen) oder Medikamenten oder aber allgemeine Passivität (Greif, Bamberg & Semmer, 1989; Schönpflug, 1987). Zusammenfassend können wir nach der Literatur (vgl. auch → *Projekt „Psychischer Streß am Arbeitsplatz"*) längerfristige Auswirkungen in einem oder mehreren der folgenden Bereiche erwarten:

(1) Beeinträchtigung des Wohlbefindens,
(2) psychosomatische Beschwerden und Krankheiten
(3) kritisches Gesundheitsverhalten (zu starkes Essen, Bewegungsmangel, Rauchen und Alkoholmißbrauch sowie andere Formen des Drogen- oder Medikamentenmißbrauchs),
(4) verringertes allgemeines Aktivitätsniveau (Fortbildung, Freizeitaktivitäten), fehlende Entwicklung neuer Bewältigungsstrategien, sowie Beeinträchtigung der sozialen Kompetenzen und sozialen Beziehungen.

78.5 Probleme

Die Streßerfahrung kann sowohl kurzfristig oder akut, als auch längerfristig oder chronisch sein. Akuter Streß wird, wenn er sehr intensiv ist, oft als Krise oder Trauma bezeichnet. Beide Arten können von Anfang an sowohl kurzfristige Reaktionen als auch längerfristige Folgen hervorrufen. Starker Streß oder traumatische Ereignisse können auch Reaktionen hervorrufen, die erst mit zeitlicher Verzögerung auftreten, aber klinisch bedeutsam sind (post-traumatische Streßfolgen). Bis heute ist es allerdings noch nicht möglich, diese verschiedenen Reaktionen beim Individuum oder für spezifische Arbeitssituationen genau vorherzusagen. Dies ist eine Aufgabe der gegenwärtigen Streßforschung.

Ein weiteres Problem entsteht aus der zentralen Bedeutung der subjektiven Bewertung für die Streßforschung. Es gibt Situationen, wie nicht vorhergesehene Verletzungen oder Zeitdruck, die von manchen Personen nicht als Streß im Sinne unserer Definition erlebt werden, obwohl sie mit Schmerz oder hohen Anforderungen verbunden sind. Beispielsweise kann ein Soldat seine Verwundung an der Front als Chance sehen, zum Zivildienst zurückzukommen. Ein anderes Beispiel ist die besondere Bedeutung des Zeitdrucks für die Arbeitsstrategie des „Hektikers" (→ *Streß und Herzinfarkt*). Für ihn mag Streß erst dann entstehen, wenn er gezwungen ist, langsam zu arbeiten. Bei anderen können diese Situationen dagegen umgekehrte Auswirkungen auf das subjektive Wohlbefinden haben.

78.6 Interindividuelle Unterschiede

Zeitgenössische Streßtheorien betonen dementsprechend die Bedeutung interindividueller Unterschiede sowohl bei der Wahrnehmung und Bewertung von Stressoren als auch bei den Streßreaktionen. Einige Persönlichkeitsmerkmale sind systematisch untersucht worden und zeigten empirische Gesetzmäßigkeiten.

Das sogenannte Typ-A-Verhalten (Rosenman & Friedman, 1974) beschreibt z. B. ein Verhaltensmuster, das zuerst an amerikanischen Managern beobachtet wurde, aber heute bei vielen anderen Berufsgruppen, sowohl Frauen als auch Männern, nachgewiesen wurde. Personen, die zum Typ-A gehören, sind arbeitsorientiert und sehr durchsetzungsfähig, fühlen sich ständig unter Zeitdruck und versuchen immer kämpferisch ihre Umgebung unter Kontrolle zu bringen. Zu fragen ist, ob dieses Verhalten eine gelernte Reaktion auf typische Streßsituationen der modernen Industriegesellschaft oder ob es eine Persönlichkeitseigenschaft ist. Wie auch immer die Antwort auf diese Frage ausfällt, es gibt empirische Hinweise darauf, daß das erfaßte Typ-A-Verhalten (sowohl durch Fragebogen als auch durch Interviews) koronare Herzkrankheiten vorhersagen kann (→ *Streß und Herzinfarkt*).

78.7 Merkmale der Tätigkeit und der Umgebung

In der Fachliteratur finden sich Klassifikationen von arbeitsbezogenen Faktoren, die empirisch mit psychologischen und physiologischen Streßindikatoren zusammenhängen (vgl. Cooper & Payne, 1978; McGrath, 1978). Dazu gehören Faktoren wie Überforderung, Unterforderung, Lärm und andere Umgebungseinflüsse, Rollenunsicherheit und Konflikt oder alltägliche Ärgernisse. Außerdem liefern epidemiologische Feldstudien und quasi-experimentelle Vergleiche von Berufsgruppen Listen von Berufen, die – zumindest nach bestimmten Kriterien – als besonders „stressend" angesehen werden; Beispiele wären Fluglotsen oder Busfahrer in Stadtzentren mit hoher Verkehrsdichte. Derartige Berufsklassifikationen vernachlässigen jedoch die Bedeutung von Streß als Wechselwirkung oder Transaktion zwischen Anforderungen und Personenmerkmalen. Sie können zwar beschreiben „was ist", aber nicht erklären „warum es so ist".

Um eine angemessene Klassifikation oder Taxonomie von „Stressoren" zu entwickeln, müssen wir die Anforderungen an die Person, ihr Leistungsniveau, die Transaktionen zwischen beiden und die Besonderheiten des möglicherweise resultierenden Ungleichgewichts, das dann entsteht, genauer betrachten. Semmer (1984) hat auf der Basis eines transaktionalen Modells und verschiedener Arten der Störung des Gleichgewichts regulatorischer Handlungen am Arbeitsplatz eine Klassifikation von Stressoren entwickelt. Er unterscheidet im Kern drei Dimensionen der Imbalance am Arbeitsplatz:

(1) Investition von Zusatzregulationen (notwendig bei Lärm und anderen Umgebungseinflüssen, Zeitdruck, Handlungsunterbrechungen usw.),
(2) Regulationsunsicherheit (entstanden durch qualitative Überforderung, Unfallgefahren, unklares Leistungsfeedback usw.) und
(3) Zielunsicherheit (Zielkonflikte, unklare Rollenerwartungen und Rollenkonflikte).

78.8 Der Weg in die Zukunft

In einem kurzen Übersichtsbeitrag ist es schwierig, die Zukunftsperspektiven der Streß-Forschung und -Anwendung angemessen zusammenzufassen. Ein kurzer Überblick über zukünftige Themen der Streßforschung liefern Cox (1987b) oder Greif et al. (1989).

Außerdem werden viele wichtige Probleme und damit zusammenhängende Konzepte eingehender in anderen Teilen dieses Buchs behandelt (Teil 1: → *Theorien und Konzepte,* → *Biologische und physiologische Grundlagen;* Teil 2: → *Alkohol und Drogenkonsum,* → *Arbeitsgestaltung,* → *Arbeitslosigkeit,* → *Arbeitssicherheit,* → *Arbeitszeit,* → *Belastung und Beanspruchung,* → *Ermüdung,* → *Fehler und Fehlhandlungen,* → *Frauen und Erwerbstätigkeit,* → *Freizeit und Familie,* → *Handlungspsychologie Arbeitsanalyseverfahren „VERA"* und *„RHIA",* → *Monotonie,* → *Psychische Gesundheit,* → *Schichtarbeit,* → *Soziale Unterstützung,* → *Streß und Herzinfarkt;* Teil 3: → *Die Arbeitslosenforschung in Marienthal,* → *Projekt „Psychischer Streß am Arbeitsplatz",* → *Projekt Schichtarbeit,* → *Streß bei Verwaltungsarbeiten).*

Die zunehmenden Kosten der Gesundheitsversorgung sind für alle Industrieländer zu einem wichtigen ökonomischen Problem geworden. Daher ist es notwendig, daß Streßforscher ökonomische Modelle zur Rechtfertigung ihrer Arbeit entwickeln (Cox, 1978b; Schönpflug, 1987). So gibt es beispielsweise eindeutige Belege durch epidemiologische und Längsschnittuntersuchungen, daß Arbeitsstreß und langfristige Gesundheitsprobleme kovariieren. Nachweislich gehören koronare Herzerkrankungen und psychosomatische Beschwerden, die beide in ihrer Ätiologie erheblich mit Streß zusammenhängen, zu den kostenaufwendigsten Krankheiten, die die Gesellschaft zu tragen hat. Wir haben daher überzeugende Argumente für Mehrinvestitionen in die Streßforschung und für die Entwicklung präventiver und therapeutischer Strategien (zur präventiven und korrektiven Arbeitsgestaltung, vgl. Ulich, 1983). Da der Gegenstand der Streßforschung durch einzelne Wissenschaftsdisziplinen nicht angemessen behandelt werden kann, muß die Forschungsförderung multidisziplinär sein.

Literatur

Apply, M. H. & Trumbull, R. (1967). Psychological stress. New York: Appleton-Century-Crofts.
Cooper, C. L. & Payne, R. (Eds.) (1978). Stress at work. New York: Wiley.
Cox, T. (1978). Stress. London: Macmillan.
Cox, T. (1985). The nature and measurement of stress. Ergonomics, 28, 1155–1163.
Cox, T. (1987a). Stress, coping and problem solving. Work & Stress, 1, 5–14.
Cox, T. (1987b). Looking forward. Work & Stress, 1, 109–111.
Cox, T. & Mackay, C. J. (1981). A transactional approach to occupational stress. In N. Corlett & P. Richardson (Eds.), Stress, work design and productivity. New York: Wiley.
Frese, M. (Ed.) (1981). Streß im Büro. Bern: Huber.
Frese, M. & Semmer, N. (1983). Stress. In D. Frey & S. Greif (Hg.), Sozialpsychologie (2. Aufl., 1987), 342–349. München: Psychologie Verlags Union.
Greif, S. (1983). Streß und Gesundheit. Zeitschrift für Sozialisationsforschung und Erziehungssoziologie, 3, 41–58.
Greif, S., Bamberg, E. & Semmer, N. (Hg.) (1989). Psychischer Streß am Arbeitsplatz. Göttingen: Hogrefe.
Janke, W. (1976). Psychophysiologische Grundlagen des Verhaltens. In M. v. Kerekjarto (Hg.), Medizinische Psychologie, S. 1–101 (2. Aufl.). Berlin: Springer.
Lazarus, R. S. (1966). Psychological stress and the coping process. New York: McGraw-Hill.
Lazarus, R. S. (1976). Patterns of adjustment. New York: McGraw-Hill.
McGrath, J. E. (Ed.) (1970). Social psychological factors in stress. New York: Holt, Rinehart & Winston.
Mohr, G. (1989). Psychische Befindensbeeinträchtigungen bei Industriearbeitern. In: S. Greif, E. Bamberg & N. Semmer (Hg.), Psychischer Streß am Arbeitsplatz. Göttingen: Hogrefe (im Druck).
Nitsch, F. (Hg.) (1981). Streß. Bern: Huber.
Rosenman, R. H. & Friedman, M. (1974). Type A behaviour and your heart. Greenwich, Conn.: Fawcett.
Rutenfranz, J. (1981). Arbeitsmedizinische Aspekte des Streßproblems. In J. Nitsch (ed.), Streß (S. 379–390). Bern: Huber.
Schönpflug, W. (1985). Goal-directed behaviour as a force of stress: Psychological origins and consequences of inefficiency. In M. Frese & J. Sabini (Eds.), Goal directed behavior: The concept of action in psychology. Hillsdale, NJ: Erlbaum, 172–188.
Schönpflug, W. (1987). Belastung und Beanspruchung bei der Arbeit – Theorien und Konzepte. In U. Kleinbeck & J. Rutenfranz (Hg.), Arbeitspsychologie. S. 130–184. Göttingen: Hogrefe.
Selye, H. (1950). Stress. Montreal: Acta.
Semmer, N. (1984). Streßbezogene Tätigkeitsanalyse. Weinheim: Beltz.
Ulich, E. (1983). Präventive Intervention im Betrieb: Vorgehensweisen zur Veränderung der Arbeitssituation. Psychosozial, No. 20, 48–71.

Siegfried Greif, Bundesrepublik Deutschland,
und Tom Cox, Großbritannien

79. Streß und Herzinfarkt

79.1 Einleitung

Der „akute Herzmuskelinfarkt", eine klinische Manifestation der koronaren Herzkrankheit (KHK), stellt derzeit neben den Krebserkrankungen die Haupttodesursache in den westlichen Industrieländern dar. Nach der gängigen Koronartheorie entsteht die Krankheit aufgrund einer Arteriosklerose der Koronararterien, die ein akutes „Absterben" von Herzmuskelgewebe bewirkt.

Als streßphysiologische Vermittler werden sowohl somatische (z. B. Hypertonie), soziologische (z. B. berufliche Belastungen) als auch psychologische (koronargefährdende psychologische Streßbewältigungsmuster, „Typ A-Persönlichkeit", „Kontrollambitioniertheit") verantwortlich gemacht. Diese Dreiteilung stellt jedoch eine künstliche Trennung dar und dient lediglich dem besseren Verständnis des Krankheitsbildes. In der Praxis potenzieren sich die genannten Faktoren i. S. einer Person-Umwelt-Interaktion gegenseitig. Bei dem Infarkt liegt also eine sogenannte Multikonditionalgenese vor, d. h. die Infarktgefahr steigt, je mehr Risikofaktoren gleichzeitig vorliegen.

Der Herzinfarkt hat aufgrund seines erheblichen Morbiditäts- und Mortalitätsanstieges in den letzten 50 Jahren zu einer bedrohlichen Entwicklung geführt. Alarmierend ist vor allem das ständig sinkende Alter der Erstmanifestation bei Männern und auch in jüngster Zeit bei Frauen. Grund hierfür ist die allgemeine Zunahme mehrerer Risikofaktoren durch Umweltbelastungen, wie z. B. Leistungs- und Konkurrenzdruck, unzureichende Streßbewältigung und Kontrolle (→ *Streß*). Hinsichtlich der Ursachenforschung und der pathogenetischen Interdependenz zwischen Streß und Herzinfarkt sind somit weitere intensive interdisziplinäre Forschungen für die Entwicklung effektiver Präventions- und Rehabilitationsmaßnahmen erforderlich. Erste Erfolge breit angelegter Aufklärungskampagnen und eines davon beeinflußten, veränderten Gesundheitsverhaltens scheinen in jüngster Zeit in den USA verzeichnet zu sein. Erstmals stagniert dort die Herzinfarktrate – eine Tendenz, die jedoch nicht generell in der westlichen Welt zu verzeichnen ist.

79.2 Methodische Zugänge zur Herzinfarktforschung: Retrospektive und prospektive Untersuchungen

Seriöse Informationen über die Ursachen des Herzinfarktes lassen sich letztlich nur über retrospektive und prospektive Längsschnittuntersuchungen gewinnen. Bei den *retrospektiven* Untersuchungen werden Probanden, bei denen bereits ein akuter Herzmuskelinfarkt eingetreten ist, in Bezug auf die vor dem Infarkt bestandenen Risikofaktoren (z. B. Gesundheitsverhalten, Arbeitsbedingungen, kritische

Lebensereignisse) befragt und mittels standardisierter Tests untersucht. Die Ergebnisse werden anschließend mit denen einer herzkreislaufgesunden Kontrollgruppe verglichen, um so Aussagen über den Risikocharakter der identifizierten Variablen treffen zu können. Ein Beispiel dieser Vorgehensweise stellt die umfassende Fall-Kontrollstudie der Marburger Forschungsgruppe von Siegrist et al. (1980) dar. Der retrospektive Forschungszugang ist zwar methodisch relativ leicht zu handhaben, birgt jedoch grundsätzlich die Gefahr in sich, daß das Infarktereignis selbst als kritisches Lebensereignis beim Patienten die subjektive Beurteilung vorangegangener Stressoren verzerren kann.

Methodisch exakter sind die *prospektiven* Untersuchungen: Einer Erhebung verschiedener Variablen (z. B. Gesundheitsverhalten, Streßbelastung etc.) an herzkreislaufgesunden Probanden folgen zu einem späteren Zeitpunkt an der gleichen Stichprobe Analysen darüber, welche Variablen in welchem Ausmaß Prädiktoren für das Risiko einer Infarktentwicklung sind. Diese Methode ist allerdings sehr zeitaufwendig, da akuten Infarkten eine langjährige Belastung vorausgeht (Haynes, Feinleib & Kannel, 1980).

Eckpfeiler solcher prospektiven Längsschnittuntersuchungen zu den Risikofaktoren bilden die Western Collaborative Group Study (WCGS) und die Framingham-Study. Erstere wurde von Rosenman und Friedman (1960–61) an 3500 39–59jährigen gesunden männlichen US-Bürgern der Mittelschicht begonnen, deren letzte Folgeuntersuchung nach 8½ Jahren 1975 erfolgte (vgl. als Überblick Rosenman, Brand & Jenkins, 1975). In der Framingham-Studie wurden in der Zeit zwischen 1965–67 850 45–64jährige Männer und 750 Frauen aus der jährlich seit 1950 untersuchten Gesamtstichprobe als repräsentative Stichprobe gezogen.

79.3 Grundlagen der Streß- und Belastungsforschung

Der Forschung zum Thema liegt das Streßkonzept von H. Selye (1950) (→ *Streß*) zugrunde. Im Zentrum der Untersuchungen steht das sogenannte vegetative Nervensystem als Umweltadaptationssystem mit seinen beiden antagonistisch arbeitenden Streßachsen (Sympathikus, Parasympathikus). Die neuesten Untersuchungen zum Thema basieren auf der Modifizierung von Selyes Ansatz, in dem auf kognitive Komponenten der Streßbewältigung Bezug genommen wird (vgl. Osnabrügge, Stahlberg & Frey, 1985 sowie Bergmann, 1985).

79.4 Risikofaktoren für Herzinfarkt

Die drei Großgruppen von Risikofaktoren (Stressoren) stehen in äußerst enger Interdependenz, ihre Kumulation ist von besonderer pathogener Bedeutung. Im folgenden werden die somatischen, soziologischen und psychologischen Stressoren zunächst isoliert dargestellt:

(1) Somatische Risikofaktoren
  a) *Blutfetterhöhung (Hypercholesterinämie und Trygliceriderhöhung)*
  Den meisten prospektiven Längsschnittuntersuchungen zufolge verdreifacht ein

Cholesterinspiegel über 260 mg/100 ml das Infarktrisiko im Vergleich zu einem Serumcholesteringehalt von unter 220–225 mg/100 ml (vgl. z. B. Rosenman et al., 1975): Neuere Längsschnittstudien haben ergeben, daß ein Anstieg des HDL-Cholesterins (High-density,Lipoprotein, fettarm und eiweißreich) und eine Senkung des Gesamt- und LDL-Cholesterins (Low density L., = stark cholesterinhaltig) mit geringerem Fortschreiten der infarktbegünstigenden Koronarsklerose korrelierte.

Wie eng der Zusammenhang zwischen Streß und den Risikofaktoren ist, soll an dieser Stelle exemplarisch an dieser Stelle anhand des Cholesterins aufgezeigt werden. So zeigen Längsschnittuntersuchungen an Infarktpatienten, daß sich ein Maximum der Serumcholesterinkonzentration dann feststellen ließ, wenn die Patienten über einen subjektiv belastenden Tag berichteten (z. a. Bolm-Audorff, 1983), oder wenn Personen Akkord-, Fließband- oder Nachtschichtarbeit zu verrichten hatten.

b) *Nikotinabusus:* Resultat der meisten Längsschnittstudien (z. B. WCGS, Framingham, Pooling Project, zitiert in Wollenweber, 1980) ist die Feststellung, daß ein Zigarettenkonsum ab 10/15 täglich mit einem verdoppelten, über 20 Zigaretten täglich sogar mit einem verdreifachten Infarktrisiko einhergeht.

c) *Hypertonie:* Ein weiteres Ergebnis zahlreicher Längsschnittstudien ist, daß eine Hypertonie (systolischer Blutdruck ab 160 mm/Hg; diastolischer Blutdruck ab 95 mm/Hg bei mittlerem Alter (WHO-Definition) mit einem bis zu dreifach höheren Infarktrisiko einhergeht. Sie gilt als somatischer Risikofaktor mit der drittbesten Vorhersagekraft in Hinblick auf die Infarktgenese.

Auf eine Darstellung der weiteren somatischen Risikofaktoren – Diabetes mellitus, Adipositas, Bewegungsmangel und Hyperurikamie soll an dieser Stelle aufgrund ihrer sehr engen wechselseitigen Potenzierung und deshalb noch problematischer zu isolierenden methodischen Erfassung verzichtet werden (für eine Übersicht über die Risikofaktoren vgl. Köhler, 1985).

(2) Soziologische Risikofaktoren
Als soziologische Risikofaktoren werden im allgemeinen berufsbedingte Belastungen, außergewöhnliche Lebensereignisse (critical life events), familiäre Probleme (→ *Arbeit und Familie*) in Verbindung mit unzureichender oder mangelnder → *sozialer Unterstützung* (social support) sowie kulturelle Einflüsse genannt.

In einer im Auftrag des amerikanischen Ministeriums für Gesundheit, Erziehung und Wohlfahrt erstellte Studie, „Work in America" (WIA) wurde schon im Jahre 1973 ausgeführt, daß die somatischen Risikofaktoren nur ca. 25% der Varianz der Herzkrankheiten aufklären. Nach Auffassung der WIA tragen Arbeitsbedingungen und andere soziale und psychische Faktoren entscheidend zu den ungeklärten 75% bei (Gladrow 1981). Eine umfassende Übersicht über die wichtigsten Ergebnisse der soziologischen Risikofaktoren findet sich u. a. bei Bolm-Audorff (1983).

Unter soziologischen Gesichtspunkten galt der Herzinfarkt lange Zeit i. S. der „Aufstiegshypothese" als sog. „typische *Managerkrankheit*". Die hier postulierte direkte Kausalbeziehung zwischen Beruf/sozialer Schicht einerseits und spezifischer Krankheit andererseits ist jedoch neueren Untersuchungen zufolge nicht mehr haltbar, die intermittierenden Variablen eine entscheidend moderierende Funktion zuschreiben. Zwei wichtige berufliche Stressoren sind die folgenden.

a) *Arbeit unter Zeitdruck und berufliche Zwischenpositionen:* „Arbeit unter Zeitdruck" hat allgemein eine wichtige pathogene Funktion (vgl. → *Streß*): So berichteten nach Maschewski (1982) Infarktpatienten wesentlich häufiger als die herzkreislaufgesunde Kontrollgruppe davon, während der Arbeit keine Zeitreserven und keine Möglichkeiten zum „Abschalten" finden zu können: nach der bereits erwähnten Längsschnittuntersuchung von Siegrist et al. (1980) stellt die „Arbeit unter Zeitdruck" (*sowohl Termindruck als auch der Arbeitsmenge*) das hervorstechendste Merkmal berufsbedingter Arbeitsbelastungen von Infarktpatienten dar. Weiterhin gaben die Infarktpatienten dieser Studie im Vergleich zur Kontrollgruppe häufiger an, ständig organisatorisch und technisch bedingten Störungen, inkonsistenten Anforderungen und Schwierigkeiten mit Vorgesetzten ausgesetzt gewesen zu sein. Diese Störfaktoren sind besonders bei Personen in beruflichen Zwischenpositionen anzutreffen. Das sind Berufe, die durch zwei Merkmale gekennzeichnet sind: einerseits durch eine psychomentale Überforderung und Arbeitsüberlastung (organisieren, planen, koordinieren) bei andererseits gleichzeitig vorliegender Einengung des Dispositionsspielraums, sowie einer aufreibenden Vermittlerposition zwischen Untergebenen bzw. Kunden und Vorgesetzten (Merkmale des sog. Risikoarbeitsplatzes). (Eine Zusammenfassung der Ergebnisse der genannten Fall-Kontroll-Studie von Siegrist et al. (1980) und neuere Ergebnisse finden sich bei Siegrist, 1985).

b) *Berufliche kritische Lebensereignisse (life events):* An erster Stelle steht das aktuelle Problem der Arbeitsplatzunsicherheit bzw. Arbeitslosigkeit. So berichten mehr als 50% der Infarktpatienten gegenüber nur ⅓ der Kontrollgruppe in der Studie von Siegrist et al. (1980) vor dem Infarktereignis beruflichen *Rationalisierungsmaßnahmen* ausgesetzt gewesen zu sein, wobei die Variable „Veränderungen im beruflichen Bereich" sich als trennschärfstes Kriterium zur Trennung beider Untersuchungsgruppen erwies.

Aber nicht nur real vollzogene Arbeitslosigkeit, sondern auch deren Antizipation und die probeweise noch nicht sichere Übernahme in einen neuen Beruf stehen in engem Zusammenhang mit Infarktrisikofaktoren (vgl. Aschenbach & Frey, 1985).

(3) Psychologische Risikofaktoren
Psychologische Risikofaktoren werden derzeit unter das sehr populär gewordene „Typ-A-Verhaltensmuster" und dessen konzeptionelle Weiterentwicklung in Form der „Kontrollambition (KA)" subsumiert. Auf eine ausführliche Darstellung dieses seit 25 Jahren immer weiter modifizierten Modells koronargefährdenden Verhaltens muß hier verzichtet werden (vgl. hierzu Matthews, 1982; Dittmann & Weber, 1982; Myrtek, 1983).

Die ersten Beschreibungen des Verhaltensmusters, die auf verhaltenspsychologischen Beobachtungen an Koronarpatienten der US-amerikanischen Mittelschicht beruhen, wurden 1959 von M. Friedman und R. H. Rosenman gegeben. Personen dieses ursprünglich als bipolares

Persönlichkeitskonstrukts (trait; Typ-A vs. Typ-B) definierten Typs weisen folgende Verhaltenskomponenten auf: ein überstarkes, häufiges und gleichzeitiges Auftreten von Leistungsorientierung, Verausgabung, Gehetztheit, Irritierbarkeit bei Störungen, Ungeduld, Zeitdruck, latente Feindseligkeit sowie Entspannungsunfähigkeit und eine rigide Unterdrückung positiver Bedürfnisse (vgl. Frey & Maass, 1985).

Nach Wollenweber (1980) klärt das Verhaltensmuster ca. 30% der Varianz der KHK auf. Gemäß der Daten der letzten 8½ Jahre follow-up der WCGS von 1975 wiesen männliche Typ-A-Personen, bei statistischer Kontrolle der mit dem Verhaltensmuster kovariierenden Variablen (wie Rauchen) ein doppelt so hohes KHK- und Infarktrisiko auf wie Typ-B-Personen. Allerdings zeigt eine neue Längsschnittstudie nach weiteren 12 Jahren mit den herzerkrankten Typ-A- und Typ-B-Personen aus obiger Stichprobe, daß herzerkrankte Typ-A-Personen nicht früher sterben als Typ-B-Personen. Vermutlich sind Typ-A-Personen – nachdem sie herzkrank wurden – eher in der Lage ihr Verhalten zu ändern (Ragland & Brand 1988). Weitere Längsschnittstudien sind dringend erforderlich.

Siegrist und Mitarbeiter interpretieren das Typ-A-Verhalten als eine spezifische Bewältigungsstrategie angesichts erfahrener oder antizipierter Bedrohungen der eigenen Kontrolle über relevante Umweltaspekte i. S. einer kompensatorischen Regulationsstrategie (Siegrist, 1985), die besonders in Leistungs- und Konkurrenzsituationen eingesetzt wird, um z. B. Mißerfolge und Versagen zu verhindern. Als Verbindung zwischen diesen Kontrollambitionen einerseits und dem Typ-A-Verhalten andererseits postuliert der Autor weiterhin, daß Personen mit starken Kontrollambitionen verstärkt zu unrealistischen Einschätzungen (Erwartungen und Bewertungen) von Anforderungen und Bewältigungsmöglichkeiten sowie den resultierenden Ergebnissen in Leistungssituationen neigen. Im Sinne der genannten Multikonditionalgenese zeigen Extremgruppenvergleiche in Siegrists Untersuchung, daß die hochbelastete Gruppe, welche in dem Bereich „Arbeitsbelastung", „lebensverändernde Ereignisse" und „Kontrollambition/Typ-A" extrem hohe Werte aufwies, bei den Infarktpatienten dreimal so groß ist, wie bei den Gesunden (Siegrist, 1980).

79.5 Das belastende Lebensereignis Herzinfarkt selbst und krankheitsbedingte Folgelasten

Bei der weiteren Betrachtung des Herzinfarktes als „Stressorsyndrom" gilt es neben der beschriebenen Aufdeckung der sog. Risikofaktoren das belastende Lebensereignis Herzinfarkt selbst sowie die krankheitsbedingten Folgelasten und deren beider Bewältigung zu untersuchen sowie Behandlungsstrategien abzuleiten. Hierbei üben somatische (z. B. Standardrisikofaktoren, Ausmaß der Myokardschädigung und Schwere des Akutverlaufs etc.) und psychosoziale Faktoren (Typ-A, psychischer Zustand, Angst, Depression, soziale Unterstützung und Wiedereingliederung in Beruf und Freizeit, Selbstbildmanagement) auch einen eng interagierenden Einfluß auf die Krankheitsbewältigung aus.

Literatur

Aschenbach, G. & Frey, D. (1987). Arbeitslosigkeit. In D. Frey & S. Greif (Hg.): Sozialpsychologie. Ein Handbuch in Schlüsselbegriffen, 2. erw. Aufl. (S. 529–542). München: Psychologie Verlags Union.
Bergmann, G. (1985). Streß und Bewältigung: Psychologische Forschungsansätze. In K. R. Scherer, H. G. Wallbot, F. J. Tokmitt & G. Bergmann (Hg.) Die Streßreaktion: Physiologie und Verhalten (S. 9–24). Göttingen: Hogrefe.
Bolm-Audorff, U. (1983). Berufliche Belastungen und koronare Herzkrankheiten. Frankfurt: R. G. Fischer.
Dittmann, K. & Weber, J. (1982). Das Typ-A-Muster: Ein Risikofaktor für koronare Herzkrankheiten. In K. H. Abholz (Hg.) Risikofaktorenmedizin/Konzept und Kontroverse (S. 147–161). Berlin: de Gruyter.
Frey, D. & Maass, A. (1985). Persönlichkeit und Krankheit und Gesundheit. In T. Herrmann & E. D. Lantermann (Hg.) Persönlichkeitspsychologie. Ein Handbuch in Schlüsselbegriffen (S. 155–162). München: Urban & Schwarzenberg.
Gladrow, W. (1981) Herzinfarkt und Arbeit. Frankfurt: Campus.
Haynes, S. G., Feinleib, M. & Kannel, W. B. (1980). The relationship of psychosocial factors to coronary heart disease in the Framingham Study III. Eight-year incidence of coronyry heart disease. American Journal of Epidemiology, 111, 37–58.
Köhler, Th. (1985). Psychosomatische Krankheiten. Eine Einführung in die allgemeine und spezielle psychosomatische Medizin. Stuttgart: Kohlhammer.
Maschewski, W. (1982). Zur empirischen Einlösbarkeit komplexer sozialwissenschaftlicher Belastungskonzepte. In K. H. Abholz (Hg.) Risikofaktorenmedizin/Konzept und Kontroverse (S. 77–86). Berlin: de Gruyter.
Matthews, K. A. (1987). Psychological Perspectives on the Type A behavior pattern. Psychological Bulletin, 91, 293–323.
Myrtek, M. (1983). Typ-A-Verhalten. München: Minerva.
Osnabrügge, G., Stahlberg, D. & Frey, D. (1985). Die Theorie der kognizierten Kontrolle. In D. Frey & M. Irle (Hg.) Theorien der Sozialpsychologie: Bd. III. Motivations- und Informationsverarbeitungstheorien (S. 127–172). Bern: Huber.
Ragland, D. R. & Brand, R. J. (1988). Type A behavior and mortality from coronary heart disease. New England Journal of Medicine, 318, 65–69.
Rosenman, R. H., Brand, R. J. & Jenkins, C. D. (1975). Coronary heart disease in the Western Collaborative Group Study: final follow-up experience of 8½ years. Journal of the American Medical Association, 223, 872–877.
Selyé, H. (1950). Stress. Montreal: Acta Inc.
Selyé, H. (1956). Stress of life. New York: McGraw-Hill.
Siegrist, J., Dittmann, K. H., Rittner, K. & Weber, I. (1980). Soziale Belastungen und Herzinfarkt. Stuttgart: Enke.
Wollenweber, J. (1980). Risikofaktoren aus internistischer Sicht. In C. F. Fassbender & E. Mahler (Hg.) Der Herzinfarkt als psychosomatische Erkrankung in der Rehabilitation: Versuch einer interdisziplinären Diskussion. Mannheim

Renate Becher und Dieter Frey,
Bundesrepublik Deutschland

80. Trainingsimplementierung und -evaluation

80.1 Einleitung

Der Begriff Training ist in unterschiedlicher Weise definiert worden (vgl. auch → *Ausbildung und Training*). Die meisten Definitionen enthalten jedoch die folgenden drei Elemente:
- Training ist ein systematischer Prozeß. Es ist geplant und kontrolliert.
- Training ist ein Änderungsprozeß. Während des Trainings werden neue Wissensstufen, Fertigkeiten und Einstellungen erworben.
- Training zielt auf die Verbesserung der Arbeitsleistung und damit auf eine erhöhte organisatorische Effektivität.

Bei der Evaluierung von Trainingsprozessen sollten diese drei Elemente im Mittelpunkt der Aufmerksamkeit stehen. Evaluierungen sollten so geplant sein, daß sie Erkenntnisse darüber erlauben, ob der Trainingsprozeß systematisch organisiert ist, ob die gewünschten Änderungen eintreten und ob die Verbesserungen der organisationalen Effektivität aus diesen Änderungen resultieren.

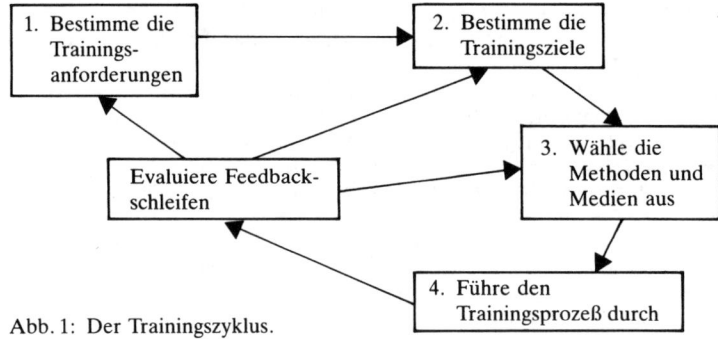

Abb. 1: Der Trainingszyklus.

Der Trainingszyklus ist in Abb. 1 dargestellt. Dieser Prozeß kann Schritt für Schritt dahingehend analysiert werden, ob das Training *effektiv* ist, d. h., ob das durchgeführt wird, was durchgeführt werden soll und ob das Training *effizient* ist, d. h., ob es gut durchgeführt wird.

80.2 Bildungs- und Trainingsbedarf

Untersucht man die Art und Weise, wie der Bildungs- und Trainingsbedarf (→ *Bildungsbedarfsanalyse*) erfaßt wird, ergeben sich folgende Fragen:
- Wie wird sich die individuelle Effektivität am Arbeitsplatz verbessern, wenn die

Bildungs- und Trainingsanforderungen erfüllt werden? Wie soll das gemessen werden?
- Wie wird sich die organisatorische Effektivität verbessern, wenn die Trainingsanforderungen erfüllt werden? Und wie soll hier der Meßvorgang aussehen?

Viele Methoden zur Festlegung des Bildungs- und Trainingsbedarfs ignorieren diese organisatorische Analyseebene. Einige Studien haben gezeigt, daß – falls dieser Aspekt ignoriert wird – Fortschritte hinsichtlich Wissen, Fertigkeiten und Fähigkeiten, die aus dem Training resultieren, evtl. am Arbeitsplatz nicht anzuwenden sind. Das Training mag zwar als Lernprozeß effizient sein, führt aber zu keinen effektiven Änderungen bei der Arbeitsausführung.

80.3 Ziele

Trainingsziele dienen dazu, den Teilnehmern am Training darüber Aufschluß zu geben, was sie nach dem Training können. Bei der Untersuchung von Trainingszielen ist zu prüfen, wie spezifisch diese Ziele sind und inwieweit sie von den Trainees, den Trainern und der Arbeitgeberseite verstanden werden. Ferner muß untersucht werden, ob es eine klare Beziehung zwischen den Trainingszielen und dem Trainingsbedarf gibt. Ist das Erreichen der Trainingsziele das gleiche wie die Deckung des Trainingsbedarfs? Wenn nicht, wie ist diese Lücke zu schließen? Es gilt also festzustellen, inwieweit die Trainingsziele erreicht werden und zu entscheiden, welches Verhältnis von erreichten Trainingszielen zu nicht erreichten Trainingszielen akzeptabel für ein effizientes Training ist.

80.4 Auswahl der Methoden

Die Auswahl einer Methode für die Durchführung eines Trainingsabschnittes kann durch viele Faktoren bestimmt werden: die Art des Themas, Typus des Lernenden, Vorlieben des Ausbilders oder durch die Kosten der Organisation. Im Rahmen einer Evaluation muß festgestellt werden, welcher Punkt die dominierende Rolle spielt. Das selten umgesetzte Schlüsselprinzip der Evaluation besagt, daß es besser ist, die Methode zu wählen, nach der die Trainees besser ausgebildet werden, als die Methode, die die Trainer bevorzugen.

80.5 Der Trainingsprozeß

In Abb. 1 gibt es keine Rückkopplungsschleife für die Evaluation des Trainingsprozesses. Das liegt daran, daß der Trainingsprozeß so strukturiert sein sollte, daß er seine eigene Evaluation mit einbezieht: jede Aktivität sollte durch eine zuvor geplante Rückkopplung und Reflektion begleitet werden. Beim ‚Training der 80er Jahre' geht es nicht darum, Wissen oder Fähigkeiten von einer erfahrenen Person auf eine unerfahrene Person zu transferieren; das Wissen und die Fähigkeiten würden in kurzer Zeit wieder verlorengehen. Das wichtigste, was im Training gelernt werden muß, ist, wie man in dem jeweiligen Feld am besten lernen kann. Deshalb sollte das Training zyklisch arrangiert sein, um Aktivitäten und unter Anleitung durchgeführte Reflektion zu erläutern und eigene Ideen und Strategien auszuprobieren. Weiterhin lohnt es sich, die allgemeine Struktur des Prozesses dahingehend zu untersuchen, ob sie auf einer Lerntheorie beruht, d. h. ob es eine solide Forschungsgrundlage für die Durchführung des Lernprozesses gibt.

Eine solche Analyse des Trainingszyklus, Schritt für Schritt, zeigt, ob das Training ein systematischer Änderungsprozeß ist. Wenn man das Training dort untersucht, wo es stattfindet, erhält man normalerweise nur wenige Informationen über die Wirksamkeit des Trainings, darüber, ob es die Arbeitsleistung und die organisationale Effektivität verbessert. Für weitere Informationen zu diesem Aspekt müssen wir einen anderen Zyklus, den des Lernens und der Umsetzung, untersuchen (Abb. 2).

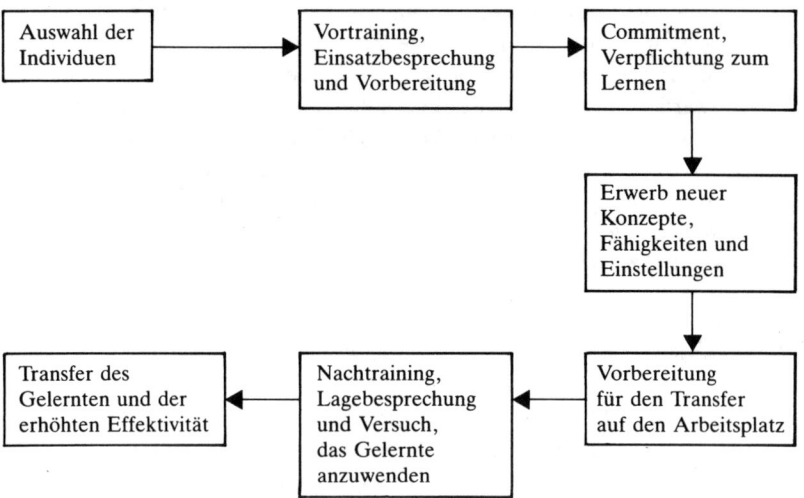

Abb. 2: Umsetzung des Lernens.

Hier betrachten wir den Trainingsprozeß näher vom Standpunkt des Trainees und des Ausbilders.

a) Auswahl

Es ist wichtig, die richtigen Personen für das Training auszuwählen. Das mag vielleicht trivial klingen, aber die Erfahrung zeigt, daß manchmal Leute zu einem Trainingskurs geschickt werden, weil sie eine Belohnung erhalten sollen, weil sie „gerade dran" sind oder aus einem eher irrationalen Motiv heraus (z. B. weil sie mit dem Arbeitgeber verwandt sind). Die zentrale Forderung ist hier die Erwartung, daß sich die individuelle Effektivität aufgrund des Trainings ändert, und diese Änderung für die Organisation von Bedeutung ist. Sind diese Bedingungen nicht erfüllt, gerät das Training in Gefahr, zur bloßen Unterhaltung zu werden.

80. Trainingsimplementierung und -evaluation 449

b) Vortraining, Lagebesprechung

Vor Trainingsbeginn sollten die ausgewählten Personen die Trainingsziele besprechen und so herausfinden, welche Ziele speziell für sie angemessen sind. Diese Besprechung sollte mit dem Vertreter der Arbeitgeberseite abgehalten werden, und es sollte ebenfalls ein Ausbilder anwesend sein. Erwachsenenbildung wird normalerweise durch die Intention motiviert, die von Individuen gesetzten Ziele zu erreichen. Es ist wichtig, sicherzustellen, daß die individuellen Ziele mit den von der Organisation geforderten Zielen übereinstimmen, wenn die organisatorische Effektivität verbessert werden soll. Teil dieser Besprechung ist somit das ‚Commitment' für das Training, das die Motivation für den Trainingsprozeß anzeigt. Motivation ist ein ‚Multiplikator' für das Lernen; ohne Motivation gibt es kein Lernen. Bezieht sich das Commitment lediglich auf das Training selbst, besteht die Gefahr, daß „falsche" Ziele gesetzt werden, d. h. nicht die Ziele, die von der Organisation gefordert werden, sondern die Ziele, die von den Ausbildern oder den Trainees gewünscht werden.

c) Vorbereitung der Umsetzung

Einige Teile des Trainings mögen wenig Realitätsbezug aufweisen, da zum Experimentieren ermutigt wird. Der Transfer von Fähigkeiten und Fertigkeiten aber hängt eng mit der Anzahl der Elemente zusammen, die Training und Arbeitsplatz gemeinsam besitzen. Deshalb ist die Notwendigkeit zu betonen, wie das Training unter den gegebenen organisatorischen Realitäten zu nutzen ist. Wesentlich ist bei der Untersuchung des Trainingsprozesses die Frage, ob die Nützlichkeit des Lernens ständig überwacht wird, und die Lernenden realistische Pläne machen, wie das Gelernte anzuwenden ist.

d) Nachtraining, Lagebesprechung und Umsetzung

Das Problem der Umsetzung ist im Trainingsmodell mit enthalten. Das Training findet normalerweise nicht am Arbeitsplatz statt, daher gibt es Unterschiede zwischen der Trainings- und Arbeitsumgebung, die zu überbrücken sind. Die Schlüsselrolle kommt hierbei dem Vertreter der Arbeitgeberseite zu, der nach dem formalen Training die Nachbesprechung mit dem Auszubildenden durchführen und dabei herausfinden sollte, welche Fertigkeiten und Fähigkeiten entwickelt wurden. Er sollte auch dafür sorgen, daß das Gelernte angewendet wird, der Trainee zur Effektivität ermutigt wird, und die Effektivität belohnt wird. Fertigkeiten und Fähigkeiten, die nicht in den ersten paar Monaten nach dem Training angewendet werden, werden vergessen.

Die Untersuchung dieses Trainingszyklus und des Transfers bringt uns sehr viel näher an die Organisation heran und weiter von der Trainingsstätte weg. Es ist zwar möglich, das Training als ein eigenes System zu betrachten, aber angemessener ist es, das Training als ein Subsystem zu sehen, das dazu beiträgt, das gesamte organisatorische System zu optimieren.

80.6 Ein Beispiel

Vielleicht hilft ein Beispiel zur Klärung der wesentlichen Ergebnisse. Kürzlich evaluierten wir einen Kurs, der Personen des mittleren Managements auf den Übergang in das obere Management vorbereiten sollte. Der Kurs dauerte einige Wochen und wurde von einer großen Organisation durchgeführt, die sich ein sehr qualifiziertes Training leisten konnte.

Die Notwendigkeit des Trainings wurde nur recht allgemein begründet, sie entsprang mehr oder weniger dem Gefühl des oberen Managements, daß ein solcher Kurs ‚nötig' sei. Die Trainingsziele spiegelten diese vage, unkonkrete Motivation wider; Beispiele sind die folgenden Aussagen:

„Wird in der Lage sein, strategisches Denken bei seiner Arbeit anzuwenden".

„Setzt solides Wissen über das Verhalten von Menschen und der Organisation mit hoher Effektivität ein".

Solche Aussagen stellen keine klare Beziehung zwischen dem Trainingsbedarf und dem Inhalt des Kurses dar. So wurde einerseits ein ausgefülltes und anspruchsvolles Programm geboten; Gruppendiskussionen und Seminare waren mit sehr qualifizierten Lektionen durchsetzt. Das Training war jedoch andererseits episodisch angelegt und hatte keine Struktur, die Gelegenheit zu einer Reflektion unter Anleitung und zur Planung der Anwendung des Lernens bot.

Das Feedback am Ende des Kurses war gut. Fast alle Teilnehmer hatten Freude am Programm und fanden es anregend und interessant. Ein Jahr später jedoch fanden wir bei einem Besuch heraus, daß es kaum Hinweise auf Änderungen in der Arbeitsweise gab, die auf das Trainingsprogramm zurückzuführen waren. Auf die Frage: „Hatten Sie einen Plan, wie die Lerninhalte des Trainingsprogramms anzuwenden sind?" waren die meisten Teilnehmer sehr erstaunt und antworteten in der folgenden Art: „Ich habe eine realistische Selbsteinschätzung gemacht und war demzufolge ein besserer Manager". Auf die Frage „War es eine lohnende Investition für die Organisation?", sagten die meisten nur, es sei „interessant und sehr unterhaltsam" gewesen.

Es wurden solche Personen für das Training ausgewählt, die für eine Beförderung infrage kamen. Jedoch wurden diese Personen vor dem Training nicht darüber unterrichtet, welchen Nutzen das Training haben sollte, und auch nach dem Trainingsprogramm wurde nicht mit ihnen besprochen, was sie gelernt hatten und wie sie das Gelernte anwenden wollten. Mit anderen Worten, das Training war eher ein separates, von der Arbeit abgetrenntes Ereignis als ein Entwicklungsprozeß.

Nach unserem Gesamteindruck war es ein sehr teures Trainingsprogramm, das sowohl von den Trainern als auch von den Trainees begrüßt wurde, jedoch überhaupt keinen Wert für die Verbesserung der globalen Effektivität der Manager und damit der Organisation hatte.

Wir haben in dieser Arbeit versucht, Wege zur Untersuchung von Trainingssystemen aufzuzeigen, die als effiziente, gut entwickelte und gut durchgeführte Änderungsprozesse evaluiert werden können. Entscheidend ist aber, ob Implementierung und Evaluation ein effizienter Prozeß sind, der zu einer höheren organisationalen Effektivität beiträgt.

Literatur

Binstead, D. & Stuart, R. (1980). Designing reality into management learning events: Low reality strategies. Personnel Review, 9 (1). 12–18.
Bramley, P. (1986). Evaluation of training. London: BACIE.

Casey, D. (1980). Transfer of learning – There are two separate problems. In J. Beck & C. Cox (Eds.), Advances in management education. New York: Wiley.
Fleishman, E. A., Harris, E. F. & Burtt, H. E. (1955). Leadership and supervision in industry. Bureau of Educational Research Report No. 33, Ohio State University.
Goldstein, A. P. & Sorcher, M. (1974). Changing supervisor behavior. New York: Pergamon.
Goldstein, I. L. (1986). Training in organisations. 2nd ed. Monterey: Brooks/Cole.
Hamblin, A. C. (1974). Evaluation and control of training. London: McGraw Hill.
Kolb, D. A. (1984). Experiential learning. Englewood Cliffs, NJ: Prentice Hall.
Locke, E. A., Shaw, K. N., Saari, L. M. & Latham, E. P. (1981). Goal setting and task performance. Psychological Bulletin, 90 (1), 125–152.
Mager, R. F. (1962). Preparing objectives for programmed instruction. San Francisco: Fearon.
Pedler, M. (1983). Action learning in practice. Aldershot: Gower.
Rackham, N. & Morgan, T. (1977). Behaviour analysis in training. London: McGraw Hill.
Skinner, B. F. (1954). The science of learning and the art of teaching. Harvard Educational Review, 24, 86–97.

Peter Bramley,
Großbritannien

81. Überwachungs-, Kontroll- und Steuerungstätigkeiten

81.1 Einleitung

Im Zuge fortschreitender Mechanisierung und Automatisierung haben sich die Aufgaben und Funktionen des Menschen in Mensch – Maschine – Systemen grundlegend verändert. Krafterzeugung und Energieumsetzung sind weitgehend der Maschine übertragen worden, an ihre Stelle sind Informationsverarbeitung und -erzeugung getreten, woraus sich u. a. eine zunehmende Bedeutung der Arbeitspsychologie im Kontext der Arbeitswissenschaften ableiten läßt. Entstanden sind so – und dieser Trend dürfte sich weiter fortsetzen – Tätigkeiten, die sich am ehesten als Überwachungs-, Kontroll- und Steuerungstätigkeiten (ÜKS) kennzeichnen lassen. Dabei verstehen wir unter Überwachungtätigkeiten solche, bei denen der Mitarbeiter bei teil- oder vollautomatisierter Produktionssteuerung die Aufgabe hat, das Funktionieren dieser Steuerung fortlaufend zu überprüfen und gegebenenfalls steuernd einzugreifen (z. B. in Meßwarten bei der Energieerzeugung oder Rohöldestillation). Bei Kontrolltätigkeiten ist der Mitarbeiter damit beschäftigt, Qualität oder Quantität von Produkten anhand vorgegebener Normen zu beurteilen, Einstufungen in mehr oder weniger überlappende Güteklassen vorzunehmen und minderwertige Erzeugnisse aus der Produktion herauszunehmen (Beispiele: Flaschenkontrolle, Oberflächenkontrolle von Münzrohlingen). Steuerungstätigkeiten verlangen dagegen vom Mitarbeiter einen (un)mittelbaren steuernden oder regelnden Eingriff in den Produktionsprozeß, etwa im Hinblick auf ein festgelegtes Produktionsprogramm oder auf die Erreichung bestimmter vorgegebener Produktnormen (z. B. Steuerstand einer Walzenstraße, Fahrzeugführung) (vgl. Schmidtke 1966).

81.2 Die Rolle des Menschen im Überwachungs-, Kontroll- und Steuerungsprozeß

Nimmt man die aktive steuernde Beteiligung des Menschen am Produktionsprozeß als Kriterium, kann man eine Reihung von den Steuerungstätigkeiten über Überwachungstätigkeiten zu den reinen Kontrolltätigkeiten bilden (vgl. Singer et al., 1970; Rutenfranz et al., 1973). Es drängt sich dabei die Frage auf, wann dort die im Prinzip relativ simple Funktion der Klassifikation anhand vorgegebener Standards – im Extremfall als ja/nein Entscheidung – auf die Maschine, und z. B. bei komplexen Entscheidungen auf einen Rechner verlagert wird. Läßt man dies dann vom Menschen überwachen, entsteht aus der Kontroll- wieder eine Überwachungstätigkeit. Sieht man von dieser Besonderheit bei Kontrolltätigkeiten einmal ab, so läßt sich feststellen, daß mit zunehmender Automatisierung, insbesondere auch durch Rechnereinsatz (→ *Mensch-Computer-Interaktion*), der Mensch in den Nebenschluß der Informationsverarbeitung gelegt wird, wobei er das Funktionieren des sich selbst regelnden (automatischen) Prozesses überwachen soll, um bei einem (voraussichtlichen) Systemversagen (aus welchen Gründen auch immer) korrigierend einzugreifen. Er wird damit zu einem Monitor höherer Ordnung, wobei wiederum verschiedene Varianten der Beteiligung an der Prozeßsteuerung unterschieden werden können (vgl. Neumann & Timpe, 1981). An diesem Beispiel wird deutlich, daß die eigentlich interessanten arbeitspsychologischen Aspekte des Rechnereinsatzes weniger im Umgang mit diesem Arbeitsmittel als vielmehr in den dadurch hervorgerufenen Strukturveränderungen der Tätigkeiten liegen.

Interessant ist im Rahmen der Prozeßsteuerung die Frage, *wann* der Mensch in den Prozeß eingreifen soll: vorbeugend, die Notabschaltung vermeidend, oder korrigierend, wenn das ansonsten „überlegene" System nicht mehr weiter weiß/wußte? Und weiter: welche Freiheitsgrade hat der Mensch dabei, z. B. in der Festlegung der Sollwerte und davon akzeptabler Abweichungen sowie der Wahl geeigneter Regelungsstrategien? Nach einer gewissen Euphorie, die Steuerung weitgehend der Maschine oder dem Rechner zu übertragen, weil diese als zuverlässiger gelten können, und den Menschen nur im Notfall, bzw. jenseits der von der Maschine akzeptierten Toleranzgrenzen eingreifen zu lassen, scheint sich in letzter Zeit die Ansicht durchzusetzen, die Beteiligung des Menschen an der Prozeßsteuerung durch den Operator selber variabel und wählbar zu gestalten.

Damit wird dem Operateur die Gelegenheit gegeben, die reale (und nicht nur eine simulierte) Prozeßsteuerung unter verschiedenen Randbedingungen zu durchschauen, unter verschiedenen Schwierigkeitsstufen zu trainieren und auf dieser Basis Störfallbegegnungsstrategien zu entwickeln. Beim tatsächlichen Eintritt des Störfalles steht er dann nicht ungeübt und hilflos da, weil er sich nicht auf die Überlegenheit und Zuverlässigkeit der Maschine verlassen und dabei seine diagnostischen und operativen Kompetenzen verloren hat (vgl. Bainbridge, 1983). Probleme automatisierter Prozeßsteuerung ähneln damit offensichtlich wieder in erheblichem Umfang den Problemen manueller Steuerung (vgl. zu beiden Bereichen Wickens 1984), so daß diese Unterscheidung eher akzentuierend gesehen werden sollte.

81.3 Probleme durch Daueraufmerksamkeit

Gemeinsam ist allen ÜKS, daß sich dabei eine dominante Belastung aus dem Zwang zur Dauerbeanspruchung der Aufmerksamkeit ergibt. Alle diese Tätigkeiten erfordern in der Regel eine (mehr oder weniger) langandauernde und konzentrierte Aufmerksamkeitszuwendung, um die relevanten Informationen aufnehmen und verarbeiten zu können. Dabei besteht das Problem häufig darin, seltene kritische Zustände (Signale) bzw. Entwicklungstendenzen des Systems zu solchen Zuständen möglichst frühzeitig und treffsicher vor dem Hintergrund relativ häufig eintretender unkritischer Zustandsveränderungen (Rauschen) zu erkennen. Dies gelingt um so schwerer, je seltener diese kritischen Zustände auftreten. Je zuverlässiger also das System ist, desto geringer wird die Chance des Operateurs, kritische Abweichungen zu erkennen. Es gilt dabei als gesichertes Ergebnis der Vigilanzforschung, die sich mit diesem Problem beschäftigt, daß die Leistung des Menschen bei derartigen Aufgaben insgesamt suboptimal ist und relativ rasch nach Aufnahme der Tätigkeit (weiter) absinkt (Craig, 1984). Allerdings ist dieses Vigilanzdekrement unter realen Arbeitsbedingungen nicht unumstritten (Nachreiner, 1977). Offensichtlich bestehen hier Zusammenhänge zur Entscheidungsdichte (hoch bei Kontrolltätigkeiten, niedrig bei Überwachungstätigkeiten), der Art der Entscheidung (gleichförmige, repetitive vs. komplexe Entscheidungen mit variierendem Bedingungshintergrund) und den Konsequenzen dieser Entscheidungen (wiederverwendbarer Ausschuß vs. GAU). Bei nahezu allen diesen Tätigkeiten müssen Entscheidungen unter Unsicherheit getroffen werden, woraus sich, je nach den Konsequenzen potentieller Fehlentscheidungen, erhebliche Belastungen ergeben können (vgl. McGrath, 1976). Dies wird insbesondere bei (trägen) Systemen mit einer Dynamik höherer Ordnung relevant, bei denen das Ausgangssignal nicht lediglich eine ggf. verstärkte lineare Beziehung zum Eingangssignal aufweist, sondern beispielsweise mit erheblicher Zeitverzögerung einer Exponentialfunktion folgt (zur Unterscheidung von Systemen mit Positions-, Geschwindigkeits-, Beschleunigungs- oder Rucksteuerung vgl. Bubb, 1981). Zu berücksichtigen ist auch, daß zur angemessenen Bewältigung der Aufgaben in Systemen zur

Steuerung hochkomplexer Prozesse eine erhöhte kognitive Komplexität des Operateurs vorausgesetzt werden muß. Derartige Systeme sind kaum noch nach quasi – reflektorischen Reiz – Reaktions-Zuordnungen zu steuern, auch wenn diese in entsprechenden Betriebshandbüchern vorgegeben sein sollten. Sie verlangen von den Operateuren geeignete, gedächtnismäßig repräsentierte operative Abbildsysteme des Prozesses.

81.4 Aufgaben der Arbeitspsychologie

Aus arbeitspsychologischer Sicht ergibt sich daher die Aufgabe, durch eine entsprechende Gestaltung der Schnittstellen zwischen Mensch und Maschine (Anzeigen, Stellteile und deren Dynamik (→ *Arbeitsgestaltung*) eine angemessene Modellbildung des Prozesses und seiner Dynamik beim Operateur zu fördern (und nicht etwa zu erschweren). Damit werden ihm Diagnose und Entscheidung über einzuschlagende Strategien und Handlungen erleichtert und → *Fehler und Fehlhandlungen* verringert. Unterstützt werden muß dies durch geeignete Trainingsmaßnahmen, wobei ein Training off-the-job oder an Simulatoren nur ein notdürftiger Ersatz für ein Training direkt on-the-job sein kann. Dabei, wie auch unter Normalbedingungen, dürfte sich die Möglichkeit der variablen Integration des Operateurs in den Regelkreis (durch den Operateur selbst in Abhängigkeit von seinem Trainingszustand und seiner Beanspruchung) als vorteilhaft erweisen. Sorgfältige psychologische Aufgabenanalysen und -gestaltung (→ *Arbeits- und Aufgabenanalyse*) sind dazu unverzichtbar.

Literatur

Bainbridge, L. (1983). Ironies of automation. Automatica, 19, 775–779. Wiederabgedr. in J. Rasmussen, K. Duncan & J. Leplat (Eds.), New technology and human error (pp. 271–283). Chichester: Wiley 1987.
Bubb, H. (1981). Analyse der Systemdynamik. In H. Schmidtke (Hg.), Lehrbuch der Ergonomie. München: Hanser.
Craig, A. (1984). Human engineering: The control of vigilance. In J. S. Warm (Ed.), Sustained attention in human performance. (pp. 247–291). Chichester: Wiley.
McGrath, J. E. (1976). Stress and behavior in organizations. In M. D. Dunnette (Ed.), Handbook of industrial and organizational psychology (pp. 1351–1395). Chicago: Rand McNally.
Nachreiner, F. (1977). Experiments on the validity of vigilance experiments. In R. R. Mackie (Ed.), Vigilance. Theory, operational performance, and physiological correlates. (pp. 665–678). New York/London: Plenum Press.
Neumann, J. & Timpe, K.-P. (1976). Psychologische Arbeitsgestaltung. Berlin/DDR: Deutscher Verlag der Wissenschaften.
Rutenfranz, J., Singer, R., Wittgens, H. Nachreiner, F. & Böttger, M. (1973). Untersuchungen zur zeitlichen Analyse von Arbeitsplätzen mit Überwachungs-, Kontroll- und Steuerungstätigkeiten. In H. G. Wenzel & J. Tentrup (Hg.), Problematik von Arbeitsplätzen

mit mentaler Belastung. Pathogene Stäube mit ihren Auswirkungen auf den Menschen. Bericht über die 12. Jahrestagung der Deutschen Gesellschaft für Arbeitsmedizin e. V., Dortmund, 25.–28. Oktober 1972 (S. 63–67). Stuttgart: A. W. Gentner.

Schmidtke, H. (1966). Überwachungs-, Kontroll- und Steuerungstätigkeiten. Berlin: Beuth.

Singer, R., Rutenfranz, J. & Nachreiner, F. (1970). Zur Beanspruchung des Menschen bei Überwachungs-, Kontroll- und Steuerungstätigkeiten in der Industrie. Arbeitsmedizin, Sozialmedizin, Arbeitshygiene, 5, 314–319.

Wickens, Ch. D. (1984). Engineering psychology and human performance. Columbus: C. E. Merrill.

Friedhelm Nachreiner, Karin Eilers, Kerstin Hänecke,
Bundesrepublik Deutschland, und Angus Craig, Großbritannien

82. Umfrageforschung

82.1 Einleitung

Methoden der Umfrageforschung (englisch: Survey methods) lassen sich der Gruppe „nicht-experimenteller" Untersuchungsformen zuordnen. Sie sind gekennzeichnet durch vorwiegend quantitative Vorgehensweisen (hierzu zählen u. a. die *Sample Surveys*) und relativ kurze „Feldaufenthalte". Bei der Frage nach dem Untersuchungsobjekt bzw. Untersuchungsgegenstand wird zwischen der Individualebene, der Aggregation von Individuen und ganzheitlich sozialen Phänomenen wie Gruppen, Interaktionsstrukturen, Organisationen unterschieden.

Wie schon der Begriff Sample Survey andeutet, ist die Umfrageforschung durch die Beziehung von Stichproben zu Grundgesamtheiten (Populationen) gekennzeichnet. Allerdings können Umfragen auch Vollerhebungen darstellen. So kann z. B. durch eine Umfrage unter allen Belegschaftsmitglieder die Einstellung zum Betriebsrat einer Organisation erfaßt werden, ohne damit aber Generalisierungsmöglichkeiten auf andere Organisationen zu erhalten.

82.2 Feldforschung und Umfrageforschung

Die lange Zeit geführte Diskussion um Vor- und Nachteile der *Feldforschung* einerseits und *Umfrageforschung* andererseits wurde wesentlich durch die Entwicklung öffentlicher Meinungsumfragen in den USA der 30er Jahre mitbestimmt.

Mosteller, Cantril, Likert, Stouffer und vor allem Lazarsfeld verwiesen verstärkt auf Vorteile der Umfrageforschung. Die Kontroverse zwischen beiden Forschungskonzepten manifestierte sich vornehmlich in methodologischen Auseinandersetzungen. Wurde auf der einen Seite die „Intensität", „Breite" und „Reichhaltigkeit" an Informationen betont (siehe u. a. Becker & Geer, 1957), so stand dem auf der anderen Seite das Hervorheben an „harten", „generalisierbaren" Fakten gegenüber.

Ein großer Schritt zur Auflösung des verhängnisvollen historischen Antagonismus dieser beiden Forschungskonzepte ist in dem Vorschlag von Zelditch (1962) zu sehen. Er schlägt vor, bei den erhobenen Daten zwischen den Kriterien „Effizienz" und „Informations-Angemessenheit" von a) Umfragemethoden, b) teilnehmender Beobachtung und c) Interviewtechniken zu unterscheiden; aber auch zwischen 1. Häufigkeitsverteilungen, 2. historischen Begebenheiten und Ereignissen oder 3. Normen und Regeln. Trow (1957) wie auch Zelditch (1962) relativieren den polemisch geführten Streit, indem sie zusätzlich darauf hinweisen, daß letztlich der Forschungsgegenstand bzw. das Problem die Methodenauswahl determinieren sollte.

82.3 Inhalte und Formen der Umfrageforschung

Grundsätzlich läßt sich die Umfrageforschung auf jede beliebige Menge von definierbaren Objekten anwenden. Realiter sind es aber in erster Linie Meinungen, Einstellungen, motivationale Komponenten, Verhaltensaspekte, biographische oder soziodemographische Variablen, die Gegenstand von Umfragen darstellen. Eine mögliche Abgrenzung wird in eher soziologischen Fakten gegenüber psychologischen Variablen (i. e. S.) gesehen. Werden zur ersten Gruppe Variablen wie: sozioökonomischer Status, Einkommen, Schulbildung, Geschlecht der Untersuchten etc. gezählt, so sind es im zweiten Fall motivationale Konzepte, Einstellungen, Meinungen etc. Dabei werden häufig Annahmen über die Beziehungen dieser Variablengruppen gemacht. Es interessiert beispielsweise die Einstellung von jugendlichen Auszubildenden gegenüber dem Ausbilder in Abhängigkeit der Gewerkschaftszugehörigkeit oder das Ausmaß an Vorurteilen gegenüber ausländischen Kollegen (→ *Ethnische und rassische Vorurteile*) in Abhängigkeit von der Schulbildung, aber auch der Zusammenhang zwischen dem Geschlecht der Auszubildenden und dem Interesse an Mitbestimmungsfragen innerhalb der sie beschäftigenden Organisation.

Die konkreten Techniken der Informationsgewinnung bei Umfragen sind zahlreich. Unabhängig, ob es sich um Längsschnitt- oder Querschnittserhebungen handelt, sind Fragebogen- und Interviewtechniken am häufigsten. Seltener sind Beobachtungsverfahren anzutreffen, obwohl gerade eine der klassischen Untersuchungsserien, die „Hawthorne-Studien" mit Hilfe nicht-systematischer Beobachtungen durchgeführt wurde (→ *Historische Positionen*).

82.4 Zur Anwendung von Umfragemethoden in Organisationen

Fragt man nach dem Einsatz von Umfragemethoden in Organisationen, so wird vor allem immer wieder auf die Ansätze der Führungsforschung sowie der Analyse von Organisationen (s. beispielsweise *Survey of organizations,* Likert & Likert 1976) hingewiesen. In zunehmendem Maße rückt aber der Bereich der Organisations*veränderung* (→ *Organisationaler Wandel*) in den Vordergrund. Mann & Likert (1952) wiesen als erste auf den Einsatz von Umfragemethoden im Zusammenhang mit Aspekten der Organisationsveränderung bzw. -entwicklung (→ *Organisationsentwicklung und -beratung*) hin. Im Rahmen einer Untersuchung des Survey Research Centers der Universität von Michigan dienten Umfragedaten von Beschäftigten eines öffentlichen Versorgungsbetriebes als Rückkoppelungs- sowie Diskussionsgrundlage für gemeinsam zu planende organisationale Veränderungen.

Die Möglichkeit der Rückkoppelung von Umfragedaten (*Survey feedback*) für organisationale Veränderungen entwickelte sich schnell zu einem theoretisch und empirisch fundierten Bereich (s. dazu Nadler, 1977). Die Grundidee besteht darin, im Rahmen eines „Survey feedbacks" Daten von Beschäftigten aller Organisationseinheiten zu erheben und diese Befunde in eine ineinandergreifende Kette von Diskussionen auf unterschiedlichen hierarchischen Niveaus zu bringen. Survey Feedback stellt eine Synthese aus diagnostischem Vorgehen (Survey) und Problemlösefähigkeiten (Feedback) dar.

Die wichtigsten Vorgehensweisen sind:

a) „Familygroup survey feedback" (Mann, 1957) oder die Erweiterung im Rahmen des „Survey-guided development":
Der Begriff „Familygroup" bezieht sich auf formale Arbeitsgruppen mit einer eindeutig zugeordneten Führungsperson, die gegenüber allen Gruppenmitgliedern weisungsbefugt ist. Implizit geht in diesen Ansatz die Annahme ein, daß die kritischen Probleme innerhalb der Organisation vor allem durch Führungskonzepte und das Funktionieren der Gruppe gekennzeichnet sind. Die formale Arbeitsgruppe stellt dementsprechend das geeignete Forum zur Problemidentifikation, Problembearbeitung und Problemlösung dar. Kennzeichnend ist zusätzlich der Einsatz von externen Beratern bei der Ausarbeitung geeigneter Problemlösestrategien. Das „Survey guided development" (Bowers & Franklin, 1977) stellt eine Erweiterung dar, wobei sich die Autoren stark an Likert (1967) orientieren. Fragebogendaten sind dabei die wichtigste Grundlage der Rückkoppelung. Die Ergebnisse werden in der Regel zuerst der obersten Hierarchieebene mitgeteilt.

b) Das „Subordinate-group feedback":
Schein (1976) problematisiert die Rolle des Vorgesetzten, der häufig Gegenstand des Rückkoppelungsprozesses ist. Der Vorgesetzte stellt eine Barriere für die Gruppenmitglieder dar, adäquat mit den Daten umzugehen. In Abkehr von der üblichen Methode des „Survey-guided development" bei der höchsten Hierarchieebene zu beginnen und dann erst zur niedrigsten vorzugehen, bekommen die

Gruppenmitglieder zuerst die Daten rückgekoppelt, bevor der Vorgesetzte sie erhält und in den Problemlöseprozeß einbezogen wird.

c) Das „Intergroup feedback":

Diese von Beckhard (1969) vorgeschlagene Methode beinhaltet, die Beziehungen zwischen zwei oder mehreren Gruppen durch unterschiedliche Umfragedaten abzubilden (Fragebogendaten, Einzel- sowie Gruppeninterviews). Diese Daten sind Indikatoren für die Sichtweise der anderen Gruppe(n) und werden dieser bzw. diesen rückgemeldet, um Konflikte, Spannungen und allgemeine Interessen zwischen den Gruppen offenzulegen.

d) Das „Collateral problem-solving":

Mohrmann et al. (1977) weisen darauf hin, daß die formale Arbeitsgruppe nicht die optimale Form für Informationsrückkoppelung und Problemlöseprozesse darstellt. Der Einfluß der Organisationsstruktur (→ *Organisation*) auf die formale Gruppe ist zu stark, so daß sie die Schaffung zusätzlicher Strukturen außerhalb der bestehenden vorschlagen.

Das Hauptanwendungsfeld ist zweifelsohne im Bereich der Personal- und → *Organisationsentwicklung* (i. w. S.) zu sehen. Teilweise liegen reliable und valide Instrumente vor (s. dazu speziell die Entwicklung am Institute for Social Research der University of Michigan). Darüber hinaus darf allerdings nicht übersehen werden, daß neben Fragen der Zuverlässigkeit und Gültigkeit derartiger Daten das spezifische Setting einer Organisation nicht außer acht gelassen werden kann. So stellt beispielsweise der Handlungsspielraum eine entscheidende Einflußgröße dar, inwieweit Veränderungen initiiert werden. Daher muß häufig konstatiert werden, daß Survey-Methoden, speziell Survey feedback-Methoden eher diagnostische und weniger realitätsbezogene Strategien organisationalen Handelns darstellen (→ *Organisationsdiagnostik*).

Bowers (1973) unterstreicht allerdings in einer vergleichenden Studie die Leistungsfähigkeit des Survey feedbacks gegenüber anderen Techniken im Bereich der Organisationsentwicklung, sofern u. a. das Top Management sich zur Durchsetzung beschlossener Änderungen bekennt.

Literatur

Becker, H. S. & Geer, B. (1957). Participant observation and interviewing: A comparison. Human Organization, 16, 28–32.
Beckhard, R. (1969). Organization development: Strategies and models. Reading. MA: Addison-Wesley.
Bowers, D. G. (1973). OD techniques and their results in 23 organizations – The Michigan ICL study. Journal of Applied Behavioral Science, 9, 21–43.
Bowers, D. G. & Franklin, J. L. (1977). Survey-guided development I: Data-based organizational change. La Jolla, CA: University Associates.
Likert, R. (1967). The human organization: Its management and value. New York: McGraw-Hill.

Likert, R. & Likert, J. G. (1976). New ways of managing conflict. New York: McGraw-Hill.
Mann, F. C. & Likert, R. (1952). The need for research on the communication of research results. Human Organization, 11, 15–19.
Mann, F. C. (1957). Studying and creating change: A menas to understanding social organization. In Research in industrial human relations (pp. 146–167). Madison, Wis.: Industrial Relations Research Assoc.
Mohrmann, S., Mohrmann, A., Cooke, R. & Duncan, R. (1977) A survey feedback and problem-solving intervention in a school district: We'll take the survey but you can keep the feedback. In P. Mirvis & D. Berg (Eds.) Failure in organizations development and change (pp. 147–190). New York: Wiley.
Nadler, D. A. (1977). Feedback and Organization development: Using data based methods. Reading, MA: Addison-Wesley.
Schein, E. H. (1976). Personal communication.
Trow, M. (1957). Comment on „Participant observation and interviewing: A comparison". Human Organization, 16, 33–35.
Zelditch, M., Jr. (1962). Some methodological problems of field studies. American Journal of Sociology, 67, 566–576.

Detlev Liepmann,
Bundesrepublik Deutschland

83. Verhandlung

83.1 Einleitung

Auch in diesem Augenblick finden überall auf der Welt Verhandlungen statt, werden inner- und zwischenbetriebliche Vereinbarungen über Arbeitsbedingungen, Tarife oder Arbeitszeitregelungen zu erreichen versucht. Dieser Vorgang, allgemein als kollektives Verhandeln bezeichnet, enthält Diskussionen und Aussprachen über Interessen, die zum Teil konfliktärer, zum Teil übereinstimmender Art sind. Manche Verhandlungsparteien einigen sich schnell und einvernehmlich, andere brauchen Wochen oder sogar Monate dazu. Wieder andere benötigen Einigungsdruck von außen, mitunter werden Verhandlungen auch als gescheitert erklärt. Um diese Variabilität kollektiven Verhandelns deuten zu können, hat psychologische Forschung eine Reihe von Fragen untersucht: Zum Beispiel, ob es personenspezifische Dispositionen und Motivationen gibt, die die Geschwindigkeit und Güte von Einigungen beeinflussen, ob bestimmte Faktoren des Verhandlungskontextes besonders stark auf psychische Prozesse einwirken, oder ob soziale und interaktive Bedingungen systematisch mit Strategien und Zielen kollektiven Verhandelns variieren (vgl. Walton & McKersie, 1965).

83.2 Wichtige theoretische Ansätze

Es lassen sich im wesentlichen vier Ansätze unterscheiden:

1. *Das Stufen-Modell* von Douglas (1957) postuliert, daß erfolgreiches Verhandeln ein dreistufiger Prozeß mit strikter Abfolge ist. Die Kernaussage lautet, daß Verhandlungspartner auf jeder Stufe unterschiedlich mit Zwängen umgehen, die einerseits ihre Rolle als Repräsentant einer Interessengruppe, andererseits ihre Rolle als Partner in einer Verhandlungsbeziehung mit sich bringen. Für erfolgreiches Verhandeln wird als typisch angesehen, daß zu Beginn Intergruppenkonflikte dominieren. Die Verhandelnden nehmen einen harten Standpunkt ein, verhalten sich sehr formell, sind aggressiv und feindselig. Auf dieser Stufe werden die Extrempositionen abgesteckt, innerhalb derer dann die eigentliche Verhandlung stattfindet (z. B. Anhebung der Löhne zwischen 2 und 8%). Früher oder später folgt dann Stufe 2, auf der die interpersonale Beziehung der Verhandlungspartner in den Vordergrund tritt, auf der Einigungsvorstellungen erkundet, Zugeständnisse gemacht, Angebote unterbreitet und Forderungen ausgesprochen werden. Auf Stufe 3 schließlich erfolgt die Einigung und Ratifizierung des Verhandlungsergebnisses.

2. Das *Verhandlungsstrukturmodell* (vgl. Walton & McKersie, 1965) postuliert, daß sich kollektives Verhandeln aus vier Komponenten zusammensetzt: Distributives Verhandeln über Interessenkonflikte, integratives Verhandeln über Gegenstände, die potentiell konsensfähig sind, intraorganisationales Verhandeln unter Mitgliedern der einzelnen Verhandlungsparteien, sowie Meinungsbildung zwischen den Verhandlungspartnern, um die eigene Position auf- und die des anderen abzuwerten. Nach Walton und McKersie wirkt sich die Ausgewogenheit zwischen den vier Komponenten stark auf den Einigungsvorgang aus: Feindseligkeiten dem Partner gegenüber können der eigenen Gruppe Standfestigkeit anzeigen; allerdings bergen sie gleichzeitig das Risiko, die Konzessionsbereitschaft des Partners zu vermindern (so geschehen zwischen Arthur Scargill und Ian MacGregor beim Streik der britischen Bergleute, 1984/85). Großzügige Konzessionen auf der anderen Seite können zu einer raschen Einigung führen, gleichzeitig aber die Mitglieder der eigenen Interessengruppe verärgern (so geschehen bei manchen Tarifverhandlungen der amerikanischen Automobilgewerkschaft).

3. Das Modell *persönlicher Fähigkeiten* versucht, Dispositionen und Verhaltensweisen mehr oder weniger erfolgreicher Verhandlungspartner zu identifizieren. So läßt sich z. B. zeigen, daß erfolgreiche Verhandlungspartner häufiger überprüfen, ob die Gegenseite ihre Position versteht, daß sie häufiger ihre eigenen Verhandlungsvorstellungen zusammenfassen und auch der Lösung intraorganisatorischer Konflikte mehr Zeit und Energie widmen. Sozialpsychologische Forschung verweist auf weitere Personenmerkmale: Wichtig erscheinen kognitive Komplexität und hohes Anspruchsniveau (Pruitt & Lewis, 1975), geringer Dogmatismus und vorhandene Konflikterfahrung (Druckman, 1967), sowie die Fähig-

keit zur Rollenübernahme (Stern et al. 1977). Ein aufschlußreiches Ergebnis ist es auch, daß der Erfolg einer Verhandlung mit der Vereinbarkeit individueller Dispositionen variiert. Unvereinbare Dispositionen intensivieren den Verhandlungskonflikt und beeinträchtigen dadurch die Qualität von Einigungsergebnissen (vgl. Müller 1982).

4. Der vierte Ansatz betont *situative Merkmale* und analysiert deren Einfluß auf den Verhandlungsprozeß. Er versucht darüber hinaus auch, Beziehungen zu dispositionellen Merkmalen der Verhandlungspartner herzustellen. Crott (1972) z. B. postuliert, daß Situationsmerkmale wie die Höhe von Auszahlungen, der Zugang zu Informationen oder die Verfügbarkeit von Droh- und Bestrafungsmöglichkeiten auf psychische Vorgänge einwirken und hierüber auch das Verhandlungsverhalten beeinflussen. Diese Vorgänge faßt er motivationstheoretisch zusammen (– als individualistische, kompetitive und soziale Motivation); ein ähnlicher, wenngleich eher kognitionstheoretischer Ansatz stammt von Rubin und Brown (1975). Situative Ansätze ermöglichen es vor allem, sparsame Taxonomien äußerer Verhandlungseinflüsse aufzustellen und deren psychische Relevanz zu beleuchten.

83.3 Das Konzessionsdilemma

Ein zentraler Punkt in allen vier Modellen ist es, daß erfolgreiches Verhandeln *Konzessionen* erfordert. Der Konzessionsprozeß birgt jedoch ein grundlegendes Dilemma: Wie sicher kann ein Verhandlungspartner sein, daß sein Zugeständnis (z. B. an die Lohnforderung der Gewerkschaft) ein ähnliches Zugeständnis der Gegenseite bewirkt (z. B. an die von Arbeitgebern gewünschte Wochenarbeitszeit)? Potentiell kann die Konzession auch den umgekehrten Effekt haben, für Schwäche gehalten werden und zur Unnachgiebigkeit ermutigen. Entscheidet sich ein Verhandlungspartner aber für eine harte Gangart, entsteht die Frage, wann er hierdurch Konzessionen zu erzwingen vermag und wann er mit einem Scheitern der Verhandlung rechnen muß. Unter welchen Bedingungen also führen Zugeständnisse der einen Seite zu Zugeständnissen der anderen Seite und leiten den für erfolgreiches Verhandeln so wichtigen Vorgang wechselseitiger Annährung ein?

Hier bewegt man sich im Bereich des sogenannten *„integrativen Verhandelns"*, das manchmal auch als kooperatives Konfliktmanagement bezeichnet wird. Werden die Parteien dazu angehalten, gemeinsame Interessen zu betonen, kann eine für beiderseitiges Entgegenkommen günstige Beziehung geschaffen werden. Darüber, wie solch ein Verhandlungsklima herzustellen sei, gehen die Meinungen allerdings auseinander. Nach Walton und McKersie kommt es zu einem positiven Verhandlungsklima, wenn die Verhandelnden stark motiviert sind, eine Einigung zu erzielen, wenn es auf beiden Seiten Spielraum für Konzessionen gibt, wenn die Verhandelnden unter nur geringem äußeren Druck stehen und die Ausgewogenheit der Kräfteverhältnisse ein Scheitern der

Verhandlung riskant erscheinen läßt. Anderen Autoren zufolge gelten diese Behauptungen jedoch nicht uneingeschränkt. Pruitt und Lewis (1977) z. B. weisen darauf hin, daß bei starker Einigungsmotivation zwar leichter Zugeständnisse gemacht werden, daß diese jedoch nicht notwendig auch zu hochwertigen Einigungsergebnissen führen müssen. Stern et al. (1977) merken an, daß äußere Verhandlungszwänge den Einigungsprozeß auch erleichtern können, indem sie z. B. übergeordnete Ziele ins Spiel bringen, die für beide Verhandlungsparteien attraktiv sind. Schließlich weist Adams (1976) darauf hin, daß die Ausgewogenheit von Machtverhältnissen nicht nur konfliktschlichtende Wirkungen hat, sondern – bei wichtigen Verhandlungsobjekten etwa – auch zum Machtkampf reizen kann.

83.4 Anwendungsaspekte

Man kann sagen, daß die von Walton und McKersie genannten Faktoren – Motivation zur Einigung, Spielraum für Zugeständnisse, geringe äußere Zwänge und ein ausgewogenes Machtverhältnis – für Tarifverhandlungen der fünfziger, sechziger und frühen siebziger Jahre typisch waren. Wirtschaftliches Wachstum erlaubte Zugeständnisse, die für beide Seiten akzeptabel waren und verringerte den Anreiz von Arbeitskämpfen. Dennoch meinen viele Kommentatoren industrieller Verhältnisse, daß das kooperative Einvernehmen zwischen Arbeitnehmern und Arbeitgebern in den Spitzenjahren des Nachkriegsbooms oft enttäuschend war. Defacto nahmen inner- und zwischenbetriebliche Konflikte in fast jedem Lande zu und erreichten zwischen 1968 und 1973 ihren Höhepunkt. Wirtschaftliches Stagnieren und Rezession machten in der Folge ein völlig anderes Verhandlungsmodell erforderlich. Tarifauseinandersetzungen wurden nun durch starke äußere Zwänge bestimmt, dem harten wirtschaftlichen Wettbewerb, der die Verhandlungsposition der Gewerkschaften schwächte. Der Konzessionsspielraum der Arbeitgeberseite wurde zunehmend kleiner, der der Arbeitnehmerseite blieb weitgehend unverändert, da die in den zurückliegenden Jahrzehnten erkämpften Vorteile größere „Verhandlungsreserven" bildeten.

Einige amerikanische Automobilgewerkschaften haben tatsächlich bereits begonnen, solche Vorteile an das Management „zurückzugeben". Dieses Konzessionsgebaren ist durchaus rational. Die Einigungskosten sind immer noch geringer als die Kosten eines Arbeitskampfs, denn das Risiko, durch Arbeitsniederlegung die Firmenexistenz zu gefährden, ist enorm gewachsen. Gewerkschaftsvertreter werden künftig verstärkt unter dem Druck stehen, wirtschaftlich bedingte Konzessionszwänge und gewerkschaftliche Interessen miteinander zu vereinbaren. Möglicherweise werden sie diesen Druck über kurz oder lang an die Arbeitgeberseite weitergeben (müssen), die nun ihrerseits wiederum aufgerufen ist, Konzessionsbereitschaft zu signalisieren (z. B. bei der Wochenarbeitszeit oder Ruhestandsregelung). So wird heute jede Seite wie in den Zeiten vor der Rezession mit konfliktbehafteten Situationen und Dilemmata konfrontiert, so daß auch der Charakter kollektiven Verhandelns einem ständigen Wandel unterliegt.

Literatur

Adams, L. J. (1976). The structure and dynamics of behavior in organizational boundary roles. In M. D. Dunnette (Ed.), Handbook of industrial and organizational psychology (pp. 1175–1199). Chicago: Rand McNally.

Crott, H. W. (1972). Der Einfluß struktureller und situativer Merkmale auf das Verhalten in Verhandlungssituationen. Teil II. Zeitschrift für Sozialpsychologie, 3, 227–244.

Douglas, A. (1957). A peaceful settlement of industrial disputes. Journal of Conflict Resolution, 1, 69–81.

Druckman, D. (1967). Dogmatism, prenegotiation experience, and simulated group representation as determinants of dyadic behavior in a bargaining situation. Journal of Personality and Social Psychology, 6, 279–290.

Müller, G. F. (1982). Interpersonal conflict and bargaining. In M. Irle (Ed.), Decision making: Social psychological and socioeconomic analysis (pp. 411–440). Berlin: De Gruyter.

Pruitt, D. G. & Lewis, S. A. (1975). The development of integrative solutions. Journal of Personality and Social Psychology, 31, 621–633.

Pruitt, D. G. & Lewis, S. A. (1977). The psychology of integrative bargaining. In D. Druckman (Ed.), Negotiations (pp. 161–192). Beverly Hills: Sage.

Rubin, J. Z. & Brown, B. R. (1975). The social psychology of bargaining and negotiation. New York: Academic Press.

Stern, L. W., Bagozzi, R. P. & Dholakia, R. M. (1977). Mediational mechanisms in interorganizational conflict. In D. Druckman (Ed.), Negotiations (pp. 367–387). Beverly Hills: Sage.

Walton, R. F. & McKersie, R. (1965). A behavioural theory of labour negotiations. New York: McGraw Hill.

John Kelly, Großbritannien, und
Günter F. Müller, Bundesrepublik Deutschland

84. Vollständige vs. unvollständige Arbeitstätigkeiten

Die Bezeichnung „Vollständige Arbeitstätigkeiten" ist eine abkürzende Umschreibung für Arbeitstätigkeiten mit beeinträchtigungsarmen und potentiell gesundheits- und persönlichkeitsförderlichen Wirkungen für anforderungsgerecht ausgebildete Werktätige. Sie geht von der Konzeption von der sequentiell-hierarchischen Regulation von Arbeitstätigkeiten als einer Hauptform zielgerichteter Tätigkeiten aus. Die Bezeichnung ist als Leitlinie für die *Gestaltung* des Arbeitsinhalts nützlich.

Technologische Systeme sollten projektiert und gestaltet werden, ausgehend von den erwünschten Arbeitsaufgaben der Menschen. Sie sollen aber nicht am

Ende eines rein technisch angelegten Projektierungsprogresses beiläufig auch Arbeitsaufgaben als beim Menschen mehr oder weniger zufällig verbleibende Restfunktionen erzeugen. Dafür ist ein überschaubarer Satz von *wünschenswerten objektiven Tätigkeitsmerkmalen* erforderlich. Sie müssen mit technologischen Mitteln gestaltbar sein. Die mittel- und langfristigen Auswirkungen von Aufgaben und die geistigen Anforderungen sollten aus diesen gestaltbaren wünschenswerten Tätigkeitsmerkmalen vorhersagbar sein. Die Vorhersage sollte insbesondere die Leistung, das Erleben und Bewerten der Arbeitsinhalte durch den Werktätigen, das körperliche und geistige Wohlbefinden sowie Möglichkeiten zum Hinzulernen betreffen.

Die wünschenswerten objektiven Tätigkeitsmerkmale können zusammenfassend als die Merkmale sogenannter vollständiger Tätigkeiten bezeichnet werden. Eine vollständige Tätigkeit ist zum ersten in *sequentieller* Hinsicht vollständig: Neben bloßen Ausführungsfunktionen umfaßt sie:

- *Vorbereitungsfunktionen* (das Aufstellen von Zielen, das Entwickeln von Vorgehensweisen, das Auswählen zweckmäßiger Vorgehensvarianten),
- *Organisationsfunktionen* (das Abstimmen der Aufgaben mit anderen Werktätigen) und
- *Kontrollfunktionen,* durch die der Werktätige Rückmeldungen über das Erreichen seiner Ziele sich zu verschaffen in der Lage ist.

Zum zweiten sind vollständige Tätigkeiten in *hierarchischer* Hinsicht vollständig, indem sie Anforderungen auf verschiedenen, einander abwechselnden Ebenen der psychischen Tätigkeitsregulation stellen. Hierarchisch vollständige Tätigkeiten umfassen weder nur sensumotorische Bewegungsvorgänge noch nur intellektuelle Problemlösungsvorgänge, sondern Anforderungen unterschiedlichen Niveaus.

Durch eine unzureichende Arbeitsgestaltung können sequentiell und hierarchisch *unvollständige,* gleichsam zerstückelte Tätigkeiten erzeugt werden (Volpert, 1974). Das ist möglich durch eine unangemessene Funktionseinteilung zwischen Mensch und Maschine (bzw. Rechner) oder durch eine unangemessene Arbeitsteilung zwischen verschiedenen Menschen. Beispielsweise werden häufig datenverarbeitende Operationen durch Rechner ausgeübt, während die anforderungsarmen und monotonen Dateneingabeoperationen, die nur das Wahrnehmen und Behalten fordern, nicht aber das Denken, beim Menschen verbleiben. Oder: Oft sind noch Arbeiten auszuführen, die bis in das letzte Detail vorbereitet und organisiert sind und von anderen kontrolliert werden. Das Durchdenken, Planen, Abstimmen und Entscheiden ist dem ausführenden Werktätigen „abgenommen".

Im einzelnen können unzweckmäßig gestaltete Arbeitstätigkeiten unvollständig sein unter einem oder mehreren der folgenden *Aspekte der Unvollständigkeit:*

1. Fehlen ausreichender Aktivität.

Die Möglichkeiten für ein ausreichend häufiges und selbst veranlaßtes Eingreifen in den technologischen Prozeß sind zu gering. Ein Beispiel sind Tätigkeiten mit dem Vorherrschen passiver Überwachungszeiten.

2. *Fehlen von Zielsetzungs- und Entscheidungsmöglichkeiten* und damit von Möglichkeiten zur Verantwortungsübernahme.

Hierbei fehlen Möglichkeiten für ein eigenständiges und dadurch motivierendes Aufstellen von Zielen und für Entscheidungen über die eigenen Vorgehensweisen. Wenn-Dann-Verknüpfungen sind keine echten Entscheidungen im Erleben des Menschen. In dem Maße, in dem Möglichkeiten zu eigenständigen Zielsetzungen und Entscheidungen fehlen, ist das Erleben der Verantwortlichkeit eingeschränkt: Was nicht beeinflußt werden kann, kann kaum verantwortet werden.

Eine wesentliche Voraussetzung für das sachgerechte Zielsetzen und Entscheiden sind differenzierte Rückmeldungen über den eigenen Arbeitsprozeß.

3. *Fehlen von Denkanforderungen.*

Tätigkeiten können unvollständig in der Hinsicht sein, daß keine oder nur ungenügende Denkanforderungen insbesondere beim Vorbereiten vorliegen. Die erforderlichen Denkanforderungen müssen nicht-algorithmischer und mindestens gelegentlich schöpferischer Art sein.

4. *Fehlen von Kooperationsmöglichkeiten.*

Kooperation ist mehr als Gedankenaustausch und Kommunikation. Unvollständige Tätigkeiten bieten ungenügende Möglichkeiten für das Zusammenarbeiten als einer Grundlage der sozialen Unterstützung und der sozial bestimmten Entwicklung wichtiger Persönlichkeitsmerkmale.

5. *Fehlen von Disponibilitäts- und Lernanforderungen.*

Unvollständige Tätigkeiten bieten ungenügende Möglichkeiten für das Ausnutzen und dadurch für das Erhalten der vorhandenen Qualifikationen sowie für das wenigstens gelegentlich Hinzulernen. Das Hinzulernen sollte Fähigkeiten und Einstellungen betreffen, und diese sollten übertragbar auf wechselnde Aufgaben innerhalb und außerhalb der arbeitsvertraglich vereinbarten Funktionen sein.

Der Grad und die Art der Unvollständigkeit von Arbeitstätigkeiten ermöglichen grobe Abschätzungen der Auswirkungen der Tätigkeiten auf das Wohlbefinden und die psychische Gesundheit, auf die Arbeitszufriedenheit, auf die Motivation sowie auf die Weiterentwicklung insbesondere geistiger Tätigkeiten. Im Ausmaße des Fehlens der Merkmale sequentiell und hierarchisch vollständige Tätigkeiten wächst die Wahrscheinlichkeit von Beeinträchtigung der Effektivität und der arbeitenden Persönlichkeit. Daher bietet die Konzeption der vollständigen Tätigkeit Hinweise für das Gestalten der erwünschten Merkmale von Arbeitstätigkeiten mit nützlichen ökonomischen und sozialen Auswirkungen.

Die Konzeption von der vollständigen Tätigkeit verweist zugleich auf noch *ungenügend bearbeitete Fragestellungen.* Die Umsetzung dieser Konzeption würde auch eine präzise Klassifikation der geistigen Anforderungen von Arbeitsaufgaben voraussetzen, um die *hierarchische* Vollständigkeit zutreffend erfassen zu können. Diese fehlt bisher. Zum Schließen dieser Lücke verwenden wir vorläufig die folgende Ordinalskala geistiger Anforderungen:

Das unterste Niveau (0) der psychisch automatisierten sensumotorischen Regulation von Aktivitäten verlangt keinerlei bewußt kontrollierte geistige Prozesse. Auf der nächsten Ebene (1) liegen zwar bewußte psychische Vorgänge vor, aber es wird lediglich Information übertragen, jedoch nicht verarbeitet. Ein Beispiel sind Dateneingabetätigkeiten mit dem Überwiegen von Gedächtnisanforderungen. Psychische Informationsverarbeitung beginnt auf der folgenden Ebene (2), die gekennzeichnet ist durch Klassifikations- und Schlußprozesse nach vollständig vorgegebenen Regeln. Auf der Ebene (3) sind diese Regeln unvollständig, und damit werden einige algorithmische Denkschritte erforderlich. Allerdings sind die abzuarbeitenden Vorgehensweisen auf den Ebenen (2) und (3) vorgegeben.

Eine Grenze zum eigentlichen Denken ist die Ebene des algorithmischen Denkens nach vollständig ausgearbeiteten Regeln (4). Die Vorgehensweisen müssen hier entsprechend dieser Regeln entwickelt werden. Die Ebene (5) umfaßt Denkleistungen nach nur unvollständig vorgegebenen algorithmischen Regeln. Die Ebenen (6) und (7) beinhalten das Problemlösen ohne die Möglichkeit zum Nutzen vollständiger oder unvollständiger Regeln, wenngleich noch nicht alle Merkmale kreativer Anforderungen bereits gegeben sind. Die Denkvorgänge sind hier entweder konzentriert auf die Situationsanalyse (Ebene (6)) oder das Entwickeln von Vorgehensweisen (Ebene (7)). Die Ebenen (8) und (9) zeigen alle Merkmale schöpferischer Problemstellung und Bearbeitung, und zwar für die sogenannten geschlossenen (8) und die offenen (9) Probleme. Eine ausführliche Darstellung dieses Stufungsvorschlags geistiger Anforderungen ist in den Arbeitsanalyseverfahren TBS-GA (Rudolph et al., 1987) gegeben.

Literatur

Rudolph, E., Schönfelder-Schwarzer, E. & Hacker, W. (1987). Tätigkeitsbewertungssystem für geistige Arbeit (TBS-GA). Berlin: Psychodiagnostisches Zentrum an der Humboldt-Universität.
Volpert, W. (1974, 1984). Handlungsstrukturanalyse als Beitrag zur Qualifikationsforschung. Köln: Pahl-Rugenstein.

Winfried Hacker,
Deutsche Demokratische Republik

85. Zielsetzungsmethoden (Goal setting)

Goal setting wird von begeisterten Anhängern dieser Technik definiert als „eine Motivationstechnik, die funktioniert" (Locke & Latham, 1984). Reviews der verfügbaren Literatur (z. B. Katzell & Guzzo, 1983; Miner, 1984; Locke & Henne, 1986) zeigen, daß die meisten berichteten Anwendungen des Goal settings erfolgreich ausfallen und die Erfolgsquoten höher als die der meisten anderen Motivationstechniken sind. Obgleich Goal setting am besten als eine Technik zu kennzeichnen ist, basiert es auf einer Menge klar formulierter Aussagen, die zusammen eine testbare Theorie darstellen. Diese Arbeit stellt die zentralen Aussagen des Goal settings dar, überprüft Evidenz und Erklärungen, warum es zu funktionieren scheint und wirft schließlich einen eher kritischen Blick auf theoretische und praktische Grenzen.

85.1 Das Wesen der Goal setting-‚Theorie'

Die zentralen Theoreme des Goal setting besagen, daß Motivation und Arbeitsleistung gesteigert werden, wenn vier Bedingungen erfüllt sind:

a) Ziele sollten klar und spezifisch sein. Das bedeutet in Übereinstimmung mit vielen experimentellen Studien, daß es besser ist, ein Ziel zu spezifizieren, z. B. 10 Autos pro Woche zu verkaufen, als generelle Ermahnungen zu geben, wie „sein Bestes zu geben".

b) Ziele sollten schwierig sein. Dies ist der interessanteste Punkt, der gegen die Intuition verstößt. In der Tat behauptet diese Theorie: Je schwieriger das Ziel, um so größer die Motivation.

c) Ziele sollten akzeptiert werden. Dieser Punkt mag erklären, warum zu schwierige, unerreichbare Ziele nicht gesetzt werden. Viele Studien untersuchten die Mechanismen, wie Zielakzeptanz oder Zielverpflichtung erzeugt werden und insbesondere die Einflüsse eines partizipativen Goal settings. Obwohl zahlreiche Studien zu menschlichen wie industriellen Beziehungen die Nützlichkeit von Partizipation aufzuzeigen scheinen, weisen die Arbeiten, die sich spezifischer mit Goal setting beschäftigen, nicht darauf hin, daß Partizipation die Akzeptanz von Zielen verbessert. Ausgenommen von dieser allgemeinen Aussage sind Beschäftigte, die an Partizipation gewohnt sind und daher erwarten, an der Festlegung der legitimen Ziele mitwirken zu können. Forschungsergebnisse zeigen ebenfalls, daß weniger gebildete Arbeiter, häufig Mitglieder von Minderheiten, ebenfalls das partizipative Goal setting bevorzugen. In den meisten Fällen können jedoch die Ziele durch das Management bestimmt werden und die Zielverpflichtung wird durch die Erfolgserwartung erzeugt sowie durch den Wert, den die Zielerreichung darstellt.

d) Es sollten Rückmeldungen erfolgen. Sie dürften dann am besten funktionieren, wenn die Individuen sich selbst Rückmeldungen geben. Dabei scheinen

Rückmeldungen über Fortschritte in Richtung auf das Ziel wichtiger zu sein als Rückmeldungen oder Lob, die mit der Zielerreichung zusammenhängen. Es sind eher die Informationen über Leistungsstand und -fortschritt, die einen Einfluß haben als die Belohnung durch externale Rückmeldungen von anderen.

Die Theorie macht auch Aussagen zur Arbeitszufriedenheit. Sie postuliert, daß die Zufriedenheit mit der Leistung eine Funktion der Zielerreichung ist, wobei die Zielerreichung den Wert der Leistung eines Individuums widerspiegelt (Locke, Cateledge & Knerr, 1970).

85.2 Evidenz und Erklärungen für die Wirksamkeit von Goal setting

Goal setting ist in mancher Hinsicht eine idealtypische Theorie. Sie besteht aus klaren, testbaren Aussagen, die in konventioneller Form unter kontrollierten Bedingungen untersucht werden können. Dabei können verschiedene Elemente der Theorie verändert bzw. konstant gehalten werden. Nach extensiver Laborforschung wurde diese Theorie in der Arbeitswelt getestet, wobei wiederum viele Bedingungen experimentell variiert wurden.

Bei einer der frühen erfolgreichen Anwendungen des Goal settings (Latham & Kinne, 1974) wurden 20 Holzfällermannschaften, die hinsichtlich ihres Leistungsniveaus und ihrer Arbeitsbedingungen vergleichbar waren, in zwei Gruppen zu je 10 Mannschaften aufgeteilt. Die Holzfäller der einen Gruppe wurden in Goal setting trainiert, und die Vorarbeiter dieser Mannschaften wurden über realistische Produktniveaus informiert und weiterhin gebeten, diese Information auch zu nutzen, um individuelle Ziele festzulegen. Die Vorarbeiter der Kontrollgruppe wurden hingegen nicht gebeten, Produktionsziele festzusetzen. Sie sollten vielmehr versuchen, ihr Bestes zu tun, um Produktivität und Anwesenheit zu erhöhen und Unfälle zu reduzieren. Während der zwölfwöchigen Erhebung war die Leistung in der Goal setting Gruppe signifikant höher und die Abwesenheit signifikant geringer. Später erfolgende Studien berichten über erfolgreiche Anwendung von Goal setting beim Beladen von Lastwagen, Verkaufen, Schlüsselstanzen und bei technischen Facharbeiten (Locke & Latham, 1979).

Warum scheint Goal setting zu funktionieren? Die Erklärung kann auf zwei Ebenen betrachtet werden. Gemäß dem pragmatischen Argument führen klare Ziele zu klaren Erwartungen und zur Konzentration der Anstrengungen auf die Ziele. Weiterhin ist die Motivation eine Funktion der Herausforderung: je schwieriger das Ziel, um so größer die Herausforderung. Schwierige, komplexe oder multiple Ziele stimulieren weiterhin die aktive Suche nach angemessenen Aufgabenstrategien. Schließlich führt die Zielerreichung zu Gefühlen des Vollendens und des Selbstvertrauens und zu einer Empfindung von Abschluß und Vollständigkeit. Mißerfolge auf dem Weg zum Endzustand erzeugen Spannung und Impulse, die Arbeit zu beenden. Zusammenfassend sorgen Ziele für Richtung, Anstrengung und Ausdauer, den drei Elementen starker Motivation.

Hinter dieser Erklärung der Oberfläche scheint Goal setting seine Wurzeln in Kognitionstheorien zu haben, die auf der Arbeit Lewins gründen. Von besonderer Relevanz sind Lewins Arbeiten über Anspruchsniveau und Verpflichtung. Locke

(1968), der maßgeblich die goal setting Theorie entwickelte, ist auch durch Ryans Arbeit über intentionales Verhalten beeinflußt. Dennoch sind die Gründe nicht klar artikuliert, warum Ziele attraktiv sind und gerade triviale Ziele am Arbeitsplatz oder im Laboratorium wichtige Indikatoren für die Ausführung und Selbstwirksamkeit sind.

85.3 Theoretische Probleme des Goal setting

Nach Locke und Latham (1984) können finanzielle Belohnungen dazu beitragen, eine Zielverpflichtung zu erzeugen und Anreize zur Zielerreichung zu setzen. Das setzt voraus, daß Bezahlung von den Personen als Anreiz geschätzt wird, finanzielle Anreize andere Werte nicht herabsetzen, die Individuen ihre eigene Leistung kontrollieren und verstehen, wie das Belohnungsschema arbeitet. Diese Bedingungen sind weitgehend von der *Erwartungs-Wert-Theorie* abgeleitet, die eine der populärsten kognitiven Theorien der → *Arbeitsmotivation* ist. Sie behauptet, daß die Motivation dann am größten ist, wenn die Individuen eine klare Beziehung zwischen ihrer Anstrengung, ihrer Leistung und dem Erreichen der begehrten Belohnungen sehen.

In einem Punkt jedoch scheint sie der Goal setting Theorie grundlegend zu widersprechen. Die Erwartungs-Wert-Theorie sagt voraus, daß die Motivation dann am höchsten ist, wenn die Wahrscheinlichkeit für den Zusammenhang von Anstrengung, Leistung und Belohnung am größten ist. Das tritt eher bei leichten als bei schwierigen Aufgaben auf. Nach Locke (1986) kann dieser scheinbare Konflikt mit Hilfe der *Selbstwirksamkeitstheorie* von Bandura (1982) gelöst werden. Locke argumentiert - bestärkt durch die Forschungsarbeiten von Garland (1984) - daß der Prozeß der Zielsetzung und -akzeptanz Selbstvertrauen erzeugt und damit die Erfolgserwartung verändert. Die Ergebnisse stimmen daher mit den Vorhersagen der Erwartungs-Wert-Theorie überein und verstärken die Aussicht, Goal setting in die Erwartungs-Wert-Theorie zu integrieren.

Goal setting scheint ebenfalls der Theorie der Leistungsmotivation (Atkinson & Raynor, 1974) zu widersprechen. Die beiden wichtigsten Aussagen dieser Theorie sind, daß es erstens große individuelle Unterschiede in dem Ausmaß gibt, in dem Menschen durch die Zielerreichung motiviert werden, und zweitens, daß die Menschen, die sich durch die Zielerreichung motivieren lassen, realistische Herausforderungen extrem schwierigen Zielen vorziehen.

Locke (1986) behauptet, individuelle Unterschiede seien nicht wichtig für das Goal setting, besonders, wenn die Ziele vorgegeben werden. Beide Theorien können zur Übereinstimmung gebracht werden, wenn unterschiedliche Interpretationen der Wirkung von Goal setting für Personen mit einem hohen bzw. niedrigen Leistungsbedürfnis erstellt werden. Wie oben bemerkt, mag der Prozeß der Zielsetzung und -akzeptanz bei Personen mit einem hohen Leistungsbedürfnis schwierige Ziele in realistische Anforderungen umwandeln. Im Gegensatz dazu mögen Personen mit einem niedrigen Leistungsbedürfnis schwierige Ziele verfolgen, besonders wenn sie vorgegeben sind, eher als ein Mittel, um Mißerfolg und Verlust von Selbstwertschätzung zu vermeiden, denn als Anreiz zur Leistung. So werden zwei recht unterschiedliche Erklärungen für die Wirksamkeit von Goal setting erforderlich. Das läßt darauf schließen, daß die generelle Zurückweisung individueller Unterschiede innerhalb der Goal setting-Theorie vorschnell gewesen sein mag.

85.4 Anwendungsprobleme bei der Nutzung von Goal setting

Zusätzlich zu den theoretischen Schwierigkeiten scheint es auch wichtige praktische Grenzen beim Einsatz von Goal setting in Organisationen zu geben. Einige Gebiete, in denen Goal setting sich noch nicht bewähren konnte, sind von Austin und Bobko (1985) herausgestellt worden. Sie hegen Zweifel an der Anwendung von Goal setting weniger in Hinsicht auf quantitative als auf qualitative Ziele, wo konfliktierende Ziele existieren mögen und die Ziele am besten für eine Gruppe und nicht für Individuen gesetzt werden. Obwohl Locke und Latham Hinweise auf die Nützlichkeit von Goal setting in diesem Kontext anführen konnten, merken Austin und Bobko an, daß ein Großteil der Studien im Labor oder bei einfachen Arbeitsaufgaben durchgeführt wurde. Die Anwendbarkeit in komplexen Arbeitssituationen und insbesondere bei Managementtätigkeiten ist noch zu zeigen.

Die praktischen Schwierigkeiten bei der Anwendung des Goal settings erhalten weiter Nahrung, betrachtet man die Technik „*Management by Objektives*" *(MbyO)* bei der jeder Manager einen Satz von spezifischen Zielen, die er akzeptiert hat, verfolgt und auf die er in den folgenden Wochen hinarbeitet. In diesen Plan ist gewöhnlich ein Prüfprogramm integriert, das den Fortschritt überwacht. Die verfügbaren Hinweise zur Auswirkung von MbyO (Miner, 1980) sind bestenfalls ambivalent, wenn nicht sogar völlig negativ. Die wesentliche Erklärung für dieses Versagen liegt in der Komplexität des organisationalen Lebens mit seinen konkurrierenden Zwängen und Prioritäten und in der Dynamik organisationaler Ziele; einige Ziele sind längst veraltet oder irrelevant, lange bevor sie erreicht werden.

Es sind Zweifel angebracht, ob Goal setting die Motivation dann aufrechterhalten kann, wenn es nicht möglich ist, Ziele mit einem höheren Schwierigkeitsgrad zu setzen oder zu erreichen, weil technologische oder organisationale Zwänge vorliegen, oder auf Grund der Begrenztheit der menschlichen Kapazität. Weiterhin läuft Goal setting unweigerlich darauf hinaus, alle Anstrengungen auf das Erledigen von vorrangigen Aufgaben zu konzentrieren und der Erfolg von Goal setting wird am Stand dieser Aufgabenerfüllung gemessen. Nicht geprüft wird hingegen die Wirkung auf die Arbeit als Ganzes. Auch multiples Goal setting betrachtet nicht die Auswirkung auf einige der weniger zentralen, aber manchmal wichtigen Komponenten der Gesamteffektivität der Arbeit, wie z. B. Verantwortung des Managers für das Wohlergehen seiner Mitarbeiter. Diese Komponente kann jedoch vernachlässigt werden, weil sie nicht Gegenstand des Goal settings ist.

Schließlich sind Zweifel angebracht, ob Goal setting einfach auf andere Kulturen (→ *Kulturvergleichende Untersuchungen*) zu übertragen ist. Fast alle experimentellen und angewandten Arbeiten fanden in den USA statt. Das vorherrschende Ethos des Goal setting ist individualistisch, unitaristisch und auf das Management ausgerichtet. In dem etwas stärker gemeinschaftlich pluralistisch und partizipativ ausgerichteten Kontext von Westeuropa dürften ernsthafte Probleme bei dem Versuch auftreten, Goal setting streng nach den theoretischen Richtlinien und den Bedingungen, die in Nordamerika den Erfolg begründet haben, einzuführen.

85.5 Schlußfolgerungen

Trotz der noch nicht klar abgesteckten Grenze von Goal setting – das Konzept muß noch in seiner gesamten Breite getestet werden – ist dieser Ansatz aufgrund seiner sorgfältigen Formulierung und Entwicklung in vielerlei Hinsicht empfehlenswert. Die zentralen Hypothesen über die motivierende Wirkung von klaren, fordernden und akzeptierten Zielen, für die es Rückmeldungen gibt, sind einleuchtend. Zahlreiche Ergebnisse zeigen, daß diese Technik funktioniert. Sie ermutigt damit zu weiteren Anwendungen in komplexeren und vielfältigeren Umgebungen. Ein Ergebnis weiterer Forschungen könnte darin liegen, Goal setting als eine effektive kurzfristige Motivationstechnik zu betrachten, die aus der allgemeineren Erwartungs-Wert-Theorie abgeleitet werden kann.

Literatur

Atkinson, J. W. & Raynor, J. O. (1974). Motivation and Achievement. Washington DC: Winston.
Austin, J. T. & Bobko, P. (1985). Goal-setting theory: Unexplored areas and future research needs. Journal of Occupational Psychology, 58, 4, 289–308.
Bandura, A. (1982). Self-efficacy mechanism in human agency, American Psychologist, 37, 122–147.
Garland, H. (1984). Relation of effort-performance expectancy to performance in goal-setting experiments, Journal of Applied Psychology, 69, 1, 79–84.
Katzell, R. & Guzzo, R. A. (1983). Psychological approaches to productivity improvement. American Psychologist, 38, 468–472.
Latham, G. P. & Kinne, S. B. (1974). Improving job performance through training in goal setting. Journal of Applied Psychology, 59, 187–191.
Locke, E. A. (1968). Toward a theory of task motivation and incentives. Organizational Behavior and Human Performance, 3, 157–189.
Locke, E. A. & Henne, D. (1986). Work motivation theories. In C. L. Cooper & I. T. Robertson (Eds.), International Review of Industrial and Organizational Psychology, Vol. 1. Chichester: Wiley.
Locke, E. A., Cartledge, N. & Knerr, C. S. (1970). Studies of the relationship between satisfaction, goal setting and performance. Organizational Behaviour and Human performance, 5, 135–158.

Locke, E. A. & Latham, G. P. (1979). Goal setting: a motivational technique that works. Organizational Dynamics, 8, 68–80.
Locke, E. A. & Latham, G. P. (1984). Goal Setting: A motivational technique that works. Englewood Cliffs, NJ: Prentice-Hall.
Miner, J. B. (1980). Theories of organizational behavior. Hillsdale, Ill.: Dryden Press.
Miner, J. B. (1984). The validity and usefulness of theories in an emerging organizational science. Academy of Management Review, 9, 296–306.

David E. Guest,
Großbritannien

Teil III:
Projekte und Experimente

86. Arbeitsstrukturierung in der Montage- und Teilefertigung (AEG-Projekt)

86.1 Einleitung

Unter Arbeitsstrukturierung versteht man die Neu- oder Umgestaltung von Arbeitsinhalten und Tätigkeitsanforderungen mit dem Ziel, durch deren Anpassung an die Leistungsvoraussetzungen und Bedürfnisse des Menschen arbeitsbedingte Fehlbeanspruchungen zu vermeiden sowie die motivationalen, fertigkeitsbezogenen sowie sozialen Handlungskompetenzen der Beschäftigten anzuregen und weiter zu entwickeln (Kleinbeck & Ernst, 1981; Ulich & Baitsch, 1987). Dieses Grundanliegen der Arbeitsstrukturierung ist nicht neu, hat jedoch in den letzten Jahren zunehmend an Aktualität gewonnen. Hierfür dürften nicht zuletzt die im Zuge der gestiegenen Qualifikationen veränderten Werthaltungen und Ansprüche der Beschäftigten verantwortlich sein, denen die bis in die 60er Jahre nahezu ausschließlich praktizierten Prinzipien der tayloristischen Arbeitsorganisation in Form weitestgehender Zerlegung, Standardisierung und Spezialisierung der Arbeit zunehmend weniger gerecht wurden. Folge hiervon war eine häufig zu beobachtende Abnahme der → *Arbeitszufriedenheit* und Leistungsbereitschaft bei gleichzeitiger Zunahme der Fehlzeiten- und Fluktuationsraten.

Die zur Lösung dieser Probleme entwickelten und in zahlreichen Betriebsprojekten erprobten neuen Formen der Arbeitsstrukturierung wie Arbeitserweiterung (*job enlargement*), Arbeitswechsel (*job rotation*), Arbeitsbereicherung (*job enrichment*) und *teilautonome Gruppenarbeit* führten zwar in vielen Fällen zu den erwarteten Wirkungen auf verschiedene Kriteriumsvariablen der Arbeitsbeanspruchung, -motivation und -zufriedenheit. Die Zuordnung dieser Effekte zu bestimmten Interventionsinhalten erwies sich jedoch in Anbetracht der häufig fehlenden theoretischen Einbettung der Maßnahmen, der Unvollständigkeit der Untersuchungspläne und der Komplexizität der nicht oder nur eingeschränkt kontrollierbaren betrieblichen Randbedingungen als problematisch (vgl. Nachreiner et al., 1987).

86.2 Untersuchungsansatz

Als Konsequenz aus diesen Erfahrungen haben wir in den im Zeitraum von 1977 bis 1982 bei AEG-Telefunken durchgeführten und durch das Forschungsprogramm „Humanisierung des Arbeitslebens" der Bundesregierung geförderten eigenen Felduntersuchungen den Versuch unternommen, die dort realisierten Umstrukturierungsmaßnahmen zunächst in einem thematisch eingegrenzten Wirkungsmodell zu verankern. Soweit es die bereitgestellten Untersuchungsfelder erlaubten, wurde darüber hinaus bei der Bewertung der Maßnahmenwirkungen ein Untersuchungsplan zugrunde gelegt, welcher mit einem noch betrieblich tolerierbaren Zeit- und Personalaufwand eine kausale Interpretierbarkeit der Untersuchungsergebnisse ermöglichen sollte. Es handelt sich hierbei um den bei Cook und Campbell (1976) beschriebenen Kontrollgruppenplan mit Vor- und Nachmessung, der in einem Untersuchungsfall um eine zweite Kontrollgruppe zur Abschätzung von Hawthorne-Effekten erweitert werden konnte (vgl. Nachreiner et al., 1977, Kleinbeck et al., 1982).

Das zur Erfassung und Bewertung der Maßnahmenwirkungen ausgewählte Modell baut auf der bekannten Theorie der → *Arbeitsmotivation* und -zufriedenheit von Hackman & Oldham (1976) auf. Dieses Modell konzentriert sich thematisch auf solche Merkmale von Arbeitssituationen und -inhalten, welche Einfluß auf eben jene Kriteriumsvariablen nehmen sollten, in denen sich die beschriebenen negativen Folgen einer zu weit getriebenen Arbeitsteilung manifestieren. In Abb. 1 ist dieses Modell einschließlich aller Variablenverknüpfungen im Überblick dargestellt.

Alle aufgeführten Modellvariablen mit Ausnahme der verhaltensbezogenen Leistungs-, Fluktuations- und Absentismusdaten wurden mit Hilfe des von Hackman und Oldham (1975) erarbeiteten „*Job Diagnostic Survey (JDS)*" erfaßt (siehe zur deutschen Fassung Schmidt et al., 1981a, 1985). Der Einsatz dieses Fragebogenverfahrens der subjektiven Arbeitsanalyse verfolgte zwei Zielstellungen. Es sollte erstens die modellrelevanten Merkmale der Arbeitssituation vor ihrer Veränderung diagnostizieren helfen; mit Hilfe dieses Verfahrens sollten zweitens die personenbezogenen Wirkungen der durchgeführten Strukturierungsmaßnahmen

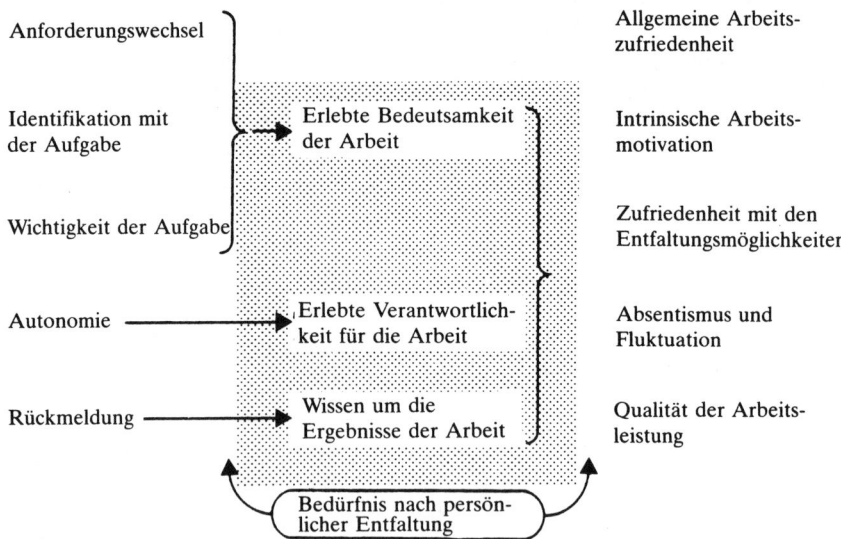

Abb. 1: Das „Job Characteristics"-Modell der Arbeitsmotivation und -zufriedenheit (nach Hackman & Oldham, 1976).

im Vergleich zu einer Kontrollbedingung sichtbar gemacht und bewertet werden. In Ergänzung hierzu wurden in allen Feldexperimenten vor und nach der Einführung der Strukturierungsmaßnahmen einige subjektive Beanspruchungsreaktionen der Betroffenen erfaßt. Hierbei gelangte ein von Nachreiner und Ernst (1978) in Anlehnung an Plath und Richter (1978) entwickelter Fragebogen zur Ermittlung der subjektiv erlebten Ermüdung, Monotonie und Sättigung bei der Arbeit zum Einsatz.

86.3 Ergebnisse und Schlußfolgerungen

In den auf der Grundlage dieses Untersuchungsansatzes durchgeführten Feldstudien sollten die Wirkungen von Arbeitsstrukturierungsmaßnahmen bei Montage- und Teilefertigungstätigkeiten überprüft und hieraus generalisierbare Entscheidungs- und Handlungshilfen für den betrieblichen Einsatz abgeleitet werden. Untersuchungsfelder waren u. a. die manuelle Montage von Schreibmaschinen (Kleinbeck et al., 1982) bzw. Elektromotoren (Schmidt et al., 1981b) in Fließbandarbeit, die Fertigung von Leichtmetall- und Stahlteilen an Bearbeitungsautomaten bei Einmaschinenbedienung (Schmidt et al., 1981c) sowie die spanabhebende Bearbeitung von Bauteilen für verschiedene Haushaltsgeräte (vgl. als Überblick: AEG-Telefunken et al., 1983).

Die Ergebnisse der Feldstudien lieferten insgesamt Belege für die Gültigkeit des gewählten Ordnungs- und Erklärungsrahmens zum Wirkungsnachweis von Gestaltungsmaßnahmen in beiden Tätigkeitsbereichen. Die Untersuchungen zeigten, daß die durchgeführten Umstrukturierungen zu den erwarteten Veränderungen der subjektiven Einschätzung von Arbeitssituationen und -inhalten durch die Beschäftigten führten, und daß diese veränderten Einschätzungen wiederum in der erwarteten Weise die Arbeitsmotivation und -zufriedenheit sowie die erlebten Beanspruchungsfolgen bei der Arbeit beeinflußten.

Die durchgeführten Gestaltungsmaßnahmen sollten zudem ganz gezielt einige der im theoretischen Wirkungsmodell ausgegliederten Merkmalsdimensionen der Arbeitssituation ansprechen. Aus den beobachteten Wirkungszusammenhängen ergaben sich die folgenden Zuordnungen von Gestaltungsprinzipien zu einzelnen Modellvariablen (Kleinbeck, 1987):

a) Die subjektiven Einschätzungen der Merkmale „Anforderungswechsel" und „Identifikation mit der Aufgabe" lassen sich vor allem durch das *Zusammenlegen zuvor fraktionierter Einzelaufgaben* erhöhen.

b) Die subjektiv wahrgenommene „Wichtigkeit der Aufgabe" wird gezielt durch die *Bildung natürlicher Aufgabeneinheiten* beeinflußt. Dieses Gestaltungsprinzip beinhaltet die Gruppierung von Arbeitsaufgaben nach Maßgabe logischer oder sachlich-inhärenter Aufgabenkriterien, so daß die Aufgaben auch von den Arbeitspersonen selbst als zusammengehörend erlebt werden.

c) Die *vertikale Anreicherung von Arbeitsaufgaben* durch Aufgabeninhalte, die in der Aufbauorganisation zuvor übergeordneten Hierarchieebenen übertragen wurden, erhöht insbesondere das Erleben der „Autonomie" bei der Arbeit.

d) Das *Öffnen von Rückmeldekanälen,* durch welche den Arbeitspersonen Zusammenhänge zwischen Tätigkeitsausführung und -ergebnissen unmittelbar erfahrbar sind, führt zu einer Erhöhung der wahrgenommenen Merkmalsdimension der „Rückmeldung". Die konkrete Form, in der Rückmeldekanäle für die Arbeitspersonen eröffnet werden können, hängt dabei in der Regel von der Art der Arbeitstätigkeiten sowie von der Arbeitsorganisation ab, in welche die Tätigkeiten eingebettet sind.

Literatur

AEG-Telefunken u. a. (1983). Neue Arbeitsstrukturen in Teilefertigung und Montage. Frankfurt: Campus.

Cook, T. D. & Campbell, D. T. (1976). The design and conduct of quasi-experiments and true experiments in field settings. In M. D. Dunnette (Ed.), Handbook of industrial and organizational psychology (pp. 223–326). Chicago: Rand McNally.

Hackman, J. R. & Oldham, G. R. (1975). Development of the Job Diagnostic Survey. Journal of Applied Psychology, 60, 159–170.

Hackman, J. R. & Oldham, G. R. (1976). Motivation through the design of work: Test of a theory. Organizational Behavior and Human Performance, 16, 250–279.

Kleinbeck, U. (1987). Gestaltung von Motivationsbedingungen der Arbeit. In U. Kleinbeck & J. Rutenfranz (Hg.): Arbeitspsychologie (S. 440–492). Göttingen: Hogrefe.

Kleinbeck, U. & Ernst, G. (Hg.) (1981). Zur Psychologie der Arbeitsstrukturierung. Frankfurt: Campus.

Kleinbeck, U., Schmidt, K.-H. & Rutenfranz, J. (1982). Motivationspsychologische Untersuchungen zur Arbeitsgestaltung – ein Feldexperiment. Zeitschrift für experimentelle und angewandte Psychologie, 29, 442–471.

Nachreiner, F., Brand, G., Ernst, G. & Rutenfranz, J. (1977). Zur Kontrolle von Hawthorne-Effekten in Feldexperimenten. Zeitschrift für Arbeitswissenschaft, 32, 172–175.

Nachreiner, F. & Ernst, G. (1978). Monotony and satiation as a person situation interaction. Paper presented at the Coordinated Paper-Session „Problems of Performance and Stress in Occupational Monotony" of the XIVth International Congress of Applied Psychology. München 1978.

Nachreiner, F., Müller, G. F. & Ernst, G. (1987). Methoden zur Planung und Bewertung arbeitspsychologischer Interventionsmaßnahmen. In U. Kleinbeck & J. Rutenfranz (Hg.), Arbeitspsychologie (S. 360–439). Göttingen: Hogrefe.

Plath, H.-E. & Richter, P. (1978). Der BMS (1)-Erfassungsbogen – Ein Verfahren zur skalierten Erfassung erlebter Beanspruchungsfolgen. Probleme und Ergebnisse der Psychologie, 65, 45–85.

Schmidt, K.-H., Kleinbeck, U. & Rohmert, W. (1981a). Die Wirkung von Merkmalen der Arbeitssituation und Persönlichkeitsvariablen auf die Arbeitszufriedenheit und andere motivationsbezogene Einstellungsvariablen. Zeitschrift für experimentelle und angewandte Psychologie, 28, 465–485.

Schmidt, K.-H., Kleinbeck, U. & Rutenfranz, J. (1981b). Arbeitspsychologische Effekte von Änderungen des Arbeitsinhaltes bei Montagetätigkeiten. Zeitschrift für Arbeitswissenschaft, 35, 162–167.

Schmidt, K.-H., Schweisfurth, W., Kleinbeck, U. & Rutenfranz, J. (1981c). Einige arbeitspsychologische Ergebnisse zur Wirkung von Arbeitsinhaltsveränderungen bei Teilefertigungstätigkeiten. Zeitschrift für Arbeitswissenschaft, 35, 101–107.

Schmidt, K.-H., Kleinbeck, U., Ottmann, W. & Seidel, B. (1985). Ein Verfahren zur Diagnose von Arbeitsinhalten: Der Job Diagnostic Survey (JDS). Psychologie und Praxis. Zeitschrift für Arbeits- und Organisationspsychologie, 29, 162–172.

Ulich, E. & Baitsch, C. (1987). Arbeitsstrukturierung. In U. Kleinbeck & J. Rutenfranz (Hg.): Arbeitspsychologie (S. 493–531). Göttingen: Hogrefe.

Klaus-Helmut Schmidt und Joseph Rutenfranz,
Bundesrepublik Deutschland

87. Die Arbeitslosenforschung in Marienthal

87.1 Die Untersuchung

„So schälte sich zum Schluß unsere Formel von der Reduktion des Anspruchs- und Aktivitätsbereichs (...) heraus" (Jahoda, Lazarsfeld & Zeisel, 1972, S. 2)

Zwischen Dezember 1931 und Mai 1932 führte eine Gruppe von zehn Sozialwissenschaftlern und vier Ärzten unter Leitung von Paul Lazarsfeld außergewöhnlich intensive Untersuchungen in Marienthal durch. Marienthal war ein Dorf (mit damals 1486 Einwohnern), das man von Wien aus mit der Eisenbahn in einer halben Stunde erreichen konnte. Bis 1929 arbeitete die große Mehrheit der Marienthaler in der einzigen Textilfabrik des Ortes. Im Herbst 1929 brach die Textilindustrie zusammen und die Fabrik wurde geschlossen. Zur Zeit der Untersuchung gab es in 77% der Familien kein einziges erwerbstätiges Mitglied mehr.

Der Umfang der Materialsammlung war außergewöhnlich groß. Für alle Familien wurden detaillierte Katasterblätter angelegt; zahlreiche Lebensgeschichten, Zeitbudgets, Mahlzeitinventare und Tiefeninterviews wurden erhoben. Analysiert wurden Texte und Dokumente, wie Schulaufsätze, ein Preisausschreiben, Listen mit den Weihnachtswünschen der Kinder, Berichte von Ärzten aus Sprechstunden, Lehrern, Fürsorgern, politischen und anderen freiwilligen Organisationen sowie der industriellen Bezirkskommission. Statistische und historische Daten kamen aus Materialien der Bibliothek, Geschäftsbüchern des Konsumvereins, Zeitungsabonnements, Mitgliedschaften in Vereinen und Wahlergebnissen. Zur Verfügung standen Auskünfte über die Umsätze beim Wirt, Friseur, Schlachter, Roßfleischhauer, Schuhmacher, Schneider und Zuckerbäcker. Unauffällige Beobachtungen ergänzten das Material, z.B. zum Frühstück der Schulkinder, zur

Gehgeschwindigkeit in der Dorfstraße, zu den Gesprächen in Wirtshäusern, zum Nähkurs, zur Kleiderverteilung und im ärztlichen Wartezimmer. Das gesamte Material wog etwa 30 kg. Dieser Datensatz wurde unter Leitung von Lazarsfeld in vielen Sitzungen von allen Mitarbeitern diskutiert. „Dann nahm ich das Material, ging aufs Land und schrieb den Bericht." (Jahoda, pers. Mitt., 1986).

Heute sind die zentrale These und das Hauptresultat sowie die davon abweichenden Details allgemein bekannt: „Reduktion des Anspruchs- und Aktivitätsbereichs, (...) Zeitverfall und (...) Abstieg entlang der von uns beschriebenen Folge von Haltungen und Einstellungen (...)" (Jahoda, Lazarsfeld & Zeisel, 1972, S. 2).

87.2 Der Einfluß der Studie

„... wir konnten wiederholt beobachten, wie unsere Ergebnisse zuerst befremdet haben, dann aber zu einer neuen Beurteilung der scheinbar so wohlbekannten Verhältnisse führten." (Jahoda, Lazarsfeld & Zeisel, 1972, S. 3).

Die Untersuchung war schon seinerzeit einflußreich. Bis heute – mehr als ein halbes Jahrhundert später – wird sie sowohl in ihrer Konzeption als auch nach der Häufigkeit der Zitierungen als maßgeblich angesehen. ‚Marienthal' ist eine außergewöhnliche sozialpsychologische Arbeit, die unser Denken auch über heutige Arbeitslosigkeitserfahrungen zu Recht beeinflußt hat. Zu fragen ist allerdings, inwieweit die Bedeutung der Untersuchung mit den zahlreichen herangezogenen Details korrespondiert. Wir greifen drei spezifische Aspekte zu dieser Thematik heraus, einerseits unberechtigte Kritiken an der Studie, andererseits unberechtigtes Lob und schließlich offene Fragen, die heute noch auf Antwort warten.

87.3 Methoden

„Einige Aspekte unserer Untersuchung waren sehr naiv." (Lazarsfeld, im Vorwort zur englischen Ausgabe, 1972).

Weitgehend wird ‚Marienthal' – sogar von den Verfassern – zwar als bahnbrechend, aber als methodisch schwach angesehen. Es gibt aber auch die gegenteilige Behauptung, wonach spätere Untersuchungen die methodischen Standards kaum erreichen und gewiß nicht übertreffen. Das gewiß methodisch besondere ist die „Triangulation" in der Kombination von quantitativen und qualitativen Daten, unauffälligen und partizipierenden Beobachtungen, Handlungs- und Bewertungsmethoden und die konsequente Konzeption der systematischen Analyse der resultierenden Materialsammlung. Lazarsfeld hat später Mängel bei der systematisch ausgewählten Stichprobe, das Fehlen von Einstellungsskalen sowie die nur intuitiv entwickelte Typologie kritisch hervorgehoben (Lazarsfeld, Vorwort, 1932, S. XI).

Zurückblickend erscheinen diese Mängel aber vergleichsweise weniger wichtig, stattdessen beeindruckt die Methode, welche die gesamte Bevölkerung des Ortes Marienthal umfaßte. So wurden z. B. für jeden Einwohner Personaldaten und für jede Familie des Ortes Wohnverhältnisse, Familienleben, Haushaltsführung usw. erfaßt (Jahoda, Lazarsfeld & Zeisel, 1972, S. 4). Die Typologie mag „*intuitiv*" entstanden sein, sie beeindruckt aber als ein gelungener Versuch einer vollkommenen Einfühlung in die Situation – umso mehr, als sie durch die Korrelationen mit Einstellungen und finanzieller Situation bestätigt wird. So läßt sich beispielsweise ungefähr „abschätzen, von welchen finanziellen Einbußen an Einstellungen und Haltungen beeinflußt werden und an welchem Punkt das Gefühl der subjektiven Erträglichkeit aufhört" (Jahoda, Lazarsfeld & Zeisel, 1960, S. 83). Die – gelegentlich zu hörende – Kritik, daß keine Fragebogenskalen verwendet wurden, parodiert im Grunde die weit weniger akzeptable gegenwärtige Forschungsmethodik, nach der Wissenschaftler ihre Erhebungen kommerziellen Institutionen oder von der Forschung unabhängigen Personen überlassen.

87.4 Entbehrungen

„Das Kernproblem beschäftigt uns noch immer, obwohl wir heute eher über Arbeit im allgemeinen, als speziell über Arbeitslosigkeit sprechen" (Lazarsfeld, im Vorwort zur englischen Ausgabe, 1972, S. VII).

In einer kurzen Zusammenfassung der Marienthaler Studie hat Jahoda (1979) das herausgestellt, worin sie die psychologische Bürde der Arbeitslosigkeit als Folge einer Deprivation der potentiellen psychologischen Konsequenzen der Erwerbstätigkeit sieht. ‚Marienthal' wird weitgehend als empirische Grundlage für eine solche Erklärung angesehen. In der Untersuchung selbst werden dagegen eher die materiellen und finanziellen Entbehrungen betont, als die psychologische Deprivation. Mit Recht sind die Autoren bekanntgeworden, weil sie eine Beziehung zwischen Arbeitslosigkeit und Passivität belegen konnten.

Weniger beachtet wurde aber, daß keineswegs alle Aktivitäten bei Arbeitslosen abnahmen. Einige Vereine boten ihren Mitgliedern größere oder kleinere unmittelbare finanzielle Vorteile und förderten die Aktivität. Die Autoren zogen daraus den folgenden Schluß: „Mit steigender Not entwickelt sich die Mitgliedschaft bei Vereinen aus einer Gesinnungssache zu einer Interessenangelegenheit." (Jahoda, Lazarsfeld & Zeisel, 1960, S. 43-44).

Wie berechtigt es auch immer sein mag, die Ergebnisse der Studie als Beleg für eine Verbindung von Arbeitslosigkeit und Verschlechterung der körperlichen und psychischen Gesundheit zu zitieren, so bleibt doch festzuhalten, daß die Rolle der Armut allzuwenig erwähnt wird, auch wenn sie angesprochen wurde. Die damalige Arbeitslosenunterstützung führte unvermeidlich zu einer allmählichen Einkommensverkürzung. „Die Verschlechterung der ökonomischen Lage bringt also eine fast vorausberechenbare Veränderung des Wohlbefindens mit sich, (...) auch die Gesundheit verschlechtert sich." (Jahoda et al., 1972, S. 84).

87.5 Die Rolle persönlicher Aktivität

„(...) Beziehungen der Widerstandskraft zum Einkommen, zur früheren Lebensgeschichte (...)" (Jahoda, Lazarsfeld & Zeisel, 1960, S. 9).

Wenn wir die stillschweigenden Annahmen diskutieren, die den Berichten über das Erlebnis der Arbeitslosigkeit zugrunde liegen, können wir die Marienthaler Studie als Beispiel für die Annahme von vorherrschenden relativ passiven Tendenzen ansehen. Dies steht im Einklang mit Lazarsfeld (1932), der betont, daß sich die psychologischen Bedürfnisse einengen und feststellt, daß „Arbeitlosigkeit zu einer Apathie führt, in der ihre Opfer nicht einmal die wenigen Chancen, die ihnen noch offenstehen, benutzen."(Lazarsfeld & Jahoda, Lazarsfeld & Zeisel, 1972, S. VII).

Die Studie selbst zeigt aber, daß die psychologischen Bedürfnisse nicht verengt werden, sondern daß die Arbeitslosen unter der fehlenden Befriedigung ihrer weit aufrechterhaltenen Bedürfnisse leiden. In großer Armut muß etwa „auf die Erfüllung sozialer Aufgaben und auf die einfachsten kulturellen Bedürfnisse (...) verzichtet werden" (Jahoda, Lazarsfeld & Zeisel, 1972, S. 33). Pläne-machen und Zukunftsorientierung werden als wesentliche Komponenten des Versuchs beschrieben, die Arbeitslosigkeit zu bewältigen: ‚Hoffnung und Zukunftspläne' sind charakteristisch für 23% der ‚ungebrochenen Familien' (Jahoda, Lazarsfeld & Zeisel, 1972, S. 53 u. 56). Entgegen der üblichen Interpretation der Marienthaler Daten scheint demnach persönliche Aktivität bei unterschiedlichen Erfahrungen doch eine Rolle gespielt zu haben. Das ist auch Jahoda selbst nicht entgangen: „Die vier Haltungstypen korrelieren deutlich mit dem Einkommen; aber ich habe schon damals gewußt, daß sie auch mit persönlicher Aktivität in Verbindung stehen; nur war mir nicht klar, wie man dem Rechnung tragen könnte" (Jahoda, 1986, pers. Mitt.).

Die Probleme, die durch die Marienthaler Untersuchung aufgeworfen wurden, sind keineswegs nur von historischem Interesse, sondern sind bis heute höchst aktuell. Die Aufgabe, das jeweilige Gewicht der finanziellen, institutionellen und Persönlichkeitsfaktoren in ihrem Einfluß auf Haltungen, Wohlbefinden und Handeln von Arbeitslosen zu bestimmen, ist bis heute die größte Herausforderung an die moderne Forschung.

Literatur

Jahoda, M. (1979). The impact of unemployment in the 1930s and the 1970s. Bulletin of the British Psychological Society, 32, 309–3/4.
Jahoda, M., Lazarsfeld, P. F. & Zeisel, H. (1972). Marienthal: The sociography of an unemployed community. London: Tavistock.
Lazarsfeld, P. (1932). An unemployed village. Character and Personality, 1, 147–151.

Ich danke Marie Jahoda für ihre überaus wertvolle Hilfe bei der Vorbereitung und Übersetzung dieses Beitrags.

David Fryer,
Großbritannien

88. Die Tavistock-Untersuchungen und ihre Auswirkungen

88.1 Die Bergleute-Untersuchungen

Die Tavistock-Kohlebergbauuntersuchungen haben eine große fachhistorische Bedeutung (s. → *Historische Perspektiven*). Der Fall, daß sich eine alte Arbeitstradition konstruktiv unter schwierigen neuen Bedingungen behaupten kann, ist aber keineswegs historisch einmalig. Das Außergewöhnliche war lediglich, daß es *gelungen* ist, einen solchen Fall wissenschaftlich zu untersuchen. Besonders ungewöhnlich war vielleicht, daß die Untersuchungen von einer Gruppe von Sozialwissenschaftlern durchgeführt wurden, die sensibel genug waren, das Beobachtete zu verstehen und so kreativ waren, auf dieser Grundlage eine allgemeine Theorie zu entwickeln, die über dieses Ereignis hinausgehende Gültigkeit beanspruchte, ohne tautologisch oder trivial zu sein.

Die vollständige Geschichte ist lang und voller technischer Einzelheiten; die folgende Darstellung verkürzt und vereinfacht. Ausgangspunkt war die Verstaatlichung des von der britischen Regierung während des Kriegs kontrollierten Kohlebergbaus 1946. Während des Kriegs gab es kaum Investitionsmöglichkeiten. Der nationale Aufsichtsrat der Kohleindustrie startete daher ein dringend notwendiges Programm zur technologischen Erneuerung des Bergbaus. Nach kurzer Zeit machten sich aber Enttäuschungen über den Erfolg der ingenieurmäßigen Lösungen im Rahmen dieses Programms breit. Die Produktivität war niedriger als vorhergesagt, Abwesenheits- und Fluktuationsraten stiegen und weitere Indikatoren verwiesen auf eine Verringerung der Arbeitsmoral.

Das *„Tavistock-Institut"* wurde ebenfalls 1946 gegründet und bestand aus einer Vereinigung von Sozialpsychologen, die durch psychoanalytische Denkweisen beeinflußt waren und während des Krieges in verschiedenen Projekten zusammengearbeitet hatten. Viele von ihnen hatten vor dem Krieg mit der Tavistock-Klinik zusammengearbeitet. Der nationale Aufsichtsrat der Kohleindustrie vermittelte ihnen 1949 die ersten Möglichkeiten, die Veränderungen der Arbeitstätigkeiten durch die neue Technologie zu untersuchen. Um nicht als „Erfüllungsgehilfen" der Behörde angesehen zu werden, holten sich die Wissenschaftler Unterstützung durch einen Ausschuß „Human-Relations in der Industrie" vom „Medical Research Council" und vom „Department of Scientific and Industrial Research", beides Geldgeber für öffentliche Forschungsmittel.

Was dann tatsächlich geschah und untersucht wurde, wird oft als das *Tavistock-Kohlebergbau-„Experiment"* beschrieben und der Intervention der Wissenschaftler zugeschrieben. In Wirklichkeit handelte es sich aber um spontane Lösungen vorhandener praktischer Probleme.

Untertagearbeit ist wegen der Sensibilität und Unvorhersehbarkeit der Umgebung gefährlich. Das abzubauende Rohmaterial, der Kohlenflöz, verhält sich unterschiedlich. Ständig sind unerwartete Schwierigkeiten zu bewältigen. Die existentiellen Gefährdungen ähneln durchaus den Bedingungen im Krieg. Wertvollste Stütze ist das Vertrauen in die Zuverlässigkeit der Kollegen, Gefährten oder „Kumpel" in der Arbeitsgruppe. Nach der alten Arbeitsmethode („Shortwall-System") bestand die Arbeitsgruppe aus zwei bis sechs Bergleuten, die ihre Löhne untereinander in gleichem Verhältnis teilten. Sie arbeiteten in verschiedenen Schichten, aber immer am selben Ort und waren für die vollständige Bergbautätigkeit, bestehend aus Abbau, Beladen der Lore und Transport, verantwortlich. Nach der neuen, teilmechanisierten Arbeitsmethode („Longwall-System"), eine typische Ingenieurslösung, wurde jeder Teil der Tätigkeit einer speziellen Schicht zugewiesen. Dadurch wurden nicht nur die Fertigkeiten der Bergleute eingeschränkt, sondern gleichzeitig wurde auch das soziale Unterstützungssystem, welches früher zur Verringerung des Angstniveaus beitrug, zerstückelt. Wenn man als Bergmann zum Arbeitsbeginn in den Schacht einfährt, muß man sich absolut auf die vorangehende Schicht verlassen können. Als die Bergleute in allen drei Schichten noch gemeinsam für die gewonnene Kohle bezahlt wurden, brauchten sie sich nicht darum zu bekümmern, ob die letzte Schicht ihre Löhne auf Kosten der eigenen Sicherheit maximiert haben könnte. Nach der Umstellung tendierten aber nun die Bergleute dazu, die Arbeit der vorherigen Schicht vor Beginn der eigenen Arbeit erst einmal zu kontrollieren. Außerdem gab es keine Loyalität mehr gegenüber der heterogenen Arbeitsgruppe. Wenn jemand fehlte, fehlte nur einer mehr am „Fließband".

1950 berichtete ein Kollege von Eric Trist, Ken Bamforth, der selbst früher Bergmann war, über eine spontane Verbesserung, die er im Schacht South Yorkshire kennengelernt hatte. Hier war der Bereichsleiter allein für das technische Konzept verantwortlich. Mit Unterstützung der Gewerkschaft hatten die Kumpel die dortige Arbeitseinteilung selbst vorgeschlagen.

Eric Trist (1972, freie Übersetzung) beschreibt dies so:

„Die Arbeitsorganisation im neuen Schacht war für uns ein neues Phänomen und bestand aus mehreren relativ autonomen Gruppen mit untereinander wechselnden Rollen und Schichten, die ihre Dinge untereinander mit einem Minimum an Beaufsichtigung selbst regelten. Ganz offensichtlich war eine bessere Kooperation zwischen den Aufgabengruppen vorhanden. Erkennbar waren starke persönliche Verantwortung und Zusammengehörigkeitsgefühle, geringe Abwesenheit, seltene Unfälle und hohe Produktivität. Zwischen der Atmosphäre und Arbeitseinteilung in diesen Bereichen und konventionell arbeitenden Schächten mit ihren auffallend negativen, für die Industrie charakteristischen Merkmalen, gab es große Unterschiede. Die Männer erzählten uns, daß sie, um sich am besten an die technischen Bedingungen im neuen Schacht anzupassen, eine Form der Arbeitsorganisation entwickelt hätten, die auf gebräuchliche Verfahren aus Zeiten vor der Mechanisierung zurückging, als noch kleine Gruppen die gesamte Arbeitstätigkeit verantwortlich und autonom übernahmen. Diese Verfahren waren mit der zunehmenden Mechanisierung im Zusammenhang mit der Einführung der ‚Longwall-Methode' verschwunden. Dies hatte zur Vergrößerung der Aufgabenbereiche geführt und zu Gruppierungen mit beträchtlicher Größe, deren Tätigkeiten auf Rollen nach dem Prinzip ‚ein Mann – eine Aufgabe' reduziert wurden. Die dabei erzwungene Koordination und Kontrolle wurde auf externe Vorgesetzte übertragen. Nun hatten sie die Möglichkeit gefunden, den Gruppenzusammenhalt und die verlorene Selbstregulation der Gruppe auf dem höheren Niveau der Mechanisierung wiederher-

88. Die Tavistock-Untersuchungen und ihre Auswirkungen

zustellen und ihren Einfluß zur Mitwirkung bei Entscheidungen über ihre Arbeitseinteilung zu erweitern."

Diese Erneuerung ist historisch nicht einmalig. Aber vor der Beobachtungsstudie des Tavistock-Instituts in North East Durham gab es keine Möglichkeit, genaue Vergleiche zwischen der konventionellen Arbeitsteilung und derartig „zusammengesetzten" Arbeitsorganisationen durchzuführen. Hier bildeten die Bergleute selbst ausgewählte Arbeitsgruppen mit 41 Mann, verteilten selbst die Aufgaben und Schichten und regelten die Entlohnung auf einem gemeinsamen Lohnzettel. Jede Schicht konnte die gesamte Arbeit nach jedem möglichen Unterbrechungsschritt innerhalb des Arbeitsablaufs übernehmen.

In den folgenden Tabellen werden die Ergebnisse dieser an früheren Verfahren orientierten neu „zusammengesetzten Methode" mit der nach der Mechanisierung durch die Ingenieure eingeführten „konventionellen Methode" verglichen.

Tabelle 1: Vielfalt der Arbeitstätigkeiten (Durchschnittswerte für die gesamte Arbeitsgruppe)

Merkmale der Arbeitstätigkeit	Konventionelle Arbeitsteilung	Zusammengesetzte Methode
Anzahl der bearbeiteten Hauptaufgaben	1.0	3.6
Anzahl der verschiedenen Schichten, mit denen zusammengearbeitet wird	2.0	2.9
Anzahl verschiedener Tätigkeitsgruppen, in denen mitgearbeitet wird	1.0	5.5

Tabelle 2: Abwesenheitsraten (Prozentsatz der möglichen Schichten)

Abwesenheitsgrund	Konventionelle Arbeitsteilung	Zusammengesetzte Methode
kein Grund angegeben	4.3	0.4
Krankheit und andere Gründe	8.9	4.6
Unfälle	6.8	3.2
Insgesamt	20.0	8.2

Tabelle 3: Produktivität (als Prozentsatz des geschätzten Potentials)

	Konventionelle Arbeitsteilung	Zusammengesetzte Methode
Effizienz ohne Abzug für das Transportsystem	67	95
Effizienz mit Abzug für das Transportsystem	78	95

Wie die Tavistock-Wissenschaftler herausstellten, führten diese Ergebnisse zu einer „Wiederentdeckung traditioneller Arbeit", kurz nach der Einführung von mechanisierten Arbeitsstrukturen. Die Bergleute, die die Vorzüge traditionell zusammengesetzter Arbeit wiederentdeckten, waren dabei nicht auf tradierte Erzählungen angewiesen. Sie kannten die alten Methoden noch persönlich. Außerdem entsprach das alte Arbeitssystem dem sozialen System *außerhalb der Arbeit,* was die Wissenschaftler damals allerdings nicht näher untersucht haben. In Bergbaudörfern, wo der Schacht der Hauptarbeitgeber ist, arbeiten und leben die Menschen zusammen.

Weder der Aufsichtsrat der Kohleindustrie, noch die nationale Bergbaugewerkschaft zeigte sich jedoch in der Folgezeit interessiert daran, diese Erfahrung aus South Yorkshire zu verallgemeinern. Sie zogen die bessere Kontrollierbarkeit des konventionellen mechanisierten Systems vor und die damit verbundenen Möglichkeiten einfacher Tarifverhandlungen über Löhne und Leistungen. Die Anwendung der neuen Arbeitsorganisation blieb deshalb kurzlebig.

Aber so kurz auch die Existenz dieser Arbeitsorganisation im Bergbau war, ihre Bedeutung in Form der „soziotechnischen Systemtheorie" (vgl. → *Historische Perspektiven*), wonach alle Arbeitsorganisationen ein technisches und ein soziales System besitzen, ist durchaus langlebig. Nach dieser Theorie sollten wir, statt voneinander unabhängig nur das technische System (die Ingenieurslösung) oder nur das soziale System (der Ansatz der → *Organisationsentwicklung*) zu optimieren, *gemeinsam* versuchen, das technische und das soziale System gemeinsam zu optimieren. Dadurch werden zwar keineswegs alle Möglichkeiten, wie sie sich die jeweiligen Befürworter der Teillösungen wünschen, ausgeschöpft; der Vorteil liegt aber in einer besseren „Passung" zwischen beiden. Je größer die Ungewißheit der Organisationsumgebung ist, desto wichtiger ist die Flexibilität, wie sie durch das soziale System ermöglicht wird. Diese Erkenntnis spricht für eine Zuweisung der Verantwortung für ganze Aufgabenbereiche *an Gruppen oder Arbeitsteams,* die sogenannten „teilautonomen Arbeitsgruppen" (vgl. → *Arbeitsgestaltung*).

88.2 Die retrospektive Bedeutung der Untersuchungen

Im englischen Bergbau hat sich durch die Tavistock-Untersuchungen nichts verändert. Die Bergbaubehörde hat ihr Ziel einer immer stärkeren Mechanisierung ohne Berücksichtigung der Lehren dieses Projekts fortgesetzt. Außer den Hawthorne Experimenten (vgl. → *Historische Perspektiven*) gibt es aber kaum Ansätze mit größerer fachhistorischer Bedeutung und größeren Auswirkungen auf organisationale Konzepte und die heutige Arbeitsgestaltung. Wie war das möglich?

In Großbritannien gab es für die Tavistock-Mitarbeiter kaum Möglichkeiten, die entwickelten Ideen anzuwenden. Erst 1963 erschien ihr Bericht unter dem Titel *„Organizational Choice",* aber er war weder ein Bestseller noch wurde er genau gelesen, – wie viele Zitate des „Tavistock-Experiments" belegen. Eine erste wirkliche Chance gab es 1962 in Norwegen, als dieses Land in eine gefährliche

Krise geriet. Norwegen lag in der Modernisierung hinter anderen skandinavischen Ländern zurück und war dabei, seinen Einfluß auf norwegische Firmen an multinationale Konzerne zu verlieren. Dazu kam ein Bankrott der größten Papierfabrik. Die Führung Norwegens fürchtete, die Kontrolle über ihr eigenes Land zu verlieren. Eine Befragung durch das Institut für soziale Forschungen in Trontheim, das sich um Hilfe an das Tavistock-Institut wandte (zu dem enge Kontakte bestanden), zeigte, daß in Norwegen unerwartet starke Forderungen nach mehr Arbeitereinfluß existierten.

Die ersten Befragungen ergaben, daß weder die Entfremdung noch die Leistung der Arbeiter durch die bereits bestehende Beteiligung von Arbeitervertretern in den Aufsichtsräten der Firmen beeinflußt wurden. Daraufhin wurde vorgeschlagen, die Arbeiter direkt bei Entscheidungen über ihre eigene Arbeit mitwirken zu lassen. Als Modellbeispiele wurden Feldprojekte durchgeführt. Trotz der Erfolge dreier solcher Experimente (siehe das Beispiel im Beitrag → *Aktionsforschung*), wurden die Modelle aber nicht von anderen Fabriken übernommen.

Auch Erfolge können bedrohlich erscheinen. – Rückwirkend gesehen, liegt eine Schwäche dieser Experimente in der ungenügenden Vorbereitung der Übertragung und Verbreitung der praktischen Lösungsvorschläge. Die Wissenschaftler waren zu sehr in ihre Vorzeigeprojekte involviert und übernahmen für die betroffenen Arbeiter zu große Teile der Analysen und Umgestaltungen. Experimente können leicht abgeschottet und als „Spezialfälle" abgetan werden.

In Schweden, wo eine neue Generation sehr gut ausgebildeter Schweden geistlose Arbeitstätigkeiten ablehnte und wo die Übernahme dieser Tätigkeiten durch Einwanderer zu sozialen Problemen führte, nahm die Verbreitung der Tavistock-Konzepte etwas andere Wege. Management und Gewerkschaften versuchten hier gemeinsam, Konzepte der Arbeitsverbesserung auf der Grundlage der norwegischen Experimente umzusetzen (vgl. → *Schwedische Untersuchungen zur psychischen Gesundheit von Arbeitern*).

In Großbritannien wurde in der Mitte der sechziger Jahre bei Shell ein großes soziotechnisches Projekt durchgeführt, das zeigt, wie wichtig eine gemeinsam vom Aufsichtsrat und allen organisationalen Ebenen akzeptierte Philosophie ist. Im Verlauf dieses Projekts wurden Untersuchungsmethoden verbessert und systematisiert. Auch dieses Projekt wurde bei Shell, Großbritannien, als Modell isoliert, aber schließlich in anderen Ländern übernommen, diesmal durch Shell-Betriebe in Übersee und kürzlich und am spektakulärsten in Kanada – einem Land, das inzwischen die Führungsrolle bei soziotechnischen Entwicklungen zu übernehmen beginnt (vgl. zur Übernahme der Modelle in außereuropäischen Ländern (→ *Europäische Perspektiven*).

Der soziotechnische Ansatz ist kein exotisches Konzept mehr und auch nicht mehr „Eigentum" des Tavistock-Instituts und seiner Partner (vgl. auch → *Organisationale Erneuerung bei Philips* und → *VW-Projekt*). Ein Beleg: Als L. E. Davis und ich 1972 die erste Konferenz über die „Qualität des Arbeitslebens" in New York organisierten, war es schwierig, fünfzig Anhänger zu finden, die einige Erfahrungen oder Kenntnisse in diesem Gebiet mitbrachten. Alle Unkosten wurden damals durch die Ford Foundation übernommen. 1981 hatte die zweite internationale Konferenz in Toronto etwa 1800 Teilnehmer und Teilnehmerinnen, wobei praktisch alle Kosten von deren eigenen Organisationen übernommen wurden. Keine der beiden Konferenzen bezog sich allerdings ausschließlich auf den soziotechnischen Ansatz, in beiden war dies aber der inhaltliche Kern der Veranstaltungen.

Die soziotechnische Systemtheorie und ihre Anwendung, wie sie heute besteht, hat sich weiterentwickelt und berücksichtigt Probleme wie Leitung und Führung, Grenzen und teilautonome Arbeitsgruppen, Anpassung von Informationssystemen an die gewünschte Autonomie und Kontrolle sowie die Entwicklung von Belohnungssystemen, wie sie für das erforderliche Verhalten für erfolgreiche Gruppenprozesse notwendig sind und die immer vorhandenen Probleme der Übertragung und Verbreitung der Modelle. Diese „Tagesordnung" hat sich mit den Erfahrungen in den 38 Jahren seit der ersten Kontakte zwischen Tavistock und dem damals neuen nationalen Aufsichtsrat für den Kohlebergbau allmählich angesammelt. Wenn wir heute die Leistungen bei der Bearbeitung dieser Tagesordnung betrachten, kann der soziotechnische Ansatz den Anspruch erheben, zumindest genauso gut zu sein, wie die Hawthorne-Untersuchungen, aus denen die Human-Relations-Bewegung (vgl. → *Historische Perspektiven*) und ihr Abkömmling → *Organisationsentwicklung* entstanden sind.

Literatur

Higgin, Murray, Pollock & Trist, E. L. (1963). Organizational choice. London: Tavistock.
Trist, E. L. (1972). The evolution of sociotechnical systems. Occasional paper no. 2, June 19th of the Ontario Quality of Working Life Centre.
Mumford, E. (1980). Helping organizations through action research: the sociotechnical approach in quality of work life, Vol. 3, No. 5–6. September-December 1980, published by the Punjab State Institute of Public Administration.

Albert Cherns,
Großbritannien

89. Die SAPU-Untersuchungen zur Arbeitsumgestaltung

89.1 Einleitung

In der Industrie gibt es einen Trend zur Vereinfachung der Arbeit. Im Lauf der Jahre sind Fabrikarbeitsplätze entstanden, an denen viele Menschen stark repetitive Arbeit ausführen müssen, die wenig interessant ist und durch vorgegebene Verfahren und Aufsicht streng kontrolliert wird.

Psychologen konnten erfolgreich belegen, daß derart vereinfachte Arbeit nicht nur unbefriedigend ist, sondern langfristig auch die psychische Gesundheit der Menschen beeinträchtigen kann. Dementsprechend wurden alternative Formen der Arbeitsgestaltung empfohlen. „Arbeitsanreicherung" (englisch: Job enrichment), → *Arbeitsgestaltung* und autonome Arbeitsgruppen (→ *Die Tavistock-Untersuchungen*) gehören zu den bekanntesten „Neuen Formen der Arbeitsgestaltung".

Nach diesen Ansätzen sollen bei der Gestaltung menschlicher Arbeit vor allem Abwechslungsreichtum, Feedback, Vollständigkeit der Aufgaben (→ *vollständige vs unvollständige Arbeitstätigkeiten*) und vor allem ein erhebliches Ausmaß an Autonomie und individueller Selbstkontrolle gefördert werden. Die Untersuchungen der *„Social and Applied Psychology Unit (SAPU)"* in Sheffield, die im folgenden dargestellt werden, lassen sich hier einordnen.

Bislang fehlte in der Psychologie eine überzeugende Bestätigung der Annahmen zur Arbeitsgestaltung. Für den Wissenschaftler wie für den Praktiker sind die Kernfragen: Führt eine derartige Umgestaltung der Arbeit tatsächlich zu einer Verbesserung der Qualität des Arbeitslebens für die Beschäftigten? Welche Folgen ergeben sich für die Produktivität und wie entstehen sie? Übersteigt der Nutzen die Kosten? Sind die Effekte nur kurzfristig oder haben sie langfristigen Bestand? Welche Implikationen ergeben sich aus der Arbeitsstrukturierung für die gesamte Organisation?

Wenn diese Fragen nicht beantwortet werden, lassen sich Praktiker kaum überzeugen, ihre Methoden zu verändern. Die psychologische Theorie und ihre Effektivität bleibt ungeprüft. Es ist interessant, die Gründe für diese Schwächen genauer zu betrachten. Sie liegen nicht darin, daß die Arbeitsgestaltung zu wenig ernst genommen worden ist, sondern eher darin, daß Felderprobungen fehlen, die auf aussagekräftigen wissenschaftlichen Untersuchungsplänen zur Unterstützung kausaler Interpretationen beruhen.

Wie bereits mehrfach an anderer Stelle hervorgehoben wurde (z. B. Cummings, Molloy & Glenn, 1977; Wall & Martin, 1987), gibt es in diesem Gebiet eine große Menge unterstützender Korrelationsdaten und viele Fallstudien. Gut kontrollierte Veränderungsuntersuchungen fehlen jedoch. Außerdem wurden die Effekte in den wenigen veröffentlichten Feldexperimenten nur über einen Zeitraum von wenigen Monaten evaluiert, in dem sich Neuheitseffekte noch nicht „abgenutzt" haben. Größere praktische und psychologische Bedeutung hätten dagegen Untersuchungen über den Zeitraum von mehreren Jahren. Ob sich Auswirkungen der Arbeitsumgestaltung aber empirisch belegen lassen, bleibt großenteils von den Umständen abhängig.

Das SAPU-Programm wurde zum Teil begonnen, um diese Probleme lösen zu können. Seine Stoßrichtung war, mit den Beschäftigten aller Ebenen bei der Einführung und konsequenten langfristigen Evaluation von wichtigen Schritten der Arbeitsstrukturierung zusammenzuarbeiten.

Die beiden im folgenden beschriebenen Untersuchungen über autonome Arbeitsgruppen illustrieren die Besonderheiten dieser Forschungen.

89.2 Projekt I

In der ersten Untersuchung (Wall, 1980; Wall & Clegg, 1981) wurden in einer Abteilung einer Konfitürenfirma autonome Arbeitsgruppen eingeführt, um ständige Probleme im Zusammenhang mit geringer Arbeitsmoral, hoher Fluktuation und geringer Produktivität zu verbessern. Schwerpunkt der neuen Form der Arbeitsorganisation waren Herstellungsteams mit erheblicher zusätzlicher Verantwortlichkeit für die Organisation ihrer eigenen alltäglichen Arbeit, z.B. durch Aufteilung der Aufgaben untereinander, Pausenregelungen und Festlegung des Arbeitstempos. Das Ausmaß der Veränderungen zeigt sich an der Tatsache, daß die ursprüngliche Struktur mit einer Führungskraft, zwei Vorarbeitern und einer Verwaltungskraft sich zu einer Struktur mit nur einer Führungskraft mit Verwaltungsunterstützung entwickelte.

Die Auswirkungen dieser Veränderung auf die 35 beteiligten Beschäftigten wurden durch einen Vergleich ihrer Einstellungen 6 und 18 Monate nach der Einführung der autonomen Arbeitsgruppen mit den vor der Veränderung erfaßten Einstellungen überprüft. Fluktuation und Leistungen wurden 15 Monate vor bis 18 Monate nach der Veränderung erfaßt.

Die Ergebnisse zeigten signifikante und starke Verbesserungen der Arbeitszufriedenheit, Arbeitsmotivation und psychischen Gesundheit. Die Fluktuation verringerte sich und die Arbeitsleistung stieg um 22%. Nirgendwo anders in der Organisation wurden vergleichbare Veränderungen ermittelt. Die Verbesserung der Arbeitsmotivation und Leistung trat vorwiegend innerhalb der ersten sechs Monate auf und blieb bis zum Ende der Untersuchung aufrechterhalten. Die Verbesserung der Arbeitszufriedenheit und psychischen Gesundheit wurde vollständig erst längerfristig sichtbar. Ein aufschlußreicher Aspekt des Leistungsergebnisses war, daß die Leistungssteigerung größtenteils damit zusammenhing, daß die Beschäftigten ihre Arbeit effektiver und straffer organisierten und weniger durch eine Erhöhung des Arbeitstempos. Weitere Produktivitätsgewinne waren auf die Verringerung der Überwachungskosten zurückzuführen.

Das Projekt umfaßte allerdings nur eine kleine Anzahl von Beschäftigten, deren Arbeit zur Überwindung spezieller und sehr eindeutiger Probleme durch Einführung autonomer Arbeitsgruppen umgestaltet wurde. Eine wichtige weiterführende Frage ist, ob derartige Ansätze zu vergleichbaren Effekten führen, wenn sie unter normalen Bedingungen und in größerem Umfang eingeführt werden. Dies waren die Ziele des zweiten Projektes.

89.3 Projekt II

Wie bei der vorangegangenen Studie wurde die zweite Untersuchung in einem Konfitürenunternehmen durchgeführt. Sie beinhaltete die Überprüfung der Auswirkungen von autonomen Arbeitsgruppen über einen Zeitraum von zweieinhalb Jahren unter Anwendung eines sehr viel raffinierteren Untersuchungsplans (Kemp et al., 1983; Wall et al., 1986). Wie in der ersten Untersuchung führte die Einführung der autonomen Arbeitsgruppen dazu, daß Aufsichtskräfte nicht mehr notwendig waren.

Der quasi-experimentelle Untersuchungsplan enthielt vier Bedingungen, bis zu drei Meßzeitpunkte und umfaßte etwa 400 Beschäftigte. Die experimentelle Hauptbedingung umfaßte alle Tagesschichtbeschäftigten einer neuen Fabrik. Vom Beginn der Aufnahme der Produktion an arbeiteten sie nach einem System autonomer Arbeitsgruppen. Die zweite Bedingung betraf die Spätschichtbeschäftigten, die in derselben Fabrik mit derselben Technik, aber mit traditioneller Arbeitsgestaltung arbeiteten. Nach 12 Monaten wurden diese Gruppen in autonome Arbeitsgruppen umgewandelt und dadurch zu einer zweiten Experimentalgruppe. Die beiden übrigen „nichtvergleichbaren Kontroll-Bedingungen" umfaßten Tag- und Spätschicht-Beschäftigte, die in einer Tochterfirma des Unternehmens mit traditionellen Formen der Arbeitsgestaltung tätig waren. Die Einstellungen der Beschäftigten wurden 6, 18 und 30 Monate nach der ersten Einführung der autonomen Arbeitsgruppen erfaßt. Vergleiche zwischen den Bedingungen zu jedem Meßzeitpunkt und innerhalb derselben Bedingungen über den Verlauf der Zeit lieferten eine gute Grundlage für kausale Schlußfolgerungen und eine Trennung von Auswirkungen der Arbeitsstrukturierung von den Effekten, die sich auf Standort, Schicht und andere Unterschiede zurückführen lassen.

Die *Ergebnisse* der Untersuchung waren eindeutig. Die Einführung autonomer Arbeitsgruppen führte zu einem wesentlich höheren Niveau der Arbeitszufriedenheit. Bei der intrinsischen Arbeitszufriedenheit blieb dieser Effekt für die Dauer der Untersuchungen bestehen (30 Monate und 18 Monate, jeweils in der Bedingung eins und zwei). Die extrinsische Arbeitszufriedenheit zeigte anfänglich einen Zuwachs als Ergebnis der Arbeit in autonomen Arbeitsgruppen, der aber im Verlauf der Zeit wieder abnahm. Produktivitätsverbesserungen wurden ebenfalls erfaßt. Sie entstanden durch Einsparungen an Überwachungskosten, nicht aber durch höhere Leistungen, die in allen vier Gruppen vergleichbar waren. Es gab auch keine nachweisbaren Auswirkungen der autonomen Arbeitsgruppen auf die Arbeitsmotivation oder die psychische Gesundheit.

89.4 Praktische und theoretische Folgerungen

Die voranstehenden Untersuchungen erlauben zusammen mit anderen im SAPU-Programm mehrere praktisch und theoretisch bedeutsame Schlußfolgerungen über die Auswirkungen der Arbeitsumgestaltung im allgemeinen und über autonome Arbeitsgruppen im besonderen.

Für die praktische Anwendung ergibt sich eindeutig, daß derartige Veränderungen durchführbar sind, von den Betroffenen gut aufgenommen werden und langfristig wie kurzfristig zur Verbesserung der Qualität des Arbeitslebens für die Beschäftigten der untersten Ebenen beitragen. In keinem einzigen der SAPU-Projekte wünschten sich diejenigen, die die neuen Formen der Arbeitsgestaltung kennengelernt hatten, die eher traditionellen Formen der Arbeit zurück.

Eindeutig ist auch, daß durch autonome Arbeitsgruppen wichtige Produktivitätsvorteile entstehen, allerdings nicht notwendigerweise, weil dieser Ansatz die Menschen etwa zu einer effektiveren Arbeit motiviert, sondern vor allem, weil die Leistungen zumindest gleich bleiben, aber die („indirekten") Kosten für Aufsicht und Vorarbeiter geringer werden. In organisationaler Hinsicht kann Arbeitsstrukturierung eindeutig eine kleinere Führungshierarchie bedeuten. Eine Implikation ist dabei, daß Führungskräfte der unteren Ebene durch mehr Arbeit belastet werden können, weil keine Vorarbeiter mehr als Puffer wirken. Eine zweite besteht darin, daß es für Beschäftigte der untersten Ebene, die aufsteigen wollen, weniger Möglichkeiten gibt und daß es sehr viel schwieriger ist, die nächste Stufe zu erreichen. Die unmittelbaren Gewinne für viele können demnach wichtige Nachteile für wenige mit sich bringen.

Die theoretischen Implikationen sind sehr viel komplexer und weitreichender. Vor allem drei sollen erwähnt werden: Erstens ergeben sich aus dem Faktum, daß Produktivitätsgewinne vor allem durch die Struktur der autonomen Arbeitsgruppen entstehen und weniger durch einfache Verbesserung der Anstrengung, die die Leute in ihre Arbeit investieren, Zweifel über die Gültigkeit der grundlegenden motivationalen Annahmen der bisherigen Theorie. Nach unseren Untersuchungen gibt es kaum Belege dafür, daß Menschen durch derartige Veränderungen zu härterer Arbeit inspiriert werden. Verbesserungen ergeben sich durch die mit dem System ermöglichte effektivere und straffere Struktur der Arbeit und durch die Verringerung indirekter Kosten.

Eine zweite, nach den Ergebnissen des SAPU-Programms hervorstechende Schwäche der bestehenden Theorie ist die unzureichende Spezifikation der Zeitdimension, die den vorhergesagten Effekten zugrundeliegt. Die bisherige Theorie enthält keine Annahme dazu, wie lange es dauert, bis die Effekte auftreten, ob für verschiedene Ergebnis-Variablen unterschiedliche Zeiten zu erwarten sind oder wie lange die Effekte bestehen bleiben.

Drittens lohnt es sich, die → *psychische Gesundheit* weiterhin als abhängige Variable zu erforschen, auch wenn im Theoriekern keine Aussagen dazu enthalten sind. Daß sich die Auswirkungen auf die psychische Gesundheit nur in einigen Untersuchungen, aber nicht in allen zeigen, verweist auf die Notwendigkeit zu ermitteln, wovon dies abhängt. Aber gerade diese unterschiedlichen Ergebnisse sind gleichzeitig ein Beleg für das Faktum, daß sich psychische Gesundheit und Arbeitszufriedenheit als abhängige Variablen voneinander empirisch trennen lassen. Diese Forschungsrichtung wird in den laufenden Arbeiten der SAPU weiterverfolgt (vgl. Clegg, Wall & Kemp, 1987).

Literatur

Clegg, C. W., Wall, T. D. & Kemp, N. J. (1987). Women on the assembly-line: A comparison of main interactive explanations of job satisfaction, absence and mental health. Journal of Occupational Psychology, 60.
Cummings, T. G., Molloy, E. S. & Glenn, R. (1977). A methodological critique of fifty-eight selected work experiments. Human Relations, 30, 675–708.
Kemp, N. J., Wall, T. D., Clegg, C. W. & Cordery, J. L. (1983). Autonomous work groups in a greenfield site: A comparative study. Journal of Occupational Psychology. 56, 271–288.
Wall, T. D. (1980). Group work redesign in context: A two-phase model. In K. D. Duncan, M. M. Gruneberg & D. Wallis (Eds.), Changes in working-life. Chichester: Wiley.
Wall, T. D. & Clegg, C. W. (1981). A longitudinal study of group work redesign. Journal of Occupational Behaviour, 2, 31–49.
Wall, T. D., Kemp, N. J., Jackson, P. R. & Clegg, C. W. (1986). Outcomes of autonomous work groups: A long-term field experiment. Academy of Management Journal, 29, 280–304.
Wall, T. D. & Martin, R. (1987). Job and work design. In C. L. Cooper & I. T. Robertson (Eds.), International review of industrial and organizational psychology. Chichester: Wiley.

Toby D. Wall,
Großbritannien

90. Gestaltungsprojekte zur Handlungserleichterung bei der Einführung neuer Technologien

90.1 Einleitung

Die technischen Innovationen der letzten Jahrzehnte, besonders die Anwendungen mikroelektronischer Produktions- und Informationstechnologie, haben eingreifende *Konsequenzen* für die Organisation und ihre Mitglieder. Sie verändern die Aufbau- und Ablauforganisation, Kommunikationsprozesse, Planung und

Steuerung, Arbeitsbedingungen und -inhalte, Personalbedarf und Qualifikationsanforderungen, usw. (Mickler et al., 1976; Brandt et al., 1978; Heiberg et al., 1979; Kraus, 1983; Sonntag, 1985; Oborne, 1985; Björn-Andersen et al., 1986; Davidson & Cooper, 1987). Obwohl Entscheidungen zur Innovation in den meisten Fällen aus wirtschaftlichen und technischen Gründen, wie z. B. der Verbesserung von Produktivität, Effizienz, Qualität oder Prozeßkontrolle getroffen werden (Roe et al., 1985; Algera & Koopman, 1985; Blacker & Brown, 1986), ergeben sich bei ihrer Realisierung viele Fragen mit Bezug auf soziale Aspekte der Organisation, deren Beantwortung für den Verlauf und das Ergebnis des Innovationsprozesses weitgehend entscheidend sind.

Aus der Sicht der *Arbeits- und Organisationspsychologie* ist die Mehrzahl dieser Fragen nicht neu. Sie beziehen sich auf Organisationsentwurf, Arbeitsgestaltung, Organisationsveränderung, Personalausbildung und -auswahl usw. Themen, die kaum von der Technologie abhängig sind. Zu ihrer Beantwortung steht eine große Zahl von theoretischen Erkenntnissen und überprüften Methoden zur Verfügung. Der soziotechnische Systemansatz (→ *Historische Perspektiven*, → *Theorien und Konzepte*) bildet z. B. einen geeigneten Ansatz für die Lösung von Gestaltungsaufgaben bei der Systementwicklung (Mumford, 1984). Hierbei können Methoden der → *Organisationsentwicklung* im Veränderungsprozeß angewendet werden (Allegro, 1986).

Im Gebiet der ergonomischen Probleme stehen wir dagegen vor anderen Fragen. Hier drängen sich viele neuartige, mit der Technologie verknüpfte Fragen auf, für den die herkömmlichen Theorien und Methodologien keine Antwort bieten. Wichtig sind Fragen der Aufgabenverteilung zwischen Mensch und Computer, der Strukturierung und Repräsentation von Information, der Gestaltung der Schnittstelle sowie der Kommunikation (Gardiner & Christie, 1987; Frese et al., 1987). Die Beantwortung dieser Fragen ist wichtig, weil die Anpassung der Arbeitsmittel an menschliche Kapazitäten und Schwächen direkte Konsequenzen für die Effektivität und Effizienz der Arbeitsleistung, sowie für Arbeitszufriedenheit und -motivation hat. Indirekt wird auch das Funktionieren der gesamten Organisation beeinflußt. Wegen der mangelhaften Benutzerfreundlichkeit der derzeitigen Computersysteme ist die Lösung dieser Fragen auch besonders dringend.

Wenn die Mensch-Computer-Interaktion als Arbeitstätigkeit betrachtet wird, kann die Arbeitspsychologie hier eine wichtige Rolle spielen. Insbesondere wären aus Theorien über das Arbeitsverhalten Grundsätze für die Gestaltung der Arbeitsplätze und Aufgaben, bzw. der Mensch-Computer-Schnittstellen abzuleiten.

90.2 Prinzipien der Handlungserleichterung

Vom Autor wurde ein Versuch unternommen (Roe, 1985), aus der Tätigkeitstheorie (Hacker, 1986) allgemeine Prinzipien für die „Handlungserleichterung" (engl. action facilitation) abzuleiten. Nach diesem Ansatz wird der Benutzer des technischen Systems nicht wie ein Systembediener betrachtet. Der Computer wird als intelligentes Hilfsmittel zur Unterstützung individueller Aufgabenerledigung gesehen. Aufzuzeigen sind die Funktionen, die das Hilfsmittel bieten soll, damit die Aufgaben mit maximaler Handlungseffizienz, im Sinne höherer Leistung und/ oder niedrigerer mentaler Beanspruchung, ausgeführt werden können. Diese Funktionen kommen in den folgenden Gestaltungsprinzipien zum Ausdruck:

a) Die *Orientierung* über Aufgaben, Arbeitsbedingungen und der Entwurf von Handlungsprogrammen soll durch ein Angebot relevanter Information und Hilfen bei der Analyse, Problemlösung und Entscheidung erleichtert werden. Es soll möglich sein, persönliche Handlungspläne zu erstellen.

b) *Rückmeldungen* über die Ausführung von Operationen und Ergebnisse auf eine der Struktur der Handlung und der Regulationsebene angepaßten Weise sind erforderlich. Abhängig vom Grad der Benutzererfahrung sollen die Rückmeldungsformen verändert werden und mehr oder weniger intensiv sein.

c) Zur Bewältigung unerwarteter Situationen oder Fehler und zur Erhöhung der Handlungseffizienz soll der Benutzer die Möglichkeit haben, seine Handlungsprogramme oder Regulationsweisen *zu verändern*. Der Dialog soll jederzeit zu unterbrechen, abzubrechen oder zu verändern sein.

d) Zur Erleichterung der *kognitiven Kontrolle* sollen Informationen über die Abwicklung des Handlungsprogramms gegeben werden, wobei gezeigt wird, welche Teile bereits ausgeführt wurden, gerade ausgeführt werden und noch ausgeführt werden sollen. Dies soll den Handlungsvollzug nicht unterbrechen, sondern parallel geschehen.

e) Zur Erhöhung der *Ausführungseffizienz* von Handlungen werden kurze und konstante Responsezeiten empfohlen, die das Entstehen von routinisierbaren, rhythmischen Bewegungsreihen fördern. Möglichkeiten zur simultanen Ausführung mehrerer Operationen und Anregungen zur Rationalisierung von wiederholt ausgeführten Handlungen oder Operationen sind ebenfalls vorzusehen.

f) Die mentale *Beanspruchung* soll optimiert werden. Unerwünschte Beanspruchungserhöhungen können durch adäquate Gestaltung von Signalen, Texten und Masken vermieden werden. Durch Delegation oder Verschiebung kritischer Teilaufgaben kann Überforderung verhindert und umgekehrt Unterforderung durch Ergänzung komplexer Teilaufgaben oder Erhöhung der Schwierigkeitsgrade verringert werden.

g) Schließlich soll versucht werden, *interindividuelle Unterschiede* zwischen Benutzern in den Erkenntnissen, Fähigkeiten, Fertigkeiten und Arbeitsstilen zu berücksichtigen.

90.3 Praktische Anwendung

In mehreren Gestaltungsprojekten wurde versucht, diese Prinzipien praktisch anzuwenden.

1. Umgestaltungsprojekte
Bei Umgestaltungsprojekten handelt es sich um die Verbesserung bereits existie-

render Systeme (z. B. Arnold & Boogert, 1987). Hier wurde folgendermaßen vorgegangen:

a) Identifizierung von Benutzergruppen und Durchführung tätigkeitsorientierter Aufgabenanalysen. „Anwendungstypen" mit ihren charakteristischen subjektiven Aufgaben und Handlungsplänen werden ermittelt. (Was will der Benutzer, und wie will er vorgehen?)
   Beispiele aus Protokollen der subjektiven Aufgaben:
   – Daten über Arbeitsstunden von Mitarbeitern sortieren, überprüfen und eingeben.
   – Mit „electronic mail" Briefe an die Adresse verschicken, die aus einer Liste ausgewählt wurde.
   – Bibliographische Informationen abrufen, eine alphabetisch/chronologische Liste erstellen und die Liste drucken.

b) Erprobung des Systems durch Experten oder Benutzer, anhand ausgewählter „Anwendungstypen" und Beschreibung der Interaktion.
   Die Beschreibung soll sich auf „kritische Ereignisse" im Tätigkeitsverlauf sowie Leistungsparameter, Fehler und subjektives Befinden beziehen. Dazu kommen Beobachtungen der Interaktionen (mittels Video bzw. Computer-log) sowie eine Erfassung psychophysiologischer Beanspruchungsdaten und subjektiver Befindlichkeitsskalen.
   Aus dieser Beschreibung soll klar werden, ob der Handlungsplan ausführbar ist, oder welche Hindernisse (und Hilfen) existieren.
   Beispiele „kritischer Ereignisse":
   – Benutzer gibt Daten im falschen Feld ein.
   – ein vorgegebenes Formular läßt sich nicht verändern.
   – Das System blockiert beim Speichern von Daten durch eine bereits überfüllte Diskette.
   – Benutzer gerät in eine unvorhersehbare Kette von Fehlern und Korrekturen.
   – Unklare Angaben (wie z. B. Blk-DIS, PG, TEC) werden vom Benutzer nicht verstanden.

c) Zuordnung der erfaßten Ereignisse zu den 7 Gestaltungsprinzipien und Bewertung der gesamten Schnittstelle anhand dieser Prinzipien.
   Beispiele:
   – die Orientierung ist besonders im Anfang des Dialogs unzureichend.
   – die Effizienz ist niedrig und kann durch feste Koppelung von Funktionen und Tasten verbessert werden.

d) Ableitung von Verbesserungsvorschlägen für jedes unzureichend gestaltete Prinzip und Umgestaltung der Schnittstelle.
   Beispiele:
   – Informationen sollen am Bildschirm eine feste Position haben.
   – Statusinformationen sollen kontinuierlich dargeboten werden.
   – Voreinstellungen sollen an die Aufgabe angepaßt werden.

- es soll möglich sein, auf einem Formular eingegebene Daten auf ein anderes Formular zu kopieren.
- die Bearbeitungsreihenfolge soll vom Benutzer selbst gewählt werden.
- der Benutzer soll persönliche Hilfeinformationen auf dem Bildschirm bereitgestellt erhalten können.
- die Bezeichnungen sollen an die Kenntnisse der Benutzer angepaßt werden.

Zur Unterstützung der letzten Schritte hat der Autor (Roe, 1985) einen vorläufigen Katalog mit Lösungsbeispielen für die 7 Prinzipien zusammengestellt. Dieser Katalog wird ständig durch neue der Praxis und der Literatur (z. B. Smith & Mosier, 1986) entnommene Beispiele ergänzt. Für die Durchführung der Schritte 3 und 4 wird ein standardisiertes Verfahren für Schnittstellenanalyse entwickelt, das durch psychophysiologische, sowie Leistungs- und Befindensdaten validiert wird.

2. Neugestaltungsprojekte

Bei der Neugestaltung (z. B. Roe & Bastiaans, 1987) sind zwei Phasen zu unterscheiden. In der ersten Phase, Entwicklung eines Prototyps, sind die folgenden Schritte auszuführen:

a) Identifizierung von Benutzergruppen und Aufgabenanalyse zur Ermittlung von „Anwendungstypen".

b) Ableitung der Gestaltungsanforderungen und Randbedingungen für das Gesamtsystem bzw. die Schnittstelle anhand von Beobachtungen und Befragungen künftiger Benutzer. Für jeden „Anwendungstyp" soll die erforderliche Unterstützung festgelegt werden.

c) Beschreibung funktionaler Gestaltungslösungen und Gestaltungsempfehlungen unter Verwendung des Beispielkatalogs.

Die zweite Phase zielt auf eine Optimierung des Prototyps ab. Sie kann mit der bereits oben (in Abschnitt 3.1) beschriebenen Methode bearbeitet werden.

Bisher liegen zu diesem Handlungserleichterungsansatz vorwiegend positive Erfahrungen vor. Weitere Praxisanwendungen und experimentelle Erprobungen sind jedoch erforderlich, um den Wert dieses Ansatzes für technische Innovationen erfassen zu können.

Literatur

Algera, J. A. & Koopman, P. L. (1984). Automation: Design process and implementation. In P. J. D. Drenth, H. Thierry, P. J. Willems & C. J. de Wolff (Eds.), Handbook of work and organizational psychology, Volume 2 (pp. 1037–1066). Chichester: Wiley.

Allegro, J. T. (1986). Humanisering en medezeggenschap bij automatisering: een case study. In R. A. Roe (Ed.), Psychologie der arbeidsomstandigheden (pp. 98–128). Assen: Van Gorcum.

Arnold, A. G. & Boogert, A. H. (1987). The Action Facilitation Approach to the design of information systems. Experiences from a training course with systems designers. Paper presented at the Third West-European Conference on the Psychology of Work and Organization. Antwerpen: April, 13–15, 1987.

Björn-Andersen, N., Eason, K. & Robey, D. (1986). Managing computer impact. Norwood, NJ: Ablex.

Blackler, F. & Brown, C. (1985). Evaluation and the impact of information technologies on people in organizations. Human Relations, 38, 213–231.

Brandt, G., Kündig, B., Papadimitriou, Z. & Thomae, J. (1978). Computer und Arbeitsprozeß. Frankfurt: Campus.

Davidson, M. J. & Cooper, C. L. (Eds.) (1987). Women and information technology. Chichester: Wiley.

Frese, M., Ulich, E. & Dzida, W. (Eds.) (1987). Psychological issues of human-computer interaction in the work place. Amsterdam: North-Holland.

Gardiner, M. M. & Christie, B. (Eds.) (1987). Applying cognitive psychology to user-interface design. Chichester: Wiley.

Hacker, W. (1986). Arbeitspsychologie. Bern: Huber.

Heiberg, H.-W., Lutterbeck, B. & Töpel, M. (1979). Organisatorische Konsequenzen des EDV-Einsatzes – Zur Gestaltung der Informationstechnologie. In H. R. Hansen et al. (Hg.), Mensch und Computer (S. 261–274) München: Oldenbourg.

Kraus, H. (Ed.) (1983). The impacts of new technologies on information systems in public administration in the 80s. Amsterdam: North-Holland.

Mickler, O., Dittrich, E. & Neumann, U. (1976). Technik, Arbeitsorganisation und Arbeit. Frankfurt: Aspekte.

Mumford, E. (1984). Participative systems design. Journal of Occupational Psychology, 5, 131–146.

Oborne, D. J. (1985). Computers at work: a behavioral approach. Chichester: Wiley.

Roe, R. A. (1985). Acting Systems Design – an alternative approach to the design of interactive computer systems. Paper presented at the ENOP/NetWork Workshop on „Changing work structures and work meanings in the context of new technologies. Bad Homburg, April 18–20, 1985.

Roe, R. A., Arnold, A. G. & Horn, L. A. den (1985). Technological development and the public service: impact on the general public and on employees. Dublin: European Foundation for the Improvement of Living and Working Conditions.

Roe, R. A. & Bastiaans, R. H. (1987). Developing managerial support tools; experiences with the Action Facilitation Approach. Proceedings of the Second International Conference on Human-Computer Interaction. Honolulu, August 10–15, 1987.

Smith, L. S. & Mosier, J. N. (1986). Guidelines for designing user interfaces software. Bedford, Mass.: Mitre.

Sonntag, K. H. (Hg.) (1985). Neue Produktionstechniken und qualifizierte Arbeit. Köln: Wirtschaftsverlag Bachem.

Robert A. Roe,
Niederlande

91. Hochschulabgänger in der Industrie – Ein Projekt bei Olivetti

91.1 Zielsetzung und Fragestellungen des Projektes

Wenn sich Hochschulabgänger für die Industrie entscheiden, tun sie dies im wesentlichen, um ihre Kenntnisse zu erweitern und professionelle Kompetenzen zu erwerben. Sie sind nicht primär am beruflichen Aufstieg interessiert, sondern lassen sich von starken professionellen Vorbildern leiten. Die an der Universität entwickelten Erfahrungen und Erwartungen können beim Übergang von der Universität in die praktische Arbeit nicht problemlos in der neuen Situation aufrechterhalten werden. In Italien fehlen im allgemeinen Strukturen zur Zusammenarbeit zwischen Universität und Industrie.

Junge Menschen, die sich für eine Tätigkeit in großen Firmen wie Olivetti interessieren, sind sich bewußt, daß sie länger als in kleineren Firmen brauchen werden, bis sie eine anerkannte Position erreicht haben. Andererseits können sie mit größerer Sicherheit breitere Kenntnisse erwerben und mehr Forschungsmittel nutzen. In großen Firmen erscheint außerdem die Arbeitsteilung und die Arbeitssituation des einzelnen häufig weniger klar umrissen. Im Unterschied zur Universität, wo die Ausbildung und Entwicklung der Kenntnisse des einzelnen im Vordergrund stand, ist in der Industrie die Arbeitstätigkeit entscheidend und die Person wird an ihrem Beitrag für den Profit der Organisation bewertet. Die erste Berufstätigkeit ist eine Art Selbstbewertungserfahrung. Sie kann dazu genutzt werden, die eigenen Kompetenzen und Orientierungen zu überprüfen und – auch durch Konkurrenz mit anderen – Feedback durch die Umgebung zu erhalten.

Die einzelnen Hochschulabgänger kommen mit Erwartungen in die neue Struktur, die sich auf die folgenden Bereiche beziehen:
– Erwartungen über den Inhalt der Tätigkeit,

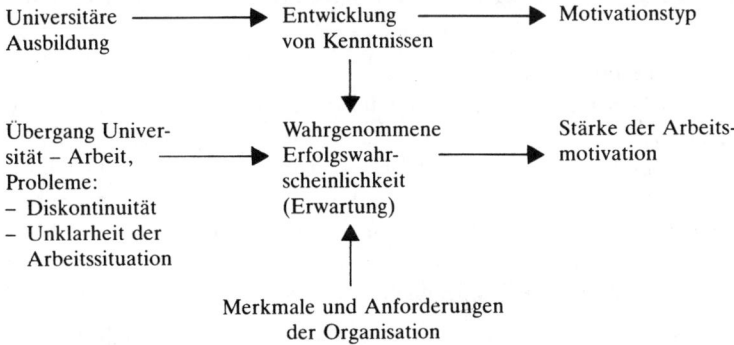

Abb. 1: Bereiche und intervenierende Variablen der Arbeitsmotivationsentwicklung.

- Erwartungen über die berufliche Entwicklung, und
- Erwartungen über den Kontext der Tätigkeit.

Wir gehen davon aus, daß die Stärke der Arbeitsmotivation einerseits von der Übereinstimmung zwischen den Erwartungen des Individuums und den Möglichkeiten abhängt, sie in der Organisation zu verwirklichen und andererseits von der Übereinstimmung zwischen den Anforderungen der Organisation und der Anpassungsfähigkeit des Individuums. Eine gute Übereinstimmung zwischen beiden Seiten zu erreichen ist daher die Grundlage für ein in sich stimmiges und motivierendes Arbeitsleben. In Abb. 1 werden die angesprochenen Bereiche schematisch wiedergegeben.

91.2 Ziele des Projektes

Ziel des gegenwärtig noch laufenden Forschungsprojektes ist es, die Arbeitsmotivation der neuen Hochschulabgänger zu ermitteln und den Grad der Übereinstimmung zwischen den Erwartungen der Individuen und der Arbeitswirklichkeit zu erfassen. Diese Informationen sollen dem Management die Möglichkeit geben, demotivierende Situationen zu korrigieren und zu verhindern.

91.3 Durchführung des Projektes

Das Projekt wird als Längsschnittuntersuchung mit zwei Phasen durchgeführt, die sich zeitlich an den Ausbildungskursen für neue Studienabgänger orientieren (nach dem ersten Monat und nach dem ersten Jahr der Anstellung).

Die erhobenen umfangreichen Daten und Inhaltsbereiche können hier nur zusammenfassend wiedergegeben werden:

a) *Personal- und Firmendaten:*

Aus den vorhandenen Personaldaten werden Alter, Geschlecht, Ausbildungsabschlüsse, soziale Schicht, regionale Herkunft usw. ausgewertet. Anhand der Firmendaten werden Zugehörigkeit zu Firmenabteilungen, Aufgaben usw. ermittelt.

b) *Einzelinterviews und Fragebögen:*

Untersucht werden Ausbildung (Gründe für die Berufswahl, Hauptinteressen, Bewertung der Vorbereitung), Übergang von der Universität zur Arbeit (Bedingungen, Gründe und Erwartungen), Einführung in die erste Arbeitstätigkeit (erste Erfahrungen mit der Arbeit im Hinblick auf Arbeitsinhalt, Rollenbeziehungen, Beziehungen mit Kollegen, Arbeitsgruppe, Vorgesetzte und andere Abteilungen sowie organisationaler Kontext) sowie Vergleiche zwischen Vorstellungen und Erwartungen vor der Arbeitstätigkeit mit der Arbeitswirklichkeit bei Olivetti.

Im Hinblick auf die motivationalen Auswirkungen werden dabei vor allem die folgenden Bereiche betrachtet:

- Motivationstyp und Anspruchsniveau (intrinsische und instrumentelle Bewertung der Arbeitstätigkeit),
- erwartete Wahrscheinlichkeit, die angestrebten Ziele zu erreichen (Vergleich der Kompetenzen der Personen mit den Anforderungen und Möglichkeiten der Organisation, Selbstvertrauen, die Anforderungen zu bewältigen).

c) Befragungen und Diskussionen mit Personalführungskräften der Firmenabteilungen.

Erhoben werden Arbeitsergebnisse, Rückzugsverhalten (Abwesenheit, Versetzungswünsche), Konfliktverhalten (Normabweichungen, Beschwerden und Widerstand) und Aufgeben (Kündigungsinterviews).

Abb. 2 gibt die Hauptvariablen und die erwarteten Beziehungen zwischen ihnen schematisch wieder.

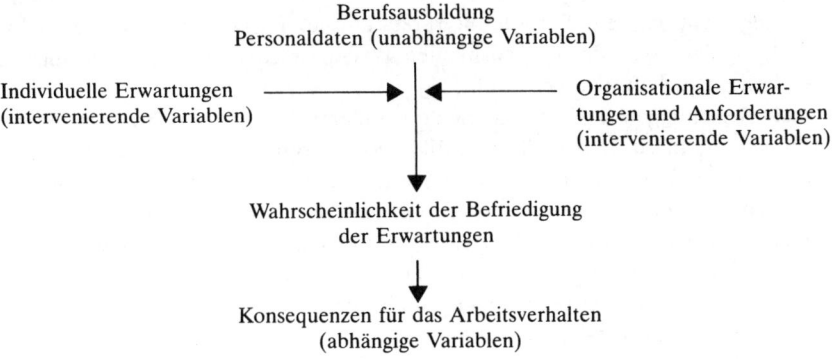

Abb. 2: Hauptvariablen des Projektes und ihre Beziehungen

91.3 Schlußfolgerungen nach den ersten Projektergebnissen

1. Die Hauptergebnisse nach dem Abschluß des ersten Teils der Untersuchung sind:
- Die neuen Hochschulabgänger haben a) ein Bedürfnis nach größerer Klarheit bei der Beschreibung ihrer Arbeitstätigkeiten und Aufgaben und sie wollen b), daß die ausgeführte Arbeit persönlich bewertet wird (durch Selbst- und Fremdbewertung).
- Die Befriedigung dieser beiden zusammenhängenden Bedürfnisse ist eine Voraussetzung dafür, realistische Erwartungen und einen umsetzbaren Plan zu entwickeln. Wenn dieser Prozeß erfolglos verläuft, kann die Person in eine Phase der Ungewißheit und sogar Angst hineingeraten.
- Ein drittes Bedürfnis ist c) der Wunsch nach persönlicher Unterstützung sowohl durch den direkten Vorgesetzten, der eine angemessene Einführung in die Tätigkeit und Abteilung sicherstellen sollte und durch andere Personen, die bei

der Einführung und Betreuung der Person die Interessen der Firma gewährleisten sollen.

2. Die Vergütung wird im Hinblick auf den Austauschwert im Vergleich zu den üblichen Sätzen auf dem Arbeitsmarkt bewertet. Zur Zeit der Anstellung wird sie als mit anderen großen Firmen vergleichbar eingeschätzt (sie bietet zwar nicht dieselben finanziellen Anreize zu Beginn, scheint aber statt dessen mehr Möglichkeiten des Berufsaufstiegs zu gewährleisten). Mehr Gehalt wird erwartet, wenn mehr know how erworben wurde und wenn die Leistungskompetenzen größer werden. Die Gehälter sollten nicht über dem üblichen Niveau auf dem externen Arbeitsmarkt für vergleichbare Kompetenzen liegen.

3. Die Untersuchten identifizieren sich im allgemeinen mit ihren Kollegen in vergleichbaren Situationen, also mit anderen Hochschulabgängern, die erst kürzlich angestellt wurden. Bei der Interpretation der Firmenwirklichkeit und Einschätzung der zukünftigen Möglichkeiten werden sie aber von den etwas länger in der Firma Beschäftigten beeinflußt.

Die Beziehungen zu Firmenmitgliedern anderer Ebenen, verschiedener Altersgruppen und mit unterschiedlichem Bildungshintergrund oder anderen Erfahrungen, sind im allgemeinen weniger eindeutig bestimmbar. Manchmal sind sie eindeutig positiv, manchmal aber auch problematisch. Dies gilt z. B. im Leistungsbereich. Hier gibt es Widerstand gegen neue Hochschulabgänger von älteren Nicht-Akademikern höherer und mittlerer Hierarchieebenen. Sie blocken nützliche Vorschläge und innovative Anregungen ab, um ihre privilegierte und einflußreiche Position aufrechterhalten zu können.

Beim Vergleich der erfolgreichen Anfänger und der Problem- und Risiko-Fälle ergeben sich so eindeutige Zusammenhänge und komplementäre Ergebnisse, daß die folgenden Schlüsse gezogen werden können:
– Zugehörigkeitsgefühle und Identifikation mit der Firma werden durch Befriedigung persönlicher Bedürfnisse und durch eine erkennbare Bedeutung der eigenen Rolle in der Firma gefördert. Wenn dies nicht möglich ist, entsteht ein Zugehörigkeitsgefühl nur zu der Gruppe mit denselben Meinungen und Wahrnehmungen. Der Sozialisationsprozeß wird dann auf dieser Ebene blockiert.
– In einer Arbeitssituation können die Einzelnen, mit den Merkmalen und Anforderungen der Organisation konfrontiert, ihre Bedürfnisse durchaus in konkrete Erwartungen übersetzen. Auch schätzen sie die Möglichkeiten, diese Erwartungen zu befriedigen, realistisch ein. Die Stärke der Arbeitsmotivation hängt von diesem Prozeß ab. D. h. die Motivationshöhe ist das Ergebnis einer Balance zwischen motivierenden und demotivierenden Faktoren. Wenn letztere stärker sind, wird die Arbeitssituation als zeitlich befristet eingeschätzt, mit möglichen Auswirkungen auf das Arbeitsverhalten und der Tendenz aufzugeben.

Nach Beendigung des ersten Teils des Projektes erhielten die Untersuchten ein schriftliches Feedback und die interessierten Firmenabteilungen bekamen einen Forschungsbericht. Im zweiten Teil des Projektes werden individuelle Interviews durchgeführt, um die Einstellungs- und Motivationsveränderungen zu überprüfen, die während der Arbeitstätigkeit wirksam waren.

Literatur

Campbell, R. D. & Pritchard, R. D. (1976). Motivation theory in industrial and organizational Psychology. In M. D. Dunnette (Ed.), Handbook of industrial and organizational psychology. Chicago: Rand McNally.
Habey, C. (1986). Graduates into industry. Shaftsbury: Power Publishing/Blackmore Press.
Reynolds, P. C. (1987). Imposing a corporate culture. Psychology Today No. 3.
Robinson, I. T. & Smith, M. (1985). Motivation and job design: Theory research and practice. Institute of Personnel Management, IPM, Camp Road, Wimbledon, London.

Nadia Bertaggia und Francesco Novara,
Italien

92. Organisationale Erneuerung bei Philips

92.1 Einleitung

Philips hatte eine Pionierfunktion bei der Suche nach Möglichkeiten zur Verbesserung der „Qualität des Arbeitslebens" (QAL, → *Die Tavistock-Untersuchungen*). Die vielfältigen historischen Beiträge des Unternehmens in diesem Gebiet reichen bis in die frühen 60er Jahre zurück. Van Beeks (1964) Bericht über die Experimente zur Gruppenentwicklung und zur Einführung von Pufferlagern am Fernseher-Montage-Fließband ist eines der ersten gut dokumentierten Fallbeispiele zur Arbeitsgestaltung (oder „Arbeitsstrukturierung" in der Terminologie von Philips, vgl. → *Arbeitsgestaltung*) in der industriellen Massenproduktion. In zwei Jahrzehnten folgten über 100 Projekte in ganz verschiedenen Anwendungsbereichen: Buchhaltung, Kantinen, Werkzeugmacher, Massen- und Kleinserienfertigung sowie Maschinenbediener (van Assen & den Hertog, 1984).

In den 25 Jahren, die seit den ersten Experimenten in der Herstellung von Fernsehgeräten verstrichen sind, hat die Organisation aus ihren praktischen und politischen Aktivitäten viel gelernt. In diesem Zeitraum haben sich gleichzeitig die Kontextbedingungen zum einen in soziokultureller Hinsicht verändert: Während das Anwerben und Festhalten von Beschäftigten in den frühen 60er Jahren ein

Grundproblem der Produktion war, werden wir jetzt mit einer relativ hohen Arbeitslosigkeit und einer sich schnell entwickelnden Technologie konfrontiert, die zunehmend höhere Anforderungen an die Arbeiter stellt. Zum anderen haben sich auch die unternehmerischen Rahmenbedingungen, insbesondere in der elektronischen Industrie geändert. Effizienz ist nicht mehr das einzige Hauptproblem. Qualität und Flexibilität sind mindestens ebenso wichtig (→ *Qualitäts-Zirkel*). Die Japaner haben der westlichen Industrie gezeigt, was diese Begriffe wirklich bedeuten.

Es überrascht nicht, daß sich die QAL-Ansätze von Philips in den 80er Jahren ziemlich von denen der 60er und 70er Jahre unterscheiden. Wenn wir uns die gegenwärtige Situation ansehen, können wir vor allem feststellen, daß Arbeitsgestaltung und QAL ihren exklusiven Charakter verloren haben. An die Stelle kleiner, exklusiver Experimente treten integrierte Gestaltungslösungen.

92.2 Die ersten Anfänge

Die 50er und 60er Jahre waren eine Zeit schnellen industriellen Wachstums in Holland. Der Verkauf von Gebrauchselektronik gehörte zu den erfolgreichsten Gebieten. Philips expandierte in dieser Zeit enorm und wurde Europas größter Elektronik-Hersteller. Auf die Produktion wurde großer Druck ausgeübt. Effizienz und Wirtschaftlichkeit waren die Schlüsselbegriffe. Die amerikanische Industrie lieferte Orientierungsbeispiele für professionelles Management und die Gestaltung von Produktionssystemen. Das Fließband mit einmütigem Arbeitstakt war das Ideal moderner Produktionsleistung. Der „Gleichlauf" des Bandes war eine wichtige „Kunst" in der Industrie.

Der Arbeitsmarkt war eng. Jeden Monat mußten die Busse weiter fahren, um die Arbeiter zur Hauptfirma von Philips nach Eindhoven zu bringen. Die Zahlen zur Arbeitsfluktuation nahmen steil zu und die Abwesenheitsrate wurde eine „Firmenkrankheit". Das Hauptproblem war, Arbeiter zu gewinnen und festzuhalten. Als Folge gab es in den Fabriken zunehmende Lieferschwierigkeiten.

Die „wissenschaftliche Betriebsführung" war die niemals hinterfragte zugrundeliegende Produktionsideologie. Aber in Teilbereichen begannen einzelne Produktionsleiter dieses System kritisch zu betrachten. Bei der Analyse der Grundprobleme und bei der Suche nach Alternativen arbeiteten sie mit Betriebspsychologen zusammen. Feldexperimente wurden begonnen.

Die ersten Experimente, in denen die Grundstruktur des Fließbandes noch aufrechterhalten wurde, zielten auf eine Verbesserung der Arbeitsumgebung ab. Das Experiment zur Fernsehgeräte-Montage, das van Beek (1964) beschreibt, ging aber einen Schritt weiter. Ein Band wurde in fünf Gruppen mit Platz für Pufferlager zwischen ihnen aufgeteilt. Die Qualitätskontrolleure, die vorher am Ende des Bandes plaziert waren, wurden in die Gruppen verteilt. Das Projekt war ein großer Erfolg und führte zur Verringerung von Systemverlusten, Verbesserung der Qualität und zu höherer Arbeitszufriedenheit.

92.3 Arbeitsstrukturierung als zentrales politisches Instrument

Diesen regionalen Initiativen folgten Veränderungen auf der zentralen politischen Ebene. Der Personaldirektor bildete eine Arbeitsgruppe zur Analyse des Problems und zur Entwicklung politischer Möglichkeiten. Der Ausschuß forderte „Arbeitsstrukturierung" mit den folgenden Zielsetzungen:
„(Eine) Organisation der Arbeit und Arbeitssituation in der Weise, daß Effizienz aufrechterhalten oder verbessert werden kann und gleichzeitig Arbeitsinhalte so gut wie möglich mit den Kapazitäten und angestrebten Zielsetzungen der einzelnen Beschäftigten im Einklang stehen."

1970 hob der Präsident von Philips die Arbeitsstrukturierung als ein zentrales Element der Unternehmenspolitik hervor. Praktisch bestand die Arbeitsstrukturierung aus den folgenden Aspekten:
- Arbeitserweiterung (horizontale Ebene),
- Arbeitsanreicherung (vertikale Ebene),
- Rotation der Arbeit,
- direktes Feedback (überwiegend auf Gruppenebene) zur Leistung und Qualität,
- kleine Herstellungsgruppen,
- Arbeitsberatung, und
- Devertikalisierung (Verkürzung der Hierarchiestufen).

Jede regionale Produktionseinheit mußte die für sie angemessenste Form der Arbeitsstrukturierung für sich selbst herausfinden.

Die Kernpolitik bestand damals darin, Informationen über die Konzepte zu verbreiten, Initiativen einzelner Manager zu stimulieren und professionelle Unterstützung für die Beratung und Forschung zu liefern. Allmählich wurden die Projekte integrierter, Einweisungen und Vorbereitung wurden verbessert und Bemühungen zur Evaluation der Projekte und zur Verbreitung der Erfahrungen wurden verstärkt. Die betriebliche Praxis wurde mehr und mehr durch theoretische Vorstellungen und Ideen beeinflußt.

Der theoretische Rahmen war eklektisch. Ideen aus verschiedenen wissenschaftlichen Schulen, wie z. B. klassische Arbeitsanreicherung (→ *Arbeitsgestaltung*), Soziotechnischer Systemansatz (→ *Historische Perspektiven*) und → *Organisationsentwicklung* wurden herangezogen.

92.4 Selbstkritik

Das Jahr 1972 markiert eine neue Phase in der Entwicklung der Arbeitsstrukturierung. Nach zehn Experimentierjahren mit mehr als 50 Projekten gab es immer mehr Hinweise darauf, daß die Arbeitsstrukturierung eine kritische Phase erreicht hatte. Der Gesamtbetriebsrat von Philips startete eine kritische Untersuchung zur Verbreitung und Qualität der Projekte. Die Studie umfaßte über 50 Fallbeispiele. Der Betriebsrat kam zu dem Ergebnis, daß die Arbeitsstrukturierung nach zehn Jahren kaum über Anfangsentwicklungen hinausgewachsen war. Evaluationsun-

tersuchungen (Ramondt, 1974; den Hertog, 1975) zeigten die gleichen Ergebnisse:
- Die Experimente blieben in ihren jeweiligen Umgebungen isoliert;
- auf Firmenebene blieben Technologie und Organisationsstruktur unberührt (dies entspricht jedoch zum Großteil den vorgegebenen Grenzen für die Tätigkeit des Arbeitsgestalters);
- Arbeitsstrukturierung wurde nicht in die praktische Routine des organisationalen Alltags integriert;
- die einbezogenen Arbeiter trugen wenig zur Ausgestaltung und Einführung der Programme bei.

Die Experimente zeigten einerseits, daß die der Arbeitsstrukturierung zugrundeliegenden Vorstellungen sinnvoll waren, daß aber ihre Einführung in der Massenproduktion in breitem Maßstab eine ganz andere Sache ist.

92.5 Überdenken der zugrundeliegenden Organisationskonzepte

Die Neubewertung der Arbeitsstrukturierung fand in einer Zeit nochmaliger Reflektion der zugrundeliegenden Organisationskonzepte in der Firma statt. Veränderte Marktanforderungen (Qualität und Flexibilität), sich schnell entwickelnde Technologie und personelle Überbesetzung auf allen Ebenen drängten die Firma zur Formulierung einer neuen Organisationspolitik: *Erneuerung der Organisation*.

Der Prozeß zielte auf eine Wiederherstellung unternehmerischer Haltungen auf möglichst allen Ebenen und so tief wie möglich in der Organisation. Gleichzeitig sollten bürokratische Hemmnisse aufgehoben und neue Möglichkeiten geschaffen werden, die QAL-Ansätze mit einer Verbesserung der Qualität der Organisation zu integrieren.

Bei diesem neuen Ansatz können drei Hauptmerkmale unterschieden werden:
- Entwicklung von produktorientierten Strukturen in der Herstellung („Fabrik in der Fabrik"),
- Umgestaltung der Organisation in strategische Geschäftseinheiten und
- Entwicklung sozialer und organisationaler Kriterien für die technologische Gestaltung.

Beispielsweise kann der Versuch, „Fabriken in der Fabrik" auf der Grundlage flexibler Produktionssysteme (FPS, → *Automatisierung und flexible Fertigungssysteme*) aufzubauen, um stärker produktorientierte Strukturen zu entwickeln, als *„bottom-up-Ansatz"* der organisationalen Erneuerung (Veränderungen „von unten nach oben") angesehen werden. Die organisationale Erneuerung bei Philips versuchte, die Herausforderungen aufzunehmen, mit denen das Unternehmen seit Ende der 70er Jahre konfrontiert worden war. In dieser Ära hatte sich der „Nachkriegs-Verkäufermarkt" mit den Herstellungsaufgaben als Antriebskraft, allmählich in einen „Käufermarkt" gewandelt, auf dem die Unternehmen wesentlich mehr durch den Markt bestimmt wurden (Turner, 1986).

Der „bottom-up-Ansatz" lieferte nur Teilantworten auf diese Herausforderungen. Notwendig waren eine weitergehende Integration von Marketing, Forschung und Entwicklung, Herstellung, Verkauf und Service. Für den einzelnen Manager in der Matrix-Struktur des Unternehmens waren die möglichen Positionen im internen politischen Netzwerk nicht sehr befriedigend. Zwangsläufig mußte der „bottom-up-Ansatz" durch „top-down-Maßnahmen" ergänzt werden. Kürzlich hat der Führungsvorstand mehrere Schritte zur Umstrukturierung des Unternehmens in im wesentlichen unabhängige Produktgruppen eingeleitet, jeweils mit eigenständiger Verantwortung für Produkte und Markt sowie die erforderlichen Ressourcen.

1980 hat Philips gemeinsam mit der Universität Nijmegen ein Projekt begonnen, um soziale Kriterien für die Gestaltung technologischer Systeme sowie Instrumente zu ihrer Erfassung zu entwickeln. Ergebnis dieses gemeinsamen Projektes ist ein Instrumentarium zur Analyse von Arbeitstätigkeiten in Kategorien der QAL mit der Bezeichnung „Sociotechnical Task Analysis" (STTA). Das Instrument wird zur Zeit häufig und unter vielfältigen Bedingungen, in- und außerhalb von Philips, angewandt (van Eijnatten, 1965) und bildet die Grundlage für die Formulierung von Regeln zur Gestaltung flexibler Produktionssysteme. Multidisziplinäre Teams von Technikern, Betriebspsychologen und Ingenieuren verwenden diese Regeln für die Entwicklung von Projekten im Technologiezentrum von Philips.

92.6 Die Rolle von Betriebspsychologen

Die Rolle von Betriebspsychologen bei der Arbeitsgestaltung hat sich im Verlauf der Jahre verändert. Zu Beginn in den 60er Jahren lag der Schwerpunkt in der Sammlung von Fakten und Diagnose: Zahlen zur Arbeitsfluktuation, Abwesenheitsrate und Arbeitszufriedenheit zeigten, daß in der Beziehung zwischen Arbeiter und seiner Tätigkeit etwas nicht stimmt. Am Ende der 60er und zu Beginn der 70er Jahre war der Psychologe bei der Gestaltung von Experimenten involviert, um zu zeigen, daß es Alternativen gibt. Bis zu Beginn der 80er Jahre war sie oder er „der Änderer" (englisch: „change agent"), mit der Aufgabe befaßt, Kräfte zu mobilisieren und Veränderungen in Fabriken und Büros zu erleichtern. Heute ist die Rolle wesentlich bescheidener, aber vielleicht professioneller und realistischer. Der Betriebspsychologe arbeitet in multidisziplinären Teams in Großprojekten; er muß sein Handwerk so gut wie alle anderen verstehen. Die Verbesserung der Qualität des Arbeitslebens ist nicht mehr sein privates Arbeitsfeld.

Literatur

Assen, A. van & Hertog, J. F. den (1984). Job design: From job rotation to organizational design. In P. J. D. Drenth, H. Thierry, P. J. Willems & C. J. de Wolff (Eds.). Handbook of work and organizational psychology. Chichester: Wiley.

Beek, H. G. van (1964). The influence of assembly-line organization on output, quality and morale. Journal of Occupational Psychology, 38 (3–4), 161–172.
Eijnatten, F. M. van (1985). STTA-Naar een nieuw werkstructureringsparadigma. Nijmegen: Ph. D.-Thesis.
Hertog, J. F. den (1975). Werkstructering. Alphen aan de Rijn: Samson.
Ramondt, J. J. (1974). Bedrijfsdemocratisering zonder arbeiders. Alphen aan de Rijn: Samson.
Turner, G. (1986). Inside Europes's giant companies: Cultural revolution at Philips. Long Range Planning, 19, (4), 12–17.

Albert van Assen und J. Friso den Hertog,
Niederlande

93. Projekt Schichtarbeit (PROSA)

93.1 Zielsetzung des Vorhabens

Das *Projekt Schichtarbeit (PROSA)* wurde im Organisationsbereich der Industriegewerkschaft Chemie-Papier-Keramik im Zeitraum zwischen März 1979 und März 1983 durchgeführt (finanziert durch das Bundesforschungsministerium, Projektträger „Humanisierung des Arbeitslebens" der Bundesrepublik Deutschland und Gewerkschaftsmitteln). Allgemeine Zielsetzung war, die Betroffenen über wissenschaftliche Erkenntnisse zur → Schichtarbeit zu informieren und sie durch Befragungen (vgl. → Umfrageforschung) und Fortbildungsveranstaltungen zu aktivieren, konkrete Verbesserungsvorschläge zu entwickeln.

Die in diesem knappen Zeitraum gesteckten Ziele wurden durch die Ergebnisse weit übertroffen. Wie im folgenden genauer dargestellt wird, konnte ein schneeballartiger Aktivierungsprozeß in Gang gesetzt werden:
- Bei der Fragebogenaktion machten 5448 Schichtarbeiter mit. Einige Belegschaften haben sich vollzählig beteiligt (auch die Nicht-Schichtarbeiter und gewerkschaftlich nicht Organisierten). Die Ergebnisse waren dadurch auch von wissenschaftlichem Interesse (s. Frese & Okonek, 1984; Fese & Semmer, 1986).
- Eine zusammenfassende, bebilderte Informationsbroschüre (Kurzfassung) wurde von den Betroffenen so sehr nachgefragt, daß sie in einer Gesamtauflage von 22 000 Exemplaren gedruckt werden mußte.
- Zahlreiche Fortbildungsveranstaltungen, Arbeitsgruppen und Diskussionsprozesse wurden in Gang gesetzt.
- Viele konkrete Gestaltungsmaßnahmen wurden auf betrieblicher Ebene eingeleitet (Walter & Wolf, 1983). Im Tarifvertrag für die chemische Industrie vom

25. 3. 1983 wurde vereinbart, eine gemeinsame Arbeitsgruppe einzusetzen, „deren Aufgabe es ist, Fragen der Schichtplangestaltung zu prüfen. In die Prüfung sollen auch die Ergebnisse des Projekts Schichtarbeit (PROSA), soweit sie sich auf die chemische Industrie beziehen, einbezogen werden."

93.2 Probleme der Humanisierung industrieller Schichtarbeit

Da für eine Industriegesellschaft industrielle Schichtarbeit aus technologischen, wirtschaftlichen und sozialen Gründen erforderlich ist, müssen Wege gefunden werden, die zur Humanisierung der Schichtarbeit führen.

Aus den vorliegenden Ergebnissen der umfangreichen Forschung für → *Belastungen und Beanspruchungen* sowie → *Streß am Arbeitsplatz,* → *Schichtarbeit* (s. auch → *Arbeitszeit*), die sich in den ausgehenden 70er Jahren zunehmend zu allgemeinen Empfehlungen über die „menschengerechte Schichtplangestaltung" verdichteten, könne – so war aus gewerkschaftlicher Sicht zu schlußfolgern – durch entsprechende Aufarbeitung und Konkretisierung ein Humanisierungsprozeß in Gang gesetzt werden. Die Schwäche der Schichtarbeitsforschung wurde darin gesehen, daß es ihr bisher nicht gelingen wollte, die Schichtarbeiter vor Ort zu erreichen. Dieser Mangel könnte durch ein gewerkschaftlich getragenes Anwendungsprojekt von vornherein ausgeschlossen werden.

93.3 Umsetzung als Kooperationsprozeß

Das Projekt Schichtarbeit war ein Anwendungs- oder „Umsetzungsprojekt". Von daher stand von Anfang an bei der Auswahl einer Stichprobe nicht der Gesichtspunkt im Vordergrund, durch Zufallsverteilung ein möglichst getreues Abbild des Organisationsbereichs der IG Chemie-Papier-Keramik zu erhalten. Die praktische Umsetzung wissenschaftlicher Erkenntnisse läßt sich nicht erzwingen, sondern erfordert Kooperationsbereitschaft. Umsetzung ist nur dort möglich, wo vor allem von der betrieblichen und gewerkschaftlichen Interessenvertretung Maßnahmen und Lösungsvorschläge für Schichtarbeitsprobleme gesucht wurden.

Eine wichtige Grundvoraussetzung für die erfolgreiche Abwicklung von PROSA war die auf weiten Strecken fruchtbare Kooperation von Wissenschaftlern und Gewerkschaftern. Eine Koordinierungsgruppe wurde aufgebaut, durch die betriebliche Erfordernisse und wissenschaftliches Expertenwissen miteinander integriert wurden, wenn auch durch den langwierigen gewerkschaftlichen Willensbildungsprozeß zusätzlicher Zeitdruck für die Projektgruppe entstand (Walter & Wolf, 1983, S. 113–115).

Für die Ingangsetzung eines Humanisierungsprozesses auf dem Gebiet der Schichtarbeitsbedingungen lagen günstige Voraussetzungen dadurch vor, daß auf Grund bestehender manteltarifvertraglicher Stufenregelungen die Wochenarbeitszeit auf die 40-Stunden-Woche reduziert werden mußte. Daneben enthielten diese

Tarifverträge Bestimmungen über die stufenweise Ausweitung von Jahresurlaub und zusätzlichen Freischichten für Schichtarbeiter. Die Diskussion um die optimale Schichtplangestaltung konnte somit auf einer realen Grundlage geführt werden.

93.4 Zentrale Instrumente der Umsetzung

1. Auftaktveranstaltungen und Ausgangserhebung
Entscheidend dafür, daß der Diskussionsprozeß um Fragen der Schichtarbeit in Gang gesetzt wurde, war die Form des Projektbeginns.

Zunächst war mit der Koordinierungsgruppe ein Gremium geschaffen worden, das die Aufgabe hatte, die notwendige Zusammenarbeit mit allen Ebenen der IG Chemie anzuregen, zu intensivieren und zu leiten. Durch einen umfangreichen Artikel in der Gewerkschaftszeitung (Auflage 500 000) wurde das Projekt im Organisationsbereich der IG Chemie bekanntgemacht. Gleichzeitig wurden in den acht IG Chemie-Bezirken insgesamt neun „Auftaktveranstaltungen" durchgeführt. Über diese Bezirke hatten 69 Betriebe mit rund 250 000 Beschäftigten ihr Interesse an dem Humanisierungsprojekt Schichtarbeit angemeldet. 250 Vertreter aus diesen Betrieben und Verwaltungsstellen haben an den Auftaktveranstaltungen teilgenommen.

Die auf diesen Veranstaltungen behandelten Problemschwerpunkte, Forderungen und Verbesserungsvorschläge bildeten eine weitere Informationsquelle für die Projektgruppe; gleichzeitig wurde dadurch der Diskussionsprozeß in der Gewerkschaft in Gang gebracht und damit zur Mitarbeit am Projekt motiviert.

Außerdem wurden in 68 Betrieben Vorerhebungen vorgenommen, um einen ersten groben Überblick über die im Zusammenhang mit Schichtarbeit relevanten Informationen zu erhalten, wie z. B. Anteil der Schichtarbeiter an der Gesamtbelegschaft, Organisationsgrad der Schichtarbeiter, Hauptbelastungen, Schichtsystem usw.

2. Fragebogenaktion und Bereitschaftserklärung
Der Umsetzungsaspekt bei der Fragebogenaktion kam hauptsächlich durch die besondere Art der Fragebogenverteilung zum Tragen (Walter & Wolf, 1983, S. 118).

Die schriftliche Befragung wurde bei 5448 Schichtarbeitern und Nichtschichtarbeitern in 24 Betrieben durchgeführt. Die Betriebe gehörten zu verschiedenen Branchen des Organisationsbereichs, die überwiegende Anzahl kam aus der Chemie, aber auch aus den Bereichen Kautschuk, Kunststoff, Papier, Glas und Keramik. Das Interesse an der Befragungsaktion war so groß, daß die Fragebögen teilweise in den Betrieben kopiert wurden und einzelne Betriebe Vollzählung mitmachten (Frese & Okonek, 1984; Frese & Semmer, 1986). Der Fragebogen wurde in Anlehnung an Untersuchungsinstrumente aus dem → *Projekt „Psychischer Streß am Arbeitsplatz"* entwickelt und umfaßte ca. 100 Einzelfragen zu den folgenden Problembereichen:

- Arbeitszeit und Schichtsystem
- Belastungen am Arbeitsplatz
- Auswirkungen auf Gesundheit und Freizeit
- Möglichkeiten der Teilnahme an der betrieblichen und gewerkschaftlichen Interessenvertretung.

3. Gruppengespräche
Eine mündliche Befragung wurde in 16 Betrieben in Form von Gruppengesprächen durchgeführt. An den 31 Gruppengesprächen, die jeweils 2½ Stunden dauerten, nahmen 312 Kollegen teil und diskutierten über drei zentrale Bereiche:
- Hauptbelastungen durch Schichtarbeit und andere Arbeitsbedingungen
- Maßnahmen zur Verbesserung von Schichtarbeitsbedingungen
- Möglichkeiten zur Umsetzung dieser Maßnahmen.

Außer dem Einsatz von Gruppengesprächen als Instrument der Problemanalyse ging es bei diesen Maßnahmen um die Prüfung von Modellen einer schichtarbeitsadäquaten Betreuung im Rahmen organisierter Interessenvertretung (Walter & Wolf, 1983, S. 119).

4. Problemanalyse und Rückkoppelung von Ergebnissen an Betroffene
Verfügbare Erkenntnisse der allgemeinen Forschung über → *Schichtarbeit,* → *Belastungen und Beanspruchungen* sowie → *Streß am Arbeitsplatz* wurden zusammen mit den Ergebnissen der schriftlichen Befragung und den Gruppengesprächen ausgewertet und für die projektbezogene Informations-, Diskussions- und Bildungsarbeit besonders aufgearbeitet und zur Verfügung gestellt (Walter & Wolf, 1983, S. 122).

In allen Betrieben, die an der Befragung teilgenommen haben, wurden die Ergebnisse an die Belegschaft ausführlich schriftlich und mündlich rückgekoppelt, z. T. in mehrtägigen Seminaren. Dies war ein zentraler Punkt des Projekts, der eine breite Diskussion über Ergebnisse und daraus zu entwickelnde Konsequenzen initiieren sollte und auch wirklich ausgelöst hat. Dieser breite Diskussionsprozeß wurde durch verständliche und anschauliche Berichte und Materialien unterstützt.

Das PROSA-Gesamtergebnis der Problemanalyse – die sogenannte Langfassung – wurde in 5000 Exemplaren den Betroffenen und Beteiligten zugänglich gemacht, die bebilderte PROSA-Kurzfassung wurde in bisher 22 000 Exemplaren aktiv von den Betroffenen angefordert. Diese Informationsbroschüre liefert ein Beispiel dafür, wie sich wissenschaftliche Erkenntnisse und Befragungsergebnisse für die Betroffenen anschaulich und anregend vermitteln lassen.

Von allen 24 Betrieben, die bei der schriftlichen Befragung beteiligt waren, wurden Betriebsergebnisse nach dem gleichen Schema wie die Kurzfassung erstellt. So konnten alle Interessierten einen Vergleich anstellen zwischen Gesamtergebnis und Betriebsergebnis und daraus die entsprechenden Konsequenzen ziehen.

Mit Hilfe eines Foliensatzes, der die entsprechenden Karikaturen und Tabellen aus den Kurzfassungen enthielt, wurden die Ergebnisse bei Versammlungen visualisiert.

5. Diskussion von Maßnahmeschwerpunkten

Die PROSA-Ergebnisse wurden in vielen Betrieben Grundlage für konkrete Maßnahmediskussionen und für erste Schritte zur Humanisierung von Schichtarbeitsplätzen. Den erarbeiteten Materialien und den entwickelten Seminarformen ist in diesem Umsetzungsprozeß eine wesentliche unterstützende Funktion beizumessen.

Insbesondere zu folgenden Maßnahmeschwerpunkten wurden „Ergebnis-Broschüren" erarbeitet und jeweils in einer Auflagenhöhe von bis zu 5000 Exemplaren eingesetzt:
- Schichtarbeit und Betriebsverfassung,
- Argumente zur Schichtarbeit,
- Praxisbericht PROSA,
- Schichtarbeit und Gesundheit,
- Schichtarbeit und Unterbesetzung,
- Schichtplangestaltung,
- Ausstieg aus der Schichtarbeit und
- Arbeitszeitverkürzung für Schichtarbeiter.

Im Zuge der Rückkoppelung und Maßnahmendiskussionen, die sich sehr lange hinzogen, baten viele Betriebe und Vertrauensleute um eine intensivere Beratung im Hinblick auf bestimmte Schichtprobleme, z. B. Schichtplangestaltung etc.

6. Multiplikatoren

Verständliche Materialien allein reichen jedoch für eine Umsetzung der Inhalte noch nicht aus. Es muß ein Kreis von Betroffenen vorhanden sein bzw. aufgebaut werden, der mit den Materialien arbeitet und die Inhalte weiterverbreitet (Multiplikatoren). Es muß Zielgruppen geben, die Materialien anfordern und benutzen (Walter & Wolf, 1983, S. 124).

Im Projekt wurde versucht, die Ausbildung von Multiplikatoren und die Erstellung von Materialien aufeinander abzustimmen. Besondere Bedeutung wurde in diesem Zusammenhang einem vor allem für die Nutzung durch Multiplikatoren entwickelten Foliensatz gewidmet.

Diese Arbeitshilfe ermöglicht es z. B., Folien für Referate zu bestimmten Problembereichen variabel zusammenzustellen. Zu jeder Folie werden Zusatzinformationen für den Referenten sowie weitere Literaturhinweise gegeben.

Der Foliensatz war ein hervorragendes Hilfsmittel für alle, die zum Thema Schichtarbeit Versammlungen, Tages-, Wochenend- und Wochenseminare zu gestalten haben.

93.5 Einschätzung von Projektergebnissen

PROSA hat in der Organisation der IG Chemie-Papier-Keramik eine intensive Diskussion über Schichtarbeitsbedingungen in Gang gesetzt. Schwerpunkt dieser Diskussion sind jene Betriebe, in denen eine Befragung und Rückkoppelung der Ergebnisse stattgefunden hat. Bei diesem Diskussionsprozeß ging es nicht mehr „nur" um Schichtarbeit, sondern auch um die speziellen Rahmenbedingungen, wie z. B. Mehrfachbelastung. Hier zeigte sich die aktuelle Bedeutung von Problemen der → *Belastungen und Beanspruchungen* sowie → *Streß am Arbeitsplatz*, bis hin zu Themen wie Arbeitszeiten und Freizeit (→ *Arbeitszeit*) für die Beschäftigten. Besonders die Frage der Unterbesetzung wurde ein wichtiger Schwerpunkt der Diskussion, wobei gerade dieser Bereich auf den härtesten Widerstand der Arbeitgeber trifft. Es zeigte sich insgesamt eine deutlich stärkere Gewichtung von Maßnahmen zum Belastungsabbau. Die „Zulagenstrategie" wird praktisch kaum mehr vertreten.

Die gewerkschaftliche Betreuung von Schichtarbeitern konnte in der Laufzeit des Projekts erheblich verbessert werden. Einige Beispiele dafür, wie z. B. Schichtversammlungen, Schichtarbeitskreise, Bildungsveranstaltungen für Schichtarbeiter, wurden im Endbericht ausführlich dokumentiert.

Die gewerkschaftliche Erfahrung hat sich bestätigt, daß sich bei den Betroffenen Expertenwissen angesammelt hat, das für die Lösung von Problemen und besonders für die Durchsetzung von Maßnahmen unentbehrlich ist. Wenn Forschungsergebnisse, Ursachen und Auswirkungen von Arbeitsbedingungen und Verbesserungsmöglichkeiten in verständlicher Sprache dargestellt und erläutert werden, beteiligen sich Arbeitnehmer qualifiziert und aktiv an der Gestaltung ihrer Arbeitsbedingungen und entwickeln ihre Kompetenzen zur Beurteilung und Kritik von Expertenvorschlägen im Lichte ihrer Interessen sowie zur Integration, Verbesserung und praktischen Umsetzung von Gestaltungslösungen.

Literatur

Industriegewerkschaft Chemie-Papier-Keramik (Hg.) (1981). PROSA. Projekt Schichtarbeit, Gesamtergebnis der Problemanalyse – Langfassung. Hannover, CPK (Eigenverlag).
Industriegewerkschaft Chemie-Papier-Keramik (Hg.) (1985). Schichtarbeit. Umsetzung arbeitswissenschaftlicher Erkenntnisse für Schichtarbeiter und Interessenvertreter. Frankfurt/New York: Campus.
Walter, J. & Wolf, P. E. (1983). Präventive Intervention – am Beispiel industrieller Schichtarbeit. Psychosozial, (No. 20), 113–115.
Frese, M. & Okonek, K. (1984). Reasons to leave shiftwork and physiological and psychosomatic complaints of former shift-workers. Journal of Applied Psychology, 69, 509–514.
Frese, M. & Semmer, N. (1986). Shiftwork and psychosomatic complaints: a comparison between workers in different shiftwork schedules, non-shiftworkers, and former shiftworkers. Ergonomics, 29, 99–114.

Ernst Wolf,
Bundesrepublik Deutschland

94. Projekt „Psychischer Streß am Arbeitsplatz"

Gegenstand des Projektes „Psychischer Streß am Arbeitsplatz" war der Zusammenhang zwischen Arbeitsplatzbedingungen und psychischer und sozialer Gesundheit der Beschäftigten. Ein Hauptanliegen des Projektes war es, ein Instrumentarium zur Erfassung von Streß am Arbeitsplatz zu verschiedenen Indikatoren psychosozialer Gesundheit zu entwickeln (Greif, Semmer & Bamberg, 1989).

94.1 Theoretische Grundlagen

Grundlegend für das Projekt ist ein kognitives Streßmodell (→ *Streß;* Lazarus & Launier, 1981), verbunden mit Annahmen der Theorie der → *Kontrolle,* übertragen auf den Arbeitsbereich (Frese, 1977; Frese & Greif, 1978) sowie Annahmen der von Hacker (1986) und Volpert (1987) entwickelten Handlungsregulationstheorie (Greif, 1983; Semmer, 1984; Dunckel, 1985). Zu den Kernannahmen gehört, daß objektive Bedingungen psychische Prozesse und damit wesentlich das Handeln bestimmen. Dies ermöglicht es, personunabhängige oder „objektivierbare" Merkmale der Arbeitstätigkeit oder Arbeitsumgebung zu erheben.

94.2 Empirisches Vorgehen

Das Projekt ist durch mehrere Untersuchungsphasen gekennzeichnet (Greif et al., 1983). Zur Item- und Hypothesengenerierung wurden qualitative und quantitative Voruntersuchungen in elektro- und metallverarbeitenden Betrieben durchgeführt. Zum Einsatz kamen offene und standardisierte Einzelinterviews, Tagesablaufinterviews, Gruppendiskussionen und Arbeitsplatzbeobachtungen. Den Abschluß bildeten zwei Hauptuntersuchungen zur Ermittlung von Gütekriterien und der Überprüfung erster Zusammenhangshypothesen. Diese wurden in unterschiedlichen Bereichen der metallverarbeitenden Industrie durchgeführt. Im Rahmen von Längsschnittbetrachtungen wurde ein Teil der Stichprobe mehrfach untersucht (vgl. Greif et al., 1983; Frese, 1986; Zapf, 1986). Insgesamt wurden über 1000 deutsche männliche Arbeitnehmer ohne Vorgesetztenfunktion befragt und zum Teil beobachtet. In einer abschließenden Phase wurden die Ergebnisse allen Beteiligten in einem Praktikerbericht zur Verfügung gestellt (Rummel et al., 1983).

1. Unabhängige Variablen: Tätigkeitsanalyse
Unter dem Gesichtspunkt der Regulation zielgerichteten Handelns (Hacker, 1986) lassen sich drei Bezugsebenen für die Dimensionen der Tätigkeitsanalyse unterscheiden (Greif et al., 1983; Semmer, 1984):

a) An die spezifische Tätigkeit gebundene Stressoren:
 – zu hoher Regulationsaufwand pro Zeiteinheit (Konzentration und Zeitdruck)
 – Regulationsunsicherheit: Unklarheit über die geforderten Operationen, Zweifel an deren Wirksamkeit (Unsicherheit und Verantwortung, Unfallgefahr);

- Handlungsunterbrechungen, die zu zusätzlichem Aufwand führen (Arbeitsorganisatorische Probleme);
- Regulationsanforderungen, die die Kapazität der Person übersteigen.

b) Handlungserschwerende Begleitumstände (einseitige körperliche Belastungen und Umgebungsbelastungen);

c) Bedingungen, die die Befriedigung übergreifender Motive erschweren;
- unzureichende Arbeitsinhalte (Arbeitskomplexität, Variabilität und Handlungsspielraum);
- Soziale Beziehungen und Kontaktmöglichkeiten (Kommunikation. Kooperationserfordernisse, Soziale Stressoren).

Zur Erfassung der Tätigkeitsdimensionen wurde ein bedingungsbezogenes Untersuchungsinstrumentarium (vgl. Oesterreich & Volpert, 1987) mit Befragungs- und Beobachtungsmethoden entwickelt. Es wurden Items aufgrund klassischer Testkonstruktionsverfahren zu Skalen zusammengefaßt und von trainierten Beobachtern durch Arbeitsplatzbeobachtungen (→ Beobachtungsmethoden) eingestuft. Gleichzeitig wurden die Items den Arbeitsplatzinhabern in Fragebogenform vorgelegt. Da mehrere Arbeitende des gleichen Arbeitsplatzes befragt wurden, konnten zusätzlich sogenannte Gruppenwerte gebildet werden (Median). Diese Gruppenwerte entsprechen den mittleren Einschätzungen der Arbeitsplätze durch die jeweiligen Arbeitsplatzinhaber. Damit stehen für jeden Arbeitsplatz drei Messungen zur Verfügung: Fragebogen-, Gruppen- und Beobachtungswerte.

2. Intervenierende Variablen
Die Wirkungsweise von Stressoren ist durch ein Reiz-Reaktionsmodell nur vereinfacht dargestellt. Es sind vielmehr eine Reihe vermittelnder Bedingungen (Moderatorvariablen) dafür maßgebend, welche Reaktionen auf Stressoren erfolgen. Solche vermittelnden Bedingungen sind zum einen der Handlungsspielraum bei der Tätigkeit (Semmer, 1984), soziale Unterstützung, z.B. durch Vorgesetzte oder Kollegen, *Kontrollüberzeugungen* (Frese, 1977, 1989; Frese & Greif, 1978) sowie (in Anlehnung an Lazarus & Launier, 1981) verschiedene Bewältigungsstrategien (vgl. Frese, 1986).

3. Abhängige Variablen
Um langfristige Streßauswirkungen differenziert erfassen zu können, wurden zu folgenden Bereichen Skalen entwickelt:
- Im Bereich psychischer und körperlicher Befindensbeeinträchtigungen bestand die Notwendigkeit, verschiedene Konstrukte sowohl theoretisch als auch empirisch gegeneinander abzugrenzen. Mohr (1986) entwickelte in diesem Bereich eine Liste ärztlich diagnostizierter Krankheiten sowie Skalen zu Psychosomatischen Beschwerden, Angst, Depressivität, Gereiztheit/Belastetheit und Einschränkung des Selbstwertgefühls. Zudem wurden Indikatoren des Wohlbefindens wie Positiver Affekt, Lebens- und → *Arbeitszufriedenheit* erhoben.

– Als weiterer Bereich wurden verschiedene Aspekte der → Freizeit erhoben, wie Freizeitverhalten, Freizeitstreß, Partnerschaftsverhalten u. a. (Greif u. a., 1983, Bamberg, 1986).

94.3 Ergebnisse

a) In allen Bereichen konnten zufriedenstellende Skalen und Indices entwickelt werden, die den Kriterien klassischer Testkonstruktion genügen. Für einen Großteil der Skalen liegen Validierungsuntersuchungen vor (Greif et al., 1983; Zapf et al., 1983; Semmer, 1984; Mohr, 1986; Bamberg, 1986; Frese, 1986).

b) Für die einzelnen Tätigkeitsdimensionen konnten weitgehend parallele Instrumente in Fragebogen- und Beobachtungsform entwickelt werden (Greif et al., 1983, Semmer, 1984). Zusammenfassende Analysen von Fragebogen-, Beobachtungs- und Gruppenwerten erlauben differenzierte Aussagen über konvergente und diskriminante Validität. Interessanterweise erweisen sich Gruppenwerte als sehr gute Indikatoren für die Erfassung von Arbeitsmerkmalen (Zapf, 1989).

c) Es zeigen sich die erwarteten Zusammenhänge zwischen Arbeitsstressoren wie z. B. Zeitdruck, Unsicherheit und Befindensmerkmalen wie Psychosomatischen Beschwerden oder Gereiztheit/Belastetheit. Dies gilt sowohl für Analysen mit Fragebogen, Gruppen- als auch mit Beobachtungswerten (Semmer, 1984; Greif et al., 1983; Mohr, 1986). Zu der Kausalhypothese, daß Arbeitsbedingungen die Gesundheit beeinträchtigen, sind eine Reihe von Alternativhypothesen denkbar (entgegengesetzte Kausalhypothese oder Drittvariablen). Durch die kombinierte Auswertung der verschiedenen Arbeitsanalysedaten, sowie der Quer- und Längsschnitte können jedoch die meisten dieser Alternativhypothesen widerlegt werden (Frese, 1985).

d) Für den Bereich Arbeit und Freizeit zeigte sich, daß unterschiedliche Modelle wie das Generalisationsmodell oder das Kompensationsmodell ihre spezifischen Geltungsbereiche haben. Arbeit wirkt sich nicht generell auf Freizeitverhalten aus, sondern beeinflußt ganz bestimmtes Verhalten, wie z. B. spezifische soziale Aktivitäten (Bamberg 1986).

e) Es konnten eine Reihe von Moderatoreffekten nachgewiesen werden: für Handlungsspielraum (Semmer, 1984; Greif et al., 1983), Soziale Unterstützung, Kontrollüberzeugungen (Frese, 1986) und Bewältigungsmöglichkeiten (ebd.).

f) Im Rahmen der Analyse von Mehrfachbelastungen am Arbeitsplatz wurden von Dunckel (1985) clusteranalytische Verfahren angewendet. Es ergaben sich sechs an zwei Teilstichproben replizierbare typische Belastungskombinationen, die sich auf den Dimensionen Handlungsspielraum, Regulationsanforderungen und Stressoren, die die Handlungsregulation behindern, einordnen lassen. Die Belastungskombinationen unterscheiden sich in aktuarischen Analysen hinsichtlich ihrer psychosozialen Auswirkungen. Aufgrund streßtheoretischer Überlegungen lassen sich diese Ergebnisse sinnvoll interpretieren.

Literatur

Bamberg, E. (1986). Arbeit und Freizeit. Eine empirische Untersuchung zum Zusammenhang zwischen Streß am Arbeitsplatz, Freizeit und Familie. Weinheim: Beltz.
Dunckel, H. (1985). Mehrfachbelastungen am Arbeitsplatz und psychosoziale Gesundheit. Psychologische Überlegungen und aktuarische Analysen. Frankfurt: P. Lang.
Frese, M. (1977). Psychische Störungen bei Arbeitern. Salzburg: O. Müller.
Frese, M. (1985). Stress at work and psychosomatic complaints: a causal interpretation. Journal of Applied Psychology, 7, 314–328.
Frese, M. (1986b). Coping as a moderator and mediator between stress at work and psychosomatic complaints. In M. H. Appley & R. Trumbull (Eds.), Dynamics of stress (pp. 183–206). New York: Plenum Press.
Frese, M. (1989). Theoretical Models of Control and Health. In S. L. Sauter, J. J. Hurrell & C. L. Cooper (Hrsg.), Job Control and Worker Health. New York: Wiley.
Frese, M. (u. Mitarb. v. D. Zapf) (1986a). Abschlußbericht des Forschungsprojekts „Soziale Unterstützung, Kontrollüberzeugungen, Coping und Abwehr als intervenierende Variablen des Zusammenhangs von Streß am Arbeitsplatz mit psychischen und psychosomatischen Beschwerden". Unveröff. Bericht: Ludwig-Maximilians-Universität München.
Frese, M. & Greif, S. (1978). Humanisierung der Arbeit und Streßkontrolle. In M. Frese, S. Greif & N. Semmer, Industrielle Psychopathologie (S. 216–231). Bern: Huber.
Greif, S. (1983). Arbeit und Gesundheit. Ein Bericht über Forschungen zur Belastung am Arbeitsplatz. Zeitschrift für Sozialisationsforschung und Erziehungssoziologie, 3, 41–58.
Greif, S., Bamberg, E., Dunckel, H., Frese, M., Mohr, G., Rückert, D., Rummel, M., Semmer, N., Zapf, D. et al. (1983). Abschlußbericht des Forschungsprojektes „Psychischer Streß am Arbeitsplatz – hemmende und fördernde Bedingungen für humanere Arbeitsplätze. Unveröff. Bericht: Universität Osnabrück.
Greif, S., Semmer, N., Bamberg, E. (1989). Psychischer Streß am Arbeitsplatz. Göttingen: Hogrefe.
Hacker, W. (1986). Arbeitspsychologie. Bern: Huber.
Lazarus, R. S. & Launier, R. (1981). Streßbezogene Transaktionen zwischen Person und Umwelt. In J. R. Nitsch (Hg.), Streß. Theorien, Untersuchungen, Maßnahmen (S. 213–259). Bern: Huber.
Mohr, G. (1986). Die Erfassung psychologischer Befindensbeeinträchtigungen bei Arbeitern. Frankfurt: P. Lang.
Oesterreich, R. & Volpert, W. (1987). Handlungstheoretisch orientierte Arbeitsanalyse. In U. Kleinbeck & J. Rutenfranz (Hg.): Arbeitspsychologie (S. 43–73). Göttingen: Hogrefe.
Rummel, M., Bamberg, E., Dunckel, H., Frese, M., Greif, S., Mohr, G., Rückert, D., Semmer, N. & Zapf, D. (1983). Neues zum Thema „Psychischer Streß am Arbeitsplatz". Ein Untersuchungsbericht für die Beteiligten. Vervielf. Manusk. Universität Osnabrück.
Semmer, N. (1984). Streßbezogene Tätigkeitsanalyse. Weinheim: Beltz.
Volpert, W. (1987). Psychische Regulation von Arbeitstätigkeiten. In U. Kleinbeck & J. Rutenfranz (Hg.), Arbeitspsychologie. (S. 1–42). Göttingen: Hogrefe.
Zapf, D. (1986). Beschreibung der Veränderung von Skalen und Stichprobenmerkmalen. In: M. Frese (1986a).
Zapf, D. (1989). Selbst- und Fremdbeobachtung in der psychologischen Arbeitsanalyse. Methodische Probleme bei der Erfassung von Streß am Arbeitsplatz. Göttingen: Hogrefe.
Zapf, D., Bamberg, E., Dunckel, H., Frese, M., Greif, S., Mohr, G., Rückert, D. & Semmer, N. (1983). Dokumentation der Skalen des Forschungsprojekts „Psychischer Streß am Arbeitsplatz – hemmende und fördernde Bedingungen für humane Arbeitsplätze. Vervielf. Manusk.: Universität Osnabrück.

Dieter Zapf,
Bundesrepublik Deutschland

95. Schwedische Untersuchungen zur psychischen Gesundheit von Arbeitern

In Schweden werden große Anstrengungen unternommen, um *objektives* Wissen über Kurzzeit- wie auch Langzeiteffekte von hochrationalisierter Produktionsarbeit auf die Gesundheit und das allgemeine Wohlbefinden von Arbeitern zu gewinnen. Eine Forschungsrichtung konzentriert sich auf Gesundheit und Wohlbefinden, eine andere greift die Aktivität als ihr zentrales Konzept auf. Die zuletzt genannte Forschungsrichtung untersucht, ob die Wahrnehmung von Monotonie, Machtlosigkeit und → *Streß* zu einer Abnahme des Aktivitätsniveaus bei Personen führt und dadurch Einstellungen nicht nur zur Arbeit, sondern auch zu → *Freizeit und Familie* sowie Teilnahme am sozialen Leben beeinflußt (Gardell, 1987). Diese beiden Forschungsrichtungen werden in den folgenden Abschnitten an Beispielen dargestellt.

95.1 Streß, Gesundheit und Wohlbefinden

In der Streßforschung richtet sich die Aufmerksamkeit auf vier Typen von psychosozialen Arbeitsbedingungen, die eine besondere Bedeutung für die Entstehung und den Verlauf von Streßreaktionen haben dürften (Gardell, 1978; Levi, Frankenhaeuser & Gardell, 1987).

Bedingungen, die durch Über- bzw. Unterforderung gekennzeichnet sind, verlangen vom Organismus in hohem Maße, sich an die Umweltbedingungen anzupassen. In der Forschung wurden qualitative Unterforderung und quantitative Überforderung als die kritischsten Faktoren für die Erzeugung von Streß identifiziert.

Der dritte Typ betrifft die Möglichkeit des Individuums, Kontrolle an seinem Arbeitsplatz auszuüben, besonders auf Arbeitsplanung, -tempo und -methoden (→ *Kontrolle und Tätigkeitsspielraum*).

Ein vierter Aspekt ist der Mangel an → *sozialer Unterstützung,* d. h. inadäquate, soziale Netze zu Hause und am Arbeitsplatz.

In den folgenden Abschnitten werden einige Untersuchungen vorgestellt, die die Beziehung zwischen strukturellen Arbeitsmerkmalen (insbesondere Kontrolle) und Gesundheit fokussieren. Ihnen liegt die Annahme zugrunde, daß ein Mangel an Kontrolle weitreichende Konsequenzen auf die psychische und physische Verfassung der Menschen haben kann.

95.2 Kontrolle und Streß bei industriellen und Verwaltungstätigkeiten

Die erste Untersuchung (Johansson, Aronsson & Lindström, 1978) vergleicht zwei Gruppen von Sägewerkarbeitern. Diese beiden Gruppen unterscheiden sich systematisch durch Arbeitsplatzmerkmale, die die Kontrolle über ihre eigene Arbeitssituation betreffen. Eine Gruppe besteht aus Arbeitern mit einer körperlich schweren Arbeit, maschinell vorgegebenem Arbeitstempo und einer hohen Anforderung an ununterbrochener Aufmerksamkeit (Risikogruppe). Diese Gruppe ist damit in hohem Maße für den Produktionsprozeß und damit zugleich für die Höhe ihres Einkommens und das ihrer Arbeitskollegen verantwortlich. Die andere Gruppe besteht hauptsächlich aus Arbeitern mit Wartungstätigkeiten, die ihre Arbeit unter flexibleren und weniger monotonen Bedingungen durchführen (Kontrollgruppe).

Es ergeben sich klare Unterschiede in der Adrenalinausscheidung (→ *Biologische und physiologische Grundlagen*) zwischen diesen beiden Gruppen während bestimmter Tagesperioden. Die Kontrollgruppe erreicht das Höchstniveau am Morgen (150% der Baseline), das dann langsam bis zum Ende der Arbeitsschicht abnimmt. Die Risikogruppe beginnt auf einem Niveau, das doppelt so hoch wie das der Baseline ist; nach einer vorübergehenden Abnahme steigt die Adrenalinausschüttung kontinuierlich bis zu ihrem Maximum (ca. 225%) am Ende des Tages.

Der Zeitverlauf der Adrenalinausschüttung über den gesamten Tag hinweg reflektiert vermutlich den Grad an Kontrolle, den die Risikogruppe über die Arbeitssituation hatte. Die recht häufig auftretenden Unterbrechungen haben große Auswirkungen auf Produktivität und Einkommensschwankungen. Daher verfolgen die Arbeiter der Risikogruppe die Strategie, am frühen Morgen hart zu arbeiten, um so irgendwelche Unterbrechungen im Laufe des Tages kompensieren zu können. Damit reduzieren sie ihre Unsicherheit und vergrößern das Gefühl der Kontrolle über die Situation. Die ausgeprägte Zunahme des Adrenalinspiegels gegen Ende des Tages kann als ein Versuch interpretiert werden, der aufkommenden Ermüdung entgegenzuwirken. Demzufolge verläßt die Risikogruppe den Arbeitsplatz in einem Zustand hoher Aktivierung.

Die Arbeit im Sägewerk ist ein Beispiel für eine Arbeitsorganisation entsprechend tayloristischen Arbeitsprinzipien (→ *Historische Perspektiven*). Zwar lösen die technische Entwicklung und neue Organisationsformen diese Arbeitsform ab, jedoch sind – weltweit gesehen – die tayloristischen Organisationsprinzipien noch lange nicht überholt. Darüber hinaus hat die Einführung von Computern in den Verwaltungsbereich dazu beigetragen, tayloristische Arbeitsprinzipien vom Betrieb ins Büro zu bringen, wie in der zweiten Untersuchung gezeigt wird.

Die zweite Untersuchung konzentriert sich auf Streßreaktionen und veränderte Arbeitsbedingungen bei rechnergestützten Verwaltungstätigkeiten (→ *Mensch-Computer-Interaktion*): Sie wurde bei einer Versicherungsgesellschaft, an Bildschirmarbeitsplätzen, die mit einem Zentralrechner verbunden sind, durchgeführt. Die Gruppe, insgesamt 21 Frauen, bestand aus zwei Untersuchungsgruppen – die eine mit extensiven Dateneingabetätigkeiten und die andere mit keinen oder nur mit wenigen Bildschirmtätigkeiten. Auch in dieser Untersuchung scheint die ‚Adrenalinkurve' mit potentiellen oder realen Unterbrechungen der Technik zusammenzuhängen. Gewöhnlich traten ungeplante Unterbrechungen auf, die von wenigen Minuten bis zu mehreren Stunden reichten. Die Mehrheit der Beschäftigten mit Bildschirm hatte keine Sekundärtätigkeit, die sie während dieser Unterbrechungen ausführen konnten. Ihre eigene Arbeit blieb dann unerledigt und häufte sich manchmal sogar bis zum nächsten Tag. Deshalb verfolgen die Mitglieder dieser Gruppe die gleiche Strategie wie die Arbeiter in dem Sägewerk: sie arbeiteten morgens sehr viel, um Unterbrechungen im Verlaufe des späteren Tages kompensieren zu können. Diese Arbeitsstrategie spiegelt sich in der Form der Adrenalinkurve der Beschäftigten mit Bildschirmtätigkeit wider. Sie beginnen am Morgen auf einem ziemlich hohen Niveau, und im Laufe des Tages fällt dann die Kurve.

Aus diesen Untersuchungen kann allgemein gefolgert werden, daß unvorhersehbare Pannen – im industriellen Bereich wie in der rechnergestützten Büroarbeit – zu einer Erhöhung der erlebten Unkontrollierbarkeit der Arbeitssituation führen, selbst wenn Unterbrechungen nicht vorkommen. Solche Arbeitsbedingungen scheinen eine spezielle Arbeitsstrategie hervorzurufen – das Arbeitstempo wird früh am Tage forciert, um gegen irgendwelche späteren Pannen geschützt zu sein. Der Adrenalinverlauf über den Arbeitstag zeigt, wie die Angestellten ihre Anstrengungen einteilen, um Unsicherheit zu verringern und ihr Gefühl von Kontrolle sowie die wirkliche Kontrolle über die Situation zu steigern.

95.3 Arbeitsanforderungen und Kontrollressourcen bei Busfahrern im Nahverkehr

Die oben erwähnten Untersuchungen zeigen nachdrücklich die Konsequenzen von Unvorhersehbarkeit und Mangel an Kontrolle in der Arbeitssituation auf. Eine dritte Studie, bei Busfahrern im Nahverkehr (Gardell, Aronsson & Barklöf, 1981), basiert auf einem von Karasek (1979) vorgeschlagenen Modell. Dieses Modell wurde später von ihm in Zusammenarbeit mit anderen (Karasek, Russell & Theorell, 1982) weiterentwickelt und fand Unterstützung in Analysen von repräsentativen Stichproben an Arbeiterpopulationen in den USA und Skandinavien (z. B. Alfredsson, Karasek & Theorell, 1982; Johnson, 1986). Das Modell kombiniert zwei Aspekte: Arbeitsanforderungen und Ressourcen zur Kontrolle der Arbeitsanforderungen. Gemäß diesem Modell determiniert – neben einigen anderen Faktoren – besonders das Zusammenspiel dieser beiden Aspekte die resultierende Beanspruchung und physiologische wie psychosomatische Reaktionen. Die Gruppe mit hohen Arbeitsanforderungen und geringen Kontrollressourcen mußte demnach am stärksten hinsichtlich der mentalen und körperlichen Gesundheit gefährdet sein, während das Gegenteil auf die Gruppe mit vielen Hilfsressourcen und geringen Arbeitsanforderungen zutrifft.

Eine Untersuchung an (N=1442) Busfahrern illustriert, wie die Gesundheit durch das Gleichgewicht von Arbeitsanforderungen und Kontrollressourcen beeinflußt werden kann.

Die Arbeitsanforderung wurde gemessen an drei Arten von Stressoren: der Häufigkeit von

1. streßauslösenden Bemühungen, den Fahrplan einzuhalten,
2. Konflikten zwischen der Forderung nach Verkehrssicherheit und hoher Fahrplandichte und
3. bestimmten Verhaltensweisen von Passagieren, wie Beschwerden, Meinungsverschiedenheiten und sogar Drohungen.

Vier Arten von Ressourcen wurden identifiziert, die dem Busfahrer zur Verfügung standen, um die Anforderungen zu erfüllen: organisatorische, soziale, technische und persönliche Ressourcen.

Die statistischen Analysen zeigten eine starke Beziehung zwischen Kontrollressourcen, Arbeitsanforderungen und den berichteten gesundheitlichen Problemen (mentale und physische Erschöpfung, Magenprobleme, Schlafprobleme, leichte geistige Abwesenheit und Störungen). Generell wachsen die Gesundheitsprobleme mit zunehmenden Arbeitsanforderungen, aber das Ausmaß wird auch durch die Anzahl der Ressourcen beeinflußt, über die das Individuum zur Kontrolle der Arbeitsanforderungen verfügt (→ *Psychische Gesundheit und Arbeit*).

Zusammenfassend ist zu diesen Untersuchungen zu sagen, daß der Mangel an Kontrolle fast ausnahmslos mit einem Gefühl der Erschöpfung verbunden ist, während Kontrolle Personen vor der Erfahrung von Erschöpfung bewahren kann. Somit mag Kontrolle als Puffer wirken, der die Intensität von Streßreaktionen beeinflußt und für die betroffenen Individuen das Risiko geistiger Störungen und/ oder physischer Krankheiten verringert (→ *Streß und Herzinfarkt*).

95.4 Arbeitsinhalt und Aktivitätsniveau

Der zweite Forschungsschwerpunkt richtet sich auf das Konzept des Aktivitätsniveaus. Hier wird die Beziehung zwischen Arbeitsinhalt und Aktivitätsniveau angesprochen.

„Das Aktivitätsniveau ist als Voraussetzung für die Teilnahme am Gemeinschaftsleben, wie überhaupt am häuslichen Leben und an sozialen und kulturellen Aktivitäten anzusehen. Ein hohes Aktivitätsniveau kann ferner als eine der Ressourcen betrachtet werden, die Menschen benötigen, um einen effektiven Einfluß auf verschiedene Bedingungen ihres Arbeitsplatzes auszuüben, insbesondere auf Bedingungen ihrer Arbeitsumgebung, Gesundheit und Sicherheit" (Gardell, 1987, S. 41).

Innerhalb dieses Forschungsfeldes können zwei Arten von Theorien unterschieden werden. Die erste von ihnen basiert auf dem Wissen aus der psychologischen und psycho-physiologischen Streßforschung, die andere beruht auf sozialen Lerntheorien. Die zentrale Aussage der Streßtheorie ist, daß ein hoher Grad an physiologischer Aktivierung – als Ergebnis von Unter- oder Überforderung – lange Erholungspausen erforderlich macht. Der ‚aktivierte' Körperzustand dauert an und wird mit in die Freizeit übernommen. Arbeitsfreie Stunden oder auch Tage werden mit Entspannung verbracht. Die Ergebnisse der oben genannten Studien stützen diese „spill-over-Theorie".

Die zweite Theorienrichtung geht von sozialen Lerntheorien aus, denen zufolge Arbeitssituation und Arbeitsfunktion zentrale Orte des Lernens sind. Falls die

Arbeiter dort erfahren, daß andere für sie das Denken und Planen übernehmen und falls die Kooperationsanforderungen niedrig sind oder ganz fehlen („passive Arbeit'), könnte daraus Passivität und Hilflosigkeit resultieren. Diese Passivität kann auch auf Bereiche außerhalb des Arbeitsplatzes übertragen werden. Die Betroffenen nehmen z. B. seltener an gesellschaftlichen, politischen und gewerkschaftlichen Aktivitäten teil.

Optimale Bedingungen für die Kompetenzentwicklung und das geistige Wachstum werden dann vorhergesagt, wenn die Herausforderungen in Arbeitssituationen mit den Fähigkeiten des Individuums und seiner Kontrolle bei der Bewältigung von Herausforderungen übereinstimmen (Karasek, 1979); solche Tätigkeiten werden als aktiv bezeichnet. Vermutlich führen sie zur Entwicklung neuer Verhaltensmuster innerhalb und auch außerhalb der Arbeit. Aktivere Tätigkeiten sind mit Zufriedenheit und geringerer Depression verbunden, ungeachtet der Tatsache, daß sie höhere Ansprüche stellen. Diese arbeitsbezogene, soziale Lerntheorie findet Unterstützung in einigen schwedischen Studien unterschiedlicher Art. In einer sechsjährigen Follow-Up-Studie fand Karasek (1979), daß diejenigen Arbeiter, deren Arbeit durch Rationalisierung und Automation inhaltlich verarmt war und deren Selbstbestimmung demzufolge abnahm, eine geringere Teilnahme an Aktivitäten außerhalb des Arbeitslebens angaben. Gardell (1981) berichtet von einer Fallstudie, in der die Arbeiter die Initiative ergriffen, um ihre Arbeitsorganisation zu demokratisieren. Die resultierende Organisationsform basierte auf einer aktiveren Partizipation einer großen Mehrheit der Arbeiter. Diese Umstellung, die größere Selbständigkeit, zunehmende Ansprüche an Kompetenz und Interaktion stellte, war gepaart mit einem größeren Interesse an dem Versuch, eine Vielfalt von Angelegenheiten am Arbeitsplatz zu beeinflussen, sowohl durch eigene Bemühungen der Arbeiter wie durch die Gewerkschaft. Außerhalb der Arbeit spiegelte sich diese Umstellung in einem zunehmenden allgemeinen Interesse an sozialen und politischen Fragen wider.

Literatur

Alfredsson, L., Karasek, R. & Theorell, T. (1982). Myocardial risk and psychosocial work environment. An analysis of the male Swedish working force. Social Science and Medicine, 16, 463–467.
Gardell, B. (1978). Arbeitsgestaltung, intrinsische Arbeitszufriedenheit und Gesundheit. In M. Frese, S. Greif & N. Semmer (Hg.), Industrielle Psychopathologie, S. 52–111). Bern: Huber.
Gardell, B. (1982). Worker participation and autonomy: A multilevel approach to democracy at the workplace. International Journal of Health Services, 12, 527–558.
Gardell, B. (1987). Work organization and human nature. A review on man's need to control technology. Stockholm, Swedish Work Environment Fund.
Gardell, B., Aronsson, G. & Barklöf, K. (1982). The working environment for local public transport personnel. Stockholm, Report from the Swedish Work Environment Fund.

Johansson, G., Aronsson, G. & Lindström, B. O. (1978). Social psychological and neuroendocrine stress reactions in highly mechanized work. Ergonomics, 21, 583–599.

Johansson, G. & Aronsson, G. (1984). Stress reactions in computerized administrative work. Journal of Occupational Behaviour, 5, 159–181.

Johnson, J. V. (1986). The impact of workplace social support, Job demands and work control upon cardiovascular disease in Sweden. Doct. thesis. Baltimore: Johns Hopkins University, School of Hygiene and Public Health.

Karasek, R. A. (1979). Job demands, job decision latitude and mental strain. Implications for job redesign. Administrative Science Quarterly, 24, 285–308.

Karasek, R. A., Russell, R. & Theorell, T. (1982). Physiology of stress and regeneration in job related cardiovascular illness. Journal of Human Stress, 3, 29–42.

Levi, L., Frankenhaeuser, M. & Gardell, B. (1987). The characteristics of the workplace and the nature of its social demand. In S. G. Wolf & A. J. Finestone (Eds.), Occupational stress. Health and performance at work (pp. 54–67), Littleton, Mass.: PSG Publishing.

Seligman, M. E. P. (1975). Helplessness: on depression, development and death. San Francisco: Freeman (dt.: Gelernte Hilflosigkeit. München: Urban & Schwarzenberg 1979, 3. Aufl. München: Psychologie Verlags Union)

Gunnar Aronsson,
Schweden

96. Streß bei Verwaltungsarbeiten

96.1 Einleitung: Bürotätigkeiten im psychologischen Labor

Betritt man die Versuchsräume in unserem psychologischen Labor an der Freien Universität Berlin, könnte man meinen, in ein Büro geraten zu sein. Zwischen Kunststoffmöbeln und Zimmerpflanzen sitzen dort vom Arbeitsamt vermittelte Dienstkräfte und erledigen Verwaltungsarbeiten. Einige betätigen sich wie Sachbearbeiter einer Versicherung und ermitteln Schadensersatzansprüche von Versicherten. Andere sind wie Kaufleute beschäftigt und kalkulieren Einkaufsmengen und Einkaufspreise. Wieder andere prüfen Beschwerden von Kunden (z. B. wegen Ausbleiben einer Bestellung). Alle benutzen Datensichtgeräte, wie sie in vielen Verwaltungsbetrieben ihren Einzug gehalten haben. Mit Hilfe dieser Geräte können die Beschäftigten einerseits die für ihre Entscheidungen benötigten Daten abrufen (z. B. Vertragsbedingungen, Preislisten, Quittungen), andererseits die für ihre Entscheidungen geltenden Regeln (z. B. Versicherungsrichtlinien, Berechnungsverfahren). Ein witziger Kollege hat unser Labor eine „Scheinfirma" genannt; denn die dort bearbeiteten Versicherungsfälle, kaufmännischen Probleme u. ä. gibt es in Wirklichkeit gar nicht. Sie sind lediglich – zusammen mit den auf sie anzuwendenden Entscheidungsregeln – zum Zwecke der Untersuchung konstruiert.

96.2 Experimentelle Simulation und ökologische Validität

Freilich sind die Aufgaben nicht blindlings konstruiert, sondern mit Blick auf die Praxis. Die Tätigkeit im Labor soll die Praxis nachahmen, sie simulieren. Anregungen und Maßstäbe für die Simulation von Arbeitsaufgaben und -bedingungen im Labor liefern vorherige Beobachtungen und Befragungen in der Praxis selbst – bei Behörden, Versicherungen, kaufmännischen Büros u. ä. Ist eine Laboruntersuchung abgeschlossen, wird nach Möglichkeit überprüft, ob sich die Ergebnisse in der Praxis bestätigen lassen. So läßt sich besser beurteilen, wie weit im Laboratorium die Nachbildung der Praxis gelingt und an welchen Stellen Experiment und Praxis auseinanderklaffen. Erkennt man auf diese Weise, daß man eine wichtige Bedingung übersehen oder unterschätzt hat, so kann man sie bei nachfolgenden Untersuchungen berücksichtigen. In einer Folge einander abwechselnder Feld- und Laborstudien läßt sich dann – innerhalb gewisser Grenzen – eine zunehmende Anpassung des Experiments an die Praxis erreichen. Zum Beispiel wurden wir durch einen Vergleich von Büro- und Laborarbeitsplätzen darauf aufmerksam, daß unseren Probanden soziale Partner fehlten. Unsere Antwort darauf war die Entwicklung einer Versuchsanordnung mit zwei Plätzen sowie von Aufgaben, an deren Erledigung zwei Personen sich beteiligen können.

Die beschriebene Simulation hat vor allem drei Gründe. Zum einen soll sie zu Versuchsergebnissen führen, aus denen weiterreichende Schlüsse für die Praxis zu ziehen sind. Der zweite Grund: Der Bezug zur Praxis lehrt schneller, welche experimentellen Bedingungen notwendig und hinreichend sind, um die theoretisch interessierenden Phänomene herzustellen. Der dritte Grund aber ist dieser: In unserer „Scheinfirma" gibt es keine Tarifvereinbarungen und Produktionszwänge, gibt es vor allem keine individuelle Schutzbedürftigkeit, welche unseren wissenschaftlichen Absichten entgegenstehen; nur berufsethischen (einschließlich gesundheitlichen) Grundsätzen bleiben wir verpflichtet. Wir können daher Bedingungen, die in der Praxis unsystematisch auftreten, planmäßig variieren und wiederholen. So können wir z. B. verschiedenen Personen dieselben Aufgaben stellen und vergleichen, wie gut sie die einen bei Verkehrslärm und die anderen bei Ruhe erledigen; würde ein Betrieb so oft wie wir dieselben Aufträge an verschiedene Mitarbeiter geben, geriete er bald in einen Rückstand. Wir sind im Labor aber auch in der Lage, Erhebungen vorzunehmen, wie sie in privaten und öffentlichen Organisationen nicht möglich sind. Vor allem machen wir physiologische Registrationen, die den alltäglichen Arbeitsablauf stören würden, und wir protokollieren lückenlos die Arbeitsschritte an den Datensichtgeräten, was sich in der Praxis als individuelle Leistungskontrolle verbietet.

In ihrem Bemühen um Kontrolle und systematische Variation von Beobachtungsbedingungen sowie um Vollständigkeit und Präzision der Ergebnisbestimmung sind unsere Laboruntersuchungen der experimentellen Methodik verpflichtet; damit sollen die Erkenntnisvorteile des Experiments ausgenutzt werden. Das Experiment hat freilich seine besonderen Nachteile. Insbesondere wird der Zusammenhang zwischen der Welt des Labors und der Alltagswelt leicht verwischt.

Unsere Simulationsmethode soll helfen, zahlreiche Zusammenhänge zwischen Laborexperimenten und Anwendungssituationen zu schaffen und sich dieser auch bewußt zu werden. Die Forschungen im Labor sollen dadurch an Bedeutsamkeit für das Entdecken und Lösen von Problemen in der Lebenswelt gewinnen, also mehr ökologische Validität.

Freilich darf das Streben nach ökologischer Validität sich nicht in der Anpassung der Untersuchungssituation an die jeweils vorgefundene Praxis erschöpfen. Als sinnvoll kann es sich auch ein experimenteller Vorgriff auf die Zukunft erweisen. Prototypen von Arbeitsaufgaben, Arbeitsmitteln und Arbeitsverfahren lassen sich bereits im Labor prüfen, bevor sie noch in größerem Umfang in die Praxis eingeführt sind. Für die Forschung ergibt sich dann die Chance, durch Simulation „im Vorlauf" Erfahrungen zu sammeln und dann bei geplanten Innovationen im Betrieb ein empfehlendes oder warnendes Wort mitzureden.

96.3 Das zentrale Thema: Streß durch Fehlregulation

Die Arbeit im Büro gilt im allgemeinen als angenehmer als andere Tätigkeiten. Wenn jedoch die Aufgaben schwierig und komplex werden, wenn sie zudem noch unter ungünstigen Bedingungen wie Lärm oder Zeitdruck zu erledigen sind, dann wird die Arbeit im Büro zu einer mitunter erheblichen Belastung. Unsere Experimente haben erkennen lassen, wie sich die Belastung aufbaut. Durch die Aufgabe oder zusätzliche Arbeitsbedingungen überfordert, schlagen die betroffenen Personen eine unzweckmäßige Strategie ein oder es unterläuft ihnen schlicht ein Fehler. Unzweckmäßige Strategien sind ebenso wie die Korrektur von Fehlern mit vermeidbarer Mehrarbeit verbunden. Es kommt zu Stockungen im Arbeitsablauf, welche den Zeitdruck erhöhen und ein Gefühl der Unsicherheit schaffen. So entwickelt sich eine Streßsymptomatik mit kognitiven, behavioralen sowie emotionalen Anteilen (u. a. angespannte Aufmerksamkeit, verlängerte Dialoge am Bildschirm, Ärger und Angst).

Ein Beispiel einer unzweckmäßigen Strategie: Personen unter Zeitdruck glauben, schnell mit ihrem Bildschirmdialog beginnen zu müssen. Mitten in diesem Dialog bemerken sie dann, daß sie sich mit dem zu entscheidenden Fall nicht ausreichend vertraut gemacht haben. Sie brechen daher die Bearbeitung ab und kehren zum Studium ihres Falls zurück; der gesamte Vorgang dauert länger als bei anderen Personen, die sich ohne Zeitdruck mit ihrem Fall vertraut gemacht haben, und er erzeugt mehr Ärger. Ein Beispiel zur Entstehung von Fehlern: Lärm beeinträchtigt vor allem das Kurzzeitgedächtnis. Es wird unter Lärm schwerer, während der Bearbeitung eines Falles mehrere Angaben gleichzeitig im Kopf behalten, und die betroffenen Personen müssen häufiger ihr Datensichtgerät benutzen, um entfallene Angaben neu zu beschaffen. Diese Kompensation verzögert den Abschluß und strengt mehr an; die Notwendigkeit der Wiederholung vorheriger Schritte mindert zudem das Selbstbewußtsein und die Stimmung.

Indem die Belastung steigt, wird die Effizienz, das Verhältnis von Aufwand und erzieltem Ergebnis ungünstiger. Das bleibt den Betroffenen nicht verborgen.

Wenn trotz erhöhtem Aufwand, insbesondere trotz gesteigerter Bemühungen um Kompensation von Fehlern die Leistung mager bleibt, setzt eine Demotivierung ein: Die Betroffenen geben auf oder beschränken sich auf eine aufwandsarme Erledigung – sie raten oder treffen schematische, auf Vorurteilen beruhende Entscheidungen (z. B. „großzügige" Genehmigungen von Anträgen).

96.4 Ein neuer theoretischer Zugang zum Streßproblem: Nutzen-/Kostenanalysen

Zum zentralen theoretischen Konzept für die Deutung der geschilderten Phänomene wird der Begriff der Effizienz. Effizienz ist das Verhältnis von Ertrag und Aufwand, allgemein von Nutzen und Kosten. Durch die Analyse der Kosten und des Nutzens von Verhalten gelangt man zu einem neuen Ansatz zur Analyse von Belastungen. Freilich: Wie bestimmt man Nutzen und Kosten im Verhalten? Wir gehen so vor: Als Kosten veranschlagt wird der Einsatz der einem Betroffenen verfügbaren Ressourcen, als Nutzen deren Sicherung und Zuwachs. Zu den Ressourcen eines Betroffenen zählen dabei seine Zeit und seine Fähigkeiten, seine Kraft und sein Wohlbefinden, seine Freunde, seine Werkzeuge u. ä.

In diesem Sinne kann man etwa Nutzen und Kosten von Planung in Streßsituationen vergleichen. Gute Planung hilft oft Zeit und Anstrengung sparen, sie kostet aber selbst Zeit und Anstrengung. Weiterhin ist Planung emotional entlastend, wenn sie klug vorausschauend vor bösen Überraschungen bewahrt. Aber Umsicht und Weitblick machen auch auf Bedrohungen aufmerksam, die später nicht eintreten; der Planende setzt sich damit besonderen emotionalen Belastungen aus. Schlimmer noch: Mißlingt die Planung, so bleibt ein Nutzen aus; gleichwohl häufen sich die Kosten. Wann also bewährt sich Planung, indem sie dem Entstehen von Streß vorbeugt? Wann lohnt sich Planung nicht, weil sie selbst zu viel Streß schafft?

Andere Komponenten der Arbeit haben wir ähnlichen Nutzen-/Kostenanalysen unterzogen: Die Beschaffung von Information, die Kooperation, die Benutzung von technischen Hilfen. Wann führen diese zur Entlastung, wie weit tragen sie selbst zur Belastung bei? Wir sehen unsere Aufgabe darin, Konzepte zur Bestimmung der Nützlichkeit und der Aufwendigkeit des Verhaltens im Arbeitsprozeß zu entwickeln. Wir wollen auch Kriterien zur Erfassung solcher theoretischer Konzepte finden. Damit hoffen wir, unseren Beitrag zur wissenschaftlichen Fundierung der Arbeitsgestaltung und Arbeitsbewertung zu leisten.

Literatur

Battmann, W. (1984). Regulation und Fehlregulation im Verhalten. IX. Entlastung und Belastung durch Planung. Psychologische Beiträge, 26, 672–691.
Mündelein, H. & Schönpflug, W. (1984). Ökologische Validierung eines im Laboratorium nachgebildeten Büroarbeitsplatzes mit Hilfe des Fragebogens zur Arbeitsanalyse (FAA) –

Ein Beitrag zum Verhältnis von Labor und Feldforschung. Psychologie und Praxis. Zeitschrift für Arbeits- und Organisationspsychologie, 28, 2–10.

Schönpflug, W. (1979). Regulation und Fehlregulation im Verhalten. I. Verhaltensstruktur, Effizienz und Belastung – theoretische Grundlagen eines Untersuchungsprogramms. Psychologische Beiträge, 21, 174–202.

Schulz, P. & Höfert, W. (1981). Wirkungsmechanismen und Effekte von Zeitdruck bei Angestelltentätigkeiten. In M. Frese (Hg.), Streß im Büro (S. 80–93). Bern: Huber.

Wolfgang Schönpflug,
Bundesrepublik Deutschland

97. VW-Projekt: Gruppenarbeit in der Motorenmontage

97.1 Einleitung: Das Problem

Seit der Entwicklung von Möglichkeiten der Fließbandfertigung gilt die Automobilindustrie als besonders eindrückliches Beispiel für → *Arbeitsgestaltung* im Sinne des tayloristischen Prinzips der ‚Trennung von Denken und Tun'. Nachteilige Auswirkungen derartiger Rationalisierungskonzepte wurden in diesem Industriezweig schließlich auch besonders deutlich erkennbar. Steigende Fehlzeiten und Fluktuationsraten, Qualitätsverluste und wilde Streiks haben seit Beginn der siebziger Jahre zahlreiche Unternehmen der Autoindustrie zu Versuchen veranlaßt, den nachteiligen Auswirkungen extrem arbeitsteiliger Produktion durch Aufgabenerweiterung und Arbeit in teilautonomen Gruppen zu begegnen. Besonders bekannt geworden sind die diesbezüglichen Beispiele aus der schwedischen Autoindustrie (vgl. Agurén, Bredbacka, Hansson, Ihregren & Karlsson, 1984; Ulich, 1983 → *Historische Perspektiven,* → *Die Tavistock-Untersuchungen und ihre Auswirkungen*).

97.2 Der Projektrahmen

Das als Modell für die westdeutsche Autoindustrie konzipierte Projekt Gruppenarbeit in der Motorenmontage erstreckte sich über einen Zeitraum von drei Jahren (1975–1977) und fand als erstes großes Forschungsprojekt im Rahmen des vom Bundesministerium für Forschung und Technologie gemeinsam mit dem Bundesministerium für Arbeit und Sozialordnung durchgeführten Aktionsprogrammes ‚Humanisierung des Arbeitslebens' große öffentliche Beachtung. Gegenstand des Projekts war ein Vergleich verschiedener Arbeitsstrukturen, unter denen eine neu entwickelte Form der Gruppenarbeit im Mittelpunkt des Interesses stand.

Das Projekt wurde im VW-Werk Salzgitter durchgeführt. Nach Auffassung der Werksleitung „sollten nach dessen Abschluß vorliegen:
- Entscheidungskataloge für den Einsatz neuer Arbeitsstrukturen,
- Aussagen über Belastung und Beanspruchung der Mitarbeiter in den verschiedenen Arbeitsstrukturen,
- Programme für die Qualifizierung der Mitarbeiter,
- Alternativlösungen für neue Arbeitssysteme in der Automobilindustrie" (Granel, 1980, S. 18).

Nach dem Antrag der Volkswagenwerk AG sollten „die Fragen nach Humanität und Wirtschaftlichkeit gleichberechtigt" untersucht werden. An der Untersuchung der Humanaspekte waren das Institut für Arbeitswissenschaft der TH Darmstadt und der Lehrstuhl für Arbeits- und Betriebspsychologie (LAB) – heute Arbeits- und Organisationspsychologie – der ETH Zürich beteiligt. Die betriebswirtschaftliche Beurteilung wurde später dem Institut für Produktionstechnik und Automatisierung (IPA) der TU Stuttgart übertragen.

Dem Modellcharakter entsprechend wurde eine aufwendige Projektorganisation geschaffen. Im *Gesamtprojektausschuß* waren folgende Institutionen vertreten: (1) die VW-AG sowie die Werke Salzgitter, Kassel und Hannover; (2) die IG Metall sowie der Gesamtbetriebsrat und der Betriebsrat des Werkes Salzgitter; (3) die Forschungsinstitute der TH Darmstadt und der ETH Zürich. Die Zusammensetzung dieses Gremiums macht die Ansiedlung des Projekts im tarifpolitischen Raum erkennbar. Der *örtliche Projektausschuß Salzgitter* setzte sich aus Vertretern der Werksleitung und der betroffenen Abteilungen, des Betriebsrates und der Forschungsinstitute zusammen.

97.3 Die Rolle der Begleitforschung

Die Rolle der Forschungsinstitute wurde als ‚Begleitforschung' definiert. Für den LAB waren folgende Aufgaben vorgesehen:
1. Mehrfach wiederholte Erhebungen über Arbeitszufriedenheit und subjektive Beanspruchung in den zu vergleichenden Arbeitsstrukturen sowie an Kontrollgruppen innerhalb und außerhalb des Werkes Salzgitter;
2. Analysen von Gruppenstrukturen und Gruppenprozessen in den vorgesehenen Montagegruppen und
3. Versuche zur Analyse und Optimierung von Anlernverfahren.

Tatsächlich änderte sich die Rolle der Arbeitspsychologen bereits innerhalb der ersten Monate, als der LAB aufgefordert wurde, ‚Leitaspekte' bzw. ‚Leitziele' für die Gruppenarbeit in der Motorenmontage zu formulieren (vgl. Ulich, 1980). Im

Protokoll einer Sitzung des örtlichen Projektausschusses, die sich mit der Konzeption der neuen Arbeitsstruktur befaßte, heißt es dazu: „Bei der Erarbeitung dieses Vorschlages wurden die Leitziele der Begleitforschung sowie die technischen Möglichkeiten berücksichtigt. Priorität hatte bei allen Überlegungen der Aspekt der Selbstregulation der Gruppe... Der vorgelegte Vorschlag fand die Zustimmung aller Anwesenden... Die weitere Festlegung sollte nur unter Einbeziehung der zukünftigen Gruppenmitglieder oder deren Vertreter erfolgen". Dies hatte zur Konsequenz, daß zusätzlich zu den Mitgliedern des Betriebsrates Vertreter der Montagegruppen in den örtlichen Projektausschuß gewählt wurden.

97.4 Die Gruppenarbeit

Für das Projekt Gruppenarbeit in der Motorenmontage wurden auf der Basis freiwilliger Meldungen vier Gruppen von je sieben Werkern gebildet, denen als komplexe Aufgabe die komplette Montage von Motoren, deren Prüfung im Einlaufstand sowie die Materialbereitstellung übertragen wurden. Die ebenfalls vorgesehene Übertragung der Nacharbeit konnte im Projektzeitraum nicht realisiert werden. Für die neue Arbeitsstruktur mußte ein Montage-Carrier entwickelt werden, um die Komplettmontage des Motors und zugleich Unabhängigkeit von vorgegebenen Takten zu ermöglichen. Zur Schaffung optimaler Voraussetzungen für die gruppeninterne Verteilung und Rotation von Arbeitsrollen und -aufgaben sollten alle beteiligten Arbeiter lernen, Motoren selbständig zu montieren und im Einlaufstand zu fahren. Für die komplette Montage eines Motors werden etwa 35 Minuten benötigt; bei Einbezug des Einlaufstandes ergibt sich ein zeitlicher Aufgabenumfang von mehr als achtzig Minuten im Vergleich zu individuellen Bearbeitungszeiten von ein bis zwei Minuten in der konventionellen Fließbandmontage. Zehn Monate nach Projektbeginn wurde die Gruppenarbeit aufgenommen, obwohl die Frage der Entlohnung für die höherwertigen Aufgaben nicht geklärt war.

Die Tatsache, daß die Lohnfrage erst ein Jahr nach Aufnahme der Gruppenarbeit geklärt wurde, führte zu einer erheblichen Verunsicherung der Werker und zu einer Tendenz, komplette Motoren möglichst selbständig zu montieren, um durch die ständig wahrgenommene Vielfalt unterschiedlicher Aufgabenbestandteile in eine möglichst hohe Lohngruppe eingestuft zu werden.

Regelmäßige, von einem Mitglied des LAB begleitete, Gruppengespräche während der Arbeitszeit dienten der Information, dem Meinungsaustausch, der Willensbildung und damit der Gruppenentwicklung.

Für die interne Koordination und die Vertretung nach außen wurden, dem LAB-Konzept entsprechend, Gruppensprecher gewählt. Den für die Gruppenarbeit zur Verfügung stehenden Führungskräften wurde der Status von Beratern zugewiesen. „Ihr Verantwortungsbereich wurde so abgegrenzt, daß der notwendige Freiraum für die angestrebte Teilautonomie gegeben war" (Granel, 1980, S. 29).

In der publizierten Stellungnahme des Betriebsrates nach Abschluß des Projektes heißt es dazu: „Als besonders problematisch erwies sich die Einführung der Gruppensprecher, die die Interessen der Gruppen artikulieren sollten" (Betriebsrat, 1980, S. 62). Nachdem IG Metall und Betriebsrat das Gruppensprecher-Konzept während der ersten Projekthälfte mitgetragen hatten, distanzierten sie sich davon, als es in einer konkreten Frage – wöchentliche versus tägliche Leistungsvorgabe – zu unterschiedlichen Auffassungen zwischen Gruppensprechern und Betriebsrat kam. Im Interesse einer entsprechenden Anbindung wurde den Sprechern schließlich die Funktion von gewerkschaftlichen Vertrauensleuten übertragen. Die betriebliche Führungsstruktur wurde wieder etabliert. Im gleichen Monat wurde vom Vertreter der IG Metall im Gesamtprojektausschuß unter Hinweis auf das Betriebsverfassungsgesetz der Satz publiziert: „In der Bundesrepublik Deutschland kann es keine teilautonomen Gruppen geben".

97.5 Ergebnisse der arbeitspsychologischen Untersuchungen

In die arbeitspsychologischen Erhebungen wurden sowohl die in der Gruppenmontage beschäftigten Werker als auch werksinterne Vergleichsgruppen (kontinuierlich laufendes Plattenband, getaktete Transfermontage) und Vergleichsgruppen aus anderen Werken einbezogen (vgl. Barth et al., 1980). Für die wiederholte Erhebung der Arbeitsbeanspruchung wurde der Fragebogen zur Arbeitsbeanspruchung FAB (Udris, 1977) verwendet, für die Erhebung der → *Arbeitszufriedenheit* die Kurzform des von Bruggemann entwickelten Fragebogens zur Arbeitszufriedenheit AZ-K. Einstellungen zur Gruppe und Erfahrungen mit der Gruppenarbeit sowie deren Veränderungen wurden anläßlich der Gruppengespräche mit spezifischen Verfahren erfaßt (vgl. Bruggemann, 1979, 1980). Die Analyse der Entwicklung von Montagestrategien erfolgte durch detaillierte Beobachtung und Protokollierung der Operationsabfolge (Triebe, 1977, 1980). Zur systematischen Entwicklung eines Anlernverfahrens, das schließlich in der Vorlage eines Selbststudienheftes mündete, wurde eine Analyse der äußeren Aufgabenstrukturen vorgenommen (Muster, 1980). Zur Bewertung alternativer Arbeitsformen in den Vergleichsgruppen wurden spezifische Befragungsverfahren entwickelt (Kuhn & Spinas, 1979, 1980).

Zu den Ergebnissen ist zunächst festzustellen, daß alle beteiligten Werker nach knapp drei Monaten in der Lage waren, die Qualitätsanforderungen zu erfüllen. Die neue Tätigkeit wird als vergleichsweise anspruchsvoll, selbständige Entscheidungen erfordernd sowie gründlichere Ausbildung und fachliche Weiterbildung verlangend beschrieben. Das den objektiven Veränderungen entsprechende subjektive Erleben höher qualifizierter Arbeit schlägt sich nieder im Abbau des Erlebens qualitativer Unterforderung bei gleichzeitig vermehrten kognitiven und sozialen *Beanspruchungen* (Ulich, 1980).

Damit erscheint plausibel, daß die neue Struktur weniger eine Verminderung der Gesamtbeanspruchung zur Folge hatte als eine Verlagerung von eher unerwünschten zu eher erwünschten Belastungswirkungen (→ *Die SAPU-Untersuchungen zur Arbeitsumgestaltung*). Für die Entwicklung der → *Arbeitszufriedenheit* ist entscheidend, daß die Gruppenarbeit – schon in der Vorbereitungsphase – eine Steigerung des Anspruchsniveaus bewirkte, die eine einfache quantitative Veränderung der Zufriedenheit nicht erwarten ließ. Tatsächlich weisen einige Ergebnisse darauf hin, daß bei den in der Gruppenmontage Beschäftigten eine ursprünglich verbreitete resignative Form der Zufriedenheit durch eine eher progressive (Un-)Zufriedenheit bzw. konstruktive Unzufriedenheit abgelöst wurde. Die Analyse der *Montagestrategien* ergab, daß bei der untersuchten Tätigkeit objektive Freiheitsgrade bestehen, daß diese mit zunehmendem Lernfortschritt auch erkannt und genutzt werden und daß unterschiedliche Vorgehensweisen ohne erkennbare Unterschiede in der Effizienz möglich sind.

97.6 Einige Auswirkungen des Projekts

1. Die Tatsache, daß eine Einigung über die *Lohnfrage* erst ein Jahr nach Aufnahme der Gruppenarbeit erzielt werden konnte, „wirkte sich sehr lähmend auf den Projektverlauf aus" (Granel, 1980, S. 38). Erst eine Änderung des Haustarifvertrages machte es möglich, „die Entlohnungsfragen bei Gruppenarbeit und wechselndem Einsatz in verschiedenwertigen Tätigkeiten so zu regeln, daß eine Bezahlung nach dem jeweils höchst bewerteten Arbeitsplatz sichergestellt wurde" (Betriebsrat 1980, S. 64). Damit ist aus den Projekterfahrungen heraus ein *Anstoß für ein neues Lohnkonzept* entstanden, das schließlich im tariflich vereinbarten Lohndifferenzierungssystem (Lodi) seinen Niederschlag fand.

2. Nach Angaben der Volkswagenwerk AG lag die *Einsatzmöglichkeit der Gruppenmontage* bei einer maximalen Stückzahl von 500 Motoren pro Tag, bei einer Laufzeit von ca. 4 Jahren. Die betriebswirtschaftliche Analyse durch das IPA hatte ergeben, daß die Gruppenmontage bis zu ihrer damaligen Kapazitätsgrenze von 150 Motoren pro Tag wirtschaftlicher ist als die Vergleichsstrukturen Plattenband und Transfermontage. Darüber hinaus wurde festgestellt, „daß die realisierte Form der Gruppenmontage in dem Bereich kleiner und wechselnder Stückzahlen bis etwa 300–400 Stück/Tag als durchaus wirtschaftlich vertretbar angesehen werden kann" (Zippe, Weller & Sauer, 1980, S. 45). Zweifel an diesen Schlußfolgerungen haben zu ihrer Überprüfung veranlaßt. „Denn der zugrundeliegende partialanalytische Fertigungskostenvergleich ist entgegen der in technischen Disziplinen verbreiteten Auffassung kein betriebswirtschaftlicher Vergleich. Er ist für unternehmenspolitische Entscheidungen, und um eine solche handelt es sich bei der Einführung neuer Arbeitsstrukturen, unzureichend" (Staudt, 1981, S. 877). Da hier erkennbar wurde, daß traditionelle betriebswirtschaftliche Kosten-Nutzen-Analysen einen Vergleich derart unterschiedlicher Arbeitsstrukturen nicht ohne weiteres ermöglichen, wurde im Anschluß daran die Frage nach den *Möglichkeiten erweiterter Wirtschaftlichkeitsrechnungen* zum Gegenstand verschiedener Forschungsprojekte.

3. Nach Beendigung des Projekts war zwar die Anzahl der Montagenester und der Montage-Carrier etwa verdreifacht worden; die ganzheitliche Aufgabe wurde jedoch – weil dies dem betrieblichen Rationalisierungskonzept eher entsprach – wieder unterteilt, wenn auch nicht so weitgehend wie früher. Fünf Jahre später forderte der Betriebsrat in Zusammenhang mit der bevorstehenden Automatisierung der Zylinderkopfmontage eine *Wiederaufnahme des Konzepts der Gruppenarbeit*: „Alle Arbeitnehmer der automatischen Zylinderkopfmontage sollten im Arbeitssystem ‚Anlagenführer' arbeiten und in Gruppenarbeit alle anfallenden Arbeiten abwechselnd gemeinsam übernehmen". Tatsächlich konnte durchgesetzt werden, daß an der neuen Anlage „nur noch ein qualifizierter Arbeitsinhalt, nämlich der Anlagenführer, vorkommt. Alle anfallenden Arbeiten – Anlagenführen, Nacharbeiten und Material bereitstellen – bewältigt eine Gruppe von Anlagenführern im Wechsel" (Muster, 1985, S. 21). Damit ist – auch nach Einschätzung der IG-Metall – „die Idee von der Gruppenarbeit fünf Jahre nach Beendigung des HdA-Projektes im VW-Werk Salzgitter Wirklichkeit geworden". Dies macht zugleich eine bemerkenswerte Veränderung in der gewerkschaftlichen Beurteilung des Konzepts der Gruppenarbeit deutlich.

Literatur

Agurén, S., Bredbacka, C., Hansson, R., Ihregren, K. & Karlsson, K. (1984). Volvo Kalmar revisited: Ten years of experience. Stockholm: Balder.

Barth, H.-R., Muster, M., Ulich, E. & Udris, I. (1980). Arbeits- und sozialpsychologische Untersuchungen von Arbeitsstrukturen im Bereich der Aggregatefertigung der Volkswagen AG. BMFT-Forschungsbericht HA 80-016 und HA 80-017.

Betriebsrat VW-Werk Salzgitter (1980). Stellungnahme zum Projekt. Vergleich von Arbeitsstrukturen in der Aggregatefertigung. In BMFT Bundesminister für Forschung und Technologie (Hg.): Gruppenarbeit in der Motorenmontage.

Bruggemann, A. (1979). Erfahrungen mit wichtigen Variablen und einigen Effekten beruflicher Sozialisation in einem Projekt zur „Humanisierung des Arbeitslebens". In P. Groskurth (Hg.), Arbeit und Persönlichkeit (S. 146–175), Reinbek: Rowohlt.

Bruggemann, A. (1980). Zur Entwicklung von Einstellungen und sozialem Verhalten in den untersuchten teilautonomen Gruppen. BMFT-Forschungsbericht HA-80-018.

Granel, M. (1980). Zusammengefaßter Abschlußbericht der Volkswagenwerk AG zum Forschungsvorhaben Vergleich von Arbeitsstrukturen in der Aggregatefertigung. In Bundesminister für Forschung und Technologie (Hg.), Schriftenreihe Humanisierung des Arbeitslebens, Bd. 3, Gruppenarbeit in der Motorenmontage. Frankfurt: Campus.

Kuhn, R. & Spinas, P. (1979). Einstellungen von Fließbandarbeitern zu Neuen Formen der Arbeitsgestaltung. Zeitschrift für Arbeitswissenschaft, 35, 15–22.

Kuhn, R. & Spinas, P. (1980). Determinanten der Einstellung zu Neuen Formen der Arbeitsgestaltung. BMFT-Forschungsbericht HA 80-020.

Muster, M. (1980). Bericht zum Training in der Arbeitsstruktur Gruppenmontage. In: H. R. Barth et al., Arbeits- und sozialpsychologische Untersuchungen von Arbeitsstrukturen im Bereich der Aggregatefertigung der VW AG. BMFT-Forschungsbericht.

Muster, M. (1985). Gruppenarbeit in der automatischen Montage. Der Gewerkschafter, 33, 20–22.

Staudt, E. (1981). Betriebswirtschaftliche Beurteilung neuer Arbeitsformen. Zeitschrift für Betriebswirtschaft, 51, 871–891.

Triebe, J. K. (1977). Entwicklung von Handlungsstrategien in der Arbeit. Zeitschrift für Arbeitswissenschaft, 31, 221–228.

Triebe, J. K. (1980). Untersuchungen zum Lernprozeß während des Erwerbs der Grundqualifikation (Montage eines kompletten Motors). BMFT-Forschungsbericht HA 80-019.

Ulich, E.: Bericht über die arbeits- und sozialpsychologische Begleitforschung. In Bundesminister für Forschung und Technologie (Hg.): Schriftenreihe Humanisierung des Arbeitslebens, Bd. 3, Gruppenarbeit in der Motorenmontage. Frankfurt: Campus.

Ulich, E. (1983). Alternative Arbeitsstrukturen – dargestellt am Beispiel der Automobilindustrie. Zeitschrift für Arbeits- und Organisationspsychologie, 27, 70–78.

Zippe, B.-H., Weller, B. & Sauer, H. (1980). Betriebswirtschaftlicher Vergleich bestehender Arbeitsstrukturen im Bereich Aggregatefertigung im Werk Salzgitter der Volkswagen AG. BMFT-Forschungsbericht HA 80-021.

Eberhard Ulich,
Schweiz

Anhang

Hinweise auf Sekundärliteratur

1. **Liste einschlägiger deutsch- und englischsprachiger Fachzeitschriften (die international bekanntesten Zeitschriften werden durch * hervorgehoben)**
   - Administrative Science Quarterly *
   - Applied Psychology: An International Review
   - Behavior and Information Technology
   - Ergonomics *
   - Human-Computer Interaction
   - Human Factors *
   - Human Relations
   - Industrielle Organisation – Management-Zeitschrift
   - International Journal of Man-Machine Studies
   - Journal of Applied Psychology *
   - Journal of Economic Psychology
   - Journal of Occupational Behavior
   - Journal of Occupational Psychology *
   - Journal of Vocational Behavior
   - Organizational Behavior and Human Performance *
   - Organizational Behavior and Human Decision Processes
   - Personnel Psychology *
   - Scandinavian Journal of Work Environment and Health
   - Work and Stress
   - Zeitschrift für Arbeits- und Organisationspsychologie
   - Zeitschrift für Arbeitswissenschaft

2. **Regelmäßige Übersichtsdarstellungen zum Gebiet oder zu speziellen Themen**
   - Annual Review of Psychology
   - Harward Business Review
   - Psychological Bulletin
   - Psychological Reviews
   - psychosozial (Sonderhefte 1/78, 1/79, 1/82, 18, 20, 33 u. a.)
   - Zeitschrift für Sozialpsychologie

3. **Ausgewählte neuere deutsch- und englischsprachige Einführungen und Lehrbücher**

   Drenth, P. J. D., Thierry, H., Willems, P. J. & Wolff, C. J. de (1984 & 1985, Hrsg.). Handbook of Work and Organizational Psychology. Volume 1 and Volume 2. New York: Wiley.
   Dunette, M. D. (1976, Ed.). Handbook of industrial and organizational psychology. Chicago, Rand McNally.
   Frieling, E. & Sonntag, K.-H. (1987). Lehrbuch der Arbeitspsychologie. Bern: Huber.
   Greif, S. (1983). Konzepte der Organisationspsychologie. Eine Einführung in grundlegende theoretische Ansätze. Bern: Huber.
   Gebert, D. & Rosenstiel, L. v. (1989). Organisationspsychologie. Stuttgart: Kohlhammer (2. erweiterte Auflage).
   Hacker, W. (1987). Allgemeine Arbeits- und Ingenieurpsychologie. Bern: Huber.
   Hoyos, C. Graf, Kroeber-Riel, W., Rosenstiel, L. v. & Strümpel, B. (1987, Hrsg.).

Wirtschaftspsychologie in Grundbegriffen. München: Psychologie Verlags Union (2. Auflage).

Kleinbeck, U. & Rutenfranz, J. (1987, Hrsg.). Enzyklopädie der Psychologie. Band Arbeitspsychologie. Göttingen: Hogrefe.

Landy, F. (1985). Psychology of Work Behavior. Chicago: Dorsey (3. Auflage).

Morgan, G. (1986). Images of Organization. London: Sage.

Rosenstiel, L. v., Molt, W., Rüttinger, B. (1988). Organisationspsychologie. Stuttgart: Kohlhammer (7. Auflage).

Roth, E. (1989, Hrsg.). Enzyklopädie der Psychologie. Band Organisationspsychologie. Göttingen: Hogrefe.

Schuler, H. (Hrsg., 1990). Lehrbuch der Organisationspsychologie. Bern: Huber.

Warr, P. (1987, Ed.). Psychology at Work. Harmondsworth: Penguin.

Weinert, A. (1987). Lehrbuch der Organisationspsychologie. München: Psychologie Verlags Union (2. erweiterte Auflage).

Zimolong, B. & Hoyos, C. Graf (1989, Hrsg.). Enyzklopädie der Psychologie. Band Ingenieurpsychologie. Göttingen: Hogrefe.

4. Einschlägige deutschsprachige Buchreihen

- Basistexte Personalwesen (Stuttgart: Enke; Herausgeber: O. Neuberger)
- Beiträge zur Organisationspsychologie. (Stuttgart: Verlag für Angewandte Psychologie; Herausgeber: H. Schuler)
- Schriften zur Arbeitspsychologie (Bern: Huber; Herausgeber: E. Ulich)

Angaben zu den Autoren

Aronsson, Gunnar, geb. 1943, Dr. phil., Dozent in Psychologie (Universität Stockholm), Forscher am Staatlichen Institut für Arbeitswissenschaft, Abt. Organisations- und Sozialpsychologie; Arbeitsschwerpunkte: Streß- und Qualifikationsforschung, Arbeitsorganisation; Verantwortlich für die arbeitswissenschaftliche Ausbildung der Schutzbeauftragten (skyddsombud). Wichtige Veröffentlichungen: Arbeitspsychologie, Streß und Qualifikationsperspektiven (1987). Adresse: Arbetsmiljöinstitutet, S-171 84, Solna.

van Assen, Albert, geb. 1940, Studium Industrielle Psychologie, Dr. Sozialw., Professor für Organisationspsychologie an der Universität Nijmegen, Abt. Personalführung und Arbeitsverhältnisse Philips Eindhoven; Arbeitsschwerpunkte: Soziotechnik, Human Resource Management im R&D-Bereich. Adresse: Philips BV, Gebouw EHH2, NL-5600 MD Eindhoven.

Baldus, Michael Gerhard, geb. 1948, Studium der Psychologie (Nebenfach Betriebswirtschaftslehre) an der Universität Würzburg (Dipl.-Psych.), 1975–1981 Allianz Vers. AG Stuttgart (Mitarbeiter und zuletzt Leiter des Betrieblichen Bildungswesens), seit 1981 Personal- und Unternehmensberater, z. Z. Geschäftsführer im ifp-Institut für Personal- und Unternehmensberatung, Köln; Arbeitsschwerpunkte: Suche und Auswahl von Führungskräften, Personal- und Managemententwicklung, Planung und Durchführung von Personalmarketingstrategien. Adresse: ifp, Domkloster 2, 5000 Köln 1.

Baltes, Margret M., geb. 1939, Dipl.-Psych., Ph. D., Professor für Psychologische Gerontologie an der Freien Universität Berlin; Arbeitsschwerpunkte: Sozialisation alter Menschen und die Rolle von Umweltfaktoren, Differenzierung von gesundem und krankem Altern. Adresse: Freie Universität Berlin, Abteilung für Gerontopsychiatrie, Forschungsgruppe Psychologische Gerontologie, Ulmenallee 32, 1000 Berlin 19.

Bamberg, Eva, geb. 1951, Dipl.-Psych., Dr. phil., wissenschaftl. Mitarbeiterin im Fachgebiet Arbeits- und Organisationspsychologie der Universität Osnabrück; Arbeitsschwerpunkte: Streß, Arbeit und Freizeit, Training sozialer Kompetenzen, Frauenerwerbstätigkeit. Veröffentlichung: Arbeit und Freizeit (1986), Psychischer Streß am Artbeitsplatz (1989, mit Greif und Semmer). Adresse: Hochwildpfad 34, 1000 Berlin 37.

Becher, Renate, geb. 1959, Dipl.-Psych., Leiterin der Zentralen Weiterbildung im Vorstandsstab Personal der Bertelsmann AG und Trainerin; Arbeitsschwerpunkte: Weiterbildungskonzeptionen, Führungskräftetrainings, Personalentwicklung. Adresse: Bertelsmann AG, Abt. ZP, Postfach 5555, 4830 Gütersloh.

Berkel, Karl, geb. 1943, Dipl.-Theol., Dipl.-Psych., Dr. phil. habil., Privatdozent an der Universität München; Arbeitsschwerpunkte: Arbeits- und Organisationspsychologie. Wichtige Veröffentlichungen: Konfliktforschung und Konfliktbewältigung (1984); Konflikttraining (1985). Adresse: Frauenbergstr. 42, 8051 Kranzberg.

Bertaggia, Nadia, geb. 1958, BSc (Hons) der Psychologie, D. I. C. der Sozialwissenschaften, MSc der Arbeitspsychologie, studierte Psychologie an der Universität London (GB); arbeitet als Psychologin im „Psychology Center" für personelle Entwicklung und Management bei Olivetti in Ivrea, Italien; Arbeitsschwerpunkte: Auswirkungen neuer Technologien auf das Arbeitsleben, Arbeitsmotivation, menschliche Variablen und Mensch-Computer-Interaktion. Wichtige Veröffentlichungen: Trainees attitudes to new technology (1985, BPS conf.); Organizational change, coping behaviour and stress (1986, BPS conf.); Studi evalutazioni sull'usabilita'ambito del progetto ESPRIT/HUFIT (1986, F. Angeli ed.); Never forget the human factor (1987, Business World). Adresse: DPG/Psychology Center, Ing. C. Olivetti and C. S.p.A., Via G. Jervis 77, I-10015 Ivrea.

Blackler, Frank, Dr., University of Lancaster. Adresse: GB-Lancaster LA1 4YF.

Boucsein, Wolfram, geb. 1944, Dipl.-Psych., Prof. Dr. rer. nat., Lehrstuhl für Physiologische Psychologie an der Bergischen Universität-Gesamthochschule Wuppertal; Arbeitsschwerpunkte: Vorhersagbarkeit und Streßreduktion, Kontrollierbarkeit und Belastung, zeitliche Aspekte der Mensch-Computer-Interaktion, psychophysiologische Meßkonzepte. Wichtige Veröffentlichungen: Elektrodermale Aktivität: Grundlagen, Methoden und Anwendungen (1987). Adresse: Max-Horkheimer-Str. 20, 5600 Wuppertal 1.

Bramley, Peter, geb. 1943, BSc, Ph.D., studierte Psychologie an der Universität in Exeter (GB) und Arbeitspsychologie an der Universität London, Lecturer in Arbeitspsychologie am Birkbeck College in London; Arbeitsschwerpunkte: Training und Entwicklung innerhalb des Organisationsbereichs. Wichtige Veröffentlichungen: Evaluation of training (1984 mit Newby); Evaluation (1986, Chapter 22 of Handbook of Management Development); Evaluation and training: A practical guide (1986). Adresse: Department of Occupational Psychology, Birkbeck College, University of London, Malet Street, GB-London, WC1E 7HX.

Brunsson, Nils, geb. 1946, Dr. econ., Professor, studierte Management an der Göteburger School of Economics (Schweden), Professor für Management an der Stockholmer School of Economics, Leiter des Public Management Departments am Wirtschaftsforschungsinstitut in Stockholm, Schweden; Arbeitsschwerpunkte: Organisationstheorien, Entscheidungstheorien. Wichtige Veröffentlichungen: Propensity to change (1976); The irrational organization (1985); Politik och ekonomi (1986); Organizing for inconsistencies (1986). Adresse: Stockholm School of Economics, Box 6501, S-113 83 Stockholm.

Büssing, André, geb. 1950, Dipl.-Math., Dipl.-Psych., Dr. phil., Dr. rer. nat. habil., Professor für Arbeits- und Rehabilitationspsychologie an der Sozialwissenschaftlichen Fakultät der Universität Konstanz; Arbeitsschwerpunkte: Arbeits- und Organisationspsychologie, Rehabilitations- und Gerontopsychologie, Multivariate Statistik. Adresse: Universität Konstanz, Sozialwissenschaftliche Fakultät, Fachgruppe Psychologie, Postfach 5560, D-7750 Konstanz 1.

Bungard, Walter, geb. 1945, Studium der Volkswirtschaftslehre, Soziologie und Wirtschaftspsychologie an der Universität Köln, Dr. rer. pol. 1975, Habilitation 1981 in Köln mit einer wirtschafts- und sozialpsychologischen Arbeit, seit 1983 Professor für Wirtschafts- und Organisationspsychologie an der Universität Mannheim. Wichtige Veröffentlichungen: Die „gute" Vp denkt nicht (1980); Forschung im Labor (1984); Qualitätszirkel als Instrument zeitgemäßer Betriebsführung (1986 zusammen mit Wiendieck). Arbeitsschwerpunkte: Organisationspsychologie, Neue Technologien in der Arbeitswelt, Methodologie der Sozialwissenschaften. Adresse: Universität Mannheim, Lehrstuhl Psychologie I, Postfach 2448, 6800 Mannheim 1.

Cherns, Albert, geb. 1922, gestorben 1987. Emeritierter Professor am Trinity College für Mathematik und Psychologie, 1954–1959 Forschungsdirektor für technisches Training bei der Royal Air Force, 1966–1981 Leiter der Abteilung für Sozialwissenschaften an der Universität Loughborough. Albert Cherns war ein bedeutender, international angesehener Wissenschaftler, der sich insbesondere einer angewandten Sozialforschung der Organisation verpflichtet fühlte. Wichtigste Buchpublikationen: Using the Social Sciences; Quality of

Working Life; Sociotechnics; Social Sciences and Government; Social Science Research and Industry. Er verfaßte zahlreiche Zeitschriftenbeiträge und war für die UNESCO, OECD und Regierungsabteilungen tätig. Weiterhin war er Gründungsmitglied des ‚International Council for the Quality of Working Life'.

Clegg, Chris, geb. 1948, B. A. Hons Psychology, M.Sc Industrial Administration, Research Fellow am MRC/ESRC Social and Applied Unit; Arbeitsschwerpunkte: Psychologische und organisatorische Aspekte von Informationstechnologien, Humane Gestaltung neuer Technologien. Adresse: MRC/ESRC SAPU, Department of Psychology, University of Sheffield, GB-Sheffield, S10 2TN.

Cox, Tom, Dr., Herausgeber der Zeitschrift Work and Stress; Veröffentlichungen: Stress (1978); The nature and measurement of stress (1985); Stress, coping and problem solving (1987); Arbeitsschwerpunkte: Theorien und Meßmethoden der Streßforschung und praktische Anwendung. Adresse: University of Nottingham, GB-Nottingham NG7 2RD.

Craig, Angus, geb. 1943, M. A., Dr. phil., studierte Wirtschaftswissenschaften und Psychologie an der Universität Glasgow (Schottland), Psychologie an der Universität Guelph (Kanada) und Operationsforschung an der Universität Sussex (England), Senior scientist im Medical Research Council Perceptual and Cognitive Performance Unit an der Universität Sussex; Arbeitsschwerpunkte: Aufmerksamkeit, Vigilanz, Signalentdeckung, Tageszeiteffekte. Wichtige Veröffentlichungen: Combining evidence presented simultaneously to the eye and the ear: a comparison of some predictive models (1976 mit Colquhoun und Corcoran); The effects of lunch on sensory-perceptual functioning in man (1981 mit Baer und Diekmann); Diurnal variation in vigilance efficiency (1981 mit Wilkinson und Colquhoun); Operational efficiency and time of day (1984 mit Condon). Adresse: MRC Perceptual and Cognitive Performance Unit, Laboratory of Experimental Psychology, University of Sussex, Falmer, GB-Brighton, BN1 9QG, East Sussex.

von Cranach, Mario, geb. 1931, Dipl.-Psych., Dr. phil., Professor für Psychologie an der Universität Bern; Arbeitsschwerpunkte: Sozialpsychologie, insbes. Attitüden und Wertsysteme, interaktives Verhalten, Handlungspsychologie unter Berücksichtigung der sozialen Komponenten, Analyse und theoretische Beschreibung handelnder Systeme im allgemeinen und speziellen (Gruppen und Organisationen). Wichtige Veröffentlichungen: Methods of inference from animal to human behavior (1976), Zielgerichtetes Handeln (1980 mit Kalbermatten, Indermühle und Gugler), The analysis of action (1982 mit Harré). The organization of goal-directed action: a research report (1985 mit Mächler und Steiner); Leadership as a function of group action (1986 mit Ochsenbein); Action of systems: Theoretical and empirical investigations (im Druck, mit Ochsenbein & Tschan). Adresse: Psychologisches Institut der Universität Bern, Gesellschaftsstr. 49, CH-3012 Bern.

Curie, Jacques, geb. 1935, Leitender Doktor der Humanwissenschaften, Professor der Sozialpsychologischen Arbeitspsychologie der Universität Toulouse-Le Mirail, Studium der Psychologie an den Universitäten Toulouse und Paris, Co-Direktor am Institut „Personnalisation et Changements Sociaux" verbunden mit dem CNRS (Centre National de Recherche Scientifique); Arbeitsschwerpunkte: Organisationspsychologie, Reziproke Beziehungen zwischen dem Arbeitsleben und der Freizeit und dem Lebensweise, Untersuchungsmethoden. Wichtige Veröffentlichungen: Étude de la transformation des conduites de travail (1975); Les conditions sociales de travail (1980); Mode de vie des familles et changement social (1986); La vie en temps partagè (1987, mit V. Hajjar). Adresse: Université de Toulouse-Le Mirail, 5 Allée Antonio Machado, F-31058 Toulouse Cedex.

Dost, Bettina, geb. 1950, Dipl.-Psych., Promotionskandidatin in Psychologie an der Freien Universität Berlin; Arbeitsschwerpunkte: Einfluß von Umweltfaktoren auf das Verhalten von Bewohnern in Alten-Pflegeheimen. Adresse: Kirchstr. 3a, 3307 Schliestedt.

Drenth, Pieter Johan Diederick, geb. 1935, Studium der Psychologie an der Freien Universität Amsterdam, Professor für Arbeits- und Organisationspsychologie an der Freien Universität Amsterdam; Arbeitsschwerpunkte: Führung, Industrielle Demokratie, Organisation von Universitäten, Personalauslese, Leistungsbeurteilung, Bedeutung von Arbeit, Interkulturelle Studien. Wichtige Veröffentlichungen: Der Psychologische Test (1968); Mental tests and cultural adaptation (1972, Co-Ed.); Industrial democracy in Europe (1981, Koautor); Handbook work and organizational psychology, 2 Vols (1984, Co-Ed.); The meaning of working (1987, Koautor); Decision making in organisations (1987, Koautor); Advances in organizational psychology (1987, Co-Ed.). Adresse: Subfaculteit Psychologie, Vrye Universiteit, De Boeleaan, NL-1081 HV Amsterdam.

Dzida, Wolfgang, geb. 1941, Dipl.-Psych., Dr. phil., Projektleiter am Institut für Systemtechnik der Gesellschaft für Mathematik und Datenverarbeitung; Arbeitsschwerpunkte: Entwicklung von Benutzerschnittstellen nach ergonomischen Anforderungen, ergonomische Normen, Curriculum Software-Ergonomie. Wichtige Veröffentlichungen: Psychological issues of human-computer interaction in the work place (1987 mit Frese u. Ulich). Adresse: GMD-F2G2, Schloß Birlinghoven, 5205 St. Augustin 1.

Eilers, Karin, geb. 1955, Dipl.-Psych., wiss. Mitarb., Studium der Psychologie an der Universität Oldenburg mit dem Schwerpunkt Arbeits- und Organisationspsychologie; Arbeitsschwerpunkte: Subjektive und psychophysiologische Methoden der Beanspruchungsmessung, Tageszeiteffekte bei Vigilanzaufgaben. Adresse: Universität Oldenburg, FB 5, Arbeitsgruppe Arbeits- und Organisationspsychologie, Birkenweg 3, 2900 Oldenburg.

Fineman, Stephen, geb. 1942, B.A. (Hons), M. Phil., Ph. D. Reader in Organizational Behaviour, University of Bath, England; Arbeitsschwerpunkte: Arbeitslosigkeit, Streß, Bedeutung der Arbeit, Ethnographie, Organisationale Veränderungen. Wichtige Veröffentlichungen: White collar unemployment: Impact and stress (1983); Social work stress and intervention (1985); Unemployment: Personal and social circumstances (1986). Adresse: School of Management, University of Bath, Claverton Down, GB-Bath BA2 7AY.

Fletcher, Clive, B.A. Ph. D. (Universität Wales), FBPsS. Leiter der psychologischen Abteilung am Goldsmith College der Universität London; Arbeitsschwerpunkte: Beurteilungsmethoden von Führungskräften, psychometrisches Testen, Interviews und Assessment Center, Beratung, Leistungsbeurteilung. Wichtige Veröffentlichungen: Staff appraisal and development (1976 mit Anstey & Walker); How to face the interview (1981, 1985); Individual differences; Theories & applications (1983 mit Shackleton); Performance appraisal and career development (1985 mit Williams). Adresse: Dept. of Psychology, Goldsmiths' College, New Cross, GB-London, SE14 6NW.

Franke, Joachim, geb. 1926, Dipl.-Psych., Dr. phil., Professor für Psychologie an der Wirtschafts- und Sozialwissenschaftlichen Fakultät der Universität Erlangen-Nürnberg; Arbeitsschwerpunkte: Umwelt- und Organisationspsychologie. Wichtige Veröffentlichungen: Psychologie als Hilfsmittel einer personenorientierten Unternehmensführung (1976); Sozialpsychologie des Betriebes (1980); Die Mitarbeiterbeurteilung (1981 mit Frech); Planungsunterlagen und Bürgerbeteiligung (1985 mit Bauer und Kühlmann). Adresse: Lehrstuhl für Psychologie (insbes. Wirtschafts- und Sozialpsychologie) der Universität Erlangen-Nürnberg, Lange Gasse 20, 8500 Nürnberg 1.

Frei, Felix, geb. 1952, Dr. phil., wissenschaftlicher Mitarbeiter an der Eidgenössischen Technischen Hochschule Zürich am Lehrstuhl für Arbeits- und Organisationspsychologie; Arbeitsschwerpunkte: Qualifizierende Arbeitsgestaltung, Partizipation, Subjektive Organisationstheorien von Managern. Wichtige Veröffentlichungen: Leitfaden für qualifizierende Arbeitsgestaltung (1986 mit Duell); Arbeit und Kompetenzentwicklung (1984 mit Duell und Baitsch). Adresse: A 80 Consearch, Rütistraße 20, CH-8134 Adliswil.

Frese, Michael, geb. 1949, Dipl.-Psych., Dr. phil., Professor für Arbeitspsychologie am Institut für Psychologie der Universität München; Arbeitsschwerpunkte: Mensch-Computer-Interaktion, berufliche Sozialisation, Streß am Arbeitsplatz, Handlungstheorie. Wichtige Veröffentlichungen: Psychische Störungen bei Arbeitern (1977); Industrielle Psychopathologie (1978 mit Greif und Semmer); Streß im Büro (1981); Goal Directed Behavior: The Concept of Action in Psychology (1985); Psychological Issues of Human-Computer Interaction in the Work Place (1987, mit Ulich und Dzida). Adresse: Institut für Psychologie der Universität München, Organisations- und Wirtschaftspsychologie, Leopoldstr. 13, 8000 München 40.

Frey, Dieter, geb. 1946, Studium der Psychologie und Soziologie in Mannheim und Hamburg, Diplom 1970, Promotion 1973, wissenschaftlicher Angestellter am SFB 24 der Universität Mannheim (Sozialwissenschaftliche Entscheidungsforschung), Habilitation 1978, PD an der Universität Mannheim, seit 1978 Professor für Psychologie an der Universität Kiel, seit 1981 geschäftsführender Direktor des Instituts für Psychologie an der Universität Kiel; Arbeitsschwerpunkte: experimentelle und angewandte Psychologie. Adresse: Institut für Psychologie der Christian-Albrechts-Universität Kiel, Olshausenstr. 40–60, 2300 Kiel.

Frieling, Ekkehart, geb. 1942, Studium der Psychologie, Promotion zum Dr. phil., Habilitation Psychologie, Professor für Arbeitswissenschaft im Fachbereich 02 der Gesamthochschule Kassel; Arbeitsschwerpunkte: Arbeitspsychologie, Belastung und Beanspruchung, Auswirkungen von CAD-Technik. Wichtige Veröffentlichungen: Psychologische Arbeitsanalyse (1975); Verfahren und Nutzen der Klassifikation von Berufen (1980); Lehrbuch Arbeitspsychologie (1987 mit Sonntag). Adresse: FB 02 – Arbeitswissenschaft der Gesamthochschule Kassel, Heinrich-Plett-Str. 40, 3500 Kassel.

Fryer, David, geb. 1949, B. A. Hons. Lond., Psych., M. A. London, Phil., Ph. D. Edinburgh, Psych. A. B. Ps. B., Lecturer/Course Director in Arbeitspsychologie an der Universität von Stirling, Schottland, vorher Research Fellow MRC/ESRC in der Abteilung Soziale und Angewandte Psychologie in Sheffield, England; Arbeitsschwerpunkte: Psychologische Erfahrung von Arbeitslosigkeit, Automation im 18. Jahrhundert. Wichtige Veröffentlichungen: Employment deprivation and personal agency during unemployment (1986); Being unemployed (1986 mit Roy Payne); Unemployed People: Social and Psychological Perspectives (im Druck, mit Phil. Ullah); Stages in the psychological response to unemployment (1985). Adresse: Department of Psychology, University of Stirling, FK9 4LA, Scotland.

Garber, J. Robert, geb. 1943, BSc Mathematics, MSc Organisation Development, seit 1964 in der Managementberatung tätig, 1979–1987 Research Fellow an der Social and Applied Psychology Unit der Universität Sheffield; Arbeitsschwerpunkte: Humanisierung von Informationssystemen, Informationsmanagement. Adresse: 47 Carr Road, GB-Sheffield S6 2WY.

Gebert, Alfred, geb. 1944, Dipl.-Psych., Dipl.-Sozw., Dr. phil., Professor für Psychologie an der Fachhochschule des Bundes, Fachbereich Finanzen in Münster, seit 1985 im Vorstand der Sektion Arbeits-, Betriebs- und Organisationspsychologie im BDP; Arbeitsschwerpunkte: Pädagogische Psychologie, Organisationspsychologie, Eignungsdiagnostik, Berufszufriedenheit. Adresse: FH des Bundes, FB Finanzen, Gescherweg 100, 4400 Münster.

Gebert, Diether, geb. 1940, Dipl.-Psych., Dr. phil. habil., o. Professor für Betriebswirtschaftslehre (Personalwesen und Führungslehre) an der Rechts- und Wirtschaftswissenschaftlichen Fakultät der Universität Bayreuth; Arbeitsschwerpunkte: Organisationsentwicklung, Innovation, Organisationspsychologie. Wichtige Veröffentlichungen: Zur Erarbeitung und Einführung einer neuen Führungskonzeption, Berlin, 1976; Organisationspsychologie (1981 mit L. v. Rosenstiel); Führungsstil und Absatzerfolg im Kreditbereich (1987 mit T. Steinkamp u. E. Wendler). Adresse: Lehrstuhl BWL IV, Rechts- und Wirtschaftswissenschaftliche Fakultät, Universität Bayreuth, 8580 Bayreuth, Postfach 10 12 51.

Gediga, Günther, geb. 1953, Dipl.-Ing., Dipl.-Math., Dr. rer. nat., Leiter des Forschungsprojektes „Multifunktionale Bürosoftware und Qualifizierung" (MBQ) im Fachbereich Psychologie der Universität Osnabrück; Arbeitsschwerpunkte: Anwendung mathematischer Modelle in der Psychologie, Software-Design. Wichtige Veröffentlichungen: Problemlösen als Informationsverarbeitung (1986); A critique of one-best-way models in Human-Computer Interaction (1987 mit Greif); Aufgaben und Tätigkeitsanalysen als Grundlage der Softwaregestaltung (1989 mit Greif, Monecke und Hamborg); Adresse: FB Psychologie an der Universität Osnabrück, Knollstr. 15, 4500 Osnabrück.

Greif, Siegfried, geb. 1943, Dipl.-Psych., Dr. phil., habil. psych., Professor im Fachgebiet Arbeits- und Organisationspsychologie der Universität Osnabrück; Arbeitsschwerpunkte: Training sozialer Kompetenzen, Streß am Arbeitsplatz, organisationspsychologische Theorien, Software-Design. Wichtige Veröffentlichungen: Gruppenintelligenztests (1972); Diskussionstraining (1976); Industrielle Psychopathologie (1978 mit Frese u. Semmer); Sozialpsychologie (1987[2] mit Frey); Konzepte der Organisationspsychologie (1983); Exploratorisches Lernen durch Fehler und qualifikationsorientiertes Software-Design (1989); Psychischer Streß am Arbeitsplatz (1989 mit Bamberg u. Semmer). Adresse: FB Psychologie der Universität Osnabrück, Postfach 4469, 4500 Osnabrück.

Guest, David, geb. 1944, Dr., studierte Psychologie und Soziologie an der Universität Birmingham und Arbeitspsychologie am Birkbeck College der Universität London, derzeit Senior lecturer in „Industrial Relations" an der Londoner School of Economics; Arbeitsschwerpunkte: Arbeitsmotivation, das Management menschlicher Ressourcen, die Effizienz der Individualpersonen und Organisationswandel. Bis 1989 Hrsg. des Journal of Occupational Psychology. Wichtige Veröffentlichungen: Putting participation into practice (1979 mit K. Knight); Techniques and strategies in personnel management (1983 mit T. Kenny); Social psychology and organizational change (1984). Adresse: London School of Economics, Houghton Street, GB-London, WC2A 2AE.

Hacker, Winfried, geb. 1934, Dipl.-Psych., Dr. rer. nat. habil., Professor für Psychologie am Wissenschaftsbereich Psychologie, Sektion Arbeitswissenschaften der Technischen Universität Dresden, Studium der Psychologie, Zweitstudium Pädagogik; Arbeitsgebiete: Grenzgebiete von Arbeits- einschließlich Ingenieur- und Organisationspsychologie und kognitiver Psychologie. Wichtige Veröffentlichungen: Grundlagen der Regulation von Arbeitsbewegungen (1967); Allgemeine Arbeits- und Ingenieurpsychologie (1980[3]); Arbeitspsychologie (1986); Psychologische Bewertung von Arbeitsgestaltungsmaßnahmen (1984[2]); Psychologische Arbeitsuntersuchung (1973 mit H. Raum, W. Quaas u. H.-J. Schulz); Psychische Fehlbeanspruchung (1984[2] mit P. Richter); Tätigkeitsbewertungssystem (1984 mit A. Iwanowa u. P. Richter); Tätigkeitsbewertungssystem für geistige Arbeit mit/ohne Rechnerunterstützung (1987 mit E. Rudolph und E. Schönfelder). Adresse: Technische Universität Dresden, Sektion Arbeitswissenschaften, Mommsenstr. 13, DDR-8027 Dresden.

Häcker, Hartmut, geb. 1938, Dipl.-Psych., Dr. phil., Univ.-Prof. für Psychologie am Fachbereich 3 der Bergischen Universität Wuppertal; Arbeitsschwerpunkte: Differentielle Psychologie und Arbeitspsychologie, Psychologische Diagnostik. Adresse: Fachbereich 3, Psychologie, Bergische Universität Wuppertal, Gaußstr. 20, Gebäude S-12, 5600 Wuppertal.

Hänecke, Kerstin, geb. 1951, Dipl.-Psych., wiss. Mitarb., Studium der Psychologie an der Universität Oldenburg mit dem Schwerpunkt Arbeits- und Organisationspsychologie; Arbeitsschwerpunkte: Schichtarbeit und Freizeit, Belastung und Beanspruchung, Tageszeiteffekte bei Vigilanzaufgaben. Adresse: Universität Oldenburg, FB 5, Arbeitsgruppe Arbeits- und Organisationspsychologie, Birkenweg 3, 2900 Oldenburg.

Hale, Andrew, R., geb. 1944, Ph. D. an der Universität Aston in Birmingham, Thema: Rolle und Ausbildung von Gewerbeaufsichtsbeamten in England, Professor für Allgemeine Sicherheitswissenschaften an der Technischen Universität Delft, NL.; Arbeitsschwerpunkte: Menschlicher Fehler und Modelle, Sicherheitstraining und die Rolle von Experten im Arbeits- und Gesundheitsschutz. Adresse: Universität Aston, GB-Birmingham B4 7ET.

Hartley, Jean, geb. 1953, B. A., Ph. D., Professorin in A,B/O Psychologie, Birkbeck College der University of London; Arbeitsschwerpunkte: Arbeitgeber und Arbeitnehmer Beziehungen, Arbeitslosigkeit, Arbeitsplatzsicherheit. Wichtige Veröffentlichungen: Unemployment (1984); Strikes (1983); Job insecurity (1986); Industrial relations (1984). Adresse: Department of Occupational Psychology, Birkbeck College, Malet Street, GB-London WC1E 7HX.

Heller, Frank, geb. 1920, BSc (Hons) der Wirtschaft, M. A., Ph. D. der Psychologie, studierte Maschinenbau, Wirtschaft und Psychologie an der Universität London, Direktor der Decision Making Studies am Tavistock Institut für „Human Relations" in London, Gastprofessor an der Universität Surrey; Arbeitsschwerpunkte: Organizational decision making, Technologischer Wandel, Nutzung menschlicher Ressourcen. Wichtige Veröffentlichungen: Managerial decision making (1971); Competence and power (1981 mit Wilpert); Industrial democracy in Europe (1981 mit anderen Teams); Use and abuse of social science (1986); The meaning of working (1987 mit anderen Teams). Adresse: Tavistock Institute, 120 Belsize Lane, GB-London NW3 5BA.

Herriot, Peter, geb. 1939, Ph. D., Fellow of the British Psychological Society, Studium in Oxford, Belfast und Manchester, Leiter und Professor in der Abteilung Arbeitspsychologie am Birkbeck College in London; Arbeitsschwerpunkte: Personalauswahl, insbesondere Rekrutierung von Akademikern, Assessmentzentren, biographisches Datenmaterial. Wichtige Veröffentlichungen: Down from the ivory tower: Graduates and their jobs (1984); Group decision-making in an assessment centre (1985 mit Chalmers u. Wingrove). Adresse: Department of Occupational Psychology, Birkbeck College, Malet Street, GB-London, WC1E 7HX, UK.

Hertog, Johan Friso, den, geb. 1946, Dipl.-Psych., Dr. Techn. Wiss., Professor für Betriebswirtschaft an der Universität Limburg, Maastricht Economic Research Institute on Innovation and Technology (MERIT), Industrieberater, KOERS, Den Bosch; Arbeitsschwerpunkte: Organisationsentwurf und technologische Innovation. Wichtige Veröffentlichungen: Arbeitsstrukturierung (1978, Huber). Adresse: Universität Limburg, MERIT, Postfach 616, NL-6200 MD Maastricht.

Hettinger, Theodor, geb. 1922, Prof. em. Dr. med., Medizinstudium Köln und Frankfurt, Examen 1948, Promotion 1948, Habilitation (Med. TH Aachen) 1968, apl. Prof. 1971, Ordinarius 1976 (Berg. Universität – GH Wuppertal), 1987 emeritiert, 1948–1950 Krankenhaus, 1950–1960 Max-Planck-Institut/Arbeitsphysiologie Dortmund, 1958–1959 Lankenau Hosp. Philadelphia, 1960–1976 Fa. Rheinstahl Essen, 1976–1987 Berg. Universität Wuppertal, 1987 – Vorstandsvorsitzender, Institut für Arbeitsmedizin, Sicherheitstechnik und Ergonomie an der Berg. Universität Wuppertal; Arbeitsschwerpunkte: Belastung/Beanspruchung des Menschen am Arbeitsplatz – Klimaeinfluß (Hitze); Atemschutzgeräte, Schutzkleidung, Belastungsprognose, Arbeitsbewertung, Arbeitsplatzgestaltung – Leistungsfähigkeit des Menschen, Trainier- bzw. Übbarkeit. Wichtige Veröffentlichungen: Ergonomie am Arbeitsplatz (1980^2); Sportmedizin – Allgemeine Arbeits- und Trainingsgrundlagen (1980^2); Tafeln für den Energieumsatz bei körperlicher Arbeit (1982^6); Isometrisches Muskeltraining (1983^5); Grundlagen der Arbeitsmedizin (1985); Hitzearbeit (1985); Arbeitsbedingungen in der Glasindustrie (7 Bände, 1987/88); Fit sein, fit bleiben (1988^8). Adresse: Institut für Arbeitsmedizin, Sicherheitstechnik und Ergonomie an der Berg. Universität – GH Wuppertal, Corneliusstr. 31, 5600 Wuppertal 11.

Hockey, Bob, Dr., University of Sheffield. Adresse: MRC University of Sheffield, GB-Sheffield S10 2TN.

Hoff, Ernst-Hartmut, geb. 1946, Dipl.-Psych., Dr. phil., Prof. an der FU Berlin; Arbeitsschwerpunkte: Theorien und Methoden der Sozialisationsforschung, familiale Sozialisation, berufliche Sozialisation, Arbeit und Freizeit, Kontrollbewußtsein. Wichtige Veröffentlichungen: Familienerziehung und Lebenssituation (1980^2 mit V. Grüneisen); Arbeitsbiographie und Persönlichkeitsentwicklung (1985 mit Lappe u. Lempert als Hg.); Arbeit, Freizeit und Persönlichkeit (1986). Adresse: Institut für Psychologie, Freie Universität Berlin, Habelschwerdter Allee 45, 1000 Berlin 33.

Hohner, Hans-Uwe, geb. 1951, Studium der Psychologie und Erziehungswissenschaften, Dipl.-Psych., Dr. phil., selbständig, Leitung der CCH-Laufbahnberatung, Berlin; Arbeitsschwerpunkte: Bildung, Berufsverlauf und Persönlichkeitsentwicklung, Kontrollbewußtsein, Konzeption, Organisation und Durchführung von Qualifizierungsmaßnahmen, Eignungsdiagnostik, Laufbahnentwicklung. Wichtige Veröffentlichungen: Kontrollbewußtsein und berufliche Restriktivität (1985); Kontrollbewußtsein und berufliches Handeln (1987). Adresse: CCH-Laufbahnberatung Dr. Hohner, Lefèvrestr. 2, 1000 Berlin 41.

Holling, Heinz, geb. 1950, Dipl.-Soz., Dipl.-Psych., Dr. phil., Dr. rer. nat. habil., wiss. Ang. für Arbeits- und Organisationspsychologie an der Universität Osnabrück, derzeit: Vertretung einer Professur für Methodenlehre am Institut für Kognitionsforschung der Universität Oldenburg; Arbeitsschwerpunkte: Mensch-Computer-Interaktion, Multivariate Analyseverfahren, Assessment Center. Wichtige Veröffentlichungen: Suppression in the general linear model (1983), Psychische Beanspruchung durch Wartezeiten in der Mensch-Computer-Interaktion (1989). Adresse: Universität Osnabrück, Fachbereich Psychologie, Postfach 4469, 4500 Osnabrück.

Hosking, Dian Marie, geb. 1949, B. A. (Hons) der Psychologie, MSc. der Arbeits- und Sozialpsychologie, Ph. D., studierte an den Universitäten Sheffield, Hull und Warwick, Lecturer in der sozialpsychologischen Arbeitspsychologie der Universität Aston; Arbeitsschwerpunkte: Organisationstheorien, Führung, Entscheidungsfindung, Gruppen und Teams. Wichtige Veröffentlichungen: A critical evaluation of Fiedler's contingency hypothesis (1981); Leaders and managers: International perspectives on managerial behaviour and leadership (1984 mit Hunt, Schriesheim und Stewart); Distributed leadership and skilled performance as successful organisation in social movements (1986 mit M. H. Brown); The skills of leadership (1986 mit I. E. Morley). Adresse: Applied Psychology and Organisation Studies, Management Centre, University of Aston, Aston Triangle, GB-Birmingham B4 7ET.

Hoyos, Carl Graf, geb. 1923, Studium der Psychologie (Diplom 1951, Dr. phil. 1954), Professor für Psychologie an der Technischen Universität München; Arbeitsschwerpunkte: Arbeitspsychologie, besonders Psychologie im Arbeitsschutz, Belastung und Beanspruchung, Arbeitsanalyse, Mensch-Computer-Interaktion. Adresse: Lehrstuhl für Psychologie der Technischen Universität München, Lothstr. 17, 8000 München 2.

Jackson, Paul R., geb. 1949, Msc., Ph. D., studierte Psychologie an der Universität Sheffield und Angewandte Statistik am Sheffield City Polytechnic. Research fellow am MRC/ESRC (Medical Research Council/Economic and Social Research Council) für Angewandte und Sozialpsychologie an der Universität Sheffield; Arbeitsschwerpunkte: Arbeit und Arbeitslosigkeit, soziale Unterstützungssysteme. Wichtige Veröffentlichungen: Unemployment and psychological distress in young people: the moderating role of work involvement (1983, mit Stafford, Banks und Warr); Unemployment and risk of minor psychiatric disorder in young people: Cross-sectional and longitudinal evidence (1982, Psychological Medicine, mit Banks). Adresse: MRC, University of Sheffield, GB-Sheffield S10 2TN.

Jones, Alan, geb. 1946, B. A. (Psychologie), B. Phil. (Angewandte Psychologie), Fellow British Psychological Society, Associate Institute of Personnel Management, Studium der Psychologie an den Universitäten Reading und Liverpool, Studium des Individualmanagements am Polytechnic von Central London, tätig für die Auswahl von Offizieren für die Marine; Arbeitsschwerpunkte: Rekrutierung, Auswahl und Ausbildung von Personal. Wichtige Veröffentlichungen: Prediction of performance in initial officer training using reference reports (1982 mit Harrison); A study of pre-assessment centre candidate short-listing (1984); The predictive validity of pre- and post-discussion assessment centre ratings (1985 mit Wingrove u. Herriot). Adresse: SP (N), Archway Block South, Spring Gardens, GB-London SW1A 2BE.

Kelly, John, geb. 1952, Dr., B.Sc (Hons) der Psychologie der Universität Sheffield; Ph. D. der Fakultät Wirtschaft, Abt. Industrial Relations der London School of Economics, Lecturer für Industrial Relations an der London School of Economics, GB; Arbeitsschwerpunkte: Gewerkschaften und marxistische Theorie, Gewerkschaftsorganisation, Arbeitsplatzgestaltung und Arbeitsorganisation; Psychologie und Industrial Relations. Wichtige Veröffentlichungen: Scientific management job redesign and work performance (1982); Steel Strike (1983 mit J. Hartley u. N. Nicholson); Psychology and industrial relations (1986, ed. mit J. Hartley); Marxism and trade unions (1987). Adresse: Department of Industrial Relations, London School of Economics, Houghton Street, GB-London, WC2A 2AE.

Kieser, Alfred, geb. 1942, Dipl.-Kfm., Dr. rer. pol., habil., Studium der Betriebswirtschaftslehre und Soziologie, Professor für Allgemeine Betriebswirtschaftslehre und Organisation an der Universität Mannheim; Arbeitsschwerpunkte: Organisationstheorie, Organisationsgestaltung, Geschichte der Organisation. Adresse: Fakultät für Betriebswirtschaftslehre, Universität Mannheim, Schloß, 6800 Mannheim.

Klein-Moddenborg, Volker, geb. 1950, Dipl.-Psych., Dr. phil., Hochschulassistent am Institut für Psychologie der Technischen Hochschule Darmstadt im Bereich Arbeits- und Organisationspsychologie; Arbeitsschwerpunkte: Alkohol im Betrieb, Technologie und Führung, Entscheidungsforschung. Adresse: Institut für Psychologie der TH Darmstadt, Hochschulstr. 1, 6100 Darmstadt.

Kleinbeck, Uwe, geb. 1942, Studium der Psychologie (Diplom-Prüfung), Promotion zum Dr. phil., Leiter der Arbeitsgruppe „Kognitive und motivationale Prozesse" am Institut für Arbeitsphysiologie in Dortmund, Habilitation für Psychologie an der Ruhr-Universität Bochum, Professor für Arbeits- und Berufspsychologie an der Bergischen Universität-Gesamthochschule Wuppertal; Arbeitsschwerpunkte: Arbeitsmotivation, psychische Beanspruchung, Arbeit und Gesundheit, Motivation und Leistung. Wichtige Veröffentlichungen: Herausgabe (Zus. mit J. Rutenfranz) des Bandes „Arbeitspsychologie" in der Enzyklopädie für Psychologie. Adresse: Psychologie im Fachbereich Erziehungswissenschaften der Bergischen Universität-GH Wuppertal, Gaußstr. 20, 5600 Wuppertal 1.

Kühlmann, Torsten M., geb. 1952, Dipl.-Psych., Dr. rer. pol., habil., Akademischer Rat a. Z. am Lehrstuhl für Psychologie (insbes. Wirtschafts- und Sozialpsychologie) der Universität Erlangen-Nürnberg; Arbeitsschwerpunkte: Arbeitsbeanspruchung und deren Bewältigung; organisatorischer und technischer Wandel; Kommunikationstraining. Wichtige Veröffentlichungen: Projektorientiertes Verbundstudium. Ein Konzept zur Förderung interdisziplinärer Zusammenarbeit von Wissenschaft und Praxis (1981 mit Franke, Kentner u. Gätschenberger-Bahler); Beanspruchung und Erholung (1982). Adresse: Lehrstuhl für Psychologie (insbes. Wirtschafts- und Sozialpsychologie) der Universität Erlangen-Nürnberg, Lange Gasse 20, 8500 Nürnberg 1.

Kurtz, Hans-Jürgen, geb. 1948, Studium der Volkswirtschaftslehre und der Wirtschafts- und Sozialpädagogik, Leiter der Personalentwicklung der Mannheimer Versicherungen; Arbeitsschwerpunkte: Traineeprogramme, Management-Andragogik, Laufbahn- und Nachfolgeplanung. Wichtige Veröffentlichungen: Seminarentwürfe und Workshopkonzepte (1984); Neue Evaluierungskonzepte in der Management-Andragogik (1984); Organisationsentwicklung für Management-Andragogen (1985); Laufbahn und Laufbahngestaltung (1985). Adresse: B 4,2, 6800 Mannheim 1.

Leitner, Konrad, geb. 1952, Dipl.-Psych., wissenschaftlicher Mitarbeiter am Institut für Humanwissenschaft an der Technischen Universität Berlin; Arbeitsschwerpunkte: Arbeit und Persönlichkeit, Analyse industrieller Arbeitsbedingungen, empirische Forschungsmethoden und Statistik. Adresse: Technische Universität Berlin, Institut für Humanwissenschaft in Arbeit und Ausbildung, Ernst-Reuter-Platz 7, 1000 Berlin 10.

LePlat, Jacques, geb. 1921, Dr. der Psychologie, Direktor des „Laboratory of Work Psychology" am „Ecole Pratique des Hautes Etudes" in Paris. Das obige Institut arbeitet zusammen mit dem National Center for Scientific Research (C. N. R. S.). Koautor der Zeitschrift „Le Travail Humain". Arbeitsschwerpunkte: theoretische und methodologische Aspekte der psychologischen Arbeitsanalyse, menschliche Verläßlichkeit und Sicherheit. Wichtige Veröffentlichungen: La psychologie ergonomique (1980); Introduction à la Psychologie du Travail (1984[2] mit Cuny X.); Erreur humaine, fiabilitè humaine dans le travail (1985). Adresse: Laboratoire de Psychologie du Travail, 41, rue Gay-Lussac, F-75005 Paris.

Lewis, Christopher, geb. 1944, B.Sc Econ (Wales), M.Sc (London), A. B. Ps. S., studierte Psychologie und Anthropologie an der Universität Wales, Arbeitspsychologie an der Universität London, Principal lecturer im Fachbereich Psychologie am North/East London Polytechnic; Arbeitsschwerpunkte: Rekrutierung und Auswahl, Entwicklung im Management, Psychologische Aspekte des Jobsharing. Wichtige Veröffentlichungen: Finding the facts – minding the feelings (1976 mit Edgerton u. Parkinson); Personnel management; Investigate the Employment Interview; A Consideration of Counselling Skill (1980); What new in Selection (1984); Employee selection (1985). Adresse: Department of Psychology, North East London Polytechnic, Romford Road, GB-London, E15 4LZ.

Liepmann, Detlev, geb. 1942, Dipl.-Psych., Dr. phil. habil., Professor für Sozial- und Organisationspsychologie am Institut für Psychologie (Fachbereich Erziehungs- und Unterrichtswissenschaften) der FU Berlin; Arbeitsschwerpunkte: Psychologische Methodenlehre, Eignungsdiagnostik, Berufliche Sozialisation, Organisationskultur. Adresse: Institut für Psychologie der Freien Universität Berlin, Habelschwerdter Allee 45, 1000 Berlin 33.

Marshall, Judi, geb. 1949, B. A., Dr. phil., studierte Psychologie an der Universität in Manchester (GB), Lecturer in „Organizational Behaviour" in der „School of Management" der Universität von Bath (GB); Arbeitsschwerpunkte: Managerkrankheiten, Frauen im Management, spezielle Untersuchungsmethoden, Organisationskultur und -wandel. Wichtige Veröffentlichungen: Understanding executive pressure (1978 mit Cooper); Women managers: Travellers in a male world (1984); Exploring organization culture as a route to organization change (1985 mit McLean). Adresse: School of Management, University of Bath, Claverton Down, GB-Bath BA2 7AY.

Meijman, Theo, geb. 1943, Dipl.-Psych., studierte Psychologie an der Universität Amsterdam, Senior researcher in „Work Psychology" an der Universität Groningen und praxisorientierter Forscher in „Work and Health" an der Universität in Amsterdam; Arbeitsschwerpunkte: Belastung und Arbeitsstreß, Schichtarbeit, Arbeit und Gesundheit. Mehrere Publikationen in diesen Bereichen. Adresse: University of Groningen, Department of Experimental and Work Psychology, Biological Centre, Kerklaan 30, NL-9751 NN Haren.

Mense, Helmut, geb. 1947, Dipl.-Soz., Studium der Volkswirtschaft und Soziologie in Frankfurt/M., wissenschaftlicher Angestellter bei der Projektträgerschaft Fertigungstechnik im Kernforschungszentrum Karlsruhe; Arbeitsschwerpunkte: Arbeitsstrukturierung, Bedingungen, Voraussetzungen und Wirkungen der Informationstechnologie und Gestaltungsmöglichkeiten von Industriearbeit; Zusammenhänge von rechnergestützter Konstruktion, Planung, Produktion und Arbeitssituation; Evaluierung von Forschungs- und Entwicklungsprojekten. Adresse: Kernforschungszentrum Karlsruhe GmbH, Projektträgerschaft Fertigungstechnik, Postfach 3640, 7500 Karlsruhe 1.

Merkens, Hans, geb. 1937, Studium der Elektrotechnik und Pädagogik (1. Staatsexamen), Pädagogik, Psychologie und Soziologie (Dr. phil), Professor für Erziehungswissenschaft an der Freien Universität Berlin; Arbeitsschwerpunkte: Forschungsmethoden und Methodologie der Erziehungswissenschaft, Arbeitsmigration, Unternehmenskultur. Wichtige Veröffentlichungen: Interaktionsanalyse (1987 mit Seiler); Teilnehmende Beobachtung und Inhaltsanalyse (1984); Enkulturation in Unternehmenskulturen (1988 mit Schmidt). Adresse: Institut für Allgemeine und Vergleichende Erziehungswissenschaft der Freien Universität Berlin, Fabeckstr. 13, 1000 Berlin 33.

Mohr, Gisela, geb. 1950, Studium der Psychologie, Dipl.-Psych., Dr. rer. nat.; Arbeitsschwerpunkte: Arbeit und psychische Gesundheit, Frauenerwerbstätigkeit, Erwerbslosigkeit, Erwachsenenbildung. Wichtige Veröffentlichungen: Befindensbeeinträchtigungen bei Industriearbeitern (1986). Adresse: Sembritzkistr. 31, 1000 Berlin 41.

Müller, Günter F., geb. 1946, Studium der Psychologie, Promotion 1977, Habilitation 1984; seit 1989 Professor für Arbeits- und Organisationspsychologie an der Universität Bielefeld; Arbeitsschwerpunkte: Organisationspsychologie, individuelle und soziale Bedingungen effizienter Kooperation. Wichtige Veröffentlichungen: Prozesse sozialer Interaktion (1985). Adresse: Universität Oldenburg, FB 5, Psychologie, PF 2503, 2900 Oldenburg.

Munzert, Jörn, geb. 1958, Dipl.-Psych., wissenschaftlicher Mitarbeiter am Institut für Humanwissenschaft in Arbeit und Ausbildung der Technischen Universität Berlin; Arbeitsschwerpunkte: Anlernmethoden, sensomotorisches Lernen, Arbeitsanalyseverfahren. Adresse: Institut für Humanwissenschaft in Arbeit und Ausbildung, Technische Universität Berlin, Ernst-Reuter-Platz 7, 1000 Berlin 10.

Nachreiner, Friedhelm, geb. 1944, Dipl.-Psych., Dr. rer. nat., Professor für Angewandte Psychologie mit dem Schwerpunkt Arbeitspsychologie an der Universität Oldenburg;

Arbeitsschwerpunkte: Schichtarbeit, Psychische Belastung und Beanspruchung, Vigilanz-Probleme. Wichtige Veröffentlichungen: Die Messung des Führungsverhaltens (1978). Adresse: Universität Oldenburg, FB 5, Arbeitsgruppe Arbeits- und Organisationspsychologie, Birkenweg 3, 2900 Oldenburg.

Neuberger, Oswald, geb. 1941, Dipl.-Psych., Dr. phil. habil., seit 1980 Lehrstuhl für Psychologie an der WiSo-Fakultät der Universität Augsburg, verantwortlich für das Vertiefungsfach „Personalwesen"; Arbeitsschwerpunkte: Motivation, Führung, Organisation. Wichtige Veröffentlichungen: Führungsverhalten und Führungserfolg (1976); Messung und Analyse von Arbeitszufriedenheit (1978 mit Allerbeck); Führung, Ideologie-Struktur-Verhalten (1985); Arbeit (1985). Adresse: WiSo-Fakultät, Lehrstuhl Psychologie I, Universität Augsburg, Memminger Str. 14, 8900 Augsburg.

Nicholson, Nigel, geb. 1944, B. A. (Hons), Ph. D. (Universität Wales), studierte Psychologie an der Universität Cardiff in Wales, Senior research fellow im Bereich Sozialpsychologie und Angewandte Psychologie an der Universität in Sheffield (GB); Arbeitsschwerpunkte: Arbeitsausfälle, Arbeitsbeziehungen, Persönlichkeitsveränderungen und Innovation, Arbeitssozialisierung und Anpassung, Organisationstheorien. Wichtige Veröffentlichungen: The meanings of absence (1982 mit Johns); The dynamics of practice organizational psychology (1982 mit Wall); Managerial job change (1987 mit West). Adresse: MRC/ESRC SAPU, University of Sheffield, GB-Sheffield S10 2TN.

Novara, Francesco, geb. 1923, studierte an der Universität Turin, Abschluß in Medizin, spezialisiert in Psychologie, Dozent für Arbeitspsychologie an den Universitäten Turin (seit 1974) und Mailand, Leiter des „Center of Psychology" bei Olivetti; Arbeitsschwerpunkte: Organisation und Arbeits(platz)gestaltung, arbeitsbedingte psychische Gesundheit, Firmen- und Büroautomatisierung. Wichtige Veröffentlichungen: Humanization of Work in Western Europe (1979 mit European Association for Personnel Management); Psicologia in fabbrica (1980 mit Musatti, Baussano und Rozzi); L'utile e l'umano (1980 mit Ratti); Psicologia del lavoro (1983 mit Rozzi und Sarchielli). Adresse: Centro di Psicologia, Ing. C. Olivetti & C. S.p.A., via Jervis 77, I-10015 Ivrea (Torino).

Ochsenbein, Guy, geb. 1953, Studium der Psychologie und Biologie in Bern, lic. phil., Promotion 1986 mit Dissertation über Aufmerksamkeits- und Kommunikationsprozesse im Gruppenhandeln; Arbeitsschwerpunkte: z. Z. Arbeit in einem Nationalfonds-Projekt mit dem Thema der Dissertation, Handelnde Systeme unterschiedlicher Komplexität. Wichtige Veröffentlichungen: Leadership as a function of group action (1986 mit v. Cranach); Action of systems: Theoretical and empirical investigations (im Druck, mit v. Cranach und Tschan). Adresse: Psychologisches Institut der Universität Bern, Gesellschaftsstr. 49, CH-3012 Bern.

Oesterreich, Rainer, Dipl.-Psych., Dr. phil., Akademischer Rat am Institut für Humanwissenschaft in Arbeit und Ausbildung, Technische Universität Berlin; Arbeitsschwerpunkte: Methodik der psychologischen Arbeitsanalyse, Psychologie des Handelns in und außerhalb der Arbeit, Motivationspsychologie. Wichtigste Veröffentlichung: Handlungsregulation und Kontrolle (1981). Adresse: Technische Universität Berlin, Institut für Humanwissenschaft in Arbeit und Ausbildung, Ernst-Reuter-Platz 7, D-1000 Berlin 10.

Patrick, John, geb. 1947, Dr., B. A., Ph. D. (Hull), Lecturer im Department of Applied Psychology, UWIST, Cardiff, Wales; Arbeitsschwerpunkte: Lernen, Training und kognitive Ergonomie. Wichtige Veröffentlichungen: Psychology of training (1975 mit Stammer); Designing for learning (1986 mit Moore); Trainings, human decision making and control (1988 mit K. Duncan). Adresse: Department of Applied Psychology, UWIST, Cardiff, CF 3 7UX, Wales.

Peiro, José M., geb. 1950, Lic. Phil., Lic.-Psych., Dr. phil., Professor für Sozialpsychologie, studierte Psychologie an der Universität Madrid (Spanien); Arbeitsschwerpunkte: Arbeitsstreß, Sozialisation durch Arbeit und Organisation, Geschichte der Arbeits- und Organisationspsychologie, Organisationsstukturen. Wichtige Veröffentlichungen: Psicología de la Organización, 2 Bände (1983–84); La Madurez Vocacional (1986 mit A. Salvador), Organizational structure (1986); Recent developments in work and organizational psychology in Spain (1986). Adresse: Universitad de Valencia, Facultad de Psicología, Departamento de Psicología Social. Avda. Blasco Ibañez, 21; 46010 Valencia, Spain.

Roe, Robert A., geb. 1944, Studium Psychologie, Dr. der Sozialwissenschaften, Professor in Arbeits- und Organisationspsychologie an der Universität Tilburg; Arbeitsschwerpunkte: Technology Assessment, Arbeitstechnologie und Arbeitsorganisation, Ergonomie der Handlung, Arbeitsanalyse und -diagnostik. Wichtige Veröffentlichungen: Grundlagen der Personalauslese (Niederl. 1983); Personalbeurteilung (Niederl. 1984 mit Daniëls); Work and organizational psychology: European perspectives (1984 mit Koopman-Iwema); Was macht der Psychologe? (Niederl. 1984); Psychologie der Arbeitsbedingungen (Niederl. 1986); Validity generalization revisited (1986 mit Jansen u. A.); Automation im öffentlichen Dienst (Niederl. 1986 mit Arnold u. Ten Horn). Adresse: Department of Psychology, P. O. BOX 90153, NL-5000 LE Tilburg.

von Rosenstiel, Lutz, geb. 1937, Studium der Psychologie (Dr. phil.), Professor für Organisations- und Wirtschaftspsychologie an der Ludwig-Maximilians-Universität in München; Arbeitsschwerpunkte: Organisationspsychologie, Marktpsychologie, Bevölkerungspsychologie, Wertewandel. Adresse: Institut für Psychologie – Organisations- und Wirtschaftspsychologie, Leopoldstr. 13, 8000 München 40.

Rummel, Martina, geb. 1954, Dipl.-Psych., z. Z. wiss. Mitarbeiterin am Institut für Soziologie an der Freien Universität Berlin; Arbeitsschwerpunkte: Arbeitspsychologie/Arbeitssoziologie; Frauen und Arbeit/familiale Aufgabenallokation; Training sozialer Kompetenzen/ Erwachsenenbildung. Adresse: Institut für Soziologie der Freien Universität Berlin, Babelsberger Str. 14, 1000 Berlin 31.

Rutenfranz, Joseph, geb. 1928, verstorben 1989. Studium der Medizin (Dr. med.), Psychologie und Pädagogik (Dr. phil.) an den Universitäten Münster und München. Tätigkeit am Max-Planck-Institut für Arbeitsphysiologie, Dortmund, sowie an der Pädiatrischen Poliklinik der Universität München. Habilitation München 1962; o. Professor für Arbeitsmedizin der Universität Gießen 1968–1972; ab 1972 Univ.-Prof. für Arbeitsphysiologie der Universität Dortmund und Direktor am Institut für Arbeitsphysiologie an der Universität Dortmund; Arbeitsschwerpunkte: Entwicklung der körperlichen Leistungsfähigkeit im Kindes- und Jugendalter, Längsschnittstudien zur Entwicklung der körperlichen Leistungsfähigkeit, Erlernung sensomotorischer Fertigkeiten im Betrieb, Vigilanzprobleme bei Kontroll- und Überwachungstätigkeiten, Arbeitszeit und Arbeitspausen, Fließarbeit und Neue Arbeitsstrukturen, Nacht- und Schichtarbeit, Experimentelle Schichtarbeit, Kombinierte Belastungen, Experimentelle Streßforschung. Wichtige Veröffentlichungen: Praktische Arbeitsphysiologie (1983^3 mit Rohmert); Arbeitsmedizin in 2 Bänden (1985^3 mit Valentin et al.); Children and exercise XII (1986 mit Mocellin u. Klimt); Schichtarbeit und Nachtarbeit (1987^2 mit Knauth); Arbeitspsychologie (1987 mit Kleinbeck); Nachtarbeit für Frauen (1987 mit Beermann u. Löwenthal); Contemporary advances in shiftwork research (1987 mit Oginski u. Pokorski); Die Bedeutung von Feldstudien für die Arbeitsphysiologie (1988). Frühere Adresse: Institut für Arbeitsphysiologie an der Universität Dortmund, Ardeystr. 67, D-4600 Dortmund 1.

Rüttinger, Bruno, geb. 1939, Dipl.-Psych., Dr. rer. pol., Professor für Arbeits- und Organisationspsychologie an der Technischen Hochschule Darmstadt; Arbeitsschwerpunkte: Sozialer Konflikt, Alkohol im Betrieb, neue Technologien und Führungsqualifikationen. Adresse: Institut für Psychologie der TH Darmstadt, Hochschulstr. 1, 6100 Darmstadt.

Schallberger, Urs, geb. 1941, Studium der Psychologie, Mathematik und Philosophie, Dr. phil., 1. Oberassistent und Lehrbeauftragter an der Abteilung Angewandte Psychologie, Universität Zürich; Arbeitsschwerpunkte: Methodologie, Psychologische Diagnostik, Berufsarbeit und Persönlichkeitsentwicklung. Buchpublikationen u. a.: Studienverlauf und Studienerfolg (1974); Die Anwendung des HAWIK bei Deutschschweizer Kindern (1981 mit Koautoren); Berufsausbildung und Persönlichkeitsentwicklung (1987 mit Koautoren). Adresse: Psychologisches Institut der Universität Zürich, Abteilung Angewandte Psychologie, Zürichbergstr. 44, CH-8044 Zürich.

Schmidt, Klaus-Helmut, geb. 1952, Dipl.-Psych., Dr. phil., wissenschaftlicher Mitarbeiter am Institut für Arbeitsphysiologie an der Universität Dortmund; Arbeitsschwerpunkte: Arbeitsmotivation, Leistung und Beanspruchung, Arbeitsorganisation und -strukturierung, Arbeitsplatzgestaltung, Regulation sensumotorischer Arbeitstätigkeiten. Wichtige Veröffentlichungen: Motivation, Handlungskontrolle und Leistung in einer Doppelaufgabensituation (1987). Adresse: Institut für Arbeitsphysiologie an der Universität Dortmund, Abteilung „Arbeitsphysiologie II", Ardeystr. 67, 4600 Dortmund 1.

Schönpflug, Wolfgang, geb. 1936, Studium der Psychologie, Physiologie und Germanistik, Master of Arts (University of Kansas, USA), Dipl.-Psych., Dr. phil. nat (Universität Frankfurt a. M.), Habilitation (Ruhr-Universität Bochum), Professor für Psychologie an der Freien Universität Berlin; Arbeitsschwerpunkte: Streß-, Gedächtnis-, Handlungspsychologie. Wichtige Veröffentlichungen: Adaptation, Aktiviertheit und Valenz (1971); Psychologie (1983 mit Ute Schönpflug). Adresse: Institut für Psychologie der Freien Universität Berlin, Fachbereich Erziehungs- und Unterrichtswissenschaften, Habelschwerdter Allee 45, 1000 Berlin 33.

Schroiff, Hans-Willi, geb. 1952, Dipl.-Psych., Dr. phil., Leiter der Psychologischen Marktforschung der HENKEL KGaA; Arbeitsschwerpunkte: Menschliche Informationsverarbeitung, insbesondere visuelle Wahrnehmung und Kognition. Adresse: WSC/Psychologische Marktforschung, Henkel KGaA, Henkelstr. 67, 4000 Düsseldorf 1.

Schuler, Heinz, geb. 1945, Studium der Psychologie, Philosophie und Betriebswirtschaftslehre in München, Promotion und Habilitation in Augsburg, o. Professor für Psychologie an der Universität Hohenheim seit 1982; Arbeitsschwerpunkte: Berufs- und Organisationspsychologie, speziell Berufseignungsdiagnostik und Leistungsbeurteilung, Kleingruppenforschung und Wissenschaftsethik. Adresse: Universität Hohenheim, Lehrstuhl für Psychologie, Schloß, 7000 Stuttgart 70.

Seeber, Andreas, geb. 1940, Studium der Psychologie, Priv.-Doz., Dr. sc. nat., Leiter der Zentralen Wissenschaftlichen Einrichtung (ZWE) „Psychotoxikologie" am Institut für Arbeitsphysiologie an der Universität Dortmund; Arbeitsschwerpunkte: Arbeit und Gesundheit, psychische Wirkungen neurotoxischer Arbeitsstoffe, Psychodiagnostik. Veröffentlichungen: Psychologie in der sozialistischen Industrie (1971 mit Klix, Neumann u. Timpe); Psychodiagnostik – Probleme, Methoden, Ergebnisse (1973 mit Böttcher und Witzlack); Arbeitspsychologische Grundsätze für den Arbeitsschutz (1984^2); Chronic Exposure to tetrachloroethylene with reference to consumption of ethanol (1985 mit Dietz et al.). Adresse: Institut für Arbeitsphysiologie an der Universität Dortmund, Ardeystr. 67, D-4600 Dortmund 1.

Six, Bernd, geb. 1943, Dipl.-Psych., Dr. phil., Professor für Sozial- und Organisationspsychologie im Fachbereich Gesellschaftswissenschaften der Bergischen Universität Wuppertal; Arbeitsschwerpunkte: Sozialpsychologie der Vorurteile und Stereotype, Einstellungsänderung, Einstellung und Verhalten, Attributionsforschung, Arbeitszufriedenheit, Umweltpsychologie. Wichtige Veröffentlichungen: Sozialpsychologie des Vorurteils (1978 mit B. Schäfer); Einstellungsänderung (1985 mit B. Schäfer). Adresse: FB 1, Abt. Sozial- und Organisationspsychologie; Ebene 0.15, Gaußstr. 20, 5600 Wuppertal 1.

Stadler, Michael, geb. 1941, Studium der Psychologie, Physiologie und Kunstgeschichte (Dipl.-Psych., Dr. phil., habil. Psychologie), Professor für Psychologie an der Universität Bremen; Arbeitsschwerpunkte: Wahrnehmungs- und Handlungspsychologie, Psychomotorik. Wichtige Veröffentlichungen: Psychologie der Wahrnehmung (1977[2] mit Seeger u. Raeithel), Gestalttheorie in der modernen Psychologie (1975 mit Ertel und Kemmler); Erkenntnis oder Dogmatismus? (1978 mit Keiler); Arbeitsmotivation (1980 mit Offe); Psychologie an Bord (1984). Adresse: Wissenschaftliche Einheit: „Handlung und Wahrnehmung", Studiengang Psychologie, Universität Bremen (Sportturm), Postfach, 2800 Bremen 33.

Staehle, Wolfgang H., geb. 1938, Studium der Betriebswirtschaftslehre in Frankfurt/Main und München, Dipl.-Kfm., Dr. oec. publ., Professor für Betriebswirtschaftslehre an der Freien Universität Berlin, Direktor des Instituts für Unternehmensführung der FU Berlin; Arbeitsschwerpunkte: Organisation und Führung, Personalwirtschaft, Unternehmungsverfassung, Internationalisierung der Unternehmungen, nationale und internationale Arbeitsbeziehungen, Folgen technologischen Wandels. Wichtige Veröffentlichungen: Organisation und Führung soziotechnischer Systeme (1973); Funktionen des Managements (1983); Management (1985). Adresse: Institut für Unternehmensführung, Fachbereich Wirtschaftswissenschaft der Freien Universität Berlin, Garystr. 21, 1000 Berlin 33.

Streitz, Norbert, geb. 1948, Studium der Mathematik und Physik (Diplom-Physiker), Promotion in theoretischer Physik (Dr. rer. nat.) mit Nebenfach Psychologie, Studium der Psychologie, Erziehungswissenschaften und Philosophie (und cognitive science an der University of California, Berkeley), Promotion in Psychologie (Dr. phil.), Forschungsbereichskoordinator und Projektleiter am Institut für Integrierte Publikations- und Informationssysteme (IPSI) der Gesellschaft für Mathematik und Datenverarbeitung (GMD) in Darmstadt; Arbeitsschwerpunkte: Kognitive Ergonomie und Mensch-Computer-Interaktion, Wissensrepräsentation und Problemlösen, kognitive Theorien des Textverstehens und der Textproduktion, wissensbasierte Autoren- und Hypertextsysteme, computerunterstütztes kooperatives Arbeiten und Multimedia-Kommunikation. Bücher: Cognitive science in Europe (1987 mit Imbert et al.); Einführung in die Software-Ergonomie (1988 mit Balzert et al.); Man-Computer-Interaction Research: MACINTER II (1989 mit Klix et al.). Adresse: GMD-IPSI, Dolivostr. 15, D-6100 Darmstadt.

Strümpel, Burkhard, geb. 1935, Dr., seit 1977 Professor am Fachbereich Wirtschaftswissenschaft der Freien Universität Berlin, Abitur 1952 in Frankfurt/Oder, Studium der Sozialwissenschaften mit Schwerpunkt ökonomische Verhaltensforschung in Köln, Berlin und Ann Arbor, Michigan, Promotion (Dr. rer. pol.) 1962 und Habilitation (Wirtschaftliche Staatswissenschaften) 1968 in Köln, Lehr- und Forschungstätigkeit 1968–1977 an der Universität von Michigan, Ann Arbor, z. Z. Mitglied des Kuratoriums der Stiftung Warentest, des Beirats des Wissenschaftszentrums Berlin für Sozialforschung, des sozialwissenschaftlichen Beirats des Bundesministers für Forschung und Technologie. Wichtige Veröffentlichungen: Krise des Wohlstands, 1977; Der Überdruß am Überfluß (1984 mit Michael v. Klipstein); Macht Arbeit krank – macht Arbeit glücklich? (1984 mit Elisabeth Noelle-Neumann). Adresse: FU Berlin, Forschungsstelle Sozialökonomik der Arbeit, Corrensplatz 2, 1000 Berlin 33.

Thierry, Henk, geb. 1938, studierte Psychologie an der Freien Universität Amsterdam, Ph. D. 1968 (Thema: Empirische Effekte von Lohnsystemen in der Industrie), derzeit Professor für Arbeits- und Organisationspsychologie an der Universität Amsterdam; Arbeitsschwerpunkte: Job-Evaluation und Bezahlungssysteme, Schichtarbeit und Arbeitszeitarrangements, Arbeitsmotivation, Organisationsbeurteilung. Adresse: Dept. of Psychology, University of Amsterdam, Weesperplein 8, NL-1018 XA Amsterdam.

Thomas, Alexander, geb. 1939, Dipl.-Psych., Dr. phil., Professor für Psychologie am Institut für Psychologie der Universität Regensburg; Arbeitsschwerpunkte: Sozialpsychologie, Organisationspsychologie, Handlungspsychologie und Psychomotorik. Wichtige Veröffentlichungen: Einführung in die Sozialpsychologie (1976^2); Psychologie der Handlung und Bewegung (1976); Einführung in die Sportpsychologie (1978); Schülerheimerziehung und Entwicklung (1981); Interkultureller Personenaustausch (1984); Interkultureller Austausch als interkulturelles Handeln (1985). Adresse: Universität Regensburg, Institut für Psychologie, Universitätsstr. 31, 8400 Regensburg.

Timpe, Klaus-Peter, geb. 1938, Dipl.-Ing., Dipl.-Psych., Dr. sc. nat., Professor für Ingenieurpsychologie an der Sektion Psychologie der Humboldt-Universität zu Berlin; Arbeitsschwerpunkte: Mensch-Maschine-Systeme, Informationstechnologien und Psychologie, Psychologische Arbeitsgestaltung. Wichtige Veröffentlichungen: Ingenieurpsychologie und Automatisierung (1969); Psychologische Arbeitsgestaltung (1976 mit Neumann); Zwischen Psychologie und Technik (1987). Adresse: Sektion Psychologie der Humboldt-Universität zu Berlin, Oranienburger Str. 18, DDR-1020 Berlin.

Tränkle, Ulrich, geb. 1947, Studium der Psychologie, Dr. phil. nat., Privatdozent an der Universität Münster; Arbeitsschwerpunkte: Datenerhebungsverfahren, Risikowahrnehmung und -verhalten, Mensch-Maschine-Interaktion. Adresse: Institut für Allgemeine und Angewandte Psychologie der Universität, Schlaunstr. 2, 4400 Münster.

Tschan, Franziska, geb. 1956, Ausbildung als Primarlehrerin, Lehrtätigkeit, Studium der Psychologie, Pädagogik und Psychopathologie in Bern, lic. phil; Arbeitsschwerpunkte: z. Z. Arbeit in einem Nationalfonds-Projekt über Gruppenhandeln, Lehrtätigkeit an der Krankenpflegeschule Interlaken, Handeln von Organisationen. Wichtige Veröffentlichungen: Action of Systems: Theoretical and empirical investigations (mit v. Cranach u. Ochsenbein. Adresse: Psychologisches Institut der Universität Bern, Gesellschaftsstr. 49, CH-3012 Bern.

Udris, Ivars, geb. 1941, Dipl.-Psych., Dr. phil. habil., Priv.-Doz., Oberassistent am Lehrstuhl für Arbeits- und Organisationspsychologie der Eidgenössischen Technischen Hochschule Zürich; Arbeitsschwerpunkte: Arbeits- und Organisationspsychologie, Belastung und Streß, Arbeitsorientierungen und Wertwandel, soziale Kompetenzen, soziale Unterstützung, Methodik der psychologischen Arbeitsanalyse. Wichtige Veröffentlichungen: Beanspruchungserlebnis und Persönlichkeit (1976); Beanspruchung im Sport (1976 mit Nitsch); Monotonie in der Industrie (1980 mit Martin, Ackermann u. Oegerli); Mental load and stress in activity (1982 mit Bachmann). Adresse: Lehrstuhl für Arbeits- und Organisationspsychologie, ETH Zentrum, Nelkenstr. 11, CH-8092 Zürich.

Ulich, Eberhard, geb. 1929, Dipl.-Psych., Dr. phil., Professor für Arbeits- und Organisationspsychologie an der Eidgenössischen Technischen Hochschule Zürich; Arbeitsschwerpunkte: Analyse, Bewertung und Gestaltung von Arbeitstätigkeiten. Wichtige Veröffentlichungen: Jugend zwischen Schule und Beruf (1964); Fehlzeiten im Betrieb (1965); Anlernen sensumotorischer Fertigkeiten (1972 mit Rohmert u. Rutenfranz); Neue Formen der Arbeitsgestaltung (1973 mit Groskurth u. Bruggemann); Arbeitszufriedenheit (1975 mit Bruggemann u. Groskurth); Schicht- und Nachtarbeit im Betrieb (1979 mit Baitsch); Technisierung, Spezialisierung, Personalaufwand und Ökonomie im modernen Krankenhaus (1981 mit Gessner, Welter u. Horisberger); Leitfaden zur Einführung und Gestaltung von Arbeit mit Bildschirmsystemen (1983 mit Spinas u. Troy); Arbeit im Büro von morgen (1987 mit Katz, Ruch u. Betschart); Herausgeber der Schriften zur Arbeitspsychologie seit 1972. Adresse: Lehrstuhl für Arbeits- und Organisationspsychologie der ETH Zürich. CH-8092 Zürich, ETH-Zentrum.

Ungerson, Bernard, geb. 1912, C. B. E., B.Sc (Econ.), F. B. P. S., Honorary C. I. P. M.; Arbeitsschwerpunkte: Personalentwicklung und Personalauslese, Organisationsentwicklung. Wichtige Veröffentlichungen: Recruitment Handbook (1983³). Adresse: Dormer Cottage, Hardwick Close, GB-Oxshott Surrey KT 22 OHZ.

Volger, Antje, geb. 1956, Dipl.-Psych., Studium an der Universität Oldenburg mit Schwerpunkt Arbeits- und Organisationspsychologie; Interessengebiet: Schichtarbeit; gegenwärtig nicht berufstätig. Adresse: c/o FB 5, Psychologie, AG Arbeits- und Organisationspsychologie, Universität Oldenburg, Birkenweg 3, 2900 Oldenburg.

de Vries Griever, Adriana H. G., geb. 1942, Studium der Arbeits- und Organisationspsychologie, Univers. Dozentin für Experimentelle- und Arbeitspsychologie an der Universität Groningen, Niederlande; Arbeitsschwerpunkte: Mentale Arbeit, Physiologische und Subjektive Indikatoren der Arbeitsbelastung und des Arbeitshandelns, Erholung von Belastungseffekten während und nach der Arbeitszeit, Abweichende Arbeitszeit, Schichtarbeit. Adresse: Funktieleer en Arbeitspsychologie, Biologisch Centrum, Universität Groningen, Kerklaan 30, NL-9751 NN Haren.

Wall, Toby, geb. 1946, B. A. (Psychologie), Dr. phil., Studium der Psychologie an der Universität Nottingham, Assistant Director, MRC/ESRC Social and Applied Psychology Unit at the University of Sheffield; Arbeitsschwerpunkte: Tätigkeits- und Arbeitsumgestaltung, Computergebrauch in der Arzt- und Patientenkommunikation. Wichtige Veröffentlichungen: The effects of computer use in the consultation on the delivery of care (1985 mit Brownbridge u. Evans); Outcomes of autonomous work groups (1986 mit Kemp, Jackson u. Clegg); The human side of advanced manufacturing technology (1987 mit Clegg u. Kemp); Job and work design (1987 mit Martin. Adresse: MRC/ESRC Social and Applied Psychology Unit, Department of Psychology, University of Sheffield, GB-Sheffield, S10 2TN.

Warr, Peter, geb. 1937, Direktor der Social and Applied Psychology Unit, University of Sheffield; Arbeitsschwerpunkte: Effizienz und mentale Gesundheit, Informationstechnologien, Training. Wichtige Veröffentlichungen: Psychology at Work (1971, 1978, 1988); Work, unemployment, and mental health (1987). Adresse: MRC/ESRC SAPU, Department of Psychology, University of Sheffield, GB-Sheffield, S10 2TN.

Wehner, Theo, geb. 1948, Dipl.-Psych., Dr. phil., habil. Psych., wissenschaftlicher Mitarbeiter am Studiengang Psychologie der Universität Bremen; Arbeitsschwerpunkte: tätigkeitspsychologische und handlungsregulatorische Grundlagenforschung (Antizipationscharakteristika, Mehrfachhandlungen, Handlungsfehler), Entwicklung eines Therapieverfahrens zur Rehabilitation motorischer Bewegungsstörungen, Analyse der Handlungslogik von Unfällen und Handlungsfehlern in industrieller Arbeit, Fehler- und Sicherheitsanalysen „neuer Technologien" (Robotik). Wichtige Veröffentlichungen: Prüfung als Denkresultatsverlängerung (1981). Adresse: Wissenschaftliche Einheit: „Handlung und Wahrnehmung" im Studiengang Psychologie der Universität Bremen (Sportturm), Postfach, 2800 Bremen 33.

West, Michael A., geb. 1951, studierte Psychologie an der University College Swansea und an der University of Wales Institute of Science and Technology; Arbeitsschwerpunkte: Individualinnovation bei Arbeit, Streß und Bewältigung in helfenden Berufen und Studium von Übergangsstadien. Wichtige Veröffentlichungen: The transition from school to work (1983 mit Newton); The psychology of meditation (1987); Managerial job change (1987 mit Nicholson). Adresse: MRC/ESRC Social and Applied Psychology Unit, University of Sheffield, GB-Sheffield S10 2TN.

Williams, Richard, geb. 1950, BSc der Psychologie, studierte Psychologie an der Universität London, Goldsmiths College, Senior Lecturer in „Organisation Studies" an der Thames Polytechnic School of Business in London, GB; Arbeitsschwerpunkte: Karriereentwicklung, Leistungseinschätzung, Training und Entwicklung im Management, Chancengleichheit bei der Arbeit. Wichtige Veröffentlichungen: Performance appraisal and career development (1985 mit C. Fletcher); Career management and career planning (1981); Sex differences in performance rating (1985 mit Walker). Adresse: Thames Polytechnic, School of Business Administration, Riverside House, Beresford Street, GB-London SE18 6BU.

Wilpert, Bernhard, geb. 1936, Dipl.-Psych., Dr. phil., Professor für Psychologie am Institut für Psychologie der Technischen Universität Berlin; Arbeitsschwerpunkte: Arbeits- und Organisationspsychologie, internationale Vergleiche zu Fragen des Führungsverhaltens, der Mitbestimmung und arbeitsbezogener Werthaltungen. Wichtige Veröffentlichungen: Führung in deutschen Unternehmen (1977); Industrial democracy in Europe (1981 mit internationalem Forschungsteam); Competence and power in managerial decision making (1981 mit Heller); Anspruch und Wirklichkeit der Mitbestimmung (1983 mit Rayley); The meaning of working: An international perspective (1986 mit internationalem Forschungsteam). Adresse: Institut für Psychologie, Technische Universität Berlin, Dovestr. 1–5, 1000 Berlin 10.

Wolf, Ernst Ludwig, geb. 1940, Geschäftsführer der Verwaltungsstelle Mainz der IG Chemie-Papier-Keramik, zuvor Leiter der Abteilung Forschungspolitik beim Hauptvorstand der IG Chemie-Papier-Keramik; Leiter des Projektes Schichtarbeit (Prosa) der IG Chemie-Papier-Keramik von 1979–1983. Adresse: Industriegewerkschaft Chemie-Papier-Keramik, Kaiserstr. 26–30, 6500 Mainz.

De Wolff, Charles Johannes, geb. 1943, studierte Arbeitspsychologie an der Freien Universität Amsterdam, Doktorarbeit: Personnel Appraisal. Derzeitig Professor für Arbeits- und Organisationspsychologie an der Katholischen Universität Nijmegen; Arbeitsschwerpunkte: Arbeitsstreß, Management, Berufsspezifische Fragestellungen. Andere Aufgabenbereiche: Generalsekretär der International Association of Applied Psychology (IAAP). Adresse: Psychologisch Laboratorium/Universiteit Montessoriolaan 3 NL-6500 He-Nijmengen.

Zapf, Dieter, geb. 1955, Dipl.-Psych., Studium der Psychologie und ev. Theologie (kirchliches Examen); wissenschaftlicher Mitarbeiter am Institut für Psychologie an der Freien Universität Berlin; Arbeitsschwerpunkte: arbeitspsychologische Streßforschung, methodische Probleme der Arbeitsanalyse, Berufliche Sozialisation, Training sozialer Kompetenzen. Wichtige Veröffentlichungen: Psychischer Streß am Arbeitsplatz (1986 mit Dunckel). Adresse: Institut für Psychologie, FB Erziehungs- und Unterrichtswissenschaften, Freie Universität Berlin, Habelschwerdter Allee 45, 1000 Berlin 33.

Zimolong, Bernhard, geb. 1943, Studium der Psychologie (Diplom), Dr. rer. nat., habil., Universität Braunschweig, Professor für Arbeits- und Organisationspsychologie an der Ruhr-Universität Bochum; Arbeitsschwerpunkte: Entscheidungshilfesysteme, Neue Technologien, Arbeits- und Verkehrssicherheit. Wichtige Veröffentlichungen: Occupational safety – A human factors approach (1987 mit Graf Hoyos). Adresse: Ruhr-Universität Bochum, Fakultät für Psychologie, Arbeits- und Organisationspsychologie, Postfach 10 21 48, 4630 Bochum 1.

Personenregister

Abelson, R., 309
Abraham, E., 80, 190
Adams, J. A., 412
Adams, J. S., 298
Adams, L. J., 462
Adler, M., 37
Agurén, S., 170, 527
Alavosius, M. P., 129
Alderfer, C. P., 5
Alexander, J., 393
Alfredsson, L., 520
Algera, J. A., 494
Alioth, A., 105, 107, 109
Allaire, Y., 339, 365–366
Allegro, J. T., 494
Allerbeck, M., 137–138
Alonso, E., 288
Amabile, T. M., 255
Amir, Y., 216
Anastasi, A., 320
Anderson, J. R., 310
Andreß, H. J., 429–430
Andrisani, P. J., 189
Annett, 202
Anthony, W. P., 133
Antoni, C., 397–398
Argyris, C., 13, 20, 29, 71, 340
Arlt, R., 169
Arnold, A. G., 496
Aronsson, G., 518, 520, 523, 535
Arora, R., 334
Arvey, R. D., 162, 260–262, 322
Aschenbach, G., 443
Aschoff, J., 38
Asendorpf, J., 184
Assen, A. van, 503, 508, 535
Atchley, R. C., 78, 81
Atkin, R. S., 88
Atkinson, J. W., 469
Atteslander, B., 182–183
Austin, J. T., 470
Authier, J., 159

Baarda, B., 120
Babbage, Ch., 21, 23
Badura, B., 423
Baer, K., 409
Baethge, M., 50
Bainbridge, L., 453

Baird, L. S., 133
Baitsch, C., 102, 105, 150,
  255–256, 326, 328, 475
Bakke, E. W., 120, 124
Baldus, M. G., 385, 535
Bales, R. F., 183, 303
Balle, W., 115
Ballstaedt, S., 250
Balma, M. J., 99–100
Baltes, M. M., 80, 82, 535
Baltes, P. B., 79–80, 245
Bamberg, E., 232–234, 433, 436,
  514, 516, 535
Bamforth, K., 29, 484
Bandura, A., 10, 152, 469
Barklöf, K., 520
Barley, S. R., 366–367, 369
Baron-Boldt, J., 260
Barrett, G. V., 286
Bartenwerfer, H. G., 330
Barth, H.-R., 530
Bartlett, C., 360
Bartley, 21
Bass, B. M., 266, 286
Bastiaans, R. H., 497
Baumann, U., 422–423
Beatty, J., 394
Beccia, P. J., 133
Becher, R., 445, 535
Beck, U., 187
Becker, F. D., 169
Becker, H. S., 456
Becker-Schmidt, R., 191
Beckhard, R., 340, 458
Bednarek, E., 153, 157, 397
Beek, H. G. van, 503–504
Bell, C., 70
Benjamin, L. S., 184
Bennis, W., 239
Bentler, P. M., 335
Beres, M. E., 286, 288
Berger, P. L., 366
Bergmann, G., 441
Berkel, K., 270, 273–275, 535
Berliner, D. C., 151
Bernard, J., 270
Bernays, M., 182
Bertaggia, N., 503, 535
Bertalanffy, L. von, 21, 44

Personenregister 555

Bethlehem, D. W., 217
Beyer, J., 339
Bion, W., 21
Bjerner, B., 409
Björn-Andersen, N., 494
Blackler, F., 73, 494, 536
Blair, R., 265
Blake, R. R., 272
Blossfeld, H.-P., 431
Bluedorn, A. C., 92
Bobko, P., 470
Bobrow, D. G., 309
Bogdan, R., 406
Boller, H. E., 34
Bolm-Audorff, U., 442
Boogert, A. H., 496
Booth, C., 49
Borg, I., 138
Borgotta, E. F., 183
Borris, M., 214
Bosch, G., 124
Bostrom, R. N., 267
Boucsein, W., 390–391, 393, 396, 536
Boulding, 270
Boulin, J. Y., 134
Bowers, D. G., 356, 457–458
Bowey, A. M., 300
Boyacigiller, N. A., 286
Bramley, P., 451, 536
Brand, R. J., 441, 444
Brandstätter, H., 109, 362
Brandt, G., 494
Branson, R. K., 200
Brater, M., 187
Bray, D. W., 323
Bredbacka, C., 527
Brentano, L., 45
Breuer, F., 3
Brewer, M. B., 213
Briefs, G., 45–46, 357
Briggs, L. J., 201
Brinkmann, C., 119, 121, 124
Broadbent, D. E., 308
Brock, D., 191
Brocke, B., 15
Brödner, P., 166–167
Brown, B. R., 461
Brown, C., 494
Brown, L. D., 363
Brown, M., 38, 239
Brownell, A., 422
Bruggemann, A., 4, 30, 138, 275, 530

Brunsson, N., 5, 208–209, 536
Bubb, H., 453
Bühl, W. l., 270
Büssing, A., 137–139, 141, 536
Bungard, W., 15, 396, 398–399, 402, 536
Burke, R. J., 234
Burkhardt, F., 129
Butterfield, E., 305
Byham, W. C., 146

Cable, J., 327
Callender, C., 121
Cammann, C., 350
Campbell, D. T., 225, 476
Campbell, R. E., 195
Campion, J. E., 162, 260–262, 322
Cannon, 432
Cantril, 455
Caplan, R. D., 39, 422
Cappell, H., 75
Cappella, J. N., 266
Card, S. K., 6, 308, 313–317
Carey, A., 346
Carlsen, H., 114
Carroll, G. R., 348
Carroll, J. M., 155, 310
Carter, L. F., 183
Cartledge, N., 468
Cascio, W. F., 262
Cassito, M. G., 40
Cellier, J. M., 222
Chadwick-Jones, J. K., 89
Chao, G. T., 260, 323
Chapanis, 21
Cherns, A. B., 102, 488, 536
Child, J., 286–287, 338
Christiansen, B. A., 75
Christie, B., 494
Christie, R., 302
Church, A. T., 290
Claparède, E., 251
Clark, C., 49
Clegg, C. W., 88, 103, 107–108, 277–278, 490, 493, 537
Cloetta, B., 302
Cobb, S., 119
Coch, L., 277
Cohen, S., 421–423
Cohen, St. P., 183
Coleman, J. S., 342
Colquhoun, W. P., 7, 38
Conrad, P., 352, 358

Cook, J. D., 352
Cook, T. D., 476
Cooke, R. A., 233
Cooper, C. L., 437, 494
Corbett, J. M., 107
Cox, T., 433–434, 438–439, 537
Coyle, B. W., 262
Craig, A., 453, 537
Cranach, M. von, 12, 110–112, 183, 537
Croft, D., 360
Cronbach, I., 334
Cronshaw, S. F., 162, 260
Crott, H. W., 461
Crozier, M., 303–304
Cumming, E. M., 78
Cummings, T. G., 489
Curie, J., 222, 226, 537
Cyert, C., 47, 207
Cyert, R. M., 343, 347

Dachler, H. P., 325
Dahrendorf, R., 45–46, 270, 357
Daly, J. A., 267
Dannefer, D., 246
Datow, A., 77
Davidson, M. J., 494
Davis, L. E., 20–21, 487
De Vries-Griever, A. H. G., 409–411
Deci, E. L., 325
Degen, R., 76
DeMan, H., 49
Deming, 398
Depner, C. E., 423
Deppe, J., 400
Deutsch, M., 272–273
Devereux, G., 224
Dick, C., 172
Dickmann, A., 410, 431
Dickson, W. J., 28, 182, 303, 346, 358
Diener, E., 76
Dipboye, R. L., 163
Dittmann, K., 443
Doering, M., 78
Dolezalek, C., 166
Donchin, E., 391
Donges, E., 34
Donis, R., 115
Donovan, D. M., 75
Dooley, D., 422
Dorsch, F., 26

Dost, B., 82, 538
Douglas, A., 460
Douglas, J. D., 405
Downs, G. W., 254
Draper, S. W., 417, 420
Drebusch, G., 170
Drenth, P. J. D., 3, 288, 379, 538
Drexler, J. A., Jr., 352
Druckman, D., 460
Duell, W., 255–256, 258
Duncan, K., 202, 219
Dunckel, H., 276, 514, 516
Duncker, K., 221, 251
Dunette, M. D., 322
Dunkin, M. J., 151
Dunn, G., 333
DuWors, E., 234
Dzida, W., 106, 417, 421, 538

Ebbinghaus, A., 33, 345
Eckensberger, L., 79, 245
Eder, R. W., 262
Edwards, R., 99
Ehrlich, H. J., 213
Eijnatten, F. M. van, 507
Eilers, K., 455, 538
Eisenberg, E. M., 267
Ekman, P., 184
Elden, M. von, 72
Eliasberg, W., 25, 27
Elkerton, J., 417
Else, D., 129
Embrey, D. E., 128
Emery, F. E., 21, 29–30, 424
Ericsson, K. A., 251
Ernst, G., 135, 408–409, 475, 477
Esser, W. M., 356
Essinger, H., 214
Etzioni, A., 356
Evered, R., 69–70
Everitt, B. S., 333

Fagin, L., 120
Fahrenberg, J., 390–391
Faihurst, E., 404
Falbo, T., 302
Falcione, R. L., 266–267
Faßnacht, G., 182, 184
Faucheux, C., 109
Faverge, 141
Feather, N. T., 114
Feger, H., 182, 250–251, 270
Feinleib, M., 441

Personenregister 557

Fengler, A., 80
Ferris, G. R., 262
Festinger, L., 270, 298
Fiedler, F. E., 303
Filipp, S.-H., 79, 245–246
Fills, 21
Fineman, S., 121, 360, 405–407, 538
Firsirotu, M. E., 339, 365–366
Fischer, P. M., 252
FitzRoy, F., 327
Fix-Sterz, J., 166–167
Flanagan, J. C., 251
Flarup, J., 328
Flash, T., 35
Fletcher, C., 197, 293, 295, 538
Folkard, S., 38, 407, 409
Forchand, G., 358
Ford, H., 23
Forsman, L., 39–40
Forster, W., 352, 360
Foster, M., 70
Fourier, Ch., 43
Foà, V., 40
Fraisse, P., 38
Franke, J., 350, 353, 538
Frankenhaeuser, M., 7, 39, 518
Franklin, J. L., 457
Frederiksen, N., 146
Frei, F., 150, 187, 255–256, 258–259, 539
French, J. R. P., 277
French, J. R. P., Jr., 302
French, W., 70
Frese, M., 85, 106, 119, 122, 187, 195, 275–279, 433, 494, 508, 510, 514–516, 539
Freud, S., 219, 270
Frey, D., 109, 441, 443–445, 539
Frey, J. P., 22–23
Frey, S., 184
Fricke, W., 255, 258
Friebel, H., 189
Friedberg, E., 303
Friedeburg, L. von, 46
Friedlander, F., 363
Friedman, M., 441, 443
Friedman, R. H., 437
Friedmann, G., 26
Frieling, E., 84–85, 95, 173, 182, 539
Frieling, H., 172–173
Friesen, W. V., 184

Fröhlich, D., 232
Frost, P. J., 339, 365
Frowijn, A., 120
Fryer, D., 119–120, 123–124, 482, 539
Fürstenberg, F., 357
Fuller, C. A., 38
Funke, U., 260, 264

Gabele, E., 356
Gabriel, K., 348
Gage, N. L., 151
Gagné, R. M., 203–204
Galanter, E., 8
Gamberale, F., 40
Garber, B., 101
Garber, J. R., 539
Gardell, B., 326, 518, 520–522
Gardiner, M. M., 494
Garfinkel, H., 404
Garland, H., 469
Gaugler, E., 277
Gaylord, S. R., 262
Gebert, A., 149, 539
Gebert, D., 3, 354–357, 363, 540
Geck, A., 46
Gediga, G., 6, 313, 316, 318–319, 540
Geer, B., 456
Geertz, C., 366
Geist, F. L., 302
Geißler, H. G., 34–35
Gentner, D., 310
George, C. S., Jr., 345
Geuter, U., 29
Ghiselli, E. E., 288, 322, 375
Giese, F., 25–27
Giesen, B., 344
Gilbreth, F., 21
Gilioli, R., 40
Gill, D., 101
Gilmer, B., 358
Girondo, M., 135
Gladrow, W., 442
Glaser, B., 406
Glasl, F., 272–274, 354, 356
Glass, D. C., 276–277
Glendon, A. I., 129
Glenn, R., 489
Glick, W., 104
Gnegel, A., 121
Goede, M. de, 120
Goethe, J. W. von, 219

Götte, M., 357
Golas, H. G., 150
Goldthorpe, J. H., 50
Gooding, R. Z., 161
Goodman, P. S., 88
Goodwin, W., 21
Gopher, D., 308–309
Gottschalk, O., 172
Gould, R. L., 246
Graeber, R. C., 38
Graf, O., 29, 330
Granel, M., 528–529, 531
Grant, D. L., 323
Graumann, C. F., 250–251
Greenbaum, H. H., 266
Greif, S., 3, 6, 9, 12, 19, 33, 61, 84, 109, 153, 155, 161, 191, 241, 277, 313, 316, 328, 433–434, 436, 438–439, 514–516, 540
Greiner, B., 244
Grieco, M. S., 12, 237
Groeben, N., 3, 252–253
Groenendijk, B., 288
Groskurth, P., 30, 139, 241, 275
Grubitzsch, S., 145
Grümer, K. W., 182, 184
Grüneisen, V., 189
Grunwald, W., 11, 302
Gstalter, H., 312
Guest, D. E., 472, 540
Guion, R. M., 89
Gustafson, D. J., 133
Gutenberg, E., 47
Guttmann, 360
Guttmann G., 38, 40
Guttmann, H. E., 128
Guzzo, R. A., 467

Hacker, E., 187
Hacker, W., 3, 7–10, 30, 35, 84–85, 97–98, 102, 109, 128, 151–153, 169, 212, 219, 275, 332, 391, 412, 494, 514, 540
Hackett, R. R., 89
Hackman, J. R., 30, 102, 299, 476
Häcker, H., 118, 541
Hänecke, K., 455, 541
Hagen, 375
Haider, E., 394
Haire, M., 288
Hakel, M. D., 262
Halberg, F., 38
Hale, A. R., 129, 131, 541

Halfpenny, P., 406
Hall, D. T., 198
Halpin, A., 360
Hamilton, D. L., 213
Hammer, W., 126–127
Hansson, R., 527
Harder, E., 216
Hargie, O., 267
Haris, B., 75
Harn, T. J., 163
Harris, P. R., 290
Harrison, R., 153, 155–156
Hartley, J., 119–120, 123, 126, 541
Hausser, D. L., 356
Havighurst, R. J., 79, 246
Hayek, F. von, 44
Haynes, S. G., 441
Heckhausen, H., 113, 115, 302
Hedberg, B., 339
Heffernan, J. M., 195
Hehl, F. J., 253
Heiberg, H.-W., 494
Heinen, E., 47
Heinz, W. R., 189
Heller, F., 66, 327–328, 541
Hellpach, W., 8, 27, 45
Hemphill, J. K., 360
Henne, D., 114, 116, 467
Henning, H. J., 302
Henry, W., 78
Hepworth, S. J., 119
Herbst, P., 29
Herrick, N., 29
Herriot, P., 162–164, 197, 541
Herrmann, T., 245
Hertog, J. F. den, 503, 506, 508, 541
Herwig, B., 27
Herzberg, F., 4, 20–21, 29, 104, 137
Hesse, J., 145
Hettinger, T., 174–176, 181, 541
Hickson, D. J., 288, 304
Hirsch-Kreinsen, H., 166
Hirsh, 261
Hirth, R., 156
Hische, W., 27
Hockey, B., 542
Hockey, G. R. J., 309, 421
Hoefelmayr-Fischer, K. E., 80, 190
Hofer, M., 158
Hoff, E.-H., 187, 189, 193, 233, 542

Hoffmann, R. W., 303
Hoffmann-Nowotny, H. J., 215
Hofstede, G., 288, 365
Hogan, N., 35
Hohner, H.-U., 189, 193, 542
Hollander, E. P., 12
Holling, H., 19, 317–319, 385, 431, 542
Hollmann, W., 175–176
Homanns, G., 28
Hoppock, R., 21
Hopson, B., 197
Hosking, D. M., 12, 237–239, 542
House, J. S., 422–424
House, R. J., 11
Houssaye, L., 354, 356
Hovland, E., 21
Hoyos, C., Graf, 83–86, 127, 129, 169, 174, 543
Huber, H. P., 253
Huber, O., 182, 184
Huhn, 21
Hunter, 261
Hunter, J. E., 148, 161, 260, 282, 284, 322–323, 376
Hunter, R. F., 148, 161, 260

Ihregren, K., 527
Ingersoll-Dayton, B., 423
Invancevic, J. M., 133
Irle, M., 16, 109, 213, 358
Isenberg, D. J., 183, 303
Ivey, A. E., 159
Iwata, B. A., 184

Jablin, F. M., 266–268
Jackson, P. R., 119, 336, 543
Jacobi, C., 74
Jaeger, S., 25, 29
Jahoda, G., 286
Jahoda, M., 49, 119, 123–124, 182, 386, 479–482
James, L. R., 358
Janis, I. L., 207, 270
Janke, W., 432–433, 435–436
Jansen, B., 132, 134–135, 137, 408
Jenkins, C., 441
Jeserich, W., 147
Jochmann, W., 261
Jöreskog, K. G., 334
Johannsen, G., 34
Johansson, G., 518
Johns, G., 89–91

Johnson, J. V., 520
Johnson, R., 106
Johnson, W. G., 127
Jones, A., 358, 543
Jones, E., 285
Jost, W., 46
Juran, 398
Jurkuhn, D., 189

Kabanoff, B., 134
Kahn, R. L., 20–21, 28, 109, 354
Kailer, N., 150
Kalbermatten, U., 183
Kando, T., 232
Kandola, R. S., 162
Kanfer, R. M., 256
Kannel, W. B., 441
Kanter, R. M., 255, 257–258, 338
Karasek, R. A., 7, 232–233, 276–277, 520, 522
Karasik, B., 360
Karat, J., 316
Karg, P. W., 360
Karlsson, K. G., 170, 527
Kasl, S. V., 78, 119
Kastner, M., 86
Katz, D., 20, 28
Katz, I., 213
Katz, P., 109
Katzell, R., 467
Keenan, A., 163
Kelly, J., 463, 543
Kemp, N. J., 491, 493
Kenny, D. A., 184, 334
Kern, H., 50, 150, 186
Kerr, C., 49
Keupp, H., 422
Kidd, J. M., 197
Kieras, D. E., 316
Kieser, A., 342–344, 346–349, 368, 543
Kiesswetter, E., 38–39
Kimberly, J. R., 257
King, Ch., 327
King, N., 257
Kinicki, A. J., 163
Kinne, S. B., 468
Kippnis, D., 302
Kirsch, M., 161
Kirsch, W., 327, 347, 356
Kißler, L., 326
Kjellen, U., 126
Klauss, R., 266

Klein-Moddenborg, B., 76
Klein-Moddenborg, V., 78, 543
Kleinbeck, U., 114–118, 475–477, 543
Klimmer, F., 390, 392, 394
Klimoski, R. J., 323
Klipstein, M. von, 50–51
Klix, F., 33–35, 310
Knauth, P., 38–39, 408–409
Knerr, C. S., 468
Koch, J., 153–154
Kocka, J., 345
Köhler, Th., 442
Köhler, W., 220–221
Kohli, M., 79–80, 246
Kohn, M. L., 9, 186, 188–190, 241, 247, 277, 333
Kolb, M., 277
Komarovsky, M., 120
Kompa, A., 14, 365, 369
Koopman, P. L., 494
Koopman-Iwema, A. M., 114, 297
Kornhauser, A. W., 188, 386
Kotter, J. P., 194, 239
Kraepelin, E., 29
Kramer, A. F., 391
Kraus, H., 494
Kreps, G., 266
Kringe, K.-P., 394
Krogell, T., 153
Krone, K. J., 268
Krüger, M., 347
Kruglanski, A. W., 302
Kruse, L., 109, 169
Kruse, P., 221
Kubicek, H., 327, 342–343, 346–347, 352
Kühlmann, T. M., 350, 353, 544
Kuhlmann, A., 127
Kuhlmann, W., 393
Kuhn, A., 109
Kuhn, R., 530
Kunkel, E., 129
Kurtz, H.-J., 153, 161, 544

Lachman, J. L., 305
Lachman, R., 305, 308
Lammers, C. J., 287–288, 324
Lampert, P. W., 40
Landauer, T. K., 314
Landy, F. J., 3–5, 9, 11, 149, 151, 158
Lang, H., 27

Lantermann, E. D., 245
Lappe, L., 191
Latham, G. P., 115, 146, 262, 467–470
Launier, R., 514–515
Laußner, A., 75
Lawler, E. E., 5, 21, 297, 299–300, 350, 352
Lawrence, P. R., 337
Lawrenco, 21
Lawshe, C. H., 99–100
Lazarsfeld, P. F., 119, 455, 479–482
Lazarus, R. S., 7, 386, 433–434, 514–515
Leavitt, H. J., 109
Lehmann, M., 39
Lehmann, S., 422
Lehr, U., 78, 80, 245
Lehrer, R., 21
Leitner, K., 240, 244, 544
Lemaine, G., 225
Lempert, W., 187
Leontjew, A. N., 8, 137
LePlat, J., 127, 144, 219, 544
Levenstein, A., 49
Levi, L., 39, 518
Levinson, D. J., 246
Lewin, K., 8, 13, 16, 21, 24–25, 28–30, 44, 69, 114, 150, 220, 249, 340, 355, 358
Lewis, C., 319, 323–324, 544
Lewis, S. A., 460, 462
Liepman, D., 459, 544
Likert, J. G., 457
Likert, R., 11–12, 28, 360, 455, 457
Lindblom, C. E., 207
Lindström, B. O., 518
Ling, B., 277
Linnebank, A., 120
Lipmann, O., 27
Lippmann, Ch., 394
Lipsmeier, A., 150
Lischeron, J. A., 326
Little, M., 120
Litwin, G., 360
Locke, E. A., 5, 114–116, 138, 468–470
Locke, G. P., 467
Lockwood, C. A., 163
Lofland, J., 406
Lohaus, A., 252
Lomow, B., 33

Personenregister

Long, F., 294
Long, J. S., 333, 335
Lorsch, J. W., 337
Luce, R. D., 317
Luckmann, T., 366
Luczak, H., 84
Luhmann, N., 44, 344, 348, 366
Lundberg, U., 39–40
Luthans, F., 370
Lutz, B., 50, 167
Lyon, H. L., 133
Lévy-Leboyer, C., 84

Maanen, J. van, 191, 268, 339, 366–367, 404, 406
Maass, A., 444
Maccoby, M., 29
MacGregor, I., 460
Machiavelli, N., 302
Mack, R., 310
Mackay, C. J., 433–434
Mackworth, J. F., 7
Maddox, G. L., 79
Mager, R. F., 205
Maier, W., 381
Makin, P. J., 161
Malloy, Th. E., 184
Malsow, A., 29
Mangham, I. L., 340, 405–406
Mankin, D., 22, 28, 30
Mann, F. C., 457
Mann, L., 239
Manns, M., 182, 184
Mansfeld, 83
Marceil, J. C., 250
March, J. G., 47, 207–208, 343, 347
Marlatt, G. A., 75
Marshall, J., 231, 545
Marstedt, G., 187
Martin, I., 391
Martin, R. P. A., 104, 489
Marx, K., 21, 83, 188
Maschewski, W., 443
Maslow, A., 5, 20, 137
Matern, B., 94–95, 151
Matthews, K. A., 443
Maukisch, H., 148
Maurer, E. H., 133
Mayer, A., 29
Mayer, E., 15
Mayfield, E. C., 260
Mayntz, R., 46
Mayo, E., 21, 28

McClelland, D., 302
McCluskey, K. A., 246
McCormick, E. J., 99–100
McCroskey, J. C., 267
McDaniel, M. A., 260
McGrath, J. E., 433, 437, 453
McGregor, D., 10, 12–13, 20–21, 29
McKenna, F., 127
McKenna, S., 120
McKersie, R., 459–462
McLain Smith, D., 71
McPhee, R. D., 266
McRuer, D., 34–35
Mead, G. H., 367
Mechanic, D., 302
Mehl, K., 219, 221
Mehrländer, U., 214, 217
Meijman, Th., 411, 545
Meissner, M., 232
Menger, C., 44
Mense, H., 169, 545
Mergner, U., 187
Merkens, H., 370, 545
Merrill, M. D., 204
Mertins, K., 166–167
Merton, R. K., 224
Meyer, H. H., 294
Michael, I., 200
Michie, D., 106
Mickler, O., 494
Miles, R. E., 338
Miles, R. H., 302
Miller, G. A., 8
Miller, H. E., 163
Miller, N., 213
Miller, S. M., 80, 278
Miner, J. B., 13, 467, 470
Minsky, M., 309
Mintzberg, H., 304, 337
Mitchell, T. R., 11
Mitter, P., 431
Mobley, W. H., 92
Möbus, C., 253
Moede, W., 24, 27
Möller, A., 35
Mogenson, A., 21
Mohr, G., 119, 121–122, 126, 436, 515–516, 545
Mohr, L. B., 254
Mohrmann, S., 458
Molloy, E. S., 489
Monge, P. R., 266–267

Monk, T. H., 38, 407, 409
Moore-Ede, M. C., 38
Moran, R. T., 290
Moran, T. P., 6, 308, 313
Morey, N. G., 370
Morgan, G., 3, 21
Morley, I. E., 238
Morris, W., 99
Morrison, D. F., 333
Moscovici, S., 109, 302
Mosier, J. N., 497
Mosteller, 455
Mouton, J. S., 272
Mowday, R. T., 92
Müller, B. H., 176
Müller, G. F., 461, 463, 545
Münsterberg, H., 21–24, 57, 248
Mulder, G., 392
Mulder, M., 303, 325–326
Mumford, E., 494
Munzert, J., 413, 416, 545
Murray, H. A., 145, 406
Muster, M., 530, 532
Mycielska, K., 219
Myers, R. R., 40
Myrtek, M., 443

Naase, C., 273
Nachreiner, F., 409, 411, 453, 455, 475–477, 545
Nadler, D. A., 350, 352, 457
Nagl, W., 253
Nanus, B., 239
Navon, D., 308
Naylor, J. C., 358
Negandhi, A. R., 286
Neidhart, B., 39, 394
Nell-Breuning, O., 84
Nemeth, C. J., 257
Nestel, G., 189
Neubauer, R., 145
Neuberger, O., 11, 14, 137–138, 261, 303–305, 352, 358, 360–361, 365, 369, 546
Neuloh, O., 46
Neumann, J., 169, 452
Newell, A., 6, 305, 308, 313, 316
Nicholson, N., 9, 19, 90–91, 93–94, 191, 195, 255, 257, 341, 367, 546
Nickerson, R. S., 417
Nicklisch, H., 47
Nisbett, R., 207
Nitsch, F., 433–434

Nitschke, C., 53
Noe, R. A., 161, 323
Nomme, R., 256
Norman, 143
Norman, D. A., 309, 420
Norman, S. W., 417
Novak, J. F., 133
Novara, F., 503, 546
Nystrom, H., 257

Oberbeck, H., 51
Oborne, D. J., 494
Ochsenbein, G., 111–112, 546
Odiorne, G. S., 116
Oerter, R., 79, 245
Oesterreich, R., 240–242, 244, 275, 515, 546
Okonek, K., 508, 510
Olbrich, E., 80
Oldham, G. R., 30, 102, 476
Olsen, J. P., 208, 347
Ombredane, 141
Orpen, Ch., 133, 232
Osnabrügge, G., 441
Ottmann, W., 38
Ouchi, W. W., 365, 369
O'Brien, G., 123–124

Pacanowsky, M. E., 266
Page, T. J., 184
Paicheler, 109
Palmore, E. B., 78, 80
Pareto, V., 44
Parsons, T., 44
Patrick, J., 200–202, 205, 546
Patton, M. G., 406
Paul, G., 327
Paul, S., 99
Pawlow, I. P., 33
Pawlowsky, P., 51, 53–54
Payne, R., 90, 119, 123, 137, 257, 352, 358, 360, 424, 437
Pearlman, I. C., 322
Peiró, J. M., 288, 291, 547
Perreault, W. D., 302
Perrow, C., 346–347
Perusse, M., 129
Peter, H. W., 289
Petermann, F., 253
Peters, T. J., 255–257, 345
Pettigrew, A. M., 339, 365
Pfäfflin, M., 152
Pfeffer, J., 14, 103, 304, 337

Pfingstmann, G., 423
Philipp, U., 394
Physey, D., 360
Plath, H.-E., 97, 211, 329, 477
Poffenberger, A. T., 27
Polley, R. B., 12
Polson, P. G., 316
Pondy, 271
Pongratz, L., 270–271
Poole, M. S., 267
Popitz, H., 186
Poppelreuter, 25
Porter, L., 5, 288
Portwood, J. D., 286, 288
Posner, M., 308
Postma, M., 120
Potthoff, P., 121
Poulton, E. C., 412
Powell, H. C., 40
Pribram, K. H., 8
Priemer, W., 80
Pritchard, R., 360
Pruitt, D. G., 460, 462
Pryor, R. G. L., 196
Pugh, D. S., 352, 358
Pursell, E. D., 262
Putnam, L. L., 266
Putnam, R., 71
Radebold, H., 80
Rafaeli, A., 323
Ragland, D. R., 444
Ralston, D. A., 133
Ramondt, J. J., 506
Ranschburg, P., 219
Rapoport, A., 270
Rasmussen, J., 129, 143, 219
Ravden, S. J., 107
Raven, B., 302
Rayley, J., 326
Raynor, J. O., 469
Reason, J., 219
Redding, W. C., 265
Reese, H. W., 246
Reilly, R. R., 260, 323
Resch, M., 227
Revans, R. W., 153, 156
Rexilius, G., 145
Rice, A. K., 21, 29
Richter, P., 7, 97, 211, 329, 391–392, 477
Richter, P. G., 392
Roberts, K. H., 104, 286
Robertson, I. T., 161–162

Roe, R. A., 494, 497–498, 547
Röber, M., 347
Röhrle, B., 422–423
Roethlisberger, F. J., 21, 28, 182, 303, 346, 358
Rogers, C. R., 13, 255
Rogers, E. M., 256–257
Rohmert, W., 84, 243, 394, 415
Rohner, R., 286
Rohracher, H., 251
Rook, K. S., 422
Ropohl, G., 166
Rosenberg, R. D., 327
Rosenman, M., 437
Rosenman, R. H., 441–443
Rosenstein, E., 327
Rosenstiel, L. von, 3, 19–20, 113, 138, 302, 352, 354, 358, 360–361, 363–364, 547
Rosenstock, E., 27
Rosner, L., 358
Ross, L., 207
Rothwell, C., 162–163
Rousseau, D. M., 233
Rubin, J. Z., 461
Rubinstein, S. L., 8
Rudolph, E. E., 97, 212, 331–332, 466
Rückert, D., 423
Rüegsegger, R., 26–27
Rühle, R., 154
Rüttinger, B., 75–78, 273, 547
Rummel, M., 227–228, 514, 547
Russell, J. A., 385
Russell, R., 520
Rutenfranz, J., 7, 38, 42, 117, 390, 392, 394, 408,–409, 415, 433–434, 452, 479, 547
Rynes, S. L., 163

Saari, L. M., 115
Sader, M., 109
Saint-Simon, Claude Henri de Rouvroy, Graf von, 43
Salaman, G., 232
Salancik, G. R., 14, 103, 337
Salmoni, A. W., 414
Sanders, A. F., 308–309
Sarason, B. R., 422
Sarason, I. G., 422
Sauer, H., 531
Saunders, D. R., 146
Scargill, A., 460

Schäfer, B., 213, 252
Schaefer, F., 393
Schaible-Rapp, A., 172
Schaie, K. W., 246–247
Schallberger, U., 190, 245, 247, 249, 548
Schank, R., 309–310
Schardt, L., 150
Schaumberg, H. H., 40
Scheele, B., 252
Schein, E. H., 13, 28, 191, 198, 255, 339, 355, 366–367, 369, 457
Schein, V. E., 133
Schelling, 270
Schelsky, H., 50
Schelten, A., 413, 415
Scherer, K. R., 184
Scherrer, 131
Schick, G., 398
Schiele, R., 39
Schindler, H., 120
Schleicher, R., 188
Schlesinger, G., 47
Schmalenbach, E., 47
Schmerl, C., 230
Schmidt, Ch., 392
Schmidt, F. L., 282, 284, 322–323, 376
Schmidt, K.-H., 114–115, 117, 476–477, 479, 548
Schmidt, R. A., 413–414
Schmidtchen, G., 50–51
Schmidtke, H., 128, 452
Schmitt, N., 161–162, 261–262, 283, 323
Schmitz-Scherzer, R., 80
Schmoller, G., 45
Schneider, B., 358, 360
Schneider, H.-D., 80
Schneider, H. P., 109
Schneider, W., 309
Schöfthaler-Rühl, 276
Schöneberg, U., 214, 217
Schönpflug, W., 432–436, 438, 527, 548
Scholl, W., 327
Schon, D. A., 340
Schooler, C., 9, 188–190, 247, 277, 333
Schrader, H. C., 145
Schroiff, H.-W., 311, 548
Schuler, H., 147, 260, 264–265, 548

Schultz-Wild, R., 166–167
Schulz, C., 161, 260
Schumann, M., 50, 150, 186
Seeber, A., 40, 42, 548
Segal, M. H., 286
Segger, R., 127
Seidel, E., 327
Seifert, K. H., 352, 360
Seligman, M. E. P., 276, 278
Selva, J., 288
Selye, H., 7, 432, 441
Semmer, N., 150, 152, 276, 433, 436, 438, 508, 510, 514–516
Servan-Schreiber, 64
Settels, J. J., 392
Sexton, R., 266
Shaw, K. N., 115
Shepard, 272
Shepherd, A., 202
Shiffrin, R. M., 309
Shinn, M., 422
Shneiderman, B., 6, 252, 313, 419
Shumaker, S. A., 422
Siegrist, J., 441, 443–444
Sievers, B., 356
Silver, R. L., 80
Silverman, D., 406
Simmel, G., 270
Simon, H. A., 47, 207, 251, 265, 305, 343, 347
Sinaiko, W. H., 219
Singer, J. E., 276–277
Singer, R., 452
Singleton, W. T., 141
Sinha, J. B. P., 289
Six, B., 116, 186, 213, 269, 302, 549
Six, U., 215
Skell, W., 151–154, 415
Skiba, R., 127
Smircich, C., 365–366
Smith, A., 21
Smith, D. J., 217
Smith, L. S., 497
Smulders, P. G. W., 89
Snow, C. C., 338
Sörbom, D., 334
Sonnenfeld, J., 194
Sonntag, K. H., 85, 150–152, 172, 182, 494
Sowarka, D., 245
Spencer, P. S., 40

Personenregister

Spielmann, U., 109
Spinas, P., 530
Spradley, J. P., 369
Spreitzer, E., 232
Spurgeon, P., 200
Srull, T. K., 261
Stadler, M., 221–222, 549
Staehle, W. H., 46, 48, 358, 360–361, 363, 549
Staeuble, S., 25, 29
Stahlberg, D., 441
Stauder, K. H., 78
Staudt, E., 531
Staudt, V., 266
Staw, B. M., 255, 289
Steers, R. M., 116
Stehle, W., 147, 260
Stein, W., 34
Steiner, R., 146
Steinkamp, G., 189
Stern, L. W., 461–462
Sternberg, R. J., 313
Stevens, A. L., 310
Stewart, R., 406
Stief, W. H., 189
Stiefel, R. Th., 150, 153–154
Stoner, C. R., 334
Storey, W. E., 194
Stouffer, 455
Straube, B., 392
Strauss, A., 406
Streitz, N. A., 310–311, 549
Stringer, R., 360
Stroh, W., 83
Strombach, M., 399
Strümpel, B., 50–51, 53, 55, 549
Sugarman, L., 195, 197
Suluman, F. M., 38
Sulzer-Azaroff, B., 129
Summers, W., 232
Super, D. E., 198
Susman, G., 69–70
Swain, A. D., 127
Sydow, J., 352, 358
Syme, S. L., 421
Szinowacz, M., 80

Tagiuri, R., 358
Tajfel, H., 216
Tannembaum, A. S., 286, 288
Tannenbaum, A., 28
Taylor, F. W., 21–23, 28, 102, 275, 345

Taylor, J. C., 20–21
Taylor, S., 406
Teigen, C. W., 268
Tepas, D. I., 133
Theorell, T., 520
Thiele, W., 75
Thierry, H., 114, 132, 134–135, 137, 297, 299–300, 550
Thomae, H., 270
Thomas, A., 218, 271, 550
Thorndike, 375
Thornton, G. C., 163, 260, 294–295
Thorsrud, E., 29–30, 424
Tiffin, J., 99–100
Timpe, K.-P., 34–36, 169, 452, 550
Töpfer, A., 274
Tomaszewski, T., 221
Tompkins, P. K., 266
Tränkle, U., 250, 254, 550
Trebesch, K., 356
Triebe, J. K., 260, 414, 530
Trist, E. L., 21, 29–30, 484
Trost, G., 260
Trow, M., 456
Troy, N., 105, 107
Trumbull, R., 433
Tschan, F., 111–112, 550
Tuckman, B. W., 198
Tudor, B., 189
Turner, G., 21, 506

Udris, I., 86, 422–425, 530, 550
Ulich, D., 270
Ulich, E., 8–9, 30, 32, 95, 102–109, 152, 231, 275, 277–278, 312, 414–415, 439, 475, 527–528, 530, 533, 550
Ulich, H., 231
Ungerer, D., 412
Ungerson, B., 101, 551

Vall, M. van dc, 327
Vanberg, V., 342
Veiel, H. O. F., 422
Velden, M., 7
Veldman, J. B. P., 392
Venables, P. H., 391
Vergil, 83
Vernon, H. M., 21
Vernon, P. E., 100
Vetter, H.-R., 191
Vinke, R. H. W., 300

566 Personenregister

Vliert, E. van de, 135
Volger, A., 411, 551
Volpert, W., 8, 10, 28, 30, 95, 102, 109, 152, 240–241, 276, 412–414, 464, 514–515
Voos, H., 266
Vries-Griever, A. H. G. de, 551
Vroom, V., 5, 114–116
Wachtler, J., 257
Wacker, A., 121
Wager, W. W., 201
Wagner, A., 45
Wagner, R., 260
Wahl, D., 252
Walker, C., 21
Walker, C. R., 21
Wall, T. A., 360, 551
Wall, T. D., 104, 326, 489–491, 493
Wall, T. P., 277–278
Wallas, G., 256
Wallbott, H. G., 184
Walper, S., 120
Walter, C. B., 414
Walter, H., 189
Walter, J., 508–512
Walton, R. F., 271, 459–462
Warr, P. B., 7, 76, 119, 121, 385, 389, 551
Waterman, R. H., 255–257
Waterman, R. H., Jr., 345
Watts, A. G., 197
Webb, E. J., 405
Weber, J., 443
Weber, M., 21, 27, 43, 45, 342, 347
Webster, E. C., 261
Wedderburn, A. A. I., 163
Wehner, Th., 219, 221–222, 551
Weick, K. E., 182, 184, 337
Weil, R., 170
Weinert, A. B., 34, 84, 109, 358, 361–362
Weinstock, C. S., 245–246
Weir, T., 234
Weisbord, M. R., 274
Weiss, J., 276
Weizsäcker, C. von, 220
Weller, B., 531
Wells, J. A., 424
Welter, G., 327, 352
Wesseling, K. M., 392

West, M. A., 9, 195, 255, 257, 259, 551
Westmeyer, H., 3, 253
Wethington, E., 423
Wetzels, P., 120
Wever, R. A., 38
Whitbourne, S. K., 245–246
White, R. W., 13, 278, 325
Whyte, W. H., 405
Wickens, Ch. D., 391, 453
Wiendieck, G., 399
Wiener, N., 33
Wiesner, W. H., 162, 260
Wilde, G. J., 129
Wildemann, H., 167
Wiley, J. W., 163
Wilkins, A. L., 365, 369
Williams, R. S., 197, 199, 552
Williamson, O., 348
Williges, B. H., 417
Williges, R. C., 417
Wills, T. A., 422–423
Wilpert, B., 325–326, 328, 352, 552
Wimmer, P., 380
Windelband, W., 249
Winkler, P., 182
Winter, D. G., 302
Wolf, E. L., 513, 552
Wolf, P. E., 508–512
Wolff, Ch. J. de, 56–57, 61, 552
Wollenweber, J., 442, 444
Wong, N. W., 422
Wortman, C. B., 80
Wunderer, R., 11
Wunderli, R., 414–415
Wyer, R. S., 261

Yankelovich, D., 53

Zaltman, G., 255
Zander, E., 274
Zang, B., 312
Zapf, D., 514, 516–517, 552
Zedeck, S., 262
Zeisel, H., 119, 479–482
Zelditch, M., Jr., 456
Zierden, W. W., 302
Zimolong, B., 127, 129, 131, 552
Zink, K. J., 398–399
Zippe, B.-H., 531
Zohar, D., 129
Zündorf, L., 303

Sachregister

Abwechslung 103f
Action Learning 156
Adrenalin 392, 519
Affektanztheorie 325
Affekt-Management 76
Aktionsforschung 69ff
Aktivation, Aktivierung 39f, 211, 433
Alkohol- und Drogenkonsum 59, 74ff
Alter, Altern 78ff, 245ff
Angst 10, 119, 123, 129, 188, 230
Anlernverfahren 20, 150, 530
Anreizsysteme 20, 22, 28
Arbeit 24f, 25f, 47f, 49ff, 83ff, 102
Arbeits- und Organisationspsychologie 3ff, 19ff, 30, 34f, 56ff, 61ff, 229, 233f
Arbeitsablaufstudie 22, 97, 176f
Arbeitsabwesenheit 4, 57ff, 87ff, 103f
Arbeitsanalyse 10, 60, 94ff, 141ff, 176ff, 187, 199, 240ff, 263
Arbeitsauftrag 22, 94ff, 142
Arbeitsbedingungen 26, 49ff, 77, 103, 228, 240ff
Arbeitsbewertung 98ff, 217
Arbeitsbeziehung(en) 46, 48 (s. a. Industrial Relations)
Arbeitsergebnis 85, 114, 242
Arbeitserweiterung s. job enrichment
Arbeitsethik 50, 63
Arbeitsgestaltung 8, 20f, 23f, 30, 487ff, 58, 59, 101ff, 113ff, 146, 176ff, 221,
Arbeitsgestaltungskonzepte 8f, 15f, 20f, 61, 101ff
Arbeitsgruppen 11f, 15, 28, 60, 91, 103, 109ff, 268
  teilautonome 8, 29, 64, 104, 109, 475, 484, 490ff
Arbeitsinhalt 20f, 29, 50ff, 95, 102, 104, 116, 167, 188, 521
Arbeitsleistung s. auch Leistung 8, 22ff, 28, 47, 64, 102f
Arbeitslose, Arbeitslosigkeit 26, 49ff, 59, 61, 65, 86, 118ff, 136, 479, 581
Arbeitsmarkt 49ff, 59, 80, 92, 120, 186ff, 261
Arbeitsmedizin 41, 58, 89, 173ff
Arbeitsmittel 27, 35, 128,
Arbeitsmotivation s. auch Motivation, 4, 5ff, 28, 29, 57, 84, 85, 113ff, 476
Arbeitsphysiologie 29, 47,

Arbeitsplatz 3, 4ff, 41, 50, 51, 87, 141, 174ff
Arbeitsplatzbeschreibung 73, 99, 180
Arbeitsplatzverlust 53, 59, 86, 118ff
Arbeitsprozesse 94ff, 182
Arbeitspsychologie 4, 10, 15ff, 22, 26, 29, 34f, 37, 47, 84f, 116, 169
Arbeitssicherheit 126ff, 144, 219ff
Arbeitsstrukturierung 58, 505, 528ff
Arbeitstätigkeit 3, 4ff, 24, 27, 30, 35, 83ff, 94ff, 98ff, 102ff, 116, 137f, 142f, 161, 183, 240ff
Arbeitsteilung 8, 20, 24, 28, 102, 110, 167f, 229, 485
Arbeitstherapie 86
Arbeitsumwelt 40, 169ff
Arbeitsunzufriedenheit 88ff, 476, 530ff (s. a. Arbeitszufriedenheit)
Arbeitsveränderungen 9f, 149, 195
Arbeitsvereinfachung 102
Arbeitswissenschaft 27, 28, 46, 58
Arbeitszeit 25, 28, 48, 51ff, 59f, 131ff
Arbeitszeitstudie 22
Arbeitszeitordnung (AZO, Working Time Arrangement, WTA) 131ff
Arbeitszufriedenheit 4, 21, 57, 72, 103, 113ff, 116, 133, 137ff, 157, 177, 261
Armut 122f
Assessment Center 9, 59, 145ff, 196, 260, 263
Aufgabenanalyse 10, 60, 141ff, 151, 202, 263
Aufgabenerweiterung 104
Aufgabenstruktur 110
Aufgabentaxonomie 203
Ausbildung, s. a. Training 10, 15, 29, 60, 149ff, 182, 199, 216f, 260
Ausfalleffektanalysen 127
Ausländer 212ff
Auswahlentscheidung, s. Personalselektion
Auswahlgespräche 161ff, 260ff
Auswahlkomitee 161ff, 260ff
Auswahlmethoden, s. Personalselektion
Automation, Automatisierung 15, 35, 60, 85, 96, 105, 165ff, 522
Autonomie 8, 20, 103f, 134, 156, 188, 255, 386

Bauliche Umwelt 169ff
Beanspruchung 6f, 39ff, 59, 75ff, 85f, 173ff, 210, 243, 392, 465ff

Bedeutung/Wert der Arbeit 25, 49ff, 59, 63, 103f, 140
Befindlichkeit 41, 76, 243
Befragungen, s. Umfrage
Belastung 6f, 59, 75ff, 173ff, 233f, 242ff,
Benutzerfreundlichkeit 420
Benutzerschnittstelle 416ff
Beobachtungsmethoden 143, 182ff, 240ff, 479
Beratung 193ff
Berner System zur Untersuchung non-verbaler Interaktionen 184
Berufliche Sozialisation 9f, 186ff, 231, 245ff, 268
Berufsentwicklung 56ff, 80, 93, 193ff
Berufswahl-Theorien 93, 194ff
Betriebsklima, s. a. Organisationsklima 241, 357
Betriebspsychologie 19ff, 58
Betriebssoziologie 45ff
Betriebswirtschaft, Betriebswirtschaftslehre 9, 44ff
Bewertungssicherheit 214
Bezahlung 100, 297ff
Bildungsbedarfsanalyse 9, 60, 144, 151, 199ff
Biologie 37ff
Biosignale der Haut 312f
BS-System (Behavior-Scores System) 181

CAD (Computer Aided Design) 166

Cafeteria Plan 300
CAM (Computer Aided Manufacturing) 166
CAP (Computer Aided Planing) 166
Carpenter-Effekt 414
Change agent 347, 355, 401, 507
Chronobiologische Theorien 38ff
CIM (Computer Integrated Manufacturing) 165f
Circumscription/Compromise Theory 196
CNC-gesteuerte Fertigung 10, 165f
Commitment 449
Component Display Theorie (CDT) 204
Computer 6, 8, 10, 59, 199, 311ff, 417ff
Computer-Training 150, 153, 155
Coping, s. a. Streß 70
Critical Incidents (Methode der kritischen Ereignisse) 251f

Daueraufmerksamkeit 453
Depressivität 119

Deprivationstheorie 123
Dezentralisierung 27
Differentielle Arbeitsgestaltung 9, 105
Disengagementtheorie 78
Diskriminierung 227
Doppelbelastung 121
Doppeltätigkeiten 308
Dreischichtarbeit 410
Dynamische Arbeitsgestaltung 107

Effektivität 11, 13, 38, 85, 87, 159, 197, 237
Effizienz 87, 91, 153, 526
Eigenschaftstheorien 11, 194, 197
Eignungsdiagnostik, s. a. Personalselektion 25, 26, 29, 262
Eignungsuntersuchungen 25, 26, 145ff,
Einkommen s. a. Bezahlung 50ff, 80, 124
Einstellungsinterviews 161ff, 260ff
Einzelfallanalysen 127, 250, 253
Elektrodermale Aktivität(EDA) 312f
Elektroenzephalogramm (EEG) 329, 390f
Elektrokardiogramm (EKG) 75, 391
Elektromyogramm (EMG) 393
Emotionales Wohlbefinden 385
Energieumsatz 175
Entfremdung 188
Entlassung 196
Entscheidung 3, 9f, 5, 64, 206ff
Entscheidungsprozeß 206ff
Entscheidungsspielraum 90, 139, 277
   (s. a. Kontrolle u. Tätigkeitsspielraum)
Entscheidungstheorien 196, 206ff, 347
Entwicklungsaufgabe 79, 195, 246
Ergonomie 10, 21, 65, 106f, 128, 144, 182, 221
Erholungszeit 133ff
Ermüdung 7, 23, 25, 26, 97, 133, 209ff
Erwachsenenbildung 58, 149f, 449
   (s. a. Ausbildung, Training)
Erwartungen 114f
Erwartungstabellen 372
Erwartungs-Wert-Theorie 468 (s. a. Wert x Erwartungs-Theorien)
Ethnische Unterschiede 212ff
Ethnographie 403
Ethnologie 43
Ethnomethodologie 14, 404
Ethnozentrismus 287
Evaluation 10, 16, 146, 158
Evolutionstheoretische Ansätze 348
Evoziertes Potential 391
Expectancy Theorie 297
Expertenwissen 15, 51, 60

Sachregister

Familie 120f, 158, 245
Faktorenanalyse 6, 333
Feedback 103f, 146, 152, 413f
Fehler 85, 143, 155, 219ff
Fehlerexploration 153, 155
Fehlerfreundlichkeit 220f
Fehlermanagement 85, 219
Fehlhandlung 219ff
Fehlzeiten 114f, 138 (s. a. Arbeitsabwesenheit)
Feldexperiment 94, 154,
Feldforschung 455f
Feldtheorie 358
Fertigungssteuerung, Produktionsplanungs-Steuerungssysteme 166
Flexible Fertigung, Fertigungssysteme, Produktionssysteme 15, 35, 59, 165ff
Flexible Gruppen 13, 172
Flexibles Fertigungssystem (FFS) 60, 105, 165ff, 172
Fluktuation 4, 57ff, 103f, 114, 138
Forschungsstrategien 222ff
Frauen 90, 120ff, 227ff
Freiheitsgrade, s. a. Handlungsspielraum, Tätigkeitsspielraum 275
Freizeit 59f, 132ff, 140, 158, 187ff, 231ff, 247
Freizeitmodelle 231ff
Führung 11f, 28f, 235ff, 257, 339, 398
Führungsverhalten 11, 228

Ganzheitlichkeit 105f
Gastarbeiter 214ff
Gefahrenanalysen 127
Gefahrenkognition 128f
Gefährdungsanalysen 127
Gehalt 39, 98 (s. a. Bezahlung)
Generalisationsmodell (spill-over) 134, 187, 233ff
Genetisch mitwachsende Systeme 155
Geschlecht 80, 120,
Gestalttheorie 220f
Gesundheit 6f, 8, 9, 13, 59, 64, 80f, 85f, 90, 102ff, 119, 174ff, 210, 261
Gewerkschaften 62, 72f, 157
Gittertechniken 252
Gleitzeitarbeit 132
Goal setting 467ff (s. a. Zielsetzungsmethoden)
GOMS-Modelle 315
Großraumbüros 172
Gruppenarbeit 8, 27f, 58, 60, 157, 172, 527
Gruppendynamik 21, 28, 62, 354
Gruppendynamische Trainingsmethoden 150

Gruppenleistung 235
Gruppennormen 75, 129
Gruppenstruktur 12, 70, 109ff

Halo-Effekt 150, 295
Handlungsanalyse 183
Handlungseffizienz 495
Handlungsregulation 187
Handlungsregulationstheorie 8, 109, 187, 210, 241, 514
Handlungsspielraum 8, 114, 139, 182
  (s. a. Kontrolle u. Tätigkeitsspielraum)
Handlungstheorie, Handlungspsychologie 8, 30, 33, 150, 151, 152f, 240ff
Handlungsunterstützung 493ff
Hausfrau 121f
Hawthorne-Untersuchungen 20, 27ff, 346
Herzinfarkt 7, 440ff
Hochschulabgänger in der Industrie 499ff
Hormone 7, 37ff, 394, 519
Humanistische Psychologie 12, 13, 35, 58, 158
Human Factors 21
Human-Processor Modell 313f
Human Relations 21, 28, 29, 83, 346
Humanisierung 51
Humanisierung des Arbeitslebens (Forschungsprogramm) 29, 64, 475, 508ff, 528ff
Humanisierung industrieller Schichtarbeit 509ff

Identität 245ff, 296
Idiografische Methoden 249ff
Individuelle Arbeitsgestaltung, Systemgstaltung 9, 105,
Industrial Engineering 22
Industrial Psychology 21, 30
Industrial Relations 46, 91
Industrielle Psychotechnik, s. a. Psychotechnik 19ff, 24ff
Industriesoziologie 6, 150,
Informationsabgabe 37, 306
Informationsaufnahme 37, 96, 306
Informationstransformation und -speicherung 306
Informationsverarbeitung 6, 33, 37, 40, 59, 96, 110ff, 143, 306ff
Ingenieurpsychologie 34f, 58
Ingenieurwissenschaften 6, 10, 15, 33ff, 46, 58
Innere Kündigung 51
Innovation 10, 14f, 59, 254ff, 494

Instructional System Development (ISD)-Modelle 200
Intelligenz 6, 9, 80, 147, 188, 190, 247, 257
Interaktiogramm 183
Interaktionsprozeßanalyse (IPA) 183
Interaktions-Process-System (IPS) 183
Interessen 24, 72, 80, 194, 237
Intervention 340, 405
Interview 139, 143, 161ff, 182, 260ff
Involvement 405
IPISD-Modell (Interservices Procedures for Instructional Systems Development) 200
Irrationalität 208f

Job-Characteristics-Modell 102
Job Diagnostic Survey (JDS) 476
Job Enlargement 21
Job Enrichment 21, 29, 475
Job Rotation 475
Jugendliche 50ff, 119, 120, 189

Karriere 193ff
Katecholamine 38ff, 210 (s. a. Hormone)
Keystroke-Level Modell 315ff
Klassenstruktur 344
Klimatisierung 174ff
Körpertemperatur 38, 177f, 394
Kognitive Ergonomie 416f
Kommunikation 20, 50, 52, 96, 110ff, 168, 182, 265ff
Kompensationsmodell 134, 189, 231ff
Kompetenz 13, 64, 103, 168, 276, 386
Komprimierte Arbeitstage 133
Konflikt 49, 90, 111, 119, 270ff
Konfliktberatung 274
Konfliktmanagement 273, 461
Kontingenztheorie 14, 239, 337, 347
Kontinuitätstheorie 79
Kontrolle 73, 75, 124, 188f, 275ff, 520
– und Tätigkeitsspielraum 7, 8, 59, 275ff
Kontrollgruppenplan 81, 476
Kontrolltätigkeiten 7, 97, 178, 451ff
Konzessionen 461
Konzessionsdilemma 461f
Kooperation 12, 16, 69ff, 96, 111, 168, 229
Korrektive Arbeitsgestaltung 104
Kreativität 50, 255, 257
Kriterien 161, 280ff
– multiple 283
– objektive 283
– subjektive 283
Kritische Lebensereignisse 246

Kündigung 92
Kultur 13f, 74, 90, 286
Kulturelle Distanz 289
Kulturvergleiche 285
Kybernetik 8, 33ff (s. a. Systemtheorie)

Längsschnittuntersuchungen 188, 246, 500
Lärm 172, 174ff
latente Variablen 333
Laufbahn 193ff
Learning Systems Development (LSD) Modell 201f
Lebenszufriedenheit 138, 140
Leistung 11, 12, 20, 22, 38ff, 52, 93, 96, 113ff, 133, 175ff, 209ff, 261 (s. a. Arbeitsleistung)
Leistungsbeurteilung 151, 292
Leistungsfeedback 293
Leistungsmotivation 468 (s. a. Arbeitsmotivation)
Leistungsnormen 296ff
Leittextmethode 154
Leniency Effekt 294
Lernen 151f, 201
Lernkultur 159
Lernspinnen 153
Lernstatt 157
Lerntheorie 151f
Lidschlagfrequenz 394
LISREL 334
Lohn 22, 39, 49ff, 89, 98, 296ff, 531 (s. a. Bezahlung)

Machiavellismus 302
Macht 11, 64, 72, 75, 301ff
Machtkontrolle 303ff
Männer 81, 90, 121, 227ff
Management-Andragogik 150
Management by Objectives 6, 116, 470
Marketing 379
Massenproduktion 49, 58, 60,
Mensch-Computer Interaktion 6, 59, 311ff, 417ff
Mensch-Computer Schnittstelle 311ff, 417ff
Mensch-Maschine-System 34
Menschenbild 12, 19ff
Mental health 186
Mentale Modelle 10, 152
Methode der kritischen Ereignisse 251f
Mitbestimmung 324ff
Mobilität 49, 429f
Monotonie 23, 86, 97, 211, 226, 243, 329ff

MORT 127, 128
Motivation 5f, 8, 20, 77, 93, 104, 112, 113ff
Motivationstheorie 5f, 11, 12, 13, 137
Multiplikatoren 512
Multivariate Analysen 332ff

Netzwerkanalysen 267
Neue Formen der Arbeitsgestaltung 30, 497ff
Neue Technologien 30, 46, 48, 59, 62, 143, 154, 167f, 182, 311f
Normen 365

Organisation 3, 10f, 12f, 13f, 33f, 44, 47, 86, 206ff, 235ff, 254ff, 265ff, 342ff
Organisationale Erneuerung 15, 58, 503ff
Organisationaler Wandel 14, 59, 336ff
Organisationales Verhalten 206ff,
Organisationsanalyse 62, 151,
Organisationsberatung 60, 354ff
Organisationsdiagnostik 60, 144, 386ff
Organisationsentstehung 344f
Organisationsentwicklung 14f, 60, 154, 346f, 354ff
Organisationsgestaltung 14f, 20, 30, 60, 102, 165ff, 342ff
Organisationsklima 137, 258, 357ff
– Bedeutung der Forschung 362f
– Dimensionen 361
– Messung 360
Organisationskultur 13f, 258, 338f, 365ff
– Entstehung 367f
– Messung 379f
– Wandel 368f
Organisationspsychologie 10, 19ff, 222ff
Organisationsstruktur 13, 58, 65, 70, 167f, 236, 257f
Organisationsumgebung, -umwelt 14, 65, 266, 336

Pädagogik 149f
Partialisierung 24, 28, 241, 242,
Partizipation 12, 258, 299f
– Folgen der 325f
– Motivation der 325f
Partizipationsstrukturen 13, 326f
Pausenregelung 25, 28
Payment by results 299
Phänomenologische Ansätze 33, 34, 348
Postindustrielle Werte, postmaterielle Werte 30, 63, 84,
Persönlichkeit 9, 13, 23, 30, 146, 187ff, 245, 257

Persönlichkeitsentwicklung 30, 103, 150, 158, 187ff, 241, 245ff
Persönlichkeitsförderlichkeit, persönlichkeitsfördernde Arbeitsge-staltung 8, 30, 96, 104, 117, 248
Personalauswahl, s. Personalselektion
Personalentwicklung 3, 9f, 59, 71
Personalmärkte 382ff
Personalmarketing 379
Personalplanung 9, 380ff
Personalplazierung 59, 144, 199, 371ff
Personalselektion 9f, 20, 23, 29, 56ff, 59, 144, 151, 196, 199, 260 371ff
– Auswahlmethoden 320
– klassischer Ansatz 371ff, 374f
– Meßprobleme der 9, 319ff
– neue Sichtweisen 377
– Prädiktoren 372f
– situative Faktoren 375f
Pfadanalyse 334
Postkorb-Übung 146
Präventive Arbeitsgestaltung 77, 104
Produktivität 8, 12, 22ff, 25, 28, 149
Produktivitätssteigerung 25, 51,
Professionalisierung 16, 56ff
Prospektive Arbeitsgestaltung 104
Psychische Gesundheit 6f, 8, 9, 13, 59, 121, 385ff
Psychophysiologie 7, 37ff, 389ff
– Meßmethoden 39ff, 389ff
Psychotechnik 19ff, 24ff, 27ff,

Qualifikation, Qualifizierung 10, 15, 23, 30, 46, 49, 105, 149ff, 168, 182, 530
Qualität des Arbeitslebens (QAL) 8, 29, 64,
Qualitäts-Zirkel 15, 60, 64, 157, 396ff
– Effizienz 399
– Geschichte 59, 397f
Qualitative Methoden 14, 57, 139, 369, 403ff

Rassische Vorurteile 212ff
Rationalisierung 21, 51, 58, 59, 347, 522
– Folgen der 51, 527f
Regionalität 206ff
Rechtswissenschaft 43
REFA 345
Regulationserfordernisse 240ff
Regulationsgrundlagen 152, 220
Regulationshindernisse 240ff
Regulationsüberforderungen 243
Reproduktionsinteressen 191
Ressourcen 14, 79, 85, 155, 198, 236, 238, 342

RHIA 240ff
Rolleninnovation 10, 255, 257
Rollenspiele 147, 152
Rollenübergänge 195
Ruhestand 78ff, 182

Schichtarbeit 7, 38f, 59, 133ff, 407ff
– Desynchronisation durch 408f
– Folgen der 409ff
Scientific Management, s. Wissenschaftliche Betriebsführung 21, 22ff, 47, 345
Selbstbelehrungstechniken 153ff
Selbstbeobachtung 182, 250f
Selbstbestimmung 49ff, 132
Selbstbeurteilungen 294
Selbstbewertung 84ff
Selbstgesteuertes Lernen 153ff
Selbstinstruktion 153ff
Selbstverwirklichung 5, 20, 29, 84, 174a, 198, 257
Selbstwertgefühl 81, 121, 213, 215, 217, 228ff
Selbstwirksamkeitstheorie 468
Sensumotorische Lernen 10, 150, 152, 412ff
Simulation, experimentelle 524ff
Situationsentwicklung 355
Software-Ergonomie 6, 60, 106, 311ff, 416ff
Soziale Kompetenz 10, 11, 77
Soziale Lerntheorien 10, 198, 521f
Soziale Netzwerke 12, 155, 237f, 422
Soziale Unterstützung 155, 234
Soziale Vergleichstheorie 298
Sozialer Informationsverarbeitungs-Ansatz 103
Sozialisation 49, 90, 150, 242, 268, 339
(s. a. Berufliche Sozialisation)
Sozialpolitik 43ff, 48
Sozialwissenschaften 43ff, 49, 62, 64, 87
Soziologie 21, 43ff, 149f, 186, 190, 270, 265
Soziotechnische Systeme 8, 20f, 29, 30
Soziotechnische Systemtheorie 58, 64, 102, 106, 487ff
Spannungs-Reduktions-Theorie 75f
Spill-over-Theorie, s. a. Generalisiationsmodell 134, 521
Sterbetafelanalyse 429
Steuerungstätigkeiten 7, 97, 178, 451ff
Stochastische Ereignisanalyse 426ff
Stochastische Prozeßanalysen 426ff
Störfallablaufanalyse 127
Streß 6f, 9, 39f, 85, 90, 120, 124, 174ff, 211, 229, 234, 243, 261, 432ff
– am Arbeitsplatz 59, 75, 435ff, 514ff

– durch Fehlregulation 525
– interindividuelle Unterschiede 437
– kurzfristige Auswirkungen 435f
– langfristige Auswirkungen 436f
– -reaktionen 435ff, 519ff
– subjektive Bewertung 97, 434f
– -theorien 433ff, 520, 526
– und Gesundheit 518ff
– und Herzinfarkt 440ff
– und Wohlbefinden 518ff
Survey-Feedback-Methode 355, 457
Symbole 364
SYMLOG-Verfahren 12, 183,
Systemresponsezeiten 316ff
Systemtheorie 21, 33ff, 44, 109ff, 348

Tätigkeit 96
Tätigkeitsanalyse 95, 161, 183, 514f
Tätigkeitsspielraum 8, 30, 104, 139, 275
(s. a. Handlungsspielraum, Kontrolle)
Tätigkeitstheorie 30, 33, 137, 139f, 187, 633
Tageszeit 38f, 135
Tavistock-Untersuchungen 8, 29, 30, 58, 64, 73, 106, 483ff
Taylorismus 22ff, 26, 45, 51, 83, 221 345
Teamarbeit 20
Technisches System 20, 30, 127, 129
Technologie 30, 65, 105ff, 165ff
Teilnehmende Beobachtung 70
Teilzeitarbeit 132ff
Tests 147, 161f, 197, 373f
– Meßprobleme 321f
Theorie der Macht-Abstands-Reduktion 325
Theorie des sozialen Lernens 152
Theorien 3ff, 15ff, 57, 61, 69ff, 78, 87, 89ff, 92f, 103, 109ff, 122, 139f, 219, 223ff, 266f
Theorien der Berufswahl s. Berufswahl-Theorien
Training 10, 12, 15, 29, 60, 69, 77, 149ff, 152, 199ff, 413ff, 446ff (s. a. Ausbildung)
Trainingsimplementierung 158f
Transfer in die Praxis 449
Transportwege 170, 172
Trennung von Kopf- und Handarbeit 22ff
Tutorials 151
Typ A-Verhalten 40, 443, 437

Überstunden 39, 89, 133,
Überwachungsmethoden 90, 97
Überwachungstätigkeiten 7, 51, 95, 451ff
Umfrage 455ff
Umsetzung von Forschungsergebnissen 509ff

Unabhängigkeitsmodell 134, 231ff
Unfällertheorie 127
Unfallrisiko 127, 182

Valenz-Instrumentalitäts-Erwartung (VIE-Modell) 137 (s. a. Wert x Erwartungs-Theorie)
Validität 88, 97, 147f, 161f, 189, 224ff, 260ff, 376
– ökologische 210, 524ff
VERA 95, 240ff
Verhaltenswissenschaften 43ff, 69ff
Verhaltenswissenschaftliche Entscheidungstheorie 47
Verhandlung(en) 167, 237, 459ff
Videoselbstkonfrontation 152, 252,
Vier-Stufen-Methode nach REFA 150
Vigilanz 7, 453
Vitamin-Modell 389
Vollständige Arbeitstätigkeiten 59, 96, 241, 463ff
   Aspekte der Unvollständigkeit 96, 464f
Vorgesetztenbeurteilung 294
Vorhersagbarkeit 276, 520
Vorstellungsgespräche 145, 260ff

Vorurteile 212ff, 229,

Weg-Ziel-Theorie 11
Weibliche Führungskräfte 227
Weiterbildung 15, 121, 149, 199 (s. a. Ausbildung, Training)
Werbepsychologie 23
Werte 63, 90f, 230, 236ff
Wert x Erwartungs-Theorien 5
Wertwandel 50ff, 63, 84
Wirtschaftlichkeit 167, 529f
Wirtschaftspsychologie 23f
Wirtschaftswissenschaft 43ff, 265
Wissenschaftliche Betriebsführung 22ff, 57, 59, 102 (s. a. Scientific Management)
Wissensrepräsentation 308f
Wohlbefinden 118

Zeitdruck 243, 443, 525
Zeitlohn 298
Zielsetzungsmethoden, Zielvereinbarungsmethoden 5f, 15, 467ff (s. a. Goal Setting)
Zielsetzungstheorie 5f, 12, 15, 115f
Zweischichtarbeit 410

Arbeits- und Organisationspsychologie

Conny Antoni (Hrsg.)
Gruppenarbeit in Unternehmen
Konzepte, Erfahrungen, Perspektiven
1994. ISBN 3-621-27243-7

Conny Antoni
Teilautonome Arbeitsgruppen
Ein Königsweg zu mehr Produktivität und einer menschengerechteren Arbeit?
1996. ISBN 3-621-27329-8

Walter Bungard (Hrsg.)
Lean Management auf dem Prüfstand
1995. ISBN 3-621-27261-5

Walter Bungard/Karsten Hofmann (Hrsg.)
Innovationsmanagement in der Automobilindustrie
Mitarbeiterorientierte Gestaltung von Modellwechseln
1995. ISBN 3-621-27256-9

W. Bungard/H. Holling/J. Schultz-Gambard
Methoden der Arbeits- und Organisationspsychologie
1996. ISBN 3-621-27308-5

Walter Bungard/Sylvia Kupke (Hrsg.)
Gehörlose Menschen in der Arbeitswelt
1995. ISBN 3-621-27241-0

S. Greif/H. Holling/N. Nicholson (Hrsg.)
Arbeits- und Organisationspsychologie
Internationales Handbuch in Schlüsselbegriffen
3. Aufl. 1997.
ISBN 3-621-27274-7

Karsten Hofmann
Führungsspanne und organisationale Effizienz
Eine Fallstudie bei Industriemeistern
1995. ISBN 3-621-27255-0

K. Hofmann/F. Köhler/V. Steinhoff (Hrsg.)
Vorgesetztenbeurteilung
1995. ISBN 3-621-27281-X

C. Graf Hoyos/W. Kroeber-Riel/L. v. Rosenstiel/B. Strümpel (Hrsg.)
Wirtschaftspsychologie in Grundbegriffen
2. Aufl. 1990. ISBN 3-621-27099-X

Marie Jahoda
Wieviel Arbeit braucht der Mensch?
Arbeit und Arbeitslosigkeit im 20. Jahrhundert
Neu herausgegeben und eingeleitet von Dieter Frey. (Reprint der 3. Aufl. von 1986. Mit einem Vorwort von Willy Brandt.)
1995. ISBN 3-621-27284-4

Ingela Jöns
Managementstrategien und Organisationswandel
Die Integration neuer Philosophien in Unternehmen
1995. ISBN 3-621-27257-7

Michael Kastner (Hrsg.)
Personalpflege
Der gesunde Mitarbeiter in einer gesunden Organisation
1994. ISBN 3-621-27867-2

Klaus Moser
Werbepsychologie
Eine Einführung
1990. ISBN 3-621-27108-2

Hugo Münsterberg
Psychologie und Wirtschaftsleben
Neu herausgegeben und eingeleitet von Walter Bungard und Helmut E. Lück nach der Ausgabe von 1912.
1997. ISBN 3-621-27363-8

H. Spörkel/B. Ruckriegl/H. Janßen/A. Eichler (Hrsg.)
Total Quality Management im Gesundheitswesen
Methoden und Konzepte des Qualitätsmanagements für Gesundheitseinrichtungen
2., ü.a. Aufl. 1997.
ISBN 3-621-27368-9

K. Steininger/S. Fichtbauer/K.-M. Goeters
Personalentwicklung für komplexe Mensch-Maschine-Systeme
Anforderungen - Auswahl - Training
1995. ISBN 3-621-27206-2

Frederick W. Taylor
Die Grundsätze wissenschaftlicher Betriebsführung
(Reprint der Ausgabe von 1913.)
Neu herausgegeben und eingeleitet von Walter Bungard.
1995. ISBN 3-621-27267-4

Ivars Udris/Gudela Grote (Hrsg.)
Psychologie und Arbeit
Arbeitspsychologie im Dialog
1991. ISBN 3-621-27126-0

Ansfried B. Weinert
Lehrbuch der Organisationspsychologie
Menschliches Verhalten in Organisationen
3. Aufl. 1992.
ISBN 3-621-27149-X

Theo Wehner/Egon Endres (Hrsg.)
Zwischenbetriebliche Kooperation
Die Gestaltung von Lieferbeziehungen
1996. ISBN 3-621-27351-4

Gerd Wiendieck
Lehrbuch der Arbeits- und Organisationspsychologie
1994. ISBN 3-621-27894-X

BELTZ
PsychologieVerlagsUnion